KALIGIN

Betriebsprüfung und Steuerfahndung

Betriebsprüfung und Steuerfahndung

Dr. Thomas Kaligin
Rechtsanwalt
Fachanwalt für Steuerrecht

3., überarbeitete Auflage
2025

BOORBERG

Bibliografische Information der Deutschen Nationalbibliothek |
Die Deutsche Nationalbibliothek verzeichnet diese Publikation in der Deutschen Nationalbibliografie; detaillierte bibliografische Daten sind im Internet über www.dnb.de abrufbar.

3. Auflage, 2025

ISBN 978-3-415-07686-0

Titelfoto: © Andrey Popov – stock.adobe.com |
Satz: abavo GmbH, Nebelhornstraße 8, 86807 Buchloe |
Druck und Bindung: CPI GmbH, Birkstraße 10, 25917 Leck

Richard Boorberg Verlag GmbH & Co KG | Scharrstraße 2 | 70563 Stuttgart
Stuttgart | München | Hannover | Berlin | Weimar | Dresden
www.boorberg.de

Vorwort zur 3. Auflage

In der Neuauflage werden die immer intensiveren Prüfungsabläufe während einer Betriebsprüfung dargestellt. Dabei wurden insbesondere die Neuregelung der DAC-7-Richtlinie in Gestalt der drastischen Verschärfung der zeitnah zu erfüllenden Mitwirkungspflichten und die Sanktionsmöglichkeiten bei Verstößen aufgezeigt. Ausführlicher behandelt wurde auch das Kapitel Tax Compliance im Steuerrecht. Dabei ist der Trend zu beobachten, dass ursprünglich nur große Konzerne mit der Tax Compliance konfrontiert wurden und diese inzwischen schon weite Teile des Mittelstandes erreicht hat. Auch Letztgenannte haben zwischenzeitlich erkannt, dass durch die professionelle Etablierung eines Tax-Compliance-Systems die steuerstrafrechtlichen Risiken auf ein kalkulierbares Minimum reduziert werden können.

Erheblich ausgebaut wurde der Part Schätzung in der Betriebsprüfung. Dabei ist zu konstatieren, dass ca. 40 % der finanzgerichtlichen Judikatur auf Schätzungsfälle zurückzuführen ist. Einen Schwerpunkt dabei stellt die Ordnungsgemäßheit der Buchführung dar, mit besonderem Augenmerk auf der Kassenführung. Dies hat zur Folge, dass auch mittelständische Unternehmen gehalten sind, eine zertifizierte Kasse auf neuestem Stand zu etablieren. Auf die praxisrelevante BFH-Rechtsprechung zur Privilegierung von sog. Altkassen ist eingegangen worden, die für laufende Betriebsprüfungen für die Vergangenheit noch von erheblicher Bedeutung ist.

Auch der steuerstrafrechtliche Part ist erweitert und aktualisiert worden. Die teilweise problematischen Ermittlungsmethoden (insbesondere das Ausufern von Unterstellungspraktiken anstatt Faktenkenntnisnahme) spielen in der Praxis eine erhebliche Rolle. Einige Branchenkenner sprechen schon vom modernen Klassenkampf im Steuerrecht. In diesem Kontext ist auch die Judikatur zur Bekämpfung der kriminellen Umsatzkarusselle behandelt worden, der insbesondere auch im Bereich der organisierten Kriminalität eine erhebliche Bedeutung zukommt und die für involvierte Berater immense Haftungsrisiken impliziert.

Im letzten Part Steuerfahndung ist die Judikatur zur Vermögensabschöpfung nebst korrespondierenden Verjährungsfragen überarbeitet worden.

In der Neuauflage wurde versucht, sämtliche relevanten Gesetzesänderungen, Judikatur, Verwaltungsanweisungen und Schrifttum komplett einzuarbeiten, damit der Benutzer des Werkes auf den neuesten Stand der Rechtslage gebracht wird.

Berlin, im April 2025

Dr. Thomas Kaligin

Fachanwalt für Steuerrecht

Inhaltsverzeichnis

Abkürzungsverzeichnis

a. a. O.	am angegebenen Ort
a. D.	außer Dienst
a. F.	alte Fassung
Abs.	Absatz
AdV	Aussetzung der Vollziehung
AfA	Absetzung für Abnutzungen
AG	Aktiengesellschaft
AktStR	Aktuelles Steuerrecht (Zeitschrift)
Anm.	Anmerkung
AnwBl	Anwaltsblatt
AO	Abgabenordnung
Ap	Außenprüfung
Art.	Artikel
AStBV	Anweisungen für das Straf- und Bußgeldverfahren
Aufl.	Auflage
AÜG	Arbeitnehmerüberlassungsgesetz
Az.	Aktenzeichen
BaFin	Bundesaufsichtsamt für Finanzdienstleistungen
BayObLG	Bayerisches Oberstes Landesgericht
BB	Betriebs-Berater (Zeitschrift)
Bd.	Band
betr.	betreffend
BFH	Bundesfinanzhof
BFH/NV	Sammlung amtlich nicht veröffentlichter Entscheidungen des Bundesfinanzhofs
BGB	Bürgerliches Gesetzbuch
BGH	Bundesgerichtshof
BGBl	Bundesgesetzblatt
BMF	Bundesministerium der Finanzen

Bp	Betriebsprüfung
BpO	Betriebsprüfungsordnung
BR-Drs.	Bundesrats-Drucksache
BRH	Bundesrechnungshof
BStBl	Bundessteuerblatt
BSI	Bundesamt für Sicherheit in der Informationstechnik
BT-Drs.	Bundestags-Drucksache
BuStra	Bußgeld- und Strafsachenstelle
BVerfG	Bundesverfassungsgericht
BzSt	Bundeszentralamt für Steuern
bzw.	beziehungsweise
ca.	circa
CMS	Compliance Management System
DAC-7-Richtlinie	Directive on Administrative Cooperation
d. h.	das heißt
DB	Der Betrieb (Zeitschrift)
ders.	derselbe
DSGVO	Datenschutz-Grundverordnung
DStR	Deutsches Steuerrecht (Zeitschrift)
DStRE	Deutsches Steuerrecht Entscheidungsdienst (Zeitschrift)
DStZ	Deutsche Steuer-Zeitung (Zeitschrift)
EFG	Entscheidungen der Finanzgerichte (Zeitschrift)
EG	Europäische Gemeinschaft
EGGVG	Einführungsgesetz zum Gerichtsverfahrensgesetz
ESt	Einkommensteuer
EStG	Einkommensteuergesetz
etc.	et cetera
EU	Europäische Union
f(f).	folgend(e)
FA	Finanzamt
FÄ	Finanzämter

FG	Finanzgericht
FGO	Finanzgerichtsordnung
FinMin	Finanzministerium
FR	Finanzrundschau (Zeitschrift)
GDPdU	Grundsätze zum Datenzugriff und zur Prüfbarkeit digitaler Unterlagen
gem.	gemäß
GewSt	Gewerbesteuer
GG	Grundgesetz
ggf.	gegebenenfalls
GmbH	Gesellschaft mit beschränkter Haftung
grds.	grundsätzlich
GVR	Geldverkehrsrechnung
h.M.	herrschende Meinung
Halbs.	Halbsatz
HFR	Höchstrichterliche Finanzrechtsprechung (Zeitschrift)
i.d.R.	in der Regel
i.H.	in Höhe
i.S.d.	im Sinne des
i.S.v.	im Sinne von
i.V.m.	in Verbindung mit
INF	Die Information über Steuer und Wirtschaft (Zeitschrift)
ins.	insbesondere
ISR	Internationale Steuer-Rundschau (Zeitschrift)
IStR	Internationales Steuerrecht (Zeitschrift)
IT	Informationstechnologie
IWB	Internationales Steuer- und Wirtschaftsrecht (Zeitschrift)
IZA	Informations-Zentrale Ausland
KStG	Körperschaftsteuergesetz
KWG	Kreditwesengesetz
LG	Landgericht
lt.	laut

m. w. N.	mit weiteren Nachweisen
MDR	Monatsschrift für Deutsches Recht (Zeitschrift)
MwStSystRL	Mehrwertsteuersystem-Richtlinie
Mio.	Million(en)
Mrd.	Milliarde(n)
MRK	Menschenrechtskonvention
MT	Missing Trader
n. F.	neue Fassung
n. v.	nicht veröffentlicht
NJW	Neue Juristische Wochenschrift (Zeitschrift)
Nr.	Nummer
NWB	Neue Wirtschaftsbriefe
NZB	Nichtzulassungsbeschwerde
NZWiSt	Neue Zeitschrift für Wirtschafts-, Steuer- und Unternehmensstrafrecht
o. Ä.	oder Ähnliches
o. g.	oben genannt
OFD	Oberfinanzdirektion
OLG	Oberlandesgericht
OWiG	Ordnungswidrigkeitengesetz
p. a.	per anno
PIStB	Praxis Internationale Steuerberatung (Zeitschrift)
ProstSchG	Gesetz zum Schutz von in der Prostitution tätigen Personen (Prostituiertenschutzgesetz)
PStR	Praxis Steuerstrafrecht (Zeitschrift)
PStTG	Plattform-Steuertransparenzgesetz
rd.	rund
Rdnr.	Randnummer
rkr.	rechtskräftig
S.	Seite
s.	siehe
sog.	so genannt

SRP	Summarische Risikoprüfung
StAbwG	Steueroasen-Abwehrgesetz
StAbwV	Steueroasen-Abwehrverordnung
StB	Der Steuerberater (Zeitschrift)
StBp	Die steuerliche Betriebsprüfung (Zeitschrift)
Steufa	Steuerfahndung
StGB	Strafgesetzbuch
Stpfl	Steuerpflichtige(r)
StPO	Strafprozessordnung
StraBEG	Strafbefreiungserklärungsgesetz
StraFO	Strafverteidiger Forum (Zeitschrift)
StrEG	Gesetz über die Entschädigung für Strafverfolgungsmaßnahmen
StuB	Unternehmensteuern und Bilanzen (Zeitschrift)
StuW	Steuer und Wirtschaft (Zeitschrift)
StV	Strafverteidiger
StWA	Steuer-Worte (Zeitschrift)
Tax-CMS	Tax Compliance Management System
TSE	Technische Sicherheitseinrichtung
Tz.	Textziffer
u. a.	unter anderem
u. Ä.	und Ähnliches
Ubg	Die Unternehmensbesteuerung (Zeitschrift)
u. U.	unter Umständen
USLO	Umsatzsteuer Länder Online
USt	Umsatzsteuer
UStDV	Umsatzsteuer-Durchführungsverordnung
UStG	Umsatzsteuergesetz
VerbandSG	Verbandssanktionengesetz
Vfg.	Verfügung
vgl.	vergleiche
VZ	Veranlagungszeitraum

VZR	Vermögenszuwachsrechnung
wistra	Zeitschrift für Wirtschafts- und Steuerstrafrecht
WM	Wertpapier-Mitteilungen (Zeitschrift)
z.B.	zum Beispiel
z.T.	zum Teil
z.Zt.	zur Zeit
ZfZ	Zeitschrift für Zölle und Verbrauchsteuern
ZKA	Zollkriminalamt
ZVO	Zuständigkeitsverordnung

Teil 1 Basiswissen zur Betriebsprüfung

I. Struktur und Strategie der Betriebsprüfung

Schrifttum:

Baum	Zahlreiche Änderungen der AO im Jahr 2022, NWB 2023, 465
Baum/Rohde	Modernisierung der Außenprüfung, NWB 2022, 2672
Beckmann	Gemeinsame Betriebsprüfung durch deutsche und ausländische Finanzverwaltungen, StBp 2014, 66
ders.	Joint Audits – Aktuelle Problemfelder zwischenstaatlicher Gemeinschaftsprüfung, IStR 2016, 627
Beyer	BMF ändert Größenklassen zum 01.01.2024 für Betriebsprüfungen, NWB 2023, 3486
Biehler	Betriebsprüfung „senza frontiere", ISR 2019, 224
Bolik/Günther	Regierungsentwurf zu den Rahmenbedingungen einer zeitnahen Betriebsprüfung, StuB 2011, 381
Brinkmann	Außenprüfung bei Privatpersonen, StBp 2011, 125
Burkhard/Adler	Betriebsprüfung und Steuerfahndungsprüfung, 2001
Canz	Die Prüfungserweiterung wegen Grunderwerbsteuer, BB 2017, 791
Danielmeyer/Neubert/Unger	Die Betriebsprüfung von A–Z, StBp 2017, 291
Eberlein	Die Hemmung des Ablaufs der Festsetzungsfrist durch die Außenprüfung, DStZ 2005, 657
Eisgruber	Instrumente der grenzüberschreitenden Verwaltungszusammenarbeit – Standortbestimmung und Ausblick, ISR 2020, 271
Eisgruber/Oertel	Joint Audit: Zum „Merkblatt über koordinierte steuerliche Außenprüfung mit Steuerverwaltung anderer Staaten und Gebiete" vom 06.07.2017, ISR 2017, 271

Geuenich	Steuerliche Außenprüfung bei Beziehern von Überschusseinkünften, NWB 2010, 2300
Greil	Status quo und Zukunft der internationalen Verwaltungszusammenarbeit im Bereich der Unternehmensbesteuerung, IStR 2022, 373
Groh	Rechtsschutz gegen Betriebsprüfung, DStR 1985, 679
Haverkamp	Joint Audit: Überlegungen zur Rechtslage und Ausblick in die Zukunft, ISR 2020, 64
Hruschka	Ausgewählte Aspekte der Betriebsprüfung, Stbg 2012, 1
Hannig	Außenprüfung, Steuer & Studium, 2017, 792
ders.	Außenprüfung Verwertungsverbote im Außenprüfungsverfahren, Steuer & Studium 2018, 42
Haselberger	Die Außenprüfung von Rechtsbeziehungen im internationalen Konzern, IWB 2021, 806
Hermenau	Rechtsstaatlichkeit und zeitnahe Betriebsprüfung – ein Widerspruch, FR 2011, 125
Heß	Die Ermessensausübung bei der Anordnung einer Außenprüfung, NWB 2012, 3316
Hübner	Reform der Ablaufhemmung für die Außenprüfung, Ubg 2023, 248
Hütwohl	Die selbständige Durchführung strafrechtlicher Ermittlungsverfahren durch Behörden im Rahmen des SchwarzArbG, wistra 2022, 408
Kaiser	Die kooperativ ausgerichtete Konzernprüfung in Niedersachsen, StBp 2013, 1
ders.	Zeitnahe Betriebsprüfung als Eingriffsverwaltung oder als Ko-Operation?, StBp 2020, 263
Kaligin	Keine Angst vor Betriebsprüfung und Steuerfahndung, 2. Aufl. 2004
ders.	Auswahl von Betriebsprüfungsfällen, Stbg 2012, 173
Kowallik	Modernisierung der deutschen Außenprüfung – Forderungen der Verbände und Diskussionsstand in der Finanzverwaltung, DB 2021, 1572

Krüger	Umfassende Vorlagepflicht von Konzernunternehmen in der Außenprüfung bei Sachverhalten mit Auslandsbezug, IStR 2017, 352 und 863
Mack	Bestrebungen des Bundes, Prüfung und Steuererhebung bei Konzernen und Großunternehmen „straffer und wirksamer“ zu gestalten, Die AG 2007, 481
Lauten/Retzer	Gesetzliche Grenzen der Mitwirkungspflichten im Rahmen von Außenprüfungen, IStR 2017, 859 und 866
Möller	Finanzkontrolle Schwarzarbeit, StBp 2013, 165
ders.	Bekämpfung der Schwarzarbeit und der illegalen Beschäftigung, StBp 2014, 208
Müller	Außenprüfung und Steuerstrafverfahren, StBp 2022, 330
Peer	Zeitnahe Außenprüfung bei Groß- und Konzernbetrieben, Ubg 2009, 673
Peters	Neuere Rechtsprechung zur Außenprüfung, StBp 2018, 238
Pieske-Kontny	Kontrollen nach dem SchwarzArbG StBp 2018, 70ff.
ders.	Erweiterung einer Prüfungsanordnung wegen nicht unerheblicher Änderungen der Besteuerungsgrundlagen, StBp 2019, 22
ders.	Vorlageverlangen zu elektronisch erstellten Kasseneinzeldaten, NWB 2019, 1282
ders.	Die Außenprüfung bei Steuerpflichtigen i. S. von § 147a Abs. 1 AO, StBp 2020, 151
ders.	Die Anfechtung der Prüfungsanordnung wegen sachlicher Unzuständigkeit, Stbg 2022, 100
Prinz	Neuer „Rechtsschub“ für Joint Audits durch DAC 7, DB 2021, 820
Pschierl/Kallina	All together now, ISR 2019, 239
Rettenmaier/ Reichling	Neue Sanktionsrisiken für Arbeitgeber, NJW 2020, 2147
Risse	Tax Compliance in der Form der zeitnahen steuerlichen Außenprüfung, DB 2011, 667
Risse	Zeitnahe Betriebsprüfung, FR 2011, 117

Ritzrow	Umfang der Außenprüfung, Prüfungszeitraum, Prüfungsanordnung, Prüfungsturnus, Anschluss-, Routine-, Anlassprüfung, StBp 2006, 273 (Teil I), 322 (Teil II)
Rose/Glückselig	Vorschläge der BStBK zur Anpassung verfahrensrechtlicher Vorschriften: „Moderne Betriebsprüfung – zeiteffizient, planbar und verbindlich", DStR 2021, 1084
Schäffkes/Fechner/ Schreiber	Simultane Betriebsprüfung mit dem EU-Ausland, DB 2017, 1668
Scheel	Bleibt der BFH auf halbem Weg stehen?, StBp 2013, 19
Schmallowsky	Zur Zulässigkeit der Anordnung einer Außenprüfung gegenüber den Erben des Unternehmers, StBp 2023, 97
Schmidt	Rechtliche Rahmenbedingungen und Herausforderungen bei internationalen Risikobewertungsverfahren, siehe Schmidt, DB 2024, 2839 (Teil I) und 2093 (Teil II)
Schneider/ Hofmann/Hage	Steuerbescheide nach einer Außenprüfung – Festsetzungsverjährung prüfen, Stbg 2012, 504
Schreiber/ Schäffkes/Fechner	Neue Urteile zur koordinierten Betriebsprüfung mit dem Ausland, DB 2018, 1624
Seer	Zeitnahe Außenprüfung bei Groß- und Konzernbetrieben, Ubg 2009, 673
Stahlschmidt	Die Prüf- und Ermittlungsarbeit der Finanzkontrolle Schwarzarbeit, StB 2023, Heft 4, I
Strunk	Analyse von Betriebsprüfungssystemen im internationalen Vergleich – USA, Japan, Großbritannien, Frankreich und Deutschland, Diss. Hamburg, abgeschlossen 1993/1994
Thoß	Auftakt für internationale Risikobewertungsverfahren und Joint Audits, StuB 2024, 718
Valder	Ist die Anordnung einer Anschlussprüfung zulässig?, PStR 2018, 59
ders.	Internationaler Auskunftsverkehr: Zulässigkeit einer Prüferentsendung, PStR 2018, 136

ders.	Simultanprüfung mit ausländischen Finanzbehörden zulässig, PStR 2020, 7
van der Ham/Mank	Deutliche Verschärfung der Mitwirkungspflichten – Gesetz zur Modernisierung des Steuerverfahrensrechts vom 11.11.2022, IStR 2022, 891
Versin	Aufgaben und Befugnisse der Zollbehörden nach dem SchwarzArbG, StBp 2020, 71
von Harenne	Die Bekanntgabe einer Prüfungsanordnung an eine infolge Anwachsung gem. § 738 Abs. 1 BGB voll beendete Personengesellschaft, StBp 2015, 121
dies.	Rechtmäßigkeit einer Prüfungsanordnung für eine sog. Zweitprüfung bereits geprüfter Zeiträume und Steuerarten (anhängiges Verfahren beim BFH XI R 11/15), StBp 2016, 136
Wähnert	„Bildgebende Verfahren“ in der (Groß- und Konzern-)Betriebsprüfung, StBp 2014, 217
Webel	BFH zur Anordnung einer Außenprüfung bei Anfangsverdacht einer Steuerstraftat, PStR 2021, 81
Weber	Schwarzarbeitsbekämpfung: rechtliche Stärkung der Finanzkontrolle, NWB 2020, 1575
Weiskopf/Wolenski	Prüfungsansätze moderner, interaktiver Verprobungsverfahren in der Konzern- und Großbetriebsprüfung, StBp 2013, 33
Wendt/Könemann/ Schirmbeck	Betriebsprüfung in der Praxis, 2. Aufl. 1990
Wengert/Widmann	Lässt sich das Rechtsinstitut der Außenprüfung verfassungsrechtlich vor dem Hintergrund einer europäischen Steuerharmonisierung noch rechtfertigen?, BB 1998, 22

Verwaltungsanweisungen:

1. FinMin Nordrhein-Westfalen, Erlass vom 14.08.1991 – S 0401 – 4 – V C 5, DB 1991, 1958 betr. Erweiterung des Prüfungszeitraums, wenn mit nicht unerheblichen Steuernachforderungen zu rechnen ist (§ 4 Abs. 3 BpO)
2. Neuer Rationalisierungserlass für die Betriebsprüfungsstellen (verwaltungsintern), dennoch veröffentlicht in INF 10/1995, V

3. BMF, Schreiben vom 15.03.2000, BStBl I 2000, 368; geändert durch Allgemeine Verwaltungsvorschrift vom 11.12.2001, BStBl I 2001, 984 und BMF, Schreiben vom 22.01.2008, BStBl I 2008, 274 betr. Allgemeine Verwaltungsvorschrift für die Betriebsprüfung und BMF-Schreiben vom 20.07.2011, BStBl I 2011, 710
4. BMF, Schreiben vom 02.07.2004, IV D 2 – S 1451 – 76/04, BStBl I 2004, 574 betr. Schreiben betr. Begriff „Konzern“ i. S. der §§ 13, 18 BpO 2000
5. OFD Münster, Verfügung vom 05.01.2010, nicht veröffentlicht, betr. besondere Prüffelder und Risikobereiche im Bereich der OFD Münster
6. FinMin Nordrhein-Westfalen, Erlass vom 16.05.2013, S 0284, DB 2013, 1203 betr. Bekanntgabe von schriftlichen Verwaltungsakten an Personengesellschaften in Liquidation
7. BMF-Schreiben vom 09.01.2017, IV B 6 – S 1315/16/10016 :002 DOK 2016/0996151, BStBl I 2017, 89, betr. Merkblatt über koordinierte steuerliche Außenprüfungen mit Steuerverwaltungen anderer Staaten und Gebiete
8. BMF Schreiben vom 20.04.2022 IV A 8 – S 1451/19/10001:001, DOK 2022/0180068, BStBl I 2022, 583 betr. Einordnung in Größenklassen gem. § 3 BpO 2000; Wirtschaftszweige/Gewerbekennzahlen (GKZ) 2022
9. BMF Schreiben vom 15.12.2022, IV A 8 – S 1450/19/10001 :003 DOK 2022/0957811, BStBl I 2022, 1669, betr. Einordnung in Größenklassen gem. § 3 BpO 2000; Festlegung neuer Abgrenzungsmerkmale zum 1. Januar 2024

1. Aufgabe der Betriebsprüfung

Die Außenprüfung (Ap) ist ein Mittel zur Erfüllung der den Finanzbehörden in § 85 AO gesetzten Aufgabe. Sie dient „vornehmlich dem Ziel, Steuergerechtigkeit durch gerechte Vollziehung der Steuergesetze zu verwirklichen“ (BFH, Urteil vom 02.10.1991, X R 89/89, BStBl II 1992, 220, 221).

Eine Ap ist bei Stpfl. zulässig, die

- einen **gewerblichen** oder **land- und forstwirtschaftlichen Betrieb** unterhalten oder
- **freiberuflich** tätig sind (§ 193 Abs. 1 AO).

Nach dem eindeutigen Wortlaut kommt es auf das Unterhalten eines gewerblichen oder land- und forstwirtschaftlichen **Betriebs** bzw. auf die Ausübung einer freiberuflichen Tätigkeit an. Dass in einem Besteuerungszeitraum **Einkünfte** aus Gewerbebetrieb, Land- und Forstwirtschaft bzw. aus freiberuflicher Tätigkeit anfallen, reicht nicht aus, um die Zulässigkeit einer Betriebsprüfung (Bp) nach § 193 Abs. 1 AO zu begründen (Wendt/Könemann/Schirmbeck, Betriebsprüfung in der Praxis, Rdnr. 98).

Beispiel:

A hat im Jahr 2023 einen gewerblichen Betrieb gegen die Gewährung einer Leibrente veräußert und sich nicht für die sofortige Besteuerung des Veräußerungsgewinns entschieden. Seit dem Jahr 2025 bezieht er nur noch nachträgliche Einkünfte aus dem Gewerbebetrieb in Höhe der ihm zufließenden Rentenbeträge. Die Anordnung und Durchführung einer Bp auf der Grundlage des § 193 Abs. 1 AO ist für die Jahre ab 2025 unzulässig, weil A in diesen Jahren weder einen gewerblichen oder land- und forstwirtschaftlichen Betrieb unterhalten hat noch freiberuflich tätig war.

Besondere Bedingungen für die Zulässigkeit einer Bp kennt das Gesetz nicht. Voraussetzung für die Durchführung einer Bp ist weder die Abgabe der Steuererklärungen noch eine Steuerfestsetzung ohne Vorbehalt der Nachprüfung. Die Zulässigkeit bleibt auch dann bestehen, wenn ein Betrieb veräußert, aufgegeben, umgewandelt oder liquidiert wird oder in Insolvenz geht (Streck, Die Außenprüfung, Rdnr. 49 m. w. N.). Ebenso bleibt sie bestehen, wenn der Unternehmer verstorben ist. Bei **Gesamtrechtsnachfolge** gehen die Mitwirkungspflichten auf den Gesamtrechtsnachfolger über (BFH, Urteil vom 09.05.1978, VII R 96/75, BStBl II 1978, 501).

Nach dem Zweck des § 193 Abs. 1 AO muss es die Möglichkeit geben, die steuerlichen Verhältnisse früherer Unternehmer auch dann zu prüfen, wenn sie ihren Betrieb veräußert oder aufgegeben haben; Gleiches gilt beim Tod des Unternehmers.

Die Rechtmäßigkeit einer Außenprüfung bei den Gesamtrechtsnachfolgern ist nicht davon abhängig, ob und gegebenenfalls in welcher Höhe Steuernachforderungen aus einer früheren Außenprüfung streitig sind.

Die Zulässigkeit einer Außenprüfung bei den Erben hängt nicht von dem Gegenstand sowie der (voraussichtlichen) Intensität und Komplexität der Prüfung ab (BFH, Beschluss vom 15.06.2022, X B 87/21, BFH/NV 2022, 1162; ebenso Hess. FG, Urteil vom 10.05.2023 8 K 816/20, DStRE 2024, 1195 [NZB eingelegt; Az. des BFH: X B 73/23] = NWB 2024, 2192 ff. mit Anm. Bender = NWB 2024, 3120 ff. mit Anm. Weber; hierzu eingehend Schmallowsky, StBp 2023, 97 ff.; zur Ablaufhemmung gem. § 171 Abs. 7 AO bei Hinterziehung derselben Steuer durch den Erblasser und den Erben siehe BFH, Urteil vom 21.06.2022 VIII R 26/19, DStR 2022, 2314 = BFH/NV 2023, 50).

1.1 Zulässigkeit einer Außenprüfung

Die Prüfung richtet sich nicht primär gegen Personen, sondern sie erstreckt sich auf steuerliche Verhältnisse, die in der Vergangenheit liegen.

Das sog. Steuerhinterziehungsbekämpfungsgesetz vom 29.07.2009 (BGBl I 2302, 2303) hat den Kreis der Prüfungssubjekte im Sinne des § 193 Abs. 1 AO durch eine Verweisung auf den ebenfalls neu eingeführten § 147a AO auf bestimmte Stpfl. ausgedehnt, die Überschusseinkünfte erzielen. Es handelt sich dabei um Stpfl., deren Summe der positiven Einkünfte aus Einkunftsarten im Sinne der § 2 Abs. 1 Nr. 4 bis 7 EStG (Einkünfte aus nichtselbständiger Arbeit, aus Kapitalvermögen, aus Vermietung und Verpachtung, sonstige Einkünfte) einen Betrag i. H. v. 500.000 € p. a. übersteigt. Bei Zusammenveranlagung von **Ehegatten** werden gem. § 147a Satz 2 AO die Einkünfte eines jeden Ehegatten gesondert betrachtet; es erfolgt also keine Verdoppelung (Geuenich, NWB 2010, 2300, 1303). Diese Personen haben nach § 147a Satz 1 AO die diese Überschusseinkünfte betreffenden Aufzeichnungen und Unterlagen sechs Jahre lang aufzubewahren. Durch den in § 193 Abs. 1 Alt. 2 AO eingefügten Verweis unterliegen sie ohne weitere Voraussetzung der Außenprüfung. Dies ist auch das bewusste Ziel der Neuregelung (BT-Drucks. 16/13106 vom 22.05.2009, 12, amtl. Begr.; hierzu Geuenich, NWB 2010, 2300 ff.). Damit sollen sog. Einkommensmillionäre (nach DM) in die Prüfungsmöglichkeit mit integriert werden. Strittig ist, ob bei der Berechnung des 500.000-€-Kontingents auch die Einkünfte aus Kapitalvermögen, die der Abgeltungsteuer unterliegen, in die Bemessungsgrundlage mit einbezogen werden. Sogar Vertreter der Finanzverwaltungen sind der Auffassung, dass aufgrund der Ratio der Abgeltungsteuer diese Beträge im Rahmen des 500.000-€-Kontingents außer Betracht zu bleiben haben (zu praktischen Anwendungsproblemen Geuenich, NWB 2010, 2300, 2302 f.). Die Erweiterung ist erstmals auf den VZ 2010 anzuwenden.

Bei der Berechnung des Schwellenwertes des § 147a Abs. 1 Satz 1 AO sind Kapitaleinkünfte, die aufgrund eines Antrags auf Günstigerprüfung gem. § 32d Abs. 6 EStG der tariflichen Besteuerung unterliegen, mit einzubeziehen. Der Abzug der tatsächlich entstandenen Werbungskosten ist gemäß § 20 Abs. 9 EStG ausgeschlossen. Bei der Berechnung des Schwellenwertes des § 147a Abs. 1 Satz 1 AO ist zwar ein horizontaler Verlustausgleich innerhalb derselben Einkunftsart möglich, jedoch sind weder Verlustvorträge noch Verlustrückträge aus anderen Jahren noch vertikale Verlustverrechnungen mit anderen Einkunftsarten zu berücksichtigen (BFH-Beschluss vom 11.01.2018 – VIII B 67/17, BStBl II 2020, 626; hierzu eingehend Pieske-Kontny, StBp 2020, 151 ff.).

Im selben Steuerhinterziehungsbekämpfungsgesetz hat § 193 Abs. 2 Nr. 3 AO einen weiteren Prüfungstatbestand eingefügt. Hierbei geht es um die Verifikation von Geschäftsbeziehungen, die Stpfl. über Finanzinstitute in solchen Staaten unterhalten, die keine oder nur eingeschränkte grenzüberschreitende Informationen preisgeben. Es geht der Bundesregierung um eine wirksame Auseinandersetzung mit kooperationsunwilligen Jurisdiktionen. Stpfl., die also ihre Mitwirkungspflichten nach § 90 Abs. 2 Satz 3 AO verletzen, müssen mit einer Prüfungsmöglichkeit rechnen. Den Anlass für diese Gesetzesänderung gab die sog. „Liechtenstein-Affäre", welche die Ohnmacht deutscher Finanzbehörden gegenüber sog. Steueroasen offenbart hat.

Mit Wirkung v. 01.01.2022 ist an die Stelle des § 90 Abs. 2 Satz 3 AO a.F. die gesteigerte Mitwirkungspflicht des § 12 StAbwG getreten. Mittlerweile existiert eine EU-Liste nicht kooperativer Drittstaaten, sog. Blacklist, die auf nationaler Ebene die StAbwV v. 20.12.2021, BGBl I 2021, 5236, übernommen hat. Nach § 2 StAbwV werden derzeit zwölf Steuerhoheitsgebiete verbindlich als „nicht kooperativ" gelistet. Unterhält ein Steuerpflichtiger Geschäftsbeziehungen oder Beteiligungsverhältnisse in oder mit Bezug zu einem der genannten Steuerhoheitsgebiete, hat er die in § 12 Abs. 2 StAbwG aufgeführten Aufzeichnungen zu erstellen und den Finanzbehörden innerhalb eines Jahres nach Ablauf des jeweiligen Kalenderjahres/Wirtschaftsjahres zu übermitteln (weitere Einzelheiten bei Seer, in Tipke/Kruse, AO, § 193 Tz. 38; zu Grundsätzen zur Anwendung des Steueroasen-Abwehrgesetzes siehe BMF, Schreiben vom 14.06.2024, IV B 5 – S 1308/22/10008:004 DOK 2024/0299051 BStBl I 2024, 1086).

Der Erlass einer auf § 193 Abs. 1 AO gestützten Prüfungsanordnung verletzt nicht das kirchliche Selbstbestimmungsrecht gemäß Art. 140 GG i.V.m. Art. 137 Abs. 3 WRV, das den Kirchen die Freiheit garantiert, ihre Angelegenheiten innerhalb der Schranken des für alle geltenden Gesetzes selbstständig zu ordnen und zu verwalten (BFH, Beschluss vom 07.08.2019, V B 7/18, BFH/NV 2019, 1331).

1.1.1 Abweichungen und Auffälligkeiten als Grund für die Betriebsprüfung

Anlass für die Durchführung einer Bp sind häufig Auffälligkeiten, wie Abweichungen von Richtwerten, sprunghafte Änderungen und Unglaubwürdigkeiten von Bilanz/Gewinn- und Verlust-Werten und -relationen, andauernde Verluste und Versuche der Verfahrensverschleppung sowie mangelnde Mitwirkung im Besteuerungsverfahren.

Bei anderen als den genannten Stpfl., also bei Personen mit

- Einkünften aus **Kapitalvermögen**,
- Einkünften aus **Vermietung und Verpachtung**,
- **sonstigen Einkünften** (Renten, Spekulationseinkünften etc.),

ist eine Ap nur dann zulässig, wenn sie, soweit sie die Verpflichtung dieser Stpfl. betrifft, für Rechnung eines anderen Steuern entrichten oder Steuern einbehalten und abführen (Nr. 1) oder die für die Besteuerung erheblichen Verhältnisse der Aufklärung bedürfen und eine Prüfung an Amtsstelle nach Art und Umfang des zu prüfenden Sachverhalts nicht zweckmäßig ist (Nr. 2; § 193 Abs. 2 AO). Die Ap kann auch durchgeführt werden, wenn geprüft werden soll, ob der Stpfl. einen gewerblichen Betrieb unterhält (BFH, Urteil vom 23.02.2005, XI R 21/04, BFH/NV 2005, 1218). Zur Außenprüfung bei **Privatpersonen** eingehend Brinkmann, StBp 2011, 125 ff.

Eine Ap ist nach § 193 Abs. 2 Nr. 2 AO nur für die Besteuerungszeiträume zulässig, in denen die dort genannten Voraussetzungen tatsächlich vorliegen (Wendt/Könemann/Schirmbeck, Betriebsprüfung in der Praxis, Rdnr. 99). Ein solches Aufklärungsbedürfnis ist anzunehmen, wenn Anhaltspunkte dafür bestehen, dass der Stpfl. seine Steuererklärungen nicht, unvollständig oder mit unrichtigem Inhalt abgegeben hat (BFH, Urteil vom 07.11.1985, IV R 6/85, BStBl II 1986, 435, 437). Eine Ap nach § 193 Abs. 2 Nr. 2 AO ist bereits dann zulässig, wenn Anhaltspunkte vorliegen, die es nach den Erfahrungen der Finanzverwaltung als möglich erscheinen lassen, dass ein Besteuerungstatbestand erfüllt ist (BFH, Urteil vom 17.11.1992, VIII R 25/89, BStBl II 1993, 146).

Eine Ap nach § 193 Abs. 2 Nr. 2 AO kann mehr als drei Besteuerungszeiträume umfassen. § 4 Abs. 3 BpO ist auf solche Ap nicht anwendbar (BFH, Urteil vom 18.10.1994, IX R 128/92, BStBl II 1995, 291). Bei einer Erweiterung einer Prüfungsanordnung nach § 193 Abs. 2 Nr. 2 AO auf Vorjahre wegen eines bestimmten Vorgangs (Baumaßnahmen) in dieser Zeit ist die Prüfung auf diesen Vorgang zeitlich und sachlich zu beschränken (FG Baden-Württemberg, Urteil vom 18.02.2002, 2 V 63/01, EFG 2002, 658, rkr.).

Bei den Einkunftsarten, die unter die Kategorie des § 193 Abs. 2 Nr. 2 AO fallen, sollte im konkreten Einzelfall sorgfältig geprüft werden, ob wirklich eine Ap unter Beachtung des Verhältnismäßigkeitsgrundsatzes erforderlich ist. Rechtsbehelf ist der Einspruch und die Aussetzung der Vollziehung. Denn es besteht der Erfahrungssatz, dass eine Bp immer zu einer beträchtlichen Bindung von Kapazitäten im Unternehmen führt und regelmäßig Mehrsteuern auslöst. Daher sollte durch sorgfältiges Agieren mit den Rechtsbehelfen versucht werden, diese Ap abzuwenden und sich stattdessen selektiven Beleganforderungen zu unterwerfen. Insbesondere gilt es zu bedenken, dass, alternativ durch Einzelermittlungsmaßnahmen, z. B. gesonderte Anforderung von Belegen an Amtsstelle im Finanzamt (FA), der gleiche Nachforschungseffekt aus Sicht der Finanzbehörde mit weniger Verwaltungsaufwand erreicht werden kann und somit die Durchführung einer Bp als unverhältnismäßig qualifiziert werden muss.

Zum Umfang der Begründungspflicht des FG-Urteils, wenn über eine Prüfungsanordnung wegen umfangreicher und vielgestaltiger Einkünfte sowie schwankender Kapitaleinkünfte und privater Veräußerungsgeschäfte gestritten wird (vgl. BFH, Beschluss vom 13.09.2017, III B 109/16, BFH/NV 2018, 180).

Bei den unter § 193 Abs. 1 AO fallenden Betrieben ist eine Ap grundsätzlich immer statthaft. Ob das FA eine an sich zulässige Ap durchführt, steht jedoch in seinem pflichtgemäßen Ermessen (BFH, Urteil vom 24.01.1985, IV R 232/82, BStBl II 1985, 568). Die Prüfungsanordnung, mit der die Ap eines Kleinstbetriebs angeordnet wird, bedarf keiner besonderen Begründung. Der Hinweis auf § 193 Abs. 1 AO genügt (BFH, Beschluss vom 17.12.2002, X S 10/02, BFH/NV 2003, 296). Die Anordnung einer Ap muss auch dann, wenn sie aus besonderem Anlass erfolgt (Anlassprüfung), nur begründet werden, sofern dies zum Verständnis der Prüfungsanordnung erforderlich ist (BFH, Beschluss vom 12.08.2002, X B 210/01, BFH/NV 2003, 3).

Die Zulässigkeit der Anordnung einer Außenprüfung nach § 193 Abs. 1 AO ist auch dann möglich, wenn eine vollständige Prüfung des dem Prüfungszeitraum zugrundeliegenden Sachverhalts durch den Innendienst erfolgen könnte (BFH, Beschluss vom 14.07.2014, III B 8/14, BFH/NV 2014, 1880 betr. Anordnung einer Bp bei früheren Freiberuflern).

Auch für Veranlagungszeiträume nach Inkrafttreten des Kleinunternehmerförderungsgesetzes vom 31.07.2003 (BGBl I 2003, 1550) genügt für Stpfl., die betriebliche Einkünfte beziehen, für die Begründung der Anordnung einer Außenprüfung weiterhin der bloße Hinweis auf § 193 Abs. 1 AO. Dies gilt auch für Stpfl., die wegen Unterschreitens der in § 141 AO genannten Grenzen nicht buchführungspflichtig sind (BFH, Beschluss vom 20.06.2011, X B 234/10, BFH/NV 2011, 1829).

Das Auswahlverfahren im Rahmen von § 193 Abs. 1 AO wird lediglich durch Zweckmäßigkeitserwägungen, den Grundsatz der Verhältnismäßigkeit und das Willkür- sowie Schikaneverbot begrenzt (BFH, Urteil vom 28.09.2011, VIII R 8/09, BStBl II 2012, 395 mit Anm. Kaligin, BB 2012, 819; ders., Stbg 2012, 173 ff.; Brandt, StBp 2012, 235 ff.; ferner Heß, NWB 2012, 3316 ff.; auf gleicher Linie BFH, Beschluss vom 22.12.2011, VIII B 251/09, BFH/NV 2012, 443). Die Finanzbehörden sind auch bei Mittel-, Klein- und Kleinstbetrieben weder durch die AO noch durch die BpO St an einen bestimmten Prüfungsturnus gebunden. Sie können daher auch solche Betriebe einer sog. Anschlussprüfung unterwerfen (BFH, Beschluss vom 14.03.2006, IV B 14/05, BFH/NV 2006, 1253).

Die Prüfung nach dem **Schwarzarbeitsgesetz** ist keine Außenprüfung im Sinne der Abgabenordnung. Die Vorschriften über die Außenprüfung in §§ 193 ff. AO oder §§ 210 ff. AO sind nicht anwendbar. Der Ankündigungseffekt der Vorschrift des § 196 AO würde nach Auffassung der Rechtsprechung dazu führen, dass Feststellungen zur Schwarzarbeit aussichtslos wären, wenn sie vorher angekündigt würden (BFH, Beschluss vom 17.04.2013, VII B 41/12, BFH/NV 2013, 1131; FG Berlin-Brandenburg, Urteil vom 04.11.2009, 7 K 7024/07, DStRE 2010, 769, rkr.; hierzu Möller, StBp 2013, 165 ff.; zum Ort der Prüfung nach dem SchwarzArbG siehe BFH, Beschluss vom 17.04.2013, VII B 42/12, BFH/NV 2013, 1130; zum Begriff des Auftraggebers i. S. v. §§ 3–5 SchwarzArbG und zum Umfang der Verpflichtung zur Datenüberlassung siehe FG Münster, Urteil vom 12.02.2014, 6 K 2434/13 AO, EFG 2014, 864, rkr.; zur Überprüfung nach dem Schwarzarbeitsgesetz – Zulässigkeit einer Durchsuchung siehe FG Berlin-Brandenburg, Beschluss vom 26.08.2014, 5 S 5159/14, EFG 2014, 2018, 2019 mit Anm. Pfitzenreuter = DStRE 2015, 695, rkr.; zum Erlass einer Durchsuchungs- und Beschlagnahmeanordnung auf der Grundlage von § 4 Abs. 1 i. V. m. § 2 Abs. 1 SchwarzArbG siehe FG Münster, Beschluss vom 23.01.2018, 10 V 3258/17 S, EFG 2018, 536, 539 f. mit Anm. Stalbold = wistra 2018, 357; zur Finanzkontrolle Schwarzarbeit, Möller, StBp 2013, 165 ff.; zur Bekämpfung der Schwarzarbeit und der illegalen Beschäftigung siehe Möller, StBp 2014, 208 ff.; zu Kontrollen nach dem SchwarzArbG Pieske-Kontny, StBp 2018, 70 ff.); zu den Neuregelungen des Schwarzarbeitsbekämpfungsgesetzes seit 2019 s. Versin, StBp 2020, 77 ff.; Weber 2020, 1575 ff.; Rettenmaier/Reichling, NJW 2020, 2147 ff.

Zur selbstständigen Durchführung strafrechtlicher Ermittlungsverfahren durch die Behörden der Zollverwaltung im Rechtsrahmen des SchwarzArbG eingehend Hütwohl, wistra 2022, 408 ff.; zur Prüf- und Ermittlungsarbeit der Finanzkontrolle Schwarzarbeit siehe Stahlschmidt, StB 2023, Heft 4, 1.

Auf die Durchführung einer Bp hat der Stpfl. jedoch keinen korrespondierenden Rechtsanspruch (BFH, Urteil vom 13.08.1970, V R 56/67, BStBl II 1970, 767, 769, st. Rspr.). Ein Fall der Ermessensreduzierung auf Null (nur er würde einen Anspruch begründen) ist in der Praxis kaum vorstellbar (FG Hamburg, Urteil vom 05.09.1986, II 118/84, EFG 1987, 8, rkr., zu einem Sonderfall). In der Praxis kann insbesondere bei zerstrittenen Gesellschaftern mit dem Vorwurf der unredlichen Geschäftsführung (Untreue etc.) durchaus angeregt werden, eine Bp durchzuführen, um Unregelmäßigkeiten durch einen objektiv agierenden Betriebsprüfer aufzudecken und sich die Hinzuziehung externer Dienstleistungsberater (Wirtschaftsprüfer, Controller) zu ersparen.

1.1.2 Richtlinien für die Betriebsprüfung

Aufgrund der beschränkten Prüfungskapazitäten der Finanzverwaltung können jedoch unmöglich alle Betriebe geprüft werden. Aus diesem Grunde hat die Finanzverwaltung Richtlinien für die Ausübung dieses Ermessens in Gestalt der Allgemeinen Verwaltungsvorschriften für die Bp vom 15.03.2000 (BpO St i. d. F. v. 20.07.2011) erlassen. Bei **Großbetrieben** soll der Prüfungszeitraum an den vorhergehenden Prüfungszeitraum anschließen (§ 4 Abs. 2 BpO St). Deshalb wird die Prüfung hier i. d. R. als ermessensfehlerfrei anzusehen sein. Dagegen soll der Prüfungszeitraum bei anderen Betrieben **(Mittel-, Klein-, Kleinstbetrieben)** grundsätzlich nicht mehr als drei zusammenhängende Besteuerungszeiträume umfassen.

Nach Ansicht des BFH hat sich die Finanzverwaltung in § 4 BpO St dahin entschieden, dass Großbetriebe grundsätzlich lückenlos, andere Betriebe dagegen in zeitlichen Abständen geprüft werden sollen (BFH, Urteil vom 24.01.1985, IV R 232/82, BStBl II 1985, 568). Die dort aufgeworfene Rechtsfrage der „Verfassungswidrigkeit des Rechtsinstituts der Außenprüfung gemäß §§ 193 ff. AO" hat keine grundsätzliche Bedeutung; sie ist durch die Rechtsprechung des BFH geklärt. Aus den Rechts- und Verwaltungsvorschriften der Europäischen Gemeinschaft folgt – bis zu einem anders lautenden Rechtsanwendungsbefehl – kein unmittelbar für die Mitgliedstaaten geltendes Gebot zur Angleichung der (noch) unterschiedlichen Regeln auf dem Gebiet der Ap (BFH, Beschluss vom 10.02.2005, IX B 173/03, BFH/NV 2005, 1216). Der Hinweis, die Entscheidungen des BFH, mit denen dieser die aus der Einteilung in Größenklassen folgende unterschiedliche Prüfungshäufigkeit der verschiedenen Betriebe als verfassungsgemäß angesehen hat, seien allgemein auf Kritik gestoßen, genügt nicht zur Darlegung der grundsätzlichen Bedeutung (BFH, Beschluss vom 31.08.2005, IV B 24/04, BFH/NV 2006, 91).

Die Anordnung einer Ap muss auch dann, wenn sie aus besonderen Gründen erfolgt (sog. **Anlassprüfung**), nur begründet werden, sofern sie zum Verständnis der Prüfungsanordnung wegen besonderer Umstände und nach der Art der angeordneten Maßnahme erforderlich ist (BFH, Beschluss vom 12.08.2002, X B 210/01, BFH/NV 2003, 3). Dabei kann eine Auswahl nach **Zufallsgesichtspunkten** erfolgen. Eine Vorlage des finanzamtsinternen Prüfungsplans soll nicht erforderlich sein (BFH, Beschluss vom 09.12.1996, XI S 57/96, BFH/NV 1997, 276, 277 f.).

Es ist geklärt, dass nach § 193 Abs. 1 AO eine Ap bei Stpfl. zulässig ist, die einen gewerblichen oder landwirtschaftlichen Betrieb unterhalten oder freiberuflich tätig sind. Sowohl die Bestimmung des Stpfl. als auch des sachlichen und zeitlichen Umfangs einer Ap steht im pflichtgemäßen Ermessen der Finanzbehörde. Ermessensentscheidungen der Finanzverwaltung – wie sie die Anordnung einer Ap enthält – sind nach § 102 FGO von den Gerichten nur auf die Ausübung fehlerfreien Ermessens zu überprüfen. Eine Auslegung der Verwaltungsanweisungen nach den für die Auslegung von Gesetzen maßgeblichen Kriterien ist den Gerichten verwehrt. Es ist auch geklärt, dass die Finanzbehörde mangels ausreichender Prüfungskapazität für alle in Betracht kommenden Prüfungsfälle im Rahmen ihres Auswahlermessens über einen möglichst sachgerechten und effektiven Einsatz ihrer beschränkten Mittel befinden kann und muss (BFH, Beschluss vom 03.02.2009, VIII B 114/08, BFH/NV 2009, 887).

Zwar soll ein Teil der Prüfungsfälle auch nach dem Zufallsprinzip ausgesucht werden (vgl. die Grundsätze zur Rationalisierung für die Bp, veröffentlicht in INF 10/1995, V). Empirisch verringert sich hier jedoch die Wahrscheinlichkeit, in eine Bp zu geraten, entsprechend der abnehmenden Größe des Betriebs.

1.1.2.1 Anzahl der Betriebe und geprüfte Betriebe

Zur Anzahl der Betriebe nach Größenklassen und Zahl der geprüften Betriebe siehe Teil 1, Kapitel VIII, 1.

1.1.2.2 Prüfungszeitraum

Bei Großbetrieben soll der jeweilige Prüfungszeitraum an den vorhergehenden Prüfungszeitraum anschließen, um eine durchgehende Prüfung sämtlicher Veranlagungszeiträume zu erreichen. Für die übrigen Betriebe ist vorgesehen, dass ein Prüfungszeitraum in der Regel nicht mehr als drei zusammenhängende Besteuerungszeiträume umfasst.

Um eine effektive Betriebsprüfung zu erreichen, werden die zu prüfenden Betriebe unter Risikogesichtspunkten ausgewählt. So werden Großbetriebe grundsätzlich lückenlos geprüft, andere Betriebe hingegen gezielt. In Großbetrieben, in denen im Jahr 2019 eine Außenprüfung abgeschlossen wurde, umfasste der Prüfungszeitraum durchschnittlich 3,3 Veranlagungsjahre, während er sich bei Mittel- und Kleinbetrieben auf 3,0 Veranlagungsjahre und bei Kleinstbetrieben auf 2,9 Veranlagungsjahre belief (so Bundesministerium der Finanzen, a. a. O.; siehe auch Danielmeyer/Neubert/Unger, StBp 2017, 291 ff.).

Damit wurden in diesen drei Jahren durchschnittlich 81 % der Großbetriebe überprüft. Bei den übrigen Großbetrieben ergab eine Risikoüberprüfung durch die Finanzämter, dass keine Prüfungswürdigkeit gegeben ist. Damit unterlagen sämtliche Großbetriebe der permanenten Steuerkontrolle der Steuerverwaltung (zur zeitnahen Ap bei Groß- und Konzernbetrieben instruktiv Seer, Ubg 2009, 673 ff.; zu Bestrebungen des Bundes, Prüfungen und Steuererhebungen bei Konzernen und Großunternehmen „straffer und wirksamer" zu gestalten, siehe Mack, Die AG 2007, 481 f.; Risse, DB 2011, 667 ff.; ferner Hruschka, Stbg 2012, 1, 4 f.; zu Prüfungsansätzen moderner, interaktiver Verprobungsverfahren in der Konzern- und Großbetriebsprüfung siehe Weiskopf/Wolenski, StBp 2013, 33 ff.; zur zeitnahen Betriebsprüfung als Eingriffsverwaltung oder als Ko-Operation, Kaiser, StBp 2020, 263 ff.).

In jüngster Zeit werden Pilotprojekte zur grenzüberschreitenden Betriebsprüfung (sog. „Joint Audits") mit multinationalen Unternehmen, insbesondere im Geltungsbereich der EU, aber auch im Verhältnis zu den USA und anderen Industriestaaten durchgeführt. Der Vorteil für die Unternehmen ist, dass aufgrund der abgestimmten Vorgehensweise der involvierten Finanzverwaltungen die Unternehmen zeitnah in eine koordinierte Betriebsprüfung überführt werden mit der Zielsetzung, wirtschaftliche Doppelbesteuerungen vom Ansatz her zu vermeiden. Insbesondere ist hervorzuheben, dass in den Nachbarstaaten Betriebsprüfungen erheblich zeitnaher durchgeführt werden, während in Deutschland Prüfungen häufig schon an der „äußersten Kante der Festsetzungsverjährung" im Last-Minute-Verfahren durchgeführt werden. Damit will man die Unternehmen ködern, dass sie relativ zeitnah eine Rechts- und Planungssicherheit bekommen.

Zur rechtlichen Zulässigkeit der koordinierten Prüfung im zwischenstaatlichen Auskunftsverkehr nach dem EUAHiG sind inzwischen schon Judikate ergangen.

Die Weitergabe von Informationen an eine Finanzverwaltung eines anderen Mitgliedstaates der EU zur Vorbereitung einer gleichzeitigen Bp ist nur zulässig, wenn durch die Bp Informationen erwartet werden, die für die Besteuerung voraussichtlich erheblich sind (FG Köln, Beschluss vom 23.05.2017, 2 V 2498/16, EFG 2017, 1322, 1326, rkr., mit Anmerkung Hennigfeld = DB 2017, 1744 f. m. Anm. Müller; ferner FG Köln, Beschluss vom 23.04.2018, 2 V 2178/17, n. v., hierzu Valder, PStR 2020, 7 ff.; hierzu eingehend Schäffkes/Fechner/Schreiber, DB 2017, 1668 ff.).

Die Finanzverwaltung darf einen Betriebsprüfer in einen Mitgliedstaat zur Sachverhaltsaufklärung entsenden, wenn ein Unternehmen nach einer grenzüberschreitenden Verschmelzung die im anderen Mitgliedstaat erklärten Entstrickungswerte nicht offenlegt und eine solche Entsendung zur Verifikation in Deutschland erklärter Verstrickungswerte geboten erscheint. Nicht notwendig ist, dass zwischen den Ent- und Verstrickungswerten eine materiell-rechtliche Verknüpfung besteht (FG Köln, Beschluss vom 20.10.2017, 2 V 1055/17, EFG 2018, 351, 354 f., rkr., mit Anm. Hennigfeld = DStR 2018, 136, mit Anm. Valder = Ubg 2018, 295, 298 ff. mit Anm. Bleschick/Oertel/Mohr; zur umfassenden Vorlagepflicht von Konzernunternehmen in der Außenprüfung bei Sachverhalten mit Auslandbezug Krüger, IStR 2017, 352 ff. und 863 ff. gegen Lauten/Retzer, IStR 2017, 859 ff. und 866).

Auch bei gleichzeitigen bzw. gemeinsamen Prüfungen (Simultanprüfung bzw. Joint Audits i. S. v. §§ 10, 11, 12 EUAHiG) ist der Austausch von für die Festsetzung von Steuern voraussichtlich erheblichen Informationen zulässig. Die einheitlich zu verstehenden Tatbestandsmerkmale der „voraussichtlichen Erheblichkeit" bzw. „Erforderlichkeit" gelten auch für die Ermittlungsstelle bei einer koordinierten grenzüberschreitenden Prüfung (FG Köln, Beschluss vom 23.02.2018 2 V 814/17 EFG 2018, 852, 860 f. m. Anm. Müller = DB 2018, 984 f. und DB StR 1267942 mit Anm. Hennigfeld = Ubg 2018, 295 mit Anmerkungen Bleschick/Oertel/Mohr; auf gleicher Linie FG Köln, Beschluss vom 17.01.2022, 2 V 827/21, EFG 2023, 809, 816 f. m. Anm. Matthes rkr. = DB 2023, 1508 f. m. Anm. Henningfeld).

Die Durchführung sowohl einer gleichzeitigen als auch einer gemeinsamen EU-grenzüberschreitenden Konzern-Betriebsprüfung i. S. d. §§ 10, 11, 12 EUAHiG und ein damit verbundener Informationsaustausch sind zulässig, wenn die zu prüfenden Umstände für die Besteuerung voraussichtlich erheblich sind. Ist Gegenstand der beabsichtigten grenzüberschreitenden Betriebsprüfung die Prüfung von Betriebseinnahmen und Betriebsausgaben, der Abgleich von Verrechnungskonten, die Prüfung von grenzüberschreitenden Geschäftsvorfällen und deren Verbuchung im In- und Ausland und die Prüfung von Verträgen mit ausländischen Anteilseignern bzw. Geschäftsführern, ist die grenzüberschreitende Zusammenarbeit der Steuerverwaltungen erforderlich und sind die Informationen, deren Austausch die gleichzeitige bzw. gemeinsame Prüfung dienen soll, für die Besteuerung voraussichtlich erheblich (FG Köln, Urteil vom 12.09.2018, 2 K 814/18 ISR 2019, 229 ff. m. Anm. Haverkamp/Meinert und Hennigfeld, DB 2019, 1116 f.). Nunmehr hat das Bundesministerium der Finanzen ein ausführliches Merkblatt über koordinierte steuerliche Außenprüfungen mit Steuerverwaltungen anderer Staaten und Gebiete erlassen (BMF-Schreiben vom 09.01.2017, IV B 6 S 1315/16/10016 :002 DOK 2016/0096151, BStBl I 2017, 89 ff.; hierzu Eisgruber/Oertel, ISR 2017, 270 ff.).

Zur Problematik der Joint Audits mit anderen ausländischen Staaten sind darüber hinaus folgende Stellungnahmen im Schrifttum erfolgt (siehe Beckmann, StBp 2014, 66 ff.; ders., IStR 2016, 627 ff.; Eisgruber/Oertel, ISR 2017, 270 ff.; Schäffkes/Fechner/Schreiber, DB 2017, 1668 ff.; Schreiber/Schäffkes/Fechner, DB 2018, 1624 ff.; Bichler, ISR 2019, 224 ff.; Pschierl/Kallina, ISR 2019, 239 ff.; Haverkamp, ISR 2020, 64 ff.; Eisgruber, ISR 2020, 271 ff.; Greil, IStR 2022, 373 ff.; zur Außenprüfung von Rechtsbeziehungen im internationalen Konzern, Haselberger, IWB 2021, 823 ff.).

Der Rat der EU hat am 22.03.2021 die sog. DAC-7-Richtlinie (Directive on Administrative Cooperation) verabschiedet. Im Kern geht es in der Richtlinie um die grenzüberschreitende Zusammenarbeit von EU-Verwaltungsbehörden zur umfangreichen informationellen Erfassung von Betreibern/Teilnehmern digitaler Plattformen. DAC 7 ändert die EU-Amtshilferichtlinie (Richtlinie 2011/16/EU vom 15.02.2011); Letztere wurde durch das EU-Amtshilfegesetz (EUAHiG) vom 26.06.2013 (mit Aktualisierungen) in nationales Recht umgesetzt. In DAC 7 erfolgt zudem eine „Weiterentwicklung“ sog. Joint Audits (neuer Art. 12a); Joint Audits erlangen gerade bei innerhalb der EU/EWR grenzüberschreitend tätigen Unternehmen zunehmend Bedeutung und setzen zeitnahe Prüfungen voraus. Dieser DAC-7-Bestandteil muss bis spätestens ab dem 01.01.2024 in deutsches Recht umgesetzt werden; hierzu Prinz, DB 2021, 820 f.; van der Ham/Mank, IStR 2022, 891, 893; zum Auftakt für internationale Risikobewertungsverfahren und Joint Audits siehe Thoß, StuB 2024, 718 f.; zu den rechtlichen Rahmenbedingungen und Herausforderungen bei internationalen Risikobewertungsverfahren im Hinblick auf § 89b AO Schmidt; BB 2024, 2893 ff. und 2903 ff.

Zwischenzeitlich hat das BMF mittels einer Einfügung des § 4a BpO eine allgemeine Verwaltungsvorschrift zur zeitnahen Betriebsprüfung erlassen (BMF, Schreiben vom 20.07.2011, BStBl I 2011, 710; siehe auch Bolik/Günther, StuB 2011, 381 f.; zu Vorschlägen der BStBK zur Anpassung verfahrensrechtlicher Vorschriften s. Rose/Glückselig, DStR 2021, 1084 ff.; zur Modernisierung der deutschen Außensteuerprüfung – Forderungen der Verbände und Diskussionsstand in der Finanzverwaltung, s. Kowallik, DB 2021, 1572 ff.).

Die Prüfungshäufigkeit bei Mittelbetrieben betrug in diesen drei Jahren durchschnittlich 27 % (Bund 23 %) und bei Kleinbetrieben 13 % (Bund

11 %; zum Umfang der Ap, Prüfungszeitraum, Prüfungsanordnung, Prüfungsturnus, Anschlussprüfung, Routine- und Anlassprüfung gibt Ritzrow, StBp 2006, 273 ff. und 322 ff. einen umfassenden Rechtsprechungsüberblick).

Die Finanzgerichte (FG) mussten sich mit der speziellen Thematik befassen, ob eine zeitnahe Prüfung von **Großbetrieben** sogar im **Jahrestakt** noch gesetzeskonform ist. Für die Verkürzung des Prüfungszeitraums eines der Anschlussprüfung unterliegenden Großbetriebs auf ein Jahr bedarf es angesichts der von der Finanzverwaltung zu beachtenden Grundsätze der Verhältnismäßigkeit der Mittel und des geringstmöglichen Eingriffs gewichtiger Gründe. Es erscheint ernstlich zweifelhaft, dass die hierfür in dem Erlass des Finanzministeriums des Landes Nordrhein-Westfalen vom 11.06.2008, S 0401 – 10 – V A 5, n. v. mit ermessensregelnder Wirkung aufgestellten Auswahlkriterien in sachgerechter Weise beachtet werden, wenn dieser belastende Eingriff allein auf die Konzernunabhängigkeit einer kleinen Kapitalgesellschaft i. S. d. § 267 Abs. 1 HGB und eine nach Lage des Einzelfalls nicht nachvollziehbare erhöhte Wahrscheinlichkeit für Steuernachforderungen gestützt wird. Offen bleibt, ob der Erlass selbst von dem im Gesetz eingeräumten und durch die BpO bundeseinheitlich vorgeprägten Ermessen in einer dem Zweck der Ermächtigung entsprechenden Weise Gebrauch macht und die gesetzlichen Grenzen des Ermessens einhält (FG Köln, Beschluss vom 07.07.2009, 13 V 1232/09, EFG 2009, 1802, rkr. = DStRE 2009, 1334 = BB 2009, 2747 mit Anm. Lühn).

Bei Beauftragung einer anderen Finanzbehörde mit einer Außenprüfung ist folgende grundlegende Entscheidung ergangen:

- Die zuständige Finanzbehörde kann andere Finanzbehörden mit der Außenprüfung beauftragen, wobei eine Ermessensentscheidung zu treffen ist.
- Die Prüfungsanordnung, aus welcher sich die Ermessenserwägungen für den Auftrag ergeben müssen, kann sodann von der beauftragten Behörde erlassen werden.
- Der beauftragten Behörde kommt gleichfalls die Entscheidungskompetenz über einen Einspruch gegen die Prüfungsanordnung zu.
- Eine ermessensfehlerfreie Entscheidung über die Durchführung einer Auftragsprüfung erfordert nicht nur die Begründung, weshalb die Außenprüfung nicht durch das zuständige Wohnsitz- oder Betriebsstättenfinanzamt, sondern auch, warum sie gerade durch das beauftragte FA vorgenommen werden soll (FG Münster, Urteil vom 28.06.2021 1 K 3391/20 AO, DStRE 2022, 820 [Rev. eingelegt; Az. des BFH: VIII R 18/21]).

Bei Beauftragung mit einer Außenprüfung (§ 195 Satz 2 AO) hat das beauftragte Finanzamt über den gegen die Prüfungsanordnung gerichteten Einspruch zu entscheiden, wenn auch die Prüfungsanordnung von ihm – und nicht vom beauftragenden Finanzamt – erlassen wurde (BFH, Urteil vom 18.11.2008, VIII R 16/07, BStBl II 2009, 507 mit Anm. Brandt, StBp 2009, 115 ff.; zur Entscheidungsbefugnis über den Einspruch gegen die Anordnung einer Auftragsprüfung siehe BFH, Urteil vom 18.11.2008, VIII R 40/07, BFH/NV 2009, 705; zur Zuständigkeit für die Entscheidung über einen AdV-Antrag bei Übertragung der Bp FG Berlin-Brandenburg, Beschluss vom 17.06.2008, 6 V 6027/08, EFG 2008, 1507, rkr., mit Anm. Kühnen).

Beauftragt die für die Besteuerung zuständige Finanzbehörde eine andere Finanzbehörde mit der Außenprüfung (§ 195 Satz 2 AO), so darf die beauftragte Finanzbehörde anstelle der an sich zuständigen Finanzbehörde die Außenprüfung durchführen und ist zum Erlass der Prüfungsanordnung befugt, aus der sich die Ermessenserwägungen auch für den Auftrag ergeben müssen (BFH, Urteil vom 15.05.2013, IX R 27/12, BFH/NV 2013, 1278). Ein Finanzamt mit sachlicher Sonderzuständigkeit (z. B. für Erbschaft- und Schenkungsteuer) kann ein anderes Finanzamt mit der Durchführung einer Außenprüfung im Bereich der Sonderzuständigkeit beauftragen (BFH, Beschluss vom 10.12.2012, II B 108/11, BFH/NV 2013, 344; zu den Voraussetzungen einer Außenprüfung wegen Grunderwerbsteuer siehe FG Rheinland-Pfalz, Urteil vom 19.07.2012, 4 K 2384/11, EFG 2012, 1988, rkr.; FG des Landes Sachsen-Anhalt, Urteil vom 25.01.2012, 3 K 616/10, EFG 2012, 1218, rkr., mit Anm. Claßen; vgl. a. BFH, Beschluss vom 29.02.2012, III B 235/11, BFH/NV 2012, 981; Schleswig-Holsteinisches FG, Urteil vom 19.03.2013, 1 K 64/10, EFG 2013, 1192, rkr., mit Anm. Pfützenreiter).

Aus Sicht der Bp sind die anderen Betriebe nicht prüfungswürdig, da bei diesen eine Ap kein oder nur ein geringes Mehrergebnis erwarten lässt. Die Prüfung dieser Fälle ist durch den Festsetzungsbereich der Finanzämter ausreichend und wirtschaftlicher.

Aus den vorgenannten Ausführungen wird deutlich, dass Mittelbetriebe, Klein- und Kleinstbetriebe es – teilweise durch ihr eigenes Auftreten gegenüber den Finanzbehörden, insbesondere den Veranlagungsstellen – selbst in der Hand haben, ob sie in eine lästige Bp gelangen. Um möglichst **nicht** in eine Bp zu gelangen, ist Folgendes zu unterlassen:

- zu späte Abgabe von Steuererklärungen (insbesondere regelmäßiges Abwarten des Erlasses von Schätzungsbescheiden),
- Rückfragen des FA werden nicht, ausweichend oder nur schleppend bearbeitet,

- unschlüssige Jahresumsatzzahlen in Vorjahresvergleichen (es treten kaum plausible Schwankungen auf),
- mehrfacher Beraterwechsel, aus dem deutlich wird, dass der Stpfl. als chaotisch einzuschätzen ist,
- vorherige Bp haben zu erheblichen Mehrergebnissen geführt bzw. sogar Steuerstrafverfahren ausgelöst.

Positiv formuliert sollte der Stpfl. unbedingt Folgendes beachten, um eine Bp zu vermeiden:

- rechtzeitige Abgabe der Steuererklärungen,
- Abweichungen von den Vorjahren in einem Anschreiben oder durch Anlagen erläutern,
- auffällige Bilanzpositionen kommentieren,
- Abweichungen von den Richtsatzkarteien (z. B. keine Erreichung der branchenspezifischen üblichen Gewinnmargen) ebenfalls aufgrund der Besonderheiten des Betriebs bzw. der entsprechenden Geschäftsjahre erläutern.

Ein gutes Gesprächsklima zwischen dem Stpfl. bzw. dem Berater einerseits und dem FA andererseits dürfte die Hemmschwelle nach oben anheben, einen Stpfl. bei der Bp-Stelle als prüfungswürdig zu melden.

1.2 Zeitliche Grenzen der Betriebsprüfung

Die Rechtsprechung war bisher der Ansicht, dass dem Erlass einer Prüfungsanordnung nicht entgegenstehe, dass **Steueransprüche,** die überprüft werden sollen, **möglicherweise verjährt sind oder aus anderen Gründen nicht mehr durchgesetzt werden können** (BFH, Urteil vom 23.07.1985, VIII R 48/85, BStBl II 1986, 433; hierzu Pieske-Kontny, StBp 2018, 238, 240 f.).

Dabei ist es unerheblich, ob es sich um den Ablauf der fünfjährigen oder – im Fall von Steuerhinterziehung (§ 370 AO) – der zehnjährigen Festsetzungsfrist handelt. Die Anordnung einer Ap ist auch zulässig, wenn ausschließlich festgestellt werden soll, ob und inwieweit Steuerbeträge hinterzogen oder leichtfertig verkürzt worden sind. Eine sich gegenseitig ausschließende Zuständigkeit von Ap und Steuerfahndung (Steufa) besteht nicht (BFH, Urteil vom 04.11.1987, II R 102/85, BStBl II 1988, 113; FG München, Beschluss vom 25.03.2010, 14 V 3963/09, DStRE 2011, 451, rkr.).

Fehlt es an Verdachtsmomenten für eine Steuerhinterziehung (§ 370 AO) oder eine leichtfertige Steuerverkürzung (§ 378 AO) und liegen auch die Voraussetzungen für § 181 Abs. 5 AO nicht vor, so ist die Prüfung von nach § 169 Abs. 2 Satz 1 Nr. 2 AO verjährten Zeiträumen unzulässig (FG Düsseldorf, Urteil vom 17.03.1994, 15 K 412/89 AO, EFG 1994, 992, rkr.).

Ein weiterer Dauerbrenner ist die Frage, ob eine Bp auch dann noch rechtmäßig ist, wenn eine Verjährung der Steueransprüche im Raum steht. Es liegt kein Ermessensmissbrauch vor, wenn eine Anschlussprüfung angeordnet wird, um den Eintritt der Festsetzungsverjährung zu verhindern (FG Baden-Württemberg, Beschluss vom 07.11.2005, 10 V 16/05, DStRE 2006, 633, rkr.). Beim vorläufigen Rechtsschutz gegen eine Prüfungsanordnung bei möglicher Verjährung ist für die Prognose über die Erfolgsaussichten des Rechtsbehelfs der Eintritt der Festsetzungsverjährung jedenfalls dann entscheidungserheblich, wenn die Verjährung auf der Hand liegt, weil es keine Anhaltspunkte dafür gibt, dass die Festsetzungsfrist ausnahmsweise noch nicht abgelaufen ist (BFH, Beschluss vom 26.01.2006, VI B 89/05, DStRE 2006, 825).

Eine Prüfungsanordnung ist nicht schon deshalb rechtswidrig, weil die Steueransprüche, die überprüft werden sollen, möglicherweise verjährt sind oder aus anderen Gründen nicht durchgesetzt werden können. Daher bedarf es auch bei der Frage, ob eine Prüfungsanordnung erweitert werden darf bzw. dürfte, weder seitens des FA noch seitens des FG einer abschließenden Prüfung der sich aus den Feststellungen der beabsichtigten Ap ergebenden materiell-rechtlichen Fragen (BFH, Beschluss vom 03.03.2006, IV B 39/04, BFH/NV 2006, 1250).

Grundsätzlich kann eine Bp – und damit die Vorlage von Urkunden – auch für solche Steuern angeordnet werden, für die Festsetzungsverjährung bereits eingetreten ist (BFH, Beschluss vom 13.07.2006, VII B 296/05, BFH/NV 2006, 1799). Es ist höchstrichterlich geklärt, dass eine Ap grundsätzlich auch für solche Steuern angeordnet werden kann, für die bereits Festsetzungsverjährung eingetreten ist, und dass ein Antrag auf Aussetzung der Vollziehung einer Prüfungsanordnung das Begehren einschließt, den Beginn der Prüfung hinauszuschieben (BFH, Beschluss vom 15.05.2007, I B 10/07, BFH/NV 2007, 1624). Eine Ap ist auch dann zulässig, wenn festgestellt werden soll, ob Steuern hinterzogen oder leichtfertig verkürzt worden sind und daher die verlängerte Festsetzungsfrist eingreift (BFH, Beschluss vom 13.01.2010, X B 113/09, BFH/NV 2010, 600). Die Anordnung einer Ap ist nur dann ermessensfehlerhaft, wenn schon zum Zeitpunkt der Prüfungsanordnung eindeutig feststeht, dass für die zu prüfenden Besteuerungszeiträume Festsetzungsverjährung eingetreten ist. Die Einleitung eines Steuerstrafverfahrens steht der Durchführung einer Ap nicht entgegen (FG München, Beschluss vom 25.03.2010, 14 V 3963/09, EFG 2010, 1372, rkr.).

Gegen die Anberaumung einer Bp für der Verjährung unterliegende Zeiträume sollten in jedem Fall Rechtsbehelfe (Einspruch und Aussetzung der Vollziehung) unter Berufung auf das genannte Urteil des FG München eingelegt werden.

1.2.1 Beginn der Außenprüfung: Hemmung des Ablaufs der Festsetzungsfrist

Wird vor Ablauf der **Festsetzungsfrist** mit einer Ap begonnen oder wird der Prüfungsbeginn auf Antrag des Stpfl. hinausgeschoben, so läuft die Festsetzungsfrist für die Steuern, auf die sich die Ap erstreckt oder im Falle der Hinausschiebung der Ap erstrecken sollte, nicht ab, bevor die aufgrund der Ap zu erlassenden Steuerbescheide unanfechtbar geworden sind. Dies gilt nicht, wenn eine Ap unmittelbar nach ihrem Beginn für die Dauer von mehr als sechs Monaten aus Gründen unterbrochen wird, die die Finanzverwaltung zu vertreten hat (§ 171 Abs. 4 AO; zur Hemmung des Ablaufs der Festsetzungsfrist durch die Ap siehe eingehend Eberlein, DStZ 2005, 657 ff.).

Die Unterbrechung der Außenprüfung durch einen Rechtsbehelf ist vom FA nicht zu vertreten, wenn der mit dem Rechtsbehelf angefochtene Verwaltungsakt einen hinreichenden sachlichen Zusammenhang zu dem Gegenstand der Außenprüfung hat. Dies ist dann anzunehmen, wenn das Ergebnis des Rechtsbehelfsverfahrens den Ablauf der Außenprüfung beeinflussen kann (FG München, Urteil vom 01.08.2023 12 K 1177/23, BeckRS 2023, 43653 = DStRK 2024, 126 rkr. mit Anm. Wilhelm).

Die Entgegennahme von Buchführungsdaten am Prüfungsort ist eine vom Prüfer veranlasste und damit für den Stpfl. erkennbar auf die Ermittlung des Steuerfalls gerichtete Handlung, die dem von der Rspr. als qualifizierte Prüfungshandlung anerkannten Verlangen nach der Übergabe von Belegen und Unterlagen gleichsteht. Wurden Buchführungsdaten vor ihrem Ausdruck zunächst in einem Programm eingelesen und dann programmseitig einer Plausibilitätskontrolle unterzogen, liegt eine dem Prüfer zuzurechnende qualifizierte Prüfungshandlung vor (so BFH, Urteil vom 26.04.2017, I R 76/15, BStBl II 2017, 1159).

Fordert der Prüfer zu Beginn einer Ap eine Daten-CD i. S. des § 147 Abs. 6 AO an, stellt dies den Beginn der Ap dar. Wird diese sodann unmittelbar nach ihrem Beginn für die Dauer von mehr als sechs Monaten aus in der Sphäre der FinVerw liegenden Gründen unterbrochen, wurde der Ablauf der regelmäßigen Festsetzungsverjährung durch den Beginn der Prüfung nicht gehemmt (FG Rheinland-Pfalz, Urteil vom 12.06.2019, 2 K 1277/18, EFG 2019, 1884, 1887 f. m. Anm. Weirich; die eingelegte NZB wurde per

BFH-Beschluss vom 04.03.2020 VIII B 140/19 BFH/NV 2020, 753 als unbegründet verworfen; vgl. auch Hessisches FG, Urteil vom 19.08.2021, 8 V 1612/17, EFG 2021, 1041, 1047 f., vorl. nicht rkr., mit Anm. Tiedchen).

Danach wird also die Festsetzungsfrist gehemmt, wenn vor ihrem Ablauf mit einer Ap (nicht: Einzelermittlung) begonnen wird oder der Prüfungsbeginn auf Antrag des Stpfl. hinausgeschoben wird. Die Fristhemmung gilt für die **Steuern, die in der Prüfungsanordnung genannt** sind bzw. dann tatsächlich von der Ap erfasst werden (BFH, Urteil vom 04.11.1992, XI R 32/91, BStBl II 1993, 425).

Die Hemmung der Festsetzungsverjährung durch den Beginn einer Ap kann auch durch die tatsächliche Aufnahme des Aktenstudiums an Amtsstelle eintreten. Hieran sind jedoch strenge Anforderungen zu stellen. Die objektive Feststellungslast für den Prüfungsbeginn trägt das FA (FG des Landes Sachsen-Anhalt, Urteil vom 27.05.2004, 1 K 1187/03, EFG 2004, 1738, rkr.). Im Interesse der Rechtssicherheit sollte der Beginn der Prüfung durch Studium der Akten dem Stpfl. in geeigneter Weise erkennbar gemacht werden. Dies kann in der Weise geschehen, dass der Prüfer beim Stpfl. erscheint und konkret auf den Inhalt der Akten Bezug nimmt; die pauschale Behauptung des Prüfers, er habe sich im Amt mit den Akten befasst, genügt nicht (so Drüen, in Tipke/Kruse, AO, § 171 Tz. 37; vgl. BFH, Urteil vom 24.02.2003, VII R 3/02, BStBl II 2003, 739, 741).

Das Aktenstudium an Amtsstelle kann den die Ablaufhemmung nach § 171 Abs. 4 AO auslösenden Beginn einer Außenprüfung nur dann darstellen, wenn dessen Gegenstand nachweislich die konkreten Verhältnisse des zu prüfenden Betriebs sind (FG Düsseldorf, Urteil vom 07.05.2019, 6 K 2302/15 K, DStRE 2020, 15 [NZB eingelegt; Az. des BFH: I B 42/19]).

Eine Außenprüfung beginnt bereits mit der Durchsicht übersandter Unterlagen und einem hierzu folgenden inhaltlichen Schriftverkehr. Kann an diese Ergebnisse nach der Wiederaufnahme der Prüfung angeknüpft werden, liegt keine Unterbrechung der Außenprüfung vor (FG Hamburg, Beschluss vom 11.06.2014, 1 V 290/13, EFG 2014, 1762, rkr.). Die Anforderung und Entgegennahme einer Daten-CD steht als qualifizierte Prüfungshandlung der Übergabe von Belegen und Unterlagen gleich und ist als Beginn einer Außenprüfung anzusehen, die das Vertrauen des Steuerpflichtigen in den Ablauf der Verjährungsfrist beseitigt.

Das Gleiche gilt für hinreichend dokumentierte interne, nicht nach außen offengelegte Prüfungshandlungen des FA (FG Hessen, Urteil vom 19.01.2021 8 K 1612/17, 8 K 822/20, DStRE 2022, 73, rkr.). Die Voraussetzungen des für die Ablaufhemmung der Festsetzungsfrist maßgeblichen Beginns der Außenprüfung für ein Erweiterungsjahr werden bereits durch die Anforderung der Vorlage von nicht auf einen bestimmten Einzelsachverhalt bezogenen Aufzeichnungen, Büchern und Geschäftspapieren für dieses Jahr durch den Prüfer erfüllt.

Eine solche Prüfungshandlung ist nicht deshalb lediglich der Prüfungsvorbereitung zuzuordnen, weil sie vor der Bekanntgabe der ergänzenden Prüfungsanordnung und vor dem in dieser Prüfungsanordnung angegebenen Prüfungsbeginn erfolgt ist (FG Düsseldorf, Urteil vom 08.07.2022 1 K 472/22 U, EFG 2022, 1488, 1490 f. m. Anm. Lupczyk = DStRE 2023, 815 = StBp 2023, 32 [NZB eingelegt; Az. des BFH: V B 75/22]).

Der Ablauf der Festsetzungsfrist ist auch dann gehemmt, wenn die tatsächliche Prüfungshandlung dem Erlass einer Erweiterung der Prüfungsanordnung vorausgeht, sofern die Prüfungsanordnung vor Ablauf der Festsetzungsfrist ergänzt wird (BFH, Beschluss vom 29.06.2004, X B 155/03, BFH/NV 2004, 1510).

Legt der Betriebsprüfer in den Räumen des Stpfl. mittels Durchsicht der Prüfungsberichte die Prüfungsschwerpunkte und Prüfungsfelder fest, bedarf es zum Beginn der Ap keiner weiteren nach außen erkennbaren Prüfungshandlungen. Eine Scheinhandlung liegt nicht bereits deshalb vor, weil der Prüfer nach dem ernsthaften Beginn der Ap diese nach vier Tagen zur Aufnahme einer weiteren Prüfung unterbricht (Niedersächsisches FG, Urteil vom 13.05.2004, 6 K 312/00, EFG 2004, 1652, rkr.).

§ 171 Abs. 4 Satz 1 AO gilt auch bei einer Vereinbarung zwischen Stpfl. und Prüfer, den Prüfungsbeginn hinauszuschieben (BFH, Beschluss vom 25.10.2005, VIII B 290/04, BFH/NV 2006, 242). Eine Ablaufhemmung durch einen Antrag auf Verschiebung der Ap nach § 171 Abs. 4 Satz 1 AO setzt voraus, dass die Erklärung des Stpfl. klar und eindeutig den Wunsch zum Ausdruck bringt, den Prüfungsbeginn zu verschieben (Schleswig-Holsteinisches FG, Urteil vom 09.11.2006, 3 K 221/03, EFG 2007, 642, rkr.).

Der für die Ablaufhemmung gemäß § 171 Abs. 4 AO maßgebliche Beginn der Ap erfordert eine qualifizierte Maßnahme der Verwaltung, die wegen ihres besonderen Gewichts für den Betroffenen keine Zweifel darüber lässt, dass sie zur Überprüfung des betreffenden Steuerfalls vorgenommen wird. Nicht hinreichend ist die bloße Übergabe der Prüfungsanordnung oder das Erscheinen des Prüfers am Prüfungsort. Die Hemmung des Ablaufs der Festsetzungsfrist gemäß § 171 Abs. 4 AO wegen eines Antrags des Stpfl. auf Hinausschieben des Prüfungsbeginns erfordert einen Antrag des Stpfl., der erkennbar darauf abzielt, die Prüfung möge zu dem beabsichtigten Zeitpunkt unterbleiben und zu einem späteren Termin durchgeführt werden. Nicht ausreichend ist, dass der Stpfl. – ohne einen solchen Antrag gestellt zu haben – durch sein Verhalten Anlass zu einer Verschiebung der Ap gegeben hat. Ein Antrag auf Aussetzung der Vollziehung steht einem Antrag auf Hinausschieben des Prüfungsbeginns auch dann gleich, wenn das FA den Prüfungsbeginn aufgrund des Aussetzungsantrags verschiebt, ohne dass eine formelle Entscheidung über den Aussetzungsantrag gefallen ist. Das gilt jedenfalls in Fällen einer rechtmäßigen bzw. nicht angefochtenen oder anderweitig bestandskräftig gewordenen Prüfungsanordnung (FG Köln, Urteil vom 17.04.2008, 10 K 49/05, EFG 2008, 1262, rkr.).

Ein Beginn der Ap i. S. d. § 171 Abs. 4 AO kann bereits in sachverhaltsbezogenen Anfragen und der Aufforderung seitens der Betriebsprüfer zur Vorlage von Urkunden zu sehen sein. Ein vom Stpfl. gegenüber den Betriebsprüfern ausgesprochenes „Hausverbot“ und – damit verbunden – eine faktische Verhinderung der Aufnahme von Prüfungshandlungen beim Stpfl. steht der Annahme eines „Beginns der Außenprüfung“ i. S. d. § 171 Abs. 4 AO nicht entgegen. Die Frage, von wem eine Unterbrechung einer Ap i. S. d. § 171 Abs. 4 Satz 2 AO zu vertreten ist, richtet sich danach, wessen Verantwortungsbereich die Gründe für die Unterbrechung zuzurechnen sind (FG Baden-Württemberg, Urteil vom 11.03.2008, 4 K 87/07, EFG 2008, 1263 = DStRE 2009, 1019, zwischenzeitlich rkr.).

Der Ablauf der Festsetzungsfrist ist auch dann gehemmt, wenn eine Ap nach einer Unterbrechung von mehr als sechs Monaten vor Ablauf der normalen Festsetzungsfrist ohne neue Prüfungsanordnung fortgeführt wird (BVerfG, Beschluss vom 05.05.2004, 1 BvR 1303/03, DStZ 2004, 613). Wird eine Ap vier Monate nach ihrem Beginn unterbrochen, so führt dies nicht dazu, dass die durch die Prüfung bewirkte Hemmung des Ablaufs der Festsetzungsfrist entfällt (BFH, Urteil vom 24.10.2006, I R 90/05, BFH/NV 2007, 849; zur Ablaufhemmung weben Betriebsprüfung und Unterbrechung der Betriebsprüfung instruktiv FG München, Urteil vom 01.08.2023 – 12 K 1177/23 DStRE 2024, 1330 rkr. = NWB 2024, 3120, 3125 ff. mit Anm. Weber).

Letzte Ermittlungen im Rahmen der Außenprüfung setzen Maßnahmen des Prüfers oder des FA voraus, die darauf gerichtet sind, bisher noch nicht bekannte Sachverhaltselemente festzustellen, etwa indem der Prüfer Unterlagen anfordert, den Steuerpflichtigen in irgendeiner Weise zur Mitwirkung auffordert oder vom Steuerpflichtigen nachgereichte Unterlagen auswertet. Es ist erforderlich, dass der Zeitpunkt der letzten Ermittlungshandlungen im Interesse der verjährungsrechtlichen Rechtssicherheit eindeutig feststeht (BFH Urteil vom 28.06.2011, VIII R 6/09, BFH/NV 2011, 1830).

Die Ablaufhemmung gemäß § 171 Abs. 4 AO tritt auch dann ein, wenn das FA ohne eine formelle Entscheidung aufgrund eines Antrags auf Aussetzung der Vollziehung der Prüfungsanordnung den Prüfungsbeginn verschiebt (FG Köln, Urteil vom 17.04.2008, 10 K 43/05, DStRE 2008, 1348, rkr.). Es ist geklärt, dass derjenige, der durch Anfechtung und Aussetzung der Vollziehung der Prüfungsanordnung oder der Festlegung des Prüfungsbeginns bewirkt, dass die Prüfung nicht zu dem vorgesehenen Zeitpunkt beginnt, demjenigen gleichzustellen ist, der die Verschiebung der Prüfung beantragt (BFH, Beschluss vom 11.05.2011, VIII B 70/10, BFH/NV 2011, 1475).

Der die Ablaufhemmung der Festsetzungsfrist bewirkende Beginn einer Außenprüfung setzt Maßnahmen voraus, die für den Steuerpflichtigen als Prüfungshandlungen erkennbar und geeignet sind, sein Vertrauen in den Ablauf der Verjährungsfrist zu beseitigen (BFH-Beschluss vom 31.03.2014, I B 120/13, BFH/NV 2014, 1009).

Die Zusammenstellung des Prüfungsergebnisses einer Ap in einem Betriebsprüfungsbericht stellt keine – den Ablauf der Festsetzungsfrist hinausschiebende – letzte Ermittlungshandlung im Rahmen der Ap nach § 171 Abs. 4 Satz 3 AO dar. Reicht der Stpfl. nach Zusendung des Betriebsprüfungsberichts eine – ausdrücklich vorbehaltene – Stellungnahme und Unterlagen ein, die zu einem Wiedereintritt der Ermittlungshandlungen führen, erfolgen diese noch im Rahmen der Ap (BFH, Urteil vom 08.07.2009, XI R 64/07, BStBl II 2010, 4 = DB 2009, 2246 mit Anm. Michel).

Auch bei einem Antrag auf befristetes Hinausschieben des Beginns der Ap, der für das Verschieben des Prüfungsbeginns ursächlich ist, entfällt die Ablaufhemmung nach § 171 Abs. 4 Satz 1 Alt. 2 AO nur, wenn die Finanzbehörde nicht vor Ablauf von zwei Jahren nach Eingang des Antrags mit der Prüfung beginnt (Heranziehung des in § 171 Abs. 8 Satz 2 und Abs. 10 AO enthaltenen Rechtsgedankens; BFH, Urteil vom 17.03.2010, IV R 54/07, BFH/NV 2010, 1510 = BB 2010, 1571 mit Anm. Bode; bestätigt durch BFH, Urteil vom 01.02.2012, I R 18/11, BFH/NV 2012, 825 = DStR 2012, 699; hierzu Scheel, StBp 2013, 19, 20). § 171 Abs. 4 Satz 1 AO ist nicht dahin auszulegen, dass ein zeitlich befristeter Antrag des Stpfl. auf Verschiebung der Ap nur zu einer zeitlich beschränkten Hemmung des Ablaufs der Verjährung führt (FG München, Urteil vom 29.10.2009, 5 K 3075/06, EFG 2010, 377 mit Anm. Lemaire, zwischenzeitlich rkr.).

Zu den Auswirkungen des Antrags auf Prüfungsaufschub auf den Eintritt der Ablaufhemmung hat der Bundesfinanzhof folgende Klarstellung vorgenommen: Es ist geklärt, dass derjenige, der durch Anfechtung und Aussetzung der Vollziehung der Prüfungsanordnung oder der Festlegung des Prüfungsbeginns bewirkt, dass die Prüfung nicht zu dem vorgesehenen Zeitpunkt beginnt, demjenigen gleichzustellen ist, der die Verschiebung der Prüfung beantragt. Es ist ferner geklärt, dass der Aussetzungsantrag das Begehren einschließt, den Beginn der Außenprüfung hinauszuschieben, bis über die Rechtmäßigkeit des angefochtenen Verwaltungsakts entschieden ist. Anträge auf Prüfungsaufschub können formlos gestellt werden. Es ist geklärt, dass die Finanzbehörde angemessene Zeit nach dem Wegfall der Verschiebungsgründe tätig werden und Prüfungsmaßnahmen ergreifen muss, um zu vermeiden, dass die durch den Verschiebungsantrag ausgelöste Ablaufhemmung rückwirkend entfällt. Zu der Frage, welche Zeit als angemessen anzusehen ist, BFH, Beschluss vom 11.05.2011, VIII B 70/10, BFH/NV 2011, 1475.

Die Ablaufhemmung, die durch die Stellung eines (befristeten) Antrags des Steuerpflichtigen auf Hinausschieben des Beginns einer Außenprüfung eintritt, endet, wenn der Prüfer auch zwei Jahre nach dem Verschiebungsantrag nicht mit tatsächlichen Prüfungshandlungen begonnen hat. Stellt der Steuerpflichtige während der Zwei-Jahres-Frist einen weiteren Verschiebungsantrag, beginnt die Zwei-Jahres-Frist erneut. Ein Antrag auf Hinausschieben des Beginns einer Außenprüfung, der die Ablaufhemmung auslöst, kann erst angenommen werden, wenn die Finanzbehörde den Prüfungsbeginn in einer Weise festgelegt hat, die die Mindestanforderungen an die Annahme eines Verwaltungsakts erfüllt (BFH, Urteil vom 19.05.2016, X R 14/15, BStBl II 2017, 97, im Anschluss an BFH-Urteil vom 17.03.2010, IV R 54/07, BStBl II 2011, 7; hierzu Scheel, StBp 2013, 19, 20; Pieske-Kontny, StBp 2018, 238, 244).

Es ist nicht klärungsbedürftig, dass die Regelung des § 171 Abs. 4 Satz 2 AO, nach der die Ablaufhemmung entfällt, wenn eine Außenprüfung unmittelbar nach ihrem Beginn aus von der Finanzbehörde zu vertretenden Gründen für die Dauer von mehr als sechs Monaten unterbrochen wird, auch dann eingreift, wenn der Prüfungsbeginn auf Antrag des Steuerpflichtigen hinausgeschoben wurde (§ 171 Abs. 4 Satz 1 Alt. 2 AO; so BFH, Beschluss vom 04.03.2020, VIII B 140/19, BFH/NV 2020, 753 = AktStR 2020, 437 ff. m. Anm. Krohn).

Der Umfang der Ablaufhemmung des § 171 Abs. 4 AO wird nach ständiger Rechtsprechung dadurch bestimmt, welche Steuerarten und Besteuerungszeiträume die jeweilige Prüfungsanordnung erfasst und hinsichtlich welcher tatsächlich Prüfungshandlungen vorgenommen worden sind. Dabei ist ein Steuerbescheid auch dann „aufgrund einer Außenprüfung ergangen“, wenn er einen aufgrund der Außenprüfung ergangenen Bescheid ändert oder berichtigt (BFH, Urteil vom 30.03.2011, I R 41/10, BFH/NV 2011, 1285).

Es ist erforderlich, dass der Zeitpunkt der letzten Ermittlungshandlungen im Interesse der verjährungsrechtlichen Rechtssicherheit eindeutig feststeht (BFH, Urteil vom 28.06.2011, VIII R 6/09, BFH/NV 2011, 1830).

Für die Annahme einer Ermittlungshandlung im Rahmen einer Außenprüfung, die nicht gem. § 171 Abs. 4 Satz 2 AO unterbrochen worden ist, ist nicht zwingend erforderlich, dass diese dem Steuerpflichtigen bekanntgegeben wird. Die Untätigkeit des Prüfers allein begründet kein Vertrauen darauf, dass das FA die Außenprüfung als erledigt betrachtet (BFH-Urteil vom 26.06.2014, IV R 51/11, BFH/NV 2014, 1716).

Eine Außenprüfung wird nicht i. S. v. § 171 Abs. 4 Satz 2 AO unmittelbar nach ihrem Beginn unterbrochen, wenn die bis zur Unterbrechung vorgenommenen Prüfungshandlungen entweder von erheblichem Gewicht waren oder erste verwertbare Ergebnisse gezeigt haben. Für Letzteres ist ausreichend, dass an die Ermittlungsergebnisse nach Wiederaufnahme der Prüfung angeknüpft werden kann (BFH, Beschluss vom 31.08.2011, I B 9/11, BFH/NV 2011, 2011).

Einem Antrag des Steuerpflichtigen i. S. d. § 171 Abs. 4 Satz 1 Alt. 2 AO steht eine Vereinbarung des Steuerpflichtigen mit dem Prüfer, den Prüfungsbeginn einvernehmlich hinauszuschieben, gleich; denn nach allgemeinen Vertragsgrundsätzen erfordert eine solche Vereinbarung eine eindeutige, gegenüber dem Prüfer geäußerte Erklärung des Steuerpflichtigen, dass sein rechtsgeschäftlicher Wille auf ein Hinausschieben des Prüfungsbeginns gerichtet sei. Ist der Antrag auf Aufschub des Prüfungsbeginns nicht befristet und enthält er keine zeitlichen Vorgaben, endet die Festsetzungsfrist, nachdem der Hinderungsgrund (z. B. ein Rechtsbehelfsverfahren wegen Prüfungsmaßnahmen) beseitigt ist und die Finanzbehörde hiervon Kenntnis hat. Der Finanzbehörde muss dann aber ein Vorlauf von einigen Monaten eingeräumt werden, um die Prüfung nach dem Entfall des Hindernisses wieder in die Prüfungspläne aufnehmen zu können (FG Münster, Urteil vom 06.06.2016, 13 K 460/14 E, EFG 2016, 1489, 1493, rkr., mit Anmerkung Schmitz-Herscheidt).

Auch sog. qualifizierte Prüfungshandlungen, die nur ein Prüfungsjahr betreffen, führen dazu, dass die Außenprüfung insgesamt – also auch bezogen auf andere Prüfungsjahre – als nicht unmittelbar nach dem Prüfungsbeginn unterbrochen i. S. d. § 171 Abs. 4 Satz 2 AO gilt. Die Entgegennahme von Buchführungsdaten am Prüfungsort ist eine vom Prüfer veranlasste und damit für den Steuerpflichtigen erkennbar auf die Ermittlung des Steuerfalls gerichtete Handlung, die dem von der Rechtsprechung als qualifizierte Prüfungshandlung anerkannten Verlangen nach der Übergabe von Belegen und Unterlagen gleichsteht. Wurden Buchführungsdaten vor ihrem Ausdruck zunächst in ein Programm eingelesen und dann programmseitig einer Plausibilitätskontrolle unterzogen, liegt eine dem Prüfer zuzurechnende qualifizierte Prüfungshandlung vor (BFH-Urteil vom 26.04.2017, I R 76/15, BStBl II 2017, 1159). Aufgrund der vorgenannten – facettenreichen – Rechtsprechung zu den Modalitäten der Ablaufhemmung nach Durchführung einer Außenprüfung wird im Schrifttum zu Recht die Empfehlung ausgesprochen, stets die **Festsetzungsverjährung** von Steuerbescheiden zu prüfen (siehe Schneider/Hofmann/Hage, Stbg 2012, 504 ff.).

Zu beachten ist, dass eine Ap bezüglich der Einkommensteuer sich nicht auf die Feststellung der einheitlichen und gesonderten Besteuerungsgrundlagen (vgl. § 180 Abs. 1 AO) erstreckt, es sei denn, die gesonderte Feststellung ist ausdrücklich in der Prüfungsanordnung genannt (BFH, Urteil vom 04.11.1992, XI R 32/91, BStBl II 1993, 425).

Eine Prüfungsanordnung, die eindeutig an einen falschen Inhaltsadressaten gerichtet ist, führt nicht zur Hemmung der Festsetzungsfrist nach § 171 Abs. 4 AO. Der durch die Festsetzungsverjährung erloschene Steueranspruch lebt nicht nach dem Grundsatz von Treu und Glauben wieder auf (BFH, Urteil vom 11.11.2020 XI R 11/18, DB 2021, 2464 m. Anm. Werth).

Reform der Ablaufhemmung für die Außenprüfung nach dem DAC-7-Umsetzungsgesetz

Ein Eckpfeiler der Modernisierung des Steuerverfahrensrechts ist die zeitliche Begrenzung der Ablaufhemmung der Festsetzungsfrist aufgrund Durchführung einer Außenprüfung. Im Einzelnen wurde Folgendes bestimmt:

Durch die Begrenzung des für die Durchführung einer Außenprüfung und die Auswertung der Prüfungsfeststellungen zur Verfügung stehenden Zeitraums soll eine wesentliche Beschleunigung der Außenprüfung erreicht werden. Die Ablaufhemmung nach § 171 Abs. 4 Satz 1 AO endet zu diesem Zweck nun grundsätzlich spätestens fünf Jahre nach Ablauf des Kalenderjahres, in dem die Prüfungsanordnung bekanntgegeben wurde (Fünfjahresbefristung nach § 171 Abs. 4 Satz 3 Halbsatz 1 AO). Weitergehende Ablaufhemmungen der Festsetzungsfrist nach anderen Bestimmungen gelten aber unverändert weiter (§ 171 Abs. 4 Satz 3 Halbsatz 2 AO).

Wurde auf Antrag des Steuerpflichtigen der Beginn der Außenprüfung verschoben oder die Außenprüfung unterbrochen, verlängert sich die Fünfjahresbefristung um die Dauer des Hinausschiebens oder der Unterbrechung (§ 171 Abs. 4 Satz 4 AO). Der Antrag des Steuerpflichtigen muss dabei für die Verschiebung oder die Unterbrechung maßgeblich sein. Hat dagegen die Finanzbehörde die Verschiebung oder die Unterbrechung der Außenprüfung zu vertreten, gilt diese Verlängerung der Fünfjahresbefristung der Ablaufhemmung nicht.

Nimmt die Finanzbehörde für die in der Prüfungsanordnung genannten Steuern vor Ablauf der Fünfjahresbefristung der Ablaufhemmung zwischenstaatliche Amtshilfe in Anspruch, verlängert sich dieser Zeitraum um die Dauer der zwischenstaatlichen Amtshilfe, mindestens aber um ein Jahr (§ 171 Abs. 4 Satz 5 AO). Dies gilt allerdings nur, sofern der Steuerpflichtige auf die Inanspruchnahme der zwischenstaatlichen Amtshilfe vor Ablauf der Fünfjahresbefristung hingewiesen wurde (§ 171 Abs. 4 Satz 6 AO).

Wurde dem Steuerpflichtigen vor Ablauf der Festsetzungsfrist die Einleitung eines Strafverfahrens für eine der geprüften Steuern bekannt gegeben und infolgedessen mit einer Außenprüfung nicht begonnen oder eine bereits begonnene Außenprüfung unterbrochen, gilt die Fünfjahresbefristung überhaupt nicht (§ 171 Abs. 4 Satz 7 AO).

Die Verkürzung der Ablaufhemmung nach § 171 Abs. 4 AO durch Anknüpfung der Fünfjahresbefristung wird durch ergänzende Neuregelungen im Rahmen des § 197 Abs. 5 AO verstärkt. Die Neuregelungen gelten ab dem 01.01.2025, können aber auch bereits für Steuerarten vor 2025 Geltungswirkung entfalten (hierzu Baum, NWB 2023, 460, 465 f.; Hübner, Ubg 2023, 248 ff.; zum Regierungsentwurf vgl. Baum/Rohde, NWB 2022, 2672, 2673 ff.).

1.2.2 Keine Unterbrechung der Festsetzungsfrist durch Scheinhandlung

Der die Ablaufhemmung der Festsetzungsfrist bewirkende Beginn einer Ap setzt Maßnahmen voraus, die für den Stpfl. als Prüfungshandlungen erkennbar und geeignet sind, sein Vertrauen in den Ablauf der Verjährungsfrist zu beseitigen. Eine Ap ist dann nicht mehr unmittelbar in ihrem Beginn unterbrochen, wenn die Prüfungshandlungen nach Umfang und Zeitaufwand, gemessen an dem gesamten Prüfungsstoff, erhebliches Gewicht erreicht oder erste verwertbare Ergebnisse gezeigt haben. Die Wiederaufnahme einer unterbrochenen Ap erfordert nach außen dokumentierte – oder zumindest anhand der Prüfungsakten nachvollziehbare – Maßnahmen, die der Stpfl. als eine Fortsetzung erkennen kann (BFH, Urteil vom 24.04.2003, VII R 3/02, BFH/NV 2003, 1237).

Wird eine Ap nach einer Unterbrechung von mehr als sechs Monaten vor Ablauf der normalen Festsetzungsfrist ausgeführt, so ist die Verjährung auch dann gehemmt, wenn keine neue Prüfungsanordnung erlassen wurde (BFH, Urteil vom 13.02.2003, IV R 31/01, BStBl II 2003, 552).

Ist der Verwaltungsakt, mit dem der Beginn einer Ap festgesetzt wurde, rechtswidrig und hat der Stpfl. diesen oder die Prüfungsanordnung angefochten, so beinhaltet ein Antrag auf Aussetzung der Vollziehung nicht auch einen Antrag auf Verschiebung des Prüfungsbeginns. Der Lauf der Festsetzungsfrist wird in einem solchen Fall nicht gehemmt (BFH, Urteil vom 10.04.2003, IV R 30/01, BFH/NV 2003, 1234).

Der Ablauf der Festsetzungsfrist wird auch gehemmt, wenn die Prüfungsanordnung erst nach der Durchführung der Schlussbesprechung vor Absendung des Prüfberichts erteilt wird (Schleswig-Holsteinisches FG, Urteil vom 27.09.2002, 1 K 167/02, EFG 2003, 130, zwischenzeitlich rkr.). Die Festsetzungsfrist endet im Fall einer Ap nicht bereits dann, wenn keine Schlussbesprechung innerhalb von vier Jahren nach Ablauf des Kalenderjahres durchgeführt wird, in dem die letzten Ermittlungen stattgefunden haben (FG Münster, Urteil vom 19.09.2002, 5 K 8109/98 U, EFG 2003, 131, zwischenzeitlich rkr.; zum Ablauf der Festsetzungsfrist bei Ap einer nicht existenten KG siehe BFH, Urteil vom 13.10.2006, IVR 55/04, BStBl II 2006, 404, 405).

Wird eine Ap nach einer Unterbrechung von mehr als sechs Monaten vor Ablauf der normalen Festsetzungsfrist fortgeführt, so ist die Verjährung auch dann gehemmt, wenn keine neue Prüfungsanordnung erlassen wurde (BFH, Urteil vom 13.02.2003, IV R 31/01, BStBl II 2003, 552).

Für die Abgrenzung ernsthafter Ermittlungshandlungen des Außenprüfers zu bloßen Scheinhandlungen ist auf die Absicht des Prüfers abzustellen, die sich durch äußere Anzeichen dokumentieren muss. Die Anforderung von Prüfungsunterlagen und die Anfertigung von Aufzeichnungen zum Zweck weiterer Prüfungshandlungen können für den Beginn einer Ap ausreichen (Niedersächsisches FG, Urteil vom 13.05.2004, 6 K 312/00, DStRE 2004, 1377, rkr.).

Bei einer kurz vor Ablauf der Festsetzungsverjährung anberaumten Ap sollte stets im Auge behalten werden, ob es sich um den tatsächlichen Prüfungsbeginn oder um eine steuerrechtlich irrelevante Scheinhandlung handelt, die nicht zur Unterbrechung der Festsetzungsfrist geeignet ist.

Darüber hinaus ist im Rahmen der Sechs-Monats-Frist stets im Auge zu behalten, ob die Prüfung aus Gründen, die die Finanzverwaltung zu vertreten hat (z.B. Prüferwechsel, Urlaub, Krankheit, schlichtes Vergessen der Prüfungsfortsetzung), die Prüfungsunterbrechung im Nachhinein ebenfalls irrelevant erscheinen lässt und zum Verjährungseintritt führt (hierzu Drüen, in Tipke/Kruse, AO, § 171 Tz. 46).

Zur Problematik der Prüfungsunterbrechung bei der Ap einer Unternehmensgruppe siehe FG Berlin-Brandenburg, Urteil vom 13.04.2010, 6 K 5440/04 B, EFG 2010, 1956; im Ergebnis bestätigt durch BFH, Beschluss vom 03.11.2011, IV B 62/10 BFH/NV 2012, 369.

1.3 Abgrenzung der Betriebsprüfung gegenüber den Einzelermittlungen

Entscheidend für die **Abgrenzung zwischen Ermittlungen im Rahmen einer Ap und daneben zulässigen Einzelermittlungen** ist, wie sich das Tätigwerden der Finanzbehörde aus der Sicht des Betroffenen in entsprechender Anwendung der zu § 133 BGB entwickelten Rechtsgrundsätze darstellt. Maßgeblich ist, wie der Stpfl. nach den ihm bekannten Umständen den Gehalt der Ermittlungsmaßnahme unter Berücksichtigung von Treu und Glauben verstehen konnte (BFH, Urteil vom 02.02.1994, I R 57/93, BStBl II 1994, 377, 378; BFH, Beschluss vom 29.06.2004, X B 155/03, BFH/NV 2004, 1510; vgl. auch FG Hamburg, Urteil vom 13.03.1995, V 215/93, EFG 1995, 822, rkr.).

Die Abgrenzung kann in der Praxis schwierig sein, wenn Einzelermittlungen beim Stpfl. selbst an Amtsstelle durchgeführt werden. Die Verwaltung spricht auch von **betriebsnaher Veranlagung**. Darunter wird eine punktuelle Sachverhaltsaufklärung im Rahmen des Steuerermittlungsverfahrens an Ort und Stelle mit anschließender Steuerfestsetzung verstanden (§§ 88 ff. AO).

Sinn und Zweck dieses Verfahrens ist es, unschlüssige Steuererklärungen und schwierige Sachverhaltsfragen ohne langwierigen Schriftverkehr durch eine Überprüfung beim Stpfl. selbst aufzuklären und dadurch die Veranlagungsarbeiten schneller abzuwickeln. Das Verfahren kann je nach Ausgestaltung einer abgekürzten Ap nahe kommen (§ 203 AO). Eine betriebsnahe Veranlagung ohne vorangehende Prüfungsanordnung i.S.d. § 196 AO hemmt nicht den Ablauf der Festsetzungsfrist gemäß § 171 Abs. 4 AO (BFH, Urteil vom 06.07.1999, VIII R 17/97, BStBl II 2000, 306).

Ein Außenprüfer, der den Prüfungszeitraum überschreitende Einzelermittlungen anstellt, hat deutlich zu machen, dass die verlangten Auskünfte nicht mehr im Zusammenhang mit einer Ap stehen (BFH, Urteil vom 05.04.1984, IV R 244/83, BStBl II 1984, 790).

Zur Abgrenzung von Außenprüfung und Einzelermittlungen hat die BFH-Rechtsprechung wesentliche Abgrenzungskriterien herausgearbeitet. Die danach jeweils zu berücksichtigenden Einzelkriterien stehen in keiner strengen Rangfolge zueinander, sondern bedürfen einer Gesamtwürdigung (vgl. BFH, Beschluss vom 24.06.2004, XI B 63/02, BFH/NV 2005, 1).

Bezüglich Einzelermittlungen setzt die Ablaufhemmung nach § 171 Abs. 4 AO nicht ein; es kann also hinsichtlich entsprechender Feststellungen im Einzelfall Festsetzungsverjährung eintreten.

Im Allgemeinen muss davon ausgegangen werden, dass Maßnahmen eines Außenprüfers zur Ermittlung eines Steuerfalls Prüfungshandlungen sind, und zwar auch dann, wenn sie „nur" auf die Vorlage von Aufzeichnungen, Büchern, Geschäftspapieren u. Ä. gerichtet sind. Hierzu können auch Schreiben des Prüfers an den Stpfl. gehören. Dies gilt insbesondere, wenn Prüfungshandlungen in den Geschäftsräumen nicht möglich sind, weil dem Prüfer der Zutritt verwehrt wird (BFH, Beschluss vom 03.03.2009, IV S 12/08, BFH/NV 2009, 958; BFH, Urteil vom 19.03.2009, IV R 26/08, BFH/NV 2009, 1405).

1.4 Fortsetzung oder Abbruch der Prüfung im Ermessen der Finanzbehörden

Im Ermessen der Finanzbehörde steht nicht nur, ob eine Prüfung begonnen, sondern auch, ob sie fortgesetzt oder abgebrochen werden sollte. Sie sollte abgebrochen werden, wenn sich herausstellt, dass der Stpfl. seine Steuerpflichten offenbar vergleichsweise zuverlässig erfüllt, sodass, gemessen am Maßstab des Prüfungsbedürfnisses, keine Prüfungsnotwendigkeit besteht, die Prüfung also unergiebig sein wird. Das Weiterprüfen wäre dann bloße Zeitverschwendung und für den Stpfl. eine überflüssige Belästigung (Seer, in Tipke/Kruse, AO, § 193 Tz. 45).

1.5 Statistiken über Mehrergebnisse der Betriebsprüfung

Auf der Grundlage von Meldungen der Länder erstellt das BMF jährlich eine Statistik über die Ergebnisse der steuerlichen Betriebsprüfung der Länder.

In den Betriebsprüfungen der Länder waren im Jahr 2023 bundesweit 12.394 Prüferinnen und Prüfer tätig. Es wurde ein Mehrergebnis von rund 13,2 Mrd. Euro festgestellt.

Von den 8.409.661 Betrieben, die in der Betriebskartei der Finanzämter erfasst sind, wurden 146.516 Betriebe geprüft. Dies entspricht einer Prüfungsquote von 1,7 Prozent im Durchschnitt. Bei den Großunternehmen betrug die Quote 17,8 Prozent.

Ferner wurden 5.803 Prüfungen in sonstigen Fällen vorgenommen, u. a. bei Steuerpflichtigen mit bedeutenden Einkünften beziehungsweise bei Verlustzuweisungsgesellschaften oder Bauherrengemeinschaften.

Quelle: BMF Monatsbericht Oktober 2024, S. 32 ff., die näheren statistischen Einzelheiten im Hinblick auf eine Abstufung von Großbetrieben, Mittelbetrieben, Klein- und Kleinstbetrieben; siehe auch BT/Drucks. 20/13523 vom 25.10.2024

1.6 Deutliche Unterschiede in der Prüfungspraxis der Bundesländer

Relevant für das Prüfungsklima sind auch die rechtspolitischen Vorgaben der Politik. In Nordrhein-Westfalen ist die Prüfungsintensität am penetrantesten. Dies ist noch auf das sog. Schleuser-Papier zurückzuführen, wonach alle Steuererklärungen deshalb kritisch zu hinterfragen sind, weil davon nach der angeblichen Lebenserfahrung davon auszugehen ist, dass jeder Unternehmer quasi ein potentieller Steuerhinterzieher ist.

In Hessen war man sehr tolerant bei Gesetzesverstößen im Rahmen von Betriebsprüfung und Steuerfahndung. Dies ist darauf zurückzuführen, dass die Steuereinnahmen aufgrund der wirtschaftlichen Stärke dieses Bundeslandes ausreichen, um den eigenen Finanzbedarf zu decken und „geprüfte“ überschüssige Einnahmen in den Länderfinanzausgleich abfließen (Stichwort Ostwanderung) und somit das Land Hessen, welches die Verwaltungskosten trägt, die Steuerpflichtigen vergrault und das Geld nicht in den eigenen Kassen letztendlich, sondern im Osten im Rahmen des Länderfinanzausgleichs ankommt.

In den neuen Bundesländern gab es nach der Wiedervereinigung große Probleme bei der Etablierung der Finanzverwaltung. Auch danach ist insbesondere bei rot gefärbten Regierungen eine verschärfte Prüfungspraxis nebst Kriminalisierung festzustellen, die jedoch regional unterschiedlich ist.

Aufgrund der Änderung der politischen Verhältnisse durch eine schwarzgrüne Regierung sind jedoch die laxen Prüfungsmethoden inzwischen eingestellt worden, was die aggressive Prüfungspraxis bei Weitem insbesondere bei ominösen Cum-ex- und Cum-cum-Geschäften beweist. In den neuen Bundesländern ist der Aufbauprozess weitgehend abgeschlossen und die Verhältnisse haben sich weitgehend an die westlichen Verhältnisse angeglichen. Trotz der Einschaltung erfahrener Finanzbeamter aus den alten Bundesländern bestehen hier immer noch erhebliche Erhebungsdefizite. Die Fehlerquote bei der Steuerhebung und Bp ist immer noch hoch (§§ 18 ff. AO). Jedoch ist darauf hinzuweisen, dass nach einer Entscheidung der Betriebsprüfungsreferenten der obersten Finanzbehörden des Bundes und der Länder bei Firmen oder Betrieben der neuen Bundesländer, soweit sie zu Konzernen in den Altländern gehören, Beteiligungen bestehen oder Geschäftsbeziehungen zu nahestehenden Personen in den Altländern vorhanden sind, sichergestellt werden soll, dass diese Firmen oder Betriebe (ggf. im Wege der **Auftragsprüfung**) mitgeprüft werden (OFD Münster, Verfügung vom 10.09.1991, S 1402 – 8 – St 41 – 32, DStR 1991, 1562; weitere Einzelheiten: FinMin Nordrhein-Westfalen, Erlass vom 09.10.1992, S 1401 – V C 5, StEK AO 1977, § 195 Nr. 6; vgl. a. FG Münster, Urteil vom 28.06.2021 1 K 3391/20 AO DStRE 2022, 820 [Rev. eingelegt; Az. d. BFH: VIII R 18/21]).

Bei der Ansiedlung von Unternehmen sollte bedacht werden, dass man sich in einem Bundesland aufhalten sollte, das gegenüber dem Unternehmen eine zumindest neutrale – wenn nicht gar wohlwollende – Einstellung hat.

Die aggressivste Betriebspraxis in Deutschlands mit unübersehbaren Tendenzen zu Unternehmerfeindlichkeit ist in Nordrhein-Westfalen zu konstatieren, während hingegen die süddeutschen Länder Hessen und insbesondere Bayern eine positive bzw. neutrale Einstellung zu unternehmerischen Aktivitäten im Betriebsprüfungsprozess haben.

2. Praktische Bedeutung der BpO St für die Auswahl von Betrieben zur Betriebsprüfung

Die Finanzverwaltung hat nicht genügend Kapazitäten, um sämtliche Betriebe zu prüfen. Im Rahmen einer typisierenden Betrachtungsweise hat die Finanzverwaltung die Betriebe in folgende Größenklassen aufgeteilt (§ 3 BpO St vom 15.03.2000, BStBl I 2000, 368):

- Großbetriebe (G),
- Mittelbetriebe (M),
- Kleinbetriebe (K),
- Kleinstbetriebe (Kst).

Der Stichtag, der maßgebende Besteuerungszeitraum und die Merkmale für diese Einordnung werden von den obersten Finanzbehörden der Länder im Einvernehmen mit dem Bundesministerium der Finanzen festgelegt. Dies ist zuletzt hinsichtlich der Einordnung der Größenklassen zum 01.01.2024 geschehen (§ 3 BpO mit BMF-Schreiben vom 15.12.2022 IV A 8 – S 1450/19/10001 :003 DOK 2022/0957811 BStBl I 2022, 1669; zu den praktischen Auswirkungen instruktiv Beyer, NWB 2023, 3486 f. nebst Verzeichnis der Wirtschaftszweige/Gewerbekennzahlen BMF, Schreiben vom 20.04.2022 IV A 8 – S 1451/19/10001:001 DOK 2022/0180068 BStBl I 2022, 583 = EStB 2022, 215 m. Anm. Günther. betr. Wirtschaftszweige/Gewerbekennzahlen; zum Postulat einer **zeitnahen Betriebsprüfung** siehe Risse, FR 2011, 117 ff.; Hermenau, FR 2011, 120 ff.; Hruschka, Stbg 2012, 1, 4 f.):

Einheitliche Abgrenzungsmerkmale für den 24. Prüfungsturnus (1. Januar 2024)

Betriebsart	**Betriebsmerkmale**	**G-Betriebe**	**M-Betriebe**	**K-Betriebe**
			Über €	
Handelsbetriebe (H)		14 000 000	8 600 000	1 100 000
		800 000	335 000	68 000
Fertigungsbetriebe (F)		12 000 000	5 200 000	610 000
		950 000	300 000	68 000
Freie Berufe (FB)		12 000 000	5 600 000	990 000
		1 400 000	700 000	165 000
Andere Leistungsbetriebe (AL)		14 000 000	6 700 000	910 000
		1200 000	400 000	77 000
Kreditinstitute		175 000 000	42 000 000	13 000 000
		670 000	230 000	57 000
Versicherungsunternehmen Pensionskassen (V)		36 000 000	6 000 000	2 200 000
Unterstützungskassen (U)				alle
Land- und forstwirtschaftliche Betriebe (LuF)	Umsatzerlöse oder	6 000 000		
	steuerlicher Gewinn	475 000	135 000	60 000
sonstige Fallart	**Erfassungsmerkmale**	**Erfassung in der Betriebskartei**		
Verlustgesellschaften (VG)')	Betriebe mit hohen Verlusten und hohem Vorsteuervolumen oder mit Umstellung auf Tonnagebesteuerung	als G-Betriebe		

Einheitliche Abgrenzungsmerkmale für den 24. Prüfungsturnus (1. Januar 2024)				
Betriebsart	**Betriebsmerkmale**	**G-Betriebe**	**M-Betriebe**	**K-Betriebe**
		Über €		
Beteiligungsgesellschaften (BG)')	Gewerbekennzahlen 64201.0, 64202.0, 64203.0	als M-Betriebe		
bedeutende steuerbegünstigte Körperschaften und Berufsverbände (BKÖ)')	Summe der Einnahmen über 6 000 000€	als G-Betriebe		
Fälle mit bedeutenden Einkünften (bE)2)	Summe der positiven Einkünfte gem. § 2 Absatz 1 Satz 1 Nrn. 4 bis 7 EStG über 500 000 € (keine Saldierung mit negativen Einkünften)	als M-Betriebe		

Im Schrifttum sind Möglichkeiten der Anfechtung der Prüfungsanordnung wegen sachlicher Unzuständigkeit behandelt worden (siehe Peters, Stbg 2022, 100). Eine streitige Zuständigkeit kann dann von praktischer Relevanz sein, wenn der Steuerpflichtige vermeiden will, von einem Finanzamt geprüft zu werden, wo er mit Vorbehalten, Animositäten, Schikanen rechnen muss.

Die sachliche und örtliche Zuständigkeit für die Anordnung von Außenprüfungen (ausgenommen LSt-Außenprüfungen und USt-Sonderprüfungen) bestimmt sich in NRW bei Konzern- und Großbetrieben gem. §§ 16 ff. AO i. V. m. § 17 Abs. 2 Satz 3 Nr. 2 FVG i. V. m. § 21 f. FA-ZVO NRW und nicht nach §§ 13 bis 18 BpO.

Zur Auslegung des Konzernbegriffs der §§ 21 und 22 FA-ZVO NRW ist vor dem Hintergrund einer einheitlichen Rechtsanwendung und mangels Regelung in der AO oder dem FVG auf die §§ 15 ff. AktG zurückzugreifen.

Auch eine natürliche Person als Gesellschafter kann Unternehmen im konzernrechtlichen Sinne sein, wenn sie neben der Beteiligung an der Gesellschaft anderweitige wirtschaftliche Interessen hat, die nach Art und Intensität die ernsthafte Sorge begründen, sie könne wegen dieser Bindung ihren aus der Mitgliedschaft folgenden Einfluss auf die Gesellschaft zu deren Nachteil ausüben (FG Münster, Urteil vom 10.08.2021 2 K

49/21 2021, 1865, 1868 f. m. Anm. Falk = DStRE 2022, 894 = BeckRS 2021, 24100 rkr.).

Die aus der Einteilung in Größenklassen folgende, unterschiedliche Prüfungshäufigkeit der verschiedenen (Klein-, Mittel- und Groß-)Betriebe verstößt nicht gegen das Gleichheitsgebot (Art. 3 Abs. 1 GG). Betriebliche Eigenheiten und einkommensabhängige Besonderheiten sind hinreichende Differenzierungsgründe für unterschiedliche Maßstäbe zur Einordnung von (hier: landwirtschaftlichen) Betrieben in eine der drei prüfungsrelevanten Größenklassen (BFH, Urteil vom 07.02.2002, IV R 9/01, BStBl II 2002, 269). Wird ein vom Mittelbetrieb zum Großbetrieb umgestuftes Unternehmen nicht im Prüfungsturnus der erstmaligen Umstufung geprüft, so ist es nicht ermessensfehlerhaft, wenn die in einem späteren Prüfungstermin ergehende Betriebsprüfungsanordnung den Prüfungszeitraum auf mehr als drei Jahre erstreckt (BFH, Urteil vom 10.06.1992, I R 142/90, BStBl II 1992, 784).

Es ist nicht klärungsbedürftig, dass das Finanzamt bei Prüfung der Größenmerkmale einer freiberuflichen Rechtsanwaltssozietät (gesellschaftsbezogen) auf die Verhältnisse der Gesellschaft abstellen darf und die Größenmerkmale nicht gesellschafterbezogen zu prüfen hat (BFH, Beschluss vom 13.12.2018, VIII B 114/18, BFH/NV 2019, 385).

In der Rechtsprechung ist geklärt, dass die Auswahlpraxis bei Außenprüfungen verfassungsrechtlich grundsätzlich nicht zu beanstanden ist. Diese Frage hat keine grundsätzliche Bedeutung (BFH, Beschluss vom 23.02.2005, IX B 172/03, BFH/NV 2005, 1005).

2.1 Anschlussprüfung bei Großbetrieben

Bei Großbetrieben soll der Prüfungszeitraum an den vorhergehenden Prüfungszeitraum anschließen. Deshalb ist die Anordnung einer Bp hier i. d. R. als ermessensfehlerfrei anzusehen. Dennoch ist nach den Feststellungen des Bundesrechnungshofs immer wieder zu konstatieren, dass selbst bei Großbanken und Versicherungskonzernen eine Anschlussprüfung in der Praxis teilweise wegen fehlender Kapazitäten und organisatorischer Defizite – entgegen den genannten Grundsätzen – nicht stattfindet (§ 4 Abs. 2 BpO).

Verbundene Unternehmen, die zu einem Konzern i. S. d. § 18 AktG gehören, sind im Zusammenhang, unter einheitlicher Leitung und unter einheitlichen Gesichtspunkten zu prüfen, wenn die Außenumsätze der Konzernunternehmen insgesamt mindestens 25 Mio. € im Jahr betragen. Hier findet eine **Konzernprüfung** statt (vgl. hierzu Kaiser, StBp 2013, 1 ff.). Es werden erfahrungsgemäß Betriebsprüfer hinzugezogen, die erhebliche praktische Erfahrung haben (§ 13 Abs. 1 BpO; zur Zuständigkeit eines Finanzamts für Konzernbetriebsprüfung für landwirtschaftliche Betriebe aller Größenordnungen siehe BFH, Beschluss vom 19.10.2011, IV B 24/10, BFH/NV 2012, 164). Bei großen Unternehmen werden sogar Fachprüfer vom Bundesamt für Finanzen (Bundesbetriebsprüfer) hinzugezogen, die sich auf bestimmte Branchen (z.B. Medien, Pharma etc.) spezialisiert haben. Diese Prüfer verfügen über ein exzellentes Know-how und sind mit allen spezifischen Besonderheiten der Branche vertraut und werden gerne von den geprüften Großunternehmen als sachkundige künftige Mitarbeiter abgeworben.

Zum „bildgebenden Verfahren" in der (Groß- und Konzern-)Bp s. Wähnert, StBp 2014, 217 ff.

2.2 Prüfung bei Mittel-, Klein- und Kleinstbetrieben in zeitlichen Abständen

Bei Mittel-, Klein- und Kleinstbetrieben soll der Prüfungszeitraum grundsätzlich nicht mehr als drei zusammenhängende Besteuerungszeiträume umfassen. Nach Ansicht des BFH hat sich die Finanzverwaltung dahingehend entschieden, dass Großbetriebe grundsätzlich lückenlos, andere Betriebe dagegen in zeitlichen Abständen geprüft werden sollen (§ 4 BpO; BFH, Urteil vom 24.01.1985, IV R 232/82, BStBl II 1985, 568). Früher sollte der Prüfungszeitraum nicht über die letzten drei Besteuerungszeiträume zurückreichen, für die bis zur Unterzeichnung der Prüfungsanordnung Steuererklärungen für die Ertragsteuern abgegeben wurden. Dies schaffte insofern einen gewissen Gestaltungsspielraum, als die zügige Abgabe einer aktuellen Steuererklärung zur Folge haben konnte, dass ein altes – eventuell problematische Sachverhalte enthaltendes – Jahr aus dem Prüfungszeitraum herausfiel (§ 4 Abs. 3 BpO a.F.). Nunmehr heißt es, dass der Prüfungszeitraum i.d.R. „nicht mehr als drei zusammenhängende Besteuerungszeiträume umfassen" soll (§ 4 Abs. 3 BpO n.F.).

Von dem dreijährigen Turnus gibt es jedoch eine Ausnahme: Der Prüfungszeitraum kann insbesondere dann drei Besteuerungszeiträume übersteigen, wenn mit nicht unerheblichen Änderungen der Besteuerungsgrundlagen zu rechnen ist oder wenn der Verdacht einer Steuerstraftat oder einer Steuerordnungswidrigkeit besteht (§ 4 Abs. 3 Satz 2 BpO).

Durch die Rechtsprechung des BFH ist geklärt, dass die auf § 193 Abs. 1 AO gestützte Anordnung einer Prüfung bei einem gewerblich Tätigen auch für eine sog. Anschlussprüfung keiner weiteren Begründung bedarf. Es ist nicht zweifelhaft, dass die Anordnung einer erneuten Ap gegen einen Klein- oder Mittelbetrieb für einen drei Jahre nach dem letzten Prüfungszeitraum beginnenden Prüfungszeitraum weder unverhältnismäßig ist noch einer Begründung bedarf. Dies gilt auch dann, wenn gegen eine Schwestergesellschaft und das Einzelunternehmen des Gesellschafter-Geschäftsführers für denselben Prüfungszeitraum ebenfalls Außenprüfungen angeordnet wurden (BFH, Beschluss vom 29.05.2007, I B 140/06, BFH/NV 2007, 2050; BFH, Beschluss vom 14.06.2007, VIII B 201/06, BFH/NV 2007, 1804).

Eine Prüfungsanordnung verstößt nicht schon deshalb gegen den Grundsatz der Verhältnismäßigkeit, weil die Ap für den vorherigen Prüfungszeitraum noch nicht abgeschlossen ist (FG Baden-Württemberg, Urteil vom 11.03.2008, 4 K 90/07, DStRE 2009, 957; im Ergebnis bestätigt durch BFH, Beschluss vom 27.05.2009, X R 45/08, BFH/NV 2009, 1592).

Eine auf § 193 Abs. 1 AO gestützte Anordnung einer Ap bei einem gewerblich Tätigen bedarf keiner weiteren Begründung; das gilt auch für einen Kleinstbetrieb. Die Finanzbehörden sind weder durch die AO noch durch die BpO 2000 an einen bestimmten Prüfungsturnus bei Außenprüfungen gebunden (BFH, Beschluss vom 12.11.2009, IV B 29/08, BFH/NV 2010, 669).

Die Frage, ob bei einem Betrieb, der kein Großbetrieb ist, nach nur einem prüfungsfreien Jahr eine weitere Ap zulässig ist, hat keine grundsätzliche Bedeutung (BFH, Beschluss vom 16.02.2011, VIII B 246/09, BFH/NV 2011, 748 = DB 2011, 804; BFH, Beschluss vom 09.11.2010, VIII S 8/10, BFH/NV 2011, 297).

Gemäß § 193 Abs. 1 AO ist eine Außenprüfung, auch als Anschlussprüfung, schon dann zulässig, wenn der Steuerpflichtige Gewinneinkünfte erzielt. Der Verlust von Unterlagen steht der Durchführung einer solchen Außenprüfung nicht entgegen (BFH, Beschluss vom 15.04.2016, X B 155/15, BFH/NV 2016, 1139; hierzu Pieske-Kontny, StBp 2018, 238, 243).

Die Anordnung einer zweiten Anschlussprüfung für ein gewerbliches Einzelunternehmen, das im Zeitpunkt der Bekanntgabe dieser Prüfungsanordnung als Mittelbetrieb eingestuft ist, bedarf grundsätzlich keiner über § 193 Abs. 1 AO hinausgehenden Begründung. Eine derartige Prüfung ist ermessensgerecht, wenn keine Anhaltspunkte für eine willkürliche oder schikanöse Belastung bestehen und sie nicht gegen das Übermaßverbot verstößt. Sie ist nicht übermäßig, wenn das Unternehmen während des vorgesehenen Prüfungszeitraumes zeitweise als Großbetrieb eingeordnet war und sich aufgrund vorliegenden Kontrollmaterials aus Sicht des FA ein Prüfungsbedarf ergibt (BFH-Urteil vom 15.06.2016, III R 8/15, BStBl II 2017, 25 = StBp, 374 mit Anmerkung Brandt; ders., DB StR 1220678).

Die Anordnung einer zweiten Anschlussprüfung ist grundsätzlich auch bei sogenannten Kleinbetrieben zulässig (vgl. FG Köln, Urteil vom 24.05.2017, 3 K 101/15, EFG 2017, 1856, 1859 m. Anm. Weingarten; ferner Valder, DStR 2018, 59f.; die eingelegte NBZ wurde per BFH, Beschluss vom 06.06.2018, III B 97/17 n. v. als unbegründet verworfen).

Zu den Anforderungen an die Zulässigkeit einer Prüfungsanordnung bei einer sogenannten Zweitprüfung hat ein Finanzgericht folgende Klarstellungen vorgenommen.

Der Ablauf der regulären Festsetzungsfrist des § 169 Abs. 2 Satz 1 Nr. 2 AO steht dem Erlass einer PA nur dann entgegen, wenn der Eintritt der Festsetzungsverjährung „auf der Hand liegt“ (unter Hinweis auf die ständige BFH-Rechtsprechung). In solchen Fällen ist der Erlass einer PA also zulässig, wenn gewisse tatsächliche Anhaltspunkte für das Vorliegen der Voraussetzungen einer verlängerten Festsetzungsfrist (§ 169 Abs. 2 Satz 2 AO) vorliegen.

Dies erfordert – soweit die zehnjährige Festsetzungsfrist wegen Steuerhinterziehung im Raum steht – weder die Feststellung, dass die Voraussetzungen einer Steuerhinterziehung in objektiver und subjektiver Hinsicht tatsächlich erfüllt sind und welche Person die Steuerhinterziehung als Täter begangen hat, noch sind konkrete Anhaltspunkte hinsichtlich aller dieser Merkmale erforderlich.

Denn die Frage, ob bzw. von wem und inwieweit eine Steuerhinterziehung tatsächlich begangen wurde, ist nicht im Verfahren über die Rechtmäßigkeit der PA, sondern – nach Abschluss der Ap – in Rechtsbehelfsverfahren gegen mögliche Änderungsbescheide zu prüfen.

Diese Grundsätze gelten sowohl für die Frage der Zulässigkeit einer Ap trotz Ablaufs der regulären Festsetzungsfrist von vier Jahren als auch für die Frage, ob angesichts der erhöhten Bestandskraft gem. § 173 Abs. 2 AO eine sogenannte Zweitprüfung zulässig ist (FG Baden-Württemberg, Urteil vom 09.12.2014, 4 K 181/13, EFG 2015, 1888, 1890f. m. Anm. Berghoff; zwischenzeitlich rechtskräftig, da die eingelegte Revision zurückgenommen wurde).

2.3 Ausgedehnte Prüfungszeiträume bei Annahme erheblicher Steuernachforderungen

Eine Erweiterung des Prüfungszeitraums soll nur in gewichtigen Fällen vorgenommen werden. Es ist im Einzelfall unter Berücksichtigung aller Umstände zu entscheiden, ob mit nicht unerheblichen Steuernachforderungen zu rechnen ist. Dabei sind z. B. Art, Umfang und Größe des Unternehmens, Verhältnis der zu erwartenden Steuernachforderung zur bisher festgesetzten Steuer, eine eventuelle Zahlungsunfähigkeit des Unternehmens oder die Ungewissheit von Schätzungsparametern (z. B. bei der Zuschätzung von Betriebseinnahmen) zu berücksichtigen. Die Höhe der zu erwartenden Mehrsteuern ist zum Zeitpunkt der Erweiterung der Prüfungsanordnung zu beurteilen. Es müssen mehr Umstände für als gegen die Annahme nicht unerheblicher Steuernachforderungen sprechen; vage Vermutungen reichen nicht aus. Bei Mittelbetrieben soll von einer Erweiterung des Prüfungszeitraums grundsätzlich abgesehen werden, wenn die Höhe der Steuernachforderungen, die aus sämtlichen Steuerarten eines VZ erwartet werden, weniger als ca. 1.500 € beträgt. Bei Kleinbetrieben soll die Erweiterung des Prüfungszeitraums ebenfalls unterbleiben, wenn mit Steuernachforderungen von weniger als 500 € gerechnet wird (FinMin Nordrhein-Westfalen, Erlass vom 14.08.1991, S 0401 – 4 – V C 5, DB 1991, 1958; hierzu eingehend Pieske-Kontny, StBp 2019, 22 ff.). Das Finanzgericht München hat für das Streitjahr 2008 einen Betrag von potenziellen Mehrsteuern von mindestens 1.533,87 € gefordert (siehe FG München, Urteil vom 28.04.2015, 10 K 2902/13, rkr., EFG 2016, 172, 174 f. mit Anmerkung Bleschick = DStRE 2017, 47; hierzu eingehend Pieske-Kontny, StBp 2018, 238, 239 f.; ders., StBp 2019, 22 ff. m. w. N.)

Eine Ausdehnung der Bp kann nur auf die Besteuerungszeiträume erfolgen, hinsichtlich derer mit Nachzahlungen bzw. Rückzahlungen zu rechnen ist (BFH, Urteil vom 10.02.1983, IV R 104/79, BStBl II 1983, 286, 287). Maßgeblich für die Prognose sind die Verhältnisse zum Zeitpunkt der Prüfungsanordnung, im Rechtsbehelfsverfahren jedoch für den Zeitpunkt der Einspruchsentscheidung (BFH, Urteil vom 13.10.1972, I R 236/70, BStBl II 1973, 74; auf gleicher Linie BFH, Beschluss vom 27.10.2003, III B 13/03, BFH/NV 2004, 312).

Ob mit einem Betrag in dieser Höhe zu rechnen war, beurteilt sich nach den Verhältnissen im Zeitpunkt der Einspruchsentscheidung über die Erweiterungsanordnung. Sie müssen die Prognose entsprechender Nachforderungen wahrscheinlich machen. Es müssen mehr Umstände für als gegen die Annahme nicht unerheblicher Steuernachforderungen sprechen. Für die Erweiterung des Prüfungszeitraums ist es bereits ausreichend, dass für die Regelprüfungszeiträume Feststellungen getroffen wurden, die zu erheblichen Steuernachforderungen/-rückzahlungen führen, wenn nach dem „Gesamtbild der Verhältnisse" für den zusätzlichen Prüfungszeitraum ähnliche Ergebnisse zu erwarten sind (BFH, Urteil vom 01.08.1984, I R 138/80, BStBl II 1985, 350, 351; FG Köln, Urteil vom 24.04.2002, 10 K 2595/99,

EFG 2002, 953, 954; bestätigt durch BFH, Beschluss vom 25.02.2003, XI B 121/02, BFH/NV 2003, 812f.).

Die Überschreitung der Prüfungszeiträume (mehr als drei Jahre) kommt häufig dann vor, wenn das Prüfungsklima schlecht ist. Wenn hier nur mit vagen Vermutungen im Hinblick auf nicht unerhebliche Steuernachforderungen spekuliert wird, sollte unbedingt Einspruch gegen die erweiternde Betriebsprüfungsanordnung einlegt und Aussetzung der Vollziehung beantragt werden. Die Finanzverwaltung ist im Rahmen einer Ex-ante-Betrachtung verpflichtet darzulegen, aufgrund welcher konkreten Umstände sie mit nicht unerheblichen Steuernachforderungen rechnet. Nach § 4 Abs. 3 BpO hängt die Ausdehnungszulässigkeit von den zu erwartenden Mehrsteuern ab. Nach beendeter Ap wird es sich aus praktischen Gründen als schwierig erweisen, die zu erwartenden Mehrsteuern von den tatsächlichen Mehrsteuern zu trennen.

Die Erweiterungsanordnung kann – wie die Prüfungsanordnung – auch noch im Anschluss an die eigentlichen Prüfungshandlungen bis zum Abschluss des Prüfungsverfahrens ergehen, auch wenn danach keine erkennbaren Prüfungshandlungen mehr durchgeführt werden (sehr zweifelhaft; FG Köln, Urteil vom 24.04.2002, 10 K 2595/99, EFG 2002, 953, 954; bestätigt durch BFH, Beschluss vom 25.02.2003, XI B 121/02, BFH/NV 2003, 812f.). Dehnt das FA eine Ap über den ursprünglich festgelegten Prüfungszeitraum aus, ohne eine entsprechende Prüfungsanordnung zu erlassen, so kann der Stpfl. die Rechtswidrigkeit der Prüfungserweiterung i. d. R. nur mit einer Anfechtungsklage geltend machen, die sich gegen die aufgrund der Ap zu erlassenden Änderungsbescheide richtet (BFH, Urteil vom 14.08.1985, I R 188/82, BStBl II 1986, 2).

Die genannte Judikatur ist im Wege eines Fallrechts wie folgt weiter verfeinert worden:

Über die in § 4 Abs. 3 BpO Satz 2 beschriebenen Fälle hinaus kommt eine Erweiterung des dreijährigen Prüfungszeitraums in begründeten Ausnahmefällen auch dann in Betracht, wenn der zu prüfende Sachverhalt auf eine besondere Prüfungsbedürftigkeit hindeutet, die den in § 4 Abs. 3 Satz 2 BpO dargestellten Beispielen entspricht (BFH, Urteil vom 23.02.2005, XI R 21/04, BFH/NV 2005, 1218). Ob die Voraussetzungen des § 4 Abs. 3 BpO erfüllt sind, muss nach den im Zeitpunkt der Einspruchsentscheidung bekannten Umständen beurteilt werden (FG Düsseldorf, Urteil vom 26.09.2013, 13 K 4630/12 AO, EFG 2014, 11, zwischenzeitlich rkr., mit Anm. Claßen).

Die Anordnung einer Prüfungserweiterung ist ermessensfehlerhaft, wenn die für die Erwartung nicht unerheblicher Änderungen der Besteuerungsgrundlagen gegebene Begründung gegen den klaren Akteninhalt verstößt, rechtlich unschlüssig ist oder den Verhältnismäßigkeitsgrundsatz missachtet. Die vorläufige Einschätzung, dass die Nichteinhaltung pachtvertraglicher Vereinbarungen im Erweiterungszeitraum die Hinzurechnung verdeckter Gewinnausschüttungen rechtfertige, kann unter Beachtung des Gebots der Verwendung des adäquaten Mittels und des geringstmöglichen Eingriffs nicht unter Verzicht auf die Anforderung von Änderungsvereinbarungen getroffen werden, die nach dem Vortrag des Stpfl. die vertragsgemäße Handhabung belegen. Zur Zulässigkeit der Fortsetzungsfeststellungsklage zur Beseitigung der Verjährungshemmung siehe FG Köln, Urteil vom 17.02.2004, 13 K 6366/01, EFG 2004, 1280, rkr.

Die Erweiterung des Prüfungszeitraums bei anderen Betrieben als Großbetrieben über die drei letzten Besteuerungszeiträume hinaus ist rechtmäßig, wenn die Besteuerungsgrundlagen nicht ohne Erweiterung des Prüfungszeitraums festgestellt werden können oder nicht mit unerheblichen Steuernachforderungen oder nicht unerheblichen Steuererstattungen zu rechnen ist oder der Verdacht einer Steuerstraftat oder Steuerordnungswidrigkeit besteht (FG Baden-Württemberg, Beschluss vom 06.05.2004, 1 V 51/03, DStRE 2005, 547, rkr.).

Die Erweiterung des Prüfungszeitraums im Rahmen einer routinemäßigen Ap setzt nicht voraus, dass eine Prüfung an Amtsstelle nach Art und Umfang des zu prüfenden Steuerfalls nicht zweckmäßig ist. Die in § 4 Abs. 3 BpO vorgesehene Möglichkeit zur Erweiterung des Prüfungszeitraums ist ermessensgerecht. Der Grundsatz „in dubio pro reo“ gilt nicht im Rahmen des § 4 Abs. 3 Satz 2 BpO (BFH, Beschluss vom 11.08.2005, XI B 207/04, BFH/NV 2006, 9).

Eine wirksame Prüfungsanordnung kann sachlich (Erstreckung auf neue Steuerarten) oder zeitlich (Ausdehnung auf weitere Besteuerungsabschnitte) ergänzt werden. Die sog. Ergänzungs- bzw. Erweiterungsanordnung ist ein (selbstständiger) Verwaltungsakt und eine selbstständige Prüfungsanordnung, die nach den für die Prüfungsanordnung geltenden Regeln zu beurteilen ist (BFH, Urteil vom 02.09.2008, X R 9/08, BFH/NV 2009, 3).

Eine Ap bzw. die Erweiterung einer Ap ist auch dann zulässig, wenn gegen den Stpfl. bzw. gegen den gesetzlichen Vertreter des Stpfl. (hier: Geschäftsführer einer GmbH) ein Steuerstrafverfahren eingeleitet worden ist (FG Köln, Urteil vom 10.09.2008, 13 K 1915/08, DStRE 2009, 498, im Ergebnis bestätigt durch BFH, Beschluss vom 28.07.2009, I B 42/09, BFH/NV 2010, 5).

Die Einleitung eines Steuerstrafverfahrens hindert weder die Durchführung einer Ap noch die Erweiterung des Prüfungszeitraums einer bereits angeordneten Ap. Das Verhältnis von Steuer- und Strafverfahren ist abschließend in § 393 AO geregelt (BFH, Beschluss vom 27.07.2009, IV B 90/08, BFH/NV 2010, 4).

Für die (erstmalige) Anordnung einer Außenprüfung ist es unerheblich, ob hinsichtlich der betroffenen Steuerarten und Besteuerungszeiträume der Anfangsverdacht einer Steuerstraftat besteht (BFH, Urteil vom 15.06.2016, III R 8/15, BStBl II 2017, 25; bestätigt durch BFH, Urteil vom 14.04.2020, VI R 32/17, BStBl II 2020, 487 = DStRK 2020, 252 m. Anm. Pondelik = wistra 2020, 518f. m. Anm. Webel = PStR 2020, 271f. m. Anm. Külz/Odenthal = NWB 2020, 2290f. m. Anm. Kanzler); hierzu eingehend Webel, DStR 2021, 81f.

Verstöße gegen § 10 BpO, insbesondere gegen die Belehrungspflichten und damit gegen den Grundsatz der Selbstbelastungsfreiheit, führen nicht zur Rechtswidrigkeit einer Prüfungsanordnung (BFH, Beschluss vom 14.04.2020, VI R 32/17, BStBl II 2020, 487).

Eine erste Anschlussprüfung bedarf keiner weiteren Begründung (BFH, Beschluss vom 19.11.2009, IV B 62/09, BFH/NV 2010, 595).

Eine **Erweiterung des Prüfungszeitraums** kann auch bei Vorliegen nur einer Kontrollmitteilung pro Prüfungsjahr ermessensgerecht sein (FG München, Urteil vom 02.03.2011, 9 K 2984/09, EFG 2011, 1269; die eingelegte NZB wurde per BFH-Beschluss vom 03.08.2011, VIII B 48/11, BFH/NV 2011, 1911 als unzulässig verworfen, mit Anm. Leitner; zum Umfang der Erweiterung einer Außenprüfung siehe BFH, Urteil vom 21.06.2012, IV R 42/11, BFH/NV 2012, 1927; zur Prüfungserweiterung wegen Grunderwerbsteuer siehe Canz, BB 2017, 791ff.). Die erneute Prüfung eines bereits geprüften Zeitraums (sog. **Zweitprüfung**) ist grundsätzlich zulässig (hierzu von Harenne, StBp 2016, 136ff.). Dies gilt auch dann, wenn im Rahmen der früheren Ap eine tatsächliche Verständigung geschlossen wurde (FG Münster, Urteil vom 20.04.2012, 14 K 4222/11 AO, EFG 2012, 1516, rkr., mit Anm. Hennigfeld).

Die Begründung einer Erweiterungsanordnung nur mit dem Verweis auf § 4 Abs. 3 Satz 2 BpO 2000 ist im Hinblick auf § 121 Abs. 2 Nr. 2 AO ausnahmsweise dann ausreichend, wenn das FA dem Steuerpflichtigen die Gründe für die Erwartung nicht unerheblicher Änderungen der Besteuerungsgrundlagen bereits zuvor im Rahmen einer Besprechung mitgeteilt hat (BFH-Urteil vom 16.09.2014, X R 30/13, BFH/NV 2015, 150).

Erweiterung einer Anschlussprüfung

Die Erweiterung einer nach § 4 Abs. 2 Satz 3 BpO 2000 zulässigen ersten Anschlussprüfung von einem auf drei Jahre bedarf keiner besonderen Begründung.

Für die gerichtliche Überprüfung von Ermessensentscheidungen sind auch bei Prüfungsanordnungen die tatsächlichen Verhältnisse im Zeitpunkt der letzten Verwaltungsentscheidung maßgeblich (BFH, Beschluss vom 03.08.2022 XI R 32/19, BStBl II 2023, 213 = DStR 2023, 39, 42 m. Anm. Treiber = NWB 2023, 81 f. m. Anm. Carlé = GmbHR 2023, 253 f. m. Anm. Levedag = DStRK 2023, 55 m. Anm. Burbaum/Uphues).

Zur Zulässigkeit einer dritten Anschlussprüfung

Die von den Besonderheiten des Einzelfalls abstrahierte Frage, ob bei einem Freiberufler eine dritte Anschlussprüfung zulässig ist, ist nach Maßgabe der Rechtsprechung des BFH zu bejahen.

Die Beantwortung der Frage, ob die Finanzbehörde bei Anordnung einer dritten Anschlussprüfung ihr Ermessen fehlerhaft ausgeübt hat, hängt von den Umständen des Einzelfalls ab; sie ist daher nicht im Allgemeininteresse klärungsfähig (BFH, Beschluss vom 15.10.2021 VIII B 130/20, BFH/NV 2022, 97 = NWB 2023, 8 f. m. Anm. Brill).

Anordnung einer Anschlussprüfung bei freiberuflichen Kleinstbetrieben

Es ist in der Rechtsprechung des BFH geklärt, dass die Finanzbehörden auch bei Mittelbetrieben, Kleinbetrieben und Kleinstbetrieben weder durch die AO noch durch die Betriebsprüfungsordnung (Steuer) an einen bestimmten Prüfungsturnus gebunden sind und daher auch solche Betriebe einer sog. Anschlussprüfung unterwerfen können. Zur Darlegung einer grundsätzlichen Bedeutung dieser Frage bedarf es des Vortrags neuer Gesichtspunkte, deretwegen eine erneute höchstrichterliche Befassung mit dieser Frage erforderlich erscheint (BFH, Beschluss vom 07.06.2022 VIII B 105/21, BFH/NV 2022, 929).

Betriebsprüfung versus Steuerstrafverfahren

Die Anordnung einer Außenprüfung ist auch bei Anfangsverdacht einer Steuerstraftat grundsätzlich zulässig (vgl. BFH, Beschluss vom 24.05.2022 VIII B 53/21 = Aktuelles Steuerrecht 2022, 501 ff. m. Anm. Messner = DStRK 2022, 209 m. Anm. Gehm; zu Erkenntnissen einer Außenprüfung als Anlass für die Einleitung eines Steuerstrafverfahrens siehe Müller, StBp 2022, 336 ff.).

Zu Ausweitung und Grenzen des Prüfungszeitraums bei der Schenkungssteuer instruktiv BFH, Beschluss vom 11.12.2019, II B 67/18, BFH/NV 2020, 360.

Mit dem Abschluss einer Bp erledigt sich insoweit die ergangene Prüfungsanordnung. In diesen Fällen ist eine zunächst erhobene Anfechtungsklage als **Fortsetzungsfeststellungsklage** dann zulässig, wenn ein berechtigtes Interesse (etwa das Bestehen eines Verwertungsverbots) geltend gemacht wird (FG München, Urteil vom 28.04.2015, 10 K 2902/13, EFG 2016, 172, 174 f., rkr., mit Anmerkung Bleschick = DStRE 2017, 47; vgl. auch FG Köln, Urteil vom 27.11.2013, 12 K 3723/11 DStRE 2015, 1082, rkr.).

3. Wichtige Verfahrensfragen

3.1 Bedeutung der Prüfungsanordnung

Vorab muss klarstellend darauf hingewiesen werden, dass ohne eine wirksame Prüfungsanordnung eine Bp nicht statthaft ist. Die Finanzbehörde bestimmt den Umfang der Ap in einer schriftlich zu erteilenden Prüfungsanordnung (§ 196 AO).

Die Prüfungsanordnung sowie der voraussichtliche Prüfungsbeginn und die Namen der Prüfer sind dem Stpfl., bei dem die Ap durchgeführt werden soll, angemessene Zeit vor Beginn der Prüfung – dies sind bei Großbetrieben i. d. R. vier Wochen und bei Mittelbetrieben i. d. R. zwei Wochen – bekannt zu geben, wenn der Prüfungszweck dadurch nicht gefährdet wird (§ 197 AO; § 5 Abs. 4 Satz 2 BpO). Der Stpfl. kann auf die Einhaltung der Frist verzichten. Soll die Prüfung auf die steuerlichen Verhältnisse von Gesellschaftern und Mitgliedern sowie von Mitgliedern der Überwachungsorgane erstreckt werden, so ist die Prüfungsanordnung insoweit auch diesen Personen bekannt zu geben (§ 194 Abs. 2 AO).

Ist ausnahmsweise eine Begründung der Prüfungsanordnung erforderlich, kann sich das FA darauf stützen, dass trotz Unklarheit des Sachverhalts zunächst erklärungsgemäß unter dem Vorbehalt der Nachprüfung veranlagt worden sei und der Stpfl. auf die anschließend konkret gestellten Fragen zum Sachverhalt nicht geantwortet habe. Die Begründung der Prüfungsanordnung kann in der Einspruchsentscheidung nachgeholt und anschließend im Klageverfahren ergänzt werden (BFH, Beschluss vom 02.09.2005, IV B 123/03, BFH/NV 2006, 11). Die Frage, ob in der Prüfungsanordnung auch die Uhrzeit des Prüfungsbeginns anzugeben sei, bedarf keiner weiteren Klärung (BFH, Beschluss vom 12.06.2006, XI B 123/05, BFH/NV 2006, 1791).

Für die Zuständigkeit zum Erlass einer Prüfungsanordnung sind grundsätzlich die Umstände zum Zeitpunkt der Bekanntgabe der Prüfungsanordnung maßgeblich (hierzu BFH-Beschluss vom 26.02.2014, III B 123/13 BFH/NV 2014, 823).

Ob und ggf. wie die Anordnung einer Ap begründet werden muss, mit der geklärt werden soll, ob der Stpfl. einen gewerblichen Betrieb unterhält, lässt sich anhand der bisherigen Rechtsprechung beantworten (BFH, Beschluss vom 15.07.2005, I B 25/05, BFH/NV 2005, 1967; einen umfassenden Überblick über die Begründung einer Prüfungsanordnung im Blickwinkel der BFH-Judikatur gibt Ritzrow, StBp 2006, 69 ff.; zur Bestimmung der zu gewährenden Vorbereitungsfrist für eine Ap gemäß § 197 Abs. 1 Satz 1 i. V. m. § 5 Abs. 4 BpO bei konzernangehörigen Betrieben siehe FG Baden-Württemberg, Urteil vom 01.06.2010, 4 K 1511/09, EFG 2010, 1373, rkr.); dies gilt jedoch nur, solange die Prüfungsanordnung auf die angegebene Rechtsgrundlage des § 193 Abs. 1 AO gestützt bleibt und keine Anhaltspunkte für ein sachwidriges oder willkürliches Verhalten der Finanzbehörde vorliegen (BFH, Beschluss vom 11.06.2004, IV B 231/02, BFH/NV 2004, 501; BFH, Urteil vom 28.09.2011, VIII R 8/09 BSBl II 2012, 395; BFH, Beschluss vom 22.12.2011, VIII B 251/09, BFH/NV 2012, 443).

Die umfangreiche Prüfung von Besteuerungsgrundlagen durch den Innendienst hindert das FA nicht am Erlass einer Außenprüfungsanordnung. Die Aufforderung an den Stpfl. zur Vorlage von Unterlagen und die Mitteilung des FA, dass im Amt bereits Prüfungshandlungen vorgenommen worden seien, führen nicht zu einem Prüfungsbeginn i. S. d. § 197 AO (Niedersächsisches FG, Urteil vom 26.06.2008, 6 K 118/08, EFG 2008, 1680; die eingelegte NZB wurde per BFH-Beschluss vom 05.01.2009, I B 163/08, n. v., als unbegründet verworfen).

Die Ankündigung einer Ap darf per E-Mail erfolgen, sobald die Anmeldung schriftlich ergeht (FG Münster, Urteil vom 14.12.2009, 1 K 2120/09, EFG 2010, 1770, rkr.).

Ein FG hat sogar entschieden, dass eine Prüfungsanordnung auch dann rechtmäßig ist, wenn sie erst nach Beginn von Ermittlungsmaßnahmen im Rahmen einer (nicht angeordneten) Ap bekannt gegeben wird (FG Münster, Urteil vom 21.04.2010, 6 K 3514/09 AO, EFG 2010, 1754; die eingelegte NZB ist per BFH, Beschluss vom 19.10.2011, IV B 61/10, BFH/NV 2012, 246 im Ergebnis als unbegründet verworfen worden). Die Prüfungsanordnung für Gewinnfeststellung („gesonderte und einheitliche Feststellung von Besteuerungsgrundlagen“) umfasst auch den Unterschiedsbetrag gem. § 5a Abs. 4 EStG bei der Tonnagesteuer (FG Hamburg, Urteil vom 04.11.2010, 3 K 65/10, EFG 2011, 774).

Zur Prüfungsanordnung gegenüber einer Vorgründungsgesellschaft siehe Pieske-Kontny, StBp 2018, 238, 239.

Zu Rechtsschutzoptionen gegen Prüfungsanordnungen und sonstige Prüfungsmaßnahmen instruktiv Hannig, Steuer & Studium 2017, 792 ff.

3.1.1 Verlegung der Außenprüfung aufgrund besonderer Umstände

Auf Antrag der Stpfl. **soll** der Beginn der Ap auf einen anderen Zeitpunkt verlegt werden, wenn dafür wichtige Gründe glaubhaft gemacht werden (z. B. Erkrankung des Stpfl., seines für Auskünfte erforderlichen Mitarbeiters; beträchtliche Betriebsstörungen durch Umbau oder höhere Gewalt; vgl. auch AEAO, zu § 197 AO Tz. 11 BStBl I 2014, 290).

3.1.2 Bekanntgabe einer Prüfungsanordnung an eine beendete KG

Auch einer **handelsrechtlich voll beendeten KG**, deren Gewerbebetrieb eingestellt ist und deren Vermögensgegenstände des Anlage- und Umlaufvermögens veräußert sind, kann eine Prüfungsanordnung bekannt gegeben werden (FG Hamburg, Urteil vom 09.03.1993, I 195/90, EFG 1993, 700, Rev. eingelegt; Az. des BFH liegt nicht vor; zur Bekanntgabe von schriftlichen Verwaltungsakten an Personengesellschaften in Liquidation siehe FinMin Nordrhein-Westfalen, Erlass vom 16.05.2013, S 0284, DB 2013, 1203; Mösbauer, StBp 1999, 188, 190; zum Sonderfall einer durch Verschmelzung untergegangenen GmbH siehe FG Rheinland-Pfalz, Urteil vom 22.07.2010, 6 K 1127/08, DStRE 2011, 911 = EFG 2011, 208; bestätigt durch BFH, Beschluss vom 10.08.2011, V B 84/10, BFH/NV 2011, 2010; für den Fall einer Verschmelzung auf eine andere KG siehe FG Hamburg, Urteil vom 04.11.2010, 3 K 65/10, EFG 2011, 774 = DStRE 2011, 1221, rkr.). Gesetzlich vertreten wird die voll beendete KG mangels anderweitiger Regelung im Gesellschaftsvertrag oder durch Gesellschafterbeschluss durch sämtliche – ehemalige – Gesellschafter. Diese haben auch die Prüfungsanordnung als Vertretungsberechtigte der KG entgegenzunehmen (§§ 161 Abs. 2, 146, 149 HGB; BFH, Urteil vom 01.10.1992, IV R 60/91, BStBl II 1993, 82, 84; zur Adressierung einer Prüfungsanordnung an einen Vertreter betr. GmbH & Co. KG siehe Niedersächsisches FG, Urteil vom 23.11.2011, 4 K 161/10, EFG 2012, 297; hierzu BFH, Urteil vom 24.07.2013, I R 57/11, BStBl II 2016, 633; BFH, Urteil vom 12.02.2015, IV R 63/11, BFH/NV 2015, 832, 833; zur Unwirksamkeit der an eine vollbeendete KG gerichteten Prüfungsanordnung vgl. auch BFH-Urteil vom 13.10.2016, IV R 20/14, BFH/NV 2017, 475 = BB 2017, 801, 805 mit Anmerkung Behrens; zur Bekanntgabe einer Prüfungsanordnung an eine infolge Anwachsung voll beendete Personengesellschaft siehe eingehend von Harenne, StBp 2015, 121 ff.; zur Wirkung der Prüfungsanordnung einer vermögensverwaltenden Personengesellschaft [hier: UG] erlassen wird s. BFH,

Urteil vom 27.10.2020, IX R 16/19, BFH/NV 2021, 813, DStR 2021, 1232 = DStRK 2021, 180 m. Anm. Peters = GmbHR 2021, R 213 m. Anm. Levedag; zum Inhaltsadressaten bei einer Prüfungsanordnung für eine Personengesellschaft nach Eröffnung des Insolvenzverfahrens siehe FG München, Urteil vom 04.10.2022 12 K 465/22, DStRE 2023, 1063, rkr.).

Eine Prüfungsanordnung gegen den angeblichen Rechtsnachfolger einer GbR hemmt nicht den Ablauf der Festsetzungsfrist gegen die GbR. Eine Personengesellschaft bleibt Prüfungssubjekt, solange das Rechtsverhältnis zwischen Personengesellschaft und Finanzbehörde noch nicht endgültig abgewickelt ist (FG Düsseldorf, Urteil vom 04.06.2002, 10 K 1599/98 H (U), EFG 2002, 1343, rkr.).

> Bei Gesellschaften in Abwicklung sollte geprüft werden, ob die Prüfungsanordnung gegen das ursprüngliche Rechtssubjekt zutreffend bekannt gegeben worden ist. Anderenfalls kommt es zu Verfahrensfehlern mangels Zustellung der Prüfungsanordnung gegen das falsche Rechtssubjekt, die somit möglicherweise zum Eintritt der Festsetzungsverjährung führen.

Zur Inhaltsbestimmung eines Verwaltungsakts ist nur der erklärte Wille der Behörde zu erfassen und nicht am buchstäblichen Sinne des Ausdrucks zu haften; allerdings ist ein in seinem Ausspruch eindeutig an einen bestimmten Adressaten gerichteter Bescheid insofern keiner Auslegung zugänglich.

Eine Außenprüfung, die aufgrund einer gegenüber dem Steuerpflichtigen nicht wirksam gewordenen Prüfungsanordnung durchgeführt wird, kann den Ablauf der Festsetzungsfrist nicht hemmen.

Ist Festsetzungsverjährung eingetreten, ermöglicht es der Grundsatz von Treu und Glauben nicht, dass zu Lasten des Steuerpflichtigen ein erloschener Steueranspruch wieder auflebt; dies gilt unabhängig davon, ob dem Steuerpflichtigen der Eintritt der Verjährung „vorwerfbar" ist oder nicht (BFH, Urteil vom 11.11.2020 XI R 11/18, BStBl II 2021, 415).

Führt das FA bei einer KG eine Außenprüfung durch, um u. a. zu prüfen, ob es sich bei den bisher festgestellten Einkünften aus Vermietung und Verpachtung um solche aus Gewerbebetrieb handelt, und ist das nicht der Fall, entfaltet die Prüfungsanordnung (für die Einkünfte aus Vermietung und Verpachtung betreffende Feststellungen) gegenüber den Kommanditisten keine den Ablauf der Feststellungsfrist hemmende Wirkung, wenn sie nur der KG (bzw. deren rechtlich identischer Rechtsnachfolgerin) bekannt gegeben und auf § 193 Abs. 1 AO gestützt worden ist (BFH, Urteil vom 27.10.2020 IX R 16/19, BStBl II 2023, 95).

3.1.3 Kein Verwertungsverbot bei fehlender Prüfungsanordnung

Wurde eine Ap tatsächlich durchgeführt, so rechtfertigt das **Fehlen einer Prüfungsanordnung** noch kein Verwertungsverbot für die Prüfungsfeststellungen (BFH, Urteil vom 28.04.1998, IX R 24/94, BFH/NV 1998, 1192). In dem entschiedenen Fall waren die zugrunde liegenden Steuerbescheide unter dem Vorbehalt der Nachprüfung (§ 164 Abs. 1 AO) ergangen. Die Kläger hatten vorgetragen, dass auch die Voraussetzungen von § 193 Abs. 2 Nr. 2 AO nicht vorgelegen hätten, da mit jeder Steuererklärung die Belege eingereicht wurden, sodass keine Unklarheiten bestanden hätten (FG Münster, Urteil vom 11.05.1999, 14 K 6109/97 F, EFG 2000, 3; die eingelegte NZB wurde mit BFH, Beschluss vom 12.01.2000, X B 98/99, n. v., als unzulässig verworfen).

Das Fehlen einer Prüfungsanordnung löst kein Verwertungsverbot aus (BFH, Beschluss vom 10.07.2000, V B 49/00, BFH/NV 2001, 2). Es ist zu beachten, dass das bloße Fehlen einer Prüfungsanordnung noch nicht automatisch zum Verwertungsverbot aus einer diesbezüglich nachfolgenden „Bp" führt.

> Die Verwertung von Prüfungsfeststellungen, die ohne wirksame Prüfungsanordnung getroffen worden sind, ist nicht generell unzulässig. Das gilt jedenfalls dann, wenn die Feststellungen im Rahmen eines erstmaligen Steuerbescheids oder einer Änderung gemäß § 164 Abs. 2 AO verwertet werden (Anschluss an die BFH-Rechtsprechung, z. B. BFH, Urteil vom 22.02.2006, I R 125/04, BStBl II 2006, 400).

Bestreitet der Steuerpflichtige den Zugang einer durch einfachen Brief versandten Prüfungsanordnung, hat das FA nach allgemeinen Beweisregeln den Zugang und den Zeitpunkt des Zugangs der Prüfungsanordnung nachzuweisen. Gelingt dem FA der Nachweis des Zugangs der Prüfungsanordnung nicht, unterliegen die auf der Grundlage der Prüfungsanordnung gewonnenen Prüfungsergebnisse einem materiell-rechtlichen Verwertungsverbot. Dieses kann im Falle des fehlenden Zugangsnachweises unmittelbar durch Anfechtung der auf die Prüfungsergebnisse gestützten Bescheide geltend gemacht werden, es sei denn, es handelt sich dabei um Erstbescheide oder um Änderungsbescheide, die auf Grundlage eines Vorbehalts der Nachprüfung ergangen sind (so klarstellend FG München, Urteil vom 12.09.2013, 10 K 3728/10, EFG 2014, 167, 169 f. mit Anm. Kuhfus, DStRE 2015, 46, rkr. = BB 2014, 1054, 1058 mit Anm. Geuenich).

3.2 Rechtsbehelfe gegen (fehlerhafte) Betriebsprüfungsanordnungen

Die **Prüfungsanordnung** stellt einen **Verwaltungsakt** (§ 118 AO) dar; sie kann mittels Einspruchs angefochten werden. Der **Einspruch** hat den **Vorteil**, dass die Frist für die **Verjährung** der Steueransprüche **weiterläuft**. Steuerforderungen verjähren in vier Jahren. Fristbeginn ist das Ende des Jahres, in dem die Steuererklärung eingereicht wurde (§ 170 Abs. 2 Nr. 1 AO). Bei der bloßen Verlegung des Prüfungstermins wird der Fristablauf gehemmt, die Verjährung also erst einmal „gestoppt".

Bemerkenswerterweise sieht der BFH in der **Prüfungserweiterung** (ohne Erlass einer entsprechenden Prüfungsanordnung) auf andere Verwaltungszeiträume **keinen Verwaltungsakt**, da sie dem Stpfl. kein bestimmtes Tun, Dulden oder Unterlassen abverlangt (BFH, Urteil vom 14.08.1985, I R 188/82, BStBl II 1986, 2).

Die Modalitäten der Bekanntgabe der Prüfungsanordnung im Blickwinkel der Bp sind aufgrund von Verwaltungsanweisungen und Rechtsprechungssynopsen im Schrifttum wie folgt herausgearbeitet worden (AEAO, zu § 122 AO, BStBl I 2014, 290; einen ausführlichen Rechtsprechungsüberblick gibt Ritzrow, StBp 2006, 205 ff. und 245 ff.).

3.3 Beispiele für rechtswidrige Betriebsprüfungsanordnungen

- Verstoß gegen § 193 Abs. 2 Nr. 2 AO.
- Verstoß gegen die örtliche Zuständigkeit (BFH, Beschluss vom 25.03.2009, VIII B 210/08, BFH/NV 2009, 1396).
- Unzulässige Ausdehnung des Prüfungszeitraums: Hierbei ist jedoch zu beachten, dass eine mangelhafte oder fehlende Begründung nachträglich – spätestens bis zum Abschluss der Tatsacheninstanz eines finanzgerichtlichen Verfahrens – gegeben wird (§ 126 Abs. 1 Nr. 2, Abs. 2 AO; BFH, Urteil vom 10.02.1983, IV R 104/79, BStBl II 1983, 286).
- Nach der Rechtsprechung kann ein Begründungsmangel auch dadurch geheilt werden, dass der Betriebsprüfer dem Stpfl. die Gründe für die Anordnung der Prüfung mündlich mitteilt (BFH, Urteil vom 28.04.1983, IV R 255/82, BStBl II 1983, 621).
- Der Bekanntgabemangel eines Steuerbescheids wird durch die fehlerhafte Bekanntgabe der Einspruchsentscheidung geheilt (BFH, Urteil vom 16.05.1990, X R 147/87, BStBl II 1990, 942; BFH, Urteil vom 18.12.1991, XI R 42, 43/88, BStBl II 1992, 585).

- Bekanntgabe der Anordnung an den Stpfl., obwohl für den **Steuerberater** eine **Vollmacht** vorlag (FG Berlin, Urteil vom 26.06.1985, II 33/84, EFG 1986, 162, rkr.).
- Die Zustellung eines Verwaltungsakts an den Betroffenen persönlich führt i.d.R. auch dann zur Wirksamkeit der Bekanntgabe und dem Lauf der durch diese ausgelösten Rechtsbehelfsfrist, wenn für das Verwaltungsverfahren ein Bevollmächtigter bestellt, eine schriftliche Vollmacht für diesen jedoch nicht vorgelegt worden ist (BFH, Urteil vom 03.02.2004, VII 30/02, BStBl II 2004, 439).

Prüfungen beim Ehegatten sind nur zulässig, **wenn auch in seiner Person die gesetzlichen Voraussetzungen für eine Ap gegeben sind** (§ 193 AO). Unterhielt der Ehegatte **keinen Betrieb** mit Gewinneinkünften, so ist eine Prüfung **nur bei Vorliegen** der Voraussetzungen des § 193 Abs. 2 Nr. 2 AO möglich (BFH, Urteil vom 07.11.1985, IV R 6/85, BStBl II 1986, 435, 436f.). Werden Eheleute zusammenveranlagt, so können die Prüfungsanordnungen in einem Schreiben zusammengefasst werden (BFH, Urteil vom 05.11.1981, IV R 179/79, BStBl II 1982, 208).

Haben die Ehegatten **verschiedenartige Einkünfte**, die nur bei einem Ehegatten aus Gewinneinkünften bestehen, so ist, falls die Prüfungsanordnungen in einer Verfügung zusammengefasst werden, für jeden Ehegatten die Rechtsgrundlage der Prüfung gesondert anzugeben (Wendt/Könemann/Schirmbeck, Betriebsprüfung in der Praxis, Rdnr. 295; zur örtlichen Zuständigkeit für den Erlass einer Prüfungsanordnung bei Trennung von Eheleuten siehe BFH, Beschluss vom 05.12.2007, VIII B 79/07, BFH/NV 2008, 732).

Ein für die Erben des verstorbenen Steuerschuldners bestimmter Steuerbescheid, der an die Gesamtrechtsnachfolger, Erbengemeinschaft X, adressiert ist, ist nicht wegen ungenauer Bezeichnung der Inhaltsadressaten unwirksam, wenn in den Erläuterungen des Bescheids auf einen Betriebsprüfungsbericht verwiesen wird, in dem die Beteiligten der Erbengemeinschaft namentlich aufgeführt sind (so klarstellend BFH, Urteil vom 17.11.2005, III R 8/03, BStBl II 2006, 287).

An der Feststellung der Rechtswidrigkeit einer Prüfungsanordnung kann ein berechtigtes Interesse bestehen, wenn von dieser Entscheidung abhängt, ob der Ablauf der Festsetzungsverjährung gehemmt ist (BFH, Beschluss vom 25.09.2006, VI B 79/05, BFH/NV 2007, 84).

3.4 Beispiele für nichtige Betriebsprüfungsanordnungen

Besonders ist hervorzuheben, dass eine unzutreffende Bezeichnung von Stpfl. zur **Unbestimmtheit** einer diesbezüglichen Prüfungsanordnung führt, sodass ein solcher Verwaltungsakt **nichtig** und damit **unwirksam** ist (§ 197 i. V. m. §§ 119 Abs. 1, 124 Abs. 2, 125 Abs. 1 AO).

Beliebte Fehlerquellen in der Praxis: Das FA nimmt bei nicht rechtsfähigen Gesamthandsgemeinschaften (z. B. BGB-Gesellschaft, Erbengemeinschaft) nur eine schlagwortartige Bezeichnung vor (z. B. Max Müller GbR) und versäumt, die Gemeinschaft durch die Angabe aller Mitglieder zu konkretisieren. Eine solche Ap-Anordnung ist bei der Einkommensteuer nichtig (BFH, Urteil vom 29.11.1972, II R 42/67, BStBl II 1973, 372, 373; ferner BFH, Urteil vom 28.03.1979, I R 219/78, BStBl II 1979, 718; zur Bp beim Rechtsnachfolger im Erbfall siehe BFH, Beschluss vom 14.03.2005, IV B 84/03, BFH/NV 2005, 1477; zur Problematik der Adressierung von Steuerbescheiden instruktiv BFH, Urteil vom 17.11.2005, III R 8/03, BStBl II 2006, 287 = StBp 2006, 326 mit Anm. Rößler; zur Adressierung von Prüfungsanordnungen nach formwechselnder Umwandlung der zu prüfenden Gesellschaft siehe FG Baden-Württemberg, Urteil vom 09.12.2008, 4 K 1236/07, EFG 2009, 894; zwischenzeitlich rkr.; zur Nichtigkeit von Feststellungsbescheiden bei unzureichender Bezeichnung von Feststellungsbeteiligten [fehlende Anschrift, Steuernummer etc.] siehe FG des Landes Sachsen-Anhalt, Urteil vom 28.07.2011, 5 K 46/08, EFG 2011, 2030, rkr., mit Anm. Wüllenkemper).

Eine Prüfungsanordnung ist nicht deswegen unbestimmt, weil der angeordnete Prüfungszeitraum vom Wirtschaftsjahr des Adressaten der Prüfungsanordnung abweicht (Thüringer FG, Urteil vom 07.07.2015, 2 K 114/15, EFG 2015, 1502, 1503 f. m. Anm. Matthis; zwischenzeitlich rkr.).

Steuer- und Feststellungsbescheide, die die Adressaten lediglich in einem Bescheidkopf mit der jeweiligen Steuernummer benennen und weder eine (vollständige oder abgekürzte) Firmenbezeichnung noch eine Anschrift tragen („leeres Adressfeld"), erfüllen nicht die Voraussetzungen an die hinreichende Bestimmtheit oder Bestimmbarkeit ihres Inhaltsadressaten (BFH, Urteil vom 23.08.2017, I R 52/15, BFH/NV 2018, 401).

Ein Umsatzsteuerbescheid ist nichtig, wenn aus ihm nicht klar ersichtlich wird, ob der Inhaltsadressat (Steuerschuldner) eine GmbH oder deren Geschäftsführer bzw. Liquidator ist.

Der Inhaltsadressat (Steuerschuldner) muss nicht ausdrücklich als solcher bezeichnet werden; ausreichend ist vielmehr, dass er sich nach dem objektiven Erklärungsgehalt des Bescheids aus Sicht des Empfängers im Wege der Auslegung zweifelsfrei bestimmen lässt (BFH, Urteil vom 16.01.2020, V R 56/17, BFH/NV 2020, 536 = StBp 2020, 158 ff. m. Anm. Heuermann).

Zur Inhaltsbestimmung eines Verwaltungsakts ist zwar der erklärte Wille der Behörde zu erfassen und nicht am buchstäblichen Sinne des Ausdrucks zu haften; allerdings ist ein in seinem Ausspruch eindeutig an einen bestimmten Adressaten gerichteter Bescheid insofern keiner Auslegung zugänglich (BFH, Urteil vom 11.11.2020, XI R 11/18, BStBl II 2021, 415 = NWB 2021, 1018 f. m. Anm. Strahl = GmbHR 2021, R 148 f. = DStRK 2021, 138 m. Anm. Borbaum). Benennt ein Stpfl. gegenüber seinem Wohnsitz-FA einen Bevollmächtigten als ausschließlichen Adressaten für die Bekanntgabe von Steuerbescheiden und allen sonstigen Verwaltungsakten, ist dies auch vom FA für Großbetriebsprüfung zu beachten, mit der Folge, dass eine an den Stpfl. übergebene und von diesem nicht an den Bevollmächtigten weitergeleitete Prüfungsanordnung nicht wirksam bekannt gegeben ist, auch wenn der Prüfer bei der Übergabe keine aktuelle Kenntnis von der Empfangsvollmacht hatte, deren Erteilung aber aus den Steuerakten ersichtlich war (FG Düsseldorf, Urteil vom 11.02.2005, 8 K 2373/04 BB, EFG 2005, 1004 = DStRE 2005, 1098, rkr.).

Fehler bei der Festsetzung des Prüfungsbeginns führen nicht zur Unwirksamkeit der Prüfungsanordnung (BFH, Urteil vom 24.10.2006, I R 90/05, BFH/NV 2007, 849).

Die Annahme, eine Prüfungsanordnung, deren Prüfungszeitraum sich mit dem Zeitraum einer früheren Prüfungsanordnung eines anderen FA überschneidet, sei nicht nichtig, weicht nicht von bestehender Rechtsprechung ab (BFH, Beschluss vom 09.07.2007, I B 23, 24/07, BFH/NV 2007, 2228).

Zur wirksamen Bekanntgabe einer Prüfungsanordnung gegenüber einer GmbH kann es ausreichen, dass diese ohne Hinweis auf die Geschäftsführerstellung an die Person des Geschäftsführers adressiert wird. Erforderlich ist aber, dass der Adressat aus dem Inhalt der Prüfungsanordnung mit einer jeden Zweifel ausschließenden Sicherheit entnommen werden kann (FG Baden-Württemberg, Urteil vom 07.12.2008, 4 K 1237/07, EFG 2009, 1088, rkr.).

Es ist geklärt, dass bei der Auslegung eines Steuerbescheids auch der Steuerfestsetzung beigefügte Erläuterungen mit berücksichtigt werden können. Ein gegen eine GbR gerichteter Steuerbescheid muss bei einer nur aus wenigen Personen bestehenden Gesellschaft die Angabe nicht nur des Familiennamens, sondern regelmäßig auch des Vornamens des Gesellschafters enthalten, es sei denn, die Gesellschaft beteiligt sich am Rechtsverkehr mit einem ihrer Identifizierung dienenden Namen (BFH, Beschluss vom 25.02.2008, XI B 198/06, BFH/NV 2008, 744).

Eine Prüfungsanordnung, die die einheitliche und gesonderte Feststellung des Gewinns einer atypisch stillen Gesellschaft betrifft, ist an den Geschäftsinhaber zu richten (BFH, Beschluss vom 03.11.2011, IV B 62/10, BFH/NV 2012, 369 mit Anm. Bode, DB 2012, Heft 7, M 18).

Eine Prüfungsanordnung ist nicht wegen fehlender Bestimmtheit nichtig, wenn für den Steuerpflichtigen der Regelungsgehalt nicht ernsthaft zweifelhaft sein kann. Das vorübergehende Bestehen von zwei Prüfungsanordnungen, die sich inhaltlich nicht widersprechen, führt nicht zu deren Nichtigkeit (so klarstellend BFH, Urteil vom 06.08.2013, VIII R 15/12, BStBl II 2014, 232).

Eine an ein Unternehmen mit einem abweichenden Wirtschaftsjahr gerichtete Prüfungsanordnung ist nicht deshalb unbestimmt und unwirksam, weil in der Prüfungsanordnung versehentlich jeweils auf das Kalenderjahr bezogene Prüfungszeiträume angegeben sind. Prüfungsfeststellungen für außerhalb des in der Prüfungsanordnung genannten Zeitraums liegende Zeiträume können ggf. einem Verwertungsverbot unterliegen, was allerdings die Rechtmäßigkeit der Prüfungsanordnung selbst unberührt lässt (so klarstellend Thüringer FG, Urteil vom 07.07.2015, 2 K 114/15, DStRE 2016, 747, zwischenzeitlich rkr.).

3.5 Verwertungsverbot bei rechtswidrigen Betriebsprüfungsanordnungen

Prüfungsfeststellungen, die auf einer rechtskräftig für rechtswidrig erklärten Bp-Anordnung basieren, unterliegen dem **Verwertungsverbot,** da ansonsten der Rechtsschutz unterlaufen würde (BFH, Urteil vom 07.06.1973, V R 64/72, BStBl II 1973, 716; BFH, Urteil vom 14.08.1985, I R 188/82, BStBl II 1986, 2, st. Rspr.; einschränkend Hessisches FG, Urteil vom 29.10.1987, IV 380/81, EFG 1988, 215, Rev. eingelegt; Az. nicht bekannt; AEAO, zu § 196 AO Tz. 2, BStBl I 2014, 290; generell zur Problematik steuerrechtlicher Verwertungsverbote Schmidt-Liebig, BB 1987, 2139 ff.).

Das Bestehen eines Verwertungsverbots ist also nach der höchstrichterlichen Judikatur an die Voraussetzung der erfolgreichen Anfechtung der Prüfungsanordnung geknüpft (BFH, Urteil vom 27.07.1983, I R 210/79, BStBl II 1984, 285). Ein Verwertungsverbot von Prüfungsfeststellungen setzt nach ständiger Rechtsprechung des BFH voraus, dass die Rechtswidrigkeit der Prüfung im Wege der Anfechtung der Prüfungsanordnung festgestellt worden ist, es sei denn, diese wäre nichtig (BFH, Beschluss vom 28.06.2007, V B 174/05, BFH/NV 2007, 1807; hierzu differenziert Hannig, Steuer & Studium, 2018, 42 ff.).

Wird die Anordnung einer **Lohnsteuer-Ap** beim **Arbeitgeber** auf Klage des Arbeitgebers aufgehoben, so darf das FA allerdings gleichwohl – im Hinblick auf durch diese Prüfung erlangte Kenntnisse – einen bestandskräftigen Einkommensteuerbescheid des **Arbeitnehmers** aufgrund der Prüfungsfeststellungen ändern. Ein Verwertungsverbot besteht insoweit nicht (§ 173 Abs. 1 Satz 1 Nr. 1 AO; BFH, Urteil vom 09.11.1984, VI R 157/83, BStBl II 1985, 191).

Der BFH hält an seiner Rechtsprechung fest, dass im Rahmen einer Ap ermittelte Tatsachen bei der Änderung eines unter dem Vorbehalt der Nachprüfung ergangenen Steuerbescheids nur ausnahmsweise nicht verwertet werden dürfen, wenn ein sog. qualifiziertes materiell-rechtliches Verwertungsverbot zum Zuge kommt (BFH, Urteil vom 04.10.2006, VIII R 53/04, BStBl II 2007, 227).

3.6 Verwertungsverbot bei nichtigen Betriebsprüfungsanordnungen

Eine nichtige Ap-Anordnung hat zur Folge, dass die auf einer solchen Bp basierenden Ergebnisse **nicht verwertet** werden dürfen (BFH, Beschluss vom 11.07.1979, I B 10/79, BStBl II 1979, 704; BFH, Urteil vom 27.07.1983, I R 210/79, BStBl II 1984, 285; Seer, in Tipke/Kruse, AO, § 196 Tz. 32 bis 37 m. w. N.). Nichtigkeitsgründe sind z. B.:

- Adressierung der Anordnung an ein nicht existierendes Steuersubjekt (BFH, Urteil vom 10.04.1987, III R 202/83, BStBl II 1988, 165, 166).
- **Bekanntgabemängel**; es gelten die Grundsätze für die Bekanntgabe von Steuerbescheiden auch für Prüfungsanordnungen. So ist es bei der **Prüfung von Personengesellschaften** erforderlich, alle Gesellschafter entweder in der Anordnung oder zumindest in einer beigefügten Anlage zu nennen. Die Verweisung auf sonstige Unterlagen (Steuererklärung, Grundbuch, Bp-Bericht) reicht möglicherweise nicht aus (einschränkend jedoch BFH, Urteil vom 17.11.2005, III R 8/03, BSBl II 2006, 287).
- **Fehlende Erkennbarkeit, ob die Anordnung an eine Person als Prüfungssubjekt oder als Zustellungsbevollmächtigter gerichtet wurde** (Hessisches FG, Urteil vom 06.10.1989, 12 K 588/89, EFG 1990, 148, rkr.; FG Hamburg, Urteil vom 10.10.2002, VI 5/01, EFG 2003, 583, rkr.; BFH, Beschluss vom 03.03.2003, IX B 206/02, BFH/NV 2003, 884).
- **Festlegung nicht mehr bestehender Geschäftsräume als Prüfungsort** (FG Rheinland-Pfalz, Urteil vom 23.03.1987, 5 K 4/87, EFG 1987, 389, rkr.).

Eine Außenprüfung, die aufgrund einer gegenüber dem Steuerpflichtigen nicht wirksam gewordenen Prüfungsanordnung durchgeführt wird, kann den Ablauf der Festsetzungsfrist nicht hemmen.

Ist Festsetzungsverjährung eingetreten, ermöglicht es der Grundsatz von Treu und Glauben nicht, dass zu Lasten des Steuerpflichtigen ein erloschener Steueranspruch wieder auflebt; dies gilt unabhängig davon, ob dem Steuerpflichtigen der Eintritt der Verjährung „vorwerfbar" ist oder nicht (BFH, Urteil vom 11.11.2020, XI R 11/18, BStBl II 2021, 415 = NWB 2021, 1018f. m. Anm. Strahl).

Es ist zu beachten, dass ein solcher Formfehler somit zur Folge haben kann, dass Steuernachforderungsansprüche aus den Prüfungszeiträumen seitens der Finanzverwaltung nicht mehr geltend gemacht werden können.

3.7 Späterer Erlass einer fehlerfreien Betriebsprüfungsanordnung

Somit stellt sich das Problem, ob die Finanzverwaltung bei einer festgestellten rechtswidrigen/nichtigen Bp-Anordnung durch den späteren Erlass einer fehlerfreien Bp-Anordnung nebst anschließender neuer Bp die bereits „festgestellten" Nachforderungsansprüche sichern kann.

Wird die Betriebsprüfungsanordnung wegen Verfahrensfehlern nachträglich vom Gericht aufgehoben oder für rechtswidrig erklärt, kann das FA eine bereits abgehaltene Prüfung aufgrund einer fehlerfreien, erneuten Prüfungsanordnung wiederholen (BFH, Urteil vom 07.11.1985, IV R 6/85, BStBl II 1986, 435). Dies bedeutet, dass bei einer **angefochtenen**, bloß **rechtswidrigen** Bp-Anordnung durch den vorsorglichen sofortigen Erlass einer fehlerfreien Bp-Anordnung etwaige Steuernachforderungsansprüche des Fiskus in jedem Fall durchgesetzt werden können.

Völlig anders sieht dagegen die Situation bei **nichtigen** Bp-Anordnungen aus. Hier sollte **vom Rechtseinwand der nichtigen Bp-Anordnung erst nach Ablauf der Festsetzungsverjährung Gebrauch gemacht werden.**

Beispiel:

Clever hat seine Einkommensteuererklärung für das Jahr 2020 in 2021 abgegeben. Die Verjährung für die Einkommensteuer 2020 beginnt am 01.01.2026, soweit kein Fall einer Steuerverkürzung vorliegt (§§ 169, 170 AO).

Am 05.03.2023 ist eine formnichtige Ap-Anordnung für den VZ 2020 erlassen worden. Aufgrund der anschließenden Bp wurde am 28.02.2025 ein Änderungs- bzw. Nachforderungsbescheid erlassen. In einer solchen Konstellation empfiehlt es sich, Einspruch gegen den Änderungsbescheid einzulegen. **Der Einwand der nichtigen Ap-Anordnung sollte jedoch erst nach Ablauf der Festsetzungsverjährung (01.01.2026)** – notfalls sogar erst im finanzgerichtlichen Verfahren – vorgetragen werden, um der Finanzverwaltung die Möglichkeit abzuschneiden, durch den Erlass einer erneuten formgültigen Bp-Anordnung die Nachforderungsansprüche noch zu sichern.

Klarstellend ist anzumerken, dass eine Bp-Anordnung, die erst **nach Ablauf der Bp** bekannt gegeben wird, nicht nur rechtswidrig, sondern darüber hinaus nichtig ist (Seer, in Tipke/Kruse, AO, § 197 Tz. 9 m.w.N. aus der FG-Rechtsprechung).

3.7.1 Beginn einer Außenprüfung und Verjährung

Wird vor Ablauf der Steuerfestsetzungsfrist mit einer Ap begonnen oder der Beginn der Prüfung auf Antrag des Stpfl. hinausgeschoben, so tritt die Verjährung nicht ein, bevor die aufgrund der Prüfung erlassenen Steuerbescheide unanfechtbar sind bzw. bevor nach Bekanntgabe fehlender Auswirkungen der Prüfung drei Monate verstrichen sind. Dies gilt nicht, wenn eine Ap unmittelbar nach ihrem Beginn für die Dauer von mehr als sechs Monaten aus Gründen unterbrochen wird, die die Finanzbehörde zu vertreten hat (§ 171 Abs. 4 AO).

Der Beginn einer Ap kann dann irrelevant sein, wenn die Prüfungsanordnung wegen schwerwiegender, offenkundiger Mängel, insbesondere bei Zustellungs-, Adressierungs- und Bestimmtheitsmängeln, nichtig ist (§ 125 AO). Prüfungshandlungen aufgrund unwirksamer oder auf Anfechtungsklage aufgehobener Prüfungsanordnungen hemmen somit nicht die Festsetzungsverjährung (BFH, Urteil vom 10.04.1987, III R 202/83, BStBl II 1988, 165; BFH, Urteil vom 21.04.1993, X R 112/91, BStBl II 1993, 649, 651).

3.7.2 Einbeziehen „außerbetrieblicher Verhältnisse" in die Außenprüfung

Hinsichtlich der Zulässigkeit einer Ap des Privatbereichs ist zweckmäßigerweise zwischen den Verhältnissen von „Privatleuten" und denen von Gesellschaftern und Betriebsinhabern zu unterscheiden:

- **Privatleute: Bei anderen als den in § 193 Abs. 1 AO bezeichneten Stpfl.** (insbesondere Gewerbetreibende und Freiberufler) ist eine Ap nur unter sehr eingeschränkten Voraussetzungen möglich (§ 193 Abs. 2 Nr. 2 AO).
- Bei einem Unternehmer können auch außerbetriebliche Verhältnisse in die Bp einbezogen werden. Die Prüfungsanordnung gegen den nichtunternehmerisch tätigen Ehegatten kann nur auf § 193 Abs. 2 Nr. 2 AO gestützt werden. Sie ist nach der Rechtsprechung so zu begründen, dass aus ihr ersichtlich ist, aus welchen Gründen ein Aufklärungsbedürfnis besteht und eine Prüfung an Amtsstelle unzweckmäßig ist. Die Prüfungsanordnung gegen die Ehegatten kann in einer Verfügung zusammengefasst und in einer Ausfertigung an die Ehegatten bekannt gegeben werden (BFH, Urteil vom 05.11.1981, IV R 179/79, BStBl II 1982, 208; Groh, DStR 1985, 679, 681 unter Hinweis auf die teilweise abweichende Verwaltungspraxis).

Das für eine Ap nach § 193 Abs. 2 Nr. 2 AO erforderliche Aufklärungsbedürfnis liegt jedenfalls dann vor, wenn dem Stpfl. im Prüfungszeitraum aufgrund außerordentlich hoher Einkünfte („Einkunftsmillionär" – allerdings auf DM-Basis) erhebliche Beträge zu Anlagezwecken zur Verfügung standen und der Stpfl. nur Kapitaleinkünfte in geringer Höhe erklärt sowie keine substanziierten und nachprüfbaren Angaben zur Verwendung der verfügbaren Geldmittel gemacht hat. Die Entscheidung des FA über die Zweckmäßigkeit einer Ap nach § 193 Abs. 2 Nr. 2 AO ist ermessensfehlerfrei, wenn eine Vielzahl von Belegen zu überprüfen und insoweit mit zahlreichen Rückfragen zu rechnen ist (BFH, Urteil vom 26.07.2007, VI R 68/04, BStBl II 2009, 338; vgl. aber BFH, Beschluss vom 25.10.2007, VIII B 41/07, BFH/NV 2008, 189; beachte jedoch auch die Rechtslage seit der Einführung von § 193 Abs. 1 Alt. 2 AO durch das Steuerhinterziehungsbekämpfungsgesetz).

Es ist der Grundsatz zu beachten, dass verheiratete Nichtunternehmer nicht benachteiligt werden dürfen. Der BFH hat allerdings die Einbeziehung gemeinsamer Einkünfte in die Bp für zulässig erklärt (BFH, Urteil vom 19.12.1983, IV B 65/83, n. v., zitiert nach Groh, DStR 1985, 679). Wichtig ist bei gemeinsamen Einkünften:

- Die Ermittlungsbefugnisse des § 200 AO (insbesondere Mitwirkungspflichten) bestehen nur gegenüber dem geprüften Ehegatten; hat der nicht geprüfte Ehegatte Mitgewahrsam an Unterlagen und verweigert er die Herausgabe, so kann der geprüfte Ehegatte dem Vorlageverlangen des Prüfers aus tatsächlichen Gründen nicht Folge leisten; dem verweigernden Ehegatten muss die Vorlegung im Wege der Einzelermittlung aufgegeben werden, sofern nicht eine Ap nach § 193 Abs. 2 Nr. 2 AO möglich ist.
- Da die Verwertungsbefugnis nicht davon abhängig ist, dass gegenüber dem Dritten eine Prüfungsanordnung ergangen ist, dürfen allerdings aus den Feststellungen bei dem geprüften Ehegatten Folgerungen für die Veranlagung des nicht geprüften Ehegatten gezogen werden (BFH, Urteil vom 23.02.1984, IV R 154/82, BStBl II 1984, 512).
- Unter die Vorschrift des § 193 Abs. 2 Nr. 2 AO fallen auch Stpfl. mit einem Gesamtbetrag der Einkünfte von über 511.292 €, die bei der Einstufung der Betriebe in Größenklassen den Großbetrieben zugeordnet worden sind. Zu beachten ist, dass auch bei diesen „Großbetrieben" eine Bp nur unter den Voraussetzungen des § 193 Abs. 2 Nr. 2 AO zulässig ist.

- Nach der Rechtslage vor Einführung von § 193 Abs. 1 Alt. 2 AO (durch das Steuerhinterziehungsbekämpfungsgesetz, für Veranlagungszeiträume ab 2010) begründeten hohe Einkünfte (über 500.000 €) aus nichtselbständiger Arbeit allein kein (abstraktes) Aufklärungsbedürfnis i. S. v. § 193 Abs. 2 Nr. 2 AO (BFH, Beschluss vom 23.02.2011, VIII B 63/10, BFH/NV 2011, 964).

Auch hier ist im Auge zu behalten, dass unter dem alternativen Angebot der Vorlage von Einzelbelegen eine unverhältnismäßige Ap mit Rechtsbehelfen möglichst abzuwenden ist.

3.7.3 Einbeziehung der steuerlichen Verhältnisse von Gesellschaftern und Mitgliedern

Das Gesetz gestattet, in die bei einer Gesellschaft durchzuführende Ap die Prüfung der steuerlichen Verhältnisse von Gesellschaftern und Mitgliedern sowie von Mitgliedern der Überwachungsorgane einzubeziehen, wenn dies im Einzelfall zweckmäßig ist. Damit kann bei der Prüfung von Personen- und Kapitalgesellschaften ebenfalls die Prüfung der Gesellschafter, Mitunternehmer, Anteilseigner, Genossen, Mitglieder, Beirats- und Aufsichtsratsmitglieder angeordnet werden. Die Prüfung kann sich dann auf alle steuerlichen Verhältnisse erstrecken (§ 194 Abs. 2 AO).

Bei einer Personengesellschaft können die steuerlichen Verhältnisse der Gesellschafter mit geprüft werden, allerdings nur soweit sie für die steuerlichen Verhältnisse der Gesellschaft von Bedeutung sind (§ 194 Abs. 1 Satz 3 AO).

Die Prüfung der – nicht von § 194 Abs. 1 Satz 3 AO umfassten – steuerlichen Verhältnisse eines einzelnen Gesellschafters, der an einer Sozietät beteiligt ist, deren Mitglieder ausschließlich freiberuflich tätig sind, ist aufgrund eigener Prüfungsanordnung möglich, wenn die persönlichen Verhältnisse des § 193 AO auch bei diesem gegeben sind (FG München, Urteil vom 02.03.2011, 9 K 2984/09, EFG 2011, 1269, NZB eingelegt; Az. des BFH: VIII B 48/11 mit Anm. Leitner; allerdings per BFH, Beschluss vom 02.03.2011 VIII B 48/11 BFH/NV 2011, 1911, aus verfahrenstechnischen Gründen aufgehoben).

> Bei Kapitalgesellschaften und bei Personengesellschaften ist zu beachten, dass nicht nur ausschließlich die Sphäre der Gesellschaft, sondern auch der Gesellschafter mit geprüft wird. Dabei sollen insbesondere bei Kapitalgesellschaften verdeckte Einlagen und verdeckte Gewinnausschüttungen im Verhältnis der Gesellschafter (-Geschäftsführer) aufgedeckt werden. Bei Personengesellschaften ist auch das Sonderbetriebsvermögen mit einzubeziehen. Es muss dem Mandanten klargemacht werden, dass hier eine auf die Gesellschafter erweiterte Ap bevorsteht.

Zum Rechtsschutz gegen ein Urkundenvorlageverlangen des FA als sogenannte Vornahmebehörde im Rahmen eines beim Bundeszentralamt für Steuern ergangenen ausländischen Amtshilfeersuchens hat der BFH folgende Klarstellung vorgenommen: Auch bei Amtshilferegelungen zur Erteilung von Spontanauskünften sind die Grenzen des § 194 Abs. 3 AO für die Anfertigung von Kontrollmitteilungen zu beachten (BFH, Urteil vom 12.09.2017, I R 97/15 BFH/NV 2018, 177 unter Aufhebung des vorinstanzlichen Urteils).

II. Vorbereitung und Durchführung einer Betriebsprüfung

Schrifttum:

Achilles/Jope	Corona – Dokumentation – Checkliste zur Vermeidung von Fehlinterpretationen in der Bp, DB 2020, 1417
Apitz	Auslegungsfähigkeit einer tatsächlichen Verständigung, StBp 2008, 93
Assmann	Rechte und Mitwirkungspflichten beim Erstellen von Geldverkehrs- bzw. Vermögenszuwachsrechnungen, DB 1989, 851
ders.	Checkliste Außenprüfung, NWB, Fach 17, 1181
Barthel	Beweiskraft: Das Tatbestandsmerkmal „entsprechen" in § 158 AO, StBp 2024, 254
Becker	Außenprüfung digital – Prüfungsmethoden im Fokus, DStR 2016, 1386 (Teil I) und 1430 (Teil II)
Bellinger	Zum Umfang des Datenzugriffs gemäß § 147 Abs. 6 AO in Daten der Wirtschaftssysteme des Einzelhandels, StBp 2011, 272 und 305
Bergan/Martin	Rechtsschutz gegen eine Negativauskunft nach § 89 Abs. 2 AO, DStR 2012, 2164
Beyer	Betriebsprüfung, NWB 2012, 3259
ders.	Betriebsprüfung: Rechte und Pflichten bei Einleitung eines Steuerstrafverfahrens, Steuertip, Beilage 49 vom 06.12.2013, 1
ders.	Betriebsprüfung während der Corona-Krise – Erste Praxiserfahrungen, NWB 2020, 966

ders.	Schätzungsbefugnis bei Nichtbeachtung von digitalen Datenschnittstellen in Prüfungen, NWB 2024, 3294
Bleschick	Außenprüfung, Steuer & Studium 2019, 52
Brenner	Außenprüfung als Strafverfolgungsorgan Verfolgungsverjährung und Verwertungsverbot, StBp 1979, 121
Brete	Die Nachkalkulation unter besonderer Berücksichtigung von Gastronomiebetrieben, StBp 2007, 70
Bruschke	Konfliktlösung durch eine tatsächliche Verständigung mit dem Finanzamt, DStR 2010, 2611
ders.	Verbindliche Zusagen auf Grund einer Außenprüfung, StB 2024, 374
Burkhard	Nachkalkulation in der Taxibranche, StBp 2024, 70
Burkhard/ Adler	Betriebsprüfung und Steuerfahndungsprüfung, 2001
Buse	Der steuerstrafrechtliche Verdacht des Außenprüfers, DB 2011, 1942
Deal	Der strafprozessuale Vergleich, Strafverteidiger 1982, 545
Dornheim	Gibt es einen Anspruch auf eine (bestimmte) verbindliche Auskunft?, BB 2012, 2926
Dreßler	Neuerungen bei Außenprüfungen und Steuerberatungen, FR 2015, 1070
Eich	Die tatsächliche Verständigung im Steuerverfahren und im Steuerstrafverfahren, 1992
Eisner	Die elektronisch unterstützte Betriebsprüfung – Was lange währt, wird endlich gut, DStR 2017, 2824
Figatowski	Kassenführung, Betriebsprüfung und Steuerstrafverfahren: alles Wichtige auf einen Blick, PStR 2024, 281
Freudenberg	Die Prüfungsanordnung, INF 1993, 145
Geuenich	Steuerliches Verwertungsverbot analog § 136a StPO bei Zusammentreffen von Außenprüfung und steuerstrafrechtlichen Ermittlungen, DStZ 2006, 295
Habighorst	Die Beteiligung von Gemeindebediensteten an der Außenprüfung, FR 2019, 839
Hannig	Nachhaltiges Verfahrensmanagement in der Außenprüfung, Steuer & Studium 2018, 833

Henneberg	Zur Beachtung der Grundsätze des Strafverfahrensrechts (StPO) durch die Finanzverwaltung im Steuerstrafverfahren, INF 1974, 361
ders.	Der Stpfl. im Spannungsfeld zwischen Besteuerungsverfahren und Steuerstrafverfahren, BB 1988, 218
Herrfurth	Zehn Jahre GoBD – BMF hat mit Update 2024 die Chance auf überfällige Anpassungen erneut verstreichen lassen, StuB 2024, 697
Hildebrandt	Über Betriebsprüfung und Steuerstrafverfahren im Widersinn, BB 1984, 1226
Jesse	Das Nebeneinander von Besteuerungs- und Steuerstrafverfahren, DB 2013, 1803
Kaminski/ Scheidmann	Möglichkeiten und Grenzen der Neutralisierung von Mehrergebnissen aus Betriebsprüfungen, DStR 2017, 2692 (Teil I), und 2761 (Teil II)
Kaiser	Motivation zur Kooperation oder Auf der Suche nach der „Sprache der Betriebsprüfung", StBp 2017, 3
Kaligin	Keine Angst vor Betriebsprüfung und Steuerfahndung, 2. Aufl. 2004
Kemper	Der Anfangsverdacht in der Außenprüfung, StBp 2007, 263
Klein	Rechtliche Anforderungen an die Nachvollziehbarkeit und den Inhalt der amtlichen Richtsatzsammlung, DStR 2024, 1335
Kowallik	Aktualisierung der GoBD, WPg 2024, 1027
Kraus	Die Richtsätze zur Ermittlung des stpfl. Gewinns der Gewerbetreibenden, Diss. Gießen, Bielefeld 1981
Krüger	Die tatsächliche Verständigung als „Ding an sich" ein „Unding in sich"?, DStZ 2015, 478
Krumm	Rechtsfragen der digitalen Betriebsprüfung (Summarische Risikoprüfung), DB 2017, 1105
Lichtinghagen	Chancen und Risiken der tatsächlichen Verständigung, StuB 2009, 63
Liedtke	Warum die Außenprüfung Prüfungstaktik und Prüfungstechnik überdenken sollte, StBp 2016, 356

Mack	Schnittstelle Steuerverfahren/Steuerstrafverfahren, Stbg 2012, 440
Melzer	Ablauf einer Betriebsprüfung aus Sicht der Finanzverwaltung, Steuer & Studium 2016, 587 und 608
Mester	Was prüfen die Finanzämter in diesem Jahr insbesondere?, DStR 2015, 628
Meyer	Abwehrstrategien gegen die Schätzung von Besteuerungsgrundlagen in Betriebsprüfungsfällen, DStR 2005, 2114
Oberhauser/ Stein	Die elektronisch unterstützte Betriebsprüfung aus Steuerberatersicht, DStR 2017, 2837
Ochs/ Wargowske	Zum „Ort" des Datenzugriffs gemäß § 147 Abs. 6, 2 2. mod., DStR 2015, 2689
Peters	Aktuelles aus der digitalen Außenprüfung, DStR 2017, 1953
dies.	Aus der digitalen Betriebsprüfung: Datenzugriff und Verfahrensdokumentation, DB 2018, 2846
Pflaum	Außenprüfung und Mediation, StBp 2013, 105
ders.	Steuerstrafrechtliche Belehrungen, Mitteilungen und Hinweise nach der Abgabenordnung in der Außenprüfung, StBp 2017, 163
ders.	Mitwirkungspflichten bei der Außenprüfung und Folgen ihrer Verletzung, StBp 2021, 222
Pieske-Kontny	Die tatsächliche Verständigung im Rahmen einer Außenprüfung, Stbg 2020, 88
ders.	Die verbindliche Zusage nach einer Außenprüfung, StBp 2020, 111
ders.	§ 146 Abs. 1 Satz 3 AO als systembedingte Ursache von Vollschätzungen, StBp 2020, 120 ff.
ders.	Die Schlussbesprechung gem. § 201 AO, StBp 2020, 210
Prinz	Erfahrungen mit der steuerlichen Außenprüfung aus Beratersicht, Ubg 2018, 36
Riegel/Amler	Die tatsächliche Verständigung – Entfallen der Bindungswirkung bei Fehlen oder Wegfall der Geschäftsgrundlage, BB 2018, 605

Rogge	Aufklärungs- und Mitwirkungspflichten bei Durchführung einer Außenprüfung, DB 2013, 2475
Roth	Verständigung im Steuer(straf)verfahren, Stbg 2017, 124
Schoor	Zur Vorlagepflicht privater Bankkonten im Rahmen einer Außenprüfung, StBp 1988, 67
Schützeberg	Die Schätzung im Besteuerungs- und im Steuerstrafverfahren, StBp 2009, 33
Schumann	Urkundenvorlagepflicht und Datenzugriff in Bezug auf IFRS – Abschlüsse und Aufzeichnungen, Ubg 2018, 400
Schuster	Rechtsinstitut der sog. tatsächlichen Verständigung im Steuerrecht, DStZ 2018, 720
Seer	Verständigung an der Schnittstelle von Steuer- und Steuerstrafverfahren, BB 2015, 214
Stolz	Schätzungen im Steuerrecht, steuertip, Beilage zu Heft 2 vom 13.01.2012, 1
ders.	Checkliste zur Vorbereitung auf die Betriebsprüfung, steuertip, Beilage 36 vom 07.09.2012, 1
ders.	Die Schlussbesprechung, steuerberater intern, Beilage zu Heft 26 vom 15.12.2020, 1
ders.	Checkliste zur Vorbereitung auf die Betriebsprüfung, steuerberater intern, Beilage Nr. 5 vom 01.03.2022, 1
Streck	Über Betriebsprüfung und Steuerstrafverfahren im Widersinn, BB 1984, 199
Süß	Vorstandsunterlagen in der Außenprüfung, DStR 2018, 1110
Suhr	Besteuerungs-Strafverfahren bei Betriebsprüfungen, StBp 1971, 121
Wacker	Rechtsschutz bei der Verwendung von „Fragebögen“ anlässlich einer Außenprüfung, DStR 2012, 783
Wacker/ Högemann	Überhöhte Anforderungen der Finanzverwaltung an die Kassenführung, BBK 2013, 621
Wähnert	Beweislast und Schätzung im Zusammenhang mit modernen Verprobungsnetzen, StBp 2011, 107
Waschbusch/ Zieger	Die steuerliche Betriebsprüfung als wichtigste Form der Außenprüfung – Grundlagen und Ablauf einer Betriebsprüfung, StB 2016, 329 (Teil I) und 335 (Teil II)

Wendt/ Könemann/ Schirmbeck	Betriebsprüfung in der Praxis, 2. Aufl. 1990
Wenzel	Bindungswirkung von Schlussbesprechungen nach Betriebsprüfung, NWB 2022, 3120 (Teil 1), 3182 (Teil 2) und 3252 (Teil 3)
Wermke	Ablauf einer Außenprüfung, StBp 2020, 205
Weyand	Zur Bedeutung des strafrechtlichen Vorbehalts nach § 201 Abs. 2 AO, StBp 1988, 93
Wilke	Die Auswirkungen der tatsächlichen Verständigung im Steuerrecht auf das parallel geführte Steuerstrafverfahren, DStR 2018, 108
Wollweber	Die tatsächliche Verständigung: Rechtliche Voraussetzungen und Bindungswirkung, Stbg 2019, 503

Verwaltungsanweisungen:

1. FinBeh Hamburg, Erlass vom 24.08.1979, 51 – S 0720 – 6/76, bzw. FinBeh Bremen, Erlass vom 31.08.1979, 0720 – 242, StEK AO 1977 § 397 Nr. 2 betr. Grundsätze für die Zuleitung von Prüfungsberichten an die Bußgeld- und Strafsachenstelle
2. Neuer Rationalisierungserlass für die Betriebsprüfungsstellen (verwaltungsintern), dennoch veröffentlicht in INF 10/1995, V
3. BMF, Schreiben vom 09.01.1996, IV A 8 – S 0310 – 5/95, BStBl I 1996, 34 betr. Verzicht auf die Aufbewahrung bei Einsatz elektronischer Registrierkassen
4. OFD Karlsruhe, Verfügung vom 14.10.1996, S 0223 A – 149 – St 211, BB 1996, 2397 betr. tatsächliche Verständigung über den der Steuerfestsetzung zugrunde liegenden Sachverhalt
5. OFD München, Verfügung vom 02.06.1998, S 0223 – 6 St 312, NJW 1999, 626 ff. betr. tatsächliche Verständigung über den der Steuerfestsetzung zugrunde liegenden Sachverhalt
6. BMF, Schreiben vom 15.03.2000, BStBl I 2000, 368, geändert durch Allgemeine Verwaltungsvorschrift vom 11.12.2001, BStBl I 2001, 984 und BMF, Schreiben vom 22.01.2008, BStBl I 2008, 274 und vom 20.07.2011 (BStBl I, 710) betr. Allgemeine Verwaltungsvorschrift für die Betriebsprüfung
7. OFD München, Verfügung vom 09.02.2004, S 0240 – 4 St 312, DB 2004, 518 betr. Aufbewahrung von privaten Belegen durch den Stpfl.

8. BMF, Schreiben vom 05.04.2004, IV D 2 – S 0315 – 9/04, BStBl I 2004, 419 betr. Grundsätze ordnungsgemäßer Buchführung, Verbuchung von Bargeschäften im Einzelhandel, Identitätsnachweis
9. BMF, Schreiben vom 02.07.2004, IV D 2 – S 1451 – 76/04, BStBl I 2004, 574 betr. Begriff „Konzern" i. S. der §§ 13, 18 BpO 2000
10. Gleichlautende Erlasse der obersten Finanzbehörden der Länder v. 31.08.2009 betr. Anwendungsfragen zu § 10 BpO
10. BMF, Schreiben vom 30.07.2008, IV A 3 – S 0223/07/10002 DOK 2008/0411043, BStBl I 2008, 831 betr. tatsächliche Verständigung über den der Steuerfestsetzung zugrunde liegenden Sachverhalt
11. OFD Hannover, Verfügung vom 10.09.2008, S 0223 – 19 – StO 143, DStR 2008, 2267 betr. tatsächliche Verständigung über den der Steuerfestsetzung zugrunde liegenden Sachverhalt
12. OFD Münster, Verfügung vom 05.01.2010, nicht veröffentlicht, betr. besondere Prüffelder und Risikobereiche im Bereich der OFD Münster
13. Bayerisches Landesamt für Steuern, Verfügung vom 10.12.2010, S 0240.1.1.-3/3 St 42, DB 2011, 504 betr. Aufbewahrung von privaten Belegen durch den Stpfl. nach Durchführung der Steuerveranlagung
14. BMF, Schreiben vom 24.10.2013, IV A 4 – S 0403/13/10001 DOK 2013/0958391, BStBl I 2013, 1264 betr. Abgabenordnung, Betriebsprüfung: Hinweise auf die wesentlichen Rechte und Mitwirkungspflichten bei der Außenprüfung (§ 5 Abs. 2 Satz 2 BpO 2000)
15. OFD Frankfurt/M., Rundverfügung vom 12.04.2016, S1456 A-001-St33, DStR 2016, 1163 betr. Nachforderung von Unterlagen zur E-Bilanz – Entscheidung über die Prüfungswürdigkeit im Rahmen der Außenprüfung
16. BdF, Schreiben vom 15.04.2019, IV A 3 – S 0223/07/10002 DOK 2019/0319434, BStBl I 2019, 447 betr. tatsächliche Verständigung – Beteiligung des für die Steuerfestsetzung zuständigen Amtsträgers; ergänzendes BMF, Schreiben vom 30. Juli 2008, IV A 3 – S 0223/07/10002, BStBl I, 831
17. BMF, Schreiben vom 28.11.2022 IV A 8 – S 1544/19/10001 :006 DOK 2022/1178831, BStBl I 2022, 1608 betr. Anwendung der Richtsatzsammlung in wirtschaftlichen Krisenzeiten
18. BMF, Schreiben vom 23.06.2023, IV D 1 – S 0223/20/10001 :003 DOK 2023/0596306, BStBl I 2023, 1074 betr. Tatsächliche Verständigung über den der Steuerfestsetzung zugrunde liegenden Sachverhalt; Tatsächliche Verständigung – Anwendung in grenzüberschreitenden Sachverhalten

19. BMF, Schreiben vom 17.09.2024, IV D 3 – S 1544/19/10001:011 DOK 2024/0821252, BStBl I 2024, 1198 betr. Richtsatzsammlung für das Kalenderjahr 2023
20. BMF, Schreiben vom 28.06.2024, IV D 2 – S0316-a/20/10003:007 DOK 2024/0540959, BStBl I 2024, 1063 betr. Änderung des Anwendungserlasses zur Abgabenordnung (AEAO) mit Wirkung ab 1. Januar 2024

1. Erkenntnisquellen und Vorgehensweisen der Finanzverwaltung

Bei einer anstehenden Bp bereitet sich der Finanzbeamte i. R. des zur Verfügung stehenden Zeitkontingents (abhängig von der Größenklasse des Betriebs und den mutmaßlichen Steuernachforderungen) auf die anstehende Bp vor. Als primäre Vorbereitung dient die Lektüre der Steuerakten, die in toto zu sichten sind. Interessant ist dabei insbesondere – falls überhaupt vorhanden – das Studium des letzten Betriebsprüfungsberichts. Dort ist zur Kenntnis zu nehmen, zu welchen Beanstandungen es bei der letzten Bp gekommen ist und ob diese Fehlerquellen bei der nun anstehenden Bp erneut auftreten werden (**Eruierung von periodischen Fehlerquellen**).

Für den Stpfl. ist die Auswertung der sog. **Hinweisakte** besonders brisant, die mit einer besonderen Farbe optisch hervorgehoben ist. Diese Hinweisakte bekommen der Stpfl. und dessen Berater regelmäßig nicht zur Einsichtnahme, auch nicht i. R. der Akteneinsicht bei Finanzgerichtsprozessen. Sie stellt eine herausgehobene Erkenntnisquelle im Hinblick auf die Eruierung von besonderen Erkenntnissen über den Stpfl. dar. In ihr sind insbesondere folgende Segmente enthalten:

- Kontrollmitteilungen von anderen Bp (z. B. Erfassung von Provisionseinnahmen etc.),
- „Anschwärzungen" und Denunziationen von internen und externen Geschäftspartnern (z. B. entlassenem Personal, Ehepartnern und Lebensgefährten bei zerstrittenen Beziehungen, Streit mit potenziellen Mitbewerbern etc.).

Ferner wird der Betriebsprüfer sich das interessante Kontrollmaterial – insbesondere hinsichtlich der Höhe von besonderen Einnahmequellen – notieren und überprüfen, ob diese Daten als Betriebseinnahmen beim Stpfl. verbucht sind. Beim Aktenstudium widmet er sich insbesondere den aus den Steuerakten erkennbaren Unrichtigkeiten und auftretenden Zweifelsfragen. Dabei wird ggf. auch Rücksprache mit dem zuständigen Sachbearbeiter und Sachgebietsleiter genommen.

Darüber hinaus wird er den namentlich benannten oder gar anonymen Denunziationen nachgehen, um zu überprüfen, ob die darin enthaltenen Behauptungen der Wahrheit entsprechen. Insbesondere bei einer Häufung von Anschwärzungen kann es dazu kommen, dass über den Stpfl. ein schlechtes Bild entsteht. Bei konkreten Anschwärzungen kann es sogar dazu kommen, dass gar keine Bp durchgeführt wird, sondern der Fall sogleich der **Steuerfahndung (Steufa)** gemeldet wird, was jedoch die Annahme eines hinreichenden Tatverdachts voraussetzt, der insbesondere einen Amtsrichter in die Lage versetzt, einen entsprechenden Durchsuchungsbeschluss gegen den betroffenen Stpfl. nach § 102 StPO auszufertigen. Die Hemmschwelle ist dabei recht hoch, und es bedarf schon konkreter, durch Dokumente belegter Anschuldigungen.

Eine weitere Erkenntnisquelle stellen die **amtlichen Richtsatzsammlungen** über die branchenspezifischen Gewinnmargen dar, die zuletzt für das Kalenderjahr 2023 vom BMF bekannt gegeben wurden (BMF, Schreiben vom 28.11.2022 IV A 8 – S 1544/19/10001 :006 DOK 2022/1178831, BStBl I 2022, 1608 betr. Anwendung der Richtsatzsammlung in wirtschaftlichen Krisenzeiten; Begleitschreiben zur Richtsatzsammlung; aktualisiertes BMF-Schreiben vom 17.09.2024, IV D 3 – S1544/19/10001:011 DOK 2024/0821252, BStBl I 2024, 1198 betr. Richtsatzsammlung für das Kalenderjahr 2023; hierzu kritisch Klein, DStR 2024, 1335 ff.; aus wissenschaftlicher Sicht hierzu Kraus, Die Richtsätze zur Ermittlung des stpfl. Gewinns der Gewerbetreibenden, Diss. Gießen, Bielefeld 1981).

Hier werden die entsprechenden Gewinnmargen bei den einzelnen standardisierten Branchen festgehalten. Darüber hinaus liegen der Finanzverwaltung ergänzende Richtsatzsammlungen der einzelnen Oberfinanzdirektionen vor, die für nahezu alle relevanten Branchen einschlägig sind (z.B. Gaststätten, Friseure, Baubetriebe etc.). Bevor der Prüfer in die Prüfung einsteigt, macht er sich anhand der gängigen Erkenntnisquellen der zu prüfenden Branche (Bp-Archiv, Bp-Kartei, Merkblätter, Kennzahlen, Richtsatzsammlungen, Vergleichsbetriebe etc.) sachkundig. Es wird dann mittels der vorliegenden Jahresabschlüsse i.R. eines externen Betriebsvergleichs festgestellt, ob der betreffende Stpfl. die branchenüblichen Gewinnmargen erreicht oder deutlich unterschritten hat. Werden diese Margen signifikant unterschritten, so könnte der Verdacht aufkommen, dass der Stpfl. seine Buchführung dergestalt manipuliert hat, dass er die Betriebseinnahmen nicht vollständig erfasst bzw. fingierte Betriebsausgaben verbucht hat, um den Gewinn künstlich zu minimieren. Ein Stpfl. ist deshalb gehalten, zusammen mit seinem Berater mithilfe dieser Quellen seinen Betrieb einzustufen.

Zwecks präventiver Vermeidung von Irritationen bei der Finanzverwaltung ist es aus der Sicht des Stpfl. immer ratsam, bereits im Vorfeld darzulegen, aufgrund welcher Ereignisse (z.B. Erkrankung des Stpfl., geschäftsschädigender U-Bahn-Bau vor den Geschäftsräumen etc.) es zu betriebsspezifischen Einnahmerückgängen gekommen ist und somit die branchentypischen Gewinnmargen nicht erreicht werden konnten. Kann nämlich der Stpfl. keine plausiblen Erklärungen für das Unterschreiten der branchentypischen Gewinnmargen präsentieren, so wird nicht nur der formelle Zustand der Buchführung besonders kritisch geprüft. Vielmehr wird auch untersucht werden, ob ggf. im Wege einer Nachkalkulation oder einer Geldverkehrs- oder Vermögenszuwachsrechnung dem Stpfl. der Gegenbeweis geführt werden kann, dass die erklärten Gewinne viel zu niedrig sind, und es somit zu Hinzuschätzungen kommt.

Von der Finanzverwaltung ist folgende **Fehlerliste** als Anknüpfungspunkt für den Betriebsprüfer erstellt worden:

Checkliste für den Betriebsprüfer

1. Privatanteil für Pkw
2. Privatanteil für Heizung (Kohle, Öl, Strom)
3. Eigenverbrauch, Naturalentnahme
4. Dienstmädchen, Aufwartefrau, Gärtner
5. Mietwert der eigenen Mietwohnung
6. Strom, Gas, Wasser, Beleuchtung usw.
7. Zeitungen, Zeitschriften
8. Versicherungen
9. Handwerkerrechnungen für private Reparaturen
10. Arbeitskräfte und Material für private Bauten und Reparaturen
11. fingierte Lohnzahlungen (getarnte Alimente, Unterstützung für Verwandte usw.)
12. Pkw für Angehörige, Freundin, Campinganhänger
13. Wochenendhäuser
14. Alkohol, Tabakwaren
15. Reisekosten, Spesen, Geschäftsbewirtung, Spenden
16. Bekleidung
17. teure Hobbys als Betriebsausgaben: Yacht, Gewächshaus, Versuchsgarten, Flugzeug
18. Urlaubsreisen
19. fingierte Kreditoren, Provisionen, Preisnachlässe (Bezahlung wird privat vereinnahmt)

20. private Vereinnahmung nicht gebuchter Nebengeschäfte: Altmaterial, Boni, Skonti, Preisnachlässe, Verkauf von Ladenhütern, Verkäufe an Betriebsangehörige usw.
21. Preisgestaltung gegenüber eigenen Beteiligungsfirmen, bei denen auch Kinder als Gesellschafter beteiligt sind (Kapitalverschiebung – vorweggenommene Erbschaft)
22. Verrechnung überzahlter Betriebssteuern mit privaten Steuern
23. private Strafen, Steuerstrafen
24. Zuwendung an Kinder ohne Arbeitsleistung (Gehalt, Provision)
25. teure Geschenke an Freunde, Gesellschafter
26. Sozialversicherungsbeiträge und Versicherungsbeiträge für Gesellschafter
27. Spenden an Körperschaften des öffentlichen Rechts, z. B. für Privatpferd
28. Stundungserschleichung bei gleichzeitig hohen Entnahmen, z. B. für private Bauten
29. Aufnahme betrieblicher Kredite, die aber nur durch zu hohe Privatentnahmen bedingt sind – dadurch private Zinsersparnis
30. Hinweise für Vermögensvergleich
31. Reichen freie Entnahmen für den Lebensunterhalt?
32. Wie wurden private und betriebliche Bauten finanziert? Ist eine interne Finanzierungslücke erkennbar?
33. Wurden Bankkredite ohne Sicherheiten gegeben?
34. Sind fingierte Darlehen erkennbar (Mittel aus Schwarzverkäufen)?
35. Kosten für Mittagsheimfahrten
36. Mitgliedsbeiträge für VDI (privat)
37. Fahrten zum Betrieb bei größeren Entfernungen
38. Herkunft der Mittel bei Einlagen
39. Verprobung privater Bauten (Teilfinanzierung durch schwarze Gelder)

Darüber hinaus haben sich folgende Sachverhaltskonstellationen als **klassische Prüfungsfelder** herauskristallisiert:

- Verträge zur Unternehmensform, insbesondere Umwandlungsvorgänge
- Verträge unter Angehörigen
- Aufdeckung von Bilanzmanipulationen (z. B. überzogene Rückstellungen)
- formeller Zustand der Buchführung; materielle Richtigkeit der Buchführung
- Angemessenheit von Leistungsbeziehungen zwischen einer Kapitalgesellschaft und ihren Gesellschaftern zwecks Aufdeckung von verdeckten Gewinnausschüttungen

- Schmiergeldzahlungen
- Auslandsbeziehungen (insbesondere Prüfung der Angemessenheit von Konzernverrechnungspreisen)

Aufgrund der genannten Kriterien (amtliche Richtsatzsammlung, Checkliste, klassische Prüfungsfelder) sollte im Einzelfall geprüft werden, ob sich hier in den genannten Bereichen individuelle Probleme ergeben können.

Zum Ablauf und Verhaltensempfehlungen siehe praxisbezogen Beyer, NWB 2012, 3259 ff.; zu zentralen Prüffeldern in der Finanzverwaltung NRW Mester, DStR 2015, 628 f.; zur Prüfungstaktik und Prüfungstechnik aus der Perspektive der Finanzverwaltung Liedtke, StBp 2016, 356 ff.; zum Ablauf einer Betriebsprüfung aus Sicht der Finanzverwaltung siehe Melzer, Steuer & Studium 2016, 587 (Schaubild), 608 ff.; zur Art und Weise der Kommunikation in der Betriebsprüfung aus der Sicht der Finanzverwaltung siehe Kaiser, StBp 2017, 3 ff. zu Erfahrungen mit der steuerlichen Außenprüfung aus Beratersicht siehe Prinz, Ubg 2018, 36 ff.; Checkliste zur Vorbereitung auf die Betriebsprüfung siehe Stolz, steuerberater intern, Beilage Nr. 5 vom 01.03.2022, 1 ff.

2. Verhaltensstrategien für den Stpfl.

Bei einer anstehenden unvermeidlichen Bp wird seitens des Stpfl. häufig versäumt, sich angemessen auf die bevorstehende Bp vorzubereiten. **Bevor** eine Bp beginnt, sollten in jedem Fall die entsprechenden Buchhaltungsdaten, die zugrunde liegenden Jahresabschlüsse, Gesellschaftsverträge, Protokolle von Gesellschafterversammlungen, Verträge mit Gesellschafter-Geschäftsführern und mit Angehörigen etc. mit den Mitarbeitern aus der Buchhaltungsabteilung und mit dem Steuerberater nochmals vorsorglich überprüft werden. Sollte sich dabei z. B. herausstellen, dass ganze Einnahmeblöcke nicht verbucht oder „vergessen" wurden, so besteht zu diesem Zeitpunkt schließlich immer noch **vor** der Bekanntgabe der Prüfungsanordnung (alte Rechtslage: Erscheinen des Betriebsprüfers) die Möglichkeit, die entsprechenden Umsätze nachzumelden, wobei die Nachmeldung häufig die Kriterien einer vollständigen Selbstanzeige erfüllt (§§ 153, 371 AO).

Vor Bekanntgabe einer Ap (alte Rechtslage: Erscheinen des Betriebsprüfers) sollte der Berater nach Rücksprache mit dem Mandanten sorgfältig prüfen, ob nicht doch noch eine Berichtigung der bisherigen Steuererklärungen zu erfolgen hat, um sich präventiv vor steuerstrafrechtlichen Konsequenzen zu schützen.

Durch die Einschränkung der Selbstanzeigemöglichkeiten mittels des Schwarzgeldbekämpfungsgesetzes vom 28.04.2011 (BGBl I 2011, 676) ist der bisherige Sperrgrund für eine Selbstanzeige, Erscheinen des Betriebsprüfers, auf den Zeitpunkt der bloßen Bekanntgabe der Prüfungsanordnung vorverlegt worden. Die Besteuerungspraxis wird sich in kniffeligen Fällen typischerweise damit helfen können, dass die Finanzverwaltung zum einen für den Zugang der Prüfungsanordnung darlegungs- und beweispflichtig ist. Zum anderen ist es bei einem vernünftigen Umgang zwischen Beratern und Finanzämtern üblich, den Termin für die Anordnung einer Ap telefonisch abzustimmen. Somit bleibt den Beratern die Möglichkeit, im Rahmen der Vereinbarung eines gemeinsamen Bp-Termins Zeit zu schinden, um den Mandanten noch die Möglichkeit zu geben, **vor** dem Erlass einer Prüfungsanordnung eine Selbstanzeige zu erstatten.

Häufig wird der Kardinalfehler begangen, dass auf das Fehlverhalten in der Vergangenheit erst **nach** Beginn der Bp hektisch reagiert wird und infolge des Prüfungsbeginns die Nachmeldung bzw. Selbstanzeige nicht mehr ihren strafbefreienden Charakter bewirken kann. Eine rechtzeitige Vorbereitung vermeidet hier insofern potenzielle Rechtsnachteile, die durch den Beginn der Prüfung automatisch entstehen.

2.1 Häufige formale Fehler

Darüber hinaus zeigt die Erfahrung, dass der Steuerberater beim sorgfältigen Studium insbesondere der vertraglichen Unterlagen häufig Formfehler feststellt. Dabei handelt es sich um folgende nahezu „klassischen", immer wieder auftretenden Fehler:

- Gesellschaftsverträge entsprechen hinsichtlich ihrer Ausgestaltung nicht den Steuergesetzen (z. B. bezüglich der Modalitäten der Gewinn- und Verlustverteilung).
- Formvorschriften beim Abschluss der Gesellschafter-Geschäftsführer-Verträge werden nicht beachtet (insbesondere keine eindeutigen zeitnahen Tantieme-Regelungen).
- Vertragliche Vereinbarungen mit Angehörigen, die einem Fremdvergleich standhalten, fehlen.
- Es erfolgt keine zeitnahe und gesonderte Aufzeichnung von Bewirtungsaufwendungen.
- Strenge Vorgaben der Rechtsprechung zu der zeitnahen Führung von Fahrtenbüchern mit nicht manipulierbaren Excel-Programmen werden nicht eingehalten.

Insbesondere vor Beginn der Ap sollten die maßgebenden vertraglichen Unterlagen im Hinblick auf ihre steuerliche Konformität überprüft werden.

Bei diesen häufigen Fehlerquellen bricht vor der Bp beim Stpfl. häufig Panik aus. Er ist dann nach Belehrung durch den Steuerberater nicht bereit, die daraus resultierenden steuerlichen Nachteile (z.B. Nichtanerkennung von Verträgen mit Familienangehörigen, Kürzung der steuerlich anzuerkennenden Bezüge als Gesellschafter-Geschäftsführer als Betriebsausgaben etc.) hinzunehmen, und möchte nunmehr durch eine Rückdatierung von steuerlich fehlerfrei formulierten Verträgen (noch vor Beginn der Bp) die daraus resultierenden steuerlichen Nachteile vermeiden. Die meisten Stpfl. sind nicht bereit, wegen irgendwelcher Formfehler, die sich aus den strengen Verwaltungsrichtlinien i.V.m. der höchstrichterlichen Rechtsprechung ergeben, gravierende Steuernachteile bzw. die Aufforderung zur Zahlung von üppigen (kumulierten) Steuernachforderungen zu akzeptieren.

Hierzu ist anzumerken, dass im Zivilrecht zwar eine einvernehmliche Rückbeziehung von Verträgen unter den schuldrechtlich Beteiligten statthaft ist. Dies wird jedoch im Steuerrecht nicht akzeptiert. Hier gilt nahezu ausnahmslos das **steuerliche Rückwirkungsverbot**. Dies bedeutet abgesehen von wenigen Ausnahmen, dass schuldrechtliche Leistungsbeziehungen zwischen den Vertragsbeteiligten nicht rückbezogen bzw. rückdatiert werden dürfen. Ergeben sich hieraus abweichende steuerliche Folgen, so begründet dies den Vorwurf der Steuerhinterziehung (§ 370 AO).

Werden an bereits bestehenden Urkunden Änderungen vorgenommen, so kommt darüber hinaus auch noch der Tatbestand der Urkundenfälschung in Betracht (§ 267 StGB).

Die Erfahrung zeigt jedoch, dass die Stpfl. geneigt sind, sich über diese (steuer-)strafrechtlichen Hemmschwellen einfach hinwegzusetzen, und dennoch die Rückdatierung der entsprechenden vertraglichen Unterlagen in Eigenregie betreiben. Der steuerliche Berater sollte sich dem möglichst entziehen, da ihm sonst der Vorwurf der Mittäterschaft oder Gehilfenschaft gemacht werden kann, was steuerstrafrechtliche und berufsrechtliche Konsequenzen haben kann (§ 25 Abs. 2, § 27 StGB; § 10, §§ 89ff. StBerG).

Neben den steuerstrafrechtlichen Konsequenzen kann der Berater zudem auch noch für die Steuerschulden des Mandanten in die steuerliche Haftung nach § 71 AO genommen werden. So weit sollte die Solidarität mit dem Mandanten nicht gehen.

Darüber hinaus werden bei der Rückdatierung im Übereifer von dem Stpfl. häufig gravierende Formfehler begangen, denen der erfahrene Betriebsprüfer den Umstand der Rückdatierung der vertraglichen Unterlagen entnehmen kann.

2.2 Vermeidbare Fehler der Stpfl.

Dabei werden in der Praxis häufig folgende – teilweise „primitiven" – Kardinalfehler begangen:

- Es werden nagelneue Schreibautomaten für uralte Verträge benutzt.
- Bei Vertragsabschlüssen ist der Stpfl. nicht am Geschäftsort, sondern im privaten Urlaub im Ausland.
- Die nagelneu rückdatierten Verträge werden mit Tinte oder Kugelschreiber unterschrieben, wodurch bei einer gutachterlichen Nachprüfung auf der Basis wissenschaftlicher Analysen der Zeitpunkt der Unterschrift ungefähr festgestellt werden kann.

Als Erkenntnisquelle zur Aufdeckung solcher Manipulationen dient das Zollkriminalinstitut (ZKI), das in der Lage ist, durch Datenbanken festzustellen, ob bestimmte Schrifttypen von Schreibautomaten damals überhaupt existierten. Ob eine Unterschrift wenige Tage alt ist oder bereits vor Jahren geleistet wurde, kann hier ebenfalls prinzipiell festgestellt werden. Die Hinzuziehung des Instituts erfolgt dann, wenn begründete Zweifel an dem behaupteten historischen Ursprung der vorgelegten Dokumente bestehen (= Verdacht einer Rückdatierung).

Ausgebuffte Stpfl. prüfen also anhand ihrer alten Kalender sehr genau, ob Sie sich zu den behaupteten rückdatierten Zeiträumen überhaupt in ihrer Stadt befunden haben oder nicht gerade im Urlaub in Übersee waren, sodass eine Unterschriftsleistung an dem genannten Tag gar nicht hätte erfolgen können.

Darüber hinaus werden alte Schreibmaschinen aus dem Keller geholt, um so der Gefahr der Verwendung moderner Schreibautomaten mit nagelneuen marktgängigen Typen zu entgehen.

Dieser Personenkreis geht auch so weit zu behaupten, dass er angeblich keine Originale mehr hat. Es wird einfach erklärt, die Originale seien verbummelt oder beim letzten Einbruch gestohlen worden und es seien nur „rein zufällig" neuere Kopien vorhanden. Aufgrund der Vorlage dieser neuen Kopien ist somit der Beweis einer etwaigen Rückdatierung nicht mehr möglich.

Ganz gewiefte Stpfl. operieren sogar mit vorsorglich präparierten beglaubigten Abschriften (z.B. bei der Polizei oder dem Notar) und behaupten dann, dass die Originale nicht mehr vorgelegt werden können. Auch hier wird der urkundliche Nachweis durch eine Substitutionsurkunde erbracht, die häufig den steuerlichen Anforderungen genügt, falls es dem Stpfl. **nachweislich** nicht zumutbar ist, das Original der Urkunde dem Betriebsprüfer vorzulegen.

2.3 Checkliste zur Außenprüfung

Checkliste (nach Assmann, NWB, Fach 17, 1181; siehe auch Beyer, NWB 2012, 3259 ff.; zu den wesentlichen Rechten und Mitwirkungspflichten des Stpfl. bei der Außenprüfung siehe BMF, Schreiben vom 24.10.2013, IV A 4 – S 0403/13/10001 DOK 2013/0958391, BStBl I 2013, 1264; Rogge, DB 2013, 2470 ff.; Dreßler, Neuerungen bei Außenprüfungen, Steuerberatungen, FR 2015, 1070 ff.; Waschbeck/Zieger, StB 2016, 329 ff. und 335 ff.; zum Ablauf einer Betriebsprüfung aus der Sicht der Finanzverwaltung, Melzer, Steuer & Studium 2016, 587 und 608 ff.; Hannig, Nachhaltiges Verfahrensmanagement in der Außenprüfung, Steuer & Studium 2017, 833 ff.; zum Ablauf einer Außenprüfung mit gegenseitigen Rechten und Pflichten – faires Verhalten eingehend Wermke, StBp 2020, 205 ff.):

i. **Vorfeldhinweise**
   1. Der Umstand, dass zwei bis drei Veranlagungsjahre unter dem Vorbehalt der Nachprüfung veranlagt wurden, kann auf eine spätere Bp hindeuten. Für Klein- und Mittelbetriebe, die nicht anschlussgeprüft werden, gilt somit, ein „Auffälligwerden“ zu vermeiden; dies gewährleistet oft, von Prüfungen verschont zu bleiben.
   2. Die rechtswirksame Bekanntgabe der Prüfungsanordnung ist anhand des Bekanntgabeerlasses zu überprüfen. Bei schriftlicher Steuerberatervollmacht ist eine Bekanntgabe an den Berater erforderlich.

ii. **Prüfungsvorbereitung**
   1. Die Zeit zwischen Bekanntgabe der Prüfungsanordnung und dem Prüfungsbeginn sollte zur Vorbereitung der Prüfung genutzt werden. Schwachstellen der Prüfungsjahre sind zu erkunden, Unterlagen zu sichten. Für entdeckte Schwachstellen sind Antworten bzw. Argumente zu überlegen, die Rechtslage ist zu prüfen und evtl. auch an eine Selbstanzeige zu denken.
   2. Eine Person des Vertrauens des Stpfl. sollte zur Auskunftsperson bestimmt werden.

iii. **Prüfungsdurchführung**

1. Das Einführungsgespräch ist eine wichtige Kontaktphase, bei der man den Betriebsprüfer kennen- und einzuschätzen lernt. Die Prüfungsabläufe sind zeitlich und sachlich abzusprechen und die Dauer der Prüfung zu erfragen. Mit ausweichenden Angaben sollte man sich im Hinblick auf die eigene Planungssicherheit nicht zufrieden geben.
2. Der Prüfer hat Vorlageverlangen zu stellen, d.h., ihm ist kein Selbstbedienungsrecht zuzugestehen. Die Vorlagepflicht hinsichtlich konkreter Unterlagen ist zu prüfen. Vor der Übergabe ist das Material zu sichten. Fotokopien sollten nur über die Auskunftsperson erfolgen, die jeweils auch sofort eine Kopie für den Unternehmer fertigt, so kann die Prüfungsrichtung mitverfolgt werden. Eine Freigabe zum selbstständigen Kopieren sollte nicht erfolgen.
3. Vorsicht bei Gesprächen und Fragen: Erst genau überlegen, bevor geantwortet wird; bei Zweifeln Nichtwissen vorgeben. Vielleicht muss zunächst der Stpfl. oder ein Mitarbeiter gefragt werden, um keine falsche Antwort zu geben. Prüfer stellen nicht immer direkte Fragen, wenn sie etwas wissen wollen.
4. Angeforderte Unterlagen zügig aushändigen: Die Erfahrung signalisiert dem Prüfer, dass es einen Grund haben könnte, wenn es etwas länger dauert.
5. Stpfl. und ihre Berater haben einen Anspruch auf regelmäßige Unterrichtung über die Prüfungsfeststellungen.
6. Prüfer sind von Natur aus neugierig. Ohne Widerstand überschreiten sie schon einmal ihre Rechte. Grenzen sollten deutlich gemacht werden. Rechtsverstöße oder wertende Bemerkungen sollten mit Datum und Uhrzeit notiert werden.
7. Vor der Schlussbesprechung sollte eine umfassende Vorbesprechung stattfinden. Eine schriftliche Zusammenstellung der Punkte für die Schlussbesprechung kann insofern zweischneidig sein, als sie eventuell die Verwaltung bei späteren Zugeständnissen behindert. Eine Schlussbesprechung ist im Übrigen keine „Urteilsverkündigung", sondern beinhaltet auch eine „basarähnliche" Phase.
8. Kommen Sachverhalte überraschend erstmals auf den Tisch, sollte im Zweifel ein neuer Schlussbesprechungstermin gefordert werden.
9. Wurde im Verlauf der Prüfung kein Steuerstrafverfahren eingeleitet, so ist darauf zu achten, dass nicht etwa aufgrund eines sog. strafrechtlichen Hinweises in der Schlussbesprechung der Bericht an die Bußgeld- und Strafsachenstelle des FA gesandt wird, mit der möglichen Konsequenz, dass Monate später die Einleitung eines Strafverfahrens nachfolgt. Die Einigung in der Schlussbesprechung sollte mit dem Ausschluss dieser Verfahrensweise verbunden werden.

Zu Möglichkeiten und Grenzen der Neutralisierung von Mehrergebnissen aus Betriebsprüfungen instruktiv Kaminski/Scheidmann, DStR 2017, 2692 ff. und 2761 ff.

3. Zeitpunkt, Ort und Umfang der Prüfung

3.1 Zeitpunkt der Betriebsprüfung

Es kann sich z. B. in Bezug auf die Vornahme einer Nachmeldung bzw. Erstattung einer Selbstanzeige – nach neuem Recht aber nur bei fehlender vorheriger Prüfungsanordnung – die Frage nach der Möglichkeit der Verlegung des Betriebsprüfungstermins stellen. Der Beginn der Ap soll auf einen anderen Zeitpunkt verlegt werden, wenn dafür wichtige Gründe glaubhaft gemacht werden (§ 197 Abs. 2 AO). Der Begriff des „wichtigen Grunds" darf nicht zu eng ausgelegt werden. Es genügt, dass die Durchführung der Prüfung zu der geplanten Zeit dem Stpfl. nicht unerhebliche Schwierigkeiten bereitet, die ihm unter Berücksichtigung der Umstände nicht zuzumuten sind (Frotscher, in Schwarz, AO, § 197 Rdnr. 8).

Es muss sich aber um im Normalfall deutlich abweichende Gründe handeln; dies impliziert, dass diese Gründe nicht bis zum Beginn der Ap auf zumutbare Weise beseitigt werden können. In Betracht kommen (hierzu Freudenberg, INF 1993, 145, 147):

- Urlaub des für Auskünfte maßgeblichen Mitarbeiters (Buchhaltungsleiter, Steuersachbearbeiter, Leiter der Steuerabteilung);
- Urlaub des steuerlichen Beraters; die Abwesenheit des Steuerberaters **zu Beginn** der Prüfung wird meist nicht als wichtiger Grund anzusehen sein; ausreichend ist es, wenn der Berater während der Prüfung zur Verfügung steht;
- Betriebsstörungen durch Umbau oder durch Umstellung des Buchführungssystems; Wasserschaden oder Brand;
- Erkrankung des Stpfl.;
- umfangreiche Arbeiten, wie z. B. Inventur, Vornahme von Sommer- bzw. Winterschlussverkauf, Belastungen durch Hochsaison etc.

Die Glaubhaftmachung bedeutet einen geringeren Grund an Wahrscheinlichkeit als der Beweis. Es genügt die glaubwürdige, nicht widersprüchliche Wahrscheinlichkeit, dass die vom Stpfl. genannten wichtigen Gründe auch tatsächlich vorliegen.

In der Praxis wird dem Antrag auf Verlegung des Prüfungstermins beim ersten Mal bei Angabe von nachvollziehbaren Gründen regelmäßig stattgegeben. Nur bei mehrfachem Antrag und fehlenden substanziellen Entschuldigungsgründen wird sich das Misstrauen der Finanzbehörden erhöhen, dass der Stpfl. die Prüfung als solche torpedieren möchte, was zunehmend zu einer ablehnenden Haltung führen kann. Wird der Antrag auf Verlegung der Prüfung abgelehnt, so kann dagegen Einspruch eingelegt werden.

3.2 Bestimmung des Prüfungsorts

3.2.1 Bedeutung des Orts der Betriebsprüfung

Der Ort der Bp ist von Bedeutung für das Erscheinen des Prüfers, den Beginn der Bp und ggf. – zumindest nach altem Recht – für die Möglichkeit der Selbstanzeige (§ 371 Abs. 2 Nr. 1 AO). Seine Festlegung ist nicht notwendiger Bestandteil der Betriebsprüfungsanordnung; er kann jedoch mit dieser verbunden werden (§ 197 AO).

3.2.2 Geschäftsräume des Stpfl. als normaler Ort der Betriebsprüfung

Die AO differenziert zwischen der Bp einerseits und der „Prüfung an Amtsstelle“ andererseits. In AO und BpO ist demzufolge nicht von Buch- und Belegprüfungen, sondern von **Außenprüfungen** und **Betriebsprüfungen** die Rede. Auch hat der Betriebsprüfer die tatsächlichen und rechtlichen Verhältnisse zu prüfen und nicht etwa nur die Bücher und Belege (§ 199 AO).

Deshalb ist die Bp prinzipiell als „beim Stpfl. gedacht“ anzusehen. Man muss bei Festlegung des Prüfungsorts davon ausgehen, dass grundsätzlich die Geschäftsräume des Stpfl. als normaler Ort der Bp anzusehen und andere Möglichkeiten nur hilfsweise in Erwägung zu ziehen sind, soweit ein zur Durchführung der Bp geeigneter Geschäftsraum nicht vorhanden ist (§ 200 Abs. 2 Satz 1 AO). Der Stpfl. hat demgemäß zur Durchführung der Bp geeignete Räume oder einen Arbeitsplatz neben den erforderlichen Hilfsmitteln zur Verfügung zu stellen. Allerdings muss das Verlangen der Behörde auf Mitwirkung **notwendig, verhältnismäßig, erfüllbar und zumutbar** sein. So kann der Prüfer z. B. nicht verlangen, dass der Stpfl. einen Raum anmietet, damit die Prüfung dort stattfinden kann.

Kann der Stpfl. seine Verpflichtung, die Prüfungsunterlagen vorzulegen, nicht erfüllen, weil er – z. B. aufgrund einer Beschlagnahme – nicht in deren Besitz ist, ist das FA bei der Bestimmung des Prüfungsorts nicht an die Reihenfolge des § 200 Abs. 2 Satz 1 AO gebunden, sondern entscheidet nach pflichtgemäßem Ermessen (§ 5 AO). Dabei hat das FA aber den in § 200 Abs. 2 Satz 1 AO vorgesehenen Vorrang der Prüfung in den Geschäftsräumen des Stpfl. zu berücksichtigen (BFH, Beschluss vom 15.05.2009, IV B 24/09, BFH/NV 2009, 1402).

3.2.3 Wohnung des Stpfl. als Wahlmöglichkeit des Orts der Prüfung

Subsidiär geht das Gesetz von der Prüfung in den Wohnräumen des Stpfl. oder an Amtsstelle aus (§ 200 Abs. 2 Satz 1 AO). Beim Prüfungsort „Wohnung" handelt es sich jedoch um eine reine Wahlmöglichkeit des Stpfl., denn die Prüfung ist nach Art. 13 GG dort nur zulässig, **wenn der Stpfl. es wünscht** oder dem **ausdrücklich zustimmt**. Anderenfalls bleibt nach dem Gesetz nur die Prüfung an Amtsstelle, wenn ein Geschäftsraum nicht vorhanden ist. Immer wieder kommt es in der Praxis vor, dass das FA ganz selbstverständlich Betriebsprüfungen in den **Wohnungen** von Stpfl. durchführen will.

Beispiel:

Eine Grafikerin geht ihrer Tätigkeit in einem Arbeitszimmer in ihrer Wohnung nach.

Die Prüfung in der Wohnung des Stpfl. ist jedoch nur mit Zustimmung des Stpfl. möglich, die der Stpfl. auch ohne Angabe von Gründen verweigern kann. Aus der Verweigerung der Zustimmung können keine negativen steuerlichen Folgen gezogen werden (hierzu Frotscher, in Schwarz, AO, § 200 Rdnr. 21).

Wegen der Unverletzlichkeit der Wohnung hat die Finanzbehörde nicht das Recht, die Prüfung in den Wohnräumen des Stpfl. zu verlangen, wenn kein geeigneter Geschäftsraum zur Verfügung steht. Erforderlichenfalls ist an Amtsstelle zu prüfen (FG Düsseldorf, Urteil vom 04.12.1980, II 31/80 AO, EFG 1981, 382; FG Rheinland-Pfalz, Urteil vom 30.08.1979, V 136/79, EFG 1980, 11; Hessisches FG, Urteil vom 03.12.1984, 11 UE 67/84, StB 1985, 82; Frotscher, in Schwarz, AO, § 200 Rdnr. 21). Das Betreten einer Wohnung durch ermittelnde Finanzbeamte ist ein **Realakt** und nicht im Einspruchsverfahren anfechtbar – auch dann nicht, wenn das Einverständnis zum Betreten der Wohnung durch eine „Überrumpelungssituation" herbeigeführt wurde. Sofern ein entscheidungsmaßgeblicher Umstand für einen fachkundigen Vertreter „auf der Hand" lag, wird das rechtliche Gehör nicht verletzt (BFH, Beschluss vom 03.05.2010, VIII B 71/09, BFH/NV 2010, 1415 = BB 2010, 2154 mit Anm. Prowatke).

3.3 Andere Prüfungsorte

Hat der Stpfl. ein schützenswertes Interesse, dass die Finanzverwaltung die Bp an einem „anderen Ort" als den in § 200 Abs. 2 AO genannten durchführt, so kann er dies auch beantragen.

Beispiel:

Ein Stpfl. bittet das FA, die Prüfung in den Räumen des steuerlichen Beraters durchzuführen. Der Stpfl. hat häufig ein Interesse daran, dass die Prüfung im Büro des Steuerberaters stattfindet.

Die BpO normiert jedoch als Regel-Prüfungsort die Geschäftsräume des Stpfl. (§ 6 BpO). Die Ap nach § 193 Abs. 2 Nr. 2 AO kann auch in den Räumen des FA durchgeführt werden. Sie ist insoweit von einer Prüfung an Amtsstelle durch Maßnahmen der einzelnen Ermittlungen i. S. d. §§ 88 ff. AO zu unterscheiden. Die Entscheidung des FA, die Ap in den eigenen Amtsräumen durchzuführen, ist ermessenfehlerfrei, wenn der Stpfl. weder über Geschäftsräume noch über einen inländischen Wohnsitz verfügt. Eine Wohnung des Stpfl. im Ausland kann das FA bei der Festlegung des Prüfungsorts unberücksichtigt lassen (BFH, Urteil vom 26.07.2007, VI R 68/04, BFH/NV 2010, 1950 = DStR 2007, 1478).

Ist ein Geschäftsraum nachweislich nicht vorhanden und kann die Ap nicht in den Wohnräumen des Stpfl. stattfinden, so ist an Amtsstelle zu prüfen. Ein anderer Prüfungsort soll nur ausnahmsweise möglich sein. Diese Regelung kollidiert jedoch mit der Rechtsprechung des BFH (BFH, Beschluss vom 30.11.1988, I B 73/88, BStBl II 1989, 265). Danach ist dem Antrag eines Stpfl., im Büro des Steuerberaters anstatt an Amtsstelle zu prüfen, unter dem Gesichtspunkt der Verhältnismäßigkeit jedes Verwaltungshandelns zu entsprechen, wenn der Prüfung im Büro des Beraters keine zumindest gleichwertigen Verwaltungsinteressen entgegenstehen. Es sei ein schutzwürdiges Interesse des Stpfl. dahingehend anzuerkennen, die Ap durch den Steuerberater begleiten lassen zu können und jede auftretende Zweifelsfrage möglichst schnell und mit geringem Aufwand zu klären. Im Einzelfall sei eine Interessenabwägung vorzunehmen. Bei dieser kann aber z. B. auch die weite Entfernung vom FA zum Büro des Steuerberaters, die die Prüfungsdauer unangemessen verlängern würde, eine Rolle spielen.

Auch die Vorinstanz hatte moniert, dass das FA sein Ermessen unzureichend ausgeübt habe; es habe nicht die Interessen der Kläger gegen die eigenen Interessen abgewogen, sondern „sich nur ablehnend mit der von den Klägern vorgebrachten Begründung befasst, ohne die Gründe dagegen zu stellen, die im Streitfall für eine Prüfung an Amtsstelle sprächen" (FG Düsseldorf, Urteil vom 19.05.1988, 8 K 25/88 AO, EFG 1988, 610). Als Quintessenz sollte stets beachtet werden, dass entgegen der Regelung in § 6 BpO unter Berufung auf die Rechtsprechung der Prüfungsort der Geschäftsräume des Stpfl. nicht unbedingt als primärer Prüfungsort zu akzeptieren ist.

Eine Prüfung in den Geschäftsräumen (und erst recht in den Wohnräumen des Stpfl.) sollte in jedem Fall vermieden werden. Die Erfahrung hat gezeigt, dass eine Prüfung in den Geschäftsräumen teilweise kaum kalkulierbare Risiken birgt. Insbesondere der Kontakt zu möglicherweise illoyalen Mitarbeitern des Stpfl. ist riskant, wenn der Betriebsprüfer aufgrund eines Gesprächs mit einem solchen Mitarbeiter in negativer Weise „gebrieft" wird. Hierunter fallen z.B. Äußerungen, dass sich im Unternehmen „... eine schwarze Kasse befindet" oder dass der Unternehmer „... Schwarzgeld ins Ausland bringt" etc. Um dieses Risiko von Anfang an auszuschließen, sollte bei Klein-, Kleinst- und ggf. auch Mittelbetrieben als Prüfungsort die Kanzlei des Steuerberaters bevorzugt werden. Dies hat auch aus der Sicht der Finanzverwaltung folgende Vorteile:

- kompetenter Ansprechpartner vor Ort,
- sachliche Atmosphäre,
- zeitnahe Beantwortung von Rückfragen.

Im Rahmen der Abfassung des § 6 BpO ist von Ministerialbeamten Misstrauen dergestalt gehegt worden, dass den Stpfl. damit die ortsnahe Prüfung im Betrieb erspart wird. Jedoch wird häufig auch von Betriebsprüfern das Büro des Steuerberaters wegen der angenehmen und sachlichen Atmosphäre bevorzugt. Es ist eine praktische Erfahrung, dass insbesondere weibliches Prüfungspersonal nicht besonders begeistert darüber ist, vor Ort bei in Deutschland ansässigen ausländischen Unternehmen zu prüfen, in denen sie u. U. in eine äußerst aggressive und emotional konfliktgeladene Atmosphäre gelangen. Hier bevorzugt der/die Prüfer/in in aller Regel das Büro des Steuerberaters als Prüfungsort statt der Geschäftsräume des Unternehmers. Es sollten in jedem Falle die Vorzüge der Bp in den Räumlichkeiten des Steuerberaters unter Hinweis auf die höchstrichterliche Rechtsprechung dargelegt werden. Die meisten Finanzbeamten sind geneigt, die konstruktive und sachliche Atmosphäre in den Räumlichkeiten des Steuerberaters zu nutzen, anstatt sich mit möglicherweise chaotischen Stpfl. zu streiten. Die Neufassung des § 6 BpO sollte in jedem Fall unterlaufen werden. Sie ist auch bei den meisten Finanzbeamten nicht sehr beliebt.

> Die Ap nach § 193 Abs. 2 Nr. 2 AO kann auch in den Räumen des FA durchgeführt werden. Sie ist insoweit von einer Prüfung an Amtsstelle durch Maßnahmen der Einzelermittlung i. S. d. §§ 88ff. AO zu unterscheiden. Die Entscheidung des FA, die Ap in den eigenen Amtsräumen durchzuführen, ist ermessensfehlerfrei, wenn der Stpfl. weder über Geschäftsräume noch über einen inländischen Wohnsitz verfügt. Eine Wohnung des Stpfl. im Ausland kann das FA bei der Festlegung des Prüfungsorts unberücksichtigt lassen (BFH, Urteil vom 26.07.2007, VI R 68/04, BStBl II 2009, 338, 341 f.).

Hat das FA dem im Einspruchsverfahren gegen die Prüfungsanordnung bei der GmbH in Liquidation gestellten Antrag, die Prüfung an Amtsstelle durchzuführen, spätestens in der Einspruchsentscheidung entsprochen, ist insoweit eine gegen den Prüfungsort gerichtete Klage mangels Rechtschutzbedürfnis unzulässig (FG Thüringen, Urteil vom 07.07.2015, 2 K 114/15, DStRE 2016, 747 zwischenzeitlich rkr.).

3.4 Umfang und Beschränkung der Prüfung

Ausgehend von der Prüfungsanordnung wird auch der Umfang der Prüfung bestimmt. In der Prüfungsanordnung müssen bezeichnet werden

- die Steuerarten (z. B. Einkommensteuer, Gewerbesteuer, Umsatzsteuer, Investitionszulagen) und
- die Zeiträume.

Die Prüfung bezieht sich dann auf die genannten Steuerarten und -zeiträume. Nicht genannte Steuerarten bzw. -zeiträume ermöglichen immer noch auch vor Bekanntgabe der Prüfungsanordnung eine strafbefreiende Nachmeldung bzw. Selbstanzeige. Eine Ausdehnung der Prüfung auf andere Steuerarten bzw. weitere Zeiträume bedarf einer ergänzenden Prüfungsanordnung, die ihrerseits mittels des Einspruchs und der Aussetzung der Vollziehung angegriffen werden kann. Diese ist insbesondere bei Mittel-, Klein- und Kleinstbetrieben nur unter qualifizierten Voraussetzungen statthaft (Annahme von nicht unerheblichen Steuernachforderungen; regelmäßig 1.500 € pro Jahr bezogen auf alle Steuerarten; § 4 Abs. 3 Satz 2 BpO).

Ferner ist im Auge zu behalten, ob durch die eingeleiteten Aktivitäten der Finanzbehörden überhaupt effektiv mit der Bp begonnen wurde oder ob sie als **Scheinhandlungen** zu qualifizieren sind mit der Intention, die Festsetzungsverjährung zu unterbrechen (= Eintritt der Ablaufhemmung; § 171 Abs. 4 AO; Kruse, in Tipke/Kruse, AO, § 171 Tz. 39). Der Beginn einer Bp ist unter folgenden Voraussetzungen als Scheinhandlung anzusehen:

- Der Prüfer kommt nur zu einem kurzen Gespräch und verschwindet dann wieder für Monate, ohne irgendetwas konkret zu prüfen.

- Der Finanzbeamte ist zu einer sofortigen Prüfung gar nicht in der Lage, weil er zunächst noch mit anderen Betrieben beschäftigt ist (FG Düsseldorf, Urteil vom 24.11.1998, 8 K 424/96 AO, EFG 1999, 259, rkr.).

Eine Scheinhandlung und die Verjährung der Steuernachforderungen können auch noch im Einspruchsverfahren gegen die Steuerbescheide geltend gemacht werden.

4. Organisation des Betriebsprüfungsgeschehens

Die Finanzverwaltung hat allgemeine Hinweise auf die wesentlichen Rechte und Mitwirkungspflichten des Stpfl. bei der Ap veröffentlicht (BMF, Schreiben vom 20.07.2001, IV D 2 – S 0403–3/01, BStBl I 2001, 502 f.).

Die Durchführung einer Bp unterliegt bestimmten, immer wiederkehrenden Ritualen. Dies ist einmal darauf zurückzuführen, dass dem Betriebsprüfer für den einzelnen Stpfl. – je nach Größenklasse des Betriebs – ein bestimmtes Zeitkontingent zur Verfügung steht, das er nur überschreiten darf, wenn er beträchtliche Steuermehrforderungen aus dem Betrieb „herausprüft". Dieses begrenzte Zeitkontingent, das besonders wichtig für Klein- und Kleinstbetriebe und ggf. auch Mittelbetriebe ist, sollte i. V. m. der Berücksichtigung der Beamtenmentalität für die Interessen des Stpfl. durchaus in einem positiven Sinn ausgenutzt werden. Als taktisch sinnvoll erweist es sich, dem Prüfer die Zeit für die Vornahme von Prüfungshandlungen – soweit möglich – „zu stehlen". Dies kann dadurch erfolgen, dass der Prüfer, obwohl er eigentlich die Bp vornehmen will, von der Vornahme der konkreten Prüfungshandlungen abgelenkt wird. Solche Ablenkungen können sein:

- umfangreiche Betriebsbesichtigungen, in denen Betriebsabläufe erläutert werden;
- Besichtigung von Außenstellen, Baustellen, Erläuterung von Investitionsvorhaben etc.;
- Verwicklung des Prüfers bei dem ursprünglich geplanten Beginn der Prüfungshandlungen in private Gespräche (z. B. Diskussion des aktuellen TV-Programms);
- Betreuung des Prüfers durch attraktive Sekretärinnen, die ihn in private Gespräche verwickeln;
- Einladung des Prüfers zu Imbissen, Kaffee und Kuchen.

Durch die Ablenkungen hat der Prüfer gar keine oder zumindest weniger Zeit, konkrete Prüfungshandlungen vorzunehmen.

Man wird dem Prüfer jedoch als prüfungserfahrener Stpfl. eine Brücke dergestalt bauen, dass man ihm **„Prüfungsfutter"** präsentiert. Schließlich ist der Prüfer darauf aus, ein steuerliches Mehrergebnis vorzulegen. Das Aufspüren dieses Mehrergebnisses kann man ihm erleichtern, indem man in der Buchführung bewusst Fehler einbaut:

- überzogene Rückstellungen,
- überhöhte Teilwertabschreibungen,
- zu niedriger Privatanteil bei der Pkw- und Telefonnutzung,
- Verbuchung von Privatausgaben als Betriebsausgaben (z. B. bei Bewirtungskosten, Reisespesen).

Durch den Einbau solcher Fehler wird der Prüfer auf Prüfungsfelder gelenkt, die aus seiner Sicht ein attraktives steuerliches Mehrerergebnis erwarten lassen. Dieses Mehrergebnis wurde jedoch vom Stpfl. bereits von Anfang an einkalkuliert. Bei Großunternehmen muss die Präsentation von „Prüfungsfutter" vorher mit der Geschäftsleitung abgestimmt werden. Anderenfalls riskiert der Leiter des Rechnungswesens einen Verweis dafür, dass er nicht in der Lage ist, eine fehlerfreie Buchhaltung zu erstellen (Stichwort „tax compliance"). **Eine fehlerfreie Buchhaltung ist i. R. einer Bp nicht opportun.** Stellt nämlich der Prüfer trotz intensiver Prüfungshandlungen keine Missachtung der Steuergesetze fest, so kann er kein Mehrergebnis präsentieren. Er wird folglich von seinem vorgesetzten Sachgebietsleiter gerügt werden, dass er nicht in der Lage ist, Mehrergebnisse zu finden, und ihm wird damit indirekt auch Inkompetenz bzw. fehlendes Engagement unterstellt. Ein solcher übermotivierter Prüfer wird dann äußerst penibel prüfen und z. B. überzogene Formvorschriften ansetzen, um so ein künstliches Mehrergebnis zu erreichen.

Die Präsentation von „Prüfungsfutter" als willkommenes Ablenkungsmanöver kann also zwecks Wahrung des Rituals der Präsentation eines Mehrergebnisses für den Betriebsprüfer und seinen Vorgesetzten die ideale Kompromissformel sein. Bei der Präsentation von „Prüfungsfutter" sollten jedoch bestimmte Grenzen eingehalten werden. Die Fehler dürfen nicht so eklatant sein, dass sie in den Bereich einer Steuerhinterziehung nach § 370 AO geraten. Auch bei den Ablenkungsmanövern sind bestimmte Grenzen zu beachten. Die Einladung zu einem Mittagessen kann noch als eine sozialadäquate Geste qualifiziert werden; die Einladung des Prüfers zu spektakulären Besuchen von Varietés oder gar Bordellen fällt jedoch in den Bereich der Vorteilsannahme und löst strafrechtliche Konsequenzen aus (§§ 331 ff. StGB). Von solchen Ablenkungen ist also in jedem Fall Abstand zu nehmen.

Faktische Vorteile können sich auch bei der Bestimmung der Räumlichkeiten für den Betriebsprüfer ergeben, wobei allerdings zu beachten ist, dass der Prüfer einen Anspruch auf die Zurverfügungstellung eines zumutbaren Prüfungsraums hat (Schallmoser, in Hübschmann/Hepp/Spitaler, AO, § 200 Anm. 87–90).

Beispiel:

Der Stpfl. hatte einen Großteil seiner Buchhaltung aus der Vergangenheit in einem angemieteten Keller in den neuen Bundesländern deponiert. Die Räume gehörten der ehemaligen Nationalen Volksarmee. In den unwirtlichen Räumen (schlechte Beleuchtung) befanden sich die Aktenstücke mit dem steuerlich problematischen Inhalt. Zudem hielt sich in den Kellerräumen eine Vielzahl von Ratten auf. Bei Prüfungsbeginn kündigte der Stpfl. an, noch weitere Ratten aus der Zoohandlung nachzubestellen, um die Räume noch unangenehmer zu gestalten. Das Ergebnis der Prüfung war, dass der Prüfer kein Interesse hatte, die dort deponierten Aktenstücke in Augenschein zu nehmen. Er beschränkte sich auf das im gemütlichen Hauptquartier ausgewählte sorgfältig aussortierte Aktenmaterial, in dem sich kein „steuerlicher Unrat" befand.

Die Gemeinden sind nicht dazu ermächtigt, gegenüber Gewerbesteuerpflichtigen die Teilnahme eines Gemeindebediensteten an der Außenprüfung des Finanzamts anzuordnen. Das Finanzamt räumt im Rahmen seiner Anordnung der Außenprüfung nach §§ 193 ff. AO i. V. m. § 21 Abs. 3 FVG der Gemeinde ihr Recht zur Teilnahme an dieser Außenprüfung ein. Da es sich bei der Regelung des Rechts auf Teilnahme an der Außenprüfung um einen gegenüber dem Steuerpflichtigen eigenständigen Verwaltungsakt handelt, kann der Steuerpflichtige im Rahmen der Anfechtung dieser Anordnung alle Einwendungen geltend machen. Die Finanzbehörde muss zur Wahrung des Steuergeheimnisses im Einzelnen sorgfältig prüfen, ob die Offenbarung bestimmter Informationen der Durchführung des Verfahrens dient und verhältnismäßig ist. Das Recht eines Gemeindebediensteten, die Geschäftsräume des Steuerpflichtigen zu betreten, beruht auf der verfassungsrechtlichen Anforderungen genügenden gesetzlichen Grundlage des § 200 Abs. 3 Satz 2 AO i. V. m. § 21 Abs. 3 FVG (BFH, Urteil vom 23.01.2020, III R 9/18, BStBl II 2020, 436 = NWB 2020, 1978 f. m. Anm. Strahl; hierzu eingehend Habighorst, FR 2019, 839 ff.).

Die gemäß § 21 Abs. 3 FVG erfolgende Anordnung der Teilnahme des Gemeindeprüfers an einer die Gewerbesteuer betreffenden Außenprüfung des FA ist nicht aufgrund des Bestehens von Vertragsbeziehungen zwischen dem Steuerpflichtigen und der Gemeinde rechtswidrig.

Die berechtigten Interessen des Steuerpflichtigen in Bezug auf die Nichtoffenlegung von für die Vertragsbeziehungen relevanten Unterlagen und/oder Daten sind dadurch zu schützen, dass der Außenprüfer des FA während der jeweiligen Außenprüfung darüber entscheidet, welche Informationen er an den Gemeindeprüfer weitergibt.

Der Steuerpflichtige hat dem Außenprüfer im Rahmen seiner Informations- und Mitwirkungspflicht während der Außenprüfung Gegenstand und Umfang der Vertragsbeziehungen zur Gemeinde zu erläutern und die Unterlagen und/oder Daten im Einzelnen zu bezeichnen, die von der Offenbarung gegenüber dem Gemeindebediensteten ausgenommen werden sollen.

Entscheidet sich das FA trotz des Geheimhaltungsbegehrens des Steuerpflichtigen für eine Offenlegung, muss es dies in Form eines im Einzelnen begründeten Verwaltungsakts tun. Hiergegen kann sich der Steuerpflichtige im Wege des – auch einstweiligen – Rechtsschutzes wehren (BFH, Urteil vom 20.10.2022 III R 25/21, BStBl II 2023, 619 m. Anm. Schöneborn, NWB 2023, 1760ff.; Schmittmann, StuB 2023, 351f.; Levedag, GmHR 2023, R 212).

4.1 Ständige Beobachtung des Prüfers

Lässt sich eine Prüfung im Unternehmen nicht vermeiden (z.B. weil zu umfangreiche Akten nicht mehr in das Büro des Steuerberaters gebracht werden können), so sollte der Betriebsprüfer von einer Vertrauensperson des Stpfl. beobachtet werden. Der Stpfl. ist zu Prüfungsbeginn darauf hinzuweisen, dass er **Auskunftspersonen** für den Betriebsprüfer benennen kann (z.B. Steuerberater, Leiter des Rechnungswesens; hierzu § 8 Abs. 1 BpO). Die Benennung bestimmter fester Ansprechpartner ist aus der Sicht des Stpfl. sinnvoll. Will der Betriebsprüfer solche Betriebsangehörigen um Auskunft ersuchen, die nicht als Auskunftspersonen benannt wurden, so sollte er den Stpfl. rechtzeitig unterrichten, damit dieser ggf. andere Auskunftspersonen benennen kann (§ 7 Abs. 2 BpO a.F.).

Diese Regelung ist leider weggefallen; das Gesetz stellt klar, dass der Betriebsprüfer unter qualifizierten Voraussetzungen auch Betriebsangehörige befragen kann, die nicht als Auskunftspersonen benannt wurden (§ 200 Abs. 1 Satz 3 und 4 AO; § 8 Abs. 2 BpO n.F.). Hierzu ist anzumerken, dass die intensive Betreuung des Betriebsprüfers durch eine Vertrauensperson sinnvoll ist. Dies soll dazu führen, dass der Prüfer nicht unbeobachtet andere (z.B. illoyale) Mitarbeiter über Geschäftsvorfälle des Unternehmens befragen kann. Darüber hinaus gibt es kein Recht, dass er sich selbst ungefragt Unterlagen aus dem Unternehmen heraussuchen kann. Die Geschäftsräume des Unternehmers sind kein Selbstbedienungsladen für den Betriebsprüfer.

Auch darf der Prüfer nicht ungefragt irgendwelche Unterlagen selbst kopieren. Zu den Aufgaben einer solchen Auskunftsperson wird auch die Fertigung von Kopien für den Betriebsprüfer gehören. Wird dem Prüfer die selbstständige Fertigung von Kopien überlassen, so hat dies für den Stpfl. den Nachteil, nicht über die Prüfungsrichtung und den jeweiligen Informationsstand des Beamten unterrichtet zu sein. Zweckmäßig ist es, wenn bei jeder Kopie für den Prüfer auch eine solche für den Stpfl. gefertigt wird, sodass der Stpfl. eine „Duplo-Akte" erhält. Auf diese Weise lässt sich z.B. bei eventueller späterer Einleitung eines Steuerstrafverfahrens u.U. rekonstruieren, zu welchem Zeitpunkt der Prüfer den steuerlichen Anfangsverdacht erhielt (§ 152 Abs. 2 StPO). Es sollte darauf bestanden werden, dass der Prüfer ein schriftliches Vorlageverlangen stellt. Darin sind folgende Angaben erforderlich:

- Art der Dokumente (z.B. Jahresabschlüsse, Bilanzen, Gesellschafterprotokolle),
- Bezeichnung bestimmter Verträge,
- Anforderung von konkreten Rechnungen (Bezeichnung des Geschäftspartners etc.).

Es gilt immer der Grundsatz: Kein Prüfer prüft ohne Hintersinn! Durch das gezielte Anfordern von Vorlageverlangen ist der Stpfl. immer darüber informiert, in welchen Bereichen der Prüfer Prüfungshandlungen vornimmt. Man sollte nicht „mauern", dies wäre taktisch unklug. Viele Stpfl. begehen häufig den Fehler, Anfragen von Prüfern in sensiblen Bereichen (z.B. Geschäftsbeziehungen ins Ausland, Abforderung von Schmiergeldzahlungen etc.) in penetranter und auffälliger Weise zu ignorieren. Ein solches Vorgehen macht den Prüfer nur unnötig misstrauisch und regt die Neugierde an. Es ist daher eher ein geschickter Konter, den Prüfer mit großen Mengen an Unterlagen zu konfrontieren.

Beispiel:

Ein Prüfer möchte über sämtliche Geschäftsbeziehungen zu den Schweizer Tochtergesellschaften informiert werden. Daraufhin wird ihm die Einsichtnahme mehrerer hundert Aktenordner zur Überprüfung der gesamten Buchhaltung angeboten. Der Prüfer winkt ab, da er keine Lust hat, die gesamten Unterlagen zu sichten. Die Gegenoffensive des Stpfl., dem Prüfer alle Unterlagen komplett zur Verfügung zu stellen, soll dem Prüfer signalisieren, dass der Stpfl. nichts zu befürchten hat. Das Interesse des Prüfers sinkt auf Null. Wegen der Fülle der angebotenen Belege ist es für ihn praktisch unmöglich, die etwaig höchst sensiblen Unterlagen aus der Vielzahl der Dokumente herauszufischen.

4.2 Begrenzter Rechtsschutz im Hinblick auf die Art und Weise einer Außenprüfung

In der Vergangenheit häuften sich Fälle, in denen sich bestimmte Stpfl. von der Art und Weise der Bp schikaniert fühlten. Aggressives Verhalten des Betriebsprüfers gegenüber dem Personal und das ganz massive Auftreten einer Vielzahl von Betriebsprüfern haben in der Vergangenheit zu Rechtsstreitigkeiten geführt. In Einzelfällen ist es z.B. dazu gekommen, dass aufgrund der Art und Weise des Vorgehens berechtigte Bedenken beim Stpfl. aufgekommen sind, dass der Betriebsprüfer gegenüber dem Stpfl. befangen sei. Hier ist klarstellend anzumerken, dass der Stpfl. und sonstige Beteiligte **kein selbstständiges Recht zur Ablehnung eines Amtsträgers wegen Befangenheit haben**. Der BFH hat expressis verbis entschieden, dass dem Leiter der Finanzbehörde nicht durch einstweilige Anordnung aufgegeben werden kann, einen Amtsträger von der Mitwirkung an einem Steuerverfahren wegen Besorgnis der Befangenheit auszuschließen (BFH, Beschluss vom 07.05.1981, IV B 60/80, BStBl II 1981, 634; BFH, Urteil vom 13.12.1994, VII R 46/94, BFH/NV 1995, 758).

Die gesetzliche Regelung gibt dem Beteiligten keinen im Rechtsbehelfsverfahren verfolgbaren Anspruch auf Ablehnung eines Amtsträgers (§ 83 AO). Einen Verstoß hiergegen kann ein Beteiligter nur geltend machen, wenn er den Verwaltungsakt anficht. Hier gilt im Übrigen die Regelung, die bei Verfahrensfehlern die Aufhebung eines Verwaltungsakts einschränkt, wenn keine andere Entscheidung in der Sache (hier: in der Besteuerung) hätte getroffen werden können (§ 127 AO; ferner BFH, Beschluss vom 07.05.1981, IV B 60/80, BStBl II 1981, 634, 636). Der Vortrag der Befangenheit eines in der Prüfungsanordnung benannten Betriebsprüfers ist grundsätzlich weder selbstständig anfechtbar noch im Rechtsbehelfsverfahren gegen die Prüfungsanordnung zu prüfen (FG Baden-Württemberg, Urteil vom 11.03.2008, 4 K 87/07, EFG 2008, 1263, zwischenzeitlich rkr.). In der Rechtsprechung des BFH ist geklärt, dass gegen die Bestimmung des Betriebsprüfers grundsätzlich kein Rechtsbehelf gegeben ist (BFH, Beschluss vom 09.04.2009, IV S 5/09, BFH/NV 2009, 1080; BFH, Beschluss vom 15.05.2009, IV B 3/09, BFH/NV 2009, 1041), weil die Entscheidung des Behördenleiters über den Befangenheitsantrag gegen den Amtsträger **kein** anfechtbarer Verwaltungsakt ist (BFH, Beschluss vom 29.05.2012, IV B 70/11, BFH/NV 2012, 1412).

Bei unangenehmen Betriebsprüfern kann jedoch im Wege der Dienstaufsicht beim vorgesetzten Sachgebietsleiter, beim Vorsteher, der OFD oder dem Landesfinanzministerium darauf hingewirkt werden, dass ein befangener Betriebsprüfer von den konkreten Prüfungshandlungen ausgeschlossen wird. Dann sind die Verstöße des Prüfers im Einzelnen genauestens zu dokumentieren, um die Befangenheit darzulegen. Es sollte dann jedoch der Dienstweg eingehalten werden.

Jedoch gibt es in extremen Konstellationen dann Rechtsschutz gegen einen „ausgeflippten" Betriebsprüfer, wenn jener nachweislich seine Amtspflichten (insbesondere hinsichtlich der dem Steuergeheimnis unterliegenden Daten) zum Nachteil des Stpfl. verletzt. Es ist ernstlich zweifelhaft, ob nicht dem Stpfl. ein Recht auf gerichtliche Überprüfung der Festlegung des Außenprüfers zusteht, wenn aufgrund des bisherigen Verhaltens des Prüfers – über die bloße Besorgnis der Befangenheit hinaus – zu befürchten ist, dass der Prüfer Rechte des Stpfl. verletzt, ohne dass diese Rechtsverletzung durch spätere Rechtsbehelfe rückgängig gemacht werden könnte (BFH, Beschluss vom 29.04.2002, IV B 2/02, BStBl II 2002, 507, 508; bestätigt durch BFH, Beschluss vom 29.03.2005, XI B 242/03, BFH/NV 2005, 1236).

Betroffene Steuerpflichtige haben nach Art. 15 Abs. 1 und 3 DSGVO gegenüber der FinVerw. einen Anspruch auf Auskunft bezüglich der über sie im Rahmen einer Außenprüfung erhobenen personenbezogenen Daten. Dieser Anspruch wird nicht dadurch beschränkt, dass die Daten von den Steuerpflichtigen stammen und von ihnen zuvor während der Außenprüfung dem FA überlassen wurden.

Demgegenüber haben betroffene Steuerpflichtige nach dem Wortlaut des Art. 15 Abs. 1 und 3 DSGVO sowie dem Zweck dieser Regelung weder einen Anspruch auf Auskunft über die Methoden und Kriterien sowie die Tragweite und Auswirkungen der Datenverarbeitung des FA bei einer Außenprüfung noch einen Anspruch auf Einweisung in die vom Prüfer bei einer Außenprüfung vorgenommenen Schritte von der Datenübernahme über die Bearbeitung der Rohdaten bis hin zur Auswertung und deren Interpretation. Ferner besteht weder ein Auskunftsanspruch auf Offenlegung der Vorgaben der FinVerw. für die Bearbeitung der Daten im Rahmen der Außenprüfung noch auf Offenlegung der Verfahrensdokumentation, die für die Verwendung der während einer Außenprüfung eingesetzten Prüfungssoftware einschlägig war (FG Düsseldorf, Urteil vom 09.02.2022 4 K 641/20 AO, EFG 2024, 805, 808 f. m. Anm. Falk, rkr.)

5. Vorlagepflichten, Schätzung und Verprobung

5.1 Vorlagepflicht von Urkunden

Gemäß § 147 AO sind nur solche Unterlagen und Belege aufzubewahren, die Bestandteile einer Buchführungs- oder Aufzeichnungspflicht sind. Für Unterlagen über Sachverhalte außerhalb dieses Bereichs (z. B. Werbungskosten bei Nichtgewinneinkünften, Sonderausgaben und außergewöhnlichen Belastungen) entsteht keine entsprechende gesetzliche Verpflichtung (weitere Einzelheiten zur Aufbewahrung von privaten Belegen durch den Stpfl. siehe OFD München, Verfügung vom 09.02.2004, S 0240 – 4 St 312, DB 2004, 518).

Das elektronische Zeitalter hat auch die Finanzverwaltung ergriffen. Die gesetzlichen Grundlagen für eine digitale Bp wurden im Rahmen der Novellierung der §§ 146, 147 AO im Steuersenkungsgesetz vom 23.10.2000 (BGBl I 2000, 1433) – erstmals anzuwenden ab dem 01.01.2002 – vorgenommen. Damit sollte dem Umstand Rechnung getragen werden, dass vor allem in mittleren und Großunternehmen die Buchführung auf der Basis der elektronischen Datenverarbeitung nahezu ausnahmslos durchgeführt wird. Man verspricht sich auch eine Intensivierung der Prüfung (insbesondere Einführung von Plausibilitätskontrollen von eigenständigen Computerprogrammen der Finanzverwaltung, z. B. IDEA). Zu den in dieser digitalen Form bereitzuhaltenden Unterlagen zählen diejenigen Unterlagen, die

- in elektronischer Form in das DV-System eingehen und
- mithilfe des DV-Systems erstellt werden.

Der Zugriff umfasst die steuerlich relevanten Daten, also zunächst die Daten der Finanz-, Anlage- und Lohnbuchhaltung. Bisher wurde auch die Auffassung vertreten, dass hiervon auch typischerweise Daten der Waren- oder Materialwirtschaft und zugehörige Archivierungssysteme und eingeschränkt die Kosten- und Leistungsrechnung sowie elektronische Dokumentation über Konzernverrechnungspreise (Gewinnabgrenzungsaufzeichnungsverordnung vom 13.11.2003, BGBl I 2003, 2296) mit umfasst werden. Umstritten ist jedoch stets gewesen, ob freiwillig erstellte und geführte Unterlagen (z. B. Kalkulationsunterlagen), die lediglich betriebsinternen Bedürfnissen dienen, auch dem Datenzugriff der Finanzverwaltung unterliegen. Bisher bestand die Tendenz in der Rechtsprechung dahingehend, dass auch Aufzeichnungen und Urkunden, die weder durch Gesetz noch durch die Grundsätze ordnungsgemäßer Buchführung gefordert werden, vorzulegen sind, wenn sie tatsächlich geführt werden (vgl. FG Münster, Urteil vom 22.08.2000, 6 K 2712/00 AO, 6 K 3116/00 AO, EFG 2001, 4).

Ein höchstrichterliches Judikat hat bestehende Zweifelsfragen nunmehr wie folgt ausgeräumt: Die Befugnisse aus § 147 Abs. 6 AO stehen der Finanzbehörde nur in Bezug auf Unterlagen zu, die der Stpfl. nach § 147 Abs. 1 AO aufzubewahren hat. Die Verpflichtung zur geordneten Aufbewahrung von Unterlagen nach § 147 Abs. 1 AO trifft auch Stpfl., die gemäß § 4 Abs. 3 EStG als Gewinn den Überschuss der Betriebseinnahmen über die Betriebsausgaben ansetzen. Der sachliche Umfang der Aufbewahrungspflicht in § 147 Abs. 1 AO ist grundsätzlich abhängig vom Bestehen und vom Umfang einer gesetzlichen Aufzeichnungspflicht. Aufzubewahren sind danach alle Unterlagen, die zum Verständnis und zur Überprüfung der für die Besteuerung gesetzlich vorgeschriebenen Aufzeichnungen im Einzelfall von Bedeutung sein können. § 147 Abs. 1 Nr. 5 AO ist mit dieser Maßgabe einschränkend auszulegen. Das Recht, nach § 146 Abs. 5 Satz 1 AO eine bestimmte Form der Aufzeichnungen und der Aufbewahrung zu wählen, ist ausgeübt, wenn sich der Stpfl. entschieden hat, Aufzeichnungen sowohl in Papierform als auch in elektronischer Form zu führen, und wenn er die notwendigen Unterlagen ebenfalls in beiden Formen aufbewahrt. In diesem Fall erstreckt sich die Pflicht zur Aufbewahrung nach § 147 Abs. 1 AO auf sämtliche Aufzeichnungen und Unterlagen. Führt der Stpfl. Aufzeichnungen, zu denen er gesetzlich nicht verpflichtet ist, so sind die Aufzeichnungen dann nicht gemäß § 146 Abs. 6 AO „für die Besteuerung von Bedeutung“, wenn sie der Besteuerung nicht zugrunde zu legen sind (BFH, Urteil vom 24.06.2009, VIII R 80/06, BStBl II 2010, 452; zum Umfang des Datenzugriffsrechts gemäß § 147 Abs. 6 AO in Daten der Warenwirtschaftssysteme des Einzelhandels siehe Bellinger, StBp 2011, 272 ff. und 305 ff.; zu Verteidigungsoptionen beim Datenzugriff eingehend Bleschick, Steuer & Studium 2019, 52 ff.; kritisch zu den unpräzisen Anforderungen in § 146 Abs. 1 Satz 3 AO für Unternehmen, Berater und Prüfer Pieske-Kontny, StBp 2020, 120 ff.).

Dies bedeutet in der Praxis, dass beim Herumschnüffeln des Prüfers im Rahmen der elektronischen Datenverarbeitung des Unternehmens diesem häufig Unterlagen, wie z. B.

- Sachkonten,
- Kalkulationsgrundlagen,
- betriebswirtschaftliche sonstige Software,
- private Aufzeichnungen über die Verwendung von Geldbeträgen,

nicht vorzulegen sind, auch wenn sie Bestandteil des Datenbestands und möglicherweise auch hilfsweise für die zutreffende Besteuerung (z. B.

Vornahme einer Schätzung) von Relevanz sind. Der BFH hat nochmals betont, dass sich die Vorlagepflicht im Rahmen der digitalen Bp auf die gesetzlichen Aufzeichnungspflichten bei Einnahme-Überschuss-Rechnern zu beschränken hat. Erstellt der Stpfl. – aus welchen Gründen auch immer – weitere Aufzeichnungen und Urkunden, so unterliegen diese keiner Vorlagepflicht. Eine solche dennoch erfolgte Aufforderung ist als Verwaltungsakt zu qualifizieren. Sie ist fehlerhaft und im Rechtsbehelfswege bzw. auch im FG-Verfahren wegen Rechtswidrigkeit aufzuheben.

Die unterschiedliche Behandlung von Einnahme-Überschuss-Rechnern und Bilanzierern ergibt sich daraus, dass die Einnahme-Überschuss-Rechner nur gesetzlich limitierte Aufzeichnungspflichten, jedoch keine Buchführungspflichten haben. Das BFH-Urteil weist den Fiskus für die Fallgruppe der Einnahme-Überschuss-Rechner in die gesetzlich neu definierten Schranken. Diese sind im Rahmen einer laufenden Bp nur noch verpflichtet, die Belegsammlung dem Prüfer vorzulegen. Sie sind hingegen nicht verpflichtet, flankierende Sachkonten und sonstige Aufzeichnungen vorzulegen. Dies erschwert für die Bp die Kontrolle dieser Fallgruppe von Einnahme-Überschuss-Rechnern erheblich. Der Prüfer ist nunmehr gezwungen, bei rechtmäßiger Verweigerung der Vorlage freiwillig geführter Aufzeichnungen diese selbst zu erstellen, was für den Finanzbeamten einen enormen bürokratischen Aufwand darstellt und in der Praxis dazu führt, dass eine solche fiskalische Gegenbuchung im Zweifel nicht erfolgen wird und somit die Prüfungsdichte für diese Fallgruppe faktisch „verdünnt" wird.

Ob eine angeforderte Urkunde im Original eingereicht werden muss oder ob z. B. eine Fotokopie bzw. eine beglaubigte Abschrift ausreicht, bestimmt die Behörde nach ihrem pflichtgemäßen Ermessen (§ 97 AO). Im Allgemeinen sind Urkunden in Urschrift vorzulegen, wenn die vorlagepflichtige Person das Original in den Händen hat und ihr die Übersendung zumutbar ist; denn nur die Originalurkunde hat den vollständigen Beweiswert. Nach eigenem Ermessen kann sich die Behörde aber auch mit Fotokopien oder beglaubigten Abschriften begnügen (Hessisches FG, Beschluss vom 16.09.1982, X 74/82, EFG 1983, 217, rkr.).

Die Anforderung bzw. Vorlage der Urschrift ist der Normalfall und braucht vom FA nicht besonders begründet zu werden. Demgegenüber differenziert die Literatur, unter welchen Voraussetzungen die Vorlage von Abschriften, Fotokopien usw. möglich, zweckmäßig und zulässig sei, richte sich in erster Linie nach dem **Beweiswert** der nicht im Original vorgelegten Urkunde. Wenn es für die Beweiserbringung ohne Bedeutung ist, ob eine Urkunde im Original oder in Kopie o. Ä. vorgelegt wird, muss die Finanzbehörde eine angebotene Kopie o.Ä. akzeptieren (zum Grundsatz der Erforderlichkeit Schuster, in Hübschmann/Hepp/Spitaler, AO, § 97 Anm. 38). Für diese Auffassung spricht, dass sich die FÄ häufig mit Ablichtungen begnügen. Die Rechtsprechung hat zu dem Problem ausgeführt, dass für das vom FA auszuübende **Ermessen** (Vorlage im Original oder Kopie) auch die Höhe der streitigen Steuern von Bedeutung ist (BFH, Urteil vom 31.08.1994, X R 2/93, BFH/NV 1995, 467, 468).

Ein die Außenprüfung vorbereitendes **Vorlage- und Auskunftsverlangen** kann ein **Verwaltungsakt** und damit Gegenstand einer zulässigen Anfechtungsklage sein (BFH, Urteil vom 28.09.2011, VIII R 8/09, BStBl II 2012, 395; a. A. FG Düsseldorf, Urteil vom 04.04.2017, 6 K 1128/15 AO, EFG 2017, 1052, 1054 f.; vom BFH per korrespondierendem Beschluss vom 11.12.2018 II B 123/17, BFH/NV 2018, 565, jedoch letztlich offen gelassen; mit Anmerkung Rode, das der Auffassung ist, dass Auskunfts- und Vorlageverlangen des Betriebsprüfers regelmäßig nicht selbstständig anfechtbare Verhandlungspunkte sind). Nach einem anderen Judikat sind bloße Vorlage- und Auskunftsersuchen im Rahmen einer Außenprüfung im Regelfall kein Verwaltungsakt i. S. d. § 118 AO, solange sie nicht mit der Androhung von Zwangsmitteln verbunden werden und nicht erzwingbar sind (FG Münster, Urteil vom 14.09.2022 13 K 3154/21 AO, EFG 2022, 1857, 1861 m. Anm. Schmitz-Herscheidt; vorläufig nicht rkr.).

Ferner ist entschieden worden, ob der Steuerpflichtige Akteneinsicht in die Akten einer Bp in der laufenden Betriebsprüfung hat oder nicht. Hierzu ist folgendes Judikat ergangen:

Ein gebundener Anspruch auf Akteneinsicht wird nicht durch das Recht auf Auskunft über personenbezogene Daten nach Art. 15 Abs. 1 DSGVO begründet.

Art. 15 Abs. 1 DSGVO gewährt dem Betroffenen grundsätzlich ein „Recht auf Auskunft". Die Erfüllung dieses Anspruchs („Ob" der Auskunftserteilung) steht nicht im Ermessen der Finanzbehörde. Das „Wie" der Auskunftserteilung wird durch Art. 15 Abs. 1 Halbsatz 2 DSGVO jedoch nicht geregelt, sodass hieraus allein kein Akteneinsichtsrecht abgeleitet werden kann.

Das Auskunftsrecht nach Art. 15 Abs. 1 DSGVO ist nicht mit einem Akteneinsichtsrecht identisch. Ein Akteneinsichtsrecht geht stets über ein bloßes Auskunftsrecht hinsichtlich der verarbeiteten personenbezogenen Daten hinaus, da Akten regelmäßig Bestandteile enthalten, die nicht unter den Schutzbereich der DSGVO und des § 32c AO fallen.

Ein Akteneinsichtsrecht ist weder aus der AO noch aus dem hierzu ergangenen Anwendungserlass (AEAO) abzuleiten. Allerdings steht dem während eines Verwaltungsverfahrens um Akteneinsicht nachsuchenden Steuerpflichtigen ein Anspruch auf eine pflichtgemäße Ermessensentscheidung der Behörde zu (FG Baden-Württemberg, Urteil vom 26.07.2021 10 K 3159/20, EFG 2021, 1777, 178 f. [NZB eingelegt; Az. des BFH: X B 109/21] m. Anm. Lutter = PStR 2022, 79 m. Anm. Wegner).

Die schriftliche Aufforderung, im Rahmen einer Bp Unterlagen vorzulegen und Auskünfte zu erteilen, ist ein Verwaltungsakt. Zur Begründung des Auskunftsverlangens kann ggf. ein Hinweis auf § 200 AO genügen (Niedersächsisches FG, Urteil vom 10.05.2012, 6 K 27/12, EFG 2012, 1519, rkr., mit Anm. Hennigfeld; zum Rechtsschutz bei der Verwendung von **Fragebögen** siehe Wacker, DStR 2012, 783 ff.; zur Urkundenvorlagepflicht und Datenzugriff in Bezug auf IFRS-Abschlüsse und Aufzeichnungen siehe Schumann, Ubg 2018, 400 ff.).

Selbst wenn ein Due-Diligence-Bericht als grundsätzlich vorlagepflichtige Urkunde i. S. d. § 200 AO anzusehen sein sollte, hat die Finanzbehörde im Rahmen der in ihr Ermessen gestellten Entscheidung über ein entsprechendes Vorlageersuchen eine differenzierte Einzelfallabwägung anzustellen. Dies folgt schon daraus, dass ein Due-Diligence-Bericht eine „Urkunde besonderer Art" ist, die i. d. R. auch Informationen enthält, die grundsätzlich nicht herausgegeben werden müssen (Wertungen, Würdigungen). Zudem dürften sich in einem solchen Bericht regelmäßig auch Informationen finden, die dem – möglicherweise schutzwürdigen – Binnenbereich des Unternehmens zuzuordnen sind (so überzeugend FG Münster, Beschluss vom 18.08.2014, 6 V 1932/14 AO, EFG 2014, 1936 = DStRE 2015, 1141 = BB 2014, 2789, 2792 mit Anmerkung Rudolf).

Im Brennpunkt der Außenprüfung steht neuerdings die **Überlassung von Daten** und insbesondere die spezifischen Einzelfragen im Rahmen einer **digitalen Außenprüfung**.

Im Rahmen einer Außenprüfung kann die Finanzverwaltung die Herausgabe digitalisierter Steuerdaten zur Speicherung und Auswertung auf mobilen Rechnern der Prüfer nur verlangen, wenn Datenzugriff und Auswertung in den Geschäftsräumen des Steuerpflichtigen oder in den Diensträumen der Finanzverwaltung stattfinden. Eine Speicherung von Daten über den tatsächlichen Abschluss der Prüfung hinaus ist durch § 147 Abs. 6 Satz 2 AO nur gedeckt, sobald und solange die Daten noch für Zwecke des Besteuerungsverfahrens (z. B. bis zum Abschluss etwaiger Rechtsbehelfsverfahren) benötigt werden (so klarstellend BFH, Urteil vom 16.12.2014, VIII R 52/12, BFH/NV 2015, 1455; hierzu Ochs/Wargowske, DStR 2015, 2689 ff.).

Ein Steuerberater ist im Rahmen einer Außenprüfung nach § 147 Abs. 6 i.V.m. §§ 97, 104 Abs. 2 AO zur Überlassung eines Datensticks mit der Buchführung seines Mandanten an die Finanzverwaltung bzw. alternativ zur Freigabe der Daten der DATEV eG verpflichtet (FG Schleswig-Holstein, Beschluss vom 12.10.2015, 2 V 95/15, DStRE 2016, 748, rkr.).

Stützt das FA eine Hinzuschätzung auf die Durchführung einer Kalkulation, ist es verpflichtet, sowohl die Kalkulationsgrundlagen als auch die Ergebnisse der Kalkulation sowie die Ermittlungen, die zu diesen Ergebnissen geführt haben, offenzulegen. Wurde die Kalkulation in elektronischer Form durchgeführt, kann der Steuerpflichtige einen Anspruch auf Übermittlung der Kalkulationsgrundlagen in elektronischer Form haben (so klarstellend BFH, Beschluss vom 25.07.2016, X V 213/15, X B 4/16, BFH/NV 2016, 1679).

Die Datenanforderung nach § 147 Abs. 6 AO ist akzessorisch zur Aufzeichnungs- und Aufbewahrungspflicht des Steuerpflichtigen.

In der Gewinnermittlung durch Einnahmen-Überschussrechnung sind Aufzeichnungen nur aufzubewahren, soweit dies aufgrund anderer Steuergesetze, z.B. nach § 4 Abs. 3 Satz 5, Abs. 7 EStG und nach § 22 UStG gefordert ist.

„Freiwillig" geführte Unterlagen und Daten unterliegen nicht dem Datenzugriff nach § 147 Abs. 6 AO (BFH, Urteil vom 12.02.2020, X R 8/18, BFH/NV 2020, 1045).

Zur Aufforderung zur Überlassung eines Datenträgers nach „GDPdU" zur Betriebsprüfung ist folgendes Judikat ergangen:

Die Aufforderung der Finanzverwaltung an einen Steuerpflichtigen, der seinen Gewinn im Wege der Einnahmen-Überschussrechnung ermittelt, zu Beginn einer Außenprüfung einen Datenträger „nach GDPdU" zur Verfügung zu stellen, ist als unbegrenzter Zugriff auf alle elektronisch gespeicherten Unterlagen unabhängig von den gemäß § 147 Abs. 1 AO bestehenden Aufzeichnungs- und Aufbewahrungspflichten des Steuerpflichtigen zu verstehen und damit rechtswidrig. Eine solche Aufforderung ist zudem unverhältnismäßig, wenn bei einem Berufsgeheimnisträger nicht sichergestellt ist, dass der Datenzugriff und die Auswertung der Daten nur in den Geschäftsräumen des Steuerpflichtigen oder in den Diensträumen der Finanzverwaltung stattfindet (BFH, Urteil vom 07.06.2021 VIII R 24/18 BStBl II 2023, 63).

Im Rahmen einer Außenprüfung darf das FA gemäß § 147 Abs. 6 AO Datenträger zur Überlassung nur anfordern, wenn aus der Anforderung hervorgeht, wo der Datenzugriff und die Auswertung der Daten erfolgen soll sowie ob, wo und wie lange die durch die Überlassung eines Datenträgers erhaltenen Daten gespeichert werden sollen. Dafür reicht die alleinige Bezugnahme auf GDPdU (die Grundsätze zum Datenzugriff und zur Prüfbarkeit digitaler Unterlagen) nicht aus (FG München, Urteil vom 27.06.2018, 1 K 2318/17, EFG 2018, 1845, 1846 f. m. Anm. Peltner [Rev. eingelegt; Az. des BFH: VIII R 24/18]; zu den spezifischen Besonderheiten eines Vorlageverlangens zu elektronisch erstellten Kasseneinzeldaten eines Apothekers siehe FG Münster, Urteil vom 28.06.2018, 6 K 1929/15 AO, n. v., m. Anm. Pieske-Kontny, NWB 2019, 1282 ff.).

Im Schrifttum ist zu den zahlreichen einzelnen Rechtsfragen zur digitalen Außenprüfung wie folgt Stellung genommen worden: siehe Becker, DStR 2016, 1386 f. und 1430 ff.; Krumm, DB 2017, 1105 ff.; Oberhauser/vom Stein, DStR 2017, 2837 ff.; Peters, DStR 2017, 1953 ff.; dies., DB 2018, 2846 ff.; Eisner, DStR 2017, 2824 ff.; zur Vorlage von Vorstandsunterlagen zur Außenprüfung eingehend Süß, DStR 2018, 1110 ff.).

Zur Nachforderung von Unterlagen zur E-Bilanz-Entscheidung über die Prüfungswürdigkeit im Rahmen der Außenprüfung, OFD Frankfurt/M., Rundverfügung vom 12.04.2016, S 1456 A-001-St 33, DStR 2016, 1163.

5.2 Anforderung von privaten Kontounterlagen

In der Praxis ergibt sich immer wieder die Frage, ob oder unter welchen Voraussetzungen ein Betriebsprüfer die Vorlage privater Kontounterlagen verlangen darf. Nach dem Gesetz hat der Stpfl. bei der Feststellung der Sachverhalte, die für die Besteuerung erheblich sein können, mitzuwirken (§ 200 Abs. 1 Satz 1 AO). Steuerlich erheblich und damit uneingeschränkt vorlagepflichtig sind betriebliche Unterlagen. Dagegen ist ein Stpfl. nicht verpflichtet, für seine privaten Sparkonten eine Buchführung einzurichten oder einen Nämlichkeitsnachweis zu führen; es gibt keine Rechtsgrundlage für den Satz, dass alle Einzahlungen, für die kein Buch- oder Nämlichkeitsnachweis erbracht wird, als aus einkommenstpfl. Einkünften stammend gelten (BFH, Urteil vom 28.05.1986, I R 265/83, BStBl II 1986, 732, 733).

Ein Betriebsprüfer kann nicht stets die Vorlage privater Kontounterlagen verlangen. Vielmehr hat der Prüfer zu beachten, dass sich der Umfang der Mitwirkung des Stpfl. nach den Umständen des Einzelfalls bestimmt (FG Rheinland-Pfalz, Urteil vom 25.04.1988, 5 K 351/87, EFG 1988, 502, NZB eingelegt; Az. des BFH liegt nicht vor; ferner § 90 Abs. 1 Satz 3 AO). Das bedeutet, dass an Mitwirkung nur verlangt werden kann, was notwendig, verhältnismäßig und zumutbar ist (FG Nürnberg, Urteil vom 23.10.1985, V 169/80, EFG 1986, 154). Es ist umstritten, ob private Kontounterlagen vorzulegen sind. Die Rechtsprechung hat ein (eingeschränktes) Vorlageverlangen hinsichtlich privater Bankunterlagen in den folgenden Fällen für unzulässig erachtet.

5.2.1 Außergewöhnlich hohe ungebundene Entnahmen

Im entschiedenen Fall wurde eine Vorlagepflicht hinsichtlich privater Bankunterlagen verneint: Außergewöhnlich hohe ungebundene Entnahmen liegen hier nicht vor. Auch für die Streitjahre 1972 bis 1975 ist es leicht vorstellbar, dass bei aufwendigem Lebensstil monatlich zwischen 3.900 DM und 5.700 DM verbraucht worden sein können. Ein aufwendiger Lebensstil ist bei Doppelverdienern nicht selten anzutreffen. Dass die Kläger zumindest hinsichtlich ihrer Wohnbedürfnisse nicht gespart haben, ergibt sich schon aus dem Umstand, dass sie sich ein aufwendiges Einfamilienhaus geleistet haben. Das FA hat im Übrigen nicht behauptet, dass die Kläger eine bescheidene Lebensführung hätten. Auch aus den vorliegenden Steuerakten ergibt sich hierauf kein Hinweis. Der völlige Verbrauch der ungebundenen Entnahmen erscheint denkbar. ... Die Kläger sind nicht verpflichtet, im Einzelnen darzulegen, wie sie ihre private Lebensführung gestaltet haben und an wen sie einzelne Beträge für diese Lebensführung bezahlt haben (FG Nürnberg, Urteil vom 23.10.1985, V 169/80, EFG 1986, 154).

Wenn über das private Bankkonto eines Freiberuflers oder Gewerbetreibenden auch geschäftsbezogene Vorgänge laufen, dann ist der betreffende Kontoauszug eine Unterlage i. S. d. AO und damit aufbewahrungs- und mithin auch vorlagepflichtig. Das FA ist dann berechtigt, den einzelnen Auszug beim Stpfl. anzufordern, nicht aber sämtliche Auszüge (§ 147 Abs. 1 Nr. 5 AO; FG Rheinland-Pfalz, Urteil vom 25.04.1988, 5 K 351/87, EFG 1988, 502). Private Belege des Geldverkehrs werden zu sonstigen (aufbewahrungs- und vorlagepflichtigen) Unterlagen, wenn das FA zu schätzen berechtigt ist und eine Vermögenszuwachs- und Geldverkehrsrechnung durchgeführt wird (FG Rheinland-Pfalz, Urteil vom 25.04.1988, 5 K 351/87, EFG 1988, 502; Schoor, StBp 1988, 67). Die Gegenansicht hält das Vorlageverlangen bezüglich privater Bankunterlagen für unzulässig und nicht erzwingbar. Der Gesetzgeber habe keine Aufbewahrungspflicht solcher Unterlagen angeordnet, eine Verpflichtung des Stpfl. könne sich nicht darauf gründen, dass er tatsächlich mehr getan habe als das, wozu er verpflichtet sei (§ 147 AO; Assmann, DB 1989, 851, 853; Seer, in Tipke/Kruse, AO, § 97 Tz. 5 m. w. N.).

5.2.2 Folgen der Erklärung über die Nichtherausgabe oder die fehlende Aufbewahrung von Unterlagen

Die Erklärung, die vom Prüfer verlangten Privatunterlagen seien nicht mehr vorhanden, berechtigt allein noch nicht zur Schätzung; auch bestehen dann für den Prüfer Schwierigkeiten bei der Erstellung einer beweiskräftigen Geldverkehrsrechnung (zur Aufbewahrung von privaten Belegen durch den Stpfl. nach Durchführung der Steuerveranlagung siehe Bayerisches Landesamt für Steuern, Verfügung vom 10.12.2010, S 0240.1.1–3/3 St 42, DB 2011, 504). In der Praxis ist abzuwarten, ob der sich sperrende Stpfl. nur ein geringes Risiko eingeht; günstige Schätzungen kann er hinnehmen, ungünstige durch Mitwirkung bis zur Bestandskraft abmildern oder beseitigen („Mitarbeiten wird meist nur der Dumme und der Ängstliche"). Jedoch darf sich das FA in solchen Fällen als alternative Ermittlungsmöglichkeit an die Banken wenden, wenn der Stpfl. „nicht in der Lage oder nicht willens ist, angeforderte Unterlagen vorzulegen" (§§ 93 Abs. 1 Satz 3, 97 Abs. 2 AO; FG München, Urteil vom 16.10.1996, 1 K 983/92, EFG 1997, 42). Ferner muss man sich darüber im Klaren sein, dass die offene oder verdeckte Verweigerung der Mitwirkung die Finanzbehörde zur Annahme von Steuerhinterziehung veranlassen und damit Steuerfahndungsmaßnahmen auslösen kann. Hier muss eine sorgfältige Güterabwägung vorgenommen werden. Zu den Mitwirkungspflichten bei der Außenprüfung und Folgen ihrer Verletzung siehe Pflaum, StBp 2021, 222 ff.

5.3 Anwendung von Schätzungsmethoden bei ordnungsgemäßer Buchführung

Besteuerungsgrundlagen sind auch dann zu schätzen, wenn gegen den Stpfl. ein Strafverfahren wegen einer Steuerstraftat eingeleitet worden ist (§ 162 AO; BFH, Beschluss vom 19.09.2001, XI B 6/01, BStBl II 2002, 4; zu Abwehrstrategien gegen die Schätzung von Besteuerungsgrundlagen im Betriebsprüfungsverfahren siehe eingehend Meyer, DStR 2005, 2114 ff.; zur Schätzung im Besteuerungs- und Steuerstrafverfahren instruktiv Schützeberg, StBp 2009, 33 ff.). Hält das FG die Schätzung der Besteuerungsgrundlagen durch das FA für rechtswidrig, hat es eine eigene Schätzung vorzunehmen (BFH, Urteil vom 18.04.2006, VII R 77/04, BStBl II 2006, 578).

Bei zulässiger Gewinnermittlung nach § 4 Abs. 3 EStG sind Stpfl. nicht zum Führen eines Kassenbuchs verpflichtet (BFH, Beschluss vom 16.02.2006, X B 57/05, BFH/NV 2006, 940). Auch wenn ein Stpfl., der seinen Gewinn zulässigerweise nach § 4 Abs. 3 EStG ermittelt, zur Führung eines Kassenbuches nicht verpflichtet ist, müssen die von ihm erklärten Betriebseinnahmen auf ihre Vollständigkeit und Richtigkeit überprüfbar sein. Dokumentiert der

Stpfl. seine Betriebseinnahmen in Kassenberichten, ist das FA zur Schätzung befugt, wenn diese wiederholt korrigiert und in sich widersprüchlich sind (BFH, Beschluss vom 13.03.2013, X B 16/12, BFH/NV 2013, 902).

Formell ordnungsgemäß geführte Bücher beinhalten die Vermutung der Richtigkeit. Sie sind der Besteuerung zugrunde zu legen, sofern sich nach den Umständen des Einzelfalls kein Anlass ergibt, ihre Richtigkeit zu beanstanden (§ 158 AO). Nach § 158 Abs. 1 AO sind die Buchführung und die Aufzeichnungen der Besteuerung zugrunde zu legen, die den Vorschriften der §§ 140–148 AO „entsprechen" (hierzu eingehend Barthel, StBp 2024, 254 ff.). Zur Schätzungsbefugnis bei Nichtbeachtung von digitalen Datenschnittstellen in Prüfungen gem. § 158 Abs. 2 Nr. 2 AO i. d. F. DAC-Richtlinie siehe BMF, Schreiben vom 28.06.2024, IV D 2 – S 0316-a/20/10003:007 DOK 2024/0540959, BStBl I 2024, 1063; hierzu Beyer, NWB 2024, 3294 f.; Herrfurth, StuB 2024, 697 ff.; Kowallik, WPg 2024, 1027 ff.; Figatowski, PStR 2024, 281 ff. Für die Beurteilung der Frage, ob eine Buchführung ordnungsgemäß ist, kommt es nicht auf die formale Bedeutung eines Buchführungsmangels, sondern auf dessen sachliches Gewicht an (BFH, Beschluss vom 04.08.2010, X B 19/10, BFH/NV 2010, 2229). Hieraus ist abzuleiten, dass den Betriebsprüfer die objektive Beweislast trifft, wenn er vom Ergebnis der Bücher abweichen will.

Das Ergebnis einer formell ordnungsgemäßen Buchführung kann verworfen werden, soweit die Buchführung mit an Sicherheit grenzender Wahrscheinlichkeit materiell unrichtig ist (BFH, Urteil vom 09.08.1991, III R 129/85, BStBl II 1992, 55). Eine Buchführung ist nicht schon deswegen formal ordnungswidrig, weil der Stpfl. ein Buchführungsprogramm verwendet, das wegen seines Alters nur 3,5-Zoll-Disketten und keine CD-ROMs erstellen kann. Bestreitet das FA die formelle Ordnungsmäßigkeit der Buchführung bei Verwendung eines solchen Programms, kann der Stpfl. im Wege der Feststellungsklage die Ordnungsmäßigkeit der Buchführung erklären lassen (FG Münster, Urteil vom 15.01.2013, 13 K 3764/09, EFG 2013, 638, rkr.).

Ist die Buchführung formell in Ordnung, so kann ihr Ergebnis im Wege einer **Nachkalkulation** nur dann durchbrochen werden, wenn diese einwandfrei ist; an die Nachkalkulation sind strenge Anforderungen zu stellen, da jene infolge ihres Schätzungscharakters mit Unsicherheiten verbunden ist (BFH, Urteil vom 25.06.1970, IV 17/65, BStBl II 1970, 838). Bei Handelsbetrieben ist für eine Nachkalkulation insbesondere erforderlich:

- eine ausreichende Aufgliederung des Wareneinsatzes,
- eine sorgfältige Ermittlung der Aufschlagsätze,

- eine Führung des Nachweises ausschließlich mit Überlegungen aus den besonderen Verhältnissen des geprüften Betriebs (BFH, Urteil vom 17.11.1981, VIII R 174/77, BStBl II 1982, 430, 434 f.).

Unzulässig ist es also, wenn teilweise ein äußerer Betriebsvergleich angestellt wird, indem für einige Warenarten die Aufschlagsätze anderer Betriebe übernommen werden (hierzu auch kritisch Stolz, steuertip, Beilage 2 vom 13.01.2011, 2).

Diese Vorgehensweise ist allerdings zulässig, wenn

- aus Buchführungsmängeln auf die sachliche Unrichtigkeit geschlossen werden kann oder
- der Stpfl. einer Befragung aus dem Weg geht oder
- sich Angaben des Stpfl. zur Kalkulation als unrichtig herausstellen.

Bei geringfügiger Abweichung der Nachkalkulation vom Buchführungsergebnis muss in Erwägung gezogen werden, dass die Abweichung auf Schätzungsunschärfen beruhen kann; bei Abweichungen innerhalb des Unschärfebereichs ist eine Schätzung nicht zulässig (BFH, Urteil vom 26.04.1983, VIII R 38/82, BStBl II 1983, 618; zu Beweislast und Schätzung im Zusammenhang mit mehreren Verprobungsnetzen siehe Wähnert, StBp 2011, 107 ff.).

Das Ergebnis einer Nachkalkulation – hier Ausbeutekalkulation – kann die Vermutung der Richtigkeit einer formell ordnungsgemäßen Buchführung i. S. des § 158 AO widerlegen. Dies gilt allerdings nur bei Anwendung einer zutreffenden Schätzungsmethode sowie zutreffender Schätzungsgrundlagen. Zur Nachkalkulation in der Taxibranche siehe Burkhard, StBp 2024, 70 ff. Die Grundlagen für eine Ausbeutekalkulation können nicht auf die Feststellungen eines Testkaufs beim Stpfl. gestützt werden, wenn zwischen dem Kalkulationsjahr und dem Zeitpunkt des Testkaufs eine erhebliche zeitliche Diskrepanz liegt und die Bp ihre Wertfindung nur auf einen einzigen Testkauf zurückführt. In diesem Fall ist nicht gewährleistet, dass die betrieblichen Verhältnisse des Kalkulationsjahres zutreffend abgebildet werden (FG Münster, Urteil vom 17.09.2010, 4 K 1412/07 G, U, EFG 2011, 506, rkr., mit Anm. Hennigfeld).

Führt das Finanzamt wegen Verletzung der Buchführungs- oder Aufzeichnungspflichten zulässigerweise eine Schätzung im Wege der Nachkalkulation durch, stellt es einen Verstoß gegen mathematische Grundregeln dar, wenn zur Berechnung des durchschnittlichen Rohgewinnaufschlagsatzes das arithmetische Mittel (der Durchschnitt) aus den für einige Waren kalkulierten Rohgewinnaufschlagsätzen berechnet wird.

Eine Nachkalkulation durch Ermittlung des durchschnittlichen Rohgewinnaufschlagsatzes setzt die Aufteilung des Wareneinsatzes in mehrere unterschiedlich preiskalkulierte Warengruppen voraus (FG München, Beschluss vom 30.08.2011, 10 V 735/11, DStRE 2012, 1028).

Auch nicht buchführungspflichtige Gewerbetreibende sind verpflichtet, ihre Betriebseinnahmen gemäß § 22 UStG i. V. m. §§ 63 bis 68 UStDV einzeln aufzuzeichnen. Im Taxigewerbe erstellte Schichtzettel sind gemäß § 147 Abs. 1 AO aufzubewahren. Sie genügen den sich aus der Einzelaufzeichnungspflicht ergebenden Mindestanforderungen (BFH, Urteil vom 26.02.2004, XI R 25/02, BStBl II 2004, 599; BFH, Beschluss vom 03.05.2012, III B 27/11, BFH/NV 2013, 497; BFH, Beschluss vom 28.11.2012, X B 74/11, BFH/NV 2013, 766). Schätzt das FA den Gewinn einer von zwei Taxifahrern gebildeten GbR in der Weise, dass es die Betriebsergebnisse für jedes jeweils von einem Gesellschafter betriebene Taxi getrennt ermittelt, muss das Schätzungsergebnis in Bezug auf jedes Taxi an den amtlichen Richtwerten gemessen werden. Geht das FA bei seiner Schätzung von bestimmten Durchschnittswerten aus, die es als Erfahrungswerte aus anderen Prüfungen bezeichnet, muss dem Gericht ermöglicht werden, die Angemessenheit der betreffenden Durchschnittswerte festzustellen (BFH, Urteil vom 17.06.2004, IV R 45/03, BFH/NV 2004, 1618; zur Hinzuschätzung bei Taxiunternehmen siehe auch FG Köln, Beschluss vom 27.08.2013, 3 V 3747/12, EFG 2014, 5, rkr.; FG Köln, Beschluss vom 27.08.2013, 3 V 1100/13, EFG 2014, 7, rkr., mit Anm. Wagner).

Die Finanzverwaltung hat folgende Grundsätze ordnungsmäßiger Buchführung bei der Verbuchung von Bargeschäften im Einzelhandel, insbesondere betreffend den Identitätsnachweis, formuliert: Die Grundsätze ordnungsmäßiger Buchführung erfordern grundsätzlich die Aufzeichnung jedes einzelnen Handelsgeschäfts in einem Umfang, der eine Überprüfung seiner Grundlagen, seines Inhalts und seiner Bedeutung für den Betrieb ermöglicht. Das bedeutet nicht nur die Aufzeichnung der in Geld bestehenden Gegenleistung, sondern auch des Inhalts des Geschäfts und des Namens oder der Firma und der Anschrift des Vertragspartners (Identität). Eine Einzelaufzeichnung der baren Betriebseinnahmen im Einzelhandel ist nach der Rechtsprechung des BFH unter dem Aspekt der Zumutbarkeit nicht erforderlich, wenn Waren von geringem Wert an eine unbestimmte Vielzahl nicht bekannter und auch nicht feststellbarer Personen verkauft werden. Von der Zumutbarkeit von Einzelaufzeichnungen über die Identität ist jedenfalls bei einer Annahme von Bargeld im Wert von 15.000 € und mehr auszugehen. Außersteuerliche Buchführungs- und Aufzeichnungspflichten bleiben unberührt (BMF, Schreiben vom 05.04.2004, IV D 2 – S 0315 – 4/04, BStBl I 2004, 419; zu überhöhten Anforderungen der Finanzverwaltung an die Kassenführung Wacker/Högemann, BBK, Fach 13, 621 ff.).

Ist die für eine formell ordnungsgemäße Buchführung geltende Vermutung ihrer sachlichen Richtigkeit widerlegt, sind die Teile der Buchführung zu korrigieren, auf die sich die sachlichen Beanstandungen beziehen. Steht dabei ein bestimmter Sachverhalt zur Überzeugung des FG fest, bedarf es keiner Schätzung von Besteuerungsgrundlagen (BFH, Beschluss vom 13.07.2010, V B 121/09, BFH/NV 2010, 2015). Liegen keine vollständigen Buchführungsunterlagen vor, sind die Besteuerungsgrundlagen nach § 162 Abs. 2 Satz 2 AO zu schätzen, unabhängig davon, aus welchen Gründen die erforderlichen Unterlagen und Aufzeichnungen nicht vorgelegt werden können. Es kommt dabei nicht auf ein Verschulden des Stpfl. an (BFH, Beschluss vom 19.07.2010, X S 10/10 [PKH], BFH/NV 2010, 2017; BFH, Beschluss vom 26.10.2011, X B 44/11, BFH/NV 2011, 168). Ein Stpfl., der die Grundsätze der ordnungsmäßigen Buchführung verletzt, soll keinen Vorteil daraus ziehen, dass das Ausmaß der Pflichtverletzung im Nachhinein nicht mehr genau feststellbar ist (BFH, Beschluss vom 03.02.2011, V B 132/09, BFH/NV 2011, 760).

Die im Wege der Schätzung von Besteuerungsgrundlagen gewonnenen Schätzergebnisse müssen schlüssig, wirtschaftlich möglich und vernünftig sein. Eine Schätzung muss einerseits tatsächlich Anhaltspunkte für die zutreffende Höhe der Besteuerungsgrundlagen berücksichtigen, andererseits das Maß der Mitwirkungspflichtverletzungen berücksichtigen. Jedenfalls dann, wenn der Steuerpflichtige eingehend dazu vorträgt, dass und warum er bestimmte Umsätze und Gewinne nach den Umständen nicht hat erzielen können, hat sich das FG mit diesem Punkt ausdrücklich auseinanderzusetzen (BFH, Beschluss vom 26.02.2018, X B 53/17, BFH/NV 2018, 820).

Häufig auftretende Schwächen einer Nachkalkulation sind:

- **Schätzung** (nicht Feststellung) von Eigenverbrauch, Freilagen, Warenverderb, Personalbeköstigung,
- **Übertragung** des für ein Jahr ermittelten Rohgewinnaufschlags auf andere Jahre.

Eine Schätzung von Besteuerungsgrundlagen ist erst dann rechtswidrig, wenn sie den durch die Umstände des Einzelfalls gezogenen Schätzungsrahmen verlässt (FG Münster, Urteil vom 29.08.2000, 10 K 7637/98 E, EFG 2001, 185). Wird ein Kassenbuch in Form aneinander gereihter Tageskassenberichte geführt, ist die Buchführung nur ordnungsgemäß, wenn die Ursprungsaufzeichnungen über die Bargeschäfte unmittelbar nach Auszählung der Tageskasse in den Tageskassenberichten übertragen werden. Ob ein Schätzungsergebnis, das auf einer Nachkalkulation wegen zu gering angegebener Umsatzerlöse beruht, Betriebsabläufe realitätsgerecht abbildet, obliegt der Tatsachenwürdigung durch das FG (BFH, Beschluss vom 23.12.2004, III B 14/04, BFH/NV 2005, 667; zur Schätzung bei ungeklärten Bareinzahlungen eines selbstständigen Steuerberaters siehe BFH, Beschluss vom 07.05.2004, IV B 221/02, BFH/NV 2004, 1367).

Bei der Beurteilung eines Buchführungsfehlers ist nicht auf die formale Bedeutung des Mangels, sondern auf dessen sachliches Gewicht abzustellen. Formelle Buchführungsmängel berechtigen nur zur Schätzung, soweit sie Anlass geben, die sachliche Richtigkeit des Buchführungsergebnisses anzuzweifeln. Ist eine Buchführung wegen Buchführungsmängeln ganz oder teilweise nicht der Besteuerung zugrunde zu legen, sind die Besteuerungsgrundlagen grundsätzlich zu schätzen. Eine Schätzung scheidet allerdings aus, wenn die durch die Fehler der Buchführung verursachten Unklarheiten und Zweifel durch anderweitige zumutbare Ermittlungen beseitigt werden können. Die Pflicht zur Aufbewahrung von Unterlagen setzt stets eine Aufzeichnungspflicht voraus und besteht grundsätzlich nur im Umfang der Aufzeichnungspflicht. Dies gilt auch für § 147 Abs. 1 Nr. 5 AO, wonach sonstige Unterlagen aufzubewahren sind, soweit sie zum Verständnis und zur Überprüfung der für die Besteuerung gesetzlich vorgeschriebenen Aufzeichnungen im Einzelfall von Bedeutung sind (BFH, Urteil vom 14.12.2011, XI R 5/10, BFH/NV 2012, 1921).

Die Schätzung von Besteuerungsgrundlagen durch das FG gehört zu den tatsächlichen Feststellungen, an die der BFH als Revisionsinstanz grundsätzlich gebunden ist. Die Bindung des BFH entfällt dann, wenn das FG bei der Schätzung gegen die anerkannten Schätzungsgrundsätze, allgemeine Erfahrungsgrundsätze oder gegen Denkgesetze verstoßen hat. Die gewonnenen Schätzungsergebnisse müssen schlüssig, wirtschaftlich möglich und vernünftig sein (BFH, Beschluss vom 07.12.2007, X B 4/07, BFH/NV 2008, 587).

Das FA darf bei Vorliegen von Buchführungsmängeln Geldzuflüsse, die – trotz verstärkter Mitwirkungspflicht des Stpfl. – unaufgeklärt bleiben, als unversteuerte Betriebseinnahmen bzw. Umsätze werten (FG München, Beschluss vom 04.07.2008, 7 V 1196/08, DStRE 2009, 520, rkr.). Wenn der Betriebsinhaber persönlich die Kasseneinnahmen und Kassenausgaben das ganze Jahr über täglich aufzeichnet, ist es mit der Sollvorschrift aus

§ 146 Abs. 1 Satz 2 AO vereinbar, dass die Aufzeichnungen während eines normalen Erholungsurlaubs zurückgestellt und vom Betriebsinhaber im Anschluss an seine Rückkehr aufgrund von geordnet aufbewahrten Belegen nachträglich gefertigt werden. Werden entgegen dem BMF, Schreiben vom 09.01.1996, IV A 8 – S 0310 – 5/95, BStBl I 1996, 34 durch elektronische Registrierkassen erstellte Rechnungen über Bewirtungsaufwand nicht aufbewahrt, ist die Buchführung trotzdem formell ordnungsmäßig, sofern in der Gaststätte i.d.R. keine Bewirtungsbelege verlangt werden. Die Vermutung der Richtigkeit des Buchführungsergebnisses (§ 158 AO) kann von der Finanzbehörde durch eine qualifizierte Nachkalkulation erschüttert werden, wenn diese nachweist, dass das Buchführungsergebnis sachlich schlechterdings nicht zutreffen kann. An diesem Erfordernis ist auch ein Zeitreihenvergleich zu messen (FG Köln, Urteil vom 27.01.2009, 16 K 3954/07, EFG 2009, 1092, rkr., mit Anm. Braun = DStRE 2010, 500; zur Nachkalkulation unter besonderer Berücksichtigung von Gastronomiebetrieben instruktiv Brete, StBp 2007, 70 ff.).

Grobe Schätzungsfehler bei der Ermittlung der Besteuerungsgrundlagen führen regelmäßig nur zur Rechtswidrigkeit und nicht zur Nichtigkeit des Schätzungsbescheids. Anders verhält es sich allerdings, wenn das FA bewusst und willkürlich zum Nachteil des Stpfl. schätzt (BFH, Urteil vom 20.12.2000, I R 50/00, BStBl II 2001, 381). Ein besonders schwerwiegender, zur Nichtigkeit des Bescheids führender Fehler kann nur angenommen werden, wenn er die an eine ordnungsgemäße Verwaltung zu stellenden Anforderungen in so hohem Maße verletzt, dass von niemandem erwartet werden kann, den ergangenen Bescheid als verbindlich anzusehen (BFH, Urteil vom 15.05.2002, X R 33/99, BFH/NV 2002, 1415; zur begrenzten Möglichkeit der Revisionszulassung bei Schätzungsfehlern siehe BFH, Beschluss vom 09.03.2004, X B 68/03, BFH/NV 2004, 1112; zur Nichtigkeit von Schätzungsbescheiden wegen Nichtberücksichtigung negativer Einkünfte Sächsisches FG, Urteil vom 09.06.2010, 8 K 43/10, n.v., mit Anm. Seeger, DStZ 2010, 911 ff. und Graw, DB 2011, Heft 11, M 10).

Bei sog. „Mondschätzungen“ sollte auch bei etwa eingetretener Bestandskraft geprüft werden, ob nicht bereits die „Mondschätzungen“ wegen einer offenkundigen Rechtswidrigkeit zur Nichtigkeit des Steuerbescheids führen und so noch im Nachhinein trotz Ablaufs der Rechtsbehelfsfristen geholfen werden kann. Ein Schätzungsbescheid ist nichtig, wenn er sich als Willkürmaßnahme darstellt, die mit den Anforderungen an eine ordnungsgemäße Verwaltung schlechterdings nicht zu vereinbaren ist (FG Baden-Württemberg, Urteil vom 09.09.2003, 1 K 145/02, DStRE 2005, 415, rkr.).

Auch mehrere grobe Schätzungsfehler bei der Feststellung der Besteuerungsgrundlagen führen regelmäßig nicht zu der Annahme, das FA habe bewusst zum Nachteil der Stpfl. geschätzt. Der Schätzungsbescheid ist dann zwar rechtswidrig und anfechtbar, nicht aber nichtig. Willkürlich und damit nichtig ist ein Schätzungsbescheid allerdings, wenn das Schätzungsergebnis trotz der vorhandenen Möglichkeiten, den Sachverhalt aufzuklären, krass von den tatsächlichen Gegebenheiten abweicht und in keiner Weise erkennbar ist, dass überhaupt und ggf. welche Schätzungserwägungen angestellt wurden, wenn somit ein objektiv willkürlicher Hoheitsakt vorliegt (BFH, Beschluss vom 20.10.2005, IV B 65/04, BFH/NV 2006, 240).

Ein Schätzungsbescheid ist wegen objektiver Willkür nichtig, wenn das FA trotz der Möglichkeit, anhand der vorhandenen Akten den Sachverhalt aufzuklären, in erheblichem Umfang von den tatsächlichen Gegebenheiten abweicht und die zur Rechtfertigung der Schätzung angeführte Begründung gegen Denkgesetze verstößt. Nur unter besonderen Umständen kann die Berufung auf die Nichtigkeit nach eingetretener Bestandskraft verwirkt oder treuwidrig sein. Allein der Umstand, dass die Nichtigkeit erstmals 15 Monate nach Ergehen des Schätzungsbescheids geltend gemacht wird, reicht hierfür nicht aus (FG Münster, Urteil vom 25.04.2006, 11 K 1172/05 E, DStRE 2007, 503, rkr.).

Steuerbescheide sind nichtig, wenn das FA die Grundordnung des Verfahrens so verletzt, dass der Stpfl. nicht von der Verbindlichkeit der festgesetzten Steuer ausgehen kann. Dies ist insbesondere dann der Fall, wenn die Festsetzung endgültig erfolgt, ohne dass Zwangsmittel nach § 328 AO angewandt wurden, wenn die Schätzung nicht plausibel ist, wenn durch die Höhe der Steuerlast nur Druck auf den Stpfl. ausgeübt oder wenn lediglich das Verfahren beschleunigt werden soll (FG München, Urteil vom 04.09.2008, 2 K 1865/08, EFG 2009, 2, rkr., mit Anm. Claßen). Die Berechtigung des Schlusses von der formellen auf die sachliche Richtigkeit kann auch durch die Einkünfteverprobung mithilfe der Vermögenszuwachsberechnung und Geldverkehrsrechnung widerlegt werden.

Hingegen rechtfertigen **schwerwiegende Buchführungsmängel grobe Schätzungsverfahren** (Nachkalkulation, amtliche Richtsatzsammlung). Die Buchführung ist materiell mangelhaft, wenn Unregelmäßigkeiten bei den Aufzeichnungen von Tageseinnahmen bestehen oder die Verprobungsmethoden der Geldrechnungen oder Vermögensvergleichsrechnungen Unstimmigkeiten aufzeigen. In diesem Fall darf das FA die Besteuerungsgrundlagen schätzen. Das FA kann sich bezüglich Art und Höhe der (Zu-)Schätzung an den amtlichen Richtsatzwerten orientieren, wenn das Unternehmen hinsichtlich seiner Lage und seiner Kostenstruktur mit anderen Betrieben vergleichbar ist (FG Nürnberg, Urteil vom 22.01.2008, II 280/2005, DStRE 2008, 1231, rkr.).

Für die Ordnungsmäßigkeit der Kassenbuchführung einer Diskothek sind folgende Rechtsprechungsgrundsätze aufgestellt worden: Erzielt ein Tanzveranstaltungen für Jugendliche mit zahlreichen Sonderaktionen hinsichtlich des Ausschanks alkoholischer Getränke durchführender Unternehmer im Wesentlichen Bareinnahmen, hängt die Ordnungsmäßigkeit der Buchführung vor allem von der Ordnungsmäßigkeit der Kassenbuchführung ab. Jeder einzelne Geschäftsvorfall ist – beim Vorhandensein zweier Kassen am Tresen – auch dann zu erfassen, wenn praktische Schwierigkeiten aufgrund der Überfüllung der Tanzveranstaltung bestehen. Eine ordnungsgemäße Kassenbuchführung liegt nicht vor, wenn ein erheblicher Teil der Umsätze in einer Summe erfasst wird, ohne das Zustandekommen der Summe durch Aufbewahrung der angefallenen Kassenstreifen, Kassenzettel und Bons nachzuweisen oder einen Kassenbericht vorzulegen. Führt ein Unternehmer neben der Hauptkasse Sonderkassen, erfordert die Ordnungsmäßigkeit der Kassenbuchführung das Vorliegen von Nebenkassenbüchern (Kladden) für jede einzelne Sonderkasse. Handelt es sich bei den Sonderkassen um Registrierkassen, müssen die Tagesendsummenbons der Sonderkassen aufbewahrt werden (Bezug: § 162 Abs. 2, § 146 AO; § 4 Abs. 1 EStG; so FG Berlin-Brandenburg, Urteil vom 17.03.2009, 6 K 4146/04 B, StuB 2009, 925).

In Einzelfällen können die Rohgewinnaufschlagsätze auch außerhalb des von der Richtsatzsammlung ausgewiesenen Rahmens liegen, da es sich sowohl beim oberen als auch unteren Satz nicht um einen absoluten, sondern um einen gewogenen Wert handelt. Ein oberhalb des Rahmens von 186–400 % liegender Rohgewinnaufschlag von 588 % erscheint im Bereich asiatischer Restaurants erzielbar (FG Nürnberg, Urteil vom 30.01.2017, 4 K 1172/16 DStRE 2018, 554, rkr.).

5.4 Vermögenszuwachsrechnung und Geldverkehrsrechnung zur Aufdeckung von Schwarzgeldern

Stpfl., die einen Großteil der Einkünfte – insbesondere aus Schwarzgeldkonten – nicht versteuert haben, versucht die Bp, mithilfe der **Vermögenszuwachsrechnung** (VZR) und der **Geldverkehrsrechnung** (GVR) auf die Schliche zu kommen. Schließlich kann ein ungeklärter Vermögenszuwachs, der mit Hilfe der VZR ermittelt wird, auch bei formell ordnungsgemäßer Buchführung zu der Annahme berechtigen, er stamme aus unversteuerten Einkünften. Ihre Beweiskraft können VZR und GVR nur bei logischer und sachlicher fehlerfreier Erstellung entwickeln. Beide Berechnungsmethoden beruhen auf dem **Grundgedanken**, dass niemand mehr ausgeben kann, als er eingenommen hat. Diese beiden Verprobungs- und Schätzungsmethoden stellen die wirtschaftliche Situation des Stpfl. umfassend dar und sollen dessen **vollständige Durchleuchtung** ermöglichen. GVR und VZR beruhen auf der Überlegung, dass niemand für Konsum und Vermögensbildung mehr ausgeben kann, als ihm – für das FA aus den Steuerakten erkennbar – zur Verfügung steht. Stellt der Finanzbeamte mithilfe einer GVR oder VZR fest, dass der Steuerzahler mehr verbraucht hat, als ihm zur Verfügung stand, oder dass der Zuwachs an Vermögen höher war als das versteuerte Einkommen dieses Zeitraums, so steht für das FA zunächst einmal – in Form einer widerlegbaren Vermutung – fest, dass Einkünfte nicht versteuert wurden. Kann der Stpfl. diese Vermutung nicht glaubwürdig widerlegen, so wird er mit dem Vorwurf der Steuerhinterziehung konfrontiert; **Strafe** und **Hinterziehungszinsen** stehen dann also zusätzlich zu einer **steuerlichen Nachforderung** drohend im Hintergrund.

Zweck der GVR ist es, **alle Geldflüsse zu erfassen**. Die Schätzungsmethode der GVR weist unabhängig von Buchführungsmängeln eine Gewinnverkürzung nach und muss gerade deswegen strengen Anforderungen genügen:

- überschaubarer Vergleichszeitraum,
- Ansatz von Anfangs- und Endbeständen,
- keine Berücksichtigung von Verhältnissen außerhalb des Vergleichszeitraums,
- Unterscheidung zwischen Gesamt- und Teilrechnung,
- Vollständigkeit (BFH, Urteil vom 02.03.1982, VIII R 225/80, BStBl II 1984, 504).

Bei der VZR wird ein **Vermögensvergleich** angestellt. Die Terminologie ist streitig. Grundgedanke sowohl von GVR als auch von VZR ist, die **verfügbaren Mittel** mit der **Mittelverwendung** zu vergleichen. Nach der Rechtsprechung des BFH lassen sich beide Rechnungen ineinander überführen.

Varianten der GVR sind

- die Gesamt-GVR; sie erfasst alle privaten und betrieblichen Mittel des Stpfl.;
- die private GVR; sie wird erstellt, wenn die betriebliche Gewinnermittlung nicht zu beanstanden ist;
- die betriebliche GVR mit geringer praktischer Bedeutung.

Da GVR und VZR zum Aufspüren nicht versteuerter Einnahmen dienen, werden sie nicht nur von Betriebsprüfern, sondern auch gern von Steuerfahndern eingesetzt.

Der Betriebsprüfer benutzt die GVR

- als **Verprobungsmethode** zur Überprüfung einer formell ordnungsgemäßen Buchführung; Ziel ist dabei das Auffinden von „Knackpunkten",
- als Grund für **Zuschätzungen**, wenn GVR oder VZR zur Feststellung von sog. Verwendungsüberhängen oder Vermögenszuwächsen führen,
- als Schätzungsmethode; andere Schätzungsmethoden sind z.B. die Richtsatzschätzung oder die Nachkalkulation.

Folgende Feststellungen können den Prüfer zur Anfertigung einer GVR oder VZR veranlassen:

- unregelmäßige, vor allem **geringe** ungebundene **Entnahmen**,
- auffällige, in der Herkunft unklare, insbesondere **hohe Einzahlungen auf private Konten**,
- nicht plausible **Bareinlagen** in den Betrieb,
- größere **private Vermögenszugänge**,
- fragwürdige **Darlehen**.

Gesamt-Vermögenszuwachsrechnung

A. Erklärbares Anfangsvermögen und Zugang

1. Anfangsreinvermögen
2. stpfl. Einkünfte
3. Erlöse aus nichtstpfl. Verkauf von Vermögenswerten
4. Erbschaften und erhaltene Schenkungen
5. erzielte Wett-, Spiel- und Lotteriegewinne

SUMME A

B. Festgestelltes Endvermögen und Abgang

6. entstandene Lebenshaltungskosten
7. entstandene Privatsteuern und andere konkrete Privatausgaben
8. Anfangsbestand und nicht einkünftemindernde Aufwendungen
9. Aktivschenkungen
10. fiktive Einkünfteteile
11. nicht einkünftemindernd erfasste Abschreibungen beim Endreinvermögen
12. Endreinvermögen

SUMME B

C. Ergebnis

A > B = ungeklärte Vermögensminderung

A < B = ungeklärter Vermögenszuwachs

Gesamt-Geldverkehrsrechnung

A. Erklärbare Anfangsgeldbestände und Zugang

1. Anfangsgeldbestände
2. stpfl. Einkünfte (durch Überschussrechnung ermittelt)
3. fiktive Ausgaben einschl. AfA bei allen Einkunftsarten
4. Bruttoeinnahmen aus nicht stpfl. Verkauf von Vermögenswerten
5. Erbschaften, Schenkungen (nur Gelderbschaften, -schenkungen)
6. Wett-, Spiel- und Lotteriegewinne (vereinnahmte Beträge)
7. sonstige nichtstpfl. Erträge (vereinnahmte Beträge)
8. Geldzuflüsse aus einkünfteneutralen Geldschuldaufnahmen
9. Geldzuflüsse aus einkünfteneutralem Eingang von Geldforderungen

SUMME A

B. Festgestellte Endgeldbestände und Abgang

10. entstandene Lebenshaltungskosten (verausgabte Beträge)
11. entstandene Privatsteuern und andere konkrete Privatausgaben (verauslagte Beträge)
12. nicht einkünftemindernd abgeflossene Geldausgaben für nicht im Endgeldbestand enthaltene Vermögenswerte
13. Aktivschenkungen (nur Geldschenkungen)
14. nicht in Geld zugeflossene Einkünftebestandteile aus allen Einkunftsarten
15. Rückzahlungen auf Geldschulden
16. Auszahlungen auf gewährte Gelddarlehen
17. Endgeldbestände

SUMME B

C. Ergebnis

Stimmen die Summen A und B überein, so kann unterstellt werden, dass alle Geldvorgänge (Bestände, Einnahmen und Ausgaben) richtig erfasst wurden. Ergibt sich ein Fehlbetrag, so kann das folgende Ursachen haben:

- Einnahmen wurden dem FA zu gering erklärt (Schwarzeinkünfte).

- Ausgaben wurden zu hoch erklärt (es war also – so die Vermutung des FA – Schwarzgeld vorhanden).

Zu praktischen Anwendungsfragen der Geldverkehrsrechnung siehe BFH, Beschluss vom 27.06.2011, VIII B 138/10, BFH/NV 2011, 1662. Ordnungsgemäße Aufzeichnungen werden durch eine Geldverkehrsrechnung nur dann als materiell unrichtig widerlegt, wenn die zur Verfügung stehenden ungebundenen Mittel unterhalb des Regelsatzes der Sozialhilfe liegen (FG des Saarlandes, Urteil vom 25.02.2008, 1 K 2037/04, EFG 2008, 1507, rkr.).

Ungeklärte Kapitalzuführungen können dahingehend gewürdigt werden, dass diese auf nicht versteuerten Einnahmen beruhen. Bestehen nach Ausschöpfung aller Ermittlungsmöglichkeiten lediglich Anhaltspunkte dafür, dass die Mittel aus verheimlichtem Kapitalvermögen stammen, sind Zinseinnahmen zu schätzen (FG Düsseldorf, Urteil vom 14.10.2002, 17 K 7587/99 E, EFG 2003, 502; die eingelegte NZB wurde mit BFH, Beschluss vom 07.05.2009, IV B 221/02, BFH/NV 2004, 1367 im Ergebnis als unbegründet verworfen). Fehlen Feststellungen darüber, ob und in welchem Umfang der Mandant während des maßgebenden Ermittlungszeitraums über Spar- und Girokonten sowie sonstige Geldbestände verfügt hat, kann die Geldverkehrsrechnung nicht Grundlage einer Schätzung sein (FG Hessen, Beschluss vom 15.06.2005, 3 V 668/05, n. v.; zur privaten Geldverkehrsrechnung Brinkmann, StBp 2007, 325 ff.; zur Geldflussanalyse Kuzma, StBp 2008, 192 ff.).

Für den Herkunftsnachweis von Geldzugängen auf Privatkonten ihres (Allein-)Gesellschafter-Geschäftsführers darf einer GmbH nicht allein aufgrund dessen gesellschaftsrechtlicher Stellung eine Mitwirkungspflicht zugewiesen werden, deren Verletzung eine abweichende Schätzung rechtfertigt (FG Köln, Urteil vom 25.07.2002, 13 K 2889/02, EFG 2003, 6; die eingelegte NZB wurde mit BFH, Beschluss vom 18.06.2003, I B 178/02, als unbegründet verworfen). Ungeklärte Vermögenszuwächse beim Alleingesellschafter-Geschäftsführer einer GmbH berechtigen bei der GmbH grundsätzlich nicht zur Schätzung nicht verbuchter Betriebseinnahmen und damit zum Ansatz verdeckter Gewinnausschüttungen. Der Gesellschafter-Geschäftsführer ist insoweit prinzipiell auch nicht verpflichtet, an der Sachverhaltsaufklärung mitzuwirken. Die Frage nach der Herkunft derartiger Mittel fällt in den persönlichen Wissensbereich des Geschäftsführers; dieses Wissen kann der Gesellschaft nicht ohne Weiteres zugerechnet werden (BFH, Urteil vom 26.02.2003, I R 52/02, BFH/NV 2003, 1221 = DStR 2003, 1387).

Bei Mitbenutzung eines privaten Kontos des Ehegatten für betriebliche Zahlungen ist entscheidend, aus welchen Gründen dies geschieht. Ergibt sich, dass der Betriebsinhaber dafür die Veranlassung gibt, dass Betriebseinnahmen auf dem privaten Konto eingehen, liegt es in seinem Risiko- und Verantwortungsbereich, die Herkunft dort eingehender Mittelzuflüsse zu erläutern. Diese Grundsätze gelten auch dann, wenn der Betriebsinhaber das private Konto seines Ehegatten „mitnutzt" (BFH, Urteil vom 28.01.2009, X R 20/05, BFH/NV 2010, 912).

Der Mandant ist darauf hinzuweisen, dass bei von ihm getätigten Privatinvestitionen bzw. hohen Einlagen in den Betrieb für die Finanzverwaltung nachvollziehbar sein muss, woher die Mittel kommen. Hierzu sind Dokumentationen erforderlich. Allgemeine Ausreden (Lotto-Gewinne, Spielbank-Gewinne o. Ä.) sind nicht ausreichend. Bei der Behauptung, dass die Mittel aus Darlehen von Familienangehörigen stammen, sind entsprechende Dokumente erforderlich. Es werden ggf. die Steuerakten der betroffenen Familienangehörigen hinzugezogen, um zu prüfen, ob diese finanziell überhaupt in der Lage sind, solche Darlehen zu gewähren. Bei ausländischen Verwandten sind entsprechende eidesstattliche Versicherungen und ggf. Übersetzungen eines amtlich zugelassenen Dolmetschers rechtzeitig herbeizuschaffen.

Leistet der Steuerpflichtige Bareinzahlungen auf sein betriebliches Bankkonto, ist er bei der Prüfung, ob Einlagen gegeben sind bzw. wo die Mittel herkommen, nach § 90 Abs. 1 Satz 1 AO verstärkt zur Mitwirkung verpflichtet. Bei Verletzung dieser Pflicht kann das FG von weiterer Sachaufklärung absehen und den Sachverhalt dahin würdigen, dass unaufgeklärte Kapitalzuführungen auf nicht versteuerten Einnahmen beruhen (FG Hamburg, Beschluss vom 18.07.2016, 6 V 84/16 DStRE 2017, 1009 mit Anm. Janz, DB StR 1219383).

Die Finanzierung von Gesellschaftereinlagen in eine Kapitalgesellschaft durch ungeklärte Vermögenszuflüsse beim Alleingesellschafter-Geschäftsführer rechtfertigt keine Hinzuschätzung von Betriebseinnahmen auf der Ebene der Gesellschaft (so klarstellend FG Münster, Urteil vom 18.05.2022 10 K 261/17 K, U EFG 2022, 1461, 1466 f.; siehe auch FG Baden-Württemberg, Urteil vom 16.08.2023 10 K 2082/21, DStZ 2024, 426 rkr. m. Anm. Kruse betr. Beweislast für das Vorliegen einer verdeckten Gewinnausschüttung bei ungeklärten Vermögenszuwächsen).

6. Beendigung der Betriebsprüfung

Führt die Ap zu keiner Änderung der Besteuerungsgrundlagen – was gelegentlich vorkommt –, so genügt es, wenn dies dem Stpfl. schriftlich mitgeteilt wird (§ 202 Abs. 1 Satz 3 AO). Diese Mitteilung ist nach herrschender Meinung ein Verwaltungsakt (hierzu Seer, in Tipke/Kruse, AO, § 202 Tz. 16 f. m. w. N.). Die Mitteilung nach § 202 Abs. 1 Satz 3 AO kann in Form eines gesonderten Schreibens erfolgen; sie ist aber auch als ausdrücklicher Hinweis in einem Prüfungsbericht möglich, der zu Änderungen hinsichtlich anderer Steuern geführt hat (BFH, Urteil vom 19.01.2010, X R 30/09, BFH/NV 2010, 1234 = BB 2010, 1839 mit Anm. Geuenich).

Eine Verpflichtungsklage auf Änderung eines Betriebsprüfungsberichtes ist mangels Verwaltungsaktqualität unzulässig, weil der Betriebsprüfungsbericht keine Regelung trifft, sondern den Erlass eines Steuerbescheides vorbereitet. Dies gilt auch dann, wenn der Steuerpflichtige im Anschluss an eine Betriebsprüfung einen Antrag nach § 204 AO auf verbindliche Zusage zur Behandlung der Prüfungsfolgejahre gestellt hat. Voraussetzung des Antrags ist nur, dass das Streitthema Gegenstand des Betriebsprüfungsberichtes war, nicht dass der Betriebsprüfungsbericht nach Ansicht des Klägers vollständig und richtig war (BFH, Beschluss vom 06.08.2014, V B 116/13, BFH/NV 2014, 1722).

Zu den Voraussetzungen der Änderung von Besteuerungsgrundlagen nach einer Betriebsprüfung ist folgendes Judikat ergangen: Persönliche Gespräche zwischen dem Steuerpflichtigen und dem Finanzamt im maßgeblichen Zeitpunkt der Durchführung über steuerlich relevante Sachverhalte führen nicht zu neuen Tatsachen im Sinne von § 173 AO (FG Münster, Urteil vom 23.08.2021, 9 K 1968/20 E, StB 2021, 316).

6.1 Rechtsanspruch auf die Durchführung der Schlussbesprechung

Über das Ergebnis einer Bp ist eine Schlussbesprechung abzuhalten, bei der insbesondere strittige Sachverhalte sowie die rechtliche Beurteilung der Prüfungsfeststellungen und ihre steuerlichen Auswirkungen zu erörtern sind (§ 201 Abs. 1 Satz 1 AO; hierzu Pieske-Kontny, StBp 2020, 210 ff.; Stolz, steuerberater intern, Beilage zu Heft 26 vom 15.12.2020, 1 f.). Eine fehlende Schlussbesprechung führt jedoch nicht zum Verwertungsverbot (FG Hamburg, Urteil vom 13.12.2002, III 24/01, EFG 2003, 820, aufgrund der eingelegten NZB wurde per BFH-Beschluss vom 30.09.2004, IV B 42/03, n. v., das Urteil der Vorinstanz aus verfahrensrechtlichen Gründen aufgehoben).

Aufgrund dieses fehlenden Verwertungsverbotes gehen leider einige Finanzämter – offenkundig rechtswidrig – dazu über, bei unbequemen Beteiligten (Steuerpflichtigen und deren Berater) eine Schlussbesprechung dadurch zu sabotieren, dass im Bp-Bericht vermerkt wird, dass der Steuerpflichtige bzw. sein Berater angeblich auf eine Schlussbesprechung verzichtet haben, obwohl dies nicht der Fall war. Leider wird diese gesetzeswidrige Verfahrenspraxis von den Finanzgerichten nicht aufgegriffen.

Auf die **Durchführung einer Schlussbesprechung** hat der Stpfl. damit einen **Rechtsanspruch**. Die Verpflichtung, eine Schlussbesprechung durchzuführen, besteht lediglich dann **nicht**, wenn

- die Bp als abgekürzte Ap durchgeführt worden ist,
- sich nach dem Ergebnis der Bp keine Änderung der Besteuerungsgrundlagen ergibt,
- der Stpfl. auf die Durchführung einer Schlussbesprechung verzichtet (§§ 201 Abs. 1 Satz 1, 203 Abs. 2 Satz 3 AO).

Findet eine Schlussbesprechung statt, so sind dem Stpfl.

- die Besprechungstermine und
- der Termin der Schlussbesprechung

in angemessener Zeit vor der Besprechung bekannt zu geben (§ 11 Abs. 1 BpO). Die „angemessene Zeit" hängt von dem Umfang der Prüfungspunkte ab. Handelt es sich um wenige Punkte, die bereits seit Wochen streitig sind, genügen sicher sieben bis 14 Tage. Für eine umfangreiche Schlussbesprechung ist eine Vorbereitungszeit von mindestens vier Wochen erforderlich (Streck, Die Außenprüfung, Rdnr. 483). **Teilnehmer einer Schlussbesprechung** sind:

- Stpfl.,
- Mitarbeiter des Stpfl.,
- Berater des Stpfl.,
- Betriebsprüfer,
- Sachgebietsleiter,
- Vorsteher des FA (sehr selten).

In der Schlussbesprechung wird regelmäßig die **Einigung angestrebt**. Die Einigung wird auch als Regelfall später im Betriebsprüfungsbericht und in den Steuerbescheiden realisiert. Die **Praxis des Arrangements** in der Bp scheint hier das Recht zu überspielen. Die Praxis der Bp kann auf solche Einigungen jedoch nicht verzichten. Sie ist als Möglichkeit in der Natur der Sache der Prüfung zwingend erforderlich. Im Übrigen ist sie durch den Ermessungsrahmen bei der Sachverhaltsermittlung durch Beweiswürdigungs-, Bewertungs- und Schätzungsspielräume gerechtfertigt.

In der Praxis ist der Einigungsdruck auch aufgrund der unterschiedlichen Interessenlagen des Stpfl. einerseits und der Finanzverwaltung andererseits sehr groß. Dies ist darauf zurückzuführen, dass der Stpfl. nicht geneigt ist, in Anbetracht der zeitraubenden FG-Prozesse die Bilanzen über einen langen Zeitraum offen zu halten. Hinzu kommt das Kostenrisiko (Gerichtskosten, Anwaltshonorare) für einen FG-Prozess, der möglicherweise bis zum BFH geht. Hinzu kommen die zunehmend profiskalisch operierenden FG. Aber auch die Finanzverwaltung ist an einem Abschluss des Verfahrens interessiert. Dem Betriebsprüfer stehen für die Prüfung der Betriebe nur bestimmte Zeitkontingente zu. Er ist nicht geneigt, bei langwierigen Rechtsbehelfen ausführliche Stellungnahmen in einem bereits abgeschlossenen Betriebsprüfungsfall sukzessive im Nachhinein erstellen zu müssen. Von daher haben beide Parteien (Stpfl. und Finanzbeamte) ein großes Interesse daran, einen Zustand der langwierigen Rechtsunsicherheit nicht eintreten zu lassen. Ein Rechtsstreit ist jedoch dann unvermeidlich, wenn das FA gehalten ist (z. B. aufgrund von Verwaltungsanweisungen des BMF, des Landesfinanzministeriums oder der OFD), bestimmte Rechtsansichten in jedem Fall durchzuhalten.

Auf der Ebene der Finanzverwaltung besteht eine **rechtliche Bindungswirkung** an solche Einigungen für die Zukunft jedoch nur, wenn von Seiten eines **entscheidungsbefugten Beamten** eine **Zusage** erfolgt ist (BFH, Urteil vom 04.08.1961, VI 269/60 S, BStBl III 1961, 562 ff.). Die Rechtsprechung ist zurückhaltend, aus der Schlussbesprechung eine rechtliche Bindung für die Zukunft abzuleiten. Die Rechtsprechung versagt dem Stpfl. für die sog. Veranlagungssteuern insoweit unter Hinweis auf den **Grundsatz der Abschnittsbesteuerung** jedoch grundsätzlich einen Vertrauensschutz (BFH, Urteil vom 12.04.2000, XI R 36/99, BFH/NV 2000, 1196, 1198 f.; zur Bindung von Schlussbesprechungen nach Betriebsprüfungen unter dem Aspekt von Treu und Glauben eingehend Wenzel, NWB 2022, 3252 ff.).

Zum **Ablauf der Festsetzungsfrist** nach Durchführung einer Schlussbesprechung ist folgendes Judikat ergangen: Sinn und Zweck des § 171 Abs. 4 Satz 3 AO ist es, zugunsten des Rechtsfriedens und der Rechtssicherheit eine zeitlich unbegrenzte Auswertung von Prüfungsfeststellungen zu verhindern. Es ist nach materiellen und nicht nach formellen Gesichtspunkten zu bestimmen, ob eine Schlussbesprechung i. S. des § 201 Abs. 1 AO stattgefunden hat (FG Berlin-Brandenburg, Urteil vom 18.04.2012, 12 K 12041/10, EFG 2012, 1806, rkr., mit Anm. Claßen = DStRE 2013, 182).

Die Ausrichtung der Steuerfestsetzungsfrist am Zeitpunkt der Schlussbesprechung ist verfassungsrechtlich nicht zu beanstanden (BVerfG, Beschluss vom 21.07.2016, 1 BvR 3092/15, DB 2016, 1976; hierzu Hennigfeld, DB StR 1214630).

Eine Ablaufhemmung nach § 171 Abs. 4 AO soll angeblich auch im Fall einer unwirksamen Prüfungsanordnung eintreten, wenn die Unwirksamkeit der Prüfungsanordnung bis zum Abschluss der Außenprüfung nicht gerügt wird (FG Berlin-Brandenburg, Urteil vom 26.02.2013, 6 K 6228/08, EFG 2013, 1292; aufgrund der eingelegten Nichtzulassungsbeschwerde wurde der Rechtsstreit per BFH-Beschluss vom 23.04.2014, IV B 42/13, n. v., für erledigt erklärt). Diese Auffassung ist mit dem Rechtsstaatsprinzip unvereinbar.

Letzte Ermittlungshandlungen im Rahmen einer Ap setzen Maßnahmen zur Feststellung des Sachverhalts voraus. Die Gewährung rechtlichen Gehörs und die Anfrage an eine höhere Behörde zur rechtlichen Beurteilung des Sachverhalts reichen hierfür nicht aus (FG Münster, Urteil vom 21.03.2014, 4 K 3707/11 F, EFG 2014, 1074, 1077 m. Anm. Claßen, rkr.).

Auch sog. qualifizierte Prüfungshandlungen, die nur ein Prüfungsjahr betreffen, führen dazu, dass die Außenprüfung insgesamt – also auch bezogen auf andere Prüfungsjahre – als nicht unmittelbar nach dem Prüfungsbeginn unterbrochen i. S. d. § 171 Abs. 4 Satz 2 AO gilt (BFH, Urteil vom 26.04.2017, I R 76/15, DB 2017, 2140).

Eine Schlussbesprechung hat erst i. S. d. § 171 Abs. 4 Satz 3 AO „stattgefunden“, wenn die zuletzt von der Finanzbehörde anberaumte Besprechung beendet ist (BFH, Beschluss vom 12.06.2019, XI B 71/18, BFH/NV 2019, 1329).

Eine Schlussbesprechung bei einer Steuerfahndungsprüfung ist nur abzuhalten, wenn die mit der Steuerfahndung betraute Dienststelle gem. § 195 Satz 2, § 208 Abs. 2 Nr. 1 AO auf Ersuchen der zuständigen Finanzbehörde mit einer Außenprüfung beauftragt worden ist, sog. Auftrags-Außenprüfung (BFH, Urteil vom 11.12.1997, V R 56/94, BStBl II 1998, 367).

6.2 Strategien bei der tatsächlichen Verständigung

In der Besteuerungspraxis haben sich mittlerweile allerdings streitschlichtende Strategien herauskristallisiert. Diese basieren auf der übereinstimmenden Interessenlage, den zu beurteilenden Sachverhalt möglichst einvernehmlich abschließend zu klären (neuerdings zur Thematik Außenprüfung und **Mediation** siehe Pflaum, StBp 2013, 105 ff.).

In Fällen erschwerter Sachverhaltsermittlung dient es unter bestimmten Voraussetzungen der Effektivität der Besteuerung und dem Rechtsfrieden, wenn sich die Beteiligten über die Annahme eines bestimmten Sachverhalts und über eine bestimmte Sachbehandlung einigen können. Diese

tatsächliche Verständigung kann nach der ständigen Rechtsprechung im jeweiligen Stadium des Veranlagungsverfahrens, insbesondere auch anlässlich einer Ap und während eines anhängigen Rechtsbehelfs- bzw. Rechtsmittelverfahrens (z. B. i. R. einer Erörterung nach § 364a AO), getroffen werden. Beabsichtigen die Beteiligten, sich auf diese Weise über eine bestimmte Sachbehandlung zu verständigen, so sind die folgenden Grundsätze zu beachten (BFH, Urteil vom 11.12.1984, VIII R 131/76, BStBl II 1985, 354, 357; bestätigt durch BFH, Urteil vom 05.10.1990, III R 19/88, BStBl II 1991, 45; Drüen, in Tipke/Kruse, AO, § 38 Tz. 21 m. w. N.). Die tatsächliche Verständigung ist ausschließlich im Bereich der Sachverhaltsermittlung zulässig. Die tatsächliche Verständigung ist nicht zulässig

- zur Klärung zweifelhafter Rechtsfragen,
- über den Eintritt bestimmter Rechtsfolgen,
- über die Anwendung bestimmter Rechtsvorschriften und
- wenn sie zu einem offensichtlich unzutreffenden Ergebnis führt.

Ergänzend ist jedoch darauf hinzuweisen, dass die FG – und hier insbesondere der BFH – der Auffassung sind, dass über Steuerrechtsanwendungsfragen eine tatsächliche Verständigung nicht möglich ist. Dies sei immer noch das ausschließliche Beurteilungsprivileg der Finanzgerichtsbarkeit. Eine tatsächliche Verständigung ist aber insoweit möglich, als im Rahmen einer rechtlichen Beurteilung über eine Vorfrage zum Sachverhalt zu entscheiden ist (BFH, Urteil vom 01.02.2001, IV R 3/00, BStBl II 2001, 520; zu weiteren verfahrensrechtlichen Einzelheiten BMF, Schreiben vom 30.07.2008, IV A 3 – S 0223/07/10002 DOK 2008/0411043, BStBl I 2008, 831 nebst Nachtrag per BMF, Schreiben vom 23.06.2023 IV D 1 – S 0223/20/10001 :003 DOK 2023/0596306, BStBl I 2023, 1074 betr. Anwendung bei grenzüberschreitenden Sachverhalten; dazu ergänzend OFD Hannover, Verfügung vom 10.09.2008, S 0223 – 19 – StO 143, DStR 2008, 2267; hierzu Lichtinghagen, StuB 2009, 63 ff.; hierzu eingehend Schuster, DStZ 2018, 720 ff.; Wollweber, Stbg 2019, 503 f.; Pieske-Kontny, StBp 2020, 88 ff.; zur Rechtsnatur der tatsächlichen Verständigung Krüger, DStZ 2015, 478 ff.; Wenzel, NWB 2022, 3182 ff.). Somit sind die Parteien gehalten, die tatsächliche Verständigung juristisch so zu „verpacken“, dass sie auf kaum noch aufklärbaren Sachverhalten (Verität der Aussagekraft der Buchführung, Bewertungsfragen etc.) basieren (vgl. Niedersächsisches FG, Urteil vom 06.10.2021 9 K 188/18, EFG 2022, 633, 640 f. mit Anm. Tiedchen, vorläufig nicht rkr.).

Voraussetzung für eine tatsächliche Verständigung ist das Vorliegen eines Sachverhalts, der nur unter erschwerten Umständen ermittelt werden kann. Das ist z. B. der Fall, wenn sich einzelne Sachverhalte nur mit überdurchschnittlichem Arbeits- und Zeitaufwand und/oder mit überdurchschnittlicher Zeitdauer ermitteln lassen. Bei der Frage, ob eine erschwerte Sachverhaltsermittlung vorliegt, kann auch auf das Verhältnis zwischen voraussichtlichem Arbeitsaufwand und steuerlichem Erfolg abgestellt werden; ferner muss berücksichtigt werden, in welchem Maß das FA durch ein zu erwartendes finanzgerichtliches Verfahren belastet wird, sofern es bei vorhandenem tatsächlichen Zweifel dem Begehren des Stpfl. nicht entspricht und zu dessen Nachteil entscheidet. Die tatsächliche Verständigung kommt insbesondere in Fällen in Betracht, in denen ein

- Schätzungsspielraum,
- Bewertungsspielraum,
- Beurteilungsspielraum oder
- Beweiswürdigungsspielraum

besteht.

Die tatsächliche Verständigung unterscheidet sich von der verbindlichen Auskunft dadurch, dass sie sich ausschließlich auf abgeschlossene Sachverhalte bezieht (OFD München, Verfügung vom 02.06.1998, S 0223 – 6 St 312, NJW 1999, 626 ff.). Die tatsächliche Verständigung ist auch im **Steuerstrafrecht** möglich. Aufgrund der genannten Prämissen soll eine Verständigung im Strafverfahren zugelassen werden (BGH, Urteil vom 28.08.1997, 4 StR 240/97, wistra 1997, 341); zu Verständigungen an der Schnittstelle von Steuer- und Steuerstrafverfahren eingehend Seer, BB 2015, 214 ff. Wichtig ist jedoch, darauf zu achten, dass auf Seiten der Finanzbehörde alle verantwortlichen Personen anwesend sind. Dies sind im Besteuerungsverfahren der Sachgebietsleiter Bp **und** der Sachgebietsleiter Veranlagung (der häufig „vergessen“ wird). Selbstverständlich kann auch der Vorsteher die tatsächliche Verständigung gegenzeichnen, was in der Praxis jedoch selten ist, da er den Sachverhalt im Einzelnen nicht so genau kennt wie der Betriebsprüfer und sein unmittelbarer Vorgesetzter. Im Steuerstrafverfahren müssen darüber hinaus nicht etwa der Steuerfahnder, sondern vor allem der Sachgebietsleiter der Steufa und der Sachgebietsleiter der Bußgeld- und Strafsachenstelle bzw. ein ggf. zuständiger Staatsanwalt (eher selten) der tatsächlichen Verständigung zustimmen (hierzu eingehend Roth, Stbg 2017, 124 ff.; zu den Auswirkungen der tatsächlichen Verständigung im Steuerrecht auf das parallel geführte Steuerstrafverfahren siehe Wilke, DStR 2018, 108 ff.).

In der Praxis sollte darauf geachtet werden, dass wirklich **alle** zuständigen Beamten diesen „Deal“ unterschreiben. Es gibt immer wieder Fälle, in denen aufgrund interner Animositäten in den Finanzbehörden ein nicht beteiligter zeichnungsberechtigter FA-Vertreter (z. B. der Sachgebietsleiter Veranlagung) mit dem „Einigungsmodus“ nicht einverstanden war und später die tatsächliche Verständigung mangels Wirksamkeit bei den FG bzw. Strafgerichten inzidenter anfechten ließ.

Die tatsächliche Verständigung führt nicht bereits deshalb zu einem offensichtlich unzutreffenden Ergebnis, weil die vereinbarte Einnahmenerhöhung zu einem Rohgewinnaufschlagsatz von 588 % führt und dieser Wert außerhalb des von der Richtsatzsammlung ausgewiesenen Rahmens von 186 % bis 400 % liegt; sowohl oberer als auch unterer Richtsatz stellen keine absoluten, sondern gewogene Werte dar, die in Einzelfällen auch über- bzw. unterschritten werden können. Sie sind nicht verbindlich, sondern dienen dem FA lediglich als Anhaltspunkte (FG Nürnberg, Urteil vom 13.01.2017, 4 K 1172/16, EFG 2017, 357, 359 f. m. Anm. Hüttner; zwischenzeitlich rechtskräftig).

Eine tatsächliche Verständigung zwischen einer Finanzbehörde und dem Steuerpflichtigen setzt voraus, dass auf Seiten der Finanzbehörde an der Vereinbarung ein Amtsträger beteiligt ist, der für die Entscheidung über die Steuerfestsetzung zuständig ist (BFH, Urteil vom 27.06.2018, X R 17/17, BFH/NV 2019, 97; zur Beteiligung des für die Steuerfestsetzung zuständigen Amtsträgers siehe auch BMF, Schreiben vom 15.04.2019, IV A 3 – S 023/07/10002 DOK 2019/0319434, BStBl I 2019, 447).

Voraussetzung einer tatsächlichen Verständigung ist das Vorliegen eines schwierig zu ermittelnden Sachverhalts. Ferner müssen sowohl auf Seiten des Steuerpflichtigen als auch auf Seiten der Finanzbehörde zur Vertretung berechtigte Personen schriftlich ihren Rechtsbindungswillen zweifelsfrei zum Ausdruck bringen. Zudem darf die tatsächliche Verständigung nicht zu einer offensichtlich unzutreffenden Besteuerung führen. Was einvernehmlicher Inhalt der tatsächlichen Verständigung ist, muss nach allgemeinen Auslegungsregeln ermittelt werden (FG Münster, Urteil vom 25.02.2020, 5 K 795/17 U, DStRE 2020, 1511, rkr.).

Eine tatsächliche Verständigung kann in folgenden Fällen **unwirksam** sein:

- Scheingeschäft,
- Anfechtung wegen Irrtums, Drohung oder Täuschung,
- offener Einigungsmangel,
- Vertretungsmängel,

- Wegfall der Geschäftsgrundlage (§§ 117, 119, 120, 123, 154, 164 ff., 242 BGB; OFD München, Verfügung vom 02.06.1998, S 0223 – 6 St 312, NJW 1999, 626, 627; OFD Karlsruhe, Verfügung vom 14.10.1996, S 0223 A – 149 – St 211, BB 1996, 2397, 2398; nunmehr zusammenfassend bundeseinheitlicher Erlass im BMF, Schreiben vom 30.07.2008, IV A 3 – S 0223/07/10002 DOK 2008/0411043, BStBl I 2008, 831; hierzu Lichtinghagen, StuB 2009, 63 ff.; Bruschke, DStR 2010, 2611 ff.; zur Auslegungsfähigkeit einer tatsächlichen Verständigung eingehend Apitz, StBp 2008, 93 ff.; zur Bindungswirkung einer tatsächlichen Verständigung siehe BFH, Beschluss vom 28.04.2011, III B 78/10, BFH/NV 2011, 1108).

Auch bei arglistigem Verschweigen von privaten Sparguthaben eines Einzelunternehmers bei Abschluss einer tatsächlichen Verständigung über die von ihm erzielten Gewinne und Umsätze ist die Prüfung, ob das Ergebnis der Vereinbarung zu einem offensichtlich unzutreffenden Ergebnis führt, auf eine Evidenzkontrolle aus der Ex-ante-Perspektive der Beteiligten im Zeitpunkt des Abschlusses der Verständigung beschränkt. Die Frist zur Anfechtung einer tatsächlichen Verständigung wegen arglistiger Täuschung gem. § 124 Abs. 1 BGB beginnt in diesem Fall, sobald das FA sichere Kenntnis von verschwiegenen Sparguthaben erlangt, deren Höhe erkennbar nicht mehr mit der der tatsächlichen Verständigung zugrunde gelegten Kalkulation zu vereinbaren ist. Bei Überschreiten der einjährigen Anfechtungsfrist im Fall einer arglistigen Täuschung kann eine tatsächliche Verständigung nicht auf Grundlage von § 130 Abs. 2 Nr. 2 AO aufgehoben werden (FG Berlin-Brandenburg, Urteil vom 16.07.2015, 13 K 13063/13, EFG 2015, 1762, 1764 f., rkr., m. Anm. Kühnen = DStRE 2016, 1131).

Die Bindungswirkung einer tatsächlichen Verständigung im Steuerfestsetzungsverfahren kann nach den Grundsätzen von Fehlen oder Wegfall der Geschäftsgrundlage ausnahmsweise entfallen, wenn ihr eine (irrtümlich) von beiden Parteien angenommene Geschäftsgrundlage von vornherein gefehlt hat oder wenn sie nachträglich weggefallen ist und einem der Beteiligten unter Berücksichtigung der Gesamtumstände ein Festhalten an dem Vereinbarten nicht zuzumuten ist (BFH, Urteil vom 11.04.2017, IX R 24/15, BFH/NV 2017, 1382).

Eine tatsächliche Verständigung ist nicht bindend, wenn sie zu offensichtlich unzutreffenden Ergebnissen führt. Enthalten die Grundannahmen oder das Rechenwerk einer tatsächlichen Verständigung logische Fehler, die die Annahme eines offensichtlich unzutreffenden Ergebnisses rechtfertigen, ist Rechtsfolge der Wegfall der Bindungswirkung dieser tatsächlichen Verständigung und damit ihre Unbeachtlichkeit, nicht aber ihre Umdeutung in eine – weiterhin bindende – Vereinbarung, die nun den Inhalt hat, der sich bei isolierter Korrektur der logischen Fehler ergibt (BFH, Beschluss vom 21.09.2015, X B 58/15, BFH/NV 2016, 48).

Unmaßgeblich sind Vorstellungen und Vorbesprechungen der Beteiligten, die nicht explizit Gegenstand der tatsächlichen Verständigung geworden sind; versteckte Einigungsmängel i. S. v. § 155 BGB werden von einer getroffenen tatsächlichen Verständigung erfasst. Lediglich offene Einigungsmängel können insoweit eine Bindung an die tatsächliche Verständigung ausschließen (FG Münster, Urteil vom 16.05.2019, 5 K 1303/18 U, DStRE 2020, 41, rkr.).

Gegenstand einer tatsächlichen Verständigung kann weder schriftlich noch mündlich der Verzicht des FA auf Festsetzung von Hinterziehungszinsen sein (FG Rheinland-Pfalz, Urteil vom 12.04.2018, 6 K 2254/17, EFG 2018, 994, 996 f. m. Anm. Hildeshein, rkr. = PStR 2018, 164 f. m. Anm. Valder).

Eine tatsächliche Verständigung zwischen einer Finanzbehörde und dem Steuerpflichtigen setzt voraus, dass auf Seiten der Finanzbehörde an der Vereinbarung ein Amtsträger beteiligt ist, der für die Entscheidung über die Steuerfestsetzung zuständig ist (BFH, Urteil vom 27.06.2018 X R 17/17, BFH/NV 2019, 97; zur Rechtmäßigkeit einer im Anschluss an eine Betriebsprüfung getroffenen tatsächlichen Verständigung siehe FG Niedersachsen, Urteil vom 06.09.2016, 13 K 39/15, n. v., m. Anm. Kreft, DB StR 1220643).

Die Bindungswirkung einer tatsächlichen Verständigung im Steuerfestsetzungsverfahren kann nach den Grundsätzen vom Fehlen oder Wegfall der Geschäftsgrundlage ausnahmsweise entfallen, wenn ihr eine (irrtümlich) von beiden Parteien angenommene Geschäftsgrundlage von vornherein gefehlt hat oder wenn sie nachträglich weggefallen ist und einem der Beteiligten unter Berücksichtigung der Gesamtumstände ein Festhalten an dem Vereinbarten nicht zuzumuten ist (BFH, Urteil vom 11.04.2017, IX R 24/15, BStBl II 2017, 1155 = BB 2017, 2275, 2280 mit Anm. Riegel; hierzu ausführlich Riegel/Amler, BB 2018, 605 ff.).

Die Voraussetzungen der Wirksamkeit einer tatsächlichen Verständigung werden im Verfahren über die Anfechtung des hierauf gestützten Festsetzungs- oder Feststellungsbescheids inzident geprüft. Eine tatsächliche Verständigung stellt keinen Verwaltungsakt i. S. d. §§ 41 Abs. 2 Satz 2 FGO, 118 Satz 1 AO dar. Hat der Steuerpflichtige die auf eine tatsächliche Verständigung gestützten Festsetzungs- und Feststellungsbescheide mangels Einlegung eines Einspruchs bestandskräftig werden lassen, ist bei einer auf Feststellung der Unwirksamkeit der tatsächlichen Verständigung gerichteten Klage auch dann die Subsidiaritätsklausel des § 41

Abs. 2 Satz 1 FGO zu beachten, wenn der Steuerpflichtige die tatsächliche Verständigung mit einem Einspruch angreift und das Finanzamt diesen als unzulässig verwirft (BFH, Beschluss vom 12.06.2017, III B 144/16, BStBl II 2017, 1165).

Eine tatsächliche Verständigung zwischen einem Stpfl. und der für seine Besteuerung zuständigen Finanzbehörde, deren Gegenstand die Übernahme von Steuerschulden Dritter ist, bindet die für die Besteuerung der Begünstigten zuständigen Finanzbehörden nicht, wenn diese am Zustandekommen der tatsächlichen Verständigung nicht beteiligt waren (BFH, Urteil vom 07.07.2004, X R 24/03, BStBl II 2004, 975). Eine tatsächliche Verständigung ist zulässig, wenn sich die Beteiligten über die Höhe der vom Stpfl. aufgewendeten Schuldzinsen und deren Zuordnung zum betrieblichen Bereich streiten. Dies gilt jedenfalls dann, wenn der zugrunde liegende Sachverhalt schwer zu ermitteln ist (FG Baden-Württemberg, Urteil vom 24.10.2004, 14 K 175/01, EFG 2004, 862, rkr.). Ein Außenprüfer kann eine für die Finanzbehörde bindende tatsächliche Verständigung nur dann vereinbaren, wenn er zur Entscheidung über die Steuerfestsetzung befugt ist (BFH, Beschluss vom 16.02.2006, X B 176/05, BFH/NV 2006, 1052).

Entsteht Streit über die zutreffende Umsetzung einer tatsächlichen Verständigung, nachdem der Rechtsstreit in der Hauptsache für erledigt erklärt worden ist, so ist das ursprüngliche Klageverfahren (gegen die geänderten Bescheide) fortzuführen. Eine tatsächliche Verständigung ist als Willenserklärung auslegungsfähig. Der ursprünglich angekündigte Klageantrag ist zur Ermittlung des tatsächlichen Willens heranzuziehen. Im Zweifel ist nicht davon auszugehen, dass das FA im Rahmen einer tatsächlichen Verständigung eine neue Schätzung vornehmen will, die zu einem geringeren Gewinn führt als der ursprünglich vom Stpfl. erklärte Gewinn (FG Hamburg, Urteil vom 21.07.2006, 6 K 91/05, EFG 2007, 79, rkr.).

Eine tatsächliche Verständigung ist nur wirksam, wenn auf Seiten der Finanzbehörde ein zur Entscheidung über die Steuerfestsetzung befugter Amtsträger beteiligt ist (FG Rheinland-Pfalz, Urteil vom 21.09.2012, 3 K 2493/10, EFG 2013, 186, rkr., mit Anm. Wüllenkemper). Dies ist der Sachgebietsleiter der Betriebsprüfungsstelle nur, wenn eine veranlagende Ap durchgeführt wird (BFH, Beschluss vom 27.02.2007, X B 178/06, BFH/NV 2007, 1073). Das wird regelmäßig nur bei den Amtsbetriebsprüfungsstellen der entsprechenden Festsetzungsfinanzämter der Fall sein; Konzern- und Großbetriebsfinanzämter haben diese Befugnis grundsätzlich nicht. In diesen Fällen ist somit der zuständige Sachgebietsleiter des Festsetzungsfinanzamts zu beteiligen (so Bruschke, DStR 2010, 2611, 2613). Eine nachträgliche Genehmigung des für die Steuerfestsetzung zuständigen Sachgebietsleiters soll angeblich nicht ausreichen (sehr zweifelhaft, so aber leider FG Rheinland-Pfalz, Urteil vom 21.09.2012, 3 K 2493/10 DStRE 2014, 44, rkr.; entgegen BMF, Schreiben vom 30.07.2008, IV A 3 – S 0223/07/10002 DOK 2008/0411043 BStBl I 2008, 831). Eine tatsächliche Verständigung ist wirksam, wenn auf Seiten der Finanzverwaltung ein AP-FA im Rahmen einer Auftragsprüfung gehandelt hat. Die nachträgliche Genehmigung der durch die Bp herbeigeführten tatsächlichen Verständigung durch die Veranlagungsbehörde führt zur Wirksamkeit der Verständigung. Eine wirksame Bevollmächtigung des Steuerberaters bei Abschluss der tatsächlichen Verständigung kann sich aus der Anwendung der zivilrechtlichen Grundsätze der Anscheins- und Duldungsvollmacht ergeben (Niedersächsisches FG, Urteil vom 19.09.2007, 12 K 334/05, EFG 2008, 180, rkr.).

Eine tatsächliche Verständigung über das Vorliegen der Gewinnerzielungsabsicht ist grundsätzlich zulässig. Eine tatsächliche Verständigung, die mehrere Regelungsgegenstände umfasst, ist regelmäßig als „Paketlösung" zu verstehen. Die Unwirksamkeit eines Regelungsgegenstands erfasst deshalb die gesamte Vereinbarung (BFH, Urteil vom 20.09.2007, IV R 20/05, BFH/NV 2008, 532).

Eine während einer Bp getroffene „tatsächliche Verständigung" kann in zeitlicher Hinsicht nur dann über den Prüfungszeitraum hinaus bindend sein, wenn sie von allen Beteiligten i. d. S. verstanden worden ist oder verstanden werden musste (BFH, Urteil vom 13.02.2008, I R 63/06, BStBl II 2009, 414; vgl. a. BFH, Beschluss vom 06.02.2015, IX B 97/14, BFH/NV 2015, 821). Eine tatsächliche Verständigung verliert ihre Bindungswirkung **nicht**, wenn der Stpfl. sich bei ihrem Abschluss über die steuerlichen Folgen geirrt hat (FG Berlin-Brandenburg, Urteil vom 07.05.2008, 12 K 8065/06 B, EFG 2008, 1408; die eingelegte NZB wurde per BFH, Beschluss vom 19.11.2008, I B 108/08, BFH/NV 2009, 608 im Ergebnis als unbegründet verworfen). Die Bindungswirkung einer tatsächlichen Verständigung kann entfallen, wenn der Stpfl. oder sein Vertreter bei den zugrunde liegenden Erörterungen bewusst den Sachverhalt verfälscht oder verschleiert oder für die Besteuerung wesentlichen Tatsachen gegenüber der Finanzverwaltung verschwiegen haben (FG Münster, Urteil vom 20.04.2012, 14 K 4222/11 AO, EFG 2012, 1516, rkr., mit Anm. Hennigfeld; zur Rechtmäßigkeit einer im Anschluss an eine Betriebsprüfung getroffenen tatsächlichen Verständigung siehe Niedersächsisches FG, Urteil vom 06.09.2016, 13 K 39/15, n. v., hierzu Kreft, DB StR 1220643).

Eine tatsächliche Verständigung im Steuerfestsetzungsverfahren ist nicht schon deshalb unwirksam, weil sie zu einer von einem Beteiligten nicht vorhergesehenen Besteuerungsfolge geführt hat und dadurch die vor der Verständigung offen gelegten Beweggründe des Beteiligten zum Abschluss der Verständigung (hier: die Erwartung der steuerlichen Neutralität des Vereinbarten) entwertet werden (BFH, Urteil vom 08.10.2008, I R 63/07, BStBl II 2009, 121 = BB 2009, 708 mit Anm. Geuenich = NJW 2009, 1230 mit Anm. Ränsch; ferner Lichtinghagen, StuB 2009, 63 ff.). Nach Maßgabe der BFH-Rechtsprechung ist eine tatsächliche Verständigung über Besteuerungsgrundlagen grundsätzlich für alle Beteiligten bindend. Dies gilt auch im Fall eines Irrtums des Stpfl. über die Höhe der Steuernachforderung. Eine Ausnahme hiervon kann jedoch dann gelten, wenn der Grundsatz der Abschnittsbesteuerung verletzt wird, unlauterer Druck seitens des FA auf den Stpfl. ausgeübt worden ist oder einzelne Verständigungspunkte im Rahmen einer „Paketlösung“ durch das FA nachträglich einseitig geändert werden (FG München, Beschluss vom 22.05.2009, 15 V 182/09, EFG 2009, 1807, rkr., mit Anm. Matthes).

Die abstrakten Grenzen für den Abschluss einer sog. tatsächlichen Verständigung sind in der Rechtsprechung in ausreichendem Maße geklärt; damit ist auch geklärt, dass eine trennscharfe Abgrenzung zwischen Tatfrage und Rechtsfrage nicht in allen Fällen nach abstrakten Maßstäben im Vorhinein möglich ist. Bei der Anwendung des § 160 Abs. 1 Satz 1 AO ist im Übrigen zu berücksichtigen, dass der Tatbestand auch nach seiner Struktur sowohl bei der Entscheidung „dem Grunde nach“ als auch „der Höhe nach“ Tatsachenelemente aufweist (BFH, Beschluss vom 31.08.2009, I B 21/09, BFH/NV 2010, 163).

Die tatsächliche Verständigung ist die einvernehmliche Festlegung auf den maßgeblichen Besteuerungssachverhalt, die nicht einseitig widerrufbar ist. Die Bindungswirkung einer tatsächlichen Verständigung entfällt, wenn sie zu einem offensichtlich unzutreffenden Ergebnis führt. Die Nichtvornahme strafrechtlicher Ermittlungen ist keine in jedem Fall zu unterstellende Grundlage einer tatsächlichen Verständigung. Die Anfechtungsvorschriften der §§ 119, 123 BGB sind auf die tatsächliche Verständigung entsprechend anwendbar (BFH, Urteil vom 01.09.2009, VIII R 78/06, BFH/NV 2010, 593).

Bestellt der anwaltliche (Haupt-)Vertreter eine Unterbevollmächtigte und schließt diese mündlich eine tatsächliche Verständigung ab, ist der Kläger regelmäßig hieran gebunden (FG Düsseldorf, Urteil vom 17.03.2010, 15 K 4737/07 F, EFG 2010, 1090; die eingelegte NZB wurde per BFH, Beschluss vom 20.04.2011, IV B 32/10, BFH/NV 2011, 1884 als unbegründet verworfen). Die Frage, ob das FG die Reichweite einer im Erörterungstermin getroffenen Verständigung zutreffend beurteilt hat, reicht in ihrer Bedeutung grundsätzlich nicht über den Einzelfall hinaus (BFH, Beschluss vom 11.08.2010, VIII B 68/10, BFH/NV 2010, 2009).

Eine während einer Betriebsprüfung getroffene „tatsächliche Verständigung" kann in zeitlicher Hinsicht nur dann über den Prüfungszeitraum hinaus bindend sein, wenn sie von allen Beteiligten in diesem Sinne verstanden worden ist oder werden musste (BFH, Beschluss vom 06.12.2012, I B 8/12, BFH/NV 2013, 703).

Zulässig ist es, dass im **Steuerstrafverfahren** ein Staatsanwalt die Einstellung des Strafverfahrens von der vorherigen Zurücknahme der Klage vor dem FG abhängig macht. Entscheidend sei, dass die Verknüpfung der Einstellung des Steuerstrafverfahrens mit der Klagerücknahme die **Entschließungsfreiheit des Beschuldigten nicht in erpresserischer Weise beeinträchtigt** (BFH, Beschluss vom 21.03.1995, I B 142/94, BFH/NV 1995, 994). Unzulässiger Druck wird jedoch auf den Stpfl. ausgeübt, wenn für den Fall des Nichtabschlusses der tatsächlichen Verständigung mit negativen Folgen für das anhängige strafrechtliche Ermittlungsverfahren gedroht wird (FG Münster, Urteil vom 29.01.1996, 8 V 5581/95 E, U, 8 V 188/96 U, EFG 1996, 464, rkr.).

Tatsächliche Verständigungen sind analog § 123 BGB wegen Drohung i. S. dieser Norm anfechtbar. Wenn die Steuerfahndung den Stpfl. damit i. S. des § 123 Abs. 1 BGB bedroht hat, die Ermittlungen hinsichtlich noch nicht weiterverfolgter Ermittlungsansätze wieder aufzunehmen, falls er sich nicht auf eine tatsächliche Verständigung auf der Basis der bisherigen Ermittlungsergebnisse einlässt, ist dies nicht rechtswidrig und führt daher nicht zur wirksamen Anfechtung der tatsächlichen Verständigung (FG Köln, Urteil vom 20.10.2011, 15 K 3692/08, EFG 2012, 574, rkr., mit Anm. Kühnen). Die Beweislast für eine derartige Drohung oder Erpressung liegt beim Stpfl. Wichtig ist noch, dass eine tatsächliche Verständigung **kein Geständnis im strafrechtlichen Sinne darstellt** (Eich, Die tatsächliche Verständigung im Steuerverfahren und im Steuerstrafverfahren, Köln 1992, 89 ff.).

Die tatsächliche Verständigung ist in Anbetracht der Tatsache, dass das komplizierte deutsche Steuersystem kaum noch umgesetzt werden kann, unverzichtbar geworden. Hinterziehungsvorwürfe sind sehr oft unbegründet: Staatsanwälte (und Richter) haben meist nur rudimentäre Kenntnisse im Steuerrecht, die BuStra-Stellen der FÄ sind Sammelstellen für schwaches Personal und die Steufa ermittelt vielfach sehr oberflächlich. Folglich äußert sich bereits im Jahr 1982 ein „Rechtsanwalt Deal aus Mauschelhausen“ sehr kritisch zum „strafprozessualen Vergleich“ (Strafverteidiger 1982, 545 ff.).

6.3 Anspruch auf eine verbindliche Zusage

Die Finanzbehörde soll dem Stpfl. auf Antrag verbindlich zusagen, wie ein für die Vergangenheit geprüfter und im Prüfungsbericht dargestellter Sachverhalt in Zukunft steuerrechtlich behandelt wird, wenn die Kenntnis der künftigen steuerrechtlichen Behandlung für die geschäftlichen Maßnahmen des Stpfl. von Bedeutung ist (§ 204 AO). Über den Antrag des Stpfl. entscheidet die Finanzbehörde durch eine Ermessensentscheidung. Seit dem Steuerbereinigungsgesetz 1986 („soll“ statt „kann“) unterliegt die Finanzbehörde dabei **gebundenem Ermessen**, d.h., der Stpfl. kann – sofern die Voraussetzungen dafür vorliegen – eine verbindliche Auskunft beanspruchen, wenn kein Ausnahmefall vorliegt, den die **Behörde beweisen** muss. Es soll dem Stpfl. Sicherheit über die künftige Behandlung von Sachverhalten gegeben werden, die in die Zukunft fortwirken **(Sachverhalte mit Dauerwirkung)** oder die sich in der Zukunft ständig wiederholen **(Sachverhalte mit Dauerwiederkehr)**; zu den verfahrensrechtlichen Voraussetzungen instruktiv Bruschke, StB 2024, 374 ff.

Beispiel:

- Nicht-Vorliegen einer Betriebsaufspaltung
- Anerkennung einer körperschaftsteuerlichen, gewerbesteuerlichen oder umsatzsteuerlichen Organschaft
- Fixierung der Angemessenheit von Gesellschafter-Geschäftsführer-Bezügen
- Eruierung von Konzernverrechnungspreisen

(hierzu eingehend Pieske-Kontny, StBp 2020, 111 ff.; Wenzel, NWB 2022, 3120 ff.)

Nachdem der Anspruch auf eine verbindliche Zusage – außer dem Sonderfall nach einer Außenprüfung – jahrzehntelang in Verwaltungserlassen in Verbindung mit der höchstrichterlichen Rechtsprechung detailliert geregelt worden ist, hat sich der Gesetzgeber im Jahressteuergesetz 2007 vom 13.12.2006 (BGBl I 2006, 2878) entschieden, dass dieses Rechtsinstitut in § 89 Abs. 2 ff. AO zu kodifizieren ist. Danach haben die Finanzämter und das Bundeszentralamt für Steuern auf Antrag verbindliche Auskünfte über die steuerliche Beurteilung von genau bestimmten, noch nicht verwirklichten Sachverhalten zu erteilen, wenn daran im Hinblick auf die erheblichen steuerlichen Auswirkungen ein besonderes Interesse besteht. Zuständig für die Erteilung einer verbindlichen Auskunft ist die Finanzbehörde, die bei Verwirklichung des dem Antrag zugrunde liegenden Sachverhalts örtlich zuständig sein würde. Bei Antragstellern, für die im Zeitpunkt der Antragstellung nach §§ 18 bis 21 AO keine Finanzbehörde zuständig ist, ist auf dem Gebiet der Steuern, die von den Landesfinanzbehörden im Auftrag des Bundes verwaltet werden, abweichend das Bundeszentralamt für Steuern zuständig. Die Einholung einer verbindlichen Auskunft ist kostenpflichtig (§ 89 Abs. 3 bis 7 AO; weitere Einzelheiten siehe Seer, in Tipke/Kruse, AO, § 89 Tz. 64 ff.).

Das Finanzgericht prüft den Inhalt einer erteilten verbindlichen Auskunft nur darauf, ob die gegenwärtige rechtliche Einordnung des – zutreffend erfassten – zur Prüfung gestellten Sachverhalts in sich schlüssig und nicht evident rechtsfehlerhaft ist. Der Stpfl. hat also keinen Anspruch auf einen bestimmten rechtmäßigen Inhalt einer verbindlichen Auskunft (so klarstellend BFH, Urteil vom 29.02.2012, IX R 11/11, BFH/NV 2012, 1350).

In der Praxis wird bei größeren Investitionen oder bei sehr unklarer Rechtslage auch zwecks Vermeidung der kaum kalkulierbaren Haftungsrisiken des steuerlichen Beraters das Institut der verbindlichen Auskunft genutzt. Dabei kann der politische Einfluss von Mandanten eine nicht unerhebliche Rolle spielen, um Druck auf die oberste Landesbehörde auszuüben. Bei der Ausformulierung der verbindlichen Auskunft ist große Sorgfalt angebracht. Es sollte der Behörde die Arbeit im Hinblick auf die Recherche der Sach- und Rechtslage weitgehend abgenommen werden. Dabei erweist sich eine Primäranfrage an mittlere oder oberste Behörden als sinnvoll, weil dort die entsprechenden fachlich kompetenten Beamten mit dem erforderlichen Know-how ansässig sind. Nunmehr hat sich auch die höchstrichterliche Rechtsprechung zur Bindungswirkung von dubiosen verbindlichen Auskünften geäußert. Die Bindung an die Zusage einer Finanzbehörde kann entfallen, wenn sie in einer solchen Weise offensichtlich rechtswidrig ist, dass der Stpfl. die Rechtswidrigkeit entweder kennt oder jedenfalls erkennen kann (BFH, Urteil vom 16.07.2002, IX R 28/98, BStBl II 2002, 714).

Das FG prüft den Inhalt einer erteilten verbindlichen Auskunft nur darauf, ob die gegenwärtige rechtliche Einordnung des – zutreffend erfassten – zur Prüfung gestellten Sachverhalts in sich schlüssig und nicht evident rechtsfehlerhaft ist (BFH, Urteil vom 29.02.2012, IX R 11/11, BStBl II 2012, 651; hierzu Bergan/Martin, DStR 2012, 2164 ff.; Dornheim, BB 2012, 2926 ff.).

Der für die Erteilung einer verbindlichen Zusage erforderliche zeitliche Zusammenhang zwischen Zusage und Abschluss der Ap ist nicht mehr gewahrt, wenn der Antrag auf Erteilung erst vier Jahre nach Abschluss der Ap beim FA gestellt wird (FG Nürnberg, Urteil vom 23.05.2019, 4 K 862/17, EFG 2020, 895, 897 m. Anm. Hüttner, rkr.).

7. Überleitung der Betriebsprüfung in ein Steuerstrafverfahren

7.1 Information an die Straf- und Bußgeldsachenstelle bei Verdacht einer Straftat

Das Verhältnis von Bp zum Steuerstrafverfahren ist wie folgt geregelt: Besteht der Verdacht einer Straftat oder Ordnungswidrigkeit, so muss der Prüfer die zuständige Straf- und Bußgeldsachenstelle unterrichten (§ 10 BpO). Die Problematik, ab welchem Zeitpunkt nach § 10 Abs. 1 BpO eine Unterrichtungsverpflichtung des Prüfers gegenüber der Bußgeld- und Strafsachenstelle (BuStra) besteht, ist folgendermaßen handzuhaben: § 10 Abs. 1 Satz 1 BpO konkretisiert den in § 386 AO, §§ 152 Abs. 2, 160, 163 StPO verankerten allgemeinen strafrechtlichen Grundsatz des Legalitätsprinzips (zur Schnittstelle Steuerverfahren/Steuerstrafverfahren Mack, Stbg 2012, 440 ff.; eingehend Jesse, DB 2013, 1803 ff.; vgl. a. Beyer, Steuertip, Beilage 49 vom 06.12.2013, 1 f.). Danach kann der die Ermittlungspflicht der Strafverfolgungsbehörde begründende Verdacht grundsätzlich nur dann angenommen werden, wenn sich dieser auf zureichende tatsächliche Anhaltspunkte stützen lässt (Anfangsverdacht nach § 152 Abs. 2 StPO). Vor diesem Hintergrund ist auch die Regelung in § 10 Abs. 1 Satz 2 BpO zu sehen, die eine Unterrichtungspflicht dann begründet, wenn lediglich die Möglichkeit der Durchführung eines Strafverfahrens besteht. Die im Rang den einfachen Gesetzen untergeordnete Verwaltungsvorschrift kann damit dem Prüfer letztlich aus strafrechtlicher Sicht nicht mehr Pflichten auferlegen als die Normen der AO bzw. der StPO vorgeben (zu weiteren Einzelheiten s. gleichlautende Erlasse der obersten Finanzbehörden der Länder vom 31.08.2009, BStBl I 2009, 829). Dabei ist gleichgültig, gegen wen sich der Verdacht richtet. Die Einleitung eines Straf- bzw. Bußgeldverfahrens ist aktenkundig zu machen (§§ 397 Abs. 1 und 2, 410 Abs. 1 Nr. 6 AO; zum Anfangsverdacht in der Ap instruktiv Kemper, StBp 2007, 263 ff.; Buse, DB 2011, 1942 ff.).

Die Einleitung des Strafverfahrens ist dem Beschuldigten spätestens dann mitzuteilen, wenn er dazu aufgefordert wird, Tatsachen darzulegen oder Unterlagen vorzulegen, die im Zusammenhang mit der Straftat stehen, derer er verdächtigt wird. Das Strafverfahren ist eingeleitet, sobald die Finanzbehörde eine Maßnahme trifft, die erkennbar darauf abzielt, gegen jemanden wegen einer Steuerstraftat strafrechtlich vorzugehen (§ 397 AO).

Der Stpfl. ist, soweit dazu Anlass besteht, darüber zu belehren, dass die steuerlichen Mitwirkungspflichten nicht mehr erzwungen werden können, wenn er sich dadurch selbst wegen einer von ihm begangenen Steuerstraftat oder Steuerordnungswidrigkeit belasten würde (§ 393 Abs. 1 Satz 4 AO). Nach der höchstrichterlichen Rechtsprechung sind Äußerungen, die ein Beschuldigter in einer Vernehmung gemacht hat, ohne vorher auf sein Aussageverweigerungsrecht hingewiesen worden zu sein, strafrechtlich nicht verwertbar (§ 136 Abs. 1 Satz 2 StPO; BGH, Beschluss vom 27.02.1992, 5 StR 190/91, NJW 1992, 1463 ff.).

Ermittelt also ein Betriebsprüfer weiter, obwohl bereits ein strafrechtlicher Anfangsverdacht objektiv vorliegt, der Prüfer jedoch die Mitwirkungsbereitschaft des Stpfl. nicht durch die Einleitung eines Strafverfahrens gefährden will, und trifft der Prüfer unter Mitwirkung des Stpfl. weitere, den Anfangsverdacht bestätigende Feststellungen (ermittelt der Prüfer somit unter Ausnutzung der Mitwirkung bzw. unter dem Deckmantel des Besteuerungsverfahrens bereits strafrechtlich), so besteht hinsichtlich der getroffenen weiteren Feststellungen ein **strafrechtliches Verwertungsverbot**. Überprüft der Betriebsprüfer am ersten Tag der Prüfung einen Teil einer anonymen Anzeige daraufhin, ob die in der Anzeige genannten Rechnungen bei der Stpfl. tatsächlich vorliegen, kopiert der Prüfer die Rechnungen und bricht er am nächsten Tag die Prüfung im Hinblick auf § 10 BpO ab, unterliegen die Feststellungen des Prüfers keinem steuerlichen Verwertungsverbot, selbst wenn sich die in der Anzeige genannten natürlichen und juristischen Personen auf Nachprüfung vor Beginn der Prüfung als existent erwiesen haben. Es liegt keine Täuschung des Prüfers i. S. d. § 136a StPO vor (Schleswig-Holsteinisches FG, Vorlagebeschluss vom 24.09.2004, 1 V 72/04, EFG 2005, 678; Az. des BVerfG: 1 BvL 2/04; zur Problematik des steuerlichen Verwertungsverbots analog § 136a StPO bei Zusammentreffen von Ap und Steuerfahndung in steuerstrafrechtlichen Ermittlungen s. Geuenich, DStZ 2006, 295 ff.).

Bei einer späteren überraschenden Einleitung eines Steuerstrafverfahrens sollte im Wege der Akteneinsicht und unter Hinzuziehung der Handakten des Betriebsprüfers geprüft werden, ob aufgrund bestimmter Prüfungsfeststellungen schon rechtzeitig ein Tatverdacht eruiert worden ist. Die Praxis zeigt, dass der Betriebsprüfer wegen der Aufrechterhaltung eines konstruktiven Prüfungsklimas einen Anfangstatverdacht häufig zurückstellt und erst geraume Zeit später zur überraschenden Einleitung von Steuerstrafverfahren schreitet, um sich nicht dem Vorwurf der Strafvereitelung auszusetzen. Hier ist auf jeden Fall ein sorgfältiges Aktenstudium im Nachhinein vorzunehmen. Wird ein Steuerstrafverfahren **bekannt gegeben**, so ist in der Praxis festzustellen, dass es in sehr vielen Fällen gleichwohl danach noch zur uneingeschränkten Mitwirkung des Stpfl./Beschuldigten (z. B. in der Bp) kommt. Der Beschuldigte muss sich darüber klar sein, dass er damit die Grundlagen für seine spätere Bestrafung selbst liefert. Zwar ist die obligatorische Strafmilderung aufgrund eines Geständnisses von den Obergerichten festgestellt und findet zumindest **verbal** in den Urteilsgründen auch durch Amts- oder Landgerichte statt (OLG Düsseldorf, Beschluss vom 30.11.1988, 2 Ss 264/88 – 110/88, n. v.). Tatsächlich kann jedoch nicht ohne Weiteres unterstellt werden, dass sich die Mitwirkung des Beschuldigten oder ein Geständnis **messbar** mildernd oder bei der Rechtsfolgebestimmung auswirken wird. Für den Verteidiger ergibt sich daher die Notwendigkeit, **vor** einer Mitwirkungshandlung in Erfahrung zu bringen, welche **konkreten** Auswirkungen diese für die Rechtsfolge hat.

Zu strafrechtlichen Belehrungen, Mitteilungen und Hinweisen nach der Abgabenordnung in der Außenprüfung eingehend Pflaum, StBp 2017, 163 ff.

7.2 Einleitung des Steuerstrafverfahrens nach Abschluss einer Betriebsprüfung

Kommt es während der Ap selbst nicht zur Einleitung eines Steuerstrafverfahrens, sorgt die Finanzverwaltung weiterhin für eine steuerstrafrechtliche Überprüfung. Sie veranlasst im Verwaltungswege, dass die **Prüfungsberichte** dem **Strafverfolgungsorgan zugeleitet** werden (FinBeh Hamburg, Erlass vom 24.08.1979, 51 – S 0720 – 6/76 bzw. FinBeh Bremen, Erlass vom 31.08.1979, S 0720 – 242, StEK AO 1977 § 397 Nr. 2). Dies ist der Weg, auf dem es zu **überraschenden Einleitungen von Steuerstrafverfahren** kommt, die der Stpfl. anlässlich einer einvernehmlich abgeschlossenen Ap nicht erwartet hat. Die Rechtsprechung ist offenbar von dem Gedanken getragen, den Außenprüfer möglichst aus dem Straf- oder Ordnungswidrigkeitenverfahren herauszuhalten und ein solches Verfahren der Beurteilung der Strafsachenstelle zu überlassen (§ 201 Abs. 2 AO; Seer, in Tipke/Kruse, AO, § 201 Tz. 17).

Die h. M. im steuerstrafrechtlichen Schrifttum lehnt die Verfahrensweise jedoch ab (Henneberg, BB 1988, 2181; ders., INF 1974, 361; Weyand, StBp 1988, 93; Streck, BB 1984, 199; Brenner, StBp 1979, 121; Deutscher Steuerberatertag 1986 – Expertengespräch: „Außenprüfung und Steuerstrafverfahren“, Stbg 1987, 7; **a. A.** Suhr, StBp 1971, 121; Hildebrandt, BB 1984, 1226). Zu Recht werden von der h. M. insbesondere folgende Einwände gegen einen erst in der Schlussbesprechung erfolgenden strafrechtlichen Hinweis vorgebracht:

- Der Verdacht eines Steuervergehens könne sich kaum erst in der Schlussbesprechung ergeben. Die Anhaltspunkte für die spätere Durchführung des Steuerstrafverfahrens seien vielmehr stets vor der Schlussbesprechung entstanden. § 10 BpO ermächtige den Betriebsprüfer nicht, seine Zweifel, ob ein Verdacht gegeben sei oder nicht, beiseitezuschieben, im Besteuerungsverfahren unter Zuhilfenahme der Mitwirkungspflichten des Stpfl. weiteres Material zutage zu fördern, um dann erst in der Schlussbesprechung zu erklären, dass die Möglichkeit eines Verdachts bestehe, der in einem gesonderten Verfahren geprüft werden müsse.

- Es bestünden nur folgende Möglichkeiten: Entweder ergeben sich während der Bp tatsächliche zureichende Anhaltspunkte, dann müsse ein Steuerstrafverfahren eingeleitet werden, verbunden mit der Notwendigkeit der Belehrung des Beschuldigten über sein Aussageverweigerungsrecht. Ergeben sich jedoch solche Anhaltspunkte während der Bp nicht, dann brauche auch nicht der – zudem häufig durch „pauschales“ Einsetzen einer Tz. im Berichtsvordruck – Hinweis zu ergehen und der Bericht der BuStra-Stelle zugeleitet zu werden (§ 152 StPO; § 201 Abs. 2 AO).
- Unterschiedliche Vorgehensweise in den einzelnen Bundesländern

Die Praxis in den Bundesländern ist völlig unterschiedlich. So wird in einigen Ländern – wie z. B. in Nordrhein-Westfalen – schon bei relativ hohen Steuernachforderungen automatisch der Betriebsprüfungsbericht an die Bußgeld- und Strafsachenstelle zur Auswertung übersandt. Steuerliche Mehrergebnisse aufgrund einer Außenprüfung von mehr als 5.000 € pro Steuerjahr und Steuerart führen beispielsweise in Düsseldorf regelmäßig zu einer Unterrichtungspflicht der Straf- und Bußgeldsachenstelle (so Buse, DB 2011, 1941, 1945). Länder wie z. B. Hessen haben intern angeordnet, dass alle Betriebsprüfungsberichte wegen einer „fehlenden Kompetenz der Betriebsprüfer“ an die Bußgeld- und Strafsachenstelle zur Auswertung gelangen. Hingegen sind andere Bundesländer (wie z. B. Berlin) mit der Weiterleitung von Betriebsprüfungsberichten an die Strafsachenstellen eher zurückhaltend.

Das Umschlagen einer Bp in ein Steuerstrafverfahren stellt eine äußerst sensible Angelegenheit bei der Beratung des Stpfl. im Laufe einer Bp dar. Sollten i. R. der Bp erhebliche Steuernachforderungen offensichtlich werden, die möglicherweise steuerstrafrechtlich relevant sind (z. B. nicht verbuchte Einnahmen, künstliche Aufblähung von Betriebsausgaben etc.), so ist darauf zu achten, dass die Durchführung einer Einigung in der Schlussbesprechung oder der Abschluss einer tatsächlichen Verständigung nur unter der ausschließlichen Bedingung erfolgt, dass der Hinweis gemäß § 201 Abs. 2 AO im Betriebsprüfungsbericht unterbleibt. Sollte der Prüfer oder sein Vorgesetzter dem nicht zustimmen, so muss offen angesprochen werden, dass sich dann ein Anfangstatverdacht offenbar bereits i. R. der laufenden Bp ergeben hat und sich somit die Frage stellt, ob ein Verwertungsverbot hinsichtlich der erlangten Erkenntnisse aufgrund der bereits erfüllten Mitwirkungspflichten besteht. Es sollte unbedingt vermieden werden, dass angeblich eine Einigung i. R. einer Schlussbesprechung und/oder tatsächlichen Verständigung erzielt wurde und der Mandant nachträglich – mit einer Verzögerung von i. d. R. bis zu sechs Monaten – mit der Einleitung eines Steuerstrafverfahrens konfrontiert wird. Dort wird er nochmals i. R. eines Strafbefehlsverfahrens oder eines Auflagenbetrags nach Maßgabe des § 153a StPO „zur Kasse gebeten".

8. Durchführung von Betriebsprüfungen nach dem sukzessiven Inkrafttreten des DAC-7-Umsetzungsgesetzes

Schrifttum

Regierungsentwurf:	
Baum/Rohde	Modernisierung der Außenprüfung, NWB 2022, 2672
Kowallik	RegE zur Umsetzung der EU-Richtlinie zur Meldepflicht für digitale Plattformbetreiber (DAC 7) und zur Modernisierung des Steuerverfahrensrechts, DB 2022, 2181
Nürnberg	Betriebsprüfung im Wandel, StBp 2022, 402
van der Ham/ Mank	Deutliche Verschärfung der Mitwirkungspflichten – Gesetz zur Modernisierung des Steuerverfahrensrechts vom 11.11.2022, IStR 2022, 891
Zur Gesetzesendfassung:	
Baum	Zahlreiche Änderungen der AO im Jahr 2022, NWB 2023, 460
Beckschäfer/ Neuhaus	Die straf- und ordnungswidrigkeitenrechtliche Bedeutung der erweiterten Anzeige- und Berichtigungspflicht gem. § 153 Abs. 4 AO, NZWiSt 2024, 328
Beyer	Neue Mitwirkungspflicht nach Außenprüfungen gem. § 153 Abs. 4 AO n. F., NWB 2024, 1630
Dißars	Neuregelungen zur Betriebsprüfung, Stbg 2023, 307
Feuerstack/ Reimann	Tax Compliance Management Systeme in der Betriebsprüfung, StBp 2023, 184
Fischer/Goering	DAC7-Umsetzungsgesetz – wirklich eine Modernisierung des Besteuerungsverfahrens?, IStR 2023, 314

Heggmair/Gilson/Heitfeldt	Praktische Auswirkungen des Gesetzes zur „DAC7“-Umsetzung und zur Modernisierung des Steuerverfahrensrechts aus Verrechnungspreissicht, DB 2023, 279
Heidecke/Sussick/Marburg	Änderung der AO aus Verrechnungspreissicht, ISR 2022, 420
Hölzemann/Ramadan/Otto/Nordmann	Tax-CMS als Game-Changer in steuerlichen Außenprüfungen?, WPg 2023, 1394
Höring	DAC 7-Umsetzungsgesetz – Ein erster Überblick, DStR 2023, 173
Hübner/Jesic/Leucht	Reform der Kooperation in Außenprüfungen?, Ubg 2023, 293 (Teil 1) und Ubg 2023, 370 (Teil 2)
Krüger	Die Möglichkeit eines Entlastungsbeweises beim Mitwirkungsverzögerungsgeld, DStZ 2024, 917
Krumm	Die sog. Modernisierung der Außenprüfung, Ubg 2023, 284
Melan	Die Beschleunigung der Außenprüfung und ihre verfassungsrechtlichen Grenzen, DStR 2024, 6
Peters	Bei Mitwirkungspflichtverletzungen im Rahmen von Betriebsprüfungen drohen in Zukunft erhebliche Sanktionen!, NWB 2024, 2555
Peuthert/Mannweiler	Führt die Modernisierung des Steuerverfahrensrechts in praxi zur Beschleunigung von Betriebsprüfungen?, DStR 2024, 143
Prommer/Puffer	Die Anzeige- und Berichtigungspflicht nach § 153 Abs. 1 Satz 1 Nr. 1 und Abs. 4 AO (Teil 2), StBp 2024, 169
Wagner	Die zeitnahe Betriebsprüfung – Eine Zwischenbilanz, FR 2022, 496
Ziegelmeier	Auslegungsfragen im Rahmen des qualifizierten Mitwirkungsverlangens in der Außenprüfung gem. § 200a AO, FR 2024, 898
ders.	Anzeige- und Berichtspflichten nach § 153 Abs. 4 AO, DStR 2024, 1625

8.1 Zielsetzung

Durch das zum 01.01.2023 in Kraft getretene Gesetz zur Umsetzung der Richtlinie (EU) 2021/514 des Rates vom 22.03.2021 zur Änderung der Richtlinie 211/16/EU über die Zusammenarbeit der Verwaltungsbehörden im Bereich der Besteuerung und zur Modernisierung des Steuerverfahrensgesetzes (BGBl. I 2022, 2730) (sog. DAC-7-Umsetzungsgesetz) wurden zahlreiche umfangreiche Änderungen der Abgabenordnung vorgenommen, die insbesondere auch die Kooperation zwischen Finanzbehörde und Steuerpflichtigen im Rahmen vom Außenprüfungen betreffen. Diese Regeln sind gemäß Art. 97 § 37 Abs. 2 EGAO grundsätzlich erstmals für Steuern, die nach dem 31.12.2024 entstehen, anzuwenden. Eine Ausnahme in Bezug auf bestimmte Neuregelungen der Abgabenordnung sieht z.B. Art. 97 § 37 Abs. 3 EGAO in Bezug auf Steuern vor, die vor dem 01.01.2025 entstehen und für die nach dem 31.12.2024 eine Prüfungsanordnung bekanntgegeben wurde (zu den komplexen Anwendungsregelungen instruktiv Baum/Rohde, NWB 2023, 460, 471 f.; Dißars, Stbg 2023, 307, 310 f.).

Primäres Ziel der Modernisierung der Außenprüfung ist es, das Verfahren zu beschleunigen. Außenprüfungen sollen künftig früher begonnen und abgeschlossen werden, damit früher als bisher Rechtsfrieden und Rechtssicherheit eintreten kann. Während den Steuerpflichtigen insbesondere erweiterte Mitwirkungspflichten auferlegt werden, soweit sie sich nicht kooperativ verhalten, sollen die Finanzbehörden Prüfungsanordnungen zeitnäher bekanntgeben, die Prüfung früher beginnen und abschließen, Prüfungsschwerpunkte benennen sowie Zwischengespräche führen.

Dass in diesem Zusammenhang Handlungsbedarf besteht, zeigt sich insbesondere an einer vom Bundesverband der Deutschen Industrie (BDI) durchgeführten Umfrage, nach der mitunter viele Jahre bis zum Abschluss einer Außenprüfung vergehen (BDI vom 27.09.2019, Steuerliche Betriebsprüfungen – Optionen für zeitgemäße Reformen, 7). Konkret werden dieser Umfrage zufolge 7 % der steuerlichen Betriebsprüfung in unter einem Jahr, 37 % zwischen einem und drei Jahren und 40 % zwischen drei und fünf Jahren abgeschlossen. Die steuerlichen Betriebsprüfungen dauern jedoch bei 13 % der beauftragten Betriebe zwischen fünf und zehn Jahren und bei 3 % sogar mehr als zehn Jahre (!).

Zu den Vorteilen einer zeitnahen Betriebsprüfung ist im Schrifttum Stellung genommen worden (siehe Wagner, FR 2022, 496 ff.; Krumm, Ubg 2023, 284 ff.; kritisch Fischer/Goering, IStR 2023, 314 ff.; Hübner/Jesic/Leucht, Ubg 2023, 370, 374 ff.; zu den praktischen organisatorischen Problemen aus Sicht der Finanzverwaltung siehe Peuthert/Mannweiler, DStR 2024, 143 ff.).

Im Rahmen des DAC-7-Umsetzungsgesetzes hat der Gesetzgeber eine Erprobungsregelung in das Gesetz aufgenommen, die der Finanzverwaltung auf Antrag die Gewährung von Prüfungserleichterungen beim Vorhandensein eines wirksamen Steuerkontrollsystems gestattet (Art. 97 § 38 EGAO). Diese regulatorische Veränderung ist ein wesentlicher Baustein für die Modernisierung der Außenprüfung auf dem Weg zu einer Cooperative Compliance mit der Zielsetzung einer verstärkten Kooperation zwischen den Verfahrensbeteiligten bei der Durchführung von Außenprüfungen (Hölzemann/Ramadan/Otto/Nordmann, WPg 2023, 1394 ff.; Feuerstock/Reimann, StBp 2023, 184 ff.).

Art. 97 § 38 EGAO ist eine neue Vorschrift, die im Regierungsentwurf noch nicht vorgesehen war. Danach kann die Finanzbehörde auf Antrag Beschränkungen der Ermittlungen unter dem Vorbehalt des Widerrufs für die nächste Außenprüfung verbindlich zusagen, wenn die Wirksamkeit eines vom Steuerpflichtigen eingesetzten Steuerkontrollsystems, einem sog. Tax CMS, in einer Außenprüfung überprüft wurde und kein oder nur ein unbeachtliches steuerliches Risiko besteht.

Ein Steuerkontrollsystem muss die steuerlichen Risiken laufend abbilden und alle innerbetrieblichen Maßnahmen umfassen, die gewährleisten, dass

- die Besteuerungsgrundlagen zutreffend aufgezeichnet und berücksichtigt werden, sowie
- die hierauf entfallenden Steuern fristgerecht und vollständig abgeführt werden.

Die Änderung ist am 01.01.2023 in Kraft getreten. Da es sich um eine Erprobungsregelung handelt, wird diese am 01.01.2030 wieder aufgehoben (hierzu eingehend Hölzemann/Ramadan/Otto/Nordmann, WPg 2023, 1394 ff.; Höring, DStZ 2023, 173, 177).

Nimmt man jedoch eine Gesamtbetrachtung des DAC-7-Umsetzungsgesetzes vor, so muss man zu dem Ergebnis kommen, dass verfassungsrechtlich gebotene Abwehrrechte des Bürgers gegenüber dem Staat weiter auf ein absolutes Minimum zurückgestutzt werden. Stattdessen werden die Mitwirkungspflichten mit kurzen rechtlich verbindlichen Beantwortungsfristen auf ein unerträgliches Maß ausgedehnt und mit drastischen Sanktionsmöglichkeiten bei Verstößen zu Lasten der Unternehmer flankiert. Hiermit mutiert der Steuerpflichtige zum Erfüllungsgehilfen des Fiskus, wie wir es auch in autoritär regierenden Staaten vorfinden können.

Zudem darf bezweifelt werden, ob die Finanzverwaltung mit ihren begrenzten personellen Ressourcen und limitierter Motivation der Mitarbeiter überhaupt in der Lage ist, dieses komplexe Regelwerk der diffusen – kaum überschaubaren – Detail- und Übergangsregelungen in der Praxis gesetzeskonform umzusetzen. Es bleibt lediglich die bescheidene Hoffnung, dass die Finanzgerichtsbarkeit von der Finanzverwaltung vorgenommenen Prüfungsexzesse mit unverhältnismäßigen Sanktionen einen Riegel vorschieben wird, damit dem Bürger wenigstens ein Mindestmaß an Rechtsschutz verbleibt.

8.2 Erweiterte Mitwirkungspflichten

8.2.1 Neufassung nach § 90 Abs. 3ff. AO

Überarbeitet wurden insbesondere die bisher schon bestehenden Mitwirkungspflichten nach § 90 Abs. 3 AO. Im Rahmen des DAC-7-Umsetzungsgesetzes werden die Dokumentationspflichten neu gefasst.

Im Zuge der Reform wurden die bisherigen Sätze 5 bis 11 des § 90 Abs. 3 AO durch zwei neue Sätze 5 und 6 ersetzt und die Regelung um die neuen Absätze 4 und 5 ergänzt. Diese finden allesamt grundsätzlich erstmals ab dem 01.01.2025 Anwendung (vgl. Art. 97 § 37 Abs. 2 und 3 EGAO).

§ 90 Abs. 3 Satz 5 AO n.F. bestimmt nunmehr, dass zu außergewöhnlichen Geschäftsvorfällen auch Aufzeichnungen zu erstellen sind. § 90 Abs. 3 Satz 6 AO n.F. bestimmt, dass sämtliche Aufzeichnungen i.S.d. § 90 Abs. 3 AO n.F. – nicht nur solche wie bisher zu außergewöhnlichen Geschäftsvorfällen – auf Anforderung der Finanzbehörde zu ergänzen sind. § 90 Abs. 4 Satz 1 AO n.F. sieht im Gegensatz zur alten Rechtslage vor, dass die Finanzbehörde jederzeit die Vorlage sämtlicher nach § 90 Abs. 3 AO n.F. zu erstellender Dokumentationen verlangen kann. Gemäß § 90 Abs. 4 Satz 2 AO n.F. sind diese Aufzeichnungen im Rahmen einer Außenprüfung nunmehr unabhängig von einer gesonderten Aufforderung vorzulegen.

Die Vorlagefrist beträgt gemäß § 90 Abs. 4 Satz 3, 4 AO n.F. seit der Reform einheitlich 30 Tage ab dem Zeitpunkt der Anforderung der Dokumentation oder der Bekanntgabe der Prüfungsanordnung. In begründeten Einzelfällen ist diese Frist – weiterhin – verlängerbar. Dem BMF wird eine Ermächtigungsgrundlage via Rechtsverordnung in § 90 Abs. 5 AO n.F. diesbezüglich eingeräumt.

Die Finanzverwaltung kann nunmehr jederzeit die Vorlage der Verrechnungspreisdokumentation verlangen, und im Fall einer Außenprüfung ist die Dokumentation ohne ein gesondertes Verlangen vorzulegen. Auch diese Neuregelungen sollen ausweislich der Gesetzesbegründung der Beschleunigung von Außenprüfungen dienen (vgl. Dißars, Stbg 2023, 307).

Im Ergebnis werden von einer Außenprüfung betroffene Steuerpflichtige nunmehr „Vorratsdokumentationen“ erstellen müssen, die aufgrund der neuen Vorlagefrist keine wie bisher – nach Absprache mit den Außenprüfern – übliche spätere Ergänzung der Dokumentation zulässt (zu den praktischen Auswirkungen aus der Perspektive der Finanzverwaltung siehe Hübner/Jesic/Leucht, Ubg 2023, 293, 294 f.; hierzu kritisch van der Ham/Mank, IStR 2022, 891, 892 ff. bezogen auf den korrespondierenden RegE; zu den AO-Änderungen aus Verrechnungspreissicht siehe Heidecke/Sussick/Marburg, ISR 2022, 420 ff.; Heggmair/Gilson/Heitfeldt, DB 2023, 279 ff.).

Im Schrifttum wird gerügt, dass die Neuregelung in § 90 Abs. 4 AO n. F. verfassungswidrig ist. Eine zeitnahe Aufzeichnungspflicht für gewöhnliche Geschäftsvorfälle entsteht nicht und darf deshalb auch nicht mittelbar unterstellt werden. Eine Beschränkung der gesetzlichen Vorlagepflicht auf die Stamm- und Sachverhaltsdokumentation würde die Prüfung beschleunigen, die Unternehmen entlasten und keinerlei Qualitätsverlust bei der „qualifizierten" Prüfungsvorbereitung hervorrufen (Melan, DStR 2024, 6 ff.).

Die Neuregelungen betreffen allerdings in der Praxis schwerpunktmäßig Groß- und Konzernbetriebe. Die Verschärfung der Mitwirkungspflichten ohne einen Anspruch auf eine kurze Prüfungsdauer ist allerdings sehr ärgerlich, was auch die Außenprüfung bei Klein- und Mittelbetrieben betrifft. Praxisrelevanz dürften die Neuregelungen auch erst ab 2026 erlangen, da zahlreiche Regelungen Steuern betreffen, die nach dem 31.12.2024 entstehen.

8.2.2 Verschärfung zur Durchführung der Mitwirkung an einer Außenprüfung (§ 200a AO n. F.)

Der neue § 200a AO enthält ein Bündel aufeinander aufbauender Regelungen, die den geprüften Steuerpflichtigen dazu bringen sollen, an einem zügigen Abschluss der Außenprüfung hinreichend mitzuwirken. Die die Außenprüfung durchführende Finanzbehörde kann den Steuerpflichtigen nach § 200a Abs. 1 Satz 1 AO künftig schriftlich oder elektronisch zu einer „qualifizierten" Mitwirkung bei der Feststellung der steuerlich bedeutsamen Sachverhalte auffordern. Hierzu gehört auch die Bereitstellung zur Prüfungsdurchführung geeigneter Räumlichkeiten (§ 200a Abs. 1 Satz 3 AO). Das qualifizierte Mitwirkungsverlangen ist grundsätzlich innerhalb einer Frist von einem Monat nach Bekanntgabe zu erfüllen. In begründeten Einzelfällen kann die Frist aber verlängert werden (§ 200a Abs. 1 Satz 4 AO).

Der Erlass eines qualifizierten Mitwirkungsverlangens steht im Ermessen der prüfenden Finanzbehörde. Hat der Steuerpflichtige von der prüfenden Finanzbehörde mit seinem Einvernehmen die festgelegten Rahmenbedingungen für die Mitwirkung nach § 200 AO erfüllt, ist ein qualifiziertes Mitwirkungsverlangen nach § 200a AO allerdings gesetzlich ausgeschlossen (§ 199 Abs. 2 Satz 3 Halbs. 2 AO). Auf Vorschlag des BT-Finanzausschusses muss zugunsten kleiner und mittlerer Unternehmen (KMU) eine „Schonfrist" beachtet werden; ein qualifiziertes Mitwirkungsverlangen darf erst nach Ablauf von sechs Monaten seit Bekanntgabe der Prüfungsanordnung ergehen (Baum, NWB 2023, 460, 466 f.).

Das qualifizierte Mitwirkungsverlangen ist ein anfechtbarer Verwaltungsakt und aufgrund der ausdrücklichen gesetzlichen Regelung mit einer Rechtsbehelfsbelehrung nach § 356 AO zu versehen. Dieser Verwaltungsakt bedarf nur dann einer vertieften Begründung, wenn die Finanzbehörde den Steuerpflichtigen nicht zuvor auf die Möglichkeit eines qualifizierten Mitwirkungsverlangens hingewiesen hatte. Ist dieser vorherige Hinweis dagegen erfolgt und der Steuerpflichtige seinen Mitwirkungspflichten dennoch nicht bzw. nicht hinreichend nachgekommen, reicht zur Begründung ein Hinweis auf das Vorliegen der gesetzlichen Voraussetzungen aus (§ 200a Abs. 1 Satz 2 AO).

Hat der geprüfte Steuerpflichtige das qualifizierte Mitwirkungsverlangen nicht rechtzeitig, überhaupt nicht oder jederzeit ebenfalls nicht hinreichend erfüllt, ist ein Mitwirkungsverzögerungsgeld festzusetzen (§ 200a Abs. 2 Satz 1 AO). Hierbei handelt es sich um ein Druckmittel zur ordnungsgemäßen Erfüllung des qualifizierten Mitwirkungsverlangens.

Das Mitwirkungsverzögerungsgeld beträgt 75 € für jeden vollen Kalendertag der Mitwirkungsverzögerung und ist höchstens auf 150 Kalendertage festzusetzen.

Die Festsetzung eines Mitwirkungsverzögerungsgelds steht – sowohl dem Grunde als auch der Höhe nach – nicht im Ermessen der prüfenden Finanzbehörde. Kann der Steuerpflichtige allerdings glaubhaft machen, dass die Mitwirkungsverzögerung entschuldbar ist, ist von der Festsetzung eines Mitwirkungsverzögerungsgelds abzusehen (§ 200a Abs. 2 Satz 6 AO). Die Festsetzung des Mitwirkungsverzögerungsgelds ist ebenfalls ein anfechtbarer Verwaltungsakt, der aber nicht mit einer Rechtsbehelfsbelehrung versehen werden muss. Darüber hinaus besteht bei qualifizierten Mitwirkungsverzögerungen (Wiederholungsfall) die Möglichkeit eines Zuschlags zum Mitverzögerungsgeld nach Maßgabe des § 200a Abs. 3 AO bis zu maximal 25.000 € für jeden Kalendertag und maximal für 150 Kalendertage.

Zur Möglichkeit eines Entlastungsbeweises beim Mitwirkungsverzögerungsgeld instruktiv Kröger, DStZ 2024, 917 ff. Im Schrifttum ist anhand von Beispielfällen praxisrelevant dargestellt worden, wie das qualifizierte Mitwirkungsverlangen im Rahmen einer Außenprüfung wirken kann. Dabei werden vier klassische Prüfungssituationen aufgezeigt, in denen der Steuerpflichtige seine Mitwirkungspflichten vollumfänglich oder überhaupt nicht nachkommt. Ferner existiert der Fall, in dem der Steuerpflichtige seinen Mitwirkungspflichten nur teilweise nachkommt bzw. das Mitwirkungsverlangen möglicherweise unverhältnismäßig ist (hierzu eingehend Hübner/Jesic/Leucht/, Ubg 2023, 293, 296 ff.; Krumm, Ubg 2023, 284, 286 ff.; Fischer/Goering, IStR 2023, 314, 315 ff.; zu Auslegungsfragen im Rahmen des qualifizierten Mitwirkungsverlangens in der Außenprüfung gem. § 200a AO siehe Zieglmeier, FR 2024, 898 ff.; zu den Sanktionsmöglichkeiten bei Mitwirkungspflichtverletzungen im Rahmen von Betriebsprüfungen aus der Perspektive der Finanzverwaltung siehe Peters, NWB 2024, 2555 ff.).

Zu beachten ist das vom Gesetzgeber bisher überhaupt nicht geregelte Konkurrenzverhältnis zwischen den bisher schon bestehenden Sanktionspflichten. Bei der Nichterfüllung einer Mitwirkungspflicht nach § 90 Abs. 2 AO können Verzögerungsgelder nach Maßgabe des § 146 AO oder Zwangsmittel nach § 328 AO festgesetzt werden. Bei der Nichterfüllung von Aufzeichnungspflichten nach § 90 Abs. 3 AO wird hingegen auf § 162 Abs. 4 AO verwiesen. Demnach wäre im Fall einer Nicht- oder verspäteten Einreichung einer Verrechnungspreisdokumentation § 162 Abs. 4 AO vorrangig gegenüber § 146 Abs. 2c AO anzuwenden. Nichts anderes dürfte zumindest für das Verhältnis zwischen § 162 Abs. 4 AO und § 200a Abs. 2 und 3 AO gelten. Dem könnte allenfalls der Beschleunigungsgedanke des DAC-7-Umsetzungsgesetzes entgegenstehen, weil die Zuschläge nach § 162 Abs. 4 AO regelmäßig erst nach Abschluss der Außenprüfung festzusetzen sind; vgl. § 162 Abs. 4 Satz 3 AO n. F. (so Hübner/Jesic/Leucht, Ubg 2023, 293, 298 f.). Diese Frage wird noch die Finanzverwaltung und letztendlich die Finanzgerichtsbarkeit beschäftigen.

8.3 Bezeichnung von Prüfungsschwerpunkten

§ 197 Abs. 3 AO n. F. bestimmt nunmehr, dass die Finanzbehörde im Rahmen ihres Ermessens bereits mit der Bekanntgabe der Prüfungsanordnung die Vorlage von aufzeichnungs- oder aufbewahrungspflichtigen (ggf. maschinell auswertbaren) Unterlagen innerhalb einer angemessenen Frist verlangen kann.

§ 197 Abs. 4 Satz 1 AO n. F. sieht vor, dass dem Steuerpflichtigen beabsichtigte Prüfungsschwerpunkte mitgeteilt werden sollen, sofern von diesem Unterlagen gem. Abs. 3 vorgelegt worden sind. Gleichwohl geht hiermit gem. § 197 Abs. 4 Satz 2 AO n. F. keine Einschränkung des sachlichen Umfangs der Außenprüfung gem. § 194 AO einher, sodass auch andere Sachverhalte weiterhin geprüft werden können.

Diese Neuregelungen stellen insbesondere für die Prüfungspraxis kaum substanzielle Änderungen dar. Bisher wurde auch – bei einem vernünftigen Prüfungsklima – Einvernehmen über den zeitlichen Ablauf, Prüfungsschwerpunkte etc. zwischen dem Steuerpflichtigen/Berater einerseits und dem Betriebsprüfer andererseits erzielt.

Die prüfende Behörde kann mit dem Steuerpflichtigen vereinbaren, in regelmäßigen Abständen Gespräche über die im Rahmen der Außenprüfung festgestellten Sachverhalte und deren mögliche steuerliche Auswirkung zu führen (§ 199 Abs. 2 Satz 2 AO). Sie kann mit seinem Einvernehmen sogar Rahmenbedingungen für dessen Mitwirkung nach § 200 AO festlegen (§ 199 Abs. 2 Satz 3 Halbs. 1 AO). Erfüllt der Steuerpflichtige diese einvernehmlich festgelegten Rahmenbedingungen, ist ein qualifiziertes Mitwirkungsverlangen nach § 200a AO ausgeschlossen (§ 190 Abs. 2 Satz 3 Halbs. 2 AO).

8.4 Teilabschlussbescheid, Teilprüfungsbericht und verbindliche Zusage

Damit die geprüften Steuerpflichtigen frühzeitig Rechtssicherheit über die steuerliche Behandlung abgrenzbarer und bereits abschließend geprüfter Sachverhalte erlangen können, wurde

- in § 180 Abs. 1a AO der sog. Teilabschlussbescheid,
- in § 202 Abs. 3 AO der zuvor erlassene Teilprüfungsbericht und
- in § 204 Abs. 2 AO eine verbindliche Zusage nach Erlass eines Teilabschlussbescheids

eingeführt. Diese Instrumente sollen auf besonders gelagerte Fälle beschränkt bleiben, weil anderenfalls die Prüfungsdienste der Finanzverwaltung lahmgelegt werden können (hierzu eingehend Baum, NWB 2023, 460, 469).

8.5 Ausdehnung der Nachmeldepflichten nach § 153 Abs. 4 AO n. F.

Die (strafbewehrte) Anzeige- und Berichtigungspflicht nach § 153 AO besteht nunmehr neuerdings auch dann, wenn Prüfungsfeststellungen einer Außenprüfung unanfechtbar in einem Steuerbescheid, im Feststellungsbescheid nach § 180 Abs. 1 Satz 1 Nr. 2 AO oder einem Teilabschlussbescheid nach § 180 Abs. 1a AO umgesetzt worden sind und die den Prüfungsfeststellungen zugrunde liegenden Sachverhalte auch in einer anderen vom oder für den Steuerpflichtigen abgebenden Erklärung, die nicht Gegenstand der Außenprüfung war, zu einer Änderung der Besteuerungsgrundlage führt (§ 153 Abs. 4 AO n. F.); (zu den praktischen Auswirkungen kritisch Prommer/Puffer, StBp 2024, 169 ff.; Ziegelmeier, DStR 2024, 1625 ff., Beyer, NWB 2024, 1630 ff.; zur straf- und ordnungswidrigkeitenrechtlichen Bedeutung der erweiterten Anzeige- und Berichtigungspflicht gem. § 153 Abs. 4 AO siehe Beckschäfer/Neuhaus, NZWiSt 2023, 328 ff.).

III. Umsatzsteuer-Sonderprüfung

Schrifttum:

Hannig	Umsatzsteuer-Sonderprüfung und Lohnsteuer-Außenprüfung, Steuer & Studium 2014, 658

Verwaltungsanweisungen:

1. OFD Düsseldorf, Verfügung vom 05.04.1977, S 7500 A – St 51, UR 1977, 202 betr. Durchführung abgekürzter Außenprüfungen im Rahmen von Umsatzsteuer-Sonderprüfungen gem. § 203 Abs. 1 AO 1977
2. BMF, Schreiben vom 07.11.2002, IV B 2 – S 7420 a – 4/02, BStBl I 2002, 1366 betr. Durchführung von Umsatzsteuer-Sonderprüfungen
3. OFD Niedersachsen, Verfügung vom 12.05.2016, S 0351 – 62 – St 42, DB 2016, 1408 betr. Auswirkungen von Sonderprüfungen auf die Steuerfestsetzung

1. Umsatzsteuer-Sonderprüfung als Erst- und Bedarfsprüfung

Die USt-Sonderprüfung findet im Gesetz keine ausdrückliche Erwähnung. Rechtsgrundlage sind die Bestimmungen der AO. Sie ist eine Sonderprüfung, die sich auf alle Besteuerungsgrundlagen der USt bezieht, jedoch auf einzelne Teilbereiche, einzelne Voranmeldungszeiträume oder bestimmte Sachverhalte beschränkt werden kann (§ 193 Abs. 1 i.V.m. Abs. 2 Nr. 2, § 194 Abs. 1 Satz 2 AO). Im Gegensatz zur Prüfung der Besteuerungsgrundlagen der USt als Bestandteil der allgemeinen Ap, die gewöhnlich den für die übrige Ap bestimmten Prüfungszeitraum umfasst, werden die steuerlichen Verhältnisse bei USt-Sonderprüfungen **kurzfristiger** geprüft. Durch diese USt-Sonderprüfung soll zum einen verhindert werden, dass erst längere Zeit nach Abwicklung der umsatzsteuerlichen Vorgänge durch das FA wesentliche Beanstandungen des angewandten Verfahrens und der angewandten USt-Berechnungen zu steuerlichen Belastungen führen, die das Unternehmen ggf. im Zeitpunkt der Feststellungen nicht mehr verkraften könnte. Darüber hinaus dient sie der zeitnahen Prüfung von Unternehmern, die entweder bestimmte Steuervergünstigungen in Anspruch nehmen (sog. „Erstprüfungen“) oder bei denen Zweifel über die Berechtigung zur Inanspruchnahme von Begünstigungen bestehen (sog. „Bedarfsprüfungen“). Nicht zuletzt soll die Finanzverwaltung vor überhöhten Vorsteuererstattungen bewahrt werden (hierzu eingehend Hannig, Steuer & Studium 2014, 658 ff.).

Nach den statistischen Aufzeichnungen der obersten Finanzbehörden der Länder haben die im Jahr 2022 durchgeführten Umsatzsteuer-Sonderprüfungen bei der Umsatzsteuer zu einem Mehrergebnis von rund 1,53 Mrd. € geführt. Die Ergebnisse aus der Teilnahme von Umsatzsteuer-Sonderprüfern an allgemeinen Betriebsprüfungen oder an den Prüfungen der Steuerfahndung sind in diesem Mehrergebnis nicht enthalten.

Umsatzsteuer-Sonderprüfungen werden unabhängig vom Turnus der allgemeinen Betriebsprüfung und ohne Unterscheidung der Größe der Betriebe vorgenommen. Im Jahr 2022 wurden 64.250 Umsatzsteuer-Sonderprüfungen durchgeführt. Im Jahresdurchschnitt waren 1.673 Umsatzsteuer-Sonderprüfer eingesetzt.

Jeder Prüfer führte im Durchschnitt 38 Sonderprüfungen durch. Dies bedeutet für jeden eingesetzten Prüfer ein durchschnittliches Mehrergebnis von rund 0,91 Mio. € (BMF online, Meldung vom 10.07.2023).

2. Prüfungsfelder

USt-Sonderprüfungen sind zumeist **Bedarfsprüfungen**, die in folgenden Fällen erfolgen:

- bei Neugründungen mit Vorsteuerüberschüssen oder unverhältnismäßig hohen Vorsteuern,
- in sonstigen Fällen von Vorsteuerüberhängen oder von mit Zweifeln behafteten hohen Vorsteuern,
- bei erstmaliger Inanspruchnahme von USt-Vergünstigungen, wenn nach Aktenlage Anlass zu Zweifeln über die Berechtigung besteht,
- bei der Vermutung, dass Umsätze zur Erreichung einer „Selbststundung“ nicht rechtzeitig besteuert werden (Rechnungserteilung längere Zeit nach bewirkter Leistung; Bauwirtschaft; Mindest-Ist-Besteuerung nach § 13 Abs. 1 Nr. 1a UStG),
- bei erheblichen Beanstandungen bei der letzten Prüfung,
- bei Sachverhalten von Vorsteuerberichtigungen nach § 15a UStG,
- bei Insolvenzausfällen,
- bei vermuteten Vorsteuerausschlüssen bzw. -aufteilungen bei Anschaffung, Herstellung oder Vermietung bebauter Grundstücke (Wohn-, Geschäftshäuser, Sportzentren, Privatschulen, Freizeitparks, private Alten[pflege]heime),
- bei Steuerfreiheit von Ausfuhrlieferungen,

- in Fällen zweifelhafter Unternehmereigenschaften (Fehlen von Betrieben, Ladenlokalen bei Verdacht von Scheinfirmen),
- bei Betriebsveräußerungen, -übernahmen,
- bei hohen Vorsteuerabzügen für Investitionen bei erkennbar nicht gesicherter Finanzierung und fraglicher Zahlungsfähigkeit,
- Aufdeckung von betrügerischen USt-Karussellen.

Erfolgt ausschließlich eine Überprüfung der USt-Voranmeldungen, so

- ist der Vorbehalt der Nachprüfung, unter dem solche Voranmeldungen stehen (vgl. § 168 Satz 1 AO), entgegen § 164 Abs. 3 AO nach der Prüfung nicht aufzuheben und
- gilt nach der Prüfung nicht die Änderungssperre des § 173 Abs. 2 AO (BMF, Schreiben vom 07.11.2002, IV B 2 – S 7420 a – 4/02, BStBl I 2002, 1366; OFD Niedersachsen, Verfügung vom 12.05.2016, S 0351 – 62 – St 42, DB 2016, 1408).

Die Prüfer sind angewiesen, die Sonderprüfung nicht nur auf die formelle Prüfung der Buchführung sowie buch- und belegmäßige Erfordernisse zu beschränken. Vielmehr sollen die Beamten auch prüfen, ob die Geschäfte und Umsätze in der Realität den Darstellungen in der Buchhaltung entsprechen. Gerade für Investitionsvorhaben sind die Sonderprüfer aufgefordert, erworbene Wirtschaftsgüter einer Inaugenscheinnahme zu unterziehen (BMF, Schreiben vom 07.11.2002, IV B 2 – S 7420 a – 4/02, BStBl I 2002, 1366, Tz. III Abs. 5). Auch hier bleibt abzuwarten, inwieweit der Fiskus diese Ansprüche umsetzen kann. Die dünne Personaldecke der Sonderprüfer und die zunehmenden Belastungen i.R. der Durchführung der USt-Nachschau lassen Zweifel aufkommen, ob die USt-Sonderprüfung alle prüfungswürdigen Sachverhalte tatsächlich aufgreifen kann.

3. Einzelfragen

Die Rechtsprechung hat entschieden, dass nach Abschluss einer Ap eine USt-Sonderprüfung für von der Ap nicht umfasste Prüfungszeiträume angeordnet und durchgeführt werden darf (BFH, Beschluss vom 29.03.1993, V B 184/92, BFH/NV 1994, 528). Eine USt-Sonderprüfung, durch die auf der Grundlage eingereichter USt-Voranmeldungen „insbesondere der Vorsteuerabzug" geprüft wird, bewirkt jedoch **keine Änderungssperre** (§ 173 Abs. 2 AO; BFH, Urteil vom 11.11.1987, X R 54/82, BStBl II 1988, 307). Ist eine USt-Sonderprüfung auf die Prüfung der Voraussetzungen für den Abzug der Vorsteuern beschränkt, liegt nach der Rechtsprechung keine abschließende Prüfung vor; das FA dürfe den nach dieser Prüfung ergehenden USt-Bescheid unter dem Vorbehalt der Nachprüfung erlassen (§ 164 AO; BFH, Beschluss vom 12.02.1990, V R 183/84, BFH/NV 1990, 547).

Soweit USt-Sonderprüfungen bei Klein- und Kleinstbetrieben, in Ausnahmefällen bei Mittelbetrieben, durchgeführt werden sollen, sind die Prüfer angewiesen, darauf zu achten, dass die USt-Sonderprüfung nur dann als **abgekürzte Ap** in der Prüfungsanordnung gekennzeichnet werden darf, wenn die wesentlichen umsatzsteuerlichen Verhältnisse für den **gesamten** VZ geprüft werden sollen. Soweit nur einzelne umsatzsteuerliche Sachverhalte geprüft werden sollen, würde die Kennzeichnung als „abgekürzte Ap" in der Prüfungsanordnung dazu führen, dass eine nochmalige Überprüfung durch eine sich anschließende Bp im Hinblick auf die USt in vollem Umfang ausgeschlossen wäre (OFD Düsseldorf, Urteil vom 05.04.1977, S 7500 A – St 51, UR 1977, 202). USt-Sonderprüfungen sind zwar Außenprüfungen i. S. d. § 173 Abs. 2 AO, eine Änderungssperre lösen sie aber nur aus, wenn die daraufhin ergangenen Bescheide endgültigen Charakter haben (BFH, Urteil vom 07.12.2006, V R 52/03, BStBl II 2007, 420 = DStRE 2007, 485 mit Anm. Küffner/Maunz). Deshalb ist bei der Ankündigung einer Ap nach durchgeführter USt-Sonderprüfung die Prüfungsanordnung der vorangegangenen Sonderprüfung genau zu überprüfen, möglicherweise kann so eine erneute Änderung des USt-Bescheids verhindert werden.

Ferner gibt es ein Judikat zur Herausgabe aus Sicht des steuerlichen Beraters für Zwecke einer USt-Sonderprüfung: Ein Rechtsanwalt und vereidigter Buchprüfer ist verpflichtet, die ihm von seinem ehemaligen Mandanten anvertrauten bedeutsamen schriftlichen Unterlagen nach § 97 Abs. 1 Satz 1 AO i. V. m. § 104 Abs. 2 AO an das FA zur Durchführung einer USt-Sonderprüfung herauszugeben. Das gilt auch dann, wenn er die Unterlagen zur Durchsetzung offener Honorarforderungen zurückbehalten hat. Das Herausgabeverlangen seitens des FA ist nicht unverhältnismäßig, wenn dem Rechtsanwalt alternativ die Möglichkeit eingeräumt wird, dem FA die benötigten Daten durch Überlassung eines entsprechenden mit den Daten ausgestatteten Datenträgers auf Grundlage des § 147 Abs. 6 Satz 2 AO zur Verfügung zu stellen (FG Berlin-Brandenburg, Urteil vom 13.04.2007, 6 K 2012/06 B, DStRE 2008, 966, rkr.).

Nach den statistischen Aufzeichnungen der obersten Finanzbehörden der Länder haben die im Jahr 2014 durchgeführten Umsatzsteuer-Sonderprüfungen bei der Umsatzsteuer zu einem Mehrergebnis von rund 2,2 Mrd. € geführt. Die Ergebnisse aus der Teilnahme von Umsatzsteuer-Sonderprüfern an allgemeinen Betriebsprüfungen oder an den Prüfungen der Steuerfahndung sind in diesem Mehrergebnis nicht enthalten.

Umsatzsteuer-Sonderprüfungen werden unabhängig vom Turnus der allgemeinen Betriebsprüfung und ohne Unterscheidung der Größe der Betriebe vorgenommen. Im Jahr 2014 wurden 80.202 Umsatzsteuer-Sonderprüfungen durchgeführt. Im Jahresdurchschnitt waren 1.921 Umsatzsteuer-Sonderprüfer eingesetzt. Jeder Prüfer führte im Durchschnitt 46 Sonderprüfungen durch. Dies bedeutet für jeden eingesetzten Prüfer ein durchschnittliches Mehrergebnis von gut 1,16 Mio. € (BMF, Pressemitteilung vom 08.04.2015, UR 2015, 345; hierzu Hannig, Steuer & Studium 2014, 658).

IV. Umsatzsteuer-Nachschau

Schrifttum:

Burchert	Prüfungsmöglichkeiten der Finanzverwaltung im Rahmen der Umsatzsteuer-Nachschau, INF 2002, 293
Haep	Umsatzsteuer-Nachschau und Unverletzlichkeit der Wohnung, UR 2008, 445
Joecks/Jäger/Randt	Steuerstrafrecht, 9. Aufl. 2023
Kemper	Umsatzsteuer-Nachschau, UR 2016, 377
Kohlmann	Steuerstraf- und Ordnungswidrigkeitenrecht (Stand: Juni 2024)
Kühn/Winter	Bekämpfung der Umsatzsteuerverkürzung, UR 2001, 478
Sterzinger	Fotografieren im Rahmen einer Außenprüfung bzw. USt-Nachschau, DStR 2012, 887
Weimann	Modellversuch „crossborder ruling": Auskünfte zu grenzüberschreitenden EU-Umsätzen – Fotografieren im Rahmen einer Umsatzsteuer-Nachschau, StB 2015, 164
Wenzel	Verfassungsrechtliche Prüfung der Umsatzsteuer-Nachschau nach § 27b UStG, Stbg 2011, 554

Verwaltungsanweisung:

1. OFD Magdeburg, Verfügung vom 20.02.2012, S 7420 b – 7 – St 24, UR 2012, 655 betr. Fotografieren im Rahmen einer Umsatzsteuer-Nachschau

1. Nachschau als Maßnahme der Steueraufsicht

Die sog. USt-Nachschau wurde durch das Steuerverkürzungsbekämpfungsgesetz (BGBl I 2001, 3922) zum 01.01.2002 eingeführt (§ 27b UStG). Hintergrund des Gesetzes war die Erkenntnis der Steuerbehörden, dass sich die USt in den letzten Jahren in weiten Teilen des Wirtschaftslebens zu einem Totalausfall entwickelt hatte. Beispielhaft zu nennen sind hier die massenhafte Verwendung von sog. Schein- oder Abdeckrechnungen auf dem Bausektor oder die sog. Umsatzsteuer-Karusselle, bei denen Waren lediglich auf dem Papier zum Zweck des Erschleichens von Vorsteuern bewegt werden. Bei der USt-Nachschau handelt es sich um eine Maßnahme der Steueraufsicht (hierzu Kemper, UR 2016, 377 ff.). Der Gesetzgeber orientierte sich stark an der gesetzlichen Vorschrift, welche die Nachschau (Steueraufsicht) der Zollbehörden beinhaltet (§ 210 AO). Damit rückt die USt-Nachschau in die Nähe der Steuerfahndung, denn auch die Befugnis der Steuerfahndung zur Durchführung von Vorfeldermittlungen gehört zum Bereich der Steueraufsicht (§ 208 Abs. 1 Nr. 3 AO).

Gemeinschaftsrechtlich bestehen keine Bedenken gegen § 27b UStG. Nach dem EU-Recht dürfen die Mitgliedstaaten Maßnahmen ergreifen, um die Erhebung der USt zu sichern und Steuerhinterziehungen zu vermeiden (Art. 22 Abs. 8 der 6. EU-Richtlinie; zu Auskünften im Rahmen grenzüberschreitender EU-Umsätze, Weimann, StB 2015, 164 ff.).

2. Befugnisse des Finanzamts

§ 27b UStG gibt der Finanzverwaltung auf dem Gebiet des USt-Rechts ein besonderes Mittel zur Anwendung und Durchsetzung der Steuergesetze an die Hand, zu der sie nach § 85 AO schon allgemein verpflichtet ist. Daraus ist allerdings nicht abzuleiten, dass die Durchführung einer USt-Nachschau in das Belieben des zuständigen FA gestellt sei. Vielmehr darf von § 27b UStG im Rahmen des pflichtgemäßen Ermessens (§ 5 AO) nur Gebrauch gemacht werden, falls dies zur Durchführung der Gleichmäßigkeit der Besteuerung erforderlich und geeignet und die Maßnahme verhältnismäßig ist. Eine Ermittlung **„ins Blaue hinein“** ist nicht zulässig, es muss vielmehr ein konkreter Aufklärungsbedarf gegeben sein. Hierfür genügt es allerdings, dass nach den allgemeinen Erfahrungen der Finanzbehörden Anhaltspunkte dafür vorliegen, dass ein steuerlich relevanter Sachverhalt gegeben sein könnte; ein konkreter Anlass ist nicht erforderlich, insbesondere muss kein Verdacht auf eine Steuerstraftat bestehen (Leipold, in Sölch/Ringleb, UStG, § 27b Rdnr. 9 m. w. N.). Nur der Verdacht, der Stpfl. könne bei rechtzeitiger Ankündigung einer Prüfung manipulieren, begründet also kein Betretungs- und Besichtigungsrecht des § 27b UStG.

2.1 Einsichtnahme in Unterlagen

Bei einer USt-Nachschau sind auf Verlangen Aufzeichnungen, Bücher, Geschäftspapiere und andere Urkunden über die der USt-Nachschau unterliegenden Sachverhalte vorzulegen und Auskünfte zu erteilen (§ 27b Abs. 2 UStG). **Die Vorlagepflicht erstreckt sich nur auf solche Unterlagen, die umsatzsteuerrechtlich relevant sind.** Der mit der USt-Nachschau beauftragte Prüfer wird dem Unternehmer ein Merkblatt über die Durchführung der USt-Nachschau aushändigen und ihm Anlass und Umfang der Maßnahme mündlich bekannt geben. Zu den begrenzten Möglichkeiten des Fotografierens im Rahmen einer USt-Nachschau hat die Finanzverwaltung per Erlass eingehend Stellung genommen (OFD Magdeburg, Verfügung vom 20.02.2012, S 7420b – 7 – St 24, UR 2012, 655; hierzu Sterzinger, DStR 2012, 887 ff.; hierzu Weimann, StB 2015, 164, 166 f.).

Die Regelungen zur USt-Nachschau wurden mit Wirkung vom 01.07.2011 – insbesondere im Blick auf elektronische Rechnungen – um beschränkte Möglichkeiten des Zugriffs auf Datenverarbeitungssysteme erweitert (§ 27b Abs. 2 Sätze 2 und 3 UStG).

2.2 Betretungsrecht für Geschäftsräume

Die mit der Prüfung betrauten Amtsträger der Finanzverwaltung können **ohne vorherige Ankündigung** Grundstücke und Räume von Personen, die eine gewerbliche oder berufliche Tätigkeit selbstständig ausüben, während der Geschäfts- und Arbeitszeiten betreten. Die Benennung der **üblichen** Geschäfts- oder Arbeitszeiten verdeutlicht, dass die USt-Nachschau nicht an die üblichen Geschäfts- und Arbeitszeiten gebunden ist. Deshalb ist eine Nachschau auch außerhalb der branchenüblichen Geschäfts- oder Arbeitszeiten zulässig, wenn in einem Betrieb schon oder noch gearbeitet wird (§ 200 Abs. 3 AO; Burchert, INF 2002, 293, 295; zum Betreten gemischt genutzter Gebäude ausführlich Kemper, UR 2016, 377, 381 f.).

Fraglich ist, ob ein Betreten der Geschäftsräume durch **unmittelbaren Zwang** erreicht werden kann (oder in der Praxis erzwungen wird), etwa in der Weise, dass sich ein Prüfer die Polizei zur Unterstützung herbeiholt (§ 331 AO). Dabei ist § 393 Abs. 1 Satz 2 AO zu beachten, wonach Zwangsmittel gegen den Stpfl. unzulässig sind, wenn er dadurch gezwungen würde, sich selbst wegen einer von ihm begangenen Steuerstraftat oder Steuerordnungswidrigkeit zu belasten. Unzweifelhaft ist, dass **Durchsu-**

chungen grundsätzlich nur aufgrund eines Durchsuchungsbeschlusses durchgeführt werden dürfen. Zwar stellt die USt-Nachschau keine Durchsuchung dar, sodass das bloße Betreten durchaus erzwungen werden könnte. Das Betreten allein hilft dem Prüfer aber nichts, wenn ihm anschließend nicht auch die ihn interessierenden Unterlagen vorgelegt werden. Die Vorlage der Unterlagen kann dann aber auch nicht mittels der Polizei (mittels unmittelbaren Zwangs) erzwungen werden, anderenfalls handelt es sich nämlich um eine Durchsuchung, die einen richterlichen Beschluss voraussetzt.

Relevant wird die Nähe der USt-Nachschau zum Steuerstrafverfahren jedoch in den Fällen, in denen der Geprüfte „die Tür zulässt", also den Prüfer nicht hereinlassen will, oder sonst in irgendeiner Form die Mitwirkung verweigert. Zu beachten ist nämlich, dass ein Prüfer Durchsuchungen wegen Gefahr im Verzug anordnen kann (§ 105 StPO; § 399 Abs. 2 AO). Es ist durchaus naheliegend, dass ein Prüfer aufgrund einer Verweigerungshaltung des Unternehmers einen **Anfangsverdacht der Steuerhinterziehung** annimmt. Bei der Frage, ob ein Anfangsverdacht anzunehmen ist, verfügt der zuständige Beamte über einen Beurteilungsspielraum (BGH, Urteil vom 21.04.1988, III ZR 255/86, NJW 1989, 96, 97). Kommt Gefahr im Verzug hinzu, so darf ein finanzamtlicher Prüfer auch ohne richterlichen Durchsuchungsbeschluss eine Durchsuchung anordnen und durchführen. Gesteigerte Praxisrelevanz könnte deshalb das Urteil des BVerfG erlangen, in dem die Grundsätze für die Annahme von Gefahr im Verzug **einschränkend** festgelegt wurden: Der Begriff „Gefahr im Verzug" ist eng auszulegen; die richterliche Anordnung einer Durchsuchung ist die Regel, die nichtrichterliche die Ausnahme. Gefahr im Verzug muss mit Tatsachen begründet werden, die auf den Einzelfall bezogen sind. Reine Spekulationen, hypothetische Erwägungen oder lediglich auf kriminalistische Alltagserfahrung gestützte, fallunabhängige Vermutungen reichen nicht aus. Auslegung und Anwendung des Begriffs „Gefahr im Verzug" unterliegen einer unbeschränkten gerichtlichen Kontrolle. Eine wirksame gerichtliche Nachprüfung der Annahme von Gefahr im Verzug setzt voraus, dass sowohl das Ergebnis als auch die Grundlage der Entscheidung in unmittelbarem zeitlichen Zusammenhang mit der Durchsuchungsmaßnahme in den Ermittlungsakten dargelegt werden (BVerfG, Urteil vom 20.02.2001, 2 BvR 1444/00, wistra 2001, 137). Aufgrund der genannten restriktiven Kriterien für die Annahme von Gefahr im Verzug muss im Einzelfall kritisch geprüft werden, ob im konkreten Fall die Tatbestandskriterien erfüllt sind. Vorsorglich sollten Rechtsbehelfe beim zuständigen Amtsgericht eingelegt werden.

2.3 Betretungsrecht für Wohnräume

Wohnräume dürfen gegen den Willen des Inhabers nur zur Verhütung dringender Gefahren für die öffentliche Sicherheit und Ordnung betreten werden (§ 27b Abs. 1 Satz 2 UStG; zur Unverletzlichkeit der Wohnung bei der USt-Nachschau instruktiv Haep, UR 2008, 445 ff.). Die amtliche Begründung für die Einbeziehung von Wohnräumen lautet (BT-Drucks. 14/6883 vom 10.09.2001, 9):

„Die Erfahrungen zeigen, dem Umsatzsteuerbetrug kann mit den bestehenden Regelungen der Ap (Umsatzsteuer-Sonderprüfung, Bp) nicht ausreichend begegnet werden. Die Ap muss angekündigt werden. Die Ankündigung gibt steuerunehrlichen Unternehmen die Zeit, Vorkehrungen zu treffen, um gegenüber den Steuerbehörden einen normalen Geschäftsbetrieb vorzutäuschen oder den Geschäftsbetrieb einzustellen. Die Steuerbehörden sind daher nach geltendem Recht nicht in dem notwendigen Maße in der Lage, sich ein zuverlässiges Bild über ein Unternehmen zu machen. Eine wirksame Bekämpfung des Umsatzsteuerbetruges macht die Kenntnis der tatsächlichen Verhältnisse eines Unternehmens erforderlich. Das FA muss in die Lage versetzt werden, sich insbesondere einen Eindruck über die räumlichen Verhältnisse, das tatsächlich eingesetzte Personal und den üblichen Geschäftsbetrieb zu verschaffen. Nur auf dem Wege ist es möglich, ordentliche Unternehmen von solchen zu unterscheiden, die in erster Linie dazu eingesetzt werden, den Fiskus zu schädigen."

Eine dringende Gefahr ist eine solche, bei der sich aufdrängt, dass sie nicht hingenommen werden kann, ohne dass sonst wesentliche Rechtsgüter verletzt würden. Zwar gehört das Steuerrecht zur öffentlichen Ordnung, jedoch wird man nicht bei jeder Verletzung steuerrechtlicher Vorschriften eine dringende Gefahr, d.h. eine Gefahr von einer gewissen Bedeutung und Schwere, annehmen können (hierzu Wenzel, Stbg 2011, 554, 556). Auch hier wird die Nähe der USt-Nachschau zum Steuerstrafverfahren besonders deutlich: Wenn im Einzelfall eine dringende Gefahr für das USt-Aufkommen angenommen wird, so dürfte i.d.R. der Anfangsverdacht der Steuerhinterziehung vorliegen. Besteht jedoch der Anfangsverdacht der Hinterziehung, so darf keine USt-Nachschau – die auf der Mitwirkung des Stpfl. beruht – durchgeführt werden, vielmehr muss ein Strafverfahren eingeleitet und ggf. die Steuerfahndung beauftragt werden. Geschieht dies nicht, d.h., erfolgt eine USt-Nachschau trotz eigentlich eindeutig vorliegendem Anfangsverdacht, so muss diese USt-Nachschau als **Täuschungsmaßnahme** über die Mitwirkungspflicht angesehen werden, die nicht nur zu einem strafrechtlichen, sondern ggf. auch zu einem steuerlichen **Verwertungsverbot** führt. Dies gilt es unbedingt bei der Einlegung von Rechtsbehelfen gegen geänderte Steuerbescheide oder sonstige Verwaltungsakte zu beachten.

2.4 Übergang zur Außenprüfung

Aus der USt-Nachschau kann ohne vorherige Prüfungsanordnung zu einer Ap übergegangen werden (§ 27b Abs. 3 UStG; §§ 193 ff., 210 Abs. 4 AO). Der Übergang zur Ap ist unter Angabe von Datum und Uhrzeit aktenkundig zu machen (§ 198 Satz 2 AO). Dies ist u. a. deshalb erforderlich, um festzuhalten, ab welchem Zeitpunkt die Ablaufhemmung eingreift, weil die bloße Durchführung einer USt-Nachschau als solche keine Ablaufhemmung herbeiführen kann (§ 171 Abs. 4 AO). Im Gegensatz zu einer Ap bewirkt nämlich die USt-Nachschau keine Ablaufhemmung der Festsetzungsverjährung und auch keine Änderungssperre (§§ 171 Abs. 4, 173 Abs. 2 AO a. A. FG München, Urteil vom 31.08.2022 3 K 2738/19, DStRE 2021, 1014 rkr.; eine Umsatzsteuer-Sonderprüfung als Außenprüfung i. S. d. § 173 Abs. 2 AO gilt; zu den spezifischen Problemen des Übergangs von einer Umsatzsteuer-Nachschau zu einer Umsatzsteuer-Sonderprüfung instruktiv FG Hamburg, Urteil vom 09.01.2018, 1 K 168/17, MwStR 2018, 770, 771 f., rkr., mit Anm. Neuling; ferner FG Hamburg, Urteil vom 11.04.2018, 6 K 44/17, DStRE 2019, 307 = BeckRs 2018, 10755).

2.5 Verwertung von Erkenntnissen in Kontrollmitteilungen

Werden anlässlich der USt-Nachschau Verhältnisse festgestellt, die für die Festsetzung und Erhebung **anderer Steuern** als der USt erheblich sein können, so ist insoweit die Anfertigung von Kontrollmaterial zulässig (§ 27b Abs. 4 UStG). Diese Befugnis zum Schreiben von Kontrollmitteilungen i. V. m. dem unangekündigten Erscheinen des Prüfers und der Mitwirkungspflicht des Stpfl. erweitert die Transparenz des Steuerbürgers erheblich.

3. Faktischer Ausschluss vorläufigen Rechtsschutzes

Die Durchführung einer USt-Nachschau beinhaltet die Aufforderung an den Stpfl., das Betreten seiner Räumlichkeiten und die Durchsicht der umsatzsteuerlich relevanten Unterlagen zu dulden. Die Aufforderung zur Duldung solcher Maßnahmen ist als Verwaltungsakt anzusehen (§ 118 AO). Die Anordnung einer USt-Nachschau ist deshalb **mittels Einspruchs angreifbar**. Da der Prüfer jedoch plötzlich erscheint und die Prüfung nur kurze Zeit andauert, **ist vorläufiger Rechtsschutz faktisch ausgeschlossen** (zu den praktisch reduzierten Rechtsschutzmöglichkeiten siehe Wenzel,

Stbg 2011, 554, 560). Möglich ist allerdings, nach Abschluss der Maßnahme eine **Fortsetzungsfeststellungsklage** wegen Rechtswidrigkeit zu erheben. Obwohl die USt-Nachschau keine Ap ist, dürfte die Rechtsprechung des BFH anwendbar sein, wonach ein Verwertungsverbot für rechtswidrige Feststellungen nur besteht, wenn zuvor erfolgreich gegen die Prüfungsmaßnahme vorgegangen wurde (BFH, Urteil vom 27.07.1983, I R 210/79, BStBl II 1984, 285).

Die Rechtsprechung verlangt für die Einstufung als Verwaltungsakt die „Erzwingbarkeit" der Maßnahme (BFH, Urteil vom 10.11.1998, VIII R 3/98, BStBl II 1999, 199). Da anzunehmen ist, dass die Finanzverwaltung von der Erzwingbarkeit des Vorlageverlangens ausgehen wird, sollte in jedem Fall mittels Einspruchs und Aussetzung der Vollziehung Rechtsbehelf eingelegt werden.

4. Selbstanzeige im Rahmen der Nachschau

Umstritten ist, ob bereits durch die Bekanntgabe der Prüfungsanordnung der USt-Nachschau bzw. durch ein Erscheinen des Finanzbeamten zur USt-Nachschau eine Selbstanzeige gesperrt ist (§ 371 Abs. 2 Nr. 1a AO).

Es gab bereits – vor Inkrafttreten des Schwarzgeldbekämpfungsgesetzes – Stimmen, die den Standpunkt vertraten, dass eine Nachschau nicht die Voraussetzungen eines Erscheinens zur steuerlichen Prüfung erfülle (Joecks/Jäger/Randt, Steuerstrafrecht, 8. Aufl., 2015, § 371 Rdnr. 224).

Demgegenüber dürfte es nach h.M. als steuerliche Prüfung anzusehen sein, wenn ein Amtsträger zu einer Nachschau erscheint (BayObLG, Beschluss vom 17.09.1986, RReg 4 St 155/86, wistra 1987, 77; Beckemper, in Hübschmann/Hepp/Spitaler, AO, § 371 Rdnr. 148). Steuerliche Prüfung ist jede rechtmäßige Maßnahme der Finanzbehörde, die der Ermittlung und Erfassung der steuerlichen Verhältnisse eines Stpfl. dient und das Ziel gehöriger, d.h. richtiger und vollständiger, Steuerfestsetzung verfolgt. Sicherlich handelt es sich bei einer Ap um den wichtigsten Fall einer steuerlichen Prüfung, doch ist der Begriff der steuerlichen Prüfung hierauf nicht beschränkt.

Zutreffender dürfte folgende Mittelmeinung sein: Die Sperrwirkung gemäß § 371 Abs. 2 Nr. 1 Buchst. a AO greift wegen des fehlenden qualifizierten Prüfungscharakters nicht ein. Da jedoch während der Nachschau zu einer Ap übergegangen werden kann, ist mit Aushändigung der schriftlichen Anzeige vom Übergang der Nachschau zur Ap eine Selbstanzeige im Wege des § 371 Abs. 2 Nr. 1 Buchst. a AO ausgeschlossen (Nieskens, in

Rau/Dürrwächter/Flick/Geist, UStG, § 27b Rdnr. 38; Schauf, in Kohlmann, Steuerstraf- und Ordnungswidrigkeitsrecht, § 371 AO Rdnr. 542). Der sachliche und zeitliche Umfang der Sperrwirkung der USt-Nachschau für die Selbstanzeige richtet sich nach Anlass und Umfang (Gegenstand) der Nachschau. Die Sperrwirkung wird sich auf die USt, meist wohl über einen Voranmeldungszeitraum (Monat, Quartal) beschränken; im Übrigen (z.B. hinsichtlich der ESt) bleibt eine Selbstanzeige möglich. **Bezüglich anderer Steuern als der USt ist grundsätzlich auch keine Tatentdeckung anzunehmen, da dies vorher auch eine Einsichtnahme in die anderen Steuerakten (ESt) voraussetzen würde.** Bezüglich der geprüften USt ist zu beachten, dass es ausreicht, wenn der Prüfer eine USt-Hinterziehung „zum Teil" entdeckt, um eine Selbstanzeige insoweit in toto zu sperren (§ 371 Abs. 2 Nr. 2 AO).

5. Personelle Probleme der Verwaltung bei der Nachschau

Die USt-Nachschau ist eine Vorstufe zur Steuerfahndungsprüfung. Nach der Rechtsprechung erweitert sie die Möglichkeiten der Finanzverwaltung, Informationen über die Stpfl. zu erhalten. Damit ist jedoch noch nicht das „Kapazitäts-Problem" des Fiskus behoben. Die Staatshaushalte stehen unter enormem Druck zur Einsparung von Personalkosten. Bereits seit Langem haben USt-Sonderprüfungs- und Steuerfahndungsstellen ständige Probleme, prüfungswürdige Sachverhalte aufzugreifen. Es fragt sich, wo die Finanzverwaltungen nun das Personal für die zusätzlichen USt-Nachschauen hernehmen wollen. Hinzu kommt, dass die USt-Nachschau nur dann Sinn macht, wenn der Prüfer in einschlägigen Fällen auch bereit ist, ins Strafverfahren überzugehen und Beschlagnahmen sowie ggf. Durchsuchungen anzuordnen. Zieht der Prüfer wieder ab, wenn sich der Stpfl. unkooperativ gezeigt hatte oder wenn belastende Unterlagen vorlagen, um dann **später** gemeinsam mit der Steuerfahndung wieder zu erscheinen, so werden Beweisunterlagen inzwischen verschwunden sein. Für spontane strafprozessuale Maßnahmen fehlt den meisten Finanzamtsprüfern jedoch der Mut. Dies ist ein Terrain, für das sie im Grunde nicht ausgebildet wurden und auf dem sie – da entsprechende Fälle bisher relativ selten vorkamen – unsicher sind. Es ist deshalb zu prognostizieren, dass die USt-Nachschau zwar für alle Beteiligten mehr Arbeit, Ärger und Bürokratie bringen wird, jedoch nicht mehr Geld in die Staatskassen.

Auch der Neuregelung des § 27b UStG mangelt es an dem **Erfordernis rechtsstaatlicher Überprüfbarkeit**. Die USt-Nachschau ohne konkrete Verdachtsmomente und ohne richterliche Anordnung eröffnet der Finanzbehörde in allen Fällen ein nicht mehr kontrollierbares Maß an Handlungsmöglichkeiten. Gerade die durch Art. 13 GG postulierte Unverletzlichkeit der Wohnung verdeutlicht, dass die Kriterien für den Einsatz des in § 27b UStG den Finanzbehörden zur Verfügung gestellten Instrumentariums im Gesetz festgelegt werden müssen. Es müssen mit anderen Worten begründete Einzelfälle vorliegen, in denen die Sicherstellung von Beweismitteln zur Abwehr krimineller Handlungen erforderlich ist. Es besteht die Gefahr, dass die Aufgabenverteilung zwischen Steuerfahndung und Steuerverwaltung in rechtsstaatlich bedenklicher Weise verwischt wird. Allein der Hinweis auf das z. Zt. fehlende Personal für eine Umsetzung des § 27b UStG in der Praxis hilft nicht, die rechtsstaatlichen Bedenken zu beseitigen. Die bereits vor dem 01.01.2002 bestehenden gesetzlichen Möglichkeiten, wie Ausschöpfung der Schätzungsmöglichkeiten und verstärkter Einsatz der Steuerfahndung, sollten in der Lage sein, dem Anspruch der Bekämpfung des USt-Missbrauchs Rechnung tragen zu können (Nieskens, in Rau/Dürrwächter/Flick/Geist, UStG, § 27b Rdnr. 41; Kühn/Winter, UR 2001, 478, 479).

V. Lohnsteuer-Außenprüfung

Schrifttum:

Apel	Neuer Standard für die Datenbereitstellung bei der LSt-Außenprüfung, BB 2011, 2527
Blumers/ Frick/Müller	Betriebsprüfungshandbuch (Stand: Juni 2009)
Bruschke	Arbeitgeberhaftung nach § 42d EStG – Risiken bei der Lohnversteuerung vermeiden, StB 2014, 76
Felix	Unzulässige Prüfungskonzentration bei der Lohnsteuer-Außenprüfung in Nordrhein-Westfalen, DB 1989, 345
Foerster	Lohnsteuer-Außenprüfung nach § 42f. EStG, StuB 2014, 642
Gehm	Die Haftung für Lohnsteuer gemäß § 42d EStG, StBp 2016, 315
Hannig	Umsatzsteuer-Sonderprüfung und Lohnsteuer-Außenprüfung, Steuer & Studium 2014, 658

Mösbauer	Zum Umfang der Mitwirkungspflicht des Arbeitgebers bei der Lohnsteuer-Außenprüfung, DB 1998, 1303
Seifert	Aufhebung oder Änderung einer Lohnsteueranrufungsauskunft im Lichte der aktuellen BFH-Rechtsprechung, Stbg 2022, 137
Stier	Die Lohnsteuer-Außenprüfung – Richtig vorbereiten, sicher in der Durchführung, NWB 2018, Beilage zu Heft 52, 31
Streck	Die Außenprüfung 2. Aufl. 1993
Thomas	Änderungssperre gem. § 173 Abs. 2 AO nach Lohnsteuer-Außenprüfung, DStR 1992, 1468
Zwank	Zur Prüfung umsatzsteuerlicher Sachverhalte im Rahmen von Lohnsteuer-Außenprüfungen (Prüfungskonzentration), BB 1982, 982

Verwaltungsanweisungen:

1. BMF, Schreiben vom 11.03.1982, IV A 7 – S 0401 – 2/82, StEK AO 1977 § 193 Nr. 12 betr. umsatzsteuerliche Sachverhalte sollen aus verfahrensökonomischen Gründen im Rahmen von Lohnsteuer-Außenprüfungen ebenfalls überprüft werden
2. BMF, Schreiben vom 08.11.1993, IV A 4 – S 0351 – 11/93/IV B 6 – S 2386 – 33/93, BStBl I 1993, 922 betr. Änderungssperre nach § 173 Abs. 2 AO für Lohnsteuer-Haftungs- und Lohnsteuer-Nachforderungsbescheide nach Lohnsteuer-Außenprüfungen; hier: Anwendung der BFH-Urteile vom 31. August 1990 – VI R 78/86 –, vom 15. Mai 1992 – VI R 106/88 – und vom 15. Mai 1992 – VI R 183/88
3. BMF, Schreiben vom 15.03.2000, BStBl I 2000, 368 i. d. F. vom 20.07.2001, BStBl I 2011, 710 betr. allgemeine Verwaltungsvorschrift für die Betriebsprüfung
4. OFD Frankfurt a.M., Verfügung vom 06.06.2017, S 0351A-001-St 21, DStR 2017, 2393 betr. Auswirkungen von Sonderprüfungen auf die Steuerfestsetzung; Änderungssperre nach § 173 Abs. 2 AO; Aufhebung des Vorbehalts der Nachprüfung; Lohnsteuer-Haftungsbescheide
5. OFD Niedersachsen, Verfügung vom 12.05.2016, S 0351 – 62 – St 42, DB 2016, 1408 betr. Auswirkungen von Sonderprüfungen auf die Steuerfestsetzung
6. BMF, Schreiben vom 12.12.2017, IV C 5 – S 2388/14/10001 DOK 2017/0888392, BStBl I 2017, 1656 betr. Anrufungsauskunft nach § 42e EstG

1. Grundsätzliche Anmerkungen zur Lohnsteuer-Außenprüfung

Mit der LSt-Außenprüfung überwacht das FA die ordnungsgemäße Einbehaltung und Abführung der LSt durch private und öffentlich-rechtliche Arbeitgeber. Zweck dieser Ap ist es, festzustellen, ob der Arbeitgeber die LSt zutreffend einbehalten und abgeführt hat. Sie dient der Überwachung der dem Arbeitgeber i. R. der Lohnbesteuerung gesetzlich auferlegten Pflichten. Die Prüfung richtet sich daher unmittelbar und zielgerichtet an den Arbeitgeber; daran ändern auch die Mitwirkungspflichten des Arbeitnehmers nichts, die lediglich ergänzender Art sind und die Prüfung beim Arbeitgeber erleichtern sollen. Ziel ist es nicht, die zutreffende individuelle ESt-Schuld des Arbeitnehmers zu ermitteln (hierzu ausführlich Hannig, Steuer & Studium, 2014, 658 ff.).

Bei der LSt-Außenprüfung sind die steuerlichen Verhältnisse von Arbeitgeber und Arbeitnehmer sowohl zu Gunsten als auch zu Ungunsten der Beteiligten zu prüfen. Der LSt-Prüfer entscheidet dabei nicht über den Steueranspruch, sondern hat nur in den Grenzen des ihm erteilten Auftrags die Besteuerungsgrundlagen zu prüfen und ggf. die Steuern neu zu berechnen. I. R. der LSt-Außenprüfung hat das FA zu prüfen (§ 42 f. EStG; SolZG; § 8 KiStGNRW; 5. VermBG; WoPG; § 6 BergPG i. V. m. § 8 BergPDV):

- Solidaritätszuschlag,
- Kirchenlohnsteuer,
- Verpflichtungen des Arbeitgebers nach dem 5. Vermögensbildungsgesetz,
- Wohnungsbauprämien der Bausparkassen und
- Bergmannsprämien.

Erfahrungsgemäß werden bei Lohnsteueraußenprüfungen nach § 42 f. EStG neben dem korrekten Steuerabzug von lohnsteuerpflichtigen Voll- und Teilzeitarbeitsverhältnissen auch alle weiteren lohnsteuerrelevanten Arbeits- und Anstellungsverhältnisse z. B. von

- GmbH-Geschäftsführern,
- geringfügig Beschäftigten,
- beschränkt steuerpflichtigen Ausländern,
- Schülern,
- Studenten,
- Praktikanten,
- Vorruheständlern sowie

- Rentnern und Pensionären

einer eingehenden Prüfung unterzogen.

Zu den Prüfungsschwerpunkten, die im Zuge einer Lohnsteuer-Außenprüfung schwerpunktmäßig kontrolliert werden, zählen weiterhin z. B.:

- ermäßigt besteuerte Entlassungsabfindungen, Sprinterprämien und Leistungen zur Outplacement-Beratung
- Darlehen an GmbH-Geschäftsführer und Arbeitnehmer,
- Geschenke und Aufmerksamkeiten,
- Arbeitgeberleistungen anlässlich von Betriebsveranstaltungen,
- lohnsteuerfreie Reisekosten und Leistungen im Rahmen doppelter Haushaltsführung,
- Fahrtkostenerstattungen für Fahrten zwischen Wohnung und erster Tätigkeitsstätte als Barleistung oder Sachzuwendung (z. B. Job-Tickets),
- unentgeltliche oder verbilligte Abgabe von Kost (z. B. Kantinenmahlzeiten, Restaurantgutscheine) und Unterkunft bzw. Wohnung,
- Überlassung von Warengutscheinen (z. B. Benzingutscheine) nach § 8 Abs. 2 Satz 11 EStG,
- Abgabe von eigenen Waren und Dienstleistungen, die unter den Rabattfreibetrag nach § 8 Abs. 3 EStG fallen,
- Lohnbesteuerung von geringfügig Beschäftigten, Studenten, Pensionären und Rentner,
- korrekte Bewertung von geldwerten Vorteilen (z. B. Überlassung von Dienstfahrzeugen, Incentive-Reisen etc.),
- Gewährung von steuerfreien Zuschlägen für Sonntags-, Feiertags- und Nachtarbeit,
- Leistungen zur betrieblichen Altersvorsorge der Arbeitnehmer,
- Gewährung von zusätzlichen Versicherungsleistungen (z. B. Beiträge zur Unfall- oder Krankenzusatzversicherung).

Weiterer Prüfungsschwerpunkt im Rahmen der Lohnsteuer-Außenprüfung ist die korrekte Berechnung, Einbehaltung und Abführung der pauschalen Lohnsteuer nach den §§ 37a, 37b, 40, 40a und 40b EStG (hierzu Foerster, StuB 2014, 642, 644 f. mit weiteren praxisbezogenen Anmerkungen).

Ferner kommt eine ergänzende Prüfung der USt auf Sachzuwendungen und sonstige Leistungen an Arbeitnehmer sowie des Vorsteuerabzugs bei Reisekosten der Arbeitnehmer aus verwaltungsökonomischen Gründen in Betracht (BMF, Schreiben vom 11.03.1982, IV A 7 – S 0401 – 2/82, StEK AO 1977

§ 193 Nr. 12; Zwank, BB 1982, 982). Da die LSt-Anmeldung anders als die USt-Voranmeldung keinen Vorauszahlungscharakter hat, handelt es sich bei der LSt-Außenprüfung stets um eine **abschließende Prüfung** (Schallmoser, in Hübschmann/Hepp/Spitaler, AO, vor §§ 193 bis 203 Rdnr. 139).

> Mit der LSt-Außenprüfung wird oft die Prüfung der Kapitalertragsteuern (§ 50b EStG), des Steuerabzugs bei beschränkt Stpfl. gemäß § 50a EStG i.V.m. § 73d EStDV verbunden. Zuständig ist das Betriebsstätten-FA des Arbeitgebers oder des involvierten Dritten (§ 41 Abs. 2 bzw. § 38 Abs. 3a EStG).

LSt-Außenprüfungen entwickeln sich oft in eine Richtung, die sie von anderen Ap abhebt. Dies hat mehrere Ursachen: Zum einen werden regelmäßig „Fachprüfer" tätig. Sie sind spezialisiert, beschäftigen sich nur mit der LSt. Zudem ist LSt-Recht Richtlinienrecht. Kein anderes Recht ist in diesem Maß reglementiert. Der gestalterischen Freiheit, die bis hin zur tatsächlichen Verständigung genutzt werden kann, sind hier engere Grenzen gesetzt. Ist z.B. die Bewertung einer Sachzuwendung durch eine Verwaltungsanweisung geregelt, dann lässt sich mit dem FA kaum eine davon abweichende Verhandlungslösung erreichen. Hier bleibt nur die Klage. Diskussionsfähig sind nur solche Feststellungen in tatsächlicher und rechtlicher Hinsicht, bei deren Beurteilung dem Prüfer ein Entscheidungsspielraum bleibt.

Nach den statistischen Aufzeichnungen der obersten Finanzbehörden der Länder haben die Lohnsteuer-Außenprüfungen im Kalenderjahr 2020 zu einem Mehrergebnis von 663,2 Mio. Euro geführt. Von den insgesamt 2.573.238 Arbeitgebern wurden 73.106 Arbeitgeber abschließend in 2020 geprüft. Es handelt sich hierbei sowohl um private Arbeitgeber als auch um öffentliche Verwaltungen und Betriebe. Im Kalenderjahr 2020 wurden durchschnittlich 1.889 Prüfer eingesetzt.

Darüber hinaus haben sich 38 Lohnsteuerprüfer des Bundeszentralamts für Steuern im Rahmen der Prüfungsmitwirkung an Prüfungen der Landesfinanzbehörden beteiligt, von denen 161 im Jahr 2020 abgeschlossen wurden (Pressemitteilung BMF vom 06.04.2021, BB 2021, 853).

Zu praktischen Handlungsempfehlungen zur Vorbereitung und Durchführung einer Außenprüfung siehe Stier, NWB 2018, Beilage zu Heft 52, 31 ff.

1.1 Rechtsgrundlagen

Das EStG enthält lediglich die Zuständigkeit sowie bestimmte Mitwirkungspflichten des Arbeitgebers und des Arbeitnehmers. Daneben finden die Vorschriften der AO über die Ap Anwendung. Diese Vorschriften sind unmittelbar anzuwenden, denn die unmittelbare Geltung der AO für die

LSt-Ap ergibt sich ebenfalls aus der AO. Die LSt-Außenprüfung ist eine besondere Ap. Die Vorschriften der BpO gelten grundsätzlich (mit wenigen Ausnahmen) analog (§§ 5 bis 12, 20 bis 24, 29 und 30 mit Ausnahme von § 5 Abs. 4 Satz 2 BpO St – Betriebsprüfungsordnung Steuern vom 15.03.2000, BStBl I 2000, 368 i. d. F. vom 20.07.2011, BStBl I 2011, 710).

1.2 Geprüfter Personenkreis

Geprüft werden sowohl die **privaten** als auch die **öffentlich-rechtlichen Arbeitgeber**. Die Prüfung eines öffentlich-rechtlichen Arbeitgebers durch die ständige Aufsichts- und Rechnungsprüfungsbehörde steht der LSt-Außenprüfung nicht entgegen.

Geprüft werden kann jede Person, die Arbeitnehmer beschäftigt oder zu beschäftigen scheint, also auch private Haushalte. Privathaushalte, in denen nur gering entlohnte Hilfen beschäftigt werden, sind i. d. R. nicht zu prüfen (R 42f. Abs. 3 Satz 2 LStR 2015). Die Privatsphäre von Arbeitnehmern von privaten Arbeitgebern, die Haushaltshilfen beschäftigen, soll grundsätzlich nicht geprüft werden; gegen eine solche Prüfungsanordnung sollte – falls sie dennoch ergehen sollte – vorsorglich Einspruch eingelegt werden. Ziel einer LSt-Außenprüfung kann auch die Feststellung der Arbeitgebereigenschaft des Betroffenen sein. Dabei wird auch inzidenter überprüft, ob der Betreffende überhaupt die Arbeitgeberkriterien erfüllt (BFH, Urteil vom 01.08.1986, VI R 26/85, BFH/NV 1987, 77).

Für die **Erfassung von Teilzeitkräften und Aushilfskräften** ist es ausreichend, wenn der Arbeitgeber für diesen Personenkreis, dessen Bezüge pauschal besteuert werden, ein Sammelkonto führt, aus dem sich für den einzelnen Arbeitnehmer die festgelegten Angaben ergeben. Erfüllt der Arbeitgeber diese formelle Ordnungsvorschrift nicht, so muss dies nicht automatisch zur Versagung der LSt-Pauschalierung führen, da dies nicht zu den materiell-rechtlichen Voraussetzungen der Pauschalierung gehört. Der Arbeitgeber kann die Voraussetzungen der Pauschalierung auch durch Vorlage anderer geeigneter Nachweise darlegen. Verbleibende Unklarheiten gehen allerdings zu seinen Lasten (Beweislastumkehr; § 40a EStG; § 4 Nr. 8 LStDV). Bei der Überprüfung der Teilzeitbeschäftigten und Aushilfskräfte wird besonders geprüft (Wermelskirchen/Horn, in Blumers/Frick/Müller, Betriebsprüfungshandbuch, weitere Prüfungen, Rz. 57):

- Sind die ausgezahlten Löhne zu Recht nach § 40a EStG pauschal besteuert worden (Betragsgrenzen)?
- Handelt es sich bei dem pauschalierten Arbeitslohn evtl. um Zahlungen an fiktive Arbeitnehmer, um damit zusätzliche Zahlungen an normal besteuerte Arbeitnehmer zu verdecken („Lohnsplitting“)?

- Sind nicht versteuerte, auch nicht pauschal versteuerte, Zahlungen an Aushilfskräfte in anderen Aufwandskonten (Konten „Werbekosten", „sonstigen Kosten" oder „Wareneinkauf") enthalten?

Gegenstand einer LSt-Außenprüfung sind insbesondere auch **Sachbezüge und sonstige geldwerte Vorteile**. Typischerweise werden überprüft:

- Abfindungen,
- Betriebsveranstaltungen,
- Ersatz von Fahrtkosten des Arbeitnehmers zwischen Wohnung und Arbeitsstätten durch den Arbeitgeber,
- Jubiläumszuwendungen,
- unentgeltliche oder verbilligte Mahlzeiten,
- Pkw-Gestellungen,
- Rabatte beim Bezug bestimmter Waren oder Dienstleistungen,
- Einsatzwechseltätigkeit,
- Zuschläge für Sonntags-, Feiertags- und Nachtarbeit.

2. Zulässigkeit der Außenprüfung

Die LSt-Außenprüfung ist zulässig bei Stpfl., die einen **gewerblichen oder land- und forstwirtschaftlichen Betrieb** unterhalten oder die freiberuflich tätig sind. Bei anderen Stpfl. ist die LSt-Außenprüfung u.a. zulässig, soweit sie die Verpflichtungen dieser Stpfl. betrifft, Steuern für Rechnung eines anderen zu entrichten oder Steuern einzubehalten und abzuführen. Danach kann die LSt u.a. auch bei Privatpersonen geprüft werden, die Arbeitnehmer beschäftigen. Die LSt-Außenprüfung ist nur zulässig zur Ermittlung der steuerlichen Verhältnisse des Stpfl. und der steuerlichen Verhältnisse anderer Personen (hier vornehmlich der Arbeitnehmer), soweit der Stpfl. für diese Steuern einzubehalten und abzuführen hat (§ 194 Abs. 1 Satz 4 AO; BFH, Urteil vom 15.12.1989, VI R 151/86, BStBl II 1990, 526, 528). Soweit nur **pauschalierte LSt** anfällt, kommt außer in den Fällen des bereits erwähnten § 193 Abs. 1 AO nur § 193 Abs. 2 Nr. 2 AO als Rechtsgrundlage für eine Prüfung in Betracht.

Unzulässig ist also eine Prüfung, die nur den Zweck hat, über den vorgenannten Rahmen hinaus die steuerlichen Verhältnisse anderer Personen zu ermitteln. Anlässlich einer zulässigen LSt-Außenprüfung festgestellte steuerliche Verhältnisse anderer Personen können aber in den Grenzen der AO ausgewertet werden. Insbesondere können Kontrollmitteilungen zu anderen Steuerarten gegeben werden (§ 194 Abs. 3 AO; Abschn. 1.8 UStAE betr. umsatzsteuerliche Behandlung von Sachzuwendungen).

Eine Ausweitung des Umfangs einer LSt-Außenprüfungsanordnung insbesondere auch auf USt-Fragen „kraft Sachzusammenhangs" ist nicht möglich (FG Berlin-Brandenburg, Urteil vom 02.04.2014, 7 K 7058/13, EFG 2014, 1077, 1079 ff. m. Anm. Wagner, zwischenzeitlich rkr.).

3. Zuständigkeit

Zuständig für die Durchführung der LSt-Außenprüfung ist das Betriebsstätten-FA des Arbeitgebers (§ 42f. Abs. 1 EStG). Umstritten ist, ob die Einrichtung **zentraler Prüfungs-FÄ** (wie in NRW) zulässig ist. Geht man davon aus, dass die Regelung im EStG eine Spezialregelung für die LSt-Außenprüfung ist, gelten die Zuständigkeitsbestimmungen der AO i. V. m. den Regelungen des FVG nicht. Kommt man zu diesem Ergebnis, wären Prüfungen nur durch das zuständige Betriebsstätten-FA, nicht aber durch eine zentrale Prüfungsstelle zulässig (Felix, DB 1989, 345; Pust, in Littmann/Bitz/Pust, EStG, § 42f. Rdnr. 13; Seer, in Tipke/Kruse, AO, § 195 Tz. 4; **a. A.** Heuermann, in: Brandis/Heuermann, EStG, § 42f. Rdnr. 9; für die Zulässigkeit von Auftragsprüfungen, ggf. an zentrale Prüfungs-FÄ; §§ 16, 195 Satz 2 AO; § 17 Abs. 2 Satz 3 FVG). Kommt man zu dem Ergebnis, dass die Einrichtung zentraler Prüfungs-FÄ nicht zulässig ist, so wäre eine Auftragsprüfung nicht zulässig. Man sollte in einem solchen Fall vorsorglich Einspruch einlegen, um eine Prüfung bei dem örtlich zuständigen lokalen FA zu erzwingen.

4. Ermessensentscheidung

Das FA entscheidet nach seinem pflichtgemäßen Ermessen bei der Auswahl des Stpfl. über die Durchführung einer LSt-Außenprüfung (§ 5 AO; BFH, Urteil vom 24.10.1972, VIII R 8/69, BStBl II 1973, 275). Klarstellend ist anzumerken, dass der Stpfl. – auch bei Vorliegen eines berechtigten Anliegens, wie der Vornahme von wirtschaftlichen Dispositionen (wie z. B. Unternehmenskauf oder streitige Auseinandersetzungen einer Erbengemeinschaft) – keinen Rechtsanspruch auf die Durchführung einer LSt-Außenprüfung hat.

5. Prüfungsanordnung

Steht die Auswahl des Stpfl. fest, so ergeht eine Prüfungsanordnung, die regelmäßig zu begründen ist (§§ 196, 197 AO; BFH, Urteil vom 28.04.1983, IV R 255/82, BStBl II 1983, 621; FG Rheinland-Pfalz, Urteil vom 16.03.1983, 1 K

292/82, EFG 1984, 9, rkr.). Eine erst nach der Durchführung der LSt-Außenprüfung erteilte Prüfungsanordnung ist rechtswidrig (FG München, Urteil vom 27.11.1981, VIII 182/81 AO, EFG 1982, 336, rkr.). Die Prüfungsanordnung, die vor der Prüfung zu erteilen ist, muss schriftlich ergehen und bestimmt den Prüfungsumfang, der zeitlich und sachlich nach pflichtgemäßem Ermessen geändert werden kann (BFH, Urteil vom 13.10.1972, I R 236/70, BStBl II 1973, 74; BFH, Urteil vom 10.02.1983, IV R 104/79, BStBl II 1983, 286).

Die Prüfungsanordnung ist als Verwaltungsakt mit dem **Einspruch** anfechtbar (§ 347 AO). Die Gewährung einstweiligen Rechtsschutzes kann mit der **Aussetzung der Vollziehung** erreicht werden, wenn ernstliche Zweifel an der Zulässigkeit der LSt-Außenprüfung bzw. der Ergänzung bestehen (§ 361 AO). Eine einstweilige Anordnung mit dem Ziel, dem FA die Auswertung der Prüfungsfeststellungen zu untersagen, ist nicht gegeben (BFH, Beschluss vom 24.06.1982, IV B 3/82, BStBl II 1982, 659). Es ist somit nicht möglich, erst im Nachhinein im Rechtsbehelfsverfahren gegen die nach der LSt-Außenprüfung ergangenen Nachforderungs- oder Haftungsbescheide die Rechtswidrigkeit der Prüfungsanordnung zu bemängeln (BFH, Urteil vom 27.07.1983, I R 210/79, BStBl II 1984, 285). Wird die Prüfungsanordnung wegen Rechtswidrigkeit im Hauptverfahren aufgehoben oder ihre Rechtswidrigkeit inzidenter festgestellt, darf das FA die Feststellungen gegenüber dem **Arbeitgeber** nicht, wohl aber gegenüber dem **Arbeitnehmer** verwerten (BFH, Urteil vom 09.11.1984, VI R 157/83, BStBl II 1985, 191).

Wurde eine LSt-Außenprüfung durchgeführt, ohne dass eine entsprechende Prüfungsanordnung ergangen war, so hat dies die Unwirksamkeit eines daraufhin ergangenen Haftungsbescheids jedenfalls dann nicht zur Folge, wenn der Haftungsbescheid nicht rechtzeitig angefochten wurde (BFH, Urteil vom 11.12.1987, VI R 143/84, BFH/NV 1988, 284). Durch eine LSt-Außenprüfung beim Arbeitgeber wird die Festsetzungsfrist in Bezug auf den ESt-Anspruch gegen den Arbeitnehmer nicht gehemmt (BFH, Urteil vom 15.12.1989, VI R 151/86, BStBl II 1990, 526).

6. Rechtsstellung der Beteiligten

6.1 Aufgabenkreis des Lohnsteuer-Prüfers

Der LSt-Prüfer hat als Beauftragter die Besteuerungsgrundlagen zu prüfen; er entscheidet nicht selbst über den Steueranspruch. Es gehört nicht zu seinen Aufgaben, eine Anrufungsauskunft oder eine verbindliche Zusage zu geben; eine dennoch erteilte Auskunft oder Zusage hat mangels Zuständigkeit keine förmliche Bindungswirkung für das FA (§ 42e EStG; § 204 AO).

Der Prüfer hat sich gegenüber dem Arbeitgeber durch Vorlage seines Dienstausweises der Finanzbehörde als Prüfer auszuweisen. Dabei ist der **Prüfungsbeginn** aktenkundig zu machen, weil hiervon i. R. der Verjährung die **Ablaufhemmung** von Bedeutung sein kann.

Der Prüfer hat von Amts wegen die tatsächlichen und rechtlichen Verhältnisse zu Gunsten wie zu Ungunsten des Arbeitgebers und der Arbeitnehmer zu prüfen, die für die Stpfl. und für die Berechnung der Steuern maßgebend sind (Untersuchungsgrundsatz). Er hat vor allem auch den Grundsatz des rechtlichen Gehörs zu beachten. Deshalb hat er den Arbeitgeber während der Prüfung über die festgestellten Sachverhalte und die möglichen steuerlichen Auswirkungen zu unterrichten, wenn dadurch Zweck und Ablauf der Prüfung nicht beeinträchtigt werden (§§ 198, 199 AO).

6.2 Rechte und Pflichten des Arbeitgebers

Die Rechte des Arbeitgebers ergeben sich aus den Pflichten des Prüfers. Der Arbeitgeber hat ein Recht auf Abhaltung einer Schlussbesprechung und ein Recht auf Übersendung des Prüfungsberichts; er kann – ausgenommen bei der abgekürzten Ap – beantragen, dass ihm der Prüfungsbericht vor Auswertung zur Stellungnahme übersandt wird.

Der Arbeitgeber hat bestimmte Mitwirkungs- und Duldungspflichten (§ 42f. Abs. 2 Satz 1 EStG; §§ 200, 202 Abs. 2 AO; Mösbauer, DB 1998, 1303 ff.). So hat er insbesondere bei der Fertigstellung der für die Besteuerung erheblichen Sachverhalte mitzuwirken. Es sind insbesondere Aufzeichnungen, Bücher, Geschäftspapiere und andere Urkunden zur Einsicht und Prüfung vorzulegen, Auskünfte zu erteilen und die zum Verständnis der Aufzeichnungen erforderlichen Erläuterungen zu geben. Die für die LSt-Außenprüfung erforderlichen Unterlagen, die LSt-Karten, Lohn- und Gehaltskonten, Lohnjournale, Kassenbuch und Sachkonten sind für den Prüfungszeitraum in den Geschäftsräumen des Arbeitgebers bereitzuhalten. Zur Einsicht zur Verfügung zu stellen sind auf Anforderung auch Personalakten und sonstige Personalunterlagen der Arbeitnehmer, da sie Verträge und andere Unterlagen enthalten können, die für die Besteuerung von Bedeutung sind. Die Einsicht in Personalakten und sonstige Personalunterlagen ist aber nach innerdienstlichen Anordnungen auf das zur Erreichung des Prüfungsauftrags notwendige Maß zu beschränken (Golombek, in Lademann, EStG, § 42f. Rdnr. 62–65).

Die persönliche Auskunfts- und Mitwirkungspflicht erlischt hierdurch nicht. Zu den vorzulegenden Unterlagen gehören vor allem Lohnjournale, Lohn- und Gehaltskonten, Kassenbücher, LSt-Karten und Arbeitsverträge, da sich aus ihnen die Grundlagen für die Höhe des Arbeitslohns einschließlich geldwerter Vorteile ergeben:

- Sonderzahlungen, Tantiemen, Gratifikationen,
- Dienstwagen, Jahreswagen,
- Deputate,
- Mitgliedsbeiträge für gesellschaftliche Vereine,
- Zuschüsse jeder Art usw.

Vorzulegen sind auf Anforderung auch betriebliche Aufwandskonten, da sich hieraus ergeben kann, dass der Arbeitgeber für den Arbeitnehmer Reisekosten übernommen hat, die in nicht unerheblichem Maße privat veranlasst sind. Bei Aufzeichnung auf Datenträger sind diese auf Kosten des Unternehmens lesbar zu machen oder auch auszudrucken.

Die Mitwirkung bei der LSt-Außenprüfung darf nur insoweit vom Arbeitgeber verlangt werden, als sie zur Feststellung des steuerlich erheblichen Sachverhalts notwendig, erforderlich, verhältnismäßig, erfüllbar und zumutbar ist. Der Umfang der Mitwirkungspflichten richtet sich nach den Umständen des Einzelfalls. Ein Mitwirkungsverlangen ist umso eher ermessensfehlerhaft, je belastender die Anordnung ist und umso weniger die Maßnahme für den Prüfungszweck erforderlich erscheint. Gegen eine umfassende Vorlagepflicht kann demnach sprechen, dass der Vortrag des Stpfl. der Lebenserfahrung entspricht und bereits andere Belege für die Richtigkeit der Darstellung des Stpfl. sprechen, sodass Stichproben oder die Beschränkung auf einzelne Jahre als ausreichend angesehen werden können. Dass bei geringer steuerlicher Auswirkung erhebliche Kosten für eine Herbeischaffung der Belege entstehen würden, kann ebenfalls die Mitwirkungspflicht übersteigen. Andererseits ist zu beachten, dass der Prüfungszweck darin besteht, die Erklärungen des Stpfl. anhand einer Belegprüfung auf ihre Richtigkeit zu untersuchen.

Für den Arbeitgeber besteht kein Anlass, jedem Verlangen des Prüfers auf Einsicht in andere Unterlagen mit nicht ausschließlich lohnsteuerlichem Inhalt nachzukommen. Bittet der Prüfer um die Vorlage allgemeiner Geschäftsunterlagen, dann sollte der Arbeitgeber in einer Unterredung um die Angabe der Anhaltspunkte bitten, die dieses Verlangen begründen könnten. In welchem Umfang der Arbeitgeber im konkreten Fall zur Mitwirkung herangezogen wird, hat der Prüfer nach pflichtgemäßem Ermessen unter besonderer Berücksichtigung der Zumutbarkeit, Notwendigkeit und Verhältnismäßigkeit zu entscheiden. Sind der Arbeitgeber oder die von ihm benannten Personen nicht in der Lage, Auskünfte zu erteilen, sind die Auskünfte zur Klärung des Sachverhalts unzureichend oder versprechen Auskünfte keinen Erfolg, so können auch andere Personen um Auskunft ersucht werden (§ 200 Abs. 1 Satz 3 AO). Die Auskunfts- und Mitwirkungspflicht des Arbeitgebers erlischt nicht mit der Bestellung von Auskunftspersonen und auch nicht mit dem Auskunftsersuchen an andere Personen.

Das Verlangen des Prüfers nach En-bloc-Vorlage von Akten, die nicht nur lohnsteuerrechtlichen Inhalts sind, kann ermessensfehlerhaft sein (BFH, Urteil vom 27.06.1968, VII 243/63, BStBl II 1968, 592, 594). Dem LSt-Prüfer sollte kein Selbstbedienungsrecht in die Buchhaltung des Unternehmens eingeräumt werden. Der Prüfer sollte – insbesondere bei komplexen Auskunftsbegehren – gebeten werden, die von ihm erbetenen Dokumentationen schriftlich anzufordern. Ihm sollten dann (ggf. selektiv) die nur für die LSt relevanten Unterlagen zur Einsichtnahme überlassen werden. Andere unternehmensspezifische Unterlagen (wie z. B. Gesellschafterversammlungsprotokolle, Aufsichtsratssitzungsprotokolle etc.), die mit der unmittelbaren Durchführung der LSt-Außenprüfung nicht in Zusammenhang stehen, sollten auf keinen Fall herausgegeben werden. Ein solches Begehren wäre als ermessensfehlerhaft zu qualifizieren.

Die Mitwirkungspflicht kann, wie die Duldung der gesamten Prüfung, mit Zwangsmitteln erreicht werden. Als Adressat der Ap steht dem Arbeitgeber kein Auskunftsverweigerungsrecht zu, soweit ein bestimmter Sachverhalt nicht nur für die Besteuerung des Arbeitnehmers, sondern auch für seine eigene Besteuerung von Bedeutung ist (§ 328 i. V. m. §§ 101, 103 AO; FG Münster, Urteil vom 06.11.1987, IV 1368/84 E, EFG 1988, 394, rkr.; Heuermann, in: Brandis, Heuermann, EStG, § 42 f. Rdnr. 20).

6.3 Rechte und Pflichten des Arbeitnehmers

Das EStG regelt im Verfahren der LSt-Außenprüfung konstitutiv die Auskunftspflichten der Arbeitnehmer (einschließlich der ehemaligen Arbeitnehmer) und der Personen, bei denen umstritten ist, ob sie Arbeitnehmer des geprüften Arbeitgebers sind oder waren. Da die Frage, ob eine Arbeitnehmer-Eigenschaft vorliegt, gerade Prüfungsgegenstand ist, reicht es für das Entstehen einer Mitwirkungspflicht aus, wenn das FA hinreichende Anhaltspunkte dafür hat, dass der Sachverhalt prüfungsrelevant ist. Der LSt-Prüfer kann sich unmittelbar an diese Personen wenden; die Subsidiaritätsregelung für Betriebsangehörige gilt nicht (§ 42 f. Abs. 2 Satz 2 und 3 EStG; § 200 Abs. 1 Satz 3 AO). Weil sich die LSt-Außenprüfung indes unmittelbar und zielgerichtet primär gegen den Arbeitgeber richtet, haben die Arbeitnehmer die Stellung von Dritten und können z. B. Auskunftsverweigerungsrechte geltend machen (Blümich/Heuermann, EStG, § 42 f. Rdnr. 22). In der

Praxis sind jedoch die Mitwirkungspflichten des Arbeitnehmers lediglich ergänzender Art und sollen die Prüfung beim Arbeitgeber erleichtern.

Die **Auskunftspflicht** hinsichtlich der Einnahmen kann sich, dem Zweck der LSt-Außenprüfung entsprechend, nur auf den Arbeitslohn einschließlich Arbeitslohnzahlung durch Dritte und Arbeitslohn aus einem vorangegangenem Dienstverhältnis im selben Kalenderjahr erstrecken, nicht aber auf Einnahmen aus anderen Einkunftsarten. Das FA darf nicht die steuerlichen Verhältnisse der Arbeitnehmer prüfen, die nicht im Zusammenhang mit dem Arbeitsverhältnis stehen. Ziel der LSt-Außenprüfung ist es nicht, die zutreffende individuelle ESt-Schuld des Arbeitnehmers zu ermitteln (§ 193 Abs. 2 Nr. 2 AO; BFH, Urteil vom 15.12.1989, XI R 151/86, BStBl II 1990, 526, 528; Schmidt/Krüger, EStG, 40. Aufl. 2021, § 42f. Rdnr. 5).

7. Durchführung der Lohnsteuer-Außenprüfung

7.1 Anordnung

Die Prüfung muss, wie bereits erwähnt, schriftlich angeordnet und dem Stpfl. bzw. dem Arbeitgeber vorher bekannt gemacht werden (§§ 196, 197 AO). Bei Mittel- und Großbetrieben soll die Bekanntgabe regelmäßig zwei Wochen vor Beginn der LSt-Außenprüfung erfolgen. Aufgrund einer Änderung des EStG kann es mit Wirkung ab dem Kalenderjahr 2004 möglich sein, dass eine LSt-Außenprüfung auch bei einem **Dritten** vorgenommen wird, der einen LSt-Abzug durchführt. Zuständig ist dessen Betriebsprüfungs-FA (§ 38 Abs. 3a i. V. m. § 42f. Abs. 3 EStG).

7.2 Folgen für den Arbeitgeber

Die Bekanntgabe der Prüfungsanordnung bzw. das Erscheinen des Prüfers schließt eine strafbefreiende **Selbstanzeige** aus (§ 371 Abs. 2 Nr. 1a bzw. c AO). Durch den Beginn der Prüfung, der sich in der ernsthaften Aufnahme von Prüfungshandlungen verwirklicht, wird darüber hinaus die **Festsetzungsverjährung** unterbrochen (§ 171 Abs. 4 AO).

7.3 Gegenstand

Der LSt-Außenprüfung unterliegen sowohl private als auch öffentlichrechtliche Arbeitgeber. Nach den behördlichen Anweisungen hat sich die LSt-Außenprüfung hauptsächlich darauf zu beziehen, ob sämtliche Arbeitnehmer, auch die nicht ständig beschäftigten, erfasst sind und alle zum Arbeitslohn gehörenden Einnahmen, gleichgültig in welcher Form sie gewährt werden, dem Steuerabzug unterworfen werden und ob bei der Berechnung der LSt von der richtigen Lohnhöhe ausgegangen wurde (R 42f.

Abs. 2 und 3 LStR 2011). Als Grundlage für die Nachprüfung des Steuerabzugs dienen insbesondere die Lohnkonten (§ 4 LStDV). Weiterhin kann für die Prüfung aber auch die Durchsicht bestimmter Konten der allgemeinen Buchführung (z.B. Kassenkonto, Kostenkonto, Bank- und Postbankkonten etc.) einschließlich der dazugehörigen Belege von Bedeutung sein. In aller Regel hat sich die Prüfung auf folgende Fragen zu erstrecken:

- Hat der Arbeitgeber sämtliche Arbeitnehmer (einschließlich Teilzeitbeschäftigter sowie der Arbeitnehmer, für die ein LSt-Abzug nicht vorgenommen zu werden brauchte) lohnsteuerrechtlich erfasst?
- Hat der Arbeitgeber sämtliche lohnsteuerrechtlichen Bezüge (einschließlich der Sachbezüge) dieser Arbeitnehmer dem LSt-Abzug unterworfen?
- Hat der Arbeitgeber von diesen Bezügen den Steuerabzug (einschließlich Abzugs bei Pauschalierung mit Übernahme der LSt durch den Arbeitgeber) den lohnsteuerlichen Bestimmungen entsprechend in der richtigen Höhe vorgenommen (richtige Berechnung und Einbehaltung)?
- Hat der Arbeitgeber die einzelnen LSt-Abzugsbeträge vollständig und fristgemäß an das FA der Betriebsstätte angemeldet und abgeführt?
- Hat der Arbeitgeber die ihm obliegenden sonstigen Bescheinigungs- und Anzeigepflichten vorgenommen?

Die LSt-Außenprüfung erstreckt sich ferner darauf, ob der Arbeitgeber den LSt-Jahresausgleich zutreffend durchgeführt hat. Weiterhin ist die Befolgung der sonstigen gesetzlichen lohnsteuerlichen Pflichten zu prüfen, so z.B., ob die LSt-Bescheinigungen ordnungsgemäß erstellt worden sind, ob in den vorgeschriebenen Fällen besondere LSt-Bescheinigungen ausgefertigt worden sind. Es ist zudem festzustellen, ob der Arbeitgeber seinen Aufzeichnungspflichten in Bezug auf vermögenswirksame Leistungen nachgekommen ist. Hierbei interessieren besonders die im Besitz des Arbeitgebers befindlichen Belege, durch die die im Vermögensbildungsgesetz vorgeschriebene Anlegung, Auszahlung oder Verwendung nachgewiesen wird, und ob diese Belege als Anlagen zum Lohnkonto genommen werden und der gesetzlich zulässige Höchstbetrag der zulagefähigen vermögenswirksamen Leistungen beachtet wurde.

Zu **neuen Standards** für die **Datenbereitstellung** bei der LSt-Außenprüfung siehe Apel, BB 2011, 2527 ff.

Zur Anordnung des Prüfungsortes bei der LSt-Außenprüfung ist folgendes Judikat ergangen: Ist kein geeigneter Geschäftsraum vorhanden, so hat das FA über den Antrag des Arbeitgebers, die Prüfung der Lohnsteuer im Büro des Steuerberaters durchzuführen, nach pflichtgemäßem Ermessen zu entscheiden. Auf Antrag des Arbeitgebers kann eine Prüfung im Büro des Steuerberaters in Betracht kommen, wenn der Prüfung dort keine zumindest gleichwertigen Verwaltungsinteressen entgegenstehen (BFH, Beschluss vom 28.11.2006, VI B 33/06, BFH/NV 2007, 646).

7.4 Abschluss der Lohnsteuer-Außenprüfung

Über das Ergebnis der Ap ist eine **Schlussbesprechung** abzuhalten, es sei denn, dass sich nach dem Ergebnis der Prüfung keine Änderung der Besteuerungsgrundlagen ergibt, der Arbeitgeber auf eine Schlussbesprechung verzichtet hat oder die Ap als abgekürzte Ap durchgeführt wurde (§§ 201 Abs. 1, 203 Abs. 2 AO). Rechtsirrtümer, die das FA **nach** der Schlussbesprechung erkennt, können dann noch bei der Auswertung der Prüfungsfeststellungen richtiggestellt werden, wenn an der Schlussbesprechung der für die Steuerfestsetzung zuständige Beamte teilgenommen hat (BFH, Urteil vom 01.03.1963, VI 119/61 U, BStBl III 1963, 212, 213). Über das Ergebnis der Ap ist ein **Prüfungsbericht** zu fertigen und dem Arbeitgeber zu übersenden. Führt die Prüfung zu keiner Änderung der Besteuerungsgrundlagen, so genügt es, wenn dies dem Arbeitgeber schriftlich mitgeteilt wird. Diese Mitteilung kann aber zur Folge haben, dass beim nachträglichen Bekanntwerden neuer Tatsachen kein LSt-Haftungs- oder LSt-Nachforderungsbescheid mehr ergehen darf (BFH, Urteil vom 31.08.1990, VI R 78/86, BStBl II 1991, 537). Der Prüfungsbericht selbst stellt keinen anfechtbaren Verwaltungsakt dar (Golombek, in Lademann, EStG, § 42f. Rdnr. 136).

8. Verfahrensrechtliche Folgen der Lohnsteuer-Außenprüfung

8.1 Steuernachforderungen

Führt die LSt-Außenprüfung zu einer Erhöhung der angemeldeten LSt, so ergeht grundsätzlich ein Haftungs- oder Steuerbescheid gegen den Arbeitgeber bzw. ein Steuerbescheid gegen den Arbeitnehmer. Ergeht zunächst ein Steuerbescheid gegen den Arbeitnehmer und erst später, wenn die vom Arbeitnehmer nachgeforderten Steuerbeträge von diesem nicht zu erlangen sind, ein Haftungsbescheid gegen den Arbeitgeber, so liegt darin allein kein Verstoß gegen Treu und Glauben (Verletzung des Vertrauensschutzes). Eines besonderen Haftungsbescheids gegen den Arbeitgeber bedarf es nicht, sobald der Arbeitgeber

- die nachzufordernde LSt in eine LSt-Anmeldung aufnimmt oder
- nach Abschluss der LSt-Außenprüfung seine Zahlungsverpflichtungen schriftlich anerkennt (§ 42d Abs. 4 Nr. 1 und 2 EStG).

Mit der Vorlage der formulierten Anerkenntniserklärung erlässt der LSt-Außenprüfer einen Steuerbescheid, der an die Bedingung der Abgabe einer rechtswirksamen Anerkenntniserklärung geknüpft ist (BFH, Urteil vom 28.01.1976, IV R 168/73, BStBl II 1976, 344). Die Anerkennung der Zahlungsverpflichtung bedeutet keinen Verzicht auf einen Rechtsbehelf.

8.2 Inanspruchnahme des Arbeitgebers durch Nachforderungs- oder Haftungsbescheide

Hat der Arbeitgeber die LSt nicht ordnungsgemäß einbehalten und abgeführt, so ergeben sich folgende Möglichkeiten der Inanspruchnahme:

- Nachforderungsbescheid (Steuerbescheid, Pauschalierungsbescheid), wenn der Arbeitgeber Schuldner der LSt ist,
- Haftungsbescheid, wenn er für die vom Arbeitnehmer geschuldete LSt lediglich haftet,
- Arbeitgeberanerkenntnis.

Zur Inanspruchnahme des Arbeitgebers als Haftungsschuldner aus Sicht der Finanzverwaltung siehe OFD Niedersachsen, Verfügung vom 12.05.2016, S 0351 – 62 – St 42, DB 2016, 1408, 1409; OFD Frankfurt a.M., Vfg. vom 06.06.2017, S 0351 A-001-St 21, DStR 2017, 2393; hierzu eingehend Gehm, StBp 2016, 315 ff.

Ein Nachforderungsbescheid kann gegenüber dem Arbeitgeber ergehen, wenn der Arbeitgeber den Pauschalierungsantrag stellt oder bei der LSt-Pauschalierung nach §§ 40 Abs. 1 Nr. 1 und Abs. 2, 40a und 40b EStG Fehler gemacht hat. Steuerschuldner ist in diesen Pauschalierungsfällen der Arbeitgeber. Die pauschale LSt ist eine Unternehmenssteuer eigener Art. Mit der Pauschalierung erlischt die Steuerpflicht des Arbeitnehmers, Lohn und Lohnsteuer bleiben beim Arbeitnehmer außer Ansatz (§ 40 Abs. 1 und 3 EStG). Derjenige, der für den Arbeitgeber i. R. der LSt-Außenprüfung auftritt, ist i. d. R. nach den Grundsätzen der Anscheinsvollmacht dazu befugt, einen Antrag auf LSt-Pauschalierung zu stellen (BFH, Urteil vom 10.10.2002, VI R 13/01, BStBl II 2003, 156). Die Pauschalierung setzt einen ausdrücklichen Antrag des Arbeitgebers voraus. Das FA kann, muss also nicht, die Pauschalierung zulassen.

Haftung bedeutet demgegenüber das Einstehenmüssen für eine fremde Schuld, nämlich für die LSt-Schuld des Arbeitnehmers. Tatbestandsvoraussetzung für die Haftung ist die Steuerschuld des Arbeitnehmers. Dies gilt insbesondere für bereits abgelaufene Kalenderjahre. Stellt der Arbeitgeber keinen Pauschalierungsantrag, dann muss das FA prüfen, ob der

Arbeitgeber als Haftungsschuldner herangezogen werden kann. Die Inanspruchnahme des Arbeitgebers liegt im Ermessen des FA. Soweit der Arbeitgeber die Haftungsvoraussetzungen erfüllt, sind Arbeitgeber und Arbeitnehmer Gesamtschuldner. Die Entscheidung für die Inanspruchnahme des Arbeitgebers ist eine **Ermessensentscheidung** (zur Vermeidung von Risiken bei der Lohnversteuerung bei der Arbeitgeberhaftung nach § 42d EStG eingehend Bruschke, StB 2014, 76 ff.). Das Betriebsstätten-FA muss seine Ermessenserwägungen, die die Inanspruchnahme des Arbeitgebers als Haftungsschuldner begründen, in dem Haftungsbescheid, spätestens in der Einspruchsentscheidung darlegen (§ 40 Abs. 1 Satz 1 Nr. 2, § 42d Abs. 1 EStG; BFH, Urteil vom 18.09.1981, VI R 44/77, BStBl II 1981, 801). Die Inanspruchnahme des Arbeitgebers ist i. d. R. ermessensfehlerfrei, wenn

- der Steuerabzug seitens des Arbeitgebers bewusst versäumt wurde oder unterblieben ist, weil sich der Arbeitgeber nicht hinreichend informiert hat (BFH, Urteil vom 14.04.1967, VI R 23/66, BStBl II 1967, 469; BFH, Urteil vom 05.02.1971, VI R 82/68, BStBl II 1971, 359);
- sich aufgrund einer LSt-Außenprüfung bei vielen Arbeitnehmern meist kleine LSt-Nachforderungsbeträge aufgrund von im Wesentlichen gleichgelagerten Sachverhalten ergeben haben (BFH, Urteil vom 20.05.1980, VI R 169/77, BStBl II 1980, 669);
- sich wegen unterbliebener Aufzeichnungen seitens des Arbeitgebers nicht feststellen lässt, welche Arbeitnehmer Zuwendungen erhalten haben (BFH, Urteil vom 07.12.1984, VI R 164/79, BStBl II 1985, 164, 169);
- eine Weiterbelastung der strittigen LSt an den Arbeitnehmer ausgeschlossen ist oder der Arbeitgeber bereit ist, die LSt-Schuld seines Arbeitnehmers endgültig zu tragen (BFH, Urteil vom 07.12.1984, VI R 164/79, BStBl II 1985, 164);
- die vorrangige Inanspruchnahme des Arbeitnehmers erfolglos war (Wermelskirchen/Horn, in Blumers/Frick/Müller, Betriebsprüfungshandbuch, weitere Prüfungen, Rz. 91);
- zur Haftung des Arbeitgebers für von einer Angestellten hinterzogenen Lohnsteuer siehe BFH, Urteil vom 21.04.2010, VI R 29/08, BFH/NV 2010, 1538.

Nimmt das FA sowohl den Arbeitgeber nach § 42d EStG als auch den früheren Gesellschafter-Geschäftsführer u. a. wegen LSt-Hinterziehung nach § 71 AO in Haftung, so hat es insoweit eine Ermessensentscheidung zu treffen und die Ausübung dieses Ermessens regelmäßig zu begründen (§ 191

Abs. 1 i. V. m. § 5 AO; BFH, Urteil vom 09.08.2002, VI R 41/96, BStBl II 2003, 160). In der Praxis spielt die LSt-Haftung des Gesellschafter-Geschäftsführers einer GmbH bei grober Fahrlässigkeit eine große Rolle (§§ 34, 69 AO).

Die Finanzbehörde übt ihr Auswahlermessen fehlerhaft aus, wenn sie ohne nähere Begründung nur den Arbeitgeber für die Lohnsteuer in Haftung nimmt, obwohl nach den im Streitfall gegebenen Umständen eine Haftung des Geschäftsführers i. S. d. §§ 34, 35, 69 AO in Betracht kommt (BFH, Urteil vom 02.09.2021 VI R 47/18, BFH/NV 2022, 99).

Zur Haftung für pauschalierte Lohnsteuer hat der Bundesfinanzhof wie folgt dezidiert Stellung genommen:

Die Nichtabführung einzubehaltender und anzumeldender Lohnsteuer zu den gesetzlichen Fälligkeitszeitpunkten begründet regelmäßig eine zumindest grob fahrlässige Verletzung der Pflichten des Geschäftsführers einer GmbH. Das gilt auch im Fall der nachträglichen Pauschalierung der Lohnsteuer.

Bei der pauschalierten Lohnsteuer handelt es sich nicht um eine Unternehmenssteuer eigener Art, sondern um die durch die Tatbestandsverwirklichung des Arbeitnehmers entstandene und vom Arbeitgeber lediglich übernommene Lohnsteuer (BFH, Urteil vom 14.12.2021 VII R 32/20, BFH/NV 2022, 692 = NWB 2022, 1347, 1348 f. mit Anm. Brill = GmbHR 2022, R 215 f. mit Anm. Levedag = DStRK 2022, 154 mit Anm. Bergan; zur Ermessensausübung bei der Inanspruchnahme des Arbeitnehmers als Steuerschuldner und/oder des Arbeitgebers als Haftungsschuldner für die Lohnsteuernachforderung vgl. auch FG Bremen, Beschluss vom 21.10.2020 1 V 82/20 DStRK 2021, 301 rkr. m. Anm. Tronsberg).

Die höchstrichterliche Rechtsprechung hatte jedoch bereits vor längerer Zeit darauf hingewiesen, dass es für die rechtliche Beurteilung von Lohnzahlungen keine Rolle spielt, ob die dafür verwendeten Mittel der GmbH zur Verfügung gestanden haben oder die Zahlung aus dem persönlichen Vermögen der Gesellschafter erfolgt ist (BFH, Urteil vom 21.10.1986, VII R 144/83, BFH/NV 1987, 286, 287). Diese Rechtsprechung hat der BFH nochmals bekräftigt. Auch bei Zahlungen, die ein Gesellschafter-Geschäftsführer auf die von der GmbH geschuldeten Löhne aus seinem eigenen Vermögen ohne unmittelbare Berührung der Vermögenssphäre der Gesellschaft und, ohne dieser gegenüber dazu verpflichtet zu sein, selbst erbringt, hat er dafür zu sorgen, dass die LSt einbehalten und an das FA abgeführt wird (BFH, Urteil vom 22.11.2005, VII R 21/05, BFH/NV 2006, 652 = DStR 2006, 181). Damit hat sich die Haftungssituation für GmbH-Geschäftsführer, die die Löhne aus eigenem Vermögen bezahlen, verschärft. Wegen der

Unübersichtlichkeit der Rechtslage hat jedoch der BFH in dem letztgenannten Urteil einen entschuldbaren Rechtsirrtum für die Vergangenheit angenommen und somit mangels grober Fahrlässigkeit keinen Haftungstatbestand eruiert. Im Haftungsbescheid sind die Haftungsbeträge

- nach Steuerarten (Lohnsteuer, Kirchenlohnsteuer),
- nach zeitlicher Zuordnung und
- auf die einzelnen Arbeitnehmer aufzuteilen.

Nur dann hat der Arbeitgeber eine Rückgriffsmöglichkeit gegenüber seinen Arbeitnehmern. Eine Aufteilung der Haftungsbeträge nach Kalenderjahren ist erforderlich (Jahreslohnsteuer), da die Haftungsschuld des Arbeitgebers stets akzessorisch zur Steuerschuld des Arbeitnehmers ist. Grundsätzlich sind die auf den einzelnen Arbeitnehmer entfallenden Steuerschulden, für die der Arbeitgeber haften soll, getrennt auszuweisen. Auch dies folgt aus der Akzessorietät der Haftungsschuld. Zudem erhält auch nur so der Arbeitnehmer die Möglichkeit, gegen den Haftungsbescheid Einspruch einzulegen, sofern er betroffen ist.

Die Rechtsprechung gewährt der Verwaltung jedoch Verfahrenserleichterungen. So kann von einer Aufgliederung des Haftungsbescheids nach einzelnen Arbeitnehmern abgesehen werden, wenn der Arbeitgeber dem FA die Namen der Arbeitnehmer vorenthält (BFH, Urteil vom 08.11.1985, VI R 237/80, BStBl II 1986, 274). Entsprechend darf verfahren werden, wenn der Arbeitgeber Aufzeichnungs- und Mitwirkungspflichten verletzt hat oder wenn der Vorwurf der Steuerhinterziehung erhoben werden kann. Wie bei der Schätzung dürften auch hier mit zunehmendem Gewicht von Pflichtverletzungen des Stpfl. die Anforderungen an den Inhalt des Haftungsbescheids abnehmen.

Da im Haftungsbescheid grundsätzlich der einzelne Arbeitnehmer als der Steuerschuldner und die einzelne (Jahres-)Steuerschuld genannt werden müssen (Akzessorietät der Haftungsschuld), sind bei der Berechnung der Haftungsschuld die individuellen Verhältnisse der einzelnen Arbeitnehmer zu berücksichtigen. Jedoch ist die Ermittlung der LSt nach Durchschnittssätzen auch in Haftungsverfahren zulässig, wenn

- das FA aufgrund fehlender Aufzeichnungen des Arbeitgebers die Namen der begünstigten Arbeitnehmer und den von ihnen jeweils erlangten Vorteil nicht ermitteln kann (BFH, Urteil vom 07.12.1984, VI R 164/79, BStBl II 1985, 164);
- die individuelle Ermittlung der auf den einzelnen Arbeitnehmer entfallenden LSt schwierig ist, der Arbeitgeber gegen die Höhe des durch-

schnittlichen Steuersatzes keine Einwendungen erhoben hat und von vornherein nicht beabsichtigt, die Arbeitnehmer jeweils in Regress zu nehmen (BFH, Urteil vom 07.12.1984, VI R 72/82, BStBl II 1985, 170; Wermelskirchen/Horn, in Blumers/Frick/Müller, Betriebsprüfungshandbuch, weitere Prüfungen, Rz. 94).

Die steuerstrafrechtliche Bedeutung der Unterscheidung zwischen Nachforderungs- und Haftungsbescheid wird im Folgenden deutlich: Die LSt, die mit dem Nachforderungsbescheid geltend gemacht wird, ist eine eigene Unternehmenssteuer. Sie entsteht mit dem Antrag des Arbeitgebers und der Zustimmung des FA. Ermittelt die LSt-Außenprüfung im Jahr 2010 verkürzte LSt und einigt man sich auf eine pauschale LSt-Erhebung, so entsteht die LSt-Nachforderung im Jahr 2010 (§ 40 EStG). **Da diese LSt mithin erst mit ihrer Erhebung entsteht, können diese Beträge nicht hinterzogen sein**. Sie können einer Strafe nicht zugrunde gelegt werden, auch nicht der Erhebung von Hinterziehungszinsen. Allerdings tritt die Pauschalierung i. d. R. an die Stelle der LSt-Haftung, die die Festsetzung von Hinterziehungszinsen ermöglicht (§ 235 Abs. 1 Satz 2 AO). Grundlage dieser Hinterziehungszinsen muss die Haftungsschuld sein, nicht die Steuerschuld. In diesen Fällen muss also das FA innerhalb des Hinterziehungszinsverfahrens trotz der Pauschalierung exakt die Besteuerungsgrundlagen eines LSt-Haftungsanspruchs ermitteln, wobei noch offen ist, ob überhaupt Hinterziehungszinsen auf Haftungsbeträge erhoben werden können, die nie gezahlt wurden; sie werden durch die Nachforderungs-Steuerschuld ersetzt (Streck, Die Außenprüfung, 2. Aufl. 1993, Rdnr. 937).

Bei der steuerstrafrechtlichen Verfolgung von LSt-Verkürzungen heben die BuStra-Stellen gern die „Treuhandstellung" der Arbeitgeber hervor; die Tatsache, dass der Arbeitgeber unentgeltlich für den Staat tätig wird (was nach allgemeinen Rechtsvorstellungen zu einem geringeren Haftungsmaßstab führen müsste), hat man demgegenüber aus dem steuerstrafrechtlichen Bewusstsein nahezu vollständig verdrängt (Streck, Die Außenprüfung, 2. Aufl. 1993, Rdnr. 940). Der Einigung über Nachzahlungen in LSt-Außenprüfungen folgt häufig die Einleitung des Steuerstrafverfahrens, eine oft nicht kalkulierte, überraschende Folge der schnellen Einigung. Gerade auch im Hinblick auf diese strafrechtliche Folge ist bei lohnsteuerlichen Einigungen Vorsicht geboten. Mag die **Einleitung** eines Steuerstrafverfahrens auch rasch erfolgen, so ist doch nicht zu vergessen, dass der **Nachweis** der Hinterziehung voraussetzt, dass bewiesen wird, dass eine oder mehrere Personen **vorsätzlich** handelten. Im Hinblick auf die vielfältige Verteilung von Kompetenzen in Unternehmen ist es für die Ermittlungsorgane meist sehr schwierig, einen **Vorsatzvorwurf** auf eine oder mehrere Personen zu zentrieren; dabei kommt hinzu, dass die LSt-Außenprüfung und erst recht ein Strafverfahren der seinerzeitigen steuerlichen Falschbehandlung in erheblichem zeitlichen Abstand nachfolgen, sodass auch insoweit die Feststellung (strafrechtlich) Verantwortlicher erschwert ist. Meist wird deshalb allenfalls eine Ahndung als Ordnungswidrigkeit möglich sein.

Eines Haftungsbescheids und Leistungsgebots bedarf es nicht, wenn der Arbeitgeber nach Abschluss der LSt-Außenprüfung ein **schriftliches Anerkenntnis über seine Zahlungsverpflichtung** abgegeben hat (§ 42d Abs. 4 Nr. 2 EStG). Nachdem der Gesetzgeber mit Gesetzesänderung vom 21.12.1993, BGBl I 1993, 2310, 2345 das Arbeitgeberanerkenntnis einer Steueranmeldung gleichgestellt hat, kann seither aus dem Arbeitgeberanerkenntnis auch vollstreckt werden (§ 167 Abs. 1 Satz 3 AO).

8.3 Grenzen der Lohnsteuer-Außenprüfung (Vertrauensschutz)

Eine Nachforderung von LSt aufgrund der Ergebnisse der LSt-Außenprüfung ist nicht deswegen ausgeschlossen, weil die LSt-Berechnung bei einer früheren LSt-Außenprüfung unbeanstandet geblieben ist (BFH, Urteil vom 02.08.1956, IV 587/55 U, BStBl III 1956, 340). Sind Fehler bei einer früheren Prüfung nicht beanstandet worden, weil sie nicht erkannt wurden, so sind die zugrunde liegenden Steuervorgänge überhaupt nicht in den Wissensbereich der zur Sachentscheidung berufenen Stelle des FA gelangt und können allein aus diesem Grunde nicht von ihr gebilligt worden sein. Das Gleiche gilt, wenn bei der früheren Prüfung zwar Vorgänge vom LSt-Außenprüfer mit dem Arbeitgeber erörtert worden sind, diese aber keinen Niederschlag im Prüfungsbericht gefunden haben (BFH, Urteil vom 20.07.1962, VI 167/61 U, BStBl III 1963, 23, 25).

Anders liegt der Fall aber bei langjähriger unbeanstandet gebliebener Handhabung durch den Arbeitgeber (BFH, Urteil vom 06.09.1963, VI 80/62 U, BStBl III 1963, 574). Wenn aber der Prüfer Fehler erkennt, diese nicht beanstandet und der Arbeitgeber daher seine Handlungsweise für zutreffend hält, kann die Inanspruchnahme des Arbeitgebers nach einer späteren Prüfung ermessensfehlerhaft sein (Schmidt/Krüger, EStG, 40. Aufl. 2021, § 42f. Rdnr. 10). Macht der Arbeitgeber in schwierigen Fällen, in denen ihm bei Anwendung der gebotenen Sorgfalt Zweifel über die Rechtslage kommen müssen, von der Möglichkeit der Anrufungsauskunft keinen Gebrauch, so ist ein auf dieser Unterlassung beruhender Rechtsirrtum grundsätzlich nicht entschuldbar und steht der Inanspruchnahme des Arbeitgebers im Wege der Haftung nicht entgegen (§ 42e EStG; BFH, Urteil vom 18.08.2005, VI R 32/03, BStBl II 2006, 30).

Eine dem Arbeitgeber erteilte Anrufungsauskunft (§ 42e EStG) stellt nicht nur eine Wissenserklärung (unverbindliche Rechtsauskunft) des Betriebsstätten-FA darüber dar, wie im einzelnen Fall die Vorschriften über die Lohnsteuer anzuwenden sind. Sie ist vielmehr feststellender Verwaltungsakt i. S. d. § 118 Satz 1 AO, mit dem sich das FA selbst bindet. Die Vorschrift des § 42e EStG gibt dem Arbeitgeber nicht nur ein Recht auf förmliche Bescheidung seines Antrags. Sie berechtigt ihn auch, eine ihm erteile Anrufungsauskunft erforderlichenfalls im Klageweg inhaltlich überprüfen zu lassen (BFH, Urteil vom 30.04.2009, VI R 54/07, BStBl II 2010, 996 – Änderung der Rechtsprechung).

Im Übrigen gilt der Grundsatz, dass es erheblicher Gründe bedarf, wenn das FA von einer langjährigen, rechtlich möglichen Sachverhaltswürdigung abweichen will. Endgültige Rechtssicherheit kann der Stpfl. bzw. Arbeitgeber nur erreichen, wenn er nach Abschluss der Ap eine verbindliche Zusage gemäß § 204 AO über strittige Sachverhalte (z. B. Grenzbereiche bei Sachbezügen, Incentives etc.) beantragt und erhält. Hat der Arbeitgeber eine Anrufungsauskunft eingeholt und ist er danach verfahren, ist das Betriebstätten-FA im LSt-Abzugsverfahren daran gebunden. Eine Nacherhebung der LSt ist auch dann nicht zulässig, wenn der Arbeitgeber nach einer LSt-Außenprüfung einer Pauschalierung nach § 40 Abs. 1 Satz 1 Nr. 2 EStG zugestimmt hat (BFH, Urteil vom 16.11.2005, VI R 23/02, BB 2006, 301).

Zur Wiederholung einer Steueraußenprüfung ist folgendes Judikat ergangen: Bei formellen Mängeln einer Prüfungsanordnung, die zu ihrer Aufhebung oder zur Feststellung ihrer Rechtswidrigkeit bzw. ihrer Nichtigkeit führen, ist die Finanzbehörde berechtigt, unter Vermeidung des früheren Verfahrensfehlers erneut eine Prüfung anzuordnen. Ein solcher Fall liegt vor, wenn in der Prüfungsanordnung der Adressat nicht korrekt bezeichnet ist und wegen zweier vorhandener, ähnlich firmierender Unternehmen Verwechslungsgefahr besteht. Die Wiederholung ist selbst dann zulässig, wenn aufgrund der vorangegangenen Prüfung bereits ein ordnungsgemäß bekannt gegebener Haftungsbescheid ergangen war, den die Finanzbehörde auf Rechtsbehelf des Stpfl. hin wieder aufgehoben hat. Die neuere Rechtsprechung zur Einschränkung des sog. Verwertungsverbots steht einer Wiederholung der unwirksam angeordneten Prüfung nicht entgegen (FG Köln, Urteil vom 07.04.2004, 7 K 7227/99, EFG 2004, 1184, rkr.). Aus der Rechtsprechung über unzulässige Auskunftsersuchen der Finanzbehörden im Rahmen von Rasterfahndungen ist kein Verwertungsverbot gegenüber Feststellungen herzuleiten, die bei einer LSt-Außenprüfung getroffen werden (BFH, Beschluss vom 23.03.2005, VI B 102/04, BFH/NV 2005, 1224).

Erteilt das Betriebsstättenfinanzamt dem Arbeitgeber eine Lohnsteueranrufungsauskunft, sind die Finanzbehörden im Rahmen des Lohnsteuerabzugsverfahrens an diese auch gegenüber dem Arbeitnehmer gebunden. Das FA kann daher die vom Arbeitgeber aufgrund einer (unrichtigen) Anrufungsauskunft nicht einbehaltene und abgeführte Lohnsteuer vom Arbeitnehmer nicht nach § 42d Abs. 3 Satz 4 Nr. 1 EStG nachfordern (BFH, Urteil vom 17.10.2013, VI R 44/12, BStBl II 2014, 892).

Die Lohnsteueranrufungsauskunft nach § 42e EStG trifft eine Regelung dahin, wie die Finanzbehörde den vom Antragsteller dargestellten Sachverhalt gegenwärtig beurteilt. Entsprechend diesem Regelungsgehalt überprüft das FG die Auskunft sachlich nur daraufhin, ob der Sachverhalt zutreffend erfasst und die rechtliche Beurteilung nicht evident fehlerhaft ist (BFH, Urteil vom 27.02.2014, VI R 23/13, BStBl II 2014, 894; BFH, Urteil vom 07.05.2014, VI R 28/13, BFH/NV 2014, 1734; hierzu ergänzend Niedersächsisches FG, Urteil vom 21.02.2017, 14 K 211/15, EFG 2017, 1751, 1755 f., rkr., m. Anm. Kratzsch).

Eine Haftung des Arbeitgebers in Fällen des § 38 Abs. 3a EStG kommt nach § 42d Abs. 9 Satz 4 EStG i. V. m. § 42d Abs. 3 Satz 4 Nr. 1 EStG nur in Betracht, wenn der Dritte die Lohnsteuer für den Arbeitgeber nicht vorschriftsmäßig vom Arbeitslohn einbehalten hat. An einem derartigen Fehlverhalten fehlt es, wenn beim Lohnsteuerabzug entsprechend einer Lohnsteueranrufungsauskunft oder in Übereinstimmung mit den Vorgaben der zuständigen Finanzbehörden der Länder oder des Bundes verfahren wird (BFH, Urteil vom 20.03.2014, VI R 43/13, BStBl II 2014, 592 = FR 2014, 769, 770 f. m. Anm. Bergkemper).

Eine Anrufungsauskunft gemäß § 42e EStG kann entsprechend § 207 Abs. 2 AO mit Wirkung für die Zukunft aufgehoben oder geändert werden. Die Aufhebung oder Änderung einer Anrufungsauskunft ist ermessensfehlerhaft, wenn das FA zu Unrecht von deren Rechtswidrigkeit ausgeht (BFH, Urteil vom 02.09.2021 VI R 19/19, BStBl II 2022, 136 = NWB 2021, 3701 f. mit Anm. Kanzler = StBp 2022, 132 ff. m. Anm. Brandt = GmbHR 2022, R 55 mit Anm. Levedag = DStRK 2022, 14 mit Anm. Pelkmann = Aktuelles Steuerrecht 2022, 101 ff. m. Anm. Seifert; hierzu eingehend Seifert, Stbg 2022, 137 ff.).

Der Widerruf einer dem Arbeitgeber erteilten Lohnsteueranrufungsauskunft (§ 42e EStG) ist ein feststellender, aber nicht vollziehbarer Verwaltungsakt. Ein Antrag auf AdV nach § 69 Abs. 3 Satz 1, Abs. 2 Satz 2 FGO ist deshalb nicht statthaft (BFH, Beschluss vom 15.01.2015, VI B 103/14, BFH/NV 2015, 737 = EStB 2015, 166 m. Anm. Günther).

Zu Möglichkeiten und Grenzen des Erlasses eines Lohnsteuer-Haftungsbescheides gegen den Arbeitgeber bei Eintritt der Festsetzungsverjährung der Lohnsteuer gegenüber dem Arbeitnehmer hat der Bundesfinanzhof sowohl für die alte als auch neue Rechtslage (vor bzw. nach Einführung des § 171 Abs. 15 AO) dezidiert Stellung genommen (BFH, Beschluss vom 17.03.2016, VI R 3/15, BFH/NV 2016, 994 = BB 2016, 1445, 1448 m. Anm. Heinmüller).

Zu Verfahrensfragen im Hinblick auf die Abwicklung der LSt-Anrufungsauskunft aus Sicht der Finanzverwaltung hat das Bundesfinanzministerium in einer aktualisierten Verwaltungsanweisung Stellung genommen (BMF-Schreiben vom 12.12.2017, IV C 5 – S 2388/14/10001 DOK 2017/0888392, BStBl I 2017, 1656 m. Anm. Krause, DB 2018, 346 und Hilbert, BB 2018, 424).

8.4 Wegfall des Nachprüfungsvorbehalts

Da die LSt-Außenprüfung im Allgemeinen einen abschließenden Umfang hat, ist daraufhin regelmäßig der Vorbehalt der Nachprüfung in Bezug auf die LSt-Anmeldungen aufzuheben (§ 164 Abs. 3 Satz 1 AO). Dies gilt auch dann, wenn die LSt-Außenprüfung zu keiner Änderung geführt hat. Jedoch wird die Auffassung vertreten, dass der Nachprüfungsvorbehalt möglicherweise aufrechterhalten bleiben kann, wenn sich die LSt-Außenprüfung ausnahmsweise auf bestimmte lohnsteuerrechtliche Sachverhalte, z. B. die Besteuerung der Aushilfslöhne, beschränkt hat.

8.5 Änderungssperre

Steuerbescheide, die **aufgrund einer LSt-Außenprüfung** ergangen sind, können nur aufgehoben oder geändert werden, wenn eine Steuerhinterziehung oder eine leichtfertige Steuerverkürzung vorliegt (§ 173 Abs. 2 AO). Dies gilt auch dann, wenn dem Arbeitgeber die Mitteilung gemäß § 202 Abs. 1 Satz 3 AO gemacht worden ist. Umstritten ist jedoch, ob die eingeschränkte Berichtigungsmöglichkeit nach § 173 Abs. 2 AO auch für **Haftungsbescheide** gilt. Die Rechtsprechung vertritt zu Recht die Auffassung, dass die Änderungssperre nach § 173 Abs. 2 AO konsequenterweise auch den Erlass eines Haftungsbescheids verbietet (BFH, Urteil vom 31.08.1990, VI R 78/86, BStBl II 1991, 537). Ein nachträglich bekannt gewordener Sachverhalt, auf den sich die Prüfung tatsächlich nicht erstreckt hat, nach der Prüfungsanordnung aber hätte erstrecken können, rechtfertigt daher keine Änderung des aufgrund der Prüfung ergangenen Bescheids.

Die gleichen Grundsätze gelten auch, wenn nach der LSt-Außenprüfung gegenüber dem Arbeitgeber ein Bescheid ergangen ist. Wird nach der Prüfung der Vorbehalt der Nachprüfung der den Prüfungszeitraum betreffenden LSt-Anmeldungen aufgehoben, so steht dem späteren Erlass eines Pauschalierungsbescheids oder eines LSt-Haftungsbescheids für einen den Prüfungszeitraum betreffenden Sachverhalt die **Änderungssperre des § 173 Abs. 2 AO** entgegen (BFH, Urteil vom 15.05.1992, VI R 183/88, BStBl II 1993, 829; BFH, Urteil vom 15.05.1992, VI R 106/88, BStBl II 1993, 840; bestätigt durch BFH, Urteil vom 07.02.2008, VI R 83/04, BStBl II 2009, 703; BMF, Schreiben vom 08.11.1993, IV A 4 – S 0351 – 11/93/IV B 6 – S 2386 – 33/93, BStBl I 1993, 922; hierzu Hannig, Steuer & Studium 2014, 658, 661). Umstritten ist, ob ein Erlass eines Haftungsbescheids weiter möglich bleibt, wenn die Aufhebung des Vorbehalts der Nachprüfung – aus welchen Gründen auch immer – unterbleibt (BFH, Urteil vom 15.12.1994, V R 135/93, BFH/NV 1995, 938). Teilweise wird im Schrifttum danach differenziert, ob sich die Prüfungsanordnung und der Vorbehalt auf bestimmte Teilbereiche von LSt-Außenprüfungen beschränken. War nach der Prüfung versehentlich die Aufhebung des Vorbehalts der Nachprüfung übersehen worden, so hat der Arbeitgeber noch einen entsprechenden Anspruch und damit ebenfalls den Schutz der Änderungssperre des § 173 Abs. 2 AO. Die vorstehende Rechtsfolge tritt auch dann ein, wenn vor der LSt-Außenprüfung noch keine LSt-Anmeldungen abgegeben worden waren und der nach der Prüfung ergangene Haftungs-/Pauschalierungsbescheid erstmals die gesamte LSt des Prüfungszeitraums zeitraumbezogen erfasst (Thomas, DStR 1992, 1468).

Um den Diskussionen von vornherein jegliche Grundlage zu entziehen, sollte der Arbeitgeber darauf bestehen, dass mit der Beendigung der LSt-Außenprüfung automatisch der Vorbehalt der Nachprüfung sofort aufgehoben wird, um den Schutz der Änderungssperre des § 173 Abs. 2 AO in jedem Fall – unbeschadet des genannten Streitstands – zu sichern.

VI. Lohnsteuer-Nachschau (§ 42g EStG)

Schrifttum:

Apitz	Lohnsteuer-Nachschau – § 42g EStG, StBp 2014, 33
Bergan/Jahn	Die Lohnsteuer-Nachschau nach § 42g EStG – Pflichten des Arbeitgebers und Grenzen des Prüfers, NWB 2015, 579
Buse	Die LSt-Nachschau (§ 42g EStG), DB 2016, 1152

Hannig	Lohnsteuer-Nachschau nach § 42g EStG, Steuer & Studium 2014, 715
Hilbert	Die Lohnsteuer-Nachschau (§ 42g EStG), StB 2013, 244
Janssen-Heid/ Hilbert	Lohnsteuer-Nachschau nach § 42g EStG – Übersicht und offene Fragen, BB 2015, 598

Verwaltungsanweisung:

1. BMF, Schreiben vom 16.10.2014, IV C 5 – S 2386/09/10002 :001 DOK 2014/0890135, BStBl I 2014, 1408 betr. Lohnsteuer-Nachschau

1. Vorbemerkungen

Im Rahmen des Jahressteuergesetzes 2013 sollten die Regelungen zum „Steuerabzug vom Arbeitslohn" um eine Lohnsteuer-Nachschau angereichert werden. Die dabei geplante und in den neuen § 42g EStG gefasste Vorschrift der sog. Lohnsteuer-Nachschau wurde erst im Rahmen des Amtshilferichtlinie-Umsetzungsgesetzes (AmtshilfeRLUmsG) letztlich kodifiziert. Das langwierige Gesetzgebungsverfahren führte auch dazu, dass in einer Vielzahl von variierenden Drucksachen gesetzgeberische Wünsche unterschiedlich artikuliert worden sind. Aus fiskalischer Sicht sollen die vielen Kontrollmöglichkeiten von Beamten der Zollfahndung auf eine neue Rechtsgrundlage gestellt werden. Nach den vorherigen Regelungen waren im Rahmen der Amtshilfe bis jetzt weder Beamte der Zollverwaltung noch solche der Finanzverwaltungen befugt, substanziierte Kontrollen im Lohnsteuerbereich durchzuführen. Diese Lücke soll die Lohnsteuer-Nachschau nun schließen, indem die Grundlage „für eine schnelle und effektive Prüfung durch die Finanzämter geschaffen" wird und Möglichkeiten der „Beteiligung von Lohnsteuer-Außenprüfern an Einsätzen der Finanzkontrolle Schwarzarbeit" verbessert werden. Während hingegen eine normale Außenprüfung aufgrund der Regelung in § 196 AO vorher angekündigt werden muss, gilt dies für die Lohnsteuer-Nachschau nämlich nicht. Dieses Privileg der Ermittler wird in der Gesetzesbegründung wie folgt gerechtfertigt (BR/Drucks. 302/1/12 vom 22.06.2012, 48 f.):

„Eine derartige Ankündigung gibt steuerunehrlichen Unternehmen jedoch die Zeit, Vorkehrungen zu treffen, um gegenüber den Steuerbehörden einen normalen Geschäftsbetrieb vorzutäuschen oder den Geschäftsbetrieb einzustellen" (siehe Apitz, StBp 2014, 33 ff. zum Gesetzeszweck der USt-Nachschau).

Diesem Problem soll mit der spontanen LSt-Nachschau entgegen getreten werden. Das Vorbild der Vorschrift ist die USt-Nachschau in § 27b UStG bzw. §§ 210 f. AO, die Teile der Vorschriften zu „Steueraufdeckung in besonderen Fällen" betreffen. Deshalb kann zu einer Vielzahl von Zweifelsfragen auf die entsprechenden Ausführungen zur USt-Nachschau zurückgegriffen werden. Die Vorschrift ist erstmals zu Fragen des Steuerabzugs vom Arbeitslohn nach § 52 Abs. 1 Satz 2 EStG auf laufenden Lohn anwendbar, der für einen nach dem 31.12.2012 entsprechenden Lohnzahlungszeitraum gezahlt wird, sowie auf sonstige Bezüge, die nach dem 31.12.2012 zufließen.

Zum Sinn und Zweck der Lohnsteuer-Nachschau aus Sicht der Finanzverwaltung siehe BMF-Schreiben vom 16.10.2014, IV C 5 – S 2386/09/10002 :001 DOK 2014/0890135, BStBl I 2014, 1408 = BB 2014, 3045, 3047 m. Anm. Hilbert; hierzu Hannig, Steuer & Studium 2014, 715 ff.; Janssen-Heid/Hilbert, BB 2015, 598 ff.; Bergan/Jahn, NWB 2015, 579 ff.; Buse, DB 2016, 1152 ff.

Eine Lohnsteuer-Nachschau kommt nach Auffassung der Finanzverwaltung in folgenden Fällen in Betracht (s. Tz. 2 des BMF-Schreibens vom 16.10.2014):

- bei Beteiligung an Einsätzen der Finanzkontrolle Schwarzarbeit,
- zur Feststellung der Arbeitgeber- oder Arbeitnehmereigenschaft,
- zur Feststellung der Anzahl der insgesamt beschäftigten Arbeitnehmer,
- bei Aufnahme eines neuen Betriebs,
- zur Feststellung, ob der Arbeitgeber eine lohnsteuerliche Betriebsstätte unterhält,
- zur Feststellung, ob eine Person selbstständig oder als Arbeitnehmer tätig ist,
- zur Prüfung der steuerlichen Behandlung von sog. Minijobs (vgl. § 8 Abs. 1 und 2 SGB IV), ausgenommen Beschäftigungen in Privathaushalten,
- zur Prüfung des Abrufs und der Anwendung der elektronischen Lohnsteuerabzugsmerkmale (ELStAM) und
- zur Prüfung der Anwendung von Pauschalierungsvorschriften, z. B. § 37b Abs. 2 EStG

2. Aufbau der Vorschrift

Die Vorschrift zur Lohnsteuer-Nachschau ist in fünf Absätze gegliedert. In Abs. 1 findet sich zunächst eine allgemeine Umschreibung des Kontrollinstruments, die dem Grundgedanken der gesetzgeberischen Absicht folgt. Es wird dort ausgeführt, dass die Lohnsteuer-Nachschau „der Sicherstellung einer ordnungsgemäßen Einhaltung und Abführung der Lohnsteuer" dienen soll und sie „ein besonderes Verfahren zur zeitnahen Aufklärung steuererheblicher Sachverhalte ist". Dieser vornehmlich als illustrierend zu bezeichnende Abschnitt des Gesetzestextes enthält mit der Darlegung des Regelungszwecks jedoch bereits erste Einschränkungen, erscheinen danach doch Ermittlungen „ins Blaue hinein" oder die Suche nach reinen „Zufallsfunden" unzulässig. Die Finanzbehörde muss bei ihrer Ermessensbetätigung gem. § 5 AO zur konkreten Durchführung einer Lohnsteuer-Nachschau im Einzelnen deren Zweckdienlichkeit zur Verwirklichung des genannten Gesetzestextes im Blick halten (Schmidt/Krüger, EStG, 40. Aufl. 2021, § 42g Rdnr. 3).

Im Schrifttum wird allerdings die Auffassung vertreten, dass es eine systemimmanente Beschränkung der Lohnsteuer-Nachschau auf aktuelle Lohnabrechnungszeiträume gibt (so Janssen-Heid/Hilbert, BB 2015, 598; Buse, BB 2016, 1152; a. A. jedoch Schmidt/Krüger, EStG, 38. Aufl. 2019 [§ 42g Rdnr. 3]).

3. Zeit, Ort und Betretungsrechte

Es kann auf die Ausführungen zur USt-Nachschau verwiesen werden.

4. Vorzulegende Unterlagen und Auskunftspflichten

Weitgehend gelten die Ausführungen zur USt-Nachschau entsprechend, jedoch mit einer wichtigen Ausnahme. Schließlich wurde die USt-Nachschau mit Wirkung zum 01.07.2011 – insbesondere mit Blick auf elektronische Rechnungen und beschränkte Möglichkeiten des Zugriffs auf Datenverarbeitungssysteme – erweitert (§ 27b Abs. 2 Satz 2 und 3 UStG). Da diese neuen Zugriffsmöglichkeiten aus § 27b UStG in der Vorschrift zur Lohnsteuer-Nachschau nicht nachgebildet wurden, ist davon auszugehen, dass zumindest entsprechende Einsichtsrechte in diesem Fall auch nicht bestehen. Zu beachten ist jedoch in diesem Zusammenhang allerdings, dass der Finanzverwaltung die Möglichkeit zum Übergang in eine Außenprüfung eröffnet ist (so Hilbert, StB 2012, 244, 247).

5. Verhältnis zur steuerlichen Selbstanzeige

Auch hier gelten die Ausführungen zur USt-Nachschau entsprechend. Es sollte aus Vorsichtsgründen davon ausgegangen werden, dass mit Erscheinen des Prüfers die Sperrwirkung für die Selbstanzeige bereits eintritt. Letztlich muss diese Frage jedoch, wie bei der USt-Nachschau, noch höchstrichterlich abschließend geklärt werden.

6. Fazit

Mit der Lohnsteuer-Nachschau steht der Finanzverwaltung ein weiteres Kontrollinstrumentarium zur Verfügung. Gerade im Hinblick auf die Besonderheiten des Lohnsteuerverfahrens und die Vielzahl der den Arbeitgebern dabei auferlegten Verpflichtungen bleibt zu hoffen, dass dieses nur zum Vorgehen gegen Schwarzarbeit und illegale Beschäftigung herangezogen wird (siehe auch Hilbert, StB 2013, 244, 249).

VII. Kassen-Nachschau

Schrifttum:

Achilles	Kassen-Nachschau nach § 146b AO, DB 2018, 18
ders.	Einzelaufzeichnungspflicht: Theorie und Praxis im Licht des AEAO zu § 146 DB 2018, 2454
ders.	AEAO zu § 146a – Manipulationsschutz für elektronische Aufzeichnungssysteme auf der Zielgerade?, DB 2019, 1920
Becker	Der Gesetzentwurf des BMF zum Schutz vor Manipulationen an digitalen Grundaufzeichnungen, DB 2016, 1158
Bellinger	Das Kassengesetz 2016 aus Sicht der Steuerberatung, DB 2019, 1292
Beyer	Schätzungsbefugnis bei Nichtbeachtung von digitalen Datenschnittstellen in Prüfungen, NWB 2024, 3294
Bleschick	Die Kassen-Nachschau, DB 2018, 2390
Brill	Der neue Anwendungserlass zu § 146a AO für elektronische Aufzeichnungssysteme, NWB 2020, 475
Brinkmann	Schätzungen im Steuerrecht, 5. Aufl. (2020)
Danielmeyer	Der Anwendungserlass für elektronische Aufzeichnungssysteme (§ 146a AO), StuB 2019, 589

Durst	Brennpunkte: Kassenführung, Kassenprüfung, Kassennachschau, KÖSDI 2018, 20723
Elster/Johrden	Entwurf der GoBD: Fachliche Erörterungen bewirken wichtige Änderungen, Stbg 2014, 299
Figatowski	Kassenführung, Betriebsprüfung und Steuerstrafverfahren: alles Wichtige auf einen Blick, PStR 2024, 281
Franke-Roericht/Roth	Einzelaufzeichnungspflicht, technischer Manipulationsschutz und Kassen-Nachschau, Stbg 2016, 247
Geberth/Höhn/Burlein	BMF: Überarbeitetes GoBD-Schreiben veröffentlicht, GmbHR 2019, R 236
Gehm	Vorschriften zur Führung elektronischer Kassen, Steuer & Studium 2018, 512
ders.	Die Kassen-Nachschau als neues Instrument der Steuerfahndung, PStR 2020, 138
Geiermann,	Die Kasse im Fokus der Finanzverwaltung – Besonderheiten und Entwicklungen, Stbg 2024, 81
Goldshteyn/Thelen	Extra fiscum recta doctrina non est? – Kritische Anmerkungen zu den GoBD und ihrer Rechtsqualität, DStR 2015, 326
dies.	Ordnungsmäßigkeit einer Buchführung und Haftungsrisiken bei Verstößen gegen die GoBD, DB 2015, 1126
Hafner	Neue GoBD: Kommt jetzt die Finanzverwaltung 4.0?, BB 2020, 363
Henn	Verfahrensdokumentation nach den GoBD, DB 2016, 254
Herrfurth	Der Point of Sale als zentraler Tatort steuergetriebener Erlösverkürzung, StuB 2016, 384
ders.	Gesetz zum Schutz vor Manipulationen an digitalen Grundaufzeichnungen verabschiedet, StuB 2017, 57
ders.	Kassensicherungsverordnung verabschiedet, StuB 2017, 649
ders.	Zehn Jahre GoBD – BMF hat mit Update 2024 die Chance auf überfällige Anpassungen erneut verstreichen lassen, StuB 2024, 697
Kamps	Grundsätze und Zweifelsfragen des Zugriffs auf elektronische Daten des Unternehmens im Rahmen einer Außenprüfung, Die AG 2016, 627

Kläne/ Thünemann	Von der Kassenrichtlinie zum Kassengesetz, StBp 2017, 239
Kowallik	Aktualisierung der GoBD, WPg 2024, 1027
Lüngen/Resing	Entwurf eines Gesetzes zum Schutz vor Manipulation von digitalen Grundaufzeichnungen, DStZ 2016, 781
Liepert/Sahm	Einzelaufzeichnungspflicht bei Kassen – Referentenentwurf des Gesetzes zum Schutz vor Manipulation an digitalen Grundaufzeichnungen, BB 2016, 1313
Merker	Neue Vorschriften für Kassen, Steuer & Studium 2017, 76
Pieske-Kontny	Die Kassen-Nachschau gem. § 146b AO im Taxigewerbe, StBp 2019, 208
Pump	Die Einzelaufzeichnungspflicht bei der Einnahmen-Überschussrechnung (EÜR) ab 01.01.2017, StBp 2018, 345
Pump/Heidl	Die Kassenführung der Marktbeschicker als Problem von Rechtsprechung, Gesetzgeber und Rechtsverordnungen, StBw 2019, 213
Ramme	Betriebliches Datenmanagement im Blickpunkt der Betriebsprüfung, DB 2014, 1515
Rennar	Einsatz von zertifizierten technischen Sicherheitseinrichtungen (TSE) in Kassensystemen, StuB 2020, 597
Schleep/ Köster/Jungen	Digitale Grundaufzeichnungen bargeldintensiver Unternehmen – Ordnungsmäßigkeit und Prüfung, FR 2018, 548
Schwenker	Gesetzliche Neuregelung zum Schutz vor Manipulation bei den elektronischen Registrierkassen, DStR 2017, 225
Seifert	Neues zur TSE-Nachrüstung, StuB 2020, 736
Teutemacher	Wird die neue Form der Kassen-Nachschau vermehrt zu Steuerstrafverfahren führen?, PStR 2023, 155
Tiede	Neufassung des § 146 Abs. 1 AO durch das Gesetz zum Schutz vor Manipulationen an digitalen Grundaufzeichnungen, StuB 2018, 529
Wagner/Groß	Zu den neuen Vorgaben des BSI bei der Kassendatenfiskalisierung, oder: Die Grenzen administrativer Rechtssetzung im Rechtsstaat, BB 2024, 2647 (Teil I) und 2711 (Teil II)

Verwaltungsanweisungen:

1. BMF, Schreiben vom 26.11.2010, IV A 4 – S 0316/08/10004 – 07 DOK 2010/0946087 BStBl I 2010, 1342 betr. Aufbewahrung digitaler Unterlagen bei Bargeschäften
2. BMF, Schreiben vom 14.11.2014, IV A 4 – S 0316/13/10003 DOK 2014/0353090, BStBl I 2014, 1450 betr. Grundsätze zur ordnungsgemäßen Führung und Aufbewahrung von Büchern, Aufzeichnungen und Unterlagen in elektronischer Form (GoBD)
3. BMF, Schreiben vom 29.05.2018, IV A 4 – S 0316/13/10005 :054 DOK 2018/0427337 BStBl I 2018, 699 betr. Gesetzliche Neuregelung des § 146b AO durch das Gesetz zum Schutz vor Manipulationen an digitalen Grundaufzeichnungen vom 22. Dezember 2016; Anwendungserlass zu § 146b AO
4. BMF, Schreiben vom 19.06.2018, IV A 4 – S 0316/13/10005 :053 DOK 2018/0427877, BStBl I 2018, 706 betr. Neufassung des § 146 Abs. 1 AO durch das Gesetz zum Schutz vor Manipulationen an digitalen Grundaufzeichnungen vom 22. Dezember 2016; Anwendungserlass zu § 146 AO
5. OFD Karlsruhe, Verfügung vom 26.07.2018, S 0315 – St 42, DStR 2019, 108 betr. Informationen zum Thema „Ordnungsmäßigkeit der Kassenbuchführung"
6. BMF, Schreiben vom 17.06.2019, IV A 4 – S 0316 – a/18/10001 DOK 2019/0511938 BStBl I 2019, 518 betr. Einführung des § 146a AO durch das Gesetz zum Schutz vor Manipulationen an digitalen Grundaufzeichnungen vom 25.12.2016; Anwendungserlass zu § 146a AO
7. BMF, Schreiben vom 06.11.2019, IV A 4 – S 0319/19/10002 :001 DOK 2019/0891800, BStBl I 2019, 1010 betr. Nichtbeanstandungsregelung bei Verwendung elektronischer Aufzeichnungssysteme im Sinne des § 146a AO ohne zertifizierte technische Sicherheitseinrichtung nach dem 31. Dezember 2019
8. BMF, Schreiben vom 28.11.2019, IV A 4 – S 0316/19/10003 :001 DOK 2019/0962810, BStBl I 2019, 1269 betr. Grundsätze zur ordnungsgemäßen Führung und Aufbewahrung von Büchern, Aufzeichnungen und Unterlagen in elektronischer Form sowie zum Datenzugriff (GoBD); geändert durch BMF, Schreiben vom 11.03.2024, BStBl I 2024, 374
9. OFD Karlsruhe, Verfügung vom 10.02.2020 – S 0315 – St 42, DStR 2020, 726, zum Thema „Ordnungsmäßigkeit der Kassenbuchführung"
10. FinMin Baden-Württemberg, Erlass vom 10.07.2020 – 3 S 031.9/4 DB 2020, 1544 zur Nichtbeanstandungsregelung bei Verwendung elektronischer Aufzeichnungssysteme i. S. d. § 146a AO ohne zertifizierte Sicherheitseinrichtung nach dem 31.12.2019 und AEAO zu § 148 AO

11. BMF, Schreiben vom 18.08.2020, IV A 4 – S 0319/20/10003 :003 DOK 2020/0794005, BStBl I 2020, 656 betr. Nichtbeanstandungsregelung bei Verwendung elektronischer Aufzeichnungssysteme im Sinne des § 146a AO, ohne zertifizierte technische Sicherheitseinrichtung nach dem 31. Dezember 2019 und Anwendung zur Abgabenordnung zu § 148
12. BMF, Schreiben vom 21.08.2020, IV A 4 – S 0316-a/19/10006 :007 DOK 2020/0834574 BStBl I 2020, 1047 betr. steuerliche Behandlung der Kosten der erstmaligen Implementierung einer zertifizierten technischen Sicherheitseinrichtung
13. LfSt Bayern, Vfg. v. 29.01.2021, S 0316b.1.1 – 1/1 St43, DStR 2021, 620 betr. die Kassen-Nachschau (§ 146b AO)
14. BMF, Schreiben vom 11.03.2024, IV D 2 – S 0316-a/21/10006 :008 DOK 2024/0199144, BStBl I 2024, 367 betr. Aufzeichnung und Aufbewahrung von Geschäftsvorfällen und anderen steuerlich relevanten Daten bei Taxi- und Mietwagenunternehmen
15. BMF, Schreiben vom 28.06.2024, IV D 2 – S 0316-a/20/10003 :007 DOK 2024/0540959 BStBl I 2024, 1063 betr. Änderung des Anwendungserlasses zur Abgabenordnung zu § 146a AO
16. BMF, Schreiben vom 28.06.2024 IV D 2 – S 0316-a/19/10011 :009 DOK 2024/0511821 BStBl I 2024, 1063 betr. zum Beginn der Mitteilungspflicht nach § 146a Abs. 4 AO

Die Finanzverwaltung nimmt Mängel bei der Kassenführung regelmäßig zum Anlass, die Buchführung bzw. die steuerlichen Aufzeichnungen des Steuerpflichtigen zu verwerfen und Zuschätzungen nach § 162 AO vorzunehmen. Die formelle Ordnungsmäßigkeit einer Buchführung gem. § 158 AO ist allerdings nur bei Vorliegen wesentlicher Mängel erschüttert, mit der Folge, dass die Finanzverwaltung gem. § 162 Abs. 2 Satz 2 AO zur Schätzung befugt ist. Zuzugestehen ist der Finanzverwaltung, dass gerade bei elektronischen Kassensystemen, wie sie z.B. in der Gastronomie Verwendung finden, zunehmend Manipulationen zu beobachten sind, um Steuern zu verkürzen. Zu diesen Manipulationen zählen etwa nicht dokumentierte Stornierungen und nicht dokumentierte Änderungen. Sie erfolgen mithilfe elektronischer Programme oder durch den Einsatz von **Manipulationssoftware**. Diese kann sich versteckt auf dem Kassensystem befinden (Phantomware), auf einem USB-Stick oder aber über das Internet in Form eines **Zappers** zur Anwendung kommen (BT-Drucksache 18/9535, 11; BT-Drucksache 18/9957, 2). Der Gesetzgeber hat dieses Problem erkannt und entsprechende Gegenmaßnahmen mit dem Gesetz zum Schutz vor Manipulationen an digitalen Grundaufzeichnungen vom 22.12.2016 (BGBl I 2016, 3152) ergriffen.

Zu den Referenten- bzw. Regierungsentwürfen der GoBD siehe die Stellungnahmen im Schrifttum Elster/Johrden, Stbg 2014, 299ff.; Ramme, DB 2014, 1515ff.; Goldshteyn/Thelen, DStR 2015, 326ff.; dies., Herrfurth, StuB 2016, 384ff.; ders., StuB 2017, 649ff.; DB 2015, 1126ff.; Franke-Roericht/Roth, Stbg 2016, 247ff.; Liepert/Sahm, BB 2016, 1313ff.; Kamps, Die AG 2016, 627ff.; Kläne/Thünemann, StBp 2017, 239ff.; Lüngen/Resing, DStZ 2016, 781ff.; Merker, Steuer & Studium 2017, 76f.

Kernpunkt dieser Änderungen für elektronische Kassensysteme ist die am **01.01.2020 in Kraft getretene Regelung des § 146a AO**. Konkretisiert werden die Ordnungsvorschriften für elektronische Kassen durch die auf § 146a Abs. 3 AO beruhende **KassensichV** vom 26.09.2017 (BGBl I 2017, 3515 = BStBl I 2017, 1318). Hieraus folgt, dass elektronische Kassen zukünftig über eine **zertifizierte technische Sicherheitseinrichtung verfügen müssen**, bestehend aus

- einem **Sicherheitsmodul**
- einem **Speichermedium und**
- einer **digitalen Schnittstelle.**

Durch das **Sicherheitsmodul** wird gewährleistet, dass mit Beginn des Aufzeichnungsvorgangs Kasseneingaben protokolliert werden und damit nicht später unerkannt verändert werden können.

Die Einzelaufzeichnungen werden dabei für die Dauer der gesetzlichen Aufbewahrungsfrist auf dem **Speichermedium** gespeichert.

Schließlich gewährleistet die **digitale Schnittstelle** die Datenübertragung zu steuerlichen Prüfzwecken (Gehm, Steuer & Studium 2018, 512).

Die Anforderungen nach der Kassenrichtlinie lauten in aller Kürze:

- Geschäftsvorfälle müssen elektronisch aufgezeichnet werden, und zwar einzeln, vollständig, richtig, zeitgerecht und geordnet.
- Diese Daten sind unveränderlich abzuspeichern. Ist dies innerhalb des Geräts nicht möglich, müssen die Daten auf einem externen Datenträger gespeichert werden.
- Die Unterlagen sind zehn Jahre lang jederzeit verfügbar, unverzüglich lesbar und maschinell auswertbar aufzubewahren.
- Ein ausschließliches Vorhalten aufbewahrungspflichtiger Unterlagen in ausgedruckter Form ist nicht ausreichend.
- Die digitalen Unterlagen und die Strukturinformationen (über die Zusammensetzung und Beschaffenheit der digitalen Daten) müssen in einem auswertbaren Datenformat vorliegen, sodass sie einer digitalen Betriebsprüfung zugänglich sind.

Keinesfalls dürfen Registrierkassen ohne jegliche Speichermöglichkeit eingesetzt werden. Dies gilt spätestens seit 2017.

Der Gesetzgeber hat die Vorgaben an die Einzelaufzeichnungspflicht speziell für elektronische Aufzeichnungssysteme in § 146a Abs. 1 Satz 1 der Abgabenordnung (AO) geregelt. Diese gesetzliche Pflicht gilt grundsätzlich ab 01.01.2020 und ergänzt die allgemeinen Aufzeichnungspflichten nach § 146 AO, die bereits zum 29.12.2016 verschärft worden sind. Aufgrund der knappen zeitlichen Vorgaben und des enormen technischen Aufwandes in der Umsetzung der Anforderungen der Finanzverwaltung wird auf der Ebene der obersten Finanzbehörden der Länder geprüft, weitere großzügigere Übergangsfristen vorzusehen.

Zur Anwendung des § 146 AO aus Sicht der Finanzverwaltung, siehe BMF, Schreiben vom 14.11.2014, IV A 4 – S 0316/13/10003 DOK 2014/0353090 BStBl I 2014, 1450 betr. Grundsätze zur Führung ordnungsmäßiger Führung und Aufbewahrung von Büchern, Aufzeichnungen und Unterlagen in elektronischer Form sowie zum Datenzugriff (GoBD); BMF, Schreiben vom 19.06.2018, IV A 4 – S 0316/13/10005 :053 DOK 2018/0427877, BStBl I 2018, 706 betr. Neufassung des § 146 Abs. 1 AO durch das Gesetz zum Schutz vor Manipulationen an digitalen Grundaufzeichnungen vom 22. Dezember 2016; Anwendungserlass zu § 146 AO; OFD Karlsruhe, Verfügung vom 26.07.2018, S 0315 – St 42 DStR 2019, 108 betr. Informationen zum Thema „Ordnungsmäßigkeit der Kassenbuchführung“; BMF, Schreiben vom 29.05.2018, IV A 4 – S 0316/13/100005 :054 DOK 2018/0427337 BStBl I 2018, 699; BMF, Schreiben vom 17.06.2019, IV A 4 – S 0316 – a/18/10001 DOK/0511938 BStBl I 2019, 518 betr. Einführung des § 146a AO durch das Gesetz zum Schutz vor Manipulationen an digitalen Grundaufzeichnungen vom 25.12.2016; Anwendungserlass zu § 146a AO = AktStR 2019, 691 ff. mit Anm. Perschon; hierzu Herrfurth, StuB 2017, 57 ff.; Brill, NWB 2020, 375 ff.; Engelen/Höpfner, DStR 2020, 1985 ff.; BMF, Schreiben vom 06.11.2019, IV A 4 – S 0319/19/10002 :001 DOK 2019/0891800, BStBl I 2019, 1010 betr. Nichtbeanstandungsregelung bei Verwendung elektronischer Aufzeichnungssysteme im Sinne des § 146a AO ohne zertifizierte technische Sicherheitseinrichtung nach dem 31. Dezember 2019; BMF, Schreiben vom 28.11.2019, IV A 4 – S 0316/19/10003 :001 DOK 2019/0962810, BStBl I 2019, 1269 betr. Grundsätze zur ordnungsgemäßen Führung und Aufbewahrung von Büchern, Aufzeichnungen und Unterlagen in elektronischer Form sowie zum Datenzugriff (GoBD); geändert durch BMF, Schreiben vom 11.03.2024, BStBl I 2024, 374; hierzu Geberth/Höhn/Burlein, GmbHR 2019, R 236 ff.; (zur vorherigen Rechtslage siehe BMF, Schreiben vom 26.11.2010, IV A 4 – S 0316/08/10004 – 07 DOK 2010/0946087 BStBl I 2010, 1342 betr. Aufbewahrung digitaler Unterlagen bei Bargeschäften; hierzu Achilles, DB 2018, 18ff.; ders., DB 2018, 2454ff.; ders., DB 2019, 1920; Becker, BB 2016, 1158ff.; Durst, KÖSDI 2018, 20723ff.; Bellinger, DB 2019, 1292ff.; Bleschick, DB 2018, 2390ff.; Danielmeyer, StuB 2019, 589ff.; Gehm, Steuer & Studium 2018, 512ff.; Pieske-Kontny, StBp 2019, 208ff.; Pump, StBp 2018, 245ff.; Pump/Heidl, StBp 2019, 213ff.; Schleep/Köster/Jungen, FR 2018, 548ff.; Schwenker, DStR 2017, 225ff.; Tiede, StuB 2018, 529ff.; Hafner, BB 2020, 363ff.).

Zum Einsatz von zertifizierten technischen Sicherheitseinrichtungen (TSE) in Kassensystemen eingehend Rennar, StuB 2020, 597ff.; ferner Seifert, StuB 2020, 763f.

Zur steuerlichen Behandlung der Kosten der erstmaligen Implementierung einer zertifizierten technischen Sicherheitseinrichtung BMF, Schreiben vom 21.08.2020, IV A 4 – S 0316-a/19/10007, BStBl I 2020, 1047.

Zur Durchführung der Kassen-Nachschau gem § 146b AO siehe LfSt Bayern, Vfg. v. 29.01.2021, S 0316b.1.1 – 1/1 St43, DStR 2021, 620 betr. die Kassen-Nachschau (§ 146b AO).

Zu den Aufzeichnungen und Aufbewahrung von Geschäftsvorfällen und anderen steuerlich relevanten Daten bei Taxi- und Mietwagenunternehmen, BMF, Schreiben vom 11.03.2024 IV D 2 – S 0316-a/21/10006 :008 DOK 2024/0199144 BStBl I, 2024, 367.

Zur Änderung des Anwendungserlasses zur Abgabenordnung zu § 146a AO siehe BMF, Schreiben vom 28.06.2024 IV D 2 – S 0316-a/20/10003 :007 DOK 2024/0540959, BStBl I 2024, 1063.

In dieser Verwaltungsanweisung konkretisiert die Finanzverwaltung die Anforderungen an die formelle Ordnungswidrigkeit der Buchführung und hebt die Bedeutung digitaler Schnittstellen hervor. Ausgangspunkt ist, dass nach § 158 AO eine formell ordnungsgemäße Buchführung als richtig vermutet wird. Die Ordnungsmäßigkeit wird nach § 140–148 AO und den Einzelsteuergesetzen beurteilt, wobei das Gesamtbild aller Umstände des Einzelfalls berücksichtigt wird. Entscheidend ist die neue Anforderung, dass digitale Unterlagen nach den Vorgaben der einheitlichen digitalen Schnittstellen zur Verfügung gestellt werden müssen. Dies bedeutet, dass die Buchführung Aufzeichnungen den digitalen Vorgaben der Finanzverwaltung entsprechen müssen. Wird dieser Anforderung nicht entsprochen, verliert die Buchführung ihre Beweiskraft nach § 158 Abs. 2 Nr. 2 AO n. F. mit der Folge, dass die Finanzverwaltung die Besteuerungsgrundlagen nach § 162 Abs. 1 Satz 2 AO schätzen kann (hierzu Beyer, NWB 2024, 3294f.; Herrfurth, StuB 2024, 697ff.; Kowallik, WPg 2024, 1027ff.; Figatowski, PStR 2024, 281ff.).

Zu den neuen Vorgaben des Bundesamtes für Sicherheitstechnik (BSI) bei der Kassendatenfiskalisierung siehe ausführlich Wagner/Groß, BB 2024, 2647 ff. und 2711 ff.

Zum Beginn der Mitteilungspflicht nach § 146a Abs. 4 AO siehe BMF, Schreiben vom 28.06.2024 IV D 2 – S 0316-a/19/10011 :09 DOK 2024/0511821 BStBl I 2024, 1063.

Durch die obig gemachte Aufstellung einer Vielzahl von kaum überschaubaren Erlassen des Bundesfinanzministeriums dürfte deutlich gemacht werden, dass hier der durchschnittliche Steuerpflichtige/Unternehmer hoffnunglos überfordert ist. Damit – nach außen hin – gegenüber der Finanzbehörde im Rahmen einer Kassennachschau/Betriebsprüfung glaubhaft dargelegt werden kann, dass sich der Steuerpflichtige an die geltenden Gesetze in Verbindung mit den obig genannten ergänzenden Verwaltungsvorschriften gehalten hat, bleibt ihm letztendlich nur noch die Möglichkeit offen, sich an hochgradig professionelle und zertifizierte Kassenunternehmen zu wenden, damit er gegenüber der Finanzbehörde nachvollziehbar dokumentieren kann, dass er im Rahmen seiner begrenzten Möglichkeiten alles getan hat, um die obig genannten kaum noch zu erfüllenden Regularien zu beachten (zu den neuesten Trends bei der Kassenprüfung aus der Perspektive der Finanzverwaltung siehe Geiermann, Stbg 2024, 81 ff.).

Da es sich bei der Kassennachschau um **keine steuerliche Außenprüfung** im Sinne von § 193 AO handelt, greifen Vorschriften, die sich auf eine Außenprüfung beziehen, wie z. B. § 147 Abs. 6, §§ 193 ff., §§ 201, 202 oder 204 AO, aber auch §§ 171 Abs. 4, 173 Abs. 3, 164 Abs. 3 Satz 3 AO, nicht. Auch ist die Möglichkeit, ein **Verzögerungsgeld** nach § 146 Abs. 2b AO zu verhängen, bei der Kassen-Nachschau **nicht** gegeben (Gehm, Steuer & Studium 2018, 512, 514).

Die Kassen-Nachschau **sperrt** als Nachschau nach anderen steuerrechtlichen Vorschriften im Sinne des § 373 Abs. 2 Nr. 1 Buchst. e AO die **Möglichkeit einer strafbefreienden Selbstanzeige**.

Die Durchführung einer Kassen-Nachschau ist ein anfechtbarer Verwaltungsakt gem. § 118 AO. Will der Steuerpflichtige die Durchführung der Kassen-Nachschau verhindern, muss er zwingend einen Antrag auf Aussetzung der Vollziehung (§ 361 AO; § 69 FGO) stellen. Der Steuerpflichtige ist verpflichtet, der Finanzbehörde den Datenzugriff auf die elektronischen Kassen zu gewähren bzw. Einsicht in die Kassenaufzeichnungen zu geben, die ab 01.01.2020 in einer verschärften Version gelten (s. o.). Darüber hinaus hat der Steuerpflichtige Dokumentations- bzw. Organisationsunterlagen wie Bedienungsanleitungen, Programmieranleitungen und

Protokolle von durchgeführten Programmänderungen vorzulegen. Die Finanzverwaltung darf zudem **Unterlagen** und **Belege scannen** oder **fotografieren**.

Korrespondierend zu dieser massiven Verschärfung der Anforderungen an die Kassenbuchführung in allen Variationen ist die Einfügung des Rechtsinstituts der Kassen-Nachschau in § 146b AO. § 146b AO in der am 29.12.2016 geltenden Fassung nach Ablauf des 31.12.2017 anzuwenden (Art. 97 § 30 Abs. 2 Satz 1 EGAO), damit können seit dem **01.01.2018 Kassen-Nachschauen** durchgeführt werden. Dabei ist die Prüfung elektronischer Kassenaufzeichnungssysteme durch Eröffnung des Datenzugriffs nach § 146b Abs. 2 Satz 2 AO wegen des **Übergangsrechts vor dem 01.01.2020** mit der Maßgabe anzuwenden, dass keine Datenübermittlung über die einheitliche Schnittstelle verlangt werden kann oder dass diese auf einem maschinell auswertbaren Datenträger nach den Vorgaben der einheitlichen Schnittstelle zur Verfügung gestellt werden muss (Art. 97 § 30 Abs. 2 Satz 2 EGAO).

Demnach können zwar elektronische Kassenaufzeichnungssysteme bereits ab dem 01.01.2018 im Wege einer Kassen-Nachschau überprüft werden. Allerdings ist der inhaltliche Prüfungsmaßstab bis zum Ablauf der Übergangsfrist am 31.12.2019 abgesenkt, weil die besondere Ordnungsmäßigkeitsanforderung nach § 146a AO erst ab 01.01.2020 gilt (hierzu Drüen, in Tipke/Kruse AO, § 146b Tz. 8).

§ 146b AO normiert mit der Kassen-Nachschau ein besonderes finanzbehördliches **Kassenaufsichtsrecht**.

Absatz 1 enthält die Befugnisse der Finanzbehörde, mittels einer Kassen-Nachschau die Ordnungsmäßigkeit der Aufzeichnungen und Buchungen von Kasseneinnahmen und Kassenausgaben ohne vorherige Ankündigung außerhalb einer Außenprüfung zu überprüfen. Absatz 2 AO normiert darüber bezogen besondere Mitwirkungspflichten des Steuerpflichtigen im Rahmen der Kassen-Nachschau. Die Duldungs- und Vorlagepflichten des Steuerpflichtigen korrespondieren mit den im Ermessen des Prüfers stehenden Befugnissen.

Absatz 3 AO eröffnet in Anlassfällen den Übergang von der Kassen-Nachschau zu einer ordentlichen Betriebsprüfung als regulär und allgemein finanzbehördliches Verifikationsinstrument (hierzu ausführlich Brinkmann, Schätzungen im Steuerrecht, 5. Aufl., 2020, S. 158 ff.; zu den Voraussetzungen für den Übergang zur Außenprüfung bei einer Kassen-Nachschau siehe FG Hamburg, Urteil vom 30.08.2022, 6 K 47/22, DStRE 2023, 1143 [NZB eingelegt; Az. d. BFH: XI B 93/22] = DStRK 2023, 28 mit Anm. Schindler).

Die Nachschau ist ein allgemeines finanzbehördliches Instrument der Steueraufsicht (genauso wie die Umsatzsteuer-Nachschau und Lohnsteuer-Nachschau). Die Kassen-Nachschau ist funktional auf die Prüfung der Ordnungsmäßigkeit der Aufzeichnungen und Buchungen von Kasseneinnahmen und Kassenausgaben ausgerichtet und beschränkt. Zweck der besonderen Kassenaufsicht ist einerseits die konkrete Kontrolle der besonderen Ordnungsmäßigkeitsanforderungen der Kassenaufzeichnungen nach den §§ 146, 146a AO (s.o.). Zugleich verfolgt der Gesetzgeber mit der Schaffung besonderer unangekündigter Kassenkontrollen **abstrakt** den Zweck der **Generalprävention**. Die Möglichkeit einer drohenden Kassen-Nachschau soll vorwirkend bereits Kassenmanipulationen verhindern (BT-Drucksache 18/9535, 11). Dieser generalpräventive Zweck hat in der Praxis bereits zu enormen Veränderungen geführt. Nunmehr ist nahezu jeder Unternehmer, der insbesondere im Bargeldbereich operiert (z.B. Gastronomie), gehalten, zertifizierte Kassensysteme einzuführen, um den strengen Kassenaufzeichnungsvorschriften nach § 146, 146a AO zu entsprechen, um böse Überraschungen nach einer unangekündigten Kassen-Nachschau durch hohe Hinzuschätzungen gem. § 162 AO zu vermeiden. Die Kassen-Nachschau versetzt den betrauten Amtsträger der Finanzbehörde in die Lage, „Sachverhalte festzustellen, die für die Besteuerung erheblich sein können" (§ 146b Abs. 1 Satz 1 AO). Das bedeutet eine sachverhaltsbezogene **Ermittlungsbefugnis**. Diese können ggf. im Schätzungswege (§ 162 AO) im Steuerfestsetzungsverfahren ggf. durch Änderungsbescheide **verwertet** werden.

Zur Annahme von Steuerhinterziehung im Fall des Verkaufs und der Verwendung von Kassenmanipulationssoftware, FG Rheinland-Pfalz, Beschl. v. 07.01.2015, 5 V 2068/14, DStRE 2016, 40, rkr.

Zur Kassen-Nachschau als neues Instrument der Steuerfahndung eingehend Gehm, PStR 2020, 138 ff.; zu den vermehrten steuerstrafrechtlichen Risiken der Kassen-Nachschau Teutemacher, PStR 2023, 155 ff.

VIII. Missbräuchliche Auswahl zur Betriebsprüfung

Schrifttum:

Carlé	Rechtsprechung stärkt Finanzverwaltung – Reichweite der abgabenrechtlichen Auskunftspflichten, NJW 2007, 2226
Heß	Die Ermessensausübung bei der Anordnung einer Außenprüfung, NWB 2012, 3316
Kaligin	Auswahl von Betriebsprüfungsfällen, Stbg 2012, 173

1. Routine- oder Anlassprüfung

Die Rechtsprechung hatte sich immer wieder mit dem Einwand von Stpfl. zu befassen, dass sie nach erst kurzer Prüfungspause schon wieder geprüft wurden oder dass für einen Mittelbetrieb sogar eine Anschlussprüfung angeordnet wurde. In Anbetracht der statistischen Wahrscheinlichkeit, eine Betriebsprüfungsanordnung zu erhalten, fällt es in der Tat auf, wenn ein Unternehmer innerhalb kürzester Zeit mehrfach geprüft wird. Des Weiteren können im Einzelfall nicht anzuerkennende, z.B. nicht steuerliche Gründe für die Prüfungsanordnung vorliegen, sodass diese als ermessensfehlerhaft anzusehen ist.

Eine Ap ist zulässig bei Stpfl., die einen gewerblichen oder land- und forstwirtschaftlichen Betrieb unterhalten oder die freiberuflich tätig sind (§ 193 Abs. 1 Satz 1 AO). Zur Begründung einer Routineprüfung (turnusmäßigen Prüfung) genügt es nach der Rechtsprechung von jeher, wenn auf die Rechtsgrundlage (§ 193 Abs. 1 AO) hingewiesen wird (BFH, Urteil vom 02.09.1988, III R 280/84, BStBl II 1989, 4). Eine Routineprüfung liegt vor, wenn der für die Größenklasse des Betriebs übliche Prüfungsturnus eingehalten wird. Großbetriebe werden anschlussgeprüft, während dies bei Mittelbetrieben – erst recht Klein- und Kleinstbetrieben – nicht möglich ist. Aufgrund der begrenzten Kapazitäten der Finanzverwaltung hat sich z.B. für Mittelbetriebe der nachstehende Prüfungsturnus faktisch statistisch herausgebildet.

Die folgenden Prüfungsturnusse (Abstand zwischen den Betriebsprüfungen) wurden von der Finanzministerkonferenz (FMK) zustimmend zur Kenntnis genommen und werden bundesweit als Richtwert bei der Planung der zu prüfenden Betriebe zugrunde gelegt:

	Turnusvorgabe der FMK
Großbetriebe	3,0 bis 4,0 Jahre
Mittelbetriebe	8,4 bis 10,5 Jahre
Kleinbetriebe	14,4 bis 20,0 Jahre
Kleinstbetriebe	ohne Vorgabe

Anzahl der Betriebe, geprüfte Betriebe und Prüfungszeitraum

Im Jahr 2023 waren in der Betriebskartei der Finanzämter 8.409.661 Betriebe erfasst, von denen 146.516 Betriebe geprüft wurden. Dies entspricht einer durchschnittlichen Prüfungsquote von 1,7 Prozent.

Größenklasse	gesamt	darunter geprüft		Prüfungszeitraum in Veranlagungsjahren
	Anzahl	Anzahl	Anteil	
Großbetriebe (G)	196.211	34.899	17,8 %	3,3
Mittelbetriebe (M)	820.030	35.980	4,5 %	3,0
Kleinbetriebe (K)	1.253.383	28.415	2,3 %	3,0
Kleinstbetriebe (Kst)	6.140.037	45.872	0,7 %	2,9
Summe	8.409.661	145.166	1,7 %	

Anzahl der Betriebe nach Größenklassen im Berichtszeitraum 01.01.2023 bis zum 31.12.2023
Quelle: Monatsbericht des BMF, Oktober 2024, S. 34

Bei Großbetrieben soll der jeweilige Prüfungszeitraum an den vorhergehenden Prüfungszeitraum anschließen, um eine durchgehende Prüfung sämtlicher Veranlagungszeiträume zu erreichen. Für die übrigen Betriebe ist vorgesehen, dass ein Prüfungszeitraum in der Regel nicht mehr als drei zusammenhängende Besteuerungszeiträume umfasst. Um eine effektive Betriebsprüfung zu erreichen, werden die zu prüfenden Betriebe unter Risikogesichtspunkten ausgewählt. Das heißt, Großbetriebe werden grundsätzlich lückenlos geprüft, andere Betriebe werden gezielt geprüft (Bundesministerium der Finanzen, Monatsbericht 10/2024).

Prüfereinsatz und Mehrergebnis der Betriebsprüfung

In den Betriebsprüfungen der Länder waren im Jahr 2023 bundesweit 12.394 Prüferinnen und Prüfer tätig. Es wurde ein steuerliches Mehrergebnis von rund 13,2 Mrd. Euro festgestellt, wovon 10,2 Mrd. Euro auf die Prüfung von Großbetrieben entfielen (Bundesministerium der Finanzen, Monatsbericht 10/2024).

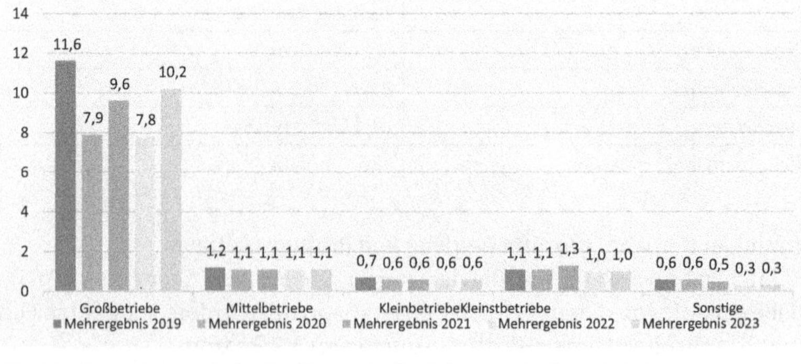

Abb. 1 Mehrergebnis nach Größenklassen im Fünfjahresvergleich in Mrd. €
Quelle: Monatsbericht des BMF, Oktober 2024, S. 35

Eine Routineprüfung liegt aber auch vor, wenn ein Betrieb im Einzelfall nach Zufallsgesichtspunkten zur Prüfung ausgewählt wurde (BFH, Urteil vom 02.09.1988, III R 280/84, BStBl II 1989, 4). Behauptet das FA, den Betrieb mittels **Zufallsauswahl** ausgewählt zu haben, so wurde in der BFH-Rechtsprechung kontrovers entschieden, ob das FA darlegen muss, **welches Zufallsverfahren angewendet wurde und wie es hierbei gerade zur Auswahl des konkreten Betriebs kam**. Der III. Senat des BFH entschied, dass es keiner näheren Darlegung der im Einzelfall angewandten Methode bedarf (BFH, Urteil vom 02.09.1988, III R 280/84, BStBl II 1989, 4), während der IV. Senat entsprechende Feststellungen des FG vermisste (BFH, Urteil vom 16.11.1989, IV R 29/89, BStBl II 1990, 272, 273). Als zutreffend ist anzusehen, dass das FA die behauptete Anwendung eines Zufallsauswahlverfahrens im o. a. Sinn näher spezifizieren muss, anderenfalls würde es sich um eine bloße, nicht näher überprüfbare Behauptung handeln, die unzutreffend sein könnte.

Auch im Übrigen ist die Rechtsprechung uneinheitlich: Der III. Senat des BFH vertritt die Ansicht, dass eine sog. **Anlassprüfung** (Prüfung aus besonderem Anlass) einer besonderen Begründung der Prüfungsanordnung bedürfe, die die vom FA angestellten Ermessenserwägungen erkennen lassen müsse (BFH, Urteil vom 02.09.1988, III R 280/84, BStBl II 1989, 4). Demgegenüber misst der X. Senat des BFH dem Begriff der Anlassprüfung keine eigenständige Bedeutung zu. Der Begriff mache nur Sinn, wenn er im Gegensatz zur Routineprüfung definiert werde und einen rechtlich relevanten Unterschied hierzu kennzeichne, was jedoch nicht ersichtlich sei. Eine besondere, über den Hinweis auf die Rechtsgrundlage (§ 193 Abs. 1 AO) hinausreichende Begründungspflicht bestehe nur, wenn eine Begründung **im Einzelfall zum Verständnis der Prüfungsanordnung gemäß § 121 Abs. 1 Satz 1 AO** wegen besonderer Umstände oder nach der Art der angeordneten Maßnahme **erforderlich** sei (BFH, Urteil vom 02.10.1991, X R 89/89, HFR 1992, 273; BFH, Beschluss vom 12.08.2002, X B 210/01, BFH/NV 2003, 3). Nach Auffassung des IV. Senats der BFH genügt zur Begründung der Anordnung einer Ap eines **Mittelbetriebs** regelmäßig der Hinweis auf die gesetzliche Vorschrift des § 193 Abs. 1 AO, wenn zwischen der angeordneten und der vorangegangenen Prüfung ein **prüfungsfreier Zeitraum von drei Jahren** liegt und im Übrigen **Anzeichen für eine ermessensmissbräuchliche Auswahl des Betriebs** fehlen (BFH, Urteil vom 29.10.1992, IV R 47/91, BFH/NV 1993, 149).

2. Verhältnismäßigkeitsgrundsatz, Willkür-, Schikane- und Ermessensmissbrauchsverbot

Einigkeit besteht in der Rechtsprechung darüber, dass die Auswahl eines Betriebs nicht ermessensmissbräuchlich sein darf und unter dem Vorbehalt der Verhältnismäßigkeit sowie des Willkür- und Schikaneverbots steht. Das der Verwaltung zustehende **Auswahlermessen** ist nach der Rechtsprechung allerdings nur Ausdruck der Tatsache, dass die Ausstattung der Finanzverwaltung mit Sachmitteln und Personal es nicht zulässt, alle unter § 193 Abs. 1 AO fallenden Betriebe vollständig und gleichermaßen zu prüfen. Die Ermessensausübung i. S. dieser Vorschrift erschöpft sich letztlich in reinen Zweckmäßigkeitserwägungen und in Fragen des Verfahrens bei der Auswahl der zu prüfenden Betriebe. Das Auswahlermessen kann noch in der Einspruchsentscheidung über die Prüfungsanordnung **ausgeübt** werden, da die Finanzbehörde, die über den Einspruch entscheidet, die Sache in vollem Umfang erneut zu prüfen hat (BFH, Beschluss vom 27.03.2002, XI B 49/00, BFH/NV 2002, 1013). Darüber hinaus umfasst der Grundsatz der **steuerlichen Lastengleichheit** die Verpflichtung der Finanzbehörden und FG, bei der Anwendung der Steuergesetze, d. h. in der Rechtswirklichkeit, für Belastungsgleichheit zu sorgen **und diese auch hinsichtlich des tatsächlichen Erfolgs zu gewährleisten** (BFH, Urteil vom 02.10.1991, X R 89/89, HFR 1992, 273; FG Baden-Württemberg, Urteil vom 23.10.2002, 1 V 31/02, EFG 2003, 133, rkr.).

Bei kurzfristiger erneuter Prüfung (Nichteinhaltung des Prüfungsturnus bei Mittelbetrieben) kann die o. g. Rechtsprechung zur Begründung des Einspruchs gegen die Prüfungsanordnung nutzbar gemacht werden: Befasst sich die Finanzbehörde statistisch unverhältnismäßig häufig mit einem bestimmten Betrieb, so hat dies zur Folge, dass ein oder mehrere andere Betriebe entsprechend von den Prüfungskapazitäten des FA länger verschont bleiben (Verstoß gegen die steuerliche Lastengleichheit, Art. 3 Abs. 1 GG). Für diese unterschiedliche Behandlung sollte eine – über den bloßen Hinweis auf die gesetzliche Grundlage hinausgehende – Begründung verlangt werden.

I. R. der Ausübung des Auswahlermessens sind von den Betriebsprüfungsdiensten die sog. Grundsätze zur Rationalisierung der Betriebsprüfung – eine Verwaltungsvorschrift – zu beachten. Dort heißt es u. a.: Die Finanzbehörden haben den gesetzlichen Auftrag, für eine gleichmäßige Anwendung des Steuerrechts zu sorgen. Diese Aufgabe kann nur erfüllt werden, wenn der Betriebsprüfungsdienst sein Augenmerk in erster Linie auf solche Sachverhalte richtet, die zu endgültigen Steuerausfällen oder

Steuererstattungen oder zu nicht unbedeutenden Gewinnverlagerungen führen können. Um die prüfungsbedürftigen Fälle erkennen zu können, sollen vor allem folgende Erkenntnisquellen ausgeschöpft werden:

- die individuelle Einschätzung der Anschlussprüfungsbedürftigkeit anlässlich der letzten Bp,
- die begründeten Prüfungsersuchen insbesondere der Veranlagungsstellen.

Ergibt sich während der Bp, dass die steuerlichen Verhältnisse im Großen und Ganzen in Ordnung sind oder dass eine Fortsetzung der Prüfung zu einem unangemessenen Verwaltungsaufwand führen würde, ist die Prüfung zu beenden. Dies gilt unabhängig von der Betriebsgrößenklasse (Grundsätze zur Rationalisierung der Betriebsprüfung, INF 10/1995, V).

Hat die vorherige Prüfung bei einem Mittel-, Klein- oder Kleinstbetrieb zu keinem oder nur zu einem geringfügigen Mehrergebnis geführt, sollte Einspruch gegen die Prüfungsanordnung eingelegt und unter Hinweis auf die o. a. Rationalisierungs-Grundsätze um Mitteilung gebeten werden, aus welchen Gründen (Inhalt des Prüfungsvorschlags der Veranlagungsstelle) erneut eine Prüfung angeordnet wurde. Ferner sollte die Frage gestellt werden, hinsichtlich welcher Prüfungsfelder aus welchen Gründen mit einem Mehrergebnis gerechnet wird. Diese Fragen drängen sich insbesondere dann auf, wenn nach vorheriger (nahezu) ergebnisloser Prüfung schon kurze Zeit später wiederum geprüft werden soll.

Liegen im konkreten Fall Anhaltspunkte für eine nicht aus sachlichen (z. B. nicht steuerlichen) Gründen angeordnete Bp vor, so ist dies konkret zu rügen. **Das FA – und später das FG – müssen sich mit einem auf Ermessensfehlgebrauch hindeutenden Sachvortrag des Stpfl. auseinandersetzen.** Das FG darf sich nicht mit einer Würdigung der von der Finanzbehörde angegebenen Gründe für die Prüfungsanordnung begnügen.

Beispiel:

Der Kläger trägt vor, dass die Prüfung nicht im Hinblick auf sachliche Prüfungserfordernisse, sondern aus Verärgerung des FA über häufige Auseinandersetzungen mit ihm im Veranlagungsverfahren angeordnet worden sei; das ergebe sich aus dem Prüfungsvorschlag der Veranlagungsstelle (BFH, Urteil vom 24.01.1985, IV R 232/82, BStBl II 1985, 568).

3. Zweckentfremdung der Betriebsprüfung

Die Ap dient der Ermittlung der steuerlichen Verhältnisse des Stpfl. (§ 194 Abs. 1 Satz 1 AO). In letzter Zeit nehmen Fälle zu, in denen die angeordnete Bp gar nicht der Überprüfung des konkreten Unternehmers dient, vielmehr missbräuchlich zu anderen Zwecken eingesetzt wird. Erkennbar wird eine derartige Zweckentfremdung der Bp häufig an **Vorlageverlangen**, die teilweise schon mit der Prüfungsanordnung verbunden werden und nicht in Richtung der Überprüfung der steuerlichen Verhältnisse des Anordnungsempfängers, sondern Dritter oder sogar auch in Richtung der Ermittlung nicht steuerlicher Sachverhalte zielen.

Beispiel:

Das FA wollte eine Tanzkapelle überprüfen. Der Veranlagungsbeamte forderte von der Kapelle eine Aufstellung über die absolvierten Auftritte. Anschließend erhielten zahlreiche Gastwirtschaften, in denen die Kapelle aufgetreten war, Betriebsprüfungsanordnungen. Die Daten der Saalbetriebe (Gastwirte) wurden ausschließlich zusammengetragen, um damit spätere Ermittlungen gegen die Musikkapelle vorzunehmen.

In den Meldungen der Saalbetriebe zur Bp wurde die Zielsetzung der Überprüfung der Tanzkapelle nicht offen gelegt. Die Prüfungswürdigkeit der Saalbetriebe wurde jeweils auf andere Gründe gestützt. Die Betriebsprüfer ermittelten einheitlich und abgestimmt in Richtung der Tanzkapelle (BFH, Urteil vom 04.10.2006, VIII R 53/04, BStBl II 2007, 227; hierzu instruktiv Carlé, NJW 2007, 2226ff.).

Beispiel:

Das FA ordnete eine Bp bei einer Bank an und forderte am Tag des Prüfungsbeginns schriftlich mit Rechtsmittelbelehrung auf, die Auszüge für das Giro-Ausgangskonto für den Zeitraum vom 01.01.1994 bis 30.06.1994 für Zwecke der Fertigung von Kontrollmitteilungen vorzulegen. Zweck dieses Mitwirkungsverlangens war es ausschließlich, auf der Grundlage der vorzulegenden Kontoauszüge Erkenntnisse für die Besteuerung von Bankkunden zu gewinnen; es sollten zielgerichtet steuerliche Verhältnisse Dritter festgestellt werden, um Grundlagen für Ermittlungshandlungen gegen diese zu schaffen (BFH, Urteil vom 04.11.2003, VII R 28/01, BStBl II 2004, 1032).

Es ist vorstellbar, dass die Bp zu allen möglichen nicht steuerlichen Zwecken benutzt wird.

Beispiel:

Ein steuerlicher Fachverlag veröffentlicht immer wieder Verwaltungsanordnungen aus Finanzverwaltungen verschiedener Bundesländer. Da man sich in einem betreffenden Bundesland darüber ärgert, wird bei dem Verlag eine Bp angeordnet. Der Prüfer schaut sich insbesondere die Aufwandspositionen an, da er Hinweise auf Finanzbeamte zu finden hofft, die u. U. solche Verwaltungsanordnungen weitergegeben haben.

Mit folgendem spektakulären Fall hatte sich der BFH zu beschäftigen: Ein engagierter Rechtsanwalt setzte sich für gemobbte Mitarbeiter der Steuerfahndung unter Zuhilfenahme des Petitionsausschusses des Abgeordnetenhauses Berlin ein, was zur Folge hatte, dass der Vorsteher des Finanzamts strafversetzt wurde. Die involvierte Senatsverwaltung für Finanzen reagierte darauf prompt und ordnete gegen sämtliche federführenden Abgeordnete des Petitionsausschusses und gegen den involvierten Rechtsanwalt Betriebsprüfungen (sog. Tiefenprüfungen) an.

Im Rahmen des anhängigen Revisionsverfahrens hatte der BFH (Urteil vom 28.09.2011, VIII R 8/09, BStBl II 2012, 395 mit Anm. Kaligin, BB 2012, 819; ders., Stbg 2012, 173, 175 f.; Brandt, StBp 2012, 235 ff.; ferner Heß, NWB 2012, 3316 ff.; auf gleicher Linie BFH, Beschluss vom 22.12.2011, VIII B 251/09, BFH/NV 2012, 443) klargestellt, dass zwar grundsätzlich das Finanzamt Außenprüfungen ohne nähere Begründung durchführen kann, sogar dann, wenn möglicherweise Steuerforderungen bereits verjährt sind oder sich der Stpfl. in permanenten Verlustpositionen befindet. Jedoch besteht die Prüfungskompetenz nicht unlimitiert. Dies gilt jedenfalls dann, wenn nachweislich die Anordnung einer Außenprüfung vor allem für **außersteuerliche Zwecke** durchgeführt wurde. In den Ausführungen stellt der BFH klar, dass für die Anordnung einer Betriebsprüfung gem. § 194 Abs. 1 AO i. V. m. § 2 Abs. 1 BpO im Rahmen der pflichtgemäßen Ermessensausübung die Grundsätze der Verhältnismäßigkeit und des geringst möglichen Eingriffs zu beachten sind. Aus dem Gesetz wie auch aus der BpO als allgemeiner – die Behörden bindende und von den Gerichten zu beachtende – Verwaltungsrichtlinie ist damit zu entnehmen, dass die Entscheidung, eine Außenprüfung vorzunehmen, sich nur von der für geboten erachteten Überprüfung der steuerlichen Verhältnisse leiten lassen darf. Daraus folgt, dass das **Auswahlermessen des Finanzamts bei Anordnung einer Außenprüfung** jedenfalls seine Grenzen im Grundsatz der Verhältnismäßigkeit sowie im **Willkür- und Schikaneverbot** findet. Es bestehen Anhaltspunkte dafür, dass das Finanzamt im konkreten Einzelfall bei Erlass der Prüfungsanordnung gegen das Willkür- und Schikaneverbot verstoßen hat. Danach seien umfängliche, konkretisierte Ausführungen zu tatsächlichen Besonderheiten nicht von der Hand zu weisen. Der BFH weist zudem darauf hin, dass es für die Entscheidung des Streitfalls im zweiten Rechtsgang von Bedeutung sein kann, nach welchen Kriterien das FA im Übrigen im fraglichen Zeitraum seinen Prüfungsplan erstellt hat und wie sich dies insbesondere in Bezug auf die Angehörigen der freien Berufe verhielt, ferner wie der zeitliche Ablauf angefangen vom Vorschlag der Außenprüfung hin zur Aufnahme in den Prüfungsplan bis schließlich zum (beabsichtigten) Prüfungsbeginn regelmäßig gestaltet war.

Hat der Stpfl. Anhaltspunkte dafür, dass die Prüfungsanordnung aus Schikane erfolgt ist (z. B. als Retourkutsche bei Sach- und Dienstaufsichtsbeschwerden, schlechtes Prüfungsklima etc.), so sollte im Weg der Akteneinsicht verifiziert werden, auf welcher Basis es zur Durchführung einer Anordnung der Betriebsprüfung gekommen ist. Dabei muss der Stpfl. im Übrigen dezidiert darlegen, aufgrund welcher Anhaltspunkte Sachverhaltssegmente bestehen, die auf einen schikanösen Prüfungsanlass schließen lassen. Der BFH verweist somit in seinem Urteil vom 28.09.2011 die Finanzbehörden in die Schranken.

Hinter einer als überraschend oder auffällig empfundenen Prüfungsanordnung können somit Gründe stecken, die mit dem Stpfl. selbst direkt nichts zu tun haben. In solchen Fällen sollte unter Hinweis auf den Verdacht des Ermessensfehlgebrauchs (Nichtvorliegen eines sachlichen Prüfungserfordernisses) Einspruch eingelegt und eine nähere Begründung der Prüfungsanordnung verlangt werden. Zudem sollte um Mitteilung gebeten werden, wann und aus welchen Gründen (Inhalt des Prüfungsvorschlags) der Stpfl. auf den Prüfungsgeschäftsplan gesetzt wurde. Gegen ein flankierendes **Vorlageverlangen** hinsichtlich bestimmter Unterlagen sollte gleichfalls Einspruch eingelegt und um Spezifizierung der Erforderlichkeit des Vorlageverlangens gebeten werden.

4. Rechtsbehelfe

Gegen eine Prüfungsanordnung ist der **Einspruch** gegeben. Haben Einspruch und anschließende Klage Erfolg, so besteht hinsichtlich der durch die Bp gewonnenen Erkenntnisse ein Verwertungsverbot (BFH, Beschluss vom 04.10.1991, VIII B 93/90, BStBl II 1992, 59; BFH, Beschluss vom 17.12.2002, X S 10/02, BFH/NV 2003, 296). Ein **Antrag auf Aussetzung der Vollziehung** hat Erfolg, wenn ernstliche Zweifel an der Rechtmäßigkeit der Prüfungsanordnung bestehen (§ 69 Abs. 2 Satz 2 Alt. 1 FGO). Die Vollziehung einer Prüfungsanordnung hat allerdings keine unbillige Härte i. S. v. § 69 Abs. 2 Satz 2 Alt. 2 FGO für den Stpfl. zur Folge, da bei einem Obsiegen im Hauptsacheverfahren die durch die Bp gewonnenen Erkenntnisse nicht verwertet werden dürfen (BFH, Beschluss vom 17.12.2002, X S 10/02, BFH/NV 2003, 296).

IX. Mitteilungspflichten der Finanzämter in der Betriebsprüfung

Schrifttum:

Bilsdorfer	Weiterleitung von Kenntnissen der Finanzbehörde an die Strafverfolgungsbehörde, Steuer & Studium 2008, 590
Carl/Klos	Das Recht auf informationelle Selbstbestimmung, DStZ 1990, 341
Dörn	Tatentdeckung (§ 371 II Nr. 2 AO) durch Kontrollmaterial, wistra 1993, 169
Frotscher	Die Betriebsprüfungsordnung, BB 1978, 705
v. Galen	Bekämpfung der Geldwäsche – Ende der Freiheit der Advokatur?, NJW 2003, 117
Hamacher	Kontrollmitteilungen bei Betriebsprüfungen in Banken, DB 1996, 2460
Helmschrott/ Eberhart	Die wichtigsten Änderungen der AO und ihrer Nebengesetze durch das Missbrauchsbekämpfungs- und Steuerbereinigungsgesetz (Teil I), DStR 1994, 481
Jansen/ Meuwsen	Bekämpfung illegaler Beschäftigung und Schwarzarbeit: Zusammenarbeit der Finanzverwaltung und Finanzkontrolle Schwarzarbeit, Steuerwarte 2005, 267
Müller	Der Pflichtenkatalog für Steuerberater und andere Freiberufler nach dem Geldwäschebekämpfungsgesetz, DStR 2004, 1313
v. Wedelstädt	Sammelauskunftsersuchen – Zulässigkeit, Auswertung der Auskunft, Rechtsschutz, DB 2004, 948
ders.	Lockerung des Bankgeheimnisses?, Fertigung von Kontrollmitteilungen aus Anlass von Außenprüfungen bei Kreditinstituten, DB 2009, 700

Wegener	Die Reform der Geldwäsche-Richtlinie und die Auswirkungen auf rechtsberatende Berufe, NJW 2002, 794
Wienands	Zur Einführung des § 31a Abs. 1 AO, DStZ 1994, 693

Verwaltungsanweisungen:

1. FinMin Nordrhein-Westfalen, Erlass vom 08.07.1996, S 1505 – 14 – V C 5, DB 1997, 1254 betr. Intensivierung der Ausfertigung von Kontrollmitteilungen bei den Betriebsprüfungen von Kreditinstituten
2. OFD Koblenz, Verfügung vom 12.04.2001, S 0132 A – St 531, StEK AO § 31a Nr. 11 betr. Mitteilungen zur Bekämpfung des Leistungsmissbrauchs bei Sozialleistungen und Subventionen
3. OFD Hannover, Verfügung vom 04.04.2006, S 0277 – 1 434 – StO 143, DStR 2006, 947 betr. Auskünfte an ausländische Steuerverwaltungen nach dem EG-Amtshilfe-Gesetz (EG-AHG); Auskünfte aufgrund von Ermittlungen bei deutschen Kreditinstituten
4. BMF, Schreiben vom 01.08.2006, IV B 1 – S 1300 – 38/06, BStBl I 2006, 489 betr. Spontanauskunft nach dem EG-Amtshilfe-Gesetz
5. BMF, Schreiben vom 07.12.2011, IV C 3 – S 2257 – c/10/10005 :003 DOK 2011/0693211, BStBl I 2011, 1223 betr. Rentenbezugsmitteilungsverfahren nach § 22a EStG

1. Engmaschiges Netz an Rechtsgrundlagen

Informationsquellen und -wege der Finanzverwaltung stellen ein elementares Faktum zur Durchführung eines effektiven Besteuerungsverfahrens dar. Dazu zählen insbesondere die Aufklärungspflichten der Finanzverwaltung – vor allem der Amtsermittlungsgrundsatz –, die Mitwirkungspflichten des Stpfl. und von im Besteuerungsverfahren involvierten Dritten (§§ 85 ff., § 93 AO). Verschärft sind diese Informationsquellen durch die Möglichkeit des seit dem 01.04.2005 eingeführten Kontenabrufs und das automatische Mitteilungssystem im Zusammenwirken mit den Rentenversicherungsträgern (§§ 93 Abs. 7 und 93a, 93b AO, § 22a EStG; hierzu BMF, Schreiben vom 07.12.2011, IV C 3 – S 2257 – c/10/10005 :003 DOK 2011/0693211, BStBl I 2011, 1223). Innerhalb des Veranlagungsverfahrens, aber auch i.R. der Ap besteht für die Finanzverwaltung die Möglichkeit, Kontrollmitteilungen zu fertigen (§ 194 Abs. 3 AO). Möglichkeiten der internationalen Rechts- und Amtshilfe aufgrund völkerrechtlicher Vereinbarungen sowie des nationalen Rechts erweitern die Ermittlungsmöglichkeiten im grenzüberschreitenden Geschäftsverkehr (EG Amtshilfegesetz, Art. 26 OECD-MDBA, § 117 AO). Somit besteht ein engmaschiges Netz von Rechtsgrundlagen, die es der Finanzverwaltung ermöglichen, mit zunehmend effektiver Tendenz sowohl national als auch international besteuerungsrelevante Sachverhalte aufzuspüren.

Durch das stetig dichter gewordene Netz der Informationsbeschaffung nähert sich Deutschland zunehmend dem Standard der äußerst stringenten US-Finanzverwaltung (IRS) an. Nach den US-Regulations besteht ein lückenloses Informationssystem zur Erfassung nahezu sämtlicher Besteuerungsgrundlagen (z. B. automatische Kontrollmitteilungen bei Banken). Dem Mandanten muss i. R. der Beratung stets vor Augen geführt werden, dass bei sensiblen Geschäften für die Finanzverwaltung – wenn auch mit möglicherweise mehrjähriger Verzögerung – die Möglichkeit besteht, besteuerungsrelevante Sachverhalte aufzuspüren. Dies kann i. R. der fünfjährigen Strafverfolgungsfrist zur Einleitung von Steuerstrafverfahren führen bzw. der Besteuerungsanspruch der Verwaltung kann auf zehn Jahre zuzüglich Anlauf- und Ablaufhemmung ausgedehnt werden.

2. Kontrollmitteilungen: spontane Amtshilfe innerhalb der Finanzverwaltung

Werden anlässlich einer Bp Verhältnisse über andere als die geprüften Personen selbst festgestellt, so ist die **Auswertung** der Feststellung insoweit zulässig (Ermessensvorschrift), als ihre Kenntnis für die Besteuerung dieser anderen Personen von Bedeutung ist oder die Feststellung einer unerlaubten Hilfeleistung in Steuersachen betreffen. Die Praxis spricht von Kontrollmitteilungen. Diese Mitteilungen werden **ohne Ersuchen** (spontan) erteilt. Kontrollmitteilungen dienen dazu, die Verhältnisse anderer Personen, soweit sie anlässlich der Ap des Stpfl. bekannt werden, steuerlich zu kontrollieren; die Mitteilungen werden den Finanzbehörden zugeleitet, die für die Besteuerung dieser anderen Personen zuständig sind. Das Material über Auslandsbeziehungen wird an das Bundeszentralamt für Steuern (vormals Bundesamt für Finanzen) gesandt (§ 9 Satz 2 BpO). Die zuständigen Finanzbehörden werten sie dann bei der Veranlagung oder bei der Ap dieser anderen Personen aus. Nicht selten sind Kontrollmitteilungen, die sich mit den Angaben in der Steuererklärung nicht vereinbaren lassen, Auslöser für die Durchführung einer weiteren Ap oder gar eines Steuerstrafverfahrens beim Betroffenen (§ 194 Abs. 3 AO).

Aus der o. g. Regelung darf jedoch nicht der Umkehrschluss erfolgen, dass Kontrollmitteilungen außerhalb der Bp nicht zulässig seien. Die Vorschrift des § 194 Abs. 3 AO stellt nur für den in der Praxis besonders wichtigen Fall die Berechtigung fest, in einem Steuerfall aufgeklärte Verhältnisse auch für andere Fälle auszuwerten. Kontrollmitteilungen stellen eine ressortinterne (spontane) Amtshilfe dar, die innerhalb der Verwaltungseinheit „Finanzverwaltung" keiner gesetzlichen Grundlage bedarf (Carl/Klos, DStZ 1990, 341, 347; Seer, in Tipke/Kruse, AO, § 194 Tz. 28). Praktisch relevant ist die Durchführung von Kontrollmitteilungen im Veranlagungsverfahren. Nicht selten kommt es vor, dass der Veranlagungsplatz bei ungewöhnlichen Betriebsausgaben sich Belege vorlegen lässt (z.B. atypische Provisionen bei spektakulären Immobiliengeschäften). In einem solchen Fall ist bereits der Veranlagungsplatz berechtigt, eine Kontrollmitteilung zu schreiben. Rechtsgrundlage wären dann die allgemeinen Bestimmungen zur Durchführung des Besteuerungsverfahrens (§§ 85 ff. AO). Ergänzend ist anzumerken, dass auch die **Zollverwaltung** zum Ressort der Finanzverwaltung gehört, sodass sich sowohl Zoll als auch Steuerverwaltung wechselseitig ohne gesetzliche Grundlagen austauschen können (Seer, in Tipke/Kruse, AO, § 194 Tz. 28; dagegen jedoch Datenschutzbericht in BT-Drucks. 13/1150 vom 18.04.1995, 39).

Kontrollmitteilungen führen auch **nicht** zu **unzulässiger Vorratsdatenspeicherung** zu einem unbestimmten Zweck; sie dienen vielmehr einem bestimmten Zweck (Sicherung eines effektiven Besteuerungsverfahrens; siehe BVerfG, Urteil vom 15.12.1983, 1 BvR 209, 269, 362, 420, 440, 484/83, BVerfGE 65, 1, 46; BVerfG, Urteil vom 17.12.1984, 2 BvE 11, 15/83, BVerfGE 67, 100, 143). Beim BVerfG ist ferner klargestellt worden, dass durch die Ausfertigung von Kontrollmitteilungen das Grundrecht des Bürgers auf informelle Selbstbestimmung nicht verletzt wird (BVerfG, Urteil vom 27.06.1991, 2 BvR 1493/89, BStBl II 1991, 654, 668).

Mitgeteilt werden darf nur, was **anlässlich** einer Ap (zwischen Beginn und Ende) festgestellt wurde. Hieraus folgt zwingend, dass eine Ap nicht eigens zu dem Zweck durchgeführt wird, die Verhältnisse anderer Personen zu erforschen (BFH, Urteil vom 18.02.1997, VIII R 33/95, BStBl II 1997, 499, 507; BFH, Beschluss vom 02.08.2001, VII B 290/99, BStBl II 2001, 665, 667; BFH, Urteil vom 04.11.2003, VII R 28/01, BFH/NV 2004, 549, 551; BFH, Beschluss vom 28.04.2004, VII B 198/03, BFH/NV 2004, 1216, 1217; AEAO zu § 194 Nr. 5). Dies bedeutet, dass Kontrollmitteilungen nur als Nebenprodukt der Ap zulässig sind. Der Prüfer darf also nicht – losgelöst von der Prüfungsanordnung und dem für sie Relevanten – nach Material zur Kontrolle von Dritten suchen. Diese Einschränkung ist insbesondere in sog. Bankenfällen wichtig. Es hat Fälle in der Praxis gegeben, wonach i.R. der Prüfung einer Bank nicht diese selbst originär geprüft werden sollte, sondern die Prüfung lediglich dazu gedient hat, um Geschäftsbeziehungen mit bestimmten Kunden zu eruieren. Dies ist unzulässig.

In anderen Fällen geht es insbesondere darum herauszufinden, ob Angehörige des öffentlichen Dienstes möglicherweise unerlaubte Nebentätigkeiten für Unternehmen durchführen. Auch dies ist als bloßer Anlass für eine Bp unzulässig; insoweit sollte die Prüfungsanordnung mit Rechtsbehelfen angegriffen werden mit der Begründung, dass es nicht um die Besteuerung des Individuums bzw. Unternehmens selbst, sondern um die Verhältnisse Dritter geht, die die Anordnung einer Bp nicht zulassen.

2.1 Typische Anlässe für Kontrollmitteilungen

Kontrollmitteilungen haben den Zweck, die Überprüfung der richtigen Besteuerung bei anderen als dem zu prüfenden Stpfl. zu ermöglichen oder zu erleichtern. Sie werden also insbesondere dann geschrieben, wenn nach den Umständen des konkreten Falls, nach der Lebenserfahrung und nach dem Wissen um branchen- oder betriebsspezifische Besonderheiten die Möglichkeit naheliegt, dass die steuerlichen Verhältnisse des Dritten nicht, nicht vollständig oder nicht richtig ermittelt werden. Sie können auch aus rein prophylaktischen Gründen routinemäßig und als beliebige Stichproben angefertigt werden. Es müssen keine Anhaltspunkte für eine Steuerpflicht oder der Verdacht einer Steuerverkürzung gegeben sein. Qua via wird die Kontrollmitteilung zu einem effizienten Instrument, um die „Lücke zwischen Steuernorm und Steuerwirklichkeit" weiter zu schließen (Seer, in Tipke/Kruse, AO, § 194 Tz. 31; v. Wedelstädt, in Kühn/v. Wedelstädt, AO, 21. Aufl. 2015, § 194 Rdnr. 15; Koch, in Koch/Scholtz, AO, 5. Aufl. 1996, § 194 Rdnr. 8). In der Praxis ist es aber schwierig, hinreichende Anhaltspunkte oder einen besonderen Anlass für Kontrollmitteilungen darzutun. I. d. R. werden Außenprüfer von ihrem **Kontrollmitteilungsermessen** nur Gebrauch machen, wenn in Anbetracht der Umstände des Falls nach aller Erfahrung eine Steuerverkürzung des von der Mitteilung Betroffenen nicht gänzlich auszuschließen ist.

Kontrollmitteilungen führen auch nicht zu unzulässiger Vorratsdatenspeicherung zu einem unbestimmten Zweck; sie dienen vielmehr einem bestimmten Zweck. Wären Kontrollmitteilungen nur bei Anhaltspunkten für eine Steuerpflicht oder Verdacht einer Steuerhinterziehung zulässig, so würde der Anwendungsbereich des § 194 Abs. 3 AO fast bedeutungslos. Teilweise ist man im Schrifttum jedoch strenger und verlangt darüber hinaus einen **besonderen Anlass** für die Kontrollmitteilung. Der wird dann für gegeben gehalten, wenn durch die Mitteilung „die Wahrscheinlichkeit beträchtlich erhöht wird, dass das Besteuerungsverfahren gegen den Dritten zu einem genaueren Ergebnis führt", und bei Nichtauswertung „nach den Umständen oder nach der Lebenserfahrung die Gefahr besteht, dass die steuerlichen Verhältnisse des Dritten nicht oder nicht vollständig oder nicht richtig ermittelt werden". Aber zu solcher Prognose ist niemand fähig, schon gar nicht, wenn man ihm auch noch aufgibt, nicht misstrauisch zu sein, sondern davon auszugehen, dass die Bürger ihre Verpflichtungen erfüllen.

Wegen der Flut von zu prüfenden Geschäftsvorfällen dürfte der beschriebene Literaturstreit für die Praxis belanglos sein. Schließlich wird ein Betriebsprüfer nicht die Zeit und Muße haben, eine inflationäre Vielzahl von Geschäftsvorfällen, die der Prüfung zugrunde gelegt werden, automatisch an die korrespondieren Geschäftspartner (z.B. im Betriebsausgabenbereich) in toto weiterzuleiten. Es wird sich um außergewöhnliche spektakuläre Fälle handeln, die nach Auffassung der Finanzverwaltung den empirischen Verdacht nahelegen, dass sie auf der Seite des Geschäftspartners möglicherweise nicht als Betriebseinnahme erfasst worden sind. Und dazu gehören insbesondere:

- Vereinnahmung von atypischen Provisionen,
- Innenprovisionen (sog. „Kickbacks"),
- Zinszahlungen bei privaten Darlehensgeschäften,
- Verwendung von atypischen Vertragskonstrukten, um Geschäftsbeziehungen und Geldflüsse zu verschleiern.

Folgerichtig hat bereits die Finanzverwaltung einen **Rationalisierungserlass** herausgegeben. Dieser bestimmt zurückhaltend, dass Kontrollmitteilungen immer dann geboten sind, wenn nach den Umständen des konkreten Falls, nach der Lebenserfahrung oder nach dem Wissen um branchen- oder branchenspezifische Besonderheiten die Möglichkeit gegeben ist, dass die Steuern seitens eines Dritten nicht, nicht vollständig bzw. ohne das Kontrollmaterial nicht richtig ermittelt werden können. Dazu werden 13 Positionen aufgeführt, bei denen sich Kontrollmitteilungen aus der Sicht der Verwaltung insbesondere anbieten (FinMin Nordrhein-Westfalen, Erlass vom 13.06.1995, S 1502 – 4 – V C 5, Ziff. 4.2, zitiert bei Eckhoff, in Hübschmann/Hepp/Spitaler, AO, vor §§ 193–203 Rdnr. 300 – alte Kommentierung). Die Finanzverwaltung hat für die **verschiedenen Steuerarten** folgende Kategorisierung vorgenommen:

Erb- und schenkungsteuerrechtlich relevante Sachverhalte sind dem für die Erbschaftsteuer zuständigen FA mitzuteilen, insbesondere

- Vermögensanfälle unter Lebenden, soweit sie nicht von einem inländischen Gericht oder Notar beurkundet wurden,
- Grundstückskaufverträge, die eine gemischte oder versteckte Schenkung vermuten lassen,

- Vereinbarungen über die Gewährung einer überhöhten Gewinnbeteiligung,
- Übergänge von Gesellschaftsanteilen auf andere Gesellschafter oder die Gesellschaft bei Ausscheiden eines Gesellschafters,
- Höhe und Zusammensetzung des Vermögens eines verstorbenen Stpfl.,
- Erwerb von Grundvermögen aus dem Nachlass eines nicht im Inland wohnhaften Erblassers,
- Erbfälle i.R. des § 2 Abs. 1 Satz 1 AStG.

Grunderwerbsteuerrechtlich relevante Sachverhalte sind den Grunderwerbsteuerstellen mitzuteilen, insbesondere

- Einbringung eines Grundstücks in eine Personengesellschaft ohne notariellen Übertragungsvertrag,
- Entnahme eines Grundstücks aus einer Personengesellschaft ohne notariellen Übertragungsvertrag,
- Umwandlungen und Verschmelzungen von Unternehmen mit Grundbesitz,
- Erwerb von Gebäuden auf fremdem Grund und Boden,
- Begründung und Auflösung von Treuhandverhältnissen und Wechsel des Treugebers,
- Vereinigung aller Anteile einer Gesellschaft mit Grundbesitz in der Hand einer Person.

Bewertungsrechtlich relevante Sachverhalte sind den Bewertungsstellen mitzuteilen, insbesondere

- nachträglicher Ausbau von Wohnräumen,
- Modernisierung von Heizungen und sanitären Anlagen,
- Um- und Ausbau mit Aufwand über 20.000 DM bzw. 10.000 €,
- Änderung der Nutzungsart.

2.2 Inhalt der Kontrollmitteilung

Inhalt der Kontrollmitteilung können steuerliche (tatsächliche und/oder rechtliche) Verhältnisse sein, die für die Besteuerung anderer Personen von Bedeutung sind oder von Bedeutung sein können. Ob sie wirklich von Bedeutung sind, stellt sich meist erst bei der Auswertung heraus. Der Kreis möglicher Gegenstände einer Kontrollmitteilung ist damit extrem weit: Es kann sich handeln um den Abschluss von Rechtsgeschäften, um die Beteiligung an Gesellschaftsverträgen, um Zahlungen, Fragen des Wohnsitzes oder des ständigen Aufenthalts, Anhaltspunkte dafür, dass eine unerlaubte Hilfeleistung in Steuersachen erfolgt ist usw. Eine exakte Trennung zwischen rechtlichen und tatsächlichen Verhältnissen ist hier nicht möglich, aber auch nicht erforderlich, da beide Gegenstand einer Kontrollmitteilung sein können (Schallmoser, in Hübschmann/Hepp/Spitaler, AO, § 194 Rdnr. 140).

§ 194 Abs. 3 AO setzt keinen Zusammenhang zwischen Steuerfaktoren voraus, die den geprüften Stpfl. einerseits und andere Personen andererseits betreffen (etwa Einnahmen/Ausgaben, Schuld/Forderung oder umgekehrt). Es darf alles mitgeteilt werden, was steuerlich bei dem anderen von Bedeutung sein kann, unmittelbar oder mittelbar (als Indiz), das kann auch bei privaten Anschaffungen zutreffen. Auf die Art der Steuer kommt es nicht an (Seer, in Tipke/Kruse, AO, § 194 Tz. 32). Die Finanzverwaltung hat diesbezüglich schon Vordrucke entwickelt. In diesen wird der Geschäftsvorfall und der Name und die Anschrift des Zahlungsempfängers mit Betrag netto und Mehrwertsteuerausweis spezifiziert. Selbstverständlich kann die Rechnung oder der Buchungsbeleg als Anlage beigefügt werden. Bei der empfangenden Finanzbehörde wird dann das Kontrollmaterial meistens in die Hinweisakte des Stpfl. aufgenommen. Selbstverständlich kann summarisch geprüft werden, ob aufgrund der vorliegenden Bilanz bzw. Einnahmen-Überschussrechnung – soweit überhaupt möglich – der Geschäftsvorfall darin erfasst worden ist oder nicht. Insbesondere bei größeren Unternehmenseinheiten ist dies jedoch zumeist nicht möglich. Somit wird der Kontrollmitteilungsbeleg erst i. R. einer ggf. durchgeführten Ap beim Unternehmen (Dritten) erfolgen. In spektakulären Fällen, z. B. gigantische Provisionszahlungen, die offensichtlich nicht in der Bilanz bzw. Einnahmen-Überschussrechnung erfasst sind, kann sogar die Kontrollmitteilung zur Anberaumung einer Bp beim Dritten, in extremen Fällen sogar zur Einleitung eines Steuerstrafverfahrens und zu Fahndungsmaßnahmen führen.

Dem Stpfl. sollte klar sein, dass Kontrollmitteilungen ein erhebliches Gefahrenpotenzial für steuerunehrliche Bürger darstellen. Hat der Unternehmer mit einem geprüften Geschäftspartner Kontakt, so kann es taktisch geboten sein, herauszufinden, ob der Betriebsausgabenbereich nicht nur geprüft, sondern darüber hinaus systematisch Kontrollmitteilungen gefertigt worden sind. Erfährt dies der nicht geprüfte Unternehmer, so besteht möglicherweise – vorbehaltlich einer Tatentdeckung – die Möglichkeit einer Nachmeldung bzw. Selbstanzeige (§ 153 bzw. § 371 AO).

2.3 Keine Verletzung von Mitwirkungsverweigerungsrechten

Durch die Kontrollmitteilungen dürfen Mitwirkungsverweigerungsrechte (z.B. Angehörige der rechts- und steuerberatenden Berufe) nicht verletzt werden (§§ 101ff. AO). Der Gesetzgeber ist jedoch folgender Auffassung und hat in den amtlichen Begründungen (BT-Drucks. VI/1982 vom 19.03.1971, 162) folgende Ausführungen gemacht: „Entgegen der Mehrheitsmeinung des Arbeitskreises für eine Reform der Reichsabgabenordnung ist keine Einschränkung der Verwertung der Unterlagen bei der Besteuerung anderer Personen in den Fällen vorgesehen, in denen der geprüfte Stpfl., wäre er Dritter, ein Auskunftsverweigerungsrecht hätte. Hierfür waren folgende Überlegungen maßgebend: Der Stpfl. ist – nicht nur bei der Ap – verpflichtet, bei der Ermittlung des steuerlichen Sachverhalts mitzuwirken, insbesondere die steuerlich relevanten Tatsachen einschließlich der Beweismittel offen zu legen. Insoweit ist er nicht Dritter und hat kein Auskunftsverweigerungsrecht. Sobald die Finanzbehörde hierbei Kenntnisse von den steuerlichen Verhältnissen Dritter erlangt, muss ihre Auswertung zulässig sein. Anderenfalls könnte der Stpfl. durch Vorlage eines entsprechenden Belegs gegebenenfalls den Abzug eines gezahlten Betrags erreichen, ohne dass geprüft werden könnte, ob der Empfänger den Betrag versteuert hat. § 141 (jetzt § 160) wäre damit umgangen."

Die Haltung der Finanzverwaltung zur Berücksichtigung von Aussageverweigerungsrechten bei der Anfertigung von Kontrollmitteilungen ist sehr restriktiv geworden. Sowohl der Anwendungserlass zur AO (AEAO) als auch die allgemeinen Verwaltungsvorschriften zur Durchführung der Bp (BpO) enthalten keine Einschränkungen mehr. In der Praxis werden diese Auskunftsverweigerungsrechte von der Ap bei der Anfertigung von Kontrollmitteilungen nicht beachtet (Schallmoser, in Hübschmann/Hepp/Spitaler, AO, § 194 Rdnr. 170–172 m.w.N.). Leider wird auch die Auffassung vertreten, dass bei der Angabe der Bewirtungsteilnehmer der Rechtsanwalt i.d.R. nicht berechtigt ist, unter Berufung auf die anwaltliche Schweigepflicht die erforderlichen Angaben zu den Teilnehmern bzw. Mandanten zu unterlassen (BFH, Urteil vom 26.02.2004, IV R 50/01, BStBl II 2004, 502).

Ferner ist nach der Rechtsprechung nicht ernstlich zweifelhaft, dass bei einer Steuerberatungsgesellschaft eine Ap angeordnet werden kann. Das gilt ungeachtet dessen, dass die Finanzverwaltung seit dem Jahr 2000 nicht mehr generell darauf verzichtet, anlässlich von Außenprüfungen bei zur Berufsverschwiegenheit verpflichteten Personen Kontrollmitteilungen zu fertigen (BFH, Beschluss vom 24.08.2006, I S 4/06, BFH/NV 2006, 2034).

Auch gegen gesetzlich zur Verschwiegenheit verpflichtete und zur Verweigerung von Auskünften berechtigte Personen, wie Steuerberater und Wirtschaftsprüfer, kann eine Ap angeordnet werden. Die Finanzbehörde muss im Einzelfall im Rahmen pflichtgemäßer Ermessensausübung über die Anfertigung von Kontrollmitteilungen entscheiden und den Stpfl. (Berufsträger) rechtzeitig von einer entsprechenden Absicht informieren. Dem Stpfl. wird dadurch die Möglichkeit eröffnet, sich mit den gesetzlich eingeräumten Rechtsbehelfen im konkreten Fall gegen die Umsetzung zur Wehr zu setzen (BFH, Urteil vom 08.04.2008, VIII R 61/06, BStBl II 2009, 579, 581 f.).

Vorlageverweigerungsrechte aus § 104 Abs. 1 AO bestehen auch in der beim Berufsgeheimnisträger (Rechtsanwalt, Steuerberater usw.) selbst stattfindenden Ap, jedoch kann das FA grundsätzlich die Vorlage der zur Prüfung erforderlich erscheinenden Unterlagen in neutralisierter Form verlangen (BFH, Urteil vom 28.10.2009, VIII R 78/05 BStBl II 2010, 455, 460 mit Anm. Brandt, StBp 2010, 118 ff.). Der betroffene Berater kann also seinen Gewissenskonflikt dadurch lösen, dass er die den Kontrollmitteilungen unterliegenden Unterlagen bzgl. seiner Mandanten schwärzt und damit anonymisiert. Im Schrifttum wird diese finanzamtsgünstige Interpretation damit gerechtfertigt, dass es für ein lückenloses Kontrollsystem überragende Gründe gibt, um die Effizienz des Besteuerungsverfahrens im Hinblick auf ein Verifizierungsprinzip überhaupt erst zu ermöglichen. Hier müssten sich die Auskunftsverweigerungsrechte unterordnen (Rüsken, in Klein, AO, 15. Aufl. 2020, § 194 Rdnr. 60).

Folgt man dieser Auffassung, so führt das zu folgenden Konsequenzen: Will der Stpfl. verhindern, dass gewisse Unterlagen gegenüber Dritten ausgewertet werden, so muss er unter Verletzung seiner Mitwirkungspflicht und unter Inkaufnahme der aus diesem Verhalten herzuleitenden Folgen die entsprechenden Belege zurückhalten (Mösbauer, in Koch/Scholtz, AO, 5. Aufl. 1996, § 194 Rdnr. 10). Im Schrifttum wird jedoch die Auffassung vertreten, dass ein Stpfl. ein Auskunftsverweigerungsrecht hat und, wenn er hierauf nicht ausdrücklich verzichtet, die Fertigung von Kontrollmitteilungen zu unterbleiben hat. Dies ergibt sich aus der vorrangigen Wirkung des § 102 AO (streitig). Erfolgt dennoch eine Mitteilung, so darf – bei Zugrundelegung dieser Meinung – die Information von dem für die Besteuerung des Dritten zuständigen FA nicht verwertet werden (Schallmoser, in Hübschmann/Hepp/Spitaler, AO, § 194 Rdnr. 161; Streck, Die Außenprüfung, 2. Aufl. 1993, Rdnr. 464 ff.).

Der Prüfer, der Kontrollmitteilungen schreiben will, muss diesbezügliche gesetzliche Belehrungspflichten beachten (§ 101 Abs. 1 Satz 2 und 3, § 103 Satz 2 und 3 AO).

In Konfliktfällen sollte der Stpfl. hart bleiben und im Zweifel auf ein Kontrollmitteilungsverbot bestehen. Dies wird die Atmosphäre in der Prüfung zwar möglicherweise geringfügig belasten. Als Rechtsbehelfe – dazu noch später – kommen eine Unterlassungsklage i. V. m. einer einstweiligen Verfügung auf Nichtausfertigung der Kontrollmitteilung in Betracht. Dann kommt man zu dem Folgeproblem, ob beim Bestehen auf das Auskunftsverweigerungsrecht sich per se die Unzumutbarkeit des Benennungsverlangens hinsichtlich des Zahlungsempfängers ergibt (§ 160 AO).

Wer sich auf ein Auskunftsverweigerungsrecht beruft und deshalb den Gläubiger oder Empfänger nicht benennt, erfüllt auch den Tatbestand des § 160 AO und kann daher insoweit Schulden, Betriebsausgaben, Werbungskosten etc. nicht geltend machen. Diese rein fiskalische Rechtsfolge aus § 160 AO ist auch eher erträglich, als es die Folgen einer Negation der Auskunftsverweigerungsrechte sind. Will ein Auskunftsverweigerungsberechtigter die Folgen aus § 160 AO abwenden, so mag er auf sein Verweigerungsrecht verzichten. Wiegt für ihn sein Verweigerungsrecht schwerer, so muss er die Folgen des § 160 AO in Kauf nehmen (Seer, in Tipke/Kruse, AO, § 194 Tz. 35; Schallmoser, in Hübschmann/Hepp/Spitaler, AO, § 194 Rdnr. 165; Rüsken, in Klein, AO, 17. Aufl. 2023, § 194 Rdnr. 60; Frotscher, BB 1978, 705, 707). Die Gegenmeinung geht ebenfalls davon aus, dass die Berufung auf das Auskunftsverweigerungsrecht eine Umgehung des § 160 AO darstelle, sie zieht aber daraus nicht die Folgerung, dass bei Feststellung einer Umgehung die umgangene Vorschrift anzuwenden ist (Mösbauer, in Koch/Scholtz, AO, 5. Aufl. 1996, § 194 Rdnr. 10).

Wenn man das Auskunftsverweigerungsrecht für die Mandanten hochhält, dann muss man eigentlich zu der Konsequenz kommen, dass die zulässige Berufung auf das Auskunftsverweigerungsrecht (dessen Verletzung sogar strafrechtlich relevant ist, siehe § 203 StGB) dem Anwendungsbereich der fiskalischen Zwecknorm des § 160 AO als lex specialis vorgeht. Hier sollte einmal ein Rechtsstreit zur grundsätzlichen Klärung geführt werden.

2.4 Bankenprivileg

Es besteht darüber hinaus ein gesetzliches Kontrollmitteilungsverbot für Guthabenkonten und Depots bei Kreditinstituten, bei deren Errichtung eine Legitimationsprüfung vorgenommen worden ist. In diesen Fällen dürfen anlässlich der Ap bei einem Kreditinstitut Kontrollmitteilungen nicht zum Zweck der Nachprüfung der ordnungsgemäßen Versteuerung festgestellt oder abgeschrieben werden. Kontrollmitteilungen sollen insoweit unterbleiben (§ 30a Abs. 3 AO i. V. m. § 154 Abs. 2 AO; Hamacher, DB

1996, 2460 ff.). Dieses Kontrollmitteilungsschutzprivileg der Banken ist noch Ausfluss des alten – inzwischen weitgehend durchlöcherten – Bankgeheimnisses. Es kann jedoch von der Finanzverwaltung durch die Möglichkeit des Kontenabrufs in seiner Privilegierungswirkung de facto unterlaufen werden (§ 93 Abs. 7, § 93a, § 93b AO).

Das Bankenprivileg gilt jedoch nicht uneingeschränkt. Grundsätzlich verbietet § 30a AO nicht die Anfertigung von Kontrollmitteilungen anlässlich von Außenprüfungen bei Banken (BFH, Urteil vom 18.02.1997, VIII R 33/95, BStBl II 1997, 499; v. Wedelstädt, DB 2004, 948, 950 f.). Danach ist die Anfertigung zulässig, wenn dies anlässlich der Ap geschieht. Nicht anlässlich einer Ap bei einer Bank – aber kein Verwertungsverbot auslösend – erfolgt die Prüfung bestimmter Konten mit dem Ziel der Ermittlung einzelner **anonymisierter Tafelgeschäfte** von Bankkunden oder ein einzelnes Auskunftsersuchen, das sich nicht auf die steuerlichen Verhältnisse der Bank, sondern auf bestimmte Bankkunden richtet (FG Baden-Württemberg, Urteil vom 28.03.2003, 3 K 240/89, EFG 2003, 1140, rkr.). Die Fertigung von Kontrollmaterial über die Verhältnisse Dritter „ins Blaue hinein" ist dagegen nicht zulässig (BFH, Urteil vom 18.02.1997, VIII R 33/95, BStBl II 1997, 499, 507; BFH, Urteil vom 16.07.2002, IX R 62/99, BStBl II 2003, 74, 82).

§ 30a Abs. 3 AO verbietet nur für Guthabenkonten und Depots, bei deren Errichtung eine Legitimationsprüfung nach § 154 Abs. 2 AO vorgenommen worden ist, die Feststellung und das Abschreiben zum Zwecke der Nachprüfung ordnungsgemäßer Versteuerung und damit auch die Fertigung von Kontrollmitteilungen. Nicht durch diese Vorschrift geschützt sind Kreditkonten, Eigenkonten und CpD-Konten. Zu den Eigenkonten gehören auch die sog. **betriebsinternen Konten**, die von der Bank aus EDV-technischen, KWG-prüfungstechnischen oder innerbetrieblichen Kontrollgründen eingerichtet werden (FinMin Nordrhein-Westfalen, Erlass vom 08.07.1996, S 1505 – 14 – V C 5, DB 1997, 1254). Kontrollmitteilungen aus Anlass von Bankenprüfungen sind, wenn keine legitimationsgeprüften Konten oder Depots betroffen sind, nach § 194 Abs. 3 AO grundsätzlich ohne besonderen Anlass zulässig. Aus § 30a Abs. 1 AO ergibt sich keine weitergehende Auswertungsbeschränkung im „Bankenbereich". Ein bankinternes Aufwandskonto ist kein legitimationsgeprüftes Konto i. S. d. § 154 Abs. 2 AO. Buchungsbelege zu diesem Konto, die ein legitimationsgeprüftes Depot oder Konto betreffen, fallen gleichwohl unter den Schutz des § 30a Abs. 3 Satz 2 AO, weil sie notwendigerweise auch zu diesem Kundenkonto gehören.

§ 30a Abs. 3 AO entfaltet auch im Rahmen nicht strafrechtlich veranlasster, typisch steuerrechtlicher Ermittlungen zur Gewinnung von Prüfmaterial für die Veranlagung keine „Sperrwirkung“, wenn ein hinreichender Anlass für die Kontrollmitteilung besteht. „Hinreichend veranlasst“ ist eine Kontrollmitteilung dann, wenn das zu prüfende Bankgeschäft Auffälligkeiten aufweist, die es aus dem Kreis der alltäglichen und banküblichen Geschäfte hervorheben, oder eine für Steuerhinterziehung besonders anfällige Art der Geschäftsabwicklung erkennen lässt, die mehr – als es bei Kapitaleinkünften aus bei Banken geführten Konten und Depots stets zu besorgen ist – dazu verlockt, solche Einkünfte dem FA zu verschweigen, wenn also eine erhöhte Wahrscheinlichkeit der Entdeckung unbekannter Steuerfälle besteht. Der hinreichende Anlass für die „Nachprüfung der steuerlichen Verhältnisse“ muss sich anhand der konkreten Ermittlungen im Einzelfall und der in vergleichbaren Prüfsituationen gewonnenen verallgemeinerungsfähigen Erkenntnisse nachvollziehbar ergeben (BFH, Urteil vom 09.12.2008, VII R 47/07, BStBl II 2009, 509; hierzu v. Wedelstädt, DB 2009, 700 ff.; Wagner, DStZ 2010, 69, 72).

Die Rechtsprechungsgrundsätze zur Frage, welche Einschränkungen sich zum Schutz von Bankkunden bei einer Betriebsprüfung von Kreditinstituten ergeben, gelten auch für einen digitalen Datenzugriff der Finanzbehörde bei einer Bank (BFH, Beschluss vom 27.09.2010, II B 164/09, BFH/NV 2011, 193).

2.5 Internationale Kontrollmitteilungen

Aufgrund der Ausdehnung des grenzüberschreitenden Rechtsverkehrs gehen die Finanzbehörden auch mehr dazu über, im internationalen Geschäftsverkehr Kontrollmitteilungen zuzuleiten (§ 9 Satz 2 BpO). Dies ist jedoch nur insoweit zulässig, als sich aus zwischenstaatlichen Abmachungen (z. B. Doppelbesteuerungsabkommen, Rechtshilfeabkommen, EG-Amtshilfegesetz) die Zulässigkeit von Kontrollmitteilungen ergibt (Art. 26 OECD-MDBA). Darüber hinaus gibt es eine Vielzahl von bilateralen Sondervereinbarungen über automatischen spontanen Auskunftsaustausch z. B. mit den Niederlanden (Vereinbarung zwischen den obersten Finanzbehörden der Bundesrepublik Deutschland und dem Königreich der Niederlande über den Auskunftsaustausch auf steuerlichem Gebiet, BStBl I 1997, 970).

Grenzen für eine exzessive Praxis für Spontanauskünfte hat jedoch vor Kurzem die Judikatur gesetzt: Eine Spontanauskunft an die Steuerverwaltung eines anderen Mitgliedstaats der EU setzt **tatsächliche Anhaltspunkte** für die **Vermutung** voraus, dass Steuern dieses Mitgliedstaats verkürzt worden sind oder werden könnten. Wenn i.R. eines Antrags auf Erlass einer einstweiligen Anordnung als Anordnungsanspruch glaubhaft gemacht wurde, dass die Tatbestandsvoraussetzungen für eine Spontanauskunft nicht erfüllt sind, ist wegen der Gefahr einer nicht mehr rückgängig zu machenden Verletzung des subjektiven Rechts auf Wahrung des Steuergeheimnisses auch ein Anordnungsgrund glaubhaft gemacht (= Erlass einer einstweiligen Anordnung; § 2 Abs. 2 EGAHIG; BFH, Beschluss vom 15.02.2006, I B 87/05, BStBl II 2006, 616; BMF, Schreiben vom 01.08.2006, IV B 1 – S 1300 – 38/06, BStBl I 2006, 489 – faktischer Nichtanwendungserlass; zu Auskünften an ausländische Steuerverwaltungen nach dem EG-Amtshilfegesetz – hier: Auskünfte aufgrund von Ermittlungen bei deutschen Kreditinstituten – siehe OFD Hannover, Verfügung vom 04.04.2006, S 0277 – 1 434 – StO 143, DStR 2006, 947).

2.6 Rechtsschutzmöglichkeiten

Die Kontrollmitteilung ist grundsätzlich **kein Verwaltungsakt**, sodass die Anfechtungsklage nicht möglich ist. Der betroffene Stpfl. oder der geprüfte Unternehmer kann jedoch Leistungsklage auf Unterlassen der Ausführung der Kontrollmitteilung erheben, wenn er in seinen Rechten verletzt ist (§ 40 Abs. 2 FGO). Da die Reaktion des Gerichts auf die Leistungsklage aber durchweg zu spät kommt, ist grundsätzlich eine einstweilige Anordnung als effektives Rechtsmittel angezeigt (§ 114 FGO; Niedersächsisches FG, Beschluss vom 30.09.1998, X 437/98 V, EFG 1999, 10f., rkr.; FG Baden-Württemberg, Beschluss vom 12.08.1999, 3 V 42/98, EFG 1999, 1063; Schleswig-Holsteinisches FG, Beschluss vom 28.11.2000, V 288/00, EFG 2001, 182, rkr.; FG Köln, Beschluss vom 24.09.2008, 2 V 2821/08, EFG 2011, 2124, rkr., mit Anm. Hoffmann).

Vor der Verwertung der Kontrollmitteilung sind die Anhörungsrechte des betroffenen Stpfl. zu beachten. Das allgemeine Verlangen des Steuerberaterverbandes, den Betroffenen (dritten Personen) aus Gründen „informeller Selbstbestimmung“ Kopien der Kontrollmitteilung zuzusenden, würde jedoch die Kontrolle entwerten (Seer, in Tipke/Kruse, AO, § 194 Tz. 33). Ferner kann der Betreffende eine Gegenvorstellung oder eine Dienstaufsichtsbeschwerde vornehmen, die jedoch erfahrungsgemäß form-, frist-, aber auch fruchtlos ist. Der betroffene Stpfl. kann sich nicht gegen die Kontrollmitteilung wenden, da sie seine wirtschaftlichen Interessen gefährdet, z.B. steuerunehrliche Geschäftspartner von der Fortsetzung von Geschäftsbeziehungen mit ihm abgehalten werden. Es muss sich um effektive Rechtsverletzungen handeln, z.B. fehlende Rechtsgrundlage im EG-Amtshilfegesetz mangels konkreter Anhaltspunkte für eine Steuerverkürzung.

2.7 Rechtsfolgen von Kontrollmitteilungen

Da der Außenprüfer bei der Anfertigung der Kontrollmitteilung regelmäßig noch nicht wissen kann, wie der mitzuteilende Sachverhalt auf Seiten des Dritten erklärt und steuerlich behandelt worden ist, ist eine Steuerstraftat in den meisten Fällen allein durch die bloße Ausfertigung der Kontrollmitteilungen noch nicht „entdeckt" (§ 371 Abs. 2 Nr. 2 AO). Eine **strafbefreiende Selbstanzeige** wird daher in den meisten Fällen noch möglich sein (Einzelfallentscheidung). Eine Sperrwirkung tritt erst bei Vorliegen eines hinreichenden Tatverdachts ein und erfordert darüber hinaus, dass dies der Steuerhinterzieher wusste oder hätte wissen müssen. Damit ist die Sperrwirkung in der Praxis erheblich entwertet worden (Dörn, wistra 1993, 169).

Der Ablauf der Festsetzungsverjährung hinsichtlich des Dritten wird durch die Kontrollmitteilung in keinem Fall gehemmt (§ 171 Abs. 4 AO). Soweit die mitgeteilten Feststellungen der für die Besteuerung des Dritten zuständigen Finanzbehörde bisher nicht bekannt waren, stellen sie i. d. R. **neue Tatsachen** dar; sie berechtigen dort i. R. dieser Vorschrift also zur Änderung der Veranlagung (§ 173 Abs. 1 Nr. 1 AO).

3. Mitteilungen zur Bekämpfung der illegalen Beschäftigung und des Leistungsmissbrauchs

Neben der Generalnorm des § 30 Abs. 4 AO besteht zur Bekämpfung der illegalen Beschäftigung und des Leistungsmissbrauchs eine weitere Ermächtigungsgrundlage für die Finanzbehörde, das Steuergeheimnis zu durchbrechen. Mit der Befugnis zur Offenbarung korrespondiert seit dem 01.08.2002 eine **Mitteilungspflicht** der Finanzbehörde, soweit deren Erfüllung nicht mit einem unverhältnismäßigen Aufwand verbunden ist. Betroffener i. S. der Vorschrift sind der Schwarzarbeiter und sein Arbeitgeber, der Arbeitgeber und der Arbeitnehmer bzw. der Leistungsempfänger (§ 31a AO). § 31a AO verpflichtet zu Offenbarungen an alle für die Bekämpfung der Schwarzarbeit zuständigen Stellen; das sind die nach der Gewerbeordnung, der Handwerksordnung oder nach den Vorschriften des SGB I nach Landesrecht zuständigen Behörden, insbesondere Bundesagentur für Arbeit, Ordnungsämter der Kreise und kreisfreien Gemeinden, Finanzkontrolle Schwarzarbeit der Zollverwaltung und deren Zentrale Datenbank. Darüber hinaus verpflichtet die Vorschrift zur Mitteilung an Träger von Sozialleistungen (z. B. Ämter für Ausbildungsförderung, Bundesagentur für Arbeit, gesetzliche Krankenkassen, Berufsgenossenschaften, Landesversicherungsanstalten, Bundesversicherungsanstalt für Angestellte, Versorgungsämter) und an die **öffentlichen** Subventionsgeber (Jansen/Meuwsen, Steuerwarte 2005, 67).

3.1 Offenbarung zur Bekämpfung der illegalen Beschäftigung einschließlich der Schwarzarbeit

Die Vorschrift des § 31a Abs. 1 Nr. 1 AO stellt die illegale Beschäftigung der Schwarzarbeit gleich. Hierbei gibt es eine Legaldefinition (§ 1 SchwarzarbeitsG vom 23.07.2004, BGBl I 2004, 1842). Darunter fällt auch die Tätigkeit ausländischer Arbeitnehmer ohne (Arbeits-)Genehmigung; die Erlaubnis kann jedoch aufgrund zwischenstaatlicher Vereinbarungen entbehrlich sein und ist durch die Freizügigkeit der Arbeitnehmer in der EU obsolet (§ 284 SGB III).

Die Offenbarung ist zulässig, wenn sie der Bekämpfung der Schwarzarbeit dient, d. h. die zuständigen Stellen in die Lage versetzt werden, gegen die ordnungswidrig handelnde Person vorzugehen. Die Offenbarung ist auch zulässig, ohne dass der Betroffene schuldhaft die ihm obliegenden steuerlichen Pflichten verletzt hat. Bei **abgeschlossener Schwarzarbeit** ohne Wiederholungsgefahr dient die Offenbarung nicht mehr der „Bekämpfung der Schwarzarbeit“, sondern lediglich ihrer Ahndung. Folglich besteht keine Befugnis zur Offenbarung. Der Gedanke einer Generalprävention widerspricht dem Zweck des Steuergeheimnisses und der Gesetzesbegründung (Alber, in Hübschmann/Hepp/Spitaler, AO, § 31a Anm. 11; Drüen, in Tipke/Kruse, AO, § 31a Tz. 4, 5).

3.2 Offenbarung zur Bekämpfung illegaler Arbeitnehmerüberlassung

Ferner kann die Finanzbehörde der Bundesagentur für Arbeit Tatsachen mitteilen, die zu der Versagung, der Rücknahme oder dem Widerruf einer Erlaubnis nach dem Arbeitnehmerüberlassungsgesetz (AÜG) führen. Ob derartige Tatsachen vorliegen, hat die Finanzbehörde zu ermitteln. Sie kann auch über solche Feststellungen unterrichten, die auf eine unerlaubte Arbeitnehmerüberlassung schließen lassen. Einer **Erlaubnis** bedürfen Arbeitgeber (Verleiher), die Dritten (Entleihern) Arbeitnehmer (Leiharbeitnehmer) gewerbsmäßig zur Arbeitsleistung überlassen wollen. Werden Arbeitnehmer Dritten zur Arbeitsleistung überlassen und übernimmt der Überlassende weder die üblichen Arbeitgeberpflichten noch das Arbeitgeberrisiko oder übersteigt die Dauer der Überlassung im Einzelfall sechs Monate, so wird vermutet, dass der Überlassende Arbeitsvermittlung betreibt.

Die Voraussetzungen für die Versagung, die Rücknahme und den Widerruf der Erlaubnis sind gesetzlich geregelt (§§ 1, 3 bis 5 AÜG i. d. F. vom 19.11.2004, BGBl I 2004, 2902, 2905).

3.3 Offenbarung zur Bekämpfung von Leistungsmissbrauch

§ 31a Abs. 1 Nr. 2 AO dient der effektiven Verfolgung des Subventionsbetrugs und des Bezugs von zu Unrecht empfangenen Sozialleistungen. Es genügt die Möglichkeit, dass die gewährten Subventionen und Sozialleistungen zurückgefordert werden können. Die Vorschrift erlaubt jedoch nicht die Mitteilung von Tatsachen, die den Sozialleistungsträgern und Subventionsnehmern vor Erlass eines entsprechenden Verwaltungsakts die Prüfung der Voraussetzungen beantragter Leistungen ermöglichen (Alber, in Hübschmann/Hepp/Spitaler, AO, § 31a Anm. 36–42).

Ob der begünstigende Verwaltungsakt, durch den die Leistungen gewährt worden sind oder gewährt werden sollen, zurückgenommen oder widerrufen werden kann, entscheidet nicht die Finanzbehörde, sondern die dafür zuständige Stelle. Folglich ist die Bekanntgabe schon dann gestattet, wenn die für die Rücknahme oder den Widerruf zuständige Stelle der Finanzbehörde hinreichende Anhaltspunkte mitteilt oder solche Anhaltspunkte der Finanzbehörde kraft eigener Wahrnehmung bekannt geworden sind. Ein konkreter Tatverdacht im strafprozessualen Sinne ist somit nicht erforderlich (Wienands, DStZ 1994, 693 f.). Eines Auskunftsersuchens des Sozialleistungsträgers oder Subventionsgebers bedarf es ebenfalls nicht (Drüen, in Tipke/Kruse, AO, § 31a Tz. 8).

Die informationsempfangende Stelle (Sozialleistungsträger, Subventionsgeber) darf die Mitteilungen nur verwenden, um die Voraussetzungen der Rückforderung zu schaffen. Sie darf die Mitteilungen nicht an andere Behörden weitergeben wegen des sog. **verlängerten Steuergeheimnisses** (Helmschrott/Eberhart, DStR 1994, 481, 482). Davon ausgenommen ist die Weitergabe an solche Behörden, denen die Finanzbehörde die Mitteilungen auch selbst geben kann; dann gilt auch für diese Behörden das verlängerte Steuergeheimnis (Drüen, in Tipke/Kruse, AO, § 31a Tz. 8).

Sozialleistungsträger sind die im Gesetz genannten Körperschaften, Anstalten und Behörden (§§ 18 bis 29 SGB I). Subventionsgeber ist nach der Legaldefinition im StGB die für die Bewilligung der Subventionen zuständige Behörde oder eine andere in das Subventionsverfahren eingeschaltete Stelle oder Person (§ 264 Abs. 1 Nr. 1 StGB). Subventionen sind Leistungen, die aus öffentlichen Mitteln nach Bundes- oder Landesrecht oder nach dem Recht der Europäischen Gemeinschaften an Betriebe oder Unternehmen wenigstens zum Teil ohne marktmäßige Gegenleistung gewährt werden und der Förderung der Wirtschaft dienen sollen. Dies entspricht dem Subventionsbegriff des Strafrechts (§ 264 Abs. 7 StGB). Der Anwendungsbereich des § 31a Abs. 3 AO beschränkt sich auf wirtschaftsfördernde Subventionen der öffentlichen Hand. Die Finanzbehörde darf nur solche Verhältnisse mitteilen, die **subventionserhebliche Tatsachen** des Subventionsrechts sind. Dies sind durch Gesetz oder aufgrund eines Gesetzes von dem Subventionsgeber als subventionserheblich bezeichnete Tatsachen oder solche, von denen die Bewilligung, Gewährung, Rückforderung, Weitergewährung oder das Belassen einer Subvention oder eines Subventionsvorteils gesetzlich abhängt (§ 264 StGB; OFD Koblenz, Verfügung vom 12.04.2001, S 0132 A – St 53 1, StEK AO § 31a Nr. 11).

Die Offenbarung durch das Steuergeheimnis geschützter Verhältnisse zur Durchführung eines Verwaltungsverfahrens zur Rückforderung von Arbeitslosenentgelt setzt nicht voraus, dass die Finanzbehörde festgestellt hat, dass die Kenntnis der zu offenbarenden Tatsachen die Rückforderung rechtfertigt oder mit einer gewissen Wahrscheinlichkeit rechtfertigen wird; ausreichend ist insofern, dass die Tatsachen für die Durchführung eines solchen Verwaltungsverfahrens überhaupt geeignet sind. § 31a Abs. 1 Nr. 1 Buchst. b bb AO ist verfassungsgemäß. Er verletzt insbesondere das Recht auf informationelle Selbstbestimmung weder in materieller noch wegen Unbestimmtheit der Offenbarungsbefugnisse der Finanzbehörde in formeller Hinsicht (BFH, Beschluss vom 04.10.2007, VII B 110/07, BStBl II 2008, 42).

3.4 Mitteilungspflicht der Finanzbehörde

Die Finanzbehörde ist in allen genannten Fällen zur Mitteilung verpflichtet; sie hat keinen Ermessensspielraum. Jedoch besteht keine Mitteilungspflicht, soweit ihre Erfüllung mit einem unverhältnismäßigen Aufwand verbunden ist (§ 31a Abs. 2 Satz 2 AO). Es gehört daher zu den präventiven Aufklärungspflichten der Steuerberater, den Mandanten darauf hinzuweisen (insbesondere in Branchen wie Baubranche und Arbeitnehmerverleih), dass aufgrund der Vorlage von Geschäftspapieren darin immanent offen gelegte Sachverhalte im Hinblick auf Verstöße gegen die Schwarzarbeit bzw. illegale Beschäftigung automatisch den entsprechenden Behörden (z.B. der Bundesagentur für Arbeit) mitgeteilt werden müssen und sich dadurch weitere Nachteile (Strafverfahren, Widerruf von Erlaubnissen nach dem AÜG etc.) ergeben.

Auch werden i.R. von Betriebsprüfungen Subventionsbetrügereien aufgedeckt, sobald der Mandant bzw. sein Berater die entsprechenden Unterlagen offen legen. Auch hier ist eine Mitteilung an die betroffenen „betrogenen" Behörden zwingend. Mit diesem Instrumentarium ist die Bekämpfung der Wirtschaftskriminalität auf die genannten Tatbestände erheblich erweitert worden, was in Mandantenkreisen teilweise nicht ausreichend bekannt ist. Hinzu kommt, dass auch die leicht fahrlässige Verübung eines

Subventionsbetrugs bereits pönalisiert ist. Schon die Abgabe falscher Erklärungen erfüllt den Tatbestand des (vollendeten) Subventionsbetrugs. Die Auszahlung der begehrten Subvention ist zur Strafbarkeit nicht erforderlich. Das Institut der strafbefreienden Selbstanzeige gilt i.R. des § 264 StGB nicht.

Zu den Möglichkeiten der Weiterleitung von Erkenntnissen der Finanzverwaltung in potenziellen Korruptionsfällen an die Strafverfolgungsbehörde hat der BFH wie folgt Stellung genommen: Begründen Tatsachen den Verdacht einer Tat, die den Straftatbestand einer rechtswidrigen Zuwendung von Vorteilen i.S.d. § 299 Abs. 2 StGB erfüllt, so ist die Finanzbehörde ohne eigene Prüfung, ob eine strafrechtliche Verurteilung in Betracht kommt, verpflichtet, die erlangten Erkenntnisse den Strafverfolgungsbehörden weiterzuleiten. Das Recht auf „informationelle Selbstbestimmung" und der Grundsatz der Verhältnismäßigkeit gebieten es nicht, dass das FA vor der Übermittlung der den Tatverdacht begründenden Tatsachen prüft, ob hinsichtlich der festgestellten Zuwendungen Strafverfolgungsverjährung eingetreten ist oder Verwertungs- bzw. Verwendungsverbote bestehen. Ein Verdacht i.S.d. § 4 Abs. 5 Nr. 10 Satz 3 EStG, der die Information der Strafverfolgungsbehörden gebietet, besteht, wenn ein Anfangsverdacht i.S.d. Strafrechts gegeben ist. Es müssen also zureichende tatsächliche Anhaltspunkte für eine Tat nach § 4 Abs. 5 Nr. 10 Satz 1 EStG vorliegen (BFH, Beschluss vom 14.07.2008, VII B 92/08, BStBl II 2008, 850 mit Anm. Lühn, BB 2008, 2218, 2220; ferner Bilsdorfer, Steuer & Studium 2008, 590ff.).

4. Mitteilungen zur Bekämpfung der Geldwäsche

Eine weitere Mitteilungspflicht besteht zur Bekämpfung der Geldwäsche; sie geht auf die Geldwäscherichtlinie der EU zurück. Darunter fallen folgende vorsätzlich begangenen Handlungen:

- der Umtausch oder Transfer von Vermögensgegenständen in Kenntnis der Tatsache, dass diese aus einer kriminellen Tätigkeit oder Teilnahme daran stammen, zum Zwecke der Verheimlichung oder Verschleierung des illegalen Ursprungs der Vermögensgegenstände oder der Unterstützung von Personen, die an einer solchen Tätigkeit beteiligt sind, damit diese den Rechtsfolgen ihrer Tat entgehen;
- das Verheimlichen oder Verschleiern der wahren Natur, Herkunft, Lage, Verfügung oder Bewegung von Vermögensgegenständen oder des tatsächlichen Eigentums an diesen oder entsprechender Rechte in Kenntnis der Tatsache, dass diese Gegenstände aus einer kriminellen Tätigkeit oder Teilnahme daran stammen;

- der Erwerb, Besitz oder die Verwendung von Vermögensgegenständen, wenn dem Betreffenden bei deren Übernahme die kriminelle Herkunft bekannt war;
- die Beteiligung an einer der vorstehend aufgeführten Handlungen, Zusammenschlüsse zur Ausführung oder Versuche einer solchen Handlung, Beihilfe, Anstiftung oder Beratung zur Ausführung oder Erleichterung einer solchen Handlung.

Ob **Kenntnis, Vorsatz oder Motivation** vorliegen, die ein Merkmal der genannten Tätigkeit sein müssen, soll **anhand objektiver Tatumstände festgestellt** werden können (§ 31b AO; EG-Richtlinie 2001/97 EG, ABl EG Nr. L 344 vom 04.12.2001, 76 = NJW 2002, 804). § 31b AO knüpft an den Tatbestand der Geldwäsche an. Danach macht sich strafbar, wer einen Gegenstand, der aus einer bestimmten Vortat herrührt, verbirgt, dessen Herkunft verschleiert usw. Vortaten sind Verbrechen und die in der Vorschrift aufgelisteten Vergehen. Im Übrigen ist auch die leichtfertige Begehungsweise strafbar (§ 261 StGB). Die vorstehende Vorschrift verweist auf eine ganze Reihe von Straftatbeständen wie Bestechlichkeit, Vergehen nach dem Betäubungsmittelgesetz und dem Grundstoffüberwachungsgesetz (Drogenhandel), gewerbs-, gewaltsamer oder bandenmäßiger Schmuggel, Steuerhehlerei, Menschenhandel, Zuhälterei, Diebstahl, Unterschlagung, Erpressung, Hehlerei, Betrug, Computerbetrug und Subventionsbetrug, Untreue, Urkundenfälschung, Vergehen nach dem Ausländergesetz und Asylverfahrensgesetz, Bildung krimineller und terroristischer Vereinigungen mit diversen Einschränkungen und etlichen Besonderheiten.

Nach diversen Gesetzesänderungen ist nunmehr die gewerbs- oder bandenmäßig begangene Steuerhinterziehung eine Vortat zur Geldwäsche.

„Gewerbsmäßigkeit" wird von den Ermittlungsbehörden bei Steuerhinterziehung rasch angenommen werden können. Danach handelt gewerbsmäßig, wer sich aus wiederholter Tatbegehung eine nicht nur vorübergehende Einnahmequelle von einigem Umfang verschaffen möchte, ohne dass er daraus ein kriminelles Gewerbe zu machen braucht. Schon eine einmalige Gesetzesverletzung kann ausreichen. Gewerbsmäßigkeit wird also durch ein subjektives Moment begründet. Es braucht sich nicht um die Haupteinnahmequelle des Täters zu handeln (Fischer, StGB, 71. Aufl. 2024, vor § 52 Rdnr. 61).

Die Vorschrift ergänzt ebenfalls die Offenbarungspflicht des § 30 AO, um die genannten Straftaten effektiv bekämpfen zu können. Die Finanzbehörde ist deshalb verpflichtet, den Strafverfolgungsbehörden die Tatsachen, die auf eine solche Straftat schließen lassen, zuzuleiten. Ein **straf-**

rechtlicher Anfangsverdacht ist nicht erforderlich. Jedoch sollten zureichende tatsächliche Anhaltspunkte erforderlich sein, denn ein bloßer Verdacht rechtfertigt keine Mitteilung (§ 152 Abs. 2 StPO; Alber, in Hübschmann/Hepp/Spitaler, AO, § 31b Rdnr. 18).

Parallel zu § 31b AO besteht für Kreditinstitute, andere Finanzdienstleister und Spielbanken die Pflicht zur Anzeige von Verdachtsfällen (§§ 11, 13 Geldwäschegesetz – GwG). Das gilt auch für Rechtsanwälte, Rechtsbeistände, Patentanwälte, Notare, Wirtschaftsprüfer, vereidigte Buchprüfer, Steuerberater, Steuerbevollmächtigte, Immobilienmakler und Spielbanken in dem durch das Geldwäschegesetz abgesteckten Rahmen (§ 3 GwG; Wegener, NJW 2002, 794; Müller, DStR 2004, 1313). Durch das Geldwäschebekämpfungsgesetz wurden Freiberuflern weitgehende Pflichten auferlegt, die für die Betroffenen unangenehm sein können. Gerade die Identifizierungspflicht dürfte in der Praxis häufig zu Irritationen beim Mandanten führen. Am Sinn der Identifizierungspflicht für Freiberufler werden angesichts der bestehenden Schweigepflicht zudem Zweifel geäußert.

Auch die Verpflichtung zur Vornahme einer Verdachtsanzeige kann, trotz der Einschränkungen für Freiberufler, eine Belastung des Vertrauensverhältnisses zum Mandanten mit sich bringen. Dennoch sollten diese Pflichten – nicht zuletzt aufgrund der erheblichen Bußgeldbewehrung – ernst genommen werden. Es ist zu erwarten, dass die zuständigen Behörden zur Durchsetzung dieser Verpflichtungen vor der Verhängung empfindlicher Geldbußen nicht zurückschrecken, gerade in den Fällen, in denen wiederholt Verstöße festgestellt werden (v. Galen, NJW 2003, 117; Müller, DStR 2004, 1313, 1316).

In diesem Sachzusammenhang entsteht jedoch ein Dilemma, das mit dem Grundsatz kollidiert, dass **niemand verpflichtet ist, sich selbst wegen einer Straftat zu bezichtigen**. Mag die Gefahr, dass geldwäscherelevante Vorgänge erkannt werden, bei Abgabe der Steuererklärungen noch gering sein, so wird sie jedoch im Fall einer Ap u. U. sehr konkret werden. Das BVerfG hat dazu ausgeführt, dass das strafrechtliche Schweigerecht eines Beschuldigten illusorisch würde, wenn er außerhalb des Strafverfahrens zur Selbstbelastung gezwungen werden könnte und diese Selbstbelastung zur strafrechtlichen Überführung des Beschuldigten genutzt werden dürfte. In diesem Kontext steht § 393 Abs. 2 AO, der es untersagt, Verhältnisse, die nicht nach § 30 Abs. 4 Nr. 4 AO den Steuerverfolgungsbehörden mitgeteilt werden, für Zwecke eines nichtsteuerlichen Strafverfahrens zu verwenden. Vor diesem Hintergrund bestehen Zweifel, ob den Strafverfolgungsbehörden Erkenntnisse mitgeteilt werden dürfen, die außerhalb des Anwendungsbereichs des § 30 Abs. 4 Nr. 4 AO festgestellt werden (BVerfG, Beschluss vom 13.01.1981, 1 BvR 116/77, BVerfGE 56, 37, 51; Alber, in Hübschmann/Hepp/Spitaler, AO, § 31b Rdnr. 37).

Um gar nicht erst in dieses Dilemma hineinzugeraten, sollten Berater sich den guten Glauben erhalten. Es sollte ihnen auf keinen Fall z. B. anhand von Dokumenten nachgewiesen werden können, dass sie von einer Geldwäschevortat Kenntnis hatten. Dies gibt mit den Mandanten Probleme, die aus dem kriminellen Milieu stammen, wie z.B. typische Wirtschaftskriminelle, Zuhälter etc. Versuche der pauschalen Kriminalisierung von Angehörigen der rechts- und steuerberatenden Berufe sind jedoch restriktiv auszulegen, wenn damit ein unzulässiger Eingriff in das Recht auf freie Berufsausübung verbunden ist. Hierzu hat das BVerfG exzessiven Tendenzen der Strafverfolgungsbehörden eine eindeutige Absage erteilt (Art. 12 Abs. 1 Satz 1 GG; BVerfG, Beschluss vom 14.01.2005, 2 BvR 1975/03, WM 2005, 478).

X. Einführung von innerbetrieblichen Kontrollsystemen (Tax Compliance)

Schrifttum:

Alt/Bachmann/Seifert	Nutzen und Einführung eines prozessbasierten Tax-Compliance-Management-Systems, DB 2022, 2308
Alzuhn/Kober/Voss	Tax Compliance Management System und USt, DB 2018, 794
Angermann	Steuer IKS in Family Offices, DB 2018, 1429
Ball/Papasikas	Überlegungen bei Einführung eines innerbetrieblichen steuerlichen Kontrollsystems – Überwachungsaufgaben der Steuerabteilung, BB 2016, 1495
Beyer	Bayern: Einbeziehung der Compliance in die Steuerprüfung, NWB 2022, 1342
Binnewies	Anforderungen der Tax Compliance einer AG bezüglich ihrer Geschäftspartner, Die AG 2019, 644
Binnewies/Hinz	Die AG 2019, 644
Birkemeyer/Blaufus/Keck/Reinicke/Trenn	Internationale Tax-Compliance-Management-Systeme, WPg 2019, 644

Blaufus/Trenn	Tax Compliance Management – Ergebnisse einer Befragung mittelständischer Unternehmen, StuW 2018, 42
Bleckmann	Tax Compliance Management System und die Umsatzsteuer – Herausforderung und Chancen für die Unternehmen, BB 2017, 352
Bleckmann/Hacker	Tax Compliance Management und Digitalisierung in Umsatzsteuer und Zoll, BB 2020, 343
Breimann/Schwetzel	Prüfung von Tax Compliance Management Systemen nach IDW PS 980: Prüfungsarten, Prüfungsvorgehen und Wirkung des Testats, DStR 2017, 2626
Brill	MwSt-Aktionsplan, zertifizierter Steuerpflichtiger und Tax Compliance, UR 2018, 625
Brödel/Jacob/ Birkemeyer/Stauder	Einfluss der Digitalisierung auf die Implementierung eines Tax CMS im Unternehmen, WPg, 2018, 779
von Busekist/Beneke	Anforderungen an CMS: Compliance-Treiber gestern und heute, WPg 2020, 61
Creed	Steuerrisiken eindämmen – es ist höchste Zeit für Tax Compliance im Mittelstand!, StB 2016, Heft 6, I
Dahl	Abteilung „Wie geht es richtig?" statt „Geht nicht!", WPg 2020, 91
Dahlke	Risikobewertung in einem Tex-Compliance-Management-System, BB 2019, 619
Damas	Verfahrensdokumentation, IKS und Tax-Compliance-Management: Hintergründe, Missverständnisse, Folgerungen, DB 2020, 1536: Demuß, Praktische Erfahrungen mit Aufbau und Implementierung einer Tax-Compliance-Organisation, WPg 2020, 112
Demuß	Praktische Erfahrungen mit Aufbau und Implementierung einer Tax-Compliance-Organisation, WPg 2020, 112
Dieckhöfer	Anforderungen an ein internes Kontrollsystem im E-Commerce, NWB 2021, 3463

Dißars	Neuregelungen zur Betriebsprüfung, Stbg 2023, 307
Dölker	Internationalisierung der Unternehmensbesteuerung in Deutschland: Herausforderung für Tax Compliance mit Außenprüfung, StB 2021, 253 (Teil I) und 281 (Teil II)
Erdbrügger/Jehke	Das BMF-Schreiben vom 23.05.2016 zu § 153 AO – strafrechtliche Haftungsentlastung bei Einrichtung eines Tax-Compliance-Management-Systems, BB 2016, 2455
Erdbrügger/Kaiser	Neuer Anwendungserlass zu § 153 AO zu Tax Compliance Management Systemen – Auswirkungen für Unternehmen am Beispiel des Umsatzsteuer- und Zollrechts, Ubg 2016, 412
Ernsting	Überlegungen zur Tax Compliance aus der Perspektive der Steuerfunktion eines internationalen Konzerns, Ubg 2020, 441
Esterer/Eisgruber	Steuerlich internes Kontrollsystem – Eine große Chance für einen Cooperative-Compliance-Ansatz, DB 2017, 986
Feldgen	Einrichtung eines Tax CMS bei einem mittelständischen Handelsunternehmen am Beispiel der Umsatzsteuer, StuB 2018, 496
Feuerstack/Reimann	Tax Compliance Management Systeme in der Betriebsprüfung, StBp 2023, 184
Fischer	Tax Compliance unter Berücksichtigung des VerSanG-E, StBp 2020, 259
Fischer/Goering	DAC-7-Umsetzungsgesetz – wirklich eine Modernisierung des Besteuerungsverfahrens?, IStR 2023, 314
Fischer/Schwab	Tax Compliance in KMU: Hinweise der Bundessteuerberaterkammer für ein steuerliches innerbetriebliches Kontrollsystem (Steuer-IKS), DStR 2018, 2040
Geberth	Herausforderungen bei der Einrichtung einer Tax-CMS, WPg 2017, 1293
Gehrs/Brügge	Tax-Compliance – auch ein Thema für die Lohnsteuer, StuB 2017, 100

Geuenich	Tax CMS 2.0 – Weitere Schritte auf dem Weg zum allgemeinen Standard, NWB 2022, 3142
Geuenich/Ludwig	Tax-Compliance-Management-Systeme (Tax CMS) – Einordnung durch Finanzbehörden und Gerichte, BB 2018, 1303
Gnändiger/Kleff	Bußgeldmindernde Wirkung eines Compliance-Management-Systems, WPg 2018, 470
Goette/Barring	Compliance-Management-Systeme und Compliance Due Diligence, DStR 2021, 1238
Gosch/Grotherr/Bergmann	Steuerplanung und Compliance, Herne 2020
Greil/Kaluza-Thiesen/Schulz/Sureth-Sloane	Komplexität von Verrechnungspreisen und Tax Compliance: Einblicke in deutsche Unternehmen, DStR 2024, 914
Grötsch/Scherer	Die Bedeutung von Compliance-Management-Systemen im Straf- und Ordnungswidrigkeitenrecht sowie im Zivil- und Steuerrecht, wistra 2024, 139
Grotherr/Ratzinger-Sakel	Tax Compliance im Hinblick auf die Mitteilungspflichten für grenzüberschreitende Steuergestaltungen, WPg 2019, 903
Haarmann	Seminar B: Pflichten von Vorständen und Geschäftsführern zur Steuerplanung im Gegensatz zur Steuermoral und Regelkonformität („Compliance“), IStR 2022, 572
Habla/Heidböchel	Tax Compliance in Holdingstrukturen, StuB 2021, 241
Hamminger	Ein Compliance-Management-System für Mittelstand und Steuerkanzlei, NWB 2021, 2920
ders.	Pflichten des Geschäftsführers in der internen Unternehmensorganisation, NWB 2023, 829
Handel	Tax Compliance-Voraussetzungen und Enthaftung nach IDW, PS, 980, DStR 2017, 1945
Hölzemann/Ramadan/Otto/Nordmann	Tax-CMS als Game-Changer in steuerlichen Außenprüfungen?, WPg 2023, 1394
Höpfner/Schmidt	„Schwarze Kassen“: Steuerhinterziehung durch unzulässigen Betriebsausgabenabzug, PStR 2019, 190

Höring	DAC-7-Umsetzungsgesetz – Ein erster Überblick, DStZ 2023, 173
Hübner/Jesic/Leucht	Reform der Kooperation in Außenprüfungen?, Ubg 2023, 293 und 351 (Teil 1 und Teil 2)
Hoffjahn/Winter/Bartosch	Etablierung eines funktionierenden Richtlinienmanagements in mittelständischen Unternehmen, BB 2021, 428
Jürgens/Overkamp	Tax-Compliance-Management-Systeme in der öffentlichen Verwaltung, WPg 2021, 669
Kammerlohner-Lis/Kirsch	Tax Compliance Management Systeme bei Unternehmen der öffentlichen Hand am Beispiel der Kommunen, DB 2018, 151
Köhler	Innerbetriebliches Kontrollsystem (Tax Compliance-Management-System), StB 2018, 43
ders.	Innerbetriebliches Kontrollsystem (Tax Compliance-Management-System), StBp 2018, 369
König/Teichert	AEAO zu § 153 AO: Unternehmen schützen mit Tax Compliance, DB 2017, 146
Kowallik	Das interne Kontrollsystem für Steuern, DB 2015, 2774
ders.	Vom innerbetrieblichen Kontrollsystem für Steuern zum Tax Compliance Management System, DB 2017, 385
ders.	Vom IKS für Steuern zum Tax CMS: Aktueller Stand sowie Anpassungsbedarf beim Outsourcing, DB 2017, 1344: ders., Vom Steuer-IKS zum Tax CMS: Aktueller Stand sowie Anpassungsbedarf bei IT-Lösungen, DB 2017, 1344
ders.	Vom Steuer-IKS zum Tax CMS: Aktueller Stand sowie praktische Umsetzung in global tätigen Unternehmen Investitionen im Ausland, DB 2017, 1994
ders.	Die begleitende Kontrolle in Österreich – ein Vorbild für Deutschland?, WPg 2019, 1230
ders.	Bayern startet ein Pilotprogramm zum Tax CMS in der Außenprüfung, DB 2022, 1231

ders.	Bp-Prüfungserleichterungen bei einem wirksamen Tax CMS ab 01.01.2023, DB 2022, 2445
Krumm	Die sog. Modernisierung der Außenprüfung, Ubg 2023, 284
Kußmaul/Schmeer	Tax Compliance Management System zur Vermeidung von steuerlich bedingten Risiken, Ubg 2019, 613
dies.	Rechtliche und immaterielle Risiken bei unzureichender Tax Compliance, Ubg 2019, 683
Kußmaul/Schmeer	Tax Compliance ein Novum in der Betriebswirtschaftlichen Steuerlehre?, BB 2023, 1047
Leibold	Tax-Compliance-Pflichten des GmbH-Geschäftsführers, BB 2023, 1052
Leibold/Meissner	Besteuerung der öffentlichen Hand – Umsetzung eines Tax Compliance Managements im Ressort einer Landesverwaltung, StB 2022, 176
Liekenbrock	Digital Tax Compliance, Ubg 2018, 43
Liekenbrock/Ewel/Braul	GoBD-Compliance als Fundament für ein stabiles Tax Compliance Management System, Ubg 2022, 439
Liesenhoff/Jungen/Pottebaum	Steuern steuern – ein literaturbasierter Vorschlag für Instrumente in einem ganzheitlichen Tax Controlling-System, Ubg 2022, 439
Ludwig/Breimann/Kusch	Ausgestaltung eines steuerlichen Kontrollsystems im Sinne des IDW-Praxishinweises zu PS 980 – BMF-Schreiben v. 23.5.2016 zu § 153 AO, DStR 2016, 2240
Machow/Oertel	Tax Compliance Ansätze im Vergleich: Die österr. begleitende Kontrolle und der deutsche Status quo, ISR 2019, 232
Makowicz/Maciuca	Prüfung von Compliance-Management-Systemen im Lichte neuer ISO-Standards, WPg 2020, 73
Mehret/Wähnert	Prüfungsnetze vs Einzelmethoden: Ein wichtiger, (bisher) verkannter Vorteil der summarischen Risikoprüfung (SRP), DStR 2018, 314
Müller/Fischer	Tax Compliance – Steuerstrafrechtliche Verantwortung in Unternehmen, 2. Aufl. 2022

Neuling	Tax Compliance im Unternehmen: schlichte Anzeige (§ 153 AO) vs Selbstanzeige, DStR 2015, 558
Niemann/Dodos	Tax Compliance Management System, München 2. Aufl. 2021
dies.	Aufbau und digitale Umsetzung eines Tax Compliance Management Systems, DStR 2021, 392
Offerhaus/Dietz	Tax Compliance bei Unternehmens- und Anteilsübertragungen, NWB 2020, 2264
Pull	Tax Compliance Management Systeme in der Praxis, DStR 2022, 2132
Puls	Neuerungen bei der steuerlichen Außenprüfung im Zuge des DAC-7-Umsetzungsgesetzes, WPg 2023, 1219
Raatz/Schmidt	Tax Compliance in Holdingstrukturen, StuB 2021, 278
Riegler/Krämer	Implikationen eines Tax CMS auf den Unternehmenskauf, DStR 2019, 2553
Rennar	Technische Verfahrensdokumentation als wirksamer Teil des Tax-CMS, StuB 2022, 737
Renz/Leibold	Maßstäbe für ein effektives und ganzheitliches Compliance Management System unter Einbeziehung der Tax Compliance, BB 2022, 1943
Riegler/Krämer	Implikationen eines Tax CMS auf den Unternehmenskauf, DStR 2019, 2553
Risse	Steuerliche Transparenz durch ein Tax Compliance System und die Anforderungen nach IDW PS 980, DB 2017, 2061
ders.	Digitalisierung: Eignet sich Tax Compliance für die technisch möglichen Innovationen?, Ubg 2020, 356
Risse/Dallhammer	Der Einsatz von Process Mining in der Steuerfunktion, DB 2024, 1236
Rosenauer/Leibold/ Meissner	Psychologische und rechtliche Anreize für Tax Compliance: Der kooperative Steuerpflichtige verdient Verlässlichkeit von Seiten der Finanzverwaltung, BB 2023, 343

Roters	Die Bedeutung von Delegationsstrukturen in Tax Compliance Management-Systemen, StuB 2024, 433
Scheffler	Prüfung von Compliance-Management-Systemen (CMS), Die AG 2022, R 25
Schmeer	Was ist eigentlich Tax Compliance?, StB 2023, 41 (Teil I), StB 2023, 81 (Teil II)
Schönfeld/Schwarz/Stein	Erstellung einer Verrechnungspreisdokumentation und Auswirkungen auf ein Tax CMS, PIStB 2024, 325
Schulz/Sureth-Sloane	Tax Compliance Management Systeme in der deutschen Betriebsprüfung, StuW 2024, 335
Stahlschmidt	Überlegungen zum Tax-Compliance-System, BB 2023, Heft 46, I
Stecker/Neumann	Grundsätze ordnungsmäßiger Prüfung von CMS: IDW PS 980 in der Unternehmenspraxis, WPg 2020, 70
Stolz	Tax-Compliance in der Beratungspraxis, steuerberater intern, Beilage Nr. 23 vom 05.11.2019, 1
Streck/Mack/Schwedhelm (Hrsg.)	Tax Compliance, Köln, 3. Aufl., 2019
Stumm/Freude	Digitaler Erfüllungsgehilfe des Fiskus?, WPg 2023, 700
Unmuth	Compliance- und Unternehmensorganisationspflichten des Geschäftsleiters einer Kapitalgesellschaft, Die AG 2022, 893
Wagner	Stärkung von Kooperation und Zeitnähe in der Außenprüfung? – Eine Analyse des Gesetzes zur Modernisierung des Steuerverfahrensrechts, FR 2023, 213
Wellens/Wall	Verrechungspreise als Teil der Compliance-Organisation im Unternehmen, DB 2016, 1385
von Busekist/Beneke	Anforderungen an CMS: Compliance-Treiber gestern und heute, WPg 2020, 61
von Woltersdorff/Hey	Was kann ein Tax-Compliance-Management-System leisten?, WPg 2016, 934

Werder/Rudolf	Compliance-Berichte in der steuerlichen Betriebsprüfung, BB 2014, 3094
Zeller	Tax Compliance im Bereich des internationalen Steuerrechts, WPg 2019, 232

1. Einführung in die Problematik (Paradigmenwechsel vom gezielten Steuerschummler zum perfektionierten Steuerpflichtigen mit etablierter Selbstkontrolle)

Das Prinzip der Tax Compliance kommt ursprünglich aus dem angelsächsischen Raum und hatte anfangs (ca. vor 20 Jahren) nur die großen Konzerne, insbesondere die börsennotierten, erfasst. Dies hat sich zwischenzeitlich geändert. Die Finanzverwaltung ist auf den Geschmack gekommen, da die Wahrnehmung der Kontrollpflichten, die ja eigentlich im Rahmen der Eingriffsverwaltung aus der Natur der Sache heraus ihr zukommt, auf die Steuerpflichtigen zunehmend abzuwälzen, so dass damit nunmehr auch der Mittelstand faktisch gezwungen ist, dieses Kontrollsystem einzuführen. Ein allgemeines Bewusstsein bezüglich der Anforderungen einer ordnungsgemäßen Tax Compliance besteht spätestens seit dem Anwendungserlass des Bundesministeriums der Finanzen zu § 153 AO vom 23.05.2016, IV A – 3 S 0324/15 10001 BStBl I 2016, 490 Tz. 2.6.; hierzu Erdbrügger/Kaiser, Ubg 2016, 412 ff.; König/Teichert, DB 2017, 146 ff. Zum Begriffsverständnis und Einordnung der Funktionen des Tax Compliance instruktiv Schmeer, StB 2023, 41 ff. und StB 2023, 81 ff.

In dieser Verwaltungsanweisung wird auch klargestellt, dass die Schaffung eines Tax-Compliance-Management-Systems (TCMS) bzw. eines Innerbetrieblichen Kontrollsystems (IKS) dazu führen kann, dass auch bei dennoch passierenden Fehlbuchungen und unzutreffender Steuererklärung der Vorwurf der leichtfertigen Steuerverkürzungen oder gar Steuerhinterziehung entkräftet werden kann; zur schlichten Anzeige gem. § 153 AO vs. Selbstanzeige, Neuling, DStR 2015, 558 ff.; zur Unterscheidung zwischen „bewussten" und „unbewussten" Fehlern im Kontext eines IKS anhand von zahlreichen, praxisbezogenen Beispielen eingehend Köhler, StBp 2018, 43 ff. und 170 ff.; zur Relevanz und Effizienz eines Tax-Compliance-Management-Systems das Interview mit von Woltersdorf/Hey, WPg 2016, 934 ff.; zur Herausforderung bei der Einrichtung eines Tax CMS aus der Perspektive eines Großkonzerns [hier: Siemens AG] siehe Geberth, WPg 2017, 1293 ff.; zum steuerlichen IKS als große Chance für einen Cooperative-Compliance-Ansatz siehe Esterer/Eisgruber, DB 2017, 986 ff.

Die Finanzverwaltung geht nunmehr in eine Vielzahl von Tagungen deutschlandweit mit dem Motto: Ihr Unternehmer habt ein Selbstkontrollsystem (Tax CMS bzw. IKS) zu etablieren und dieses auch nachweislich durchzuführen und entsprechend zu dokumentieren. Dies galt in der Vergangenheit und Gegenwart insbesondere für die Führungskräfte (Vorstandsmitglieder) durch die Etablierung eines Tax Compliance Officers. Nach den neuen gesetzgeberischen Plänen, die allerdings noch nicht umgesetzt worden sind, ist sogar vorgesehen, dieses Selbstkontrollsystem auf die untere Ebene in Unternehmen auszudehnen, um von dort aus eine Delegation von Fehlentscheidungen nicht zu ermöglichen bzw. diese zu sanktionieren.

In Fachkreisen wird noch sehr oft kontrovers diskutiert, ob die weiterhin aggressive Nutzung von immer noch verbliebenen legalen Steuersparmodellen sich mit dem neu herangebildeten Institut Tax Compliance vereinbaren lässt. Dies wird zwar von Vertretern der Verwaltung bestritten, während Berater von multinationalen Wirtschaftsprüfungs- und Steuerberatungsgesellschaften weiterhin darauf bestehen, dass legales Steuerpotenzial zur Steueroptimierung genutzt werden kann. Dieses Phänomen soll dadurch eingeschränkt bzw. verhindert werden, dass Unternehmer, Berater etc. als Intermediäre aufgrund einer EU-Richtlinie, die bereits ins nationale Recht umgesetzt wurde, verpflichtet werden, grenzüberschreitende Steuerspargestaltungen den zuständigen Finanzverwaltungen anzuzeigen, deren Verstoß dann bußgeldbewehrt ist.

Seit dem Frühjahr 2016 ist das Thema Tax Compliance immer mehr in das Bewusstsein der Fachöffentlichkeit getreten. Es wird seither in zahlreichen Veröffentlichungen und Veranstaltungen beleuchtet und diskutiert. Während in größeren Unternehmen und Konzernen bereits „Tax Compliance Officer" die Beachtung der internen Regelungen überwachen, herrschen in kleinen Unternehmen vielfach noch Zögern und Unsicherheit darüber vor, was Tax Compliance für sie bedeutet und ob und welche Maßnahmen bei ihnen nötig sind (siehe die umfassende Gesamtdarstellung von Streck/Mack/Schwedhelm, [Hrsg.], 3. Aufl., Köln 2019; Niemann/Dodos, Tax Compliance Management System, München 2. Aufl. 2021; Müller/Fischer, Tax Compliance, 2. Aufl. 2022; zur Tax Compliance als ein Novum in der betriebswirtschaftlichen Steuerlehre siehe Kußmaul/Schmeer, BB 2023, 1047 ff.; Gosch/Grotherr/Bergmann, Steuerplanung und Compliance, Herne 2020).

Compliance bedeutet zunächst nichts anderes als die Einhaltung von Regeln. Tax Compliance umfasst demnach die Erfüllung der steuerlichen Pflichten namentlich

– der Steueranmeldung

- der pünktlichen Abgabe einer Steuererklärung mit
- vollständigen und inhaltlich richtigen Informationen (einschließlich einer Beachtung der Aufzeichnungs- und Aufbewahrungspflichten) sowie
- der pünktlichen Entrichtung der Steuerschuld.

Eigentlich ist das nichts Neues. Steuerliche Pflichten müssen seit jeher beachtet werden. Nun rückt aber die Frage in den Fokus, wie durch organisatorische Maßnahmen sichergestellt ist, dass diese Pflichten erfüllt werden. Diese Maßnahmen und ihre Befolgung müssen auch dokumentiert werden. Mithilfe dieser Dokumentation soll dann im Fall auftretender Fehler und einer dadurch entstandenen Steuerverkürzung der Vorwurf von (bedingtem) Vorsatz und strafrechtlich zu ahndender Steuerhinterziehung entkräftet werden.

Die Aufmerksamkeit verlagert sich dabei von dem Stadium nach Abgabe der Steuererklärung hin zu dem Stadium vor Abgabe der Steuererklärung. Beleuchtet werden verstärkt die Umgebung des Steuerpflichtigen (Steuerberatung, Banken usw.) und die das Verhalten beeinflussenden Faktoren. Dadurch soll herausgearbeitet werden, was die Ursachen für Fehler sind, wie man diese verhindern oder zumindest eingrenzen kann und wie die Steuermoral erhöht werden kann. Wenn sich die Steuerverwaltungen zunehmend auf vorgelagerte Strategien konzentriert und sich ihre Analysefähigkeit verbessert, können aufwendigere nachgelagerte Aktivitäten der Steuerprüfung und Steuerfahndung verstärkt auf Steuerpflichtige mit hohem Risiko ausgerichtet werden (so das Fazit von Fischer/Schwab, DStR 2018, 2040).

Die steigende Zahl an steuerrechtlichen Vorschriften, verbunden mit dem zunehmenden Grad an Komplexität, erschwert den Steuerpflichtigen die Erfüllung ihrer steuerlichen Pflichten. Dieser Umstand, verbunden mit einer strengeren Sanktionierung durch Finanzbehörden und Rechtsprechung, zwingt die Steuerpflichtigen praktisch dazu, sich mit der Thematik Tax Compliance auseinanderzusetzen und ein Tax CMS im Unternehmen zu installieren. Die Steuerpflichtigen können damit eine Vielzahl an unnötigen steuerrechtlichen Sanktionen und Benachteiligungen, beispielsweise durch Maßnahmen zur Einhaltung steuerrechtlicher Fristen oder zur Beachtung der Aufklärungspflichten, vermeiden (so das Fazit von Kußmaul/Schmeer, Ubg 2019, 612 ff. im Hinblick auf die steuerlichen Risiken betr. Verspätungszuschlag, Säumniszuschlag, Verzögerungsgeld, Zwangsgeld, Schätzung und Haftung; zu Überlegungen zum Tax-Compliance-System siehe Stahlschmidt, BB 2023, Heft 46, I).

Zur Tax Compliance im Hinblick auf die Mitteilungspflichten für grenzüberschreitende Steuergestaltungen siehe Grotherr/Ratzinger-Sabel, WPg 2019, 903 ff.

Angesichts der zahlreichen Steuerrisiken sind **mittelständische Unternehmen**, ihre Inhaber und Family Offices gut beraten, mit entsprechenden Maßnahmen ihre Compliance im Steuerbereich sicherzustellen. Ziel eines wirksamen Tax CMS ist neben der Einhaltung und Befolgung von steuergesetzlich normierten Pflichten, wie zum Beispiel der fristgerechten Abgabe von Ertrag-, Umsatz- und Lohnsteuererklärungen, vielmehr auch das aktive Steuermanagement zum Schutz vor Reputationsverlust und ungeplanten sowie zu hohen Cash-Tax-Abflüssen (so Creed, StB 2016, Heft 6, I; zum Thema Tax Compliance für Handwerksbetriebe Konken, BBK 2019, 927 ff.; zur Einrichtung eines Tax CMS bei einem mittelständischen Unternehmen am Beispiel der Umsatzsteuer eingehend Feldgen, StuB 2018, 496 ff.; zu Ergebnissen einer Befragung mittelständischer Unternehmen zum Thema Tax Compliance Management siehe Blaufus/Trenn, StuW 2018, 42 ff.; Dahl, WPg 2020, 91 ff.).

Eine Checkliste für die Einführung eines Tax-Compliance-Systems für kleinere und mittlere Unternehmer ist wie folgt aufgestellt worden:

Checkliste für die Einführung eines Tax-Compliance-Systems		
Name des Mandanten:		
	Handlungsbedarf	Erledigt
Ablage und Archivierung ▪ Überwachung der gesetzlichen Aufbewahrungsfristen/Kontrolle des Archivs ▪ Vorliegen einer ordnungsgemäßen Dokumentation beim ersetzenden Scannen		
Beschlüsse der Gesellschafterversammlung ▪ Archivierung aller Protokolle der Gesellschafterversammlungen ▪ Vorhandensein von Beschlüssen über Gewinnausschüttungen, Änderung von Geschäftsführerverträgen		
Finanzbuchhaltung ▪ Vorliegen korrekter Eingangsrechnungen und sonstiger Belege ▪ Vollständige und zeitnahe Erfassung aller Geschäftsvorfälle ▪ Urlaubsvertretungen für die Finanzbuchhaltung/Zuarbeiten für den Steuerberater		

Checkliste für die Einführung eines Tax-Compliance-Systems		
Kassenführung ▪ Ordnungsgemäße Führung des (elektronischen) Kassenbuchs ▪ Ordnungsmäßigkeit des verwendeten Kassensystems ▪ Überwachung, ob Mitarbeiter das Kassensystem zutreffend anwenden ▪ Vollständige Erfassung aller baren Betriebseinnahmen		
Lohnabrechnung ▪ Vorliegen ordnungsgemäßer Reisekostenabrechnungen ▪ Vollständige Erfassung geldwerter Vorteile ▪ Beachtung des Risikos der Scheinselbstständigkeit ▪ Ordnungsgemäße Abwicklung von Arbeitsverträgen mit nahen Angehörigen		
Rechnungserteilung ▪ Korrekte Bezeichnung aller Umsätze/Leistungen in den Rechnungen ▪ Kennzeichnung von Zweitschriften/Kopien als solche ▪ Schriftliche Mitteilung über die Stornierung von Rechnungen und Dokumentation ▪ Ausschließen, dass Schein- oder Gefälligkeitsrechnungen erzeugt werden		
Sozialversicherung/Scheinselbstständigkeit ▪ Beschäftigung freier Mitarbeiter/Subunternehmer in großem Umfang und mit Regelmäßigkeit? ▪ Ist den Verantwortlichen die Problematik der Scheinselbstständigkeit bekannt? ▪ Prüfung der Sozialversicherungspflicht der Gesellschafter-Geschäftsführer		
Steuerzahlung ▪ Pünktliche Zahlung aller laufenden Steuern ▪ Zumindest anteilige Befriedigung des Finanzamts bei Liquiditätsengpässen		
Umsatzsteuer ▪ Aufteilung von Geschäftsvorfällen in steuerbare/nicht steuerbare Umsätze ▪ Aufteilung in Umsätze mit ermäßigtem/vollem Steuersatz/steuerfreie Umsätze ▪ Zeitnahe und vollständige Anmeldung aller Umsätze ▪ Vorliegen korrekter Eingangsrechnungen zur Sicherstellung des Vorsteuerabzugs		

Checkliste für die Einführung eines Tax-Compliance-Systems		
Weitergabe steuerlich relevanter Informationen innerhalb des Unternehmens ▪ Schnittstelle Lohnbuchhaltung/Finanzbuchhaltung ▪ Schnittstellen Produktion/Einkauf/Finanzbuchhaltung ▪ Schnittstelle Steuerberater/Unternehmen		

Quelle: Stolz, steuerberater intern, Beilage Nr. 23, vom 05.11.2019, S. 4; siehe auch Hamminger, NWB 2021, 2920 ff., betr. Compliance-Management-System für Mittelstand und Steuerkanzlei

Nach Ansicht der Finanzverwaltung soll die Einrichtung eines innerbetrieblichen Kontrollsystems (IKS) zur Vermeidung von Verstößen gegen steuerliche Pflichten – vorbehaltlich einer Einzelfallprüfung – den Erklärungspflichtigen im Fall der Berichtigung von Steuererklärungen ggf. vom Vorwurf des Vorsatzes über die Leichtfertigkeit entlasten. Die Praxis hat gezeigt, dass ein angemessen ausgestaltetes und wirksames steuerliches IKS die durch die Finanzverwaltung in Aussicht gestellte Entlastungswirkung haben kann. Das Institut der Deutschen Wirtschaftsprüfer (IDW) bettet das steuerliche IKS in das organisatorische Konzept eines Tax-Compliance-Management-Systems (Tax CMS) ein (so Dahlke, BB 2019, 619).

Um ein steuerliches Kontrollsystem aufzubauen, sind Anlagestrategie und Vermögensstrukturierung des **Family Office** von elementarer Bedeutung. Für die Einrichtung eines steuerlichen Kontrollsystems (Steuer IKS) empfiehlt es sich, auf dem digitalen Vermögenscontrolling des Family Office aufzubauen und dieses zu einem steuerlichen Kontrollsystem zu erweitern (hierzu eingehend Angermann, DB 2018, 1429 ff.).

Zu Tax Compliance in Holdingstrukturen s. Habla/Heidböchel, StuB 2021, 241 ff.; Raatz/Schmidt, StuB 2021, 278 ff.

Zu Implikationen eines Tax CMS auf den Unternehmenskauf siehe Riegler/Krämer, DStR 2019, 2553 ff.; zur Tax Compliance bei Unternehmens- und Anteilsübertragungen siehe Offerhaus/Dietz, NWB 2020, 2264 ff.; zu Compliance-Management-Systemen und Compliance Due Diligence s. Goette/Barring, DStR 2021, 1238 ff.

Zu Tax-Compliance-Management-Systemen bei Unternehmen der öffentlichen Hand am Beispiel der Kommunen siehe Kammerloher-Lis/Kirsch, DB 2018, 151 ff.; siehe auch Leibold/Meisner, StB 2022, 176 ff.

Zu Compliance-Management-Systemen in der öffentlichen Verwaltung eingehend Jürgens/Overkamp, WPg 2021, 669 ff.

Zu Überlegungen zur Tax Compliance aus der Perspektive der Steuerfunktion eines internationalen Konzerns, Ernstling, Ubg 2020, 441 ff.

Zur Internationalisierung der Unternehmensbesteuerung als Herausforderung für Tax Compliance und Außenprüfung eingehend Dölker, StB 2021, 253 ff. und 281 ff.

2. Tax Compliance: Nachhaltige Entwicklung über beratergetriebenen Hype

Die Finanzverwaltung wird durch die demografische Bevölkerungsentwicklung in Deutschland, die sich massiv auf die personelle Besetzung der Außenprüfung auswirken wird, bei gleichzeitig steigender Komplexität des Steuerrechts nicht mehr in der Lage sein, mit den bisherigen Prüfungstechniken und der bisherigen Kontrolltiefe Betriebsprüfungen durchzuführen. Man kann in einer geringeren Prüfungsdichte einen Beitrag zur wirtschaftlichen Stärkung des Standorts Deutschland sehen. Dies entspricht jedoch weder dem Selbstverständnis der Finanzbehörde noch dem gesellschaftlichen Konsens, der eine stärkere Kontrolle und Verrechtlichung unternehmerischer Tätigkeit fordert.

Der Gesetzgeber reagiert auf diese Entwicklung zum einen mit dem Entwurf eines Gesetzes zur Modernisierung des Besteuerungsverfahrens mit der Zielsetzung einer digitalen Verarbeitung und risikoorientierten Analyse von Steuerdaten bis hin zur „kontrollierten Selbstregulierung des Steuervollzugs".

Zum anderen forciert die Finanzverwaltung die Einleitung von Steuerstraf- und Ordnungswidrigkeitenverfahren im Unternehmenssteuerbereich und incentiviert in ihrem Diskussionsentwurf innerbetriebliche Kontrollsysteme. Beide Entwicklungen stehen in einem übergeordneten Gesamtzusammenhang. Mit „Zuckerbrot und Peitsche" werden die Unternehmen angehalten, verstärkte Anstrengungen zur Einhaltung steuerlicher Prozesse zu treffen. Dies sind Schritte in Richtung eines „Horizontal Monitoring". Unter diesem Begriff bieten mehrere Staaten (z. B. Österreich; hierzu Macho/Oertel, ISR 2019, 232 ff.; Kowallik, WPg 2019, 1230 ff.) Unternehmen, die durch interne Tax-Compliance-Strukturen eine erhöhte Gewähr für die Erfüllung steuerlicher Pflichten bieten, eine bevorzugte Behandlung im Besteuerungsverfahren an.

Bayern startet ein Pilotprojekt zur Einbeziehung von steuerlichen Compliance-Systemen der Unternehmen in die steuerliche Betriebsprüfung. Hierdurch können Compliance-Systeme künftig noch mehr an Bedeutsamkeit gewinnen und werden zusätzlich politisch gefördert. Bayern ist neben NRW oftmals Vorreiter in neuen Projekten der Finanzverwaltung, sodass dieses Projekt bundesweit Beachtung finden wird. Aufgrund einer Pressemitteilung des Bayerischen Staatsministeriums der Finanzen sollen Compliance-Systeme in Bayern künftig vertieft im Rahmen von steuerlichen Betriebsprüfungen einbezogen werden. Ziel einer modernen Steuerprüfung soll es nach Mitteilung des Staatsministeriums sein, unternehmensinterne Steuerkontrollsysteme rechtssicher in Außenprüfungen einzubeziehen (Beyer, NWB 2022, 1342 ff.; Kowallik, DB 2022, 1231 ff.).

Dies führt letztlich dazu, dass Teile der staatlichen Kontrolltätigkeit auf die Unternehmen übertragen werden und sich die Prüfungshandlungen der Verwaltung auf durch Abweichungsanalysen ermittelte steuerliche Risikofelder konzentrieren (so die Einschätzung von Ball/Papasikas, BB 2016, 1495 ff.).

Noch besteht in Deutschland keine Pflicht, ein Tax CMS zu errichten, es gibt aber eine entsprechende Erwartungshaltung. Zum Beispiel verhängen die Gerichte bei Non-Compliance härtere Strafen, wenn ein Tax CMS fehlt.

3. Inhaltliche Ausgestaltung von Tax Compliance

3.1 Tax-Compliance-Organisation

Eine angemessene Tax-Compliance-Organisation setzt die eindeutige und klare Zuweisung von Verantwortlichkeiten voraus, welche zur ordnungsgemäßen Erfüllung steuerlicher Aufgaben bzw. Pflichten erforderlich sind. In diesem Zusammenhang sind die sog. Aufbauorganisation (d. h. die Zuständigkeitsstruktur von Rollen und Verantwortlichkeiten innerhalb der Steuerfunktion) sowie die sog. Ablauforganisation (d. h. Einzelprozesse bzw. Prozessschritte wie z. B. Rechnungseingangsprüfungsprozess) zu definieren sowie zu dokumentieren. Insbesondere im Bereich der USt ist darüber hinaus auch die Definition und Dokumentation von Schnittstellen zu Bereichen erforderlich, die außerhalb der Steuerfunktion angesiedelt sind, soweit diese mit steuerlichen Belangen betraut sind bzw. steuerlich relevante Informationen zur Verfügung stellen (z. B. Einkauf, Vertrieb, Logistik). Zudem gehört zu einer angemessenen Tax-Compliance-Organisation eine ausreichende Kommunikation der definierten Aufgaben, Verantwortlichkeiten und Schnittstellen sowie die Bereitstellung der zur Aufgabenerfüllung erforderlichen Ressourcen (Alzuhn/Kober/Voss, DB 2018, 794, 795).

Zu praktischen Erfahrungen mit Aufbau und Implementierung einer Tax-Compliance-Organisation ausführlich Demuth, WPg 2020, 112 ff.

Aufbau- und Ablauforganisation sind nach den „Verhältnissen der Gesamtorganisation“ auszurichten (siehe Bleckmann, BB 2017, 352, 353 f.; Alzuhn/Kober/Voss, DB 2018, 794, 795).

Zur praxisnahen Implementierung eines Compliance-Management-Systems bei einem mittelständischen Unternehmen eingehend Dahl, WPg 2020, 91ff.; zu praktischen Erfahrungen mit Aufbau und Implementierung einer Tax-Compliance-Organisation ausführlich Demuß, WPg 2020, 112ff.; zum Aufbau und digitaler Umsetzung eines Tax-Compliance-Management-Systems Niemann/Dodos, DStR 2021, 392ff.

Zum Einfluss der Digitalisierung auf die Implementierung eines Tax CMS im Unternehmen in Form eines Praxisberichts siehe Brödel/Jacob/Birkemeyer/Stauder, WPg 2018, 779ff.; vgl. a. Bleckmann/Hacker, BB 2020, 343ff.; Risse, Ubg 2020, 356ff.

3.2 Tax-Compliance-Risiken

Im Rahmen der Einführung sowie der stetigen Fortentwicklung eines Tax CMS sind Tax-Compliance-Risiken, d.h. (potenzielle) Verstöße gegen einzuhaltende umsatzsteuerliche Regelungen, zu identifizieren, zu erfassen und hinsichtlich ihrer Eintrittswahrscheinlichkeit sowie Schadenshöhe zu bewerten. Zur systematischen Risikoerkennung und -beurteilung hat sich in der Praxis die Verwendung einer sog. Risiko-Matrix bewährt. Hierin werden die umsatzsteuerlichen Risiken des Unternehmens unter Berücksichtigung des Umfangs sowie der Art der Geschäftstätigkeit in tabellarischer Form einzeln erfasst und anhand von festgelegten Bewertungsmaßstäben in Risiko-Cluster eingeteilt. Eine prozessorientierte Herangehensweise hat sich hierbei in der Praxis bewährt (z.B. Risiken im Zusammenhang mit dem Rechnungseingangsprozess, Belegnachweis).

Zur Risikobewertung in einem Tax-Compliance-Management-System anhand von praxisbezogenen Beispielen eingehend Dahlke, BB 2019, 619ff.

3.3 Tax-Compliance-Programm

Zum Tax-Compliance-Programm gehören sämtliche Maßnahmen, die den festgestellten Tax-Compliance-Risiken entgegenwirken und damit auf die Vermeidung von Compliance-Verstößen ausgerichtet sind. Das Tax-Compliance-Programm umfasst dabei auch die bei festgestellten Compliance-Verstößen zu ergreifenden Maßnahmen, welche präventiver oder detektiver Art sein können. In der Praxis sind im präventiven Bereich als konkrete Maßnahmen zur Risikovermeidung bzw. -minimierung u.a. die Erstellung von Richtlinien, fachlichen Anweisungen und Checklisten, Schulungskonzepte sowie Konzepte zur Kommunikation von (Rechts-)Änderungen, Zuständigkeitsregeln, Vertretungs- und Unterschriftenregelungen, Berechtigungskonzepte, Dokumentationsanweisungen sowie Schnittstellenbeschreibungen zu nennen. Als Maßnahmen im detektiven Bereich sind dagegen prozessintegrierte Kontrollen (z. B. Vier-Augen-Prinzip), systematische Auswertung von Daten auf Besonderheiten (Verprobungen, sonstige Plausibilitätsbeurteilungen), organisatorische und/oder technische Kontrollen (z. B. IT-Lösungen für automatisierte Plausibilitätskontrollen) sowie manuelle Stichproben zu nennen (Alzuhn/Kober/Voss, DB 2018, 794, 795 f.).

Zu Anforderungen an ein internes Kontrollsystem im E-Commerce ist im Schrifttum Stellung genommen worden (hierzu Dieckhöfer, NWB 2021, 3463 ff.).

Die GoBD-Compliance als Fundament für ein stabiles Tax-Compliance-Management-System ist im Schrifttum eingehend behandelt worden (so Liekenbrock/Ewel/Braul, Ubg 2022, 439 ff.).

Zur Komplexität von Verrechnungspreisen im Rahmen von Tax-Compliance sind empirische Studien publiziert worden (Greil/Kaluza-Thiesen/Schulz/Sureth-Sloane, DStR 2024, 904 ff.; zur Erstellung einer Verrechnungspreisdokumentation und Auswirkungen auf ein Tax CMS siehe Schönfeld/Schwarz/Stein, PiStB 2024, 325 ff.).

Zu Maßstäben für ein effektives und ganzheitliches Compliance Management System unter Einbeziehung der Tax Compliance ist im Schrifttum behandelt worden (Renz/Leibold, BB 2022, 1943 [1947 ff.]).

Die aktuelle weitere Entwicklung des Tax CMS 2.0 als Schritte auf dem Weg zum allgemeinen Standard ist im Schrifttum in mehreren Abhandlungen ausführlich erörtert worden (Liesenhoff/Jungen/Pottebaum, StuW 2021, 46 ff.; Pull, DStR 2022, 2132 ff.; Geuenich, NWB 2022, 3142 ff.; Alt/Bachmann/Seifert, DB 2022, 2308 ff.).

Wurden Tax-Compliance-Management-Systeme bisher im Wesentlichen im Dunstkreis haftungsbegrenzender Überlegungen nach § 153 AO erörtert, so werden sie nun auch zum Gegenstand von Compliance-Überlegungen im Zuge von Betriebsprüfungen. Mit dem Gesetz zur Umsetzung der DAC-7-Richtlinie vom 28.12.2022 führt der Gesetzgeber in Art. 97 § 38 EGAO zum 01.01.2023 einen Mechanismus ein, der dem Steuerpflichtigen bei Vorliegen eines geprüften Steuerkontrollsystems (Tax-Compliance-Management-System) auf Antrag eine Beschränkung von Ermittlungen im Zuge von nachfolgenden Betriebsprüfungen zusagt. Im Rahmen des DAC-7-Umsetzungsgesetzes hat der Gesetzgeber eine Erprobungsregelung in das Gesetz aufgenommen, die der Finanzverwaltung auf Antrag die Gewährung von Prüfungserleichterungen beim Vorhandensein eines wirksamen Steuerkontrollsystems gestattet. Diese regulatorische Veränderung ist ein wesentlicher Baustein für die Modernisierung der Außenprüfung auf dem Weg zu einer Cooperative Compliance mit der Zielsetzung einer verstärkten Kooperation zwischen den Verfahrensbeteiligten bei der Durchführung von Außenprüfungen (so eingehend Feuerstack/Reimann, StBp 2023, 184ff.; Höring, DStZ 2023, 173ff.; Wagner, FR 2023, 213ff.; Krumm, Ubg 2023, 284ff.; Hübner/Jesic/Leucht, Ubg 2023, 293ff. und 351ff.; Fischer/Goering, IStR 2023, 314ff.; Hölzmann/Ramadan/Otto/Nordmann, WPg 2023, 1394ff.; Stumm/Freude, WPg 2023, 700ff.; Puls WPg 2023, 1219ff.; so schon zum Regierungsentwurf Kowallik, DB 2022, 2445ff.; siehe auch Leibold BB 2023, 1052ff.; siehe auch Dißars, Stbg 2023, 307ff.; Hörster, NWB 2023, 460, 464ff.) Tax Compliance Management Systeme in der deutschen Betriebsprüfung siehe Schulz/Sureth-Sloane, StuW 2024, 335ff.

Zur Bedeutung von Delegationsstrukturen in Tax-Compliance-Management-Systemen ist im Schrifttum dezidiert Stellung genommen worden (siehe Roters, StuB 2024, 433ff.).

3.4 Tax-Compliance-Überwachung und -Verbesserung

Ein Tax CMS muss nach dessen erstmaliger Implementierung kontinuierlich überwacht und verbessert werden. Voraussetzung hierfür ist eine geeignete Dokumentation des Tax CMS bzw. der einzelnen Grundelemente (z. B. Prozessabläufe im Rahmen der Tax-Compliance-Organisation oder Maßnahmen des Tax-Compliance-Programms). Überwachungsmaßnahmen beziehen sich daher z. B. auf die Einhaltung der Maßnahmen des Tax-Compliance-Programms, die Überprüfung der im Rahmen des Tax CMS dokumentierten Prozessabläufe oder die Wahrnehmung notwendiger Schulungs- bzw. Fortbildungsmaßnahmen (Alzuhn/Kober/Voss, DB 2018, 794 (795); vom IKS für Steuern zum Tax CMS: Aktueller Stand sowie Anpassungsbedarf beim Outsourcing bzw. IT-Lösungen bzw. Auslandsinvestitionen hierzu die Aufsatzreihe Kowalik, DB 2015, 2774; DB 2017, 385; DB 2017, 1394 und DB 2017, 2571; zu lohnsteuerlichen Aspekten von Tax Compliance siehe Gehrs/Brügge, StuB 2017, 100; zu Praxishinweisen zur technischen Umsetzung von Tax-Compliance-Management-Systemen bei Konzernstrukturen – am Beispiel des Digital Tax Compliance eingehend Liekenbrock, Ubg 2018, 43; zur Notwendigkeit eines Tax Compliance aufgrund EU-rechtlichen Vorgaben für Zwecke der Umsatzsteuer (Stichworte: MwSt-Aktionsplan, zertifizierter Steuerpflichtiger) eingehend Brill, UR 2018, 625; zur Verfahrensdokumentation, IKS und Tax-Compliance-Management Damas, DB 2020, 1536).

Zum Tax Compliance im Bereich des internationalen Steuerrechts siehe das Interview von Zeller (Zeller, WPg 2019, 232).

Zur Problematik der Verrechnungspreise als Teil der Compliance-Organisation im Unternehmen siehe Wellens/Wall (Wellens/Wall, DB 2016, 1385; zu internationalen Tax-Compliance-Management-Systemen Birkemeyer/Blaufus/Keck/Reineke/Trenn, WPg 2019, 644).

Zu steuerlichen Anwendungsfällen und Einsatzmöglichkeiten für ein digitales Tax CMS siehe Risse/Dallhammer, DB 2024, 1236 ff.

Im Schrifttum ist dargestellt worden, dass eine technisch einwandfreie Verfahrensdokumentation als wirksamer Teil des Tax CMS zur Vermeidung einer Hinzuschätzung wegen formeller Mangelhaftigkeit führen kann (so Renner, StuB 2022, 737).

Die Übernahme von Überwachungsaufgaben steht nicht in allen Unternehmensabteilungen im Fokus. Nach einer aktuellen KPMG-Studie erfolgt nur in neun Prozent der befragten Unternehmen eine vollständige Überwachung steuerlicher Prozesse. Viele Steuerabteilungen verstehen sich primär als interne Serviceabteilungen, die die an sie herangetragenen steuerlichen Fragen im Bereich der Steuerdeklaration und Gestaltungsberatung lösen. Die Formulierung von verbindlichen Richtlinien für die operativen Unternehmensbereiche und andere Zentraleinheiten, die Einrichtung von Berichtspflichten an die Steuerabteilung, Revisions- und Weisungsrechte der Steuerfunktion leiten einen Paradigmenwechsel gerade in mittelständischen Unternehmen ein. Nicht selten haben gerade die Steuerabteilungen Bedenken, dass mit weiterentwickelten Informations- und Kontrollrechten ein Vertrauensverlust gegenüber den operativen Abteilungen des Unternehmens einhergeht. Hinzu kommen knappe Ressourcen (so das Fazit von Ball/Papasikas, BB 2016, 1495, 1497 f.).

3.5 Tax-Compliance-Kommunikation

Die Tax-Compliance-Kommunikation beinhaltet Maßnahmen, welche die jeweilig betroffenen Mitarbeiter des Unternehmens, die in die Erfüllung der umsatzsteuerlichen Pflichten des Unternehmens eingebunden sind, über das Tax-Compliance-Programm sowie die festgelegten Rollen und Verantwortlichkeiten informiert, damit sie ihre Aufgaben ausreichend verstehen und sachgerecht erfüllen können. Zudem wird festgelegt, wie erkannte Tax-Compliance-Risiken bzw. Hinweise auf mögliche und festgestellte Regelverstöße an die zuständigen Stellen im Unternehmen (z. B. zuständige Mitarbeiter, gesetzliche Vertreter etc.) berichtet werden. Entscheidend für die Akzeptanz kommunizierter Maßnahmen und damit letztendlich auch für deren Einhaltung ist, dass Maßnahmen von der Geschäftsführung ausgehen bzw. optimalerweise unmittelbar durch die Geschäftsführung gegenüber den betroffenen Adressaten kommuniziert werden (sog. tone from the top). Dies gilt insbesondere für das Verhalten von Mitarbeitern bei festgestellten Compliance-Verstößen. Mitarbeiter sollten unmittelbar durch die Geschäftsführung über die im Unternehmen gelebte „Fehlerkultur" in Kenntnis gesetzt bzw. dazu motiviert werden, festgestellte Fehler zu melden. Das Eingestehen bzw. Melden von „Fehlern" muss durch eine gehörige und nachhaltige Compliance-Kommunikation positiv besetzt sein. Nur soweit Mitarbeiter keine negativen Konsequenzen im Fall begangener „Fehler" befürchten müssen, werden nachträglich erkannte Compliance-Verstöße auch offen kommuniziert. In der Praxis werden als Kommunikationsmittel insbesondere Arbeitsanweisungen, Newsletter sowie Mitarbeiterschulungen eingesetzt (Alzuhn/Kober/Voss, DB 2018, 794, 796).

Umstritten ist jedoch die Problematik, ob Compliance-Berichte in der steuerlichen Betriebsprüfung zur Aufklärung des steuerlichen relevanten Sachverhalts vorgelegt werden müssen. Dies wird im Zweifel verneint. Aus taktischen Gründen muss jedoch überdacht werden, ob zur Herstellung eines Vertrauensthemas möglicherweise – ohne Rechtskraft – dennoch Compliance-Berichte ausgehändigt werden (hierzu eingehend Werder/Rudolf, BB 2014, 3094, 3100).

4. Bedeutung von IDW PS 980 und IDW Praxishinweis

Im Jahr 2011 hat das IDW einen Prüfungsstandard zur Ausgestaltung und Prüfung von Compliance-Management-Systemen entwickelt (IDW PS 980). Ein CMS und dessen Prüfung nach IDW PS 980 bezieht sich in der Regel auf abgegrenzte Teilbereiche, insbesondere auf Geschäftsbereiche, Unternehmensprozesse (zum Beispiel Einkauf) oder auf bestimmte Rechtsgebiete (zum Beispiel Kartellrecht).

Im Sommer 2015 hat das IDW in Zusammenarbeit mit der Finanzverwaltung und Fachleuten eine Arbeitsgruppe „Tax Compliance" eingerichtet, um auf Basis des bereits bestehenden IDW PS 980 die Anforderungen an die Ausgestaltung und Prüfung eines Tax CMS zu erarbeiten. Die endgültige Version des IDW Praxishinweises 1/2016 wurde am 31.05.2017 vom IDW verabschiedet.

In dem Praxishinweis wird dargestellt, wie die Grundsätze des IDW PS 980 auf Tax CMS, welche einen abgegrenzten Teilbereich eines CMS darstellen, angewendet werden können. Demnach stellt die Prüfung eines Tax CMS einen Anwendungsfall des IDW PS 980 dar, sodass sich die Prüfung eines

Tax CMS nach IDW PS 980 sowie nach dem IDW Praxishinweis 1/2016 richtet. Wenngleich der IDW PS 980 sowie der IDW Praxishinweis 1/2016 keine Gesetzeskraft besitzen, stellen sie jedoch einen guten Rahmen zur Implementierung und Prüfung eines wirksamen Tax CMS dar und sind faktisch dazu geeignet, im Rahmen eines behördlichen und gerichtlichen Verfahrens als Entscheidungshilfe über die Wirksamkeit eines Tax CMS zu dienen (Breimann/Schwetzel, DStR 2017, 2626 ff.; Handel, DStR 2017, 1945 ff.; Risse, DB 2017, 2061, 2062 und 2066; Geuenich/Ludwig, BB 2018, 1303 f.; Stecker/Neumann, WPg 2020, 70 ff.; Makowicz/Maciuca, WPg 2020, 73 ff.).

4.1 Kernaussagen

IDW PS 980 ist Bestandteil einer Serie von IDW PS zur Prüfung der für die Unternehmensüberwachung relevanten Corporate-Governance-Systeme (vgl. § 107 Abs. 3 Satz 2 AktG) und befasst sich mit der Prüfung von Compliance-Management-Systemen [CMS]).

Die Prüfung eines Tax CMS nach dem IDW Praxishinweis 1/2016 bezieht sich auf den Teil des unternehmensweiten CMS, das auf die vollständige und zeitgerechte Erfüllung steuerlicher Pflichten gerichtet ist (Tax CMS). Die Prüfung kann auf einen oder mehrere Teilbereiche eines Tax CMS begrenzt werden. Die Abgrenzung des Prüfungsobjekts erfolgt durch die gesetzlichen Vertreter des Unternehmens in der Tax-CMS-Beschreibung.

Neben einer umfangreichen Wirksamkeitsprüfung ist auch die Beauftragung einer Prüfung möglich, die sich nur auf die Angemessenheit und Implementierung der in der Tax-CMS-Beschreibung dargestellten Regelungen des Tax CMS bezieht (Angemessenheitsprüfung).

Bezogen auf die Intensität der Prüfung kann eine nach IDW PS 980 durchgeführte Überprüfung als Angemessenheits- oder Wirksamkeitsprüfung erfolgen. Eine Angemessenheitsprüfung bezieht sich auf einen bestimmten Zeitpunkt, zu dem ein Tax CMS implementiert ist. Gegenstand einer Wirksamkeitsprüfung ist hingegen ein bestimmter Zeitraum, der nach den Festlegungen des Praxishinweises mindestens die Hälfte eines Geschäftsjahres umfassen muss. Dabei schließt eine Wirksamkeitsprüfung stets eine Angemessenheitsprüfung mit ein (Geuenich/Ludwig, BB 2018, 1303, 1304).

Der IDW Praxishinweis 1/2016 erläutert darüber hinaus die wesentlichen Grundelemente, die ein Tax CMS typischerweise aufweist, und beschreibt Einflussfaktoren auf die Ausgestaltung eines angemessenen Tax CMS. Ein gesonderter Abschnitt enthält Musterformulierungen für die Berichterstattung des Tax-CMS-Prüfers zu den beiden Auftragsarten.

IDW Praxishinweis 1/2016: Ausgestaltung und Prüfung eines Tax Compliance Management Systems gemäß IDW PS 980

Anwendungsbereich

Einordnung der Prüfung

» *IDW Praxishinweis 1/2016* betrifft die freiwillige Prüfung von Tax Compliance Management Systemen nach *IDW PS 980*

» *IDW PS 980* ist Bestandteil einer Serie von IDW PS zur Prüfung der für die Unternehmensüberwachung relevanten Corporate-Governance-Systeme (vgl. § 107 Abs. 3 Satz 2 AktG und Ziffer 5.3.2 DCGK). Der Anwendungsbereich von *IDW PS 980* und die Einordnung zu den Corporate-Governance-Systemen lässt sich in Anlehnung an COSO II verdeutlichen:

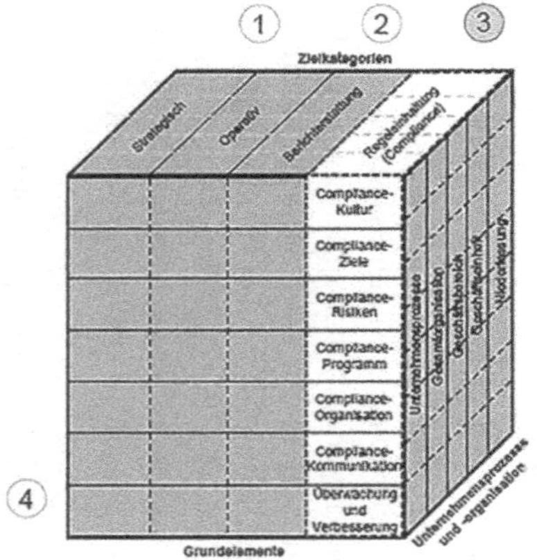

1	RMS für strategische und operative Risiken der Geschäftstätigkeit	*IDW PS 981*
2	IKS des internen und externen Berichtswesens	*IDW PS 982*
3	Compliance-Management-System	*IDW PS 980*
4	Internes Revisionssystem	*IDW PS 983*

» CMS: Auf der Grundlage der von den gesetzlichen Vertretern festgelegten Ziele eingeführte Regelungen eines Unternehmens, die auf die Sicherstellung eines regelkonformen Verhaltens abzielen, d.h. auf die Einhaltung bestimmter Regeln und damit auf die Verhinderung von wesentlichen Verstößen (Regelverstößen)

» Tax CMS: Abgegrenzter Teilbereich eines CMS, dessen Zweck die vollständige und zeitgerechte Erfüllung steuerlicher Pflichten ist

Abb. 2

Abb. 3

Gegenstand, Ziel und Umfang der Prüfung (12 ff.)

Gegenstand

- » Prüfungsgegenstand: Die in der Tax-CMS-Beschreibung enthaltenen Aussagen des Unternehmens über das Tax CMS
- » Eine Tax-CMS-Beschreibung umfasst unter Berücksichtigung der angewandten Tax-CMS-Grundsätze eine Darstellung sämtlicher Grundelemente eines Tax CMS.

Ziel und Umfang der Prüfung

Grundsätzlich: **Wirksamkeitsprüfung**

Urteil mit hinreichender Sicherheit, ob

- » die in der Tax-CMS-Beschreibung enthaltenen Aussagen über die Regelungen des Tax CMS in allen wesentlichen Belangen angemessen dargestellt sind,
- » die dargestellten Regelungen in Übereinstimmung mit den angewandten Tax-CMS-Grundsätzen in allen wesentlichen Belangen
  - » geeignet sind, mit hinreichender Sicherheit sowohl Risiken für wesentliche Regelverstöße rechtzeitig zu erkennen als auch solche Regelverstöße zu verhindern, und
  - » während eines bestimmten Zeitraums wirksam waren.

Daneben auch zulässig: **Angemessenheitsprüfung**

Urteil mit hinreichender Sicherheit, ob

- » die in der Tax-CMS-Beschreibung enthaltenen Aussagen über die Regelungen des Tax CMS in allen wesentlichen Belangen angemessen dargestellt sind,
- » die dargestellten Regelungen in Übereinstimmung mit den angewandten Tax-CMS-Grundsätzen in allen wesentlichen Belangen
  - » geeignet sind, mit hinreichender Sicherheit sowohl Risiken für wesentliche Regelverstöße rechtzeitig zu erkennen als auch solche Regelverstöße zu verhindern, und
  - » zu einem bestimmten Zeitpunkt implementiert waren.

- » Ziel der Prüfung des Tax CMS als Systemprüfung liegt nicht in dem Erkennen von einzelnen Regelverstößen. Sie ist daher nicht darauf ausgerichtet, Prüfungssicherheit über die tatsächliche Einhaltung von Regeln zu erlangen.

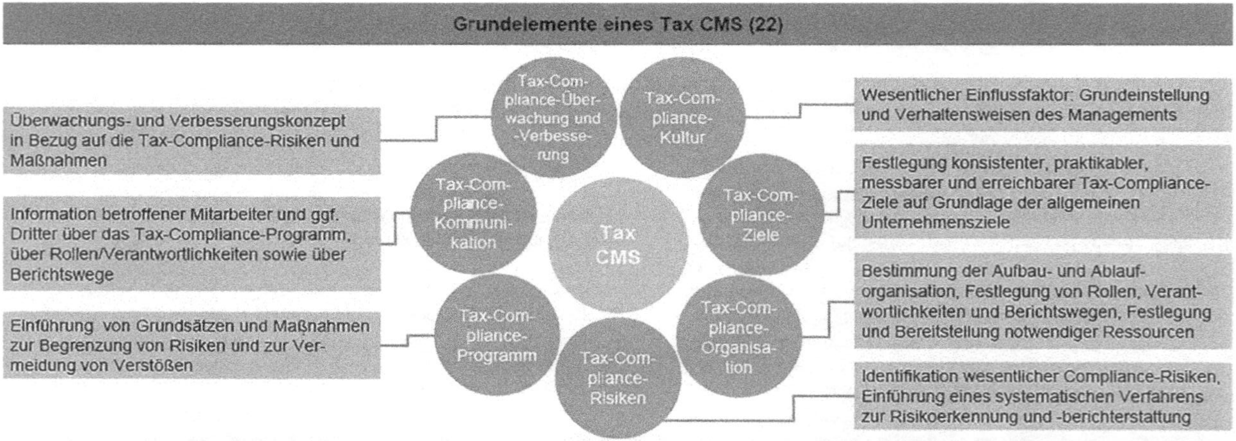

Einflussfaktoren auf die unternehmensindividuelle Ausgestaltung (24)	
Die Ausgestaltung eines Tax CMS hängt vor allem ab » vom Geltungsbereich des Tax CMS, » von den festgelegten Tax-Compliance-Zielen, » von der Größe des Unternehmens, » von Art und Umfang der Geschäftstätigkeit des Unternehmens, » von der Branche und den Betätigungsfeldern des Unternehmens, » von nationaler oder internationaler Ausrichtung der Geschäftstätigkeit, » von der Rechtsform des Unternehmens,	» von der Organisationsstruktur des Unternehmens, » von der Kontinuität der personellen Zusammensetzung der Steuerfunktion (Fluktuation), » von der Anteilseigner- bzw. Gesellschafterstruktur des Unternehmens, » vom Kundenkreis des Unternehmens, » vom Grad der Automation der Prozessabläufe, » vom Grad der Delegation von Aufgaben auf Unternehmensexterne, » vom Grad der arbeitsteiligen Bearbeitung und der unternehmensinternen Delegation von Aufgaben.

Abb. 4

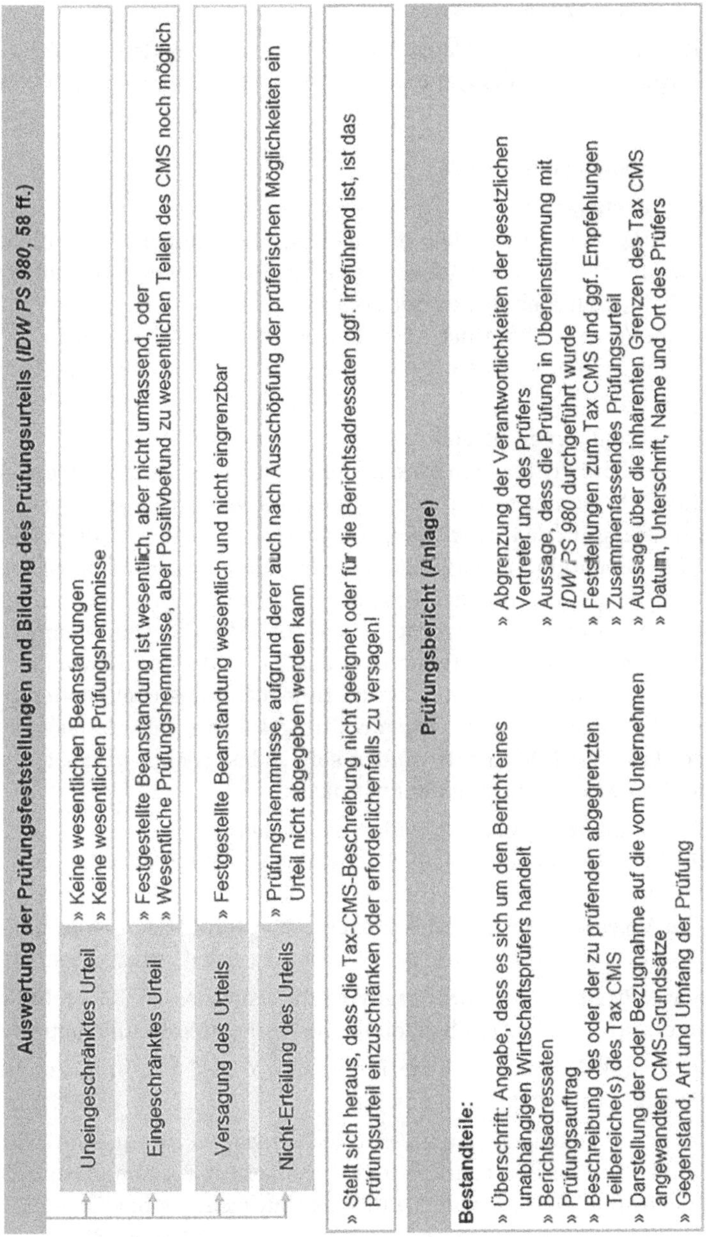

Abb. 5

Quelle: IDW Praxishinweis, WPg 2017, 1311

4.2 Pflicht zur Anwendung

Der IDW Praxishinweis 1/2016 ist erstmals anzuwenden auf Tax-CMS-Prüfungen, die **nach dem 31.05.2017** durchgeführt werden (IDW Praxishinweis WPg 2017, 1311 ff.).

4.3 Prüfung des Tax CMS

4.3.1 Prüfungsziel

Die Prüfung nach IDW PS 980 ist eine Systemprüfung und zielt nicht darauf ab, einzelne Regelverstöße zu erkennen oder festzustellen, ob Regelverstöße im Unternehmen aufgetreten sind. Systematisch ist die Prüfung daher am Vorgehen bei einer Abschlussprüfung orientiert. Das Prüfungsziel hängt hierbei von dem Prüfungsgegenstand und dem beauftragten Prüfungsumfang ab.

4.3.2 Prüfungsgegenstand

Gegenstand der Prüfung sind die in einer vom Unternehmen zu erstellenden Tax-CMS-Beschreibung enthaltenen Aussagen zur Umsetzung des Tax CMS in Bezug auf den jeweils zu prüfenden abgegrenzten Teilbereich. Die Tax-CMS-Beschreibung beinhaltet eine Darstellung sämtlicher Grundelemente (Kultur, Ziele, Risiken, Programm, Organisation, Kommunikation, Überwachung und Verbesserung) eines Tax CMS. Das Unternehmen legt fest, welcher abgegrenzte Teilbereich des Tax CMS geprüft werden soll, insbesondere für welche rechtlichen Einheiten und Betriebsstätten sowie für welche Steuerarten (zum Beispiel Ertragssteuern, Umsatzsteuer, Lohnsteuer) das Tax CMS geprüft werden soll, sodass nicht zwingend der gesamte Tax CMS Gegenstand der Prüfung ist.

4.3.3 Prüfungsumfang und Prüfungsvorgehen

Der IDW Praxishinweis sieht für die Prüfung von Tax CMS zwei Arten von Prüfungsurteilen vor, die sich hinsichtlich des Prüfungsumfangs unterscheiden: die Angemessenheits- und Wirksamkeitsprüfung. Das Unternehmen legt im Prüfungsauftrag fest, welche Art von Prüfungsurteil getroffen werden soll.

Bei der Angemessenheitsprüfung wird die Angemessenheit und die Implementierung des Tax CMS zu einem bestimmten Zeitpunkt geprüft.

Die Wirksamkeitsprüfung ist die umfassendere CMS-Prüfung; sie schließt die Angemessenheitsprüfung mit ein.

Zu beachten ist die zeitraum-/zeitpunktbezogene Prüfung. Die Einrichtung und ständige Überprüfung und Verbesserung der Compliance-Organisation stellt eine Daueraufgabe für das Unternehmen dar. Eine Prüfung nach IDW PS 980 hat hingegen eine „punktuelle, statische Wirksamkeitsbescheinigung“ zum Gegenstand.

4.3.4 Wirkung eines Testats nach IDW PS 980

Die Frage, inwieweit ein positives Testat nach IDW PS 980 eine enthaftende Wirkung haben kann, wurde in der Literatur bereits seit der Einführung des IDW PS 980 im Jahr 2011 diskutiert. Hierbei war Schwerpunkt der Diskussion allerdings regelmäßig die Vermeidung von Organhaftungsrisiken und der bußgeldrechtlichen Verantwortung, weniger die Frage der Würdigung des Testats durch die Finanzverwaltung oder im Rahmen eines Steuerstrafverfahrens. Auf Dauer kann die Diskussion jedoch auf die Frage, welche Wirkung ein positives Testat zu einem Tax CMS haben könnte, übertragen werden. Ein Testat nach IDW PS 980 kann zudem zu einem Verbotsirrtum i. S. d. § 17 Satz 1 StGB und § 11 Abs. 1 OWiG führen, wenn das Tax CMS trotz Erteilung des Testats tatsächlich nicht wirksam war (so Handel, DStR 2017, 1945, 1949).

4.4 Fazit

Die Möglichkeit einer Testierung des Tax CMS nach IDW PS 980 i. V. m. dem IDW Praxishinweis ist zu begrüßen. Ein nachweisbar eingerichtetes steuerliches Kontrollsystem kann nach Auffassung des BMF ein Indiz gegen das für den Tatbestand einer Steuerhinterziehung (§ 370 AO) oder Steuerverkürzung (§ 378 AO) erforderliche Vorliegen von Vorsatz oder Leichtfertigkeit darstellen. Zudem kann ein positives Testat über die Wirksamkeit des Tax CMS eine enthaftende Wirkung hinsichtlich bußgeldrechtlicher und zivilrechtlicher Haftungsrisiken (insbesondere § 130 OWiG, § 93 Abs. 2 Satz 1 AktG, § 43 Abs. 2 GmbHG) für die Geschäftsleitung haben. Hierbei ist jedoch zu beachten, dass durch ein positives Testat keine automatische Entlastungswirkung eintritt, sondern dass dieses der richterlichen Freiheit bei der Beweiswürdigung und im Rahmen des AEAO zu § 153 AO auch der Würdigung durch die Finanzverwaltung unterliegt und dass die haftungsreduzierende Wirkung auf den jeweils geprüften Zeitraum und Teilbereich des Tax CMS beschränkt sein dürfte (so Ludwig/Breimann/Kusch, DStR 2016, 2240 ff.; Breimann/Schwetzel, DStR 2017, 2626 ff.).

5. Zur Rechtsschutzwirkung einer Tax-Compliance-Organisation

Zur Notwendigkeit eines funktionierenden Tax-Compliance-Management-Systems für Zwecke der Schadensprävention sowie Risikokontrolle hat ein **Zivilgericht** folgende Leitsätze aufgestellt.

Im Rahmen seiner Legalitätspflicht hat ein Vorstandsmitglied dafür Sorge zu tragen, dass das Unternehmen so organisiert und beaufsichtigt wird, dass keine Gesetzesverstöße wie Schmiergeldzahlungen an Amtsträger eines ausländischen Staates oder an ausländische Privatpersonen erfolgen. Seiner Organisationspflicht genügt ein Vorstandsmitglied bei entsprechender Gefährdungslage nur dann, wenn er eine auf Schadensprävention und Risikokontrolle angelegte Compliance-Organisation einrichtet. Entscheidend für den Umfang im Einzelnen sind dabei Art, Größe und Organisation des Unternehmens, die zu beachtenden Vorschriften, die geografische Präsenz wie auch Verdachtsfälle aus der Vergangenheit. **Die Einhaltung des Legalitätsprinzips und demgemäß die Einrichtung eines funktionierenden Compliance-Systems gehören zur Gesamtverantwortung des Vorstands** (LG München I, Urteil vom 10.12.2013, 5 HK 0 1387/10, DB 2014, 766; im Rahmen des Berufungsverfahrens beim OLG München unter dem Aktenzeichen 7 U 113/14 wurde das Verfahren ohne Entscheidung erledigt. Zu den Pflichten des Geschäftsführers in der internen Unternehmensorganisation instruktiv Hamminger, NWB 2023, 829; siehe auch Höpfner/Schwindt, PStR 2019, 190; zu Compliance- und Unternehmensorganisationspflichten des Geschäftsleiters einer Kapitalgesellschaft instruktiv OLG München vom 30.03.2022, 12 U 1520/19, Die AG 2022, 908; hierzu eingehend Unmuth, Die AG 2022, 893 ff.).

Hierzu hat der 1. Steuerstrafsenat des Bundesgerichtshofs folgende Klarstellung getroffen. Ein effektives, auf die Vermeidung von Rechtsverstößen ausgelegtes Compliance-Programm kann eine Geldbuße mindern, auch wenn sich Mitarbeiter rechtswidrig verhalten haben. Um die (volle) Minderung zu erhalten, muss die Geschäftsleitung nach Aufdeckung der Rechtsverstöße zusätzlich konsequent die Schwachstellen beseitigen (BGH, Urteil vom 09.05.2017, 1 StR 265/16, wistra 2017, 390, 399 f. mit Anm. Webel – wistra 2017, 499 f. mit Anm. Bauer/Holb = BB 2017, 1931, 1932 mit Anm. Behr; zur strafrechtlichen Haftungsentlastung bei Einrichtung eines Tax-Compliance-Management-Systems siehe Erdbrügger/Jehke, BB 2016, 2455 ff.; Risse, DB 2017, 2061 ff.; Gnändiger/Kleff, WPg 2018, 470 ff.; von Busekist/Beneke, WPg 2020, 61, 67 ff.; Kußmaul/Schmeer, Ubg 2019, 683 ff.; hierzu eingehend die Monografie von Müller/Fischer, Tax Compliance – Steuerstrafrechtliche Verantwortung im Unternehmen 2018; von Busekist/Reneke, WPg 2020, 61, 67 ff.).

Zum Tax Compliance unter Berücksichtigung des Entwurfs eines Verbandssanktionsgesetzes siehe Fischer, StBp 2020, 259.

Die fortbestehende Rechtsunsicherheit hinsichtlich der strafrechtlichen Wirkungen eines Tax CMS schmälert dessen Wert beträchtlich (so das Fazit von von Woltersdorff/Hey, WPg 2016, 934, 939; hierzu eingehend Müller/Fischer, Tax Compliance, 2. Aufl 2022, 187 ff.; Grötsch/Scherer, wistra 2024, 139, 146 f.).

Im Schrifttum ist dargestellt worden, dass ein psychologisch und rechtlich relevanter Anreiz für Tax Compliance darin besteht, dass die kooperativ agierenden Steuerpflichtigen von der Finanzverwaltung mit Verlässlichkeit quasi belohnt werden (hierzu Rosenauer/Leibold/Meissner, BB 2023, 343; vgl. a. Seer, in: Tipke/Kruse, AO § 153 Tz. 35–38. Zu Pflichten von Vorständen und Geschäftsführern zur Steuerplanung im Gegensatz zur Steuermoral und Regelkonformität siehe Haarmann, IStR 2022, 572).

Zur Tax Compliance unter Berücksichtigung des Entwurfs eines Verbandssanktionengesetzes Fischer, StBp 2020, 259 ff.

Tax Compliance – Checkliste

- Paradigmenwechsel vom gezielten Steuerschummler zum perfektionierten Steuerpflichtigen mit etablierter Selbstkontrolle
- Nachhaltige Entwicklung über beratergetriebenen Hype
- Inhaltliche Ausgestaltung von Tax Compliance (Tax-Compliance-Organisation, Tax-Compliance-Risiken, Tax-Compliance-Programm, Tax-Compliance-Kommunikation, Tax-Compliance-Überwachung und Verbesserung)
- Bedeutung der Richtlinien von IDW PS 980 und IDW Praxishinweis für die Ausgestaltung von Tax-Compliance-Organisationen
- Die Ausgestaltung einer Tax-Compliance-Organisation im Hinblick auf die Minimierung potentieller steuerstrafrechtlicher Risiken

XI. Außenprüfung bei Angehörigen der rechts- und steuerberatenden Berufe

Schrifttum:

Apitz	Verfahrensrechtliche Aspekte einer Außenprüfung nach BpO (2000) – Teil II, StBp 2001, 57
Göpfert	Die steuerliche Außenprüfung beim Rechtsanwalt – Mitwirkungspflichten versus Verschwiegenheitspflicht, DB 2006, 581
Hentschel	Freiberufler zwischen Skylla und Charybdis – Mitwirkungspflichten im Besteuerungsverfahren und berufliche Schweigepflicht, NJW 2009, 810
Kaligin	Auswahl von Betriebsprüfungsfällen, Stbg 2012, 173
Mutschler	Betriebsprüfung bei Steuerberatern und die Pflicht zur Verschwiegenheit, DStR 2008, 2087

Verwaltungsanweisungen:

1. BMF, Schreiben vom 15.03.2000, BStBl I 2000, 368, geändert durch Allgemeine Verwaltungsvorschrift vom 11.12.2001, BStBl I 2001, 984 und BMF, Schreiben vom 22.01.2008, BStBl I 2008, 274 betr. Allgemeine Verwaltungsvorschriften für die Betriebsprüfung und BMF, Schreiben vom 20.07.2011, BStBl I 2011, 710

1. Rechtliche Grundlagen

Die Möglichkeit der Durchführung von Außenprüfungen bei Angehörigen der rechts- und steuerberatenden Berufe (und anderer Berufsgeheimnisträger) ist ein Dauerthema. Die Problematik tritt schon deshalb verstärkt auf, weil die Durchführung der Ap (einschließlich der Art und Weise) in letzter Zeit auch als Disziplinierungsmittel der Finanzverwaltung gerne genutzt wird, um konfliktbereite Angehörige der rechts- und steuerberatenden Berufe „mit anderen Mitteln" in die Schranken zu weisen. So wurde vor einiger Zeit ein Rechtsanwalt, der sogar Bedienstete der Steuerfahndung gegen den eigenen Dienstherrn vertreten hat, prompt als Retourkutsche mit der Anordnung einer Ap belegt. Der BFH hat klargestellt, dass das Auswahlermessen des Finanzamts bei Anordnung einer Außenprüfung jedenfalls die Grenze im Grundsatz der Verhältnismäßigkeit und im **Willkür- und Schikaneverbot** findet (BFH, Urteil vom 28.09.2011, VIII R 8/09, BStBl II 2012, 395 mit Anm. Kaligin, BB 2012, 819; ders., Stbg 2002, 173, 175 f.; auf gleicher Linie BFH, Beschluss vom 22.12.2011, VIII B 251/09, BFH/NV 2012, 443).

Zur Anordnung einer Auftragsprüfung beim Steuerberater hat der BFH folgende Grundsätze aufgestellt:

Die Anordnung einer Auftragsprüfung bei einem Steuerberater kann grundsätzlich mit der Vermeidung von typischerweise zu erwartenden Spannungen begründet werden (Anschluss an die Rechtsprechung des Bundesfinanzhofs).

Macht der Steuerberater im Einspruchsverfahren Umstände geltend, die auf eine Zweckverfehlung im konkreten Einzelfall hindeuten, etwa weil er seine berufliche Tätigkeit schwerpunktmäßig im Bezirk des beauftragten Finanzamts entfalte, muss das Finanzamt dem nachgehen und in der Einspruchsentscheidung eine individuelle Ermessensentscheidung treffen; das Finanzamt muss derartige Umstände des Einzelfalls aber nicht von Amts wegen aufklären und berücksichtigen.

Umstände, die der Kläger erstmals im Klageverfahren geltend macht, können bei der rechtlichen Überprüfung einer Ermessensentscheidung grundsätzlich nicht berücksichtigt werden (BFH, Urteil vom 20.10.2024 – VIII R 18/21; BFH/NV 2025, 188).

2. Rechtsprechung des BFH

Vor einiger Zeit hatte der BFH Gelegenheit, zur Zulässigkeit von Außenprüfungen bei Angehörigen der rechts- und steuerberatenden Berufe und anderen Berufsgeheimnisträgern Stellung zu nehmen, und hat sich auch zu Art und Umfang (insbesondere Problematik der Anfertigung von Kontrollmitteilungen gegenüber anderen Stpfl.) geäußert. Der BFH hat dabei nochmals betont, dass Rechtsprechung und Schrifttum in der Vergangenheit stets einhellig davon ausgegangen sind, dass die Anordnung einer Bp auch gegenüber Personen zulässig ist, die Berufsgeheimnisse wahren müssen (BFH, Urteil vom 08.04.2008, VIII R 61/06, BFH/NV 2008, 1223 ff. unter Hinweis auf BFH, Urteil vom 26.02.2004, IV R 50/01, BFH/NV 2004, 715; BFH, Beschluss vom 27.11.1996, IV B 5/96, BFH/NV 1997, 274; BFH, Beschluss vom 11.12.1957, II 100/53 U, BStBl III 1958, 86; Seer, in Tipke/Kruse, AO, § 193 Tz. 14; Schallmoser, in Hübschmann/Hepp/Spitaler, AO, § 193 Rdnr. 172; Gosch, in Beermann/Gosch, AO, § 193 Rdnr. 58; Göpfert, DB 2006, 581 ff.).

Diese Gleichstellung von Berufsgeheimnisträgern mit sonstigen Stpfl. wird insbesondere mit dem **Gebot einer gleichmäßigen Besteuerung** gerechtfertigt, dessen Befolgung beeinträchtigt werden könnte, wenn sich Angehörige bestimmter Berufsgruppen unter Berufung auf eine bestehende Verschwiegenheitspflicht generell der Überprüfung ihrer im Besteuerungsverfahren gemachten Angaben entziehen könnten (§ 85 AO).

Die Finanzbehörden sind grundsätzlich berechtigt, von einer Rechtsanwaltskammer Auskünfte über für die Besteuerung erhebliche Sachverhalte eines Kammermitglieds einzuholen; die Vorschriften der Berufsordnung über die Verschwiegenheitspflicht des Kammervorstandes stehen dem nicht entgegen (BFH, Urteil vom 19.12.2006, VII R 46/05, BStBl II 2007, 365 = StBp 2007, 123 mit Anm. Heuermann).

2.1 Kein Verzicht auf Ausstellung von Kontrollmitteilungen

Eine abweichende Beurteilung ergibt sich auch nicht aus dem Umstand, dass die Finanzverwaltung seit dem Jahr 2000 nicht mehr allgemein darauf verzichtet, anlässlich von Außenprüfungen bei zur Verschwiegenheit verpflichteten Personen Kontrollmitteilungen zu fertigen (§ 194 Abs. 3 AO). Ein solcher Verzicht war nämlich im AEAO ausgesprochen worden, während die Neufassung dieses Erlasses und die nachfolgenden Allgemeinen Verwaltungsvorschriften für die Bp eine entsprechende Selbstbeschränkung der Verwaltung nicht mehr vorsehen (AEAO vom 31.01.2014, BStBl I 2014, 290 versus BpO 2000 vom 15.03.2000, BStBl I 2001, 368).

Denn die Frage, ob eine Ap überhaupt angeordnet werden darf, ist von der Frage der Rechtmäßigkeit einzelner Maßnahmen im Zuge der Prüfung zu unterscheiden (BFH, Urteil vom 08.04.2008, VIII R 61/06, BFH/NV 2008, 1223 f. unter Hinweis auf BFH, Urteil vom 10.11.1998, VIII R 3/98, BFH/NV 1999, 841 m. w. N.). Das gilt auch insoweit, als es darum geht, ob anlässlich einer Prüfung Kontrollmitteilungen gefertigt werden dürfen.

Deshalb würde selbst dann, wenn man im Zusammenhang mit der Prüfung bei einem Steuerberater die Anfertigung von Kontrollmitteilungen generell für unzulässig hielte, daraus nicht die Unzulässigkeit der Prüfung selbst folgen. Vielmehr können diesen Gesichtspunkt betreffende Einwendungen allenfalls in der Weise geltend gemacht werden, dass – ggf. gerichtlicher – Rechtsschutz gegen die Anfertigung einer Kontrollmitteilung gesucht wird (BFH, Urteil vom 08.04.2008, VIII R 61/06, BFH/NV 2008, 1223 f. unter Hinweis auf BFH, Urteil vom 04.10.2006, VIII R 53/04, BFH/NV 2007, 119).

Die Rechtsprechung stellt somit klar, dass sich im Grundsatz ein Angehöriger der rechts- und steuerberatenden Berufe als Geheimnisträger nicht gegen die Anordnung einer Prüfung wehren kann. Dies gilt jedoch nicht ausnahmslos. Die Grenze des Auswahlermessens des Finanzamts findet sich in der Beachtung des Grundsatzes der Verhältnismäßigkeit und im Willkür- und Schikaneverbot (BFH, Urteil vom 28.09.2011, VIII R 8/09, BStBl II 2012, 395).

In dringenden Fällen müsste dann nach Auffassung des BFH eine einstweilige Anordnung beim FG beantragt werden (§ 114 FGO; BFH, Urteil vom 08.04.2008, VIII R 61/06, BFH/NV 2008, 1223 f. unter Hinweis auf BFH, Beschluss vom 28.10.1997, VII B 40/97, BFH/NV 1998, 424; Apitz, StBp 2001, 57, 59).

Kann der betroffene Berater nachweisen, dass sich aus der Anfertigung der Kontrollmitteilung geschäftsschädigende Effekte ergeben bzw. im Kern überragende Interessen von Mandanten verletzt werden und sich dies als Verstoß gegen Grundrechte, gegen die gesetzlichen Regelungen zur Verschwiegenheitspflicht und den Verhältnismäßigkeitsgrundsatz darstellt, so müsste er eine einstweilige Anordnung nach § 114 FGO unmittelbar beim FG beantragen. Der Hinweis auf das Hauptverfahren hilft nicht weiter, da durch prozessuale Überholung kein effektiver Rechtsschutz sichergestellt ist.

Der BFH hat in dem Streitfall leider offen gelassen, ob ein Verzicht auf Kontrollmitteilungen entweder verfassungsrechtlich oder im Hinblick auf die einfachen gesetzlichen Regelungen zur Verschwiegenheitspflicht geboten sei (BFH, Urteil vom 08.04.2008, VIII R 61/06, BFH/NV 2008, 1223 f. unter Hinweis auf einschlägiges Schrifttum mit Anm. Hardenbicker, BB 2008, 1607 f.; Keller, BB 2008, 1832; ferner Mutschler, DStR 2008, 2087 f.; Hentschel, NJW 2009, 810 f.).

Den Interessenskonflikt hat nunmehr der BFH wie folgt gelöst: Vorlageverweigerungsrechte aus § 104 Abs. 1 AO bestehen auch in der beim Berufsgeheimnisträger (Rechtsanwalt, Steuerberater usw.) selbst stattfindenden Ap, jedoch kann das FA grundsätzlich die Vorlage der zur Prüfung erforderlich erscheinenden Unterlagen in neutralisierter Form verlangen (BFH, Urteil vom 28.10.2009, VIII R 78/05, BStBl II 2010, 455, 465 mit Anm. Brandt, StBp 2010, 118 ff.; Moritz, DB 2010, 375, 376; Mutschler, DStR 2010, 950, 951; zur Problematik eingehend der wissenschaftliche Arbeitshinweis Steuerrecht des DWS-Instituts, DStR 2012, Beihefter zu Heft 48, 121 ff.).

Ein Steuerberater ist in eigenen Steuerangelegenheiten zur Mitwirkung im Besteuerungsverfahren verpflichtet. Die Verschwiegenheitspflicht gegenüber seinen Mandanten eröffnet ihm kein umfassendes Mitwirkungsverweigerungsrecht in eigenen Steuerangelegenheiten. Dem Steuerberater stehen insoweit Mitwirkungsverweigerungsrechte zu, als durch die Mitteilung die Identität seiner Mandanten und die Tatsache seiner Beratung tangiert sind. Tätigt ein Steuerberater von ihm steuerlich nicht erklärte Tafelgeschäfte und verweigert er diesbezüglich die Mitwirkung im Besteuerungsverfahren mit dem unbewiesenen Vortrag, er habe für einen Mandanten gehandelt und sei aufgrund seiner Verschwiegenheitspflicht gegenüber dem Mandanten aus rechtlichen Gründen zur Mitwirkung nicht in der Lage, so können dem Steuerberater die Tafelgeschäfte steuerlich zugerechnet werden, wenn er durch organisatorische Maßnahmen an den vorzulegenden bzw. zu benennenden Beweismitteln sicherstellen könnte, dass die Identität seines Mandanten und die Tatsache seiner Beratung nicht offenbar würde (FG Münster, Urteil vom 06.11.2008, 3 K 194/05 VSt, EFG 2009, 806; die eingelegte NZB wurde per BFH-Beschluss vom 04.06.2010, II B 3/09, n. v., als unbegründet verworfen). Der betroffene Berater kann also seinen Gewissenskonflikt dadurch lösen, dass er die entsprechenden Unterlagen eines Mandanten schwärzt bzw. anonymisiert. Daraus wird gefolgert, dass sich hieraus eine Rechtswidrigkeit der Prüfungsanordnung nicht selbst ergeben kann.

Zur Rechtmäßigkeit des Erlasses einer Prüfungsanordnung gegenüber einem Berufsgeheimnisträger hat der Bundesfinanzhof zuletzt folgende Klarstellung vorgenommen:

Es ist in der Rechtsprechung des BFH geklärt, dass die Anordnung einer Außenprüfung gegenüber einem Berufsgeheimnisträger auch im Hinblick auf einen mit der Prüfung verbundenen möglichen Schwärzungs- und Anonymisierungsaufwand von Belegen per se weder unverhältnismäßig noch willkürlich ist.

Ferner ist in der Rechtsprechung des BFH geklärt, dass über die Frage, ob und in welchem Umfang ein Berufsgeheimnisträger Unterlagen mit mandantenbezogenen Angaben innerhalb der Außenprüfung vorlegen und gegebenenfalls schwärzen muss, im Rahmen der Anfechtung eines konkreten Vorlegeverlangens zu entscheiden ist (BFH, Beschluss vom 30.06.2023 VIII B 13/22 BFH/NV 2023, 1101).

2.2 Belehrungspflicht vor Ausstellung einer Kontrollmitteilung

Die Rechte des Beraters und seiner unmittelbar involvierten Mandanten werden angeblich dadurch hinreichend gewahrt, dass der BFH fordert, dass der Angehörige der rechts- und steuerberatenden Berufe vor der Fertigung einer Kontrollmitteilung zwingend informiert – nicht aber belehrt – werden muss. Bei einer originären Prüfung des Beraters sollte dieser sofort darauf hinweisen, dass die Bp dezidiert der genannten Informationspflicht entspricht. Der Mandant sollte dies schriftlich **vor** Beginn der Bp festhalten. Sollte hiergegen vorsätzlich oder grob fahrlässig seitens der Bp verstoßen werden, so sollte der „geschädigte" Mandant ein **Verwertungsverbot** geltend machen.

Der involvierte Berater hatte in dem Verfahren geltend gemacht, dass die Preisgabe der Identität des Mandanten und die Tatsache seiner Beratung dem kodifizierten Auskunftsverweigerungsrecht widerspricht (§ 102 Abs. 1 Nr. 3 Buchst. b AO). Dazu führt der BFH Folgendes aus: Wichtig ist ferner, dass eine zur Berufsverschwiegenheit verpflichtete Person der Finanzbehörde die Einsicht in alle Daten verweigern darf, auf die sich ihre Auskunftsverweigerungspflicht nach § 102 AO erstreckt (vgl. BFH, Urteil vom 08.04.2008 VIII R 61/06 BFH/NV 2008,1023 f.).

3. Grenzen des Auskunftsverweigerungsrechts

Diese Grundsätze galten jedoch zum einen nicht im Hinblick auf die Mandanten, die auf eine Geheimhaltung ihrer Identität verzichtet haben; ein solcher Verzicht wird in aller Regel dort angenommen werden können, wo der Kläger an der Erstellung von Steuererklärungen seiner Mandanten mitgewirkt und dies der Finanzbehörde gegenüber kenntlich gemacht hat. Zum anderen – und vor allem – kann das Recht zur Verweigerung von

Auskünften ebenfalls nur die Mitwirkungspflicht des Klägers i. R. der Ap, nicht aber die Zulässigkeit der Prüfung selbst beschränken (BFH, Urteil vom 08.04.2008, VIII R 61/06, BFH/NV 2008, 1223 f.). Auch hier muss zwischen den einzelnen Fallgruppen differenziert werden. Eine Auskunftsverweigerungspflicht besteht nach den Grundsätzen dann nicht, wenn dem FA bekannt ist, dass der Steuerberater z. B. die laufende Buchhaltung, Bilanzen, Steuererklärungen, Lohnsteuer- und Umsatzsteuervoranmeldungen abgibt.

Für die Mitwirkungspflichten eines freiberuflich tätigen Steuerpflichtigen im Rahmen einer Außenprüfung nach § 200 Abs. 1 Sätze 1 und 2 AO hat die Rechtsprechung folgende Grundsätze aufgestellt:

Ob und in welchem Umfang das FA einen freiberuflich tätigen Steuerpflichtigen gemäß § 200 Abs. 1 Sätze 1 und 2 AO zur Herausgabe nicht aufbewahrungspflichtiger Unterlagen (Kontoauszüge) verpflichten kann, ist eine Ermessensentscheidung, die vom Gericht nur darauf zu überprüfen ist, ob die gesetzlichen Grenzen des Ermessens eingehalten wurden und die Behörde das ihr eingeräumte Ermessen unter Beachtung des Gesetzeszwecks fehlerfrei ausgeübt hat (BFH, Beschluss vom 05.04.2022 VIII B 42/21 BFH/NV 2022, 746 = DStRK 2022, 152 m. Anm. Haverkamp/Meinert).

Über den Kernbestand des Mandatsverhältnisses – vertraulicher Schriftverkehr – besteht jedoch weiter ein uneingeschränktes Auskunftsverweigerungsrecht, das sogar strafbewehrt ist (§ 203 StGB).

Eine Rechtswidrigkeit der angefochtenen Prüfungsanordnung ergibt sich auch nicht daraus, dass der involvierte Berater mit den Rechtsfolgen der Vorschrift über die Empfängerbenennung konfrontiert wird. Verweigert jedoch der Berufsträger in den Fällen des § 102 Abs. 1 Nr. 1–3 AO die Auskunft, darf die Finanzbehörde nicht unter Hinweis auf § 160 Abs. 1 AO den Betriebsausgabenabzug versagen; hierzu Schuster, in Hübschmann/Hepp/Spitaler, AO, § 160 Rdnr. 30; neuerdings Seer, in Tipke/Kruse, AO, § 160 Tz. 27; Buciek, in Beermann/Gosch, § 160 AO Rdnr. 108; v. Wedelstädt, in Kühn, § 160, Rdnr. 28; die das Vertrauensverhältnis zum Mandanten als höherrangig ansehen.

Denn auch hier gilt, dass eine auf § 160 AO gestützte Anforderung eine Maßnahme darstellt, deren Zulässigkeit auf den hierfür zur Verfügung stehenden Wegen eigenständig einer gerichtlichen Überprüfung zugeführt werden kann. Deshalb besteht keine Veranlassung, jegliche Überprüfung der steuerlichen Verhältnisse des Klägers unter diesem Gesichtspunkt für zulässig zu erachten (BFH, Urteil vom 08.04.2008, VIII R 61/06, BFH/NV 2008, 1223 f.).

In diesem Zusammenhang ist auch auf die Judikatur zur Dokumentation der Bewirtungsaufwendungen nach § 4 Abs. 5 Nr. 2 EStG hinzuweisen, wonach der Grundsatz der Gleichmäßigkeit der Besteuerung Vorrang vor dem Schutz des besonderen Vertrauensverhältnisses zwischen Berater und Mandant hat (BFH, Urteil vom 15.01.1998, IV R 81/96, BStBl II 1998, 263; BFH, Urteil vom 26.02.2004, IV R 50/01, BFH/NV 2004, 715).

Ferner ist ein Berater unter Hinweis auf die Verschwiegenheitspflicht nicht berechtigt, die Führung eines Fahrtenbuchs zu unterlassen oder einzuschränken, um der Besteuerung nach der 1-%-Regelung zu entgehen (BFH, Beschluss vom 03.01.2007, XI B 128/06, BFH/NV 2007, 706; FG Hamburg, Urteil vom 17.01.2007, 8 U 74/06, EFG 2007, 669, rkr.). Auch hier ist der Berater gehalten, Angaben zum Kernbestand des Mandatsverhältnisses zu unterlassen und sich notfalls auf allgemeine Beschreibungen laufender Rechts- und Steuerberatungen zu beschränken. Die Möglichkeiten, eine potenziell geschäftsschädigende „lästige" Kontrollmitteilung loszuwerden, sind somit gering. Die Trauben hierfür hängen hoch. In diesem Kontext darf auch erwähnt werden, dass sogar das Einstellen von vertraulichen Steuerdaten in das Internet von einem anderen Senat für nicht rechtsbehelfsfähig i.R. des einstweiligen Rechtsschutzes erachtet wurde. Der Kläger wurde im konkreten Fall auf das Hauptverfahren verwiesen (BFH, Beschluss vom 14.04.2008, VII B 226/07, BFH/NV 2008, 1295).

Dennoch sollte man sich als Verteidigungslinie auf das Schikaneverbot sowie auf den Grundsatz der Verhältnismäßigkeit berufen. Dem im konkreten Fall betroffenen Berater kann nur empfohlen werden, gegen die Entscheidung Verfassungsbeschwerde beim BVerfG einzulegen, weil hier der BFH wohl die Ausstrahlungskraft der betroffenen Grundrechte (Art. 12, Art. 20 Abs. 3 GG) nicht hinreichend beachtet hat.

Eine im Zusammenhang mit der Prüfung eines Fremdgeldkontos eines Rechtsanwaltes gefertigte Kontrollmitteilung darf bei dem betroffenen Steuerpflichtigen nicht ausgewertet werden, wenn der Rechtsanwalt von der Fertigung der Kontrollmitteilung nicht informiert wurde = Beweisverwertungsverbot (so FG Berlin-Brandenburg, Urteil vom 27.02.2023 7 K 7160/21, EFG 2023, 875, 879 f. m. Anm. Hennigfeld; vorläufig nicht rkr. = DStRK 2024, 12 m. Anm. Sterzinger = NWB 2024, 3120, 3127 f. mit Anm. Weber; auf gleicher Linie FG Berlin-Brandenburg, Beschluss vom 04.04.2022 7 V 7031/22, EFG 2022, 1000, 1003 f. m. Anm. Herbert; vorläufig nicht rkr. betr. umfassendes Verwertungsverbot nach ankündigungsloser Übersendung von Kontrollmitteilungen im Rahmen einer Außenprüfung bei einem Bauträger).

XII. Die Digitale Betriebsprüfung – Zugriff der Betriebsprüfung auf die Unternehmens-EDV

Schrifttum:

Becker	Außenprüfung digital – Prüfungsmethoden im Fokus, DStR 2016, 1386 (Teil I) und 1430 (Teil II)
Bellinger	Umfang der Datenzugriffsrechte nach § 147 Abs. 6 AO in Kasseneinzeldaten aus Warenwirtschaftssystemen von Apotheken, StBp 2012, 278
Beyer	Einzelaufzeichnung bei Einnahmenüberschussrechnung?, NWB 2021, 1230
Bleschick	Der kalkulierte Beanstandungsanlass: Kein Nachweis von Mehrergebnissen durch die Summarische Risikoprüfung, DStR 2017, 353
ders.	Überprüfung elektronischer Daten im Besteuerungsverfahren durch den Außenprüfer, DStR 2018, 1050 (Teil I) und DStR 2018, 1105 (Teil II)
ders.	Außenprüfung, Steuer & Studium 2020, 52
Burchert	Einführung eines Zugriffsrechts der Finanzverwaltung auf DV-gestützte Buchführungssysteme, INF 2001, 230 (Teil I), 263 (Teil II)
ders.	Aktuelle Fragen zur Umsetzung des Datenzugriffs durch die Finanzverwaltung, INF 2002, 677
Burkhard	Probleme beim EDV-Datenzugriff der Finanzverwaltung, DStZ 2003, 112
Danielmeyer	Die Anforderungen an die digitale Betriebsprüfung im Jahr 2022, StBp 2021, 323
ders.	Der „digitale“ Steuerpflichtige wird virtuell, StBp 2022, 376
Ditz	Reichweite des digitalen Datenzugriffs der Finanzverwaltung im nationalen und internationalen Konzern, DStR 2004, 2038
Eilts	Vorausschauende Vorbereitung der elektronisch unterstützten Betriebsprüfung, NWB 2022, 1382

Eisner	Die elektronisch unterstützte Betriebsprüfung – Was lange währt, wird endlich gut, DStR 2017, 2824
Groß/Georgius	Weitere Intensivierung der digitalen Betriebsprüfung durch den Einsatz von Prüfmakros, DStR 2006, 2067
Groß/Matheis/ Lindgens	Rückstellungen für Kosten des Datenzugriffs der Finanzverwaltung, DStR 2003, 921
Härtl	Einzelaufzeichnungspflicht und Datenzugriff auf digital aufgezeichnete Geschäftsvorfälle von Bargeschäften – (Kein) Datenzugriff bei Registrierkassen, Apotheken? (Teil 1), StBp 2014, 1
ders.	Einzelaufzeichnungspflicht und Datenzugriff auf digital aufgezeichnete Geschäftsvorfälle von Bargeschäften – (Kein) Datenzugriff bei Registrierkassen, Apotheken? – Teil II, StBp 2014, 45
Harle/Olles	Datenzugriff auf Einzelaufzeichnungen im Einzelhandel, StBp 2013, 333
Haselmann/ Berger	Darf der Betriebsprüfer die Vorlage des geschäftlichen E-Mailverkehrs verlangen? – Rechtliche Grenzen für die Prüferanfragen, IWB 2020, 21
Haupt	Datenzugriff versus Datenschutz – Die (bisherigen) Grenzen beim Datenzugriff und ein überschießender Gesetzentwurf, DStR 2022, 2185
Hauschildt/ Wähnert	Vollständigkeitsprüfung mit IDEA, NWB, Fach 17, 2781
Hendricks	Ebay, airbnb & Co. melden Umsätze ab 2023 ans Finanzamt, steuertipp v. 09.03.2023, Beilage zu Heft 10, 1
Herrfurth	Die neuen Grundsätze zur ordnungsgemäßen Führung und Aufbewahrung von Büchern sowie zum Datenzugriff (GoBD), StuB 2013, 458
ders.	Die neuen Grundsätze zur Buchführung und zum Datenzugriff in elektronischer Form (GoBD) – Update zur zweiten Entwurfsfassung, StuB 2013, 533
ders.	Datenzugriff und Datenträgerüberlassung im Rahmen der Betriebsprüfung bei Einnahmen-Überschussrechnung, StuB 2022, 286
Höreth/Schiegl	Zugriff der Finanzverwaltung auf die EDV-Systeme – Zweifelsfragen, BB 2001, 2509

Höring	DAC7-Umsetzungsgesetz – ein erster Überblick, DStZ 2023, 173
Intemann/ Köster	Rechte und Pflichten bei der digitalen Außenprüfung, DStR 2004, 1981
Jansen	„Bedeutung der digitalen Grundaufzeichnungen aus Kassensystemen für die Finanzverwaltung – Stellt die Nichtvorlage ‚nur' einen formellen Mangel dar?", StBp 2019, 148
Kampffmeyer/ Lamm	Ausweitung des Datenzugriffsrechts bei der digitalen Betriebsprüfung, BBK, Fach 17, 3361
Kamps	Grundsätze und Zweifelsfragen des Zugriffs auf elektronische Daten des Unternehmens im Rahmen einer Außenprüfung, Die AG 2016, 627
Kerssenbrock/ Riedel/Strunk	Zur Verfassungsmäßigkeit des Datenzugriffs der Finanzverwaltung im Rahmen von Betriebsprüfungen nach § 147 Abs. 6 AO, DB 2002, Beilage 9
Kleeman/ Kalina-Kerschbaum	Aktualisierung von GoBS und GDPdU durch das BMF geplant – Die Praxis wartet auf sachgerechte Lösungen, DStR 2013, 1098
Kowallik	Datenaustauschplattformen der Steuerverwaltung für Prüfungsanfragen in Außenprüfungen, DB 2022, 975
Kromer	Datenzugriff der Finanzverwaltung auf die IT-Systeme des Unternehmens ab 2002, DStR 2001, 1017
Krumm	Rechtsfragen der digitalen Betriebsprüfung (Summarische Risikoprüfung), DB 2017, 1105
Kuhsel/Kaeser	Bemerkungen zum BMF-Schreiben betreffend den Datenzugriff der Finanzverwaltung ab 01.01.2002, DB 2001, 1583
Mehret/ Wähnert	Prüfungsnetze vs. Einzelmethoden: Ein wichtiger, (bisher) verkannter Vorteil der Summarischen Risikoprüfung (SRP), DStR 2018, 314
Ochs/ Wargowske	Zum „Ort" des Datenzugriffs gemäß § 147 Abs. 6, 2 2. AO, DStR 2015, 2689
Peters	Aktuelles aus der digitalen Außenprüfung, DStR 2017, 1953
dies.	Aus der digitalen Betriebsprüfung: Datenzugriff und Verfahrensdokumentation, DB 2018, 2846

Pieske-Kontny	Zum Vorlageverlangen nach § 147 Abs. 6 AO im Rahmen einer Außenprüfung bei einem Berufsgeheimnisträger, StBp 2019, 317
Pump	Rechtsfolgen bei Verwendung von Manipulationssoftware (Rapportsoftware), DStZ 2013, 299
Ramme	Betriebliches Datenmanagement im Blickpunkt der Betriebsprüfung, DB 2014, 1515
Rennar	Digitale Betriebsprüfung internationaler Konzernunternehmen mittels GDPdU, StuB 2021, 780
Schaumburg	Der Datenzugriff und andere Kontrollmöglichkeiten der Finanzverwaltung, DStR 2002, 829
Schmittmann	Digitaler Datenzugriff der Finanzverwaltung im Lichte der aktuellen Rechtsprechung, StuB 2008, 43
ders.	Reichweite der Aufbewahrungspflichten unter besonderer Berücksichtigung der freien Berufe, StBp 2009, 778
ders.	Digitale Steuerdaten und Außenprüfung im Spiegel der jüngeren Rechtsprechung des BFH, StBp 2015, 719
Schmitz	Zweifelsfragen im Zusammenhang mit dem Zugriffsrecht der Finanzverwaltung auf DV-gestützte Buchführungssysteme, StBp 2002, 189 (Teil I), 253 (Teil II)
Schöbel	Ausgewählte Rechtsfragen der digitalen Außenprüfung (§ 147 Abs. 6 AO), StBp 2018, 179
Seer	Die Rolle des Steuerberaters in einer elektronischen Finanzverwaltung, DStR 2008, 1553
Stumm/Freude	Digitaler Erfüllungsgehilfe des Fiskus?, WPg 2022, 700
Tormöhlen	Der Datenzugriff in der Außenprüfung, AO StB 2014, 243
Valbuena/ Rennar	Steuerstrafrechtliche Implikationen zur steuerlichen Notifikationspflicht nach DAC 7, PStR 2024, 231
Valder	Sämtliche Kasseneinzeldaten müssen in elektronischer Form vorgelegt werden, PStR 2018, 305
Viskorf	Elektronische Betriebsprüfung bei Rechtsanwälten und Steuerberatern, DB 2005, 1929
Wähnert	Interaktive Außenprüfung – Möglichkeiten der gemeinsamen Sachverhaltsaufklärung im digitalen Zeitalter, Stbg 2014, 25

Wargowske/ Greil	Digitale steuerliche Außenprüfung, FR 2019, 608
Werder/Rudolf	Compliance-Berichte in der steuerlichen Betriebsprüfung, BB 2014, 3094

Verwaltungsanweisungen:

1. BMF, Schreiben vom 16.07.2001, IV D 2 – S 0316 – 136/01, BStBl I 2001, 415 betr. Grundsätze zum Datenzugriff und zur Prüfbarkeit digitaler Unterlagen (GDPdU)
2. LfSt Bayern, Verfügung vom 28.03.2012, S 0251.1.1-2/1 St 42, DStR 2012, 1610 betr. Auskunftsverweigerungsrecht von Berufsgeheimnisträgern
3. BMF, Schreiben vom 14.09.2012, IV A 4 – S 0316/12/10001 DOK 2012/0831628, DB 2012, 2312 betr. Grundsätze zum Datenzugriff und zur Prüfbarkeit digitaler Unterlagen (GDPdU) – Änderung des BMF, Schreibens vom 16.07.2001, IV D 2 – S 0316 – 136/01, BStBl I 2001, 415
4. OFD NRW, Vfg. vom 28.07.2015 – S 0316-2015/0006 – St 432a betr. Aufzeichnungs- und Aufbewahrungspflicht der digitalen Grundaufzeichnungen (§ 238 HGB, §§ 140, 145–147 AO), StuB 2016, 433
5. OFD Frankfurt/M., Rundverfügung vom 12.04.2016, S 1456A – 001 – St 33, DStR 2016, 1163 betr. Nachforderung von Unterlagen zur E-Bilanz – Entscheidung über die Prüfungswürdigkeit im Rahmen der Außenprüfung
6. BMF, Schreiben vom 28.11.2019, IV A 4 – S 0316/19/10003 :001 DOK 2019/0962810, BStBl I 2019, S. 1269 betr. Grundsätze zur ordnungsmäßigen Führung und Aufbewahrung von Büchern, Aufzeichnungen und Unterlagen in elektronischer Form sowie zum Datenzugriff (GoBD)
7. BMF, Schreiben vom 11.03.2024, IV D 2 – S 0361/21/10001 :002 DOK 2024/0184201, BStBl I 2024, 374 betr. Grundsätze zur ordnungsmäßigen Führung und Aufbewahrung von Büchern, Aufzeichnungen und Unterlagen in elektronischer Form sowie zum Datenzugriff (GoBD); Änderung aufgrund verschiedener gesetzlicher Änderungen

1. Vorbemerkungen

Durch das Steuersenkungsgesetz sind u. a. §§ 146, 147, 200 AO dahingehend geändert worden, dass die Finanzbehörden nun das Recht haben, i.R. von steuerlichen Außenprüfungen auf das Datenverarbeitungssystem des Stpfl. zuzugreifen und die nur mit Hilfe des DV-Systems erteilte Buchführung des Stpfl. zu prüfen (Steuersenkungsgesetz vom 23.10.2000, BGBl I 2000, 1433;

BStBl I 2000, 1428, 1455). Angesichts der Papierberge soll eine sinnvolle und effiziente Prüfung nur noch eingeschränkt durch eine „papiergestützte Buchführung“ möglich sein. Das ist für Großbetriebe und Konzerne sicherlich richtig, kann indessen nicht unbesehen auf Klein- und Mittelbetriebe übertragen werden. Die bisherige Rechtslage eröffnete hinreichende Kontrollmöglichkeiten, nur waren sie der Finanzbehörde vielfach zu aufwendig. Die neue Vorschrift soll diesen Aufwand für die Finanzbehörde mit Hilfe moderner, computergestützter Prüfungsmöglichkeiten mindern und „**rationellere und zeitnähere Außenprüfungen** ermöglichen“.

Die neue Prüfungsmethode tritt neben die Möglichkeit der herkömmlichen Prüfung. Durch die Regelung zum Datenzugriff wird der sachliche Umfang der Außenprüfung (§ 194 AO) nicht erweitert. Gegenstand der Prüfung sind wie bisher nur die aufbewahrungspflichtigen Unterlagen (§ 147 AO).

Die hinsichtlich des Datenzugriffs relativ weit gefassten Befugnisse der Finanzbehörden sind vom BMF im Schreiben zum Datenzugriff und zur Prüfbarkeit digitaler Unterlagen konkretisiert worden, um die Regelungen in der Praxis handhabbar zu machen (BMF, Schreiben vom 16.07.2001, IV D 2 – S 0316 – 136/01, BStBl I 2001, 415; geringfügig geändert durch BMF, Schreiben vom 14.09.2012, IV A 4 – S 0316/12/10001 DOK 2012/0831628, BStBl I 2012, 930; hierzu kritisch Burchert, INF 2002, 681; Kampffmeyer/Lamm, BBK, Fach 17, 3361 ff.; Anmerkungen zum Entwurf eines BMF-Schreibens vom 09.04.2013, IV A 4 – S 0316/13/10003 bzw. 26.06.2013, IV A 4 – S 0316/13/10003 siehe Herrfurth, StuB 2013, 458 ff.; ders., StuB 2013, 533 ff.; ferner Kleemann/Kalina-Kerschbaum, DStR 2013, 1098 ff.; Wähnert, Stbg 2014, 20 ff.). In einem ausführlichen Schreiben betr. Grundsätze zur ordnungsmäßigen Führung und Aufbewahrung von Büchern, Aufzeichnungen und Unterlagen in elektronischer Form sowie zum Datenzugriff (GoBD) sind die Dokumentationsanforderungen weiter verfeinert worden (BMF, Schreiben vom 28.11.2019, IV A 4 – S 0316/19/10003 :001 DOK 2019/0962810, BStBl I 2019, 1269).

Die Bundessteuerberaterkammer weist darauf hin, dass sowohl das Bundesministerium der Justiz als auch der Bundesdatenschutzbeauftragte bereits im Vorfeld der verabschiedeten Gesetzesregelung und des entsprechenden BMF-Schreibens vom 16.07.2001, IV D 2 – S 0316 – 136/01, BStBl I 2001, 415 verfassungsrechtliche Einwendungen angemeldet haben. Die vorgetragenen Bedenken haben im Wesentlichen folgenden Inhalt: Durch die Neuregelungen sind sowohl der Schutz betrieblicher Geheimnisse als auch der Schutz der Persönlichkeitsrechte der Stpfl., ihrer Lieferanten,

Kunden und Arbeitnehmer gefährdet. Dies gilt insbesondere deshalb, weil eine Protokollierungspflicht der in den Datennetzen der Stpfl. vorgenommenen Auswertungen nicht vorgesehen ist. Hierdurch ist eine Nachverfolgung von unzulässigen Eingriffen in die Privatsphäre der Stpfl. bzw. ihrer Arbeitnehmer nicht möglich (Beschluss des Präsidiums der Bundessteuerberaterkammer am 08./09.11.2001, DStR 2002, Beihefter zu Heft 3). Aus den genannten Gründen wird die Betriebsprüfung wegen ihrer Unschärfe insbesondere im Hinblick auf den verwandten Begriff der „relevanten" Daten für **verfassungswidrig** erachtet (Kerssenbrock/Riedel/Strunk, Zur Verfassungsmäßigkeit des Datenzugriffs der Finanzverwaltung im Rahmen von Betriebsprüfungen nach § 147 Abs. 6 AO, DB 2002, Beilage 9).

Die Finanzgerichte scheinen dies anders zu sehen. Dort sieht man in der Einführung der digitalen Betriebsprüfung eine Anpassung der Prüfungsmöglichkeiten an die technische Entwicklung der Buchführung (FG Rheinland-Pfalz, Urteil vom 20.01.2005, 4 K 2167/04, EFG 2005, 667, rkr., mit Anm. Trossen).

2. Änderungen in der Abgabenordnung

Bei der Führung der Bücher und der sonst erforderlichen Aufzeichnungen auf Datenträgern muss nun insbesondere sichergestellt werden, dass die Daten **während der Aufbewahrungsfrist jederzeit verfügbar** sind **und unverzüglich lesbar** gemacht werden können. Hinzu kommt, dass diese Daten während der Aufbewahrungsfrist auch **unverzüglich maschinell verwertbar** sein müssen. Die Finanzbehörde hat i.R. der Außenprüfung das Recht,

- das Datenverarbeitungssystem des Stpfl. einschließlich der darin enthaltenen Auswertungsprogramme zu nutzen (**unmittelbarer Datenzugriff**),
- und/oder nach ihren Vorgaben eine maschinelle Auswertung der Daten durch den Stpfl. oder einen von ihm beauftragten Dritten mithilfe des DV-Systems der Stpfl. zu verlangen (**mittelbarer Datenzugriff**),
- und/oder die **Überlassung** der steuerlich relevanten **Daten** auf einem maschinell verwertbaren Datenträger (z.B. CD-ROM, DVD) zu verlangen.

Der Stpfl. muss die Finanzbehörde i.R. seiner Mitwirkungspflichten unterstützen. Die Auswahl der Möglichkeiten steht im Ermessen der Behörde.

Es besteht keine Informationsverpflichtung des Finanzamtes, wie die Kassenbuchführung vorzunehmen ist, da Buchführungs- und Aufzeichnungspflichten eigenständige öffentlich-rechtliche Pflichten des Steuerpflichtigen sind, die unmittelbar kraft Gesetzes bestehen (BFH, Beschluss vom 31.07.2013, X B 174/13, BFH/NV 2013, 1725).

Gegen die Anordnung des Datenzugriffs durch die Betriebsprüfung (§ 147 Abs. 6 AO) kann bei eingerichteter EDV-Buchführung für die Zeiträume ab 2002 nicht ohne besondere Gründe eingewendet werden, dass auch eine Prüfung von Papierbelegen möglich sei (FG Rheinland-Pfalz, Urteil vom 20.01.2005, 4 K 2167/04, EFG 2005, 667, rkr., mit Anm. Trossen). Die ab dem 01.01.2002 eingeführte Vorschrift des § 147 Abs. 6 AO dient ausschließlich der Anpassung der Prüfungsmöglichkeiten der Außenprüfung an fortgeschrittene technologische Möglichkeiten unter Einsatz von Auswertungsprogrammen. Der sachliche Umfang von Außenprüfungen wird damit jedoch nicht erweitert. Kostenstellenrechnungen unterliegen wegen ihres primär betriebsinternen Charakters dem Datenzugriff nur in eingeschränktem Maße (FG Rheinland-Pfalz, Urteil vom 13.06.2006, 1 K 1743/05, EFG 2006, 1634 = DStRE 2006, 1550; zwischenzeitlich rkr., da die unter dem Az. I R 71/06 eingelegte Revision zurückgenommen wurde). Der Anspruch des FA nach § 147 Abs. 6 AO auf Nutzung digitaler Daten und Datenverarbeitungssysteme besteht nur in dem Rahmen, in dem der Stpfl. zur Aufzeichnung und Aufbewahrung von Daten verpflichtet ist (BFH, Urteil vom 24.06.2009, VIII R 80/06, BStBl II 2010, 452).

Zur Grundsatzfrage, ob der Stpfl. generell zur Lesbarmachung von gescannten Belegen bei Außenprüfungen – auch bei simultaner Offerte einer kompletten Papierprüfung – verpflichtet ist, hat der BFH wie folgt Stellung genommen: Der Stpfl. ist gehalten, der Außenprüfung im Original in Papierform erstellte und später durch Scannen digitalisierte Ein- und Ausgangsrechnungen über sein Computersystem per Bildschirm lesbar zu machen. **Er kann diese Verpflichtung nicht durch das Angebot des Ausdruckens auf Papier abwenden**.

Der Datenzugriff der Finanzbehörde gem. § 147 Abs. 6 AO erstreckt sich u. a. auf die Finanzbuchhaltung. Der Stpfl. ist nicht berechtigt, gegenüber der Außenprüfung bestimmte Einzelkonten (hier: Drohverlustrückstellungen, nicht abziehbare Betriebsausgaben, organschaftliche Steuerumlagen) zu sperren, die aus seiner Sicht nur das handelsrechtliche Ergebnis, nicht aber die steuerliche Bemessungsgrundlage beeinflusst haben (BFH, Beschluss vom 26.09.2007, I B 53, 54/07, BStBl II 2008, 415, bestätigt durch BFH, Beschluss vom 09.02.2011, I B 151/10, BFH/NV 2011, 962; Schmittmann, StuB 2008, 43 f.; vgl. Drüen, in Tipke/Kruse, AO, § 147 Tz. 23b).

Nur wenn der Stpfl. seine Pflichten nach §§ 140 ff. AO mittels digitaler Aufzeichnungen erfüllt, greifen überhaupt § 147 Abs. 6 AO und seine Absicherungsvorschriften. Weder § 147 Abs. 6 AO noch § 146 Abs. 5, § 147 Abs. 2 AO verpflichten den Stpfl., Aufzeichnungen in Papierform nur für digitale Außenprüfungen einzuscannen oder digital zu erfassen. Die Rede von einer konzeptionellen Entscheidung für eine „papierlose Buchführung" ist ohne Rechtsgrundlage. Es gilt weiterhin die Freiheit des Stpfl. bei der Organisation der Bücher und Aufzeichnungen. Führt der Stpfl. seine Bücher und Aufzeichnungen nicht auf Datenträgern i. S. d. § 146 Abs. 5 AO, so geht das Recht auf Datenzugriff ins Leere. Die unterschiedlichen Kontrollmöglichkeiten bei digitalen und manuellen Aufzeichnungen verstoßen nicht gegen Art. 3 Abs. 1 GG, weil sie Folge der betrieblichen Entscheidung über die Organisation der Bücher und Aufzeichnungen sind (Drüen, in Tipke/Kruse, AO, § 147 Tz. 70a).

2.1 Unmittelbarer Zugriff, Nur-Lesezugriff

Beim unmittelbaren Zugriff hat die Finanzbehörde das Recht, in Form des Nur-Lesezugriffs Einsicht in die gespeicherten Daten zu nehmen und dabei das Datenverarbeitungssystem des Stpfl. (Hard- und Software) zur Prüfung der Daten zu nutzen. Der Stpfl. hat den Prüfer insbesondere hinsichtlich des Nur-Lesezugriffs in das DV-System einzuweisen. Der Nur-Lesezugriff umfasst das Lesen, Filtern und Sortieren der Daten ggf. unter Nutzung der vorhandenen Auswertungsmöglichkeiten.

Das Datenverarbeitungssystem des Stpfl. muss die Unveränderbarkeit des Datenbestands gewährleisten, um eine Veränderung durch die Finanzbehörde auszuschließen. Enthalten die Daten des Stpfl. steuerlich nicht relevante Daten (z. B. personenbezogene oder nach § 102 AO dem Berufsgeheimnis unterliegende Daten), so muss der Stpfl. sicherstellen, dass der Prüfer nur auf die steuerlich relevanten Daten zugreifen kann, denn für versehentlich überlassene Daten besteht **kein** Verwertungsverbot.

Durch den unmittelbaren Datenzugriff werden die Außenprüfungsdienste in die Lage versetzt, das Buchführungssystem gezielt zu durchforsten, z. B. die Sachkonten einzusehen und den Inhalt des elektronisch verarbeiteten Buchungsbelegs zu einem beliebigen Geschäftsvorfall abzufragen. Die in vielen Großunternehmen und größeren mittelständischen Betrieben eingesetzten ERP-Softwaresysteme ermöglichen z. B., in Abhängigkeit vom jeweils eingesetzten Programm Prüfungsfelder zügiger als die herkömmliche Prüfungstechnik ohne unmittelbaren Datenzugriff zu prüfen. Die Finanzbehörde darf nur mit Hilfe der beim Stpfl. vorhandenen Hard- und Software auf die elektronisch gespeicherten Daten zugreifen; eine Auswertung im DV-System des Stpfl. mittels eigener Software-Programme kommt nicht in Betracht. Auch die Fernabfrage (Online-Zugriff) auf das Datenverarbeitungssystem des Stpfl. ist ausgeschlossen.

2.2 Mittelbarer Datenzugriff

Die Finanzbehörde kann beim mittelbaren Datenzugriff verlangen, dass die gespeicherten Daten nach ihren Vorgaben vom Stpfl. oder einem von ihm beauftragten Dritten maschinell ausgewertet werden. Die maschinelle Auswertung kann nur unter Verwendung der im Datenverarbeitungssystem des Stpfl. oder des beauftragten Dritten vorhandenen Auswertungsmöglichkeiten erfolgen. Auswertungen, die bestimmte Sortier- oder Filterfunktionen voraussetzen, die das Software-Programm des Stpfl. nicht enthält und die deshalb extra programmiert werden müssen, sind ausgeschlossen. Der Umfang der zumutbaren Hilfe richtet sich nach den betrieblichen Gegebenheiten des Unternehmens.

Der zur Auswertung überlassene Datenträger ist spätestens nach Bestandskraft der aufgrund der Außenprüfung ergangenen Bescheide an den Stpfl. zurückzugeben oder zu löschen (allgemeine Meinung; BMF, Schreiben vom 16.07.2001, IV D 2 – S 0316 – 136/01, BStBl I 2001, 415). Wie dies in der Praxis auszusehen hat, wird sich zeigen. Infrage käme, dass der Außenprüfer in Anwesenheit des Unternehmers die Daten löscht oder bei Rückgabe der Daten sicherstellt, dass keine Kopien vorhanden sind. Angesichts der Tatsache, dass Daten leicht vervielfältigt und bewusst oder unbewusst anderweitig abgespeichert werden können, kann der Stpfl. nicht sichergehen, dass die Daten tatsächlich auch gelöscht wurden, selbst wenn ihm dies vom zuständigen Sachbearbeiter zugesichert wurde (Höreth/Schiegl, BB 2001, 2509, 2511).

2.3 Überlassung von Daten auf Datenträgern

Die Finanzbehörde kann ebenfalls verlangen, dass ihr die gespeicherten Unterlagen und Aufzeichnungen auf einem maschinell verwertbaren Datenträger zur Auswertung überlassen werden. Mit den gespeicherten Unterlagen sind der Finanzbehörde alle zur Auswertung der Daten notwendigen Informationen (z. B. über die Dateistruktur, die Datenfelder sowie interne und externe Verknüpfungen) zur Verfügung zu stellen. Dies gilt auch in den Fällen, in denen sich die Daten bei Dritten befinden. Eine Aufforderung des FA zur Datenträgerüberlassung nach § 147 Abs. 6 Satz 2 Alt. 2 AO ist auch ohne Unterzeichnung einer besonderen Bestätigung durch den Betriebsprüfer über den ordnungsgemäßen Umgang mit den erhobenen Daten rechtmäßig (Thüringer FG, Beschluss vom 20.04.2005, III 46/05 V, EFG 2005, 1406, rkr.).

Nur bei diesem Datenexport darf die Finanzbehörde spezielle Auswertungs- und Analyseprogramme (z. B. IDEA) einsetzen, die insbesondere Sammeldateien enthalten und eine Analyse der Datenstrukturen (Mehrfachbelegung, Lücken) ermöglichen. Eine **Rangfolge** der verschiedenen Zugriffsformen gibt es nicht. Falls erforderlich und zweckmäßig, kann die Finanzbehörde auch mehrere Formen kumulativ wählen. Wenngleich ein stufenweiser Einsatz der Zugriffsformen nicht vorgesehen ist, ist ein kumulativer Einsatz der verschiedenen Formen nur zulässig, wenn sich die Formen sinnvoll ergänzen, z.B. nach einem kursorischen Lesezugriff mit Einweisung in das System anschließend der Datenträgerzugriff zum Einsatz des behördlichen Analyseprogramms verlangt wird. Der Zugriff ist strikt an dem Grundsatz der **Verhältnismäßigkeit** auszurichten und muss den Zeit- und Arbeitsaufwand und die Kosten des Stpfl. berücksichtigen. Die betrieblichen Gegebenheiten, wie Größe des Unternehmens und Zahl der Mitarbeiter, sind ausschlaggebend. Auch die Zeitnähe der Außenprüfung ist entscheidend, weil innerhalb der langen Aufbewahrungsfristen angesichts der Fortschritte der Technik insbesondere nach Systemwechseln nicht alle drei Zugriffsformen gleichermaßen verhältnismäßig sind.

Im Brennpunkt der Außenprüfung steht neuerdings die **Überlassung von Daten** und insbesondere die spezifischen Einzelfragen im Rahmen einer **digitalen Außenprüfung**.

Im Rahmen einer Außenprüfung kann die Finanzverwaltung die Herausgabe digitalisierter Steuerdaten zur Speicherung und Auswertung auf mobilen Rechnern der Prüfer nur verlangen, wenn Datenzugriff und Auswertung in den Geschäftsräumen des Steuerpflichtigen oder in den Diensträumen der Finanzverwaltung stattfinden. Eine Speicherung von Daten über den tatsächlichen Abschluss der Prüfung hinaus ist durch § 147 Abs. 6 Satz 2 AO nur gedeckt, sobald und solange die Daten noch für Zwecke des Besteuerungsverfahrens (z.B. bis zum Abschluss etwaiger Rechtsbehelfsverfahren) benötigt werden (so klarstellend BFH, Urteil vom 16.12.2104 – VIII R 52/12, BFH/NV 2015, 1455 = BStBl II 2023, 61 mit Anm. Brandt, StBp 2015, 302 ff.; ders., DB StR 1086955; hierzu Kamps, Die AG 2016, 627 ff.; Ochs/Wargowske, DStR 2015, 2689 ff.; Ramme, DB 2014, 1515 ff.; hierzu aus Sicht der Finanzverwaltung s. OFD NRW, Vfg. vom 28.07.2015, S 0316 – 2015/0006 – St 432a, StuB 2016, 433).

Ein Steuerberater ist im Rahmen einer Außenprüfung nach § 147 Abs. 6 i.V.m. §§ 97, 104 Abs. 2 AO zur Überlassung eines Datensticks mit der Buchführung seines Mandanten an die Finanzverwaltung bzw. alternativ zur Freigabe der Daten der DATEV eG verpflichtet (FG Schleswig-Holstein, Beschluss vom 12.10.2015, 2 V 95/15, DStRE 2016, 748, rkr.; zum Vorlageverlangen nach § 147 Abs. 6 AO im Rahmen einer Außenprüfung bei einem Berufsgeheimnisträger, StBp 2019, 317 ff.).

Stützt das FA eine Hinzuschätzung auf die Durchführung einer Kalkulation, ist es verpflichtet, sowohl die Kalkulationsgrundlagen als auch die Ergebnisse der Kalkulation sowie die Ermittlungen, die zu diesen Ergebnissen geführt haben, offenzulegen. Wurde die Kalkulation in elektronischer Form durchgeführt, kann der Steuerpflichtige einen Anspruch auf Übermittlung der Kalkulationsgrundlagen in elektronischer Form haben (so klarstellend BFH, Beschluss vom 25.07.2016 – X V 213/15, X B 4/16, BFH/NV 2016, 1679).

Die Datenanforderung nach § 147 Abs. 6 AO ist akzessorisch zur Aufzeichnungs- und Aufbewahrungspflicht des Steuerpflichtigen. Bei der Gewinnermittlung durch Einnahmen-Überschussrechnung sind Aufzeichnungen nur aufzubewahren, soweit dies aufgrund anderer Steuergesetze, z. B. nach § 4 Abs. 3 Satz 5, Abs. 7 EStG und nach § 22 UStG gefordert ist. **„Freiwillig" geführte Unterlagen und Daten unterliegen nicht dem Datenzugriff nach § 147 Abs. 6 AO** (BFH, Urteil vom 12.02.2020, X R 8/18, BFH/NV 2020, 1045 m. Anm. Strahl, NWB 2020, 2520 f.; hierzu eingehend Beyer, NWB 2021, 1230 ff.; vgl. auch Ramme, DB 2014, 1515, 1517).

Die Aufforderung der Finanzverwaltung an einen Steuerpflichtigen, der seinen Gewinn im Wege der Einnahmen-Überschussrechnung ermittelt, zu Beginn einer Außenprüfung einen Datenträger „nach GDPdU" zur Verfügung zu stellen, ist als unbegrenzter Zugriff auf alle elektronisch gespeicherten Unterlagen unabhängig von den gemäß § 147 Abs. 1 AO bestehenden Aufzeichnungs- und Aufbewahrungspflichten des Steuerpflichtigen zu verstehen und damit rechtswidrig (BFH, Urteil vom 07.06.2021 VIII R 24/18, BStBl II 2023, 63 = DStRK 2021, 294 m. Anm. Hamster = EStB 2021, 464 m. Anm. Günther; hierzu eingehend Herrfurth, StuB 2022, 286 ff.).

Eine solche Aufforderung ist zudem unverhältnismäßig, wenn bei einem Berufsgeheimnisträger nicht sichergestellt ist, dass der Datenzugriff und die Auswertung der Daten nur in den Geschäftsräumen des Steuerpflichtigen oder in den Diensträumen der Finanzverwaltung stattfindet (Bestätigung des Senatsurteils vom 16.12.2014 VIII R 52/12, BFHE 250, 1) (BFH, Urteil vom 07.06.2021 VIII R 24/18, BStBl II 2023, 63; hierzu Haupt, DStR 2022, 2185, 2186 f.).

Zur Reichweite des Datenzugriffs der Finanzverwaltung ist ein weiteres – äußerst praxisbezogenes – Judikat ergangen:

Die Befugnisse aus § 147 Abs. 6 AO stehen der FinVerw. nur in Bezug auf solche Unterlagen zu, die der Steuerpflichtige nach § 147 Abs. 1 AO aufzubewahren hat.

Handelsbriefe i. S. d. § 147 Abs. 1 Nr. 2 und 3 AO i. V. m. § 257 Abs. 2, § 343 HGB sind nicht auf eine bestimmte Form beschränkt, sodass auch E-Mails Handelsbriefe sein können. Schriftstücke betreffen ein Handelsgeschäft i. S. d. §§ 343 ff. HGB, wenn sie seine Vorbereitung, Durchführung oder Rückgängigmachung zum Gegenstand haben.

Die im Rahmen eines Vertragsverhältnisses, welches seinerseits als Handelsgeschäft i. S. d. § 343 HGB qualifiziert, zu erbringenden Erfüllungsgeschäfte wie die Auskunftserteilung oder Serviceleistungen betreffen die Durchführung dieses Handelsgeschäfts und qualifizieren ebenfalls als Handelsgeschäfte. Sind derartige Erfüllungsgeschäfte in einem Schriftstück verkörpert, unterliegen diese der Aufbewahrungspflicht nach § 147 Abs. 1 Nr. 2 und 3 AO.

Es besteht kein Anspruch der FinVerw. auf Vorlage eines elektronischen Gesamtjournals, welches nach den Vorgaben der FinVerw. Informationen zu jeder einzelnen empfangenen bzw. versandten E-Mail des Steuerpflichtigen enthalten soll. Die Aufforderung zur Vorlage eines Gesamtjournals, in dem auch nicht nach § 147 Abs. 1 AO aufbewahrungspflichtige E-Mails aufgelistet bzw. nach den Vorgaben der FinVerw. dargestellt werden sollen, überschreitet die Befugnisse der FinVerw. aus § 147 Abs. 6 AO und ist damit rechtswidrig.

Eine allgemein formulierte Aufforderung zur Vorlage von elektronischen Unterlagen „en bloc“ kann, unter Berücksichtigung des Erstqualifikationsrechts des Steuerpflichtigen, sowohl dem Bestimmtheitsgebot des § 119 AO genügen als auch von dem Datenzugriffsrecht der FinVerw. nach § 147 Abs. 6 AO gedeckt bzw. verhältnismäßig sein (FG Hamburg, Urteil vom 23.03.2023 2 K 172/19, EFG 2023, 1429, 1432 ff. m. Anm. Emmerich [Rev. eingelegt; Az. des BFH: XI R 15/23] = IStR 2023, 573, 585 ff. m. Anm. Fischer/Willem = NWB 2024, 3120, 3124 f. mit Anm. Weber).

Im Schrifttum ist zu den zahlreichen einzelnen Rechtsfragen zur digitalen Außenprüfung wie folgt Stellung genommen worden: siehe Becker, DStR 2016, 1386 f. und 1430 ff.; Krumm, DB 2017, 1105 ff.; Oberhauser/vom Stein, DStR 2017, 2837 ff.; Peters, DStR 2017, 1953 ff.; dies., DB 2018, 2846 ff.; Eisner, DStR 2017, 2824 ff.; Schöbel, StBp 2018, 179 ff.; Wargowske/Greil, FR 2019, 608 ff.; Bleschick, Steuer & Studium 2020, 52 ff.; zur fehlenden Vorlagepflicht von Compliance-Berichten in der steuerlichen Betriebsprüfung eingehend Werder/Rudolf, BB 2014, 3094 ff.; zur Vorlage von Vorstandsunterlagen zur Außenprüfung eingehend Süß, DStR 2018, 1110 ff.; zur Überprüfung elektronischer Daten im Besteuerungsverfahren durch den Außenprüfer eingehend Bleschick, DStR 2018, 1050 ff.).

Zur Nachforderung von Unterlagen zur E-Bilanz-Entscheidung über die Prüfungswürdigkeit im Rahmen der Außenprüfung, OFD Frankfurt/M., Rundverfügung vom 12.04.2016, S 1456 A-001-St 33, DStR 2016, 1163.

3. Anwendungsbereich

3.1 Sachlicher Anwendungsbereich

Das Recht auf Datenzugriff steht der Finanzbehörde nur i. R. steuerlicher Außenprüfungen zu. Dazu rechnen außer der Betriebsprüfung die Lohnsteuer-Außenprüfung und die Umsatzsteuer-Sonderprüfung sowie die Investitionszulagen-Sonderprüfung, aber auch Zoll und Sozialversicherungsträger greifen digital zu. Nicht unter digitale Prüfungen fallen die betriebsnahe Veranlagung, die Umsatzsteuer-Nachschau und die vollstreckungsrechtliche Liquiditätsprüfung. Es wird allerdings die Auffassung vertreten, dass die Steuerfahndung zwar keine Außenprüfung darstellt, dieser aber das Zugriffsrecht nach Maßgabe des § 208 Abs. 1 Satz 1 Nr. 3 AO gegeben ist (Trzaskalik, in Hübschmann/Hepp/Spitaler, AO, § 147 Rdnr. 42).

Zu den in digitaler Form bereitzuhaltenden Unterlagen zählen diejenigen Unterlagen, die

- in elektronischer Form in das DV-System eingehen und
- mithilfe des DV-Systems erstellt werden.

Eine Pflicht zur Archivierung einer Unterlage in maschinell auswertbarer Form besteht nicht, wenn diese Unterlage zwar mit Hilfe des DV-Systems erstellt wurde, sie aber nicht zur Weiterverarbeitung in einem DV-gestützten Buchführungssystem geeignet ist (z. B. Textdokumente, wie Handels- oder Geschäftsbriefe oder unter bestimmten Voraussetzungen Rechnungen).

Jahresabschlüsse und Eröffnungsbilanzen sind grundsätzlich in maschinell auswertbarer Form zu archivieren (Beschluss des Präsidiums der Bundessteuerberaterkammer vom 08./09.11.2001, DStR 2002, Beihefter zu Heft 3, 2 f.). Die Finanzverwaltung verlangt, die alten Auswertungsprogramme in uneingeschränkt nutzbarem Umfang bis zum Ende der Aufbewahrungsfrist vorzuhalten. Einfacher wäre es, archivierte Daten durch **direkten Zugriff auf das Archivsystem** auszuwerten, jedoch halten die meisten Archivlösungen nur eingeschränkte Auswertungsmöglichkeiten vor.

Viele Unternehmen gehen aus betriebswirtschaftlicher Sicht ohnehin immer mehr dazu über, Altdaten analysefähig vorzuhalten. Es stellt sich die Frage, welche Mindestauswertung ein Archivsystem konkret aufweisen muss, um auch den Anforderungen der digitalen Betriebsprüfung gerecht zu werden. Der sachliche Umfang der Einsichtnahme in die gespeicherten Daten und die Nutzung des Datenverarbeitungssystems ist beschränkt auf den Gegenstand der Außenprüfung einerseits und die nach § 147 Abs. 1 AO aufbewahrungspflichtigen Unterlagen andererseits. Ein umfassender Zugriff auf alle gespeicherten Daten eines Unternehmens ist nicht zulässig.

Prüfungsanordnung, Aufbewahrungspflicht und elektronisches Prüfungsbedürfnis ziehen dem Ermessensgebrauch und damit dem Zugriffsfeld der Finanzbehörde Grenzen. Der Zugriff umfasst die **steuerlich relevanten Daten,** also zunächst die Daten der **Finanz-, Anlage- und Lohnbuchhaltung**. Auch erfasst werden typischerweise Daten der **Waren- oder Materialwirtschaftssysteme und zugehörige Archivierungssysteme** und eingeschränkt die **Kosten- und Leistungsrechnung** sowie umfassende elektronische Dokumentationen über **Konzernverrechnungspreise** (Gewinnabgrenzungsaufzeichnungsverordnung vom 13.11.2003, BStBl I 2003, 739).

Es wird zwar die Ansicht vertreten, dass freiwillig erstellte und geführte Unterlagen, die lediglich betriebsinternen Bedürfnissen dienen, dem Datenzugriff entzogen seien (Schaumburg, DStR 2002, 829, 833). Demgegenüber bestätigt jedoch die Rechtsprechung, dass auch Aufzeichnungen und Urkunden, die weder durch Gesetz noch durch die Grundsätze ordnungsgemäßer Buchführung gefordert werden, vorzulegen sind, wenn sie tatsächlich geführt werden (FG Münster, Urteil vom 22.08.2000, 6 K 2712/00 AO, EFG 2001, 4, rkr. = StBp 2001, 21). Im entschiedenen Fall hatte die Finanzverwaltung die Kostenstellenpläne für verschiedene Betriebsabteilungen unter Anordnung eines Zwangsgeldes angefordert. Mithilfe der Kostenstellenpläne sollten Erkenntnisse über einzelne Projekte und Projektkosten gewonnen werden, die für die Prüfung der internationalen Einkunftsabgrenzung relevant waren. Das FG Münster entschied zugunsten des FA.

Welche Daten dem Zugriff unterliegen, hat primär der Stpfl. zu entscheiden, dem das **Recht der Erstqualifikation des Datenbestandes** zukommt. Freilich muss der Stpfl. dem Prüfer auf dessen Nachfrage die Kriterien seiner Qualifikationsentscheidung offenlegen. Auf Datenbestände außerhalb der Buchhaltung i. e. S., die entgegen der Einschätzung des Stpfl. steuerlich relevant sein können, kann die Finanzbehörde i. R. pflichtgemäßen Ermessens nachträglich zugreifen (BMF, Schreiben vom 16.07.2001, IV D 2 – S 0316 – 136/01, BStBl I 2001, 415). Diese Ausführungen legen es nahe, dass in Zukunft viele Streitigkeiten darüber entstehen können, welche Unterlagen steuerrelevant sind und welche nicht, da der EDV-Einblick der Finanzverwaltung sich nur auf steuerrelevante Daten beziehen kann und hierüber die Ansichten oftmals auseinandergehen werden. Erforderlichenfalls ist das vermeintliche staatliche Einsichtsrecht durch die Verwaltung nach § 118 AO zu konkretisieren und hierüber ein gesonderter Streit, d.h. eine Art Zwischenstreit i.R. der laufenden Außenprüfung, zu führen (Kuhsel/ Kaeser, DB 2001, 1583, 1585).

Deshalb sind vorsorglich **eindeutige Datenstrukturen und Dateinamen** zu empfehlen. Spricht die sachlich geordnete Datenstruktur dafür, dass steuerlich relevante Daten in einer Datei konzentriert und vollständig erfasst sind **(Vermutung der Datenkonzentration)**, verbietet sich die Suche nach weiteren Daten in der übrigen EDV mittels einer Art Rasterfahndung (Drüen, in Tipke/Kruse, AO, § 147 Tz. 72f.). Diese Grundsätze gelten auch für den **E-Mail-Verkehr und Textdateien**, weil sich deren steuerliche Relevanz nicht a priori leugnen lässt. Solange diese Textdateien vorhanden sind und sie nicht hinreichend von zugriffspflichtigen Daten getrennt sind, unterliegen sie daher dem Zugriff. Ratsam erscheint deshalb ein Papierausdruck, sobald diese Textdokumente nicht mehr weiterbearbeitet werden.

Besondere Probleme ergeben sich, wenn eine CD-ROM oder DVD im Hinblick auf die zehnjährige Aufbewahrungspflicht möglicherweise nicht mehr gelesen werden kann (Abnutzung, Defekt etc.). Um hier Schätzungsmöglichkeiten der Finanzverwaltung zu vermeiden, empfiehlt es sich stets, sich nicht allein auf die EDV-mäßige Erfassung und den jederzeit möglichen Ausdruck im Fall einer Betriebsprüfung zu verlassen, sondern i. S. einer **Beweisvorsorge** alle steuerlich relevanten Unterlagen, insbesondere auch die Anlagebuchhaltung, die Lohnbuchhaltung und die Finanzbuchhaltung, vollständig auszudrucken und somit einerseits für eine konventionelle Prüfung und andererseits für einen EDV-Datenzugriff durch die Finanzverwaltung auch für die nächsten zehn Jahre gerüstet zu sein. Bewahrt der Stpfl. nun auch die Datenträger räumlich gesondert von den konventionellen Unterlagen auf, so ist es relativ unwahrscheinlich, dass beide Datenbestände gleichermaßen und gleichzeitig vernichtet werden. Kosten, Mühen und Umstand einer solchen doppelten und voneinander getrennten Aufbewahrung sind im Hinblick auf ansonsten mögliche Schätzungen der Finanzverwaltung, wenn der digitale Datenzugriff aus technischen Gründen nicht mehr möglich ist und konventionelle Unterlagen nicht erstellt wurden oder untergegangen sind, wohl verhältnismäßig (Burkhard, DStZ 2003, 112, 115).

Da interne Unterlagen zur Unternehmensführung und -überwachung (z.B. Kalkulation und Textdateien über Forschungs- und Entwicklungsergebnisse, Marktstrategien, Gremienprotokolle usw.) nicht aufbewahrungspflichtig sind, sollten Stpfl. und ihre Berater technische Vorkehrungen treffen, um den Datenzugriff auf zugriffspflichtige Daten insbesondere durch Datentrennung und Zugriffsschranken zu begrenzen. Vor allem sollten dem Auskunftsverweigerungsrecht (§ 102 AO) unterliegende Daten getrennt und vom Zugriff abgeschirmt werden, um einen Streit über die Reichweite eines Verwertungsverbots von vornherein auszuräumen (Burchert, INF 2001, 230, 234f.; Kromer, DStR 2001, 1017, 1019).

Es ist Sache des Stpfl., seine EDV-Buchführung so zu organisieren, dass bei Durchführung des Datenzugriffs die Einsichtnahme des Betriebsprüfers auf die steuerrelevanten Daten beschränkt bleibt (FG Rheinland-Pfalz, Urteil vom 20.01.2005, 4 K 2167/04, EFG 2005, 667, rkr., für den Fall einer Bankenprüfung). Ein Kreditinstitut ist verpflichtet, der Außenprüfung die Sachkontenübersichten auf einem maschinell verwertbaren Datenträger zu überlassen (Z 3-Zugriff; so Sächsisches FG, Urteil vom 20.08.2009, 1 K 246/08, EFG 2010, 54 mit Anm. Leitner). Die Entscheidung wurde im Ergebnis vom Revisionsgericht bestätigt, sodass die von der Rechtsprechung zum Schutz von Bankkunden bei einer Betriebsprüfung von Kreditinstituten aufgestellten Grundsätze auch für einen digitalen Datenzugriff nach § 147 Abs. 6 AO gelten (BFH, Beschluss vom 27.09.2010, II B 164/09, BFH/NV 2011, 193).

Der Stpfl., der durch digitale Aufzeichnungen seine Bücher führt, ist auch bei einer Lohnsteueraußenprüfung verpflichtet, neben dem Datenträger zur Lohnbuchhaltung auch die gesamte Finanzbuchhaltung in Form der Datenträgerüberlassung gem. § 147 Abs. 6 AO zur Verfügung zu stellen, weil auch in ihr steuerrelevante Daten zur Lohnbesteuerung enthalten sind (FG Münster, Urteil vom 16.05.2008, 6 K 879/07, EFG 2008, 1592, rkr.).

Umstritten ist jedoch stets gewesen, ob **freiwillig erstellte und geführte Unterlagen** (z.B. Kalkulationsunterlagen), die lediglich betriebsinternen Bedürfnissen dienen, auch dem Datenzugriff der Finanzverwaltung unterliegen oder nicht. Bisher bestand in der Rechtsprechung die Neigung dahingehend, dass auch Aufzeichnungen und Urkunden, die weder durch Gesetz noch durch die Grundsätze ordnungsgemäßer Buchführung gefordert werden, vorzulegen sind, wenn sie tatsächlich geführt werden (vgl. FG Münster, Urteil vom 22.08.2000, 6 K 2712/00 AO, 6 K 3116/00 AO, EFG 2001, 4, rkr. = StBp 2001, 21).

Ein Finanzgericht hat zu der Frage Stellung genommen, ob der Steuerpflichtige verpflichtet ist, dem FA im Rahmen einer Außenprüfung Lesezugriff auf sein Dokumentenmanagementsystem (DMS) einzuräumen.

Das Gericht hat ein derartiges Zugriffsrecht bejaht. Danach zieht die Aufbewahrung von Unterlagen i. S. d. § 147 Abs. 1 AO in einem DMS automatisch die Möglichkeit des finanzbehördlichen Datenzugriffs nach sich (FG Münster, Urteil vom 01.07.2010, 6 K 357/10 AO, DB 0390183 m. Anm. Graw, Der Betrieb Nr. 40/2010, M 26).

In einem speziellen Fall betreffend den Umfang der Aufbewahrungspflichten einer Sozietät von Wirtschaftsprüfern, Steuerberatern und Rechtsanwälten (hier: Vorlage von Sachkonten für bestimmte Veranlagungszeiträume, Anforderung der Kanzlei-Software etc.) als **Einnahme-Überschuss-Rechner** hat der BFH, Urteil vom 24.06.2009, VIII R 80/06, BStBl II 2010, 452 = BB 2009, 2409 f. mit Anm. Hardenblicker (dazu Heuermann, StBp 2009, 331 ff.; Härtl, StBp 2009, 337 ff.; Krain, StuB 2010, 98 ff.; Engelberth, DB 2010, Heft 19, M 20 f.) nunmehr in einem neuen Judikat Folgendes klargestellt: Führt der Stpfl. Aufzeichnungen, zu denen er gesetzlich nicht verpflichtet ist, so sind die Aufzeichnungen dann nicht gem. § 146 Abs. 6 AO „für die Besteuerung von Bedeutung“, wenn sie der Besteuerung nicht zugrunde zu legen sind. Der BFH begründet das Ergebnis mit der Struktur der Vorschriften in §§ 146, 147 AO und beruft sich auch auf das Volkszählungsurteil des BVerfG, wonach solche exzessiven Mitwirkungspflichten des Stpfl. im Zweifel restriktiv zu interpretieren sind. **Die Befugnisse aus § 147 Abs. 6 AO stehen der Finanzbehörde nur in Bezug auf solche Unterlagen zu, die der Stpfl. nach § 147 Abs. 1 AO aufzubewahren hat.** § 147 Abs. 6 Satz 1 AO nimmt ausdrücklich und eindeutig auf „die Unterlagen nach Abs. 1“ Bezug. Zwar wird der Gegenstand, auf den sich die Befugnisse des FA beziehen, in § 147 Abs. 6 AO an späterer Stelle auch mit den Ausdrücken „die gespeicherten Daten“, „die Daten“ oder „gespeicherten Unterlagen und Aufzeichnungen“ bezeichnet. Daraus ist jedoch nicht abzuleiten, dass deswegen ein Recht auf Einsichtnahme auf sämtliche im Unternehmen gespeicherten Daten zulässig wäre.

Der sachliche Umfang der Aufbewahrungspflicht in § 147 Abs. 1 AO wird grundsätzlich begrenzt durch die Reichweite der zugrunde liegenden Aufzeichnungspflicht. Die Pflicht zur Aufbewahrung von Unterlagen ist akzessorisch, sie setzt eine Aufzeichnungspflicht voraus und besteht grundsätzlich nur im Umfang der Aufzeichnungspflicht. Für Stpfl. mit Einkünften aus selbstständiger Arbeit, die gem. § 4 Abs. 3 EStG als Gewinn den Überschuss der Betriebseinnahmen über die Betriebsausgaben ansetzen, ist der sachliche Umfang der Aufbewahrungspflicht – und mithin der sachliche Umfang der Zugriffsbefugnisse nach § 147 Abs. 6 AO – nach den vorstehend dargestellten Grundsätzen im Regelfall begrenzt auf solche Unterlagen, die zum Verständnis und zur Überprüfung der für sie geltenden steuergesetzlichen Aufzeichnungspflichten in § 4 Abs. 3 Satz 5, Abs. 7 EStG und § 22 UStG von Bedeutung sind. Damit ist der bisher stillschweigende Grundsatz der unlimitierten Offenlegung von vorhandenen, möglicherweise steuerrechtlich relevanten Unterlagen, den das BMF z. B. in den Fragen- und Antwortenkatalogen zum Datenzugriff der Finanzverwaltung (Stand: 22.01.2009/Gliederungspunkt I.10, abrufbar im Internet unter https://www.bundesfinanzministerium.de) damals vertreten hat, obsolet.

Die von der Rechtsprechung entwickelten Grundsätze zur Entbehrlichkeit von Einzelaufzeichnungen für in bar über die Ladentheke abgewickelte Warenverkäufe gelten grundsätzlich auch für Apotheken. Der freiwillige Einsatz moderner Kassensysteme mit computergesteuerter Einzelaufzeichnung steht dem wegen des Erfordernisses der Vorhersehbarkeit des Umfangs der gesetzlichen Aufzeichnungs- und Aufbewahrungspflichten nicht entgegen. In Ermangelung einer entsprechenden Einzelaufzeichnungspflicht ist die Finanzbehörde nicht befugt, vom Betreiber einer Apotheke nach § 147 Abs. 6 AO den Zugriff auf eine Datei zu verlangen, zu der die einzelnen Verkäufe über die tägliche Erstellung von Tagesendsummenbons (Z-Bons) hinaus computergesteuert mitgeschrieben wurden (Hessisches FG, Urteil vom 24.04.2013, 4 K 422/12, EFG 2013, 1186 = DStRE 2014, 236 [NZB eingelegt; per BFH, Beschluss vom 07.11.2013, X B 80/13: Erledigung]; vgl. a. FG Münster, Urteil vom 16.05.2013, 2 K 3030/11 E, U, EFG 2014, 86, rkr., mit Anm. Hennigfeld).

Verwendet ein Einzelhändler, hier ein Apotheker, eine PC-Kasse, die die detaillierten Informationen in Bezug auf den einzelnen Verkaufsvorgang aufzeichnet und speichert, muss er dem Betriebsprüfer den diesbezüglichen Datenzugriff gewähren (BFH, Urteil vom 16.12.2014, X R 29/13 BFH/NV 2015, 790). Im Gegensatz zu ordnungsgemäßer Buchführung sind Einzelhändler, wie z. B. Apotheker, verpflichtet, im Rahmen der Zumutbarkeit sämtliche Geschäftsvorfälle einschließlich der über die Kasse bar vereinnahmten Umsätze einzeln aufzuzeichnen. Verwendet ein Einzelhändler, der in seinem Betrieb im Allgemeinen Waren von geringem Wert an ihm der Person nach nicht bekannte Kunden über den Ladentisch gegen Barzahlung verkauft, eine PC-Kasse, die detaillierte Informationen zu den einzelnen Verkäufen aufzeichnet und eine dauerhafte Speicherung ermöglicht, so sind die damit bewirkten Einzelaufzeichnungen auch zumutbar. Die Finanzverwaltung ist in diesem Fall nach § 147 Abs. 6 AO im Rahmen einer Außenprüfung berechtigt, Zugriff auf die Kasseneinzeldaten zu nehmen (BFH, Urteil vom 16.12.2014, X R 42/13 BStBl II 2015, 519 = BB 2015, 1200, 1202 m. Anm. Hess = StBp 2015, 180ff. m. Anm. Brandt; ders. DB StR 0696243M; siehe auch BFH, Urteil vom 28.10.2015, X R 47/13, BFH/NV 2015, 793, StuB 2016, 157; zur gesamten Problematik Härtl, StBp 2014, 45ff.; ferner Schmittmann, StBp 2015, 719f.; Jansen, StBp 2019, 148f.; hierzu Bellinger, StBp 2012, 278ff.; Harle/Olles, StBp 2013, 333ff.; Härtl, StBp 2014, 1ff.; zur Aufbewahrungspflicht für sog. Schichtzettel im Taxigewerbe siehe BFH, Beschluss vom 25.10.2012, X B 133/11, BFH/NV 2013, 341).

Die Finanzbehörde ist auch dann zur Schätzung der Besteuerungsgrundlagen berechtigt, wenn die Pflicht zur Überlassung einer bestimmten Datei (hier einer Kassendatei) streitig war, der Steuerpflichtige hierüber – ggf. auch schuldlos – irrte und die Frage erst nach Erlass der Schätzungsbescheide höchstrichterlich geklärt wurde (BFH; Urteil vom 28.10.2015, X R 47/13 BFH/NV 2016, 171). Zum Datenzugriff der Finanzbehörde auf ein **Dokumenten-Management-System** gem. § 147 Abs. 6 Satz 1 AO sind folgende umstrittene Feststellungen von einem Finanzgericht getroffen worden: Das Datenzugriffsrecht gem. § 147 Abs. 6 Satz 1 AO erstreckt sich auf alle aufbewahrungspflichtigen Unterlagen i. S. d. § 147 Abs. 1 AO. Der Tatbestand des „Erstellens von Unterlagen mittels eines Datenverarbeitungssystems" gem. § 147 Abs. 6 Satz 1 AO umfasst nicht nur das originär digitale Erzeugen von Unterlagen (durch Datenverarbeitungsprozesse), sondern auch das nachträgliche digitale Erfassen von Unterlagen (etwa durch Scannen und Abspeichern) zum Zweck der späteren Datenverarbeitung (Wortlautauslegung, Gesetzessystematik und Gesetzeszweck). Bewahrt der Stpfl. seine Eingangsrechnungen in Papierform in einem Archiv auf und erfasst er gleichzeitig einen Großteil dieser Rechnungen (85 bis 90 %) in einem Dokumenten-Management-System, das zu firmeninternen Zwecken genutzt und unterhalten wird, steht der Finanzbehörde im Rahmen einer Außenprüfung ein unmittelbares Datenzugriffsrecht nach § 147 Abs. 6 Satz 1 AO (sog. Lesezugriff) auf das Dokumenten-Management-System zu. Der Stpfl. hat seine Datenbestände so zu organisieren, dass bei einer zulässigen Einsichtnahme in die steuerlich relevanten Datenbestände keine steuerlich irrelevanten bzw. geschützten Bereiche tangiert werden. Der Datenzugriff ist daher nach herrschender Meinung nicht deshalb ermessenswidrig, weil bei dem Stpfl. eine Trennung zwischen steuerlich relevanten und steuerlich irrelevanten Daten nicht möglich ist (FG Münster, Urteil vom 01.07.2010, 6 K 357/10 AO, EFG 2010, 1961 mit Anm. Wagner/Graw, DB 2010, Heft 40, M 26; im Ergebnis bestätigt durch BFH, Beschluss vom 09.02.2011, I B 151/10, BFH/NV 2011, 962).

Verlangt das FA im Rahmen einer Bp bei einer Klinik gem. § 147 Abs. 6 Satz 2 Alt. 2 AO die Zurverfügungstellung von Daten i. S. d. § 147 Abs. 1 AO auf Datenträgern und hat die Klinik bislang keine Trennung der sachlichen Buchhaltungsdaten (Angaben über Zeitpunkte, Art und Umfang der ärztlichen Leistungen, Höhe der Honorare, Zahlungszeitpunkte u. Ä.) von den persönlichen Daten, insbesondere von den Namen der jeweiligen Patienten, vorgenommen, ist dieses Verlangen nicht im Hinblick auf die Verpflichtung zur Wahrung der ärztlichen Schweigepflicht gem. § 125 Abs. 2 Nr. 3 AO i. V. m. § 203 Abs. 1 Nr. 1 StGB nichtig. Das Herausgabeverlangen ist auch weder im Hinblick auf die Verpflichtung der Klinik zur Wahrung der ärztlichen Schweigepflicht noch im Hinblick auf Kosten, die durch die nachträgliche Trennung der sachlichen Behandlungsdaten von den persönlichen Daten der Patienten entstehen, ermessensfehlerhaft. Das Merkmal des „Zurverfügungstellens“ i. S. d. § 147 Abs. 6 Satz 2 Alt. 2 AO umfasst das Recht des FA, den Datenträger in die Räume der Behörde mitzunehmen (FG Baden-Württemberg, Urteil vom 16.11.2011, 4 K 4819/08, EFG 2012, 577, rkr. = DStRE 2012, 957; siehe auch zum Auskunftsverweigerungsrecht von Berufsgeheimnisträgern LfSt Bayern, Verfügung vom 28.03.2012, S 0251.1.1-2/1 St 42, DStR 2012, 1610).

Zum streitigen Nachweis von Mehrergebnissen durch Summarische Risikoprüfung (SRP) siehe den Diskurs von Bleschick, DStR 2016, 426 ff. und DStR 2017, 353 ff. einerseits und Mehret/Wähnert, DStR 2018, 314 ff. andererseits.

3.2 Persönlicher Anwendungsbereich

Da § 147 AO die Buchführungs- und Aufzeichnungspflicht absichert, erstreckt sich das Zugriffsrecht des § 147 Abs. 6 AO in persönlicher Hinsicht auf alle Buchführungs- und Aufzeichnungspflichten i. S. d. §§ 140 f. AO. § 147 Abs. 6 AO begründet keine neuen Pflichten. Stpfl. mit Einkünften aus selbstständiger Arbeit sind nicht buchführungspflichtig, aber nach Einzelvorschriften aufzeichnungspflichtig. Darum unterliegen sie weder in vollem Umfang noch gar nicht dem Datenzugriff (streitig; Drüen, in Tipke/Kruse, AO, § 147 Tz. 74; Schaumburg, DStR 2002, 829, 835, jeweils m. w. N.).

Wegen der Akzessorietät des § 147 AO reichen die Befugnisse nach § 147 Abs. 6 AO genau so weit, wie eine Aufzeichnungspflicht besteht **(Akzessorietät des Datenzugriffs zur Aufzeichnungspflicht)**. Soweit keine Aufzeichnungspflicht besteht (z. B. für Betriebsausgaben bei § 4 Abs. 3 EStG), ist auch der Datenzugriff ausgeschlossen (ebenfalls streitig; Drüen, in Tipke/Kruse, AO, § 147 Tz. 74; **a. A.** Burchert, INF 2002, 677, 682).

3.3 Zeitlicher Anwendungsbereich

Das Zugriffsrecht wurde entgegen dem Regierungsentwurf erst seit dem 01.01.2002 eingeräumt, um den Stpfl. Gelegenheit zu geben, ihre Datenverarbeitungssysteme technisch mit einer Software auszustatten, die eine Beschränkung des Zugriffs der Finanzverwaltung auf die steuerlich relevanten Daten ermöglicht (Art. 97 § 19b EGAO; BT-Drucks. 14/3366, 126). Damit ist klargestellt, dass der Zugriff auf Datenverarbeitungssysteme vor dem 01.01.2002 unzulässig war. Das Zugriffsrecht gilt für steuerliche Außenprüfungen, die nach dem 31.12.2001 beginnen. Es ist deshalb prüfungsbezogen und gilt nicht etwa für zu prüfende Steuern ab dem VZ 2002.

In der **Übergangsphase** gilt insbesondere Folgendes: Bei vor dem 01.01.2002 archivierten Daten kann beim unmittelbarem Datenzugriff und beim mittelbarem Datenzugriff nicht verlangt werden, dass diese Daten für Zwecke ihrer maschinellen Auswertung nochmals in das Datenverarbeitungssystem eingespeist werden, wenn dies mit unverhältnismäßigem Aufwand für den Stpfl. verbunden ist (z. B. bei fehlender Speicherkapazität, Wechsel des Hard- oder Software-Systems). Müssen die Daten nicht reaktiviert werden, muss auch nicht die für die maschinelle Auswertung erforderliche Hard- und Software vorgehalten werden, wenn sie nicht mehr im Einsatz ist. Dies gilt auch, wenn die Aufbewahrungsfrist noch nicht abgelaufen ist. Die Einschränkung bezieht sich nicht auf die Lesbarmachung der Daten, diese muss während der gesamten Aufbewahrungsfrist sichergestellt sein.

Bei Daten, die nach dem 31.12.2001 archiviert worden sind, ist beim unmittelbaren und beim mittelbaren Datenzugriff die maschinelle Auswertbarkeit in Form des Nur-Lesezugriffs sicherzustellen. Hat ein System- oder Versionswechsel stattgefunden, so ist es nicht erforderlich, die ursprüngliche Hard- und Software vorzuhalten, wenn die maschinelle Auswertbarkeit auch für nach dem 31.12.2001, aber vor dem System- bzw. Versionswechsel archivierte Daten durch das neue oder ein anderes System gewährleistet ist.

Will die Finanzbehörde die Datenüberlassung, so kann sie nicht verlangen, dass die Daten, die vor dem 01.01.2002 auf nicht maschinell auswertbaren Datenträgern (z. B. Mikrofilm) archiviert worden sind, auf maschinell auswertbare Datenträger aufgezeichnet werden (BMF, Schreiben vom 16.07.2001, IV D 2 – S 0316 – 136/01, BStBl I 2001, 415; Beschluss des Präsidiums der Bundessteuerberaterkammer vom 08./09.11.2001, DStR 2002, Beihefter zu Heft 3, 2).

4. Zugriffsform

4.1 Ermessen und Kosten

Der Datenzugriff steht im Ermessen der Finanzbehörde i. R. der Außenprüfung, wobei die drei Formen des Datenzugriffs neben und nicht an die Stelle der konventionellen Form der Außenprüfung als Buchprüfung treten. Der Datenzugriff setzt eine **doppelte Ermessensentscheidung** voraus: Nach der Entscheidung über das „Ob" der Außenprüfung hat die Finanzbehörde über das „Wie" ihrer Durchführung zu entscheiden. Bei den Prüfungsinstrumenten hat sie ein Auswahlermessen zwischen der konventionellen Buchprüfung und den drei Formen des Datenzugriffs. Entscheidet sie sich für den Datenzugriff, steht auch die Auswahl seiner Form im pflichtgemäßen Ermessen der Finanzbehörde (§ 5 AO).

Eine Rangfolge der verschiedenen Zugriffsformen gibt es nicht; falls erforderlich, kann die Finanzbehörde auch mehrere Formen kumulativ wählen (BMF, Schreiben vom 16.07.2001, IV D 2 – S 0316 – 136/01, BStBl I 2001, 415). Ein kumulativer Einsatz der verschiedenen Formen ist indessen nur zulässig, wenn sich die Formen sinnvoll ergänzen, z. B. wenn nach einem kursorischen Lesezugriff mit Einweisung in das System anschließend der Datenträgerzugriff zum Einsatz des behördlichen Analyseprogramms IDEA verlangt wird. Allein technische Probleme des Prüfers mit einzelnen Zugriffsformen sind durch hinreichende Schulung seitens der Finanzverwaltung zu beseitigen und rechtfertigen keinen kumulativen Einsatz.

Die Finanzbehörde hat die Art des Datenzugriffs zu wählen, die dem Zweck der Außenprüfung dient, die Prüfungsgrundsätze wahrt und den Stpfl. am wenigsten belastet. Der Zugriff ist strikt am **Grundsatz der Verhältnismäßigkeit** auszurichten und muss den Zeit- und Arbeitsaufwand sowie die Kosten des Stpfl. in angemessener Weise berücksichtigen (Schaumburg, DStR 2002, 829, 831). Der Stpfl. hat die Finanzbehörde beim Datenzugriff zu unterstützen (§ 200 Abs. 1 Satz 2 AO). Er muss der Finanzbehörde folglich die erforderlichen Auskünfte zum Umgang mit Datenverarbeitungssystem und Programmen erteilen, ohne einen Kostenersatz beanspruchen zu können (§ 147 Abs. 6 Satz 3 AO). Die Finanzbehörde ist für die Sachkunde ihrer Amtsträger verantwortlich, die mit verbreiteten Datenverarbeitungsprogrammen (wie SAP) vertraut sein müssen; allgemeine Schulungskosten kann sie nicht auf den Stpfl. verlagern.

Die Finanzverwaltung ist bislang nicht verpflichtet, ihre Prüfungstätigkeiten bei dem Datenzugriff zu protokollieren. Deshalb sollte dafür der Stpfl. ein entsprechendes Protokollierungsprogramm seinerseits als

Gegenmaßnahme „einbauen". Allerdings bestehen Auskunftsrechte des Stpfl., was die Finanzverwaltung mit ihren Programmen gemacht hat, falls sie aufgrund des EDV-Datenzugriffs zu Mehrergebnissen kommt. So wie ein **Akteneinsichtsrecht** in das Fallheft des Betriebsprüfers besteht, besteht auch ein Akteneinsichtsrecht in die EDV-Software des Betriebsprüfers. Denn bei elektronisch gespeicherten Daten auf Festplatten handelt es sich um Akten i. S. der StPO. Es macht keinen Unterschied, ob die Akte des Betriebsprüfers aus Papier oder aus elektronisch gespeicherten Dateien besteht (§ 147 StPO; Burkhard, DStZ 2003, 112, 115, 117).

Die Rechtsprechung hat entschieden, dass Unternehmen für zukünftige Aufwendungen aufgrund der gesetzlichen Aufbewahrungsfristen für Geschäftsunterlagen eine Rückstellung für ungewisse Verbindlichkeiten bilden müssen (BFH, Urteil vom 19.08.2002, VIII R 30/01, BFH/NV 2002, 1662). Der dem Urteil zugrunde liegende Streitfall bezog sich zwar auf die Lagerung von Geschäftsunterlagen in Papierform, findet aber auch auf EDV-Daten Anwendung. Rückstellungsfähig sind die Kosten für die Bereitstellung räumlich umbauter Archive zur Lagerung von Geschäftsunterlagen, wie etwa anteilige Raummiete, ebenso wie Aufwendungen zur Archivverwaltung und -organisation, Aufwendungen zur Gewährleistung der Datensicherheit und Geheimhaltung (z.B. Alarmsysteme) oder anteilige Personalaufwendungen für Mitarbeiter, die mit der Archivierung alter Datenbestände vertraut sind. Zudem findet das Abzinsungsgebot für Sachleistungsverpflichtungen Anwendung. Rückstellungen für Raummiete im gesetzlichen Aufbewahrungszeitraum werden so in der Steuerbilanz regelmäßig einer Abzinsung von 5,5 % unterliegen.

Die notwendigen Kosten werden in Abhängigkeit von unternehmensindividuellen Organisations- und Kommunikationsstrukturen, EDV-Systemen, der IT-Kultur sowie dem individuellen Umfang der steuerlich relevanten Daten von Unternehmen zu Unternehmen divergieren. Mögliche Kostentreiber können Aufwendungen i.R. der Selektion der steuerlich relevanten Daten sowie Aufwendungen für Archivierung von Daten sein (§ 6 Abs. 1 Nr. 3a Buchst. e EStG; s. Groß/Matheis/Lindgens, DStR 2003, 921, 922, 926).

Darüber hinaus muss die Finanzbehörde die Integrität des Datenverarbeitungssystems und der Daten gewährleisten **(Verbot der Veränderung des Datenbestands)**. Somit empfiehlt es sich, den Datenzugriff zu protokollieren und besondere Maßnahmen zum Schutz der Daten gegen unbefugte Offenbarung zu treffen. Bei Verstößen der Finanzverwaltung gegen die Integrität des Datenbestands kommen Amtshaftungsansprüche in Betracht (Art. 34 GG, § 839 BGB).

4.2 Ort des Datenzugriffs

Der Ort des Datenzugriffs hängt von den betrieblichen Gegebenheiten des Stpfl. ab. Der (un)mittelbare Zugriff kann beim Stpfl. oder seinem Berater, der Zugriff aufgrund eines Datenexports auch im FA erfolgen; er liegt im Ermessen der Finanzbehörde. Der Datenzugriff soll beim Stpfl. selbst erfolgen, sofern nicht die externe Buchführung durch einen Dritten – insbesondere Steuerberater – einen unmittelbaren oder mittelbaren Zugriff in den Räumen des Dritten erfordert (§ 6 BpO). Da zusätzliche Kosten, die z. B. durch einen zusätzlichen Programmzugang beim Stpfl. entstehen, zu vermeiden sind, ist der (un)mittelbare Datenzugriff regelmäßig entgegen § 6 BpO nur beim Berater verhältnismäßig.

Die Durchführung der digitalen Betriebsprüfung steht unter dem Gebot des Verhältnismäßigkeitsgrundsatzes. Insbesondere können anspruchsvolle Zurverfügungstellungen von Dateien nur bei großen Unternehmen stattfinden, die über eine aufgefächerte elektronische Datenverarbeitung verfügen. Die gleichen Ansprüche können nicht an Kleinstunternehmen gestellt werden. Dies korrespondiert auch mit der Aussage zum Ort des Datenzugriffs. Bei großen Unternehmen wird dies stets der Betrieb, bei kleinen Unternehmen (mit kaum vorhandenen Räumlichkeiten) der Ort des Steuerberaters oder möglicherweise sogar das Finanzamt sein.

5. Rechtsschutz gegen den Datenzugriff

Der Datenzugriff und die Mitwirkungspflichten des Stpfl. sind erzwingbar (§ 328 AO i. V. m. § 200 Abs. 1 Satz 2 AO). Die Aufforderung, eine bestimmte Form des Datenzugriffs zu dulden oder daran mitzuwirken, ist ein **Verwaltungsakt**, der durch Einspruch anfechtbar ist (§ 347 AO). Vorläufiger Rechtsschutz kann durch Antrag auf Aussetzung der Vollziehung gewährt werden (§ 361 AO, § 69 FGO). Sollte es zu einem destruktiven Betriebsprüfungsklima kommen, kann der Ablauf der Prüfung durch die Einlegung von Rechtsmitteln und anschließend Klage bzw. Antrag auf Aussetzung der Vollziehung faktisch unterbrochen und der Prüfungsrhythmus der Finanzverwaltung damit empfindlich gestört werden. Dies sollte man als Gegenargument bei etwaigen schikanösen Datenzugriffen ins Feld führen.

Die Finanzverwaltung vertritt offenbar die Ansicht, dass Verstöße gegen die neuen gesetzlichen Anforderungen zu einer **Schätzung** der Besteuerungsgrundlagen berechtigen, ohne dies näher zu begründen (§§ 147 Abs. 6, 162 AO; http://bundesfinanzministerium.de Suchwort „Datenzugriff"). Eine Schätzungsbefugnis dürfte der Finanzverwaltung nur in sehr seltenen Ausnahmefällen zustehen, denn nach § 162 Abs. 2 Satz 2 AO ist eine Schätzung der Besteuerungsgrundlagen nur zulässig, wenn der Stpfl. Bücher und Aufzeichnungen, die er nach den Steuergesetzen zu führen hat, gar nicht vorlegt oder die Buchführung der Besteuerung wegen gravierender Mängel nicht zugrunde gelegt werden kann.

Die Schätzungsbefugnis ist durch den Umstand gerechtfertigt, dass die Ergebnisse der Buchführung eine zutreffende Besteuerung nicht mit ausreichender Sicherheit gewährleisten. Einen solchen Mangel weist eine Buchführung jedoch nicht auf, wenn sie lediglich den Anforderungen an eine digitale Außenprüfung nicht entspricht, soweit sie ansonsten formell und materiell ordnungsgemäß ist. Eine formell und materiell ordnungsgemäße Buchführung ist der Besteuerung zugrunde zu legen. Ein Recht zur Schätzung besteht nicht. Allein die Tatsache, dass die Finanzverwaltung sich der neuen Methode der digitalen Prüfung bedienen kann, lässt die Ordnungsmäßigkeit der Buchführung unberührt. Schließlich kann sicherlich nicht behauptet werden, dass es für die Finanzverwaltung unzumutbar wäre, eine Außenprüfung nach „althergebrachten" Grundsätzen durchzuführen, denn dies war bis zur Einführung der digitalen Betriebsprüfung auch unproblematisch möglich (Schmitz, StBp 2002, 253, 255 f.; Intemann/Cöster, DStR 2004, 1981, 1985; Ditz, DStR 2004, 2038, 2039).

Darüber hinaus bestehen weitere Möglichkeiten: Der Verwaltungsakt kann mit **Zwangsmitteln** (Zwangsgeld, Ersatzvornahme und unmittelbarer Zwang) durchgesetzt werden. Als Zwangsmittel kommt dabei insbesondere das Zwangsgeld in Betracht, das 25.000 € nicht übersteigen darf. Allerdings zeigt die Betriebsprüfungspraxis, dass das Zwangsmittelverfahren von untergeordneter Bedeutung ist (§§ 328 ff. AO). Die Weigerung des Stpfl., der Finanzverwaltung den Zugriff auf sein EDV-System zu ermöglichen, stellt keine Ordnungswidrigkeit dar. Die Festsetzung eines Bußgelds kommt infolgedessen nicht in Betracht (§ 379 Abs. 1 Nr. 2 AO; Schmitz, StBp 2002, 253, 255 f.; Intemann/Cöster, DStR 2004, 1981, 1985; Ditz, DStR 2004, 2038, 2039).

Nach dem HGB wird der Abschlussprüfer oder dessen Gehilfe, der über das Ergebnis des Jahresabschlusses, eines Lageberichts, eines Konzernabschlusses oder eines Konzernlageberichts unrichtig berichtet, mit Freiheitsstrafe bis zu drei Jahren oder mit Geldstrafe bestraft. Der Wortlaut des ggf. zu erteilenden Testats findet sich im HGB. Dort heißt es u. a., dass die Grundsätze ordnungsmäßiger Buchführung beachtet wurden. Zu diesen Grundsätzen gehören auch die GOBS, die durch die Regelungen in der AO fortentwickelt wurden. Liegt daher im Einzelfall ein Mangel in der Prüfbarkeit einer DV-gestützten Buchführung vor, ist dies ein Verstoß, der regelmäßig zu einer Einschränkung des Testats führen muss. Durch die Regelungen zum Datenzugriff gewinnt dieser bisher kaum wahrgenommene Aspekt eine neue Bedeutung (§ 332 Abs. 1 i. V. m. § 322 Abs. 1 HGB; §§ 146, 147 und 200 AO; Schmitz, StBp 2002, 253, 257).

Der Erzwingung der digitalen Betriebsprüfung via Verwaltungsakt ist mit Rechtsbehelfen wie dem Einspruch oder dem Antrag auf Aussetzung der Vollziehung zu entgegnen. Damit der Stpfl. dennoch nicht von einer digitalen Außenprüfung faktisch „überrollt“ wird, gebietet – wie auch die bisherigen Prozesse zeigen – der Antrag auf einstweiligen Rechtsschutz im Wege der Aussetzung der Vollziehung absoluten Vorrang. Gegen die Ablehnung des Antrags auf Aussetzung der Vollziehung kann unmittelbar oder über eine zwischengeschaltete Einspruchsentscheidung des FA das FG angerufen werden. Bis dahin sollte die Betriebsprüfung unterbrochen werden, bis das FG eine Entscheidung getroffen hat, falls es nicht ausdrücklich die Beschwerde zum BFH wegen grundsätzlicher Bedeutung der Sache zulässt.

6. Anwendung der Datenübernahme durch das Programm IDEA

Der Einsatz von IDEA ermöglicht i. R. der Datenträgerüberlassung den Import, die Selektion und die Analyse größerer Datenmengen. Insbesondere folgende Dateiformate können von der aktuellen Version von IDEA gelesen werden und erfüllen damit die Voraussetzungen der maschinellen Verwertbarkeit i. S. d. Grundsätze zur digitalen Betriebsprüfung, sofern die zur Auswertung der Daten notwendigen Strukturinformationen gleichfalls in maschinell verwertbarer Form bereitgestellt worden sind:

- ASCII feste Länge,
- ASCII Delimited (einschließlich kommagetrennter Werte),
- EBCDIC feste Länge,
- EBCDIC Dateien mit variabler Länge,
- Excel (auch ältere Versionen),
- Access (auch ältere Versionen),
- dBase,
- Lotus 123,
- ASCII-Druckdateien (plus Info für Struktur und Datenelemente etc.),
- Dateien von SAP/AIS,
- Konvertieren von AS/400 Datensatzbeschreibungen (FDF-Dateien erstellt von PC Support/400) in RDE-Datensatzbeschreibungen.

In Deutschland wird IDEA von der Audicon-GmbH (www.audicon.net) vertrieben. IDEA wurde vor mehr als 20 Jahren vom Kanadischen Rechnungshof entwickelt (Burchert, INF 2002, 677 ff.; Groß/Georgus, DStR 2006, 2067 ff.; Hauschild/Wähnert, NWB, Fach 17, 2181 ff.; zu den Rechtsfolgen bei Verwendung von Manipulationssoftware siehe Pump, DStZ 2013, 299 ff.; zu IDEA-Anwenderdefizite auf GDPdU-Datenempfängerseite siehe Rennar, StuB 2021, 780, 782 ff.).

Am 28.12.2022 wurde im Bundesgesetzblatt das Plattform-Steuertransparenzgesetz (PStTG) veröffentlicht, das es in sich hat. Es sieht nämlich ab 2023 eine Meldepflicht von eBay, airbnb, Amazon und Co. an das Finanzamt vor. Die Betreiber digitaler Plattformen sind nun verpflichtet, dem Bundeszentralamt für Steuern (BZSt) Informationen über Einkünfte zu melden, die von Anbietern auf diesen Plattformen erzielt worden sind. Dadurch soll mehr steuerliche Transparenz entstehen. Primär richtet sich das Plattform-Steuertransparenzgesetz an sogenannte Internetplattformbetreiber. Diese definiert das Gesetz nämlich als Betreiber digitaler Plattformen, die es ermöglichen, auf diesen Plattformen Rechtsgeschäfte abzuschließen. Das bedeutet, die Nutzer dieser Plattformen (‚User') können dort in einer durch die Plattform vermittelten (auf der Plattform zustandegekommenen) Transaktion einen Vertrag miteinander schließen (hierzu eingehend Hendriks, steuertip vom 09.03.2023, Beilage zu Heft 10, 1 ff.; Höring, DStZ 2023, 173, 178; kritisch Stumm/Freude, WPg 2022, 700 ff.; zu steuerstrafrechtlichen Implikationen zur steuerlichen Notifikationspflicht nach DAC 7 siehe Valbuena/Rennar, PStR 2024, 231 ff.).

Zu Datenaustauschplattformen der Steuerverwaltung für Prüfungsanfragen in Außenprüfungen im Rahmen von Modellversuchen in Hessen, Schleswig-Holstein, Bayern siehe Kowallik, DB 2022, 975 f.

Auf dem DV-System des Stpfl., eines beauftragten Dritten oder seines steuerlichen Beraters darf die Prüfsoftware IDEA durch die Prüfer nicht installiert werden. Die Prüfungsdienste sind ferner nicht berechtigt, Daten zwecks Sicherung oder späterer Weiterverarbeitung von den betrieblichen DV-Systemen herunterzuladen oder Kopien vorhandener Datensicherungen vorzunehmen. Wenn die Prüfer direkt am System des Stpfl. prüfen wollen, müssen sie vom unmittelbaren oder mittelbaren Datenzugriff Gebrauch machen.

IDEA stellt dem Prüfer verschiedene Standardroutinen für ABC-Analysen, Altersstrukturanalysen, Vergleiche und Verbindungen von Dateien, Lücken- und Mehrfachbelegungsanalysen sowie verschiedene Stichprobenverfahren zur Verfügung. Mittels diese Analysetools können z. B. folgende Sachverhalte geprüft werden:

- Durch einen Abgleich zwischen Rechnungen auf Artikelstammdaten kann festgestellt werden, ob für alle Rechnungspositionen der richtige Umsatzsteuersatz angewendet bzw. ob überhaupt Umsatzsteuer ausgewiesen wurde.
- Der Prüfer unterzieht sowohl die Bestandsmengen aus der Lagerbuchführung als auch die Ausgangsrechnungen einem Vergleich. Wenn er feststellt, dass gelieferte Waren überhaupt nicht auf Lager waren, muss der Stpfl. dies erklären.
- Abfindungen aufgrund der Auflösung eines Dienstverhältnisses können nach § 3 Nr. 9 EStG a.F. steuerfrei gezahlt werden. Konventionell führt den Prüfer die Buchung auf dem Konto in die Personalabteilung zwecks Einsicht in die Personalakten. Dies ist sehr aufwendig und beschränkt sich normalerweise auf Stichproben. Mittels IDEA lassen sich steuerfreie Abfindungen ohne großen Zeitaufwand komplett überprüfen.
- Überprüfung von Bankkonten der Mitarbeiter, auf die Löhne und Gehälter überwiesen werden. Wird auf ein Bankkonto etwa zweimal der Lohn für ein geringfügiges Beschäftigungsverhältnis überwiesen, kann dies ein Indiz dafür sein, dass ein reguläres Arbeitsverhältnis in mehrere geringfügige Beschäftigungsverhältnisse gesplittet wurde. Bisher hätten derartige Sachverhalte nur durch mühsame und zeitintensive Kleinarbeit herausgefunden werden können.
- Abgleich der Kontonummern von Lieferanten und Mitarbeitern des Betriebs, um zu prüfen, ob durch derartige Geschäfte möglicherweise Lohnsteuer umgangen wurde.
- Anzeigen aller Artikel mit den dazugehörigen Preisen und Kunden zwecks Überprüfung von Verrechnungspreisen.
- Prüfung der vollständigen Überspielung des Datenbestands im Fall eines Wechsels der Hard- oder Software aufgrund der Inventur- und Bestandslisten durch Vergleich der Artikelnummern (Burchert, INF 2002, 677, 679; Groß/Georgius, DStR 2006, 2067 ff.; Hauschild/Wähnert, NWB, Fach 17, 2181 ff.).

Zur Pflicht eines Beraters, der sich laufend mit der digitalen Betriebsprüfung auseinanderzusetzen hat, gehört es, sich Grundkenntnisse von dem Finanzverwaltungsprogramm IDEA zu verschaffen. Aufgrund dieser Vorkenntnisse sollten dann nach Rücksprache mit dem Mandanten die dort gehandhabten standardisierten Prüfungsmethoden erörtert werden, um präventiv potenzielle Fehlerquellen gemeinsam ausfindig zu machen. Dies ist allerdings noch nicht sehr verbreitet.

Zu den Anforderungen an die digitale Betriebsprüfung im Jahre 2022 bzw. zur Evolution der Außenprüfung aus der Perspektive eines Finanzbeamten siehe Danielmeyer, StBp 2021, 323 ff.; ders., StBp 2022, 376 ff.

Zu ab dem 01.01.2023 verpflichtenden elektronisch unterstützten Betriebsprüfung in der Sozialversicherung instruktiv Eilt, NWB 2022, 1382 ff.

7. Besondere Hinweise zur Außenprüfung des Steuerberaters

Ist der Steuerberater selbst von einer Außenprüfung betroffen, so stellt sich die Frage der Vereinbarkeit von § 147 Abs. 6 AO mit der berufsrechtlichen Pflicht des Steuerberaters zur Verschwiegenheit.

7.1 Unmittelbarer Datenzugriff auf das DV-System des Steuerberaters durch den Prüfer

Nach Auffassung der Finanzverwaltung obliegt es dem Steuerberater als Stpfl., durch geeignete Zugriffsbeschränkungen sicherzustellen, dass der Prüfer nur auf die steuerlich relevanten Daten und nicht auf die der Verschwiegenheit unterliegenden Daten zugreifen kann. Die Finanzverwaltung darf nicht in Datenbestände Einsicht nehmen, die der beruflichen Verschwiegenheit unterliegen. Der Steuerberater sollte in jedem Fall einen **Jahres-Datenträger** erstellen. Auch die namentliche Nennung der Mandanten unterliegt der Verschwiegenheitspflicht (§ 102 AO; BMF, Schreiben vom 16.07.2001, IV D 2 – S 0316 – 136/01, BStBl I 2001, 415).

Wird vom Außenprüfer der unmittelbare Datenzugriff auf das DV-System des Steuerberaters gewünscht, kann und muss sich der Steuerberater auf seine durch das Auskunftsverweigerungsrecht flankierte Verschwiegenheitspflicht berufen (§ 102 Abs. 1 Nr. 3b und § 104 Abs. 1 Satz 1 AO; § 57 Abs. 1 StBerG). Das Auskunftsverweigerungsrecht des Steuerberaters nach der AO besteht auch dann, wenn der Steuerberater selbst als Stpfl. um Auskunft ersucht wird. Das Auskunftsverweigerungsrecht findet auch i. R. der Außenprüfung Anwendung, da im Gesetz insoweit nichts anderes bestimmt ist (§§ 147 Abs. 6, 200 Abs. 1 AO; Viskorf, DB 2005, 1929 ff.). Sollte der Prüfer auf den unmittelbaren Datenzugriff bestehen, kann der Steuerberater die auf dem Datenträger (z. B. CD-ROM, DVD) befindlichen steuerlich relevanten Daten nebst Auswertungssoftware auf einen **speziellen Einzelplatzrechner** überspielen.

Die anlässlich einer bei einem Steuerberater und Wirtschaftsprüfer stattfindenden Betriebsprüfung angeordnete Anforderung zur Datenträgerüberlassung nach § 147 Abs. 6 AO für elektronisch geführte Buchhaltungsunterlagen der Anwendungsgebiete Finanzbuchhaltung, Anlagenbuchhaltung, Lohnbuchhaltung, Fakturierung, Berechnung von Rückstellungen und Wertberichtigungen ist als solche weder nichtig noch rechtswidrig (ermessensfehlerhaft). Das gilt auch, wenn eingewendet wird, die nachträgliche Trennung der nach § 102 AO geschützten Daten von den vorlagepflichtigen steuerlich relevanten Daten sei nicht möglich (FG Nürnberg, Urteil vom 30.07.2009, 6 K 1286/2008, EFG 2010, 1991 mit Anm. Matthes = DStRE 2010, 758 mit Anm. Mutschler; aufgrund der eingelegten Revision per BFH, Beschluss vom 09.04.2013, VIII R 44/09, n.v.: Erledigung der Hauptsache; zu dieser Problematik auch Seer, DStR 2008, 1553 ff.; Schmittmann, StuB 2009, 778 f.).

7.2 Mittelbarer Datenzugriff auf das DV-System des Steuerberaters durch den Prüfer

Beim mittelbaren Datenzugriff muss der Steuerberater als Stpfl. mithilfe eines DV-Systems die Daten nach den Vorgaben des Prüfers auswerten. Der Steuerberater sollte in jedem Fall einen **Jahres-Datenträger** erstellen.

Wird vom Außenprüfer der mittelbare Datenzugriff auf das DV-System des Steuerberaters gewünscht, kann sich der Steuerberater auf den Grundsatz der Verhältnismäßigkeit berufen. Danach richtet sich der Umfang der zumutbaren Hilfe nach den betrieblichen Gegebenheiten des Unternehmens. Der **Grundsatz der Verhältnismäßigkeit** könnte z. B. dann verletzt sein, wenn der Steuerberater bzw. ein geschulter Mitarbeiter die Datenauswertung nach den Vorgaben des Prüfers vornehmen und zusätzlich den Zugriff des Betriebsprüfers auf die der Verschwiegenheit unterliegenden Daten manuell verhindern muss.

Sollte der Prüfer auf dem mittelbaren Datenzugriff bestehen, kann der Steuerberater die auf dem Datenträger befindlichen steuerlich relevanten Daten nebst Auswertungssoftware auf einen **speziellen Einzelplatzrechner** überspielen und an diesem Einzelplatzrechner die Auswertung nach den Vorgaben des Prüfers vornehmen (Beschluss des Präsidiums der Bundessteuerberaterkammer am 08./09.11.2001, DStR 2002, Beihefter zu Heft 7, 4).

Grundsätzlich ist eine digitale Prüfung auch bei Angehörigen der rechts- und steuerberatenden Berufe möglich. Dabei ist jedoch Rücksicht zu nehmen auf die gesetzlich qualifizierte Verschwiegenheitspflicht dieser Berufsgruppe. Insofern kommt es nicht in Betracht, dass z. B. Mandantenkorrespondenz etc. mit in die digitale Betriebsprüfung einbezogen wird. Von daher erhält der Grundsatz der Verhältnismäßigkeit noch stärkeres Gewicht im Blickwinkel der Verschwiegenheitspflicht des Beraters (Grundsatz der Wechselbezüglichkeit).

Im Rahmen einer Außenprüfung kann die Finanzverwaltung die Herausgabe digitalisierter Steuerdaten zur Speicherung und Auswertung auf mobilen Rechnern der Prüfer nur verlangen, wenn Datenzugriff und Auswertung in den Geschäftsräumen des Steuerpflichtigen oder in den Diensträumen der Finanzverwaltung stattfinden. Eine Speicherung von Daten über den tatsächlichen Abschluss der Prüfung hinaus ist durch § 147 Abs. 6 Satz 2 AO nur gedeckt, soweit und solange die Daten noch für Zwecke des Besteuerungsverfahrens (z. B. bis zum Abschluss etwaiger Rechtsbehelfsverfahren) benötigt werden (BFH, Urteil vom 16.12.2014, VIII R 52/12, BFH/NV 2015, 1455; hierzu Ochs/Wargowske, DStR 2015, 2689 ff.).

Die Aufforderung zur Überlassung eines Datenträgers nach GDPdU ist unverhältnismäßig, wenn bei einem Berufsgeheimnisträger nicht sichergestellt ist, dass der Datenzugriff und die Auswertung der Daten nur in den Geschäftsräumen des Steuerpflichtigen oder in den Diensträumen der Finanzverwaltung stattfinden (BFH, Urteil vom 07.06.2021, VIII R 24/18, BStBl II 2023, 63 = DStRK 2021, 294 m. Anm. Hamster = EStB 2021, 464 m. Anm. Günther; hierzu Herrfurth, StuB 2022, 286, 288 f.; Haupt, DStR 2022, 2185, 2186 f.; zum Vorlageverlangen nach § 147 Abs. 6 AO im Rahmen einer Außenprüfung bei einem Berufsgeheimnisträger siehe Pieske-Kontny, StBp 2019, 317 ff.).

Geklärt ist nummehr, ob die Grundsätze der obigen BFH-Rechtsprechung mit der gesetzlichen Neuregelung in § 147 Abs. 7 AO n. F. konform gehen. Die Neuregelung sieht vor, die Speicherung und Verarbeitung der Daten unabhängig vom Einsatzort als „zulässig" zu erklären. Fraglich ist, ob diese „Zulässigkeit" vorbehaltlos gilt oder – da es für die konkrete Prüfung keinesfalls zwingend ist, wenn dem Prüfer ein Arbeitsplatz zugestellt wird (§ 200 Abs. 2 Satz 2 AO) – die Datenmitnahme (praktisch) unverändert eine Ermessensentscheidung, nunmehr aber mit gesetzlicher Grundlage ist (hierzu kritisch Haupt, DStR 2022, 2185, 2190).

Die Aufforderung der Finanzverwaltung an einen Steuerpflichtigen, der seinen Gewinn im Wege der Einnahmen-Überschussrechnung ermittelt, zu Beginn einer Außenprüfung einen Datenträger „nach GDPdU" zur Verfügung zu stellen, ist als unbegrenzter Zugriff auf alle elektronisch gespeicherten Unterlagen unabhängig von den gemäß § 147 Abs. 1 AO bestehenden Aufzeichnungs- und Aufbewahrungspflichten des Steuerpflichtigen zu verstehen und damit rechtswidrig.

Eine solche Aufforderung ist zudem unverhältnismäßig, wenn bei einem Berufsgeheimnisträger nicht sichergestellt ist, dass der Datenzugriff und die Auswertung der Daten nur in den Geschäftsräumen des Steuerpflichtigen oder in den Diensträumen der Finanzverwaltung stattfindet (BFH, Urteil vom 07.06.2021, VIII R 24/18, DStR 2021, 2016).

Der Steuerpflichtige kann dem Datenzugriff nicht entgegenhalten, dass sein steuerlicher Berater ein Zurückbehaltungsrecht wegen offener Honorarforderung geltend macht, weil die schuldrechtlichen Beziehungen für die Finanzbehörde irrelevant sind (Drüen, in Tipke/Kruse AO, § 147 Tz. 86); in diesen Fällen kommt ein Datenzugriff oder die Prüfung der Unterlagen in Papierform beim Steuerberater, nicht aber § 148 AO in Betracht (so Tormöhlen, AO-StB 2014, 246).

Geänderte Regelungen zum Datenzugriff und zur Datenverarbeitung (§ 147 Abs. 6 u. 7, § 200 Abs. 2 S. 2 AO

§ 147 Abs. 6 S. 1 AO wurde durch Umformulierung dahingehend präzisiert, dass in allen Fällen des § 147 Abs. 6 S. 1 Nr. 1–3 AO das Recht zum Datenzugriff durch die Finanzbehörden ausschließlich im Rahmen einer Außenprüfung besteht. Inhaltliche Änderungen sollen mit der Klarstellung nicht verbunden sein.

Nach § 147 Abs. 7 S. 1 AO ist die Verarbeitung und Aufbewahrung der zur Verfügung gestellten Daten auf den Prüfer-Laptops unabhängig von deren Einsatzort zulässig. Die bislang nominierte weitere Voraussetzung „sofern diese unter Berücksichtigung des Stands der Technik gegen unbefugten Zugriff gesichert sind“ wurde wegen in der Praxis aufgekommener Zweifel zum technischen Stand der EDV-Ausstattung in der Betriebsprüfung gestrichen. Gleichwohl sind Prüfer-Laptops bereits wegen der bestehenden datenschutzrechtlichen Vorgaben entsprechend gesichert. § 200 Abs. 2 S. 2 AO wurde entsprechend angepasst.

Inkrafttreten: Die Regelungen sind am Tag nach der Verkündung in Kraft getreten, Art. 56 Abs. 1 JStG 2024.

XIII. Rechtsbehelfe gegen Maßnahmen der Außenprüfung

1. Prüfungsanordnung

Schrifttum:

Bilsdorfer	Rechtsschutz in der Betriebsprüfung (Teil II), INF 1999, 261
Finger	Rechtsbehelfsmöglichkeiten gegen Maßnahmen der Außenprüfung (Teil II), StBp 2002, 95

Rechtsbehelfsverfahren wegen **formeller Fehler** einer Prüfungsanordnung dürften für einen Stpfl. nur dann einen Sinn ergeben, wenn durch die Unwirksamkeit einer Prüfungsanordnung die Ablaufhemmung nach § 171 Abs. 4 AO nicht eintritt und infolgedessen hinsichtlich der überprüften oder zu überprüfenden Steuern zwischenzeitlich Festsetzungsverjährung eingetreten ist.

Beispiel:

Der Stpfl. rügt nach Durchführung einer zweiwöchigen Ap, die Mehrsteuern i. H. v. 60.000 € aufgedeckt hat, mit Erfolg die Rechtswidrigkeit der Prüfungsanordnung. Das FA erlässt daraufhin keine Änderungsbescheide, sondern ordnet eine neue Ap an. Der Prüfer, der seinen ursprünglichen Prüfungsbericht mit sich in der Tasche führt, möchte die Wiederholungsprüfung nicht zur Farce werden lassen und konzentriert sich deshalb nun – wiederum zwei Wochen lang – auf die Prüfungsfelder, die er bei der ersten Prüfung ausgeklammert oder nur stichprobenhaft eingesehen hat.

Statt zwei Wochen hatte der Stpfl. den Prüfer im Ergebnis vier Wochen im Betrieb, statt einer Steuernachzahlung i. H. v. 60.000 € sieht er sich nun einer solchen i. H. v. z. B. 80.000 € gegenüber. Dass dies das Resultat der erfolgreichen Geltendmachung des Verwertungsverbots sein soll, das von der Rechtsprechung u. a. mit der Gewährung eines effektiven Rechtsschutzes begründet wird, dürfte dem Stpfl. kaum klarzumachen sein (Schmidt-Liebig, BB 1987, 2139, 2140).

2. Festlegung des Prüfungsbeginns; Ablehnung des Antrags auf Verlegung des Prüfungsbeginns

Mittels Einspruchs kann geltend gemacht werden, dass der Prüfungsbeginn auf einen unzumutbaren Zeitpunkt festgelegt worden ist oder die Festlegung in unangemessen kurzer Zeit vor dem tatsächlichen Prüfungsbeginn erfolgte. Der Einspruch ist unzulässig, wenn das FA nicht zu dem angekündigten Zeitpunkt mit der Ap begonnen hat. Ist mit der Prüfung bereits begonnen worden, ist der Antrag auf Feststellung der Rechtswidrigkeit umzustellen, anderenfalls fehlt das Rechtsschutzbedürfnis (Finger, StBp 2002, 95).

Der Stpfl. hat neben der Anfechtung des bekanntgegebenen Termins für den Prüfungsbeginn wahlweise die Möglichkeit, einen **Antrag auf Verlegung der Ap nach § 197 Abs. 2 AO** zu stellen. Werden wichtige Gründe, wie z. B. Erkrankung und Urlaub des Stpfl., Steuerberaters oder einer Auskunftsperson, Umbauarbeiten, Saisongeschäft usw., glaubhaft gemacht, soll auf Antrag des Stpfl. der Beginn der Ap auf einen anderen Zeitpunkt verlegt werden (§ 197 Abs. 2 AO; Finger, StBp 2002, 95).

Der Unterschied zwischen der **Anfechtung des festgelegten Prüfungsbeginns** und dem **Antrag auf Verschiebung des Prüfungstermins** liegt in der Auswirkung für die Festsetzungsverjährung. Die erfolgreiche Anfechtung des Prüfungsbeginns beseitigt die Ablaufhemmung nach § 171 Abs. 4 Satz 1 AO im Gegensatz zum Antrag auf Verschiebung des Prüfungsbeginns. Wird die Festlegung des Prüfungsbeginns als rechtswidrig festgestellt, tritt keine Ablaufhemmung der Festsetzungsverjährung ein, selbst wenn die Prüfung tatsächlich an diesem Tag begonnen wurde (Bilsdorfer, INF 1996, 261, 264; BFH, Urteil vom 18.12.1986, I R 49/83, BStBl II 1987, 408; BFH, Urteil vom 18.10.1988, VII R 123/85, BStBl II 1989, 76; a. A. FG Rheinland-Pfalz, Urteil vom 06.02.1992, 5 K 1341/91, EFG 1992, 311).

War die Festlegung des Prüfungsbeginns rechtswidrig – z.B. wegen zu kurzer Vorbereitungsfrist – und hat der Stpfl. gegen diesen oder die Prüfungsanordnung Einspruch eingelegt, so beinhaltet ein gleichzeitig gestellter Antrag auf Aussetzung der Vollziehung nicht auch einen Antrag auf Verschiebung des Prüfungsbeginns. Der Lauf der Festsetzungsfrist wird in einem solchen Fall nicht gehemmt (§ 171 Abs. 4 Satz 1 AO; BFH, Urteil vom 10.04.2003, IV R 30/01, BStBl II 2003, 827).

Wird der Antrag auf Verschiebung des Prüfungsbeginns nach § 197 Abs. 2 AO abgelehnt, so kann hiergegen Einspruch und gegen die Einspruchsentscheidung eine Verpflichtungsklage erhoben werden. Will der Stpfl. den Beginn der Prüfung im Wege des vorläufigen Rechtsschutzes verhindern, kann er eine einstweilige Anordnung nach § 114 FGO mit der Begründung beantragen, über den Antrag sei ermessensfehlerhaft entschieden worden (BFH, Beschluss vom 25.09.1987, IV B 60/87, BFH/NV 1989, 13; Finger, StBp 2002, 95).

3. Beauftragung einer anderen Finanzbehörde mit der Durchführung der Außenprüfung

Die an sich zuständige Behörde kann die **Prüfungsanordnung** selbst erlassen, sie kann aber auch die beauftragte Behörde zum Erlass der Prüfungsanordnung ermächtigen (BFH, Urteil vom 10.12.1987, IV R 77/86. BStBl II 1988, 322, 323; Urteil vom 11.12.1991, I R 66/90, BStBl II 1992, 595, 597; Urteil vom 18.11.2008, VIII R 16/07, BStBl II 2009, 507, 508; Urteil vom 15.05.2013, IX R 27/12, BStBl II 2013, 570). Die Prüfungsanordnung der beauftragten Behörde muss aber vom Prüfungsauftrag gedeckt sein. Spätestens in der Prüfungsanordnung müssen dem Steuerpflichtigen die Gründe für eine Auftragsprüfung mitgeteilt werden (so BFH, Urteil vom 06.08.2013, VIII R 15/12, BStBl II 2014, 232; zur Ermessensausübung eingehend Seer, in Tipke/Kruse, AO, § 195 Tz. 11).

Die Rechtsschutzmöglichkeiten hängen davon ab, wie die Beauftragung dem Stpfl. bekannt gegeben wird: Wird die Beauftragung (ausnahmsweise) vom beauftragenden FA direkt zusammen mit der Prüfungsanordnung bekannt gegeben, so ist die Beauftragung auf unmittelbare Rechtswirkung nach außen gerichtet und stellt einen anfechtbaren Verwaltungsakt dar (BFH, Urteil vom 21.04.1993, X R 112/91, BStBl II 1993, 649; Finger, StBp 2002, 95, 96). Der Einspruch ist dann gegen die beauftragende Finanzbehörde zu richten. Wird dagegen die Zuständigkeit des beauftragten FA – wie im Regelfall – durch einen innerdienstlichen Auftrag begründet, wird dieser i. R. der Anfechtung der Prüfungsanordnung überprüft (BFH, Urteil vom 10.12.1987, IV R 77/86, BStBl II 1988, 322; Finger, StBp 2002, 95, 96).

Die Anfechtung der Beauftragung sollte in Erwägung gezogen werden, wenn die Frage der Festsetzungsverjährung relevant ist. Ist nämlich die Rechtswidrigkeit der Beauftragung festgestellt, hemmt die von der beauftragten Finanzbehörde durchgeführte Ap nicht den Ablauf der Verjährung nach § 171 Abs. 4 AO (BFH, Urteil vom 21.04.1993, X R 112/91, BStBl II 1993, 649; zur Zuständigkeitsvereinbarung und Heilung bei Verletzung von Regeln über örtliche Zuständigkeit im Rahmen einer gesonderten Feststellung bei Zuständigkeit von drei Finanzämtern s. Thüringer FG, Urteil vom 22.09.2011, 4 K 255/10, DStRE 2012, 1467, rkr.).

Ein Finanzamt mit sachlicher Sonderzuständigkeit (z. B. für Erbschaft- und Schenkungsteuer) kann ein anderes Finanzamt mit der Durchführung einer Außenprüfung im Bereich der Sonderzuständigkeit beauftragen (BFH, Beschluss vom 10.12.2012, II B 108/11, BFH/NV 2013, 344).

Die Rechtswidrigkeit der Beauftragung führt regelmäßig zur Aufhebung der Prüfungsanordnung.

Wird gemäß § 195 Satz 2 AO ein anderes FA mit der Durchführung der Außenprüfung beauftragt und erlässt das beauftragte FA die Prüfungsanordnung, so bleibt das für die Besteuerung zuständige FA befugt, die Entscheidung darüber zu treffen, ob und ggf. in welchem Umfang und durch welches FA geprüft werden soll. Das beauftragte FA hat in dem gegen die Prüfungsanordnung gerichteten Einspruchsverfahren nicht die Befugnis, zur Frage der Auftragserteilung eigene Ermessenserwägungen anzustellen oder die Erwägungen des beauftragten FA zu ergänzen. Maßgeblich für die Prüfung der Rechtmäßigkeit der Prüfungsanordnung ist regelmäßig der Zeitpunkt des Erlasses der Einspruchsentscheidung. Die durch das den

Prüfungsauftrag erteilende FA zu treffende Einspruchsentscheidung muss daher die bekannte Sachlage im Zeitpunkt des Erlasses der Einspruchsentscheidung berücksichtigen (Schleswig-Holsteinisches FG, Urteil vom 19.03.2013, 1 K 64/10, DStRE 2013, 1138, rkr.).

Beauftragt die für die Besteuerung zuständige Finanzbehörde eine andere Finanzbehörde mit der Außenprüfung (§ 195 Satz 2 AO), so darf die beauftragte Finanzbehörde anstelle der an sich zuständigen Finanzbehörde die Außenprüfung durchführen und ist zum Erlass der Prüfungsanordnung befugt, aus der sich die Ermessenserwägungen auch für den Auftraggeber ergeben müssen. Eine Prüfungsanordnung kann durch eine neue Prüfungsanordnung in Bezug auf den zu prüfenden Stpfl., den Prüfungsgegenstand und den Prüfungszeitraum nach § 130 Abs. 1 AO teilweise zurückgenommen werden (BFH, Urteil vom 15.05.2013, IX R 27/12, BFH/NV 2013, 1276 = StBp 2013, 268 mit Anm. Heuermann).

Die Prüfungsanordnung des beauftragten Finanzamts ist hinreichend begründet, wenn sie die für die Ermessensausübung auch des beauftragenden Finanzamts maßgeblichen Erwägungen enthält. Eine Prüfungsanordnung ist nicht wegen fehlender Bestimmtheit nichtig, wenn für den Stpfl. der Regelungsinhalt nicht ernsthaft zweifelhaft sein kann. Das vorübergehende Bestehen von zwei Prüfungsanordnungen, die sich inhaltlich nicht widersprechen, führt nicht zu deren Nichtigkeit (so klarstellend BFH, Urteil vom 06.08.2013, VIII R 15/12, BFH/NV 2014, 80 mit Anm. Rogge, BB 2014, 230, 232).

Für eine ermessensfehlerfreie Anordnung einer Außenprüfung durch ein anderes als das originär örtlich zuständige Finanzamt ist es erforderlich, dass im Rahmen der Auftragserteilung sowohl das Entschließungs- als auch das Auswahlermessen ordnungsgemäß ausgeübt und dies dem zu prüfenden Stpfl. gegenüber begründet wird (FG Münster, Urteil vom 28.06.2021, 1 K 3391/20 AO, EFG 2021, 1434, 1436 f. mit Anm. Peters [Rev. eingelegt, Az. des BFH: VIII R 18/21]).

4. Nichteinhaltung der Informations- und Unterrichtungspflichten nach § 199 Abs. 2 AO

Der Stpfl. ist während der Ap über die festgestellten Sachverhalte und die möglichen steuerlichen Auswirkungen zu unterrichten, wenn dadurch Zweck und Ablauf der Prüfung nicht beeinträchtigt werden (§ 199 Abs. 2 AO). Es kann ein Antrag auf Informationsgewährung gestellt werden. Die Ablehnung des Antrags stellt dann einen Verwaltungsakt dar, der mittels Einspruch angefochten und ggf. mit der Verpflichtungsklage weiterverfolgt werden kann (BFH, Urteil vom 16.12.1987, I R 66/87, BFH/NV 1988, 319; Finger, StBp 2002, 95, 98).

Bei einem Verstoß gegen die Unterrichtungspflicht liegt zwar eine Verletzung des Anspruchs auf rechtliches Gehör vor. Jedoch kann die Behörde diesen Verstoß dadurch heilen, dass sie die Information in einem späteren Verfahrensstadium – also etwa i. R. der Schlussbesprechung – nachholt. Sie hat damit längstens bis zum Erlass der Einspruchsentscheidung Zeit (§ 126 Abs. 3 AO; Bilsdorfer, INF 1996, 261, 265).

5. Aufklärungsmaßnahmen in der Betriebsprüfung

Bei Prüfungshandlungen eines Außenprüfers ist nach der Rechtsprechung zwischen Aufklärungsanordnungen zur Konkretisierung der Mitwirkungspflicht (Maßnahmen tatsächlicher Art) und der Auferlegung einer zwangsweise durchsetzbaren Verpflichtung (selbstständig anfechtbarer Verwaltungsakt) zu unterscheiden. Infolgedessen stellt etwa die an den Stpfl. gerichtete Bitte des Prüfers um Bereitstellung eines Raums, Buchführungsunterlagen für die Prüfungsjahre herauszulegen, eine Auskunftsperson zu benennen, sich zu einer Zwischenbesprechung zusammenzufinden, bestimmte Unterlagen für den (nächsten) Prüfungstag bereitzustellen u. Ä. lediglich tatsächliche Prüfungshandlungen und keine Verwaltungsakte dar (Gosch, StBp 1999, 162, 163).

Allerdings hat der BFH auch entschieden, dass die Aufforderung an den Stpfl., bestimmte Unterlagen zu Prüfungszwecken vorzulegen, selbstständig anfechtbar ist (BFH, Urteil vom 14.08.1985, I R 188/82, BStBl II 1986, 2; BFH, Urteil vom 15.09.1992, VII R 66/91, BFH/NV 1993, 76). Ein die Außenprüfung vorbereitendes Vorlage- und Auskunftsverlangen kann ein Verwaltungsakt und damit Gegenstand einer zulässigen Anfechtungsklage sein (BFH, Urteil vom 28.09.2011, VIII R 8/09, BStBl II 2012, 395). Die während einer Außenprüfung vom Prüfer gegenüber dem Stpfl. erlassene schriftliche Aufforderung, bestimmte Fragen zu beantworten sowie genau bezeichnete Belege, Verträge und Konten vorzulegen, ist i. d. R. kein Verwaltungsakt, sondern eine nicht selbstständig anfechtbare Vorbereitungshandlung, wenn sie ausschließlich der Ermittlung steuermindernder Umstände dient und deshalb nicht erzwingbar ist. Dies gilt nicht, wenn der Stpfl. die Aufforderung nach ihrem objektiven Erklärungsinhalt als Maßnahme zur Schaffung einer Rechtsgrundlage für die Einleitung eines Erzwingungsverfahrens verstehen musste (BFH, Urteil vom 10.11.1998, VIII R 3/98, BB 1999, 1747 mit Anm. Gosch, StBp 1999, 162; Rößler, DStZ 1999, 617).

In dem Urteil bemüht sich der BFH um eine Abgrenzung zu seiner bisherigen Rechtsprechung. Der BFH führt aus, dass Prüferanfragen keine Verwaltungsakte sind, wenn

- sie mit keiner Rechtsbehelfsbelehrung verbunden sind und
- ihnen auch sonst nicht zu entnehmen ist, dass die Behörde die Absicht habe, das aufgegebene Verhalten notfalls zwangsweise durchsetzen zu wollen (Fehlen einer Zwangsgeldandrohung).

In den Urteilsgründen zieht der BFH eine Parallele zur Rechtsprechung des BVerwG und des BSG. Dieser sei der allgemeine Rechtsgedanke zu entnehmen, dass Rechtsbehelfe gegen behördliche Verfahrenshandlungen nur gleichzeitig mit den gegen die Sachentscheidung zulässigen Rechtsbehelfen geltend gemacht werden können.

Das BFH-Urteil vom 10.11.1998 wird von Gosch und Rößler kritisiert. Sie monieren, dass das Urteil dem Stpfl. einiges an Deutungskunst abverlange, die Entscheidung hinterlasse doch erhebliche Unsicherheiten. Hier gilt die Empfehlung, dass – wenn sichergestellt (oder zumindest offengehalten) werden soll, dass das FA an der späteren Verwertung seiner Prüfungserkenntnisse gehindert ist – im Zweifel jede Verfahrensmaßnahme mit dem einschlägigen Rechtsbehelf angegriffen wird, auch wenn sich dieser später als unzulässig erweisen sollte. Anderenfalls droht wegen des Grundsatzes, dass rechtswidrig erlangte Außenprüfungsergebnisse nur dann nicht verwertet werden dürfen, wenn der Stpfl. erfolgreich gegen die Prüfungsmaßnahme vorgegangen ist, der **Verlust eines Verwertungsverbots**.

Daneben hat die Frage der Erzwingbarkeit mit der Eigenschaft/Definition des Verwaltungsakts nichts zu tun. Es bleibe dem Gesetzgeber vorbehalten, die Nichtanfechtbarkeit von vorbereitenden Maßnahmen ähnlich wie in § 128 Abs. 2 FGO ausdrücklich zu regeln.

Die Anfechtung weiterer Maßnahmen – Einspruch, Antrag auf Aussetzung der Vollziehung und Klage – ist ferner möglich gegen

- die Festlegung des Prüfungsorts,
- Auskunftsersuchen an Dritte oder Betriebsangehörige sowie
- Androhung und Festsetzung von Zwangsmitteln (Bilsdorfer, INF 1996, 261; Finger, StBp 2002, 95).

Einstweilige Anordnung und **allgemeine Leistungsklage** sind zulässig gegen

- die Anfertigung und Weiterleitung von Kontrollmitteilungen und
- die Auswertung einzelner Unterlagen (BFH, Beschluss vom 06.02.2001, VII B 277/00, DStR 2001, 350; BFH, Beschluss vom 04.09.2000, I B 17/00,

BStBl II 2000, 648; BFH, Urteil vom 04.04.1984, I R 269/81, BStBl II 1984, 563).

Eine **Dienstaufsichtsbeschwerde** kommt in Betracht bei Anzeichen für eine Befangenheit des Betriebsprüfers.

Die Einlegung eines Rechtsbehelfs bringt in jedem Fall Zeitgewinn und führt dazu, dass der Mandant aus dem geordneten Verwaltungsablauf herausfällt.

6. Das Verzögerungsgeld

Schrifttum:

Dißars	Verzögerungsgeld nach § 146 Abs. 2b AO – ein neues Sanktionsinstrument der Finanzverwaltung, Stbg 2010, 247
ders.	Neue Entwicklungen beim Verzögerungsgeld nach § 146 Abs. 2b AO, NWB 2012, 796
ders.	Antworten des Verzögerungsgeldes in der Praxis, Der Fragen-Antworten-Katalog des BMF, Stbg 2012, 433
Drüen	Aktuelle Fragen und Antworten zu Verzögerungsgeldern beim Steuervollzug, Ubg 2011, 83
Haubner	Verzögerungsgeld nach § 146 Abs. 2b AO in der Außenprüfung, StBp 2012, 314
Hopp/ Bruns	Aktuelle Rechtsentwicklungen beim Verzögerungsgeld gemäß § 146 Abs. 2b AO, DStR 2012, 1485
Kaligin	Neue Entwicklungen beim Verzögerungsgeld, steuerberater intern, Beilage 4 vom 26.02.2013, 1
Neumann	Das Verzögerungsgeld als Pendant zum Verspätungszuschlag in der Außenprüfung, DStR 2013, 1213
Pflaum	Verzögerungsgeld bei Mitwirkungspflichtverletzungen, StBp 2022, 220
Werth	Verfassungsrechtliche Schranken für das Verhalten der Finanzbehörden, DStZ 2013, 416
Wulf	Das neue „Verzögerungsgeld“ als Sanktion für Unbotmäßigkeiten des Stpfl. in der Außenprüfung, Die AG 2011, 819

6.1 Systematische Einordnung

Bei Verstößen gegen Vorgaben der AO standen dem Betriebsprüfer im Wesentlichen vor Einführung des Jahressteuergesetzes 2009 drei Sanktionsmöglichkeiten zur Verfügung: einerseits die Androhung von Zwangsmitteln, insbesondere eines Zwangsgeldes bis zu 25.000 € (§§ 328 Abs. 1 Satz 1, 329, 332 AO), andererseits das Instrument der Schätzung von Besteuerungsgrundlagen (§ 162 AO) und ferner die Streichung des Betriebsausgabenabzugs wegen fehlender oder unzureichender Benennung von Zahlungsempfängern (§ 160 AO).

Zwangsgeld kann in allen Fällen angedroht werden, in denen der Stpfl. eine nach den Steuergesetzen gebotene Handlung unterlässt. Dies kann z. B. in Bezug auf den Datenzugriff in Betracht kommen, wenn dem Prüfer nicht gestattet wird, einen Rechner mit steuerrelevanten Daten selbst zu bedienen. Die **Schätzung von Besteuerungsgrundlagen** ist immer dann in Betracht zu ziehen, wenn der Stpfl. Bücher oder Aufzeichnungen, die er nach den Steuergesetzen zu führen hat, nicht vorlegen kann. Weiter ist eine Schätzung nach § 162 AO in Betracht zu ziehen, wenn die sachliche Richtigkeit der Buchführung i. S. d. § 158 AO erschüttert ist und mithin aufgrund gravierender Mängel nicht als Grundlage für die Besteuerung herangezogen werden kann. Dies hat dazu geführt, dass insbesondere bei der Nichtbeachtung von Vorschriften zum Datenzugriff bisher lediglich die Androhung und Festsetzung von Zwangsgeld in Betracht kam. Die häufig propagierte Schätzungsbefugnis wurde mangels materieller und formeller Mängel hingegen meist zum stumpfen Schwert (so das Fazit von Groß/Georgius, DB 2009, Heft 12, M 16).

Die Einführung des Verzögerungsgeldes in § 146 Abs. 2b AO als neue steuerliche Nebenleistung wurde durch das Jahressteuergesetz 2009 mit Wirkung ab dem 25.12.2008 vorgenommen. Der Zweck der im Ermessen der Finanzbehörde stehenden neuen Kategorie und ihre Konkurrenz zum Zwangsgeld als in die Zukunft wirkendes Beugungsmittel zur Durchsetzung von steuerlichen Mitwirkungspflichten ist in vieler Hinsicht noch unklar und umstritten. Nach den Vorstellungen des Gesetzgebers soll das Verzögerungsgeld den Stpfl. **insbesondere zur zeitnahen Mitwirkung** anhalten. Nach Auffassung des BMF ist das Verzögerungsgeld ein „Druckmittel eigener Art" mit präventivem und repressivem Charakter (www.bundesfinanziministerium.de Suchbegriff „Verzögerungsgeld"; hierzu Dißars, Stbg 2010, 247 ff.; ferner Drüen, Ubg 2011, 83, 84 ff.; zur Qualifikation des Verzögerungsgeldes als Pendant zum Verspätungszuschlag s. Neumann, DStR 2013, 1213 ff.; vgl. a. Haubner, Stbg 2012, 314 ff.; neuerdings

Pflaum, StBp 2022, 220 ff.). Das hat zur Folge, dass die für die Zwangsmittel geltenden Vorschriften der §§ 328 ff. AO, insbesondere § 335 AO, keine Anwendung finden. Als eigenständige steuerliche Nebenleistung soll eine Androhung eines Verzögerungsgeldes angeblich keinen Verwaltungsaktscharakter haben, so dass eine Aussetzung der Vollziehung beim FG nach Maßgabe des § 69 FGO nicht möglich ist (FG Rheinland-Pfalz, Beschluss vom 29.07.2011, 1 V 1151/11, EFG 2011, 1942, rkr. = DStRE 2011, 827).

Anders als das Zwangsgeld bietet das Verzögerungsgeld dem Prüfer die einfache und lukrative Möglichkeit, an echten oder vermeintlichen Mitwirkungsfehlern des geprüften Unternehmens auf einfache Weise Geld zu verdienen. Deshalb sollte der Stpfl. von den Rechtsbehelfsmöglichkeiten (Einspruch, Aussetzung der Vollziehung und – soweit möglich – Klage) hinreichend Gebrauch machen.

6.2 Anwendungsfragen

6.2.1 Verzögerungsgeld bei Verlagerung oder unterbliebener Rückverlagerung der Buchführung

Die unmittelbaren Anwendungsfälle des Verzögerungsgeldes nennt § 146 Abs. 2b AO am Anfang mit der Aufforderung zur Rückverlagerung einer elektronischen Buchführung und am Ende mit der Verlagerung der elektronischen Buchführung ohne Bewilligung der zuständigen Finanzbehörde ins Ausland. Allerdings ist bei einer Verlagerung der elektronischen Buchführung ins Ausland ohne Bewilligung keine Verzögerung, sondern allein die Missachtung des Bewilligungserfordernisses der Rechtsgrund des sog. Verzögerungsgeldes (insoweit besser **„Missachtungsgeld“**). Abgesehen von der Benennung und unzureichenden Ermessensvorprägung bestehen insoweit keine Bedenken. In den Fällen, in denen der Stpfl. seine elektronische Buchführung ohne Bewilligung ins Ausland verlagert hat, ist ein vorheriger Hinweis auf die Möglichkeit der Festsetzung eines Verzögerungsgeldes nach Auffassung der Finanzverwaltung nicht erforderlich (www.bundesfinanzministerium.de Suchbegriff „Verzögerungsgeld“).

6.2.2 Verzögerungsgelder bei sonstigen Verletzungen von Mitwirkungspflichten

Eingebettet in die beiden unmittelbaren Anwendungsfälle der Verlagerung oder unterbliebenen Rückverlagerung der Buchführung stellt § 146 Abs. 2b AO weitere Fallgruppen des Verzögerungsgelds auf:

- Verletzung der Pflicht nach § 146 Abs. 2a Satz 4 AO **(Mitteilungspflicht)**,
- Verletzung der Pflicht zur **Einräumung des Datenzugriffs** nach § 147 Abs. 6 AO,

- Verletzung der Pflicht zur **Erteilung von Auskünften oder zur Vorlage angeforderter Unterlagen nach § 201 Abs. 1 AO** im Rahmen einer Außenprüfung.

Nach Auffassung des BMF und der herrschenden Meinung wird das Verzögerungsgeld danach als allgemeine Sanktion für Mitwirkungspflichten gerade im Rahmen der Außenprüfung betrachtet. Insbesondere soll dadurch der zeitnahe Datenzugriff für die Finanzverwaltung sichergestellt werden (hierzu Kaligin, steuerberater intern, Beilage 4 vom 26.02.2013, 1).

Es bestehen indes ernstliche Zweifel, ob eine mehrfache Festsetzung des Verzögerungsgeldes wegen fortdauernder Nichtvorlage derselben Unterlagen zulässig ist (so BFH, Beschluss vom 16.06.2011, IV B 120/10, BStBl II 2011, 855 = BB 2011, 2275, 2279 mit Anm. Felten).

Kommt ein Stpfl. einer Aufforderung des Finanzamts zur Erteilung von Auskünften oder zur Vorlage angeforderter Unterlagen i. S. v. § 200 Abs. 1 AO im Rahmen einer Außenprüfung innerhalb einer angemessenen Frist nicht nach, kann ein Verzögerungsgeld gem. § 146 Abs. 2b AO verhängt werden (BFH, Beschluss vom 28.06.2011, X B 37/11, BFH/NV 2011, 1833). Die auf die einzelne Pflichtverletzung bezogene eigenständige Bewertung eines Verzögerungsgeldes und die damit verbundene „tatbestandliche Vervielfältigung" begegnet ernstlichen Zweifeln (Hessisches FG, Beschluss vom 08.08.2011, 8 V 1281/11, EFG 2011, 1949, rkr., mit Anm. Matthes = DStRE 2012, 447).

Ein Verzögerungsgeld nach § 146 Abs. 2b AO kann auch dann verhängt werden, wenn Unterlagen im Rahmen einer Außenprüfung nicht fristgerecht vorgelegt werden. Im Rahmen des Erschließungsermessens hat das Finanzamt Verschuldensaspekte zu prüfen, auch wenn diese – anders als etwa beim Verspätungszuschlag nach § 152 AO – im Tatbestand des § 146 Abs. 2b AO nicht genannt sind. § 335 AO ist bei Festsetzung eines Verzögerungsgeldes weder direkt noch analog anwendbar, sodass der Vollzug auch nach Vorlage der Unterlagen nicht einzustellen ist (so Schleswig-Holsteinisches FG, Urteil vom 01.02.2011, 3 K 64/10, DStRE 2011, 746; ebenso Hopp/Bruns, DStR 2012, 1485, 1490).

Die bloße Androhung eines Verzögerungsgeldes stellt auch dann nicht zwingend einen AdV-fähigen Verwaltungsakt dar, wenn diesem eine Rechtsbehelfsbelehrung angefügt ist (FG Rheinland-Pfalz, Beschluss vom 29.07.2011, 1 V 1151/11, EFG 2011, 1942, rkr. = DStRE 2011, 827 – **sehr zweifelhaft**; zustimmend jedoch Hopp/Bruns, DStR 2012, 1485, 1486).

Das Erschließungsermessen wird fehlerhaft ausgeübt, wenn ausgehend von einer Vorprägung des Ermessens jede Verletzung der Mitwirkungspflichten (§ 200 Abs. 1 AO) – unabhängig davon, ob den Steuerpflichtigen ein Schuldvorwurf trifft – grundsätzlich zur Festsetzung eines Verzögerungsgelds führt (BFH, Urteil vom 28.08.2012, I R 10/12, BStBl II 2013, 266; Urteil vom 24.04.2014, IV R 25/11, BStBl II 2014, 819). Eine Vorprägung des Erschließungsermessens im Sinne einer Ermessensreduzierung auf Null ist auch dann zu verneinen, wenn ausreichende Gründe für eine entschuldbare Fristversäumnis weder vorgetragen noch festgestellt werden. Bei der Ausübung des Entschließungsermessens ist ein Antrag auf AdV, der sich gegen die Prüfungsanordnung und die Aufforderung zur Vorlage der Buchführungsunterlagen richtet und im Zeitpunkt des Ablaufs der Vorlagefrist noch nicht beschieden ist, ungeachtet der Vollziehbarkeit der Bescheide zu berücksichtigen. Das Auswahlermessen wird fehlerhaft ausgeübt, wenn früheres Verhalten des Steuerpflichtigen, welches der Aufforderung zur Vorlage der Unterlagen vorausging, bei der Bemessung der Höhe des Verzögerungsgelds berücksichtigt worden ist (BFH, Urteil vom 24.04.2014, IV R 25/11, BStBl II 2014, 819). Für die gerichtliche Kontrolle der von dem Finanzamt bei der Festsetzung eines Verzögerungsgelds zu treffenden Ermessensentscheidung ist auf die Sach- und Rechtslage in dem Zeitpunkt der letzten Verwaltungsentscheidung – regelmäßig den Zeitpunkt der Einspruchsentscheidung – abzustellen. Ist danach ein geänderter Bescheid erlassen worden, der gemäß § 68 FGO zum Gegenstand des Verfahrens geworden ist, ist auf die Sach- und Rechtslage im Zeitpunkt des Erlasses dieses Änderungsbescheids abzustellen. Werden die angeforderten Unterlagen noch vor dem maßgeblichen Beurteilungszeitpunkt ganz oder teilweise eingereicht, ist dieser Umstand im Rahmen der Ausübung des Entschließungs- und Auswahlermessen zu berücksichtigen. Ist der gemäß § 68 FGO zum Gegenstand des Verfahrens gewordene Bescheid über die Festsetzung des Verzögerungsgelds aufzuheben, so ist der ursprüngliche und lediglich suspendierte Bescheid aufzuheben, soweit er ebenfalls rechtswidrig ist (BFH Urteil vom 26.06.2014, IV R 17/14, BFH/NV 2014, 1507).

Bei der Ausübung des Auswahlermessens zur Festsetzung eines Verzögerungsgeldes darf bei mehreren Pflichtverletzungen der Mindestbetrag von 2.500 € nicht lediglich vervielfältigt werden (FG Hamburg, Beschluss vom 16.11.2011, 2 V 173/11, EFG 2012, 382 mit Anm. Claßen).

Ein Verzögerungsgeld gem. § 146 Abs. 2b AO kann trotz der systematischen Stellung dieser Regelung im 1. Unterabschnitt des Zweiten Abschnitts des Vierten Teils der AO (Überschrift: Führung von Büchern und Aufzeichnungen) auch gegenüber **nicht buchführungspflichtigen Stpfl.** festgesetzt werden (FG Baden-Württemberg, Urteil vom 25.01.2012, 4 K 2121/11, EFG 2012, 1318, rkr. = DStRE 2013, 240).

Eine den Mindestsatz überschreitende Festsetzung eines Verzögerungsgeldes leidet an einem (unheilbaren) Begründungsmangel, wenn die Finanzbehörde nicht spätestens in der Einspruchsentscheidung die für die Ausübung des Auswahlermessens maßgebenden Erwägungen zumindest andeutungsweise in der betreffenden Ermessensentscheidung darlegt (äußerer Ermessensfehler).

Wird bei Abfassung der Einspruchsentscheidung die Tatsache unberücksichtigt gelassen, dass die von der Betriebsprüfungsstelle angeforderten Unterlagen bzw. erbetenen Auskünfte zwischenzeitlich (wenngleich verspätet) nach Ergehen der Festsetzung des Verzögerungsgeldes eingereicht bzw. erteilt worden sind, liegt ein Ermessensfehlgebrauch (innerer Ermessensfehler) vor (FG Berlin-Brandenburg, Beschluss vom 23.02.2012, 3 V 3006/12, EFG 2012, 1225, rkr.; zur Ermessensproblematik eingehend Hopp/Bruns, DStR 2012, 1485, 1487 ff.).

Der Verhältnismäßigkeitsgrundsatz ist auch bei der Entscheidung, ob gegenüber dem Stpfl. ein Verzögerungsgeld nach § 146 Abs. 2b AO in Höhe von mindestens 2.500 € festgesetzt wird, zu beachten. Hiernach ist es dem Finanzamt verwehrt, im Rahmen der Ausübung seines sog. Entschließungsermessens von einer Vorprägung in dem Sinne auszugehen, dass jede Verletzung der Mitwirkungspflichten (§ 200 Abs. 1 AO) – unabhängig davon, ob den Stpfl. ein Schuldvorwurf trifft – grundsätzlich zur Festsetzung eines Verzögerungsgeldes führt. Der Verhältnismäßigkeitsgrundsatz schließt es ferner aus, dass das Finanzamt der Ausübung seines Erschließungsermessens die Summe (Bündel) der Pflichtverletzungen zugrunde legt, bei der anschließenden Ermessensentscheidung dazu, ob es – im nämlichen Fall – angemessen und zumutbar ist, den Mindestsatz zu überschreiten (sog. Auswahlermessen), hingegen auf die einzelne Pflichtverletzung abstellt und diese jeweils – ohne weitere die Gesamtheit der Verstöße betreffende Erwägungen – in Höhe von 2.500 € (Mindestsatz) sanktioniert (BFH, Urteil vom 28.08.2012, I R 10/12, BStBl II 2013, 266; BFH, Urteil vom 24.04.2014, IV R 25/11 BStBl II 2014, 819; hierzu Werth, DStZ 2013, 416, 418 f.; siehe auch Schleswig-Holsteinisches FG, Beschluss vom 25.09.2013, 2 V 102/13, EFG 2013, 1985, rkr.).

Bei Nichtvorlage der von der Betriebsprüfung angeforderten Unterlagen betreffend die Einkünfte aus Vermietung und Verpachtung kann grundsätzlich ein Verzögerungsgeld festgesetzt werden. Das Entschließungsermessen ist aber nicht dergestalt vorgeprägt, dass eine Verletzung der Mitwirkungspflicht im Rahmen der Außenprüfung zur Festsetzung eines Verzögerungsgeldes regelmäßig ausreicht. In das Erschließungsermessen sind alle entscheidungserheblichen Umstände einzubeziehen, insbesondere Verschuldensaspekte, auch wenn dies im Tatbestand des § 146 Abs. 2b AO nicht genannt wird (FG Berlin-Brandenburg, Beschluss vom 23.10.2012, 5 V 5284/12, EFG 2013, 96, rkr. = DStRE 2013, 878).

Das Entschließungsermessen ist durch das Vorliegen der Tatbestandsvoraussetzungen des § 146 Abs. 2b AO (Verzögerungsgeld) nicht vorgeprägt. Bei Begründung des Entschließungsermessens sind Gesichtspunkte wie der Umfang der Auskunfts- und Vorlageverpflichtung, die im Einspruchsverfahren zwischenzeitlich größtenteils erfolgte Erfüllung und der Umfang der eingetretenen Verzögerung zu berücksichtigen. Insbesondere sind Ausführungen zur **Verhältnismäßigkeit** erforderlich (Schleswig-Holsteinisches FG, Urteil vom 05.12.2012, 2 K 9/12, EFG 2013, 264, rkr. = DStRE 2013, 818; hierzu eingehend Pflaum, StBp 2022, 220, 221 ff.).

Folgendes Problem ist – soweit ersichtlich – von der Judikatur noch nicht behandelt worden, nämlich ob ein **Verzögerungsgeld** auch in einem **laufenden Steuerstrafverfahren** angewendet werden kann oder nicht. Dies ist mit der Begründung zu verneinen, dass dadurch das Selbstbelastungsverbot des Stpfl. im Steuerstrafverfahren in unzulässiger Weise ausgehöhlt wird, da schließlich das Verzögerungsgeld – auch wenn es eine steuerliche Nebenleistung eigener Art ist – als eine spezielle Variante der Zwangsmittel zu qualifizieren ist, die unstreitig im Steuerstrafverfahren nicht angewandt werden kann (Hinweis auf § 393 Abs. 1 AO; so auch Antwort 9 des Fragen- und Antwortenkatalogs mit BMF vom 22.04.2010, www.bundesfinanzministerium.de, Suchbegriff „Verzögerungsgeld“; Wulf, Die AG 2011, 819, 822; Dißars, NWB 2012, 796 ff., Stbg 2012, 433 ff.; Pflaum, StBp 2022, 220, 224 ff.).

XIV. Schätzung in der Betriebsprüfung

Schrifttum:

Anders/Gärtner	Manipulationssicherheit in der Bargeldbranche durch Einzelaufzeichnungen, Stbg 2016, 67
Bachmann/ Richter/Steinborn	Führt ein anderer Anpassungstest in der Außenprüfung zu einer anderen Schlussfolgerung?, StBp 2019, 38
Bahlburg	Wenn der Betriebsprüfer dreimal schätzt!, StuB 2015, 851
Barthel	Schätzung aufgrund von Kassenmängeln, Stbg 2016, 80

ders.	Betriebsprüfung: Maßstäbe zur Überprüfung von Schätzungen, Stbg 2016, 388
ders.	Die griffweise Schätzung, Stbg 2017, 315
ders.	Skalierte Außenprüfung, Stbg 2018, 115
ders.	Schätzung: Über den Sinn und Unsinn von Plausibilisierungen, Stbg 2018, 399
ders.	Schätzung – Problemfelder aus der Prüfungspraxis, StBp 2024, 218
Bauhöfer	Das Konfidenzniveau und andere Hindernisse bei der Anwendung des Monetary Unit Samplings in der steuerlichen Betriebsprüfung, StBp 2021, 31
Becker	Der Gesetzentwurf des BMF zum Schutz von Manipulationen an digitalen Grundaufzeichnungen, DB 2016, 1090 (Teil 1), DB 2016, 1158 (Teil 2)
Becker/Danielmeyer/Neubert/Unger	„Digitale Offensive" der Finanzverwaltung: Die Schnittstellen-Verprobung (SSV), DStR 2016, 2983
Becker/Giezek/Webel/Wähnert	Der Beanstandungsanlass nach § 158 AO, DStR 2016, 1878
Becker/Schümann/Wähnert	Aktuelle Rechtsprechung zur Neuen Prüfungstechnik: Summarische Risikoprüfung (SRP) und Quantitätsschätzung, DStR 2017, 1241
Bellinger	Gesetz zum Schutz vor Manipulationen an digitalen Grundaufzeichnungen, StBp 2016, 336
ders.	Steht die Richtsatzsammlung als Hinzuschätzungsgrundlage vor dem Aus? Zum Beschluss des BFH vom 14.12.2022, X R 19/21, StBp 2023, 235
Beyer	Praxishinweise zur Schätzungsabwehr im steuerlichen und strafrechtlichen Verfahren, steuerberater intern, Beilage Nr. 11 vom 22.05.2018 (Teil I), und Beilage Nr. 13 vom 18.06.2018 (Teil II) und Beilage Nr. 15 vom 16.07.2018 (Teil III)
ders.	Einzelaufzeichungspflicht in Gastronomie bei offener Ladenkasse, steuertip Beilage Nr. 36 vom 05.09.2019

ders.	Aktuelles zur Schätzung mit BMF-Richtsatzsammlung und Ausbeutekalkulation mit 30/70-Methode, Hinweise für Betriebsprüfungen und Steuerstrafverfahren im Gastronomiebereich, NWB 2019, 3479
ders.	Steuerberatungsauftrag bei Mandanten mit Kasse, steuerberater intern, Beilage Nr. 8 vom 07.04.2020
ders.	Schätzung im Steuerstrafrecht, NWB 2020, 825
ders.	Keine automatische Schätzungsbefugnis bei manipulierbarer Rechnungssoftware, NWB 2023, 485
ders.	Richtsatzsammlung auf dem Prüfstand des BFH, NWB 2023, 2299
ders.	Abwehr von Schätzungen aufgrund der Richtsatzsammlung, steuerberater intern, Beilage Nr. 18 vom 12.09.2023, 1
ders.	Die Abwehr von Teil- und Vollschätzungen in der Betriebsprüfung, steuerberater intern, Beilage Nr. 06 vom 26.03.2024, 1
Billig	Chi-Quadrat-Test allein kein ausreichender Beweis für das Vorliegen einer nicht ordnungsgemäßen Buchführung, DB 2011, Heft 48, M 10
Bilsdorfer/ Kaufmann	Vom Sinn oder Unsinn von Sicherheitszuschlägen, DStR 2023, 814
Blenkers	Chi-Test, oder „Jeder Mensch hat seine Lieblingszahl“, StBp 2003, 261
Bleschick	Der kalkulierte Beanstandungsanlass: Kein Nachweis von Mehrergebnissen durch die Summarische Risikoprüfung, DStR 2017, 353 und DStR 2017, 426
ders.	Neuere Rechtsprechung zu Dauerbrennern im Kassen- und Außenprüfungsrecht, steuerberater intern, Beilage 2 vom 30.01.2024, 1
Böhler/L’habitant	Kritische Anmerkungen zur Anwendung des Monetary Unit Sampling (MUS) Verfahrens bei der Überprüfung von Umsatzsteuerfestsetzungen, UR 2021, 925
Brete	Das Märchen von der Verfahrensdokumentation, DStR 2019, 258

Brill	Der neue Anwendungserlass zu § 146a AO für elektronische Aufzeichnungssyteme, NWB 2020, 575
Brinkmann	Der so genannte Sicherheitszuschlag, StBp 2014, 29 (Teil I) und 69 (Teil II)
ders.	Die Begründung des Sicherheitszuschlags, StBp 2018, 212
ders.	Verwerfung der Buchführung bei fehlenden Kassenprogrammierkontrollen, StBp 2018, 19
ders.	Schätzungen im Steuerrecht, 5. Auflage (2020)
ders.	„GoBD 2020" – Praxisrelevante Neuregelungen, StBp 2020, 163
Burghardt/Groß	Schutz vor Manipulationen an digitalen Grundaufzeichnungen, WPg 2018, 796
Burkhard	Mit dem PC durch Chi^2-Test und Zeitreihenvergleich „vergessene Einnahmen aufspüren", StBp 2006, 61
ders.	Verwerfung der Buchführung bei fehlenden Kassenprogrammierprotokollen, StBp 2018, 19
ders.	Die Blackbox Richtsatzsammlung, StBp 2023, 358
ders.	Der Sicherheitszuschlag, StBp 2024, 46
Danielmeyer	Die Renaissance der Richtsatzschätzung, StBp 2023, 117
Danielmeyer/ Neubert/Unger	Praxiserfahrungen zu Vorsystemen-Prüffeld, StBp 2016, 322
Diller/Schmid/ Späth/Kühne	Zifferntests in der Betriebsprüfung – Chancen und Risiken, DStR 2015, 311
Doege	Die (un-)mögliche Befreiung von der Belegausgabepflicht, DStR 2020, 692
Drüen	Die Kontrolle der Kassenbuchführung mit Hilfe statistischer Testverfahren, PStR 2004, 18
Durst	Voraussetzungen und Grenzen der Schätzungsbefugnis im Besteuerungs- und Steuerstrafverfahren, KÖSDI, 2020, 21743
Eichhorn	Ein Plädoyer für die offene Ladenkasse, StBp 2016, 303
ders.	Wegweiser des BFH zur Diskussion über die „offene Ladenkasse" und zur Hinzuschätzungspraxis der Betriebsprüfung, DStR 2017, 2470;

Engelberth	Aufbewahrung digitaler Unterlagen bei Bargeschäften, StBp 2011, 193
Engelen/Höpfner	Ausgewählte Zweifelsfragen zu § 146a AO iVm der KassenSichV und ihre ordnungswidrigkeitsrechtlichen Konsequenzen, DStR 2020, 1985
Freitag	Chi-Quadrat-Anpassungstest und Benford's Law: Statistische Testverfahren im Rahmen steuerlicher Prüfungen, BB 2014, 1693
Gebbers	Analyse der Rechtsprechung zum Chi-Quadrat-Test in der Außenprüfung – Anwendung zur Prüfung von Erlösen und Fahrtenbüchern, StBp 2008, 209 (Teil I) und 290 (Teil II)
Gehm	Vorschriften zur Führung elektronischer Kassen, Steuer & Studium 2018, 512
ders.	Schätzungen im ertragsteuerlichen Bereich – eine aktuelle Betrachtung, EStB 2019, 237
ders.	Doppelverkürzungen im gastronomischen Bereich, NWB 2020, 2746
ders.,	Geständnis bei Schätzung im Steuerstrafverfahren, PStR 2023, 124
Giezek/Wähnert	Wahrscheinlichkeitstheorie in der Betriebsprüfung, DB 2018, 472
dies.	Anwendung des Monetary Unit Sampling in der Betriebsprüfung, NWB 2022, 980
Goldshteyn	Aufbewahrungspflichten bei Bargeschäften, DB 2011, 614
Goldshteyn/ Thelen	GoBD – alter Wein in neuen Schläuchen oder zeitgemäße Anforderungen an die Ordnungsmäßigkeit der Buchführung, FR 2015, 268
dies.	Neue GoBD im Falle einer IT-gestützten Buchführung, StBp 2015, 289;
Graw	Nichtigkeit von Schätzungsbescheiden wegen Nichtberücksichtigung negativer Einkünfte, DB 2011, Heft 11, M 10
Haas	Betriebswirtschaftliche Lohnkalkulation im Rahmen einer Betriebsprüfung, DStR 2015, 600

Henn	GoBD-Zweifelsfragen: Erfassung in Grundbüchern oder Grundaufzeichnungen sowie zeitgerechte Buchungen und Aufzeichnungen, DB 2015, 2660
ders.	Die GoBD 2019 (GoBD 2.0) – ein sinnvolles Update?, DB 2019, 1816
Henn/Kuballa	Streitpunkt: Unveränderbarkeit von (elektronischen) Büchern, Aufzeichnungen und Unterlagen, DB 2016, 2749
dies.	Steuerliche Einordnung und Anerkennung von Bankkontoauszügen und Kontoumsatzdaten, DB 2016, 1900
Herrfurth	Die neuen GoBD zur DV-geschützten Buchführung und zum Datenzugriff, StuB 2015, 250
ders.	Aufzeichnungen bei Verwendung einer offenen Ladenkasse und Zulässigkeit einer Quantilsschätzung bei Zeitreihenvergleichen, StuB 2017, 847
ders.	Drei Jahre GoBD-Anwendung – höchste Zeit für grundlegende Anpassung des BMF-Schreibens vom 14.11.2014, StuB 2018, 167
ders.	GoBD-Update 2019 – Überfällige Anpassungen will das BMF maßvoll umsetzen, StuB 2020, 667
Hollatz	Hinzuschätzung wegen Verletzung der Aufzeichnungs- und Buchführungspflichten (FG Köln, Beschluss vom 15.07.2014, 6 V 1134/14), DB StR kompakt DB 1160,783
Iser	Kassenfehlbeträge und Kalkulationsdifferenzen bei der GmbH, GmbH intern, Beilage Nr. 20 vom 06.10.2014, 1 (Teil I) und Beilage Nr. 21 vom 20.05.2015, 1 (Teil II)
Jansen	Begründungstiefe in Fällen der Hinzuschätzung, StBp 2021, 57
ders.	Einzelaufzeichnung, StBp 2022, 214
Kaligin	Anforderungen der Finanzverwaltung an die Kassenbuchführung, Steuerberater intern, Beilage Nr. 20 vom 06.10.2014, 1
ders.	Die Schätzung in der Betriebsprüfung, steuerberater intern Beilage Nr. 9 vom 04.05.2015, 1

Kamps	Streit um Schätzung, Verprobung und Kassenbuchführung insbesondere bei bargeldintensiven Geschäftsbranchen in der Betriebsprüfung, Stbg 2016, 201
Karadag	Kasse – Schätzung – Haftung, Stbg 2017, 87
Klein	Zur Zukunft der Richtsatzsammlung, StBp 2024, 260
Kolbe	Hinzuschätzung und verdeckte Gewinnausschüttung, StuB 2021, 757
Korth	GoBD – Antworten des Steuerberaters auf negative Prüfungsfeststellungen, Stbg 2015, 224
Kraft	Ausbeutekalkulation als anerkannte Schätzungsmethode, DB 2017, 1117
Kramer	Hochrechnung als Mittel strafrechtlicher Schätzung?, NJW 2022, 1205
Kratzsch/Rabe	Mathematisch-statistische Methoden in der Betriebsprüfung, StB 2010, 162 (Teil I) und 191 (Teil II)
Kreft	Hinzuschätzung bei Verwendung einer objektiv manipulierbaren Registrierkasse, DB 2023, 482
Kulosa	Mathematisch-statistische Schätzungsmethoden in der Betriebsprüfung, DB 2015, 1797
Levedag	Anforderungen an die Rechtmäßigkeit von Schätzungsbescheiden, GmbHR 2018, R 116
Lüngen/Resing	Ordnungsgemäße Kassenbuchführung beim Betrieb von Warenautomaten, Stbg 2015, 300
Mehret/Wähner	Prüfungsnetze vs. Einzelmethode: Ein wichtiger (bisher) verkannter Vorteil der Summarischen Risikoprüfung (SRP), DStR 2018, 314
Meixner	Fehlerhafte Kassen-/Buchführung und Schätzungsbescheide – ein Fall der Steuerberaterhaftung?, DStR 2018, 2352
Neufang/ Bohnenberger	Schätzungsbefugnis im Rahmen einer Betriebsprüfung – Hinweise für eine erfolgreiche Abwehrberatung, StB 2017, 15
Nordhoff	Methodische Hinweise zum Umgang mit nicht behebbaren Messunsicherheiten im Rahmen der statistischen Datenanalyse und Steuerschätzung, DB 2020, 417

Oberbörsch	Verteidigung gegen eine (Bar-)Geldverkehrsrechnung, PStR 2023, 80
Peters	Voraussetzungen und Grenzen von Schätzungsbefugnissen im steuerlichen und finanzgerichtlichen Verfahren, wistra 2019, 201
ders.	Erfolgreich im finanzgerichtlichen Verfahren, Stbg 2020, 307
Petersen	Benford's Law und die Betriebsprüfung, Stbg 2015, 506 und 516
Pieske-Kontny	Steuerliche Aufzeichnungspflichten im „horizontalen Gewerbe", StBp 2019, 186
ders.	Gewinnschätzung bei einem unverschuldeten Verlust der Buchführungsunterlagen?, StBp 2020, 278
Posch	Digitale Ziffernanalyse, StBp 2010, 338
Pulch/Pietrzak	Eine kritische Betrachtung der GoBD, WPg 2018, 741
Pump	Die ungenutzten Möglichkeiten zur Sicherung der Einzeltransaktionen gem. § 146 Abs. 4 AO bei Registrierkassen und Taxametern – INSIKA als technische Lösung, um Vollzugsdefizite bei bargeldintensiven Betrieben zu vermeiden, DStZ 2014, 250
ders.	Der teure Verzicht auf Verwendung einer Registrierkasse, DStZ 2014, 648
ders.	Die Einzelaufzeichnungspflicht von Barerlösen bei offenen Ladenkassen bei Umsatzsteuer und Einkommensteuer, StBp 2015, 1
ders.	Die Kassenbuchführung im bargeldintensiven Betrieb am Beispiel des Friseurs (§§ 158, 162 AO), StBp 2016, 131, StBp 2016, 169, StBp 2016, 289, StBp 2016, 327
ders.	Die offene Ladenkasse mit summarischer Kassenführung als Systemfehler gem. § 158 AO, StBp 2017, 84
ders.	Die offene Ladenkasse mit Kassenbericht im bargeldintensiven Betrieb und § 22 UStG, StBp 2017, 150
ders.	Der große Bluff, StBp 2022, 244;
ders.	Die offene Ladenkasse als Ursache von ernsthaften Vollzugsdefiziten, StBp 2024, 193

Pump/Heidl	Hilfestellung bei der Kassenführung durch den steuerlichen Berater, StBp 2014, 162 (Teil I) und 204 (Teil II)
Pump/Kläne	Trainingsspeicher bzw. Trainingskellner als Ursache der fehlerhaften Kassenführung bei Registrierkassen, DStZ 2015, 974
Rennar	Einsatz von zertifizierten technischen Sicherheitseinrichtungen (TSE) in Kassensystemen, StuB 2020, 597
Ritzrow	Umsatz- und Gewinnschätzung, StBp 2003, 265 (Teil I) und 302 (Teil II)
Scherer	Kassenberichte – Fehlerquellen und Kontrollmöglichkeiten, StBp 1995, 193
ders.	Aufzeichnungs- und Aufbewahrungspflichten für Taxiunternehmen, StBp 2015, 51 (Teil I) und 47 (Teil II)
Schiffers	Aktualisierung der GoBD – Konsequenzen in der Praxis der GmbH, GmbHR 2020, 308
Schlegel	Monetory Unit Sampling (MUS), StBp 2020, 350
Schmallowski, T./ Schmallowski, K.	Anwendung statistischer Verfahren und künstlicher Intelligenz in der Betriebsprüfung, StBp 2024, 190
Schmidt	Monetary Unit Sampling (MUS) – ein kurzer Überblick, NWB 2022, 328
Schmidt-Liebig	Steuerliche und strafrechtliche Folgen von Kassenfehlbeträgen, NWB, Fach 17, 1297
Schmittmann/ Sinnig	Verfahrensrechtliche Aspekte im Steuerrecht in der Informationstechnologie (Teil III), StB 2021, 260
Schneider/ Hoffmann/Hage	Hinzuschätzungen bei Bargeldgeschäften, Stbg 2012, 313
Schöler	Einfluss der Gewinnermittlungsart auf die Schätzung des Steuerschadens im Steuerstrafverfahren, wistra 2024, 105
Schoppe/Stumpf	Was sind im Wesentlichen unverwertbare Aufzeichnungen?, BB 2014, 1116
Schütt	Mathematisch-statistische Methoden in der Außenprüfung, StBp 2018, 323

Schütte/Götz	GoBD 2019 – Eine Übersicht über die wesentlichen Neuerungen, DStR 2020, 90
Schützeberg	Voraussetzungen einer Schätzung, PStR 2022, 6
Schumann	Zentrale Aspekte des BMF-Schreibens vom 14.11.2014, EStB 2015, 297
Seeger	Nichtigkeit eines Schätzungsbescheides, DStZ 2010, 911
Seifert	Neues zur TSE-Nachrüstung, StuB 2020, 763
ders.	Amtliche Richtsatzsammlung vor dem Aus?, StuB 2023. 471
ders.	Aktuelles zur Schätzung von Außenprüfungen, StuB 2023, 629
Skalecki	Ordnungsmäßige Kassenführung bei Mehrfilialbetrieb mit proprietärem Kassensystem – (Hinzu) Schätzung durch Sicherheitszuschlag und Programmierprotokolle, NWB 2018, 2551
Slahor/Weber	Gewinnschätzungen im Steuerverfahren: Problematische Anwendung der „Amtlichen" Richtsatzsammlung, DStR 2020, 2058
Sosna	Statistische Ziffernanalyse, StBp 2004, 249 (Teil I), 2005, 97 (Teil II)
Spatscheck/Falk	Ermittlungen im Gastronomiebetrieb, Stbg 2016, 296
Steck	Rechtsfolgen fehlerhafter Schätzung von Besteuerungsgrundlagen, NWB 2021, 1731
Stolz	Schätzungen im Steuerrecht, steuertip Nr. 2 vom 13.01.2012, 1
Talaska	Hinzuschätzungen – Ungeeignetheit eines Chi-Quadrat-Tests, Stbg 2012, 72
Talaska/Joosten	Manipulierbarkeit und Manipulation von Kassen – zugleich Besprechung des Urteils des BFH vom 28.11.2023 X R 3/22, Stbg 2024, 254
Teutemacher	Wie Vertriebsmitarbeiter von Kassen in den Fokus des FA geraten, PStR 2023, 34
Valder	Schätzung: Keine Bedenken gegen Kalkulation nach 30/70-Methode, PStR 2017, 131
ders.	Kann ein PC-gestütztes Kassensystem als nicht manipulierbar angesehen werden?, PStR 2017, 200

ders.	Schätzung: Hefekalkulation nicht auf alle Prüfungsjahre übertragbar, PStR 2019, 116
Vetten/Gerster	Aktuelles zu den GoBD – Plädoyer für eine pragmatische Vorgehensweise, NWB 2019, 3778
Völkel	GoBD-Rechnungswesen im Fokus der Finanzverwaltung, Stbg 2015, Heft 3, I
Wacker	Die Kasse in der Betriebsprüfung und der BFH – eine unendliche Geschichte mit gutem Ende?, StBp 2019, 341
Wähnert	Die Anwendung von Wahrscheinlichkeitstests in der Außenprüfung, StBp 2007, 65
ders.	Digitale Manipulation – Bedrohung für das Steueraufkommen –, StBp 2010, 56
ders.	Die Ziffernanalyse als Bestandteil zeitgemäßer Prüfungsansätze, StBp 2012, 241
ders.	Eine Antwort auf Petersens „wissenschaftshistorische“ Betrachtung des Benford's Law: Sachgerechte Maßstäbe für die Neue Prüfungstechnik, Stbg 2015, 511
ders.	Verteilungsbasierte Schätzungen im Steuerstrafrecht, StBp 2015, 92
ders.	Die Unterschiedlichkeit von Zeitreihenmodellen, StBp 2016, 61
ders.	Zeitgemäße Datenanalyse der Betriebsprüfung, DB 2016, 2627
ders.	Schätzungen mit Hilfe von Zeitreihenanalysen, StBp 2017, 323
ders.	Das Beweismaß des Besteuerungsverfahrens, StBp 2018, 199
ders.	Missverständnisse zur Quantilsschätzung – Schätzungen mit IT-gestützten quantitativen Methoden, DStR 2022, 1470
ders.	Bundesrechnungshof: „[E]inheitliche Maßstäbe für den Einsatz IT-gestützter Prüfungsmethoden“, StBp 2022, 3
Wargowske	Steuerkontrollsysteme und Systemprüfung im dynamischen Prozess der Besteuerung, IStR 2022, 852

Waschbusch/ Schuster	Neufassung der „Grundsätze zur ordnungsmäßigen Führung und Aufbewahrung von Büchern, Aufzeichnungen und Unterlagen in elektronischer Form sowie zum Datenzugriff (GoBD)" – Überblick über die Änderungen, StB 2019, 253 – Teil 1 und StB 2021 – Teil 2
Watrin/Struffert	Benford's Law und Chi-Quadrat-Test – Chancen und Risiken des Einsatzes bei steuerlichen Prüfungen, DB 2006, 1748
dies.	Deutung von Zeitreihenauffälligkeiten, StBp 2014, 97
Watrin/Ullmann	Ziffernanalyse in der steuerlichen Betriebsprüfung: Voraussetzungen, Funktionsweise, Anwendungsmöglichkeiten, WPg 2009, 98
Weber	Wahrscheinlichkeiten im Steuerstrafverfahren: Problematische Anwendung der „Amtlichen" Richtsatzsammlung des Steuerrechts, StBp 2021, 22
ders.	Wahrscheinlichkeiten in der AO und FGO, StBp 2021, 108
ders.	SRP gegen die Rechtsprechung … und den Rest der Welt, PStR 2023, 65
ders.	Anstehende Grundsatzentscheidung des BFH „zur Amtlichen Richtsatzsammlung" und Stellungnahme des BFH, Stbg 2024, 121
Weber/Blank	Die neue digitalen Aufzeichnungspflichten nach GoBD – Nur alter Wein in neuen Schläuchen?, Stbg 2016, Heft 3, I
Wegner	Schätzung zulässig bei Schwarzgeschäften zwischen Lieferant und Inhaberin eines Döner-Imbiss, PStR 2018, 307
ders.	PC-Kassensystem: FG hatte Beweisantrag des Klägers nicht berücksichtigt, PStR 2019, 28
ders.	Hinzuschätzung bei manipulierten Kassenaufzeichnungen, PStR 2019, 81
ders.	Schätzung von Auslandskapitaleinkünften, DStR 2021, 181
ders.	Hinzuschätzung von Betriebseinnahmen bei ungeklärter Mittelherkunft beim Gesellschafter, PStR 2023, 4

ders.	Richtsatzsammlung – oder: Schluss mit der behördlichen Black-Box, PStR 2023, 148
ders.	Erlöse hinzuschätzen bei einem Taxibetrieb, PStR 2024, 198
Weimann/Grobbel	Zur prüfungssicheren Archivierung von E-Rechnungen („Ablage"), StB 2014, 324
Wenzel	Die Schätzung im Steuerstrafrecht, NWB 2023, 3505 (Teil 1) und 2024, 39 (Teil 2) und 2024, 105 (Teil 3)
Wied	Neufassung der GoBD im Überblick, BBK 2019, 1181
Wiggen	Die Beweiskraft des Zeitreihenvergleichs, StBp 2008, 168 – Teil 1 Stbg 2020, 121
Wilke	Monetary Unit Sampling in der Außenprüfung – Teil 1, StBp 2022, 265; Teil 2, StBp 2023, 18
Wolenski	Das Zeitreihenurteils des X. Senats des BFH vom 25.03.2015, Stbg 2016, 268
Wulf	Streit um die Ordnungsmäßigkeit der elektronischen Kassenführung, Stbg 2016, 502
Wulf/Schüller	Vorgaben des BFH zur Kassenbuchführung und Schätzungsbefugnisse des FA im digitalen Zeitalter, DB 2019, 328

Verwaltungsanweisungen:

1. BayLfSt, Verfügung vom 19.05.2014, S 0317.1.1. – 3/3, StuB 2014, 520 betr. Aufbewahrung und Archivierung von elektronischen Kontoauszügen
2. BMF, Schreiben vom 14.11.2014, IV A 4 – S 0316/13/10003 DOK 2014/0353090, BStBl I 2014, 1450 betr. Grundsätze zur ordnungsgemäßen Führung von Aufzeichnungen und Unterlagen in elektronischer Form sowie zum Datenzugriff (GoBD)
3. BMF, Schreiben vom 05.05.2015, IV D 3 – S 7015/15 10001 DOK 2015/0362174, UR 2015, 447 betr. Grundsätze zur ordnungsgemäßen Führung und Aufzeichnungen von Büchern und Aufzeichnungen von Unterlagen in elektronischer Form sowie zum Datenzugriff (GoBD) – Änderung des Umsatzsteuer-Anwendungserlasses aufgrund des BMF-Schreibens v. 14.11.2014, IV A 4 – S 0316/13/10003 DOK 2014/0353090 BStBl I 2014, 1450

4. BMF, Schreiben vom 19.06.2018, IV A 4 – S 0316/13/10005 :053 DOK 2018/0427877, BStBl I 2018, 706 betr. Neufassung des § 146 Abs. 1 AO durch das Gesetz zum Schutz vor Manipulationen an digitalen Grundaufzeichnungen vom 22. Dezember 2016; Anwendungserlass zu § 146 AO
5. OFD Karlsruhe, Verfügung vom 26.07.2018, S 0315 – St 42, DStR 2019, 108 betr. Ordnungsmäßigkeit der Kassenbuchführung
6. BMF, Schreiben vom 17.06.2019, IV A 4 – S 0316-a/18/10001 DOK 2019/0511938, BStBl I 2019, 518 betr. Einführung des § 146 Abs. 1 AO durch das Gesetz zum Schutz vor Manipulationen an digitalen Grundaufzeichnungen vom 22. Dezember 2016; Anwendungserlass zu § 146 AO
7. BMF, Schreiben vom 08.07.2019 – IV A 4 – S 1544/09/10001 – 11 DOK 2019/057 4237, BStBl. I 2019, 605 betr. Richtsatzsammlung 2018 BStBl.; OFD Karlsruhe, Verfügung vom 26.07.2018 – S 0315 – St 42, DStR 2019, 108 betr. Ordnungsmäßigkeit der Kassenbuchführung
8. BMF, Schreiben vom 06.11.2019, IV A 4 – S 0319/19/10002 :001 DOK 2019/0891800, BStBl I 2019, 1010 betr. Nichtbeanstandungsregelung bei Verwendung elektronischer Aufzeichnungssysteme im Sinne des § 146a AO ohne zertifizierte technische Sicherheitseinrichtung nach dem 31. Dezember 2019
9. BMF, Schreiben vom 28.11.2019, IV A 4 – S 0316/19/10003 :001 DOK 2019/0962810, BStBl I 2019, 1269 betr. Grundsätze zur ordnungsmäßigen Führung und Aufbewahrung von Büchern, Aufzeichnungen und Unterlagen in elektronischer Form sowie zum Datenzugriff (GoBD)
10. OFD Karlsruhe, Informationen v. 10.02.2020, S 0315 – St 42, DStR 2020, 726 betr. Ordnungsmäßigkeit der Kassenbuchführung
11. OFD Karlsruhe, Merkblatt vom 31.03.2020, S 0315 – St 42, DStR 2020, 883 betr. Informationen zum Belegausgabepflicht
12. BMF, Schreiben vom 28.05.2020, IV A 4 – S 0316-a/20/10003 :002 DOK 2020/0451857, BStBl I 2020, 534 betr. Gesetz zum Schutz vor Manipulationen an digitalen Grundaufzeichnungen vom 22. Dezember 2016; Änderung des Anwendungserlasses zu § 146a
13. FinMin Baden-Württemberg, Erlass vom 10.07.2020, 3 S 031.9/4 DB 2020, 1544 betr. Gesetz zum Schutz vor Manipulationen an digitalen Grundaufzeichnungen – Nichtbeanstandungsregelung zur Aufrüstung elektronischer Aufzeichnungssysteme mit einer zertifizierten technischen Sicherheitseinrichtung (TSE)
14. OFD Karlsruhe, Verfügung vom 07.08.2020, S 0315 – St 42, DStR 2020, 2254 betr. Informationen zum Thema Ordnungsmäßigkeit der Kassenbuchführung

15. BMF, Schreiben vom 18.08.2020 IV A 4 – S 0319/20/10002 :003 DOK 2020/0794005, BStBl I 2020, 656 betr. Nichtbeanstandungsregelung bei Verwendung elektronischer Aufzeichnungssysteme im Sinne des § 146a AO ohne zertifizierte technische Sicherheitseinrichtung nach dem 31. Dezember 2019 und Anwendungserlass zur Abgabenordnung zu § 148
16. OFD Karlsruhe, Verfügung vom 07.08.2020 – S 0315 – St 42, DStR 2020, 2254 betr. Informationen zum Thema Ordnungsmäßigkeit der Kassenbuchführung
17. BMF, Schreiben vom 25.10.2021 – IV A 4 – S 0316/19/10006 :009 DOK 2021/1104889, BStBl. I 2021,1870 betr. Einzelaufzeichnungspflicht nach § 146 Absatz 1 Satz 1 AO; Nutzung von Aliasbescheinigungen nach § 5 Absatz 6 ProstSchG
18. BMF, Schreiben vom 28.11.2022 – IV A 8 – S 1544/19/10001 :006 DOK 2022/1178831, BStBl. I 2022, 1608 betr. Anwendung der Richtsatzsammlung in wirtschaftlichen Krisensituationen; Begleitschreiben zur Richtsatzsammlung
19. BMF, Schreiben vom 30.06.2023, IV D 2 – S 0316-a/20/10003 : 006 DOK 2023/0631092, BStBl I 2023, 1076 betr. Neufassung des Anwendungserlasses zu § 146a AO;
20. BMF, Schreiben vom 05.09.2023 IV D 3 – S 1445/20/10007 :006 DOK 2023/0729678, BStBl I 2023, 1594 betr. Automationsgestützte quantitative Prüfmethoden in der steuerlichen Außenprüfung
21. BMF, Schreiben vom 17.09.2024, IV D3 – S 1544/19/10001:011 DOK 2024/0821252, BStBl I 2024, 1198 betr. Richtsatzsammlung für das Kalenderjahr 2023

1. Voraussetzungen für die Schätzung

Der Thematik der Schätzung kommt in der Bp seit jeher große Bedeutung zu. Die Finanzbehörde hat die Besteuerungsgrundlagen zu schätzen, soweit sie sie nicht ermitteln oder berechnen kann. Zu schätzen ist insbesondere dann, wenn der Stpfl. über seine Angaben keine ausreichenden Aufklärungen zu geben vermag oder weitere Auskunft oder eine Versicherung an Eides statt verweigert oder seine Mitwirkungspflicht nach § 90 Abs. 2 AO verletzt. Das Gleiche gilt, wenn der Stpfl. Bücher oder Aufzeichnungen, die er nach den Steuergesetzen zu führen hat, nicht vorlegen kann oder wenn die Buchführung oder die Aufzeichnungen der Besteuerung nicht nach § 158 AO zugrunde gelegt werden können (hierzu ausführlich Brinkmann, Schätzungen im Steuerrecht, 5. Aufl. 2020, 91 ff.;

Becker/Giezek/Webel/Wähnert, DStR 2016, 1878 ff.). Darüber hinaus hat das FG eine eigene Schätzungsbefugnis (§ 162 Abs. 1 und 2 AO; § 96 Abs. 1 FGO; FG des Landes Sachsen-Anhalt, Urteil vom 19.05.2014, 5 K 1165/10, EFG 2014, 1497, rkr.).

Die Anforderungen an den Gewissheitsgrad der richterlichen Feststellungen (das **Beweismaß**) können reduziert sein. Das Gericht kann sich dann bei der Urteilsfindung mit einer minderen als der vollen Überzeugung vom Sachverhalt zufriedengeben, es darf auf eine vollständige Sachaufklärung verzichten und sich für die Entscheidungsfindung mit einem geringeren Beweismaß als dem Regelbeweismaß begnügen. **In den Fällen, in denen Schätzungen erforderlich werden, ist das Beweismaß reduziert**. Ein Grundsatzurteil des BFH vom 15.02.1989 enthält grundlegende Ausführungen zum reduzierten Beweismaß. Der BFH führte zunächst aus, dass aus den allgemeinen, im Steuerrechtsverhältnis wurzelnden Vorschriften, wie z. B. den §§ 88, 90 ff., 140 ff., 200 AO, der Grundsatz zu entnehmen sei, dass für die wahrheitsgemäße und vollständige Aufklärung abgabenrechtlich bedeutsamer Tatsachen Finanzbehörde und Stpfl. gemeinsam verantwortlich seien. Besonders deutlich werde die Mitverantwortung des Stpfl. in der Regelung des § 162 Abs. 2 Satz 1 AO, die die Finanzbehörden (über § 96 Abs. 1 Satz 1 2. Halbsatz FGO auch die FG) bei Verletzung bestimmter Mitwirkungspflichten zur Schätzung verpflichtet und es ihnen somit erlaubt, sich mit einem geringeren Grad an Überzeugung zu begnügen, als dies i. d. R. geboten ist (Reduzierung des Beweismaßes).

Kriterien und Ausmaß der Reduzierung von Sachaufklärungspflicht und Beweismaß lassen sich nach Auffassung des BFH nicht generell festlegen, sondern nur von Fall zu Fall bestimmen. Dabei können folgende Gesichtspunkte – mit je nach den Umständen unterschiedlicher Gewichtung – bedeutsam werden:

- der Grad der Pflichtverletzung des Stpfl.,
- der Grundsatz der Verhältnismäßigkeit; in diesem Zusammenhang auch Erwägungen der Prozessökonomie,
- der Gedanke der Zumutbarkeit,
- die gesteigerte Mitverantwortung aus vorangegangenem Tun – z. B. bei außergewöhnlicher Sachverhaltsgestaltung oder ungeordneten Verhältnissen.

Besondere Bedeutung kommt in diesem Zusammenhang dem Gedanken der Beweisnähe zu, so der BFH: Die Verantwortung des Stpfl. für die Aufklärung des Sachverhalts sei umso größer (die der Finanzbehörden und des FG umso geringer), je mehr Tatsachen oder Beweismittel der von ihm beherrschten Informations- und/oder Tätigkeitssphäre angehören (BFH, Urteil vom 15.02.1989, X R 16/86, BStBl II 1989, 462; einen kurzen praxisbezogenen Überblick gibt Kaligin, steuerberater intern vom 04.05.2015, 1 ff.; ferner Kamps, Stbg 2017, 201 ff.; Wähnert, StBp 2018, 199 ff.).

Für die Praxis bedeutet die Rechtsprechung des BFH, dass der schätzende Beamte auf „einen groben Klotz" auch einen entsprechend „groben Keil" setzen darf, d. h., dass das Fehlen von Aufzeichnungen und einer Mitwirkungsbereitschaft des Stpfl. den Sorgfaltsmaßstab für die Schätzung entsprechend verringern (einen Überblick gibt Stolz, steuertip Nr. 2 vom 13.01.2012, 1 f.). Die subjektiven und objektiven Voraussetzungen einer Steuerhinterziehung sind dem Grunde nach auch bei der Verletzung von Mitwirkungspflichten immer mit an Sicherheit grenzender Wahrscheinlichkeit festzustellen. Hinsichtlich der Höhe der hinterzogenen Einkünfte hat das FG jedoch bei einer Verletzung der Mitwirkungspflicht eine eigene Schätzungsbefugnis (BFH, Beschluss vom 09.03.2011, X B 153/10, BFH/NV 2011, 965).

Eine Schätzung ist situationsabhängig, sie richtet sich danach, welche Möglichkeiten zur genaueren Ermittlung zumutbar für den Prüfer bestehen und welche Daten zu schätzen sind. Hierbei muss nicht immer eine Vollschätzung geboten sein. Ziel einer Schätzung ist es, die Besteuerungsgrundlagen mit der höchsten Wahrscheinlichkeit zugrunde zu legen. Es ist dabei zu sehen, dass es keinen exakt ‚wahrscheinlichsten' Wert gibt, sondern stets eine Bandbreite vertretbarer Werte in Betracht kommt. Dennoch gelten Grundsätze, bei deren Nichtbeachtung ein Einspruch sinnvoll ist. Der Schätzungsumfang ist zugunsten exakter Ermittlungen möglichst gering zu halten. Dies ergibt sich aus dem Gesetzeswortlaut des § 162 AO. Eine Schätzung erfolgt, soweit Besteuerungsgrundlagen nicht zu ermitteln sind. Hinsichtlich des Umfangs sind Teil- und Vollschätzungen zu unterscheiden. Teilschätzungen kommen dann in Betracht, wenn Lücken bei den Besteuerungsgrundlage zu schließen sind. Hingegen können Vollschätzungen nur das letzte Mittel sein, sofern die erklärten Besteuerungsgrundlagen zu verwerfen sind oder keine Erklärung vorliegt (so praxisbezogen Beyer, steuerberater intern, Beilage Nr. 6 vom 26.03.2024, 1 ff. (zu Abwehrstrategien von Teil- und Vollschätzungen in der Betriebsführung)).

Zu den potenziellen Haftungsrisiken des Steuerberaters bei der steuerlichen Betreuung von Buchführungsmandaten im Hinblick auf eine fehlerhafte Kassen-/Buchführung und Schätzungsbescheiden grundlegend Brinkmann,

Schätzungen im Steuerrecht, 5. Aufl. 2020, 423ff., ferner Karadag, Stbg 2017, 87f.; Meixner, DStR 2018, 2352ff.; Beyer, steuerberater intern, Beilage Nr. 8 vom 07.04.2020, 1ff.; zur Steuerberaterhaftung wegen Schätzungsbescheiden siehe OLG Karlsruhe, Urteil vom 06.09.2023 7 U 162/22, DStR 2024, 902, 904 mit Anm. Freitag/Meixner = StB 2024, 191 rkr.; ferner OLG Hamm, Urteil vom 17.09.2021 I-25 U 58/20, Stbg 2023, 236, 238f. mit Anm. Beyme [NZB eingelegt; Az. des BGH: IX ZR 158/21]).

Eine Beihilfe zur Steuerhinterziehung kann auch durch den Verkauf eines Kassensystems, einschließlich eines Manipulationsprogramms, angenommen werden (FG Rheinland-Pfalz, Beschluss vom 07.01.2015, 5 V 2068/14, DStRE 2016, 40 = wistra 2015, 284; siehe auch Teutemacher, PStR 2023, 34ff.).

2. Rechtsprechung zur Schätzung

Wie andere Bereiche des Steuerrechts (z.B. gewerblicher Grundstückshandel oder Gesellschafter-Geschäftsführer-Vergütung) wird auch der Bereich der Schätzung durch eine kaum noch zu überschauende Rechtsprechung bestimmt (Ritzrow, StBp 2003, 265ff., 302ff. – Überblick über Rechtsprechung des BFH). Wichtiger Ausgangspunkt ist, dass eine Schätzung in sich schlüssig und wahrscheinlich sein muss; ihre Ergebnisse müssen wirtschaftlich vernünftig und möglich sein (BFH, Urteil vom 18.12.1984, VIII R 195/82, BStBl II 1986, 226). Mit der Schätzung soll ein Ergebnis erreicht werden, das der Wahrscheinlichkeit möglichst nahe kommt (BFH, Urteil vom 12.04.1988, VIII R 154/84, BFH/NV 1989, 636; vgl. a. BFH, Beschluss vom 21.08.2013, III B 51/12, BFH/NV 2013, 1801); zu den Rechtsfolgen fehlerhafter Schätzung von Besteuerungsgrundlagen eingehend Steck, NWB 2021, 1731ff.

Die Frage, unter welchen Voraussetzungen eine Schätzung der Besteuerungsgrundlage zulässig ist, ist wie die Bestimmung der maßgeblichen Schätzungskriterien eine rechtliche Beurteilung. Diese obliegt dem FG, sodass hierzu die Einholung eines Sachverständigengutachtens regelmäßig nicht in Betracht kommen dürfte (BFH, Beschluss vom 14.01.2021, X B 25/20, BFH/NV 2021, 680); zur Begründungstiefe in Fällen der Hinzuschätzung s. Sausen, StBp 2021, 59ff.

Das Gericht kann von einem ungeklärten Vermögenszuwachs nur dann auf entsprechend hohe Einkünfte schließen, wenn es zu der Überzeugung gelangt, dass die in Betracht kommende Einkunftsquelle die Einkünfte in dem maßgebenden Jahr i.H. des ungeklärten Vermögenszuwachses abwerfen konnte (BFH, Urteil vom 01.01.1987, I R 284–286/83, BFH/NV 1988, 12).

Bei Mitbenutzung eines privaten Kontos des Ehegatten für betriebliche Zahlungen ist entscheidend, aus welchen Gründen dies geschieht. Ergibt sich, dass der Betriebsinhaber dafür die Veranlassung gibt, dass Betriebseinnahmen auf dem privaten Konto eingehen, liegt es in seinem Risiko- und Verantwortungsbereich, die Herkunft dort eingehender Mittelzuflüsse zu erläutern. Diese Grundsätze gelten auch dann, wenn der Betriebsinhaber das private Konto seines Ehegatten „mitnutzt" (BFH, Urteil vom 28.01.2009, X R 20/05, BFH/NV 2009, 312).

Ergeben Ermittlungen der Internetermittlungsstelle des Bundeszentralamts für Steuern, dass ein Steuerpflichtiger wiederholt und im großen Umfang gebrauchte Pkw über Internetplattformen zum Verkauf anbietet, und folgt aus sonstigen Umständen, dass der Steuerpflichtige gebrauchte Pkw veräußert hat, erzielt er Einkünfte aus Gewerbebetrieb und tätigt der Umsatzsteuer unterliegende Umsätze. Führt der Steuerpflichtige weder Bücher noch Aufzeichnungen, ist das Gericht zur Schätzung der Besteuerungsgrundlagen befugt (FG Münster, Urteil vom 19.06.2015, 14 K 3865/12 E, U EFG 2015, 1498, rkr.).

Das FG hat einen Hinweis zu erteilen, wenn die beabsichtigte Schätzungsmethode den bisher erörterten Schätzungsmöglichkeiten unähnlich ist oder die Einführung neuer Tatsachen mit sich bringt (BFH, Beschluss vom 19.01.2018, X B 60/17, BFH/NV 2018, 530).

Zu Maßstäben zur Überprüfung von Schätzungen eingehend Barthel, Stbg 2016, 388 ff.; Neufang/Bohnenberger, StB 2017, 15 ff.; ferner Beyer, steuerberater intern, Beilage Nr. 11 vom 22.05.2018, 1 ff. (Teil. I) und Beilage 13 vom 18.06.2018 (Teil II), 1 ff. und Beilage 15 vom 16.07.2018 (Teil III), 1 ff.

Auch die **griffweise Schätzung** in Form eines (Un-)Sicherheitszuschlags muss schlüssig, wirtschaftlich möglich und vernünftig sein; deshalb muss das Ergebnis dieser Schätzung vom FG ausreichend begründet und auf seine Plausibilität hin überprüft werden (BFH, Urteil vom 20.03.2017, X R 11/16; BStBl II 2017, 992 = EStB 2017, 388 m. Anm. Siebenhüter = DB 2018, 985 ff. m. Anm. Beyer; vgl. a. BFH, Beschluss vom 26.02.2018, X B 53/17 StuB 2018, 645, bestätigt durch BFH, Beschluss vom 28.06.2019, X B 76/18, BFH/NV 2019, 1113.).

Zu praktischen Anwendungsfragen des Rechtsinstituts der griffweisen Schätzung in der Betriebsprüfung anhand von zahlreichen Beispielsfällen eingehend Barthel, Stbg 2017, 315 ff.; ders., Stbg 2018, 115 ff. betr. Anwendungsfragen der skalierten Außenprüfung nebst Verwendung der Multidimensionalen Skalierung (MDS); zu einer aktuellen Betrachtung von Schätzungen im ertragsteuerlichen Bereich Gehm, EStB 2019, 237 ff.

Zur Begründung eines Sicherheitszuschlags Brinkmann StBp 2018, 212 ff.; vgl. a. zur Hinzuschätzung von Betriebseinnahmen durch einen Sicherheitszuschlag bei der Gewinnerstattung gem. § 4 Abs. 3 EStG BFH, Urteil vom 12.12.2017, VIII R 5/14 BFH/NV 2018, 602; vgl. a. zur Rechtmäßigkeit eines Unsicherheitsabschlags von den geltend gemachten Betriebsausgaben BFH, Urteil vom 12.12.2017, VIII R 6/14 BFH/NV 2018, 606; vom Sinn und Unsinn von Unsicherheitszuschlägen siehe Bilsdorfer/Kaufmann, DStR 2023, 814 ff.; siehe auch Burkhard, StBp 2024, 46 ff. aus Beratersicht.

Ist die Schätzungsbefugnis nach § 162 Abs. 1 Satz 1 AO gegeben, richten sich Höhe der Zuschätzung und „Begründungstiefe“ auch bei sog. Unsicherheitszuschlägen danach, inwieweit der Steuerpflichtige seinen Mitwirkungspflichten bei der Sachaufklärung nachkommt. Die Vernachlässigung dieser Mitwirkungspflichten darf nicht dazu führen, dass der Nachlässige einen Vorteil gegenüber demjenigen erzielt, der seine steuerlichen Pflichten ordnungsgemäß erfüllt (FG Nürnberg, Urteil vom 30.01.2019, 3 K 1419/17, EFG 2019, 1729, 1731 m. Anm. Knaupp, rkr.).

Die Rüge der falschen Rechtsanwendung und tatsächlichen Würdigung des Streitfalls durch das FG im Rahmen einer Schätzung ist im Nichtzulassungsbeschwerdeverfahren grundsätzlich unbeachtlich. Dies gilt insbesondere für Einwände gegen die Richtigkeit von Steuerschätzungen (Verstöße gegen anerkannte Schätzungsgrundsätze, Denkgesetze und Erfahrungssätze sowie materielle Rechtsfehler). Ein zur Zulassung der Revision berechtigender erheblicher Rechtsfehler aufgrund objektiver Willkür i. S. des § 115 Abs. 2 Nr. 2 Alternative 2 FGO kann allenfalls in Fällen bejaht werden, in denen das Schätzungsergebnis des FG wirtschaftlich unmöglich und damit schlechthin unvertretbar ist. Ein Verstoß gegen Denkgesetze führt bei Schätzungen wegen willkürlich falscher Rechtsanwendung zur Zulassung der Revision, wenn sich das Ergebnis der Schätzung als offensichtlich realitätsfremd darstellt. Das Vorliegen dieser besonderen Umstände ist in der Beschwerdebegründung darzulegen (BFH, Beschluss vom 05.03.2020, VIII B 30/19, BFH/NV 2020, 778).

Der Anspruch auf Gewährung rechtlichen Gehörs wird verletzt, wenn das FG in Ausübung eigener Schätzungsbefugnis für die Beurteilung der Höhe des Rohgewinnaufschlagsatzes auf eine nicht allgemein zugängliche – nur für den Dienstgebrauch bestimmte – Quelle aus dem juris-Rechtsportal („Fachinfosystem Bp NRW“) zurückgreift, ohne zuvor die hieraus entnommenen Erkenntnisse dem Kläger inhaltlich in der gebotenen Weise zugänglich gemacht zu haben (BFH, Beschluss vom 28.05.2020, X B 12/20, BFH/NV 2020, 1087 f.; vgl. a. FG Hamburg, Urteil vom 03.09.2019, 2 K

218/18, StuB 2020, 766 [NZB eingelegt] zur Anwendung einer von Nordrhein-Westfalen verwendeten Rohgewinnaufschlags bezogenen Richtsatzsammlung für Discotheken).

Die öffentlich-rechtliche Bindung eines Vereins hindert die Schätzung von Besteuerungsgrundlagen nicht, wenn die Schätzungsbefugnis dem Grunde nach gegeben ist (FG Münster vom 20.04.2023, 9 V 168/23 E, BB 2023, 1316 rkr.).

3. Die Buchführung als Ansatzpunkt für den Betriebsprüfer (Bedeutung von amtlicher Richtsatzsammlung)

Stellt die Finanzverwaltung bei einer Außenprüfung formelle Mängel der Buchführung bei einem Einnahmen-Überschuss-Rechner fest, kann eine Bescheidänderung nicht auf § 173 Abs. 1 Nr. 1 AO gestützt werden, da die formellen Mängel keinen sicheren Nachweis im Hinblick auf die fehlende Vollständigkeit von den erklärten Einnahmen zulassen (FG Niedersachsen vom 21.08.2020 – 3 K 208/18, EFG 2022, 1669, 1673 m. Anm. Hennigfeld; ferner Kreft, DB 2023, 482; Beyer, NWB 2023, 485 [Rev. eingelegt; Az. des BFH: III R 14/22]).

Im Schrifttum ist zur Spezialproblematik Hinzuschätzung und verdeckte Gewinnausschüttung nebst der Bedeutung für die Besteuerung auf Gesellschafterebene Stellung genommen worden (hierzu eingehend Kolbe, StuB 2021, 757).

Im Schrifttum ist heftig kritisiert worden, dass die Richtsatzsammlung des Bundesfinanzministeriums für das Kalenderjahr 2020 nicht mehr zeitgemäß ist, da es die Auswirkungen der Corona-Lage ignoriert (Weber, Stbg 2022, 111; Weber, steuerberater intern, Beilage Nr. 15 vom 19.07.2022, 1).

Allerdings muss man konstatieren, dass die Finanzverwaltung aufgrund der wirtschaftlichen Einbußen durch die Corona-Krise in einem Begleitschreiben zur Anwendung der Richtsatzsammlung in wirtschaftlichen Krisensituationen adäquat reagiert hat (BMF, Schreiben vom 28.11.2022 – IV A 8 – S 1544/19/10001 :006 DOK 2022/1178831, BStBl. I 2022, 1608).

Die Richtsatzsammlung für das Jahr 2023 ist vom Bundesministerium für Finanzen bekannt gemacht worden (BMF, Schreiben vom 17.09.2024 – IV D3 – S 1544/19/10001:011 DOK 2024/0821252, BStBl I 2024/1198).

Die Einwendung der jeweils geltenden Richtsätze des Bundesministeriums für Finanzen ist im Schrifttum so wie in der Praxis immer wieder angezweifelt worden, da die Quellen für die Richtsätze nicht in toto offengelegt worden sind und somit keine valide Transparenz gegeben ist.

Schätzungen können durch einen externen Betriebsvergleich anhand der Richtsatzsammlung vorgenommen werden. Die in der Literatur geäußerte Kritik an der Schätzungsmethode greift nicht durch (FG Hamburg vom 13.10.2020 – 2 K 218/18, EFG 2022, 834, 837 m. Anm. Hennigfeld [Rev. eingelegt; Az. des BFH: X R 19/21]; auf gleicher Linie Schleswig-Holsteinisches FG, Beschluss vom 08.05.2024 – 1 V 123/23, EFG 2024, 1459, 1466 f. mit Anm. Hennigfeld rkr. = StBp 2024, 278, 281 mit Anm. Littnanski).

In dem sich anschließenden Revisionsverfahren hat der Bundesfinanzhof den Bundesminister der Finanzen aufgefordert, dem Revisionsverfahren beizutreten, um zu der Frage Stellung zu nehmen, ob und – wenn ja – unter welchen Voraussetzungen ein äußerer Betriebsvergleich in Gestalt einer Schätzung anhand der Richtsätze der amtlichen Richtsatzsammlung des BMF zulässig ist.

Unklar erscheint dem BFH insbesondere,

- welche Einzeldaten mit welchem Gewicht in die Ermittlung der Richtsätze der jeweiligen Gewerbeklasse einfließen, wie die Repräsentativität der Daten sichergestellt wird und ob es Einzeldaten gibt, die von vornherein ausgeschlossen werden;
- ob die regional zum Teil erheblich unterschiedliche Höhe fixer Betriebskosten (insbesondere Raum- und Personalkosten) der Festlegung bundeseinheitlicher Richtsätze entgegensteht;
- weshalb die Ergebnisse von Außenprüfungen bei sog. Verlustbetrieben unberücksichtigt bleiben, obwohl auch solche Betriebe grds. einen positiven Rohgewinnaufschlagsatz ausweisen;
- ob ganz oder teilweise erfolgreiche Rechtsbehelfe des Steuerpflichtigen gegen die auf eine Außenprüfung ergangenen Steuerbescheide Eingang in die Richtsatzsammlung finden.

Zudem stelle sich die Frage, so weiter der BFH, wie dem Steuerpflichtigen ermöglicht werden kann, das Ergebnis einer Schätzung auf der Grundlage der amtlichen Richtsatzsammlung – insbesondere auch im Hinblick auf die spezifischen Daten, die dieser Sammlung zugrunde liegen – nachzuvollziehen und zu überprüfen.

Endgültige Folgerungen bleiben einem späteren Revisionsurteil vorbehalten. Es ist aber denkbar, dass der BFH möglicherweise die Anwendbarkeit der Richtsätze modifizieren oder einschränken wird (BFH vom 14.12.2022 – X R 19/21, BFH/NV 2023, 643, DStR 2023, 517 = NWB 2023, 748 m. Anm. Carlé = DB 2023, 861 m. Anm. Neugebauer; siehe auch Wegner, PStR 2023, 148 f.; Seifert, StuB 2023, 471 f.; ders., Aktuelles Steuerrecht 2023, 501 ff.;

Bellinger, StBp 2023, 235; Beyer, NWB 2023, 2299 ff.; ders., steuerberater intern, Beilage Nr. 18 vom 12.09.2023, 1; Burkhard, StBp 2023, 358 ff.; Weber, Stbg 2024, 121 ff.; Klein, StBp 2024, 260 ff.).

Zur Frage eines Auskunftsanspruchs bezüglich der Grundlagen der Erstellung der steuerlichen Richtsatzsammlung instruktiv FG Mecklenburg-Vorpommern, Urteil vom 23.11.2023 – 2 K 349/21, EFG 2024, 1449, 1452 f. mit Anm. Lutter [Rev. eingelegt; Az. des BFH: IX R 1/24].

Das Ergebnis einer formell ordnungsgemäßen Buchführung kann verworfen werden, soweit die Buchführung mit an Sicherheit grenzender Wahrscheinlichkeit materiell unrichtig ist (BFH, Urteil vom 09.08.1991, III R 129/85, BStBl II 1992, 55). Das **Unterschreiten des untersten Rohgewinnsatzes** (Aufschlagsatzes) der Richtsatzsammlung rechtfertigt bei formell ordnungsgemäßer Buchführung eine Schätzung nur dann, wenn der Betriebsprüfer **zusätzlich** konkrete Hinweise auf die sachliche Unrichtigkeit des Buchführungsergebnisses geben kann oder der Stpfl. selbst Unredlichkeiten zugesteht (BFH, Urteil vom 18.10.1983, VIII R 190/82, BStBl II 1984, 88). Eine Buchführung, die unverbuchte bare Betriebseinnahmen erst i.R. der Abschlussbuchungen erfasst, ist nicht ordnungsgemäß (BFH, Urteil vom 26.10.1994, X R 114/92, BFH/NV 1995, 373).

Ist die Buchführung nicht der Besteuerung zugrunde zu legen und fehlen die für eine Nachkalkulation benötigten Unterlagen, so kommt eine **ergänzende Schätzung unter Berücksichtigung der Richtsätze** in Betracht (BFH, Urteil vom 12.09.1990, I R 122/85, BFH/NV 1991, 573; zur Gewinnschätzung bei einem unverschuldeten Verlust der Buchführungsunterlagen s. Pieske-Kontny, StBp 2020, 279; zur Renaissance der Richtsatzschätzung aus der Perspektive der Finanzverwaltung siehe Danielmeyer, StBp 2023, 117 ff.; vgl. aber auch Bellinger, StBp 2023, 235 ff.).

Im summarischen Verfahren ist die Schätzung eines Gastronomiebetriebs (Restaurant mit portugiesisch-mediterraner Küche) auf der Grundlage der Richtsatzsammlung unter Berücksichtigung des Mittelwerts der Bandbreite der Rohgewinnaufschlagsätze (im Streitjahr 257 %) nicht zu beanstanden, wenn sich der geprüfte Betrieb in guter Lage befindet, in den sozialen Medien positiv bewertet und als gut besucht dargestellt wird und keine substanziierten Gründe vorgetragen werden, die eine schlechte Ertragslage nahe legen (FG Hamburg, Beschluss vom 08.02.2021, 2 V 122/20, rkr., DStRE 2021, 878).

Entscheidende Voraussetzung für eine Schätzung ist die fehlende sachliche Richtigkeit der Buchführung und nicht deren formelle Ordnungsmäßigkeit. Eine sachlich richtige Buchführung schließt somit eine Schätzung aus, auch wenn sie formelle Mängel aufweist; umgekehrt berechtigen formelle Buchführungsmängel nur dann zur Schätzung, wenn sie Anlass geben, die sachliche Richtigkeit des Buchführungsergebnisses anzuzweifeln. **Kassenfehlbeträge** können Anlass geben, die baren Betriebseinnahmen zu schätzen. Die Fehlbeträge geben regelmäßig einen ausreichenden Anhalt für die Schätzung der Höhe nach (BFH, Urteil vom 20.09.1989, X R 39/87, BStBl II 1990, 109). Kassenbuchführungsmängel, die erst im Rahmen der steuerlichen Außenprüfung bekannt werden, berechtigen zur Änderung nach § 173 Abs. 1 Nr. 1 AO (FG Münster, Urteil vom 08.05.2012, 1 K 602/09 E, G, U, EFG 2012, 1894, rkr.).

Die Ordnungsmäßigkeit der Kassenbuchführung erfordert bei Bareinnahmen, die mittels einer offenen Ladenkasse erfasst werden, einen täglichen Kassenbericht, der auf der Grundlage eines tatsächlichen Auszählens der Bareinnahmen erstellt worden ist. Ein „Zählprotokoll", in dem die genaue Stückzahl der vorhandenen Geldscheine und -münzen aufgelistet wird, ist nicht erforderlich (BFH, Beschluss vom 16.12.2016, X B 41/16, BFH/NV 2017, 310; Klarstellung zu Rz 27 des Senatsurteils vom 25.03.2015 X R 20/13).

Innerhalb des Zeitraums zwischen zwei Kassenbestandsabgleichen ist der höchste festgestellte Kassenfehlbetrag, ggf. zuzüglich eines Unsicherheitszuschlags, maßgebend. Resultieren Kassenfehlbeträge aus der Nichtanerkennung von Einlagen an mehreren Stichtagen, kann für Schätzungszwecke sogar eine Addition der Fehlbeträge in Betracht kommen (BFH, Urteil vom 21.02.1990, X R 54/87, BFH/NV 1990, 683; Schmidt-Liebig, NWB Fach 17, 1297, 1306; Scherer, StBp 1995, 193; zu Kassenfehlbeträgen und Kalkulationsdifferenzen siehe Iser, GmbH intern, Beilage Nr. 20 vom 13.05.2015, 1 ff. (Teil I) und Beilage Nr. 21 vom 20.05.2015, 1 ff. [Teil II]).

Sämtliche Geschäftsvorfälle müssen laufend, vollständig, richtig, zeitgerecht und geordnet aufgezeichnet werden (§§ 145 ff. AO; §§ 238 ff. HGB). Es ist geklärt, dass die Pflicht zur Aufbewahrung von Unterlagen aufgrund ihrer Akzessorietät stets eine Aufzeichnungspflicht voraussetzt und grundsätzlich nur im Umfang der Aufzeichnungspflicht besteht (BFH, Beschluss vom 07.12.2010, III B 199/09, BFH/NV 2011, 411).

Bei Bargeschäften muss das **Kassenbuch** diesen Anforderungen genügen. Für Kassenaufzeichnungen gilt grundsätzlich die Einzelaufzeichnungspflicht. Diese entfällt zwar wegen Unzumutbarkeit, wenn Waren von geringem Wert an eine unbestimmte Anzahl nicht bekannter Personen verkauft werden (BFH, Urteil vom 20.06.1985, IV R 41/82, BFH/NV 1985, 12; BFH, Urteil vom 13.07.1971, VIII 1/65, BStBl II 1971, 729; BFH, Urteil vom 12.05.1966, IV 472/60, BStBl III 1966, 37). In einem solchen Fall genügt es, dass die Kasseneinnahmen nur täglich in einer Summe in das Kassenbuch oder einen Kassenbericht eingetragen werden (BFH, Urteil vom 12.09.1990, I R 122/85, BFH/NV 1991, 573; BFH, Urteil vom 18.12.1984, VIII R 195/82, BStBl II 1986, 226). Jedoch muss das Zustandekommen der Summe durch **Aufbewahrung der einzelnen Ursprungsaufzeichnungen** wie Kassenstreifen, Kassenzettel oder Kassenbons nachgewiesen werden. Auch ist die tägliche Kassenbestandsaufnahme notwendig. Kassenbuchungen sind grundsätzlich am Tag des Geschäfts, ausnahmsweise am folgenden Geschäftstag, vorzunehmen. Das Erfordernis der Zeitnähe erfordert regelmäßig, dass der Stpfl. selbst das Kassenbuch führt oder einen Kassenbericht erstellt. Die Aufzeichnungen müssen so beschaffen sein, dass es jederzeit möglich ist, den Kassen-Soll-Bestand mit dem Kassen-Ist-Bestand zu vergleichen (Kassensturzfähigkeit; FG Münster, Urteil vom 19.08.2004, 8 V 3055/04 G, EFG 2004, 1810, rkr.; BFH, Urteil vom 21.02.1990, X R 54/87, BFH/NV 1990, 683; siehe auch BFH, Urteil vom 23.07.2019, XI R 48/17, BStBl II 2019, 763).

Ein einheitliches Schriftbild bei der Kassenführung kann dafür sprechen, dass die Kassenberichte nachträglich erstellt wurden (FG Münster, Urteil vom 19.08.2004, 8 V 3055/04 G, EFG 2004, 1810, rkr.). Betriebsprüfer richten ihr Augenmerk insbesondere auf den Zeitraum vor dem Jahresschluss und gegen Ende eines Monats; nach den Erfahrungen der Prüfer kommen in diesen Zeiträumen vermehrt Buchungen doloser Sachverhalte vor, z.B.

- Barentnahmen zur Anpassung ungebundener Entnahmen,
- Einnahmebuchungen zur Anhebung des sonst zu niedrigen Richtsatzes,
- nachträgliche Buchungen von Kassenverlusten (z.B. Unterschlagung durch Personal).

Zu den Anforderungen der Finanzverwaltung an die Kassenbuchführung siehe Kaligin, steuerberater intern, Beilage Nr. 20 vom 06.10.2014, 1 ff.

Eine Pflicht zur Führung eines Kassenbuchs besteht bei einer zulässigen Einnahme-Überschussrechnung jedoch nicht (BFH, Beschluss vom 16.02.2006, X B 57/05, BFH/NV 2006, 940). Eine weitere, aus der Sicht des FA häufig vorkommende Fehlerquelle ist die Nichterfassung von Bareinzahlungen auf der Bank in den Kassenberichten. Auch die Unterlassung des Eintrags von Betriebsausgaben (nichtabzugsfähige Privatausgaben) hat Einnahmeverkürzungen zur Folge (Scherer, StBp 1995, 193). Bei inhabergeführten Betrieben im Gastronomiebereich oder im Einzelhandel scheint es keine ordnungsgemäß geführten Kassen mehr zu geben (so das realistische Fazit von Barthel, StBp 2016, 80); zur offenen Ladenkasse mit summarischer Kassenführung als Systemfehler gem. § 158 AO vgl. Pump, StBp 2017, 84 ff.; ders., Zur Kassenführung im bargeldintensiven Betrieb am Beispiel des Friseurs StBp 2016, 131 ff.; StBp 2016, 169 ff.; ders., StBp 2016, 289 ff.; ders., StBp 2016, 364 f.; ders., StBp 2016, 327 ff.; zur offenen Ladenkasse mit summarischer Kassenführung als Systemfehler vgl. Pump, StBp 2017, 84 ff.).

Wird eine objektiv manipulierbare elektronische Registrierkasse verwendet und fehlen für das Kassensystem die Programmierprotokolle, besteht dem Grunde nach eine Schätzungsbefugnis. Die Schätzung kann auf Basis der Schätzung durchschnittlicher Tagesumsätze erfolgen (FG Niedersachsen vom 13.04.2021 – 12 K 93/18, EFG 2023, 386, 394 m. Anm. Hennigfeld [Rev. eingelegt; Az. des BFH: X R 3/22]; ferner Kreft, DB 2023, 482; Beyer, NWB 2023, 485 ff.).

Leistet der Steuerpflichtige Bareinzahlungen auf sein betriebliches Bankkonto, ist er bei der Prüfung, ob Einlagen gegeben sind bzw. wo die Mittel herkommen, nach § 90 Abs. 1 Satz 1 AO verstärkt zur Mitwirkung verpflichtet. Bei Verletzung dieser Pflicht kann das FG von weiterer Sachverhaltsaufklärung absehen und den Sachverhalt dahin würdigen, dass unaufgeklärte Kapitalzuführungen auf nicht versteuerten Einnahmen beruhen (FG Hamburg, Beschluss vom 18.07.2016, 6 V 84/16 DStRE 2017, 1009, rkr., m. Anm. Janz, DB StR 1219383).

Die Schätzungsbefugnis folgt nicht aus der Tatsache, dass es sich um verdeckte Einlagen handelt und die Mittelherkunft beim Gesellschafter-Geschäftsführer unbekannt ist. Diese Frage ist in der Rechtsprechung bisher ungeklärt.

Die nicht ordnungsgemäße Buchführung, insbesondere das fehlende Kassenbuch als wesentlicher Bestandteil der Grundaufzeichnungen bei Betrieben mit offener Ladenkasse, eröffnet dem Finanzamt die Möglichkeit der Schätzung der Besteuerungsgrundlagen (FG Münster vom 18.05.2022 – 10 K 261/17 K, U, StB 2022, 345 [Rev. zugelassen]; hierzu Wegner, PStR 2023, 4; zur Schätzungsbefugnis bei formellen Aufzeichnungsmängeln FG Niedersachsen, Urteil vom 14.12.2022 7 K 257/20, DB 2024, 84 mit Anm. Kreft; ferner FG Münster, Beschluss vom 20.04.2023 9 V 168/23 E, BeckRS 2023, 10017 = DStRE, 634 rkr.; FG Düsseldorf, Beschluss vom 13.09.2023 5 V 1048/23 A [E, G, U, F]; BeckRS 2023, 25995 = DStRE 2024, 826 rkr.; ferner Bleschick, steuerberater intern, Beilage Nr. 2 vom 30.01.2024, 1 ff.).

Eine weitere, aus der Sicht des FA häufig vorkommende Fehlerquelle ist die Nichterfassung von Bareinzahlungen auf der Bank in den Kassenberichten. Auch die Unterlassung des Eintrags von Betriebsausgaben (nichtabzugsfähige Privatausgaben) hat Einnahmeverkürzungen zur Folge (Scherer, StBp 1995, 193).

Auch der Betreiber einer Eisdiele, welcher seinen Gewinn mittels Einnahmen-Überschussrechnung ermittelt und nahezu ausschließlich Barumsätze tätigt, ist grundsätzlich jedenfalls dann verpflichtet, jeden einzelnen Umsatz getrennt aufzuzeichnen, wenn er ein modernes PC-gestütztes Kassensystem vorhält und grundsätzlich nutzt (FG Hamburg, Beschluss vom 16.01.2018, 2 V 304/17, StuB 2018, 446; zur Einzelaufzeichnungspflicht in der Gastronomie bei offener Ladenkasse problematisierend Beyer, steuertip, Beilage 39 vom 05.09.2019, 1 ff.; zur Hinzuschätzungsbefugnis bei Einnahmen-Überschussrechnung siehe FG Köln, Urteil vom 09.05.2017, 5 K 727/15 m. Anm. Hennigfeld, DB StR 1259766; zu Anforderungen an die Kassenbuchführung des Inhabers eines Friseurgeschäfts siehe FG Berlin-Brandenburg, Beschluss vom 13.02.2017, 7 V 7345/16, DStRE 2018, 249, rkr.; zur Schätzung der Einkommen- und Umsatzsteuer bei gewerblichen Einkünften aus Eigenprostitution vgl. FG Hamburg, Urteil vom 16.11.2016, 2 K 110/15, EFG 2017, 489, vorläufig nicht rkr.).

Wird eine Dokumentation der Kassenprogrammierung nicht vorgelegt, kann dies eine Hinzuschätzung rechtfertigen (FG Köln, Beschluss vom 06.06.2018, 15 V 754/18, DB 2018, 2465 f. m. Anm. Hennigfeld; vgl. a. FG Düsseldorf, Urteil vom 11.06.2024 – 11 K 2308/19 U, 11 K 2317/19 G, DStZ 2024, 761; zur ordnungsgemäßen Kassenführung bei Mehrfilialbetrieb mit proprietärem Kassensystem – (Hinzu)Schätzung durch Sicherheitszuschlag und Programmierprotokolle, siehe Skalecki, NWB 2018, 2551 ff.).

Liegen erhebliche formelle Mängel in der Kassenbuchführung z. B. durch das Fehlen von Organisationsunterlagen vor, besteht eine Schätzungsbefugnis, ohne dass materielle Buchführungsmängel festgestellt werden müssen (FG Hamburg, Urteil vom 04.09.2019, 6 K 14/19, EFG 2019, 1960, 1964 f. m. Anm. Hennigfeld, vorläufig nicht rkr.).

Kassenaufzeichnungen durch ein Tabellenkalkulationsprogramm (Standardsoftware; hier: Numbers für Mac) bieten keinerlei Gewähr für die fortlaufende, vollständige und richtige Erfassung aller Bargeschäfte und eröffnen mithin die Schätzungsbefugnis.

Der (Un-)Sicherheitszuschlag erhöht bei gravierenden formellen Mängeln nicht die feststehenden steuerrechtlich erheblichen Größen, sondern nur solche Besteuerungsgrundlagen, an deren Richtigkeit Zweifel bestehen (FG Münster, Urteil vom 20.12.2019, 4 K 541/16 E, G, U, F, EFG 2020, 325, 328 f. m. Anm. Bleschick); die eingelegte NZB wurde per BFH-Beschluss vom 10.09.2020 III B 24/20 n. v. als unbegründet verworfen. Zur Aufbewahrung digitaler Unterlagen bei Bargeschäften hat die Finanzverwaltung eingehend Stellung genommen (BMF, Schreiben vom 26.11.2010, IV

A 4 – S 0316/08/10004–07 DOK 2010/0946087, BStBl I 2010, 1342; hierzu Goldshteyn, DB 2011, 614 ff.; Engelberth, StBp 2011, 193 ff.; Schneider/Hoffmann/Hage, Stbg 2012, 313; s. auch Wähnert, StBp 2010, 56 ff.).

Zu dieser Thematik ist folgende aktuelle Rechtsprechung ergangen:

Wenn das FG Bareinzahlungen auf Bankkonten des Steuerpflichtigen als Ausgangsgröße für die Schätzung nicht erklärter Betriebseinnahmen heranzieht, darf es solche Bareinzahlungen, die der Steuerpflichtige nach der eigenen Würdigung des FG ausreichend und nachvollziehbar erläutert hat, nicht zugleich als „Schwarzeinnahmen" und damit als zusätzliche Betriebseinnahmen ansehen (BFH, Urteil vom 12.02.2020 X R 9/19, BFH/NV 2020, 733).

Bei Geldeingängen auf einem (auch) betrieblich genutzten Konto spricht eine grundsätzliche Vermutung dafür, dass es sich insoweit um Betriebseinnahmen handelt. Ausnahmen hiervon sind vom Steuerpflichtigen grundsätzlich substanziiert darzulegen und zu belegen (FG Köln, Urteil vom 30.10.2019, 15 K 851/17, DStRE 2020, 781, rkr.).

Bei der Besteuerung von Einkünften aus Gewerbebetrieb besteht – trotz der noch vorhandenen Probleme bei der Erhebung und Verifikation von Besteuerungsgrundlagen im Bereich der bargeldintensiven Geschäftsbetriebe – keine durch einen strukturellen Erhebungsmangel hervorgerufene Belastungsungleichheit, die zu einer gleichheitswidrigen Benachteiligung derjenigen (bargeldintensiven) Gewerbebetriebe führt, die ihre Einnahmen in zutreffender Höhe versteuern (FG Baden-Württemberg, Urteil vom 12.06.2018, 8 K 501/17, EFG 2019, 173, 178 f. m. Anm. Büchter-Hole = StB 2020, 179; bestätigt durch BFH, Urteil vom 16.09.2021 IV R 34/18, BStBl II 2022, 101).

Werden Stornierungen in Tagessummenbons (Z-Bons) nicht ausgewiesen, sondern allein die verbleibende Differenz, fehlt es an einer ordnungsgemäßen Kassenführung, die das Finanzamt dazu berechtigt, Hinzuschätzungen vorzunehmen (BFH, Beschluss vom 14.08.2018, XI B 2/18 BFH/NV 2019, 1, rkr., m. Anm. Roth, PStR 2020, 173 ff.).

Eine Hinzuschätzung ist zulässig und geboten, wenn die Verletzung der formellen Ordnungsmäßigkeit der Kassenführung bei einer Pizzeria keine Gewähr mehr für die Vollständigkeit der Erfassung der Bareinnahmen bietet und der Steuerpflichtige zur Verschleierung von Warenumsätzen Wareneinkäufe nicht aufgezeichnet hat (FG Münster, Urteil vom 17.01.2020 4 K 16/16 E, G, U, F, EFG 2020, 509, 514 f. mit Anm. Bleschick = DStRE 2020,878; die eingelegte NZB wurde per BFH-Beschluss vom 10.09.2020 III

B 22/20 n. v. als unbegründet verworfen = StB 2020, 187; hierzu eingehend Gehm, NWB 2020, 2746 ff.).

Zur Hinzuschätzung bei manipulierten Kassenaufzeichnungen eines Gastronomen siehe FG Berlin-Brandenburg, Beschluss vom 13.12.2018, 7 V 7137/18, EFG 2019, 317, 319 ff. mit Anm. Pfützenreuter, rkr.; hierzu Wegner, PStR 2019, 81 f.

Zum Nachweis von Schwarzeinkäufen eines Gastronomen aufgrund von Daten aus der IT des Lebensmittel-Großhandels siehe BFH, Beschluss vom 27.08.2019, X B 160/18, X B 3-10/19, BFH/NV 2020, 5.

Zur Befugnis des FA zur Schätzung der Einkünfte aus der Zimmervermietung eines Einfamilienhauses an **Prostituierte** vgl. Sächsisches FG, Urteil vom 12.09.2019, 8 K 1626/18 DStRE 2020, 595, rkr.; zu den steuerlichen Aufzeichnungspflichten im „horizontalen Gewerbe" eingehend Pieske-Kontny, StBp 2018, 186.

Behauptet ein Steuerpflichtiger, dass das von ihm genutzte PC-Kassensystem die gem. § 147 Abs. 1 Nr. 1 AO aufzubewahrenden Organisationsunterlagen zur Kassenprogrammierung vollständig speichert und beantragt er, über diese Behauptung u. a. durch Vorlage der entsprechenden Datenbank, durch Einholung eines Sachverständigengutachtens sowie durch die Zeugenaussage eines Vertreters des Kassenherstellers Beweis zu erheben, handelt es sich nicht um einen unzulässigen Ausforschungsbeweis, sondern um einen erheblichen Beweisantrag. Die gem. § 147 Abs. 1 Nr. 1 AO aufzubewahrenden Organisationsunterlagen zur Kassenprogrammierung können gem. § 147 Abs. 2 AO auch auf Datenträgern aufbewahrt werden. Stützt das FG die von ihm angenommene Schätzungsbefugnis auf einen formellen Mangel der Buchführung oder der Aufzeichnungen, muss es Feststellungen dazu treffen, welches Gewicht dieser Mangel hat (BFH, Beschluss vom 23.02.2018, X B 65/17, BFH/NV 2018, 517; hierzu Levedag, GmbHR 2018, R 116 f.; Wegner, PStR 2019, 28 f.; vgl. a. die Kritik zur entgegengesetzten Entscheidung der Vorinstanz des FG Münster, Urteil vom 29.03.2017, 7 K 3675/13 E, G, U, von Burkhard, StBp 2018, 19 ff.; ferner Valder, DStR 2017, 200 ff.).

Die einzelne Aufzeichnung eines jeden Barumsatzes kann nach Rechtsprechung des BFH für den Steuerpflichtigen unzumutbar sein. Entscheidet der Steuerpflichtige sich jedoch für ein modernes PC-Kassensystem, das zum einen sämtliche Kassenvorgänge einzeln und detailliert aufzeichnet und zum anderen auch eine langfristige Aufbewahrung (Speicherung) der getätigten Einzelaufzeichnungen ermöglicht, kann er sich nicht (mehr) auf die Unzumutbarkeit der Aufzeichnungsverpflichtung berufen. Das Fehlen von Programmierprotokollen für ein programmierbares elektronisches Kassensystem berechtigt jedenfalls bei bargeldintensiven Betrieben (wie hier bei einem Döner-Imbiss) zu einer Hinzuschätzung von Umsätzen und Einnahmen, wenn eine Manipulation der Kasse nicht ausgeschlossen werden kann. Zeigen diverse Überwachungsvideos in den Betriebsräumen eines bargeldintensiven Betriebs (z. B. Döner-Imbiss) für den Zeitraum von einem Monat, dass Mitarbeiter zahlreiche Bezahlvorgänge nicht im Kassensystem erfasst haben, besteht nach den Umständen des Einzelfalls Anlass, die sachliche Richtigkeit der Buchführung des Steuerpflichtigen – auch über den Monatszeitraum hinaus – zu beanstanden (FG Hamburg, Beschluss vom 13.08.2018, 2 V 216/17, EFG 2018, 1862, rkr.; hierzu Wegner, PStR 2018, 307 f.; vgl. a. FG Hamburg, Urteil vom 23.02.2016, 2 K 31/15, n. v., m. Anm. Kreth, DB StR, 1210288).

Eine Schätzungsbefugnis des FA besteht, wenn ein Imbiss-Betreiber, der seinen Gewinn durch Einnahmenüberschussrechnung ermittelt, hinsichtlich der Einnahmen keinerlei Einzelaufzeichnungen, sonstige Ursprungsaufzeichnungen oder Kassenberichte vorlegt. Unter diesen Umständen ist eine vollständige Erfassung der Bareinnahmen nicht gewährleistet. Eine elektronisch gefertigte Tabelle, in der die Tageseinnahmen eingetragen und nach USt-Satz aufgeschlüsselt sind, genügt den Aufzeichnungsanforderungen an einen Einnahmenüberschussrechner nicht. Die Schätzung kann auf einen externen Betriebsvergleich gestützt werden, wenn das Speisenangebot sehr vielfältig und die Relevanz der einzelnen Warengruppen bei der Einnahmenerzielung schwer ermittelbar ist (FG Hamburg, Urteil vom 16.04.2019, 6 K 50/18, EFG 2019, 1348, 1351 ff. m. Anm. Neu, vorläufig nicht rkr.).

Die Verletzung der Vorschrift zur Aufbewahrung der von einer Geschäftskasse erstellten Einzelaufzeichnungen führt beim Einnahmen-Überschuss-Rechner nicht zwingend zur Schätzungsbefugnis. Die sich aus dem Umsatzsteuerrecht ergebenden Aufzeichnungspflichten sind für sämtliche Steuerarten zu beachten, stehen allerdings unter dem Vorbehalt des Zumutbaren. Dieser Zumutbarkeitsvorbehalt suspendiert die sich möglicherweise aus der Neufassung des § 146 Abs. 1 S. 1 AO ergebende Einzelaufzeichnungspflicht für den Einnahmen-Überschuss-Rechner. Materielle Fehler führen immer zur Schätzungsbefugnis, wenn an Sicherheit grenzender Wahrscheinlichkeit feststeht, dass die vom Steuerpflichtigen eingereichten Aufzeichnungen und die darauf basierenden Einnahmen-Überschuss-Rechnungen sachlich falsch sind. Indiz dafür kann ein auffällig niedriger Rohgewinn-Aufschlagssatz sein (FG Düsseldorf v. 13.09.2023 – 5 V 1048/23 A, C, E, G, U, F; StB 2023, 386 nicht rkr.).

Zu den Besonderheiten von Hinzuschätzungen bei einer Kapitalgesellschaft und deren Gesellschafter-Geschäftsführer hat die Rechtsprechung folgende Klarstellungen vorgenommen:

Eine im Rahmen einer Betriebsprüfung einer Kapitalgesellschaft durchgeführte Geldverkehrsrechnung beim Gesellschafter-Geschäftsführer eröffnet keine Schätzungsbefugnis, um ungeklärte Vermögenszuwächse bei der Kapitalgesellschaft festzustellen. Wenn der Gesellschafter-Geschäftsführer die Herkunft der bei ihm festgestellten ungeklärten Vermögenszuwächse nicht aufklärt, lässt dies i. d. R. keine nachteiligen Schlüsse zulasten der Kapitalgesellschaft zu. Aus der Tatsache, dass nicht aufgeklärt wird, woher der Gesellschafter-Geschäftsführer die von ihm aus seinem Privatbereich der Kapitalgesellschaft im Wege verdeckter Einlagen zugewandten Mittel erhalten hat, kann regelmäßig nicht gefolgert werden, dass die Kapitalgesellschaft zusätzliche Betriebseinnahmen i. H. d. verdeckten Einlagen erzielt hat. Eine ordnungsgemäße Buchführung soll so ausgestaltet sein, dass Kasseneinnahmen und -ausgaben täglich festgehalten werden und dass in Betrieben mit offenen Ladenkassen ein täglicher Kassenbericht erstellt wird. Die Entwicklung des Kassenbestandes muss in jedem Fall zweifelsfrei rekonstruierbar sein, um so die Kassensturzfähigkeit zu gewährleisten. Eine pauschale Hinzuschätzung eines (Un-)Sicherheitszuschlags ist zulässig, wenn keine andere geeignete Schätzungsmethode ersichtlich ist, insbes. eine Schätzung mittels Richtsatzsammlung mangels Vergleichsdaten für das Gewerbe des Steuerpflichtigen ausscheidet (FG Münster v. 18.05.2022 – 10 K 261/17 K, U; DStRE 2023, 804 rkr.).

Besteht eine Schätzungsbefugnis wegen formeller und sachlicher Mängel der Buchführung gem. § 162 Abs. 1, Abs. 2 Satz 2 AO, so können die Tatsachenfeststellungen auch mit einem geringeren Grad an Überzeugung getroffen werden, als dies i. d. R. geboten ist. Bei einem Gebrauchtwagenhändler können dementsprechend auch Erkenntnisse aus den Fahrtenverzeichnisbüchern („rote Kennzeichenbücher“) für die Schätzung herangezogen werden. Die Feststellungen im Strafverfahren binden das FA und das FG bei der Schätzung der Besteuerungsgrundlagen gem. § 162 Abs. 1, Abs. 2 Satz 2 AO (i. V. m. § 96 Abs. 1 Satz 1 FGO) nicht, weil das Besteuerungsverfahren grundsätzlich unabhängig vom Strafverfahren ist (FG Hamburg, Urteil vom 20.05.2019, 6 K 109/18, EFG 2019, 1353, 1357 f. m. Anm. Lutter; bestätigt durch BFH, Beschluss vom 28.08.2019 X B 86/19).

Werden Bareinnahmen mit einer elektronischen Registrierkasse erfasst, erfordert dies auch im Fall der Gewinnermittlung durch Einnahmen-Überschussrechnung die tägliche Erstellung eines Z-Bons. Weisen die Z-Bons technisch bedingt keine Stornierungen aus, liegt ein schwerer formeller Fehler der Kassenaufzeichnungen vor, der die Schätzung der Besteuerungsgrundlagen nötig macht. Die Richtsatzschätzung ist eine anerkannte Schätzungsmethode. Soweit die grundsätzliche Bedeutung der Gewichtung der Richtsatzschätzung in einem Revisionsverfahren überprüft werden soll, bedarf es daher im Nichtzulassungsbeschwerdeverfahren auch der (umfassenden) Darlegung kritischer Literaturansichten (BFH, Beschluss vom 08.08.2019, X B 117/18, StuB 2020, 77).

Das FA ist berechtigt, die Bareinzahlung auf ein betriebliches Konto als Betriebseinnahme zu schätzen, wenn der Betriebsinhaber lediglich angibt, die Bareinzahlung beruhe auf einem Darlehen eines im Ausland ansässigen zukünftigen Ehepartners, der in seinem Heimatland absoluten Schutz seiner Identität und Privatsphäre besitze (FG Münster, Urteil vom 09.06.2021 – 13 K 3250/19 E, DStRE 2022, 750; zwischenzeitlich rkr. da die Revison per BFH-Beschluss vom 17.12.2021 X B 101/21 n. v. als unzulässig verworfen wurde).

Auch bei einer Gewinnermittlung gem. § 4 Abs. 3 EStG muss die vollständige Erfassung der (baren) Betriebseinnahmen nachvollziehbar dokumentiert und überprüfbar sein. Eine Schätzung des Gewinns ist jedenfalls dann zulässig, wenn die Tageseinnahmen zwar in Kassenberichten erfasst worden sind, sie sich aber nicht aus den festgehaltenen Anfangs- und Endbeständen der Kasse herleiten lassen, sondern zusammenhanglos neben diesen stehen (FG Niedersachsen vom 08.12.2011 – 12 K 389/09, EFG 2013, 291 m. Anm. Hoffmann).

Bei groben Manipulationsmöglichkeiten (hier: fast ausschließlich Bargeschäfte) und bei vom Stpfl. zu vertretenden fehlenden Überprüfungsmöglichkeiten (hier: fehlende Belege, unrichtige Aufzeichnungen) ist für einen Döner-Imbiss lediglich eine grobe Schätzung anhand kombinierter Mittelwerte aus der amtlichen Richtliniensammlung für Imbisse, Pizzerien und Gaststätten unter Absicherung der Werte durch weitere Kalkulationen geboten (Schleswig-Holsteinisches FG, Urteil vom 06.03.2012, 2 K 101/11, DStRE 2012, 1210, zwischenzeitlich rkr.; zu Zuschätzungen wegen fehlerhafter Einnahmenaufzeichnungen bei Gewinnermittlung nach § 4 Abs. 3 EStG nach Wahrscheinlichkeitsgrundsätzen: FG des Saarlands, Urteil vom 21.06.2012, 1 K 1124/10, EFG 2012, 1816, 1818 f., rkr.; zur Hinzuschätzung bei Taxiunternehmen siehe FG Köln, Beschluss vom 27.08.2013, 3 V 3747/12, EFG 2014, 5; ferner FG Köln, Beschluss vom 27.08.2013, 3 V 1100/13, EFG 2014, 7, rkr., mit Anm. Wagner; zur Manipulationssicherheit in der Bargeldbranche durch Einzelaufzeichnungen siehe Anders/Gärtner, Stbg 2016, 67 ff.).

Es besteht grundsätzlich kein Anlass, die Auslesungsergebnisse des FA in Zweifel zu ziehen, während die Möglichkeit der Manipulation der Ausleseergebnisse von Geldspielautomaten durch den Steuerpflichtigen (z. B. durch den Einsatz von Zappern o. Ä.) gerichtsbekannt ist.

Einspielergebnisse sind Aufzeichnungen zur Gewinnermittlung i. S. der §§ 146f. AO und als solche zehn Jahre aufzubewahren. Daher geht die fehlende Überprüfbarkeit der Daten infolge der Löschung nach zwei Monaten zulasten des Kl.

Die Buchführung ist auch formell fehlerhaft, wenn die Statistikstreifen nicht aufgehoben werden (FG Berlin-Brandenburg, Urteil vom 13.06.2017 6 K 6146/16 EFG 2017, 1859, 1862f. m. Anm. Tiede; die eingelegte NZB wurde mit BFH-Beschluss vom 21.09.2019 II B 88/17 n. v. zurückgewiesen.).

Zu den praktischen Anwendungsfragen bei der nicht ordnungsgemäßen Verwendung einer Registrierkasse und den sich daraus ergebenden steuerlichen Konsequenzen ist im Schrifttum eingehend Stellung genommen worden (siehe Pump/DStZ 2014, 648f.; ders., StBp 2015, 1ff.; Pump/Heidl, StBp, 2014, 162ff. und 204ff.; Pump, DStZ 2014, 250ff., ders., DStZ 2015, 648ff., ders., DStZ 2015, 974ff.; zur ordnungsgemäßen Kassenbuchführung beim Betrieb von Warenautomaten siehe Lüngen/Resing, StBp 2015, 300ff.).

Ernstliche Zweifel bestehen an der Rechtmäßigkeit von Hinzuschätzungen bei Spielhallen aufgrund des Fehlens der Statistikteile der Auslesestreifen von Geldglücksspielgeräten (Niedersächsisches FG, Beschluss vom 11.10.2019, 1 V 91/19, EFG 2020, 15, 18f. m. Anm. Lutter = PStR 2020, 280ff. mit Anm. Glöckle, vorläufig nicht rkr.).

Zu den Aufzeichnungen und Aufbewahrungspflichten für Bargeldeinnahmen im Taxigewerbe hat der Bundesfinanzhof folgenden Grundsatz aufgestellt: Auch Taxiunternehmen, die ihren Gewinn durch Einnahmenüberschussrechnungen ermitteln, müssen ihre Betriebseinnahmen und Betriebsausgaben durch Belege nachweisen. Die sich aus § 22 UStG i. V. m. §§ 63 bis 68 UStDV ergebende Pflicht zur Einzelaufzeichnung wirkt unmittelbar auch hinsichtlich der Besteuerung nach dem EStG. Taxiunternehmer haben ihre Bareinnahmen jeweils einzeln aufzuzeichnen. Aufgrund der branchenspezifischen Besonderheiten des Taxigewerbes erfüllen die sogenannten Schichtzettel in Verbindung mit den Angaben, die sich auf dem Kilometerzähler und dem Taxameter des einzelnen Taxis ablesen lassen, die sich aus der Einzelaufzeichnungspflicht ergebenden Mindestanforderungen. Die Schichtzettel müssen nach den Vorgaben des § 147 Abs. 1 AO aufbewahrt werden. Von der Aufbewahrung dieser Einnahmenursprungsaufzeichnungen kann nur dann abgesehen werden, wenn deren Inhalt täglich – und nicht nur in größeren Zeitabständen – unmittelbar nach Auszählung der Tageskasse in das in Form aneinandergereihter Tageskassenberichte geführte Kassenbuch übertragen wird. Verletzt der Taxiunternehmer seine Aufzeichnungspflicht oder seine Aufbewahrungspflicht, ist das Finanzamt dem Grunde nach zu einer Schätzung gemäß § 162 AO berechtigt (BFH, Beschluss vom 18.03.2015, III B 43/14, BFH/NV 2015, 978; hierzu eingehend Ritzow, StBp 2015, 51 ff. und 74 ff.; vgl. auch Pump, DStZ 2014, 250 ff.; ders., StBp 2017, 150 ff.; Wegner, PStR 2024, 198 f. Zur spezifischen Buchführungspflicht von Fahrlehrern siehe FG Rheinland-Pfalz, Urteil vom 01.04.2014, 5 K 1227/13, EFG 2014, 1320, rkr.). Bei der Beurteilung eines Buchführungsfehlers ist nicht auf die formale Bedeutung des Mangels, sondern auf dessen sachliches Gewicht abzustellen.

Formelle Buchführungsmängel berechtigen nur zur Schätzung, soweit sie Anlass geben, die sachliche Richtigkeit des Buchführungsergebnisses anzuzweifeln.

Ist eine Buchführung wegen Buchführungsmängeln ganz oder teilweise nicht der Besteuerung zugrunde zu legen, sind die Besteuerungsgrundlagen grundsätzlich zu schätzen. Eine Schätzung scheidet allerdings aus, wenn die durch die Fehler der Buchführung verursachten Unklarheiten und Zweifel durch anderweitige zumutbare Ermittlungen beseitigt werden können (BFH, Urteil vom 14.12.2011, XI R 5/10, BFH/NV 2013, 1921 betr. Ordnungsmäßigkeit der Buchführung eines Kantinenbetreibers; auf gleicher Linie FG Münster, Urteil vom 09.03.2021, 1 K 3085/17 E, G, U [NZB eingelegt], BB 2021, 1058 = NWB 2021, 1294).

Bei Einsatz einer elektronischen Registrierkasse kann ein Festhalten der Kasseneinnahmen und Kassenausgaben gem. § 146 Abs. 1 Satz 2 AO auch durch eine geordnete Ablage der Belege erfolgen. Vom Steuerpflichtigen für Zwecke eines täglichen Kassensturzes darüber hinaus erstellte überobligatorische Kassenberichte in Form eines Excel-Dokuments stehen einer ordnungsmäßigen Buchführung nicht entgegen.

Wenn eine Bedienungsanleitung, Kassenprogrammausdrucke (Programmierprotokolle) und Bescheinigungen des Kassenaufstellers über nicht in den Kassenprogrammausdrucken dokumentierten Programmierungen vorliegen, dann obliegt es der Finanzbehörde, substanziiert vorzutragen, aufgrund welcher fehlenden Unterlagen es an ordnungsmäßigen Aufzeichnungen über die Programmierung einer elektronischen Registrierkasse fehlt.

Bei Einsatz mehrerer Kassen wirken sich Mängel beim Einsatz einer Kasse aufgrund der insoweit gebotenen kassenscharfen Betrachtungsweise grundsätzlich nicht auf die anderen eingesetzten Kassen aus. Vielmehr sind die Mängel kassenscharf zu betrachten und differenziert zu gewichten (FG Münster, Urteil vom 29.04.2021, 1 K 2214/17 E, G, U, F, EFG 2021, 1260, 1266 f. m. Anm. Dominik = DB 2021, 1776 f. m. Anm. Peters).

Versieht ein Steuerpflichtiger seine Rechnungen nicht mit einer numerisch lückenlos fortlaufenden Rechnungsnummer, lässt dies allein nicht den Schluss auf eine Unvollständigkeit der Erfassung der Einnahmen zu, wenn die Nummer computergestützt als Kombination aus Veranstaltungsnummer, Geburtsdatum des Kunden sowie Rechnungsdatum erzeugt wird und deshalb systembedingt nicht lückenlos sein kann. Eine griffweise Schätzung der Einnahmen in Form eines (Un-)Sicherheitszuschlags ist in diesem Fall nicht gerechtfertigt (FG Köln, Urteil vom 07.12.2017, 15 K 1122/16, EFG 2018, 375, 377, vorläufig nicht rkr., m. Anm. Pfützenreuter = DStRE 2019, 195; Valder, PStR 2018, 112 ff.; Henningfeld, DB StR 1260250).

Die sog. „**30/70-Methode**" (Getränke vs. Speisen) ist grundsätzlich eine geeignete Schätzungsmethode, die auf betriebsinternen Daten aufbaut (BFH, Beschluss vom 10.01.2017, X B 104/16, BFH/NV 2017, 561; hierzu Valder, PStR 2017, 131 f.; Herrfurth, StuB 2017, 847 ff.; Beyer, NWB 2019, 3479 ff.; **a. A.** FG Nürnberg, Urteil vom 08.05.2012, 2 K 1122/2009, DStRE 2013, 304, rkr.). Zur Reichweite der sog. 30/70-Methode hat ein Finanzgericht folgende Klarstellung vorgenommen. Aus dem Ergebnis einer Getränkekalkulation bei einem Restaurant kann auf Speiseumsätze im Haus, aber nicht ohne Weiteres auf Außerhausumsätze geschlossen werden (FG Münster, Urteil vom 04.12.2015, 4 K 2616/14 E, G, U, EFG 2016, 169, rkr., mit Anm. Kister).

Zur Schätzung des Vorsteuerabzugs bei Totalverlust der Rechnungen siehe im Einzelnen BFH, Urteil vom 23.10.2014, V R 23/13, BStBl II 2015, 313.

Zum Unsicherheitsabschlag auf Betriebsausgaben bei Gewinnermittlung nach § 4 Abs., 3 EStG ist folgendes Judikat ergangen:

Kann der Steuerpflichtige im Rahmen der Gewinnermittlung nach § 4 Abs. 3 EStG seine Betriebsausgaben nicht durch Vorlage von Belegen nachweisen, ist das Finanzamt im Wege der Schätzung nach § 162 Abs. 1 Satz 1 Abs. 2 Satz 1 AO zur Vornahme eines pauschalen Unsicherheitsabschlags von den geltend gemachten Aufwendungen befugt. Die Schätzungsbefugnis nach dieser Vorschrift hängt nicht davon ab, dass der Steuerpflichtige zu einer förmlichen Aufzeichnung seiner Betriebseinnahmen und -ausgaben verpflichtet ist (BFH, Beschluss vom 11.11.2022 – VIII B 97/21, StBp 2023, 136, 137 m. Anm. Hillmer).

Die Rüge der falschen Rechtsanwendung und tatsächlichen Würdigung des Streitfalls durch das FG im Rahmen einer Schätzung ist im Nichtzulassungsbeschwerdeverfahren grundsätzlich unbeachtlich. Dies gilt insbesondere für Einwände gegen die Richtigkeit von Schätzungen der Besteuerungsgrundlagen (ständige BFH-Rechtsprechung; so zuletzt BFH, Beschluss vom 25.10.2012, X B 133/11, BFH/NV 2013, 341).

Unterliegen die Jahresumsätze, die einem Stpfl. von der Steuerfahndung nachgewiesen werden können, ohne ersichtlichen Grund erheblichen Schwankungen, dürfen der niedrigste und der höchste nachweisbare Jahresumsatz als Schätzungsrahmen für eine Hinzuschätzung herangezogen werden, sodass eine Schätzung des FA, die sich im mittleren Bereich dieses Schätzungsrahmens bewegt und weiterhin unter dem Vorbehalt der Nachprüfung steht, keinen Anlass für Beanstandungen bietet (FG Rheinland-Pfalz, Urteil vom 15.04.2013, 5 K 1967/10, EFG 2014, 17 = DStRE 2014, 1332; die eingelegte Revision wurde per BFH, Beschluss vom 25.03.2015, VIII R 57/13 n.v. als unzulässig verworfen betr. Schätzung nacherklärter Einkünfte eines EDV-Beraters).

Die Schätzungsbefugnis gemäß § 162 AO ist jedenfalls dann eröffnet, wenn elektronische Grundaufzeichnungen fehlen, handschriftliche Aufzeichnungen nachträgliche Einfügungen, Streichungen und Tipp-Ex-Korrekturen aufweisen, Buchführungssysteme auf Excel-Basis verwandt werden oder die Vollständigkeit der Ausgangsrechnungen nicht feststellbar ist (FG Köln, Beschluss vom 15.07.2014, 6 V 1134/14, EFG 2015, 2031, rkr.).

Stützt das Finanzgericht die von ihm angenommene Schätzungsbefugnis auf einen formellen Mangel der Buchführung oder der Aufzeichnungen, muss es Feststellungen dazu treffen, welches Gewicht dieser Mangel hat (BFH, Beschluss vom 23.02.2018, X B 65/17, BFH/NV 2018, 517; hierzu Wacker, StBp 2019, 341, 344).

Zur Höhe des pauschalen Sicherheitszuschlags bei Lücken in der Rechnungsnummernabfolge s. BFH, Beschluss vom 07.02.2017, X B 79/16, BFH/NV 2017, 744.

Die Finanzbehörde ist auch dann zur Schätzung der Besteuerungsgrundlagen berechtigt, wenn die Pflicht zur Überlassung einer bestimmten Datei (hier einer Kassendatei) streitig war, der Steuerpflichtige hierüber – ggf. auch schuldlos – irrte und die Frage erst nach Erlass der Schätzungsbescheide höchstrichterlich geklärt wurde (BFH, Urteil vom 28.10.2015, X R 47/13, BFH/NV 2016, 171).

Die sog. (Un-)Sicherheitszuschlagsmethode ist immer dann als Schätzungsmethode geeignet, wenn die Hinzuschätzung nach der Richtsatzmethode wegen fehlender Vergleichsdaten nicht anwendbar und auch eine Bargeldverkehrsrechnung wegen anderweitiger Einkünfte nicht zielführend ist.

Der Tatrichter ist aufgrund seiner Schätzungsbefugnis nicht an den Sicherheitszuschlag der Finanzverwaltung gebunden (FG Münster, Urteil vom 25.02.2020, 5 K 2066/18, BB 2020, 996).

In der Praxis werden im Rahmen von laufenden Betriebsprüfungen bei unbrauchbarer Kassenbuchführung bzw. unklaren Bareinlagen häufig Sicherheitszuschläge vorgenommen, die dann meist Gegenstand von „Vergleichsvereinbarungen“ sind oder auch nicht (hierzu ausführlich Brinkmann, StBp 2014, 29 ff. und 69 ff.).

Hat ein Steuerpflichtiger seine Buchführungs- und Aufzeichnungspflichten verletzt, bestehen im Rahmen der summarischen Überprüfung im Verfahren des vorläufigen Rechtsschutzes keine ernsthaften Zweifel an der Rechtmäßigkeit einer Hinzuschätzung, wenn diese anhand eines branchenbezogenen durchschnittlichen Rohgewinnaufschlagssatzes vorgenommen wurde (FG Köln, Beschluss vom 15.07.2014, 6 V 1134/14, BB 2015, 2736 mit Anm. Heß; Hollatz, DB StR kompakt 1160, 783 zur Definition im Wesentlichen unverwertbarer Aufzeichnungen i. S. d. § 162 Abs. 1 Satz 3 AO siehe Schoppe/Stumpf, BB 2014, 1116 ff.).

Die Grundsätze zur ordnungsgemäßen Führung und Aufbewahrung von Büchern, Aufzeichnungen und Unterlagen in elektronischer Form sowie zum Datenzugriff (GoBD) sind in einem ausführlichen und grundlegenden Schreiben des Bundesfinanzministeriums wie folgt präzisiert und mit erheblich erhöhten Dokumentationsanforderungen versehen worden (siehe BMF, Schreiben vom 14.11.2014, IV A 4 – S 0316/13/10003 DOK 2014/0353090, BStBl I 2014, 1450; präzisierend zur Umsatzsteuer mit BMF, Schreiben vom 05.05.2015, IV D 3 – S 7015/15/10001 DOK 2015/0362174, UR 2014, 447; zur Aufbewahrung und Archivierung von elektronischen Kontoauszügen siehe BayLfSt, Verfügung vom 09.05.2015, S 0317.1.1 – 3/3 St 42, StuB 2014, 520; hierzu eingehend Goldshteyn/Thelen, FR 2015, 268 ff.; dies., StBp 2015, 289 ff.; Schumann, EStB 2015, 297 ff.; Völkel, StB 2015, Heft 3 I; Korth, Stbg 2015, 224; Henn, DB 2015, 2660 ff.; Henn/Kuballa, DB 2016, 1900 ff. sehr kritisch aus der Sicht der Wirtschaft Herrfurth, StuB 2015, 250 ff.; so schon vorher als Ausblick Weimann/Grobbel, StB 2014, 324 ff.; kritisch im Hinblick auf eine vermeintlich fehlende Rechtsgrundlage Brete, DStR 2019, 258 ff. mit Anm. Hruschka; zu verfahrensrechtlichen Aspekten im Steuerrecht in der Informationstechnologie Schmittmann/Sinnig, StB 2021, 260 ff.). In diesem Schreiben hat die Finanzverwaltung bei der Zusammenführung und Überarbeitung der GoBS, GDPdU und der GDPdUFAQ grundsätzlich keine neuen Anforderungen statuiert. Die Veränderungen manifestieren sich in der Konkretisierung, gleichzeitig aber auch in einer Verschärfung bereits bekannter Vorgaben. Aus Sicht der Finanzverwaltung wird begrüßt, dass neben den Verwaltungsanweisungen Verweise auf die ständige Rechtsprechung aufgenommen wurden. Das Schreiben vermittelt einen umfassenden Überblick über die behandelten Themengebiete (so Schumann, EStB 2015, 297 ff.). Aus beratender Sicht wird konstatiert, dass der Gesetzgeber keine bestimmte Buchführungsmethode vorgeschrieben hat. Die Anforderungen an die Ausgestaltung der Buchführung hängen wesentlich von der Größe und Art des Betriebs ab. Entscheidend allein ist, dass die Buchführung so beschaffen ist, dass sie einem sachverständigen Dritten innerhalb angemessener Zeit einen Überblick über die Geschäftsvorfälle und die Lage des Unternehmens vermitteln kann. Dabei müssen die Geschäftsvorfälle sich zwischen ihrer Entstehung und Abwicklung lückenlos verfolgen lassen (progressive und retrograde Prüfbarkeit). Etwaige Beanstandungen anlässlich einer Betriebsprüfung sollten ggf. stets an diesem Maßstab bemessen, diskutiert und ggf. widerlegt werden (so der praktische Hinweis von Korth, StBg 2015, 224, 226 f.). Aus Sicht der Wirtschaft wird die ab dem 01.01.2015 von der Finanzverwaltung anzuwendende GoBD als praxisfernes Stückwerk von Darstellungen der GoBD mit fiskalisch zweckgerichteter Projektion auf die DV-gestützten Buchführungen der Steuerpflichtigen gesehen. Mit diesen Verwaltungsgrundsätzen wird versucht, eine vermeintliche Rechtsgrundlage zu schaffen, die die Steuerpflichtigen zur Umsetzung überzogener Pflichten bei der Datenaufzeichnung, Datenarchivierung und Datenüberlassung anhält. Im Ergebnis sollen alle elektronischen Daten der Unternehmen, die auch nur im entferntesten Zusammenhang zur steuerlichen Einkommensermittlung stehen können, jederzeit nach den Vorstellungen der Betriebsprüfung zu deren beliebiger maschineller Auswertung bereitgestellt werden. Das Ganze wird flankiert von ausufernden Anforderungen an die Dokumentation aller DV-Systeme und an diverse Kontrollhandlungen durch den Steuerpflichtigen. Sowohl die Erkenntnisse der einschlägigen Berufs- und Branchenverbände als auch deren Unterstützungspotenzial bei der Sicherstellung der Ordnungsmäßigkeit von DV-Buchführungen werden in enttäuschender Weise ignoriert. Zum allgemein eingeforderten Steuerbürokratieabbau werden die GoBD in vorliegender Fassung keinen Beitrag leisten können. Es ist zu befürchten, dass diese Verwaltungsgrundsätze mangels alternativer Rechtsquellen zur Thematik der Ordnungsmäßigkeit einer DV-Buchführung trotz ihrer eingeschränkten Rechtsnatur zeitnah zum Alleinkriterium erhoben werden (so das kritische Fazit von Herrfurth, StuB 2015, 250, 256). Zu den praktischen Auswirkungen für die Beratungspraxis instruktiv Weber-Blank, StB 2016, Heft 3, S. I; aus der gegensätzlichen Perspektive der Finanzverwaltung s. Danielmeyer/Neubert/Unger, StBp 2016, 322 ff.; zu den neuesten Entwicklungstendenzen der zeitgemäßen Datenanalyse der Betriebsprüfung Wähnert, DB 2016, 2627 ff.

Zum 31.12.2016 lief die Übergangsfrist des BMF-Schreibens vom 26.11.2010 (BStBl I 2010, 1342 = DB 2010, 2701) zur Aufbewahrung digitaler Unterlagen bei Bargeschäften aus. Ab dem 01.01.2017 müssen Unterlagen i. S. d. § 147 Abs. 1 AO, die mittels elektronischer Registrierkassen, Waagen mit Registrierkassenfunktion, Taxametern und Wegstreckenzähler erstellt worden sind, für die Dauer der Aufbewahrungsfrist jederzeit verfügbar, unverzüglich lesbar und maschinell auswertbar aufbewahrt werden (§ 174 Abs. 2 AO). Das Gesetz zum Schutz vor Manipulationen an digitalen Grundaufzeichnungen vom 22.12.2016 (BGBl I 2016, 3152) sieht eine Einzelaufzeichnungspflicht vor, die am Tag nach der Verkündung des Gesetzes in Kraft tritt (diesbezügliche Hintergrundinformationen finden sich bei Becker, DB 2016, 1090 ff. und 1158 ff.; Bellinger, StBp 2016, 336 ff.). Die Einzelaufzeichnungspflicht bedeutet, dass aufzeichnungspflichtige Geschäftsvorfälle laufend zu erfassen, einzeln festzuhalten sowie aufzuzeichnen und aufzubewahren sind, sodass sich die einzelnen Geschäftsvorfälle in ihrer Entstehung und Abwicklung verfolgen lassen können. Eine Ausnahme von der Einzelaufzeichnungspflicht besteht aus Zumutbarkeitsgründen bei Verkauf von Waren an eine Vielzahl von nicht bekannten Personen gegen Barzahlung. Ab dem 01.01.2018 wird die Möglichkeit der Kassen-Nachschau eingeführt. Dies ist ein eigenständiges Verfahren zur zeitnahen Aufklärung steuererheblicher Sachverhalte u. a. im Zusammenhang mit der ordnungsgemäßen Erfassung von Geschäftsvorfällen (hierzu eingehend Jansen, StBp 2022, 214; siehe auch Pump, StBp 2022, 144; zur Einzelaufzeichnungspflicht nach & 146 Absatz 1 Satz 1 AO; zur Nutzung von Aliasbescheinigungen nach § 5 Absatz 6 ProstSchG siehe BMF, Schreiben vom 25.10.2021, IV A 4 – S 0316/19/10006 :009 DOK 2021/1104889; BStBl. I 2021, 1870).

Elektronische Aufzeichnungssysteme müssen ab dem 01.01.2020 über eine zertifizierte technische Sicherheitseinrichtung verfügen, die aus drei Bestandteilen besteht: einem Sicherheitsmodul, einem Speichermedium und einer digitalen Schnittstelle.

- Das Sicherheitsmodul gewährleistet, dass Kasseneingaben mit Beginn des Aufzeichnungsvorgangs protokolliert und später nicht mehr unerkannt verändert werden können.

- Auf dem Speichermedium werden die Einzelaufzeichnungen für die Dauer der gesetzlichen Aufbewahrungsfrist gespeichert.
- Die digitale Schnittstelle gewährleistet eine reibungslose Datenübertragung, z. B. für Prüfungszwecke.

Welche elektronischen Aufzeichnungssysteme über eine zertifizierte technische Sicherheitseinrichtung verfügen müssen, wird u. a. durch eine Rechtsverordnung festgelegt.

Weiterhin ist ab dem 01.01.2020 die verpflichtende elektronische Belegausgabe bei elektronischen Aufzeichnungssystemen vorgesehen. Danach muss für den an diesem Geschäftsvorfall Beteiligten ein Beleg erstellt und diesem zur Verfügung gestellt werden. Der Beleg kann elektronisch oder in Papierform zur Verfügung gestellt werden. Mit der Belegausgabepflicht entsteht für den am Geschäftsvorfall Beteiligten aber keine Pflicht zur Mitnahme des Belegs. Aus Gründen der Zumutbarkeit und Praktikabilität besteht unter den Voraussetzungen des § 148 AO die Möglichkeit einer Befreiung von der Belegausgabepflicht.

Für die Ordnungsmäßigkeit von Kassenaufzeichnungen besteht nach § 146 Abs. 1 AO i. d. F. des Gesetzes zum Schutz vor Manipulationen an digitalen Grundaufzeichnungen vom 22.12.2016 mit Wirkung ab dem 29.12.2016 eine veränderte Gesetzeslage: Die in § 146 Abs. 1 Satz 1 AO neu aufgenommene Pflicht zur Einzelaufzeichnung besteht gem. Satz 3 aus Zumutbarkeitsgründen bei Verkauf von Waren an eine Vielzahl von nicht bekannten Personen gegen Barzahlung nicht. Die Rückausnahme in § 146 Abs. 1 Satz 4 AO, wenn der Steuerpflichtige ein elektronisches Aufzeichnungssystem i. S. d. § 146a verwendet, ist erstmals für Kalenderjahre nach Ablauf des 31.12.2019 anzuwenden (Art. 97 § 30 Abs. 1 EGAO). Der Anwendungserlass zu § 146a AO ist vom Bundesfinanzministerium neu gefasst worden (BMF, Schreiben vom 30.06.2023 – IV D2 – S 0316-a/20/10003 :006 DOK 2023/0631092, BStBl 2023, 1076; hierzu Seifert, StuB 2023, 629 f.).

Selbst wenn die Aufzeichnungen einer vor dem BMF-Schreiben vom 26.11.2010 (BStBl I 2010, 1342) angeschafften elektronischen Registrierkasse den Anforderungen dieses Schreibens z. B. ab dem Jahr 2017 nicht mehr entsprechen, darf das Finanzamt trotzdem keine Hinzuschätzung nach § 162 Abs. 2 Satz 2 AO vornehmen, wenn der Steuerpflichtige seine Kasseneinnahmen durch ordnungsgemäß geführte Kassenberichte nachweist.

Wenn jemand in einen als solchen überschriebenen Kassenbericht im Feld Kassenbestand bei Geschäftsschluss einen in Euro und Cent ausgedrückten Geldbetrag einträgt, spricht nach der allgemeinen Lebenserfahrung der Beweis des ersten Anscheins dafür, dass die betreffende Person die eingetragene Summe durch Auszählen des gerade vorhandenen Kasseninhalts ermittelt hat (FG Köln vom 17.12.2022 – 3 K 2129/20, EFG 2023, 196, 199 f. m. Anm. Weingarten, rkr.).

Zur Schätzungsbefugnis bei **Altkassen**, deren objektive Manipulierbarkeit sich erst nach Jahren des Gebrauchs nachträglich herausstellt, hat der Bundesfinanzhof eine relevante Grundsatzentscheidung getroffen, die jeder Steuerberater präsent haben sollte.

Zur Begründung einer Schätzungsbefugnis dem Grunde und der Höhe nach darf der Tatrichter sich nicht mit der bloßen Benennung formeller oder materieller Mängel begnügen, sondern muss diese auch nach dem Maß ihrer Bedeutung für den konkreten Einzelfall gewichten.

Eine Vollschätzung unter vollständiger Verwerfung der Gewinnermittlung des Steuerpflichtigen ist nur zulässig, wenn die festgestellten Mängel gravierend sind.

Die Verwendung eines objektiv manipulierbaren Kassensystems stellt grundsätzlich einen formellen Mangel von hohem Gewicht dar, da in einem solchen Fall systembedingt keine Gewähr für die Vollständigkeit der Einnahmenaufzeichnungen gegeben ist.

Das Gewicht dieses Mangels kann sich in Anwendung des Verhältnismäßigkeits- und Vertrauensschutzgrundsatzes im Einzelfall auf ein geringeres Maß reduzieren. Das gilt insbesondere dann, wenn das Kassensystem zur Zeit seiner Nutzung verbreitet und allgemein akzeptiert war und eine tatsächliche Manipulation unwahrscheinlich ist.

Der in der Verwendung einer solchen objektiv manipulierbaren elektronischen Registrierkasse einfacher Bauart liegende formelle Mangel begründet keine Schätzungsbefugnis, wenn der Steuerpflichtige in überobligatorischer Weise sonstige Aufzeichnungen führt, die eine hinreichende Gewähr für die Vollständigkeit der Einnahmenerfassung bieten.

Bei elektronischen Registrierkassen einfacher Bauart werden Funktionen und Stand der festen Programmierung (Firmware) durch die Bedienungsanleitung dokumentiert. Änderungen von Einstellungen der Kasse sind vom Steuerpflichtigen im Zeitpunkt der Vornahme der Änderungen durch Anfertigung entsprechender Protokolle über die vorgenommenen Einstellungen zu dokumentieren (BFH, Urteil vom 28.11.2023 X R 3/22, BStBl II 2024, 329 = DStRK 2024, 153 mit Anm. Pelkmann = StBp 2024, 186, 187 mit Anm. Brandt = NWB 2023, 1150, 1151 f. mit Anm. Brill = GmbHR 2024, R 264 f. mit Anm. Levedag; hierzu eingehend Talaska/Joosten, Stbg 2024, 254 ff.).

Im Hinblick auf die Schätzungbefugnis kommt es nach dieser Grundsatzentscheidung auf folgende Aspekte an:

- die Schwere des jeweiligen Mangels,
- Grundsätze des Vertrauensschutzes,
- Einhaltung des Grundsatzes der Verhältnismäßigkeit,
- Gewichtung des Mangels bzw. der Mängel

(so instruktiv Barthel, StBp 2024, 218 ff.).

Ab dem 01.01.2020 haben Stpfl., die elektronische Aufzeichnungssysteme verwenden, die Art und Anzahl der im jeweiligen Unternehmen eingesetzten elektronischen Aufzeichnungssysteme und der zertifizierten technischen Sicherheitseinrichtungen dem zuständigen FA mitzuteilen.

Diejenigen Stpfl., die ein elektronisches Aufzeichnungssystem vor dem 01.01.2020 angeschafft haben, haben diese Meldung bis zum 31.01.2020 zu erstatten.

Zu den neuesten Entwicklungstendenzen Kamps, Stbg 2017, 201, 208 ff. Zur grundsätzlichen Streitfrage der Unveränderbarkeit von (elektronischen) Büchern, Aufzeichnungen und Unterlagen s. Hemm/Kuballa, DB 2016, 2749 ff.; dagegen massiv kritisch Eichhorn, StBp 2016, 303 ff.: Ein Plädoyer für die offene Ladenkasse.

Die Anforderungen nach der Kassenrichtlinie lauten in aller Kürze:

- Geschäftsvorfälle müssen elektronisch aufgezeichnet werden, und zwar einzeln, vollständig, richtig, zeitgerecht und geordnet.
- Diese Daten sind unveränderlich abzuspeichern. Ist dies innerhalb des Geräts nicht möglich, müssen die Daten auf einem externen Datenträger gespeichert werden.
- Die Unterlagen sind zehn Jahre lang jederzeit verfügbar, unverzüglich lesbar und maschinell auswertbar aufzubewahren.
- Ein ausschließliches Vorhalten aufbewahrungspflichtiger Unterlagen in ausgedruckter Form ist nicht ausreichend.
- Die digitalen Unterlagen und die Strukturinformationen (über die Zusammensetzung und Beschaffenheit der digitalen Daten) müssen in einem auswertbaren Datenformat vorliegen, sodass sie einer digitalen Betriebsprüfung zugänglich sind.
- Keinesfalls dürfen Registrierkassen ohne jegliche Speichermöglichkeit eingesetzt werden. Dies gilt spätestens seit 2017.

Der Gesetzgeber hat die Vorgaben an die Einzelaufzeichnungspflicht speziell für elektronische Aufzeichnungssysteme in § 146a Abs. 1 Satz 1 der Abgabenordnung (AO) geregelt. Diese gesetzliche Pflicht gilt grundsätzlich ab 01.01.2020 und ergänzt die allgemeinen Aufzeichnungspflichten nach § 146 AO, die bereits zum 29.12.2016 verschärft worden sind.

Zur Anwendung des § 146 AO aus Sicht der Finanzverwaltung siehe BMF, Schreiben vom 14.11.2014, IV A 4 – S 0316/30/10003 DOK 2014/0353090, BStBl I 2014, 1450 betr. Grundsätze zur ordnungsmäßigen Führung und Aufbewahrung von Büchern, Aufzeichnungen und Unterlagen in elektronischer Form sowie zum Datenzugriff (GoBD); hierzu Herrfurth, StuB 2018, 167 ff.; Pulch/Pietrzak, WPg 2018, 741 ff.; Burghardt/Groß, WPg 2018, 796 ff.; zur digitalen Offensive der Finanzverwaltung mittels Schnittstellen-Verprobung siehe Becker/Danielmeyer/Neubert/Unger, DStR 2016, 2983 ff.; ferner BMF, Schreiben vom 28.11.2019, IV A 4 – S 0316/19/10003 :001 DOK 2019/0962810, BStBl I 2019, 1269 betr. Grundsätze zur ordnungsmäßigen Führung und Aufbewahrung von Büchern, Aufzeichnungen und Unterlagen in elektronischer Form sowie zum Datenzugriff (GoBD); hierzu Wied, BBK 2019, 1181 ff.; Vetten/Gerster, NWB 2019, 3778 ff.; Schütte/Götz, DStR 2020, 90 ff.; Waschbusch/Schuster, StB 2019, 253 ff.; ders. StB 2020, 121 ff.; Schiffers, GmbHR 2020, 308 ff.; Brinkmann, Stbg 2020, 163 ff.; vgl. a. zum Entwurf des BMF-Schreibens v. 11.07.2019 Herrfurth, StuB 2019, 667 ff.; OFD Karlsruhe, Verfügung vom 26.07.2018, S 0315 – St 42, DStR 2019, 108 und Verfügung vom 10.02.2020, S 0315 – St 42, DStR 2020, 726 und Verfügung vom 07.08.2020, S 0315 – St 42 DStR 2020, 2254, jeweils betr. Informationen zum Thema „Ordnungsmäßigkeit der Kassenbuchführung“; BMF, Schreiben vom 17.06.2019, IV A 4 – S 0316-a/18/10001 DOK 0511938, BStBl I 2019, 518 betr. Einführung des § 146a AO durch das Gesetz zum Schutz vor Manipulationen an digitalen Grundaufzeichnungen vom 25.12.2016; hierzu Henn, DB 2019, 1816 ff.; ferner BMF, Schreiben vom 28.05.2020, IV A 4 – S 0316-a/20/10003 :002 DOK 2020/0451857, BStBl I 2020, 534 betr. Gesetz zum Schutz vor Manipulationen an digitalen Grundaufzeichnungen vom 22.12.2016; hierzu Brill, NWB 2020, 575 ff.

Ferner FinMin Baden-Württemberg, Erlass vom 10.07.2020, 3 S 031.9/4 DB 2020, 1544 zur Nichtbeanstandungsregelung bei Verwendung elektronischer Aufzeichnungssysteme i. S. d. § 146a AO ohne zertifizierte technische Sicherheitseinrichtung nach dem 31.12.2019 und AEAO zu § 148 AO siehe BMF, Schreiben vom 18.08.2020 IV A 4 – S 0319/20/10003 :003 DOK 2020/0794005, BStBl I 2020, 656 m. Anm. Kowalik, DB 2020, 2045 ff.; hierzu Engelen/Höpfner, DStR 2020, 1985 ff.; Rennar, StuB 2020, 897 ff.; Seifert,

StuB 2020, 763 f.; keine Schätzungsbefugnis bei pauschaler Verbindung der Entnahme von Non-Food-Artikeln durch Einzelhändler in den Jahren 2015–2017 siehe BFH, Urteil vom 16.09.2024 – III R 28/22, DStR 2024, 2685 = NWB 2024, 3569, 3570 mit Anm. Carlé.

Zur vorherigen Rechtslage siehe BMF-Schreiben vom 26.11.2010, IV A 4 – S 0316/08/10004 – 07 DOK 2010/0946087, BStBl I 2010, 1342 betr. Aufbewahrung digitaler Unterlagen bei Bargeschäften; hierzu Wulf, Stbg 2016, 502 ff.

§ 146a Abs. 2 Satz 2 AO sieht eine Befreiung von der seit dem 01.01.2020 geltenden Belegausgabepflicht im Massengeschäft vor.

Eine Befreiung von der Belegausgabepflicht setzt voraus, dass der Unternehmer ein elektronisches Aufzeichnungssystem nach § 146a Abs. 1 AO verwendet, die Einhaltung eine Härte i. S. d. § 148 AO mit sich bringt und die Befreiung von der Belegausgabeverpflichtung die Besteuerung nicht beeinträchtigt (FG Sachsen, Beschluss vom 01.04.2020, 4 V 212/20, DStRE 2020, 878, rkr.; hierzu eingehend Doege, DStR 2020, 692 ff.; Information zur Belegausgabepflicht aus Sicht der Finanzverwaltung siehe OFD Karlsruhe, Merkblatt vom 31.03.2020 – S 0315 – St 42 DStR 2020, 883).

Eine offene Ladenkasse kann auch in der Hosentasche geführt werden (FG Hamburg, Beschluss vom 28.02.2020, 2 V 129/19, EFG 2020, 891, 893 ff., rkr., m. Anm. Blaschick = DStRE 2020, 1513; zur offenen Ladenkasse als Ursache von ernsthaften Vollzugsdefiziten siehe Pump, StBp 2024, 193 ff.).

Führt der Steuerpflichtige neben der offenen Ladenkasse eine elektronische Registrierkasse, erhöhen sich die Anforderungen an die formelle Ordnungsmäßigkeit der Kassenführung nicht. Die formelle Ordnungsmäßigkeit bestimmt sich in diesem Fall nach den Anforderungen an eine offene Ladenkasse (FG Köln vom 04.08.2022 – 3 K 2129/20, BB 2023, 36 rkr.).

Ob das umfangreiche Schwärzen von Kontoauszügen durch einen Rechtsanwalt zur Vermeidung der Offenlegung von Mandatsverhältnissen vom FA als Umstand herangezogen werden darf, um formelle Buchführungsmängel als Grundlage einer Schätzungsbefugnis zu begründen, betrifft keine Rechtsfrage, die abstrakt beantwortet werden kann, sondern eine Frage des Einzelfalls (BFH vom 07.06.2022 – VIII B 51/21, BFH/NV 2022, 926 = NWB 2022, 2183, 2184 m. Anm. Carlé).

Betreiber von Geldspielautomaten im Land Berlin haben für Zwecke der Vergnügungssteuer wenigstens vollständige Zählwerkausdrucke nach Maßgabe des Berliner Vergnügungssteuergesetzes zu erstellen und aufzubewahren. Die Pauschalbesteuerung nachweislich manipulierter Automaten ist eine Mindestbesteuerung und schließt die Schätzung unter den allgemeinen Schätzungsvoraussetzungen nicht aus (BFH, Urteil vom 27.07.2022 – II R 10/19, BFH/NV 2022, 1320).

Zum Schätzungsschaden des Mandanten ist folgendes zivilrechtliches Judikat ergangen:

Die Qualität der Buchführung ist abhängig von der Mitwirkung des Mandanten. Eine Pflichtverletzung bei der Buchführung kommt nur in Betracht, wenn dem Steuerberater bei der Verarbeitung der Informationen und Belege ein Fehler unterlaufen ist. Hierfür ist der Mandant darlegungs- und beweispflichtig. Die auf eine Hinzuschätzung durch das FA entfallende Steuer begründet grundsätzlich keinen Schaden. Zur schlüssigen Darlegung eines behaupteten Schätzungsschadens muss der Mandant darlegen, welche Betriebseinnahmen abweichend von den Besteuerungsgrundlagen der Schätzungsveranlagung tatsächlich hätten versteuert werden müssen. Hierzu muss grundsätzlich eine ordnungsgemäße Gewinnermittlung vorgelegt werden (OLG Hamm, Urteil vom 17.09.2021 – I-25 U 58/20, DStR 2022, 117, 118 m. Anm. Hömig/Matz = DStRE 2022, 509 [NZB eingelegt; Az. des BGH: IX ZR 158/21]; zur Darlegungslast des Steuerpflichtigen im Rahmen der Steuerberaterhaftung wegen Schätzungsbescheiden siehe OLG Karlsruhe, Urteil vom 06.09.2023 – 7 U 162/22, DStRE 2024, 1404 rkr.).

4. Automationsgestützte quantitative Prüfungsmethoden

Das BMF hat einen Überblick über die automationsgestützten, quantitativen Prüfungs- und Schätzungsmethoden in der steuerlichen Außenprüfung veröffentlicht (BMF, Schreiben vom 05.09.2023 IV D 3 – S 1445/20/10007:006, DOK 2023/0729678, BStBl I 2023, 1594.).

Der Hintergrund dieser Verwaltungsanweisung ist wie folgt:

Bei einer steuerlichen Außenprüfung können mathematisch-statistische (quantitative) Prüfungsmethoden eingesetzt werden, um die Besteuerungsgrundlagen des Steuerpflichtigen zu verproben und auf Plausibilität zu überprüfen. Auch das Erkennen von Prüffeldern unter Risikogesichtspunkten ist mit quantitativen Prüfungsmethoden möglich. Sofern Auffälligkeiten in den Angaben des Steuerpflichtigen auftreten, werden weitere Prüfungshandlungen veranlasst, um die Ursache zu klären. Gleichzeitig ist der Steuerpflichtige nach § 200 AO bei der Sachaufklärung zur Mitwirkung verpflichtet.

Wenn betriebliche Gründe eine glaubhafte Ursache für Auffälligkeiten sind, werden diese im Rahmen der Auswertung entsprechend berücksichtigt. Sollte keine ausreichende Begründung vorliegen, liegt nach § 158 Abs. 2 Nr. 1 AO ein Anlass vor, die sachliche Richtigkeit und die Buchführung des Steuerpflichtigen zu beanstanden.

Bei einer steuerlichen Außenprüfung können auch mehrere quantitative Prüfungsmethoden eingesetzt werden. Sie stehen dann nicht in einem Konkurrenzverhältnis zueinander, sondern ergänzen sich idealerweise gegenseitig und werden durch systematisch visualisierende Betrachtungen unterstützt. Der (kombinierte) Einsatz (mehrerer) quantitativer Prüfungsmethoden hängt von der Datenlage und dem Analyseziel der jeweiligen steuerlichen Außenprüfung ab.

Den Ergebnissen aus der Anwendung quantitativer Prüfungsmethoden kann bei der Widerlegung der gesetzlichen Beweisvermutung des § 158 Abs. 1 AO eine **Beweiswirkung** zukommen, besonders als Indiziengesamtheit. Die Ergebnisse können darüber hinaus nach § 162 Abs. 2 Satz 2 AO dazu führen, dass eine Schätzung durchgeführt werden muss. Quantitative Prüfungsmethoden sind von der Schätzung zu unterscheiden.

Nicht mehr nur in der Abschlussprüfung kommt das sog. Monetary Unit Sampling Verfahren (MUS-Verfahren) zur Anwendung, sondern auch die deutsche Finanzverwaltung setzt dieses auf mathematisch-statistischen Grundsätzen basierende Stichprobenverfahren zunehmend im Rahmen der (digitalen) Außenprüfung von Unternehmen zur Prüfung großer digitaler Datenmengen ein. Beim MUS-Verfahren werden auf der Grundlage einer stichprobenartigen Überprüfung Rückschlüsse auf den Zustand eines gesamten Prüffeldes gezogen und die Fehlerquote mittels Dreisatz für das gesamte Prüfungsfeld hochgerechnet. Dieser Ansatz ermöglicht eine verwaltungsökonomische Außenprüfung, ohne eine Vielzahl von Einzelprüfungshandlungen durchführen zu müssen (siehe Schlegel, StBp 2020, 350 ff.; Bauhöfer, StBp 2021, 31 ff.; Böhler/L'habitant, UR 2021, 925; Schmidt, NWB 2022, 328; Giezek/Wähnert, NWB 2022, 980 und Wilke, StBp 2022, 365 und StBp 2023, 18).

Darüber hinaus wird aus der Sicht der Verwaltung auch auf die Summarische Risikoprüfung (SRP) rekurriert (hierzu Wähnert, StBp 2022, 3; Wargowske, IStR 2022, 852; Weber, PStR 2023, 65; zum streitbefangenen Nachweis von Mehrergebnissen durch die summarische Risikoprüfung siehe den Diskurs von Bleschick, DStR 2017, 353; und DStR 2017, 426; Mehret/Wähnert, DStR 2018, 314).

Hierzu ist kritisch anzumerken, dass von der Finanzverwaltung – insbesondere von dem Finanzbeamten Wähnert aus Kiel – versucht wird, mit scheinbar mathematisch-wissenschaftlich fundierten äußerst zweifelhaften Methoden Unternehmer bzw. Steuerpflichtige pauschal zu kriminalisieren. Hierzu ist anzumerken, dass in Bundesländern wie beispielsweise Bayern solche Methoden als unbrauchbar verworfen werden.

Praktische Erfahrungen dieser neuen diskutierten Schätzungsmethode liegen – soweit ersichtlich – bisher in Verwaltungsanweisungen und Judikaten noch nicht vor.

Zur Anwendung statistischer Verfahren und künstlicher Intelligenz in der Bp siehe T. Schmallowsky/K. Schmallowsky, StBp 2024, 190 ff.

5. Das Grundprinzip des Benford'schen Gesetzes

Die Anzahl der Schätzungen im Rahmen von Betriebsprüfungen ist in den letzten Jahren deutlich gestiegen. Während sich die Finanzverwaltung in der Vergangenheit schwerpunktmäßig auf die Geld- und Verkehrsrechnung, die Vermögenszuwachsrechnung und die Nachkalkulation gestützt hat, werden nunmehr im Rahmen der EDV-gesteuerten Kalkulationsprogramme neue Prüfmethoden eingesetzt. Nach dem statistischen Zeitreihenvergleich sind jetzt auch das Benford'sche Gesetz und die Chi-Quadrat-Testmethode im Einsatz (Blenkers, StBp 2003, 261; Sosna, StBp 2004, 249; ders., StBp 2005, 97).

Mit diesen statistischen Methoden werden vor allem das Gastronomiegewerbe und der gesamte Einzelhandel zunehmend von der Finanzverwaltung konfrontiert. Es gehört daher zum Basis-Know-how, sich als Berater mit diesen Methoden, zumindest betreffend die zugrunde liegenden Denkstrukturen, zu beschäftigen.

Die auf der Basis gezielter wissenschaftlicher Untersuchungen des Physikers Frank Benford berechnete und 1938 veröffentlichte mathematische Häufigkeit war der Nachweis, dass es auf der Welt mehr Zahlen mit niedrigen Anfangsziffern gibt als solche mit einer hohen Ziffer. Praktische Relevanz erlangte diese Gesetzmäßigkeit, als der amerikanische Mathematiker Mark Nigrini rund 200.000 Steuererklärungen überprüfte und feststellte, dass auch die Zahlen in einer Steuererklärung diesem Gesetz folgen. Ergebnis: Fast jeder dritte eingesetzte Betrag fing mit einer 1 an. Die hieraus entwickelte Software zum Aufspüren von Abweichungen wurde und wird folgerichtig von Wirtschaftsprüfungsgesellschaften genutzt.

Es ist jedoch einschränkend anzumerken, dass ein nach dem Benford'schen Gesetz durchgeführter Test auch im Falle von festgestellten Unregelmäßigkeiten keinen Beweis im juristischen Sinne darstellt bzw. nicht zur Hinzuschätzung von bestimmten Einkünften im Rahmen einer Betriebsprüfung führen kann. Der Test kann dem Betriebsprüfer lediglich einen Anhaltspunkt dafür bieten, sich intensiver mit der statistischen Struktur steuerlich relevanter Daten – insbesondere nach dem Chi-Quadrat-Test – zu beschäftigen (zur praktischen Anwendbarkeit des Benford's Law bei der steuerlichen Betriebsprüfung siehe den Diskurs von Petersen, Stbg 2015, 506 ff. und 516 ff. vs. Wähnert, Stbg 2015, 511 ff.; siehe auch Freitag, BB 2014, 1693 ff.; Bachmann/Richter/Steinbergen, StBp 2019, 38 ff.).

6. Der Chi-Quadrat-Test

Dem Nachweis, dass Kassenaufzeichnungen nachträglich erstellt wurden, soll der so genannte **Chi-Quadrat-Test** dienen, ein Test der Häufigkeitsverteilungen in den Betriebseinnahmen eines Stpfl. mathematisch überprüft. Er fußt auf dem Grundgedanken, dass derjenige, der bei seinen Einnahmen unzutreffende Werte in das Kassenbuch oder den Kassenbericht einträgt, unbewusst eine Vorliebe für bestimmte Lieblingszahlen hat und diese dementsprechend häufiger verwendet. Der Chi-Quadrat-Test untersucht die Verteilung bestimmter Ziffern und vergleicht, wie oft jede Ziffer in den Buchführungsunterlagen nach ihrer statistischen Wahrscheinlichkeit auftauchen sollte und wie häufig sie dort wirklich verzeichnet ist.

Beispiel:

Die Berechnungs- und Überprüfungsschritte nach dem Chi-Quadrat-Test sollen mit einem einfachen Berechnungsbeispiel verdeutlicht werden (hierzu Blenkers, StBp 2003, 261, 262 f.; siehe auch Wähnert, StBp 2007, 65 ff.; Freitag, BB 2024, 1693 ff.).

Die Kassenaufzeichnungen (offene Ladenkasse) eines Einzelunternehmens weisen für 365 Tage eines zu überprüfenden Jahres entsprechende Einnahmen aus. Hierbei wird davon ausgegangen, dass sich dieses Unternehmen aufgrund seiner Umsatzstruktur (ideal: umfangreiches Angebot mit unterschiedlichen Einzelpreisen; mengen- und preismäßig schwankende Verkäufe) für den Test eignet. Aus Vereinfachungsgründen soll für dieses Unternehmen ein vereinfachter Test auf der Grundlage der letzten Ziffer vor dem Komma durchgeführt werden. Geht man hier von einer völligen Gleichmäßigkeit beim prozentualen Anteil der einzelnen Ziffern von 0 bis 9 an dieser Stelle aus, dann müsste danach jede Ziffer mit einem Anteil von 36,5 Ziffern vorhanden sein (= 365 Tageseinnahmen). Die durchgeführte Überprüfung führt jedoch zu einem abweichenden Bild.

	erwartet	tatsächlich		Differenz	Differenz/Quadrat	
Ziffer 0	36,5	22	–	14,5	210,25	(14,5 × 14,5)
Ziffer 1	36,5	66	+	29,5	870,25	
Ziffer 2	36,5	27	–	9,5	90,25	
Ziffer 3	36,5	42	+	5,5	30,25	
Ziffer 4	36,5	32	–	4,5	20,25	
Ziffer 5	36,5	22	–	14,5	210,25	
Ziffer 6	36,5	35	–	1,5	2,25	
Ziffer 7	36,5	20	–	16,5	272,25	
Ziffer 8	36,5	36	–	0,5	0,25	
Ziffer 9	36,5	63	+	26,5	702,25	
Summe	365	365			2.408,50	(: 36,5 = **65,9**)
					Chi-Wert = 65,9	

Zur Auswertung des Tests wird die Summe der Differenzen (= 2.408,50) durch die erwartete Anzahl der Ziffern (= 36,5) dividiert. Man gelangt damit zum Ergebnis (= dem sog. Chi-Wert) von 65,9. Danach muss nach mathematischen Grundsätzen beurteilt werden, ob dieser Wert eine kleinere und damit grundsätzlich unbeachtliche zufällige Abweichung beinhaltet oder aber ob hier eine größere Abweichung vorliegt, die einen Hinweis auf eine systematische Abweichung (= fingierte Zahlen) erkennen lässt.

Das vorstehend ermittelte Ergebnis lässt zwar bereits Abweichungen, nicht jedoch deren Bedeutung erkennen. Die Abweichungen können zufällig oder systematisch sein. Die Antwort hierauf gibt die Mathematik mit ihren Tabellen zur mathematischen Statistik (hier: „Stochastik"; mathematische Untersuchungen von Verteilungen).

Auszug:

Wahrscheinlichkeit

		zufällig	**„besondere Ursache"**
Chi-Wert =	**18**	3,5 %	96,5 %
	20	1,8 %	98,2 %
	22	0,9 %	99,1 %
	26	0,2 %	99,8 %
	30	fast 0,0 %	fast 100 %

Abb. 6

Zieht man diese Tabellen heran, dann werden für den ermittelten Wert „Chi" zwei Wahrscheinlichkeiten angegeben und gegenübergestellt. Hierbei handelt es sich um die prozentuale Wahrscheinlichkeit für eine zufällige Abweichung und für eine aufklärungsbedürftige Abweichung (hier: Hinweis auf eine „besondere Ursache").

Im Bereich zwischen Chi-Werten von 21 und 30 wird man von einer sehr hohen Wahrscheinlichkeit für systematische Abweichungen ausgehen. Überschreitet das Ergebnis den Wert 30, dann dürften eine besondere Ursache und damit eine systematische Abweichung sicher sein. Im überprüften Fall trifft dies zu (= Chi-Wert von 65,9).

Seriöse wissenschaftliche Untersuchungen gehen davon aus, dass man erst bei ca. 10.000 Datensätzen mit adäquaten und aussagekräftigen Ergebnissen mit dem Chi-Quadrat-Test rechnen kann. Die Finanzverwaltung hat eine engere Betrachtungsweise und hält schon Datensätze von 300 möglicherweise für ausreichend, um eine in ihren Augen ausreichende Genauigkeit nach der eben beschriebenen Methode zu erzielen. Damit läuft sie jedoch Gefahr, sich nicht mehr im wissenschaftlich fundierten Rahmen, sondern am Rande der Willkür bzw. der Spekulation zu bewegen.

Die Finanzverwaltung beruft sich auf ein Strafurteil des BGH, das den Einsatz mathematisch-statistischer Verfahren zur Ermittlung der Höhe des Schadens bei betrügerischen kassenärztlichen Abrechnungen, die der Täter schematisiert wiederholt hat, sanktioniert, obwohl nur eine Wahrscheinlichkeitsaussage (mit einer Eintrittswahrscheinlichkeit von 99,5 %) getroffen werden konnte und keine völlige Gewissheit des Tatrichters vorlag (BGH, Urteil vom 14.12.1989, 4 StR 419/89, BGHSt 36, 320, 326 f.).

Der Chi-Quadrat-Test hat bereits zwischenzeitlich zu finanzgerichtlichen Judikaten geführt und ihm wird durchaus ein Beweiswert bei der Überprüfung von Kasseneinnahmen beim Verdacht der Steuerhinterziehung bei einem festgestellten Vermögenszuwachs attestiert. Die Rechtsprechung hat im Fall einer Außenprüfung bei einem Gastwirt in einem Aussetzungsverfahren keinen Anlass gesehen, um von den Hinzuschätzungen des Finanzamts abzuweichen. Es rechtfertigt die Schätzung im summarischen Verfahren mit folgenden Ausführungen:

„Allein die Ergebnisse des Chi-Quadrat-Tests zeigen, dass die Kasseneinnahmen für die Streitjahre offensichtlich nicht zutreffend aufgezeichnet wurden. Ergänzend zeigt jedoch schon eine bloße Ziffernüberprüfung offensichtlich unschlüssige Auffälligkeiten, die nur den Schluss zulassen, dass die Zahlen frei erfunden wurden (FG Münster, Beschluss vom 05.12.2002, 8 V 5774/02, zitiert bei Drüen, DStR 2004, 18, 22).

Ein Chi-Quadrat-Test kann nur Anhaltspunkte dafür liefern, dass Aufzeichnungen oder Kasseneinnahmen unrichtig sein können. Die diesem Test zugrunde liegenden Wahrscheinlichkeitsüberlegungen können auch bei festgestelltem Vermögenszuwachs einen Nachweis von Einnahmemanipulationen nicht ersetzen. Der Nachweis, dass der Vermögenszuwachs aus unversteuerten Einkünften stammt, erfordert im Regelfall entsprechende Erkenntnisse aus einer Vermögenszuwachsrechnung oder Geldverkehrsrechnung (FG Münster, Beschluss vom 14.08.2003, 8 V 2651/03 E, U, EFG 2004, 9, rkr., mit Anm. Trossen; Seer, in Tipke/Kruse, AO, Lfg. 170, Mai 2022, § 162 Tz. 60a; hierzu Kratzsch/Rabe, StB 2010, 162, 164 ff. und 191 ff.).

In einem weiteren Judikat wurde die Ordnungsmäßigkeit eines Fahrtenbuches anhand der Chi-Quadrat-Methode unter die Lupe genommen. In dem zu beurteilenden Fall hatte das Finanzamt schon an der Glaubwürdigkeit des Fahrtenbuchs gezweifelt. Kurzerhand überprüfte das Finanzamt die Zahlen mit einem Verfahren aus dem Chi-Quadrat-Test. Im vorliegenden Fall hat das Finanzamt – und dem folgte auch das Finanzgericht – eine nicht erklärbare Ansammlung gleicher Zahlenkonfigurationen als zusätzlichen Anhaltspunkt für das nicht ordnungsgemäß geführte Fahrtenbuch bewertet (FG Münster, Urteil vom 07.12.2005, 1 K 6384/03 E, EFG 2006, 652, rkr.; Watrin/Struffert, DB 2006, 1748, 1750; hierzu Gebbers, StBp 2008, 209 ff. und 290 ff.). Ferner stellte ein Finanzgericht klar, dass ein auffälliger Chi-Quadrat-Test allein kein Grund für die Beanstandung der Buchführung sein kann (FG Rheinland-Pfalz, Urteil vom 24.08.2011, 2 K 1277/10, EFG 2012, 10, rkr., mit Anm. Kühnen – DStRE 2012, 960; hierzu Billy, DB 2010, Heft 48, M 10; Talaska, Stbg 2012, 72).

Im Schrifttum wird begrüßt, dass empirische Methoden inzwischen auch in die Betriebsprüfung Einzug gefunden haben. Sie sind vielfach gut geeignet, Erkenntnisse wissenschaftlich zu untermauern und damit die Entscheidung abzusichern. In diesem Zusammenhang ist das Bejahen von statistischen Methoden durch die Rechtsprechung positiv zu bewerten. Ein stärkerer interdisziplinärer Austausch zwischen Betriebswirtschaftslehre, Rechtswissenschaft und Statistik erscheint angesichts der ständig steigenden Komplexität wirtschaftlicher und wirtschaftskrimineller Tatbestände geboten. Voraussetzung für die Aufdeckung von Manipulationen einerseits und die Vermeidung von ungerechtfertigten Beschuldigungen andererseits ist aber die sachgerechte Anwendung der statistischen Methoden. Angesichts der Komplexität ist ein unbedachtes Durchführen gefährlich. Insbesondere müssen die Anwendungsvoraussetzungen (vor allem der Umfang der zu testenden Daten sowie die Bestimmung der zu testenden Verteilung) in jedem Einzelfall geprüft werden. Entsprechend muss auch die Deutung der Ergebnisse statistischer Tests sorgsam vorgenommen werden, wobei das festgelegte Signifikanzniveau eine entscheidende Rolle spielt (Watrin/Stuffert, DB 2006, 1748, 1750).

Beim Durchforsten der Kassenbücher sollte also überprüft werden, ob nicht unbewusst bestimmte Zahlenkonfigurationen vorgefunden werden. Dies könnte ein Anhaltspunkt sein, dass die Buchhaltung im Nachhinein nach einem bestimmten schematischen Tableau manipuliert worden sein kann. Damit kann die Ordnungsmäßigkeit der Kassenbuchführung erschüttert werden und bietet somit der Finanzverwaltung Anhaltspunkte für eine Schätzung nach der Geldverkehrs- und Vermögenszuwachsrechnung. Jedoch muss man auch nach Gegenargumenten suchen. So können beispielsweise bestimmte Kaufleute damit argumentieren, dass sie bei der Preisaufzeichnung die Zahl 9 überproportional verwenden, was dann auch systematisch in die Buchführung einfließen kann. Von Extremfällen einmal abgesehen, sollte die Methode nur zur griffweisen Hinzuschätzung von Einkünften im schlimmsten Falle führen, die jedoch wegen der beschriebenen Unwägbarkeiten wegen des Grundsatzes „in dubio pro reo" kaum strafrechtliche Relevanz entfalten kann.

Die Ergebnisse aus einem Chi-Quadrat-Test können den Nachweis einer Steuerhinterziehung somit nicht ersetzen (FG Münster, Urteil vom 07.12.2005, 1 K 6384/03 E, EFG 2006, 652, rkr.). Die Rechtsprechung befindet sich also noch in einer Explorationsphase. Dennoch kann Folgendes festgehalten werden: Auf das Ergebnis eines Chi-Quadrat-Tests **allein** kann daher eine Hinzuschätzung im Rahmen einer Betriebsprüfung nicht gestützt werden. Der Test liefert insoweit lediglich Anhaltspunkte für eine **formelle Fehlerhaftigkeit** der Kassenaufzeichnungen. Er lässt aber – anders als z.B. eine Aufschlagskalkulation oder Geldverkehrs- bzw. Vermögenszuwachsrechnung – **keine Rückschlüsse auf die Höhe** der nicht in der Kasse erfassten Einnahmen zu (zu den praktischen Anwendungsfragen instruktiv Wähnert, StBp 2012, 241 ff.; Bachmann/Richter/Steinberger, StBp 2019, 38 ff.).

7. Folgen der Vernichtung von Unterlagen

Gegenüber dem sog. Beweisverderber sind in steuerlicher Hinsicht grobe Schätzungen zulässig. Wird während einer Außenprüfung festgestellt, dass der Stpfl. über bisher dem FA verschwiegene Sparguthaben in beträchtlicher Höhe verfügte, und **vernichtet der Stpfl.** daraufhin **seine Buchführungsunterlagen** für Jahre vor dem Prüfungszeitraum, die angeblich auswiesen, dass die Sparguthaben aus in der Buchführung erfassten Betriebseinnahmen stammten, dann widerspricht es nicht den Denkgesetzen und allgemeinen Erfahrungssätzen, wenn das FG zu der Überzeugung gelangt und bei der Schätzung der Umsätze und Gewinne davon ausgeht, die Mittel für die Sparguthaben stammten aus nicht versteuerten Betriebseinnahmen (BFH, Urteil vom 18.07.1990, I R 40/85, BFH/NV 1991, 427).

In einem weiteren Judikat, das ein gehobenes italienisches Speiserestaurant betraf, wurde der Rechtssatz aufgestellt, dass bei Manipulationsmöglichkeiten infolge der fast ausschließlichen Abwicklung von Bargeschäften und bei vom Steuerpflichtigen zu vertretenden fehlenden Überprüfungsmöglichkeiten lediglich eine grobe Schätzung (dort Richtsatzschätzung) geboten sei (BFH, Beschluss vom 19.09.2001, XI B 7/01 n. v.).

8. Schätzung von Zinseinkünften

Sind angeblich darlehensweise aus dem Ausland hereingekommene Geldmittel als Eigenmittel anzusehen, kommt eine Hinzuschätzung von Einkünften bis zur Höhe dieses Betrags in Betracht. Ist davon auszugehen, dass die **Mittel im Ausland** während des gesamten Streitzeitraums **verzinslich angelegt waren**, hat sich die Schätzung auf den Ansatz von Zinsen zu beschränken (BFH, Urteil vom 29.01.1992, X R 145/90, BFH/NV 1992, 439). Ist es unwahrscheinlich, dass vom Betriebsprüfer festgestellte ungeklärte Einlagen aus nicht erklärten Betriebseinnahmen stammen, so können die Einlagen jedoch aus einem dem FA verschwiegenen Kapitalvermögen herrühren, sodass eine Zuschätzung von Zinseinnahmen möglich ist (FG Düsseldorf, Urteil vom 14.10.2002, 17 K 7587/99 E, DStRE 2003, 659; BFH, Urteil vom 07.05.2004, IV B 221/02, BFH/NV 2004, 1367).

Das FA darf im Schätzungswege davon ausgehen, dass Bargeldvermögen verzinslich angelegt wurde und damit Einkünfte aus Kapitalvermögen erzielt wurden, wenn die Ungewissheit im Sachverhalt allein darauf beruht, dass die Stpfl. die ihnen obliegenden Mitwirkungspflichten in erheblichem Umfang verletzt haben (FG Baden-Württemberg, Urteil vom 26.11.2010, 10 K 43/10, EFG 2011, 804, rkr., mit Anm. Geuenich, BB 2011, 1192).

Legt der Stpfl. steuererhebliche Tatsachen, die überwiegend oder ausschließlich im Bereich seines Wissens und in seiner Einflusssphäre angesiedelt sind, nicht offen, führt diese Verletzung seiner Mitwirkungspflichten dazu, dass die Entscheidung nicht nach den Regeln der objektiven Beweislast (Feststellungslast) zu treffen ist. Die Sachaufklärungspflicht und das Beweismaß mindern sich, in entsprechendem Maße reduziert sich die Ermittlungspflicht der Behörde. Die Grenze der zumutbaren Mitwirkung verschiebt sich umso mehr zulasten des Stpfl., je persönlicher, personenbezogener, ungewöhnlicher, verwickelter, schwerer zugänglich, atypischer oder undurchsichtiger die behaupteten Verhältnisse sind.

Nach der Rspr. des BFH spricht eine allgemeine Lebenserfahrung dafür, dass hohe Geldbeträge sowie Erlöse aus Wertpapieren, wenn sie nicht alsbald benötigt werden, zins- und ertragsbringend angelegt werden (FG Münster, Urteil vom 24.04.2012, 6 K 4728/09 E, EFG 2012, 1764, in Rechtskraft erwachsen per BFH-Beschluss vom 09.10.2020, VIII R 23/12, n. v.).

Der Grundsatz „in dubio pro reo" ist auch im Besteuerungsverfahren anzuwenden, wenn das Finanzamt Hinzuschätzungen wegen Steuerhinterziehungen vornehmen will (vgl. BFH, Urteil vom 07.11.2006, VIII R 81/04, BStBl II 2007, 364; BFH, Beschluss vom 20.09.2007, VIII B 66/07, BFH/NV 2007, 2246; vgl. auch BFH, Beschluss vom 18.06.2013, VIII B 92/11, BFH/NV 2013, 1448).

Kommt der Stpfl. seinen Mitwirkungspflichten nicht nach, so kann bei Vorliegen von CD-Daten aus Liechtenstein das dort liegende Kapital samt der entsprechenden Zinsen unter Berücksichtigung des Umstands, dass dort das Mindestkapital für eine Stiftung 3 Mio. DM beträgt, geschätzt werden (FG Baden-Württemberg, Urteil vom 27.01.2011, 13 K 5726/08, DStRE 2012, 1208, rkr.).

Es gibt keinen allgemein gültigen Grundsatz, sondern nur eine Vermutung, dass nicht benötigte Gelder zinsträchtig angelegt und einkommensteuerbare Einkünfte erzielt werden. Eine allein darauf gestützte Verurteilung wegen Steuerhinterziehung ist aus tatsächlichen Gründen nicht möglich (AG Nürnberg, Urteil vom 02.08.2012, 46 Ds 513 Js 1382/11 rkr., NZWiSt 2013, 475, BeckRS 2013, 20680).

Aus dem Vorhandensein eines bestimmten Vermögens kann nicht ohne Weiteres mit der für die Feststellung einer Steuerhinterziehung erforderlichen Sicherheit auf das Vorhandensein dieses Vermögens bereits zu einem früheren Zeitpunkt – lediglich in abgezinster Höhe – geschlossen werden. Dazu bedarf es vielmehr der weiteren Feststellung, dass ein zwischenzeitlicher Vermögenszuwachs ausgeschlossen werden kann.

Das Vorhandensein eines Vermögens zu einem bestimmten Zeitpunkt reicht – selbst bei Annahme eines verminderten Beweismaßes wegen Verletzung der Mitwirkungspflichten – nicht aus, um dem Steuerpflichtigen den entsprechenden Kapitalstamm auch in den Folgejahren unverändert als Grundlage der Erzielung von Einkünften aus Kapitalvermögen zuzurechnen, wenn Anhaltspunkte dafür vorhanden sind, dass das Depotkonto im betreffenden Zeitraum nicht mehr vorhanden war.

Der Grundsatz „in dubio pro reo“ schließt es aus, die – grundsätzlich zulässige – Schätzung der Höhe der hinterzogenen Steuern auf ein reduziertes Beweismaß und bloße Wahrscheinlichkeitserwägungen zu stützen und an der oberen Grenze des Schätzungsrahmens auszurichten. Erforderlich ist vielmehr, dass das FG auf der Grundlage des Gesamtergebnisses des Verfahrens (§ 96 Abs. 1 Satz 1 FGO i. V. m. § 162 AO) von der Höhe der Steuerhinterziehung in jedem Jahr der Schätzung überzeugt ist.

Das Urteil illustriert die besondere Problematik, die bei der Schätzung von aus dem Ausland stammenden Einkünften aus Kapitalvermögen (die über Datenträger bekannt werden) gegeben ist: In einem ersten Schritt ist grundsätzlich zu klären, ob die Daten überhaupt unverfälscht und „richtig“ sind, in einem zweiten Schritt muss das Gericht dann für jedes (Folge-)Jahr die Überzeugung bilden und begründen, dass der Steuerpflichtige das entsprechende Guthaben (weiterhin) zur Erzielung von Einkünften aus Kapitalvermögen einsetzen konnte und eingesetzt hat. Die Feststellung des Vorliegens von Kapitalvermögen zu einem Stichtag soll nicht für eine pauschale Würdigung ausreichen, der Steuerpflichtige habe aus diesem Kapital auch in den Folgejahren unverändert Einnahmen aus Kapitalvermögen erzielt (BFH, Urteil vom 03.12.2019, VIII R 23/16, BFH/NV 2020, 853 m. Anm. Brill, NWB 2020, 2358 f.).

Das FG muss unter dem Gesichtspunkt der Gewährung rechtlichen Gehörs nicht jede Änderung oder Abwandlung der Schätzungsmethode im Vorhinein offenlegen, wenn und soweit die betreffenden Schätzungsmethoden einander ähnlich oder voneinander abgeleitet sind. Allerdings ist ein Hinweis nach § 76 Abs. 2 FGO geboten, wenn das FG eine Schätzungsmethode anwenden will, die den bereits erörterten Schätzungsmethoden nicht mehr ähnlich ist oder die Einführung neuen Tatsachenstoffs erforderlich wird.

Bei der Schätzung selbst und insbesondere auch bei der Frage, welche Schätzungsmethode dem Ziel am besten gerecht wird, die Besteuerungsgrundlagen durch Wahrscheinlichkeitsüberlegungen so zu bestimmen, dass sie der Wirklichkeit möglichst nahe kommen, handelt es sich grundsätzlich um Tatsachenfeststellungen des FG. Das Revisionsgericht ist daran nach Maßgabe des § 118 Abs. 2 FGO gebunden, d. h., es prüft lediglich auf Rechtsverstoß, insbesondere auf Verstoß gegen die Denkgesetze und Erfahrungssätze, sofern nicht in Bezug auf die tatsächlichen Feststellungen des FG zulässige und begründete Revisionsgründe vorgebracht sind (BFH, Urteil vom 03.12.2019, X R 5/18, BFH/NV 2020, 698 unter Bestätigung von BFH, Urteil vom 22.07.2010, IV R 30/08, BStBl II 2011, 210).

Ein Steuerpflichtiger, der unter Verletzung seiner Mitwirkungspflicht keine ausreichenden Erklärungen und Nachweise zur Herkunft von aus dem Ausland stammenden Zuflüssen auf seinem Bankkonto abgibt und der über einen inländischen Wohnsitz verfügt, muss es hinnehmen, dass das FA im Wege der Schätzung die Zuflüsse als steuerpflichtige Einnahmen behandelt, auch wenn eine im Inland ausgeübte steuerpflichtige Tätigkeit nicht festgestellt werden kann (FG München, Urteil vom 11.11.2020 – 9 K 2397/18, EFG 2021, 255, 258 m. Anm. Forchhammer = DStRE 2021, 1335 [NZB eingelegt; Az. des BFH: I B 82/20]; zur Schätzung von Auslandskapitaleinkünften siehe Wegner, PStR 2021, 181 mit konkreten Fallbeispielen).

9. Nachkalkulation

Ist die Buchführung formell in Ordnung, so kann ihr Ergebnis im Wege einer **Nachkalkulation** nur dann durchbrochen werden, wenn diese einwandfrei ist; an die Nachkalkulation sind strenge Anforderungen zu stellen, da jene infolge ihres Schätzungscharakters mit Unsicherheiten verbunden ist (BFH, Urteil vom 25.06.1970, IV 17/85, BStBl II 2007, 838; vgl. a. BFH, Beschluss vom 13.06.2023, VIII B 39/22, BFH/NV 2023, 979).

Bei Handelsbetrieben ist für eine Nachkalkulation insbesondere erforderlich:

- eine ausreichende Aufgliederung des Wareneinsatzes,
- eine sorgfältige Ermittlung der Aufschlagsätze,
- dass der Nachweis ausschließlich mit Überlegungen aus den besonderen Verhältnissen des geprüften Betriebs geführt wird (BFH, Urteil vom 17.11.1981, VIII R 174/77, BStBl II 1982, 430, 434 f.).

Hinweis:

Unzulässig ist es also z. B., wenn teilweise ein äußerer Betriebsvergleich angestellt wird, indem für einige Warenarten die Aufschlagsätze anderer Betriebe übernommen werden. Diese Vorgehensweise ist allerdings zulässig, wenn

- aus Buchführungsmängeln auf die sachliche Unrichtigkeit geschlossen werden kann oder
- der Steuerpflichtige einer Befragung aus dem Weg geht oder
- sich Angaben des Steuerpflichtigen zur Kalkulation als unrichtig herausstellen.

Bei geringfügiger Abweichung der Nachkalkulation vom Buchführungsergebnis muss in Erwägung gezogen werden, dass die Abweichung auf Schätzungsunschärfen beruhen kann; bei Abweichungen innerhalb des Unschärfebereichs ist eine Schätzung nicht zulässig (BFH, Urteil vom 26.04.1983, VIII R 38/82, BStBl II 1983, 618).

Häufig auftretende Schwächen einer Nachkalkulation sind: Schätzung (nicht Feststellung) von Eigenverbrauch, Freilagen, Warenverderb, Personalbeköstigung oder die Übertragung des für ein Jahr ermittelten Rohgewinnaufschlags auf andere Jahre.

Stützt das FA eine Hinzuschätzung auf die Durchführung einer Kalkulation, ist es verpflichet, sowohl die Kalkulationsgrundlagen als auch die Ergebnisse der Kalkulation sowie die Ermittlungen, die zu diesen Ergebnissen geführt haben, offenzulegen. Wurde die Kalkulation in elektronischer Form durchgeführt, kann der Steuerpflichtige einen Anspruch auf Übermittlung der Kalkulationsgrundlagen in elektronischer Form haben (BFH, Beschluss vom 20.07.2013, X B 213/15, X B 4/16, BFH/NV 2016, 1679).

Die Richtigkeitsvermutung einer formell ordnungsgemäßen Buchführung ist nur entkräftet, wenn das FA nachweist, dass das Buchführungsergebnis sachlich nicht zutreffen kann. Dazu kann eine Nachkalkulation von Umsätzen einer Cocktailbar nur dann herangezogen werden, wenn sie sich auf die tatsächlich gehandelten Getränke und deren Verkaufspreise bezieht. Das ist nicht der Fall, wenn der Prüfer die Mixgetränke nicht als solche kalkuliert, sondern für deren Einzelbestandteile (teils geschätzte) Verkaufspreise ansetzt (Sächsisches FG, Urteil vom 26.10.2017, 6 K 841/15, EFG 2018, 165, 168 f., rkr., m. Anm. Pfützenreuter).

Zur Ausbeutekalkulation bei Gaststätten und der Problematik, ob die Übertragung der Werte aus einer Kalkulation auf ein anderes Jahr vorgenommen werden kann, hat ein Finanzgericht wie folgt Stellung genommen:

Die Übertragung der ermittelten Werte aus einer Kalkulation für ein repräsentatives Jahr auf ein anderes Jahr ist nur zulässig, sofern in der Betriebsstruktur keine wesentlichen Änderungen eingetreten sind.

In einer formell ordnungsmäßigen Buchführung ausgewiesene Gewinne können auch durch die Ergebnisse einer Nachkalkulation erschüttert werden.

An diesen Nachweis sind wesentlich strengere Anforderungen zu stellen als an die Begründung einer Schätzung des Umsatzes oder Gewinns bei festgestellten, zur Schätzung berechtigenden Mängeln der Buchführung (FG München, Beschluss vom 03.08.2023 12 V 1055/23, DStRE 2024, 821 rkr.; zur Schätzung der Besteuerungsgrundlage bei einem Imbiss mit Döner-Verkauf im Wege der Ausbeutekalkulation unter Bezugnahme auf die Richtsatzsammlung vgl. auch Hessisches FG, Urteil vom 23.06.2023 10 K 98/17, EFG 2024, 919, 924 ff. mit Anm. Bleschick [Rev. eingelegt; Az. des BFH: X R 19/23]).

Zur betriebswirtschaftlichen Nachkalkulation im Rahmen einer Betriebsprüfung siehe Haas, DStR 2015, 600ff.

Sehr umstritten ist, ob eine sog. **Quantilsschätzung** bei Einnahmeüberschussrechnung für Besteuerungszwecke statthaft ist. Zu dieser Problematik sind folgende Judikate ergangen:

Die Quantilsschätzung stellt nicht lediglich eine Verprobungs-, sondern eine Schätzungsmethode dar, sofern sich die materielle Unrichtigkeit der Buchführung bereits aus anderen Gründen ergibt.

Bei der Methode der Quantilsschätzung wird aus den betriebseigenen Daten des Steuerpflichtigen eine Spannbreite des „Normalen" herausgelesen. Dazu werden Prozentränge – sog. Quantile –, die zur Einteilung der Datenmenge in den Standardbereich, in schwache und starke Ausreißer verwendet werden, bestimmt. Überträgt man dabei die Verhältnisse der Standardnormalverteilung, definiert sich der Bereich Mittelwert plus/minus mittlerer Abweichung – die sog. Standardabweichung – mit dem 16 %- und dem 84 %-Quantil. Die 68 % der dazwischenliegenden Daten umfassen die „Normalfälle". Diese Erkenntnisse werden bei der Quantilsschätzung dazu genutzt, um noch einmal vorsichtiger zwischen dem 20 %- und dem 80 %-Quantil der betriebseigenen Werte zum monatlichen Aufschlagssatz oder Wareneinsatz den Regelgeschäftsbereich festzustellen, also den normalen Betriebsverlauf ohne relevante Ausreißer. Mit der vorsichtigen Wahl des obersten Wertes aus dem 80 %-Quantil soll bei der Schätzungsmethode die objektivierte Leistungsfähigkeit unabhängig von Extremwerten oder der Länge des Prüfungszeitraums berücksichtigt werden und alle betrieblichen Besonderheiten umfassen.

Die Methode ist danach grundsätzlich geeignet, bei einer nicht ordnungsgemäßen Buchführung unter Heranziehung der betriebsinternen Daten eine Hinzuschätzung vorzunehmen. Es handelt sich zudem um einen inneren Betriebsvergleich, der grundsätzlich besser geeignet ist, das wahrscheinliche Ergebnis zu liefern als ein äußerer Betriebsvergleich (FG Hamburg, Beschluss vom 31.10.2016, 2 V 2012/16, EFG 2017, 265, rkr.; FG Hamburg, Urteil vom 05.03.2018, 3 K 205/15, EFG 2018, 1081, 184f., mit Anm. Bleschick; zwischenzeitlich rkr.; FG Hamburg, Urteil vom 05.03.2018, 3 K 205/15, EFG 2008, 1081, 184f., m. Anm. Bleschick; zwischenzeitlich rkr.; hierzu Becker/Schumann/Wähnert, DStR 2017, 1243, 1247; zu Verteidigungsmöglichkeiten vor dem Finanzgericht bei überhöhter Schätzung aufgrund eines äußeren Betriebsvergleichs eingehend Peters, Stbg 2020, 307ff.). Die sog. Quantilsschätzung stellt keine zulässige Methode zur schätzungsweisen Ermittlung von Besteuerungsgrundlagen i.S.d. § 162

AO dar. Sie kann allenfalls als Verprobungsmethode Hinweise auf sog. Ausreißerwerte bieten, die sodann zu weiteren Ermittlungen Anlass geben (FG Berlin-Brandenburg, Beschluss vom 24.08.2016, 5 V 5089/16, EFG 2017, 12, rkr., m. Anm. Hartmann = DStRE 2017, 2470; vgl. a. BFH, Beschluss vom 12.07.2017, X B 16/17, BFH/NV 2017, 1204, 1212f. = DB 2017, 1936f. m. Anm. Moritz = EStB 2017, 356 m. Anm. Günther; hierzu ausführlich Einhorn, DStR 2017, 2470ff.; Wulf/Schüller, DB 2018, 328ff.; FG Hamburg, Beschluss vom 31.10.2016, 2 V 202/16, EFG 2017, 265, 269f., rkr., m. Anm. Kühnen, wonach bei einer vorgenommenen Quantilsschätzung die Rechtsprechungsgrundsätze zum Zeitreihenvergleich heranzuziehen sind; hierzu Herrfurth, StuB 2017, 847ff.; hierzu kritisch Becker/Schumann/Wähnert, DStR 2017, 1243, 1247; ferner aus der Perspektive der Finanzverwaltung Wähnert, DStR 2022, 1470ff.).

10. Geldverkehrs- und Vermögenszuwachsrechnung

Steuerpflichtigen, die einen Großteil der Einkünfte – insbesondere aus Schwarzgeldkonten – nicht versteuert haben, versucht die Betriebsprüfung mit der **Vermögenszuwachsrechnung** (VZR) und der **Geldverkehrsrechnung** (GVR) auf die Schliche zu kommen. Schließlich kann ein ungeklärter Vermögenszuwachs, der mit Hilfe der **Vermögenszuwachsrechnung** ermittelt wird, auch bei formell ordnungsgemäßer Buchführung zu der Annahme berechtigen, er stamme aus unversteuerten Einkünften. Ihre Beweiskraft können Vermögenszuwachs- und Geldverkehrsrechnung nur bei logischer und sachlicher fehlerfreier Erstellung abwickeln. Beide Berechnungsmethoden beruhen auf dem **Grundgedanken**, dass niemand mehr ausgeben kann, als er eingenommen hat.

Diese beiden Verprobungs- und Schätzungsmethoden stellen die wirtschaftliche Situation des Steuerpflichtigen umfassend dar, sollen dessen **vollständige Durchleuchtung** ermöglichen.

GVR und VZR beruhen auf der Überlegung, dass niemand für Konsum und Vermögensbildung mehr ausgeben kann, als ihm – für das Finanzamt aus den Steuerakten erkennbar – zur Verfügung steht. Stellt der Finanzbeamte mithilfe einer GVR oder VZR fest, dass der Steuerzahler mehr verbraucht hat, als ihm zur Verfügung stand, oder dass der Zuwachs an Vermögen höher war, als das versteuerte Einkommen dieses Zeitraums, so steht für das Finanzamt zunächst einmal – in Form einer widerlegbaren Vermutung – fest, dass Einkünfte nicht versteuert wurden. Kann der Steuerpflichtige diese Vermutung nicht glaubwürdig widerlegen, so ist er mit dem Vorwurf der Steuerhinterziehung konfrontiert; **Strafe** und **Hin-**

terziehungszinsen stehen dann also zusätzlich zu einer **steuerlichen Nachforderung** drohend im Hintergrund.

Zweck der GVR ist, **alle Geldflüsse zu erfassen**. Die Schätzungsmethode der GVR weist unabhängig von Buchführungsmängeln eine Gewinnverkürzung nach und muss gerade deswegen strengen Anforderungen genügen: überschaubarer Vergleichszeitraum, Ansatz von Anfangs- und Endbeständen, keine Berücksichtigung von Verhältnissen außerhalb des Vergleichszeitraums, Unterscheidung zwischen Gesamt- und Teilrechnung, Vollständigkeit (BFH, Urteil vom 02.03.1982, VIII R 225/80, BStBl II 1984, 504).

Bei der VZR wird ein **Vermögensvergleich** angestellt (Die Terminologie ist streitig. Grundgedanke sowohl von GVR als auch von VZR ist, die **verfügbaren Mittel** mit der **Mittelverwendung** zu vergleichen. Nach der Rechtsprechung des BFH lassen sich beide Rechnungen ineinander überführen).

Varianten der GVR:

- Gesamt-GVR (erfasst alle privaten und betrieblichen Mittel des Steuerpflichtigen)
- Private GVR (wird erstellt, wenn die betriebliche Gewinnermittlung nicht zu beanstanden ist)
- Betriebliche GVR (geringe praktische Bedeutung)

Da GVR und VZR zum Aufspüren nicht versteuerter Einnahmen dienen, werden sie nicht nur von Betriebsprüfern, sondern auch gern von Steuerfahndern eingesetzt.

Der Betriebsprüfer benutzt die GVR

- als Verprobungsmethode (zur Überprüfung einer formell ordnungsgemäßen Buchführung); Ziel: Auffinden von „Knackpunkten“,
- als Grund für Zuschätzungen (wenn GVR oder VZR zur Feststellung von sog. Verwendungsüberhängen oder Vermögenszuwächsen führten),
- als Schätzungsmethode (andere Schätzungsmethoden sind z.B. die Richtsatzschätzung oder die Nachkalkulation).

Folgende Feststellungen können den Prüfer zur Anfertigung einer GVR oder VZR veranlassen:

1. unregelmäßige, vor allem geringe ungebundene Entnahmen
2. auffällige, in der Herkunft unklare, insbesondere hohe Einzahlungen auf private Konten
3. nicht plausible Bareinlagen in den Betrieb
4. größere private Vermögenszugänge
5. fragwürdige Darlehen

Gesamt-Vermögenszuwachsrechnung

A. Erklärbares Anfangsvermögen und Zugang

1. Anfangsreinvermögen
2. steuerpflichtige Einkünfte
3. Erlöse aus nicht steuerpflichtigem Verkauf von Vermögenswerten
4. Erbschaften und erhaltene Schenkungen
5. erzielte Wett-, Spiel- und Lotteriegewinne

SUMME A

B. Festgestelltes Endvermögen und Abgang

6. entstandene Lebenshaltungskosten
7. entstandene Privatsteuern und andere konkrete Privatausgaben
8. Anfangsbestand und nicht einkünftemindernde Aufwendungen
9. Aktivschenkungen
10. fiktive Einkünfteteile
11. nicht einkünftemindernd erfasste Abschreibungen beim Endreinvermögen
12. Endreinvermögen

SUMME B

C. Ergebnis

A > B = ungeklärte Vermögensminderung

A < B = ungeklärter Vermögenszuwachs

Gesamt-Geldverkehrsrechnung

A. Erklärbare Anfangsgeldbestände und Zugang

1. Anfangsgeldbestände
2. steuerpflichtige Einkünfte (durch Überschussrechnung ermittelt)
3. fiktive Ausgaben einschl. AfA bei allen Einkunftsarten
4. Bruttoeinnahmen aus nicht steuerpflichtigem Verkauf von Vermögenswerten
5. Erbschaften, Schenkungen (nur Gelderbschaften, -schenkungen)
6. Wett-, Spiel- und Lotteriegewinne (vereinnahmte Beträge)
7. Sonstige nicht steuerpflichtige Erträge (vereinnahmte Beträge)
8. Geldzuflüsse aus einkünfteneutralen Geldschuldaufnahmen
9. Geldzuflüsse aus einkünfteneutralem Eingang von Geldforderungen

SUMME A

B. Festgestellte Endgeldbestände und Abgang

10. entstandene Lebenshaltungskosten (verausgabte Beträge)
11. entstandene Privatsteuern und andere konkrete Privatausgaben (verauslagte Beträge)
12. nicht einkünftemindernde abgeflossene Geldausgaben für nicht im Endgeldbestand enthaltene Vermögenswerte
13. Aktivschenkungen (nur Geldschenkungen)
14. nicht in Geld zugeflossene Einkünftebestandteile aus allen Einkunftsarten
15. Rückzahlungen auf Geldschulden
16. Auszahlungen auf gewährte Gelddarlehen
17. Endgeldbestände

SUMME B

C. Ergebnis

Stimmen die Summen A und B überein, so kann unterstellt werden, dass alle Geldvorgänge (Bestände, Einnahmen und Ausgaben) richtig erfasst wurden.

Ergibt sich ein Fehlbetrag – wie oben –, so kann das folgende Ursachen haben:

- Einnahmen wurden dem Finanzamt zu gering erklärt (Schwarzeinkünfte)
- Ausgaben wurden zu hoch erklärt (es war also – so die Vermutung des Finanzamts – Schwarzgeld vorhanden).

Hinweis:

Als Berater müssen Sie Ihren Mandanten darauf hinweisen, dass bei den von ihm getätigten Privatinvestitionen bzw. hohe Einlagen in den Betrieb für die Finanzverwaltung nachvollziehbar sein muss, woher die Mittel kommen. Hierzu sind Dokumentationen erforderlich. Allgemeine Ausreden (Lotto-Gewinne, Spielbank-Gewinne o. Ä.) sind nicht ausreichend. Bei der Behauptung, dass die Mittel von Darlehen von Familienangehörigen stammen, sind entsprechende Dokumente erforderlich. Es werden ggf. die Steuerakten der betroffenen Familienangehörigen hinzugezogen, um zu prüfen, ob diese finanziell überhaupt in der Lage sind, solche Darlehen zu gewähren. Bei ausländischen Verwandten sind entsprechende eidesstattliche Versicherungen und ggf. Übersetzungen eines amtlich zugelassenen Dolmetschers rechtzeitig herbeizuschaffen.

Die Durchführung einer Geldverkehrs- oder Vermögenszuwachsrechnung nach den von der Rechtsprechung aufgestellten Grundsätzen ist dann nicht erforderlich, wenn die finanziellen Dispositionen des Stpfl. Auslandsbezug haben, der Stpfl. als Verfügungsberechtigter über verschiedene und auf fremde Namen lautende Konten auftritt, und er nicht nur seinen Mitwirkungspflichten i.R. der ihm obliegenden Prozessförderungspflicht nicht nachkommt, sondern während des Verfahrens unterschiedliche und sich widersprechende Angaben zur Entwicklung seines Vermögens macht (Hessisches FG, Urteil vom 24.04.1990, 10 K 5057/88, EFG 1991, 228).

Aus anwaltlicher Sicht ist zu Verteidigungsstrategien gegen eine (Bar-)Geldverkehrsrechnung Stellung genommen worden (Oberbörsch, PStR 2023, 80):

Eine Warenverkehrsrechnung ist grundsätzlich ebenso wie die Geldverkehrsrechnung eine auch für das Steuerstrafverfahren geeignete Schätzungsmethode. Voraussetzung für eine belastbare Geld- oder Warenverkehrsrechnung ist aber stets, dass die Rechnung von einem gesicherten Anfangsbestand und einem gesicherten Endbestand ausgeht (So klarstellend BGH vom 10.02.2022 – 1 StR 484/21, wistra 2022, 438).

11. Zeitreihenvergleich

Die Schätzungsmethode des **sog. Zeitreihenvergleichs** ist eine Form des **inneren Betriebsvergleichs**, bei der der Betriebsprüfer von vorhandenen betriebsinternen Zahlen ausgeht und diese zum Gesamtergebnis eines Besteuerungsabschnitts weiterentwickelt (hierzu Burkhard, StBp, 2006, 61 ff.; Wiggen, StBp 2008, 168 ff.; Kratzsch/Rabe, StB 2010, 191 ff.).

Beispiel:

Der Prüfer errechnet unter Zugrundelegung eines Zeitblocks von zehn Wochen den durchschnittlichen Rohgewinnaufschlagsatz einer Woche. Dabei geht er von der Annahme aus, dass neue Wareneinkäufe grundsätzlich erst erfolgen, wenn die zuvor gekaufte Ware größtenteils verbraucht ist. Er verteilt deshalb die gebuchten Wareneinkäufe gleichmäßig bis zum nächsten Einkaufstermin, um eine wochenweise Zuordnung der Wareneingänge zu erreichen. Den für eine Woche (auf der Basis von zehn Wochen) ermittelten Rohgewinnaufschlagsatz rechnet er auf den Prüfungszeitraum (drei Jahre) hoch.

Die Vorgehensweise im Beispiel kann nur dann zu zutreffenden Schätzungsergebnissen bei Umsatz und Gewinn führen, wenn davon ausgegangen werden kann, dass der für eine Teilperiode des Unternehmens festgestellte (Rohgewinn-)Aufschlagsatz auch für die übrige Zeit der Streitjahre **repräsentativ** ist. Das ist bei saisonalen Schwankungen nicht der Fall (FG Münster, Beschluss vom 19.08.2004, 8 V 3055/04 G, EFG 2004, 1810, rkr.). Weitere Schwachstellen des Zeitreihenvergleichs sind:

- Es ist nicht festgestellt, welche Waren wann tatsächlich verbraucht wurden.
- Auch bei normalem Geschäftsverlauf können Schwankungen auftreten, sodass es zu einem verzerrten Schätzungsergebnis führt, wenn ohne statistische Absicherung einzelne Zeiträume ausgewählt und dann für ein Jahr oder den ganzen Prüfungszeitraum zugrunde gelegt werden.

Zu den Anforderungen an die Schätzung mittels eines Zeitreihenvergleichs hat der Bundesfinanzhof folgende bahnbrechenden differenzierenden Grundsätze aufgestellt:

Besteht grundsätzlich eine Manipulationsmöglichkeit der Registrierkasse und können keine Programmierunterlagen vorgelegt werden, ist es Aufgabe des Steuerpflichtigen, anhand geeigneter (Ersatz-)Unterlagen, ggf. unter Hilfestellung des Kassenherstellers, darzulegen, wie die Kasse programmiert worden ist.

Die sog. **„30/70-Methode"** (Getränke vs. Speisen) ist grundsätzlich eine geeignete Schätzungsmethode, die auf betriebsinternen Daten aufbaut (BFH, Beschluss vom 11.01.2017, X B 104/16, BFH/NV 2017, 561; auch Niedersächsisches FG, Urteil vom 10.05.2016, 8 K 175/15, n. v.; hierzu Greff, DB 2017, 1117 f.).

Die Durchführung eines Zeitreihenvergleichs setzt voraus, dass im Betrieb das Verhältnis zwischen dem Wareneinsatz und den Erlösen im betrachteten Zeitraum weitgehend konstant ist. Es darf zudem im maßgebenden Zeitraum nicht zu solchen Änderungen in der Betriebsstruktur gekommen sein, die – nicht anderweitig behebbare – wesentliche Unsicherheiten bei der Aufstellung und Interpretation des Zahlenwerks mit sich bringen. Bei einer Buchführung, die formell ordnungsgemäß ist oder nur geringfügige formelle Mängel aufweist, kann der Nachweis der materiellen Unrichtigkeit grundsätzlich nicht allein aufgrund der Ergebnisse eines Zeitreihenvergleichs geführt werden. Ist die Buchführung formell nicht ordnungsgemäß, sind aber materielle Unrichtigkeiten der Einnahmeerfassung nicht konkret nachgewiesen, können die Ergebnisse eines Zeitreihenvergleichs nur dann einen Anhaltspunkt für die Höhe der erforderlichen Hinzuschätzung bilden, wenn andere Schätzungsmethoden, die auf betriebsinternen Daten aufbauen oder in anderer Weise die individuellen Verhältnisse des jeweiligen Steuerpflichtigen berücksichtigen, nicht sinnvoll einsetzbar sind. Bei verbleibenden Zweifeln können Abschläge in einem Umfang geboten sein, der über eine bloße Abrundung hinausgeht. Steht bereits aus anderen Gründen fest, dass die Buchführung sowohl formell als auch materiell unrichtig ist, und übersteigt die nachgewiesene materielle Unrichtigkeit eine von den Umständen des Einzelfalles abhängige Bagatellschwelle, können die Ergebnisse eines – technisch korrekt durchgeführten – Zeitreihenvergleichs auch für die Ermittlung der erforderlichen Hinzuschätzung der Höhe nach herangezogen werden, sofern sich im Einzelfall keine andere Schätzungsmethode aufdrängt, die tendenziell zu genaueren Ergebnissen führt und mit vertretbarem Aufwand einsetzbar ist. Bei einem programmierten Kassensystem stellt das Fehlen der aufbewahrungspflichtigen Betriebsanleitung sowie der Protokolle nachträglicher Programmänderungen einen formellen Mangel dar, dessen Bedeutung dem Fehlen von Tagesendsummenbons bei einer Registrierkasse oder dem Fehlen von Kassenberichten bei einer offenen Ladenkasse gleichsteht und der daher grundsätzlich schon für sich genommen zu einer Hinzuschätzung berechtigt (BFH, Urteil vom 25.03.2015, X R 20/13, BStBl II 2015, 743 mit Anm. Brandt, StBp 2015, 304 ff. und Abele, BB 2015, 1968; Brand, DB StR DB 1086950; siehe ergänzend BFH, Beschluss vom 12.07.2017, X B 16/17, BFH/NV 2017, 1204, 1208; BFH, Urteil vom 23.07.2019, XI R 48/17, BStBl II 2019, 763; FG Berlin-Brandenburg, Beschluss vom 13.12.2018, 7 V 7137/18, EFG 2019, 317, 319 ff., rkr., m. Anm. Pfützenreuter und Wegner, PStR 2019, 81 ff.; hierzu eingehend Kulosa, DB 2015, 1797 ff.; Bahlburg, StuB 2015, 851 ff.; Wähnert, StB 2016, 61 f., Wolenski, Stbg 2016, 268 ff., Spatschek/Falk, Stbg 2016, 296 ff.; zu methodischen Hinweisen zum Umgang mit nicht behebbaren Messunsicherheiten im Rahmen der statistischen Datenanalyse und Steuerschätzung eingehend Nordhoff, DB 2020, 417 ff.)

Werden für ein programmierbares elektronisches Kassensystem (hier PC-Kasse) anlässlich einer Ap weder Bedienungsanleitung noch Programmdokumentationen für die in den Streitjahren verwendete Programmversion vorgelegt, führt dies zu einem formellen Buchführungsmangel, der zu einer Hinzuschätzung berechtigt (Anschluss an BFH, Urteil vom 25.03.2015, X R 20/13, BFHE 249, 390, BStBl II 2015, 743). Wenn fortlaufend vergebenen Rechnungsnummern in der Journaldatei positive Umsatzdaten zugeordnet werden, in den den Steueranmeldungen zugrunde liegenden Kassenaufzeichnungen hingegen nur 0-€-Beträge, ohne dass korrespondierende Stornobuchungen verzeichnet wurden, ist nachgewiesen, dass die erklärten Umsätze nicht den tatsächlich erzielten Umsätzen entsprechen. Für die Richtigkeitsvermutung des § 158 AO ist aus diesem Grund kein Raum (FG Berlin-Brandenburg, Beschluss vom 13.12.2018, 7 V 7137/18, EFG 2019, 317 ff., rkr., m. Anm. Pfützenreuter = PStR 2019, 81 f. m. Anm. Wegner).

Werden vorwiegend Bargeschäfte getätigt, können Mängel bei der Kassenführung dazu führen, dass die gesamte Buchführung nicht ordnungsgemäß ist. Werden Kassenaufzeichnungen durch ein Tabellenkalkulationsprogramm (Standardsoftware) geführt, liegt darin ein gravierender formeller Buchführungsmangel. Bei Vorliegen gravierender Kassenmängel ist das FA zur Schätzung mittels (Un-)Sicherheitszuschlags befugt. Der (Un-)Sicherheitszuschlag erhöht bei gravierenden formellen Mängeln nicht die feststehenden steuerrechtlichen erheblichen Größen, sondern nur solche Besteuerungsgrundlagen, an deren Richtigkeit Zweifel bestehen (FG Münster, Urteil vom 20.12.2019, 4 K 541/16 E, G, U, F, DStRE 2020, 878 [NZB eingelegt; Az. des BFH: III B 22/20]).

In einem weiteren korrespondierenden Judikat hat der Bundesfinanzhof diese Rechtsgrundsätze weiter wie folgt präzisiert.

Bei Aufzeichnungen, die formell ordnungsgemäß oder nur mit geringfügigen formellen Mängeln behaftet sind, kann der Nachweis der materiellen Unrichtigkeit der Aufzeichnungen grundsätzlich nicht allein aufgrund der Ergebnisse eines Zeitreihenvergleichs geführt werden. Die Schätzungsmethode des Zeitreihenvergleichs setzt eine besonders sorgfältige Ermittlung der Tatsachengrundlagen voraus. Setzt der Betriebsprüfer irrig die Größen „Wareneinkauf“ und „Wareneinsatz“ gleich, liegt darin eine so gravierende methodische Schwäche des durchgeführten Zeitreihenvergleichs, dass seine Ergebnisse nicht verwertbar sind (BFH, Urteil vom 25.03.2015, X R 19/14, BFH/NV 2016, 4).

Fazit: Die neue BFH-Judikatur hat die Messlatte für die Durchführung von Zeitreihenvergleichen deutlich erhöht und verbietet nach dieser Methode pauschale Hinzuschätzungen nach dem Gusto der Finanzverwaltung. Zur Ziffernanalyse als Bestandteil zeitgemäßer Prüfungsansätze siehe Burkhard, StBp 2006, 61, f.; Watrin/Ullmann, WPg 2009, 98 ff.; Posch, StBp 2010, 338 ff.; Wähnert, StBp 2012, 241 ff.; ders. StBp 2014, 97 ff.; ders., StBp 2017, 323 ff.; Diller/Schmid/Späth/Kühne, DStR 2015, 311 ff.; Giezek/Wähnert, DB 2018, 472 ff.; Schütt, StBp 2018, 323 ff.

12. Innerer versus äußerer Betriebsvergleich

Ein innerer Betriebsvergleich ist nicht als geeignete Schätzungsmethode anzusehen, wenn die betrieblichen Verhältnisse der Vorjahre oder der nachfolgenden Jahre – insbesondere in Bezug auf Wareneinkauf und -einsatz – nicht mit den Verhältnissen der zu schätzenden Jahre vergleichbar sind (FG Rheinland-Pfalz, Urteil vom 23.03.2021 – 3 K 1862/19, EFG 2022, 145, 147 m. Anm. Martini [Rev. eingelegt; Az. des BFH: X R 23/21]).

Ein **äußerer Betriebsvergleich** in Form eines Einzelbetriebsvergleichs wird für das Besteuerungsverfahren regelmäßig ausscheiden. Herangezogene Vergleichsbetriebe müssten hinsichtlich Betriebsgröße, Geschäftsgebaren, Organisation, Absatzmöglichkeiten, Kundenstamm, Lieferanten und allen denjenigen Hauptposten der Jahresabschlüsse, die das Ergebnis des Wirtschaftsjahres beeinflussen, vergleichbar sein. Das Steuergeheimnis lässt es nicht zu, dem Stpfl. diejenigen Vergleichsbetriebe, auf die sich das FA zur Begründung der Schätzung berufen hat, namentlich zu benennen. Erforderlich ist jedoch, dem Stpfl. durch allgemeine Mitteilung über die Heranziehung der Vergleichsbetriebe und die Vergleichszahlen Gelegenheit zur Stellungnahme zu geben. Das Steuergeheimnis schließt nicht aus, dass das FG anhand der für die Vergleichsbetriebe durchgeführten Steuerakten prüft, ob gegen die Zahlen der Vergleichsbetriebe Bedenken bestehen (BFH, Urteil vom 18.12.1984, VIII R 195/82, BStBl II 1986, 226).

In der Praxis werden die amtlichen Richtsatzsammlungen der Finanzverwaltung, die vom Bundesministerium für Finanzen bzw. von einigen Oberfinanzdirektionen herausgegeben werden, branchenspezifisch herangezogen (siehe BMF, Schreiben vom 20.01.2021, IV A 8 – S 1544/19/ 10001 :001 DOK 2021/0038903, BStBl I 2021, 198 betr. Richtsatzsammlung 2019; hierzu kritisch Weber, BBk 2019, 1181 ff.; ders. StBp 2021, 108 ff.; zur Richtsatzschätzung bei fehlerhafter elektronischer Registrierkasse BFH, Beschluss vom 08.08.2019, X B 117/18, BFH/NV 2019, 1219; zu Verteidigungsmöglichkeiten vor dem Finanzgericht bei überhöhten Schätzungen der Betriebsprüfung aufgrund eines äußeren Betriebsvergleichs eingehend Peters, Stbg 2020, 307 ff.).

Die Richtsatzschätzung für Landwirte ist auch bei Sonderkulturen eine Schätzung nach den Regeln des Betriebsvermögensvergleichs (FG München, Urteil vom 29.07.2014, 7 K 37560/12, EFG 2014, 1949, rkr.).

In Einzelfällen können die Rohgewinnaufschlagsätze auch außerhalb des von der Richtsatzsammlung ausgewiesenen Rahmens liegen, da es sich sowohl beim oberen als auch unteren Satz nicht um einen absoluten, sondern um einen gewogenen Wert handelt. Ein oberhalb des Rahmens von 186 %–400 % liegender Rohgewinnaufschlagsatz von 588 % erscheint im Bereich asiatischer Restaurants erzielbar (FG Nürnberg, Urteil vom 13.01.2017, 4 K 1172/16, DStRE 2018, 554, rkr.; vgl. a. FG Münster, Urteil vom 20.12.2019, 4 K 541/16, E, G, U, F, DStRE 2020, 878; die eingelegte NZB wurde durch BFH-Beschluss vom 10.09.2020 III B 22/20 n.v. als unbegründet zurückgewiesen).

13. Schätzungsfehler

Grobe Schätzungsfehler bei der Ermittlung der Besteuerungsgrundlagen führen regelmäßig nur zur Rechtswidrigkeit und nicht zur Nichtigkeit eines Schätzungsbescheids. Anders verhält es sich allerdings, wenn das FA bewusst und willkürlich zum Nachteil des Steuerpflichtigen schätzt (so zuletzt BFH, Beschluss vom 12.12.2013, X B 205/12, BFH/NV 2014, 490, st.Rspr.; FG Köln, Urteil vom 22.05.2014, 11 K 3056/11, EFG 2014, 1739, rkr., mit Anm. Rosenke). Nichtigkeit ist selbst bei groben Schätzungsfehlern, die auf einer Verkennung der tatsächlichen Gegebenheiten oder der wirtschaftlichen Zusammenhänge beruhen, regelmäßig nicht anzunehmen. Ein schwerwiegender Fehler i. S. von Nichtigkeit kann nur angenommen werden, wenn er die an eine ordnungsgemäße Verwaltung zu stellenden Anforderungen in einem so hohen Maß verletzt, dass von niemandem erwartet werden kann, den ergangenen Verwaltungsakt als verbindlich anzuerkennen. Nichtigkeit in diesem Sinn liegt z.B. nicht vor, wenn das FA VuV-Einkünfte auf Null schätzt, obwohl aufgrund der Steuererklärungen der Vorjahre Vermietungsverluste i.H. von ca. 80.000 DM bei der Schätzung hätten berücksichtigt werden müssen (FG Baden-Württemberg, Urteil vom 09.09.2003, 1 K 145/02, DStRE 2005, 415, rkr.). Gegen rechtswidrige Schätzungsbescheide muss somit rechtzeitig vorgegangen werden. Die Ansicht, dass das FG die Nichtigkeit eines Schätzungsbescheids annimmt, ist in der Praxis äußerst gering.

Ein Finanzgericht hat allerdings entschieden, dass die Schätzung der Einkommensteuer mit Null wegen Willkür nichtig ist, wenn das FA keine an den Wahrscheinlichkeitsmäßigkeiten orientierte Schätzung vornimmt, sondern von der Gültigkeit des Prinzips ausgeht, dass keine negativen Einkünfte geschätzt werden (Sächsisches FG, Urteil vom 09.06.2010, 8 K 43/10, n.v., mit Anm. Seeger, DStZ 2010, 911 und Graw, DB 2011, Heft 11, M 10).

Die bloße Absicht der Finanzbehörde, den Steuerpflichtigen durch das Schätzungsergebnis zu sanktionieren („Strafschätzung"), löst für sich genommen noch keine Nichtigkeit der hierauf beruhenden Steuerfestsetzung nach § 125 Abs. 1 AO aus. Hinzukommen muss, dass die Schätzung bei objektiver Betrachtung den durch die Umstände des Einzelfalls gezogenen Schätzungsrahmen verlässt, d.h. objektiv fehlerhaft ist (BFH, Beschluss vom 06.08.2018, X B 22/18, BFH/NV 2018, 1237; zur Nichtigkeit einer irrationalen Schätzung vgl. FG Nürnberg, Urteil vom 04.10.2018, 2 K 1723/16, EFG 2018, 1866, 1868 f. m. Anm. Reichelt, vorläufig nicht rkr.; vgl. a. Niedersächsisches FG, Urteil vom 26.03.2013, 2 K 23/13, n.v., mit Anm. Kreft, DB StR 0682150 zur fehlenden Nichtigkeit von Schätzbescheiden bei überhöhten Schätzungen).

Schätzungsbescheide sind selbst dann nicht nichtig, wenn das FA an der oberen Grenze des Schätzungsrahmens schätzt (BFH, Urteil vom 15.07.2014, X R 42/12, BFH/NV 2015, 145).

Das Bestreben, die Schätzung an der oberen Grenze des Schätzungsrahmens durch Berücksichtigung nur der übermittelten Vorsorgeaufwendungen und Schätzung der Mieteinnahmen unter Berücksichtigung einer Mieterhöhung ohne Ansatz nicht belegter Werbungskosten auszurichten, ist gerade kein zur Nichtigkeit führendes „bewusstes Schätzen zum Nachteil des Steuerpflichtigen", sondern zeigt im Gegenteil, dass hier keine Willkürmaßnahme vorliegt.

Der Umstand, dass der Schätzbescheid nicht unter dem Vorbehalt der Nachprüfung ergangen ist, ist kein Indiz für eine missgünstige Intention zur absichtlichen Schädigung oder gar Strafschätzung (Niedersächsisches FG, Urteil vom 07.08.2020, 9 K 278/19, DStRE 2021, 1007, rkr.).

14. Schätzung trotz anhängigen Steuerstrafverfahrens

Eine Schätzung der Besteuerungsgrundlagen ist **auch nach Einleitung eines Steuerstrafverfahrens zulässig.** Die gegenteilige Auffassung sieht der BFH als mit dem Gleichheitssatz (Prinzip der Belastungsgleichheit) unvereinbare Privilegierung des in ein Strafverfahren verwickelten Stpfl. an (BFH, Beschluss vom 19.09.2001, XI B 6/01, BFH/NV 2002, 236).

Zu Voraussetzungen und Grenzen von Schätzungsbefugnissen im steuerlichen bzw. finanzgerichtlichen Verfahren eingehend Peters, wistra 2019, 217 ff.; Reichling, wistra 2019, 222 ff.

Zum Nebeneinander von Steuer- und Steuerstrafverfahren ausführlich Brinkmann, Schätzungen im Steuerrecht, 5. Aufl. 2020, 387 ff.; zur Schätzung im Steuerstrafrecht Beyer, NWB 2020, 825 ff.

Eine Schätzung der Besteuerungsgrundlagen nach im Besteuerungsverfahren anerkannten Schätzungsmethoden ist zulässig, wenn feststeht, dass der Steuerpflichtige einen Besteuerungstatbestand erfüllt hat, das Ausmaß der verwirklichten Besteuerungsgrundlagen aber ungewiss ist (hier wegen manipulierter Registrierkasse). Der Tatrichter muss in den Urteilsgründen für das Revisionsgericht nachvollziehbar darlegen, wie er zu den Schätzungsergebnissen gelangt ist. Erweist sich eine konkrete Ermittlung oder Schätzung der tatsächlichen Umsätze von vorneherein oder nach entsprechenden Berechnungsversuchen als nicht möglich, kann pauschal geschätzt werden, auch unter Heranziehung der Richtwerte für Rohgewinnaufschlagsätze aus der Richtsatzsammlung des Bundesministeriums der Finanzen. Dabei muss nicht zugunsten eines Angeklagten von den unteren Werten der in der Richtsatzsammlung genannten Spannen ausgegangen werden, wenn sich Anhaltspunkte für eine positivere Ertragslage ergeben (BGH, Beschluss 29.01.2014, 1 StR 561/13, wistra 2014, 276; BGH, Beschluss vom 06.10.2014, 1 StR 214/14, wistra 2015, 63; auf gleicher Linie BGH, Beschluss vom 06.04.2016, 1 StR 523/15, wistra 2016, 363; hierzu sehr kritisch Weber, StB 2021, 22 f.).

Die pauschale Schätzung der Besteuerungsgrundlagen unter Heranziehung der Richtwerte für Rohgewinnaufschlagssätze aus der Richtsatzsammlung des Bundesministeriums der Finanzen ist im Steuerstrafverfahren zulässig, wenn feststeht, dass der Steuerpflichtige einen Besteuerungstatbestand erfüllt hat, eine konkrete Berechnung der Umsätze und Gewinne aber nicht möglich ist und ausgehend von der vorhandenen Tatsachenbasis andere Schätzungsmethoden nicht in Betracht kommen. Dabei muss sich das Tatgericht bei der Beweiswürdigung zum Rohgewinnaufschlagsatz zwar einerseits nicht zugunsten eines Angeklagten an den unteren Werten der in der Richtsatzsammlung genannten Spannen orientieren, wenn sich Anhaltspunkte für eine positivere Ertragslage ergeben, darf aber andererseits auch nicht ohne Weiteres einen als wahrscheinlich angesehenen Wert aus der Richtsatzsammlung zugrunde legen, sondern muss einen als erwiesen angesehenen Mindestschuldumfang feststellen (BGH, Beschluss vom 20.12.2016, 1 StR 505/16, BFH/NV 2017, 1151).

Ist die Buchführung unvollständig, hat das Gericht bei einem Verfahren wegen Steuerhinterziehung die Besteuerungsgrundlagen zu schätzen. Dabei hat das Gericht die Pflicht, dem Revisionsgericht nachvollziehbar darzulegen, warum das von ihm ermittelte Schätzungsergebnis einem ordnungsgemäß durchgeführten Bestandsvergleich bzw. einer ordnungsgemäßen Einnahmeüberschussrechnung so gut wie möglich nahekommt;

ein Verweis auf die Schätzungen aus dem Besteuerungsverfahren genügt nicht (BGH, Beschluss vom 29.08.2018, 1 StR 374/18, wistra 2019, 205; BGH, Beschluss vom 08.08.2019, 1 StR 87/19, BB 2020, 37; vgl. a. BGH, Beschluss vom 05.09.2023 1 StR 207/23, wistra 2024, 128 zum Einfluss der Gewinnermittlungsart auf die Schätzung des Steuerschadens im Steuerstrafverfahren hierzu eingehend Schöler, wistra 2024, 105 ff.; zu den spezifischen Anforderungen der Schätzung im Steuerstrafverfahren aus der Perspektive eines pensionierten Finanzbeamten eingehend Wenzel, NWB 2023, 3505 ff. und 2024, 39 ff. und 2024, 105 ff.). Auch griffweise Schätzungen sind im Steuerstrafrecht unzulässig (so ausdrücklich Wenzel, NWB 2024, 39, 43 f.).

Schätzung bei Ertragssteuerhinterziehung

Eine Verurteilung wegen vollendeter bzw. versuchter Hinterziehung von Ertragsteuern setzt in dem Fall, dass überhaupt keine Bücher geführt wurden, eine differenzierte Schätzung voraus, die neben der Auswertung der Geschäftskonten auch die Auseinandersetzung mit Erkenntnissen zur drohenden bzw. eingetretenen Zahlungsunfähigkeit (z. B. ignorierte Rechnungen, Mahnungen, gescheiterte Vollstreckungsversuche oder weitere Betriebsschulden) berücksichtigt. Das bloße Abstellen auf die Ausgaben in Höhe der Abbuchungen vom Betriebskonto unter Ansatz eines Sicherheitszuschlags von 10 % reicht jedenfalls nicht aus (BGH, Beschluss vom 22.09.2022 – 1 StR 271/22, wistra 2023, 298, 299 mit Anm. Webel).

Ist eine konkrete Berechnung der Umsätze und Gewinne nicht möglich und kommen ausgehend von der vorhandenen Tatsachenbasis andere Schätzungsmethoden nicht in Betracht, darf das Tatgericht die Besteuerungsgrundlagen gestützt auf die Richtwerte für Rohgewinnaufschlagsätze aus der Richtsatzsammlung des Bundesministeriums der Finanzen pauschal schätzen.

Da es sich bei der Anwendung der Richtsätze aber generell um ein eher grobes Schätzungsverfahren handelt und die Sätze auf bundesweite Prüfungsergebnisse zurückgehen, müssen auch bei dieser Schätzungsmethode die festgestellten Umstände des Einzelfalls, namentlich die örtlichen Verhältnisse und die Besonderheiten des Gewerbebetriebs, in den Blick genommen werden (BGH, Urteil vom 10.07.2019, 1 StR 265/18, BB 2020, 926, 934 f. m. Anm. Gaßmann/Koch und Beyer, NWB 2020, 825 ff. und Pflaum, wistra 2020, 154, 160; ebenso BGH, Beschluss vom 11.03.2021, 1 StR 521/20, BFH/NV 2021, 1327; zu Voraussetzungen und Grenzen der Schätzungsbefugnis im Besteuerungs- und Steuerstrafverfahren eingehend Durst, KÖSDI 2020, 21743 ff.; zur problematischen Anwendung der „amtlichen“ Richtsatzsammlung im Steuerstrafverfahren kritisch Slahor/Weber, DStR 2020, 2058 ff.;

zur verteilungsbasierten Schätzung im Steuerstrafrecht siehe Wähnert, StBp 2015, 92 ff.).

Allein gravierende formelle Kassenmängel rechtfertigen nicht die Annahme eines Hinterziehungsvorsatzes, weil formelle Mängel keinen sicheren Schluss auf die Verkürzung von Einnahmen zulassen (FG Münster, Urteil vom 17.01.2020, 4 K 16/16, E, G, U, F, EFG 2020, 509, 514 f. m. Anm. Bleschick; vorläufig nicht rkr.).

Für eine tragfähige Schätzung von Besteuerungsgrundlagen im Strafverfahren genügt es nicht, die vom Angeklagten eingeräumten Beträge ungeprüft zu übernehmen (BGH, Beschluss vom 07.11.2018, 1 StR 143/18, wistra 2019, 244, 245 ff. m. Anm. Antoine; siehe auch Schützeberg, PStR 2022, 6 ff.).

Der pauschale Verweis auf „die nachvollziehbaren Feststellungen und schlüssigen Beweiswürdigungen im Rahmen der strafrechtlichen Ermittlungen" ist als Begründung eines FG-Urteils nicht ausreichend (BFH, Beschluss vom 17.08.2020, II B 32/20, BB 2020, 2728).

Im Schrifttum wird die aus der Demoskopie bekannte Methode der Hochrechnung in der steuerstrafrechtlichen Urteilsfindung abgelehnt (Hierzu Kramer, NJW 2022, 1205; zum Sinn oder Unsinn von Unsicherheitszuschlägen im Steuerstrafrecht siehe Bilsdorfer/Kaufmann, DStR 2023, 814 [817]).

Der Bundesgerichtshof hat dazu Stellung bezogen, welche Anforderungen an die Feststellungen des Strafgerichts im Steuerstrafverfahren zu stellen sind, wenn in einem Schätzungsfall ein Geständnis des Angeklagten vorliegt (BGH, Urteil v. 07.09.2022 – 1 StR 229/22, zitiert bei Gehm, PStR 2023, 124 f.).

Schätzung in der Betriebsprüfung – Checkliste

- Tatbestandsvoraussetzungen für die Vornahme einer Schätzung nach § 162 AO
- Die Buchführung als Ansatzpunkt für den Betriebsprüfer (Sicherstellung einer ordnungsgemäßen Kassenprüfung als optimale Versicherung zwecks Abwendung einer unerwünschten Schätzung)
- Grundprinzip des Benford'schen Gesetzes; drastisch verschärfte Anforderungen an eine nicht manipulierbare Kassenbuchführung bei bargeldintensiven Betrieben, insbesondere in der Gastronomie
- Chi-Quadrat-Test anhand von Rechenbeispielen
- Auswirkungen der Vernichtung von Unterlagen (Rechtsfolge für eine grobschlächtige Schätzung an der oberen potenziellen hypothetisch erzielbaren Gewinngrenze)

- Spezifische Methoden bei der Schätzung von Zinseinkünften bei „hochgespültem" Schwarzgeld
- Durchführung einer Geldverkehrs- und Vermögenszuwachsrechnung, einschließlich der Dokumentation von Angriffsflächen
- Grenzen der Anwendung des sog. Zeitreihenvergleichs im kritischen Blickwinkel der höchstrichterlichen Rechtsprechung
- Äußerer Betriebsvergleich
- Rechtsfolgen von Schätzungsfehlern (Rechtswidrigkeit versus Nichtigkeit)
- Die Schätzung im Besteuerungs- und korrespondieren Steuerstrafverfahren

Teil 2 Steuerstrafsachen

I. Steuerfahndung und Steuerstrafverfahren: Allgemeiner Teil

Schrifttum:

Anders	Kontrollbesuche durch den „Flankenschutzfahnder", DStR 2012, 1779
Apitz	Auskunftsersuchen der Steuerfahndung im Rahmen von Vorfeldermittungen, StBp 2006, 224
Bertrand	Steuerstrafrechtliche Verjährungsvorschriften im Schatten der Corona-Soforthilfen, PStR 2021, 184
Beyer	Von Dampflokomotiven und Gesetzgebern, NWB 2020, 3298
Binnewies/ Peters	Mord und Steuerhinterziehung verjähren nicht, GmbHR 2021 R 64
Bittmann	Die gewerbs- oder bandenmäßige Steuerhinterziehung und die Erfindung des gegenständlichen Nichts als geldwäscherelevante Informationsquelle, wistra 2003, 161
Dörn	Steuerhinterziehung durch Unterlassen?, Jur. Diss., Baden-Baden 2001
Fischer	Der neu eingeführte § 375a AO als „lex cum/ex", NWB 2021, 3314
Heuel/Beyer	Die Steuerhinterziehung: Großes Ausmaß stets ab 50.001 € – Praxisbedeutung des BGH-Urteils vom 27.10.2015 – 1 StR 373/15, NWB 2016, 616
Joecks/Jäger/ Randt	Steuerstrafrecht, 9. Aufl., 2023
Kaligin	Keine Angst vor Betriebsprüfung und Steuerfahndung, 2. Aufl. 2004
Kemper	Kontrollbesuche der Finanzbehörde, DStZ 2008, 527
Kohlmann	Steuerstrafrecht (Stand: Dezember 2024)
Korts	Verjährung bei verschwiegenen Auslandskonten, Stbg 2011, 357

Küffner	Wirksame Selbstanzeige nur bei Offenlegung der letzten 15 Jahre, DB 2021 Heft 30 v. 26.07.2021, M 4
Marx	Geldwäsche als „Vortat“ der Steuerhinterziehung, DStR 2000, 2045
Nacke	Der Gesetzesentwurf zum Jahressteuergesetz 2009, DB 2008, 1396
Ott	Steuerhinterziehung bei „vergessenen“ Arbeitseinkünften, PStR 2021, 341
Pelz	Neuregelung der Verfolgungsverjährung für Steuerhinterziehung – Neue Herausforderungen für die Praxis, NJW 2009, 470
Pflaum	Keine Neujustierung der Steuerhinterziehung „großen Ausmaßes“, wistra 2012, 376
Riehl	Zur Frage der Tatbeendigung in Fällen der Umsatzsteuerhinterziehung nach § 370 AO durch einen steuerlich beratenen Unternehmer, wistra 1996, 130
Rolletschke/ Jope	Konsequenzen aufgrund der Änderung der Verjährungsvorschrift des § 376 Abs. 1 AO im Rahmen des Jahressteuergesetzes 2009 (JStG 2009), Stbg 2009, 213
Rolletschke/ Roth	Neujustierung der Steuerhinterziehung „großen Ausmaßes“ (§ 370 Abs. 3 Satz 2 Nr. 1 AO) aufgrund des Schwarzgeldbekämpfungsgesetzes? wistra 2012, 216
Roth	Neues Regelbeispiel zu Briefkastenfirmen, PStR 2017, 315
Rüping	Das Verbrechen der Steuerhinterziehung, DStR 2002, 1417
Schöler	Steuerverkürzung „in großem Ausmaß“ bei elektronischen Steuererklärungen, Stbg 2019, 15
ders.	Vollendung der Steuerhinterziehung durch Unterlassen bei Veranlagungssteuern, DStR 2022, 296
Sommer/ Füllsack	Gewerbs- oder bandenmäßige Steuerhinterziehung gem. § 370a AO, Stbg 2002, 355
Spatscheck/ Albrecht	Praxisprobleme der Strafverfolgungsverjährung bei Hinterziehungsdelikten, § 376 Abs. 1 AO, Stbg 2012, 501
Staudinger	Die neue Verfolgungsverjährung in Steuerstrafsachen, wistra 2021, 307
Talaska	Steuerhinterziehung großen Ausmaßes, DB 2016, 673

Valbuena/ Rennar	Verlängerung der Strafverfolgung für Steuerstraftaten durch das Jahressteuergesetz 2020, StB 2021, 62
Webel	Die steuerstrafrechtliche Relevanz von Luftmatratze und Frühstück, PStR 2021, 60
Weber	Verfolgungsverjährung im Steuerstrafrecht, NWB 2024, 1526
Weyand	Beratungswissen zu § 370a AO, zu § 261 StGB und zum Geldwäschegesetz, INF 2003, 115
ders.	Neuregelung der Verjährung in Fällen der besonders schweren Steuerhinterziehung, StuB 2009, 145
Wionzeck/ Odinius	§ 370 Abs. 3 Satz 2 Nr. 6 AO – eine unzulässige Typisierung?, wistra 2023, 102
Wulf	Die Verschärfung des Steuerstrafrechts zum Jahreswechsel 2008/2009, DStR 2009, 459
ders.	Wann liegt eine Steuerverkürzung „in großem Ausmaß" vor?, Stbg 2012, 366
ders.	Zur neuen Rechtsprechung des BGH zum „großen Ausmaß" im Steuerstrafrecht, wistra 2018, 57

1. Tatbestand der Steuerhinterziehung (§ 370 AO)

1.1 Tathandlung

Diese kann in einem **aktiven Tun** (unrichtige oder unvollständige Angaben gegenüber der Finanzbehörde, § 370 Abs. 1 Nr. 1 AO) oder einem **Unterlassen** (Nichtabgabe von Steuererklärungen oder Steuer(vor-)anmeldungen, § 370 Abs. 1 Nr. 2 AO) bestehen (§ 370 Abs. 1 AO). Die Tathandlung manifestiert sich beim positiven Tun i. d. R. in der **Unterschrift** des Stpfl. unter die Erklärung gegenüber dem FA, die er nach bestem Wissen und Gewissen abzugeben hat. Allerdings haben Stpfl. zumeist einen Steuerberater beauftragt, den sie im Laufe des Jahres sukzessive mit Unterlagen und Informationen belieferten; unterschreiben sie dann – oft erheblich nach Ablauf des VZs – die Steuererklärung, so können sie vielfach selbst nach ausführlicher Lektüre der Erklärung und insbesondere einer Gewinn- und Verlustrechnung und Bilanz zum Zeitpunkt ihrer Unterschrift nicht erkennen, ob und wie der Berater ihre früheren Informationen verarbeitet hat. Ein Schuldvorwurf kann dann nur daran anknüpfen, dass der Stpfl. seinen Berater zuvor

vorsätzlich mit unvollständigen Informationen belieferte, sodass die später erstellte falsche Erklärung die zwangsläufige Folge war.

1.2 Taterfolg

Steuern sind namentlich verkürzt, wenn sie

- nicht,
- nicht in voller Höhe oder
- nicht rechtzeitig

festgesetzt wurden (§ 370 Abs. 4 AO). Bloßes Nichtzahlen von Steuern reicht für eine Steuerhinterziehung nicht aus (vgl. aber die zum 01.01.2002 in Kraft getretenen §§ 26b, 26c UStG – Nichtzahlung von Umsatzsteuer). Tatbestandsmäßig ist aber auch der **Versuch** einer Steuerhinterziehung. Der Versuch beginnt beim positiven Tun erst mit der Einreichung der Erklärung beim FA. **Falschbuchungen** stellen zunächst nur **straflose Vorbereitungshandlungen** dar (§ 370 Abs. 2 AO; BGH, Urteil vom 22.11.1985, 2 StR 64/85, UR 1986, 327).

Ob beim Unterlassungsdelikt (Nichtabgabe von Steuererklärungen bei den Veranlagungssteuern) der Versuch bereits mit dem Ablauf der gesetzlichen Abgabefrist beginnt, ist jedenfalls für den beim FA steuerlich geführten Stpfl., dessen Steuer also im Schätzungsweg festgesetzt werden kann, zweifelhaft (Dörn, Steuerhinterziehung durch Unterlassen?, 2001, 55 ff.).

1.3 Kausalität zwischen Handlung und Erfolg und objektive Zurechenbarkeit des Erfolgs

Zwischen Handlung und Erfolg muss Kausalzusammenhang bestehen. Dies wird durch das Wort „dadurch“ in § 370 Abs. 1 AO zum Ausdruck gebracht. Hat die Finanzbehörde die für die Steuerfestsetzung erforderlichen Kenntnisse – z. B. aufgrund einer Kontrollmitteilung – selbst, kann die Unterlassung der Aufklärung durch den Täter den objektiven Tatbestand nicht erfüllen. Weiß der Täter nichts von der Kenntnis der Finanzbehörde, begeht er einen Versuch. Das gilt selbst dann, wenn die Behörde trotz ihrer Kenntnis und nur wegen der unterlassenen Erklärung des Täters eine zu niedrige oder gar keine Steuerfestsetzung vornimmt. Dasselbe muss auch gelten, wenn die Finanzbehörde in der Lage ist, eine zutreffende oder höhere und rechtzeitige Schätzung nach § 162 AO vorzunehmen, da unter Unkenntnis in § 370 Abs. 1 Nr. 2 AO nur das Fehlen derjenigen Informationen verstanden werden kann, die zur Steuerfestsetzung erforderlich sind. Wenn die Steuerverkürzung bei rechtzeitiger und zutreffender (oder höherer) Schätzung nicht eintritt, muss die Unkenntnis als Bindeglied zwischen dem Unterlassen des Täters und dem steuerverkürzenden Erfolg bereits wegfallen, wenn die Finanzbehörde so viele Kenntnisse besitzt, dass sie wenigstens zutreffend und rechtzeitig schätzen kann. Dasselbe gilt für die Steuerverkürzung durch Handeln nach § 370 Abs. 1 Nr. 1 AO (Grötsch, in Joecks/Jäger/Randt, Steuerstrafrecht, 9. Aufl. 2023, § 370 AO Rdnr. 292).

Aufgabe der **objektiven Zurechnung** ist es letztlich, die Verantwortungsbereiche der verschiedenen an einem Kausalgeschehen beteiligten Personen voneinander abzugrenzen. Ausgangspunkt ist der Grundsatz, dass eine Person prinzipiell nur für ihr eigenes Verhalten, nicht aber für das Dritter verantwortlich ist (Rudolphi, Systematischer Kommentar zum StGB, Vor § 1 Rdnr. 72). I. R. der objektiven Zurechnung findet eine Begrenzung der Verantwortlichkeit in den Fällen statt, in denen die Kausalität erst durch ein dazwischentretendes Dritt- oder Opferverhalten vermittelt wird. Dem Täter wird ein Erfolg nicht zugerechnet, wenn dieser nicht in seinen rechtlichen Verantwortungsbereich fällt, sondern ausschließlich in die Rechtssphäre des Opfers (Maurach/Zipf, Strafrecht AT, Teilband 1, 8. Aufl. 1992, § 18 III Rdnr. 46 bis 49, 59; Lenckner/Eisele, in Schönke/Schröder, StGB, 30. Aufl. [2019] Vor §§ 13 ff. Rdnr. 100, 101).

Im Verantwortungsbereich des FA liegt es, dass

- (überhaupt) eine Schätzung durchgeführt wird (das „Ob" einer Schätzung); so wäre es dem Stpfl. nicht objektiv zurechenbar, wenn der Finanzbeamte – pflichtwidrig – überhaupt nicht schätzen würde;
- unter Ausschöpfung aller Erkenntnismöglichkeiten in ausreichender Höhe geschätzt wird; so wäre es dem Stpfl. nicht zurechenbar, wenn er zu niedrig geschätzt würde, obwohl die vorhandenen Unterlagen und Informationen eine höhere Schätzung nahelegen;
- „rechtzeitig" geschätzt wird; so ist es dem Stpfl. nicht zurechenbar, wenn erst nach und nicht vor dem „Abschluss der Veranlagungsarbeiten" (vgl. hierzu 3.3) geschätzt wird.

Problematisch ist eine Steuerhinterziehung, die durch Inanspruchnahme nicht gerechtfertigter Steuervorteile aufgrund unberechtigter Verlustabzüge nach § 10d EStG oder aufgrund unrichtiger Feststellungsbescheide vorgenommen werden kann. Die höchstrichterliche Rechtsprechung des BGH in Strafsachen nimmt auch bei der Inanspruchnahme der bereits genannten nicht gerechtfertigten Steuervorteile eine vollendete Steuerhinterziehung an. Dies wird damit begründet, dass hinsichtlich der unrichtig festgestellten Besteuerungsgrundlagen eine Gefährdung des Steuervorkommens bewirkt wird, auch ohne dass damit wegen der in diesem Zeitpunkt noch nicht im Einzelnen absehbaren Auswirkungen auf die Steuerfestsetzung eine Minderung des staatlichen Steueraufkommens einhergeht (siehe BGH, Beschluss vom 10.12.2008, 1 StR 322/08, BGHSt 53, 99, 104–107; so auch BGH, Beschluss vom 22.11.2012, 1 StR 537/12, BFH/NV 2013, 890, 891 f.).

Diese Ausdehnung der Strafbarkeit ist insofern bedenklich, als Fallkonstellationen praktisch denkbar sind, wonach durch die Konservierung von massiven Verlusten niemals eine Steuerschuld entstehen und somit auch im Ergebnis eine Steuerverkürzung nicht erreicht werden kann. Zudem kollidiert die Rechtsprechung des BGH mit der Judikatur des BVerfG zur eingeschränkten Anwendung des Untreuetatbestandes bei abstrakter Vermögensgefährdung.

2. Vorsatz

Vorsatz liegt vor, wenn der Täter wissentlich und willentlich den Tatbestand verwirklicht (Vorliegen einer Wissenskomponente und einer Wollenskomponente). Insbesondere in Fällen, in denen aus Bpen heraus der Vorwurf der Steuerhinterziehung erhoben wird, kann die Abgrenzung zwischen Vorsatz und Leichtfertigkeit bedeutsam werden: Leichtfertigkeit bietet eine Selbstanzeigemöglichkeit noch während der Bp; dabei ist bereits die Vorlage der Unterlagen, aus denen der Prüfer später die Steuerverkürzungen erkannte, als Selbstanzeige anzusehen. Gelingt es in derartigen Fällen zu argumentieren, dass der Verkürzung nicht Vorsatz, sondern allenfalls Leichtfertigkeit zugrunde lag, so ist der Schuldvorwurf beseitigt.

Leichtfertigkeit bezeichnet einen erhöhten Grad von Fahrlässigkeit. Leichtfertigkeit entspricht in etwa grober Fahrlässigkeit; leichtfertig handelt, wer aus besonderem Leichtsinn oder besonderer Gleichgültigkeit handelt. Leichtfertigkeit ist als schwere Schuldform dem bedingten Vorsatz stark angenähert, die Abgrenzung ist oft schwierig. War der Nachweis nach Ausschöpfung aller Ermittlungsmöglichkeiten nicht möglich, so ist nach dem Grundsatz „in dubio pro reo“ von der geringeren Schuldform auszugehen. Für die **Abgrenzung zwischen bedingtem Vorsatz und Leichtfertigkeit** bietet das Verhältnis der nicht erklärten Beträge zu den erklärten Einnahmen oder Umsätzen ein Indiz dafür, ob die unterlassene Angabe vorsätzlich oder fahrlässig, u. U. grob fahrlässig (leichtfertig), erfolgte (OLG Stuttgart, Urteil vom 07.09.1983, 3 Ss [13], 248/82, DStZ 1983, 48; BayObLG,

Beschluss vom 30.11.1976, 4 St 109/76, DStR 1977, 226; vgl. auch BFH, Beschluss vom 18.11.2013, X B 82/12, BFH/NV 2014, 292).

Die aufgrund einer Nachkalkulation durchgeführte Schätzung führt in drei Jahren jeweils zur Verdoppelung der Gewinne. Es besteht der Verdacht vorsätzlichen Verhaltens, da nicht davon auszugehen ist, dass der Stpfl. die Hälfte seiner Einnahmen infolge leichter Fahrlässigkeit oder Leichtfertigkeit „vergessen" hat. Der Nachweis von Vorsatz wird **grundsätzlich** nicht zu führen sein, wenn ein Schätzungsergebnis dem Bereich der **Schätzungsunschärfe** (bis zu 5 %) angenähert ist (BFH, Urteil vom 26.04.1983, VIII R 38/82, BStBl II 1983, 618). Immer dann, wenn dem Stpfl. vorgehalten wird, er hätte

- Angestellte überwachen müssen,
- sich über die Rechtslage erkundigen müssen,
- das Fehlen von Einnahmen in der Steuererklärung bemerken müssen,

werden **Sorgfaltspflichtverletzungen** vorgeworfen, d. h., man bewegt sich bereits im Bereich der Fahrlässigkeit, ggf. der Leichtfertigkeit (groben Fahrlässigkeit). Vorsatz erfordert demgegenüber **Wissen** und **Wollen**. Ein häufiger Praxisfehler besteht darin, dass aus Sorgfaltspflichtverletzungen auf Vorsatz geschlossen wird.

Nach ständiger Rechtsprechung setzt Vorsatz voraus, dass der Täter den angegriffenen **Steueranspruch** kennt und ihn trotzdem gegenüber den Steuerbehörden verkürzen will. Der Irrtum über das Bestehen des den § 370 AO ausfüllenden Steueranspruchs bedeutet einen **den Vorsatz ausschließenden Tatbestandsirrtum** (BGH, Beschluss vom 19.05.1989, 3 StR 590/88, wistra 1989, 263; BGH, Urteil vom 23.04.1986, 3 StR 57/86, wistra 1986, 220; BGH, Urteil vom 05.03.1986, 2 StR 666/85, wistra 1986, 174; BayObLG, Beschluss vom 20.07.1992, RReg 4 St 190/91, ZfZ 1992, 362; OLG Bremen, Beschluss vom 26.04.1985, Ws 111/84, 115/84, 116/84, StV 1985, 282). Es kann für den Beschuldigten gefährlich sein, bei anhängigen Strafverfahren den steuerlichen Rechtsstandpunkt der Finanzbehörde als zutreffend zu akzeptieren. Vielmehr sollte die steuerrechtliche Rechtslage in jedem Fall eingehend überprüft werden; tauchen dabei spezielle steuerrechtliche Fragen auf (z. B. bei grenzüberschreitenden Sachverhalten; umsatzsteuerliche oder körperschaftsteuerliche Fragen), so sollten ggf. hierauf **spezialisierte Berater** beigezogen werden, die gutachterliche Stellungnahmen abgeben.

3. Strafverfolgungsverjährung

3.1 Bedeutung und Berechnung

Die Strafverfolgungsverjährung bedeutet für die Ermittlungsorgane in Wirtschaftsstrafsachen, namentlich auch in Steuerstrafsachen, aus folgenden Gründen ein erhebliches Problem:

- Die Personalausstattung der an der Verfolgung von Steuerhinterziehung beteiligten Dienststellen der Finanzverwaltung und der Staatsanwaltschaften ist naturgemäß begrenzt.
- Umfang und Anzahl der Akten und Beweismittel wachsen an, wirtschaftliche und steuerliche Sachverhalte sind komplex.
- Die Steufa befasst sich i. d. R. mit Sachverhalten, die bereits weit in der Vergangenheit zurückliegen. Vollendete Steuerhinterziehung – wegen lediglich versuchter Hinterziehung wird selten ermittelt – setzt die Abgabe einer Steuererklärung (z. B. für 2023) und das Vorliegen eines Steuerbescheids (der für 2023 z. B. Ende 2024 ergangen sein könnte) voraus; bei Nichtabgabe von Steuererklärungen und dem Fehlen eines Schätzungsbescheids wäre zur Tatvollendung der Abschluss der allgemeinen Veranlagungsarbeiten (s. hierzu 3.3) erforderlich. Die Tat muss dann erst entdeckt worden sein, was z. B. in einer Bp – die für den VZ 2017 z. B. in 2025 hätte stattfinden können – der Fall sein konnte. Bis eine entdeckte Tat dann u. U. vor Gericht verhandelt wird, dauert es i. d. R. Jahre.
- Steuerstrafakten liegen immer wieder über längere Zeiträume hinweg auf den einzelnen Arbeitsstationen, die ein Steuerstraffall zu durchlaufen hat (Steufa, BuStra-Stelle, Staatsanwaltschaft, Gericht). Diese „Liegezeiten“ summieren sich in Steuerfahndungsfällen ausnahmslos auf mehrere Jahre.
- Zwar bemühen sich die Ermittlungsbehörden, den Eintritt der Strafverfolgungsverjährung durch bürokratische Überwachungsmaßnahmen (z. B. Notierung des Verjährungsdatums auf der Akte, Erstellung von „Überwachungslisten“ etc.) zu verhindern; aufgrund der Vielzahl der von einem Bearbeiter zu bearbeitenden Verfahren sowie insbesondere aufgrund des Zusammenspiels behördentypischer Mechanismen (Urlaube, Krankheitstage, Sonderurlaube für Fortbildung etc.) kommt es jedoch oft vor, dass einzelne Schuldvorwürfe oder ganze Verfahren verjähren oder derart kurz vor der Verjährung stehen, dass eine Hauptverhandlung nicht mehr Erfolg versprechend durchgeführt werden kann. Die Verjährungsproblematik ist in der Praxis von überragender

Bedeutung. Die Strafverfolgungsverjährung ist ein natürlicher Verbündeter des Beschuldigten und seines Verteidigers.

Die **Strafverfolgungsverjährungsfrist** bei Steuerstraftaten beträgt fünf Jahre. Durch eine Änderung im Jahressteuergesetz 2009 beträgt die Verjährungsfrist allerdings **zehn Jahre**, wenn ein **besonders schwerer Fall der Steuerhinterziehung** i. S. d. § 370 Abs. 3 Satz 2 AO vorliegt. Diese Änderung ist am 25.12.2008 in Kraft getreten, gilt jedoch nur für Steuerstraftaten, die zu diesem Zeitpunkt noch nicht verjährt waren. Die Verjährungsfrist beginnt bei den Veranlagungssteuern mit der **Bekanntgabe des unrichtigen Steuerbescheids**. Die Bekanntgabefiktion des § 122 Abs. 2 AO findet insoweit keine Anwendung. Zweifel, ob der Steuerbescheid bereits nach einem oder erst nach drei Tagen den Stpfl. erreicht hat, wirken zugunsten des Beschuldigten (Ebner, in Joecks/Jäger/Randt, Steuerstrafrecht, 9. Aufl. 2023, § 376 AO Rdnr. 30). Bei unrichtigen Feststellungserklärungen tritt Tatvollendung und -beendigung (= Verjährungsbeginn) erst mit der Bekanntgabe des Einkommensteuerbescheids an den letzten Beteiligten ein (§ 369 Abs. 2 AO i. V. m. §§ 78a Satz 1, 78 Abs. 3 Nr. 4 StGB; BGH, Beschluss vom 07.02.1984, 3 StR 413/83, NStZ 1984, 414).

Bei der **Umsatzsteuer** beginnt die Verjährung mit Ablauf der Frist zur Abgabe der Umsatzsteuer-Voranmeldung, spätestens mit Ablauf des 31.05. des Folgejahres, bei Beauftragung eines Steuerberaters mit Ablauf des 31.12. des Folgejahres (Riehl, wistra 1996, 130). Die Strafverfolgungsverjährung wird wie folgt berechnet:

- bei **Falschabgabe** (Abgabe unrichtiger Steuererklärungen): Datum der Bekanntgabe des Steuerbescheids + 5 Jahre
- bei **Nichtabgabe**:
  - Schätzungsbescheid des FA liegt vor: Datum der Bekanntgabe des Steuerbescheids + 5 Jahre;
  - Schätzungsbescheid fehlt (der Stpfl. war dem FA bisher nicht bekannt): Veranlagungssteuern (z. B. Einkommensteuer, Körperschaftsteuer) **allgemeiner Veranlagungsabschluss** (z. B. OFD-Zeitpunkt) + 5 Jahre (zum allgemeinen Veranlagungsabschluss s. 3.3);
  - Umsatzsteuer: 31.05. des Folgejahres + 5 Jahre.

3.2 Unterbrechung der Strafverfolgungsverjährung

Bei der Prüfung und Berechnung der Strafverfolgungsverjährung sollte darauf geachtet werden, ob die Verjährung evtl. unterbrochen wurde; nach einer Unterbrechung verfügt die Ermittlungsbehörde nochmals über fünf Jahre Zeit zur Strafverfolgung. Die Unterbrechung muss allerdings auch **wirksam** durchgeführt worden sein. Die Verjährungsfrist kann insbesondere in folgenden Fällen unterbrochen werden:

- Die **Anordnung der Bekanntgabe des Steuerstrafverfahrens** erfordert die Angabe der Tatzeit und des zugrunde liegenden konkreten Lebenssachverhalts; die – in der Praxis der Finanzbehörden häufige – **bloße Wiedergabe des Gesetzeswortlauts oder ein pauschaler, zeitlich nicht präzisierter Vorwurf** (z.B. „Nichtangabe von Betriebseinnahmen") **wirken nicht verjährungsunterbrechend** (§ 78c Abs. 1 Nr. 1 StGB; BayObLG, Urteil vom 26.10.1987, RReg 4 St 106/87, wistra 1988, 81; Dumke, in Schwarz, AO, § 397 Rdnr. 51).
- Jede **richterliche Beschlagnahme- oder Durchsuchungsanordnung** muss ebenso wie die Bekanntgabe ausreichend bestimmt sein. Keine Unterbrechung der Strafverfolgungsverjährung tritt ein für die nicht im Beschluss genannten Zeiträume, Steuerarten oder Personen. **Unbestimmte Durchsuchungsbeschlüsse** (Formulierungen wie „wegen Abgabenordnung", „wegen Steuerhinterziehung") **sind verfassungswidrig und haben keine Unterbrechungswirkung** (§ 78c Abs. 1 Nr. 4 StGB; BVerfG, Beschluss vom 06.03.2002, 2 BvR 1619/00, NWB 2002, 1941; BVerfG, Beschluss vom 05.05.2000, 2 BvR 2212/99, StV 2004, 465; BVerfG, Beschluss vom 23.06.1990, 2 BvR 910/88, n.v.; BGH, Beschluss vom 05.04.2000, 5 StR 226/99, StV 2000, 477). Auch muss sich der Durchsuchungsbeschluss auf einen zumindest konkretisierbaren Täter beziehen. Problematisch ist dies, wenn sich der Beschluss gegen „Verantwortliche" richtet (Ebner, in Franzen/Gast/Joecks, Steuerstrafrecht, 9. Aufl. 2023, § 376 AO Rdnr. 70/71).
- Häufig wird ein Durchsuchungsbeschluss beantragt, um den unmittelbar bevorstehenden Eintritt der Verjährung zu verhindern. Problematisch wird es, wenn dieser Beschluss dann aber in den folgenden Monaten nicht vollzogen wird. Nach der Rechtsprechung verlieren Durchsuchungsbeschlüsse nach sechs Monaten ihre Wirksamkeit (= **Verfallsdatum**; s. BVerfG, Beschluss vom 27.05.1997, 2 BvR 1992/92, wistra 1997, 223; LG Berlin, Beschluss vom 01.04.1999, 511 Qs 105/98, StV 1999, 520). Ein neuer Durchsuchungsbeschluss käme für eine Verjährungsunterbrechung zu spät, der zunächst beantragte Beschluss dürfte für die Frage der Verjährung als Scheinhandlung zu qualifizieren sein. Eine Überschreitung der 6-Monats-Frist zur Durchführung der Durchsuchung um zwei Tage ist jedoch unschädlich (LG Zweibrücken, Beschluss vom 23.09.2002, Qs 103/02, NJW 2003, 156).

- Die Verjährungsfrist wird durch den Eingang des Antrags auf Erlass eines Strafbefehls beim zuständigen Amtsgericht unterbrochen (§ 78c Abs. 1 Nr. 6, Abs. 2 StGB i. V. m. § 407 StPO; hierzu BayObLG, Beschluss vom 12.01.1984, RReg 1 St 179/83, GA 1984, 181; Bosch, in Schönke/ Schröder, StGB, 30. Aufl. 2020, § 78c Rdnr. 14). Mit Eintritt der sog. **absoluten Strafverfolgungsverjährung** (5 Jahre + 5 Jahre = **10 Jahre**) ist eine strafrechtliche Verfolgung nicht mehr möglich, es sei denn, die Strafverfolger schafften es, vor Ablauf der 10-Jahres-Frist eine erstinstanzliche Verurteilung zu erwirken. Namentlich bei Hinterziehungsfällen mit sehr hohen Verkürzungen und/oder Auslandsberührung wird die absolute Verjährung häufig relevant (§ 78c Abs. 3 Satz 2 StGB, § 78b Abs. 3 StGB).

Ein weiterer Ruhenstatbestand für die Verjährung ist aufgrund des sog. Schreiber-Komplexes (aus Deutschland geflohener Waffenhändler in Kanada) aus der CDU-Spenden-Affäre erfolgt. Hält sich der Täter in einem ausländischen Staat auf und stellt die zuständige Behörde ein förmliches Auslieferungsersuchen an diesen Staat, ruht die Verjährung ab dem Zeitpunkt des Ersuchens beim ausländischen Staat:

- bis zur Übergabe des Täters an die deutschen Behörden,
- bis der Täter das Hoheitsgebiet des ersuchten Staates auf andere Weise verlassen hat,
- bis zum Eingang der Ablehnung dieses Ersuchens durch den ausländischen Staat bei den deutschen Behörden oder
- bis zur Rücknahme dieses Ersuchens (§ 78b Abs. 5 StGB, angefügt durch 38. StRÄndG vom 04.08.2005, BGBl I 2005, 2272).

Wichtiger Praxishinweis für das **Korrespondierende Besteuerungsverfahren**: Die **Ablaufhemmung** bei Steuerfahndung nach § 171 Abs. 5 AO knüpft an die Ermittlungen von Besteuerungsgrundlagen an, sodass die Ablaufhemmung hinsichtlich aller Steuern eintritt, die sich aufgrund der Beurteilung der ermittelten Sachverhalte ergeben (Schleswig-Holsteinisches FG, Urteil vom 18.11.2009, 2 K 85/08, DStRE 2011, 644, rkr.). Es ist ernstlich zweifelhaft, ob Steuerbescheide aufgrund einer Fahndungsprüfung geändert werden können, wenn diese nahezu zehn Jahre unterbrochen war und die Gründe dafür allein in der Sphäre der Finanzverwaltung liegen (FG Rheinland-Pfalz, Beschluss vom 17.12.2010, 6 V 1924/10, DStRE 2011, 1085, rkr.).

3.3 Allgemeiner Veranlagungsabschluss (Tatvollendung in Nichtabgabe-Fällen)

Die Bestimmung der Tatvollendung und -beendigung ist für die Berechnung der Strafverfolgungsverjährung notwendig. In den Fällen der **Nichtabgabe von Steuererklärungen bei den Veranlagungssteuern** (ESt, KSt, GewSt, nicht: USt) wird die Tatvollendung und -beendigung am sog. allgemeinen Veranlagungsabschluss festgemacht. Grundlage des allgemeinen Veranlagungsschlusses ist die Überlegung, dass einem Stpfl., **wenn er eine Steuererklärung abgegeben hätte**, ein Steuerbescheid spätestens dann erteilt worden wäre, wenn die Veranlagungen der jeweiligen Steuerart und für den betreffenden Zeitraum abgeschlossen wurden.

Unstreitig ist die Tatvollendung mittels des Veranlagungsabschlusses für Stpfl. zu bestimmen, die sich nie beim FA anmeldeten und später entdeckt wurden (sog. unbekannte Stpfl.). Streitig ist, ob der allgemeine Veranlagungsabschluss auch für die Stpfl. heranzuziehen ist, die beim FA steuerlich geführt und geschätzt wurden, oder ob für diese Stpfl. für die Tatvollendung auf den Schätzungsbescheid abzustellen ist (Dörn, Steuerhinterziehung durch Unterlassen?, 2001, 33 ff.; vgl. a. Ebner, in Joecks/Jäger/Randt, Steuerstrafrecht, 9. Aufl. 2023, § 376 Rdnr. 39).

Der **Zeitpunkt des allgemeinen Veranlagungsabschlusses** ist gleichfalls in Rechtsprechung, Literatur und Verwaltungspraxis umstritten. Folgende Auffassungen sind festzustellen:

- Nach herrschender Meinung liegt Tatvollendung vor bei allgemeinem Veranlagungsabschluss auf dem konkreten Veranlagungsplatz des FA (BGH, Urteil vom 19.03.1991, 5 StR 516/90, NJW 1991, 2844, 2846; OLG Düsseldorf, Beschluss vom 02.02.1989, 3 Ws 953/88, Stbg 1991, 521; BayObLG, Beschluss vom 03.11.1989, RReg 4 St 135/89, wistra 1990, 159; OLG Karlsruhe, Urteil vom 30.04.1976, 3 Ss [B] 216/75, MDR 1976, 1042; KG Berlin, Urteil vom 17.06.1973, 2 Ss 47/73 [20/73], n. v.). Wie hoch allerdings der Prozentsatz der Bearbeitungen sein muss, um einen „allgemeinen Veranlagungsabschluss" annehmen zu können, ist unklar. Die Rechtsprechung verlangt einen Veranlagungsabschluss „im Allgemeinen" oder „im Großen und Ganzen" (BGH, Urteil vom 19.03.1991, 5 StR 516/90, NJW 1991, 2844, 2846; OLG Karlsruhe, Urteil vom 30.04.1976, 3 Ss [B] 216/75, MDR 1976, 1042). Weitere Konkretisierungen gibt es nicht, meist auch nicht in der Praxis der BuStra-Stellen. Da es für die Frage der Tatvollendung unschädlich sein soll, wenn einzelne Veranlagungen auf dem für den Stpfl. zuständigen Veranlagungsplatz noch nicht abgeschlossen sind, ist in der Praxis bei Sachbearbeitern der

BuStra-Stellen z.B. die Ansicht anzutreffen, dass Vollendung vorliege, wenn etwa 95 % der Veranlagungen durchgeführt wurden.

- In der Praxis werden darüber hinaus fast nie die erforderlichen Feststellungen zum Veranlagungsstand **auf dem (damals) zuständigen Platz** getroffen. Da Strafverfahren in großem zeitlichen Abstand dem regulären Veranlagungsverfahren nachfolgen, wird es als zu mühsam angesehen nachzuforschen, welcher Veranlagungsplatz in welchem FA vor Jahren für den Stpfl. zuständig war und wie der Arbeitsstand dieses Platzes war oder ist. Ist jedoch der Vollendungszeitpunkt einer Nichtabgabe einer Steuererklärung nicht feststellbar und besteht demzufolge die Möglichkeit, dass bereits Strafverfolgungsverjährung eingetreten ist, so ist nach dem Grundsatz „in dubio pro reo“ von dieser nicht auszuschließenden Möglichkeit auszugehen.
- Nach einer abweichenden Meinung ist Tatvollendung gegeben, wenn die Veranlagungsarbeiten **im zuständigen FA** „im Großen und Ganzen vollständig“ abgeschlossen sind (OLG Hamburg, Urteil vom 02.06.1992, 1 Ss 119/91, wistra 1993, 274 mit Anm. Dörn, wistra 1994, 241; OLG Hamburg, Urteil vom 16.12.1965, 2 b Ss 23/65, NJW 1966, 843).

Bei der Hinterziehung von Veranlagungssteuern durch Unterlassen tritt – sofern nicht vorher ein Schätzungsbescheid ergangen ist – der Taterfolg der Steuerverkürzung zu dem Zeitpunkt ein, zu dem die Veranlagung stattgefunden hätte, wenn die Steuererklärung pflichtgemäß eingereicht worden wäre. Dies ist spätestens dann der Fall, wenn das zuständige Finanzamt die Veranlagungsarbeiten für die betreffende Steuerart und den betreffenden Zeitraum im Wesentlichen abgeschlossen hat.

Sofern gegen den Steuerpflichtigen zuvor ein Ermittlungsverfahren wegen des offenen Veranlagungszeitraums eingeleitet wurde, ist seine Erklärungspflicht suspensiert („nemo-tenetur“) (BGH, Beschluss vom 03.11.2021 1 StR 215/21, wistra 2022, 203; BGH, Beschluss vom 04.11.2021 1 StR 236/21, wistra 2022, 204; vgl. auch FG Düsseldorf, Urteil vom 26.05.2021 5 K 143/20 U, StB 2021, 352; zur Vollendung der Steuerhinterziehung durch Unterlassen bei Veranlagungssteuern eingehend Schöler, DStR 2022, 296 ff.).

3.4 Verlängerung der Strafverfolgungsverjährungsfristen (§ 376 AO) durch das Jahressteuergesetz 2009

Im Rahmen des Jahressteuergesetzes (JStG) 2009 beabsichtigte die Bundesregierung, in § 376 AO die Strafverfolgungsfrist – in Modifikation der grundsätzlich fünfjährigen beschriebenen Verfolgungsverjährungsfrist nach § 78 Abs. 3 Nr. 4 StGB – allgemein auf zehn Jahre auszudehnen

(§ 376 AO in der Fassung des geplanten JStG 2009). Dies wurde wie folgt begründet. Die steuerliche Festsetzungsfrist beträgt zehn Jahre, soweit eine Steuer hinterzogen wurde. Unter Berücksichtigung von An- und Ablaufhemmungen können hinterzogene Steuern im Einzelfall auch noch nach mehr als zehn Jahren festgesetzt und erhoben werden (§ 169 Abs. 2 Satz 2, §§ 170, 171 AO).

Die AO enthielt bisher keine eigenständige Regelung zur Verfolgungsverjährung. Deshalb galten die allgemeinen Regelungen des StGB mit der Folge einer grundsätzlich fünfjährigen Verfolgungsverjährungsfrist nach § 78 Abs. 3 Nr. 4 StGB. Es besteht damit eine erhebliche Diskrepanz zwischen der Steuerfestsetzungsverjährung und der Strafverfolgungsverjährung in Fällen der Steuerhinterziehung. Durch eine von § 78 StGB abweichende Sonderregelung in § 376 AO zur Verfolgungsverjährung in Fällen des § 370 AO soll eine grundsätzliche Parallelität zwischen Steuerfestsetzungsverjährung und steuerstrafrechtlicher Verfolgungsverjährung herbeigeführt werden. Die strafrechtliche Ahndung in Steuerhinterziehungsfällen kann sich so auf einen längeren Zeitraum erstrecken, das Strafrisiko für den Hinterzieher steigt. Steuerhinterziehung kann so wirkungsvoller als bisher bekämpft werden (Regierungsentwurf zum JStG 2009/Kabinettsbeschluss vom 18.06.2008, 132, abzurufen unter www.bundesfinanzministerium.de; Nacke, DB 2008 1396, 1404).

Anders als ursprünglich geplant wurde die Verlängerung der Verfolgungsverjährung auf zehn Jahre im Jahressteuergesetz 2009 aber nur für Fälle besonders schwerer Steuerhinterziehung i. S. d. § 370 Abs. 3 Satz 2 AO umgesetzt. Bei „einfachen" Steuerstraftaten bleibt es wie bisher bei fünf Jahren. Die Änderung ist am 25.12.2008 in Kraft getreten, gilt jedoch nur für Steuerstraftaten, die in diesem Zeitpunkt noch nicht verjährt sind.

Diese Verdoppelung der Verjährungsfrist ist aus strafrechtsdogmatischer Sicht scharf zu kritisieren. Nunmehr werden Steuerhinterzieher schlechter gestellt als andere Kriminelle, die z. B. einen Diebstahl oder ähnliche Vermögensstraftaten verüben. Für eine solche unterschiedliche Behandlung besteht unter dem Aspekt des Gleichheitsgrundsatzes keine Rechtfertigung. Damit wird auch – in nicht zu akzeptierender Weise – die bisherige teils massiv durch die Behörden verzögerte Bearbeitungszeit von Steuerstrafverfahren toleriert und damit indirekt gefördert.

Besonders grotesk wird die Rechtslage dann, wenn innerhalb der neuen zehnjährigen Strafverfolgungsverjährung Unterbrechungshandlungen erfolgen. Dann verlängert sich die absolute Strafverfolgungsfrist auf 20 Jahre. Steuerstraftaten können damit quasi fast ewig verfolgt werden (im

Gegensatz zu normalen Vermögensstraftaten; zu den damit verbundenen Anwendungsproblemen aus Beratersicht Spatscheck/Albrecht, Stbg 2012, 501 ff.).

3.5 Gewerbsmäßige oder bandenmäßige Steuerhinterziehung großen Ausmaßes

Mit Wirkung vom 01.01.2002 wurde der Verbrechenstatbestand der gewerbsmäßigen oder bandenmäßigen Steuerhinterziehung großen Ausmaßes eingefügt (§ 370a AO). Der zum 28.12.2001 in Kraft getretene § 370a AO wurde schon wenig später durch das Gesetz zur Änderung des Steuerbeamten-Ausbildungsgesetzes und zur Änderung von Steuergesetzen (BGBl I 2002, 2715) mit Wirkung zum 27.07.2002 geändert.

„Gewerbsmäßigkeit" wird von den Ermittlungsbehörden bei Steuerhinterziehung rasch angenommen werden können. Dieses Tatbestandsmerkmal, das auch bei anderen Delikten verwendet wird (gewerbsmäßiger Schmuggel gem. § 370 AO, gewerbsmäßige Hehlerei gem. § 260 Abs. 1 Nr. 1 StGB, gewerbsmäßiger Betrug gem. § 263 Abs. 3 Nr. 1 StGB, besonders schwerer Fall des Diebstahls gem. § 243 Abs. 1 Nr. 3 StGB) wird seit Jahrzehnten in Rechtsprechung und Literatur einheitlich verstanden: Gewerbsmäßig handelt, wer sich aus wiederholter Tatbegehung eine nicht nur vorübergehende Einnahmequelle von einigem Umfang verschaffen möchte, ohne dass er daraus ein „kriminelles Gewerbe" zu machen braucht. Schon eine einmalige Gesetzesverletzung kann ausreichen; Gewerbsmäßigkeit wird also durch ein subjektives Moment begründet. Es braucht sich nicht um die Haupteinnahmequelle des Täters zu handeln (Fischer, StGB, 68. Aufl. 2021, vor § 52 Rdnr. 61). Eine Einnahmequelle setzt nicht voraus, dass Bareinnahmen erzielt werden, die Ersparnis notwendiger Ausgaben ist stets ein Vermögensvorteil (Jäger, in Franzen/Gast/Joecks, Steuerstrafrecht, 9. Aufl. 2023, § 373 AO Rdnr. 31).

Vor einiger Zeit hat der BGH in einem obiter dictum entschieden, dass die Vorschrift des § 370a AO verfassungswidrig sei, da sie aufgrund ihrer hohen Strafandrohung nicht dem rechtsstaatlichen Bestimmtheitsgebot (Art. 103 Abs. 2 GG) entspricht (BGH, Beschluss vom 22.07.2004, 5 StR 85/04, NJW 2004, 2990 ff.).

Aufgrund der vorgetragenen verfassungsrechtlichen Bedenken wurde die Vorschrift des § 370a AO mit Gesetz vom 21.12.2007 (BGBl I 2007, 3198) mit Wirkung zum 01.01.2008 aufgehoben. Stattdessen wurde in § 370 Abs. 3 AO ein **besonders schwerer Fall** einer Steuerhinterziehung mit

Freiheitsstrafe von sechs Monaten bis zu zehn Jahren angenommen (ohne dass simultan ein Verbrechenstatbestand vorliegt), wenn der Stpfl.

- in großem Ausmaß Steuern verkürzt oder nicht gerechtfertigte Steuervorteile erlangt,
- seine Befugnisse oder seine Stellung als Amtsträger missbraucht,
- die Mithilfe eines Amtsträgers ausnutzt, der seine Befugnisse oder seine Stellung missbraucht,
- unter Verwendung nachgemachter oder verfälschter Belege fortgesetzt Steuern verkürzt oder nicht gerechtfertigte Steuervorteile erlangt oder
- als Mitglied einer Bande, die sich zur fortgesetzten Begehung von Taten nach § 370 Abs. 1 AO verbunden hat, Umsatz- oder Verbrauchssteuern verkürzt oder nicht gerechtfertigte Umsatz- oder Verbrauchsteuervorteile erlangt,
- Steuerverkürzung durch Einschaltung von Gesellschaften in Dritt-Staaten (insbes. Briefkastengesellschaften); hierzu kritisch Wionzeck/Odinius, wistra 2023, 102 ff.

Um den durch das Merkmal „Gewerbsmäßigkeit" begründeten weiten Anwendungsbereich des § 370a AO bzw. den Ersatztatbestand in § 370 Abs. 3 Satz 2 AO zu begrenzen und zu vermeiden, dass infolge „Gewerbsmäßigkeit" wohl die meisten Steuerhinterzieher zu Verbrechern würden, wurde eingefügt, dass Steuern „in großem Ausmaß" verkürzt worden sein müssen. Dieses Tatbestandsmerkmal entstammt dem Regelbeispiel des in § 370 Abs. 3 Nr. 1 AO genannten besonders schweren Falls. Für die Beantwortung der Frage, wann Steuern **„in großem Ausmaß"** hinterzogen wurden, lassen sich bislang jedoch keine auch nur annähernd festen Grenzen ausmachen.

Teile des Schrifttums wollen 50.000 € ausreichen lassen, was zur Folge hätte, dass zahllose Hinterziehungsfälle als besonders schwerer Fall anzusehen wären (Bittmann, wistra 2003, 161; Weyand, INF 2003, 115 allerdings zu § 370a AO; ders., StuB 2009, 145 ff.). In der Diskussion sind andererseits „Millionenbeträge" bzw. der Betrag von 500.000 €. Auch wird davon gesprochen, dass das Merkmal weniger in quantitativem, sondern mehr in qualitativem Sinn zu verstehen sei, z. B. als die Errichtung eines „Täuschungsgebäudes großen Ausmaßes" (Rüping, DStR 2002, 1417; Sommer/Füllsack, Stbg 2002, 355; Kaligin, Keine Angst vor Betriebsprüfung und Steuerfahndung, 2. Aufl. 2004, 59 ff. m. w. N.).

Ein besonders schwerer Fall von Steuerhinterziehung liegt vor, wenn der Täter ungerechtfertigte Zahlungen vom Finanzamt erlangt hat, etwa bei Steuererstattungen durch Umsatzsteuerkarusselle, Kettengeschäfte oder durch Einschaltung von sog. Serviceunternehmen ab einem Betrag von 50.000 €. Wurden die Finanzbehörden pflichtwidrig über steuerlich erhebliche Tatsachen in Unkenntnis gelassen, z.B. durch Nichterklärung eines Teils der Umsätze, liegt die Wertgrenze zum großen Ausmaß bei 100.000 € (BGH, Beschluss vom 05.05.2011, 1 StR 168/11, BFH/NV 2011, 1468; BGH, Beschluss vom 12.07.2011, 1 StR 81/11, wistra 2011, 396; bestätigt durch BGH, Urteil vom 15.12.2011, 1 StR 579/11, wistra 2012, 191; BGH, Beschluss vom 25.09.2012, 1 StR 407/12, wistra 2013, 67; hierzu Rolletschke, Stbg 2009, 213 ff.; Wulf, DStR 2009, 459 ff.; ders., Stbg 2012, 366 ff.; ders., wistra, 2018, 57 ff.; zu den etwaigen spezifischen Auswirkungen des Schwarzgeldbekämpfungsgesetzes Rolletschke/Roth, wistra 2012, 216 ff.; Pflaum, wistra 2011, 376 ff.).

Ein besonders schwerer Fall von Steuerhinterziehung liegt nicht schon dann vor, wenn in zehn Fällen die Verkürzungsbeträge unter 50.000 € und in drei weiteren Fällen zwischen 50.000 € und 100.000 € liegen. Besitzen Straftaten der Steuerhinterziehung und versuchten Steuerhinterziehung angesichts ihrer zeitlichen und sachlichen Verschränkung Seriencharakter, ist bereits bei der Zumessung der Einzelstrafen nicht allein der jeweils durch die Einzeltat verursachte Schaden entscheidend, sondern auch die Gesamtserie und der dadurch verursachte Gesamtschaden in den Blick zu nehmen (BGH, Beschluss vom 29.11.2011, 1 StR 459/11, BGH/NV 2012, 541).

Ein großes Ausmaß im Sinne von § 370 Abs. 3 Satz 2 Nr. 1 AO liegt bei jeder Steuerhinterziehung über 50.000 € vor (BGH, Urteil vom 27.10.2015, 1 StR 373/15, wistra 2016, 157); hierzu eingehend Heuel/Beyer, NWB 2016, 616 ff.; Talaska, DB 2016, 673 ff.

Zum Entfallen der Indizwirkung des Regelbeispiels der Steuerverkürzung in großem Ausmaß i. S. v. § 370 Abs. 3 Satz 2 Nr. 1 AO s. BGH, Urteil vom 05.09.2017, 1 StR 365/16, wistra 2018, 224.

Zu den Voraussetzungen eines besonders schweren Falls bei Beihilfe zur Steuerverkürzung in großem Ausmaß: Da § 370 Abs. 1 Nr. 1 AO kein Sonderdelikt statuiert, das nur durch den Erklärungspflichtigen als Täter begangen werden kann, ist die im Einzelfall bestehende Steuerpflicht kein besonderes persönliches Merkmal im Sinne von § 28 Abs. 1 StGB (BGH, Urteil vom 06.09.2016, 1 StR 575/15 wistra 2 017, 104, 107 f. m. Anm. Pflaum).

Die zehnjährige Frist für die Verfolgungsverjährung gem. § 376 Abs. 1 AO gilt für alle Steuerhinterziehungen, die zum Zeitpunkt des Inkrafttretens dieser Verjährungsvorschrift noch nicht verjährt waren und die Voraussetzungen des § 376 Abs. 1 AO erfüllen (BGH, Urteil vom 26.10.2016, 1 StR 172/16, wistra 2017, 196, 198 f. m. Anm. Grötsch).

Wie hoch die Gesamthöhe der Steuerverkürzung ist, die über mehrere Jahre vorliegt, ist unklar. Somit kann es künftig Diskussionen geben, dass die Verwaltung auch im Besteuerungsverfahren versuchen wird, die Festsetzungsfrist bei aufgeflogenen Stpfl. im Rahmen von Unterbrechungshandlungen von zehn Jahren auf maximal 20 Jahre auszuweiten. Die praktischen Auswirkungen sind derzeit noch nicht abzusehen (hierzu Pelz, NJW 2009, 470 ff.; Spatscheck/Albrecht, Stbg 2012, 501 ff.). Anzumerken ist, dass der klassische Fall der bandenmäßigen Steuerhinterziehung die Praktizierung von sog. **Umsatzsteuerkarussellen** ist (siehe hierzu VII.).

Zur Frage der Konkurrenzen beim zeitlichen Zusammenfallen der Abgabe mehrerer Steuererklärungen hat der 1. Strafsenat bereits mit Beschluss vom 22.01.2018 (1 StR 535/17, DStR 2018, 2380, 2382, bestätigt durch BFH, Urteil vom 27.04.2019, 1 StR 44/19, wistra 2020, 114, 115 f. mit Anm. Rolletschke) seine Rechtsprechung geändert. Anlass war ein Verfahren, in dem das Tatgericht mehrfach ohne rechtlich tragfähigen Grund hinsichtlich verschiedener Steuerarten und vor allem bezüglich verschiedener Veranlagungszeiträume Tateinheit angenommen hatte.

Nach neuer Rechtsprechung kann **das bloße zeitliche Zusammenfallen von mehreren Steuererklärungen**, die rechtlich nicht miteinander verknüpft sind, in einem äußeren Akt **keine Tateinheit** i. S. v. § 52 StGB begründen. Dies gilt auch bei Übermittlung mehrerer Steuerklärungen durch einen einheitlichen äußeren Akt und selbst dann, wenn diese Erklärungen übereinstimmende unrichtige Angaben über die Besteuerungsgrundlagen enthalten. Eine für die Annahme von Tateinheit erforderliche Teilidentität der Ausführungshandlungen ist danach bei Abgabe mehrerer Steuererklärungen für verschiedene Steuerarten und verschiedene Veranlagungszeiträume durch einen äußeren Akt, etwa des Versendens per Post in einem Brief, hinsichtlich der Steuerhinterziehung gemäß § 370 Abs. 1 Nr. 1 AO grundsätzlich nicht gegeben.

Bei der Abgabe mehrerer unrichtiger Erklärungen zu verschiedenen Steuerarten (z. B. ESt, GewSt, USt) besteht grundsätzlich Tatmehrheit (Bülte, in Joecks/Jäger/Rand, Steuerstrafrecht, 9. Aufl. 2023, § 370 Rdn. 723 m. w. N.).

Bei **zeitgleich abgegebenen (elektronischen) Steuererklärungen**, die verschiedene Steuerarten oder verschiedene Besteuerungszeiträume betreffen, ist regelmäßig nicht von Tateinheit i. S. v. § 52 StGB auszugehen. Die einzelnen Verkürzungsbeträge dürfen nicht addiert werden im Zusammenhang mit der Feststellung des Regelbeispiels einer Steuerverkürzung „in großem Ausmaß" gem. § 370 Abs. 3 Satz 2 Nr. 1 AO. Dies hat zudem positive Auswirkungen auf die strafrechtliche Verfolgungsverjährung, die sich nicht nach § 376 Abs. 1 AO auf zehn Jahre verlängert, sofern nicht durch eine einzelne Tathandlung eine Verkürzung von mindestens 50.000 € bewirkt wird. Als nachteilig erweist sich demgegenüber das Erfordernis einer Gesamtstrafenbildung nach §§ 53f. StGB in Ansehung der Einzelstrafen für die jeweiligen Tathandlungen (so Schöler, Stbg 2019, 15, 17).

Am 24.06.2017 ist das Gesetz zur Bekämpfung der Steuerumgehung und zur Änderung weiterer steuerlicher Vorschriften (StUmgBG) im BGBl I 2017, 1682 verkündet worden. Das Gesetz führt – neben weiteren Änderungen – mit § 370 Abs. 3 Satz 2 Nr. 6 AO ein neues Regelbeispiel zu Briefkastenfirmen ein (hierzu instruktiv Roth, PStR 2017, 315 ff.).

Da die Fälle der gewerbsmäßigen oder bandenmäßigen Steuerhinterziehung nach § 370 AO eine Vortat zur **Geldwäsche** (§ 261 StGB) sind, öffnet sich der Weg zum Einsatz verdeckter Ermittler, zur Telefonüberwachung und zum „großen Lauschangriff". Zutreffend wird im Schrifttum darauf hingewiesen, dass der Großteil der Geldwäscheverfahren eingestellt wird, übrig bleibe dann das Steuerstrafverfahren (§§ 100a, 100c StPO; hierzu Marx, DStR 2000, 2045, 2048; Sommer/Füllsack, Stbg 2002, 355, 362).

3.6 Erneute Verlängerung der Strafverfolgungsverjährung durch das Zweite Gesetz zur Umsetzung steuerlicher Hilfsmaßnahmen zur Bewältigung der Corona-Krise und des Jahressteuergesetzes 2020 (§ 376 Abs. 1 AO n. F.)

Im Rahmen des Zweiten Gesetzes zur Umsetzung steuerlicher Hilfsmaßnahmen zur Bewältigung der Corona-Krise wurde mit der Ergänzung im JStG 2020 (BGBl I 2020 S. 3036) i. V. m. der Übergangsregelung in Art. 97 § 34 EStG (zur Interimsregelung in § 375a AO a. F. s. Fischer, NWB 2020, 3314 ff.; Beyer, NWB 2020, 3289; Valbuena/Rennar, StB 2021, 62 ff.; Binnewies/Peters, Die AG 2021, R 64 ff.) in § 376 Abs. 1 AO n. F. klargestellt, dass auch bei der **Steuerhinterziehung in besonders schweren Fällen** die Ruhensregelung aus **§ 78b Abs. 4 StGB** anwendbar ist. § 78b Abs. 4 StGB regelt, dass in den Fällen, in denen das Gesetz eine Strafverschärfung für besonders schwere Fälle androht und das strafrechtliche Hauptverfahren vor dem Landgericht eröffnet worden ist, die Verjährung ab Eröffnung des Hauptverfahrens ruht; dieses **Ruhen** erfolgt jedoch höchstens für einen **Zeitraum von fünf Jahren**. Durch das JStG 2020 wurde sodann in § 376 Abs. 1 AO n. F. mit Wirkung vom 29.12.2020 die **Verjährungsfrist auf 15 Jahre** verlängert.

Diese Regelung umfasst nicht nur die hinterzogenen Steuern, sondern auch die Zinsen, soweit diese auf die hinterzogenen Steuern entfallen. Dies gilt auch sowohl für die Hinterziehungszinsen nach § 235 AO als auch für Zinsen nach § 233a AO, soweit diese auf Hinterziehungszinsen anzurechnen sind (§ 235 Abs. 4 AO). Dies wird in der amtlichen Begründung wie folgt begründet. Die strafrechtliche Aufarbeitung rechtlich komplexer und grenzüberschreitender Steuergestaltungen, die darauf ausgerichtet sind, Steuern in großem Ausmaß zu hinterziehen und bei denen erst im Laufe von Ermittlungen das gesamte Ausmaß an Tatkomplexen und Beteiligungen deutlich wird, ist sehr aufwendig und langwierig (z. B. bei den Cum-cum- und Cum-ex-Fällen). Um den Strafverfolgungsbehörden die Möglichkeit zu geben, auch in diesen neu erkannten Fällen den Sachverhalt bis zur Anklageerhebung vollständig auszuermitteln, ist es erforderlich, dass die Strafverfolgungsbehörden in der Lage sind, genügend Zeit zur Ermittlung zu haben. Dazu ist die Grenze des § 376 AO Abs. 1 und 3 AO n. F. der absoluten Verjährung vom Doppelten auf das 2 1/2-fache (25 Jahre) erweitert worden (BT-Drucks. 19/20058, 28). Aufgrund der Erhöhung der relativen Verjährung in § 376 Abs. 1 HS 1 AO von 10 auf 15 Jahre ergibt sich somit eine absolute Verjährungsfrist von 37,5 Jahren (Krumm, in Tipke/Kruse, AO, § 376 Tz. 62). Im Zusammenwirken mit anderen Verjährungsunterbrechungstatbeständen wird somit die absolute steuerstrafrechtliche Verjährung auf bis zu **42,5 Jahre** verlängert (hierzu Bertrand, DStR 2021, 184 ff.; Staudinger, wistra 2021, 307 f.; Weber, NWB 2024, 1526, 1534).

Diese Neuregelungen sind auf alle Fälle anwendbar, in denen zum Zeitpunkt des Inkrafttretens dieses Gesetzes eine Verjährung noch nicht eingetreten ist. Die Erwartung, während eines langen andauernden Ermittlungs- und Strafverfahrens werde die Verfolgungsverjährung eintreten, verdient keinen Vertrauensschutz – einer ohnedies allenfalls klarstellenden – Übergangsregelung bedarf es deshalb hierzu nicht (hierzu Krumm, in Tipke/Kruse, AO, § 376 Tz. 62). Im Schrifttum wird deshalb die Auffassung vertreten, dass eine wirksame Selbstanzeige nur bei Offenlegung der letzten 15 Jahre wirksam ist (so Küffner, DB 2021, Heft 30 v. 26.07.2021, M 4 ff.).

Ablauf eines Strafverfahrens wegen Steuerhinterziehung (Fahndungsfall)

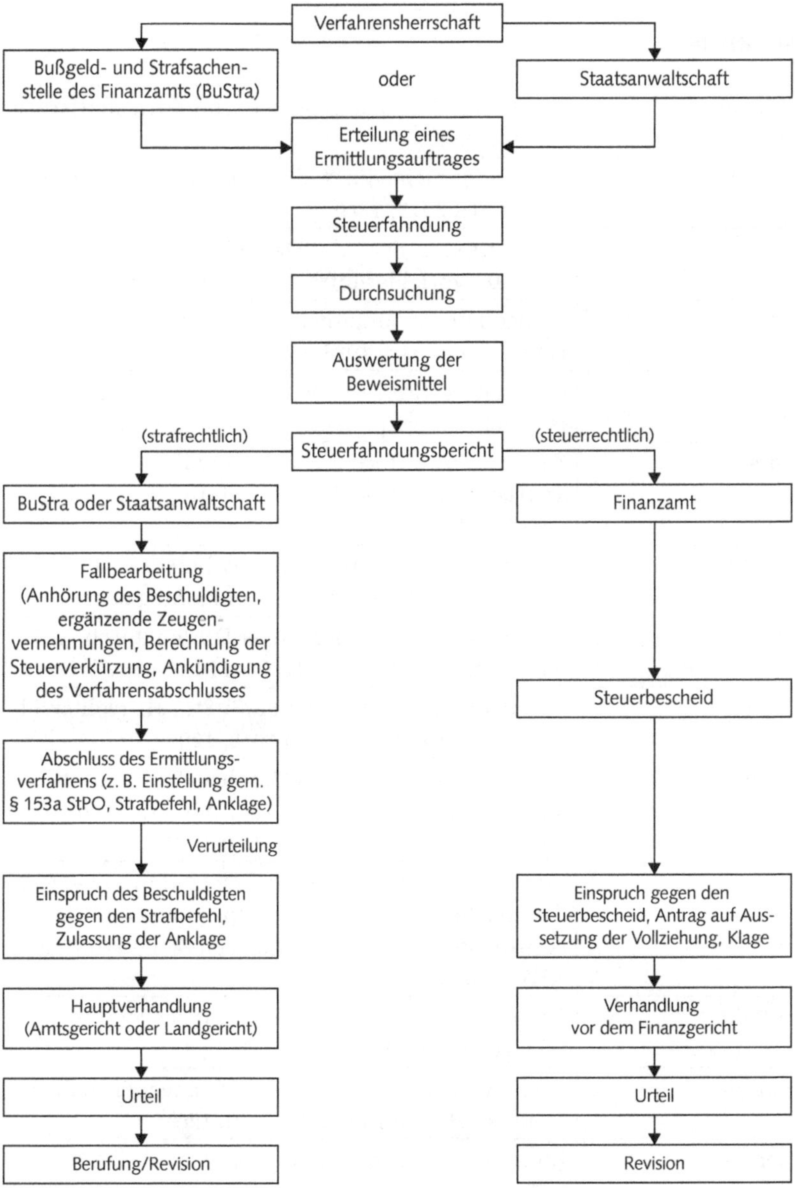

Abb. 7

II. Aufgaben und Befugnisse der Steuerfahndung

Schrifttum:

Achenbach/ Wannemacher	Beraterhandbuch zum Steuer- und Wirtschaftsrecht (Stand: 1999)
Anders	Kontrollbesuche durch den „Flankenschutzfahnder", DStR 2012, 1779
Apitz	Auskunftsersuchen der Steuerfahndung im Rahmen von Vorfeldermittlungen, StBp 2006, 224
Baur	Mangelnde Bestimmtheit von Durchsuchungsbeschlüssen, wistra 1983, 99
Beyer	Grenzen für Ermittlungen durch Flankenschutzfahnder, steuertip, Beilage 32 vom 09.08.2013, 1
ders.	Sammelauskunftsersuchen wegen Einnahmen von Touristenführern s. Beyer, Steuertip, Beilage 13 vom 01.04.2021, 1
Bischoff	Kurzzeitige Vermietung über Airbnb im steuer- und steuerstrafrechtlichen Blickpunkt, Stbg 2021, 11
Dachauer/Walcher	Auskunftsersuchen gegenüber Dritten durch Finanzbehörden, NWB 2021, 2041 ff.
Dusch	Vermischung von Steufa und BuStra als rechtswidrige Konstruktion?, wistra 2013, 129
Franke-Roericht/ Peter	Handwerkliche Fehler in Durchsuchungsbeschlüssen sowie andere Irrungen und Wirrungen in Steuer-CD-Fällen (Teil I), StB 2017, 215
Hentschel	Staatsanwalt und Polizist in Personalunion? – Zur Abschaffung fundamentaler Prinzipien des Steuerstrafrechts bei der Verfolgung von Steuerstraftaten, NJW 2006, 2300
Hufeld	Sammelauskunftsersuchen der Steuerfahndung, Stbg 2016, Heft 9, M 1
Kaligin	Rechtswidrige Strukturen im finanzbehördlichen Steuerstrafverfahren, Stbg 2010, 126
Kemper	Kontrollbesuche der Finanzbehörde, DStZ 2008, 527

Korts	Dawn Raid and Compliance – Vorbereitung auf Durchsuchungsmaßnahmen bei Mandanten und der eigenen Kanzlei, Stbg 2012, 342
Kusnik	Sammelauskunftsersuchen der Steuerfahndung zu Kunden von Unternehmen: Was darf die Finanzbehörde?, DB 2015, 697, 703
Nöcker	Das Auskunftsverlangen an Dritte – nur noch eingeschränkt nutzbar in der Außenprüfung, DStR 2023, 1865
Roth	Sammelauskunftsersuchen der Steuerfahndung: Private Geheimhaltungsklauseln und mittelbarer Auslandsbezug, Stbg 2013, 451
ders.	Steuerfahndung: Internationale Gruppenanfragen ins Ausland, Stbg 2014, 405
ders.	Steueraufsicht durch Sammelauskunftsersuchen: Voraussetzungen und Branchenbesonderheiten, StBp 2015, 2017
ders.	Steuerdaten-CD: BVerfG hebt Durchsuchungsbeschluss auf, PStR 2017, 155
Schwedhelm	Der Eingriff der Steuerfahndung: Sieben Regeln zum richtigen Verhalten von Mandant und Berater, DStR 2014, 2
Schwindt/Blesius	Unangekündigte Wohnungsbesichtigungen durch Flankenschutzprüfer, DStR 2023, 1459
Steinberg	Auslandsersuchen nach § 93 AO und „Rasterfahndung" seitens der Steuerfahndung, DStR 2008, 1718
Webel	Wohnungsbesichtigung durch die Steuerfahndung kann rechtswidrig sein, PStR 2024, 54

Verwaltungsanweisungen:
Gleichlautende Erlasse der obersten Finanzbehörden der Länder vom 16.10.2023 betr. Anweisung für das Straf- und Bußgeldverfahren (Steuer) – AStBV (St) 2023/2024, BStBl I 2023, 1798

1. Befugnisse der Steuerfahndung im Strafverfahren

Die Beamten der Steuerfahndungsstellen sind Hilfsbeamte der Staatsanwaltschaft. Nach **§ 404 AO** haben sie im Strafverfahren dieselben **Befugnisse** wie die Behörden und Beamten des Polizeidienstes. Im Wesentlichen sind dies:

- Recht des ersten Zugriffs (§ 163 Abs. 1 StPO);
- Recht zur Vernehmung des Beschuldigten (§§ 161, 163a Abs. 4 StPO); **eine Pflicht zum Erscheinen besteht für den Beschuldigten jedoch nur gegenüber der BuStra**;
- Befugnis zur Zeugenvernehmung (§ 163a Abs. 5 StPO);
- Recht zur Durchführung von Durchsuchung und Beschlagnahme (§§ 102 ff. StPO);
- Recht zur Anordnung einer Durchsuchung oder Beschlagnahme bei Gefahr im Verzug (§§ 105 Abs. 1, 98 Abs. 1 StPO);
- Recht zur Durchsicht der Papiere (§ 110 Abs. 1 StPO);
- Recht zur vorläufigen Festnahme, wenn die Voraussetzungen eines Haftbefehls vorliegen (§ 127 Abs. 2 StPO);
- Recht zur Festnahme von Störern (§ 164 StPO).

1.1 Voraussetzungen von Durchsuchung und Beschlagnahme

1.1.1 Durchsuchung beim Verdächtigen

Gem. § 102 StPO kann bei dem, der als Täter oder Teilnehmer einer Straftat verdächtigt wird, eine Durchsuchung der Wohnung oder anderer Räume sowie seiner Person vorgenommen werden, wenn zu vermuten ist, dass die Durchsuchung zur Auffindung von Beweismitteln führt. Die Vermutung darf nicht nur auf rein gefühlsmäßigen Erwägungen, sondern muss auf Schlussfolgerungen aus den Umständen des Falls oder auf kriminalpolizeilichen Erfahrungen oder Überlegungen beruhen (Henrichs/Weingast, in Karlsruher Kommentar zur StPO, 9. Aufl. 2023, § 102 Rdnr. 1).

1.1.2 Durchsuchung bei anderen Personen (Dritten)

Zulässig ist eine Durchsuchung bei Personen, die einer Straftat weder beschuldigt noch verdächtig sind (z. B. Steuerberater, Bank), zur Beschlagnahme „bestimmter" Gegenstände. Es müssen – über den Grad der Vermutung hinaus – **Tatsachen** vorliegen, aus denen zu schließen ist, dass die gesuchte Sache sich in den zu durchsuchenden Räumen befindet. Die Durchsuchung beim Unverdächtigen verlangt damit eine stärkere Erfolgswahrscheinlichkeit als die Durchsuchung beim Verdächtigen. Als Tatsachen kommen z. B. Zeugenaussagen oder Lebensgewohnheiten des Beschuldigten sowie die Ergebnisse einer Observation in Betracht. Es muss die Annahme gerechtfertigt sein, dass die Durchsuchung zur Auffindung eines konkreten Beweismittels führen wird (§ 103 StPO).

Zur Vorbereitung auf Durchsuchungsmaßnahmen bei Mandanten und der eigenen Kanzlei ist im Schrifttum Stellung genommen worden (Korts, Stbg 2012, 341 ff.).

1.1.3 Verhältnismäßigkeit

Die **Anordnung einer Durchsuchung** steht unter dem Gesichtspunkt der **Verhältnismäßigkeit**. Sie muss

- zur Schwere der Straftat (bei Steuerhinterziehung also zur **Höhe der** wahrscheinlichen **Verkürzungsbeträge** und zum Verkürzungszeitraum) und zur Stärke des Tatverdachts (Sind die Anhaltspunkte/Indizien für einen Tatverdacht ausreichend?) in angemessenem Verhältnis stehen,
- zur Ermittlung und Verfolgung der Straftat erforderlich sein (diese Voraussetzung fehlt z. B., wenn die durch die Durchsuchung zu ermittelnden Tatsachen bereits bekannt sind) und
- Erfolg versprechen, geeignete Beweismittel zu erbringen (BVerfG, Beschluss vom 26.05.1976, 2 BvR 294/76, NJW 1976, 1735; LG Köln, Beschluss vom 25.04.1983, 117 Qs 3/83, StV 1983, 275).

Vor allem auch im **Bußgeldverfahren** ist zu beachten, dass die Durchsuchung in einem angemessenen Verhältnis zur Schwere der Tat und zur Stärke des Tatverdachts steht. Eine Durchsuchungsmaßnahme wird i. d. R. auf Verfahren wegen schwerwiegender Ordnungswidrigkeiten, namentlich des Wirtschaftsstrafrechts, zu beschränken sein (Lutz, in Karlsruher Kommentar zum Ordnungswidrigkeitengesetz, 5. Aufl. 2018, Vor § 53 Rdnr. 119, 127).

Auch für die **Durchführung der Durchsuchung** selbst gilt der Grundsatz der Verhältnismäßigkeit (LG Bonn, Beschluss vom 01.07.1980, 37 Qs 57/80, NJW 1981, 292; LG Koblenz, Beschluss vom 20.03.2002, 4 Qs 110/01, StraFO 2002, 298): „Der Dursuchungsbeschluss des AG erlaubte zwar ausdrücklich auch die Durchsuchung der Wohnräume, entband aber die Beamten nicht von der Pflicht, den Verhältnismäßigkeitsgrundsatz zu beachten und zunächst dort zu suchen, wo die Suche am ehesten Erfolg versprach, nämlich in den Praxisräumen. Es sprach zumindest eine große Wahrscheinlichkeit dafür, dass sich nicht nur Namensregister und Mandantenakte, sondern auch die gesuchten Bankbelege in der Praxis befanden. Die Durchsuchung hätte deshalb nach dem Verhältnismäßigkeitsgrundsatz zunächst allein auf die Praxisräume konzentriert werden müssen. Es war unverhältnismäßig und mithin rechtswidrig, in der Wohnung des Beschuldigten mit einer Durchsuchung zu beginnen, obwohl praktisch keine Aussicht darauf bestand, die gesuchten Gegenstände aufzufinden."

Bei der **Prüfung der Verhältnismäßigkeit** (z. B. dem Zeitpunkt oder dem Umfang der Durchsuchung) haben die Strafverfolgungsbehörden aber nicht nur die berechtigten Belange des Beschuldigten zu beachten, sondern auch die Bedeutung des in Rede stehenden Tatvorwurfs, das Beschleunigungsinteresse und auch ermittlungstaktische Gesichtspunkte (BVerfG, Beschluss vom 26.03.1984, 2 BvR 201/84, wistra 1984, 221).

1.1.4 Bestimmtheit von Durchsuchungsbeschlüssen

Ein Durchsuchungsbeschluss in einer Steuerstrafsache ist **verfassungswidrig**, wenn er

- keine zeitliche Eingrenzung enthält (Zeiträume der Steuerverkürzung),
- die Steuerarten nicht nennt oder
- die aufzufindenden Beweismittel nicht beschreibt.

In der Praxis erfüllen Durchsuchungsbeschlüsse die verfassungsrechtlichen Mindestanforderungen häufig nicht (BVerfG, Beschluss vom 06.03.2002, 2 BvR 1619/00, NJW 2002, 1941; BVerfG, Beschluss vom 05.05.2000, 2 BvR 2212/99, StV 2000, 465; BVerfG, Beschluss vom 23.06.1990, 2 BvR 910/88, n. v.; BGH, Urteil vom 05.04.2000, 5 StR 226/99, StV 2000, 477; Baur, wistra 1983, 99; ferner BVerfG, Beschluss vom 04.04.2017, 2 BvR 2551/12, DStR 2017, 982; hierzu Roth, PStR 2017, 155 f.; Franke-Roericht/Peter, StB 2017, 215 ff.).

Sind die Steuerarten und Zeiträume im Durchsuchungsbeschluss nicht genannt, so lässt sich später nicht feststellen, ob der Durchsuchungsbeschluss insoweit die Strafverfolgungsverjährung unterbrach (BGH, Urteil vom 05.04.2000, 5 StR 226/99, StV 2000, 477; LG Frankfurt/Main, Urteil vom 10.07.2000, 5/26 KLs – 94 Js, wistra 2001, 28; LG Darmstadt, Urteil vom 08.12.1999, 13 QS 810/99 – 13 KLs, wistra 2000, 238). Verbleiben Zweifel, ob eine von mehreren Taten von der Unterbrechungswirkung einer Untersuchungshandlung erfasst wird, so ist zugunsten des Angeklagten zu entscheiden.

Da sich Steuerstrafverfahren meist auf weit zurückliegende Besteuerungszeiträume erstrecken und häufig lange andauern, ist es für den Verteidiger immer wieder lohnend, auch in späteren Verfahrensstadien durch Einsicht in die Strafakte festzustellen, ob ein Durchsuchungsbeschluss tatsächlich die Strafverfolgungsverjährung im Hinblick auf die vorgeworfenen Zeiträume und Steuerarten unterbrochen hat. Immer wieder ergibt sich, dass für einzelne Jahre Verjährung eingetreten ist oder alsbald bevorsteht.

In der Praxis der Finanzbehörden wird auch häufig der Notwendigkeit nicht Rechnung getragen, dass im Durchsuchungsbeschluss **tatsächliche** Angaben bezüglich des **vorgeworfenen Sachverhalts** erforderlich sind und die bloße Wiedergabe des Gesetzeswortlautes nicht ausreichend ist (BVerfG, Beschluss vom 03.09.1991, 2 BvR 279/90, StV 1992, 49 = NStZ 1992, 91; LG Krefeld, Beschluss vom 21.02.1992, 21 Qs 54/92, wistra 1993, 316).

1.1.5 Durchsuchung wegen Gefahr im Verzug

Das BVerfG hat mit Urteil vom 20.02.2001 die Grundsätze für die Annahme von Gefahr im Verzug (d.h. ohne vorherige Einholung eines richterlichen Durchsuchungsbeschlusses) **einschränkend** festgelegt:

- Der Begriff „Gefahr im Verzug“ ist eng auszulegen; die richterliche Anordnung einer Durchsuchung ist die Regel, die nichtrichterliche die Ausnahme.
- „Gefahr im Verzug“ muss mit **Tatsachen** begründet werden, die auf den Einzelfall bezogen sind. Reine Spekulationen, hypothetische Erwägungen oder lediglich auf kriminalistische Alltagserfahrung gestützte, fallunabhängige Vermutungen reichen nicht aus.
- Auslegung und Anwendung des Begriffs „Gefahr im Verzug“ unterliegen einer unbeschränkten gerichtlichen Kontrolle.
- Eine wirksame gerichtliche Nachprüfung der Annahme von „Gefahr im Verzug“ setzt voraus, dass sowohl das Ergebnis als auch die Grundlage der Entscheidung in unmittelbarem zeitlichen Zusammenhang mit der Durchsuchungsmaßnahme in den Ermittlungsakten dargelegt werden (BVerfG, Urteil vom 20.02.2001, 2 BvR 1444/00, wistra 2001, 137; BVerfG, Beschluss vom 03.12.2002, 2 BvR 1845/00, StV 2003, 205; LG Cottbus, Beschluss vom 23.07.2002, 23 QS 16/02, StV 2002, 535).

1.2 Durchführung der Durchsuchung

1.2.1 Durchsuchungszeugen

§ 105 Abs. 2 StPO verlangt, dass zwei unbeteiligte Durchsuchungszeugen oder ein Gemeindebeamter an der Maßnahme teilnehmen. Zweck dieser Regelung ist weniger, die Beamten an Kompetenzüberschreitungen zu hindern, als vielmehr deren Interesse, durch neutrale Beobachter spätere unberechtigte Vorwürfe widerlegen zu können. Der Beschuldigte kann auf die Durchsuchungszeugen verzichten. Nimmt ein Richter oder Staatsanwalt an der Durchsuchung teil, bedarf es der Durchsuchungszeugen nicht. Das OLG Hamm lässt es genügen, wenn ein Beamter der BuStra-Stelle als „Steuerstaatsanwalt“ der Maßnahme beiwohnt; dieser Amtsträger ersetzt nach Meinung des Gerichts die Durchsuchungszeugen auch dann, wenn er nicht die Befähigung zum Richteramt hat (§ 105 Abs. 2 StPO; OLG Hamm, Beschluss vom 23.06.1988, 1 VAs 3/88, NStE Nr. 3 zu § 105 StPO).

Dabei ist zu beachten, dass Sachgebietsleiter bzw. Sachbearbeiter der Strafsachenstelle zwar „finanz-staatsanwaltschaftliche“ Befugnisse ausüben. Sie sind jedoch keine Staatsanwälte i. S. d. § 105 Abs. 2 StPO. Es kann den gesetzlichen Zweck, vorsorglich einen unbeteiligten Zeugen zu gewinnen, nicht erfüllen, wenn BuStra-Beamte, die tagtäglich mit den Steuerfahndern zusammen arbeiten und wie diese Teil der Finanzbehörde sind, beigezogen werden (so Klos, in Achenbach/Wannemacher, Beraterhandbuch zum Steuer- und Wirtschaftsstrafrecht, § 10 Rdnr. 274).

1.2.2 Zeitpunkt der Durchsuchung

Wohnungsdurchsuchungen dürfen grundsätzlich nur tagsüber erfolgen; will die Steufa bei Nacht durchsuchen – die Nachtzeit beginnt um 21.00 Uhr und endet vom 01.10. bis 31.03. um 6.00 Uhr, ansonsten um 4.00 Uhr –, muss Gefahr im Verzug vorliegen. Jedoch darf eine vor 21.00 Uhr begonnene und noch nicht beendete Durchsuchung in die Nachtzeit fortgesetzt werden. Fahndungspraxis ist ein Durchsuchungsbeginn zwischen 7.00 Uhr und 9.00 Uhr.

Die Beschränkungen gelten allerdings nicht für die Durchsuchung von Räumen, die zur Nachtzeit ohnehin jedermann zugänglich sind (z. B. Barbetriebe). Außerdem können Personen und die ihnen gehörenden Sachen auch bei Nacht durchsucht werden, wenn damit keine Hausdurchsuchung (also kein Eingriff in das nach Art. 13 Abs. 1 GG geschützte Wohnungsrecht) verbunden ist (§ 104 Abs. 1 StPO; Nr. 62 der Anweisungen für das Straf- und Bußgeldverfahren – AStBV (St) 2023/2024 vom 16.10.2023, BStBl I 2023, 1798).

1.2.3 Mitteilung des Durchsuchungszwecks

Obwohl das Gesetz bei Durchsuchungen beim Tatverdächtigen die Bekanntgabe des Durchsuchungszwecks vor der Durchsuchung nicht ausdrücklich vorschreibt, ist auch wegen des Grundsatzes des fairen Verfahrens der Verdächtige über den Tatvorwurf rechtzeitig zu informieren. Deshalb wird dem Betroffenen zu Beginn der Durchsuchung von der Steuerfahndung der richterliche Durchsuchungsbefehl vorgezeigt (§§ 35 Abs. 2 Satz 2, 102 StPO). Dem Beschuldigten wird die Einleitung des

Strafverfahrens bekannt gegeben, er wird sodann über seine Rechte – insbesondere über das Mitwirkungsverweigerungsrecht – belehrt.

1.2.4 Anwesenheitsrecht

Der Inhaber der zu durchsuchenden Räume oder Gegenstände darf bei der Durchsuchung zugegen sein. Ist er abwesend, so ist – wenn möglich – sein Vertreter oder ein erwachsener Angehöriger, Hausgenosse oder Nachbar zuzuziehen. Dieses Anwesenheitsrecht gilt auch dann, wenn der Inhaber gleichzeitig Beschuldigter der Steuerstraftat ist (§ 106 Abs. 1 StPO; Klos, in Achenbach/Wannemacher, Beraterhandbuch zum Steuer- und Wirtschaftsstrafrecht, § 10 Rdnr. 281; ferner zu den Verhaltensweisen von Mandant und Steuerberater anlässlich der Durchsuchung siehe Schwedhelm, DStR 2014, 2, 3 f.).

2. Befugnisse der Steuerfahndung im Besteuerungsverfahren

Im Zusammenhang mit der Erforschung von Steuerstraftaten und Steuerordnungswidrigkeiten gehört die Ermittlung der Besteuerungsgrundlagen zu den Aufgaben der Fahndung. Nach § 208 Abs. 1 Nr. 3 AO fällt ferner die Aufdeckung und Ermittlung unbekannter Steuerfälle in den Aufgabenbereich der Steufa **(Vorfeldermittlungen)**. Ein „unbekannter Steuerfall" i. S. v. § 208 Abs. 1 Satz 1 Nr. 3 AO liegt sowohl in den Fällen vor, in denen die Person unbekannt ist, von der vermutet wird, dass sie einen Steuertatbestand verwirklicht hat, als auch in den Fällen, in denen zwar eine Person, nicht jedoch eine Tatbestandsverwirklichung bekannt ist (§ 208 AO).

Von dem Recht, Ermittlungen anzustellen, dürfen die Steuerfahndungsstellen Gebrauch machen, wenn wenigstens objektiv die Möglichkeit besteht, dass Steuerverkürzungen eintreten könnten. Während der strafrechtliche Anfangsverdacht voraussetzt, dass zureichende tatsächliche Anhaltspunkte für eine verfolgbare Tat vorliegen, genügen i. R. der Befugnis nach § 208 Abs. 1 Nr. 3 AO **abstrakte Anhaltspunkte**, also auch eine **allgemeine Erfahrung**, nach der die Möglichkeit einer Tatbestandsverwirklichung in Betracht kommt (BFH, Beschluss vom 13.02.1968, GrS 5/67, BStBl II 1968, 365; BFH, Beschluss vom 29.10.1986, VII R 82/85, BStBl II 1988, 359); hierzu Apitz, StBp 2006, 224 ff.; FG Rheinland-Pfalz, Urteil vom 28.02.2007, 2 K 2455/05, EFG 2007, 1129, rkr.; ferner BFH, Urteil vom 05.10.2006, VII R 63/05, BStBl II 2007, 155 betr. Sammelauskunftsersuchen bei Fachärzten/Apotheken; hierzu Steinberg, DStR 2008, 1718 ff.; zur Ermittlung der Daten von Bankkunden, die Bonusaktien der Deutschen Telekom bezogen haben, wenn das Kreditinstitut den Wert der kundenbezogenen Bonusaktien nicht in die Erträgnisaufstellung aufgenommen hat (einschränkend aber BFH, Urteil vom 16.01.2009, VII R 25/08, BStBl II 2009, 582, 586), wenn das Kreditinstitut in den Erträgnisaufstellungen deutlich wahrnehmbar und unmissverständlich auf die Steuerpflicht des Bezugs der Bonusaktien hingewiesen hat; Niedersächsisches FG, Urteil vom 27.08.2013, 8 K 78/12, EFG 2014, 99; hierzu ergänzend BFH, Beschluss vom 17.03.2014, III B 109/13, n.v. – jeweils betr. Sammelauskunftsersuchen gegenüber einem Verlag. Die Beantwortung eines Sammelauskunftsersuchens der Steuerfahndung zu Daten der Nutzer einer Internethandelsplattform kann nicht wegen einer privatrechtlich vereinbarten Geheimhaltung dieser Daten abgelehnt werden (BFH, Urteil vom 16.05.2013, II R 15/12, BFH/NV 2013, 1277 mit Anm. Geuenich, BB 2013, 2081, 2088; hierzu Roth, Stbg 2013, 451 ff.; ders., StBp 2015, 217 ff.; Kusnik, DB 2015, 697 ff.; siehe hierzu Hufeld, Stbg 2016, Heft 9, M 1).

Ein Sammelauskunftsersuchen ist zu unbestimmt (Begriff des Rotlichtmilieus), soweit für den Empfänger nicht hinreichend erkennbar ist, nach welchen Kriterien die Auskunft zu erteilen ist. Das unbestimmte Ersuchen kann jedoch im Einspruchsbescheid auf ein zulässiges Maß beschränkt werden (Niedersächsisches FG, Urteil vom 27.08.2013, 8 K 55/12, EFG 2013, 1979, 1983 f. mit Anm. Matthes = DStRE 2014, 1264).

Diese Abgrenzung entspricht im Recht des internationalen Informationsaustausches zwischen (zulässigen) **Gruppenanfragen** und (unzulässigen) **Fishing Expeditions** (so Seer, in Tipke/Kruse, AO, § 93, Tz. 34); zu internationalen Gruppenanfragen ins Ausland siehe Roth, Stbg 2014, 405 ff.

Die Steuerfahndung kann im Rahmen der Ermittlung der Besteuerungsgrundlagen gemäß § 208 Abs. 1 S. 1 Nr. 2 AO auch ein Auskunftsersuchen im Wege des zwischenstaatlichen Informationsaustauschs in Steuersachen an eine ausländische Steuerverwaltung richten.

Im Besteuerungsverfahren besteht grundsätzlich kein Verwertungsverbot für Informationen über Geschäftsbeziehungen von im Inland steuerpflichtigen Personen zu einem ausländischen Kreditinstitut, die auf Basis von zuvor im Ausland deliktisch erworbenen Daten erlangt worden sind.

Einem Auskunftsersuchen im zwischenstaatlichen Informationsverkehr stehen weder ein Bankgeheimnis noch Belange der öffentlichen Ordnung (sog. ordre public-Vorbehalt) in dem um Auskunft ersuchten Staat entgegen.

Die deutschen Finanzbehörden müssen die ausländische Steuerverwaltung nicht auf die deliktische Herkunft der Informationen, auf denen ein Auskunftsersuchen beruht, hinweisen.

Die mit einem zwischenstaatlichen Auskunftsersuchen erbetenen Informationen müssen sich nicht auf Zeiträume vor Geltung der EU-Amtshilferichtlinie 2011/16/EU beschränken (FG Köln, Beschluss vom 28.12.2020 2 V 1217/20, rkr.; DStRE 2021, 1453 ff.)

Unter Berücksichtigung der allgemeinen Erfahrungen der Finanzbehörden muss ein Kontrollbedürfnis in dem Sinne bestehen, dass mit der Aufdeckung unbekannter Steuerfälle zu rechnen ist. Es genügt, dass nach allgemeiner Steuerverkürzungserfahrung bestimmte Sachverhalte besonders „verkürzungsträchtig" oder kontrollbedürftig sind. Die Steufa ist nicht auf die Einholung solcher Auskünfte beschränkt, die mit großer Wahrscheinlichkeit und unmittelbar der Feststellung eines zur Besteuerung führenden Sachverhalts zu dienen vermögen. Es muss vielmehr genügen, wenn sie i. R. ihrer Prognoseentscheidung im Wege vorweggenommener Beweiswürdigung nach pflichtgemäßem Ermessen zum Ergebnis gelangt, dass die Auskunft zu steuererheblichen Tatsachen zu führen vermag. Zu diesen Tatsachen zählt alles, was die konkrete finanzbehördliche Entscheidung beeinflusst bzw. beeinflussen kann. Die Steuererheblichkeit der zu ermittelnden Tatsache muss jedenfalls möglich sein (§ 92 AO).

Allgemein muss der durch das Sammelauskunftsersuchen ausgelöste Ermittlungsaufwand bei der Auskunftsperson in einem angemessenen Verhältnis zu der Bedeutung der Angelegenheit stehen (BFH, Urteil vom 16.05.2013, II R 15/12, BStBl II 2014, 225; BFH, Urteil vom 12.05.2016, II R 17/14, BStBl II 2016, 822 mit. Anm. Loose, DB 2016, 1964 f. mit Anm. Gierlich, BB 2016, 2273, 2277; siehe auch BT-Drucksache 18/11132, 24); zu Sammelauskunftsersuchen wegen Einnahmen von Touristenführern s. Beyer, Steuertip, Beilage 13 vom 01.04.2021, 1 f.; zur Verpflichtung eines Servicedienstleisters zur Herausgabe von Daten der Nutzer einer Internethandelsplattform siehe Niedersächsisches FG, Urteil vom 30.06.2015, 9 K 343/14, DB 2015, 2178 mit Anm. Kreft; zur internationalen Gruppenanfrage bei Airbnb s. Senatsverwaltung Hamburg, Pressemitteilung vom 02.09.2020, PStR 2021, 49; hierzu Ott, PStR 2021, 56 ff.; Webel, PStR 2021, 60 ff.

Die Finanzbehörde darf sich erst dann unmittelbar an andere Personen als den Beteiligten (sog. Dritte) wenden, wenn sie es im Rahmen einer vorweggenommenen Beweiswürdigung aufgrund konkret nachweisbarer Tatsachen als zwingend ansieht, dass der Versuch der Sachverhaltsaufklärung durch den Beteiligten erfolglos bleiben wird (BFH, Urteil vom 29.07.2015, X R 4/14 BStBl II 2016, 135; hierzu ausführlich Nöcker, DStR 2023, 1865 ff.).

Gegen die Androhung eines Auskunftsersuchens an Dritte gemäß § 93 Abs. 1 Satz 3 AO ist sowohl eine vorbeugende Unterlassungsklage als auch einstweiliger Rechtsschutz nach § 114 FGO möglich. Ein Auskunftsersuchen der Finanzbehörde gemäß § 93 Abs. 1 Satz 3 AO ist bereits möglich, wenn es aufgrund konkreter Umstände angezeigt ist, weitere Auskünfte auch bei Dritten einzuholen (BFH, Urteil vom 14.04.2021, X R 25/19, BFH/NV 2021,1294 = BStBl II 2024, 87 = DStRK 2021, 279 mit Anm. Hamster).

Um ein Auskunftsersuchen an andere Personen als die Beteiligten richten zu dürfen, muss entweder die Sachverhaltsaufklärung durch die Beteiligten nicht zum Ziel führen (Alternative 1) oder diese keinen Erfolg versprechen (Alternative 2). Um eine Prognose zu den fehlenden Erfolgsaussichten einer Auskunft durch die Beteiligten machen zu können, bedarf es eines klar umrissenen und für die Besteuerung des Steuerpflichtigen erheblichen Sachverhalts; Ermittlungszweck und potenzielles Ermittlungsergebnis müssen erkennbar sein (BFH, Urteil vom 28.10.2020, X R 37/18, BFH/NV 2021, 365 = DStRK 2021, 54 m. Anm. Steinhauff = DB 2021, 927 mit Anm. Werth, hierzu eingehend Dachauer/Walcher, NWB 2021, 2041 ff.).

Dabei ist im Besonderen einschränkend zu berücksichtigen, ob und inwieweit datenschutzrechtliche Hinweise bei der Auskunftsperson im Verhältnis zu dem Kunden bestehen (so Seer, in Tipke/Kruse, AO, § 93, Tz. 37; zur kurzzeitigen Vermietung über Airbnb im steuer- und steuerstrafrechtlichen Blickpunkt eingehend Bischoff, Stbg 2021, 11 f.).

Ein Auskunftsersuchen der Steuerfahndung an einen Generalunternehmer kann nur dann auf § 208 Abs. 1 Nr. 3 AO gestützt werden, wenn ein hinreichender Anlass für das Vorliegen einer Steuerverkürzung gegeben ist. Allein der Einsatz von Subunternehmern in der Baubranche rechtfertigt Vorfeldermittlungen bei den Generalunternehmen grundsätzlich nicht (Sächsisches FG, Urteil vom 21.06.2005, 3 K 2294/04, EFG 2006, 82, rkr.).

Kontrollbesuche der Steuerfahndung in Räumlichkeiten, die an Prostituierte zur Ausübung ihrer Erwerbstätigkeit vermietet worden sind, sind grundsätzlich – in angemessener und zumutbarer Häufigkeit – zur Aufdeckung und Ermittlung unbekannter Steuerfälle i. S. d. § 208 Abs. 1 Satz 1 Nr. 3 AO hinreichend veranlasst. Der mögliche (Neben-)Effekt, die Prostituierten zu veranlassen, ihre steuerlichen Pflichten zu erfüllen bzw. am „Düsseldorfer Verfahren" teilzunehmen, ist mit dem Ermittlungsauftrag der Steuerfahndung nicht unvereinbar (BFH, Beschluss vom 22.12.2006, VII B 121/06, BStBl II 2009, 839).

Steuerlich heftige Diskussionen sind dadurch aufgeflammt, dass die Festsetzungsstellen der Finanzämter zur Sachverhaltsermittlung sog. **Flankenschutzfahnder** einsetzen, die auch Kontrollbesuche bei Stpfl. durchführen. Diesen Steuerermittlungsverfahren seitens der Steuerfahndung hat der BFH nunmehr Schranken mit folgender Begründung gesetzt (hierzu eingehend Anders, DStR 2012, 1779 ff.; vgl. auch schon Kemper, DStZ 2008, 527 ff.): Ein von der Steuerfahndung im steuerlichen Ermittlungsverfahren gestelltes Auskunftsersuchen ist rechtswidrig, wenn es den Eindruck erweckt, dass trotz der Einstellung des Strafermittlungsverfahrens weiter wegen des Verdachts der Steuerhinterziehung ermittelt werde, hierdurch das Ansehen des Stpfl. erheblich gefährdet wird und mit einem Auskunftsersuchen durch die Veranlagungsstelle ein milderes Mittel zur Verfügung gestanden hätte (BFH, Urteil vom 04.12.2012, VIII R 5/10, BFH/NV 2013, 431, DStR 2013, 253 = BB 2013, 742, 744 mit Anm. Geuenich). Ein Bundesrichter hat in einer öffentlichen Stellungnahme hierzu klargestellt, dass es der Finanzverwaltung verboten sei, quasi mit GSG-9-Methoden gegen einfache Stpfl. zu ermitteln (siehe auch Beyer, steuertip, Beilage 32 vom 09.08.2013, 1 ff.).

Zur unangekündigten Wohnungsbesichtigung durch einen **Flankenschutzprüfer** hat nunmehr der Bundesfinanzhof Stellung genommen:

Die unangekündigte Wohnungsbesichtigung durch einen Beamten der Steuerfahndung als sog. Flankenschutzprüfer zur Überprüfung der Angaben des Steuerpflichtigen zu einem häuslichen Arbeitszimmer im Besteuerungsverfahren ist wegen Verstoßes gegen den Verhältnismäßigkeitsgrundsatz rechtswidrig, wenn der Steuerpflichtige bei der Aufklärung des Sachverhalts mitwirkt.

Dies gilt auch dann, wenn der Steuerpflichtige der Ortsbesichtigung zustimmt und deshalb kein schwerer Grundrechtseingriff in Art. 13 Abs. 1 GG vorliegt (BFH, Urteil vom 12.07.2022 VIII R 8/19, BFH/NV 2022, 1266 = NWB 2022, 2811 f. m. Anm. Carlé = GmbHR 2022, R 360 m. Anm. Levedag; hierzu eingehend Schwindt/Blesius, DStR 2023, 1459 ff.; Webel, DStR 2024, 54 ff.).

Klagen gegen unangemeldete Ortsbesichtigungen des Flankenschutzes sollen regelmäßig mangels Feststellungsinteresse unzulässig sein (FG Münster, Urteil vom 11.07.2018, 9 K 2384/17, EFG 2018, 1847, 1850 f. m. Anm. Oellerich = PStR 2018, 309 f. mit Anm. Roth, per BFH, Beschluss vom 21.03.2019, VIII B 142/18 durcherkannt – Erledigung, aber beim EuGH anh.).

3. Sonderfall: Einheitssachgebiete

In Hamburg und Berlin wurde die in finanzbehördlich geführten Steuerstrafverfahren in §§ 386 ff. AO gesetzlich festgelegte Zuständigkeitsverteilung zwischen Bußgeld- und Strafsachenstelle sowie Steuerfahndung faktisch aufgehoben. Auch in Brandenburg und im Raum Köln soll dies der

Fall sein. In den solchermaßen geschaffenen „Misch-“ oder „Kombi-Sachgebieten“ unterstehen sowohl Bußgeld- und Strafsachenstellen – (BuStra-) Beamte – als auch Steuerfahnder den sog. „Einheitssachgebietsleitern“. Der Einheitssachgebietsleiter ist somit Vorgesetzter der polizeilich ermittelnden Fahndungsprüfer und unterschreibt als „Steuer-Staatsanwalt“ auch den Antrag auf Erlass eines Strafbefehls oder die Einstellungsverfügung. Die Schaffung von „Bustra-Steufa-Mischsachgebieten“ („Kombi-Sachgebieten“) und die Vereinigung staatsanwaltschaftlicher und polizeilicher Befugnisse in der Person des „Einheitssachgebietsleiters“ verstößt gegen die gesetzlichen Vorgaben der §§ 386 ff. AO und damit gegen den rechtsstaatlichen Grundsatz vom Vorrang des Gesetzes (Art. 20 Abs. 3 GG; hierzu Hentschel, NJW 2006, 2300 ff.; Kaligin, Stbg 2010, 126 ff.; vgl. auch Weingarten, in Karlsruher Kommentar zur StPO, 9. Aufl. 2023, § 163 Rdnr. 2; dagegen jedoch Dusch, wistra 2013, 129 ff.).

III. Typische Aufgriffsanlässe für die Steuerfahndung

Schrifttum:

Flore/Dörn/Gillmeister	Steuerfahndung und Steuerstrafverfahren, 2. Aufl. 1999
Hild/Hild	Im Fadenkreuz der Steuerfahndung, 1999
Kaligin	Ermittlungsprobleme der Finanzbehörde bei verschwiegenen Vermögenswerten, StB 2003, 66
Müller	Beratungshinweise vor Erstattung einer Selbstanzeige, StBp 2002, 356
Stolz	Durchsuchungsmaßnahmen der Steuerfahndung, steuerberater intern, Beilage Nr. 1 vom 16.01.2024, 1

1. Die wichtigsten Ausgangspunkte für Ermittlungen im Überblick

- Unzureichende Mitwirkung des Steuerbürgers in einer steuerlichen Ap: „Mauern“ in der Bp, z. B. zu Auslandssachverhalten
- Feststellungen des steuerlichen Außenprüfers: nicht erklärte Einnahmen/Umsätze, „fingierte“ Ausgaben/Aufwendungen, ungeklärte Verwendung von Entnahmen, ungeklärte Herkunft von Einlagen

- Kontrollmaterial, z. B. von ausländischen Steuerbehörden sowie aus Bp oder Steufa-Prüfungen bei Geschäftsfreunden sowie Zufallsfunde
- Selbstanzeigen
- Denunzierungen, z. B. von ausgeschiedenen Mitarbeitern, bedrängten Marktkonkurrenten, geschiedenen Ehefrauen, ehemaligen Geliebten, entzweiten Familienmitgliedern, missgünstigen Nachbarn oder verkrachten Freunden
- Mitteilungen im Hörfunk und Fernsehen sowie in der Presse: kein Pressegeheimnis für Chiffreanzeigen
- Eintragungen in der bei der Hausbank des Steuerbürgers geführten Kreditakte
- Unzureichende Nachweise der Finanzierung von insbesondere privaten Investitionen, z. B. Kauf oder Errichtung einer Immobilie, Erwerb einer Beteiligung
- Dauernde Nichtabgabe von Steueranmeldungen oder Jahressteuererklärungen sowie nicht plausible Deklarierung permanenter Verluste
- Mitteilungen von Gerichten und Behörden (§ 116 AO) oder von sonstigen Informierungsverpflichteten, z. B. von Kreditinstituten und Versicherungsunternehmen anlässlich von Todesfällen
- Spontanauskünfte ausländischer Finanzbehörden bei spektakulären Geschäftsvorfällen, z. B. Erwerb spanischer Fincas mit Schwarzgeld aus der Schweiz
- Komplizierte Geschäftsmodelle
- Unbekannte Bankveranlagungen

Vgl. Hild/Hild, Im Fadenkreuz der Steuerfahndung, 1999, 19; Flore/Dörn/Gillmeister, Steuerfahndung und Steuerstrafverfahren, 2. Aufl. 1999, 86 ff.; Stolz, steuerberater intern, Beilage Nr. 1 vom 16.01.2024, 1 f.

2. Weitere Fallgruppen aus der Praxis

Findet bei einem Geschäftspartner eine Ap oder eine Steufa-Prüfung statt oder kommt es wegen anderer als Steuerdelikte (z. B. Betrugsdelikte, Schmiergeldzahlung, Vorenthaltung und Veruntreuung von Arbeitsentgelt, Insolvenzstraftaten, illegale Beschäftigung ausländischer Arbeitnehmer) zu polizeilichen oder staatsanwaltlichen Ermittlungen, so können u. U. Querverbindungen zu anderen Stpfl. aufgedeckt werden. Stellt ein Betroffener fest, dass eine solche Querverbindung gefunden wurde, sollte aus Gründen der Fairness überlegt werden, den Dritten zu informieren, um diesem im

Fall der Steuerhinterziehung die Möglichkeit der Selbstanzeige zur Erlangung der Straffreiheit zu eröffnen (§§ 263ff., 266a, 238ff. StGB; §§ 19 Abs. 1 Satz 6, 229 Abs. 1 Nr. 2, 3 AFG; Müller, StBp 2002, 356, 357).

Vermutet ein übergangener Erbe Vermögenswerte, so könnte er auf die Idee kommen, der Steufa Hinweise zu geben, damit diese durch Durchsuchungsmaßnahmen oder sonstige Ermittlungen Feststellungen trifft.

Nach § 33 ErbStG sind gewerbsmäßige Vermögensverwalter, z. B. Banken, Sparkassen und Versicherungsunternehmen, zur Anzeige von Vermögenswerten an das Erbschaftsteuer-FA verpflichtet. Aus diesen Mitteilungen können sich Hinweise auf nicht versteuertes Kapital und nicht versteuerte Erträge ergeben (§ 33 ErbStG, H E ErbStR 2019). Das Erbschaftsteuer-FA hat dem für die Besteuerung des Erblassers nach dem Einkommen und Vermögen zuständigen FA den ermittelten Nachlass mitzuteilen.

Daneben müssen in Erbfällen Gerichte, Notare und sonstige Urkundspersonen der Erbschaftsteuerstelle Abschriften von folgenden Schriftstücken übermitteln: eröffnete Testamente, Erbscheine, Testamentsvollstreckerzeugnisse, Vereinbarungen der Gütergemeinschaft usw. Bei Schenkungen und Zweckzuwendungen unter Lebenden haben Gerichte, Notare und sonstige Urkundspersonen dem Erbschaftsteuer-FA eine Abschrift der Schenkungsurkunde zu übermitteln (§ 34 ErbStG).

Die Finanzbehörden werden von Notaren über Grundstücksgeschäfte informiert. Das FA verlangt dann im Veranlagungsverfahren Auskunft über die Herkunft des Geldes für die Zahlung des Kaufpreises und leitet u. U. ein Ermittlungsverfahren ein, wenn sich die Herkunft des Geldes nicht aus den Einkommensteuererklärungen erklären lässt und der Kaufpreis in keinem Verhältnis zum erklärten Einkommen steht (§ 18 GrEStG; Müller, StBp 2002, 356, 359).

Wurde der Stpfl. bei der zollamtlichen Überwachung des Bargeldverkehrs mit Bargeld oder gleichgestellten Zahlungsmitteln oder mit Bankunterlagen beim **Grenzübertritt** angetroffen, muss er mit einer Kontrollmitteilung an sein FA rechnen (§§ 12a–12c und § 31a ZollVG).

Es kann jedoch keine Rede davon sein, dass das FA in der Lage wäre, aufgrund von Erkenntnissen über das Vorhandensein von Vermögenswerten alsbald Steuern festzusetzen. Vielmehr ist es für die Finanzverwaltung mit großen Schwierigkeiten verbunden, bei der Feststellung von Vermögenswerten eines Stpfl. zu beweisen, ob, wann, in welcher Höhe und aus welcher Einkunftsquelle Schwarzeinnahmen erzielt wurden. Entsprechende Schätzungen stehen vor dem FG oft auf tönernen Füßen (Kaligin, StB 2003, 66).

IV. Selbstanzeige: Neuregelungen und Hinweise auf die alte Rechtslage nebst Übergangsfragen

Schrifttum:

Achenbach/ Wannemacher	Beraterhandbuch zum Steuer- und Wirtschaftsrecht (Stand: 1999)
Albrecht	Strafbefreiende Selbstanzeige – Höhe der Nachzahlungspflicht bei einer Steuerverkürzung auf Zeit, DB 2006, 1696
Bach	Daten der CSLB: Verfügung der OFD Karlsruhe über die Tatentdeckung, PStR 2012, 248
ders.	Selbstanzeige: Jetzt wird es aber allerhöchste Zeit, StB 2019, Heft 9, I
Bangert/Schwarz	Die Anzeige- und Berichtigungserklärung nach § 153 AO – Praxisprobleme bei der Abgrenzung zur Selbstanzeige § 371 AO, NWB 2015, 3088
Baum	Durchbrechung des Steuergeheimnisses bei Dienstvergehen von Beamten – Anmerkungen zum BMF-Schreiben v. 12.03.2010, NWB 2010, 2710
Beckemper/ Schmitz/ Wegner/Wulf	Zehn Anmerkungen zur Neuregelung der strafbefreienden Selbstanzeige durch das „Schwarzgeldbekämpfungsgesetz", wistra 2011, 281
Benecke	Der Anwendungserlass des Bundesfinanzministeriums zu § 153 AO vom 23.05.2016, BB 2016, 2327
Beneke	Die Reform der strafbefreienden Selbstanzeige, BB 2015, 407
Beyer	Einspruch nach Selbstanzeige?, steuerberater intern, Beilage 7 vom 09.04.2013, 1
ders.	Anfragen der Finanzverwaltung wegen ausländischer Kapitaleinkünfte, steuertip, Beilage 13 vom 06.09.2013, 1
ders.	Diskussion in der Finanzverwaltung zu Praxisfragen der Selbstanzeige gem. §§ 371, 398a AO, BB 2016, 987
ders.	Zweiter Frühling für die Selbstanzeige, NWB 2020, 945

ders.	Doppelselbstanzeige wegen Geldwäsche bei steuerlicher Selbstanzeige?, steuerberater intern Beilage Nr. 16 vom 10.08.2021, 1
ders.	Abgrenzung von Selbstanzeige und steuerlicher Berichtigung, steuerberater intern, Beilage Nr. 23 vom 08.11.2022, 1
Bilsdorfer	Die straf- und bußgeldbefreiende Selbstanzeige, NWB, Fach 13, 909
ders.	Die Entwicklung des Steuerstraf- und Steuerordnungswidrigkeitenrechts, NJW 2012, 1413
ders.	Gut gemeint ist nicht gleich gut gemacht – Stolpersteine bei der Selbstanzeige nach § 371 Abs. 1 AO, DStR 2015, 1660
Bilsdorfer/ Kaufmann	Das Ansteckende an der Ansteckung – oder: Unbegrenzte Sperrwirkung bei der steuerlichen Selbstanzeige?, DStR 2020, 1030
dies.	Die gescheiterte Selbstanzeige als Eintrittskarte für eine wirksame Selbstanzeige?, BB 2021, 525
dies.	Die Folgen einer Selbstanzeige (§ 398a AO) bei einer Steuerhinterziehung im großen Ausmaß, DStR 2022, 348
Binnewies	GmbH-Geschäftsführer in Bedrängnis?, Die Einschränkung der Selbstanzeige, GmbHR 2010, R 257
Binnewies/ Görlich	Die Auswirkungen der verlängerten strafrechtlichen Verjährungsfristen auf Steuerrecht und Selbstanzeige, Die AG 2022, 490
Bruschke	Unrichtige Angaben in der Steuererklärung – grundsätzlich ein Fall der Selbstanzeige?, DStZ 2011, 210
ders.	Selbstanzeige nach dem Gesetz zur Änderung der Abgabenordnung, StB 2015, 75
Bürger	Die Verjährungsregelung in § 376 Abs. 1 AO im Berichtigungsverbund der Selbstanzeige, BB 2013, 2592
Burkhard	Die Sperrwirkung des § 371 Abs. 2 Nr. 1a AO, wistra 1989, 216
ders.	Selbstanzeige und Schweigepflicht der Finanzbehörde, DB Heft 33/2013 vom 16.08.2013, M 12

ders.	Selbstanzeige und Schweigepflicht der Finanzbehörde: Teilaspekte der Steuergeheimnisse, Stbg 2013, 412
Buse	Anforderungen an eine strafbefreiende Selbstanzeige, Stbg 2010, 350
ders.	Die Neuregeleung der Selbstanzeige, StBp 2011, 153
ders.	Verwertungsverbot und Tatentdeckung, DStR 2008, 2100
ders.	Festsetzungsverjährung und Selbstanzeige, DB 2013, 11
Buse	Die Selbstanzeige ab dem 01.01.2015, DB 2015, 89
Demuth/Jena	Devisenbesteuerung aus Sicht strafbefreiender Selbstanzeigen, DStR 2016, 204
Dobner/Schick	Steuerliche Behandlung vermögensverwaltender Lebensversicherungsverträge in der Nachdeklarationsberatung, DStR 2016, 280
Dörn	Wirksamkeit der Selbstanzeige trotz Vorliegens von Kontrollmaterial, DStZ 1992, 620
ders.	Selbstanzeige bei leichtfertiger Steuerverkürzung (§ 378 Abs. 3 AO), wistra 1994, 10
ders.	Wirksame Selbstanzeige (§ 378 Abs. 3 AO) in der Betriebsprüfung, Stbg 1995, 86
ders.	(Kein) Ausschluss der Selbstanzeige durch Kontrollmaterial, Stbg 1997, 493
ders.	Ausschluss der Selbstanzeige durch Tatentdeckung (§ 371 Abs. 2 Nr. 2 AO) nur bei Kenntnis des Täters?, wistra 1998, 175
ders.	Unterrichtung der Dienstvorgesetzten über Steuerhinterziehungen von Beamten und Richtern, DStZ 2001, 77
ders.	Mitteilung von Steuerhinterziehungen von Beamten und Richtern an den Dienstvorgesetzten, wistra 2002, 170
Dumke/Marx	Steuerstrafrecht – Hamburger Kompendium 1990
Engler	Zur Tatentdeckung als Sperrgrund einer strafbefreienden Selbstanzeige, DStR 2017, 2260
Esterer	Der Anwendungserlass zu § 153 AO ist da – Wichtiger Schritt zur Entkriminalisierung im Steuerrecht, DB 2016, Heft 21 vom 27.05.2016, M 5

Fehling/ Rothbächer	Ausschluss der strafbefreienden Selbstanzeige durch Medienberichte?, DStZ 2008, 821
Felten	Ausschluss einer strafbefreienden Selbstanzeige bei einer Betriebsprüfung?, steuerberater intern, Beilage 1 vom 13.01.2014, 1
Flore/Dörn/ Gillmeister	Steuerfahndung und Steuerstrafverfahren, 2. Aufl. 1999
Frintrup	Die Selbstbelastungsfreiheit des Steuerhinterziehers und das neue restriktive Selbstanzeigeregime, wistra 2022, 369
Fromm	§ 153 AO im Angesicht der strafbefreienden Selbstanzeige, DStR 2014, 1747
Füllsack/Bürger	Tohuwabohu um die Selbstanzeige: Wer sich anzeigt, wird bestraft?, Situationsbeschreibung und Lösungsansatz, BB 2010, 2403
dies.	Die Neuregelung der Selbstanzeige, BB 2011, 1239
dies.	Verschärfte disziplinarrechtliche Sanktionen bei Steuerhinterziehung, BB 2012, 3201
ders.	Strafrechtliche Zurechnung von Fehlern eines Beraters im Steuerstrafrecht, wistra 2017, 92
Geberth/Welling	Abgrenzung zwischen einfacher Berichtigung und strafbefreiender Selbstanzeige, DB 2015, 1742
Gehm	Die Selbstanzeige nach § 371 AO im Zusammenhang mit den Kapitalanlegerfällen Schweiz, NJW 2010, 2161
ders.	Berufsrechtliche Folgen bei Selbstanzeigen gem. § 371 AO – eine Risikoanalyse, wistra 2019, 48
ders.	Entzug der ärztlichen Approbation bei Steuerhinterziehung, PStR 2021, 8
Geuenich	Strafbefreiende Selbstanzeige – Macht jetzt auch der Gesetzgeber „reinen" Tisch?, BB 2010, 2148
ders.	Abgrenzung von schlichter Korrektur und strafbefreiender Selbstanzeige – Praxisfolgen des BMF-Anwendungserlasses vom 23.05.2016 für steuerliche Korrekturen und das Risikomanagement von Unternehmen, NWB 2016, 2560

Glöckle, S./ Glöckle, N.	Disziplinarrechtliche Folgen für Beamte bei steuerstrafrechtlicher Selbstanzeige, PStR 2022, 256
Göggerle	Inwieweit werden Steuerhinterziehungen durch Vertretungsorgane i. S. des § 371 Abs. 3 AO begangen?, GmbHR 1980, 173
Götzenberger	Selbstanzeige: So funktioniert's richtig!, steuertip, Beilage 20 vom 17.05.2013, 1
Groß	Die Verschärfung der Selbstanzeige, StuB 2011, 498
Grötsch	Die verunglückte Regelung des § 398a AO, wistra 2016, 341
ders.	Strafrechtliche Zurechnung von Fehlern eines Beraters im Steuerstrafrecht, wistra 2017, 92
Guntermann	Beraterhaftung für verhängte Geld- und Freiheitsstrafen bei verunglückter Selbstanzeige, Stbg 2013, 420
Haase	Selbstanzeigen im Zusammenhang mit Unternehmenssachverhalten – Anforderungen an die Anfertigung und typische Probleme bei der Nachmeldung, NWB 2015, 3043
Habammer	Die neuen Koordinaten der Selbstanzeige, DStR 2011, 2425
Habammer/ Pflaum	Bleibt die Selbstanzeige noch praktikabel?, DStR 2014, 2267
Handel	Die Stellvertretung bei der Selbstanzeige, DStR 2018, 709
Hannig	Die strafbefreiende Selbstanzeige, Steuer & Studium 2013, 342
Harle/Olles	Prüfungsanordnung und Selbstanzeige, NWB 2014, 170
Hechtner	Die strafbefreiende Selbstanzeige nach den Änderungen durch das Schwarzgeldbekämpfungsgesetz – Strafbefreiende Selbstanzeige erster und zweiter Klasse mit Zuschlag, DStZ 2011, 265
Heß	Naht das Ende der strafbefreienden Selbstanzeige?, StBp 2010, 233
Heuel	Selbstanzeigefalle „Erbfall" bei der Einkommensteuer, wistra 2015, 289 (Teil I) und 338 (Teil II)

Heuel/Beyer	Selbstanzeige und Umsatzsteuer – ein Ritt auf der Rasierklinge? – Problemfeld der sog. Teilselbstanzeige im Bereich der Umsatzsteuer anhand von Praxisfällen, UStB 2011, 287
Heuel/Matthey	Die „neue" Selbstanzeige – ein kleines Update, AO-StB 2016, 161
Hunsmann	Die steuerstrafrechtliche Selbstanzeige (§ 371 AO) – „Rückkehr zur Steuerehrlichkeit", DStZ 2011, 185
ders.	Die Novellierung der Selbstanzeige durch das Schwarzgeldbekämpfungsgesetz, NJW 2011, 1482
ders.	Neuregelung der Selbstanzeige im Steuerstrafrecht, NJW 2015, 113
Jehke/Gallert	Disziplinarische Konsequenzen von Steuerhinterziehung und Selbstanzeige durch Beamte, DStR 2014, 1476
Jehke/Haselmann	Der Schutz des Steuergeheimnisses nach einer Selbstanzeige, DStR 2015, 1036
Jesse	Selbstanzeigeregelungen nach dem AO-Änderungsgesetz (2014), FR 2015, 673
Jestädt	Ist die „Berichtigungserklärung" gem. § 378 Abs. 3 AO nach einer Außenprüfung noch notwendig?, StBp 1989, 88
Joecks/Jäger/Randt	Steuerstrafrecht, 9. Aufl., 2023
Jungbluth/Stepputat	Der „Ankauf von Steuerdaten": Rechtsstaatliche Möglichkeiten und ihre Grenzen, DStZ 2010, 781
Kaligin	Angst vor der Steuerfahndung?, BB 2001, 2142
ders.	Auf verlorenem Posten?, DStZ 2002, 323
ders.	Keine Angst vor Betriebsprüfung und Steuerfahndung, 2. Aufl. 2004
Kamps	Rechtsprechungsänderung des BGH zur Wirksamkeit einer „Teilselbstanzeige" i. S. des § 371 AO, DB 2010, 1488
Kamps/Wulf	Berichtigung von Steuererklärungen von strafbefreiender Selbstanzeige im Unternehmen nach der Reform des § 371 AO, DB 2011, 1711

Kehrein	Die Verschärfung der strafbefreienden Selbstanzeige bei Steuerhinterziehung, NWB 2014, 247
Kemper	Wohin mit der Selbstanzeige nach § 371 AO?, DStZ 2013, 538
ders.	Wieder ein neuer § 371 AO? DStR 2014, 928
ders.	§ 371 AO, „Neu“ – Ein Blick auf die seit dem 1.1.2015 geltende Regelung und die ersten erkennbaren neuen Verwerfungen, DStZ 2015, 746
ders	Berichtigung oder Selbstanzeige?, DStZ 2017, 245
ders.	Sperrtatbestände der Selbstanzeige in § 371 Abs. 2 AO, DStZ 2018, 75
ders.	„Fallstricke“ einer Selbstanzeige nach § 371 AO, DStZ 2018, 545
Klaproth	Selbstanzeige nach abgeschlossener Betriebsprüfung, Stbg 2015, 75
Kohlmann	Steuerstrafrecht (Stand: Dezember 2024)
Korts	Strafbefreiende Selbstanzeige nur bei Rückkehr zur Steuerehrlichkeit, Stbg 2010, Heft 8, M 1
Krämer	Wirksame Selbstanzeige: Reicht die Nachzahlung nur für strafrechtlich nicht verjährte Jahre?, PStR 2024, 134
Küffner	Wirksame Selbstanzeige nur bei Offenlegung der letzten 15 Jahre, DB 2021, Heft 30 vom 26.07.2021, M 4
Külz/Odenthal	Festsetzungsverjährung in Erbfällen, PStR 2018, 92
Littnanski	Zum Sperrgrund der Tatentdeckung im Sinne des § 371 Abs. 2 Satz 1 Nr. 2 AO, StBp 2024, 15
Littich/Sievert/Brandl/Hosp/Hodenstein/Jezek	Die strafbefreiende Selbstanzeige in Zeiten des automatischen Informationsaustauschs, PStR 2018, 312 ff.
Löwe-Krahl	Wann ist eine Selbstanzeige in den CD-Fällen wegen Tatentdeckung ausgeschlossen?, PStR 2012, 245
Loy	Der Bezugspunkt „geringfügiger Abweichungen“ bei der strafbefreienden Selbstanzeige (§ 371 AO), wistra 2018, 145
ders.	Selbstanzeige: Nachzahlungspflicht für strafrechtlich verjährte Zeiträume, Stbg 2017, 420

Mack	Kritische Stellungnahme zu den geplanten Einschränkungen der Selbstanzeige im Schwarzgeldbekämpfungsgesetz, Stbg 2010, 162
Mösbauer	Das Erscheinen eines Amtsträgers der Finanzbehörde zur steuerlichen (Außen-)Prüfung als Sperre für die Straffreiheit nach § 371 AO, StBp 1999, 225
Mückenberger/ Iannone	Steuerliche Selbstanzeige trotz Berichterstattung über den Ankauf von Steuer-CDs, NJW 2012, 3481
Müller	Selbstanzeige bei leichtfertiger Steuerverkürzung durch Anerkennung des Betriebsprüfungsergebnisses?, DB 1981, 1480
ders.	BGH schränkt Straffreiheit durch Teilselbstanzeige ein, StBp 2010, 352
ders.	Verschärfung der strafbefreienden Selbstanzeige für Steuerhinterziehung, FR 2015, 19
ders.	Die Selbstanzeige nach der Reform, StBp 2015, 125
Müller/Rothhöft	Haftungsrisiken und Nebenfolgen für den Steuerberater im Steuerhinterziehungsfall, StBp 2020, 231
Nestler	Widerrechtliche Einschränkung der strafbefreienden Selbstanzeige, gem. § 371 AO durch die BaFin?, wistra 2015, 329
Neuling	Berichtigung und Steuererklärungen im Unternehmen: Anwendungserlass zu § 153 AO, DStR 2016, 1652
Obenhaus	Die Verschärfung der Selbstanzeige, Stbg 2011, 166
Patzschke	Selbstanzeige gemäß § 371 AO und Einspruch gegen den Steuerbescheid, StB 2013, 78
ders.	Die Selbstanzeige bei ausländischen Kapitaleinkünften, Stbg 2013, 495
Pedak	Keine Ablaufhemmung nach beanstandungsloser Überprüfung einer Selbstanzeige durch die Steuerfahndung, StBp 2017, 99
Pegel	Neue Haftungsfalle für Steuerberater durch Änderungen bei der strafbefreienden Selbstanzeige, Stbg 2011, 348

Pflaum	Voraussetzungen der Durchbrechung des Steuergeheimnisses zur Durchführung von Disziplinarverfahren, wistra 2011, 55
ders.	Selbstanzeige nach Prüfungsanordnung und Auswirkungen auf die Mitwirkung während einer Außenprüfung, StBp 2013, 217
Prowatke/Felten	Die „neue" Selbstanzeige, DStR 2011, 899
dies.	Strafbefreiende Selbstanzeige bei laufender Betriebsprüfung? – Zur Auslegung des Ausschlussgrundes gemäß § 371 Abs. 2 Nr. 1 AO, DStR 2013, 2041
Pump/Krüger	Selbstanzeige ist kein Strafaufhebungsgrund für sämtliche Straftaten – Die Rechtsrisiken bei der Selbstanzeige, DStR 2013, 1972
Rackwitz	Zu den Anforderungen an die Berichtigungserklärung einer Selbstanzeige leichtfertiger Steuerverkürzung (§ 378 Abs. 3 AO), wistra 1997, 135
Rainer	Beratungshinweise zur Selbstanzeige vor und während der Betriebsprüfung, DStR 1992, 901
Reichling	Selbstanzeige und Verbandsgeldbuße im Steuerstrafrecht, NJW 2013, 2233
Rennicke	Steuer-CDs und der Schutz von Geschäftsgeheimnissen, PStR 2020, 202
ders.	Der An- und Verkauf steuerrelevanter Daten, wistra 2020, 135
Rodatz/Bothe	Steuerstrafrechtliche Überlegungen zum MOSS-Verfahren – Strafbarkeit und Selbstanzeigemöglichkeit in Deutschland?, DStR 2020, 1898
Rolletschke/Jope	Strafbefreiende Selbstanzeige: Wo soll die Reise enden?, Stbg 2014, 355
Rolletschke/Roth	§ 398a Nr. 2 AO: Strafzuschlag einmal oder mehrmals?, Stbg 2014, 459
Roth	Steuerliche Absetzbarkeit des Strafzuschlags i. S. d. § 398a Nr. 2 AO?, DStR 2011, 1410
ders.	Selbstanzeige: Keine Wiederaufnahme (§ 398a Abs. 3 AO) eingestellter Verfahren bei nachträglich erkannten Sperrgründen?, Stbg 2015, 311

ders.	§ 398a Abs. 4 AO – Verfall „wirkungsloser" Strafzuschläge und Anrechnung auf Geldstrafen in Selbstanzeigefällen, wistra 2015, 295
ders.	Ankauf von Daten-CDs – eine Zwischenbilanz, Stbg 2013, 29
ders.	Selbstanzeige – Sperrgrund: Erscheinen eines Amtsträgers zur „steuerlichen Prüfung" (§ 371 Abs. 2 Nr. 1 lit. c AO), StBp 2016, 102
ders.	Selbstanzeige: Unwirksamkeit wegen Tatentdeckung ausländischer Behörden, PStR 2017, 197
ders.	Nicht rechtzeitig bearbeitete Selbstanzeige löst zivilrechtliche Steuerberaterhaftung aus, PStR 2017, 213
ders.	Bemessensgrundlage für den Strafzuschlag-Prozentsatz des § 398a Abs. 1 Nr. 2 AO: „Hinterziehungszinsen", wistra 2017, 305
ders.	Wirkungen einer Fahndungsprüfung, StBp 2017, 271
ders.	Finanzamtsvorsteher hinterzieht Steuern: Geldstrafe und Entfernung aus dem Dienst, PStR 2018, 138
ders.	Zollkontrolle: Selbstanzeige – Sperrgrund durch Tatentdeckung, PStR 2021, 152
ders.	Selbstanzeige: Nachzahlungspflicht für strafrechtlich verjährte Zeiträume, Stbg 2017, 420
Rübenstahl/Loy	Der Bezugspunkt „geringfügiger Abweichungen" bei der strafbefreienden Selbstanzeige (§ 371 AO), wistra 2018, 145
Rübenstahl/ Schwebach	Zur Vollständigkeit der Selbstanzeige des Gehilfen, wistra 2016, 97 ff.
Rüping	Selbstanzeige und Steuermoral, DStR 2010, 1768
Salzmann/ Klöckler	Auswirkungen der Verlängerung der strafrechtlichen Verjährung auf steuerrechtliche Vorschriften, BB 2021, 2590
Samson/ Langrock	„Pecunia non olet"?, wistra 2010, 201
Schaefer/Bach	Steuerhinterziehung durch (dolose) Teilselbstanzeige?, wistra 2020, 493

Schmidt-Keßeler	Unterrichtung des Dienstvorgesetzten bei Steuerhinterziehung von Beamten und Richtern, DStZ 2009, 52
Schmidt-Liebig	Wiederholungsprüfung und Selbstanzeige, StBp 1987, 245
Schlecht	Die strafbefreiende Selbstanzeige: Reform- und Reparaturansätze, Ubg 2014, 389
Schöler	Tatentdeckung beim Ankauf von Steuer-CDs, DStR 2015, 503
Schmittmann	Neuregelung der Selbstanzeige im Steuerrecht, StuB 2014, 699
Schuster/ Rübenstahl	Zur Selbstanzeige bei Tatbeteiligung mehrerer, insbesondere bei Hinterziehung von Unternehmenssteuern, wistra 2020, 124
Schwartz	Praxisprobleme mit der zweiten Selbstanzeige: Tatentdeckung durch die Abgabe einer (unwirksamen) Teilselbstanzeige, wistra 2011, 81
Schwedhelm	Strafbefreiende Selbstanzeige vor dem Aus?, StBp 2010, 348
ders.	Stand der Selbstanzeige, GmbHR-StB 2011, 54
Sediqi	Die Person des Selbstanzeigers bei der Lohnsteuerhinterziehung, wistra 2022, 236
ders.	Haftung trotz wirksamer Selbstanzeige?, PStR 2022, 236
Seer	Berichtigung nach § 153 AO oder Selbstanzeige nach §§ 371, 398a AO?, DB 2016, 2192
Seipl/Grötsch	Wiederaufleben der Selbstanzeigemöglichkeit, Wegfall von Sperrgründen und die Selbstanzeige nach der Teil-Selbstanzeige, wistra 2016, 1
Sieversen	Selbstanzeige bei Steuerhinterziehung: Wohin mit dem weiteren Schwarzgeldkonto, DB 2011, Heft 5, M 9
Spatscheck	Fallstricke der Selbstanzeige, DB 2013, 1073
Spatscheck/ Bertrand	Rücktritt vom Versuch der Steuerhinterziehung durch Unterlassen als Alternative zur strafbefreienden Selbstanzeige, DStR 2015, 2420
Spatscheck/Höll	Die Verschärfung der Selbstanzeige durch das Schwarzgeldbekämpfungsgesetz, GmbHR 2011, R 129

dies.	Die Neuregelung der Selbstanzeige bei der Steuerhinterziehung und nach leichtfertiger Steuerverkürzung durch das Schwarzgeldbekämpfungsgesetz, Die AG 2011, 331
Spatscheck/ Lindenberg	Selbstanzeige vor erstmaliger Datenübertragung im Rahmen des automatischen Informationsaustauschs, Stbg 2017, 263
Stark	Die strafbefreiende Selbstanzeige gem. § 371 Abs. 1 AO im Rahmen von Mehrpersonenverhältnissen, jur. Diss., Kiel 2018
Stenert/Wulf	Wirksame Selbstanzeige nach § 371 AO trotz Aussetzung der Vollziehung?, Stbg 2019, 124
Streck	Die Selbstanzeige – Beratungssituation, DStR 1996, 288
ders.	Steueranwaltliche Beratung in Fällen des illegalen Datenhandels – Handwerkszeug und Probleme, NJW 2010, 1326
Talaska	Steuerstrafrechtliche Implikationen zwischen ausgeschiedenen und neu eintretenden Vorständen, Die AG 2013, 875
ders.	Steuerhinterziehung: Berufsrechtliche Konsequenzen für den Steuerberater, Stbg 2015, 315
Talaska/Cremers	Auskunftsersuchen an „Airbnb“: Sind Selbstanzeigen noch möglich?, DB 2018, 1824
Tedak	Keine Ablaufhemmung nach beanstandungsloser Überprüfung einer Selbstanzeige durch die Steuerfahndung, StBp 2017, 99
Thonemann-Micker/Kanders	Verschärfung der Selbstanzeige und Handlungsempfehlungen zur Jahreswende, DB 2014, 2125
Utz	Die Selbstanzeige im Unternehmenssanktionsrecht, NZWiSt 2015, 377
Valbuena	Ungleichbehandlung von ertragsteuerlichen Einkünften bei (steuer)strafrechtlichen Selbstanzeigen, DStR 2024, 1910
Viebrock/ van Lück/ Szrubarski	Steuerlicher Abzug von Beratungskosten im Zusammenhang mit der Selbstanzeige, DStR 2013, 391

Vogelberg	Die Selbstanzeige im Steuerstraf- und Steuerordnungswidrigkeitenrecht, ZAP, Fach 21, 39
Wassmann	Der Ausschlussgrund bei der Selbstanzeige nach § 371 AO Abs. 2 Nr. 1a AO, ZfZ 1990, 242
Weigell/Görlich	Steuerliche Korrekturerklärung als Widerruf der Selbstanzeige, DStR 2016, 197
dies	Der Anwendungserlass zu § 153 AO – eine praxistaugliche Abgrenzungshilfe?, FR 2016, 989
Weinbrenner	Selbstanzeige gemäß § 371 AO n.F. und Einspruch gegen den Steuerbescheid, DStR 2013, 1268
Wengenroth	[Verdeckte] Stellvertretung bei der Selbstanzeige im Unternehmenskontext, PStR 2021, 14
Werner	„Steuerdaten-Affäre Schweiz“, IWB 2010, 164
Wessing/Biesgen	Der 1. Strafsenat des BGH und das Steuerstrafrecht, NJW 2010, 2689
Westphal	Die strafbefreiende Selbstanzeige im Steuerrecht, 1987
Winkels	Fondsgebundene Lebensversicherungen im Fokus der Steuerfahndung, BB 2016, 1130
Winkels/Thonemann-Micker	Fondsgebundene Lebensversicherungen – Selbstanzeige erforderlich?, DB 2016, 915
Wollweber	Festsetzungsverjährung und Selbstanzeige – Keine Ablaufhemmung bei „Ermittlungsmaßnahmen“ der Straf- und Bußgeldsachenstelle, Stbg 2012, 503
ders.	Die zivilrechtliche Haftung des Steuerberaters in Selbstanzeigemandaten, FR 2014, 631
ders.	Ablaufhemmung der Festsetzungsverjährung durch Selbstanzeige, Stbg 2016, 71
Wulf	Auf dem Weg zur Abschaffung der steuerstrafrechtlichen Selbstanzeige (§ 371 AO)?, wistra 2010, 286
ders.	Abschaffung der steuerstrafrechtlichen Selbstanzeige für Großunternehmen, Die AG 2010, 540
ders.	Ausschluss der Selbstanzeige durch Kontrollmitteilung? Anmerkung zum BFH-Urteil X R 20/07 vom 26.11.2008, Stbg 2010, 175

ders.	Selbstanzeige trotz laufender Betriebsprüfung?, Stbg 2013, 269
ders.	Anwendungserlass zu § 153 AO – Hilfreiche Handreichung für die Praxis?, wistra 2016, 337
ders.	Steuerstrafrechtliche Tatentdeckung durch ausländische Korruptionsermittlungen?, DB 2017, 2377
ders.	Strafbefreiende Selbstanzeige – nach der Reform ist vor der Reform, Stbg 2014, 271
ders.	Praxishinweise zum Anwendungsbereich der „Selbstanzeige zweiter Klasse“ bei Beträgen von mehr als 25.000 € (§ 371 Abs. 2 Nr. 3 AO), Stbg 2015, 160
ders.	Reform der Selbstanzeige – Neue Klippen auf dem Weg zur Strafbefreiung, wistra 2015, 166
Wulf/Frank	Strafbefreiende Selbstanzeige trotz laufender Außenprüfung?, Stbg 2013, 507
Zanzinger	Die Einschränkung der Selbstanzeige durch das Schwarzgeldbekämpfungsgesetz – Klärung erster Zweifelsfragen, DStR 2011, 1397
Zimmer	Die Befreiung von Strafe oder Geldbuße durch Selbstanzeige, StuB 2013, 725
Zipfel/Holzner	Novellierung der strafbefreienden Selbstanzeige im Steuerrecht – Der Regierungsentwurf zur Änderung der Abgabenordnung, BB 2014, 2459

Verwaltungsanweisungen:

1. BMF, Schreiben vom 10.05.2000, IV A 1 – S 1030 – 19/00, BStBl I 2000, 494 betr. Steuergeheimnis; Mitteilungen für Zwecke dienstrechtlicher Maßnahmen
2. BMF, Schreiben vom 12.03.2010, IV A 3 – S 0130/08/10006 DOK 2010/0185827, BStBl I 2010, 222 betr. Steuergeheimnis; Mitteilungen der Finanzbehörden zur Durchführung dienstrechtlicher Maßnahmen bei Beamten und Richtern
3. Gleichlautende Erlasse der obersten Finanzbehörden der Länder vom 22.07.2014, BStBl I 2014, 1195 betr. Mitteilungen der Finanzbehörden über Pflichtverletzungen und andere Informationen gemäß § 10 StBerG

4. FinMin NW, Erlass vom 26.01.2015, 0702-8 f. – V A 1 FR 2015, 244 betr. Gesetz zur Änderung der Abgabenordnung und des Einführungsgesetzes zur Abgabenordnung vom 22.12.2014
5. BMF, Schreiben vom 23.05.2018, IV A 3 – S 0324/15/10001/IV A 4 – S 0324/14/10001 DOK 2016/0470583, BStBl I 2016, 490 betr. Anwendungserlass zu § 153 AO
6. BMF, Schreiben vom 13.01.2023 IV A 3 – S 0130/23/10001 :001, DOK 2023/0032025, BStBl I 2023, 182 betr. Steuergeheimnis; Mitteilungen der Finanzbehörden zur Durchführung dienstrechtlicher Maßnahmen bei Beamten und Richtern
7. Gleichlautende Erlasse der obersten Finanzbehörden der Länder vom 16.10.2023 betr. Anweisung für das Straf- und Bußgeldverfahren (Steuer) – AStBV (St) 2023, 2024, BStBl I 2023, 1798

1. Fragestellungen im Vorfeld der Selbstanzeige

Insbesondere im Zuge der Ermittlungen gegen Kreditinstitute und deren Kunden hat die Steufa die Presse als Instrument zur Erreichung von Selbstanzeigen entdeckt. Durch die Darstellung vorgeblicher Ermittlungsmethoden und -erfolge wurden viele Bürger zu Selbstanzeigen veranlasst (Kaligin, BB 2001, 2142; ders., DStZ 2002, 323, 325). Vor Erstattung einer Selbstanzeige sollte der Stpfl. Folgendes bedenken:

- Die Selbstanzeige ist ein Strafaufhebungsgrund, durch sie wird somit die **Strafe** vermieden. Die **steuerlichen Folgen** (Nachzahlung der hinterzogenen Steuern, Hinterziehungszinsen, ggf. Verwaltungskostenzuschlag) sind dieselben wie bei einer Entdeckung der Tat und bei einer Bestrafung. Da allein die Strafe vermieden wird, ist zunächst zu prüfen, wie wahrscheinlich eine Strafe ist. Es sind also insbesondere die Gesichtspunkte **Entdeckungsrisiko** und **Strafverfolgungsverjährung** zu prüfen. Zur Ablaufhemmung nach Erstattung einer Selbstanzeige nebst verjährungshemmender Wirkung einer Fahndungsprüfung vgl. BFH, Urteil vom 17.11.2015, VIII R 67/13, BStBl II 2016, 560; vgl. auch BFH, Urteil vom 03.07.2018, VIII R 9/16, DStRE 2018, 1451; vgl. auch BFH, Urteil vom 03.07.2018, VIII R 10/16, BFH/NV 2018, 1233; vgl. auch Wollweber/Bertrand, Stbg 2016, 71; Pedak, StBp 2017, 99 ff.; zu den Wirkungen einer Fahndungsprüfung Roth, StBp 2017, 271 ff.; zur verlängerten Festsetzungsverjährung bei Steuerhinterziehung eines Miterben siehe BFH, Urteil vom 29.08.2017, VIII R 32/15, BFH/NV 2018, 459 = wistra 2018, 277 m. Anm. Brandt, DB StR 1284049; hierzu Külz/Odenthal, PStR 2018, 92 ff.; zur Selbstanzeigefalle „Erbfall" bei der Einkommensteuer eingehend Heuel, wistra 2015, 289 ff. und 338 ff.

- Es sollte beachtet werden, dass bei einer Steuerhinterziehung, bei der Steuern in großem Ausmaß verkürzt werden oder die bandenmäßig (s. § 370 Abs. 3 AO) begangen wird, die Verjährungsfrist zehn Jahre beträgt (§ 376 Abs. 1 AO; hierzu eingehend Bürger, BB 2013, 2592 ff.). Dies ist im Zweifel der Fall, wenn der Verkürzungsbetrag pro Jahr mehr als 50.000 € beträgt.
- Im Zuge einer Selbstanzeigeberatung ist sodann das Vorliegen von Ausschlussgründen für eine Selbstanzeige zu prüfen (vgl. 4).
- Der Stpfl. sollte bedenken, dass eine Selbstanzeige nur zur Straffreiheit führen kann, wenn die zu eigenen Gunsten hinterzogenen Steuern nachgezahlt werden (können). Es ist also die Höhe dieser Steuern zu ermitteln.
- Bei Steuerverkürzungen von mehr als 50.000 € wird von der Strafverfolgung erst abgesehen, wenn der Stpfl. nicht nur die hinterzogenen Steuern, sondern auch noch einen 5%-igen Verwaltungskostenzuschlag an die Staatskasse zahlt (§ 398a Abs. 1 AO).
- Der Stpfl. muss sich darüber im Klaren sein, dass **er sich** mit einer **Selbstanzeige einer Straftat**, der **Vorsatztat** Steuerhinterziehung, bezichtigt. Nach Nr. 132 Abs. 1 der Anweisungen für das Straf- und Bußgeldverfahren (Steuer) – AStBV 2023/2024 vom 16.10.2023, BStBl I 2023, 1798 sind Selbstanzeigen den für die Verfolgung von Steuerdelikten zuständigen BuStra-Stellen zuzuleiten und führen dort zur Einleitung von Strafverfahren; die Wirksamkeit der **Selbstanzeige** wird somit nach überwiegender Verwaltungspraxis **im eingeleiteten Strafverfahren geprüft**. Der Stpfl. bleibt je nach örtlicher Verwaltungsregelung bis zu 20 Jahre in der Täterkartei der BuStra-Stelle gespeichert; etwaige **Nachzahlungen** stehen nunmehr **unter dem Druck des § 371 Abs. 3 AO**: Werden nämlich Steuernachzahlungen aufgrund einer Selbstanzeige nicht fristgemäß entrichtet, so ist die Strafe die Folge. Ferner ist es nicht ausgeschlossen, dass die Selbstanzeige von den Ermittlungsbehörden als unvollständig oder unrichtig angesehen wird und deshalb Steuerfahndungsmaßnahmen auslöst. **Es wird deshalb empfohlen, im Schreiben an das FA den Begriff „Selbstanzeige" zu vermeiden** und zunächst von einer nachträglichen Berichtigung zu sprechen; möglicherweise unterbleibt dann eine Weiterleitung vom FA an die BuStra-Stelle (§§ 153, 371 AO;); zu den Risiken eines Einspruchs nach erfolgter Selbstanzeige differenzierend Beyer, steuerberater intern, Beilage 7 vom 09.04.2013, 1; Patzschke, StB 2013, 78 ff.; Weinbrenner, DStR 2013, 1268 unter Hinweis auf LG Heidelberg, Urteil vom 16.11.2012, 1 Qs 62/12, NStZ-RR 2013, 80 ff.; zur Einleitung eines Strafverfahrens nach Eingang einer Selbstanzeige und zu den verfahrensrechtlichen Implikationen bei der Festsetzung von Hinterziehungszinsen s. BFH, Urteil vom 29.04.2008, VIII R 5/06, BStBl II 2008, 844 = BB 2008, 2502, 2505 mit Anm. Geuenich. Zur Festsetzungsverjährung und Selbstanzeige s. BFH, Urteil vom 08.07.2009, VIII R 5/07, BStBl II

2010, 583; BFH, Beschluss vom 12.01.2010, VIII B 159/08, BFH/NV 2010, 598; hierzu Wollweber, Stbg 2012, 481 ff.; Buse, DB 2013, 11 ff.; zu den Besonderheiten der Selbstanzeige bei Unternehmen siehe Reichling, NJW 2013, 2233 ff.; Wulf/Kamps, DB 2013, 1711 ff.

- Zur Stellvertretung bei der Selbstanzeige siehe Handel, DStR 2018, 709 ff.; zur verdeckten Stellvertretung bei der Selbstanzeige im Unternehmenskontext siehe Wengenroth, PStR 2021, 14 ff.
- Zur Wirksamkeit der Selbstanzeige trotz Korrekturerklärungen bzw. Einlegung von Rechtsbehelfen vgl. Weigell/Görlich, DStR 2016, 197 ff.; Stenert/Wulf, Stbg 2019, 124 ff.
- Zu den spezifischen Risiken der Selbstanzeige bei **ausländischen Kapitaleinkünften** Obenhaus, Stbg 2013, 495 ff.; zur Devisenbesteuerung aus Sicht strafbefreiender Selbstanzeigen eingehend Demuth/Jena, DStR 2016, 204 ff.
- Zur Strafzumessung bei missglückter Selbstanzeige und Steuerhinterziehung in Millionenhöhe siehe LG München II, Urteil vom 13.03.2014, W 5 KLs 68 Js 3284/13, wistra 2015, 77
- Zur steuerlichen Behandlung vermögensverwaltender Lebensversicherungsverträge in der Nachdeklarationsberatung eingehend Dobner/Schick, DStR 2016, 280 ff.; Winkels/Thonemann-Micker, DB 2016, 915 ff.; Winkels, BB 2016, 1130 ff.
- Zur Nachzahlungspflicht aufgrund einer Selbstanzeige für strafrechtlich verjährte Zeiträume siehe Roth, Stbg 2017, 420 ff.
- Zur Strafzumessung durch verunglückte Selbstanzeige siehe BGH, Beschluss vom 24.03.2022 1 StR 480/21, BFH/NV 2022, 1149
- Zur **Beraterhaftung** für verhängte Geld- und Freiheitsstrafen bei verunglückter Selbstanzeige Guntermann, Stbg 2013, 420 ff.; Wollweber, FR 2014, 631 ff.
- Neuregelung der **Geldwäsche**, welche am 18.03.2021 (BStBl I 2021, 327) in Kraft getreten ist; strafbefreiende Selbstanzeige lässt Strafausschließungsgrund für Selbstgeldwäsche entfallen; hierzu Beyer, NWB 2020, 945; ders., steuerberater intern, Beilage Nr. 16 vom 10.08.2021, 1 ff.
- eine **wirksame Selbstanzeige** soll aufgrund der Änderung des § 376 Abs. 1 Satz 1 AO n. F. durch das JStG 2020 erst bei **Offenlegung der letzten 15 Jahre** wirksam sein, so Küffner, DB 2021, Heft 30 vom 26.07.2021, M 4 f.; siehe auch Salzmann/Klöckler, BB 2021, 2590 ff.; Frintrup, wistra 2022, 369 ff.; Binnewies/Görlich, Die AG 2022, 490 ff.; Krämer, PStR 2024, 134 ff.
- Zu **praxisrelevanten Anwendungsfragen der Abgrenzung zwischen der Berichtigung nach § 153 AO und der strafbefreienden Anzeige gemäß § 370 AO** hat die Finanzverwaltung ausführlich Stellung genommen (BMF-Schreiben vom 23.05.2016, IV A 3 – S 0324/15/10001/IV A 4 – S 0324/14/10001 DOK 2016/0470583 BStBl I 2016, 490; hierzu erläuternd Fromm, DStR 2014, 1747 ff.;

Haase, NWB 2015, 3043 ff.; Bangert/Schwarz, NWB 2015, 3088 ff.; Beneke, BB 2016, 2327 ff.; Esterer, DB 2016, Heft 21 vom 27.05.2016, M 5; Geberth/Welling, DB 2015, 1742 ff.; Geuenich, NWB 2016, 2560 ff.; Kemper, DStZ 2017, 245 ff.; Neuling, DStR 2016, 1652 ff.; Seer, DB 2016, 2192 ff.; Weigell/Görlich, FR 2016, 989 ff.; Wulf, wistra 2016, 337 ff.; Beyer, steuerberater intern, Beilage Nr. 8 vom 08.11.2022, 1).

- Zum **steuerlichen Abzug von Beratungskosten** im Zusammenhang mit der Selbstanzeige siehe Viebrock/van Lück/Szrubarski, DStR 2013, 391 ff.
- Zur Person des Selbstanzeigers bei der Lohnsteuerhinterziehung siehe Sediqi, wistra 2022, 236 ff.
- Zur steuerlichen Haftung trotz wirksamer Selbstanzeige siehe Sediqi, PStR 2022, 236 ff.

Für die Wirksamkeit der Selbstanzeige ist der Zeitpunkt ihres Eingangs beim FA von Bedeutung. Es kann sogar die Uhrzeit entscheidend sein.

Beispiel:

Um 8.00 Uhr wird die Selbstanzeige abgegeben. Um 8.30 Uhr erscheint der Postbote und stellt die Mitteilung über die Einleitung des Strafverfahrens zu. An diese Möglichkeit ist stets zu denken, wenn „die Fahndung vor der Tür steht", wenn z. B. bereits bei Geschäftspartnern oder der Bank gefahndet wird oder wenn Kontrollmitteilungen ergangen sind.

Keine Selbstanzeige muss sich Selbstanzeige nennen. Jede Formulierung der korrigierenden Erklärung kann gewählt werden, wenn nur die Tatbestandsmerkmale des § 371 AO in dem Schreiben enthalten sind. In der Regel sollte das offene Gewand der Selbstanzeige nicht gewählt werden (Streck, DStR 1996, 288).

Der Steuerberater kann zur Selbstanzeige raten, aber auch davon abraten. Es kann im Einzelfall richtig sein, von der Selbstanzeige abzuraten. Insoweit ist besondere Vorsicht geboten. Hat der Berater Kenntnis von früheren Steuerhinterziehungen des Mandanten, so kann in der Mitwirkung an späteren Steuererklärungen eine Beihilfe liegen. Das Wissen muss allerdings nachgewiesen werden. Der Berater sollte abwägen, welche Folgen es hat, wenn er

- von der Selbstanzeige abrät, der Mandant sodann in Strafhaft gelangt oder Strafe zu zahlen hat;
- zur Selbstanzeige rät, die sich später wegen Unkenntnis des Selbstanzeigerechts als unwirksam herausstellt;

- versichert und damit den unentschlossenen Mandanten zur Abgabe der Selbstanzeige gedrängt hat, es sei damit alles in Ordnung, es könne nichts passieren, wenn anschließend doch die Fahndung eingeleitet wird, wenn – ohne den vorherigen Hinweis – Hinterziehungszinsen erhoben werden, wenn Straftaten vorhanden sind, auf die die Selbstanzeige sich nicht erstreckt, etc.;
- einen Tatbeteiligten übersehen hat, der nunmehr bestraft wird; dieser Tatbeteiligte könnte ggf. der Berater selbst sein.

Von der Erstattung einer Selbstanzeige kann die wirtschaftliche Existenz des Stpfl., der Fortbestand eines Unternehmens abhängen, wenn z. B. wegen der Höhe der hinterzogenen Beträge anderenfalls Freiheitsstrafe infrage kommt. Bereits der Vollzug der Untersuchungshaft über längere Zeit, z. B. sechs oder neun Monate, kann zum Zusammenbruch eines Unternehmens führen. Mehr als durch den Fahndungseingriff werden Banken oft durch die Untersuchungshaft „verschreckt" und kündigen Kredite. Geschäftspartner, vor allem wenn sie selbst kein völlig reines Gewissen haben, gehen auf Distanz etc. Auch umgekehrt kann die Existenzfrage berührt sein, weil die nachträglich angezeigte Steuer nicht bezahlt werden kann.

In bedeutsameren Selbstanzeigefällen sind – kurzfristig, mitunter sofort – Entscheidungen von einer Reichweite zu treffen, wie sie sonst im Beratungsalltag kaum oder nur selten vorkommen. Wenn die Entscheidungen letztlich zwar der Stpfl. zu treffen hat, so muss die wesentlichen Entscheidungshilfen doch der Berater geben.

Ist aufgrund vom Berater verzögerter Selbstanzeige Tatentdeckung eingetreten und die Selbstanzeige aus diesem Grund unwirksam, haftet der Steuerberater für die dem Mandanten auferlegten Sanktionen (z. B. Geldauflage/-strafe) und Strafverteidigerkosten. Wird der Berater im Erstgespräch zur Selbstanzeigemandatierung in Kenntnis gesetzt, eine Steuer-CD der betroffenen Bank sei bereits im Besitz des deutschen Fiskus, ist er, sofern jedenfalls grobe Informationen über Beschaffenheit und Zusammensetzung des verschwiegenen Bankdepots vorliegen oder beschaffbar sind, die eine hinreichende Schätzung der verschwiegenen Besteuerungsgrundlagen erlauben, unverzüglich, ggf. noch am selben Tag verpflichtet, im Wege der gestuften Selbstanzeige vorzugehen. In Fällen, in denen Steuer-CDs vom deutschen Fiskus angekauft werden, tritt Tatentdeckung grundsätzlich erst mit tatsächlicher Auswertung der CD durch die Finanzbehörde, nicht schon mit bloß physischem Zugang ein (OLG Nürnberg, Urteil vom 24.02.2017, 5 U 1687/16, DStR 2017, 1406, 1408 m. Anm. Wollweber; Pestke, Stbg 2017, 423 ff. und Brodski, DB 2017, 2793, rkr.; siehe hierzu auch Roth, PStR 2017, 213 f.; zur widerrechtlichen Einschränkung der strafbefreienden Selbstanzeige gem. § 371 AO durch die BaFin-Meldepflichten nach dem Geldwäschegesetz siehe Nestler, wistra 2015, 329 ff.).

Andererseits besteht zu einer „Selbstanzeige-Panik" keine Veranlassung. Die Masse der Steuerhinterziehungen wird erst gar nicht entdeckt. Von dem Teil, der auffällt und der Steufa oder den BuStra-Stellen gemeldet wird, wird ein großer Anteil sofort beim Eingang durch Ablage erledigt, entweder weil objektiv kein steuerstrafrechtlicher Anfangsverdacht vorliegt, man diesen nicht sieht oder – infolge Arbeitsüberlastung – nicht sehen will. Die verbliebenen Fälle führen zwar zu Strafverfahren, doch im Lauf der Zeit – zumeist Jahre – werden ca. 50 % bis 60 % ohne Ahndung eingestellt. In ca. 15 % bis 20 % der Verfahren kommt es zu Verfahrenseinstellungen gem. § 153a StPO (§§ 153, 154, 170 Abs. 2 StPO; § 398 AO).

Der Anteil der Fälle, bei denen aufgrund der Höhe der Steuerverkürzung Freiheitsstrafen ohne Bewährung im Raum stehen, ist bei Steufa, Staatsanwaltschaft und BuStra-Stelle gering; er liegt zweifellos unter 1 % der Verfahren. Hoch ist dagegen der Anteil von Fällen mit niedriger (unter 3.000 €) oder mittlerer Verkürzungshöhe (unter 50.000 €). In das Risiko einer Freiheitsstrafe ohne Bewährung und damit eines Haftbefehls gerät ein Beschuldigter erst ab einer Steuerverkürzung von 250.000 € bis 300.000 € (Kaligin, BB 2001, 2112).

In den folgenden, immer wieder auftretenden Situationen kann die Empfehlung, Selbstanzeige zu erstatten, problematisch sein:

- Es liegt möglicherweise ein Ausschlussgrund i. S. v. § 371 Abs. 2 AO vor.
- Die Nachzahlung der Steuer wäre nicht möglich.
- Durch die Selbstanzeige würden **andere**, ggf. schwerer wiegende Straftaten aufgedeckt (Lohnsteuerhinterziehung unter Verwendung gefälschter Aushilfsquittungen, Verknüpfung von Lohnsteuerhinterziehung mit Beitragsvorenthaltung; Zusammentreffen von Steuerhinterziehung mit Betrug, Kreditbetrug, Untreue, Bestechung; hierzu Pump/Krüger, DStR 2013, 1972 ff.).
- Ein Beamter hat Steuern in einer Höhe verkürzt, die die Entlassung aus dem Dienst zur Folge hätte (§ 125c BRRG; BMF, Schreiben vom 13.01.2023, IV A 3 – S 0130/23/10001 :001, DOK 2023/0032025, BStBl I 2023, 182; Dörn, DStZ 2001, 77 ff.; ders., wistra 2002, 170 ff.).
- Steuerstraftaten durch Steuerberater erfordern regelmäßig eine berufsgerichtliche Ahnung (LG Nürnberg-Fürth, Urteil vom 07.02.2024 18 StL 4/23 BeckRS = DStR 2024, 782, 784 mit Anm. Wacker, rkr.).
- Andere zwingende Gründe sprechen gegen die Selbstanzeige.

Beispiel:

Ein bedeutender Geschäftspartner, der seinerseits zur Selbstanzeige nicht bereit ist, würde in Mitleidenschaft gezogen, die Geschäftsbeziehungen und damit zugleich die wirtschaftliche Existenzgrundlage wäre zerstört.

– Zum Rücktritt vom Versuch der Steuerhinterziehung durch Unterlassen als Alternative zur strafbefreienden Selbstanzeige siehe Spatscheck/Bertrand, DStR 2015, 2420 ff.

In allen geschilderten Fällen kann die Abgabe der Selbstanzeige trotz allem sinnvoll sein oder nach einigem Zuwarten sinnvoll werden. Die wirtschaftlichen Verhältnisse können sich bessern, die verzögerte Abgabe der Selbstanzeige entspricht im Ergebnis einer „Stundung". Nach Ablauf einer gewissen Zeit können Unterlagen ausgewertet, beschafft, Dritte befragt werden.

Besonders heikel sind die Konsequenzen einer Selbstanzeige von Beamten und Richtern (insbesondere bei Finanzbeamten). Hier hat die Finanzverwaltung schon seit Langem angenommen, dass diesbezügliche Selbstanzeigen für dienstrechtliche Maßnahmen an die zustandige Dienststelle weitergeleitet werden können (s. BMF, Schreiben vom 13.01.2023, IV A 3 – S 0130/23/10001 :001, DOK 2023/0032025, BStBl I 2023, 182; Schmidt-Keßeler, DStZ 2009, 52 ff.; Baum, NWB 2010, 2710 ff.; Pflaum, wistra 2012, 55 ff.; kritisch Füllsack/Bürger, BB 2012, 3201 ff.; Jehlke/Gallert, DStR 2014, 1476 ff.; Jehke/Haselmann, DStR 2015, 1036, 1039 f.; Roth, PStR 2018, 138 f.; Glöckle, S./Glöckle, N., PStR 2022, 256 ff.). Hierzu hat die Rechtsprechung ergänzend folgende Klarstellungen vorgenommen: Die Strafverfolgungsbehörde darf zur Sicherstellung dienstrechtlicher Maßnahmen gegen einen Beamten dem Steuergeheimnis unterliegende, in einem Strafverfahren gegen diesen gewonnene Erkenntnisse dem Dienstvorgesetzten des Beamten im Rahmen des § 125c BRRG offenbaren, ohne eine vorweggenommene Prüfung der disziplinarrechtlichen Behandlung des Falles vornehmen zu müssen; erforderlich ist lediglich, dass die übermittelten Daten für eine solche disziplinarrechtliche Prüfung des Dienstherrn des Beamten von Belang sein können. Eine Information des Dienstvorgesetzten über das Verfahren ist ungeachtet dessen zulässig, ob das Ermittlungsverfahren gegen den Beamten wegen Verfolgungsverjährung oder einer strafbefreienden Selbstanzeige eingestellt worden ist (BFH, Beschluss vom 15.01.2008, VII B 149/07, BStBl II 2008, 337 mit Anm. Geuenich, BB 2008, 990; siehe auch BVerfG, Beschluss vom 06.05.2008, 2 BvR 336/07, NJW 2008, 3489 = BB 2009, 1623, 1626 f. mit Anm. Keller/Wirges; BVerwG, Beschluss vom 05.03.2010, 2 B 22/09, NJW 2010, 2229; BVerwG, Beschluss vom 27.12.2017, 2 B 18.17, wistra 2018, 356).

Bei außerdienstlichen Steuerhinterziehungen kommt bei einem Hinterziehungsbetrag in siebenstelliger Höhe die Entfernung aus dem Beamtenverhältnis oder die Aberkennung des Ruhegehalts in Betracht. Auch bei enormer Höhe des Hinterziehungsbetrags kann die höchste Disziplinarmaßnahme nicht verhängt werden, wenn der Milderungsgrund der freiwilligen Offenbarung (Selbstanzeige aus freien Stücken) eingreift. Das gilt bei einer Selbstanzeige aus Furcht vor Entdeckung nur dann, wenn weitere mildernde Umstände von erheblichem Gewicht hinzutreten (BVerwG, Urteil vom 28.07.2011, 2 C 16.10, BFH/NV 2011, 2222).

Auch die außerdienstliche Steuerhinterziehung eines Finanzbeamten weist den denkbar engsten Bezug zu seinem Aufgabenbereich auf, da es einen Bezug zu seinen dienstlichen Kernpflichten hat; es ist deshalb in besonderem Maße geeignet, Achtung und Vertrauen in einer für sein Amt bedeutsamen Weise zu beeinträchtigen. Eine strafbefreiende Selbstanzeige hat keine „ansehenswahrende“ Auswirkung in dem Sinne, dass die disziplinarrechtlichen Konsequenzen der Steuerhinterziehung entfielen (BayVGH, Urteil vom 09.05.2018, 16a D 16.1597, wistra 2019, 35, 38f., m. Anm. Pflaum; zum Entzug der ärztlichen Approbation bei Steuerhinterziehung siehe Gehm, PStR 2021, 8ff.).

Darüber hinaus besteht die Möglichkeit, bei Pflichtverletzungen von Angehörigen der steuerberatenden Berufe erlangte Informationen an die Steuerberaterkammer oder sonstige zuständige Behörde nach Maßgabe des § 10 StBerG zuzuleiten (s. Gleichlautende Erlasse der obersten Länder vom 22.07.2014, BStBl I 2014, 1195). Zu den berufsrechtlichen Folgen bei Selbstanzeigen eingehend Talaska, Stbg 2015, 315; Gehm, wistra 2019, 48ff.; vgl. a. Jehke/Haselmann, DStR 2015, 1036, 1040ff.; zur strafrechtlichen Zurechnung von Fehlern eines Beraters im Steuerstrafrecht siehe Grötsch, wistra 2017, 92ff.; zu Haftungsrisiken und Nebenfolgen für den Steuerberater im Steuerhinterziehungsfall siehe Müller/Rothöft, StBp 2020, 231ff.

Der Strafaufhebungsgrund der Selbstanzeige nach § 371 AO ändert nichts an der eingetretenen Verwirklichung des Straftatbestandes der Steuerhinterziehung. Die Voraussetzungen einer disziplinarischen Ahndung sind dadurch nicht entfallen (LG Frankfurt a.M., Urt. v. 07.12.2018, 5/35 StL 8/18, DStR 2019, 1712, rkr., betr. Verhängung eines Verweises und einer Geldbuße gegen einen berufsrechtlich nicht vorbelasteten Steuerberater; zur Erforderlichkeit einer berufsgerichtlichen Maßnahme neben der verhängten Strafe von Steuerstraftaten siehe LG Nürnberg-Fürth, Urteil vom 07.02.2024 – 18 StL 4/23, StB 2024, 380 rkr.).

Folgt der Mandant nicht dem Rat des Beraters, Selbstanzeige zu erstatten, so ist der Berater nicht verpflichtet, das Mandat niederzulegen. Der – erfolglos empfehlende – Berater sollte den „ungehorsamen" Mandanten nicht im Stich lassen. Das Recht auf steuerliche Beratung ist kein Privileg desjenigen, der es sich durch andauernde Steuerehrlichkeit verdient hat. Auch der Steuerhinterzieher darf beraten werden. Die Beratung hat allerdings in der Weise zu geschehen, dass sie nicht in eine Tatbeteiligung einmündet. Es gilt hier nichts anderes als generell für die Beratung des als nicht völlig steuerehrlich oder gar des als notorisch steuerunehrlich bekannten Mandanten.

Weigert sich ein Mandant, z. B. ein Einzelunternehmer, bisher verschwiegene, vom Steuerberater aber zufällig entdeckte Kapitaleinkünfte im Wege der Selbstanzeige nachzuerklären, macht es wenig Sinn, die Mandatsniederlegung zu fordern mit der Folge, dass fortan auch die korrekte Gewinnermittlung im gewerblichen Bereich unterbleibt. Ferner ist kaum ein Fortschritt in der Sache aus der Erwartung abzuleiten, der Stpfl. werde sich an einen anderen Berater wenden und diesen – hoffentlich – gutgläubig halten, bis zum nächsten bald fälligen Beraterwechsel.

Ansonsten besteht eine ausnahmslose Schweigepflicht der Finanzbehörde gemäß § 30 Abs. 1 AO (hierzu Burkhard, Stbg 2013, 412 ff.; ders., DB 2013, Heft 33/2013, M 12 f.).

Übermittelt der rechtliche Berater versehentlich ohne vorherige Abstimmung mit dem Mandanten eine für diesen gefertigte Selbstanzeige der Finanzverwaltung, liegt in der anschließend gegen den Mandanten festgesetzten Steuerpflicht kein ersatzfähiger Schaden (so klarstellend BGH, Urteil vom 09.11.2017, IX ZR 270/16, NJW 2018, 541).

2. Form, Inhalt und Vollständigkeit der Selbstanzeige

Die Selbstanzeige sollte nicht der Mandant, sondern vielmehr der Steuerberater oder ein hinzugezogener Berater verfassen. Die unjuristische Erklärung lässt eher Lücken bzw. Unrichtigkeiten befürchten als die präzise, nüchterne, professionelle Darstellung dessen, dem die Finanzverwaltung Sachkunde zutraut (Schmeer, in Gräfe/Lenzen/Schmeer, Steuerberaterhaftung, 4. Aufl., Rdnr. 1721).

Maßstab für den **Umfang der Erklärung** ist die ordnungsgemäß gebotene Erklärung. Das FA soll aufgrund der Selbstanzeige in der Lage sein, die notwendigen Folgerungen zu ziehen und Steuerbescheide zu erlassen

(Grundsatz der **Materiallieferung**; zum **Alles-oder-Nichts-Prinzip** Zimmer, StuB 2013, 725 f.). Hinreichend ist, dass das FA ohne langwierige Nachforschungen den Sachverhalt aufklären und die Steuern berechnen kann. Eine gewisse eigene Ermittlungstätigkeit wird dem FA also durchaus zugemutet (BGH, Urteil vom 05.09.1974, 4 StR 369/74, NJW 1974, 2293 = MDR 1974, 1031). Auf keinen Fall dürfen an die Selbstanzeige strengere Anforderungen gestellt werden als an die Steuererklärung:

- Der Stpfl. muss hiernach, um Straffreiheit zu erlangen, eine gewisse Tätigkeit in der Richtung einer Berichtigung oder Ergänzung seiner früheren Angaben entfalten und hierdurch wesentlich dazu beitragen, dass die betreffende Steuer nachträglich richtig festgesetzt werden kann. Er muss seine Fehler nach Art und Umfang offenbaren und von seinem Standpunkt aus, so wie er die Sachlage beurteilt, mit seinen Auskünften und Unterlagen dem FA eine bisher verschlossene Steuerquelle offenbaren. An den Inhalt einer „Selbstanzeige" dürfen jedoch andererseits keine zu hohen Anforderungen gestellt werden. Es kann nicht verlangt werden, dass das FA durch die Berichtigung in den Stand gesetzt wird, ohne weitere Aufklärungstätigkeit die nachzufordernde Steuer sofort festzusetzen. Es genügt vielmehr, dass die dem FA bisher infolge des Verhaltens des Stpfl. verschlossene Steuerquelle durch dessen eigene Tätigkeit offengelegt wird, sodass das FA auf dieser Grundlage ohne langwierige Nachforschungen den Sachverhalt aufklären und die Steuer berechnen kann. Das Gesetz mutet dem Stpfl. nicht zu, unter allen Umständen bestimmte Zahlen zwecks Berichtigung seiner früheren Angaben vorzulegen (BGH, Urteil vom 05.09.1974, 4 StR 369/74, NJW 1974, 2293).
- Es ist nicht erforderlich, dass die Anzeige sämtliche Unterlagen derart erschöpfend enthalten müsste, dass das FA die Nachversteuerung auf der Stelle vornehmen kann (OLG Frankfurt/Main, Urteil vom 18.10.1961, 1 Ss 854/64, NJW 1962, 974). Das FA darf aber nicht von der „gutwilligen Mithilfebereitschaft" des Stpfl. abhängig sein (BGH, Urteil vom 13.11.1952, 3 StR 398/52, BGHSt 3, 373, 376).

Bei der Erstattung einer Selbstanzeige sollte der Stpfl. demnach beachten:

- die Vollständigkeit der Angaben hinsichtlich des Zeitraums und der zugrunde liegenden Sachverhalte;
- die Auswirkungen eines Sachverhalts in den einzelnen Steuerarten (kam es überhaupt zu **Steuerverkürzungen** wegen Verlustsituationen?);
- denkbare weitere Tatbeteiligte.

Bleibt eine Selbstanzeige geringfügig (bis 6 %) hinter der Wirklichkeit zurück, so wirkt sie gleichwohl für die gesamten hinterzogenen Steuern (OLG Köln, Urteil vom 28.08.1979, 1 Ss 574–575/79, DB 1980, 57).

Da eine Selbstanzeige immer für **konkrete Täter oder Teilnehmer** und nicht etwa für juristische Personen oder einen unbestimmten Personenkreis erstattet wird, ist es erforderlich, zunächst den Tatbeitrag (Steuerhinterziehung, Beihilfe) genau zu bestimmen (zur Vollständigkeit der Selbstanzeige des Gehilfen siehe Rübenstahl/Schwebach, wistra 2016, 97 ff.) Dies gilt namentlich bei **Verkürzungen innerhalb von Personengesellschaften**.

Eine **Selbstanzeige durch Schätzung** ist zulässig. Dies folgt daraus, dass anderenfalls nur der Steuerhinterzieher wirksam Selbstanzeige erstatten könnte, der sein Fehlverhalten exakt aufzeichnet. Ziel der Selbstanzeige ist es jedoch, unbekannte Steuerquellen zu erschließen. Der mittels Schätzung Selbstanzeigende trägt jedoch das Risiko, dass

- die Schätzung zu niedrig war und er nach alter Rechtslage „insoweit" (= teilweise) Straffreiheit und nach neuer Rechtslage möglicherweise keine Straffreiheit erlangen kann; die weitergehende **Steuerhinterziehung** (also insbesondere auch der **Vorsatz**; Gegensatz: schlichtes Vergessen = Fahrlässigkeit, evtl. Leichtfertigkeit) muss ihm jedoch **nachgewiesen** werden;
- die Schätzung zu hoch war und er die dem FA mitgeteilten Beträge nicht mehr mindern kann.

Die **Selbstanzeige dem Grunde nach**, verbunden mit der später nachfolgenden Spezifizierung der Angaben, wird zwar grundsätzlich anerkannt (vgl. Nr. 11 Abs. 3 der Anweisungen für das Straf- und Bußgeldverfahren [Steuer] – AStBV (St) vom 16.10.2023, BStBl I 2023, 1798). Die BuStra prüft, ob die Angaben für eine wirksame Selbstanzeige ausreichen. Ist der Sachverhalt weiter aufklärungsbedürftig, hat die BuStra die Ermittlungen selbst durchzuführen oder zu veranlassen.

Gleichwohl ist die **„Selbstanzeige in Stufen"** (Selbstanzeige dem Grunde nach) nicht unproblematisch. Dies zeigt bereits der auch gelegentlich verwendete Begriff der „Ankündigung einer Selbstanzeige", es ist also insoweit Vorsicht geboten. Im Einzelfall wird es häufig um die Abgrenzung der Selbstanzeige dem Grunde nach (erster Teilakt einer mehraktigen Selbstanzeige) von der bereits als vollständig anzuerkennenden Selbstanzeige gehen. Da eine Selbstanzeige nicht alle Angaben derart erschöpfend enthalten muss, dass eine Berichtigungsveranlagung auf der Stelle durchgeführt werden kann, vielmehr dem FA eine gewisse eigene Ermittlungstätigkeit zugemutet wird, werden vielfach schon die Voraussetzungen einer vollständigen Selbstanzeige erfüllt sein (Flore/Dörn/Gillmeister, Steuerfahndung und Steuerstrafverfahren, 2. Aufl. 1999, 280; Zanzinger, DStR 2013, 1397, 1403).

In der Praxis wurde die Selbstanzeige in Stufen von den Bußgeld- und Strafsachenstellen – soweit ersichtlich – in der Vergangenheit flächendeckend akzeptiert. Insbesondere seit der Selbstanzeigewelle mit CDs mit Schwarzgeldkonten in der Schweiz, Liechtenstein und anderen Steueroasen haben die Selbstanzeigen sich um durchschnittlich 2000 auf über 20.000 p.a. erhöht. Dabei ist der Finanzbehörde bekannt, dass der Stpfl. teilweise nicht über die Daten verfügt, da er die Unterlagen im Ausland gebunkert hat und die involvierten Banken, wie die Credit Suisse, Bearbeitungszeiten von bis zu sechs Monaten haben, um eine vollständige Selbstanzeige „lege artis" abgeben zu können. Die Praxis hat gezeigt, dass die Finanzverwaltung wegen dieses Massenfallrechts für jede Selbstanzeige – auch wenn sie nachträglich ergänzt wird – dankbar ist. Gelegentlich im Schrifttum geäußerte Zweifel an diesem Procedere entsprechen nicht der Besteuerungs- bzw. Strafverfolgungspraxis der Bußgeld- und Strafsachenstellen.

Nach der jahrzehntelangen höchstrichterlichen Rechtsprechung waren auch Teilselbstanzeigen möglich, die zu einer eingeschränkten Strafbefreiung führten. Dies hat in der Praxis dazu geführt, dass insbesondere „ausgebuffte" Stpfl. nur partiell Selbstanzeigen vornahmen, bei denen ein qualifiziertes Entdeckungsrisiko bestand.

Beispiel:

Der Stpfl. Trickser verfügt über verschiedene Schwarzgeldkonten in der Schweiz, Liechtenstein, Gibraltar und auf den Bahamas, auf denen nicht versteuerte Provisionseinzahlungen und angelegte Gelder dem hiesigen Fiskus vorenthalten wurden. Aufgrund von Pressemitteilungen hat er erfahren, dass lediglich sein Schweizer Konto entdeckungsgefährdet ist, weil in der Presse publiziert wurde, dass das von ihm gewählte Anlagekreditinstitut mit sämtlichen Daten via CD über deutsche Stpfl. in die Hände des deutschen Fiskus gelangt ist. In diesen Fällen hatte er nur selektiv eine Nachmeldung auf das Schweizer Konto vorgenommen. Die anderen Konten wurden aus „taktischen Gründen" nicht erklärt.

Nach altem Recht konnte er mit dieser Nachmeldung für das Schweizer Konto Steuerstraffreiheit erreichen, obwohl er keine vollständige Selbstanzeige erstattet hat. Diese Rechtslage ist durch die neue Rechtsprechung des BGH, die insbesondere auf einen Senatswechsel vom 5. Senat auf den 1. Senat sachlich und personell zurückzuführen ist, gravierend verändert worden (hierzu instruktiv Wessing/Biesgen, NJW 2010, 2689 ff.). **Die Teilselbstanzeige reicht für die Strafbefreiung nach § 371 AO nicht mehr aus.** Eine Teilselbstanzeige im obigen Sinne liegt daher nur dann vor, wenn eine

- bestimmte Steuerart
- eines bestimmten Stpfl.
- für einen bestimmten VZ

nicht vollständig korrigiert wird (so Schwedhelm/Talaska, GmbH-StB 2011, 54, 56; zur Steuerhinterziehung durch dolose Teilselbstanzeige Schaefer/Bach, wistra 2020, 493 ff.). Weicht die Selbstanzeige von der später festgesetzten Steuer geringfügig ab, so bleibt die Wirksamkeit unberührt. Nach der Rechtsprechung zur alten Gesetzesfassung gab es eine unschädliche Geringfügigkeitsgrenze für Abweichungen in Höhe von **max. 6 %** (OLD Frankfurt, Urteil vom 18.10.1961, 1 Ss 854/61, NJW 62, 974). In der Literatur werden sogar großzügigere Bandbreiten zwischen 6 % und 10 % benannt (siehe Buse, StBp 2011, 153, 154 f.; Rübenstahl/Loy, wistra 2018, 145 ff.). Dies liegt auch auf der Linie des Gesetzgebers, wonach unbewusste Unrichtigkeiten und Unvollständigkeiten nicht zum Ausschluss der Straffreiheit führen (BT/Drucks. 17/4182 vom 14.12.2010, 5 – amtl. Begr.). Es wird dafür plädiert, dass diese Grundsätze auch für die neue BGH-Rechtsprechung gelten (s. Prowatke/Felten, DStR 2011, 899 f.; Buse, StBp 2011, 153, 154 f.). Für eine Strafbefreiung nach § 371 AO ist die Rückkehr zur vollständigen Steuerehrlichkeit Voraussetzung. Diese erfordert vollständige und richtige Angaben des Steuerhinterziehers. Eine Teilselbstanzeige erfüllt diese Anforderungen aber gerade nicht; vielmehr muss „reiner Tisch" gemacht werden. Nach der geänderten Judikatur ist die **Selbstanzeige** als **Ausnahmevorschrift** der Steuerrechtsordnung zu qualifizieren, die in den Voraussetzungen restriktiv und in den Sperrgründen weit auszulegen sei. Problematisiert wurde insbesondere der Ausschluss der Teilselbstanzeige (hierzu eingehend BGH, Beschluss vom 20.05.2010, 1 StR 577/09, NJW 2010, 2146 ff. = DStR 2010, 1133 ff.; Kamps, DB 2010, 1488 ff.; Wulf, wistra 2010, 286 ff.; ders., Die AG 2010, 540, 541 ff.; Wessing/Biesgen, NJW 2010, 2689, 2691 f.; Schwedhelm, Stbg 2010, 348 ff.; Buse, Stbg 2010, 350 ff.; Füllsack/Bürger, BB 2010, 2403, 2405; Heß, StBp 2010, 233 ff.; Müller, StBp 2010, 352 ff.; Hunsmann, DStZ 2011, 988 ff.; Kemper, DStZ 2013, 538 ff.; zu den Praxisproblemen mit der zweiten Selbstanzeige

Schwartz, wistra 2011, 81 ff.; für den Sonderfall mehrerer Schwarzgeldkonten instruktiv Sieversen, DB 2011, Heft 5, M 9; zum Problemfeld der sog. Teilselbstanzeige im Bereich der Umsatzsteuer Heuel/Beyer, UStB 2011, 287 ff.). Rechtsexperten gingen ursprünglich davon aus, dass die neuen Auslegungsgrundsätze des BFH aus Vertrauensschutzgründen erst für Selbstanzeigen anwendbar sind, die **nach dem 28.05.2010** eingegangen sind (Datum der Pressemitteilung des BGH; hierzu Habammer, DStR 2010, 2425, 2426 f.). Diese gravierende nicht vorhersehbare Rechtsprechungsänderung hat die Rechtssicherheit nachhaltig beeinträchtigt.

Die Entscheidung des BGH, dass eine Teilselbstanzeige nicht ausreicht, um die Strafbefreiung zu erlangen, stellt einen weiteren Baustein in der Verschärfung des Steuerstrafrechts durch Rechtsprechung und Gesetzgeber dar. Dabei stellt der BGH mit seiner mehr oder weniger moralisierenden Begründung auf die Öffentlichkeitswirkung ab. Die Anforderungen an eine wirksame Selbstanzeige werden mit der extensiven Auslegung des Ausschlusstatbestandes des § 371 Abs. 2 Nr. 1a AO erhöht. Insofern gilt es, frühzeitig über steuerliche Selbstanzeigen nachzudenken und frühzeitig eine solche Option mit dem Berater zu besprechen, um zu verhindern, dass in der Eile des Gefechts nur ein Teil des Sachverhalts offen gelegt wird (so die Empfehlung von Müller, StBp 2010, 352, 355; s. auch Rüping, DStR 2010, 1768 ff.).

Der Gesetzgeber hat sich – im Rahmen des Schwarzgeldbekämpfungsgesetzes vom 28.04.2011 (BGBl I 2011, 676 = BStBl I 2011, 495) – mit den Neuregelungen der strafbefreienden Selbstanzeige auch speziell mit der Teilselbstanzeige befasst. Die auf den Ankauf von Steuerdaten durch die Finanzverwaltung („Liechtenstein-Affäre") zurückzuführende Flut strafbefreiender Selbstanzeigen hat in der Politik erneut eine Kontroverse über die gesetzlichen Rahmenbedingungen des steuerstrafrechtlichen Selbstanzeigeprivilegs entfacht. Vor der obig genannten Affäre hatte man in Deutschland 2.000 Selbstanzeigen pro Jahr. Im Jahr 2010 waren es ca. 23.500. Die Mehreinnahmen des Fiskus aus der steuerlichen Nacherhebung betragen im Schnitt ca. 75.000 € pro Steuersünder. Diese Zahl ergibt sich aus den 23.529 bislang gemeldeten Selbstanzeigen in Deutschland und dem bereits bekannten Nachzahlungsbetrag, den Steuerschätzer mit 1,8 Mrd. € veranschlagen. Steuerfachleute rechnen auch künftig mit steigenden Steuereinnahmen, da Zinseinkünfte nach erfolgter Selbstanzeige nicht sofort wieder verheimlicht werden können (s. ZAP Nr. 3 vom 02.02.2011, 119). Das Ergebnis dieses politischen Diskurses hat nunmehr im sog. Schwarzgeldbekämpfungsgesetz, durch das u.a. die Selbstanzeigeregelungen erheblich verschärft wurden, Gestalt angenommen.

Nach der Neufassung des § 371 AO tritt bei einer Selbstanzeige nur noch dann Straffreiheit ein, wenn die Besteuerungsgrundlagen aller in Frage kommenden Steuerarten nunmehr zutreffend **nacherklärt** werden. Das bedeutet, aus sämtlichen strafrechtlich bisher noch nicht verjährten Besteuerungszeiträumen müssen die unterlassenen oder unvollständigen Angaben vollständig nachgeholt bzw. sämtliche Unrichtigkeiten vollumfänglich berichtigt werden (hierzu ausführlich Buse, StBp 2011, 153 ff., Spatscheck/Höll, Die AG 2011, 331 ff.; Hechtner, DStZ 2011, 265 ff.; Hunsmann, NJW 2011, 1482 ff.; Obenhaus, Stbg 2011, 166 ff.; Mack, Stbg 2011, 162 ff.; Spatscheck/Höll, GmbHR 2011, R 129; Füllsack/Bürger, BB 2011, 1239 ff.; Bruschke, DStZ 2011, 210 ff.; Beckemper/Schmitz/Wegner/Wulf, wistra 2011, 281 ff.; Bilsdorfer, NJW 2012, 1413, 1416 f.; Hannig, Steuer & Studium 2013, 342 ff.; Spatscheck, DB 2013, 1073 ff.; Roth, Stbg 2017, 420 ff.; kritisch zum Verlauf des Gesetzgebungsverfahrens Geuenich, BB 2010, 2148 f.; Heß, StBp 2010, 233 f.; ferner zum Problemkreis Selbstanzeige und Steuermoral Rüping, DStR 2010, 1768).

Straffreiheit wird dann nicht gewährt, wenn von den bisher verschiedenen Besteuerungsgrundlagen bewusst nur ausgewählte Sachverhalte nacherklärt werden, z.B. weil nur genau deren Aufdeckung unmittelbar befürchtet wird. Alle Besteuerungsgrundlagen müssen demnach zutreffend nacherklärt werden (§ 371 Abs. 1 AO n.F.). Ein Taktieren mit einer bloß teilweisen Offenbarung (bewusste Teilselbstanzeige) soll damit ausgeschlossen sein. Nur wer sich für eine vollständige Rückkehr in die Steuerehrlichkeit entscheidet, könne sich der Straffreiheit sicher sein. Unbewusste Unrichtigkeiten und Unvollständigkeiten sollen jedoch nicht zum Ausschluss der Straffreiheit führen.

Zur Selbstanzeige bei Tatbeteiligung mehrerer, insbesondere bei Hinterziehung von Unternehmenssteuern, eingehend Schuster/Rübenstahl, wistra 2020, 129 f.; zur Selbstanzeige im Unternehmenssanktionsrecht betreffend den Entwurf eines Gesetzes zur Einführung der strafrechtlichen Verantwortlichkeit von Unternehmen und sonstigen Verbänden siehe Utz, NZWiSt 2015, 377 ff.

3. Nachzahlung der Steuern

3.1 Allgemeine Grundsätze

Straffreiheit nach einer Selbstanzeige tritt nur ein, soweit die **zu eigenen Gunsten** hinterzogenen Steuern innerhalb einer **angemessenen** Frist gezahlt werden. Bei einer Verkürzung auf Zeit muss die Höhe des gem. § 371 Abs. 3 AO zur Erlangung von Straffreiheit nachzuzahlenden Betrages grundsätzlich dem Zinsschaden entsprechen (Albrecht, DB 2006, 1696 ff.). Diese Bedingung für die Gewährung der Straffreiheit, die somit Zahlungsfähigkeit voraussetzt, muss bei dem Entschluss zur Nacherklärung berücksichtigt werden (§ 371 Abs. 3 AO; § 378 Abs. 3 Satz 2 AO).

Zur Frage der **Angemessenheit der Nachzahlungsfrist** heißt es im Beschluss des LG Koblenz vom 13.12.1985, dass die Frist so zu bemessen sei, dass sie den Zeitraum umfasst, den der Stpfl. bei gutem Willen braucht, um den benötigten Geldbetrag, etwa durch Verkauf oder Beleihung von Sachwerten oder durch die Beschaffung eines Darlehens, flüssig zu machen. Dem Stpfl. muss die **tatsächliche** Möglichkeit gegeben werden, nachträglich seine Steuerpflichten zu erfüllen (LG Koblenz, Beschluss vom 13.12.1985, 105 Js [Wi] 17.301/83 – 10 KLs, wistra 1986, 79).

Es handelt sich also um eine **Ermessensentscheidung** der BuStra. Die Notwendigkeit, Ermessenserwägungen anzustellen, unterscheidet insbesondere diese strafrechtliche Frist von der steuerlichen Nachzahlungsfrist, denn die steuerliche Nachzahlungsfrist wird, ebenso wie eine Mahnung, von der EDV festgelegt. Die Nachzahlungsfrist darf **nicht zu kurz** sein. Insoweit sind die finanzielle Belastungsfähigkeit des Steuerschuldners und dessen gesamte persönliche Verhältnisse zu berücksichtigen. Ggf. ist an die Bewilligung von Ratenzahlungen zu denken. Auch kann vor Ablauf der Frist eine Fristverlängerung in Betracht kommen. Bei der Erwägung, dass die Frist nicht zu kurz sein darf, ist auch zu bedenken, dass Steuerstraftäter, die über längere Zeit Steuern hinterzogen haben, meist nicht in der Lage sind, ihrer Nachzahlungspflicht sofort nach Erstattung der Selbstanzeige nachzukommen (LG Koblenz, Beschluss vom 13.12.1985, 105 Js [Wi] 17.301/83 – 10 KLs, wistra 1986, 79; Flore/Dörn/Gillmeister, Steuerfahndung und Steuerstrafverfahren, 2. Aufl., 284).

Andererseits darf die Frist aber auch **nicht zu lang** sein. Es ist der Gefahr vorzubeugen, dass der Stpfl. die Nachzahlungsabsicht oder irgendwelche Hinderungsgründe für die Zahlung nur vorspiegelt, um vielleicht damit noch weitere Zinsvorteile zu erlangen oder sich dem Verfahren zu entziehen. Im Beschluss des LG Koblenz heißt es dazu: „Der rechtswidrige Vorteil ist dem Täter nur solange wie unbedingt notwendig zu belassen, um die verkürzten Steuerbeträge so schnell wie möglich der Staatskasse zuzuführen." Insbesondere ist nicht **automatisch** die Nachzahlungsfrist umso länger zu bemessen, je höher der hinterzogene Steuerbetrag ist. Es wäre unannehmbar, einem Straftäter umso mehr entgegenzukommen, in je höherem Maß er sich strafbar gemacht hat. Dabei ist auch zu berücksichtigen, dass sich der Straftäter von seinem Entschluss zur Selbstanzeige auf die Nachzahlungspflicht einrichten konnte. In der Praxis wird regelmäßig eine Frist von ca. sechs Monaten als angemessen angesehen (AG Saarbrücken, Urteil vom 21.06.1983, 9 As 86/83, wistra 1983, 268).

Die Setzung einer Zahlungsfrist ist auch erforderlich, wenn der Stpfl. **zahlungsunfähig** ist (OLG Karlsruhe, Urteil vom 18.04.1974, 1 Ss 8/74, NJW 1974, 1577). Auf die Festsetzung einer Zahlungsfrist kann **verzichtet** werden, wenn von vornherein abzusehen ist, dass bei Nichteinhaltung der Zahlungsfrist das Verfahren ohnehin gem. § 398 AO (Geringfügigkeit; bis ca. 500 € Steuer) oder gem. § 154 StPO (im Hinblick auf anderweitig verhängte Strafen) einzustellen wäre (Flore/Dörn/Gillmeister, Steuerfahndung und Steuerstrafverfahren, 2. Aufl., 285).

Der BFH hat den **Finanzrechtsweg** hinsichtlich der Anfechtung der Fristsetzung verneint (BFH, Urteil vom 17.12.1981, IV R 94/77, BStBl II 1982, 352).

3.2 Nachzahlung bei Gesellschaftern

Die Praxis geht davon aus, dass der **Gesellschafter-Geschäftsführer einer Einmann-GmbH** bei einer Hinterziehung zu Gunsten der GmbH einen unmittelbaren wirtschaftlichen Vorteil habe, da er wirtschaftlich mit der GmbH identisch sei; er sei also nachzahlungspflichtig (Bilsdorfer, wistra 1984, 131; Vogelberg, ZAP, Fach 21, 39, 49). Bei mehreren Gesellschaftern gelte eine entsprechende anteilige Nachzahlungspflicht. Demgegenüber wies Göggerle darauf hin, dass Steuerschuldnerin eben die GmbH sei. Auch ein „unmittelbarer wirtschaftlicher Vorteil" des Gesellschafters scheide in den Fällen aus, in denen das hinterzogene Geld zur Befriedigung der Gläubiger diente oder den Zusammenbruch der GmbH verhinderte oder es trotz der Hinterziehung zum Zusammenbruch der GmbH kam (Göggerle, GmbHR 1980, 173).

Zweifelhaft ist auch, ob die Erhöhung des Kapitalkontos einen unmittelbaren Vorteil des Gesellschafters darstellt. Die gängige Praxis der BuStra-Stellen, einfach den Gesellschaftsanteil festzustellen und den Geschäftsführer entsprechend zur Nachzahlung aufzufordern, ist deshalb nicht bedenkenfrei. Erhebliche Probleme können auch hinsichtlich der Bestimmung des nachzuzahlenden Betrages bei Hinterziehungen durch Komplementäre und Kommanditisten bestehen.

Zur Nachmeldung im Rahmen von Mehrpersonenverhältnissen eingehend Stark, Die Selbstanzeige gem. § 371 AO, jur. Diss., Kiel 2018.

3.3 Absehen von Strafverfolgung nach § 398a AO bei korrespondierender Erhebung eines Verwaltungskostenzuschlags

Im Rahmen der Neuregelung der Selbstanzeige ist im Zuge der gesetzgeberischen Beratungen – insbesondere auch nach Durchführung eines Hearings – beschlossen worden, für Steuerverkürzungen mit einem Hinterziehungsvolumen von über 50.000 € je Steuerart und Besteuerungszeitraum künftig nach einer Selbstanzeige das weitere Procedere für das (gesamte) Steuerstrafverfahren nach der ebenfalls neu eingeführten Vorschrift des § 398a AO zu richten. Die Vorschrift lautet wie folgt:

> „In Fällen, in denen Straffreiheit nur deswegen nicht eintritt, weil der Hinterziehungsbetrag 50.000 Euro übersteigt (§ 370 Abs. 2 Nr. 3), wird von der Verfolgung einer Steuerstraftat abgesehen, wenn der Täter innerhalb einer ihm bestimmten angemessenen Frist
> 1. die aus der Tat zu seinen Gunsten hinterzogenen Steuern entrichtet und
> 2. einen Geldbetrag in Höhe von 5 Prozent der hinterzogenen Steuern zugunsten der Staatskasse zahlt."

Mit dieser Vorschrift verfolgt der Gesetzgeber das Ziel, den Steuerhinterzieher wirtschaftlich stärker zu belasten als den bloß säumigen, aber steuerehrlichen Steuerzahler. Die vorgesehene Betragsgrenze soll ferner dem Anliegen Rechnung tragen, dass im Fall einer Selbstanzeige nur noch die leichteren Fälle der Steuerhinterziehung ganz ohne Zusatzleistung Strafbefreiung erlangen können, während in Fällen großen Ausmaßes eine Zahlung zu leisten ist (BT/Drucks. 17/5067 neu vom 16.03.2011, 22; zur Rechtsnatur des Verwaltungszuschlags s. Füllsack/Bürger, BB 2011, 1239, 1241 f.; Hunsmann, NJW 2011, 1482, 1486 f.; vgl. auch Hechtner, DStZ 2011, 268, 271 f.; zur steuerlichen Absetzbarkeit des Strafzuschlags i. S. d. § 398a Nr. 2 AO siehe Roth, DStR 2011, 1415; Bilsdorfer/Kaufmann, DStR 2022, 348 ff.).

Das Absehen von der Strafverfolgung gem. § 398a AO ist dementsprechend als Komplementärvorschrift zu § 371 Abs. 2 Nr. 3 AO zu begreifen: Obwohl dem Stpfl. bei einer Hinterziehungstat von über 50.000 € die strafbefreiende Wirkung einer ansonsten wirksamen Selbstanzeige versagt bleibt, entgeht er im Ergebnis gleichfalls der Bestrafung unter der Bedingung, dass neben den hinterzogenen Steuern eine freiwillige Zahlung in Höhe von 5 % auf die jeweils verkürzte Steuer geleistet wird. Der Verweis auf § 371 Abs. 2 Nr. 3 AO stellt außerdem klar, dass von der Strafverfolgung der Steuerhinterziehung aber nur dann Abstand genommen wird, wenn zugleich – quasi als negative Wirksamkeitsvoraussetzung – die Gründe des § 371 Abs. 2 Nr. 1 und 2 AO nicht vorliegen (BT/Drucks. 17/5067 neu vom 16.03.2011, 22 Ber. d. FinA; s. hierzu auch Hechtner, DStZ 2011, 265, 271 f.; Hunsmann, NJW 2011, 1482, 1486 f.; Pegel, Stbg 2011, 348 ff.; Spatscheck, DB 2013, 1073, 1076; kritisch zu der verunglückten Regelung des § 398a AO Beyer, BB 2016, 987 ff.; Grötsch, wistra 2016, 341 ff.).

Die Grenze ist bezogen auf jeden einzelnen Besteuerungszeitraum, der die Tat im materiellen Sinn in zeitlicher Hinsicht umgrenzt, nicht auf die Gesamtheit aller nicht strafrechtlich verjährten Besteuerungszeiträume, auf die sich die Selbstanzeige erstrecken muss. Dies wird aus der Formulierung in § 371 Abs. 2 Nr. 3 AO „je Tat" einerseits und der Formulierung in § 371 Abs. 1 AO „in allen unverjährten Steuerstraftaten" andererseits ersichtlich (Füllsack/Bürger, BB 2011, 1239, 1241). Der Betrag von 50.000 € orientiert sich an der höchstrichterlichen Rechtsprechung des BGH zur Bestimmung des besonders schweren Falls nach § 371 Abs. 3 Nr. 1 AO (vgl. BGH, Urteil vom 02.12.2008, 1 StR 416/08, wistra 2009, 107, 111).

Nach § 398a Nr. 2 AO muss der Selbstanzeigeerstatter nicht nur einen Zuschlag in Höhe von 5 % auf die zu seinen Gunsten hinterzogenen Steuern, sondern einen solchen auf die insgesamt hinterzogenen Steuern zahlen (LG Aachen, Beschluss vom 27.08.2014, 86 Qs 11/14, wistra 2014, 493, 495 f. mit Anm. Reichling); hierzu eingehend Rolletschke/Roth, Stbg 2014, 459 ff.

Der Zuschlag nach § 398a AO ist in allen Fällen nicht nach dem wirtschaftlichen Steuerschaden, sondern nach dem Nominalbetrag der verkürzten Steuer zu berechnen (LG Hamburg, Beschluss vom 20.03.2017, 620 Qs 10/17, wistra 2017, 284, 286 f. m. Anm. Webel; hierzu Roth, wistra 2017, 304 ff.).

Keine Wiederaufnahme gemäß § 398a Abs. 3 AO eingestellter Verfahren bei nachträglich erkannten Sperrgründen: hierzu Roth, Stbg 2015, 311 ff.

Wer zur Zahlung eines Zuschlags nach § 398a Abs. 1 Nr. 2 AO innerhalb einer bestimmten Frist aufgefordert wird, kann dem unter ausdrücklicher Betonung der Unschuldsvermutung und unter dem Vorbehalt der gerichtlichen Überprüfung nachkommen; fällt die gerichtliche Entscheidung sodann zu seinen Gunsten aus, kann er unter Verweis auf die Bindung der Verwaltung an die gesetzesmäßige Ordnung den gezahlten Betrag zurückfordern (LG Köln, Beschluss vom 06.01.2020, 116 Qs 7/19, wistra 2020, 349, 350 ff. m. Anm. Wulff).

Voraussetzung für die Anwendung des § 398a AO ist der Anfangsverdacht einer vorsätzlichen Steuerhinterziehung gem. § 370 AO; dessen Fehlen führt zur Rechtswidrigkeit der Zahlungsaufforderung (so klarstellend AG Saarbrücken, Beschluss vom 31.03.2022 7 Gs 693/22, wistra 2022, 307, 308 mit Anm. Bertrand).

4. Ausschlussgründe für die Selbstanzeige

Bei Eingang einer Selbstanzeige prüft der Finanzbeamte neben dem notwendigen Inhalt vor allem das Vorliegen von Ausschlussgründen. In folgenden Situationen ist nach § 371 Abs. 2 AO eine Selbstanzeige nicht mehr möglich.

4.1 Bekanntgabe der Prüfungsanordnung bzw. Erscheinen eines Außenprüfers der Finanzbehörde

4.1.1 Neue Rechtslage nach dem Schwarzgeldbekämpfungsgesetz

Im Rahmen des Schwarzgeldbekämpfungsgesetzes vom 28.04.2011 (BGBl I 2011, 676 = BStBl I 2011, 495) wurde eine signifikante Ausweitung der Ausschlussgründe in § 371 Abs. 2 AO vorgenommen. Dies findet seinen Ausdruck darin, dass das Eingreifen der Sperrwirkung zeitlich erheblich vorverlagert wird, indem bereits die **Bekanntgabe der Prüfungsanordnung** zum Sperrgrund führt. Insoweit wird § 371 Abs. 2 Nr. 1 Buchst. a AO wie folgt neu gefasst: „Straffreiheit tritt nicht ein, wenn (...) dem Täter oder seinem Vertreter eine Prüfungsanordnung nach § 196 bekannt gegeben worden ist“ (hierzu Harle/Olles, NWB 2014, 170 ff.).

Prüfungsanordnung bedeutet hierbei die schriftlich zu erteilende Prüfungsanordnung. Damit löst die in der Praxis häufig vorkommende telefonische, also mündliche Vorankündigung einer Betriebsprüfung durch den Betriebsprüfer nicht die Sperrwirkung aus. Dies gilt auch dann, wenn im Rahmen dieses Vorgesprächs der Prüfungsbeginn abgesprochen wird. Fordert der Betriebsprüfer im Vorfeld die Übersendung von Buchhaltungsdaten auf einem Datenträger, löst dies ebenso wenig einen Sperrgrund aus. In diesen Fällen kann der Mandant immer noch eine Selbstanzeige strafbefreiend abgeben (klarstellend Felten, steuerberater intern 2014, Beilage Nr. 1 vom 13.01.2014, 1).

Diese Einschränkung hat ihre Ursache darin, dass es in der bisherigen Praxis vorgekommen ist, dass im Rahmen von bekannt gegebenen Prüfungsanordnungen häufig **vor** Erscheinen des Prüfers im Hinblick auf die alte Rechtslage in vielen Fällen noch eine Nachmeldung/Selbstanzeige bzw. Selbstanzeige getätigt worden ist, um steuerstrafrechtliche Konsequenzen zu vermeiden. Das dadurch geschaffene Taktierungspotenzial soll nunmehr durch die Neuregelung ausgeschlossen werden (zu den Fallstricken der Neuregelung aus Beratersicht Wulf, Stbg 2014, 271 ff.; Rolletschke/Kanders, Stbg 2014, 355 ff.; Schlecht, Ubg 2014, 389 ff.; Schmittmann, StuB 2014, 699 f.; ders., DStZ 2018, 75 ff.; ders., DStZ 2015, 545 ff.; ders., DStZ 2015, 746 ff.; Buse, DB 2015, 89 ff.; Hunsmann; NJW 2015, 113 ff.; Müller, FR 2015,

19 ff.; Beneke, B 2015, 407 ff.; Kemper, DStR 2014, 928 ff.; ders., DStZ 2018, 75 ff.; ders., DStZ 2015, 545 ff.; ders., DStZ 2015, 746 ff.; Kehrein, NWB 2014, 1617 ff.; Habammer/Pflaum, DStR 2014, 2267 ff.; Thomemann-Micker/Kanders, DB 2014, 2125 ff.; Zipfel/Holzner, BB 2014, 2459 ff.; Wulf, wistra 2015, 166 ff.; ders., Stbg 2015, 165 ff.; Müller, StBp 2015, 125 ff.; Heuel/Matthey, AO-StB 2016, 161 ff.; Bruschke, StB 2015, 75 ff.; Jesse, FR 2015, 673 ff.; Bilsdorfer, DStR 2015, 1660 ff.; Bilsdorfer/Kaufmann, DStR 2020, 1030 ff.).

Zur Interpretation des Gesetzes zur Änderung der Abgabenordnung und des Einführungsgesetzes zur Abgabenordnung vom 22.12.2014 aus der Sicht der Finanzverwaltung siehe FinMin NW, Erlass vom 26.01.2015, S 0702 – 8 f. – V A 1, FR 2015, 244.

Die gewählte Formulierung knüpft an den feststehenden Rechtsbegriff der „Bekanntgabe" als Wirksamkeitsvoraussetzung für die Prüfungsanordnung an. Zwar ist die Bekanntgabe von Verwaltungsakten im Besteuerungsverfahren in §§ 122, 197 AO detailliert geregelt. Gleichwohl lässt sich insbesondere die für das steuerliche Verfahren geltende Bekanntgabefiktion des § 122 Abs. 1 AO nicht auf das Strafverfahren übertragen, da im Rahmen der tatrichterlichen Beweiswürdigung konkret der Nachweis geführt werden muss, dass dem Betroffenen die Prüfungsanordnung auch tatsächlich zugegangen und ihm zur Kenntnis gelangt ist (Felten, steuerberater intern, Beilage 2 vom 13.01.2014, 1 f.; a. A. Götzenberger, steuertip, Beilage 20 vom 17.05.2013, 1, 2). Aufgrund dessen wird aus Gründen der Rechtssicherheit und zu Beweiszwecken eine förmliche Zustellung gem. § 3 VwZG zu verlangen sein (Hunsmann, NJW 2011, 1482, 1484; zu den offenen Zweifelsfragen instruktiv Wulf, Stbg 2013, 269 f.; Prowatke/Felten, DStR 2013, 2041, 2042 f.).

Nicht ganz geklärt ist, ob Bekanntgabemängel im Rahmen der Übersendung einer Prüfungsanordnung nicht zum Eintritt eines Sperrgrunds führen können (lediglich problematisierend Obenhaus, Stbg 2011, 166, 172; s. auch Hechtner, DStZ 2011, 265, 269; Felten, steuerberater intern, Beilage 2 vom 13.01.2014, 1 f.). Zwecks einheitlicher rechtsstaatlicher Standards wird man zu dem Ergebnis kommen müssen, dass nur rechtmäßige – und nicht rechtswidrige/nichtige – Prüfungsanordnungen einen Sperrgrund herbeiführen können.

Diese negative Wirksamkeitsvoraussetzung birgt erhebliche Unwägbarkeiten für den Stpfl. Mit der zeitlichen Vorverlegung des Ausschlussgrundes wird nämlich das Zeitfenster für eine erfolgreiche Selbstanzeige drastisch verkleinert und der gesetzliche Regelfall des persönlichen Erscheinens eines Amtsträgers eher zur Ausnahme. Dagegen war nach alter Rechtslage die Erstattung einer Selbstanzeige grundsätzlich erst ab dem

Zeitpunkt des Erscheinens ausgeschlossen (sog. „Fußmattentheorie“). Dem Stpfl. wird nunmehr auf diese Weise die Möglichkeit genommen, Selbstanzeigen noch unmittelbar vor Beginn einer Außenprüfung zu erstatten; hierauf weist Hunsmann, NJW 2011, 1482, 1484 f., hin.

Für die laufende Prüfungspraxis wird dies folgende Auswirkungen haben: Die Erfahrung zeigt, dass es in der Prüfungspraxis häufig dazu kommt, dass die Terminierung von anzuberaumenden Betriebsprüfungen vorher informell zwischen dem Betriebsprüfer und dem Berater des zu prüfenden Unternehmens einvernehmlich abgesprochen wird. Dies ist insbesondere dann der Fall, wenn es ein vernünftiges Prüfungsklima gibt. Dies soll das Timing von Betriebsprüfungen für alle Beteiligten in optimaler Weise organisieren. Dieses Zeitfenster kann der Stpfl. nunmehr dazu nutzen, vor der offiziellen Bekanntgabe der Prüfungsanordnung doch noch eine Selbstanzeige (möglicherweise in Stufen, zu den Risiken s. 2.) zu machen.

Ansonsten ist nochmals auf den Effekt hinzuweisen, dass die Bekanntgabe der Prüfungsanordnung vom Finanzamt zu beweisen ist, da die Bekanntgabefiktion des § 122 Abs. 2 AO im Steuerstrafverfahren keine Bedeutung hat. Dies bedeutet, dass bei angeblich nicht erhaltenen Prüfungsanordnungen dem Stpfl. immer noch das Zeitfenster für eine nachzuschiebende strafbefreiende Selbstanzeige offen steht.

Zu den Auswirkungen der Selbstanzeige auf die Mitwirkungspflichten des Stpfl. während einer Außenprüfung eingehend Pflaum, StBp 2013, 217 ff.

4.1.2 Alte und neue Rechtslage vor dem Schwarzgeldbekämpfungsgesetz

Mit dem Erscheinen des Betriebsprüfers, Lohnsteuer-Außenprüfers oder Umsatzsteuer-Sonderprüfers ist eine Selbstanzeige **für die in der Prüfungsanordnung genannten Steuerarten, Zeiträume und Personen (Täter oder Teilnehmer der Steuerhinterziehung) nicht mehr möglich** (sachliche und persönliche Sperrwirkung für die Selbstanzeige; s. § 371 Abs. 2 Nr. 1a AO).

Dagegen ist eine Selbstanzeige für die in der Prüfungsanordnung nicht genannten Steuerarten und Zeiträume noch möglich (Ausnahme: Steuerfahndungsprüfung, s. dazu II.).

Beispiel:

Die Eheleute A werden gemeinsam zur Einkommensteuer veranlagt. Die Ehefrau des Stpfl. betreibt seit dem Jahr 04 eine Boutique. Die Geschäfte laufen gut. Steuerlich hat die Ehefrau den Umsatz bzw. Gewinn bislang nicht erklärt. Das FA weiß noch nichts von der Geschäftstätigkeit der Ehefrau. Die Prüfungsanordnung erging wegen Körperschaft-, Umsatz- und Gewerbesteuer 03 bis 05 an die GmbH, deren alleiniger Gesellschafter-Geschäftsführer der Ehemann ist. Der Betriebsprüfer B erscheint entsprechend der Prüfungsanordnung und betritt – wie vereinbart – das Privathaus der Eheleute A. Für die Ehefrau ist eine Selbstanzeige noch möglich.

Ebenso konnte nach der alten Rechtslage **nach Bekanntgabe der Betriebsprüfungsanordnung**, aber **vor dem Erscheinen** des Prüfers eine strafbefreiende Selbstanzeige noch erfolgen.

Der Prüfer muss am Prüfungsort körperlich in das Blickfeld des Stpfl. oder dessen Vertreters getreten sein. Er muss physisch erschienen sein mit ernsthafter Prüfungsabsicht. Es reicht nicht aus, dass ein Prüfer erscheint, um mittels bloßer **Scheinhandlungen** eine Ablaufhemmung der Festsetzungsfrist für Steuern zu bewirken. Das Erscheinen manifestiert sich i. d. R. in einem Betreten von Räumen, ungeachtet ob es sich um Geschäftsräume oder Privaträume des Stpfl. handelt. Das Erscheinen erfordert nicht zugleich auch einen Beginn mit der Prüfung. Auch ohne Betreten von Räumen ist ein Erscheinen möglich, so z. B. dann, wenn ein Amtsträger den Stpfl. wegen dessen Abwesenheit nicht angetroffen hat. Zulässig ist es, die Prüfung durch Vereinbarung mit dem Stpfl. an einen dritten Ort zu verlegen, so z. B. in die Räume der Finanzbehörde oder des steuerlichen Beraters. In diesen Fällen ist der Amtsträger dann erschienen, wenn er an diesem dritten Ort eintrifft (§ 171 Abs. 4 AO; Mösbauer, StBp 1999, 225, 227).

Bei der Prüfung von **Konzernen** kommt es auf das Prüfererscheinen bei der einzelnen Konzerngesellschaft an. Würde man mit Erscheinen bei irgendeiner Konzerngesellschaft eine Sperrwirkung bzgl. aller Konzerngesellschaften annehmen, so wäre bei Großunternehmen eine Selbstanzeige wegen der Vorsatztat Steuerhinterziehung – zur einfacher möglichen Selbstanzeige wegen leichtfertiger Steuerverkürzung s. 5.1 – zumeist ausgeschlossen, da diese anschlussgeprüft werden (Randt, in Joecks/Jäger/Randt, Steuerstrafrecht, 9. Aufl 2023, § 371 AO Rdnr. 231; Schauff, in Kohlmann, Steuerstrafrecht, § 371 AO Rdnr. 462).

Umstritten ist der Umfang der **persönlichen** Sperrwirkung für die Selbstanzeige durch Erscheinen des Betriebsprüfers (hierzu Roth, StBp 2016, 102 ff. im Hinblick auf eine Neubewertung aufgrund der Gesetzesänderung). Dies wird insbesondere dann praktisch, wenn sich die Prüfung gegen Personenvereinigungen oder juristische Personen richtet. Folgende Auffassungen werden vertreten:

- Das Erscheinen des Betriebsprüfers löst die Sperrwirkung für alle Tatbeteiligten (Täter, Mittäter, Teilnehmer) aus, **die dem Betrieb zum Zeitpunkt der Prüfung angehören**. Die Bp diene auch dem „Ob“ und nicht nur dem „Wie“ des Bestehens einer Steuerschuld; es sei ausreichend, dass die betreffende Person als potenzieller Stpfl. i. S. d. §§ 33, 37 AO in Betracht komme (LG Stuttgart, Beschluss vom 21.08.1989, 10 KLs 137/88, wistra 1990, 72; Westpfahl, Die strafbefreiende Selbstanzeige im Steuerrecht, 1987, 66, 84; Wassmann, ZfZ 1990, 242, 243).
- Im Schrifttum wird ein Erscheinen gegenüber allen Personen angenommen, die an der Sphäre eines Betriebs in der Weise teilhaben, dass unter gewöhnlichen Umständen die Möglichkeit der Kenntnisnahme vom Erscheinen des Betriebsprüfers besteht (Joecks, in Joecks/Jäger/Randt, Steuerstrafrecht, 8. Aufl. 2015, § 371 AO Rdnr. 215 ff.).
- Nach Dumke richtet sich in den Fällen, in denen sich die Prüfung nicht auf eine natürliche Person bezieht, die Wirkung des Ausschlussgrunds des § 371 Abs. 2 Nr. 1a AO gegen den oder die für dieses Steuerrechtssubjekt handlungspflichtigen gesetzlichen Vertreter, nicht aber gegen nicht geschäftsführende Betriebsangehörige (§ 79 AO; Dumke/Marx, Steuerstrafrecht – Hamburger Kompendium 1990, 179).

Zweifellos wirkt die Prüfungsanordnung gegenüber gesetzlichen Vertretern. Im Übrigen wird in den praktischen Auswirkungen kein Unterschied zwischen der Auffassung Kohlmanns und der Auffassung bestehen, die eine Sperrwirkung gegenüber allen betriebsangehörigen Tatbeteiligten annehmen will: Mittäter oder Teilnehmer an einer betriebsbezogenen Tat werden, solange sie dem Betrieb angehören, i. d. R. von steuerlichen Prüfungen Kenntnis erlangen. Die Finanzbehörden werden deshalb grundsätzlich von einer Sperrwirkung des Prüfer-Erscheinens gegenüber allen Tatbeteiligten, die dem Betrieb zum Prüfungszeitpunkt noch angehören, ausgehen (Flore/Dörn/Gillmeister, Steuerfahndung und Steuerstrafverfahren, 2. Aufl., 289).

Ist der Prüfer zur Prüfung einer **GmbH** erschienen, so tritt für die persönlichen Steuern der Gesellschafter keine Sperrwirkung ein, selbst wenn die zu versteuernden Gelder aus Provisionszahlungen der GmbH herrühren, dort aber ordnungsgemäß verbucht wurden (OLG Düsseldorf, Urteil vom 27.05.1981, 2 Ss 214/81–142/81III, wistra 1982, 119).

Auch richtet sich eine Prüfungsanordnung gegenüber einer Personengesellschaft (z. B. GbR, OHG, KG) eben nur gegen die Gesellschaft, nicht auch gegen die Gesellschafter, obwohl die Ap die steuerlichen Verhältnisse der Gesellschafter insoweit mit umfasst, als diese Verhältnisse für die zu überprüfenden einheitlichen Feststellungen von Bedeutung sind (§ 194 Abs. 1 Satz 3 AO; Vogelberg, in Achenbach/Wannemacher, Beraterhandbuch zum Steuer- und Wirtschaftsstrafrecht, 1997, § 9 Rdnr. 1451).

Umstritten ist, ob auch eine **rechtswidrige Prüfungsanordnung** die Sperrwirkung zu entfalten vermag. Nach Kohlmann ist aus Gründen der Rechtssicherheit und Rechtsklarheit die formale und materielle Rechtmäßigkeit der Prüfungsanordnungen zu fordern (Schauff, in Kohlmann, Steuerstrafrecht, § 371 AO Rdnr. 155.5). Andere wollen die Grundsätze zum (strafrechtlichen) Verwertungsverbot annehmen, sodass die Sperrwirkung im Ergebnis zu bejahen ist (Randt, in Joecks/Jäger/Randt, Steuerstrafrecht, 9. Aufl 2023, § 371 AO Rdnr. 213; Schmidt-Liebig, StBp 1987, 245).

Beispiele für **rechtswidrige Prüfungsanordnungen** sind:

- Nichtbeachtung der Zustellungsvollmacht des Steuerberaters; FG Berlin, Urteil vom 26.06.1985, II 33/84, EFG 1986, 162;
- Fehlen der Voraussetzungen für eine Prüfungserweiterung gem. § 4 Abs. 3 BpO;
- falsche Benennung des Prüfungssubjekts;
- Nichteinhaltung der Frist gem. § 197 Abs. 1 AO.

Vogelberg weist zutreffend daraufhin, dass der Prüfer den ernsthaften Willen zur Prüfung haben muss, was nicht der Fall ist, wenn er nur erscheint, um den Ablauf der Festsetzungsfrist zu hemmen (§ 171 Abs. 4 AO; Vogelberg, in Achenbach/Wannemacher, Beraterhandbuch zum Steuer- und Wirtschaftsrecht, § 9 Rdnr. 1449).

Andere Grundsätze gelten für **Steuerfahndungsprüfungen**; diese finden regelmäßig in einem eingeleiteten Strafverfahren statt. Nach § 371 Abs. 2 Nr. 1a AO ist eine Selbstanzeige auch ausgeschlossen, wenn ein Amtsträger zur Ermittlung einer Steuerstraftat oder einer Steuerordnungswidrigkeit erschienen ist.

Der BGH hat nunmehr klargestellt, dass der weitgefasste Begriff der „Steuerstraftat" einschränkend auszulegen ist. Die vor den Selbstanzeigen stattgefundene Durchsuchung durch die Steufa stand der Strafaufhebung deshalb nicht entgegen (§ 371 Abs. 2 Nr. 1a AO; BGH, Urteil vom 05.04.2000, 5 StR 226/99, wistra 2000, 219, 225). Zwar seien die Steufa-Beamten i. R. der Durchsuchung bei dem Angeklagten „zur Ermittlung einer Steuerstraftat" erschienen. Das gegen den Angeklagten eingeleitete Ermittlungsverfahren betraf aber andere Taten (Hinterziehung persönlicher und betrieblicher Steuern) als diejenigen, die Gegenstand seiner nachfolgenden Selbstanzeige waren (Hinterziehung von Künstlereinkommen). Eine Sperrwirkung trete jedenfalls insoweit nicht ein, als die von den Selbstanzeigen erfassten Sachverhalte weder vom Ermittlungswillen der zur Durchsuchung erschienenen Amtsträger erfasst waren noch mit dem bisherigen Ermittlungsstand in engem sachlichen Zusammenhang standen.

Daher konnte der BGH offen lassen, ob bei Durchsuchungen durch die Steuer- und Zollfahndung auch solche Sachverhalte von der Sperrwirkung nach § 371 Abs. 2 Nr. 1a AO umfasst sind, die zwar nicht in der Ermittlungsabsicht liegen, aber **in engem sachlichen und zeitlichen Zusammenhang** stehen. Wegen des fehlenden engen Zusammenhangs zum bisherigen Verfahrensgegenstand fehlte es auch an einer diesen Bereich abdeckenden Bekanntgabe der Einleitung des Ermittlungsverfahrens (§ 371 Abs. 2 Nr. 1b AO).

Danach kommt im Fall einer **Durchsuchung** der Ausschlussgrund des § 371 Abs. 1 Nr. 1a AO nicht zum Tragen, sondern ausschließlich § 371 Abs. 1 Nr. 1b AO, da mit der Durchsuchung konkludent die Einleitung des Steuerstrafverfahrens bekannt gegeben wird. Die Begrenzung der Sperrwirkung ergibt sich dann formal durch den Durchsuchungsbeschluss, der, wenn er zu unbestimmt abgefasst ist, ebenso wenig generell die Selbstanzeigemöglichkeit ausschließen wie die Verjährung unterbrechen kann. Zur Bestimmung des Verfolgungswillens und damit der sachlichen Reichweite der Sperrwirkung seien ergänzend vorausgegangene Anträge der Staatsanwaltschaft an das Amtsgericht bzw. die aktenkundig belegten Einleitungsverfügungen der BuStra heranzuziehen, nicht aber die im Bereich des Subjektiven liegenden möglichen umfassenden Ermittlungsabsichten der Fahndungsbeamten. Darüber hinaus sei die Sperrwirkung materiell begrenzt durch den eng auszulegenden Tatbegriff (§ 371 Abs. 1 Nr. 1a und b AO; Vogelberg, in Achenbach/Wannemacher, Beraterhandbuch zum Steuerstraf- und Steuerordnungswidrigkeitenrecht, § 9 Rdnr. 91).

Bei **Vorfeldermittlungen der Steufa** bestimmt sich eine etwaige Sperrwirkung nach dem internen Prüfungsauftrag (§ 208 Abs. 1 Nr. 3 AO; LG Stade, Urteil vom 27.09.1999, 12 KLs 141 Js 24059/98, wistra 2000, 200). In dem vom LG Stade entschiedenen Fall waren die Fahndungsprüfer lediglich bei Geldwäscheermittlungen des LKA „mitgegangen" – ohne konkreten eigenen Ermittlungsauftrag.

4.2 Bekanntgabe der Einleitung des Steuerstraf- oder Bußgeldverfahrens an den Täter oder seinen Vertreter

Die Bekanntgabe der Einleitung des Steuerstraf- oder Bußgeldverfahrens schließt eine Selbstanzeige desjenigen, demgegenüber die Einleitung des Verfahrens bekannt gegeben wurde, aus. Dritte können also noch eine

Selbstanzeige erstatten. Dies geschieht in der Praxis auch oft. Andere Personen als der ursprünglich Beschuldigte erklären dann, für das Versäumnis verantwortlich gewesen zu sein. Das ursprünglich eingeleitete Verfahren ist infolgedessen mangels Tatverdachts einzustellen, seitens des Dritten liegt eine wirksame Selbstanzeige vor (§ 371 Abs. 2 Nr. 1b AO; § 170 Abs. 2 StPO; Flore/Dörn/Gillmeister, Steuerfahndung und Steuerstrafverfahren, 2. Aufl., 290).

4.3 Tatentdeckung

Der Ausschlussgrund der Tatentdeckung setzt sich aus zwei Komponenten zusammen: Zum einen muss die Tat objektiv entdeckt worden sein (objektive Komponente), zum anderen muss der Stpfl. dies wissen oder damit rechnen, dass die Tat entdeckt wurde (subjektive Komponente; § 371 Abs. 2 Nr. 2 AO).

Der Sperrgrund der Tatentdeckung ist durch § 371 Abs. 2 Nr. 2 AO n.F. modifiziert worden: Straffreiheit tritt nicht ein, wenn „eine der Steuerstraftaten im Zeitpunkt der Berichtigung, Ergänzung oder Nachholung ganz oder zum Teil bereits entdeckt war und der Täter dies wusste oder bei verständiger Würdigung der Sachlage damit rechnen musste oder …". Im Schrifttum wird teilweise vertreten, dass es sich hier nur um eine redaktionelle Klarstellung im Hinblick auf die Beibehaltung der alten Rechtslage handelt. Andere Berater sind jedoch vorsichtiger und sehen hier eine Ausweitung des Sperrgrundes mit folgendem praktischen Ergebnis.

Finden sich z.B. auf einer angekauften Steuer-CD Erträgnisaufstellungen eines nicht deklarierten Kontos für das Jahr 2008 und kann der Stpfl. mit dieser Entdeckung rechnen, so sind alle strafrechtlich noch verfolgbaren Zeiträume für eine Selbstanzeige im Bezug auf die Einkommensteuer gesperrt. Der Stpfl. kann nun weder seine Erträge auf anderen Auslandskonten noch sonstige einkommensteuerlich relevanten Sachverhalte offen legen und auf Straffreiheit hoffen (so Spatscheck/Höll, GmbHR 2011, R 129, 130). Diese Auffassung ist zu weitgehend. Im Rahmen der teilweise spekulativen Berichterstattung in der Presse ist es für den Stpfl. nicht vorhersehbar, ob er auf einer CD enthalten und dies bereits der Finanzverwaltung bekannt ist oder bekannt werden wird. Solche spekulativen Elemente können nicht dazu führen, dass die erforderliche subjektive Komponente beim Stpfl. angenommen werden muss. Die Finanzverwaltung scheint hier bisher auch recht großzügig zu verfahren; allerdings wird erst eine höchstrichterliche Entscheidung des BGH in Zukunft diesbezüglich Rechtsklarheit schaffen.

Nach der Rechtsprechung des BGH bedarf es zur Tatentdeckung einer Konkretisierung des Tatverdachts, die gegeben ist, wenn bei vorläufiger Tatbewertung die Wahrscheinlichkeit eines verurteilenden Erkenntnisses besteht. Damit entspricht die Tatentdeckung im Ergebnis dem strafprozessualen hinreichenden Tatverdacht (BGH, Urteil vom 13.05.1983, 3 StR 82/83, HFR 1983, 533 = wistra 1983, 183; BGH, Urteil vom 24.10.1984, 3 StR 315/84, wistra 1985, 74; BGH, Urteil vom 27.04.1988, 3 StR 55/88, wistra 1988, 308).

Nach h.M. muss sich die Tatentdeckung (= die Wahrscheinlichkeit eines verurteilenden Erkenntnisses) auch auf die subjektive Tatseite, also vorsätzliches Verhalten des Stpfl. beziehen. Dies bedeutet, dass beim Eingang von **Kontrollmaterial** über nicht erklärte Einkünfte nicht ohne Weiteres von Tatentdeckung ausgegangen werden kann (Dörn, StBp 1997, 493; ders., DStZ 1992, 620; vgl. auch BFH, Urteil vom 26.11.2008, X R 20/07, BStBl II 2009, 388; hierzu Wulf, Stbg 2010, 175 ff., allerdings zu § 7 Satz 1 Nr. 1 lit. b StraBEG; zur Gefahr der Annahme von Tatentdeckung bei Auskunftsersuchen an „Airbnb“ eingehend Talaska/Cremers, DB 2018, 1824 ff.; ferner Bach, StB 2019, Heft 9, I; zum Sonderfall der Unwirksamkeit einer Selbstanzeige wegen Tatentdeckung durch ausländische Behörden siehe BGH, Urteil vom 09.05.2017, 1 StR 265/16, wistra 2017, 390 bzw. wistra 2017, 499 f. m. Anm. Bauer/Holle; hierzu Roth, PStR 2017, 197 ff.; zu Möglichkeiten und Grenzen der strafbefreienden Selbstanzeige in Zeiten des automatischen Informationsaustausches siehe Spatscheck/Lindenberg, Stbg 2017, 263 f.; Littich/Sievert/Brandl/Hosp/Hohenstein/Jezek, PStR 2018, 312 ff.).

Zum Selbstanzeige-Sperrgrund durch Tatentdeckung s. Roth, PStR 2021, 152 ff.

Eine Selbstanzeige ist durch Tatentdeckung nur ausgeschlossen, wenn der Täter

- wusste oder
- bei verständiger Würdigung der Sachlage damit rechnen musste,

dass die Tat ganz oder zum Teil entdeckt war. Mit der Entdeckung rechnen müssen heißt, dass der Täter aus den ihm (nachweislich) bekannten Tatsachen den Schluss hätte ziehen müssen, dass eine Behörde von der Tat seiner Steuerhinterziehung erfahren hatte.

In dem bereits mehrfach erwähnten Grundsatzbeschluss des BGH vom 20.05.2010 sind dann auch Ausführungen zur restriktiven Anwendung der Sperrwirkung der Selbstanzeige gemacht worden. Die Sperrwirkung nach § 371 Abs. 2 Nr. 1 Buchst. a Alt. 2 AO wird infolge eines sachlichen Zusammenhangs auch dann ausgelöst, wenn sich die neuen Tatvorwürfe nur auf weitere Besteuerungszeiträume hinsichtlich derselben Steuerarten bei identischen Einkunftsquellen erstrecken. Eine Tat ist i.S.v. § 371 Abs. 2 Nr. 2 AO dann entdeckt, wenn der Abgleich mit den Steuererklärungen des Stpfl. ergibt, dass die Steuerquellen nicht oder unvollständig angegeben wurden. Eines Abgleichs bedarf es nicht, wenn dem Beamten der Steuerfahndung im Rahmen der Durchsuchung bekannt wird, dass eine unbeschränkte Einkommensteuerpflicht für einen VZ bestand und bekannt war, dass eine steuerliche Erfassung des Stpfl. in Deutschland in diesem Zeitraum nicht vorlag (so klarstellend BGH, Beschluss vom 20.05.2010, 1 StR 577/09, NJW 2010, 2146 ff. = DStR 2010, 1133 ff.; s. auch Müller, StBp 2010, 352, 355; siehe auch Littnanski, StBp 2024, 15 ff.; zur Ungleichbehandlung von ertragsteuerlichen Einkünften bei (steuer)strafrechtlichen Selbstanzeigen siehe Valbuena/Rennar, DStR 2024, 1910 ff.).

In den Fällen, in denen über den Ankauf einer Daten-CD Kapitalanleger als Steuerhinterzieher enttarnt wurden, kommt nach herrschender Meinung erst eine Tatentdeckung in Betracht, wenn die Behörden die dort gespeicherten Kapitalerträge daraufhin abgeglichen haben, ob sie Eingang in die jeweiligen Steuererklärungen gefunden haben. Anders verhält es sich nur nach der neuen Rechtsprechung des BGH, wenn der Stpfl. bisher überhaupt nicht steuerlich erfasst war, weil dann offenbar ist, dass er seinen steuerlichen Verpflichtungen in der Vergangenheit nicht nachgekommen ist. Solange der Betroffene nicht weiß, ob er sich auf der CD befindet, wird man überdies davon auszugehen haben, dass er noch nicht von der Tatentdeckung wissen musste (Fehling/Rothbächer, DStZ 2008, 821 ff.; Gehm, NJW 2010, 2161, 2164; Mückenberger/Iannone, NJW 2012, 3481 ff.; differenzierend auch Habammer, DStR 2010, 2425, 2431; Löwe/Krahl, PStR 2012, 245 ff.; für die „frühe" Annahme der Tatentdeckung Roth, Stbg 2013, 29, 33; Beyer, steuertip, Beilage 36 vom 06.09.2013, 1; hierzu kritisch Bach, PStR 2012, 248 ff. unter Bezugnahme der Verfügung der OFD Karlsruhe betr. Credit Suisse Life Bermuda Ltd.; Schöler, DStR 2015, 503 ff.).

„Rechnenmüssen" mit der Tatentdeckung ist nicht erst anzunehmen, wenn sich dem Täter aufgrund der ihm bekannten Umstände die Tatentdeckung aufdrängen musste. Zum konkreten Fall vertrat das OLG die Auffassung, dass eine umfangreiche Berichterstattung von dem Kauf von Steuer-CDs bestimmter ausländischer Kreditinstitute bereits den Sperrgrund der Tatentdeckung erfüllt (Schleswig-Holsteinisches OLG, Beschluss vom 30.10.2015, 2 Ss 63/15 (71/15), wistra 2016, 119 ff.; dieses Judikat weist eindeutig von der höchstrichterlichen Rechtsprechung des Bundesgerichtshofs ab und ist entschieden abzulehnen; dahin tendierend allerdings Jäger, in Klein AO, 15. Aufl. 2020, § 371 Rdnr. 177/178.).

Zur Frage der Tatentdeckung durch ausländische Behörden s. BGH, Urteil vom 09.05.2017, 1 StR 265/16, wistra 2017, 390, 399 f. mit Anm. Weber = wistra 2017, 499 f. m. Anm. Baur/Holle; hierzu eingehend Engler, DStR 2017, 2260 ff.; Wulf, DB 2017, 2377 ff.

Zu Selbstanzeigemöglichkeiten im Rahmen des sogenannten MOSS-Verfahrens siehe Rodatz/Bothe, DStR 2020, 1898 ff.

Im Schrifttum wird kontrovers diskutiert, ob der Ankauf von Steuerdaten durch den Staat rechtsstaatlich vertretbar ist (hierzu Samson/Langrock, wistra 2010, 201 ff.; Werner, IWB 2010, 164 ff.; Streck, NJW 2010, 1326 ff.; Jungbluth/Stepputat, DStZ 2010, 781 ff.; Rennicke, PStR 2020, 202 ff.; ders. wistra 2020, 465 ff.).

Die Durchsuchung aufgrund einer gekauften Steuer-CD wird vom Europäischen Gerichtshof für Menschenrechte für zulässig erachtet (EGMR, Urteil vom 06.10.2016, 33696/11 [KSNS/Deutschland], NJW 2018, 921).

Die Verwertung einer so genannten Steuerdaten-CD bei der Anordnung eines Durchsuchungs- und Beschlagnahmebeschlusses ist an dem Recht des Beschuldigten auf ein faires Verfahren zu messen. Dieses Recht schlägt sich nicht zuletzt in der Verpflichtung nieder, dass staatliche Organe korrekt und fair zu verfahren haben. Die rechtswidrige oder strafbare Erlangung eines Beweismittels durch eine Privatperson führt nur in Ausnahmefällen zu einer Unverwertbarkeit dieses Beweismittels im Strafverfahren. Im Hinblick auf den Ankauf von Steuerdaten-CDs ist es jedoch denkbar, dass zukünftig gleichsam mosaikartig eine Situation entstehen könnte, die es als gerechtfertigt erscheinen lässt, das Handeln eines privaten Informanten, der in rechtswidriger oder strafbarer Weise ausländische Bankdaten deutscher Steuerpflichtiger übermittelt, der staatlichen Sphäre zuzurechnen. Die Verwertbarkeit für das Besteuerungsverfahren führt nicht automatisch zu einer Verwertbarkeit im Strafverfahren.

Die Gerichte sind daher zukünftig auch gehalten, zu überprüfen, wie sich das Ausmaß und der Grad der staatlichen Beteiligung hinsichtlich der Erlangung der Daten darstellen. Für die Frage der Zurechnung können auch ein gegebenenfalls erheblicher Anstieg von Ankäufen ausländischer Bankdaten und eine damit verbundene Anreizwirkung zur Beschaffung dieser Daten von Bedeutung sein (VerfGH Rheinland-Pfalz, Urteil vom 24.02.2014, VGH B 26/13, NJW 2014, 1434 = wistra 2014, 240).

Lange Zeit umstritten war im Schrifttum, ob die infolge von Straftaten (z.B. Geheimnisverrat von Bankbediensteten, Ankauf von Steuer-CDs durch den Bundesnachrichtendienst oder Finanzbehörden) erlangten Erkenntnisse im Steuerstrafverfahren verwertet werden dürfen oder ob ein Verwertungsverbot besteht. Ein entsprechender Musterprozess ist über das Amtsgericht Bochum bzw. LG Bochum nunmehr dem BVerfG vorgelegt worden. Dieses hat wie folgt entschieden: Eine Wohnungsdurchsuchung anlässlich erlangter Daten einer „Steuer-CD", die mit Hilfe des BND beschafft wurde, ist in strafrechtlichen Ermittlungsverfahren wegen Steuerhinterziehung verfassungsrechtlich nicht zu beanstanden. Die Verwendung der Daten berührt nicht den verfassungsrechtlich geschützten absoluten Kernbereich privater Lebensgestaltung, sondern geschäftliche Kontakte mit Kreditinstituten (BVerfG, Beschluss vom 09.11.2010, 2 BvR 2101/09, BFH/NV 2011, 182 ff.). In der obig genannten Entscheidung hat der Dreierausschuss des 2. Senats somit ein Verwertungsverbot verneint, was rechtsstaatlich äußerst bedenklich erscheint.

Der Ankauf einer CD mit Steuerdaten stellt keinen qualifizierten materiell-rechtlichen Verstoß dar, der zu einem Beweisverwertungsverbot im Besteuerungsverfahren führt (FG Köln, Beschluss vom 15.12.2010, 14 V 2484/10, DStRE 2011, 1076, rkr., mit Anm. Stepputat/Bergan).

Zum Verdacht der Steuerhinterziehung, wenn auf einem Datenträger lediglich vermerkt ist, dass Steuerinländer Berechtigte einer Stiftung in Liechtenstein sind, siehe AG Nürnberg, Urteil vom 02.08.2012, 46 Ds 513 Js 1382711, wistra 2014, 13 = NZWiSt 2013, 475 mit Anm. Schönwalder.

Offen ist jedoch die Behandlung der folgenden Fallgruppe, in der die deutsche Finanzverwaltung (wie z. B. der nordrhein-westfälische Finanzminister Walter-Borjans) zum Ankauf von Daten (= Steuerhehlerei) öffentlich aufruft und aufgrund dieses Aufrufs, der möglicherweise als Straftat zu qualifizieren ist, Daten über deutsche Stpfl. erhält. Ob hier ein Verwertungsverbot besteht, werden die Gerichte in künftigen Entscheidungen zu klären haben (vgl. Buse, DStR 2008, 2100 ff.).

Ein Beweisverwertungsverbot, das auch nicht durch zulässige, erneute Ermittlungsmaßnahmen geheilt werden kann, kommt als Folge einer fehlerhaften Maßnahme nach ständiger Rechtsprechung nur in Betracht, wenn die zur Fehlerhaftigkeit der Ermittlungsmaßnahme führenden Verfahrensverstöße schwerwiegend waren oder bewusst oder willkürlich begangen wurden. Fehlt es an einem derart schwerwiegenden Verfahrensmangel, insbesondere an grundrechtsrelevanten Verstößen einer unmittelbaren Ermittlungsmaßnahme, so ist es bei der gebotenen Abwägung zwischen den Individualinteressen von Steuerpflichtigen, nicht aufgrund verfahrensfehlerhafter Ermittlungsmaßnahmen mit einer materiell-rechtlich an sich zutreffenden Steuer belastet zu werden, und der Pflicht des Staates, eine gesetzmäßige und gleichmäßige Steuerfestsetzung zu gewährleisten, gerechtfertigt, eine Fernwirkung evtl. Verwertungsverbote auf spätere, rechtmäßig erlangte Ermittlungsergebnisse zu verneinen (BFH, Urteil vom 15.04.2015, VIII R 1/13, wistra 2015, 479; die eingelegte Verfassungsbeschwerde wurde vom BVerfG, Beschluss vom 10.03.2016, 1 BvR 3062/15, nicht zur Entscheidung angenommen).

Gewonnene Erkenntnisse aus einer im Rahmen strafrechtlicher Ermittlungen angeordneten Telefonüberwachung, die sich auf einen nicht in § 100a StPO aufgeführten Straftatbestand beziehen, dürfen von den Finanzbehörden im Besteuerungsverfahren nicht verwendet werden (BFH, Beschluss vom 24.04.2013, VII B 202/12, BStBl II 2013, 987 = BB 2013, 3048 mit Anm. Geuenich).

5. Möglichkeiten zur Berichtigung trotz Tatentdeckung oder Prüfer-Erscheinens

Mit Erscheinen des Betriebsprüfers zur steuerlichen Prüfung ist eine Selbstanzeige grundsätzlich ausgeschlossen. Aus diesem Grund wird zu Recht empfohlen, dass es zur ordnungsgemäßen **Vorbereitung einer Bp** gehört, dass der Steuerberater mit seinem Mandanten erörtert, ob Sachverhalte vorliegen, die eine Selbstanzeige oder eine Nachmeldung erforderlich machen (§ 371 Abs. 2 Nr. 1a AO; § 153 AO; Rainer, DStR 1992, 901).

Es kann allerdings die Situation vorliegen, dass eine solche nachträgliche Korrektur abgegebener Steuererklärungen vor dem Prüfer-Erscheinen versäumt wurde und der Finanzbeamte sodann aufgrund getroffener Feststellungen ein Strafverfahren wegen Steuerhinterziehung eingeleitet und bekannt gegeben hat. Für diesen Fall gibt es insbesondere noch folgende Möglichkeiten, Angaben gegenüber dem FA mit strafbefreiender Wirkung zu berichtigen:

1. Selbstanzeige wegen leichtfertiger Steuerverkürzung (§ 378 Abs. 3 AO);
2. Selbstanzeige einer dritten Person, die in Wahrheit die Einkünfte erzielt hat.

5.1 Selbstanzeige wegen leichtfertiger Steuerverkürzung

Bei § 378 AO n. F. fehlt die Einschränkung, dass sich die Angaben auf alle strafrechtlich nicht verjährten Taten beziehen müssen. Die Teilselbstanzeige ist bei § 378 AO n. F. also nicht ausgeschlossen (Spatscheck/Höll, Die AG 2011, 331, 334).

Im Gegensatz zu § 371 AO wird diese Selbstanzeige nicht durch die Ausschlussgründe „Prüfererscheinen" und „Tatentdeckung" gesperrt. Die weitere ursprünglich geplante Verschärfung im Regierungsentwurf vom 14.12.2010 (BT/Drucks. 17/4182, 5 amtl. Begr.), den Sperrgrund der Bekanntgabe der Prüfungsanordnung auch auf die leichtfertige Steuerverkürzung auszudehnen, wurde im laufenden Gesetzgebungsverfahren nicht eingeführt. Die unterschiedliche Behandlung zur Steuerhinterziehung liegt darin, dass bei der leichtfertigen Steuerverkürzung kein kriminelles Unrecht vorliegt, das beseitigt werden muss. Deshalb sind die Sperrgründe weiter großzügig ausgestaltet und lassen ihnen mehr Spielraum.

Es bleibt bei der bestehenden Rechtslage. Auch die Erhebung eines Verwaltungskostenzuschlags in Höhe von 5 % bei Steuerverkürzungen von mehr als 50.000 € pro VZ und Steuerart gilt nicht im Rahmen der leichtfertigen Verkürzung (so Hechtner, DStZ 2011, 265, 272). Die Selbstanzeige wegen leichtfertiger Steuerverkürzung ist somit noch bis weit in die Bp hinein zulässig. Dabei ist es als Selbstanzeigehandlung ausreichend, dass der Stpfl. bei der Bp mitwirkt und hilft (§ 378 Abs. 3 AO; Dörn, wistra 1994, 10 ff.; Jestädt, StBp 1989, 88).

Hat der Prüfer das Fehlverhalten aufgrund der vorgelegten Unterlagen sogleich in vollem Umfang festgestellt, sodass weitere Berichtigungshandlungen des Stpfl. nicht mehr möglich sind, so genügt es, dass der Stpfl. das Prüfungsergebnis anerkennt (OLG Karlsruhe, Urteil vom 30.11.1995, 2 Ss 158/95, wistra 1996, 17= NStZ 1996, 197 mit zustimmender Anm. Dörn, wistra 1997, 291; BayObLG, Urteil vom 30.03.1978, 3 Ob OWi 11/78, MDR 1978, 865; BayObLG, Urteil vom 02.12.1980, RReg 4 St 168/80, MDR 1981, 427; OLG Hamm, Urteil vom 24.05.1961, 3 Ss 354/61, DB 1961, 968; BGH, Urteil vom 11.09.1952, 5 StR 172/52, DStR 1952, 545 = DStZ/B 1953, 10; OLG Düsseldorf, Urteil vom 10.12.1958, Ss 822/58, DB 1960, 458; Dörn, wistra 1994, 10; ders., Stbg 1995, 85; Jestädt, StBp 1989, 88; ausführlich zum Streitstand und zur Historie der Rechtsprechung eingehend Heuel, in Kohlmann, Steuerstrafrecht, § 378 AO Rdnr. 131 ff.).

Anderer Ansicht sind das OLG Oldenburg und ein Teil des Schrifttums (OLG Oldenburg, Urteil vom 18.09.1997, 1 Ss 335/97, wistra 1998, 71 = DStRE 1998, 650 mit Anm. Bilsdorfer, NWB, Fach 13, 909; Rackwitz, wistra 1997, 135; Bülte, in Hübschmann/Hepp/Spitaler, AO § 378, Anm. 117; Scheurmann-Kettner, in Koch/Scholtz, AO, § 378 Rdnr. 20; Weyand, in Schwarz, AO, § 378 Rdnr. 18).

Etwaiger (formaler) Erklärungen wie z. B. „Das Ergebnis der Außenprüfung soll auch der Inhalt meiner Berichtigungserklärung sein“ bedarf es nicht (Dörn, Stbg 1995, 85; Schauf, in Kohlmann, Steuerstrafrecht, § 378 AO Rdnr. 135; Müller, DB 1981, 1480, 1485 f.).

Beruht die Nichterklärung von Einnahmen oder Umsätzen somit lediglich auf leichtfertigem Verhalten des Stpfl., so ist die Vorlage der das Versäumnis offenbarenden Unterlagen in der Bp als wirksame Selbstanzeigehandlung gem. § 378 Abs. 3 AO ausreichend. Dies bedeutet, dass es eine **verfolgbare** leichtfertige Steuerverkürzung aufgrund einer Ap praktisch nicht gibt (§ 378 AO).

Die Situation kann sich also wie folgt darstellen: Dem Stpfl. wird aus der Bp heraus das Strafverfahren wegen Verdachts der Steuerhinterziehung bekannt gegeben. Eigentlich ist eine Selbstanzeige wegen **Steuerhinterziehung** durch das Erscheinen des Prüfers sowie durch die Bekanntgabe des Strafverfahrens gesperrt. **Vor** der Bekanntgabe hatte der Stpfl. dem Prüfer aber bereits i.R. der Prüfung die Unterlagen übergeben, aus denen der Beamte die Unvollständigkeit oder Unrichtigkeit der früheren Steuererklärungen erkannte. Diese Aushändigung der Unterlagen bedeutet bereits die Erstattung der Selbstanzeige wegen leichtfertiger Steuerverkürzung, denn eine Selbstanzeige bedarf nach einhelliger Meinung keiner besonderen Form oder der ausdrücklichen Bezeichnung als „Selbstanzeige". Die Ausschlussgründe „Prüfer-Erscheinen" (gibt es bei der Selbstanzeige wegen leichtfertiger Steuerverkürzung nicht) oder „Bekanntgabe des Strafverfahrens" (die Vorlage der Unterlagen an den Betriebsprüfer erfolgte **vor** der Bekanntgabe) greifen somit nicht ein (§§ 370, 371, 378 Abs. 3 AO).

Die Frage ist somit nur noch, wie sich der Stpfl. bei der Bekanntgabe des Strafverfahrens **vom Vorwurf des Vorsatzes befreien** kann und zur bloßen **Leichtfertigkeit (mit der Folge der Selbstanzeige) gelangt**. Hier wird die Rechtsprechung relevant, nach der sich ein Stpfl. auf ordnungsgemäß ausgesuchte und überwachte **Angestellte, mitarbeitende Familienangehörige** oder den **Steuerberater** verlassen darf (BayObLG, Urteil vom 11.05.1993, 3 ObOWi 16/93, wistra 1993, 236 zu Ehefrau; BFH, Urteil vom 27.11.1990, VII R 20/89, BStBl II 1991, 284; BFH, Urteil vom 18.05.1998, X R 57/82, DB 1988, 2084 zu Buchhalter; BFH, Urteil vom 30.08.1994, VII R 101/92, DStR 1995, 180 zu Steuerberater; BGH, Urteil vom 24.01.1990, 3 StR 329/89, wistra 1990, 195 zu Betriebsberater). Verursachten diese das vom Betriebsprüfer aufgedeckte Versäumnis, so liegt beim Stpfl. kein Vorsatz (= Wissen und Wollen) vor, sondern allenfalls Leichtfertigkeit, die aber zur beschriebenen Selbstanzeige führt. I. d. R. ist aber nicht einmal Leichtfertigkeit des Stpfl. anzunehmen, wenn die genannten Personen ihr Versäumnis einräumen. Angestellte, mitarbeitende Familienangehörige oder der Steuerberater können auch risikolos ihren Lapsus zugeben, denn sie sind aus folgenden Gründen gleichfalls nicht zu belangen:

- Sie sind keine Steuerhinterzieher, denn sie handeln nicht wissentlich und willentlich, sondern begehen einen – allenfalls als Leichtfertigkeit, vielleicht aber sogar nur als leichte Fahrlässigkeit zu bewertenden – Fehler.

- Da die vom Stpfl. eingeschalteten Hilfspersonen die Steuererklärungen nicht **unterschreiben**, können sie nicht Täter einer leichtfertigen Steuerverkürzung sein (BayObLG, Urteil vom 09.11.1993, 4 StRR 54/93, wistra 1994, 34; OLG Braunschweig, Urteil vom 08.03.1996, Ss (B) 100/95, wistra 1996, 319).

§ 378 AO setzt wegen seiner Bezugnahme auf § 370 AO nämlich voraus, dass der Täter (unrichtige) „Angaben macht"; Angaben gegenüber der Finanzbehörde macht i. d. R. aber nur derjenige, der die Steuererklärung unterschreibt. Nach Ansicht des BFH soll allerdings auch eine Angestellte im Steuerbüro, die die GuV-Rechnung fehlerhaft fertigte, „Angaben gemacht" haben (§§ 370, 378 AO; BFH, Urteil vom 19.12.2002, IV R 37/01, DStR 2003, 506).

Auf jeden Fall lag aber in dem Eingeständnis der Hilfsperson, dass sie an den vom Betriebsprüfer aufgedeckten Unregelmäßigkeiten Schuld hatte, eine **Selbstanzeige wegen leichtfertiger Steuerverkürzung**. Diese erlangte auch sogleich – d. h. ohne Steuernachzahlung – Wirksamkeit, denn die Hilfsperson schuldet nicht die Steuern des geprüften Stpfl. (§ 378 Abs. 3 AO).

Beispiel 1:

Dem A wird von der BuStra-Stelle des FA das Strafverfahren wegen Verdachts der Steuerhinterziehung bekannt gegeben; eine Selbstanzeige sei wegen Erscheinens des Betriebsprüfers ausgeschlossen gewesen. Daraufhin lässt A durch seinen als Verteidiger beauftragten Steuerberater vortragen, dass die Ehefrau des A für die Aufbewahrung, Zusammenstellung und Weiterleitung der Unterlagen an den Steuerberater zuständig gewesen sei; auf seine Ehefrau habe sich A verlassen. Dem Schreiben des Steuerberaters ist eine Erklärung der Ehefrau beigefügt, in der sie die Angaben des A bestätigt. Sie habe infolge zeitweiliger Überlastung durch die Familie (u. a. sei in der fraglichen Zeit auch ihre Mutter gestorben) und die kaufmännische Mitarbeit im Betrieb des A offenbar die Zusammenstellung und Weiterleitung einiger Unterlagen an den Steuerberater vergessen.

Beispiel 2:

Während der Bp beim Stpfl. X übergibt Steuerberater S namens seines Mandanten dem Prüfer zwei Aufstellungen über Einnahmen des X und teilt mit, dass diese bisher nicht erklärt worden seien. X habe diese Aufstellungen zwar rechtzeitig dem Steuerbüro übergeben, dort seien sie aber infolge eines Missverständnisses zwischen den beiden Angestellten A und B und anschließender falscher Ablage vergessen worden. Dies könne bei einem Büro mit fast 30 Beschäftigten nun einmal passieren.

Beispiel 3:

Eine Kontrollmitteilung löst beim Stpfl. X eine Umsatzsteuer-Sonderprüfung aus. Es wird festgestellt, dass X die Umsätze nicht vollständig erklärt hat. X versichert, alle Belege seinem Steuerberater gegeben zu haben. Der Steuerberater bestätigt nach Überprüfung, dass im IV. Quartal 01 im Steuerbüro ein Stapel Belege (Erlösrechnungen i. H. v. 16.371 € und diverse Kostenbelege i. H. v. 4.728 €) nicht verbucht worden sind.

Beispiel 4:

Nach Bekanntgabe des Strafverfahrens hinsichtlich Einkommensteuer 03 gegenüber dem Beschuldigten B trägt dessen Steuerberater vor, dass die beiden Belege über die betreffenden, durch eine Kontrollmitteilung aufgedeckten Einnahmen versehentlich im Beleg-Ordner für 04 abgeheftet worden seien. Da die Einkommensteuererklärung 04 noch nicht abgegeben wurde, sei das Versehen bisher nicht aufgefallen.

Beispiel 5:

Der Betriebsprüfer stellt fest, dass verschiedene Ausgangsrechnungen zwar in der Buchführung des Stpfl. enthalten waren, jedoch den entsprechenden Steuererklärungen nicht zugrunde gelegt wurden. Der Steuerberater trägt hierzu vor, dass der Prüfer daraus, dass die Rechnungen in der Buchführung enthalten waren und während der Bp vorgelegt wurden, bereits ersehen könnte, dass der Stpfl. sie nicht vorsätzlich vorenthalten wollte. So wie dem Betriebsprüfer seien die Rechnungen auch dem Steuerbüro übergeben worden, jedoch sei es hier offenbar zu Additionsfehlern seitens eines Angestellten gekommen (Kaligin, Keine Angst vor Betriebsprüfung und Steuerfahndung, 2. Aufl., Rdnr. 48).

In allen Fällen ist weder dem Stpfl. noch der Hilfsperson (Ehefrau, Steuerberater) ein steuerstraf- oder bußgeldrechtlicher Vorwurf zu machen.

Es ist schwer verständlich, dass es im Anschluss an Bp in recht großer Zahl zur Durchführung von Steuerstrafverfahren kommt. Im Hinblick auf das Rechtsinstitut der Selbstanzeige wegen leichtfertiger Steuerverkürzungen (§ 378 Abs. 3 AO) sowie auf den Umstand, dass überall im betrieblichen Bereich diverse Hilfspersonen eingeschaltet werden, die durch einen Fehler unvollständige Angaben in der Steuererklärung verursacht haben können, dürfte meist kein Nachweis vorsätzlichen Verhaltens des Stpfl. zu führen sein.

5.2 Selbstanzeige einer dritten Person

Wurde einem Beschuldigten ein Strafverfahren wegen Verdachts der Steuerhinterziehung z.B. wegen Nichterklärung von Zinseinkünften aus Geldanlagen in Luxemburg bekannt gegeben, so wird sein Verteidiger auch prüfen, ob die Tat u.U. von einem Dritten begangen wurde, der die Einkünfte in Wahrheit erzielte. Der Dritte hätte dann noch die Möglichkeit der Selbstanzeige, vorausgesetzt, dass diese nicht durch Tatentdeckung ausgeschlossen wäre. Ist der wahre Täter (Dritte) schon verstorben, so ist das Verfahren gegen den ursprünglich Beschuldigten gleichfalls einzustellen (§ 371 Abs. 2 Nr. 2 AO). Die Drittanzeige ist durch das Schwarzgeldbekämpfungsgesetz nicht eingeschränkt worden (so klarstellend Obenhaus, Stbg 2011, 166, 170; zu den steuerstrafrechlichen Implikationen zwischen ausgeschiedenen und neu eintretenden Vorständen siehe Talaska, Die AG 2013, 875f.; ferner Wulf/Frank, Stbg 2013, 507ff. zur strafbefreienden Drittanzeige trotz laufender Außenprüfung).

Beispiel:

Die Steufa führte ein Strafverfahren gegen eine Anlegerin eines Luxemburg-Kontos. Es wurde durchsucht, Belege wurden vorgefunden. Wenig später ging durch einen bevollmächtigten Steuerberater eine Selbstanzeige der Tochter der Beschuldigten ein. Danach sei das Kapitalvermögen nicht der Beschuldigten, sondern der Tochter zuzurechnen. Das Vermögen (400.000 €) sei in strafverfolgungsverjährter Zeit von der Mutter an die Tochter geschenkt worden. Da die Tochter in Amerika studiert habe, habe die Mutter das Vermögen verwaltet und auch für den Luxemburg-Transfer gesorgt.

Abwandlung:

Im Selbstanzeige-Schreiben erklärt der Steuerberater auch, dass die Mutter die unvollständigen KSO-Anlagen für die Tochter erstellt habe; insoweit werde gleichzeitig Selbstanzeige für die Mutter erstattet.

Nach der Rechtsprechung des BGH bedarf es zur Tatentdeckung einer Konkretisierung des Tatverdachts, die gegeben ist, wenn bei vorläufiger Tatbewertung die Wahrscheinlichkeit eines verurteilenden Erkenntnisses besteht (BGH, Urteil vom 27.04.1998, 3 StR 55/88, wistra 1988, 308; BGH, Urteil vom 24.10.1984, 3 StR 315/84, wistra 1985, 74; BGH, Urteil vom 13.05.1983, 3 StR 82/83, HFR 1983, 533 = NStZ 1983, 416 = wistra 1983, 183).

Damit entspricht die Tatentdeckung im Ergebnis dem strafprozessualen hinreichenden Tatverdacht. Tat ist die vorsätzliche Falsch- oder Nichtabgabe einer Steuererklärung oder (Vor-)Anmeldung, die zu einer Steuerverkürzung führte. Wenn der ursprüngliche Verdächtige nicht der Täter ist, so muss ein Dritter, der die Einnahmen erzielte oder dem die Vermögenswerte zuzurechnen sind, diese allerdings noch nicht verschwiegen haben. Beging der zunächst Verdächtige nicht die Tat, so ist demnach noch nicht klar, ob überhaupt eine Tathandlung, d.h. eine Falsch- oder Nichtabgabe, des Dritten vorlag. Ebenso ist nicht bekannt, ob ein Verkürzungserfolg eintrat, da die persönliche Steuersituation des Dritten, der nunmehr eine Selbstanzeige gegenüber dem FA erstattet, bisher nicht überprüft wurde. In der Folge ist auch bis zum Eingang der Selbstanzeige des Dritten eine Abgrenzung zwischen Vorsatz, Leichtfertigkeit und leichter Fahrlässigkeit nicht ohne Weiteres möglich (§ 371 Abs. 2 Nr. 2 AO).

Auch in der Abwandlung des Beispiels dürfte die Selbstanzeige durch Tatentdeckung nicht versperrt gewesen sein. Ermittelt wurde wegen der Taten eigener unvollständiger Steuererklärungen der Mutter, die bei dieser zu Steuerverkürzungen geführt haben sollten. Tatsächlich lagen aber unvollständige Erklärungen für die Tochter vor; inwieweit diese überhaupt zu Steuerverkürzungen führten, war bisher gleichfalls unbekannt. Dieser neue Sachverhalt war auch nicht Gegenstand der Bekanntgabe des Strafverfahrens und der Durchsuchungsmaßnahme (§ 371 Abs. 2 Nr. 1b AO; Dörn, wistra 1998, 175).

Die strafrechtlichen Wirkungen einer auftragslosen Fremdanzeige sind abschließend nach § 371 Abs. 4 AO zu bestimmen; dies gilt auch für den Fall eines Geschäftsführerwechsels. Hat der frühere Geschäftsführer einer GmbH die Abgabe von Steuererklärungen unterlassen, findet § 371 Abs. 4 AO bei Nachholung der Erklärungen durch den neuen Geschäftsführer keine Anwendung. Auch eine analoge Anwendung von § 371 Abs. 4 AO scheidet bei einer durch den früheren Geschäftsführer wissentlich falsch abgegebenen oder unterlassenen Steuererklärung aus (KG, Beschluss vom 24.11.2016, [4] 121 Ss 169/16 [195/16] [LG Berlin], wistra 2017, 280, 283 f. m. Anm. Reichling).

6. Wiederaufleben der Selbstanzeigemöglichkeit

Beispiel:

Die Bp ist abgeschlossen. Die Schlussbesprechung fand statt. Der Bp-Bericht ist abgefasst und auf Antrag dem Berater des Stpfl. übersandt worden. Der Betriebsprüfer B hat die schwarzen Umsätze des Stpfl. nicht entdeckt. Der Stpfl. hat jedoch einem vertrauten Mitarbeiter gekündigt und befürchtet, von diesem beim FA angezeigt zu werden. Ist für den Stpfl. eine Selbstanzeige mit strafbefreiender Wirkung möglich oder ist der Amtsträger immer noch erschienen i. S. d. § 371 Abs. 2 Nr. 1a AO?

Die h. M. geht davon aus, dass ein Wiederaufleben der Selbstanzeige möglich ist. Folgende Zeitpunkte kommen in Betracht:

- Abschluss der Schlussbesprechung (Randt, in Joecks/Jäger/Randt, Steuerstrafrecht, 9. Aufl. 2023, § 371 AO Rdnr. 360);
- Absendung des Prüfungsberichts (Burkhard, wistra 1998, 256, 260);
- Absendung der auf die Prüfung hin ergehenden Steuerbescheide bzw. der Mitteilung, dass die Prüfung zu keiner Änderung der Besteuerungsgrundlagen geführt hat (§ 202 Abs. 1 Satz 3 AO; BGH, Urteil vom 24.08.1988, 3 StR 232/88, wistra 1989, 23; Schauf, in Kohlmann, Steuerstrafrecht, § 371 AO Rdnr. 619; vgl. a. Seipl/Grötsch, wistra 2016, 1 ff.).

Zweifellos schafft die Auswertung des Berichts durch das Veranlagungsamt die Zäsur, mit der die latente Entdeckungsgefahr beseitigt ist. Die Veranlagung kann allerdings von vielen Faktoren abhängig sein (z. B. Arbeitsüberlastung). Nach Übersendung des Betriebsprüfungsberichts ist mit weiteren Ermittlungen nicht mehr zu rechnen, sodass die Meinung von Burkhard vorzugswürdig erscheint.

Fallen gelassen wurde im Rahmen der Beratungen des Schwarzgeldbekämpfungsgesetzes zutreffender Weise auch ein ursprünglich erwogener Vorschlag, die Selbstanzeige für Zeiträume auszuschließen, für die bereits eine Betriebs- oder Fahndungsprüfung stattgefunden hat. Diese neue Sperre hätte Selbstanzeigen für die Gegenwart größtenteils ausgeschlossen. Die Nichtaufnahme einer solchen Sperre ist daher zu begrüßen (so Mack, Stbg 2011, 162, 163; zur Spezialproblematik des möglichen faktischen Ausschlusses der Selbstanzeige von Unternehmen, die der Anschlussbetriebsprüfung unterliegen, s. Wulf, Die AG 2010, 540, 543).

Zur Selbstanzeige nach abgeschlossener Betriebsprüfung siehe Klaproth, Stbg 2015, 75 ff.

Zum Sonderfall der gescheiterten Selbstanzeige als Eintrittskarte für eine wirksame Selbstanzeige s. Bilsdorfer/Kaufmann, BB 2021, 535 ff.

V. Steuerhinterziehung: Steuerliche Beurteilung bzw. Gestaltung

Schrifttum:

Dickop	Steuerberatung und strafrechtliche Risiken, 1991
Dörn	Steuerhinterziehung und Steuerrecht, wistra 1992, 241
ders.	Hinweispflicht bei Abweichung von der Rechtsansicht der Finanzverwaltung?, wistra 2000, 334
Esskandari/Bick	Steuerstrafrecht – Rechtsprechung der Strafgerichte 2011/2012, DStZ 2012, 775
Fienesswert	Das Risiko des Steuerberaters hinsichtlich des Vertretens eigener (abweichender) Rechtsansichten bei der Abgabe von Steuererklärungen, DStR 1992, 1488
Göggerle/Müller	Fallkommentar zum Steuerstraf- und Steuerordnungswidrigkeitenrecht, 2. Aufl. 1987
Hanßen	Steuerhinterziehung und leichtfertige Steuerverkürzung (§§ 370, 378 AO) durch Abweichen von der höchstrichterlichen Rechtsprechung – insbesondere durch den Steuerberater, 1984
Hild	Kriminalisierung klassischer Steuerberatung?, BB 2001, 493
Irrgang	Steuerhinterziehung durch Abweichen von der Auffassung der Finanzverwaltung oder höchstrichterlichen Rechtsprechung?, DB 1988, 721
Joecks/Jäger/Randt	Steuerstrafrecht, 9. Aufl. 2023
Kohlmann	Strafverfolgung und Strafverteidigung im Steuerstrafrecht, 1983
Meilicke	Wird das Steuerrecht für die Steuerpraxis zum Russischen Roulette?, BB 1984, 1885
Meine	Steuervermeidung, Steuerumgehung, Steuerhinterziehung, wistra 1992, 81
Pipping	Die „steuerlich erhebliche Tatsache" i. R. der Steuerhinterziehung, 1998
Ratschow	Verfassungswidrigkeit der Zinsbesteuerung?, DStR 2005, 2006

Risto/Julius	Die Verfassungswidrigkeit der Zinsbesteuerung, DB 2002, Beilage 4 zu Heft 17
Schmid/ Ntamadaki	Die abweichende Rechtsauffassung in der Steuererklärung und ihre steuerstrafrechtliche Relevanz in der Betriebsprüfung, DStR 2019, 1713
Schmidt	(Abweichende) Rechtsauffassung des Steuerpflichtigen im digitalen Besteuerungsverfahren, BB 2022, 2327
Sontheimer	Steuerhinterziehung bei steuerrechtlichen Streit- und Zweifelsfragen, DStR 2014, 357
Tipke	An den Grenzen der Steuerberatung: Steuervermeidung, Steuerumgehung, Steuerhinterziehung, StbJb 1972/1973, 509

1. Offenbarungspflichten im Besteuerungsverfahren

Angaben gegenüber dem FA bestehen meist nicht nur in Mitteilungen über Tatsachen, sondern sind (auch) das Ergebnis einer steuerrechtlichen Beurteilung. Zur Angabe einer Zahl in einer Steuererklärung (z.B. des Gewinns) kommt es, nachdem zuvor Tatsachen rechtlich eingeordnet wurden, also zwischen rechtlich erheblichen und rechtlich unerheblichen Tatsachen wertend unterschieden wurde. Derartige Wertungen können mehrere Möglichkeiten offen lassen. Es stellt sich dann die Frage, welche Rechtsauffassung der Stpfl. bzw. sein Berater bei der Abgabe der Steuererklärung zugrunde zu legen hatte bzw. zugrunde legen durfte – die (mutmaßliche) Rechtsauffassung des FA, die Rechtsprechung des BFH, die Auffassung eines FG, eine „vertretbare" Rechtsauffassung? Ferner können sich hinter den in einer Steuererklärung, Gewinn- und Verlustrechnung oder Bilanz mitgeteilten Zahlen – für das FA nicht erkennbar – die verschiedensten Sachverhalte verbergen. Eine alte steuerstrafrechtliche Streitfrage ist es, was der Stpfl. dem FA gegenüber ungefragt – in zusätzlichen Anlagen oder Erläuterungen – zu offenbaren hat.

Nach einer Ansicht besteht die Pflicht zur Orientierung an der höchstrichterlichen Rechtsprechung und den Richtlinien der Finanzverwaltung, die den typisierten Empfängerhorizont der Finanzbehörde darstellen sollen (Danzer, in Kohlmann, Grundfragen des Steuerstrafrechts heute, 67 ff., 94 ff.).

Bei dieser Auffassung schließt sich die Frage an, ob Stpfl. **zusätzlich** (in Erläuterungen, Anlagen) etwas offenbaren müssen, wenn sie eine andere

Rechtsauffassung vertreten als (mutmaßlich) das FA. Dies impliziert die weitere Frage, was dann eigentlich zu offenbaren wäre. Verlangt man die Ausrichtung an der Rechtsansicht des FA, so wäre folgerichtig die Mitteilung all dessen erforderlich, was eine Nichtanerkennung durch das FA verursachen kann. Vollständig ist eine Erklärung nach dieser Ansicht erst, wenn sie auch die Umstände umfasst, die in diesen Fällen für die Stpfl. ungünstig sind oder sein können. Im Fall des § 42 AO ist es die Pflicht, der Finanzbehörde mitzuteilen, dass eine rechtliche Gestaltung ausschließlich aus steuerlichen Gründen gewählt wurde (Meine, wistra 1992, 81, 84).

Die **Gegenmeinung** weist darauf hin, dass die Richtlinien der Finanzverwaltung nicht an den Stpfl. adressiert und für diesen nicht verbindlich seien. BFH-Urteile wirkten nur zwischen den Verfahrensbeteiligten; für Dritte enthielten sie nur einen – allerdings gewichtigen – „Auslegungsvorschlag", den man zur Kenntnis nehmen könne oder auch nicht. Erst recht sei der Steuerberater nicht an die herrschende Meinung gebunden. Ein Gebot, die Rechtsprechung des BFH zu beachten, würde zudem einen Zwang zur Inanspruchnahme von Steuerberatung bedeuten, denn der Laie könne diese Urteile nicht beachten. Angaben in Steuererklärungen, Gewinn- und Verlustrechnungen und Bilanzen seien dann nicht unrichtig oder unvollständig, wenn sie auf **vertretbaren** Rechtsansichten beruhten. Der Stpfl. ist nach dieser Ansicht von sich aus nicht verpflichtet, zweifelhafte Sachverhalte zu offenbaren (vgl. aber zu Auskünften § 93 Abs. 3 Satz 1 AO; OLG Düsseldorf, Urteil vom 02.02.1989, 3 Ws 953/88, Stbg 1991, 521; Dörn, wistra 1992, 241 ff.; Grötsch, in Joecks/Jäger/Randt, 9. Aufl. 2023, § 370 AO Rdnr. 190–193; Hanßen, Steuerhinterziehung und leichtfertige Steuerverkürzung [§§ 370, 378 AO], 150 ff.; Meilicke, BB 1984, 1885 ff.; Pipping, Die „steuerlich erheblichen Tatsachen" i. R. der Steuerhinterziehung, 120, 129; Tipke, in Steuerberater-Jahrbuch 1972/73, 509 ff., 527; zur abweichenden Rechtsauffassung in der Steuererklärung und ihre steuerstrafrechtliche Relevanz in der Betriebsprüfung aus der Perspektive der Finanzverwaltung siehe Schmid/Ntamadaki, DStR 2019, 1713 ff.).

Die **vermittelnde Ansicht** schließlich empfiehlt zur Vermeidung strafrechtlicher Risiken die umfassende Offenbarung des einer vertretbaren rechtlichen Wertung zugrunde liegenden Sachverhalts (Blumers, in Kohlmann, Strafverfolgung und Strafverteidigung im Steuerstrafrecht, 321 ff., 336, 351; Dickop, Steuerberatung und strafrechtliche Risiken, 173 ff.; Fissenewert, DStR 1992, 1488; Irrgang, DB 1988, 781 ff.).

Im Schrifttum werden die Besonderheiten im Lichte des digitalen Besteuerungsverfahrens erörtert. Hier gerät das qualifizierte Freitextfeld in den Fokus.

Mit diesem Instrument kann der Steuerpflichtige zu seinen Gunsten eine von der Verwaltungsmeinung abweichende Ansicht vertreten. Neben dieser grundlegenden Funktion wird schwerpunktmäßig die umstrittene Frage aufgegriffen und beantwortet, ob das Freitextfeld in der eben genannten Konstellation zwingend zu verwenden ist. Hierzu instruktiv Schmidt, BB 2022, 2327 ff.

2. Die Rechtsprechung des BGH in Strafsachen

Der BGH hat entschieden, dass zumindest eine Offenbarungspflicht für diejenigen Sachverhaltselemente besteht, deren rechtliche Relevanz objektiv zweifelhaft sei. Dies sei insbesondere dann der Fall, wenn die von dem Stpfl. vertretene Auffassung über die Auslegung von Rechtsbegriffen oder die Subsumtion bestimmter Tatsachen von der **Rechtsprechung, den Richtlinien der Finanzverwaltung oder der regelmäßigen Veranlagungspraxis** abweiche. In einem derartigen Fall könne es ausreichend sein, die abweichende Rechtsauffassung mitzuteilen, wenn deren Schilderung die erforderliche Tatsachenmitteilung enthalte. Den Stpfl. treffe eine Offenbarungspflicht auch dann, wenn er hinsichtlich der Steuerpflicht eine andere Rechtsauffassung als die Finanzbehörde vertritt (§ 90 Abs. 1 Satz 2 AO; BGH, Urteil vom 23.02.2000, 5 StR 570/99, wistra 2000, 217; BFH, Urteil vom 10.11.1999, 5 StR 221/99, wistra 2000, 137).

Bereits 1990 (betreffend Steuerhinterziehung bei mittelbarer Parteienfinanzierung) forderte der BGH weitreichende Offenbarungspflichten: Es ergibt sich unmittelbar aus dem Gesetz, dass es dem Stpfl. nicht etwa freisteht, den Steuerbehörden aus einem Gesamtsachverhalt nur einen Teil der Tatsachen richtig vorzutragen und sie im Übrigen – unter Berufung auf eine nicht zu erkennen gegebene unzutreffende eigene rechtliche Bewertung des Vorgangs – zu verschweigen, obwohl die Einzelheiten für die steuerliche Beurteilung bedeutsam sein können. Nach § 90 Abs. 1 Satz 2 AO haben die Beteiligten im Rahmen ihrer Mitwirkungspflicht im Besteuerungsverfahren „die für die Besteuerung erheblichen Tatsachen vollständig und wahrheitsgemäß offen zu legen ...“. Zu den erheblichen Tatsachen können auch sog. innere Tatsachen gehören, bei § 370 Abs. 1 Nr. 1 AO also Kenntnisse und Absichten des Stpfl. bei einem steuerlichen Vorgang, soweit sie den Steueranspruch beeinflussen (BGH, Urteil vom 19.12.1990, 3 StR 90/90, wistra 1991, 138, 143).

In einem weiteren Urteil hielt der BGH es der Angeklagten vor, dass sie zwar Zweifel an der Rechtmäßigkeit ihrer bisherigen Abrechnungspraxis für Umsatzsteuerkürzungen hatte, sich jedoch gleichwohl entschloss, diese Kürzungen wie bisher vorzunehmen, „ohne gegenüber dem Finanzamt die Zweifel offen zu legen und sachkundigen Rat einzuholen"; der BGH nahm bedingten Vorsatz an (BGH, Urteil vom 15.11.1994, 5 StR 237/94, wistra 1995, 69). Die vom BGH in den Urteilen vom 23.02.2000 und 10.11.1999 vertretene weitreichende Ansicht wird im Schrifttum kritisiert (Dörn, wistra 2000, 334; Hild, BB 2001, 493).

3. Vollständige Sachverhaltsdarlegung als Anforderung der steuerlichen Rechtsprechung

Auch die steuerliche Rechtsprechung bekräftigt eine Offenlegungs- und Erkundigungspflicht gegenüber dem FA (BFH, Beschluss vom 14.12.2000, II B 123/99, BFH/NV 2001, 738). Wird bei der Beantragung der GrESt-Befreiung gemäß § 6 Abs. 3 i. V. m. Abs. 1 GrEStG durch unrichtige oder unvollständige Sachverhaltsangaben objektiv der Eindruck erweckt, die Voraussetzungen der Befreiungsnorm seien erfüllt, obwohl im Zeitpunkt der Antragstellung bei der das Grundstück erwerbenden Gesellschaft bereits ein fast 100%-iger Gesellschafterwechsel stattgefunden hatte, und gewährt das FA daraufhin zunächst die GrESt-Befreiung, so liegt eine **leichtfertige Steuerverkürzung i. S. d. § 378 AO** vor. Weder im Antrag aufgrund Erwerbsteuerbefreiung noch in einem Begleitschreiben vom 22.12.1980 der Klägerin war ein Hinweis darauf enthalten, dass beabsichtigt war, Kapitalanleger zu werben und mit deren Hilfe das Gesellschaftsvermögen erheblich aufzustocken. Vielmehr hieß es im Schreiben vom 22.12.1980, dass die Verkäuferin einzige Kommanditistin und allein am Vermögen der Klägerin Beteiligte „ist". Durch die gewählte Formulierung wurde vermieden, den zwischenzeitlich erfolgten Eintritt weiterer Kommanditisten für das FA erkenntlich zu machen. Bei umfassender Kenntnis des Sachverhalts wäre die Grunderwerbsteuervergünstigung nicht gewährt worden.

Das Hessische FG führte aus, dass eine Verpflichtung bestanden habe, dem FA in den Erläuterungen zum Befreiungsantrag den Sachverhalt unmissverständlich und vollständig darzulegen. Aufgabe des FA sei es, einen Sachverhalt steuerrechtlich zu würdigen. Dem könne ein Stpfl. bzw. ein für diesen Handelnder nicht dadurch zuvorkommen, dass er den **Sachverhalt unter Zugrundelegung seiner Rechtsansicht missverständlich oder verkürzt darlegt**. Außerdem wies das FG darauf hin, dass es jeglicher Lebenserfahrung widerspreche, dass einer Person, die bei einer Firma beschäftigt war, die eine Vielzahl von Immobilienfonds auflegte und die sich als persönlich haftender Gesellschafter in eine solche Fondsgesellschaft begab, die steuerlichen (auch grunderwerbsteuerrechtlichen) Probleme – zumindest in groben Zügen – unbekannt gewesen sein sollen.

Auch das FG München vertrat in einer Entscheidung zu §§ 34, 69 AO diese Ansicht: So muss **als besonders grobe Pflichtverletzung** des Klägers angesehen werden, dass die Steuererklärungen 1992 bis 1994 wieder ohne Angabe der gegenüber der CH-AG getätigten Umsätze eingereicht wurden. Denn **eine von der Finanzbehörde abweichende andere Rechtsauffassung entbindet die stpfl. Gesellschaft bzw. den Kläger als deren Geschäftsführer nicht**, die steuerlichen Pflichten zu erfüllen und demgemäß in den Erklärungen **auch die streitigen Umsätze rechtzeitig anzugeben bzw. nachzuerklären** (§ 153 Abs. 1 AO; FG München, Urteil vom 09.05.2001, 3 K 4300/00, EFG 2001, 1254, rkr.).

Anzumerken ist, dass die steuerliche Rechtsprechung zu § 69 AO durchaus zu Fragen des Vorsatzes oder der Leichtfertigkeit herangezogen werden kann, denn § 69 AO setzt voraus, dass „Ansprüche aus dem Steuerschuldverhältnis infolge vorsätzlicher oder grob fahrlässiger Verletzung der ... auferlegten Pflichten nicht oder nicht rechtzeitig festgesetzt“ wurden; der Wortlaut entspricht insoweit dem der §§ 370, 378 AO i. V. m. § 69 AO.

Der BFH führte aus, dass auch eine feste, aber irrige Rechtsüberzeugung das Vorliegen von Leichtfertigkeit nicht ausschließe; vielmehr treffe den Stpfl. auch in diesem Fall eine Informations- und Erkundigungspflicht. Deren hartnäckige Missachtung könne dazu führen, Leichtfertigkeit auch in Fällen von erweislichem Irrtum über Anwendbarkeit und Reichweite steuerlicher Vorschriften anzunehmen (§ 378 Abs. 1 AO; BFH, Urteil vom 24.04.1996, II R 73/93, BFH/NV 1996, 731).

4. Steuerumgehung oder Steuerhinterziehung

Eine Steuerumgehung oder das Vorliegen eines Rechtsmissbrauchs bedeutet nicht, dass auch der Tatbestand der Steuerhinterziehung erfüllt wäre. Steuerhinterziehung setzt vielmehr voraus, dass dem FA gegenüber vorsätzlich unrichtige oder unvollständige Angaben gemacht wurden oder dass das FA pflichtwidrig über steuerlich erhebliche Tatsachen in Unkenntnis gelassen wurde. Es muss also von den Ermittlungsbehörden exakt herausgearbeitet werden, in welcher Weise gegenüber den Finanzbehörden unrichtige Angaben gemacht wurden (inwiefern Steuererklärungen/Gewinn- und Verlustrechnungen/Bilanzen unrichtig waren oder sonst gegenüber dem FA falsche Angaben gemacht wurden; s. §§ 42, 370 Abs. 1 AO).

Auf der Grundlage der oben zitierten BGH-Rechtsprechung kann es einen Stpfl. nicht entlasten, wenn die Unvollständigkeit der Steuererklärung darauf beruht, dass er einer „vertretbaren“ Rechtsansicht folgte. Denkt man diese Rechtsprechung konsequent zu Ende, so muss im Grunde schon bei der

Abgabe der Steuererklärung eine Bp gedanklich vorweggenommen werden; die Punkte, auf die der Prüfer später stößt, hätten u. U. dem FA bereits bei der Erklärungsabgabe offenbart werden müssen. Problematisch wird es für den Stpfl., wenn sicher ist, dass das FA bei vollständiger Sachverhaltskenntnis eine andere Würdigung der Sach- und Rechtslage vorgenommen hätte.

Die Rechtsprechung zur weitgehenden Offenbarungspflicht mag zwar zu kritisieren sein, sie ist aber von den Stpfl. und ihren steuerlichen Beratern zu beachten. Der Umstand, dass sich der Umfang der Mitwirkungspflicht gem. § 90 Abs. 1 Satz 3 AO „nach den Umständen des Einzelfalls" richtet, dürfte i. V. m. der zitierten Rechtsprechung häufig Verunsicherung auslösen. Möglicherweise ist dies aber staatlicherseits nicht unerwünscht, denn diese Verunsicherung wird vor dem Hintergrund möglicher strafrechtlicher Konsequenzen häufig in die Empfehlung münden, dem FA im Zweifel eher zu viel als zu wenig mitzuteilen.

VI. Steuerstraf- und Steuerordnungswidrigkeitenverfahren: Beendigungsmöglichkeiten

Schrifttum:

Achenbach/ Wannemacher	Beraterhandbuch zum Steuerstraf- und Wirtschaftsstrafrecht (Stand: 1999)
Bilsdorfer	Steuerstrafrecht – (auch) ein Thema im Steuerprozess?, DStR 2022, 1840
Dahs	§ 153a StPO – ein „Allheilmittel der Strafrechtspflege", NJW 1996, 1192
Ebner	Die Steuerstrafsachenstatistik des BMF – ein Nachruf!, wistra 2008, 298
Fehrenbach	Das neue „Verbandssanktionengesetz" – Was lange währt wird endlich gut?, wistra 2021, 95
Flore/Dörn/ Gillmeister	Steuerfahndung und Steuerstrafverfahren, 2. Aufl. 1999
Göggerle/Müller	Fallkommentar zum Steuerstraf- und Steuerordnungswidrigkeitenrecht, 2. Aufl. 1987
Hild	Verteidigung im Steuerstrafverfahren, BB 1999, 343

Horstmeier	Zur Übernahme von Geldsanktionen gegen ein Vorstandsmitglied durch das Unternehmen – eine Betrachtung aus aktuellem Anlass, BB 2021, 1716
Joecks/Jäger/Randt	Steuerstrafrecht, 9. Aufl. 2023
Kaligin	Angst vor der Steuerfahndung?, BB 2001, 2142
ders.	Auf verlorenem Posten? – Ermittlungsschwachpunkte und Verschärfung der Arbeitslage bei der Steuerfahndung, DStZ 2002, 323
ders.	Strukturprobleme des Steuerstrafverfahrens, Stbg 2002, 398
ders.	§ 153a StPO – eine Universalnorm zur Beendigung von Steuerstrafverfahren?, Stbg 2010, 500
Kaiser/Meinberg	„Tuschelverfahren“ und „Millionärschutzparagraph“?, NStZ 1984, 343
Kämpfer/Travers/Schwerdtfeger	Unternehmensverteidigung unter Geltung des Verbandssanktionengesetzes, NZG 2020, 848
Kohlmann	Steuerstrafrecht (Stand: Juni 2024)
Krause-Ablaß	Das geplante Verbandssanktionengesetz und seine Herausforderungen für die Justiz, NZWist 2020, 377
Minoggio	Steuerberater und Strafverteidiger im steuerstrafrechtlichen Ermittlungsverfahren, Stbg 2001, 324
„Rechtsanwalt Detlef Deal aus Mauschelshausen“	Der strafprozessuale Vergleich, StV 1982, 545
Ulrich	Bundesregierung: Verbandssanktionengesetz zumindest in dieser Legislaturperiode gescheitert, GmbHR 2021, R 210
Webel	Das Verbandssanktionengesetz und seine Auswirkungen im Steuerstrafrecht, PStR 2021, 108

Verwaltungsanweisung:

1. Gleichlautende Erlasse der obersten Finanzbehörden der Länder vom 16.10.2023 betr. Anweisungen für das Straf- und Bußgeldverfahren (Steuer) – AStBV (St) 2023/2024 – BStBl I 2023, 1798

1. Erhebliche Spannbreite bei den Entscheidungen im Strafverfahren

Der Ausgang von Steuerstraf- und Steuerordnungswidrigkeitenverfahren wird von zahlreichen Faktoren beeinflusst. Gerade im Bereich der Strafrechtspflege ist eine erhebliche Spannbreite der Entscheidungen denkbar. Es bestehen regionale Unterschiede in der Verwaltungs- und Spruchpraxis, ferner spielt es durchaus eine Rolle, welcher Sachbearbeiter oder Sachgebietsleiter innerhalb einer BuStra-Stelle, welcher Staatsanwalt oder welcher Spruchkörper eines Gerichts zuständig ist.

Zutreffend führt Minoggio aus: Zusätzlich ist es in den letzten Jahren ferner in der Praxis immer wichtiger geworden, an welchem Ort der Beschuldigte eine Steuerstraftat begangen hat. Die Intensität der strafrechtlichen Verfolgung der mit den strafrechtlichen Ermittlungen beauftragten Stellen, der Staatsanwaltschaften und teilweise auch der Gerichte ist in einer Art und Weise unterschiedlich geworden, wie man es sich kaum vorstellen kann. Eine an dem einen Ort unter der Zuständigkeit der einen Staatsanwaltschaft begangene Steuerstraftat führt dort zu intensiver und konzentrierter Strafverfolgung, zur Anordnung von Untersuchungshaft mit formelhafter Begründung von Flucht- und Verdunkelungsgefahr allein wegen zu geringer Bereitschaft zur Mitwirkung an der Ermittlung der Besteuerungsgrundlagen. Anderenorts führt dagegen eine ebensolche Tat mit absolut vergleichbaren Umständen und identischem Steuerschaden möglicherweise noch nicht einmal zu intensiver Strafverfolgung, bleibt manchmal vollständig unaufgeklärt oder wird auch unter Berücksichtigung der fiskalischen Belange und des Strafverfolgungsangebots mit Augenmaß und Ruhe einer Klärung zugeführt mit einer ganz erheblich geringeren Strafe. Es ist daher auch für erfahrene Strafverteidiger immer wieder schwierig abzuschätzen, welches Maß an Intensität der Strafverfolgung und welche Sanktion der Betroffene einzukalkulieren hat. Dabei ist völlig ausgeschlossen, diese Prognose allein anhand der Gesetzestexte, der Richtlinien für das Straf- und Bußgeldverfahren sowie der Anweisungen für das Straf- und Bußgeldverfahren unter weiterer Zuhilfenahme der unterschiedlichen Strafzumessungstabellen zu treffen (Minoggio, Stbg 2001, 324).

Auffallend sind jedoch die großen Unterschiede in den einzelnen Bundesländern: Strafrechtlich für Steuerhinterzieher am ungünstigsten ist die Region Hamburg. Hier werden doppelt so hohe Tagessätze bei den Geldstrafen verhängt wie im vergleichbaren westlichen und östlichen Bundesgebiet (8 Tagessätze pro hinterzogene 500 €). Mengenrabatte erhält man bei der Steuerhinterziehung im Rhein-Main-Gebiet und in Düsseldorf. Hier werden die Steuerstrafsachenstellen mit einer Flut von Großverfahren überzogen, sodass schon bei großen Fällen die Abarbeitung der

Fälle mühevoll ist. Die Steuerstrafsachenstellen zielen hier mehr darauf ab, Mehrsteuern rechtskräftig festzusetzen und beizutreiben, als eine optimale Bestrafung zu erreichen. Selbst bei Hinterziehungen in Millionenhöhe erhält ein Hinterzieher hier im Zweifel noch 2 Jahre auf Bewährung. Die weit verbreitete Furcht, dass in diesen Regionen Deutschlands wegen größerer Steuerbeträge der Steuerhinterzieher „in den Knast" gehen muss, ist zumeist und insbesondere auch bei Ersttätern unbegründet.

Hingegen herrschen „normale" Verhältnisse in den süddeutschen Ländern (Bayern, Baden-Württemberg). Eine Hochburg der Steuerhinterziehung ist Berlin. Das dortige Finanzamt für Fahndung und Strafsachen hat große Probleme, Fälle der organisierten Kriminalität (Umsatzsteuer-Karusselle, Holz- und Bautenschutz, Erstellung von Scheinrechnungen etc.) zu bekämpfen: Letzter spektakulärer Fall war der des Imperiums von Alexander Schalk-Golodkowski, der bei einem potenziellen Hinterziehungsvolumen von 250 Mio. € mehr oder weniger eingestellt wurde. In den neuen Bundesländern sind hier die Strafgerichte teilweise besonders scharf. Richter versuchen hier gelegentlich aus ideologischen Gründen, auch bei Bagatellfällen hohe Geld- oder sogar Freiheitsstrafen zu verhängen.

2. Einstellung eines Strafverfahrens bzw. eines Ordnungswidrigkeitenverfahrens

2.1 Voraussetzungen

Die für den Beschuldigten **günstigste** Form der Beendigung eines **Steuerstrafverfahrens** ist die Einstellung gem. § 170 Abs. 2 StPO (mangels hinreichenden Tatverdachts). Über § 46 Abs. 1 OWiG kann auch ein **Steuerordnungswidrigkeitenverfahren** gem. § 170 Abs. 2 StPO eingestellt werden. Diesem Verfahrensabschluss liegt folgende Unterscheidung zugrunde: Für die **Einleitung** eines Steuerstraf- oder Steuerordnungswidrigkeitenverfahrens ist der sog. einfache Verdacht **(Anfangsverdacht)** erforderlich und ausreichend. Ein Anfangsverdacht ist gegeben, wenn „zureichende tatsächliche Anhaltspunkte" für eine Steuerstraftat/Steuerordnungswidrigkeit vorliegen. Die Frage, ob die tatsächlichen Anhaltspunkte „zureichend" sind, bedeutet eine Abgrenzung zur bloßen **Vermutung**, zu Mutmaßungen oder Argwohn; der zuständige Beamte verfügt insoweit über einen Beurteilungsspielraum (§ 152 Abs. 2 StPO).

Erst am Ende der Ermittlungen steht dagegen die Frage, ob ein sog. **hinreichender Tatverdacht** vorliegt. Hinreichender Tatverdacht ist gegeben, wenn bei vorläufiger Tatbewertung mit überwiegender Wahrscheinlichkeit dem Beschuldigten in einer künftigen Hauptverhandlung die Tat nachzuweisen und seine Verurteilung zu erwarten ist. Haben die Ermittlungen den hinreichenden Tatverdacht nicht erbracht, so ist das Ermittlungsverfahren einzustellen. Dies kann der Fall sein, weil entweder der objektive Tatbestand der Steuerhinterziehung oder einer Steuerordnungswidrigkeit oder die subjektive Tatseite nicht mit der erforderlichen Sicherheit festgestellt wurde. Hinsichtlich des objektiven Tatbestands kann z. B. der Nachweis nicht gelungen sein, dass Steuern in bestimmter Höhe verkürzt wurden (§ 46 Abs. 1 OWiG; § 170 Abs. 2 StPO; § 370 AO).

Beispiel:

Bei der Durchsuchung wurden keinerlei Unterlagen über Einnahmen und Ausgaben des Beschuldigten gefunden.

Es gilt der Grundsatz „in dubio pro reo“. Dies bedeutet, dass sich vernünftige Zweifel zugunsten des Beschuldigten/Betroffenen auswirken. Ein Angeklagter darf nicht nur schweigen, sondern ebenso auf den Antritt eines Entlastungsbeweises verzichten, ohne deshalb in Kauf nehmen zu müssen, dass dieses Verhalten als belastender Umstand bewertet wird und ihm damit zum Nachteil gereicht (BGH, Urteil vom 23.10.2001, 1 StR 415/01, StV 2002, 466).

Der **Vorteil** einer Verfahrenseinstellung nach § 170 Abs. 2 StPO liegt zunächst darin, dass es zu keiner strafrechtlichen Ahndung kommt. Etwa 50 % der in Deutschland durchgeführten Steuerstrafverfahren werden schließlich mangels hinreichenden Tatverdachts eingestellt (§ 170 Abs. 2 StPO).

Verfolgung von Steuerstraftaten (Quelle: Monatsbericht des BMF, Oktober 2024, S. 26 ff.)

Im Jahr 2023 haben die Bußgeld- und Strafsachenstellen der Finanzämter bundesweit insgesamt 47.884 Strafverfahren abgeschlossen.

Unter den 19.114 eingestellten Steuerstrafverfahren nach § 170 Abs. 2 Strafprozessordnung(StPO) waren 4.792 Verfahren nach Selbstanzeigen wegen Steuerhinterziehung mit einem hinterzogenen Betrag bis 25.000 Euro. In weiteren 227 Fällen erfolgte ein Absehen von der Verfolgung in besonderen Fällen, und zwar gegen Zahlung eines Geldbetrags an die Staatskasse von insgesamt circa 4,6 Mio. Euro. Die 11.254 Einstellungen der Steuerstrafverfahren bei Erfüllung von Auflagen und Weisungen nach § 153a StPO waren mit Geldauflagen in Höhe von 44,2 Mio. Euro verbunden.

Bei dem Absehen von der Verfolgung in besonderen Fällen handelt es sich um Selbstanzeigen wegen Steuerhinterziehung mit einem hinterzogenen

Steuerbetrag von mehr als 25.000 Euro. Von der Strafverfolgung wird gemäß § 398a AO abgesehen, wenn der Steuerpflichtige – zusätzlich zur Nachentrichtung der Steuer – einen Geldbetrag in folgender Höhe an die Staatskasse zahlt:

- 10 Prozent der hinterzogenen Steuer, wenn der Hinterziehungsbetrag 100.000 Euro nicht übersteigt;
- 15 Prozent der hinterzogenen Steuer, wenn der Hinterziehungsbetrag 100.000 Euro übersteigt und 1 Mio. Euro nicht übersteigt;
- 20 Prozent der hinterzogenen Steuer, wenn der Hinterziehungsbetrag 1 Mio. Euro übersteigt.

Die Staatsanwaltschaften und Gerichte schlossen im gleichen Zeitraum 9.951 Strafverfahren rechtskräftig ab.

Die 1.314 Fälle der Einstellung der Steuerstrafverfahren durch die Staatsanwaltschaften und Gerichte bei Erfüllung von Auflagen und Weisungen nach § 153a StPO waren mit Geldauflagen von circa 21,1 Mio. Euro verbunden. In 31 Fällen der Selbstanzeige mit einem hinterzogenen Betrag von jeweils mehr als 25.000 Euro wurde gegen zusätzliche Zahlung eines Geldbetrags in Höhe von insgesamt circa 0,7 Mio. Euro von den Strafverfolgungen abgesehen.

Anzahl der von Staatsanwaltschaften und Gerichten abgeschlossenen Strafverfahren nach Ergebnissen

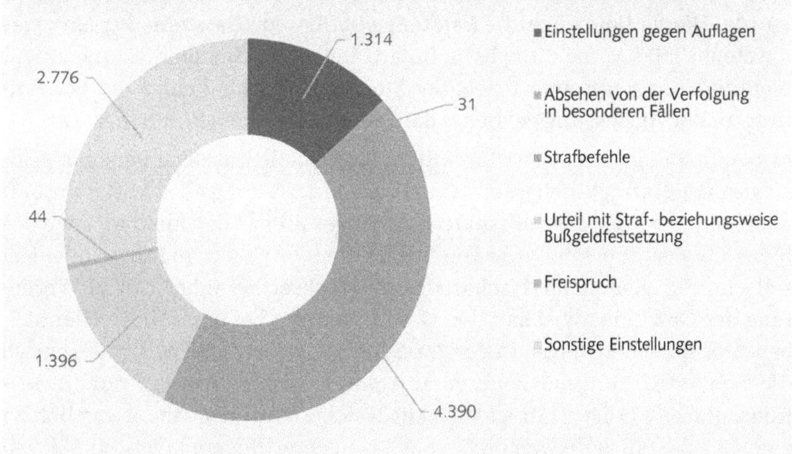

Quelle: Bundesministerium der Finanzen

Abb. 8

2.2 Ursachen der Einstellung von Steuerstrafverfahren

2.2.1 Ursachen im Bereich der Steuerfahndung

Steufa-Berichte weisen sehr häufig **Defizite in der steuerrechtlichen und strafrechtlichen Würdigung** auf. Insofern werden z. B. Sachverhalte ermittelt, die für die rechtliche Subsumtion unerheblich sind: Andererseits hätte an anderer Stelle der Tatbestand einer Vorschrift durch weiteren Sachverhalt angereichert werden müssen.

Ein Unternehmensberater war in Deutschland wohnhaft und verfügte außerdem noch über Büroräume (Betriebsstätte) in der Schweiz. Nach dem Doppelbesteuerungsabkommen mit der Schweiz waren die auf die Schweizer Betriebsstätte entfallenden Einkünfte von der deutschen Besteuerung freigestellt. Der Unternehmensberater hatte seine Einkünfte jedoch weder in Deutschland noch in der Schweiz erklärt. Die Steufa, die etliche Jahre nach der Durchführung der Geschäfte durchsuchte, versäumte zu ermitteln, wie sich Einkünfte auf die Schweizer Betriebsstätte bzw. auf den deutschen Wohnsitz verteilten. Der Steuerhinterziehungsvorwurf brach deshalb im Strafverfahren in sich zusammen (BGH, Urteil vom 13.10.1994, 5 StR 134/94, IStR 1995, 81).

Auch legen Steufa-Prüfungen i. d. R. das Schwergewicht darauf, das steuerliche **Mehrergebnis** zutage zu fördern. Nicht immer sind Ermittlungsergebnisse dafür ausreichend, festzustellen, wem dieses Mehrergebnis zuzurechnen ist (Hild, BB 1999, 343, 350). Diese Frage wird insbesondere in den Fällen relevant, in denen ein Unternehmen (z. B. Gastronomiebetrieb) von mehreren Personen gleichzeitig (GbR) oder auch nacheinander betrieben wurde. Häufig liegt auch die Fallkonstellation vor, dass eine Person zwar die steuerliche Anmeldung beim Finanzamt sowie Steuererklärungen und -voranmeldungen unterschrieb, der Steuerfahnder aber aufgrund der Prüfung zu der Auffassung gelangte, dass eine andere Person Inhaber war.

In Steufa-Fällen ist es oft erforderlich, festzustellen, welche Person eigentlich steuerstrafrechtlich verantwortlich war (z. B. Frage der Mittäterschaft oder Beihilfe von Geschäftspartnern, Angestellten, der Ehefrau oder des Steuerberaters, Einschaltung von Strohleuten als Geschäftsführer oder Gesellschafter; vielfacher Geschäftsführer-Wechsel bei einer GmbH; Verteilung der Gewinne zwischen den Gesellschaftern bei einer GbR). Hier bleiben entscheidende Fragen in der Praxis oft ungeklärt, z. B.: Wer unterschrieb die Steuererklärungen, Steuervoranmeldungen oder Anträge auf Investitionszulage? Wer ist strafrechtlich aus welchen Gründen verantwortlich zu machen, obwohl er die entsprechenden Unterschriften nicht leistete? Liegen verdeckte Gewinnausschüttungen an (nahestehende) Personen vor, die weder Geschäftsführer noch Gesellschafter waren? Oft gelingt es der Steufa – die ja erst Jahre nach den betreffenden Geschäftsvorfällen die Ermittlungen aufnehmen kann – nicht, genügend Indizien zur Bestimmung des Verantwortlichen für die Steuerhinterziehung zusammenzutragen oder dieser Aspekt wird bei den Ermittlungen nicht genügend beachtet.

Der durchschnittliche Steuerstraffall wird auch nicht ständig und nicht immer gründlich bearbeitet. Vielmehr nimmt ein Steuerfahnder die Akte zu bestimmten, von ihm oder dem Sachgebietsleiter verfügten Wiedervorlage-Terminen in die Hand und arbeitet daran. Nach und nach füllt sich die Akte, d.h. alle möglichen Unterlagen, Wichtiges und weniger Wichtiges, werden im Laufe der Zeit hintereinander abgeheftet, was den Steuerstraffall – der häufig ohnehin schon komplexer Natur ist – aufbläht und zusätzlich verkompliziert.

Bekommt man als Verteidiger die Akten in die Hand, so ist es immer wieder interessant, ganz an den Anfang, zu den ersten Seiten, zurückzublättern; es ist verblüffend festzustellen, wie klar und einleuchtend der Schuldvorwurf am Anfang der Akte noch erschien und wie die Sache dann in der folgenden Zeit so verwirrt und unübersichtlich wurde, dass kaum noch jemand durch die Akte durchzublicken vermochte. Dies ist die Situation, mit der die Richter beim Amtsgericht regelmäßig zu kämpfen haben: dicke unübersichtliche Akten, vollgeheftet mit irgendwelchen Anlagen (z.B. Mikrofiches von Banken), dazwischen immer wieder einmal ein wichtiger Vermerk oder ein Schriftsatz. Es ist klar, dass sich die Akten der Finanzbehörden bei den Amtsgerichten deshalb keiner großen Beliebtheit erfreuen. Eine Einstellung nach § 153a StPO ist daher oft das einzig erzielbare Ergebnis; viele Verfahren werden jedoch auch ohne jegliche Ahndung eingestellt.

Im **Bericht des Landesrechnungshofs Baden-Württemberg** vom 25.06.1998 heißt es dazu: Zwischen der Einleitung des Verfahrens und der Fertigstellung des Prüfungsberichts liegen zuweilen mehrere Jahre. Ursache hierfür können z.B. Verzögerungstaktik des Beschuldigten oder lange Bearbeitungszeiten bei Einschaltung ausländischer Dienststellen sein. Zuweilen sind aber auch Fälle wegen Arbeitsüberlastung oder unzureichender Dienstaufsicht durch die Sachgebietsleiter lange Zeit unbearbeitet geblieben. ... Es werden aber auch an sich prüfungsbedürftige Fälle in der Hoffnung zurückgehalten, sie einem Fahnder zuteilen zu können, wenn es die Arbeitslage zulassen sollte. Oft „laufen" diese Fälle jedoch in die Verjährung. ... Für die Fahndungsstellen ergaben sich z.T. erhebliche Bearbeitungsrückstände, die nach den Berechnungen des Rechnungshofs bis zu

57 Monate betrugen. Rückstände dieser Größenordnung führen dazu, dass sowohl die Strafverfolgungs- als auch die steuerliche Festsetzungsverjährung eintreten können. Der Rechnungshof gewann den Eindruck, dass die Steufa trotz des Zuwachses der Fahnderstellen sowohl organisatorisch als auch personell nur unzureichend in der Lage ist, ihre Aufgabe zu erfüllen.

Die aufgrund von Fahndungsmaßnahmen sich ergebenden Steuernachforderungen können – insbesondere bei Großfällen – oft nur teilweise realisiert werden, etwa weil Stpfl. mittellos sind oder sich ins Ausland abgesetzt haben. Dennoch werden in den Statistiken über die finanziellen Ergebnisse der Fahndungstätigkeit nicht die tatsächlich kassenwirksam gewordenen Steuernachholungen, sondern die in den Steuerbescheiden berechneten Nachforderungen, also „Soll"-Beträge, ausgewiesen. Damit wird der Aussagewert der Statistik stark beeinträchtigt. Mit der unkommentierten Veröffentlichung solcher Zahlen entsteht der nicht zutreffende Eindruck, als ob diese Nominalbeträge als Haushaltsmittel voll zur Verfügung stünden. Nach Erhebungen des Rechnungshofs beträgt die Quote der endgültig ausgefallenen Forderungen um die 40 %. Dabei sind die Fälle, bei denen die Realisierung wegen noch laufender Zwangsvollstreckungsmaßnahmen zweifelhaft ist, nicht mitgerechnet. Der Realisierungsgrad liegt somit unter 60 %.

Die **Mängel der Steufa-Berichte** werden offenkundig, wenn Bericht und Strafakten später beim Beamten der BuStra-Stelle eingehen und dieser beginnt, die Berichtsdarstellungen z. B. in die Form eines Strafbefehlsantrags zu bringen. Oberflächlichkeiten in den Ermittlungen werden durch die Einlassung des Angeklagten, der seinen Fall natürlich am besten kennt, und durch Zeugenaussagen sehr schnell aufgedeckt. Kommt dann in der Hauptverhandlung nur ein geringes strafrechtliches Ergebnis heraus, liegt es oftmals daran, dass im Lauf der Zeit (häufig sind es mehrere Jahre), in der sich die Sache bei der Steufa befunden hat, „Bruchstellen" in das Verfahren eingebaut wurden, die zum sofortigen Scheitern des Verfahrens vor Gericht führten, wenn das Gericht oder die Verteidigung darauf stieß.

2.2.2 Ursachen im Bereich der Bußgeld- und Strafsachenstellen

Steufa-Berichte werden in strafrechtlicher Hinsicht überwiegend an die BuStra-Stellen, prozentual weniger an die Staatsanwaltschaft, weitergeleitet. Die BuStra ist dann für das Ergebnis eines Falles verantwortlich. Hier kann es sich auswirken, dass BuStra-Beamte keine echte Ausbildung im Steuerstrafrecht erhalten. In den Fachhochschulen wird zu dem Thema überwiegend zwar theoretisch Interessantes, jedoch für die in der Praxis vorkommenden Fälle weniger Verwertbares vermittelt; die Ausbildung ermöglicht allenfalls die Bearbeitung sehr einfach gelagerter Verkürzungsfälle. Hinzu kommt, dass die meisten BuStra-Stellen personell unterbesetzt sind. Ohne die erforderlichen theoretischen und praktischen Kenntnisse und ohne echte Unterstützung von Vorgesetzten und Kollegen kämpft der BuStra-Neuling dann um sein dienstliches Überleben. Bekannt ist, dass einschlägige Fachliteratur häufig veraltet ist und aktuelle Fachzeitschriften den Beamten des gehobenen Dienstes (Sachbearbeitern) i. d. R. nicht zugänglich sind.

Um zu einem rechtlich zutreffenden Ergebnis geführt zu werden, muss ein Steuerstrafrechtsfall sehr sorgfältig bearbeitet werden. Dies geschieht jedoch aufgrund der in den BuStra-Stellen seit Jahrzehnten herrschenden Zustände (Arbeitsüberlastung, Personalfluktuation usw.) meist nicht. Dies hat zur Folge, dass oft über Jahre Fälle verfolgt werden, an denen bei exakter juristischer Subsumtion letztlich „nichts dran" ist und die dann schließlich doch eingestellt werden müssen. Bei anderen Fällen wird dagegen vielfach die strafrechtliche Erheblichkeit nicht erkannt, sodass gerade diese sogar sehr rasch eingestellt werden.

Für die in einer BuStra-Stelle bearbeiteten Fälle wirkt es sich ebenfalls nachteilig aus, wenn Sachgebietsleiter die Dienststelle verlassen und durch neue Sachgebietsleiter ersetzt werden. Ein neuer Sachgebietsleiter fängt in dem Arbeitsgebiet „BuStra" – in fachlicher und organisatorischer Hinsicht eine Spezialmaterie – „bei Null" an und benötigt rund zwei Jahre für die Erreichung eines adäquaten Levels.

2.2.3 Ursachen im Bereich der Staatsanwaltschaft

Im Bereich der Wirtschaftsabteilungen der Staatsanwaltschaften sind es in erster Linie die dünne Personaldecke – insbesondere in den großstädtischen Ballungsgebieten – und die Personalfluktuation, die sich negativ auf die Entwicklung von Steuerstraffällen und damit positiv für die Beschuldigten auswirken. Die großen Bestände häufig umfangreicher und komplexer Fälle führen oft dazu, dass der Bearbeiter sich in der Weise organisieren muss, dass er sich einzelnen Fällen widmet, etliche andere dagegen – z. T. nach längeren Liegezeiten – mit mehr oder minder angemessener Begründung schließt. Die Staatsanwaltschaft arbeitet in diesem Bereich somit weitgehend nach dem „Kapazitätsprinzip" und nicht nach dem Legalitätsprinzip.

So teilte auf einer Fachtagung im Oktober 2020 ein Oberstaatsanwalt aus Köln mit, dass aufgrund der evidenten Komplexität der Cum-cum- bzw. Cum-ex-Fälle nahezu sämtliche Kapazitäten der Staatsanwaltschaft in

Köln absorbiert werden und somit „einfache Wirtschaftsstrafdelikte" kaum noch verfolgt werden können bzw. man mehr oder weniger gezwungen ist, mit den Verteidigern sogenannte Deals auszuhandeln, die zu einer äußerst niedrigen Bestrafung im Ergebnis führen.

2.2.4 Ursachen im Bereich der Strafgerichte

Für den Amtsrichter, dessen Dezernat i. d. R. noch andere Wirtschaftsdelikte umfasst (z. B. Verstöße gegen das Ausländergesetz oder das Lebensmittelrecht etc.), bilden Hinterziehungsfälle häufig den weniger beliebten Teil seiner Tätigkeit, sind doch diese Verfahren oft dadurch gekennzeichnet, dass sie umfangreich und kompliziert sind und die Sachverhalte sich häufig auch noch in „Uralt-Zeiträumen" abspielen. Letzteres kann im Einzelfall zur Folge haben, dass zum Zeitpunkt der Hauptverhandlung der Wohnsitz eines Zeugen nicht mehr ermittelbar oder dieser sogar schon verstorben ist. Der Umstand, dass Strafrichter nicht immer vertiefte Kenntnisse des Steuerstrafrechts und wirtschaftlicher Abläufe haben, kann sich sowohl für als auch gegen Angeklagte auswirken.

2.2.5 Typische Behördenabläufe als gemeinsame Ursachen

Mit einer Steuerstrafsache sind im Laufe der Zeit – meist etliche Jahre lang – i. d. R. viele Abteilungen und Personen befasst. Auf der strafrechtlichen Schiene sind dies Steufa, BuStra-Stelle, Staatsanwaltschaft, Gericht (u. U. noch Berufung- oder Revisionsinstanz); auf der steuerlichen Schiene Bp, Veranlagung, Rechtsbehelfsstelle, FG (u. U. Nichtzulassungsbeschwerde, Revision). Auf **jeder dieser Ebenen** wirken die typischen, alltäglichen behördlichen Vorkommnisse wie z. B. Wechsel des Sachbearbeiters oder Dezernenten, Arbeitsüberlastung (zu hoher Fallbestand) der Bearbeiter, Krankheitstage, Umzüge von Dienststellen oder Behördenteilen etc. Diese in den verschiedenen Stadien eines Strafverfahrens auftretenden Mechanismen wirken sich für die einzelnen Straffälle naturgemäß wenig förderlich aus. Nimmt man die Kompliziertheit steuerlicher Sachverhalte und den mit der Zeit immer mehr anwachsenden Umfang der Ermittlungsakten hinzu, so verwundert es nicht, dass viele Verfahren mit den Jahren in Richtung Verjährung trudeln und schließlich mit einer Einstellung enden (§ 170 Abs. 2 StPO; Thoma, in Göhler, OWiG, 19. Aufl. 2024, vor § 105 Rdnr. 15, 93, 118).

Auch lässt das Interesse jedes Steuerfahndungsbeamten und Staatsanwalts an dem einzelnen Fall im Lauf der Zeit nach. Am Anfang wird mancher Fall interessiert, zuweilen regelrecht verbissen verfolgt. Spätestens aber nach 2 bis 3 Jahren – in Steuerstrafsachen kein außergewöhnlicher, sondern ein durchaus normaler Zeitraum – ist das Interesse erlahmt. Nun ist der Fall nur noch eine Alt-Akte, die erledigt werden muss.

Die Ausgangslage für eine Verteidigung in Steuerstrafsachen ist gut. Ein abwartendes Agieren führt dazu, dass sich die dargestellten Ursachen für die Einstellung (§ 170 Abs. 2 StPO) von Steuerstrafverfahren entfalten können. Demgegenüber wirkt sich die in letzter Zeit stark propagierte Kooperation mit den Verfolgern in Steuerstrafsachen i. d. R. negativ für den Beschuldigten aus; sie ermöglicht den Ermittlungsbehörden oft erst die Sanktion, die ansonsten vielfach fraglich ist. Der Strafverfolgungsbereich in Steuerstrafsachen steht vor demselben Dilemma wie das gesamte Besteuerungsverfahren: Die Zahl der Fälle steigt, der Einzelfall wird immer komplexer, somit muss immer mehr Arbeit mit immer weniger Personal bewältigt werden. Es ist klar, dass dies ohne die Mitwirkung der Verfolgten nicht gelingen kann.

Fand i. R. eines Strafverfahrens eine Durchsuchung statt und erfolgt eine Einstellung gem. § 170 Abs. 2 StPO, so sind Verteidigerkosten u. U. gem. § 2 Abs. 2 Nr. 4 StrEG erstattungsfähig (§ 7 Abs. 1 StrEG; so LG Karlsruhe, Urteil vom 27.04.1981, 2 O 8/84, AnwBl 1985, 158). Auf die Entschädigungsmöglichkeit muss eigentlich in der Einstellungsverfügung von Amts wegen hingewiesen werden, dies geschieht in der Praxis jedoch fast nie. Nimmt die Finanzbehörde einen **Bußgeldbescheid** nach Einlegung des Einspruchs durch den Betroffenen zurück, so kommt gleichfalls eine Auslagenerstattung in Betracht (§ 9 Abs. 1 StrEG; § 105 Abs. 1 OWiG; § 467a Abs. 1 StPO; Thoma, in Göhler, OWiG, 19. Aufl. 2024, vor § 100 Rdnr. 15, 93, 118).

In steuerlicher Hinsicht werden die für den Beschuldigten nachteiligen Folgen – Festsetzung von Hinterziehungszinsen, Festsetzungsfrist von 10 Jahren (bei leichtfertiger Steuerverkürzung von 5 Jahren), Haftung des Steuerhinterziehers gem. § 71 AO – durch eine Einstellung i. d. R. vermieden. Zwar sind die Veranlagungsstellen bei der Prüfung, ob Steuerhinterziehung (oder leichtfertige Steuerverkürzung) vorlag, rechtlich nicht an die Feststellungen im Straf-(Bußgeld-)Verfahren gebunden, im Regelfall werden sie hiervon aber nicht abweichen (§§ 235, 169 Abs. 2 Satz 2 AO; § 170 Abs. 2 StPO).

Finanzgerichte befürworten die Aussetzung des FG-Prozesses während des anhängigen Strafverfahrens (§ 74 FGO; FG Rheinland-Pfalz, Urteil vom 01.07.1991, 5 K 1002/91, EFG 1991, 741; FG Baden-Württemberg, Urteil vom 04.12.1992, 9 K 153/88, EFG 1993, 458).

Der Anspruch des Angeklagten auf Entscheidung in angemessener Frist nach Art. 6 Abs. 1 Satz 1 EMRK geht einer Aussetzung des Steuerstrafverfahrens nach § 396 AO jedenfalls dann vor, wenn eine längere Aussetzung erforderlich wäre (BGH, Beschluss vom 10.08.2023 1 StR 116/23, wistra 2024, 173 ff. mit Anm. Grötsch; zu den steuerstrafrechtlichen praktischen Auswirkungen im parallelen Steuerprozess siehe Bilsdorder, DStR 2022, 1840 ff.).

Es sind gerade Strafverfahren mit hohen Verkürzungen, die häufig auch steuerliche Rechtsfragen aufwerfen und oft viele Jahre beim Straf- und Finanzgericht anhängig sind. Die Einstellung des Strafverfahrens gem. § 170 Abs. 2 StPO kann dazu führen, dass auch die steuerliche Nachforderung vor dem FG zumindest teilweise wegfällt.

Den Strafverfolgungsbehörden ist mit zunehmender Tendenz aufgefallen, dass es in schwierigen steuerrechtlichen bzw. sozialrechtlichen präjudiziellen Fragen erheblich „einfacher" ist, wenn der staatliche Strafanspruch gegen die Beschuldigten auf der Ebene der Strafgerichte und nicht auf der Ebene der Fachgerichte (insbesondere Finanzgerichte, Sozialgerichte) zu realisieren ist. Dies wird oberflächlich damit begründet, dass die Verfahrensdauer bei den Finanz- und Sozialgerichten mit ca. drei Jahren im Hauptverfahren äußerst lang ist und Strafverfahren, insbesondere auf der Ebene der Amtsgerichte, in wenigen Monaten abgearbeitet werden können. Es wird nach außen hin gerechtfertigt, dass somit gewährleistet ist, dass der Strafanspruch nicht automatisch in die Verjährung trudelt. Der wahre Grund ist jedoch, dass lediglich die Finanz- bzw. Sozialgerichte intellektuell in der Lage sind, das extrem komplizierte und komplexe Steuerrecht bzw. Sozialrecht lege artis anzuwenden, während hingegen ein Amtsrichter (der sich nicht nur mit Steuerrecht, sondern auch mit Verstößen gegen das Betäubungsmittelgesetz, Lebensmittelgesetz Ausländerrecht) beschäftigen muss, völlig mit Fachfragen überfordert ist. Zudem arbeiten die Finanzgerichte mit einer wissenschaftlichen Gründlichkeit. Dies führt in der Praxis dazu, dass in den meisten Fällen Steuerfahndungsberichte von den Finanzgerichten dermaßen auseinandergenommen werden, dass von dem Strafanspruch im Ergebnis kaum noch etwas übrig bleibt.

3. Absehen von der Verfolgung von Ordnungswidrigkeiten

Nach dieser Bestimmung können Ermittlungsbehörden **Steuerordnungswidrigkeitenverfahren** nach pflichtgemäßem Ermessen einstellen. Trotz Vorliegens eines Anfangsverdachts kann von der Verfolgung einer Ordnungswidrigkeit abgesehen werden, wenn der verkürzte Betrag oder der gefährdete Abzugssteuerbetrag insgesamt weniger als **5.000 €** beträgt, sofern nicht ein besonders vorwerfbares Verhalten für die Durchführung eines Bußgeldverfahrens spricht. Das Gleiche gilt, wenn in diesen Fällen der insgesamt gefährdete Betrag über **10.000 €** liegt und der gefährdete Zeitraum **3 Monate** nicht übersteigt (§ 47 Abs. 1 OWiG; Nr. 104 Abs. 3 der Anweisungen für das Straf- und Bußgeldverfahren vom 16.10.2023, AStBV 2023/2024, BStBl. 2023, 1798).

Da keine Steuerhinterziehung vorgeworfen wurde, kommen die Vorschriften über die Festsetzung von Hinterziehungszinsen und zur Steuerhaftung bei einem Verfahrensabschluss nach § 47 OWG nicht zur Anwendung (§§ 235, 71 AO).

4. Einstellung wegen Geringfügigkeit

Ferner kann ein **Steuerstrafverfahren** eingestellt werden, wenn nur eine geringwertige Steuerverkürzung eingetreten ist oder nur geringwertige Steuervorteile erlangt wurden, die Schuld des Täters als gering anzusehen wäre und kein öffentliches Interesse an der Strafverfolgung besteht. Eine bundeseinheitliche Geringfügigkeitsgrenze existiert nicht. In BuStra-Stellen eher strukturschwacher Regionen, in denen bereits eine Verkürzung von 50.000 € schon als „Großfall" gilt, liegt die Grenze bei rund 500 €. In den großstädtischen, wirtschaftsstarken Ballungszentren Frankfurt/M., Düsseldorf und München kommen dagegen Verkürzungsfälle von 50.000 € bis 100.000 € massenhaft vor; letztlich infolge des hohen Arbeitsanfalls wird die Schwelle für Einstellungen dort höher angesetzt, teilweise bis zu 2.500 € (§ 398 AO).

Einen breiten Anwendungsbereich kann die Vorschrift bei der Strafverfolgung der Nichtabgabe von Umsatzsteuervoranmeldungen finden. Hier wird dem Beschuldigten zumeist vorgeworfen, dass Steuern nicht rechtzeitig festgesetzt wurden (zeitliche Steuerverkürzung). Bei zeitlicher Steuerverkürzung ist der Strafzumessung nicht der gesamte verkürzte Steuerbetrag, sondern der Verspätungsschaden des Staates bzw. Zinsgewinn des Beschuldigten zugrunde zu legen. Aus Vereinfachungsgründen kann als Anhaltspunkt für die Berechnung des Verspätungsschadens der Zinssatz des § 238 AO herangezogen werden. Der Einwand, dass bei einer auf Dauer gewollten Verkürzung die Steuern nachgezahlt worden seien und daher kein Dauerschaden eingetreten sei, rechtfertigt nicht die Annahme einer Steuerverkürzung auf Zeit (BGH, Urteil vom 26.09.1978, 1 Str 293/78, DB 1979, 1065 = HFR 1979, 110; BayObLG, Urteil vom 03.11.1989, 4 St 135/89, wistra 1990, 159; Nr. 76 Abs. 3 der Anweisungen für das Straf- und Bußgeldverfahren vom 16.10.2023, AStBV 2023/2024, BStBl. 2023, 1798).

Dieser Verspätungsschaden liegt bei der Nichtabgabe von Umsatzsteuervoranmeldungen meist unter der o. a. Geringfügigkeitsgrenze, sodass dieses Tatbestandsmerkmal der Vorschrift häufig erfüllt ist. Auch wird vielfach von einer geringen Schuld ausgegangen werden können. Die §§ 235, 169 Abs. 2 Satz 2 und 71 AO kommen bei einer Einstellung jedoch zur Anwendung (§ 398 AO).

5. Einstellung gemäß § 154 StPO oder § 154a StPO

Von der Verfolgung einer Straftat bzw. abtrennbarer Teile einer Tat kann abgesehen werden, wenn die Strafe im Verhältnis zu einer für eine andere Tat zu erwartenden oder bereits verhängten Strafe nicht beträchtlich ins Gewicht fällt.

Beispiel 1:

Gegen X wurde als Einzelunternehmer eine Freiheitsstrafe wegen Umsatzsteuer-Hinterziehung 01 und 02 i. H. von 200.000 € verhängt. Später stellt sich heraus, dass X als Gesellschafter-Geschäftsführer einer GmbH im Jahre 03 Umsatzsteuer-Voranmeldungen nicht abgegeben hat, nach der Aktenlage aber vom Finanzamt in zutreffender Höhe geschätzt wurde, sodass Umsatzsteuer i. H. v. 10.000 € nicht rechtzeitig festgesetzt wurde.

Das Ermittlungsverfahren wegen Umsatzsteuer-Hinterziehung 03 wird eingestellt.

Beispiel 2:

Y wird von der Staatsanwaltschaft die Hinterziehung von Tabaksteuer, Einfuhrumsatzsteuer und Zöllen i. H. v. rund 300.000 € vorgeworfen. Die BuStra-Stelle stellt das bei ihr anhängige Verfahren wegen Umsatzsteuer-Hinterziehung i. H. v. 25.000 € ein (§ 154 StPO).

Die Bestimmungen der §§ 154, 154a StPO können i. R. von **Verständigungen in Steuerstrafverfahren** Bedeutung gewinnen. Staatsanwaltschaften und BuStra-Stellen sind häufig bereit, Teile eines Strafverfahrens einzustellen und damit den strafrechtlichen Vorwurf zu beschränken, wenn der Beschuldigte hinsichtlich **anderer** Verfahrensteile den Schuldvorwurf einräumt. Der Vorteil einer solchen Verfahrensweise besteht darin, dass sich das Geständnis und die Verringerung des strafrechtlichen Vorwurfs günstig auf die Rechtsfolge auswirken, z. B. zu einer geringeren Strafe führen. Jedoch bleiben die nachteiligen steuerlichen Folgen für die ausgeschiedenen Verfahrensteile bestehen (Flore/Dörn/Gillmeister, Steuerfahndung und Steuerstrafverfahren, 2. Aufl., 318).

In der Praxis besonders beliebt ist – insbesondere bei komplizierten Fällen (z. B. Schätzung bei unbrauchbarer Buchführung) –, dass von dem Rechtsinstitut der **doppelten tatsächlichen Verständigung** Gebrauch gemacht wird. Hier wird dann das Besteuerungsverfahren mit dem Steuerstrafverfahren verknüpft, sodass eine Paketlösung ausgehandelt wird. Dies ist verfahrensökonomisch für alle Beteiligten sinnvoll und man kommt in relativ kurzer Zeit zu flächendeckender Rechtssicherheit. Das Problem ist jedoch, dass aufgrund der Vielzahl von Beteiligten (Vertreter der Finanzbehörden, Betriebsprüfung, Rechtsbehelfsstelle, BuStra und Staatsanwaltschaft) der Beschuldigte und dessen Verteidiger im Ergebnis an einem Strang ziehen müssen, damit diese Einigung überhaupt erreicht werden kann. Allerdings steigt die Kompromissbereitschaft erfahrungsgemäß, je länger das Steuerstrafverfahren dauert und die Verjährung „kurz vor der Tür steht".

6. Absehen von der Verfolgung wegen geringer Schuld

Ein Verfahren kann eingestellt werden, wenn die Schuld des Täters als gering anzusehen ist und kein öffentliches Interesse an der Verfolgung besteht. Im Unterschied zu § 398 AO setzt § 153 StPO tatbestandlich nicht voraus, dass eine geringe Steuerverkürzung eingetreten ist oder geringwertige Steuervorteile erlangt wurden. In der Praxis gelangt die Vorschrift insbesondere dann zur Anwendung, wenn besondere Umstände in der Person des Täters und/oder der Tat vorliegen (§ 153 StPO).

Beispiele:

- Bei einer Bp wurde festgestellt, dass der 82-jährige, inzwischen bettlägerig erkrankte Y Spekulationsgewinne aus Wertpapiergeschäften nicht erklärt hat. Die verkürzte Steuer i. H. v. 10.000 € wurde sofort bezahlt.
- Im Rahmen eines Steuerstrafverfahrens wurde festgestellt, dass der Ehemann in der Vergangenheit Geld schwarz nach Luxemburg überwiesen hatte. Gegen beide Eheleute ist ein Steuerstrafverfahren eingeleitet worden, obwohl sich die Ehefrau erkennbar um Geldanlagen und Besteuerungsfragen in keiner Weise gekümmert hatte und mehr oder weniger die gemeinsame Jahreseinkommensteuererklärung blind unterschrieben hatte. In einem solchen Fall bietet es sich an, das Steuerstrafverfahren gegen die Ehefrau nach § 153 StPO wegen minimaler Schuld einzustellen und das Strafverfahren gegen den Ehemann mit den üblichen Tarifen zu betreiben (z. B. Strafbefehl mit Geldstrafe, Auflagenbetrag nach § 153a StPO).

7. Bußgeldbescheide gemäß §§ 130, 30 OWiG

7.1 Verletzung der Aufsichtspflicht/Organisationsverschulden in Betrieben und Unternehmen

Täter können Inhaber von Betrieben oder Unternehmen, gesetzliche Vertreter einer juristischen Person bzw. vertretungsberechtigte Gesellschafter einer Personenhandelsgesellschaft oder Personen sein, die beauftragt sind, den Betrieb ganz oder zum Teil zu leiten. Die Tathandlung besteht in einer Aufsichtspflichtverletzung oder einem Organisationsverschulden, wodurch es in dem Unternehmen zu einer Zuwiderhandlung gegen betriebliche Pflichten – wozu auch die steuerlichen Pflichten zählen – gekommen ist. Die Aufsichtspflichtverletzung oder das Organisationsverschulden setzen lediglich **einfache Fahrlässigkeit** voraus. § 130 OWiG stellt somit einen **Auffangtatbestand** dar. Rechtsfolge ist die Verhängung eines Bußgelds gegen den Inhaber, gesetzlichen Vertreter etc. (§ 130 OWiG).

Beispiel:

Ein EDV-Programm sieht einen völlig veralteten Steuersatz für die Lohnsteuer-Pauschalierung vor. Der Stpfl. oder sein Berater müssen den aktuellen Satz eingeben. Geschieht dies nicht, so kommt es programmbedingt zu Steuerverkürzungen. Dies wird in einer Lohnsteuer-Außenprüfung aufgedeckt.

Es kommt in Betracht, das Mehrergebnis unter dem Gesichtspunkt des Organisationsverschuldens zu ahnden, eventuell eine Geldbuße gegen das Unternehmen zu verhängen. Ein Unternehmer, der sich zur Erfüllung seiner Erklärungspflichten technischer Hilfsmittel bedient, muss sich über deren Funktionsweise informieren und durch geeignete organisatorische Maßnahmen und Weisungen sicherstellen, dass zutreffende Erklärungen bzw. Lohnsteuer-Anmeldungen erstellt werden. Kümmert er sich darum nicht oder nicht in ausreichender Weise und kommt es hierdurch – u. U. jahrelang – zu Steuerverkürzungen, so liegt Fahrlässigkeit, Leichtfertigkeit oder sogar bedingter Vorsatz vor (§§ 30 Abs. 4, 130 OWiG).

7.2 Geldbuße gegen juristische Personen und Personenvereinigungen

Geldbußen können gegen juristische Personen oder Personenhandelsgesellschaften verhängt werden. Dies kann dann geschehen, wenn Organe der juristischen Person oder vertretungsberechtigte Gesellschafter der Personenhandelsgesellschaft, Generalbevollmächtigte oder Prokuristen Zuwiderhandlungen gegen betriebliche Pflichten begehen, z. B. ihren Aufsichtspflichten nicht genügen oder organisatorische Mängel verschulden, wodurch es zur Verletzung steuerlicher Pflichten kommt (§ 30 Abs. 1 OWiG).

Da die Geldbuße gem. § 30 Abs. 1 OWiG gegen die juristische Person/Personenhandelsgesellschaft nur **zusätzlich** neben einem Bußgeld gegen die natürliche Person in Betracht kommt (sog. Nebenfolge), ist aus der Sicht des Verteidigers die Vorschrift des § 30 Abs. 4 OWiG interessanter.

§ 30 Abs. 4 OWiG ermöglicht es, die Geldbuße gegen die juristische Person im selbstständigen Verfahren zu verhängen. Tatbestandliche Voraussetzung ist, dass das Bußgeldverfahren gegen die natürliche Person eingestellt oder ein solches erst gar nicht eingeleitet wurde (§§ 88 Abs. 2, 130 OWiG).

Beispiel:

Der Betroffene erklärt, sich bei einem Personalbestand von ca. 300 Personen nicht um alle betrieblichen Angelegenheiten selbst kümmern zu können. Er sei zwar als Geschäftsführer verantwortlich, sein persönliches Verschulden erscheine jedoch seiner Meinung nach noch als geringfügig. Die BuStra-Stelle sieht von der Fortsetzung des Bußgeldverfahrens wegen § 130 OWiG nach § 47 Abs. 1 OWiG ab und leitet ein Bußgeldverfahren gem. § 30 Abs. 4 OWiG gegen die GmbH ein.

Rechtsfolge ist die Festsetzung einer Geldbuße mit selbstständigem Bußgeldbescheid gegen die juristische Person (§ 88 Abs. 2 OWiG). Ein Schuldvorwurf gegenüber einer bestimmten natürlichen Person unterbleibt (§ 88 Abs. 2 OWiG).

Verteidiger in Steuerstrafsachen sind häufig recht schnell bereit, Verfahrenseinstellungen nach § 153a StPO zu akzeptieren. Im Strafverfahren gegenüber gesetzlichen Vertretern von juristischen Personen (insbesondere Geschäftsführern von GmbHs) oder Personenhandelsgesellschaften kann der Verteidiger jedoch u. U. mit den §§ 130 und 30 OWiG alternative Verfahrensbeendigungen ins Gespräch bringen. Diese Vorschriften sind auch in BuStra-Stellen häufig nahezu unbekannt. Verfahrensabschlüsse nach einer dieser Vorschriften kommen in Verfahren gegen Geschäftsführer, Vorstände etc. insbesondere deshalb in Betracht, weil es den Ermittlungsbehörden obliegt, für den Vorwurf der Steuerhinterziehung oder der leichtfertigen Steuerverkürzung Vorsatz oder Leichtfertigkeit nachzuweisen. Vorsatz und Leichtfertigkeit stellen aber schwere Schuldformen dar, die entsprechend strengen Anforderungen an den strafrechtlichen Nachweis zu genügen haben. Insbesondere dann, wenn Steuerzuwiderhandlungen in großen Unternehmen, z. B. in den Rechtsformen der GmbH oder AG, festgestellt werden, wird es aufgrund der dort herrschenden Arbeitsteilung und komplexen Organisationsstruktur häufig schwierig, bestimmten Personen leichtfertiges oder gar vorsätzliches Verhalten nachzuweisen. Die Bestimmungen der §§ 370, 378 ff. AO erweisen sich dann als ungeeignet, um Verstöße gegen steuerliche Normen zu ahnden.

Andererseits sind die Ermittler nicht bereit, Verfahren ohne Weiteres einzustellen. Geldbußen nach § 130 OWiG oder § 30 OWiG können in derartigen Fällen einen Kompromiss darstellen. Einerseits haben die Strafverfolgungsbehörden eine Ahndung erreicht, andererseits entfällt zweifelsfrei der Makel des Vorwurfs einer Straftat (Steuerhinterziehung), der gerade für Beschuldigte aus Wirtschaftsunternehmen oft als besonders belastend empfunden wird (§§ 370, 378 ff. AO; §§ 30, 130 OWiG).

Zu den Konsequenzen der Übernahme von Geldsanktionen gegen ein Vorstandsmitglied durch das Unternehmen (hier: Volkswagen AG) siehe eingehend Horstmeier, BB 2021, 1716 ff.

7.3 Verbandssanktionengesetz (VerSanG): Der „neue" Regierungsentwurf und seine Auswirkungen auf das Steuerstrafrecht

Unternehmen können in Deutschland weder angeklagt noch bestraft werden. Strafen i. S. d. Strafrechts sind nur für natürliche Personen vorgesehen. Das soll sich auch mit dem geplanten neuen Verbandssanktionengesetz nicht ändern. Jedoch sieht der entsprechende Gesetzentwurf des Bundesjustizministeriums bei Straftaten, durch die Pflichten, die das Unternehmen treffen, verletzt wurden, ganz neue Sanktionsmöglichkeiten für die Unternehmen selbst vor. Die geplanten Sanktionen reichen weit über die bisher bei Organisationen mögliche Verhängung einer Geldbuße nach § 30 OWiG hinaus. Das Gesetz könnte bei relevanten Pflichtverstößen von Unternehmen vor allem große Firmen mit einem Umsatz von mehr als 100 Mio. € hart treffen. Gegen sie soll nach dem Gesetzentwurf künftig eine sog. Verbandsgeldsanktion i. H. v. 10 % des weltweiten Konzernumsatzes verhängt werden können.

Der Regierungsentwurf ist jedoch innerhalb der großen Koalition sehr stark umstritten. Vertreter der SPD wollen ihn weiter verschärfen und Vertreter der CDU ihn eher entschärfen, damit Unternehmen nicht in Existenznot gelangen können. Der Regierungsentwurf will die Unternehmen faktisch dazu zwingen, umfassende (Tax-)Compliance-Strukturen in funktionsfähiger Weise einzuführen, damit sich die Unternehmen im Ernstfall exkulpieren können. Damit die Unternehmen sich auf die neue Situation einstellen können, werden Übergangsfristen von zwei bis drei Jahren geplant (BT-Drucks. 19/23568, S. 43, Talaska/Görlich, Stbg 2020, 406 ff.; Krause-Ablaß, NZWiSt 2020, 377 ff.; Hoffmann/Schiml/Izrailevych, DB 2020, 2541 ff.). Zum Regierungsentwurf aus Sicht der Verteidigung siehe eingehend Kämpfer/Travers/Schwerdtfeger, NZG 2020, 848 ff., Fehrenbach, wistra 2021, 95 ff.; zu den Auswirkungen des geplanten Verbandssanktionengesetzes im Steuerstrafrecht eingehend Webel, PStR 2021, 108 ff.

Der Regierungsentwurf hat die betroffenen Wirtschaftsverbände alarmiert. Wegen der massiven bürokratischen Verschärfungen wurde – zu Recht – befürchtet, dass damit der Wirtschaftsstandort Deutschland weiter beschädigt wird. Aufgrund massiver Einflussnahmen auf die CDU/CSU-Fraktionen ist es offenbar gelungen, dass dieses angedachte Gesetzgebungsvorhaben in dieser Legislaturperiode – nach jetzigem Zeitstand (September 2021) – wohl nicht mehr realisiert wird. Ob die Bemühungen um das Verbandssanktionengesetz im Laufe der nächsten Legislaturperiode erneut aufgenommen werden, bleibt abzuwarten. Unternehmen sollten die nun infolge des – vorläufigen – Scheiterns des Verbandssanktionengesetzes gewonnene Zeit jedoch nutzen, um ihre Compliance-Maßnahmen auf den Prüfstand zu stellen und ggf. zu verbessern (so die Empfehlung von Ulrich, GmbHR 2021, R 210 f.).

Der Gesetzesentwurf wurde jedoch nicht umgesetzt, da er nach dem Grundsatz der Diskontinuität des letzten Bundestages der großen Koalition verfiel und von der Ampel-Koalition nicht mehr aufgegriffen wurde.

8. Bußgeldbescheid wegen leichtfertiger Steuerverkürzung

8.1 Bedeutung in der Praxis

Die kontinuierlich abnehmende Bedeutung der Bußgeldtatbestände bei Ermittlungsverfahren wegen der Verkürzung von Besitz- und Verkehrssteuern wird an den Zahlen der jährlichen Steuerstrafsachenstatistiken der Steuerverwaltungen der Länder deutlich (§§ 378 ff. AO). Die Bußgeldfestsetzungen und Urteile wegen leichtfertiger Steuerverkürzung einschließlich Steuergefährdung und Gefährdung von Abzugsteuern entwickelten sich stark rückläufig und bewegen sich nun noch im Bagatellbereich.

Neben den als Steuerstraftaten qualifizierten Delikten schlossen die Bußgeld- und Strafsachenstellen der Finanzämter im Berichtszeitraum (2003) bundesweit insgesamt 5.046 Bußgeldverfahren ab.

Bußgelder werden insbesondere wegen leichtfertiger Steuerverkürzungen (§ 378 AO), Steuergefährdung (§ 379 AO), Gefährdung der Abzugsteuern (§ 380 AO), Schädigung des Umsatzsteueraufkommens (§ 26b UstG) sowie wegen Verstößen gegen das Steuerberatungsgesetz und das Gesetz über Ordnungswidrigkeiten (OWiG) festgesetzt. Des Weiteren werden Bußgeldbescheide auch in Fällen der Einziehung des Werts von Taterträgen gemäß § 29a OWiG erlassen.

Mit den rechtskräftig gewordenen Bußgeldbescheiden bezogen auf diese wichtigsten Tatbestände der Steuerordnungswidrigkeiten wurden Bußgelder in Höhe von 16,0 Mio. Euro festgesetzt. Der größte Teil – 7,5 Mio. Euro – entfiel auf Fälle der Einziehung des Werts von Taterträgen gemäß § 29a OWiG. Bußgelder in Höhe von 3,6 Mio. Euro entfielen auf Verstöße gegen das OWiG. Den Bußgeldverfahren wegen leichtfertiger Steuerverkürzung, für die Bußgelder von circa 1,0 Mio. Euro festgesetzt wurden, lagen verkürzte Steuerbeträge in Höhe von insgesamt 11,2 Mio. Euro zugrunde. Die Verfahren wegen Schädigung des Umsatzsteueraufkommens führten zu Bußgeldfestsetzungen von ebenfalls 1,0 Mio. Euro und basierten auf nicht oder nicht vollständig entrichteter Umsatzsteuer in Höhe von 51,5 Mio. Euro (Quelle: Monatsbericht des BMF, Oktober 2024).

Der Rückgang der Bußgeldfestsetzungen hat u. a. folgende Ursachen:

- Die BuStra-Stellen favorisieren Verfahrenseinstellungen gem. § 153a StPO gegenüber dem Erlass von Bußgeldbescheiden. Dies ist u. a. darin begründet, dass der BuStra-Sachbearbeiter die mit dem Bußgeldverfahren u. U. verbundenen Mehrarbeiten der Zahlungsüberwachung und ggf. Vollstreckung vermeiden möchte. § 153a Abs. 1 Satz 3 StPO lässt demgegenüber Ratenzahlungen über maximal 9 Monate zu, die Vollstreckung eines bei Nichtzahlung ergehenden Strafbefehls obliegt der Staatsanwaltschaft.
- Für leichtfertige Steuerverkürzungen, die durch die Bp aufgedeckt werden, wird relevant, dass die bereitwillige Vorlage aller Unterlagen an den Prüfer, aus denen dieser dann die leichtfertige Steuerverkürzung erkennt, bereits die Selbstanzeige impliziert (OLG Karlsruhe, Beschluss vom 30.11.1995, 2 Ss 158/95, wistra 1996, 117 = NStZ 1996, 197).

Gleichwohl ist der Tatbestand der leichtfertigen Steuerverkürzung **für die Verteidigung von Bedeutung**, namentlich bei durchschnittlichen Hinterziehungsvorwürfen, wie sie z. B. aus einer Bp heraus häufig erhoben werden. Hier muss es das Ziel sein, vom Vorwurf des Vorsatzes weg zu dem der Leichtfertigkeit oder sogar leichten Fahrlässigkeit zu kommen – was z. B. mit dem Hinweis auf die Delegation von Aufgaben auf beauftragte Hilfskräfte möglich ist. Lag kein Vorsatz, sondern allenfalls Leichtfertigkeit vor, so greift die **weite Selbstanzeigemöglichkeit des § 378 Abs. 3 AO noch nach Prüfer-Erscheinen** (§ 378 AO).

8.2 Tatbestandsvoraussetzungen

Ordnungswidrig handelt, wer als Stpfl. oder bei der Wahrnehmung der Angelegenheiten eines Stpfl. eine der in § 370 Abs. 1 AO bezeichneten Taten leichtfertig begeht. Der Unterschied in den tatbestandlichen Voraussetzungen zwischen § 370 AO (Steuerhinterziehung) und § 378 AO besteht somit darin, dass § 370 AO Vorsatz, § 378 AO Leichtfertigkeit voraussetzt;

§ 370 AO ist ein Straftatbestand, § 378 AO ist ein Bußgeldtatbestand. Eine Verfahrensbeendigung gem. § 378 AO führt nicht zu den steuerlichen Folgen der §§ 235, 71 AO; die Festsetzungsfrist beträgt 5 Jahre (§§ 370, 378, 169 Abs. 2 Satz 2 AO).

Im Vergleich zur leichten Fahrlässigkeit – die nur bußgeldrechtlich relevant ist – ist Leichtfertigkeit eine schwere Schuldform, die nicht ohne Weiteres bejaht werden kann. Leichtfertigkeit bezeichnet einen erhöhten Grad von Fahrlässigkeit; sie entspricht in etwa grober Fahrlässigkeit; leichtfertig handelt, wer aus besonderem Leichtsinn oder besonderer Gleichgültigkeit handelt (Randt, in Joecks/Jäger/Randt, Steuerstrafrecht, 9. Aufl. 2023, § 378 AO Rdnr. 33–42).

Für die **Abgrenzung zwischen Fahrlässigkeit und Leichtfertigkeit** kommt es auf die Umstände des einzelnen Falls an, insbesondere die persönlichen Kenntnisse und Fähigkeiten des Täters. Dabei besteht die Gefahr, dass der Fachmann des Steuerrechts zu strenge, der Laie zu milde Maßstäbe anlegt (Randt, in Joecks/Jäger/Randt, Steuerstrafrecht, 9. Aufl. 2023, § 378 AO Rdnr. 43–48). Anhaltspunkte ergeben sich aus einem Vergleich des konkreten Verhaltens des Täters mit dem Verhalten, das unter gleichen Umständen andere Stpfl. mit etwa gleicher Vorbildung, Ausbildung, betriebswirtschaftlicher und steuerlicher Berufserfahrung an den Tag legen. Von besonderem Gewicht sind diejenigen Erfahrungen, die der Stpfl. aus vorangegangenen Hinweisen und Belehrungen durch steuerliche Berater oder aus früheren Beanstandungen seiner Buchführung, Gewinnermittlungen oder seiner Steuererklärungen durch die Veranlagungsstelle oder Betriebsprüfer gewonnen hat. Ist eine fehlerhafte Verfahrensweise – etwa in einem besonderen Schreiben oder einem Betriebsprüfungsbericht – ausdrücklich beanstandet worden, ohne dass der Stpfl. in der Folgezeit die gegebenen Hinweise beachtet hat, wird i.d.R. Leichtfertigkeit, vielleicht sogar bedingter Vorsatz vorliegen (Randt, in Joecks/Jäger/Randt, Steuerstrafrecht, 9. Aufl. 2023, § 378 AO Rdnr. 43 ff.).

In der Praxis des Steuerstraf- und Bußgeldverfahrens ist allgemein festzustellen, dass Finanzbeamte der Prüfung der subjektiven Tatseite erheblich weniger Aufmerksamkeit schenken als dem objektiven Tatbestand. Auch können die o. a. Abgrenzungen etwas verschoben sein: Leichtfertige Verhaltensweisen werden u. U. als bedingt vorsätzlich gewertet und über § 378 AO (leichtfertige Steuerverkürzung) können in der Praxis Fehler vorgeworfen werden, die eigentlich auf einfacher Fahrlässigkeit beruhen. Gelegentlich entsteht sogar der Eindruck, dass Vorsatz zunächst „unterstellt“ wird, obgleich es vielleicht möglich oder sogar notwendig wäre, von Leichtfertigkeit oder einfacher Fahrlässigkeit auszugehen.

8.3 Kontrolle des Steuerberaters?

Fraglich ist, ob eine **Pflicht zur Kontrolle des Arbeitsergebnisses des Steuerberaters** besteht. In der Praxis der BuStra-Stellen der FÄ wird zuweilen recht undifferenziert darauf verwiesen, dass es den Stpfl. nicht gestattet sei, die zur Weiterleitung an die Finanzbehörde bestimmten Erklärungen und Anlagen „blindlings zu unterschreiben". Diese Formulierung, die man in BuStra-Stellen gerne anführt, findet sich auch in den einschlägigen Kommentierungen. Der steuerliche Laie kann i. d. R. jedoch nicht beurteilen, ob und wie der Berater die ihm (u. U. auf Befragen) gemachten Angaben verwertet hat, ob sie insbesondere steuerrechtlich relevant waren und welchen Vorschriften diese Angaben zuzuordnen waren. Kann der Laien-Stpfl. aber durchweg nicht nachvollziehen, wie der Berater seine Informationen verarbeitet hat, so kann dieser Stpfl. auch nicht kontrollieren, ob die Steuererklärung richtig ist (Seer, in Tipke/Kruse, AO, § 150 Tz. 12).

Für die Frage, unter welchen Voraussetzungen Leichtfertigkeit vorliegt, kann die Rechtsprechung zu **§ 69 AO** herangezogen werden. Der Haftungstatbestand des § 69 AO weist eine den §§ 370, 378 AO sehr ähnliche Struktur auf:

- Verletzung der auferlegten Pflichten;
- dadurch verursachte Nichtfestsetzung oder nicht rechtzeitige Festsetzung von Steuern (vgl. § 370 AO);
- Vorsatz bzw. grobe Fahrlässigkeit (§ 69 AO).

Ist grobe Fahrlässigkeit zu verneinen, so liegt für die entsprechende Fallkonstellation auch keine Leichtfertigkeit vor. Die Rechtsprechung lässt insoweit klar erkennen, dass sich ein Stpfl. auf den von ihm beauftragten und ihm bisher immer als zuverlässig bekannten – Gegenteiliges ist für das FA regelmäßig nicht beweisbar – steuerlichen Berater verlassen darf:

- Der GmbH-Geschäftsführer verlässt sich auf seinen Steuerberater, der die Umsatzsteuer-Voranmeldungen (unvollständig) erstellte: keine grobe Fahrlässigkeit i. S. v. § 69 AO (BGH, Urteil vom 30.08.1994, VII R 101/92, DStR 1995, 180).
- Anders ist es zu beurteilen, wenn der Geschäftsführer **weiß**, „dass der Steuerberater in Bezug auf die Fertigung von Steuererklärungen in höchstem Maß unzuverlässig ist" (FG Nürnberg, Urteil vom 22.10.1991, II 40/90, EFG 1992, 242).
- Ein Stpfl. verlässt sich auf einen von ihm beauftragten „Wirtschafts- und Betriebsberater": keine Leichtfertigkeit i. S. v. § 378 AO (BGH, Urteil vom 24.01.1990, 3 StR 329/89, wistra 1990, 195).

- Leichtfertigkeit eines Stpfl. kann danach regelmäßig nicht angenommen werden, wenn er sich eines steuerlichen Beraters bedient, diesen über seine Verhältnisse zutreffend unterrichtet, ihm vollständige Unterlagen vorlegt und erbetene Auskünfte gewissenhaft erteilt (Heuel, in Kohlmann, Steuerstrafrecht, § 378 AO Rdnr. 55–62; Göggerle/Müller, Fallkommentar zum Steuerstraf- und Steuerordnungswidrigkeitenrecht, 2. Aufl. 1987, 120).
- Anderer Ansicht war allerdings das FG Baden-Württemberg, das Leichtfertigkeit des Stpfl. trotz unterschriftsreifer Vorbereitung der Steuererklärung durch den Steuerberater annahm (FG Baden-Württemberg, Urteil vom 22.01.1988, IX K 237/84, EFG 1988, 546).

Leichtfertigkeit wurde aufgrund folgender Merkmale angenommen (OLG Stuttgart, Urteil vom 07.09.1983, 3 Ss (13) 73/83, DStR 1985, 48):
- Der eingeschaltete Steuerfachmann wurde vom Stpfl. über die Einkünfte nicht informiert.
- Die nicht erklärten Einkünfte machten einen **großen Anteil** bzw. den Hauptteil der gesamten Einkünfte des Stpfl. aus.
- Der Stpfl. hatte **als Alleingesellschafter einer GmbH** die Gewinnausschüttung **beschlossen** und den Eingang des Geldes auf seinem Darlehenskonto bei der X-GmbH zur Kenntnis genommen.

Aufgrund der oben gemachten Ausführungen kann der Ansicht des BayObLG im Beschluss vom 01.03.2002, dass durch die Unterschrift des Stpfl. sichergestellt werden soll, „dass sich der Stpfl. über die Lückenlosigkeit und Richtigkeit der gegebenenfalls von einem Dritten, also insbesondere von seinem steuerlichen Berater, vorgenommenen Eintragungen und den Umfang der im Vordruck vorgesehenen Angaben vergewissert hat", in strafrechtlicher Hinsicht nicht allgemein zugestimmt werden – sie erscheint zu pauschal (BayObLG, Urteil vom 01.03.2002, 4 St RR 2/2002, wistra 2002, 355).

Schon der Inhaber eines kleineren Betriebs hat **zum Zeitpunkt der Unterschrift unter die Erklärungen** praktisch keine Möglichkeit zu kontrollieren, ob und wie Unterlagen und Informationen, die sukzessive im Laufe des Jahres der Buchführung angeliefert wurden, dort verarbeitet wurden und anschließend in die Gewinn- und Verlustrechnungen und Bilanzen eingingen. Zu differenzieren ist hierbei auch, ob die Buchführung beim Stpfl. oder beim Berater erstellt wurde. Bei unvollständigen Erklärungen wird der Schuldvorwurf vielmehr daran anzusetzen haben, dass ein Stpfl. wissentlich oder leichtfertig Informationen oder Unterlagen nicht in die

Buchführung einspeiste, sodass die unvollständige Erklärung die notwendige Folge war. Dieses Verhalten des Stpfl. ist nachzuweisen. Allenfalls bei ganz einfachen Steuererklärungen mit nur wenigen, leicht zu ermittelnden Einnahme-Positionen können einem Stpfl. **beim Blick auf die Erklärung** – der erhebliche Zeit nach Verwirklichung der betreffenden Sachverhalte erfolgt – Unstimmigkeiten „auffallen" (§§ 370, 378 AO).

Allerdings wird man, insbesondere bei unternehmerisch tätigen Stpfl., **organisatorische Maßnahmen und Absprachen zwischen Mandant und Steuerberater** verlangen müssen, durch die gewährleistet ist, dass die steuerlichen Pflichten des Mandanten erfüllt werden. Fehlt eine solche organisatorische Abstimmung zwischen Mandant und Steuerberater, sodass Fehler „vorprogrammiert" sind, so wird man eine Leichtfertigkeit des Mandanten auch dann annehmen müssen, wenn er den Fehler in der einzelnen Steuererklärung zum Zeitpunkt seiner Unterschrift nicht ohne Weiteres erkennen konnte. Der Mandant hat dann also für allzu sorgloses Vertrauen auf den Steuerberater einzustehen. Sind andererseits solche Absprachen und organisatorischen Regelungen zwischen Mandant und Steuerberater vorhanden, so wird ein einmaliger Fehler auch nicht den Vorwurf der Leichtfertigkeit nach sich ziehen können.

Ein Geschäftsführer, der fällige Abgabenforderungen nicht entrichtet, kann sich im Haftungsverfahren nicht darauf berufen, sein Steuerberater habe ihm im Hinblick auf ein laufendes AdV-Verfahren von der Begleichung der Steuern abgeraten (FG Köln, Beschluss vom 15.03.2006, 13 V 931/06, EFG 2008, 1758, rkr.).

8.4 Kontrolle von Angestellten, Mitunternehmern, Ehegatten

Der von Ermittlungsbehörden erhobene Vorwurf mangelnder Kontrolle der o.g. Personen kann sich zum einen auf i.R. der betrieblichen Arbeitsteilung von diesen Personen wahrzunehmende Tätigkeiten des täglichen Geschäftsbetriebes (z.B. Kassenführung) beziehen, zum anderen auf die von diesen Personen erstellten Gewinnermittlungen, Bilanzen oder Steuererklärungen.

Der BFH führte aus, dass von einem Stpfl. nicht uneingeschränkt verlangt werden könne, dass er die ihm zugänglichen Zahlenangaben in der Steuererklärung überprüft. Eine zu weitgehende Kontroll- und Überwachungspflicht würde letztlich dazu führen, dass der Einsatz von Mitarbeitern sinnlos wäre, da er – trotz erheblichen Aufwands – keine Entlastung des Unternehmers mit sich brächte. Dies gelte vor allem dann, wenn ein Unternehmer in seinem Kleinbetrieb persönlich mitarbeitet und mit der Erstellung des kaufmännischen Rechnungswerks einen Mitarbeiter beauftragt hat. In der unterlassenen Überprüfung einer Steuererklärung, die von einer vom Stpfl. unterwiesenen, ihm jahrelang als zuverlässig bekannten Buchhalterin gefertigt wurde, sah der BFH kein grobes Verschulden i. S. v. § 173 Abs. 1 Satz 1 Nr. 2 AO (BFH, Urteil vom 18.05.1988, X R 57/82, BStBl II 1988, 713).

Auch stellte der BFH fest, dass dann, wenn ein Geschäftsführer einen Angestellten wegen dessen Integrität und Zuverlässigkeit nicht überwacht, keine grobe Fahrlässigkeit vorliegt, wenn die Fehlerhaftigkeit der Steuererklärung nur durch solche Überwachungsmaßnahmen hätte aufgedeckt werden können, zu denen für den Geschäftsführer nach den Umständen des Falles kein Anlass bestanden hatte. Eine Leichtfertigkeit käme i. d. R. nur dann in Betracht, wenn

- die unterlassene Überwachungsmaßnahme geeignet gewesen wäre, die Beanstandung zu verhindern und
- im Einzelfall **Anlass** zu der konkreten Überwachungsmaßnahme bestand (§ 69 AO; BFH, Urteil vom 27.11.1990, VII R 20/89, BStBl II 1991, 284).

Sind die laufenden Geschäfte (und bei der Buchung der täglichen Geschäftsvorfälle handelt es sich um solche) unter Geschäftsführern (oder Mitunternehmern) verteilt, **können und dürfen sich die Geschäftsführer auf die ordnungsmäßige Erledigung der Geschäfte durch den jeweils anderen verlassen.** Voraussetzung ist die persönliche Vertrauenswürdigkeit des anderen Geschäftsführers, eine generelle Kenntnis von der Ordnungsmäßigkeit seiner Geschäftsführung und die Gewähr, dass die vorgenommenen Geschäfte die Grenze des laufenden Geschäftsverkehrs nicht übersteigen. In diesem Umfang wird die Verantwortlichkeit der übrigen Geschäftsführer begrenzt, und zwar soweit und solange, wie für sie kein Anlass besteht anzunehmen, die steuerlichen Pflichten würden nicht exakt erfüllt. Auch der BGH hat die Kontrolle der Tätigkeit des anderen Unternehmers nur i. R. des Möglichen und Zumutbaren gefordert (BayObLG, Urteil vom 11.05.1993, 3 ObOWi 16/93, wistra 1993, 236).

In dem dem o. a. Beschluss zugrunde liegenden Fall hatte sich der Betroffene gegenüber dem Vorwurf der leichtfertigen Steuerverkürzung durch unvollständige Aufzeichnungen der Einnahmen aus einer Gastwirtschaft zu verantworten. Er gab an, sich um die Kassenführung nicht weiter gekümmert, diese vielmehr seiner Ehefrau überlassen und die vom Steuerberater erstellten Steuererklärungen im Vertrauen auf deren sachliche Richtigkeit unterzeichnet zu haben. Das BayObLG wies darauf hin, dass hinsichtlich der Beurteilung der möglichen und zumutbaren Kontrolle von Bedeutung sei, dass unter Eheleuten, anders als bei Mitunternehmern, die nur durch geschäftliches Interesse verbunden sind, ein besonderes Vertrauensverhältnis vorausgesetzt werde, das bei entsprechender Qualifikation des einen Ehegatten für die ihm übertragene Aufgabe eine Kontrolle seiner Tätigkeit durch den anderen Ehegatten entbehrlich machen könne. Bei der Frage der Zumutbarkeit spielte auch die Tatsache eine Rolle, dass der Angeklagte in die Gastwirtschaft lediglich eingeheiratet hatte, sowie – bei der Frage der Möglichkeit der Kontrolle – der Umstand, dass der Angeklagte auf dem Gebiet der Buchführung keine Kenntnisse gehabt haben will. Die Einlassung des Angeklagten, dass er wegen der Führung zweier landwirtschaftlicher Betriebe zeitlich zu einer Überprüfung der Ehefrau nicht in der Lage war, er also **überhaupt keine** Überwachung oder Abstimmung vornahm, hätte allerdings gegen ihn sprechen müssen, da gelegentliche Kontrollen unerlässlich sind (BGH, Urteil vom 03.06.1954, 3 StR 302/53, BGHSt 7, 336, 351).

8.5 Unterlassene Erkundigung über die steuerliche Rechtslage

Soll gegen einen Stpfl. der Vorwurf der **Verletzung der Pflicht zur Erkundigung über die steuerliche Rechtslage** erhoben werden, gelangt man zur Frage der Leichtfertigkeit und damit zur Abgrenzung gegenüber der – bußgeldrechtlich irrelevanten – einfachen (leichten) Fahrlässigkeit. Es ist zweifelhaft, ob eine Leichtfertigkeit des Stpfl. darin liegen kann, dass er es unterließ, sich über die **steuerliche Rechtslage zu erkundigen oder einen Steuerberater zu beauftragen**. Strafgerichte haben eine solche Pflicht bejaht (BayObLG, Urteil vom 21.10.1971, 4 St 514/71, DB 1971, 1544; OLG Hamm, Urteil vom 28.06.1963, 1 Ss 655/63, BB 1963, 1004; vgl. auch OLG Bremen, Urteil vom 30.09.1959, 1 Ss 59/59, NJW 1960, 163, 164).

Es ist anerkannt, dass derjenige, der einen bestimmten Beruf oder ein bestimmtes Gewerbe ausübt, sich über die steuerlichen Pflichten, die mit dem Beruf oder Gewerbe verbunden sind, zu unterrichten hat und ihn demgemäß eine Pflicht zur Erkundigung bei einer maßgebenden Stelle trifft (OLG Hamm, Urteil vom 28.06.1963, 1 Ss 655/63, BB 1963, 1004). Demgegenüber wird darauf hingewiesen, dass die AO nicht vorschreibt, dass sich Stpfl. von einem sachkundigen Bevollmächtigten vertreten lassen müssen, wenn es ihnen an steuerrechtlicher Sachkunde fehlt. Aus den Steuergesetzen ergibt sich nicht, was der steuerliche Laie tun muss, um zu klären, welche Tatsachen steuerlich erheblich sind. Diese Unklarheit des Steuerrechts kann strafrechtlich nicht zulasten des Stpfl. gehen (Seer, in Tipke/Kruse, AO, § 150 Tz. 43).

Eingewandt wird jedoch, dass die Berücksichtigung der individuellen Fähigkeiten in § 150 Abs. 2 AO („... nach bestem Wissen und Gewissen ...“) Grenzen haben muss. Die Gesetzesformulierung habe offenkundig nicht den Sinn, ein Recht auf steuerliche Unwissenheit abzusichern. Objektive Sorgfaltsstandards seien „nicht gänzlich verzichtbar“; je mehr auf persönliche Fähigkeiten und Kenntnisse abgestellt werde, umso mehr werde die Pflichtengleichheit (Art. 3 GG) aufgelöst (§ 150 Abs. 2 AO; Heuermann, in Hübschmann/Hepp/Spitaler, AO, § 150 Rdnr. 18, 19). Der letztgenannten Auffassung ist zwar zuzustimmen, jedoch erfordert Leichtfertigkeit einen **schweren** Sorgfaltsverstoß. Ein solcher Vorwurf wird aber in der Praxis i. d. R. nicht wegen unterlassener Erkundigung über die steuerliche Rechtslage erhoben werden können, vor allem weil die Abgrenzung zur leichten (bußgeldrechtlich irrelevanten) Fahrlässigkeit dabei schwierig wäre (§ 378 AO).

8.6 Vorliegen einer Dauerordnungswidrigkeit

Eine Dauerordnungswidrigkeit der leichtfertigen Steuerverkürzung liegt vor, wenn sich der Täter eines in dauernder Unachtsamkeit bestehenden Gesamtverhaltens schuldig macht, aus dem mehrere bei gehöriger Achtsamkeit voraussehbare Gesetzesverletzungen von selbst ohne weiteres Zutun des Täters entspringen. Maßgebend ist, ob für die einzelnen Steuerverkürzungen dieselbe konkrete Fehlerquelle ursächlich war (BayObIG, Beschluss vom 11.05.1993, 3 ObOWi 16/93, wistra 1993, 236; Randt, in Joecks/Jäger/Randt, Steuerstrafrecht, 9. Aufl. 2023, § 378 AO Rdnr. 61/62). Nach Wegfall des sog. Festsetzungszusammenhangs lehnt Kohlmann die Rechtsfigur der Dauerordnungswidrigkeit für Steuerordnungswidrigkeiten ab (Heuel, in Kohlmann, Steuerstrafrecht, § 378 AO Rdnr. 157).

8.7 Mitteilung an das Gewerbezentralregister

Unter welchen Voraussetzungen eine BuStra Mitteilung an das Gewerbezentralregister über einen Bußgeldbescheid gegen einen Gewerbetreibenden macht, ist nicht klar bestimmt und damit für einen vom Bußgeldverfahren Betroffenen nicht vorhersehbar. Im Rahmen der Erörterungen eines Verfahrensabschlusses zwischen Verteidiger und BuStra-Stelle – z. B. über die Alternative einer Verfahrensbeendigung oder durch Bußgeldbescheid – sollte dieser für den Mandanten u. U. wichtige Punkt daher angesprochen werden. Nach den Ausweisungen für das Straf- und Bußgeldverfahren (AStBV) sind Bußgeldentscheidungen wegen Ordnungswidrigkeiten den zuständigen Gewerbebehörden mitzuteilen, wenn sie so schwerwiegend sind, dass sich aus ihnen eine gewerberechtliche Unzuverlässigkeit ergibt.

Diese Verwaltungsregelung lehnt sich an die Rechtsprechung des BFH zu Auskünften des FA im gewerberechtlichen Untersagungsverfahren an. Danach ist die Finanzbehörde nicht generell zur Offenbarung steuerlicher Verhältnisse gegenüber den Gewerbebehörden befugt.

Für die Beurteilung des zwingenden öffentlichen Interesses an der Offenbarung sind die Beeinträchtigung der allgemeinen Steuermoral und die Einnahmenausfälle des Staates nicht ausschlaggebend, da durch das Gewerbeuntersagungsverfahren zwar zum Schutz der Allgemeinheit unzuverlässige Gewerbetreibende ausgeschlossen werden sollen, das Verfahren aber nicht die Aufgabe hat, dem Besteuerungsverfahren zu dienen. Ein zwingendes öffentliches Interesse an der Mitteilung von Steuerrückständen könne nur anerkannt werden, soweit es sich um Steuern handelt, die mit der Ausübung des Gewerbes in Zusammenhang stehen (Betriebssteuern, insb. LSt, USt). Bei den Personensteuern (ESt) sei nicht ohne Weiteres von dem erforderlichen Zusammenhang mit der Ausübung des Gewerbes auszugehen; ein Zusammenhang sei hier aufgrund der Erlangung eines Wettbewerbsvorteils wegen Nichtentrichtung von Steuern denkbar. Weitere Voraussetzung für die Annahme eines zwingenden öffentlichen Interesses sei, dass die bestehenden Steuerrückstände sowohl ihrer absoluten Höhe nach als auch im Verhältnis zur steuerlichen Gesamtbelastung des Gewerbetreibenden von Gewicht sind. Auch die Zeitdauer, während der der Gewerbetreibende seinen steuerlichen Verpflichtungen nicht nachgekommen ist, sei zu berücksichtigen (§ 35 GewO, § 30 Abs. 4 AO; Nr. 136 Ziff. 2 der Anweisungen für das Straf- und Bußgeldverfahren v. 16.10.2023, AStBV 2023/2024, BStBl. 2023, 1798; BFH, Urteil vom 10.02.1987, VII R 77/87, BStBl II 1987, 546).

9. Einstellung des Verfahrens bei Erfüllung von Auflagen und Weisungen

Zur Verhängung von Strafen im Bereich der Kleinkriminalität (Stichwort: Ladendiebstähle) wurde die Vorschrift des § 153a StPO im Rahmen des Einführungsgesetzes zum Strafgesetzbuch (EGStGB 1974) eingeführt. Die Vorschrift lautet: Mit Zustimmung des für die Eröffnung des Hauptverfahrens zuständigen Gerichts und des Beschuldigten kann die Staatsanwaltschaft bei einem Vergehen vorläufig von der Erhebung der öffentlichen Klage absehen und sogleich dem Beschuldigten Auflagen und Weisungen erteilen, wenn diese geeignet sind, das öffentliche Interesse an der Strafverfolgung zu beseitigen und die Schwere der Schuld nicht entgegensteht. Zur Verhängung von Auflagen kommen insbesondere die Wiedergutmachung des durch die Tat verursachten Schadens und die Leistung eines Geldbetrages an eine gemeinnützige Einrichtung oder die Staatskasse in Betracht.

Der ursprüngliche Zweck der Vorschrift, im Bereich der kleineren Kriminalität auf dieser Basis zu ahnden, hat sich im Laufe der Zeit geändert. Dieser extensiven Auslegung der Vorschrift ist der Gesetzgeber gefolgt und hat durch das Gesetz zur Entlastung der Rechtspflege vom 11.01.1993 die Voraussetzungen geschaffen, dass die Schwere der Schuld dem Absehen von der Erhebung der öffentlichen Klage nicht entgegenstehen dürfe. In neuester Zeit wird die Vorschrift sogar bei komplizierten und langwierigen Verfahren mit höchsten Schadensvolumina (Stichwort: Mannesmann/Vodafone) ausgedehnt.

Steuerstrafverfahren können nach Erfüllung von Auflagen durch den Beschuldigten (z.B. Zahlung eines Geldbetrags an die Staatskasse oder eine gemeinnützige Einrichtung) eingestellt werden, wenn diese geeignet sind, das öffentliche Interesse an der Strafverfolgung zu beseitigen und die Schwere der Schuld nicht entgegensteht. Die Vorschrift ist in der Praxis von **erheblicher Bedeutung**. Eine bestimmte Höhe der Steuerverkürzung, bis zu der eine Einstellung des Verfahrens in Betracht kommt, lässt sich in der Rechtswirklichkeit nicht feststellen. Immer wieder werden sogar Verfahren, bei denen der Höhe der Verkürzungsbeträge nach an sich sogar eine Freiheitsstrafe in Betracht zu ziehen wäre, nach § 153a StPO abgeschlossen. Dies hängt dann meist damit zusammen, dass ein Fall verjährungsbedroht oder/und ein größerer Ermittlungsaufwand notwendig wäre (§ 153a StPO).

Auch wird nicht einheitlich zur Auflage gemacht, dass die verkürzten Steuern nachzuzahlen sind. Insgesamt spielen bei der Verfahrensweise verfahrensökonomische Gründe eine bedeutende Rolle, Verhandlungsinitiativen haben einen breiten Raum. Der Charme der Vorschrift des § 153a StPO besteht insbesondere darin, dass die Beschuldigten nicht vorbestraft sind und hinsichtlich des ursprünglichen Tatvorwurfs weiterhin die Unschuldsvermutung gilt (Art. 6 Menschenrechtskonvention – MRK; Kaiser/Meinberg, NStZ 1984, 343; Dahs, NJW 1996, 1192; „Rechtsanwalt Detlef Deal aus Mauschelhausen", StV 1982, 545; Kaligin, Stbg 2010, 500 ff.).

Der „Freikauf" bei unübersichtlicher Sach- und Rechtslage ist an der Tagesordnung; die Einstellung nach § 153a StPO übernimmt die Funktion des „strafrechtlichen Vergleichs" (Weyand, in Achenbach/Wannemacher, Beraterhandbuch zum Steuerstraf- und Wirtschaftsstrafrecht, § 11 Rdnr. 21; Kaligin, § 153a StPO – eine Universalnorm zur Beendigung von Steuerstrafverfahren?, Stbg 2010, 500 ff.).

Im Fall der Verfahrensweise nach § 153a StPO ist die Zustimmung des Richters erforderlich, es sei denn, dass die verursachten Folgen gering sind. In den BuStra-Stellen der FÄ geht man davon aus, dass eine richterliche Zustimmung nicht erforderlich ist, wenn die Steuerverkürzung ca. 2.500 € nicht überschreitet oder anderenfalls ein Strafbefehl von nicht mehr als 30 Tagessätzen beantragt würde. Die in den übrigen Fällen notwendige Zustimmung des Gerichts stellt keine bloße Formalie dar. Vielmehr kann es durchaus vorkommen, dass die Zustimmung vom Richter verweigert wird, weil die vorgesehene Auflage für zu gering erachtet wird.

Werden Anträge auf Zustimmung des Richters über die Staatsanwaltschaft dem Gericht zugeleitet, so besteht ferner die Möglichkeit, dass auch die Staatsanwaltschaft – die die Befugnis hat, jedes Verfahren an sich zu ziehen – Bedenken äußert. Namentlich bei hohen Verkürzungsbeträgen wird u. U. eine Einstellung nicht mehr für gerechtfertigt, sondern eine Bestrafung für erforderlich gehalten. Es wird dann argumentiert, dass vermieden werden soll, dass sich begüterte Täter „freikaufen", während wirtschaftlich schlechter gestellte Personen der Belastung einer Hauptverhandlung ausgesetzt sind und ggf. das Risiko einer Freiheitsstrafe in Kauf nehmen müssen. (Auch) diese Erwägung wird allerdings nicht annähernd konsequent durchgehalten (§ 153 Abs. 1 Satz 7 StPO; § 153a Abs. 1 Satz 7 StPO; § 386 Abs. 4 Satz 2 AO; Dörn, in Flore/Dörn/Gillmeister, Steuerfahndung und Steuerstrafverfahren, 2. Aufl., 324).

Die neueste Tendenz geht jedoch dahin, sogar sog. **Großverfahren** auf der Basis des § 153a StPO einzustellen. Einer der ersten spektakulären Fälle war die strafrechtliche Verfolgung des ehemaligen Bundeskanzlers Dr. Helmut Kohl wegen seiner Verwicklungen in der Spendenaffäre der CDU. Auch hier war der Sachverhalt sehr diffus, die Aufklärungsarbeit war schwierig (Auslandsbeziehungen zu Liechtenstein etc.) und dem Bundeskanzler konnte selbst kein Vorwurf dahingehend gemacht werden, sich persönlich bereichert zu haben. Um für alle Beteiligten ein langwieriges und PR-trächtiges Verfahren zu vermeiden, hatte man sich auf die Zahlung einer Geldauflage von ca. 300.000 DM beim Landgericht Bonn geeinigt. Diese Fälle sind dann weiter angestiegen. So wurde die erfolgreiche Tennisspielerin Steffi Graf wegen Steuerhinterziehung verfolgt, die weitgehend von ihrem Vater Peter Graf begangen worden war. Um auch Frau Graf noch etwas abzukassieren, hat die BuStra-Stelle ihr gedroht, sie bei fehlender Zahlung einer deutlichen Auflage von 1 Mio. DM an den Pranger zu stellen, und zwar mit dem quasi erpresserischen Vorhalt, dass ihr im Falle einer medienwirksamen Hauptverhandlung wohl künftig die Sponsoren abhandenkommen würden. Der letzte spektakuläre große Fall war Mannesmann/Vodafone, wo bereits schwierige präjudizielle Rechtsfragen vom LG Düsseldorf einerseits bzw. vom BGH andererseits kontrovers entschieden wurden, insbesondere ob und wann ein Untreuevorwurf bei Verstoß gegen aktienrechtliche Normen im Hinblick auf die Zahlung von Abfindungsvergütungen an ehemalige Vorstandsmitglieder eine Strafbarkeit begründen kann oder nicht. Da das Verfahren bereits einige Jahre dauerte, hat man sich dann entschlossen, u.a. gegen den Vorstandsvorsitzenden der Deutschen Bank AG Dr. Josef Ackermann einen Auflagebetrag von ca. 4,2 Mio. € zu verhängen. Diese Form der Beendigung des Steuerstrafverfahrens hat zu rechtspolitischen Grundsatzdiskussionen geführt, ob sich angebliche hochkarätige White-Collar-Täter im Millionenbereich mit Geldauflagen freikaufen können.

Für die **Bestimmung der Höhe eines Geldauflage-Betrags** gelten die Grundsätze zur Strafzumessung entsprechend: Eine Geldstrafe setzt sich aus der **Anzahl** der Tagessätze und der **Höhe** eines Tagessatzes zusammen. Die Tagessatzanzahl bestimmt sich insbesondere nach der Höhe der Steuerverkürzung, wobei verbreitet ein Durchschnittssatz von **5 Tagessätzen pro 500 €** verkürzte Steuer angenommen wird (Nr. 85, 86 der Anweisungen für das Straf- und Bußgeldverfahren [16.10.2023, AStBV 2023/2024, BStBl. 2023, 1798]):

ESt 2020	2.000 €	20 (2 × 10 Tagessätze)
ESt 2021	2.500 €	25 (2,5 × 10 Tagessätze)
ESt 2022	3.000 €	30 (3 × 10 Tagessätze)
	7.500 €	50 Tagessätze

Die Gesamtstrafe (z.B. 50 Tagessätze) muss nach § 54 StGB höher sein als die verwirkte höchste Einzelstrafe (30 Tagessätze), sie darf jedoch die Summe der Einzelstrafen (75 Tagessätze) nicht erreichen. Die Gesamtstrafenbildung ist eine echte Strafzumessung, d.h. es muss aufgrund der Würdigung der Tat und des Täters entschieden werden, warum gerade eine Gesamtstrafe von 50 Tagessätzen gebildet wurde und nicht etwa z.B. von 60 Tagessätzen.

Die Höhe eines Tagessatzes richtet sich insbesondere nach dem monatlichen Nettoeinkommen des Täters, wobei auch Unterhaltsverpflichtungen für Frau und Kinder zu berücksichtigen sind. Bei Prominenten gelten jedoch teilweise Sonderregelungen, vor allem wenn diese sich von dem Vorwurf der Steuerhinterziehung freikaufen wollen. In diesen Fällen werden teilweise Top-Zuschläge gemacht, so auch in den Fällen Dr. Kohl und

Dr. Ackermann. Zuschläge werden teilweise in einigen Bundesländern auch dann gemacht, wenn der Angeklagte beispielsweise ein Rechtsanwalt, Steuerberater, Notar, Architekt oder ein Beamter ist, da diese Personengruppen in besonderer Weise kein Interesse an einer vorstrafefähigen Ahndung haben können. In diesen Fällen wird teilweise der ermittelte Betrag rechnerisch nochmals um beispielsweise 25 % bis 30 % als korrespondierende Gegenleistung des Staates dafür erhöht, dass keine Vorstrafe verhängt wird.

Bei sog. **Altfällen**, die kurz vor der Verjährung stehen, gelten sogar Sondertarife. Hier kommt nämlich simultan die Vorschrift von Art. 6 MRK zum Zuge, wonach der Beschuldigte ein Anrecht auf ein zeitnahes Steuerstrafverfahren hat. Kann dieses – aus welchen Gründen auch immer (wie Großverfahren, simultane Aussetzung des Steuerstrafverfahrens wegen korrespondierender Finanzgerichtsprozesse etc.) – nicht zeitnah durchgeführt werden, so kommen teilweise nur symbolische Strafen (z.B. 1.000 €) auch bei größeren potenziellen Hinterziehungsbeträgen in Betracht.

Der Beschuldigte muss zur Höhe seines Einkommens keine Angaben machen. Für die Bemessung einer Auflage (oder einer Strafe) kommt es auf das Einkommen des Beschuldigten/Angeklagten zu dem Zeitpunkt an, zu dem über die Rechtsfolge zu entscheiden ist, also **zum Zeitpunkt des Verfahrensabschlusses** – der regelmäßig etliche Jahre nach dem Verfahrensbeginn liegt. Vielfach entspricht die wirtschaftliche Situation des Beschuldigten/Angeklagten zu diesem Zeitpunkt nicht mehr seiner früheren guten Wirtschaftslage. Zum Zeitpunkt einer Hauptverhandlung sind vormals Selbstständige oft zu einem Gehalt im Bereich der Pfändungsgrenze bei der Ehefrau angestellt. Der Tagessatz fällt in der Praxis häufig niedrig aus.

Für die Bestimmung der Höhe eines Tagessatzes gilt der Grundsatz „in dubio pro reo“ (im Zweifel für den Angeklagten; OLG Düsseldorf, Urteil vom 29.04.1998, 2 Ss 109/98 51/98 II, NStZ 1998, 464).

Einer Einstellung nach § 153a StPO kommt **keine präjudizielle Wirkung für das Besteuerungsverfahren** zu (z.B. für die Frage der Festsetzung von Hinterziehungszinsen), die **Unschuldsvermutung** gilt weiter (§ 235 AO; BVerfG, Beschluss vom 16.01.1991, 1 BvR 1326/90, MDR 1991, 891; BVerfG, Beschluss vom 26.03.1987, 2 BvR 589/79, 2 BvR 740/81, 2 BvR 284/85, StV 1987, 325; BFH, Urteil vom 20.12.2000, I B 93/99, BFH/NV 2001, 639).

10. Verwarnung mit Strafvorbehalt

Steht eine Verurteilung zu einer Geldstrafe von nicht mehr als 180 Tagessätzen im Raum, sollte der Beschuldigte versuchen, eine Verwarnung mit Strafvorbehalt zu erreichen. Es handelt sich gewissermaßen um eine „Geldstrafe auf Bewährung". Diese ist zulässig, wenn

- zu erwarten ist, dass der Täter künftig auch ohne Verurteilung zu Strafe keine Straftaten mehr begehen wird,
- es im Hinblick auf besondere Umstände, die in der Tat und in der Persönlichkeit des Täters liegen, angezeigt ist, ihn von der Verurteilung zu Strafe zu verschonen und
- die Verteidigung der Rechtsordnung die Verurteilung zu Strafe nicht gebietet.

Besondere Umstände i. S. der Vorschrift liegen vor, wenn die Motivation zur Tat auch für den rechtstreuen Bürger nachvollziehbar ist oder von der Bestrafung außerhalb des Strafzwecks liegende besondere Nachteile, namentlich beruflicher Art, zu befürchten sind. Begeht der Verwarnte während der festgesetzten Bewährungszeit keine Straftat bzw. erfüllt er Auflagen und Weisungen, so erfolgt keine Verurteilung zu der vorbehaltenen Strafe; es hat bei der Verwarnung sein Bewenden (§§ 59a, 59b Abs. 2 StGB).

11. Leicht rückläufige Anzahl der Strafbefehle

11.1 Diskrepanz zwischen Anfangsverdacht und Nachweis

Anzahl und Entwicklung der Verurteilungen verdeutlichen den großen Unterschied zwischen dem **Anfangsverdacht** eines Steuerdelikts einerseits, der für eine Durchsuchungsmaßnahme ausreicht und in vielen Fällen angenommen werden kann und wird, sowie dem letztlich möglichen **Nachweis** andererseits, der zudem meist erst am Ende jahrelanger Ermittlungen steht (bzw. nicht steht). Bei der Nachweismöglichkeit wirkt sich – insbesondere bei Gericht – der Grundsatz „in dubio pro reo" aus. Zum anderen wird relevant, dass die Frage, ob wirklich alle Voraussetzungen des Tatbestands der Steuerhinterziehung erfüllt sind, nicht einfach zu beantworten ist (§§ 152 Abs. 2, 407 StPO). Die **Urteile und Strafbefehle wegen Steuerhinterziehung (bundesweit)** haben sich tendenziell rückläufig entwickelt.

An diesem Befund würde sich allerdings auch nichts durch eine – von Steufa-Verantwortlichen kontinuierlich geforderte – Aufstockung des Steufa-Apparats ändern. Die Schwächen sind – wie unter 2.2 dargelegt –

struktureller Natur. Letztlich handelt es sich eben auch im Strafverfolgungsbereich um Behörden; durch eine Mehrung des Beamtenapparats (und der dortigen Beförderungsstellen) ist keine Optimierung möglich.

11.2 Verfahren bei Erlass eines Strafbefehls

Die BuStra-Stellen sind befugt, in Steuerstrafsachen Anträge auf Erlass von Strafbefehlen zu stellen. Der Antrag auf Erlass eines Strafbefehls hat die Wirkung der Erhebung einer öffentlichen Klage, d.h. der Strafbefehlsantrag steht einer Anklageschrift gleich. Hat der Angeschuldigte einen Verteidiger, so kann **auch Freiheitsstrafe bis zu einem Jahr** durch Strafbefehl festgesetzt werden, wenn deren Vollstreckung zur Bewährung ausgesetzt wird. Diese Regelung ermöglicht es, auch Verfahren mit hohen Steuerverkürzungen (jenseits der maximalen Geldstrafe von 360 Tagessätzen bei einer Tat bzw. 720 Tagessätzen bei mehreren Taten; vgl. §§ 40 Abs. 1, 54 Abs. 2 StGB) im Strafbefehlsweg, d.h. ohne notwendige Hauptverhandlung, abzuschließen (§ 400 AO, § 407 Abs. 1 Satz 4, Abs. 2 Satz 2 StPO).

Entgegen der gesetzlichen Wertung, dass Freiheitsstrafen gegenüber Geldstrafen die schwereren Strafen sind, kommt es in der Praxis vor, dass Angeklagte mit niedrigen Einkünften (z.B. Hartz-IV-Empfänger, Insolvenz) Freiheitsstrafen auf Bewährung gegenüber der finanziellen Belastung einer Geldstrafe präferieren.

Hat der Strafrichter gegen den Erlass eines Strafbefehls Bedenken, so wird der Antrag an die BuStra-Stelle zurückgesandt; solche Bedenken beziehen sich meist jedoch nur auf geringfügige rechtliche Unstimmigkeiten (z.B. unzutreffende Darstellung der Konkurrenzverhältnisse). Im Übrigen ist die Intensität, mit der Strafbefehlsanträge der BuStra-Stelle durch die Amtsgerichte geprüft werden, von Gericht zu Gericht unterschiedlich. Häufig werden diese Anträge nicht nur formell zur Registrierung über die Staatsanwaltschaft geleitet, sondern auch noch von dieser geprüft. Der Strafbefehl erlangt, wenn der Beschuldigte nicht innerhalb von 2 Wochen Einspruch einlegt, die Wirkung eines rechtskräftigen Urteils. Das bedeutet, dass der Verurteilte vorbestraft ist. Legt der Beschuldigte Einspruch ein, so wird eine Hauptverhandlung anberaumt. Der Beschuldigte kann den Einspruch auf bestimmte Beschwerdepunkte (z.B. das Strafmaß) beschränken. Diese Beschränkung kann auch noch in der Hauptverhandlung erklärt werden. Eine „Verböserung" (höhere Strafe) in der Hauptverhandlung ist möglich (§ 410 Abs. 2, § 411 Abs. 4 StPO, was in der Praxis aber äußerst selten vorkommt).

Umstritten ist, ob der Einspruch gegen den Strafbefehl durch die in § 392 AO genannten Personen (Steuerberater, Wirtschaftsprüfer) eingelegt werden darf. Dies ist insofern zweifelhaft, als die Befugnis zur Alleinverteidigung durch Angehörige der steuerberatenden Berufe endet, wenn die Staatsanwaltschaft oder das Gericht mit der Sache befasst ist. Wenn ein steuerlicher Berater, der im von der Finanzbehörde geführten Ermittlungsverfahren als Verteidiger des Beschuldigten tätig gewesen ist, Einspruch gegen den Strafbefehl einlegt, so ist im Zweifel davon auszugehen, dass er dies als Vertreter des Beschuldigten getan hat (Hilgers/Klautzsch, in Kohlmann, Steuerstrafrecht, § 400 AO Rdnr. 166 m. w. N.). Als steuerlicher Berater kann man dem Meinungsstreit auch dadurch Rechnung tragen, dass zum Zweck der Einlegung des Einspruchs ein Rechtsanwalt als Verteidiger hinzugezogen wird.

11.3 Mängel von Strafbefehlen

In der Praxis genügen Strafbefehlsanträge in Steuerstrafsachen häufig nicht den gesetzlichen **Mindestanforderungen**. Ein Strafbefehl muss einerseits den Prozessgegenstand hinsichtlich des Umfangs der möglichen Rechtskraft einer gerichtlichen Entscheidung festlegen **(Umgrenzungsfunktion)** und andererseits dem Angeklagten ein Bild von der Berechtigung des gegen ihn erhobenen Vorwurfs verschaffen, das ihn in die Lage versetzt, seine Verteidigung in der Hauptverhandlung vorzubereiten oder vorab zu entscheiden, ob er Einspruch einlegen soll (**Informationsfunktion**; so Stuckenberg, in Löwe-Rosenberg, StPO, 27. Aufl. 2018, § 200 Rdnr. 14–35).

In einem Strafbefehl wegen Steuerhinterziehung reicht die bloße Angabe der betroffenen Steuerarten und der Summe der jeweils verkürzten Steuern nicht aus. Vielmehr ist eine – wenn auch kurze – Darstellung der tatsächlichen Grundlagen des Steueranspruchs erforderlich sowie die Angabe, durch welches Täterverhalten und für welchen in Betracht kommenden Steuerabschnitt die Erklärungs- und/oder Anmeldepflichten verletzt wurden. Ohne Wiedergabe der in Betracht kommenden Lebensvorgänge ist ein Strafbefehl rechtswidrig (OLG Düsseldorf, Urteil vom 26.05.1988, 3 Ws 85/87, MDR 1989, 435).

Ferner muss bei einer Verurteilung wegen Steuerhinterziehung (durch Strafbefehl oder Urteil) für jede Steuerart und jeden Besteuerungszeitraum die Berechnung der verkürzten Steuern dargestellt werden (BGH, Urteil vom 26.04.2001, 5 StR 448/00, wistra 2001, 308; BGH, Beschluss vom 22.02.1995, 5 StR 628/94, wistra 1995, 265; Saarländisches OLG, Urteil vom 23.08.1999, Ss 40/99 [60/99], wistra 2000, 38). Eine Berechnung der verkürzten Steuern findet sich in Strafbefehlsanträgen der BuStra-Stellen eher selten. Gegenübergestellt sind i. d. R. nur die Steuern vor der Tatentdeckung und nach Abschluss der Ermittlungen. Weder in Anlagen zum Strafbefehl noch in diesem selbst sind Berechnungen enthalten, wie diese Zahlen zustande gekommen sind. Mangelhafte Strafbefehlsanträge können vom Vorsitzenden des Gerichts zurückgegeben werden; werden wesentliche Mängel erst in der Hauptverhandlung offenbar, so kann dies zur Einstellung des Verfahrens führen, insbesondere wenn die Tat nicht genügend konkretisiert ist in dem Sinn, dass unklar bleibt, auf welchen konkreten Sachverhalt sich die Anklage bezieht und welchen Umfang die Rechtskraft eines daraufhin ergehenden Urteils haben würde (vgl. Schneider, in Karlsruher Kommentar zur StPO, 9. Aufl. 2023, § 200 Rdnr. 29–36).

11.4 Strafzumessung

Bei der **Strafzumessung** können in Steuerstrafverfahren insbesondere folgende Aspekte Bedeutung erlangen:

- Der Mitwirkung des Beschuldigten an der Aufklärung des Sachverhalts (z. B. dem Nachreichen von Steuererklärungen oder Steuervoranmeldungen) oder einem Geständnis muss erhebliche Bedeutung zukommen, OLG Düsseldorf, Urteil vom 30.11.1988, 2 Ss 264/88 110/88 III, wistra 1989, 154.
- Dies gilt namentlich in den Fällen, in denen ohne die Mitwirkung des Beschuldigten der Nachweis der Steuerhinterziehung in bestimmter Höhe durch strafrechtliche Schätzungen hätte geführt werden müssen.
- Verstöße gegen das strafprozessuale Beschleunigungsgebot sind **wenigstens** strafmildernd zu berücksichtigen (BGH, Urteil vom 06.09.1988, 1 StR 473/88, wistra 1989, 16; BGH, Beschluss vom 27.03.1988, 5 StR 76/77, wistra 1988, 224); sie können u. U. eine **Einstellung des Verfahrens gebieten** (BGH, Urteil vom 26.06.1996, 3 StR 199/95, wistra 1996, 314 = BB 1996, 2167; BGH, Urteil vom 09.12.1987, 3 StR 104/87, wistra 1988, 230; LG Düsseldorf, Urteil vom 26.08.1987, XII 29/87, NStZ 1988, 427).
- I. R. der Strafzumessung kommt der Nachzahlung der hinterzogenen Steuern (Schadenswiedergutmachung) Bedeutung zu.

Die Verfahrensbeendigung durch Strafbefehl hat folgende **Vorteile**:

- Dem Beschuldigten bleiben die Nachteile und Unwägbarkeiten einer Hauptverhandlung vor dem Gericht erspart.
- Beträgt die Anzahl der verhängten Tagessätze nicht mehr als 90, so darf sich der Verurteilte als unbestraft bezeichnen; Verurteilungen zu

einer Geldstrafe von nicht mehr als 90 Tagessätzen oder die Verwarnung mit Strafvorbehalt werden nicht in ein allgemeines Führungszeugnis aufgenommen (§§ 30 Abs. 2, 32 Abs. 2 Nr. 5a BZRG).

Die **Nachteile** des Strafbefehlsverfahrens sind:

- Im Gegensatz zu einem Bußgeldbescheid (z.B. gem. § 378 AO, § 130 OWiG) bedeutet der Strafbefehl eine Vorstrafe. Der Verurteilte ist im Bundeszentralregister erfasst.
- Eine Ahndung durch Strafbefehl beinhaltet den Schuldvorwurf der Steuerhinterziehung, d.h. vorsätzliches Verhalten. Es gelten die steuerlichen Folgen der §§ 235, 169 Abs. 2 Satz 2, 71 AO. Eine **strafgerichtliche Verurteilung** präjudiziert faktisch die Annahme der Hinterziehung im FG-Prozess (FG Münster, Urteil vom 21.06.1994, 15 K 5555/92 U, EFG 1994, 1117).

Nach eigener Würdigung kann das FG die strafgerichtlichen Feststellungen übernehmen (BFH, Beschluss vom 01.08.1991, VII B 31/91, BFH/NV 1992, 257; BFH, Urteil vom 12.01.1988, VII R 74/84, BFH/NV 1988, 692; BFH, Urteil vom 13.06.1973, VII R 58/71, BStBl II 1973, 666; Dörn, in Flore/Dörn/Gillmeister, Steuerfahndung und Steuerstrafverfahren, 2. Aufl., 329).

Bei einem simultanen Besteuerungs- und Steuerstrafverfahren galt bisher in ständiger Rechtsprechung – nahezu ausnahmslos – der Rechtsgrundsatz, dass die Feststellungen des Strafgerichts bindende Funktion für das Besteuerungsverfahren haben (vergleichsweise wie der Grundlagenbescheid für den Folgebescheid; BFH, Urteil vom 02.12.2003, VII R 17/03, BFHE 2004, 380). Nun ist es jedoch häufig so, dass der in die Bredouille geratene Stpfl. im Steuerstrafverfahren voreilig Schuldvorwürfe ggf. auch zu Unrecht einräumt, um das lästige Steuerstrafverfahren endlich zum Abschluss zu bringen. Nach der bisherigen Rechtsprechung war dem Stpfl. bisher verwehrt, im nachträglichen Besteuerungsverfahren die Behauptung aufzustellen, dass seine Schuldeingeständnisse zu Unrecht erfolgt seien. Ein neueres Judikat des BFH (BFH, Beschluss vom 19.07.2010, I B 174/09, wistra 2011, 36) lockert diese bisherigen Grundsätze signifikant auf. Danach darf sich das FG Feststellungen eines Strafgerichts nur dann zu Eigen machen, wenn gegen sie keine substanziierten Einwendungen erhoben werden. Im konkreten Einzelfall hatte der Stpfl. jedoch erstinstanzlich u.a. geltend gemacht, dass die bestehenden Einlassungen nicht von ihm selbst, sondern von dessen Verteidiger verfasst worden seien und dass sie möglicherweise das Ergebnis einer im Strafverfahren getroffenen Absprache zu Lasten Dritter gewesen seien. Anlässlich dieses Vortrags hätte das FG auf die Vernehmung des involvierten Zeugen nur dann verzichten dürfen, wenn sie unmöglich, unzulässig oder unzumutbar gewesen wäre (= Verstoß gegen den Grundsatz der Unmittelbarkeit der Beweisaufnahme). Überlegungen dazu enthält das angefochtene FG-Urteil nicht. Daraufhin wurde das FG-Urteil im Rahmen des Verfahrens der Nichtzulassungsbeschwerde vom BFH aufgehoben und zur erneuten Sachaufklärung an das FG zurückverwiesen.

Natürlich bleibt es bei dem Grundsatz, dass voreilige Schuldgeständnisse im Strafverfahren das korrespondierende Steuerstrafverfahren mehr oder weniger präjudizieren. Das obig genannte Urteil macht jedoch deutlich, dass voreilige Schuldgeständnisse – insbesondere von sog. Compliance-Verteidigern, die mehr die Interessen des Staates als die des Mandanten vertreten – keine automatische Bindungswirkung für das Besteuerungsverfahren entfalten. Dem Stpfl. bleibt also immer noch die Möglichkeit, auch im Nachhinein durch neuen Sachvortrag die bisherigen „wirren" Feststellungen im Steuerstrafverfahren zu entkräften und zur erneuten Prüfung im Besteuerungsverfahren ggf. erst im Rahmen eines FG-Prozesses vorzubringen.

Der Verteidiger wird vom Mandant oft schon während des Ermittlungsverfahrens gefragt, mit welcher Strafe denn zu rechnen sei. Eine zuverlässige Antwort lässt sich darauf nicht immer geben. Dass diese sich nicht sicher voraussagen lässt, hat mehrere Gründe:

- Zum einen ist die Bandbreite der vom Tatbestand des § 370 AO erfassten Sachverhalte erheblich. Sie reicht vom Verschweigen von Zinserträgen bis hin zu spektakulären Großhinterziehungen, von einfachen Unkorrektheiten bis zu planvoll angelegten raffinierten Täuschungshandlungen, von der zeitlich vorübergehenden bis zur endgültig gewollten Hinterziehung. Entsprechend weit gefasst ist auch der Strafrahmen von Geldstrafe bis zu 5 Jahren Freiheitsstrafe.
- Zum anderen ist den Strafverfolgungsbehörden klar, dass es sich bei der Steuerhinterziehung um ein Massendelikt handelt, bei dem es weiten Kreisen der Bevölkerung am Unrechtsbewusstsein fehlt und das angesichts einer allgemein eher schlechten Steuermoral vermutlich eine hohe Dunkelziffer aufweist. Vor diesem Hintergrund neigen sie dazu, anhängig gewordene Fälle rigoros zu verfolgen, um damit generalpräventive Zeichen zu setzen, also eine abschreckende Wirkung zu erzielen.

12. Abgabe an die Staatsanwaltschaft

Die BuStra-Stelle kann die Strafsache jederzeit an die Staatsanwaltschaft abgeben und die Staatsanwaltschaft kann eine Sache jederzeit an sich ziehen. An die Staatsanwaltschaft werden insbesondere folgende Fälle abgegeben:

– (versuchte) Steuerhinterziehung in Tateinheit mit Urkundenfälschung;
– Verfahren gegen Finanzbeamte, Abgeordnete, Diplomaten, Jugendliche/Heranwachsende (§ 386 Abs. 4 AO; §§ 52, 267 StGB; Nr. 22 der Anweisungen für das Straf- und Bußgeldverfahren vom 16.10.2023, AStBV 2023/2024, BStBl. 2023, 1798).

Nach Absprache mit den Staatsanwaltschaften sind die BuStra-Stellen ferner regelmäßig ab einem Betrag der verkürzten Steuern von ca. 130.000 € verpflichtet, die Abgabe an die Staatsanwaltschaft in Betracht zu ziehen. Häufig werden Strafbefehle von den Finanzbehörden aber auch noch bei verkürzten Steuern von über 130.000 € verhängt; dies geschieht dann jedoch überwiegend in Abstimmung mit der Staatsanwaltschaft. Bei Beträgen um 130.000 € verkürzter Steuer gelangt der Beschuldigte in den Bereich der Freiheitsstrafe. Dies bedeutet allerdings nicht, dass die Abgabe einer Sache an die Staatsanwaltschaft zwangsläufig Freiheitsstrafe zur Folge hätte. Vielmehr werden auch von der Staatsanwaltschaft Strafbefehle beantragt und Ermittlungsverfahren gem. § 153a StPO oder gem. § 170 Abs. 2 StPO eingestellt. Im Einzelfall ist nicht auszuschließen, dass sich die Abgabe eines Verfahrens an die Staatsanwaltschaft für einen Beschuldigten sogar günstiger auswirkt als bei Bearbeitung durch die BuStra-Stelle (Dörn, in Flore/Dörn/Gillmeister, Steuerfahndung und Steuerstrafverfahren, 2. Aufl., 331).

13. Bemessung der Freiheitsstrafe

Vereinfachend kann gesagt werden, dass von Strafgerichten pro ca. 65.000 € verkürzter Steuer ein Jahr Freiheitsstrafe verhängt wird. Es bestehen allerdings in der Spruchpraxis der Strafgerichte erhebliche Unterschiede, wobei die Umstände des jeweiligen Einzelfalls letztlich entscheidend sind. Kurze Freiheitsstrafen (unter 6 Monaten) verhängt das Gericht nur, wenn besondere Umstände, die in der Tat oder der Persönlichkeit des Täters liegen, die Verhängung einer Freiheitsstrafe zur Einwirkung auf den Täter oder zur Verteidigung der Rechtsordnung unerlässlich machen. Bei der Verurteilung zu Freiheitsstrafe von nicht mehr als einem Jahr setzt das Gericht die Vollstreckung der Strafe zur Bewährung aus, wenn zu erwarten ist, dass der Verurteilte sich schon die Verurteilung zur Warnung dienen lassen und künftig auch ohne die Einwirkung des Strafvollzugs keine Straftat mehr begehen wird. In Steuerstrafsachen wird diese günstige Täterprognose regelmäßig gestellt. Nach § 56 Abs. 2 StGB kann das Gericht unter den Voraussetzungen des Abs. 1 auch die Vollstreckung einer höheren Freiheitsstrafe, die 2 Jahre nicht übersteigt, zur Bewährung aussetzen, wenn besondere Umstände in der Tat und in der Persönlichkeit des Verurteilten vorliegen (§§ 47 Abs. 1, 56a Abs. 1 StGB; Dörn, in Flore/Dörn/Gillmeister, Steuerfahndung und Steuerstrafverfahren, 2. Aufl., 331).

In Steuerstrafverfahren gelangt § 56 Abs. 2 StGB, d.h. die zweijährige Freiheitsstrafe auf Bewährung i.R. von Verständigungen über den Verfahrensausgang („deal"), häufig zur Anwendung. Jedoch scheint es bei der Deckelung von 2 Jahren auf Bewährung keine Grenzen zu geben. Beim Auffliegen von Liechtensteinischen Stiftungen wurde vor Kurzem ein Stpfl., der mehr als 5 Mio. € hinterzogen hatte, sogar zu 2 Jahren auf Bewährung (zuzüglich einer saftigen Geldstrafe) verurteilt, obwohl bei solchen Hinterziehungsbeträgen eigentlich Freiheitsstrafen von 4 bis 6 Jahren (ohne Bewährung) fällig sind. Die Gründe des Falls lagen wohl bei der Opportunität der Staatsanwaltschaft. Man wollte einen schnell Verurteilten präsentieren, um auch andere zu Selbstanzeigen bei potenziell aufgeflogenen oder nicht aufgeflogenen Liechtensteinischen Stiftungen zu veranlassen. Zudem war man sich über die prozessualen Risiken (insbesondere das rechtswidrig erlangte Datenmaterial durch den Ankauf gestohlener Disketten von kriminellen Bankmitarbeitern bzw. deren Gehilfen) bewusst und wollte diesen damit aus dem Wege gehen.

Panik in den Gazetten hat das Judikat des BGH (BGH, Urteil vom 02.12.2008, 1 StR 416/08, wistra 2009, 107, 111) ausgelöst, nach dem nunmehr die Steuerhinterziehung und insbesondere der Fall der besonders schweren Steuerhinterziehung strafrechtlich genauso gewürdigt werden soll wie sonstige Vermögensdelikte (z.B. Betrug, Untreue etc.). Das bedeutet nach Auffassung des BGH (ebenso BGH, Urteil vom 07.02.2012, 1 StR 525/11, NJW 2012, 1458 mit Anm. Michalke; ferner Beukelmann, NJW-Spezial 2012, 248; BGH, Urteil vom 22.05.2012, 1 StR 103/12, NJW 2012, 2599 mit Anm. Höll): „Jedenfalls bei einem sechsstelligen Hinterziehungsbetrag wird die Verhängung einer Geldstrafe nur bei Vorliegen von gewichtigen Milderungsgründen noch schuldangemessen sein. Bei Hinterziehungsbeträgen in Millionenhöhe kommt eine aussetzungsfähige Freiheitsstrafe nur bei Vorliegen besonders gewichtiger Milderungsgründe noch in Betracht."

Im vorliegenden Fall lag ein Millionenbetrag vor, sodass der BGH der Auffassung war, dass ein Strafbefehlsverfahren regelmäßig nicht mehr geeignet ist. Die Praxis sieht jedoch anders aus. Wie geschildert, handelt es sich bei dem Phänomen der Steuerverkürzung bei den Einkünften aus Kapitalvermögen um eine Massenerscheinung. Die Fälle können nur noch grobschlägig bearbeitet werden. Die Steuerfahndung arbeitet hier allerdings mit dem Angstfaktor, indem sie auf eine gute Presse setzt. Es wird nur auf die inszenierte Verhaftung des ehemaligen Postchefs Dr. Klaus Zumwinkel hingewiesen, der als Paradebeispiel diente, wie es gleichartigen potenziellen Steuersündern ergehen wird. Die Verhängung von Freiheitsstrafen ohne Bewährung kommt nur in folgenden Fällen in Betracht:

- Verkürzung von mehr als 1 Mio. €,
- Stpfl. bereits vorbestraft,
- simultane Erfüllung anderer Straftatbestände (insbesondere Vorenthalten und Veruntreuen von Arbeitsentgelt, zu deutsch: Sozialversicherungsbetrug).

Insbesondere im Fall der Schwarzarbeitsbranche (z.B. Rotlichtmilieu), wo eine Vielzahl von Straftatbeständen „im Paket" erfüllt werden, kann dann in „Großfällen" auch eine Freiheitsstrafe von mehr als zwei Jahren verhängt werden, die dann nicht mehr zur Bewährung ausgesetzt werden kann. Auch bei gewerbsmäßiger und bandenmäßig begangener Steuerhinterziehung bei **Umsatzsteuer-Karussellen** mit Millionenschäden können mehrjährige Freiheitsstrafen ohne Bewährung verlangt werden.

Zur Klarstellung: Der Autor hat als Rechtsanwalt auch bei betuchten Menschen, die mehr als 1 Mio. € hinterzogen haben, bisher keinen Fall erlebt, in dem ein Angeklagter mehr als zwei Jahre ohne Bewährung als Strafmaß erhalten hat. Es müssen dann weitere Kriterien für eine solch hohe Strafe hinzukommen. Insbesondere wenn – wie im Fall Dr. Zumwinkel – der Steuerhinterzieher geständig und reumütig ist und die verkürzten Steuern zeitnah bezahlt, wird stets eine Freiheitsstrafe auf Bewährung bei Ersttätern zu favorisieren sein (s. auch Esskandari/Bick, DStZ 2012, 775, 777 f.). Daran hat auch die Rechtsprechung des BGH im Grunde nichts geändert. Es fehlen einfach Strafverfolgungskapazitäten (einschl. der Kontingente an Gefängniszellen), um alle Steuersünder nach den Vorstellungen des BGH einer „gerechten" Bestrafung zuzuführen. Wichtig bei der Angelegenheit ist, dass die Strafverfolgungsbehörden primär die Realisierung der hinterzogenen Steuern im Rahmen einer zeitnahen Zahlung im Auge haben. Die Bestrafung ist mehr oder weniger Mittel zum Zweck, um den Stpfl. gefügig zu machen, z.B. Verzicht von Einsprüchen bei geschätzten Steuerbescheiden etc. Dies sollte im Rahmen von tatsächlichen Verständigungen im Besteuerungs- und Steuerstrafverfahren beachtet werden.

VII. Umsatzsteuer-Karussell

Schrifttum:

Adick/Höink	Haftung im Umsatzsteuerkarussell, PStR 2014, 185
Alvermann	Zum Vorsteuerabzug auf Rechnung steuerunehrlicher Lieferanten – ein Update, Die AG 2014, 776
Ammann	Betrugsresistenz der Umsatzsteuer sowie Vertrauensschutz für Steuerfreiheit und Vorsteuerabzug sind gleichzeitig möglich, UR 2005, 533
ders.	Hundertmilliardenschwerer Umsatzsteuerbetrug europaweit ohne die zielführendste Eindämmung, UR 2009, 372
Artinger/Putz/Zugmaier	Bekämpfung des Umsatzsteuerkarussellbetrugs – Kann das italienische Modell einer E-Rechnung als Vorbild für Deutschland dienen?, DStR 2021, 2273
Beyer	Vorsteuerversagung bei Kenntnis oder Kennen-Müssen einer Steuerhinterziehung in einer Lieferkette?, NWB 2021, 2668
Billig	Missbräuchliche Praktiken im Bereich des Mehrwertsteuerrechts, UR 2006, 437
Breuer	Fiskus vs. Goliath, UR 2018, 306
Bülte	USt-Hinterziehung bei innergemeinschaftlichen Lieferungen, DB 2011, 442
Bürger/Paul	Steine statt Brot: Die Entscheidung des EuGH vom 07.12.2010 zur Steuerbefreiung innergemeinschaftlicher Lieferungen, BB 2011, 540
Carlé/Mirbach	Die Grenzen der Haftungsinanspruchnahme nach § 25d Abs. 1 UStG, UR 2018, 97
Demuth/Billau	Die umsatzsteuerliche Missbrauchshaftung – neue Entwicklungen und Ausblick, BB 2011, 2653
Drüen	Haftungsausschluss nach § 25d UStG nach Versagung des Vorsteuerabzuges bei betrugsbehafteten Umsätzen, UR 2016, 777
Friedrich-Vache	Schutz des guten Glaubens und damit Vertrauensschutz beim Vorsteuerabzug?, UR 2015, 889

Frintrup	Die besondere Schonung des Umsatzsteuerhinterziehers auf dem unionsrechtlichen Prüfstand, wistra 2023, 237
Frye	Nachweis der Voraussetzungen einer innergemeinschaftlichen Lieferung, UR 2014, 753
Gehm	Steuerliche und steuerstrafrechtliche Aspekte des Umsatzsteuerkarrussels, NJW 2012, 1257
ders.	Das Umsatzsteuer-Karussellgeschäft im Licht der aktuellen Rechtsprechung, NWB 2012, 3237
ders.	Auf Bösgläubigkeit des Buffers im Zeitpunkt des Leistungsbezugs kommt es an, PStR 2014, 56
Griesfeller	Steuerfreie Ausfuhrlieferung – BMF setzt für Unternehmen günstige Rechtsprechung des EuGH um, StuB 2020, 728
Hentschel	Rechtliche Hindernisse bei der Bekämpfung des grenzüberschreitenden Umsatzsteuerbetruges, DStR 2003, 102
Heidner	Anforderung an den Buch- und Belegnachweis bei innergemeinschaftlichen Lieferungen, DB 2015, StR 1163173
Heuermann	Mit Italmoda auf den Schultern von Larenz, DStR 2015, 1416
ders.	Effektive Durchsetzung des Unionsrechts im MwSt-Recht: Euro Tyre, Italmoda, Barlis 06 und die Folgen, DB 2017, 990
Hoch/Loy	Maßnahmen zur Verbesserung der Umsatzsteuerbetrugsbekämpfung – Wann kommt die digitale Aufrüstung?, DStR 2021, 1578
Hummel	Umgang mit „betrugsbehafteten Umsätzen“ im Umsatzsteuerrecht, UR 2014, 256
Ismer/Schwarz	Betrugsbekämpfung und Schutz des ehrlichen Unternehmers im Umsatzsteuerrecht: Ein Reformvorschlag, MwStR 2019, 348
Janz	Beihilfe zur Umsatzsteuerhinterziehung durch Steuerberater, StB 2019, 7
Jochum	Kann der Betrugsanfälligkeit des geltenden Umsatzsteuerrechts allein durch einen Systemwechsel wirksam begegnet werden?, UR 2005, 88

Joecks/Jäger/ Randt	Steuerstrafrecht, 9. Aufl. 2023
Kemper	Umsatzsteuerkarussellbetrug, UR 2005, 1
ders.	Qualifizierung der Umsatzsteuerhinterziehung und ihre systematische Bekämpfung, UR 2006, 569
ders.	Mehr als 15 Jahre Umsatzsteuerbinnenmarkt und die Umsatzsteuer-Karusselle, UR 2009, 751
ders.	Der Umsatzsteuerbetrug, MwStR 2014, 640
ders.	Die Bekämpfung der Umsatzsteuerhinterziehung, DStZ 2016, 664
ders.	Der „Missbrauch" und die Steuerhinterziehung bei der Umsatzsteuer, UR 2017, 449
ders.	Die Umsatzsteuer-Identifikationsnummer als „materielle Voraussetzung" der Steuerbefreiung innergemeinschaftlicher Lieferungen, UR 2018, 337
Klawikowski/ Leitmeier/ Zühlke	Umsatzsteuerkarussellgeschäfte: Nationale Ohnmacht – internationaler Umsatzsteuerbetrug?, StBp 2002, 121
Küffner	Startschuss für größte Mehrwertsteuerreform, DB 2017, Heft 37, M 4
Langer/von Streit	Belegnachweise nach § 17a UStDV – BMF-Schreiben vom 16.09.2013 klärt diverse Zweifelsfragen zu Gelangensbestätigung & Co., DStR 2013, 2421
Langer/ Zugmaier	Vorsteuerabzug trotz fehlerhafter oder unvollständiger Rechnung, DStR 2016, 2249
Liedtke	USt-Betrug beim innergemeinschaftlichen Reihengeschäft?, StBp 2015, 89
Lohse	Das Rechnungsmerkmal „Anschrift" – ein unbekanntes Wesen?!, BB 2016, 2333
Loy	Umsatzsteuerbetrug im innergemeinschaftlichen Erwerb: Konzept eines Blockchain-basierten Lösungsansatzes, DStR 2018, 1097
Mattes	Setzt dem Umsatzsteuerbetrug ein Ende!, UR 2006, 689
Michel	Aktuelle Rechtsprechung zu den Rechnungsanforderungen für den Vorsteuerabzug, DB 2018, 2957

Moosburger	Albert Collée die Dritte: BFH widerspricht BGH, Stbg 2010, 76
Muhler	Die Umsatzsteuerhinterziehung, wistra 2009, 1
Nieuwenhuis	Umsatzsteuerkarusselle, UR 2005, 177
Pflaum	Versagung von Rechten (§ 25 f. UStG) und Haftung des Steuerhinterziehers (§ 71 AO) bei Steuerhinterziehung in der Leistungskette, UR 2021, 453
Prätzler	BFH ändert Auffassung zu Rechnungspflichtangaben, StuB 2018, 618
Reiß	Unionsrechtlich gebotene Bestrafung und Besteuerung sine lege und contra legem, UR 2016, 342
ders.	Materielle und formelle Voraussetzungen für die Befreiung der innergemeinschaftlichen Lieferung nach Art. 138, 131 MwStSystRL, einschließlich postfaktischer Erweiterung nach der Rechtsprechung des EuGH, UR 2017, 254
Rolletschke	Karussellprobleme, UR 2006, 189
Roth	Kein Vertrauensschutz bei sorgfaltswidrig nicht abgefragter USt-IdNr., PStR 2020, 273
ders.	Vorsteuerversagung wegen Hinterziehung auf vorhergehenden Umsatzstufen, PStR 2022, 124
ders.	Beim zweiten Erwerber wird der Vorsteuerabzug vollständig versagt, PStR 2024, 35
Schmittmann	Vorsteuerabzug bei Beteiligung an Steuerhinterziehung, StuB 2022, 311
Schrömbges	Zur strafrechtlichen Bedeutung der sog. Betrugsbekämpfungsklausel des EuGH, wistra 2017, 422
Schumann	Vorsteuerabzug nach der EuGH-Entscheidung in der Rs. Geissel/Butin, DStR 2017, 2719
Seifert	Formelle Rechnungsanforderungen: Was heißt „vollständige Anschrift"?, StuB 2016, 593
Sievert/Förster	Belegnachweispflichten bei innergemeinschaftlichen Lieferungen, StuB 899

Sikorski	Rückwirkender Vorsteuerabzug bei fehlendem Steuerausweis in der Originalrechnung auch nach Rechnungskorrektur nicht zulässig – Chance auf Steuervereinfachung (wieder) vertan, StBp 2021, 187
Spatscheck/ Spilker	Grenzen für die Verfolgung von Vorsteuerbetrug bei Karussellgeschäften, DB 2018, 1239
Spatscheck/ Stenert	Vertrauensschutz bei innergemeinschaftlichen Lieferungen, Stbg 2013, 899
dies.	Vertrauensschutz bei innergemeinschaftlichen Lieferungen, DStR 2015, 104
dies.	Ist die bisherige Rechtsprechung zum Vorsteuerabzug europarechtswidrig?, DStR 2016, 2313
Spatscheck/ Wimmer	Änderung der BGH-Rechtsprechung zum Kompensationsverbot bei der Umsatzsteuerhinterziehung, DStR 2019, 777
Stapperfend	Schutz des guten Glaubens im Umsatzsteuerrecht, UR 2013, 321
Sterzinger	Allgemeiner Vertrauensschutz gutgläubiger Unternehmer?, DStR 2010, 2606
ders.	Versagung des Vorsteuerabzugs bei betrügerischem Handeln des Vorlieferanten, DStR 1014, 831
ders.	Umsatzsteuerbefreiung für Ausfuhrlieferungen bei der Beteiligung an einem Betrugsmodell, DStR 2015, 2641
ders.	Rechnungsangabe „vollständige Anschrift" und Berücksichtigung des Gutglaubensschutzes beim Vorsteuerabzug, UR 2017, 609
Streit/Fietz	Die Gelangensbestätigung und ihre Alternativen, Stbg 2014, 31
Thietz-Bartram	Die dolosen Gesamtschuldner in der USt-Kette bzw. im USt-Karussell, BB 2013, 418
Tiedtke	Umsatzsteuerbetrug in Theorie und Praxis, UR 2004, 6
ders.	Systemwechsel bei der Umsatzsteuer, UR 2006, 249
Trejo	Wann ist eine Rechnung eine Rechnung?, WPg 2021, 462
Vobbe/Pötters	Die Einschränkungen des Neutralitätsprinzips im Lichte der aktuellen Missbrauchsrechtsprechung, UR 2023, 777

Wäger	Rückkehr des Beleg- und Buchnachweises als materiell-rechtliche Voraussetzung der Steuerfreiheit für innergemeinschaftliche Lieferungen, UR 2015, 702
Walter/Lohse/ Dürrer	Innergemeinschaftliche Lieferung und Mehrwertsteuerhinterziehung in Deutschland und im EU-Ausland, wistra 2012, 125
Weber	USt-Karusselle, § 88 AO (als „Untergrenze" der Finanzamtssorgfalt) und Art. 34 GG, BB 2010, 2538
ders.	Die Schuld im Umsatzsteuerkarussell und im Kettengeschäft, BB 2012, 2540
Wegner	Zweifel an der Versagung des Vorsteuerabzugs für den Buffer II, PStR 2015, 65
ders.	Haftungsbescheid gegen WP/StB wegen Beihilfe zur Steuerhinterziehung, PStR 2019, 17
Weimann	Prüfung von Unternehmereigenschaft und Seriosität des Geschäftspartners, StB 2014, 361, ders., Neuer „Trick" der Finanzverwaltung gegen Umsatzsteuerbetrug – E-Leistungen und „MOOS" ab 1.1.2015 – EU-Kommission zur Interpretation der Umsatzsteuer, StB 2015, 31
Wichmann	Mittel und Wege zur Umsatzsteuer-Betrugsbekämpfung, UR 2005, 14
Wilhelm	Schutz des Umsatzsteueraufkommens durch §§ 26b, 26c UStG, UR 2005, 474
Wulf	Steuerhinterziehung wegen Versagung des Vorsteuerabzugs aus „Bösgläubigkeit" – ein Verstoß gegen Art. 103 Abs. 2 GG?, Stbg 2023, 144
ders.	Praxisfragen der Umsatzsteuerhinterziehung im Spiegel der aktuellen BGH-Rechtsprechung, Stbg 2023, 385
Zimmermann	Modelle zur Eindämmung des grenzüberschreitenden MwSt-Betrugs: Besteuerung auch grenzüberschreitender Leistungen, UR 2017, 580

Verwaltungsanweisungen:

1. BMF, Schreiben vom 07.07.2011, IV D 2 – S 7300 – b/09/10001 DOK 2011/0468888, DStR 2011, 1377 betr. kein Vorsteuerabzug bei nach § 3d Satz 2 UStG ortverlagerten innergemeinschaftlichen Erwerben

2. BMF, Schreiben vom 26.09.2011, IV D 3 – S 7141/08/10001 DOK 2011/0763455, BStBl I 2011, 980 betr. Umsatzsteuerbefreiung für innergemeinschaftliche Lieferungen (§ 4 Nr. 1 Buchst. b, § 6a UStG); Nachweis der Voraussetzungen der Steuerbefreiung; BFH-Urteil vom 17. Februar 2011 – V R 30/10 – (BStBl II, 769) und EuGH-Urteil vom 7. Dezember 2010 – Rs. C-285/09 – (BStBl II 2011, 846)
3. BMF, Schreiben vom 21.11.2012, IV D 3 – S 7103-a/12/10002 DOK 2012/1056512, BStBl I 2012, 1229, betr. Umsatzsteuer; Innergemeinschaftliches Verbringen – Vereinfachungsregelung nach Abschnitt 1a.2 Abs. 14 Umsatzsteuer-Anwendungserlass
4. BMF, Schreiben vom 20.03.2013, IV D 3 – S 7103-a/12/10002 DOK 2013/0273956, BStBl I 2013, 335 betr. Umsatzsteuer; Innergemeinschaftliches Verbringen – Vereinfachungsregelung nach Abschn. 1a.2 Abs. 14 UStAE – Verlängerung der Übergangsregelung
5. BMF, Schreiben vom 16.09.2013, IV D 3 – S 7141/13/10001 DOK 2013/0828720, BStBl I 2013, 1192 betr. Umsatzsteuer; Beleg- und Buchnachweispflichten bei der Steuerbefreiung für innergemeinschaftliche Lieferungen (§ 4 Nr. 1 Buchstabe b, § 6a UStG); Änderungen der §§ 17a und 74a UStDV durch die Elfte Verordnung zur Änderung der Umsatzsteuer-Durchführungsverordnung
6. BMF, Schreiben vom 25.06.2020, III C 3 – S 7134/19/10003 :001 DOK 2020/0626512, BStBl I 2020, 582 betr. Änderung des Umsatzsteuer-Anwendungserlasses (UStAE)
7. BMF, Schreiben vom 18.09.2020, III C 2 – S 7286-a/19/10001 :001 DOK 2020/0920350, BStBl I 2020, 976 betr. Umsatzsteuer; Rückwirkung der Rechnungsberichtigung auf den Zeitpunkt der ursprünglichen Ausstellung und Vorsteuerabzug ohne Besitz einer ordnungsmäßigen Rechnung; EuGH-Urteile vom 15. September 2016, C-516/14 und C-518/14; EuGH-Urteil vom 12. April 2018, C-8/17; EuGH-Urteil vom 21. November 2018, C-664/16; BFH-Urteil vom 20. Oktober 2016, V R 26/15, BStBl 2020 II S. 593; BFH-Urteil vom 15. Oktober 2019, V R 14/18, BStBl 2020 II S. 596; BFH-Urteil vom 22. Januar 2020, XI R 10/17, BStBl II S. 601; BFH-Urteil vom 12. März 2020, V R 48/17, BStBl II S. 604.
8. BMF, Schreiben vom 09.09.2021, III C 2 – S 7280-a/19/10004 :001 DOK 2021/0963109, BStBl I 2021, S. 1593 betr. Vorsteuerabzug – Angabe des Leistungszeitpunkts bzw. -zeitraums in der Rechnung, BFH, Urteile vom 1. März 2028 – V R 28/17 und vom 15. Oktober 2019 – V R 29/19 (V R 44/16).
9. BMF, Schreiben vom 01.12.2021 III C 2 – S 7280-a/19/10002 :001 DOK 2021/1226715, BStBl I 2021, 2486 betr. Leistungsbeschreibung nach

§ 14 Abs. 4 Satz 1 Nr. 5 UStG; Handelsübliche Bezeichnung nach dem BFH-Urteil vom 10. Juli 2019, XI R 28/18.

10. BMF, Schreiben vom 15.06.2022 III C 5 – S 7429-b/21/10003 :001, DOK 2022/0594965, BStBl I 2022, 1001 betr. Umsatzsteuer; Versagung des Vorsteuerabzugs und der Steuerbefreiung bei Beteiligung an einer Steuerhinterziehung (§ 25f UStG).

1. Ziel der Umsatzsteuer-Karusselle

Bei einem USt-Karussell machen sich die Täter folgende Auswirkungen des Umsatzsteuersystems zunutze:

- Steuerfreiheit der Ausfuhrlieferungen verbunden mit dem Vorsteuerabzug aus dem vorherigen Bezug der Ware; aufgrund dieser Rechtssituation kam es allerdings auch schon früher zu Hinterziehungsfällen, bei denen Ausfuhrlieferungen nur vorgetäuscht wurden;
- Vorsteuern lassen sich dadurch erhöhen, dass Scheinrechnungsaussteller („Missing Trader") vorgeschaltet werden; das USt-Karussell ist somit letztlich ein Scheinrechnungs-Problem, wie es auch von inländischen Fallkonstellationen (z. B. auf dem Bausektor) bekannt ist;
- „Karussell-Charakter", d. h. die Vorgehensweise, Waren zur Vorsteuer-Erschleichung mehrfach durch ein oder mehrere Karusselle zu schleusen, wird durch den Auslandsbezug ermöglicht.

USt-Karusselle kommen in vielen Erscheinungsformen vor: Die Ware kann existieren oder – zumindest in dem behaupteten Umfang – nicht existieren. Die Ausfuhr kann tatsächlich erfolgt oder nur vorgetäuscht sein, d. h., die Ware kann letztlich im Inland verkauft worden sein. Beim ausländischen Abnehmer oder Lieferant kann es sich um ein real existierendes Unternehmen oder eine „Briefkastenfirma" handeln, deren Zweck z. B. die Weiterveräußerung in ein weiteres EU-Land ist. Manchmal wird die Ware auch in Nicht-EU-Länder verschickt (Osteuropa, Asien), um an unbekanntem Ort wieder ins Karussell eingebracht zu werden. Zweck solcher Umwege ist die Verhinderung des Nachvollzugs der Lieferwege. Für die an einem Karussell beteiligten Firmen werden folgende Begriffe verwendet:

- Missing Trader = Firma, die Scheinlieferungen tätigt; die Firmen sind teilweise nur wenige Monate existent;
- Buffer = Pufferfirma; Zwischen- oder Durchlauffirma; aktive Firma, die ihren steuerlichen Pflichten nachkommt;
- Distributor = Großhändler, Direktabnehmer des Produzenten.

Die Ermittlungen der Steuerfahndung werden zumeist durch hohe Vorsteuerbeträge ausgelöst, die dann zu den „Missing Tradern" führen. In der Folge müssen die Gesamtabläufe innerhalb des Karussells erforscht werden. Erst dann wird erkennbar, inwieweit Geschäfte lediglich vorgetäuscht werden und keine wirkliche Beteiligung am Wirtschaftsverkehr erfolgt ist. Nur die Gesamtprüfung vermag die Tatbeteiligung der Verantwortlichen aufzudecken. Der Ermittlungsaufwand in Karussell-Fällen ist somit beträchtlich. Ermittlungsschwierigkeiten für die Steufa ergeben sich wegen der Auslandsberührung („hinter der Grenze ist es für den Fiskus dunkel") sowie bereits infolge der föderalistischen Struktur Deutschlands (**Landes**finanzbehörden).

Problematisch ist zudem der Nachweis der Schuld. Vor allem das gemeinsame Zusammenwirken aller an einem Karussell Beteiligten ist schwer nachweisbar. Die verschachtelten (fiktiven) Lieferketten werden bewusst mit dem Ziel errichtet, das gemeinsame Handeln zu verschleiern. Eingeschaltete Zwischenfirmen wurden oft in Einzelheiten nicht eingeweiht und waren deshalb über die Hintergründe nicht informiert. In diesem Zusammenhang spielt auch die Vertrauensschutzregelung des § 6a Abs. 4 UStG eine Rolle, wonach eine Lieferung ins Ausland auch dann steuerfrei ist, wenn der ausländische Abnehmer zwar infolge unrichtiger Angaben zur Inanspruchnahme der Steuerbefreiung nicht berechtigt war, der Lieferant („Distributor") dies aber nicht erkennen konnte (Hentschel, DStR 2003, 102).

Für die Inanspruchnahme des Vertrauensschutzes nach § 6a Abs. 4 Satz 1 UStG muss der Lieferer in gutem Glauben handeln und alle Maßnahmen ergreifen, die vernünftigerweise verlangt werden können, um sicherzustellen, dass der von ihm getätigte Umsatz nicht zu seiner Beteiligung an einer Steuerhinterziehung führt.
Dabei sind alle Gesichtspunkte und tatsächlichen Umstände umfassend zu berücksichtigen. Danach kann sich die zur Steuerpflicht führende Bösgläubigkeit auch aus Umständen ergeben, die nicht mit den Beleg- und Buchangaben zusammenhängen (BFH, Urteil vom 25.04.2013 V R 28/11, BStBl II 2013, 656).

Wirkt der Unternehmer bei einer innergemeinschaftlichen Lieferung an der Verschleierung der Identität des tatsächlichen Erwerbers bewusst mit, darf die Lieferung nicht als steuerfrei behandelt werden (FG Baden-Württemberg, Beschluss vom 22.08.2011, 1 K 559/11, DStRE 2012, 1073, rkr.).

Hat ein Kfz-Händler ein Fahrzeug an eine Firma mit Sitz in Österreich verkauft, kann er diesen Umsatz nicht als steuerfreie innergemeinschaftliche Lieferung behandeln, wenn er sich beim Erwerb des Fahrzeuges den

Kfz-Brief nicht hat vorlegen lassen, deshalb mangels Eigentümerstellung des Veräußerers auch nicht gutgläubig Eigentum erwerben konnte und folglich selbst keine Lieferung gegenüber dem in Österreich ansässigen Käufer erbracht hat (FG München, Urteil vom 24.11.2011, 14 K 1167/10, DStRE 2013, 486, rkr.).

Bei einer innergemeinschaftlichen Lieferung ist

- eine fehlende Übereinstimmung von Rechnungsdatum und Lieferdatum,
- das Fehlen einer fortlaufenden Rechnungsnummer,
- ein Schreibfehler bei dem Hinweis auf die innergemeinschaftliche Lieferung und
- eine sprachliche Ungenauigkeit bei der Verbringensbestätigung

kein Grund, Vertrauensschutz gem. § 6a UStG zu versagen. Zur Erfüllung der kaufmännischen Sorgfaltspflichten gehört eine „Google-Abfrage" nicht (FG Rheinland-Pfalz, Urteil vom 29.05.2012, 3 K 2138/10, EFG 2012, 1968, rkr.). Zur Bedeutung der Verität der USt-IdNr. des Abnehmers auf die Steuerbefreiung für innergemeinschaftliche Lieferungen s. EuGH, Urteil vom 06.09.2012, Rs C-273/11, Mecsek-Gabona, DB 2012, 2315; EuGH, Urteil vom 27.09.2012, Rs C-587/10, DB 2012, 2436.

Auffällige Unterschiede zwischen der Unterschrift des Abholers unter der Empfangsbestätigung auf der Rechnung und der Unterschrift auf dem vorgelegten Personalausweis können Umstände darstellen, die den Unternehmer zu besonderer Sorgfalt hinsichtlich der Identität des angeblichen Vertragspartners und des Abholers veranlassen müssen. An die Nachweispflichten sind besonders hohe Anforderungen zu stellen, wenn der (angeblichen) innergemeinschaftlichen Lieferung eines hochwertigen Pkw ein Barkauf mit Beauftragten zugrunde liegt. Die innergemeinschaftliche Lieferung von hochwertigen Pkw bei Abholung durch einen Beauftragten gegen Barzahlung birgt eine umsatzsteuerrechtliche Missbrauchsgefahr. Der Unternehmer muss daher alle ihm zur Verfügung stehenden, zumutbaren Maßnahmen, die vernünftigerweise von ihm verlangt werden können, ergriffen haben, um sicherzustellen, dass der von ihm getätigte Umsatz nicht zu seiner Beteiligung an einer Steuerhinterziehung führt (BFH, Urteil vom 14.11.2012, XI R 17/12, BStBl II 2013, 407).

Vordergründig scheinen sich keine Besonderheiten hinsichtlich des Vorsteuerabzugs dieser Käufer zu ergeben. Sie besitzen regelmäßig ordnungsgemäße Rechnungen, sodass aus formellen Gründen keine Beanstandungen erhoben werden können. Sie berufen sich darauf, lediglich ein gutes

Geschäft gemacht zu haben, was nicht verboten sei. Für die steuerlichen Verhältnisse des Vorlieferanten, die ihnen unbekannt seien, trügen sie keinerlei Verantwortung. Andererseits lohnt sich das Geschäft mit der planmäßigen Steuerhinterziehung durch die Initiatoren und deren Strohleute wegen des hohen Entwicklungsrisikos, das sich daraus ergibt, dass den hohen Vorsteuerabzügen der Käufer keine Umsatzsteuerzahlungen des Lieferanten entsprechen, nur dann, wenn große Warenmengen mit sehr hohen Umsatzsteuerbeträgen in kurzer Zeit durchgeschleust werden können. Wegen des Wettlaufs mit der Steuerfahndung bleibt keine Zeit, nach Kunden zu suchen. Für ein „gut“ funktionierendes USt-Karussell ist es daher unumgänglich, dass die Lieferwege über mehrere Firmen von vornherein abgesprochen sind. In manchen Fällen gelangt die Ware noch nicht einmal zum Endverbraucher, sondern wird ganz oder in einzelnen Partien an den (ausländischen) Verkäufer rechnungsmäßig zurückverkauft und durchläuft so erneut die Lieferkette, was dem Ganzen den Namen des „Umsatzsteuer-Karussells“ gegeben hat (Nieuwenhuis, UR 2005, 177; Muhler, wistra 2009, 1 ff.).

2. Funktionsweise und rechtliche Beurteilung

2.1 Übersicht

Eine instruktive Darstellung eines USt-Karussells findet sich in einem Bericht des Bundesrechnungshofs (interne Quelle Finanzverwaltung):

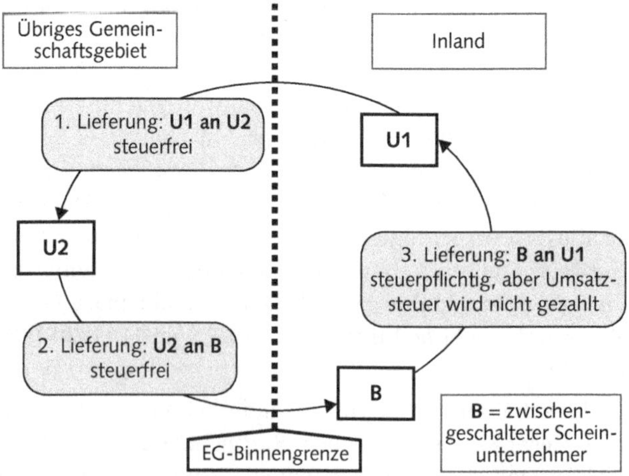

Abb. 9

Scheinfirmen traten gegenüber dem FA unterschiedlich in Erscheinung. So waren sie z. B.:

- steuerlich überhaupt nicht erfasst;
- steuerlich erfasst, gaben aber keine Umsatzsteuer-Voranmeldungen ab;
- steuerlich erfasst, gaben aber falsche Umsatzsteuer-Voranmeldungen ab (erklärten nur einen Teil der in Rechnung gestellten Umsätze oder erklärten überhöhte Vorsteuern);
- steuerlich erfasst und erklärten alle in Rechnung gestellten Umsätze, führten aber die angemeldete Zahllast (mangels Masse) nicht ab.

Allen Betrugsmodellen war gemeinsam, dass allein die Ermittlung des Lieferwegs und der beteiligten Firmen außerordentlich zeitaufwendig und schwierig war. Insbesondere gelang der Steuerverwaltung häufig nicht der gerichtsfeste Nachweis eines Scheingeschäfts. Um den wohl derzeitig aufwendigsten Betrugskomplex (mit Computer-Bausteinen) aufzudecken, durchsuchte die Ermittlungsbehörde bei der federführenden Steuerfahndung 262 Objekte im Inland und 82 Objekte im Ausland. In Deutschland wurden 955 Beamte der Polizei, 337 Steuerfahnder und 198 Zollfahnder eingesetzt. Der Steuerschaden belief sich auf rund 297 Mio. DM. Es ist offenkundig, dass die Ermittlungsbehörden einen solchen Aufwand nur in Ausnahmefällen leisten können. Man muss deshalb davon ausgehen, dass die Dunkelziffer und die Zahl der Fälle, die nicht aufgegriffen werden können, entsprechend hoch ist.

Ein weiteres Merkmal der Betrügereien war, dass in aller Regel die ausgezahlte Vorsteuer nicht zurückgezahlt werden konnte, weil die Täter die Zahlung des FA dazu verwendet haben, den Preis der Ware zu senken. Damit verschafften sie sich einen Marktvorteil gegenüber ehrlichen Händlern, die so teilweise aus dem Markt gedrängt wurden. Ein Beispiel dafür ist der Handel mit Mobil-Telefonen: So hatte ein namhafter europäischer Hersteller ein Einschreiten der Steuerverwaltung gefordert, da 80 % seiner Handys in dunkle Kanäle gingen und in Deutschland unter dem Nettoabgabepreis des Herstellers verkauft würden.

Eine andere Gruppe von Tätern behielt die Steuererstattung für sich und erreichte es dabei, große Summen dem Zugriff des Fiskus zu entziehen. So lebt der den Behörden bekannte Haupttäter eines bedeutenden Falls mit seiner Beute von damals rund 100 Mio. DM heute unbehelligt in der Schweiz. Er ist dort vor dem deutschen Fiskus wie auch der Strafverfolgung sicher, weil die Schweiz ihn wegen eines bloßen Steuerdelikts nicht ausliefert. Dem Täter kam in Deutschland zugute, dass die Festsetzung und

Erhebung der Steuern von den Ländern durchgeführt wird und eine zentrale, bundesweite Informationssammlung – etwa beim Bundeszentralamt für Steuern – fehlt. Damit ist bereits der nationale Informationsaustausch unzureichend (Bericht des Bundesrechnungshofs, BT/Drucks. 14/4226 vom 23.10.2000, 216–222; Mattes, UR 2006, 689 ff.; Kemper, UR 2006, 569 ff.; Billig, UR 2006, 437 ff.; Ammann, UR 2005, 533 ff.; Nieuwenhuis, UR 2005, 177 ff.; Tiedtke, UR 2006, 249 ff.; Jochum, UR 2005, 88 ff.; Widmann, UR 2005, 14 ff.; Kemper, UR 2005, 1 ff.; Tiedtke, UR 2004, 6 ff.).

In den letzten Jahren ist jedoch zu konzedieren, dass bei der Finanzverwaltung bei sich anbahnenden gigantischen USt-Karussellen die internationale Rechts- und Amtshilfe sowohl in der Erstellung flankierender völkerrechtlicher Vereinbarungen als auch i. R. administrativer Maßnahmen erheblich verbessert worden ist. Insbesondere i. R. der Bekämpfung organisierter Kriminalität werden grenzüberschreitende Task-Force-Gruppen mit unterschiedlicher Nationalität gebildet, um Mega-Fälle des USt-Karussellbetrugs wirksam zu bekämpfen. Dabei ist es nunmehr auch möglich, dass scheinbar sichere Bankgeheimnisse (wie in der Schweiz, Luxemburg) geknackt werden, weil bei Umsatzsteuerhinterziehung gesonderte Rechtsgrundlagen bestehen. In diesen Mega-Fällen wird auch zunehmend vom Rechtsinstitut der Telefonüberwachung (§§ 100a ff. StPO) Gebrauch gemacht

2.2 Missing Trader

Im Beispiel (Abb. 1) liefern die in Belgien und Italien ansässigen Großhändler „Distributor B“ und „Distributor I“ an den inländischen **Missing Trader** (MT). Ein solcher Missing Trader wird i. d. R. aus zwei Gründen zwischengeschaltet:

- zur Verbilligung der Ware,
- zur Vorsteuer-Erschleichung.

Bei Missing Tradern handelt es sich zumeist um Scheinfirmen. So wurde z. B. in dem vom FG Nürnberg entschiedenen Fall eine im Handelsregister eingetragene Textilhandelsfirma umbenannt und der Geschäftszweck in den Handel mit elektronischen Artikeln geändert. Als Geschäftsführer (Strohmann) wurde der Fahrer des faktischen Geschäftsführers bestellt. Es bestanden folgende „Geschäftsadressen“ für die Missing-Trader-Firma: Unter einer Adresse war lediglich ein Briefkasten nebst Klingelschild vorhanden, unter einer zweiten Adresse existierten Büroräume ohne Telefonanschluss, unter einer weiteren Anschrift domizilierte ein **Büroserviceunternehmen**, das die eingehende Post an eine Adresse in Italien weitersandte. Dort wickelte ein weiteres Büroserviceunternehmen die Geschäftskontakte nach Weisung des faktischen Geschäftsführers ab. Die Abnehmer-Firma der Handys verhandelte immer direkt mit dem ausländischen Lieferanten und dem faktischen Geschäftsführer des „MT". Die Bezahlung der Handys erfolgte nicht auf ein Konto der Missing-Trader-Firma, sondern auf ein Schweizer Konto des faktischen Geschäftsführers (FG Nürnberg, Urteil vom 09.08.2002, II 474/2001, DStRE 2004, 41, rkr.).

Die Finanzverwaltung nennt folgende Erkennungsmerkmale für Missing Trader , die aber nicht in jedem Fall gleichzeitig vorliegen müssen:

- Firma ist gerade erst gegründet bzw. bei steuerlicher Prüfung bereits nicht mehr existent;
- Firma gibt keine Voranmeldungen ab bzw. bezahlt nicht;
- Firma verfügt über keine eigenen Büroräume am eingetragenen Sitz der Gesellschaft;
- häufig Büroserviceadresse oder Adresse des mit der Gründung beauftragten Rechtsanwalts oder Steuerberaters;
- häufig nur Telefonverbindung über Handy;
- gemietete, aber nicht genutzte Räume;
- Geschäftsführer ist Ausländer mit Wohnsitz im Ausland ohne deutsche Sprachkenntnisse und ohne Branchenkenntnisse;
- Geschäftsführer ist Arbeitsloser/Sozialhilfeempfänger und/oder ohne jegliche Branchenkenntnisse;
- Firmenkonto im Ausland (insbesondere Schweiz);
- Firmenkontovollmacht/-verfügungsbefugnis (auch) für andere Personen außerhalb der Geschäftsleitung.

I. d. R. werden die MT (Scheinfirmen) von den Hintermännern eingesetzt und gesteuert, um – soweit Waren im konkreten Fall existent sind – den Buffern Preisvorteile beim Einkauf und den Hintermännern Wettbewerbsvorteile zu verschaffen; die Geschäfte laufen somit direkt zwischen den „Buffern" (oder den Distributors) und den Hintermännern der MT ab. Die MT melden die in Rechnung gestellten Umsätze nicht an oder melden an und verschwinden später vom Markt. Sofern es sich um Scheinunternehmen handelt, fehlt es an der Unternehmer-Eigenschaft i. S. v. § 2 UStG, ein Vorsteuerabzug aus den Rechnungen des MT ist somit ausgeschlossen (BGH, Urteil vom 22.05.2003, 5 StR 520/02, UR 2003, 535; FG Nürnberg, Urteil vom 09.08.2002, II 474/2001, DStRE 2004, 41, rkr.).

Darüber hinaus wird ein Vorsteuerabzug aus Rechnungen von MT häufig an der fehlenden Identität von Rechnungsaussteller und leistendem Unternehmern scheitern. Handelt es sich bei den MT um Scheinfirmen , so waren sie mangels geschäftlicher Aktivitäten und sachlicher und personeller Ausstattung zu einer Lieferung nicht in der Lage. Zwar kann auch ein Strohmann, der auch eine juristische Person sein kann, als leistender Unternehmer in Betracht kommen, wenn der Hintermann berechtigterweise im Namen des Strohmanns die Leistungen tatsächlich ausgeführt hat. Die Person des leistenden Unternehmers kann aber abweichend von den zivilrechtlichen Leistungsbeziehungen bestimmt werden, wenn der Vertragspartner des Leistungsempfängers die vereinbarte Leistung nicht in eigener Person erbringt und auch nicht als eigene Leistung der USt unterwirft und der Leistungsempfänger damit rechnet oder rechnen muss, dass die Leistung nicht versteuert wird (BFH, Urteil vom 31.01.2002, V B 108/01, BFH/NV 2002, 835; BFH, Urteil vom 30.09.1999, V R 8/99, BFH/NV 2000, 353; BFH, Urteil vom 09.11.1999, V B 16/99, BFH/NV 2000, 611).

Die fehlende Unternehmereigenschaft des MT führt allerdings auch dazu, dass bei ihm ein innergemeinschaftlicher Erwerb i. S. v. § 1a Abs. 12 UStG nicht vorliegt (kein Erwerb „für sein Unternehmen") und er solche Erwerbe auch nicht erklären muss. Der MT schuldet jedoch die in Rechnung gestellte USt (§ 14c Abs. 2 UStG). Teilweise werden die in Rechnung gestellten Beträge von den MT auch angemeldet. Über die Nachweispflicht des Vorsteuerabzugs seitens des „Buffers" stößt das FA in der Folge auf den MT. Dieser ist dann allerdings für das FA zumeist nicht mehr greifbar (Briefkastenadresse) oder es wird Insolvenzantrag gestellt (vgl. BFH, Urteil vom 05.02.2004, V B 180/03, BFH/NV 2004, 988).

Der geschäftliche Kontakt zu Firmen, die von der Finanzverwaltung später als MT qualifiziert werden, begründet insbesondere in zweierlei Hinsicht Risiken.

2.2.1 Nichtanerkennung steuerfreier innergemeinschaftlicher Lieferungen

Beispiel:

A betreibt einen Import-Export-Handel mit Kfz. Er kauft Fahrzeuge in Deutschland ein und verkauft sie u. a. an zwei Firmen in Spanien. Plötzlich steht das FA auf dem Standpunkt, bei den beiden spanischen Firmen handele es sich um MT (Scheinfirmen), die Steuerfreiheit der Ausfuhrlieferungen soll versagt werden (BFH, Urteil vom 05.02.2004, V B 180/03, BFH/NV 2004, 988).

Zur Klärung einer Vielzahl von potenziellen Streitfragen und zur Überprüfbarkeit der Steuerbefreiung für innergemeinschaftliche Lieferungen hat die Finanzverwaltung mehrere Schreiben erlassen, die von Praktikern als „überzogen" und im Massengeschäft nicht umsetzbar kritisiert werden (ferner BMF, Schreiben vom 20.03.2013, IV D 3 – S 7103 – a/12/10002 DOK 2013/0273956, BStBl I 2013, 335; BMF, Schreiben vom 16.09.2013, IV D 3 – S 7141/13/10001 DOK 2013/0828720, BStBl I 2013, 1192; hierzu Langer/von Streit, DStR 2013, 2421 ff.; Sievert/Förster, StuB 2013, 899 ff.; Streit/Fietz, Stbg 2014, 31 ff.; Frye, UR 2014, 753 ff.; BFH, Beschluss vom 29.07.2009, XI B 24/09, BFH/NV 2009, 1567 = DStR 2009, 1693; vgl. auch BGH-Urteil vom 20.11.2008, 1 StR 354/08, DStR 2009, 577; hierzu Moosburger, Stbg 2010, 66, 78 f.; Gehm, NWB 2012, 3237 ff., die zutreffend darauf hinweisen, dass die Rechtsprechung des BFH nicht mit der des BGH kompatibel ist; zu den praktischen Auswirkungen des Exports von Waren an Drittländer, in denen eine Luxus- bzw. Konsumsteuer erhoben wird siehe Sterzinger, DStR 2015, 2641 ff.).

Zwischenzeitlich hat die Rechtsprechung auch zu Zweifelsfragen bei Ausfuhrlieferungen im innergemeinschaftlichen Verkehr in folgenden Judikaten Stellung genommen (BFH, Beschluss vom 23.04.2009, V R 84/07, BFH/NV 2009, 1553; BFH, Urteil vom 12.05.2009, V R 65/06, BFH/NV 2009, 1555).

Es ist ernstlich zweifelhaft, ob der Steuerfreiheit einer innergemeinschaftlichen Lieferung entgegensteht, dass der inländische Unternehmer bewusst und gewollt an der Vermeidung der Erwerbsbesteuerung eines Abnehmers mitwirkt (BFH, Urteil vom 29.07.2009, XI B 24/09, BFH/NV 2009, 1567).

Auffällige Unterschiede zwischen der Unterschrift des Abholers unter der Empfangsbestätigung auf der Rechnung und der Unterschrift auf dem vorgelegten Personalausweis können Umstände darstellen, die den Unternehmer zu besonderer Sorgfalt hinsichtlich der Identität des angeblichen Vertragspartners und des Abholers veranlassen müssen.

An die Nachweispflichten sind besonders hohe Anforderungen zu stellen, wenn der (angeblichen) innergemeinschaftlichen Lieferung eines hochwertigen Pkw ein Barkauf mit Beauftragten zugrunde liegt.

Die innergemeinschaftliche Lieferung von hochwertigen Pkw bei Abholung durch einen Beauftragten gegen Barzahlung birgt eine umsatzsteuerrechtliche Missbrauchsgefahr. Der Unternehmer muss daher alle ihm zur Verfügung stehenden, zumutbaren Maßnahmen, die verünftigerweise von ihm verlangt werden können, ergriffen haben, um sicherzustellen, dass der von ihm getätigte Umsatz nicht zu seiner Beteiligung an der Steuerhinterziehung führt (BFH, Urteil vom 14.11.2012, XI R 17/12, BStBl II 2013, 207).

Dabei sind alle Gesichtspunkte und tatsächlichen Umstände umfassend zu berücksichtigen. Danach kann sich die zur Steuerpflicht führende Bösgläubigkeit auch aus Umständen ergeben, die nicht mit den Beleg- und

Buchangaben zusammenhängen (BFH, Urteil vom 25.04.2013, V R 28/11, BStBl II 2013, 656).

Der Unternehmer handelt bei Inanspruchnahme der Steuerfreiheit nach § 6a UStG nur dann leichtfertig i. S. v. § 378 AO, wenn es sich ihm zumindest aufdrängen muss, dass er die Voraussetzungen dieser Vorschrift weder beleg- und buchmäßig noch objektiv nachweisen kann (BFH, Urteil vom 24.07.2014, V R 44/13, BStBl II 2014, 958 m. Anm. Heuermann, StBp 2014, 326 f.); zum umsatzsteuerlichen Bezug bei innergemeinschaftlichen Reihengeschäften Liedtke, StBp 2015, 89 ff.

Der Unternehmer darf den ihm obliegenden sicheren Nachweis der materiellen Tatbestandsmerkmale einer innergemeinschaftlichen Lieferung auch jenseits der formellen Voraussetzungen gem. § 6a Abs. 3 UStG i. V. m. § 17a ff. UStDV **nicht** in anderer Weise als durch Belege und Aufzeichnungen führen. Ein paralleler Nachweis der innergemeinschaftlichen Lieferungen beispielsweise durch Zeugen ist somit nicht möglich (BFH, Urteil vom 19.03.2015, V R 14/14, BStBl II 2015, 912; hierzu ausführlich Wäger, UR 2015, 702 ff.).

Der Unternehmer darf den ihm obliegenden sicheren Nachweis der materiellen Tatbestandsmerkmale einer innergemeinschaftlichen Lieferung auch jenseits der formellen Voraussetzungen gemäß § 6a Abs. 3 UStG i. V. m. §§ 17a ff. UStDV grundsätzlich nicht in anderer Weise als durch Belege und Aufzeichnungen führen (BFH, Beschluss vom 08.12.2015, V B 40/15, BFH/NV 2016, 439).

Die Zulassung eines Fahrzeugs im Ausland reicht allein nicht aus, um nachzuweisen, dass die Voraussetzungen einer steuerfreien innergemeinschaftlichen Lieferung vorliegen (BFH, Beschluss vom 03.02.2016, XI B 53/15, BFH/NV 2016, 954).

Zu den Voraussetzungen einer Hinterziehung von Umsatzsteuer in mittelbarer Täterschaft, wenn ein Lieferant gutgläubig unzutreffende Ausgangsrechnungen über umsatzsteuerfreie innergemeinschaftliche Lieferungen ausstellt: siehe BGH, Beschluss vom 12.10.2016, 1 StR 201/16, wistra 2017, 233.

Ein Unternehmer kann sich auch bei Ausfuhrlieferungen gemäß § 4 Nr. 1 Buchst. a i. V. m. § 6 UStG nur dann auf Vertrauensschutz berufen, wenn er seinen Nachweispflichten vollständig nachgekommen ist. Maßgeblich ist hierfür die formelle Vollständigkeit, nicht aber die inhaltliche Richtigkeit der Beleg- und Buchangaben (BFH, Beschluss vom 29.03.2016, XI B 77/15, BFH/NV 2016, 1181).

Die gemäß § 17a Abs. 2 Nr. 2 UStDV a. F. erforderliche Angabe des Bestimmungsorts ergibt sich nur dann aus der für die Lieferung ausgestellten Rechnung, wenn von einer Beförderung zu dem in der Rechnung angegebenen Unternehmensort des Abnehmers auszugehen ist (BFH, Urteil vom 10.08.2016, V R 45/15, DStR 2016, 2402).

Steht aufgrund einer Beweiserhebung fest, dass die gelieferten Fahrzeuge zum Bestimmungsort im übrigen Gemeinschaftsgebiet versendet wurden, kann dies nicht durch die Annahme eines fehlenden Belegnachweises in Abrede gestellt werden. Der sich aus der USt-IdNr. ergebende Nachweis der Unternehmereigenschaft des Abnehmers kann nicht durch die bloße Annahme einer Briefkastenanschrift widerlegt werden (BFH, Urteil vom 26.09.2019, V R 38/18, UR 2020, 71).

Bei der Anwendung der Steuerbefreiung für eine innergemeinschaftliche Lieferung ist die in der Regel großzügigere Rechtsprechung des Europäischen Gerichtshofes gebührend zu beachten.

Die Steuerfreiheit innergemeinschaftlicher Lieferungen ist ausgeschlossen, wenn zwar die Voraussetzungen für die Steuerbefreiung objektiv vorliegen, der Unternehmer jedoch wusste oder hätte wissen müssen, dass er sich mit dem betreffenden Umsatz an einem anderen Umsatz der Lieferkette beteiligt, der in eine Steuerhinterziehung in einem anderen Mitgliedstaat der Europäischen Union einbezogen ist.

In solchen Fällen kommt auch kein Vertrauensschutz nach § 6a Abs. 4 UStG in Betracht (BFH, Beschluss vom 02.07.2021 XI R 40/19, BFH/NV 2022, 140).

Artikel 22 Abs. 8 der 6. EG-Richtlinie nebst Folgeergänzungen sind dahingehend auszulegen, dass sie es der Finanzverwaltung des Herkunftsmitgliedstaats verwehren, eine Mehrwertsteuerbefreiung für eine innergemeinschaftliche Verbringung mit der Begründung zu versagen, der Steuerpflichtige habe keine vom Bestimmungsmitgliedstaat erteilte Umsatzsteuer-Identifikationsnummer mitgeteilt, wenn keine konkreten Anhaltspunkte für eine Steuerhinterziehung bestehen, der Gegenstand in einen anderen Mitgliedstaat verbracht worden ist und auch die übrigen Voraussetzungen für die Steuerbefreiung vorliegen (EuGH, Urteil vom 20.10.2016, Rs. C-24/15, UR 2016, 882, Plöckl; zur Bedeutung der **Umsatzsteuer-Identifikationsnummer** als „materielle Voraussetzung" der Steuerbefreiung innergemeinschaftlicher Lieferungen eingehend Kemper, UR 2018, 337 ff.; kein Vertrauensschutz bei sorgfaltswidrig nicht abgefragter USt-IdNr., hierzu Roth, PStR 2020, 273 ff.).

Artikel 131 und Artikel 138 Abs. 1 MwStSystRL sind dahingehend auszulegen, dass sie die Steuerverwaltung eines Mitgliedstaats daran hindern, die Mehrwertsteuerbefreiung einer innergemeinschaftlichen Lieferung nur aus dem Grund zu versagen, dass der im Bestimmungsmitgliedstaat ansässige Erwerber, der eine für die Umsätze in diesem Staat gültige Mehrwertsteuer-Identifikationsnummer besitzt, zum Zeitpunkt der Lieferung weder im Mehrwertsteuer-Informationsaustauschsystem registriert noch von einem Besteuerungssystem für den innergemeinschaftlichen Erwerb erfasst ist, obwohl keine ernsthaften Anhaltspunkte für eine Steuerhinterziehung bestehen und feststeht, dass die materiellen Voraussetzungen der Befreiung erfüllt sind. In diesem Fall steht Art. 138 Abs. 1 MwStSystRL bei einer Auslegung im Licht des Verhältnismäßigkeitsgrundsatzes einer solchen Versagung ebenfalls entgegen, wenn der Verkäufer von der mehrwertsteuerlichen Situation des Erwerbers Kenntnis hatte und davon überzeugt war, dass dieser zu einem späteren Zeitpunkt rückwirkend als innergemeinschaftlicher Marktteilnehmer registriert werden würde (EuGH, Urteil vom 09.02.2017, Rs. C-21/16, UR 2017, 271, Euro Tyre; hierzu eingehend Reiß, UR 2017, 254 ff.).

Artikel 138 Abs. 2 Buchst. a MwStSystRL steht dem entgegen, dass nationale Vorschriften den Anspruch auf Steuerbefreiung einer innergemeinschaftlichen Lieferung eines neuen Fahrzeugs von der Voraussetzung abhängig machen, dass der Erwerber dieses Fahrzeugs im Bestimmungsmitgliedstaat des Fahrzeugs niedergelassen oder wohnhaft ist. Art. 138 Abs. 2 Buchst. a MwStSystRL ist dahin auszulegen, dass die Befreiung einer Lieferung eines neuen Fahrzeugs von der Steuer im Liefermitgliedstaat nicht allein deshalb verweigert werden darf, weil dieses Fahrzeug Gegenstand einer nur vorübergehenden Zulassung im Bestimmungsmitgliedstaat war. Art. 138 Abs. 2 Buchst. a MwStSystRL steht dem entgegen, dass der Verkäufer eines neuen Fahrzeugs, das vom Erwerber in einen anderen Mitgliedstaat befördert und in diesem Mitgliedstaat zugelassen wird, später verpflichtet ist, die Mehrwertsteuer zu entrichten, wenn nicht bewiesen ist, dass die vorübergehende Zulassung ausgelaufen ist und dass die Mehrwertsteuer im Bestimmungsmitgliedstaat entrichtet wurde oder wird. Art. 138 Abs. 2 Buchst. a MwStSystRL sowie die Grundsätze der Rechtssicherheit, der Verhältnismäßigkeit und des Vertrauensschutzes stehen dem entgegen, dass der Verkäufer eines neuen Fahrzeugs, das vom Erwerber in einen anderen Mitgliedstaat befördert und in diesem Mitgliedstaat vorübergehend zugelassen wird, im Fall eines vom Erwerber begangenen Steuerbetrugs später verpflichtet ist, die Mehrwertsteuer zu entrichten, sofern nicht anhand objektiver Elemente bewiesen ist, dass dieser Verkäufer wusste oder hätte wissen müssen, dass der Umsatz mit einem Steuerbetrug des Erwerbers verknüpft war, und dass er nicht alle ihm zur Verfügung stehenden zumutbaren Maßnahmen ergriffen hat, um seine Beteiligung an diesem Steuerbetrug zu verhindern. Es ist Sache des vorlegenden Gerichts, zu prüfen, ob dies auf der Grundlage einer umfassenden Beurteilung aller Gesichtspunkte und tatsächlichen Umstände des Ausgangsverfahrens der Fall ist (EuGH, Urteil vom 14.06.2017, C-26/16, UR 2017, 539 betr. Santogal, M/Portugal).

Steht aufgrund einer Beweiserhebung fest, dass die gelieferten Fahrzeuge zum Bestimmungsort i. ü. Gemeinschaftsgebiet versendet wurden, kann dies nicht durch die Annahme eines fehlenden Belegnachweises in Abrede gestellt werden.

Der sich aus der USt-IdNr. ergebende Nachweis der Unternehmereigenschaft des Abnehmers kann nicht durch die bloße Annahme einer Briefkastenanschrift widerlegt werden (BFH, Urteil vom 26.09.2019, V R 38/18, BFH/NV 2020, 164).

Zwischenzeitlich hat der EuGH festgestellt, dass der Buch- und Belegnachweis für Ausfuhrlieferungen lediglich eine **formelle Voraussetzung** darstellt und somit die Steuerfreiheit unter gewissen Voraussetzungen auch bei mangelhaftem oder fehlendem Nachweis nicht versagt werden kann, wenn die materiell-rechtlichen Voraussetzungen für die Steuerbefreiung vorliegen (EuGH, Urteil vom 08.11.2018, C-495/17 Cartrans Spedition; Urteil vom 28.03.2019, C-275/18 Milan Vinš; Urteil vom 17.10.2019, C-653/18 Unitel Sp.). Die deutsche Finanzverwaltung hat mit Schreiben vom 25.06.2020, III C 3 – S 7134/19/10003 :001 DOK 2020/0626512, 2020, 582 entsprechende korrespondierende Änderungen im Umsatzsteueranwendungserlass vorgenommen; hierzu Griesfeller, StuB 2020, 728 f.

Hat das FA nicht dargetan, dass ein Steuerbetrug begangen worden ist, kommt eine Versagung des Vorsteuerabzugs nach der sog. Missbrauchs-Rechtsprechung des EuGH nicht in Betracht (BFH, Urteil vom 11.03.2020, XI R 38/18, BFH/NV 2020, 1217 = DStRK 2020, 247 m. Anm. Gehm). Unter Bezugnahme auf die ständige EuGH-Rechtsprechung hebt der BFH hervor, dass die sogenannte Missbrauchs-Rechtsprechung des EuGH nur die finanziellen Interessen der EU und das Funktionieren des gemeinsamen Mehrwertsteuersystems schützt. Die BFH-Rechtsprechung hat enorme Bedeutung für die Exportwirtschaft, denn die Einfuhr im Drittland und deren Gepflogenheiten sowie dortige Ermittlungen hätten ansonsten eine erhebliche steuerliche Rückkopplung für den Lieferanten in der Union. Auch hätte in derartigen Verfahren sowohl die Finanzverwaltung im Inland als auch die Gerichtsbarkeit immer die Rechtslage, Verwaltungspraxis und Rechtsprechung von Drittstaaten zu beurteilen und einzubeziehen (so Höink, DB 2020, Heft 51–52, M 4 f.). Das Ausstellen einer unterfakturierten Zweitrechnung führt nicht dazu, die Steuerfreiheit für die Ausfuhrlieferung aufgrund einer vom Abnehmer zulasten des Steueraufkommens eines Drittstaats begangenen Steuerhinterziehung zu versagen (BFH, Urteil vom 12.03.2020, V R 20/19, BFH/NV 2020, 1223 = DStRK 2020, 246 m. Anm. Hoffmann = UR 2020, 718, 723 f. mit Anm. Widmann).

Das Ausstellen einer gesplitteten Rechnung führt nicht dazu, die Steuerfreiheit für die Ausfuhrlieferung aufgrund einer vom Abnehmer zulasten des Steueraufkommens eines Drittstaats begangenen Steuerhinterziehung zu versagen (BFH, Urteil vom 12.03.2020, V R 24/19, BFH/NV 2020, 1098).

2.2.2 Versagung des Vorsteuerabzugs

Beispiel:

Dem Kfz-Händler B wird der Vorsteuerabzug aus dem Einkauf mehrerer zu günstigen Preisen erworbener Kfz mit der Begründung verweigert, der Lieferant sei ein MT (Strohmann; hierzu BFH, Beschluss vom 05.02.2004, V B 180/03, BFH/NV 2004, 988, 989; auf gleicher Linie BFH, Urteil vom 15.07.2004, V R 1/04, BFH/NV 2005, 81, 82 f.).

§ 6a Abs. 4 UStG umfasst auch den guten Glauben an die Unternehmereigenschaft des Abnehmers. In Fällen, in denen dem Abnehmer eine wirksame USt-Identifikationsnummer zugeteilt wurde, die Lieferung an den Abnehmer unter dieser USt-Identifikationsnummer erfolgte und die Ware tatsächlich in das EU-Ausland verbracht wurde, kann der Lieferer grundsätzlich darauf vertrauen, dass die in § 6a Abs. 1 UStG genannten Voraussetzungen vorliegen (FG Münster, Urteil vom 05.02.2004, 15 V 5805/03 U, EFG 2004, 1172, rkr.). Hierzu ist anzumerken, dass das Gutglaubensprivileg des § 6a Abs. 4 UStG sich nur auf das im jeweiligen VZ geltende EU-Ausland bezieht. Die Vorschrift findet nach der höchstrichterlichen Rechtsprechung keine analoge Anwendung in Fällen der Lieferungen in Drittstaaten (außerhalb der EU). Diese Einschränkung ist für den internationalen Warenhandel von Relevanz; sie ist auch von Bedeutung für osteuropäische Lieferanten, die sich zum Zeitpunkt der Lieferung noch nicht in der EU befanden (BFH, Beschluss vom 06.05.2004, V B 101/03, BStBl II 2004, 748; hierzu Stapperfend, UR 2013, 321, 323 f.).

Dieser Grundsatz ist jedoch i. R. eines qualifizierten Vertrauensschutzes bei innergemeinschaftlichen Lieferungen und Ausfuhrlieferungen nunmehr differenziert zu betrachten. Nach § 6a Abs. 4 UStG ist eine Lieferung gleichwohl als steuerfrei anzusehen, wenn die Inanspruchnahme der Steuerbefreiung auf unrichtigen Angaben des Abnehmers beruht und der Unternehmer die Unrichtigkeit dieser Angaben auch bei Beachtung der Sorgfalt eines ordentlichen Kaufmanns nicht erkennen konnte. Eine Ausfuhrlieferung ist unter Bezugnahme auf die Rechtsprechung des EuGH steuerfrei, wenn der Unternehmer einen Vertrauensschutz auf die Echtheit eines Zollstempels geltend macht, weil er keinen Anlass hatte, an dessen Gültigkeit zu zweifeln (FG München, Urteil vom 24.04.2008, 14 K 4628/05, EFG 2009, 525; aufgrund der eingelegten Revision hat der BFH, Urteil vom 19.11.2009, V R 8/09, BFH/NV 2010, 1141 den Rechtsstreit zurückverwiesen; nach der Rückverweisung erfolgte eine Erledigung der Hauptsache). Die Steuerbefreiung nach § 4 Nr. 1 lit. a, § 6 Abs. 1 UStG greift auch ein, wenn trotz der Nichterfüllung der Nachweispflichten aufgrund der objektiven Beweislage feststeht, dass die materiellen Voraussetzungen einer steuerfreien Ausfuhrlieferung vorliegen (BFH, Urteil vom 19.11.2009, V R 8/09, BFH/NV 2010, 1141). Eine analoge Anwendung des § 6a Abs. 4 UStG auf Ausfuhrlieferungen kommt nicht in Betracht (BFH, Beschluss vom 26.03.2009, V B 179/07, BFH/NV 2009, 1477; BFH, Urteil vom 19.11.2009, V R 8/09, BFH/NV 2010, 1141). Wenn Gutglaubensschutz nach § 6a Abs. 4 UStG auch bei Unrichtigkeit der Angaben des Abnehmers zu gewähren wäre, kann die Steuerfreiheit für eine innergemeinschaftliche Lieferung nicht wegen bloßer Zweifel an der Richtigkeit der Belegnachweise nach § 17a Abs. 2 UStDV verwehrt werden (FG Rheinland Pfalz, Urteil vom 26.08.2010, 6 K 1130/09, DStRE 2011, 561, rkr.).

Ein Vertrauensschutz kann sich nunmehr nach Auffassung des BFH bei Ausfuhrlieferungen auch möglicherweise erst im **Billigkeitsverfahren** ergeben. Aus den im Steuerrecht allgemein geltenden Grundsätzen der Verhältnismäßigkeit und des Vertrauensschutzes ergibt sich, dass die Steuerfreiheit einer Ausfuhrlieferung nicht versagt werden darf, wenn der liefernde Unternehmer die Fälschung des Ausfuhrnachweises, die der Abnehmer ihm vorlegt, auch bei Beachtung der Sorgfalt eines ordentlichen Kaufmanns nicht hat erkennen können (Änderung der Rechtsprechung; Nachfolgeentscheidung zu EuGH, Urteil vom 21.02.2008, Rs C-271/06, Netto Supermarkt GmbH & Co. KG, DStR 2008, 450). Ob die Voraussetzungen hierfür gegeben sind, ist im **Erlassverfahren** zu prüfen (BFH, Urteil vom 30.07.2008, V R 7/03, BFH/NV 2009, 438 = DStR 2009, 220; BFH, Beschluss vom 26.03.2009, V B 179/07, BFH/NV 2009, 1477; BFH, Urteil vom 19.11.2009, V R 8/09, BFH/NV 2010, 1441).

Strafrechtliche Risiken ergeben sich bei Vortäuschen innergemeinschaftlicher Lieferungen wie folgt: Die Lieferung von Gegenständen an einen Abnehmer im übrigen Gemeinschaftsgebiet stellt keine steuerfreie innergemeinschaftliche Lieferung i. S. d. § 6a UStG dar, wenn der inländische Unternehmer in kollusivem Zusammenwirken mit dem tatsächlichen Abnehmer die Lieferung an einen Zwischenhändler vortäuscht, um dem Abnehmer die Hinterziehung von Steuern zu ermöglichen. Wenn eine solche Lieferung durch den inländischen Unternehmer gleichwohl als steuerfreie innergemeinschaftliche Lieferung erklärt wird, macht der Unternehmer gegenüber den Finanzbehörden unrichtige Angaben i. S. v. § 370 Abs. 1 Nr. 1 AO und verkürzt dadurch die auf die Umsätze nach § 1 Abs. 1 Nr. 1, § 13 Abs. 1 Nr. 1, § 13a Abs. 1 Nr. 1 UStG anfallende und von ihm geschuldete Umsatzsteuer (BGH, Beschluss vom 20.11.2008, 1 StR 354/08, wistra 2009, 159 = BFH/NV 2009, 699 = UR 2009, 192 = DStR 2009, 577 mit Anm. Bielefeld).

Zur Problematik der innergemeinschaftlichen Lieferungen zur Mehrwertsteuerhinterziehung hat sich der EuGH leider nicht besonders deutlich geäußert. Unter Umständen wie denen des Ausgangsverfahrens, wenn also eine innergemeinschaftliche Lieferung von Gegenständen tatsächlich stattgefunden hat, der Lieferer jedoch bei der Lieferung die Identität des wahren Erwerbers verschleiert hat, um diesem zu ermöglichen, die Mehrwertsteuer zu hinterziehen, kann der Ausgangsmitgliedstaat der innergemeinschaftlichen Lieferung aufgrund der ihm nach dem ersten Satzteil von Art. 28c Teil A lit. a der Sechsten Richtlinie 77/388/EWG des Rates vom 17.05.1977 zur Harmonisierung der Rechtsvorschriften der Mitgliedstaaten über die Umsatzsteuern – Gemeinsames Mehrwertsteuersystem: einheitliche stpfl. Bemessungsgrundlage in der durch die Richtlinie 2000/65/EG des Rates vom 17.10.2000 geänderten Fassung zustehenden Befugnisse die Mehrwertsteuerbefreiung für diesen Umsatz versagen (EuGH, Urteil vom 07.12.2010, C 285/09, NJW 2011, 203, DB 2011, 442 mit Anm. Bülte, BB 2011, 540 mit Anm. Bürger/Paul).

Für die Steuerbefreiung innergemeinschaftlicher Lieferungen ist der buchmäßige Nachweis der richtigen USt-IdNr. des **wirklichen** Abnehmers erforderlich (§ 6a Abs. 3 UStG; § 17c Abs. 1 UStDV; BFH, Beschluss vom 05.02.2004, V B 180/03, BFH/NV 2004, 988). Verwendet ein Unternehmer nach § 3d Satz 2 UStG bei einem innergemeinschaftlichen Erwerb gegenüber dem Lieferer eine ihm von einem anderen Mitgliedstaat als dem, in dem sich der erworbene Gegenstand am Ende der Beförderung oder Versendung befindet, erteilte Umsatzsteuer-Identifikationsnummer, so steht ihm der Vorsteuerabzug nach § 15 Abs. 1 Nr. 3 UStG nicht zu (BFH, Urteil vom 01.09.2010, V R 39/08, DStRE 2011, 232; zum fehlenden Vorsteuerabzug nach § 3d Satz 2 UStG bei ortsverlagerten innergemeinschaftlichen Erwerben s. BMF, Schreiben vom 07.07.2011, IV D 2 – S 7300 – b/09/10001 DOK 2011/0468888, DStR 2011, 1377).

Dem Vorsteuerabzug aus einer Lieferung i. S. v. § 15 Abs. 1, § 3 Abs. 1 UStG steht nicht entgegen, dass der Lieferer zivilrechtlich nicht Eigentümer des Liefergegenstands ist und darüber hinaus beabsichtigt, den gelieferten Gegenstand vertragswidrig nochmals an einen anderen Erwerber zu liefern (zu diesem Sonderfall siehe BFH, Urteil vom 08.09.2011, V R 43/10, BStBl II 2014, 203; hierzu BMF, Schreiben vom 07.02.2014, IV D 2 – S 7100/12/10001 DOK 2014/0116307, BStBl I 2014, 271). Zur Haftung des Lieferanten bei Umsatzsteuerkarussellen hat der BFH wie folgt Stellung genommen: Die Haftungssumme gem. § 71 AO bestimmt sich beim Leistenden (missing trader) grundsätzlich nach dem verkürzten nominalen Umsatzsteuerbetrag und ist nicht auf die Höhe des Vorsteuerschadens beim Leistungsempfänger beschränkt (BFH, Urteil vom 05.08.2010, V R 13/09, BB 2011, 296 mit Anm. Geuenich).

Die Vertrauensschutzregelung des § 6a Abs. 4 UStG ist immer dann anwendbar, wenn der liefernde Unternehmer bei Anwendung der erforderlichen Sorgfalt nicht erkennen konnte, dass der Abnehmer sich lediglich der USt-IdNr. eines anderen Unternehmers bedient hat und es sich bei dem Abnehmer um ein Scheinunternehmen handelt. Für ernstliche Zweifel an der Rechtmäßigkeit der Versagung der Steuerbefreiung ist es im Aussetzungsverfahren ausreichend, dass sich der Unternehmer vom Bundesamt für Finanzen (BfF, jetzt Bundeszentralamt für Steuern – BZSt) eine USt-IdNr. des ausländischen Abnehmers i.R. einer qualifizierten Abfrage hat bestätigen lassen (Niedersächsisches FG, Beschluss vom 17.08.2004, 5 V 84/04, EFG 2004, 1876, rkr.). In dem vom Niedersächsischen FG entschiedenen Fall verkaufte eine Fa. X Fahrzeuge an eine Fa. S in Spanien, die von einem Herrn Y abgeholt wurden, der sich als Vertreter der Fa. S ausgab. Nach den Feststellungen der Steufa sollen die Fahrzeuge Deutschland nie verlassen haben. Im Vorfeld der Vertragsverhandlungen hatte die Fa. X eine qualifizierte Bestätigungsabfrage beim BfF (jetzt: BZSt) zur USt-IdNr. der Fa. S. gestellt.

Auffällige Unterschiede zwischen der Unterschrift des Abholers unter der Empfangsbestätigung auf der Rechnung und der Unterschrift auf dem vorgelegten Personalausweis können Umstände darstellen, die den Unternehmer zu besonderer Sorgfalt hinsichtlich der Identität des angeblichen Vertragspartners und des Abholers veranlassen müssen. An die Nachweispflichten sind besonders hohe Anforderungen zu stellen, wenn der (angeblichen) innergemeinschaftlichen Lieferung eines hochwertigen Pkw ein Barkauf mit Beauftragten zugrunde liegt. Die innergemeinschaftliche Lieferung von hochwertigen Pkw bei Abholung durch einen Beauftragten gegen Barzahlung birgt eine umsatzsteuerrechtliche Missbrauchsgefahr. Der Unternehmer muss daher alle ihm zur Verfügung stehenden, zumutbaren Maßnahmen, die vernünftigerweise von ihm verlangt werden können, ergriffen haben, um sicherzustellen, dass der von ihm getätigte Umsatz nicht zu seiner Beteiligung an einer Steuerhinterziehung führt (BFH, Urteil vom 14.11.2012, XI R 17/12, BFH/NV 2013, 863).

Für die Inanspruchnahme des Vertrauensschutzes nach § 6a Abs. 4 Satz 1 UStG muss der Lieferer in gutem Glauben handeln und alle Maßnahmen ergreifen, die vernünftigerweise verlangt werden können, um sicherzustellen, dass der von ihm getätigte Umsatz nicht zu seiner Beteiligung an einer Steuerhinterziehung führt. Dabei sind alle Gesichtspunkte und tatsächlichen Umstände umfassend zu berücksichtigen. Danach kann sich die zur Steuerpflicht führende Bösgläubigkeit auch aus Umständen ergeben, die nicht mit den Beleg- und Buchangaben zusammenhängen (BFH, Urteil vom 25.04.2013, V R 28/11, BFH/NV 2013, 1359). Zum Gutglaubensschutz und Vorsteuerabzug, wenn Leistungsempfänger vom Umsatzsteuerbetrug nichts wusste oder wissen musste siehe auch EuGH, Urteil vom 31.01.2013, C-642/11, DStRE 2013, 740 und EuGH, Urteil vom 31.01.2013, C-643/11, DStRE 2013, 745; siehe auch EuGH, Urteil vom 13.02.2014, C-18/13, BB 2014, 863, 868 mit Anm. Hummel; hierzu Spatscheck/Stenert, DStR 2015, 104 ff.; EuGH Urteil vom 18.12.2014, C-131/13, DStR 2015, 573, 578 f. mit Anm. Winter – Italmoda; hierzu Heuermann, DStR 2015, 1416 ff.; ders., DB 2017, 990 ff.; Kemper, UR 2017, 449 ff.; EuGH Urteil vom 15.07.2015, Rs. C-123/14, DB 2015, 2427; ferner EuGH Urteil vom 22.10.2015, Rs. C-277/14, UR 2015, 917 = BB 2015, 2787).

Auch im **Edelmetallhandel** als „Hochrisikobranche“ kann im Festsetzungsverfahren Gutglaubensschutz gewährt werden (FG Berlin-Brandenburg, Beschluss vom 03.04.2014, 7 V 7027/14, DStRE 2015, 172, auf die eingelegte Beschwerde hat der BFH mit Beschluss vom 25.11.2014, V B 62/14, BFH/NV 2015, 342, klargestellt, dass wegen des hohen Prozessrisikos die Aussetzung der Vollziehung von einer Sicherheitsleistung abhängig gemacht werden kann).

Der Schutz des guten Glaubens ist als allgemeiner Rechtssatz nicht nur im Rahmen des Vorsteuerabzugs, sondern generell im Bereich des gemeinsamen Mehrwertsteuersystems zu berücksichtigen. Dabei muss er bereits im Festsetzungsverfahren und nicht erst im Billigkeitsverfahren berücksichtigt werden (FG Berlin-Brandenburg, Beschluss vom 04.06.2013, 5 V 5022/13, EFG 2014, 73 = DStRE 2014, 364, rkr.). Der BFH ist allerdings nunmehr der Auffassung, dass Gesichtspunkte des Vertrauensschutzes nicht im Festsetzungsverfahren berücksichtigt werden können (BFH, Urteil vom 22.07.2015, V R 25/14, BStBl II 2015, 914).

Zu den Voraussetzungen einer Versagung der Steuerbefreiung der innergemeinschaftlichen Lieferungen nach § 6a UStG aufgrund einer Täuschung über den Erwerber der jeweiligen Lieferungen durch Lieferungen an einen „Missing Trader" siehe BGH, Urteil vom 19.03.2013, 1 StR 318/12, wistra 2013, 463.

Für die Versagung des Vorsteuerabzugs wegen Einbeziehung eines Unternehmens in einen Umsatzsteuer-Betrug muss das FA konkrete Anhaltspunkte darlegen, die belegen, dass der Unternehmer von seiner Einbeziehung in einen Umsatzsteuer-Betrug gewusst hat bzw. hätte wissen können oder müssen. Die objektive Feststellungslast für die den Vorsteuerabzug ausschließenden Umstände trägt nicht der Steuerpflichtige, sondern das FA. Der den Vorsteuerabzug begehrende Unternehmer ist daher nicht verpflichtet, einen echten „Negativbeweis" dahingehend zu führen, dass er keine Anhaltspunkte für etwaige Ungereimtheiten in Bezug auf den Leistenden und/oder die Leistung hatte (so FG Münster, Beschluss vom 12.12.2013, 5 V 1934/13 U, DStRE 2014, 226 = BB 2014, 543, 551 mit Anm. Streit; ebenso FG Münster, Urteil vom 04.06.2020, 5 K 694/17 U, DStRE 2021, 360 [NZB eingelegt, Az. d. BFH: XI B 30/20]). Die neuere EuGH-Rechtsprechung zur Feststellung bei der Versagung des Vorsteuerabzugs wegen Einbeziehung in eine Steuerhinterziehung ändert nichts daran, dass der Vorsteuerabzug eine Rechnung desjenigen voraussetzt, der nach den zivilrechtlichen Vereinbarungen mit dem Leistungsempfänger als Schuldner der abgerechneten Leistung anzusehen ist, und dass der den Vorsteuerabzug begehrende Unternehmer hierfür die Feststellungslast trägt. Die Regeln über die Verteilung der Feststellungslast sind auch im Aussetzungsverfahren zu beachten (so entgegenstehend FG Düsseldorf, Beschluss vom 26.03.2014, 1 V 3235/13 A (U), EFG 2014, 1513; zwischenzeitlich rechtskräftig, da die eingelegte Beschwerde beim Bundesfinanzhof zurückgenommen wurde).

Der Vorsteuerabzug scheidet aus, wenn der in der Rechnung angegebene Sitz tatsächlich nicht bestanden hat. Die Angabe einer Anschrift, an der keinerlei geschäftliche Aktivitäten stattfinden reicht nicht aus (BFH, Beschluss vom 18.07.2015, XI B 5/15, BFH/NV 2015, 1444 = UR 2015, 923; siehe auch BFH, Urteil vom 22.07.2015, V R 23/14, BStBl II 2015, 914 mit Anm. Heidner, DB 2015, 11631173; hierzu Friedrich-Vache, UR 2015, 889 ff.;

zum Vorsteuerabzug aus Gutschriften an Strohleute im Schrotthandel siehe FG Düsseldorf, Urteil vom 15.02.2013, 1 K 720/12 U, EFG 2014, 1914 [Rev. eingelegt; Az. des BFH: V R 17/14; die eingelegte Revision wurde per BFH-Beschluss vom 10.09.2015, V R 17/14, n. v., als unbegründet verworfen]).

Im Edelmetallhandel gegen Barzahlung mit einem neuen Marktteilnehmer gehört es zu den vom Steuerpflichtigen vernünftigerweise zu erwartenden Maßnahmen, die Identität der handelnden Personen aufzuklären und zu dokumentieren (FG Berlin-Brandenburg, Beschluss vom 03.04.2014, 7 V 7027/14, EFG 2014, 1445; die von der Antragstellerin eingelegte Beschwerde, die sich allerdings gegen die bloße Anordnung einer Sicherheitsleistung richtete, wurde per BFH-Beschluss vom 25.11.2014, V B 62/14, n. v., als unbegründet verworfen).

Zu den Voraussetzungen einer Haftung nach § 71 AO bei Einbindung in einen Umsatzsteuerkarussellbetrug hat der Bundesfinanzhof folgende Klarstellung vorgenommen.

Dem Erlass eines auf § 71 AO gestützten Haftungsbescheids steht nicht entgegen, dass weitere Haftungsschuldner nach § 25d UStG in Anspruch genommen werden könnten. In den Fällen, in denen nach der Rechtsprechung des EuGH der Vorsteuerabzug zu versagen ist, weil aufgrund objektiver Umstände feststeht, dass der Steuerpflichtige wusste oder hätte wissen müssen, dass er sich mit seinem Erwerb an einem Umsatz beteiligt, der in eine Mehrwertsteuerhinterziehung einbezogen war, handelt es sich um einen von der Rechtsprechung entwickelten, eigenständigen Versagungsgrund. Einer ausdrücklichen Normierung eines solchen im nationalen Umsatzsteuerrecht bedarf es nicht (so BFH, Beschluss vom 12.09.2014, VII B 99/13, BFH/NV 2015, 161).

Zum Vorsteuerabzug im Rahmen eines betrügerischen Schneeballsystems siehe FG Münster, Urteil vom 16.10.2014, 5 K 3875/12 U, BB 2015, 530, rkr., m. Anm. Fleckenstein-Weiland, BB 2015, 550, 552.

Zur Haftung des Geschäftsführers für zu Unrecht ausbezahlte Vorsteuerüberhänge bei Einbindung der GmbH in ein Umsatzsteuer-Karussell s. FG Münster, Urteil vom 04.02.2021, 10 K 1672/19 U, EFG 2021, 728, 731 f., vorl. nicht rkr., mit Anm. Zapf = DStZ 2021, 388.

Zum Gutglaubensschutz beim Vorsteuerabzug neuerdings auch BFH, Beschluss vom 18.02.2015, V S 19/14, UR 2015, 438 zu einem speziellen Einzelfall.

Das plötzliche Auftreten am Markt und die niedrigen Preise des Vorlieferanten reichen nicht aus, um im Rahmen einer Lieferkette dem Empfänger den Vorsteuerabzug aus den Rechnungen des Lieferanten wegen vorgelagerter Umsatzsteuerhinterziehung des Vorlieferanten (missing trader) zu versagen (FG Berlin-Brandenburg, Beschluss vom 17.11.2014, 7 V 7295/14, DStRE 2015, 1384, rkr.; zum Vorsteuerabzug aus Rechnungen steuerunehrlicher Lieferanten ein Update siehe Alvermann, Die AG 2014, 776 ff.).

Eine praxisbezogene **Checkliste** im Hinblick auf die **Prüfung von Unternehmereigenschaft und Seriosität des Geschäftspartners** aus der Perspektive der Finanzverwaltung siehe instruktiv Weimann, StB 2014, 361 ff.).

Zu Zweifelsfragen an der Versagung des Vorsteuerabzugs für den Buffer II siehe FG Berlin-Brandenburg, Beschluss vom 17.11.2014, 7 V 7295/14, EFG 2015, 341, rkr., m. Anm. Büchter-Hole; vgl. a. BGH, Beschluss vom 19.11.2014, 1 StR 219/14, wistra 2015, 147; ferner Wegener PStR 2015, 65 ff.).

Bei der Berechnung der Schadenshöhe bei einer mehrfachen Umsatzsteuerhinterziehung durch ein Umsatzsteuerkarussell siehe BGH, Beschluss vom 12.10.2016, 1 StR 201/16, BFH/NV 2017, 429.

Zur strafrechtlichen Bedeutung der sog. Betrugsbekämpfungsklausel des EuGH eingehend Schrömbges, wistra 2017, 422 ff., der die strafrechtliche Rechtsprechung des BGH als unvereinbar mit den Grundprinzipien der StPO, des GG und der EMRK und des § 370 Abs. 1 Nr. 1 AO ansieht.

Zur Beweiswürdigung hinsichtlich des Vorsatzes der Steuerhinterziehung durch einen sogenannten Buffer im Rahmen eines Umsatzsteuerkarussells siehe BGH, Beschluss vom 28.06.2017, 1 StR 624/16, wistra 2018, 131.

Zur Hinterziehung von Umsatzsteuer durch Nichtanmeldung von Umsätzen aus Scheinausgangsrechnungen im Rahmen eines Umsatzsteuerkarussells siehe BGH, Beschluss vom 07.09.2016, 1 StR 57/16, wistra 2017, 158.

Zur Strafzumessung bei der Umsatzsteuerhinterziehung s. BGH, Beschluss vom 14.11.2019, 1 StR 247/19, wistra 2020, 212; zur Änderung der Rechtsprechung zum **Kompensationsverbot** bei der Umsatzsteuerhinterziehung eingehend Spatschek/Wimmer, DStR 2019, 777.

Die tatrichterliche Feststellung, eine Rechtsanwältin habe allgemein Kenntnis gehabt, dass im Zusammenhang mit der Anmeldung von Vorsteuern „etwas nicht gerade laufe", genügt noch nicht, um das erforderliche sichere Wissen von strafbaren Handlungen der Haupttäter und damit eine Beihilfestrafbarkeit durch berufstypische Handlungen zu begründen (BGH, Beschluss vom 21.12.2016, 1 StR 112/16, wistra 2017, 270).

Der gute Glaube des Leistungsempfängers an die Erfüllung der Vorsteuerabzugsvoraussetzungen ist jedenfalls dann nicht schutzwürdig, wenn dieser anhand der Gesamtumstände hätte erkennen müssen, dass es sich bei dem jeweils vermeintlichen Lieferer nur um einen vorgeschobenen **Strohmann** gehandelt hat (BFH, Beschluss vom 07.12.2016, XI R 31/14, DStRE 2018, 93).

Es ist ernstlich zweifelhaft, ob allein die falsche Anschrift des Leistungsempfängers in der Rechnung zur Versagung des Vorsteuerabzugs berechtigt (FG Berlin-Brandenburg, Beschluss vom 27.01.2017, 7 V 7111/16, DStRE 2018, 107, rkr.)

Es besteht kein Vorsteuerabzug aus einer Rechnung einer von einem Rechnungsaussteller in der nicht existierenden Rechtsform der „UGmbH" erstellten Rechnung (so FG Bremen, Urteil vom 26.01.2017, 2 K 38/16 (1), DStRE 2018, 94, rkr.).

Zum Vorsteuerabzug aus Rechnungen eines in einen Umsatzsteuerbetrug eingebundenen Lieferanten vgl. Niedersächsisches FG, Urteil vom 20.05.2019, 11 K 161/16, DStRE 2020, 21, rkr.

Bei der Versagung des Vorsteuerabzugs wegen Rechtsmissbrauchs kommt es nicht darauf an, ob der Steuerpflichtige die genaue Art und Weise der Begehung der Umsatzsteuerhinterziehung seines Lieferanten kannte oder hätte kennen müssen. Es reicht aus, wenn er wusste oder hätte wissen müssen, dass sein Lieferant die Umsatzsteuer aus dem Geschäft nicht abführen will (FG Hamburg, Beschluss vom 16.01.2018, 6 V 120/17, DStRE 2018, 1435, rkr.).

Zu den Anforderungen an das „Kennenmüssen" im Rahmen der zwischenzeitlich aufgehobenen Haftungsvorschrift nach § 25d Abs. 1 UStG hat die Rechtsprechung folgende Klarstellung vorgenommen:

Das „Kennenmüssen" i. S. d. § 25d Abs. 1 UStG a. F. muss sich im Rahmen eines konkreten Leistungsbezugs auf Anhaltspunkte beziehen, die für den Unternehmer den Schluss nahelegen, dass der Rechnungsaussteller bereits bei Vertragsschluss die Absicht hatte, die Umsatzsteuer nicht abzuführen (BFH, Urteil vom 10.08.2017, V R 2/17, BFH/NV 2018, 160; hierzu Carlé/Mirbach, UR 2018, 97 ff.; vgl. a. Drüen, UR 2016, 777 ff.).

Zum Rechnungsmerkmal **„vollständige Anschrift"** und zur Berücksichtigung des Gutglaubensschutzes beim Vorsteuerabzug hat der BFH folgenden Vorlagebeschluss an den Europäischen Gerichtshof gefasst:

Enthält eine zur Ausübung des Rechts auf Vorsteuerabzug nach Art. 168 Buchst. a i. V. m. Art. 178 Buchst. a MwStSystRL erforderliche Rechnung die „vollständige Anschrift" i. S. v. Art. 226 Nr. 5 MwStSystRL, wenn der leistende Unternehmer in der von ihm über die Leistung ausgestellten Rechnung eine Anschrift angibt, unter der er zwar postalisch zu erreichen ist, wo er jedoch keine wirtschaftliche Tätigkeit ausübt?

Steht Art. 168 Buchst. a i. V. m. Art. 178 Buchst. a MwStSystRL unter Beachtung des Effektivitätsgebots einer nationalen Praxis entgegen, die einen guten Glauben des Leistungsempfängers an die Erfüllung der Vorsteuerabzugsvoraussetzungen nur außerhalb des Steuerfestsetzungsverfahrens im Rahmen eines gesonderten Billigkeitsverfahrens berücksichtigt? Ist Art. 168 Buchst. a i. V. m. Art. 178 Buchst. a MwStSystRL insoweit berufbar? (BFH, Beschluss vom 06.04.2016, XI R 20/14, BFH/NV 2016, 1405; hierzu eingehend Lohse, BB 2016, 2333 ff.).

Dem EuGH wurden weitere folgende Fragen zur Vorabentscheidung vorgelegt:

1. Setzt Art. 226 Nr. 5 MwStSystRL die Angabe einer Anschrift des Steuerpflichtigen voraus, unter der er seine wirtschaftlichen Tätigkeiten entfaltet?
2. Für den Fall, dass Frage 1. zu verneinen ist:
   a) Reicht für die Angabe der Anschrift nach Art. 226 Nr. 5 MwStSystRL eine Briefkastenadresse?
   b) Welche Anschrift ist von einem Steuerpflichtigen, der ein Unternehmen (z. B. des Internethandels) betreibt, das über kein Geschäftslokal verfügt, in der Rechnung anzugeben?
3. Ist für den Fall dass die formellen Rechnungsanforderungen des Art. 226 MwStSystRL nicht erfüllt sind, der Vorsteuerabzug bereits immer dann zu gewähren, wenn keine Steuerhinterziehung vorliegt oder der Steuerpflichtige die Einbeziehung in einen Betrug weder kannte noch kennen konnte oder setzt der Vertrauensschutzgrundsatz in diesem Fall voraus, dass der Steuerpflichtige alles getan hat, was von ihm in zumutbarer Weise verlangt werden kann, um die Richtigkeit der Rechnungsangaben zu überprüfen? (BFH, Beschluss vom 06.04.2016, V R 25/15, BFH/NV 2016, 1401 = DStR 2016, 1527, 1532 m. Anm. Heu; Seifert, StuB 2016, 593 f.; hierzu eingehend Lohse, BB 2016, 2333 ff.; zur Möglichkeit des Nachweises für das Nichtvorliegen einer Steuerhinterziehung zur Wiedererlangung des Vorsteuerabzugs siehe auch EuGH, Urteil vom 19.10.2017, C-101/16, DStR 2017, 2333 SC Paper Consult SRL/Rumänien).

Daraufhin hat der Europäische Gerichtshof zu den Anforderungen an eine zum Vorsteuerabzug berechtigende Rechnung betreffend die Inhalte des vollständigen Namens bzw. der vollständigen Anschrift folgende Klarstellungen vorgenommen:

Art. 168 Buchst. a und Art. 178 Buchst. a i. V. m. Art. 226 Nr. 5 MwStSystRL über das gemeinsame Mehrwertsteuersystem sind dahin auszulegen, dass sie einer nationalen Regelung wie der im Ausgangsverfahren fraglichen entgegenstehen, die die Ausübung des Rechts auf Vorsteuerabzug davon abhängig macht, dass in der Rechnung die Anschrift angegeben ist, unter der der Rechnungsaussteller seine wirtschaftliche Tätigkeit ausübt (EuGH, Urteil vom 15.11.2017, C-374/16, Geissel/Bütu, und C-375/16, Butin, DStR 2017, 2544 = UR 2017, 970, 974 ff. m. Anm. Jacoler/Zitzl, m. Anm. Müller, DB 2017, 2897 f. und ders., DB StR 1256375).

Eine zum Vorsteuerabzug berechtigende Rechnung setzt nicht voraus, dass die wirtschaftlichen Tätigkeiten des leistenden Unternehmers unter der Anschrift ausgeübt werden, die in der von ihm ausgestellten Rechnung angegeben ist (Änderung der Rechtsprechung). Es reicht jede Art von Anschrift und damit auch eine Briefkastenanschrift, sofern der Unternehmer unter dieser Anschrift erreichbar ist (BFH, Urteil vom 21.06.2018, V R 25/15, BB 2018, 2534, 2536 m. Anm. Heinmüller = StBp 2018, 355 f. m. Anm. Heuermann = DB 2018, 2212 f. m. Anm. Werth = UR 2018, 718, 720 f. m. Anm. Zitzl; hierzu Seifert, StuB 2016, 593 f.; Schumann, DStR 2017, 2719 ff.; Prätzler, StuB 2018, 618 ff.; vgl. a. Spetscheck/Stenert, DStR 2016, 2313 ff.; Sterzinger, UR 2017, 609 ff.).

Sind die materiellen und formellen Voraussetzungen für die Entstehung und Ausübung des Rechts auf Vorsteuerabzug erfüllt, ist es mit dem Unionsrecht nicht vereinbar, einen Steuerpflichtigen, der weder wusste noch wissen konnte, dass der betreffende Umsatz in eine vom Lieferer begangene Steuerhinterziehung einbezogen war oder dass in der Lieferkette bei einem anderen Umsatz, der dem vom Steuerpflichtigen getätigten Umsatz vorausgeht oder nachfolgt, Mehrwertsteuer hinterzogen wurde, durch die Versagung des Rechts auf Vorsteuerabzug zu sanktionieren (BFH, Urteil vom 21.06.2018, V R 28/16 = BB 2018, 2535, 2536 m. Anm. Heinmüller, DB 2018, 2212 f. m. Anm. Werth = UR 2018, 718, 720 f. m. Anm. Zitzl; hierzu Prätzler, StuB 2018, 618 ff.).

§ 15 UStG enthält neben der Rechnung keine belegartig zu erfüllenden Voraussetzungen. Daher führt die Verletzung einkommensteuerrechtlicher Aufzeichnungspflichten zu keinem Vorsteuerabzugsverbot, da eine Einschränkung des Vorsteuerabzugs wegen nicht eingehaltener Formvorschriften für den Nachweis von Betriebsausgaben im Ertragsteuerrecht für den Bereich der Umsatzsteuer unionsrechtswidrig ist. Dies ist auch für das Fahrtenbuch als sog. Belegnachweis i. S. d. § 6 Abs. 1 Nr. 4 Satz 3 EStG zu beachten (BFH, Beschluss vom 02.07.2021 V B 34/20, BFH/NV 2021, 1523).

Zwischenzeitlich hat der BFH eindeutig klargestellt, dass eine Rechnungsberichtigung mit Rückwirkung für den Vorsteuerabzug möglich ist (EuGH,

Urteil vom 15.09.2016, C-518/14, DStR 2016, 2211, 2214f., m. Anm. Wäger – Senatex GmbH; hierzu eingehend Langer/Zugmaier, DStR 2016, 2249ff.; hierzu BMF, Schreiben vom 18.09.2020, III C 2 – S 7286-a/19/10001 :001 DOK 2020/0920350, BStBl I 2020, 976; dazu kritisch Sikorski, StBp2012, 187ff.).

Zu den Grenzen der Rückwirkung einer Rechnungsberichtigung hat der Bundesfinanzhof wie folgt Stellung genommen:

Erteilt ein Unternehmer in der Annahme einer Leistungserbringung im Ausland eine Ausgangsrechnung ohne inländischen Steuerausweis, kann er diese nicht in der Weise berichtigen, dass dem späteren Ausweis inländischer Umsatzsteuer Rückwirkung für den Vorsteuerabzug des Leistungsempfängers zukommt (BFH, Urteil vom 07.07.2022 V R 33/20, DStR 2022, 2154 = DStRK 2022, 320 mit Anm. Becker).

Für die Ausübung des Rechts auf Vorsteuerabzug ist erforderlich, dass der Leistungsempfänger eine Rechnung besitzt, in der eine Anschrift des Leistenden genannt ist, unter der jener postalisch erreichbar ist. Für die Prüfung des Rechnungsmerkmals „vollständige Anschrift" ist der Zeitpunkt der Rechnungsausstellung maßgeblich. Die Feststellungslast für die postalische Erreichbarkeit zu diesem Zeitpunkt trifft den den Vorsteuerabzug begehrenden Leistungsempfänger (BFH, Urteil vom 05.12.2018, XI R 22/14, DStR 2019, 271, 273 m. Anm. Treiber).

Die für die Berechtigung zum Vorsteuerabzug nach ständiger Rechtsprechung erforderliche Identität des Rechnungsausstellers und leistenden Unternehmers entspricht der Rechtsprechung des EuGH, der zufolge die Angabe der Anschrift, des Namens und der Mehrwertsteuer-Identifikationsnummer des Rechnungsausstellers es ermöglichen soll, eine Verbindung zwischen einer bestimmten wirtschaftlichen Transaktion und dem Rechnungsaussteller herzustellen (BFH, Urteil vom 14.02.2019, V R 47/16, DStR 2019, 1086, 1089f. m. Anm. Heuermann).

Zur Möglichkeit des Vorsteuerabzugs trotz unvollständiger Angabe von Leistungsbeschreibung und -zeitraum in einer Rechnung hat der Europäische Gerichtshof Folgendes klargestellt:

Artikel 178 Buchst. a MwStSystRL ist dahin auszulegen, dass er die nationalen Steuerbehörden daran hindert, das Recht auf Vorsteuerabzug allein deshalb zu verweigern, weil die Rechnung, die der Steuerpflichtige besitzt, nicht die Voraussetzungen von Art. 226 Nr. 6 und 7 der Richtlinie erfüllt, obwohl diese Behörden über alle notwendigen Informationen verfügen, um zu prüfen, ob die materiellen Voraussetzungen für die Ausübung dieses

Rechts vorliegen (EuGH, Urteil vom 15.09.2016, C-516/14, DStR 2016, 2216, Barlis 06/Portugal; hierzu Michel, DB 2018, 2957 ff.; vgl. zur Vorsteuervergütung auch bei unvollständiger Rechnung FG Köln, Urteil vom 09.11.2016, 2 K 1912/15, n. v., m. Anm. Müller, DB StR 1253486).

Zur Identifizierung einer abgerechneten Leistung (§ 14 Abs. 4 Satz 1 Nr. 5 UStG) können andere Geschäftsunterlagen herangezogen werden, wenn das Abrechnungsdokument selbst darauf verweist und diese eindeutig bezeichnet. Die in Bezug genommenen Geschäftsunterlagen müssen der Rechnung nicht beigefügt sein (BFH, Urteil vom 16.01.2014, V R 28/13, DStR 2014, 743). Nach Maßgabe der summarischen Überprüfung der Rechtmäßigkeit von Steuerfestsetzungen im Verfahren um eine AdV ist ernstlich zweifelhaft, ob der Vorsteuerabzug aus Rechnungen im sog. Niedrigpreissegment hinsichtlich der Leistungsbeschreibung voraussetzt, dass die Art der gelieferten Gegenstände mit ihrer handelsüblichen Bezeichnung angegeben wird, oder ob insoweit die Angabe der Warengattung („Hosen", „Blusen", „Pulli") ausreicht. Es ist nicht ernstlich zweifelhaft, dass der Vorsteuerabzug versagt werden darf, wenn die Lieferung, über die abgerechnet worden ist, nicht bewirkt worden ist. Es ist nicht ernstlich zweifelhaft, dass der Vorsteuerabzug versagt werden darf, wenn der Steuerpflichtige wusste oder hätte wissen müssen, dass er sich mit seinem Erwerb an einem Umsatz beteiligt hatte, der in eine Mehrwertsteuerhinterziehung einbezogen war. Es ist (weiterhin) ernstlich zweifelhaft, ob beim Vorsteuerabzug Gutglaubensschutz nur im Billigkeitsverfahren zu gewähren ist (Bestätigung der Rechtsprechung). Es ist nicht ernstlich zweifelhaft, dass das Recht auf Vorsteuerabzug grundsätzlich in dem Besteuerungszeitraum auszuüben ist, in dem der Leistungsempfänger die Leistung bezogen hat und im Besitz einer Rechnung ist. Es ist nicht ernstlich zweifelhaft, dass auch bei der Umsatzsteuer im Falle von Verstößen des Steuerpflichtigen gegen die Aufzeichnungspflichten des § 22 UStG und bei sonstigen Buchführungsmängeln das FA zur Schätzung von Besteuerungsgrundlagen befugt sein kann. Diese Schätzungsbefugnis steht in Einklang mit dem Unionsrecht (BFH, Beschluss vom 16.05.2019, XI B 13/19, DStRE 2019, 1399, 1403 f. m. Anm. Treiber = BStBl II 2021, 950).

Zur Frage, welchen Anforderungen Rechnungsangaben zur Bezeichnung der Menge und der Art der gelieferten Gegenstände i. S. d. Art. 226 Nr. 6 MwStSystRL genügen müssen, kann sich ein Unternehmer darauf berufen, dass die von ihm verwendeten Bezeichnungen „handelsüblich" i. S. d. § 14 Abs. 4 Satz 1 Nr. 5 UStG sind.

Die Tatsacheninstanz muss – u. U. mit Zuhilfenahme eines Sachverständigen – ermitteln, welche Angabe der Art der gelieferten Gegenstände unter Berücksichtigung von Handelsstufe, Art und Inhalt des Geschäftes und dem Wert der einzelnen Waren handelsüblich ist (BFH, Urteil vom 10.07.2019 XI R 28/18, BStBl II 2021, 961; vgl. auch BFH, Beschluss vom 14.03.2019 V B 3/19, BStBl. II 2021, 948; hierzu BMF-Schreiben vom 01.12.2021 III C 2 – S 7280-a/19/10002 :001, DOK 2021/1226715, BStBl I 2021, 2486).

Ein Abrechnungsdokument ist keine Rechnung und kann deshalb auch nicht mit der Folge einer Ausübungsvoraussetzung für den Vorsteuerabzug rückwirkend berichtigt werden, wenn es wegen ganz allgemein gehaltener Angaben (hier „Produktverkäufe") nicht möglich ist, die abgerechnete Leistung eindeutig und leicht nachprüfbar festzustellen (BFH, Urteil vom 12.03.2020, V R 48/17, DStR 2020, 1846, 1850 m. Anm. Heuermann; hierzu BMF, Schreiben vom 18.09.2020, III C 2 – S 7286-a/19/10001 :001 DOK 2020/0920350, BStBl I 2020, 976; Trejo, WPg 2021, 462 ff.).

Zur Angabe des **Leistungszeitpunkts bzw. -zeitraums** in der Rechnung als Voraussetzung für den Vorsteuerabzug hat die Finanzverwaltung wie folgt Stellung genommen: siehe BMF, Schreiben vom 09.09.2021, III C 2 – S 7280-a/19/10004 :001 DOK 2021/0963109, DB 2021, 2189.

Der den Vorsteuerabzug begehrende Steuerpflichtige trägt dafür die Beweislast, dass keine Scheinlieferungen vorliegen, sondern tatsächliche wirtschaftliche Vorgänge, mittels derer er die Verfügungsmacht an der Ware erhalten hat. Das Recht auf Vorsteuerabzug kann nur dann grundsätzlich nicht versagt werden, wenn die in Rede stehenden Lieferungen von Gegenständen tatsächlich bewirkt und die Gegenstände vom Steuerpflichtigen auf einer nachfolgenden Umsatzstufe für die Zwecke seiner besteuerten Umsätze verwendet worden sind. Ein bloßer Scheinsitz genügt – in Abgrenzung zu einem Briefkastensitz – nicht den Anforderungen an eine ordnungsgemäße Rechnung (FG Münster, Urteil vom 12.06.2019, 5 K 2404/16 U, DStRE 2019, 1218, rkr.).

Ferner hat der EuGH klargestellt, dass der Nachweis der Voraussetzung für den Vorsteuerabzug auch **ohne Vorlage von Rechnungen** möglich ist.

Die MwStSystRL, insbesondere Art. 167, Art. 168, Art. 178 Buchst. a und Art. 179, sowie die Grundsätze der Neutralität der Mehrwertsteuer und der Verhältnismäßigkeit sind dahin auszulegen, dass unter Umständen wie denen des Ausgangsverfahrens ein Steuerpflichtiger, der nicht in der Lage ist, durch Vorlage von Rechnungen oder anderen Unterlagen den Betrag der von ihm gezahlten Vorsteuer nachzuweisen, nicht allein auf der Grundlage einer Schätzung in einem vom nationalen Gericht angeordneten Sachverständigengutachten ein Recht auf Vorsteuerabzug geltend machen kann (EuGH, Urteil vom 21.11.2018, C-664/16, DStR 2018, 2524, Lucretiu Hadrian Vadan, Vorabentscheidungsersuchen der Curtea de Apel Alba Iulia/Rumänien).

Die Verweigerung des Rechts auf Vorsteuerabzug aufgrund einer Lieferkette verpflichtet die zuständige Steuerbehörde, eine missbräuchliche Praxis dezidiert nachzuweisen (EuGH, Urteil vom 10.07.2019, C-273/18, UR 2019, 697 – Kursu zeme/Lettland).

Für die Beurteilung der Voraussetzungen für den Vorsteuerabzug ist nicht auf den Zeitpunkt der Abgabe der Steueranmeldung, sondern auf den Zeitpunkt der Lieferung oder sonstigen Leistung abzustellen. Es liegt nur dann keine Vorsteuerabzugsberechtigung vor, wenn der Erklärende selbst eine Steuerhinterziehung begeht oder wenn er wusste oder hätte wissen müssen, dass er an einem in eine Mehrwertsteuerhinterziehung einbezogenen Umsatz beteiligt ist und deshalb als Beteiligter dieser Hinterziehung betrachtet werden muss (BGH, Beschluss vom 17.09.2019, 1 StR 240/19, UR 2020, 435; zur Feststellung der Schadenshöhe bei Umsatzsteuerhinterziehung in Fällen fingierter Ketten- oder Karussellgeschäfte siehe BGH, Beschluss vom 14.11.2019, 1 StR 247/19, BFH/NV 2020, 607).

Sind Art. 167 und Art. 169 Buchst. a MwStSystRL dahingehend auszulegen, dass sie einer nationalen Rechtsanwendung entgegen stehen, nach der ein Vorsteuerabzug auch dann zu versagen ist, wenn auf einer vorhergehenden Umsatzstufe eine Umsatzsteuerhinterziehung begangen wurde und der Steuerpflichtige hiervon Kenntnis hatte oder hätte haben müssen, er mit dem an ihn erbrachten Umsatz aber weder an der Steuerhinterziehung beteiligt noch in diese einbezogen war und die begangene Steuerhinterziehung auch nicht gefördert oder begünstigt hat?

Sind die materiellen und formellen Voraussetzungen für die Entstehung und Ausübung des Rechts auf Vorsteuerabzug erfüllt, ist gleichwohl eine Versagung des Vorsteuerabzugs unionsrechtlich geboten, wenn aufgrund objektiver Umstände feststeht, dass der Steuerpflichtige wusste oder hätte wissen müssen, dass der betreffende Umsatz in eine vom Lieferer begangene Steuerhinterziehung einbezogen war oder dass in der „Lieferkette“ bei einem anderen Umsatz, der dem vom Steuerpflichtigen getätigten Umsatz vorausgeht oder nachfolgt, Mehrwertsteuer hinterzogen wurde (vgl. EuGH-Rechtsprechung). Im Urteilsfall ist streitig, wie der Begriff „Lieferkette“ unter Beachtung der unionsrechtlichen Vorgaben auszulegen ist und ob von einer „Lieferkette“ auszugehen ist, wenn zwar die Unternehmerin ordnungsgemäß in Rechnung gestellte und tatsächlich gelieferte

Waren von einer GmbH bezogen hat, wenn jedoch die GmbH ihrerseits die Waren ohne Inrechnungstellung vom Ehemann der Unternehmerin bezogen, ein Mitarbeiter der GmbH Scheinrechnungen über den Wareneinkauf erstellt und die GmbH sodann zu Unrecht aus diesen Scheinrechnungen den Vorsteuerabzug geltend gemacht hat (FG Berlin-Brandenburg, Beschluss vom 05.02.2020, 5 K 5311/16, DStR 2020, 1800 = wistra 2020, 304 = UR 2020, 474 = NWB 2020, 970 mit Anm. Beyer).

Aufgrund des Vorlagebeschlusses hat der EuGH folgende Klarstellungen vorgenommen:

Die MwStSystRL ist dahin auszulegen, dass sie einer nationalen Praxis nicht entgegensteht, nach der einem Steuerpflichtigen, der Waren erworben hat, die Gegenstand einer auf einer vorhergehenden Umsatzstufe der Lieferkette begangenen Umsatzsteuerhinterziehung waren, und der davon wusste oder hätte wissen müssen, das Recht auf Vorsteuerabzug versagt wird, obwohl er an dieser Steuerhinterziehung nicht aktiv beteiligt war (EuGH, Beschluss vom 14.04.2021, C-108/20, DStR 2021, 1477 = UR 2021, 433, 437 m. Anm. Pflaum); hierzu eingehend Beyer, NWB 2021, 2668 ff.

Die MwStSystRL und insbesondere ihre Art. 73 und 78 sind im Licht des Grundsatzes der Neutralität der Mehrwertsteuer dahin auszulegen, dass in einem Fall, in dem mehrwertsteuerpflichtige Personen der Steuerverwaltung aufgrund eines Steuerbetrugs weder mitgeteilt haben, dass es den Umsatz gibt, noch eine Rechnung ausgestellt oder die bei diesem Umsatz erzielten Einkünfte in einer direkte Steuern betreffenden Erklärung angegeben haben, davon auszugehen ist, dass die von der betreffenden Steuerverwaltung im Rahmen der Überprüfung einer solchen Erklärung durchgeführte Rekonstruktion der bei dem fraglichen Umsatz gezahlten und erhaltenen Beträge einen die Mehrwertsteuer bereits enthaltenden Preis darstellt, es sei denn, für die Steuerpflichtigen besteht nach nationalem Recht die Möglichkeit, die in Rede stehende Mehrwertsteuer trotz des Betrugs nachträglich abzuwälzen und in Abzug zu bringen (EuGH, Urteil vom 01.07.2021, C-521/19, CB betr. Spanien, DStR 2021, 1700).

Hat das FA nicht dargetan, dass ein Steuerbetrug begangen worden ist, kommt eine Versagung des Vorsteuerabzugs nach der sog. Missbrauchs-Rechtsprechung des EuGH nicht in Betracht.

Die Nichtabfrage der USt-IdNr. des Empfängers zeitnah zur ersten innergemeinschaftlichen Lieferung und darauffolgend in regelmäßigen Abständen während der laufenden Lieferbeziehung kann nach den Umständen des Einzelfalls eine Sorgfaltspflichtverletzung darstellen, die Vertrauensschutz nach § 6a Abs. 4 UStG ausschließt.

Wird die Abfragemöglichkeit nach § 18e UStG sorgfaltspflichtwidrig nicht wahrgenommen, ergibt sich aus sachlichen Billigkeitsgründen kein über § 6a Abs. 4 UStG hinausgehender Vertrauensschutz (BFH, Urteil vom 11.03.2020, XI R 38/18, BFH/NV 2020, 1217 = DStRK 2020, 247 mit Anm. Gehm).

Der Steuerpflichtige, der den Vorsteuerabzug vornehmen möchte, trägt die Feststellungslast dafür, dass Rechnungsaussteller und leistender Unternehmer identisch sind. Bestehen Zweifel an der tatsächlichen Lieferung von Edelmetallen an die Lieferanten durch deren angebliche Vorlieferanten, so ist auch der Nachweis der tatsächlichen Lieferungen durch die Lieferanten an den Unternehmer, der den Vorsteuerabzug begehrt, nicht erbracht.

Zur Versagung des Vorsteuerabzugs aus Altgoldlieferungen und zu den Anforderungen an das „Wissenmüssen“ des Steuerpflichtigen von einem fremden „Mehrwertsteuerbetrug“ hat der Bundesfinanzhof folgenden Leitsatz aufgestellt:

Welche Maßnahmen von einem Steuerpflichtigen vernünftigerweise verlangt werden können, um eine eigene Beteiligung an einem fremden Mehrwertsteuerbetrug zu verhindern, hängt wesentlich von den jeweiligen Umständen ab, die nach den Beweisregeln des nationalen Rechts, die die Wirksamkeit des Unionsrechts nicht beeinträchtigen dürfen, zu ermitteln sind.

Von einem Steuerpflichtigen darf zwar nicht generell verlangt werden, dass er prüft, ob der Aussteller einer Rechnung über die Lieferung von Gegenständen, für die das Recht auf Vorsteuerabzug geltend gemacht wird, über die fraglichen Gegenstände verfügte, sie liefern konnte sowie seinen Verpflichtungen hinsichtlich der Erklärung und Abführung der Mehrwertsteuer nachgekommen ist. Wenn aber Anhaltspunkte für Unregelmäßigkeiten oder einen Mehrwertsteuerbetrug vorliegen, kann der Steuerpflichtige verpflichtet sein, über einen anderen Wirtschaftsteilnehmer, von dem er Gegenstände oder Dienstleistungen zu erwerben beabsichtigt, Auskünfte einzuholen, um sich von dessen Zuverlässigkeit zu überzeugen (BFH, Beschluss vom 20.10.2021 XI R 19/20, BFH/NV 2022, 429 = NWB 2022, 958 ff. mit Anm. Brill = UR 2022, 420, 429 f. mit Anm. Grommes).

Die MwStSystRL ist dahin auszulegen, dass die Ausübung des Rechts auf Vorsteuerabzug zu versagen ist, ohne dass die Steuerverwaltung nachweisen müsste, dass der Steuerpflichtige eine Mehrwertsteuerhinterziehung begangen hat oder wusste oder hätte wissen müssen, dass der zur Begründung dieses Rechts geltend gemachte Umsatz in eine Hinterziehung einbezogen war, wenn dieser Steuerpflichtige in dem Fall, dass der wahre

Lieferer der betreffenden Gegenstände oder der wahre Erbringer der betreffenden Dienstleistungen nicht namhaft gemacht worden ist, nicht nachweist, dass dieser Steuerpflichtiger war, sofern unter Berücksichtigung der tatsächlichen Umstände und der von dem Steuerpflichtigen vorgelegten Informationen die für die Prüfung, ob der wahre Lieferer bzw. Leistungserbringer Steuerpflichtiger war, erforderlichen Angaben fehlen (EuGH, Urteil vom 09.12.2021 C-154/20, DStRE 2022, 297, Kennwater Pro-Chemie).

Es besteht keine grundsätzliche Verpflichtung, das Besteuerungsverfahren bis zum Abschluss des Strafverfahrens auszusetzen. Das Steuerstrafverfahren ist gegenüber dem Steuerfestsetzungsverfahren nicht vorrangig (FG Münster, Urteil vom 04.06.2020, 5 K 694/17 U, StB 2020, 332).

Zur Aussetzung der Entscheidung über einen Einspruch gegen einen Steuerbescheid, mit dem das Recht auf Vorsteuerabzug versagt wurde, bis zum Abschluss des Steuerverfahrens ist folgendes Judikat des Europäischen Gerichtshofs ergangen (EuGH, Urteil vom 24.02.2022 C-582/20, DStRE 2022, 494 SC Cridar Cons SRL = UR 2022, 352).

Zur Versagung des Vorsteuerabzugs beim zweiten Erwerber eines Gegenstands wegen Umsatzsteuerhinterziehung in der vorhergehenden Umsatzstufe hat das FG Nürnberg einen Vorlagebeschluss vom 21.09.2021 2 K 345/20 = EFG 2021, 2096, 2098 f. mit Anm. Pflaum = UR 2022, 140, 142 ff. mit Anm. Kemper und Grommers = DStR 2021, 2686 erlassen.

Daraufhin hat der Europäische Gerichtshof wie folgt entschieden:

Steht aufgrund der objektiven Sachlage fest, dass das Recht auf Vorsteuerabzug in betrügerischer Weise oder missbräuchlich geltend gemacht wird, haben die nationalen Behörden und Gerichte dieses Recht zu versagen. Das Recht auf Vorsteuerabzug ist auch zu versagen, wenn feststeht, dass der Steuerpflichtige, dem die Gegenstände geliefert oder die Dienstleistungen erbracht wurden, die als Grundlage für die Begründung des Rechts auf Vorsteuerabzug dienen, wusste oder hätte wissen müssen, dass er mit seinem Erwerb an einem Umsatz teilnahm, der in eine Hinterziehung der Umsatzsteuer einbezogen war (EuGH, Urteil vom 24.11.2022 C-596/21, BFH/NV 2023, 253 = DStR 2022, 2360 = Aktuelles Steuerrecht 2023, 669 ff. mit Anm. Grune; nach der Rückverweisung dem folgend FG Nürnberg, Urteil vom 18.04.2023 2 K 345/20, EFG 2023, 1179, 1082 f. mit Anm. Jäpel = PStR 2024, 35 f. mit Anm. Roth; vorläufig nicht rkr.).

Zur Versagung des Vorsteuerabzugs und der Steuerbefreiung bei Beteiligung an einer Umsatzsteuerhinterziehung (§ 25 f. UStG) hat die Verwaltung in einer ausführlichen Verwaltungsanweisung dezidiert Stellung genommen (BMF, Schreiben vom 15.06.2022 III C 5 S 7429-b/21/10003 :001, DOK 2022/0594965, BStBl I 2022, 1001).

Anhaltspunkte für eine Bösgläubigkeit mit der Folge des Versagens des Vorsteuerabzugs eines Unternehmers liegen nach Auffassung der Finanzverwaltung vor, wenn:

- der Unternehmer durch einen Dritten aufgefordert/gebeten wird, sich an Umsätzen zu beteiligen, bei denen der Dritte die Rahmenbedingungen für das Umsatzgeschäft vorgibt (z. B. Vermittlung von Beteiligten, Vorgabe von Einkaufs-/Verkaufspreisen, Zahlungsmodalitäten oder Liefer- bzw. Leistungswegen);
- die Finanzierung des Wareneinkaufs erst nach erfolgtem Warenverkauf möglich ist;
- (angebotene) Mehrfachdurchläufe von Waren festgestellt werden;
- dem Unternehmer Waren bzw. Leistungen angeboten werden, deren Preis unter dem Marktpreis liegt;
- branchenunübliche Barzahlungen oder eine ungewöhnliche Zahlungsabwicklung erfolgen;
- die Ansprechpartner in den Unternehmen oder die Ansprechpartner die Unternehmen häufig wechseln;
- bei den Beteiligten berufliche Erfahrung und Branchenkenntnis fehlen;
- die Beteiligten wiederholt ihren Unternehmenssitz verlegen;
- Zweifel an der Richtigkeit der Angaben der Beteiligten bestehen (z. B. aufgrund von Abweichungen des Gesellschaftszwecks oder der Geschäftsadressen zu den Angaben laut Handelsregister).
- der Gesellschaftszweck laut Handelsregister nicht dem tatsächlich ausgeübten Gesellschaftszweck entspricht;
- dem Unternehmer eine Warenmenge oder ein Leistungsumfang angeboten wird, die für die Größe des Unternehmens in der Branche unüblich ist (z. B. ungewöhnlich hohe Stückzahlen trotz Neugründung);
- die Beteiligten über keine ausreichenden Möglichkeiten zur Kontaktaufnahme verfügen (z. B. Website ohne Impressum, Rufnummer oder E-Mail-Adresse);
- ungewöhnliche Leistungsbedingungen vorliegen (z. B. die Leistungen werden von einem oder an einen nicht an dem Umsatz beteiligten Unternehmen erbracht);

- durch den Unternehmer über zugängliche Informationsquellen (z.B. Internetrecherche) festgestellt werden kann, dass die Anlieferung der Waren an die vom Abnehmer angegebene Lieferadresse nicht möglich erscheint (BMF, Schreiben vom 15.06.2022, a.a.O.; zur Maßgeblichkeit der von der nationalen Steuerverwaltung publizierten Leitlinien siehe EuGH, Urteil vom 11.01.2024 C-537/22, DStRE 2024, 542 Global Ink Trade).

Bei Neugründungen besteht bei summarischer Prüfung keine Sorgfaltspflicht des Leistungsempfängers, sich die umsatzsteuerliche Erfassung des Leistenden nachweisen zu lassen, jedenfalls, wenn die Rechnungsbeträge auf ein dem Leistenden zuzurechnendes Bankkonto überwiesen werden (FG Berlin-Brandenburg, Beschluss vom 05.07.2021 7 V 7073/21, EFG 2021, 1696, 1701f. mit Anm. Herbert, vorläufig nicht rkr.).

Die MwStSystRL ist in Verbindung mit dem Grundsatz der steuerlichen Neutralität dahin auszulegen, dass einem Steuerpflichtigen die Ausübung des Rechts auf Abzug der auf den Erwerb von ihm gelieferter Gegenstände entfallenden Mehrwertsteuer zu versagen ist, wenn der Steuerpflichtige bewusst einen fiktiven Lieferer in der Rechnung angegeben hat, die er selbst für diesen Umsatz im Rahmen der Anwendung des Reverse-Charge-Verfahrens ausgestellt hat, sofern unter Berücksichtigung der tatsächlichen Umstände und der von dem Steuerpflichtigen vorgelegten Informationen die für die Prüfung, ob der wahre Lieferer Steuerpflichtiger war, erforderlichen Angaben fehlen oder rechtlich hinreichend nachgewiesen ist, dass der Steuerpflichtige Mehrwertsteuer hinterzogen hat oder gewusst hat oder hätte wissen müssen, dass der zur Begründung des Abzugsrechts geltend gemachte Umsatz in eine solche Hinterziehung einbezogen war (EuGH, Urteil vom 11.11.2021 C-281/20, UR 2022, 65 Ferimet).

In den Fällen der Kenntnis/des Kennenmüssens von einer Umsatzsteuerhinterziehung in der Lieferkette ist dem Unternehmer der Vorsteuerabzug auch dann zu versagen, wenn bereits weiteren Unternehmern in derselben Lieferkette aus dem gleichen Grund der Vorsteuerabzug versagt worden ist (Sächsisches FG, Urteil vom 23.02.2022 8 K 1841/18, EFG 2023, 158, 159f. mit Anm. Wackerbeck, DStRE 2023, 440 [Rev. eingelegt; Az. des BFH: V R 6/22]; hierzu Roth, PStR 2021, 124ff.).

Zur Einschränkung des Neutralitätsprinzips im Lichte der obig beschriebenen, ausführlichen, aktuellen Missbrauchsrechtsprechung ist im Schrifttum dezidiert Stellung genommen worden (Vobbe/Pötters, UR 2023, 777ff.).

2.2.3 Spezifische Rechtsprechung zu Umsatzsteuer-Karussellen

Eine Vielzahl von Prozessen wird i. R. „aufgeflogener“ USt-Karusselle mit dem Streitgegenstand geführt, ob ein externer Geschäftspartner mit Vor- und Nachlieferanten, der/die sich objektiv in einem USt-Karussell befand(en), auch dann die Vorsteuer nach § 15 UStG geltend machen kann, wenn ihm nicht bekannt war, dass die vorgeschalteten Leistungsbeziehungen auf der Basis eines USt-Karussells basieren. Ein Kernpunkt der Auseinandersetzungen besteht darin, welche Sorgfaltspflichten einem potenziell Gutgläubigen aufzuerlegen sind und wo bestimmte Zumutbarkeitsgrenzen bestehen. Ferner wird in Betriebs- und Steuerfahndungsprüfungen problematisiert, ob bei etwaigen Scheinlieferungen ein „player“ des USt-Karussells die in Rechnung gestellte Umsatzsteuer nach § 14c UStG schuldet.

2.2.4 Rechtsprechung zugunsten des Fiskus

Die „verwaltungsfreundlichste“ Rechtsauffassung vertritt das Saarländische FG. Danach ist der Vorsteuerabzug zu versagen, wenn der „Geschäftspartner eine kriminell handelnde Person ist, die in Zusammenarbeit mit anderen kriminell handelnden Personen wirtschaftliche Vorteile (§§ 4, 6 UStG) anstrebt“. Dies gelte auch dann, wenn der Empfänger gutgläubig sei (FG des Saarlandes, Beschluss vom 13.05.2003, 1 V 22/03, EFG 2003, 1049, rkr.).

2.2.5 Rechtsprechung zugunsten des Stpfl.

Demgegenüber vertritt die für den Stpfl. günstigste Rechtsauffassung das FG Baden-Württemberg: Danach ist der Vorsteuerabzug bei „tatsächlich erfolgten Lieferungen“ auch i. R. eines europaweiten USt-Karussells für den „buffer II“ (zu deutsch: zweiten Abkäufer) zu gewähren, weil es den Grundsatz der Neutralität der USt missachte, wenn sich das FA nicht auf den durch den „missing trader“ verursachten Steuerausfall beschränke, sondern den nachfolgenden Gliedern in der Kette den Vorsteuerabzug versage und zudem die in Rechnung gestellte Umsatzsteuer nach § 14 Abs. 3 UStG ansetze. Dies gelte auch dann, wenn die Ware teilweise nachweisbar die Lieferkette mehrfach durchlaufen habe und die Geschäfte nach einem vorgegebenen Schema abgeschlossen seien. Denn das Eingebundensein in ein festes Lieferschema entspreche gängiger wirtschaftlicher Praxis (FG Baden-Württemberg, Beschluss vom 07.05.2004, 12 V 10/04, EFG 2004, 1405; Entscheidung über die eingelegte NZB: BFH, Beschluss vom 29.11.2004, V B 78/04, BStBl II 2005, 535, 185 betr. Anordnung von korrespondierender Sicherheitsleistung zu Lasten des Stpfl.; s. auch Fritsch, UStB 2004, 404).

2.2.6 Vermittelnde Rechtsprechung

Eine vermittelnde Position vertritt das Hessische FG: Es folgt nicht der generalisierenden Infektionstheorie des Saarländischen FG, sondern macht die Versagung des Vorsteuerabzugs vom Einzelfall abhängig und hält im Gegensatz zum FG Baden-Württemberg auch das Fehlen einer Lieferung bei vorher bestimmter Abnehmerkette für möglich und wendet auf Rechnungen des Abkäufers § 14c UStG an. Bleibt unerwiesen, ob Lieferungen oder Scheinlieferungen erfolgt sind, hat der Kläger jedoch Rechnungen mit offenem USt-Nachweis erstellt, so dass entweder eine Besteuerung nach § 1 UStG oder nach § 14c UStG in Betracht kommt, ist die für den Kläger günstigere Variante zugrunde zu legen (Hessisches FG, Urteil vom 30.06.2004, 6 K 4328/01, EFG 2004, 1558 mit Anm. Büchter/Hole; Zurückverweisung durch BFH, Urteil vom 19.04.2007, V R 48/08, BFH/NV 2007, 2035; Hessisches FG, Beschluss vom 24.11.2003, 6 V 3662/03, EFG 2004, 305; aus anderen Gründen aufgehoben durch BFH, Beschluss vom 26.08.2004, V B 243/03, BFH/NV 2005, 255 betr. Ablehnung der AdV wegen Problemen bei der Begründung der Feststellungslast aus Sicht des Beschwerdeführers).

2.2.7 Grundsatzentscheidung des EuGH

Gegenstand des EuGH-Verfahrens war die Frage der Berechtigung zum Vorsteuerabzug aus Eingangsleistungen, die die Gesellschaften Optigen, Fulcrum und Bond House, jeweils mit Sitz in Großbritannien, bezogen hatten. Die Tätigkeit der Gesellschaften bestand hauptsächlich darin, Mikroprozessoren von Gesellschaften in Großbritannien zu kaufen und an Kunden in anderen Mitgliedstaaten zu verkaufen. Ohne ihr Wissen waren die Gesellschaften mit ihren Ein- und Ausgangsleistungen jeweils in USt-Karusselle involviert, wobei sie weder direkten geschäftlichen Verkehr mit dem „Missing Trader“ unterhielten noch von den betrügerischen Absichten der „Karussell-Betreiber“ Kenntnis hatten oder haben konnten. Die englische Steuerverwaltung versagte den Gesellschaften den Vorsteuerabzug aus den Eingangsleistungen mit der Begründung, die Einkäufe stellten einen integralen Bestandteil eines betrügerischen USt-Karussells dar. Nach erfolgloser Klage gegen die Entscheidung des High Court of Justice (England & Wales) musste sich der EuGH mit dieser grundsätzlichen Problematik auseinandersetzen und hat im Leitsatz wie folgt entschieden:

Umsätze wie die in den Ausgangsverfahren in Rede stehenden, die selbst nicht mit einem Mehrwertsteuerbetrug behaftet sind, sind Lieferungen von Gegenständen, die ein Stpfl. als solcher ausführt, und eine wirtschaftliche Tätigkeit i. S. d. Art. 2 Nr. 1 und Art. 4 und Art. 5 Abs. 1 der 6. EG-Richtlinie 77/388/EWG, in der durch die Richtlinie 97/7/EG des Rates vom

10.04.1995 geänderten Fassung, wenn sie die objektiven Kriterien erfüllen, auf denen diese Begriffe beruhen, ohne dass es auf die Absicht eines von den betroffenen Stpfl. verschiedenen, an derselben Lieferung beteiligten Händlers und/oder dem möglicherweise betrügerischen Zweck – den dieser Stpfl. weder kannte noch kennen konnte – eines anderen Umsatzes ankommt, der Teil dieser Kette ist und der dem Umsatz, den der betreffende Stpfl. getätigt hat, vorausgeht oder nachfolgt. Das Recht eines Stpfl., der solche Umsätze ausführt, auf Vorsteuerabzug wird auch nicht dadurch berührt, dass in der Lieferkette, zu der diese Umsätze gehören, ohne dass dieser Stpfl. hiervon Kenntnis hat oder haben kann, ein anderer Umsatz, der dem vom Stpfl. getätigten Umsatz vorausgeht oder nachfolgt, mit einem Mehrwertsteuerbetrug behaftet ist (EuGH, Urteil vom 12.01.2006, C-354/03, C-355/03 und C-484/03, Optigen Ltd., Fulcrum Electronics Ltd., Bond House Systems Ltd., BFH/NV Beilage 2006, 144 mit Anm. Kellermann; ebenso EuGH, Urteil vom 06.07.2006, Rs. C-439/04, C-440/04, Axel Kittel/ Belgischer Staat, Belgischer Staat/Recolta Recycling SPRL, IStR 2006, 574; hierzu eingehend Pflaum, UR 2021, 453 ff.).

Das Urteil des EuGH bringt Rechtssicherheit auch für deutsche Unternehmen, die grenzüberschreitend Waren ein- und/oder verkaufen, weil in Deutschland die Frage nach der Beurteilung einzelner Umsätze i. R. eines USt-Karussells nicht abschließend geklärt war. Schließlich hatte der BFH die Frage der Betrachtung des einzelnen Umsatzes oder der gemeinsamen Lieferkette hinsichtlich des Vorliegens einer wirtschaftlichen Tätigkeit bisher offen gelassen (BFH, Beschluss vom 29.11.2004, V B 78/04, BFH/NV 2005, 650).

Mit der nun vorliegenden Entscheidung des EuGH i. S. einer Einzelfallbetrachtung jedes Umsatzes besteht Rechtssicherheit für unwissentlich in ein USt-Karussell verwickelte Unternehmen. Die bei anderer Beurteilung durch den EuGH sich ergebende Konsequenz der Versagung des Vorsteuerabzugs wäre angesichts der Internationalisierung der Wirtschaft und des Handels ein nicht kalkulierbares Risiko für grenzüberschreitend tätige Unternehmen. Selbstverständlich entbindet das Urteil nicht von der angeordneten Haftung eines Unternehmens für die von seinen Vorlieferanten nicht abgeführte USt, wenn der Unternehmer bei Leistungsbeziehungen von den betrügerischen Absichten seines Vorlieferanten „Kenntnis hatte oder nach der Sorgfalt eines ordentlichen Kaufmanns hätte haben müssen" (§ 25d UStG; Nieskens, in Rau/Dürrwächter/Flick/ Geist, UStG, § 25d Rdnr. 1 ff.; Leonhard, in Bunjes/Geist, UStG, 15. Aufl. 2020, § 25d Rdnr. 1 ff.; Wilhelm, UR 2005, 474 ff.).

Steht dagegen aufgrund objektiver Umstände fest, dass die Lieferung an einen Stpfl. vorgenommen wird, der wusste oder hätte wissen müssen, dass er sich mit seinem Erwerb an einem Umsatz beteiligte, der in eine Mehrwertsteuerhinterziehung einbezogen war, so hat das nationale Gericht diesem Stpfl. den Vorteil des Rechts auf Vorsteuerabzug zu verweigern (EuGH, Urteil vom 06.07.2006, Rs. C-439/04, C-440/04, Axel Kittel/Belgischer Staat, Belgischer Staat/Recolta Recycling SPRL, IStR 2006, 574; s. auch EuGH, Urteil vom 21.06.2012, C-80/11, C-142/11, Mahageben, DStRE 2012, 1336; EuGH, Urteil vom 06.09.2012, Rs. C-324/11, Gábor Toth, RIW 2013, 492; EuGH, Urteil vom 06.12.2012, C-285/11, Bonik EOOD, DStRE 2013, 803; zu den Problemen der Implementierung der EU-Mehrwertsteuerrichtlinien in nationales Recht eingehend Heuermann, DStR 2015, 1416 ff.).

Die EuGH-Rechtsprechung beinhaltet im Wesentlichen die ausschließliche Abkehr von der teilweise in der deutschen Finanzgerichtsbarkeit vertretenen „Infektionstheorie", wonach ein mehrwertsteuerbetrugsbehafteter Umsatz die Vorsteuerabzugsberechtigung in der gesamten Lieferkette ausschließt. Es ist nunmehr auf jeden Einzelumsatz abzustellen. Insoweit müssen die nach nationalem Recht einschlägigen materiellen Voraussetzungen des Vorsteuerabzugs vorliegen. Da die EuGH-Entscheidung lediglich die Vorlagefragen beantwortet, lässt der Tenor einige Fragen offen (Rolletschke, UR 2006, 189, 190 ff.; ferner Sterzinger, DStR 2010, 2606, 2610 f.):

- Gelten die Ausführungen lediglich für den echten Karussellbetrug oder auch für jegliche Lieferketten, in denen ein Mehrwertsteuerbetrug begangen wurde?
- Was ist ein Mehrwertsteuerbetrug?
- Was gilt, wenn ein nicht vorausgegangener oder nachfolgender Umsatz betrugsbehaftet ist, sondern derjenige Umsatz, für den die Vorsteuererstattung begehrt wird?
- Kommt es auf die Gutgläubigkeit des Erwerbers an?

Im Schrifttum wird problematisiert, dass auch die Finanzämter durch den Amtsermittlungsgrundsatz des § 88 AO dazu aufgefordert sind, rechtzeitig Karussellgeschäfte aufzuklären. Bei typischen Pflichtverletzungen der Finanzbehörden wird im Schrifttum die Frage der Amtshaftung gem. § 839 BGB i. V. m. Art. 34 GG problematisiert (Weber, BB 2010, 2538 ff.).

Im Anschluss an das erstgenannte EuGH-Urteil hat der BFH nun entschieden, dass Wirtschaftsteilnehmer, die alle Maßnahmen treffen, die vernünftigerweise von ihnen verlangt werden können, um sicherzustellen, dass ihre Umsätze nicht in einen Betrug – sei es in eine Mehrwertsteuerhinterziehung oder einen sonstigen Betrug – einbezogen sind, auf die Rechtmäßigkeit dieser Umsätze vertrauen können, ohne Gefahr zu laufen, ihr Recht auf Vorsteuerabzug zu verlieren.

Im Streitfall hatte der betroffene Unternehmer nach den Feststellungen des FG zwar nicht (positiv) gewusst, dass er in einen Umsatzsteuerbetrug durch seine Lieferanten und Abnehmer eingebunden war. Das FG hatte aber nicht die nach der inzwischen ergangenen EuGH-Rechtsprechung entscheidende Frage geprüft, ob er von der Betrugsgestaltung wissen konnte (wofür möglicherweise einiges sprach). Ob ein Stpfl. wissen konnte oder hätte wissen müssen, dass er sich mit seinem Erwerb an einem Umsatz beteiligte, der in eine Mehrwertsteuerhinterziehung einbezogen war, ist im Wesentlichen tatsächliche Würdigung, die dem FG obliegt. Nach den maßgebenden Beweisregeln trägt der den Vorsteuerabzug begehrende Unternehmer die Feststellungslast für die Erfüllung der Anspruchsvoraussetzungen. Das gilt grundsätzlich auch für das Wissen oder „Wissenkönnen" vom Tatplan eines Vor- oder Nachlieferanten. So hat der BFH darauf abgestellt, dass bei Handy-Lieferungen die Aufzeichnungen der IMEI-Nummer von Relevanz sein kann. Es kommt darauf an, ob ein solches handelsübliches Procedere für diesbezüglichen Warenverkehr nach den einschlägigen EU-Richtlinien zwingend vorgesehen ist.

Die Feststellungslast für das Vorliegen der Voraussetzungen für den Vorsteuerabzug trägt der Unternehmer. Ist davon auszugehen, dass Vor- oder Nachlieferanten eine Lieferkette zur Umsatzsteuerhinterziehung aufgebaut haben, ist es Sache des Unternehmers, der sich auf die unwissentliche Einbeziehung in die Lieferkette beruft, darzulegen, welche Maßnahmen er getroffen hat, um sicherzustellen, dass seine Umsätze nicht in einem Betrug – sei es eine Mehrwertsteuerhinterziehung oder ein sonstiger Betrug – einbezogen sind. Welche Vorsorgemaßnahmen ein Unternehmer treffen kann oder soll, hängt von den Umständen des Einzelfalls ab, u.a. auch davon, wie auffällig die „erkennbaren" Strukturen der Geschäftsabläufe sind. Die Sache wurde deshalb durch den BFH dem FG zur entsprechenden Prüfung zurückverwiesen (BFH, Urteil vom 19.04.2007, V R 48/04, BStBl II 2009, 315).

Das Vorsteuerabzugsrecht ist zu versagen, wenn aufgrund okjektiver Umstände feststeht, dass der Kfz-Händler wusste oder wissen konnte bzw. hätte wissen müssen, dass er sich mit seinem Erwerb der Fahrzeuge an einem Umsatz beteiligt hat, der in einer Mehrwertsteuerhinterziehung einbezogen war (BFH, Urteil vom 12.08.2009, XI R 48/07, BFH/NV 2010, 259 bezüglich eines Umsatzsteuerkarussells, das mit vorgeschobenen

„Strohmännern“ operiert hat). Nach den allgemeinen Rechtsgrundsätzen des Vertrauensschutzes kann ein Vorsteuerabzug nicht im Billigkeitswege gewährt werden, wenn der den Vorsteuerabzug begehrende Unternehmer nicht alle Maßnahmen ergriffen hat, die vernünftigerweise von ihm verlangt werden können, um sich von der Richtigkeit der Angaben in der Rechnung zu überzeugen. An die daraus resultierende Sorgfalts- und Nachweispflichten sind bei einem Barkauf von hochwertigen Pkw hohe Anforderungen bezüglich der Überprüfung der Eingangsrechnungen, deren Aussteller und der Ausgangsumsätze zu stellen (FG Düsseldorf, Urteil vom 11.11.2011, 1 K 2442/10 AO, DStRE 2012, 1276, rkr.).

Durch die Rechtsprechung des EuGH i. V. m. den Ausführungen des BFH ist nunmehr klargestellt, dass selbst bei objektiver Dokumentation eines betrügerischen USt-Karussells noch nicht ohne Weiteres der Vorsteuerabzug des in die Leistungskette involvierten Unternehmers ausgeschlossen ist. Es hat eine sorgfältige Einzelfallprüfung zu erfolgen. Insbesondere ist maßgebend – vor allem beim Vorliegen echter Lieferungen –, ob der den Umsatz vornehmende Unternehmer unter Berücksichtigung von Treu und Glauben davon ausgehen konnte, dass es sich um einen „echten“ Umsatz handelt. Dabei spielt bei der Dokumentation der Geschäftsbeziehungen die Branchenüblichkeit eine herausragende Rolle. Bezieht z. B. der Unternehmer Markenartikel von etablierten Markenhändlern (wie z. B. Samsung, Siemens oder sonstigen namhaften Händlern wie z. B. Metro-Gruppe, Media Markt, Vobis), so kann dem Unternehmer schwer unterstellt werden, dass er von einem betrügerischen USt-Karussell ausgehen musste. Beim Import von Waren von exotischen Neugründungen insbesondere aus Drittstaaten mit sehr hohen Umsätzen und keinem Büroequipment und fehlendem branchenkundigen Personal – wenn sich also der Gedanke einer Scheinfirma aufdrängt – wird dem Unternehmer im Zweifel vorzuwerfen sein, dass er seine Bedenken zurückgestellt hat und zumindest grob fahrlässig die Nichterkennung eines betrügerischen USt-Karussells billigend in Kauf genommen hat.

Hat das FG festgestellt, dass der Stpfl. die Unrichtigkeit der in einer Rechnung ausgewiesenen Anschrift des leistenden Unternehmers (§ 14 Abs. 1 Satz 2 Nr. 1 UStG) hätte erkennen können, ist die Rechtsfrage, ob aufgrund der Rechtsprechung des EuGH Gutglaubensschutz zu gewähren ist, im Revisionsverfahren nicht klärungsbedürftig. Die Rechtsfrage, wie der Begriff „Kennenmüssen“ zu verstehen ist, ist ebenfalls nicht klärungsbedürftig (BFH, Beschluss vom 12.03.2008, XI B 206/06, BFH/NV 2009, 1212). Der Vorsteuerabzug ist zu versagen, wenn aufgrund objektiver Umstände feststeht, dass der Stpfl. wusste oder hätte wissen müssen, dass er sich mit seinem Erwerb an einem Umsatz beteiligte, der in eine Mehrwertsteuerhinterziehung einbezogen war. Handelt es sich bei dem Unternehmen um eine GmbH, ist dieser nicht nur das etwaige Wissen ihres Geschäftsführers als ihres gesetzlichen Vertreters nach § 35 GmbHG, sondern auch das ihrer sonstigen Angestellten in analoger Anwendung von § 166 BGB zuzurechnen (BFH, Urteil vom 19.05.2010, XI R 78/07, BFH/NV 2010, 2132 = DStRE 2010, 1263 betr. Versagung des Vorsteuerabzugs im Umsatzsteuerkarussell auch beim sog. Buffer II; vgl. a. EuGH, Urteil vom 01.12.2022 C-512/21, DStR 2023, 300 Aquila Part Prod Com [SA]).

Verwendet ein Unternehmer nach § 3d Satz 2 UStG bei einem innergemeinschaftlichen Erwerb gegenüber dem Lieferer eine ihm von einem anderen Mitgliedstaat als dem, in dem sich der erworbene Gegenstand am Ende der Beförderung oder Versendung befindet, erteilte Umsatzsteuer-Identifikationsnummer, so steht ihm der Vorsteuerabzug nach § 15 Abs. 1 Nr. 3 UStG nicht zu (BFH, Urteil vom 01.09.2010, V R 39/08, BStBl II 2011, 658). Dem Vorsteuerabzug aus einer Lieferung i. S. v. § 15 Abs. 1, § 3 Abs. 1 UStG steht nicht entgegen, dass der Lieferer zivilrechtlich nicht Eigentümer des Liefergegenstands ist und darüber hinaus beabsichtigt, den gelieferten Gegenstand vertragswidrig nochmals an einen anderen Erwerber zu liefern (BFH, Urteil vom 08.09.2011, V R 43/10, BFH/NV 2012, 664 = DStR 2012, 460).

Es ist geklärt, dass ein Erlass von Umsatzsteuer nach § 163 AO über die in § 14c Abs. 2 und 3 UStG geregelten Fälle hinaus nicht in Betracht kommt, wenn die Gefährdung des Steueraufkommens in Form eines unberechtigten Vorsteuerabzugs nicht rechtzeitig und vollständig beseitigt wird, weil der Rechnungsempfänger den Vorsteuerabzug wegen Zahlungsunfähigkeit nicht rückgängig machen kann (BFH, Beschluss vom 26.07.2013, V B 21/12, BFH/NV 2013, 1822).

Aufgrund eines Vorlagebeschlusses des BGH in Strafsachen betreffend Steuerbefreiung für innergemeinschaftliche Lieferungen, wenn der Lieferer die Identität des Erwerbers verschleiert hat, um eine Steuerhinterziehung zu ermöglichen, hat der EuGH folgende Klarstellungen getroffen:

Unter Umständen wie denen des Ausgangsverfahrens, wenn also eine innergemeinschaftliche Lieferung von Gegenständen tatsächlich stattgefunden hat, der Lieferer jedoch bei der Lieferung die Identität des wahren Erwerbers verschleiert hat, um diesem zu ermöglichen, die Mehrwertsteuer zu hinterziehen, kann der Ausgangsmitgliedstaat der innergemeinschaftlichen Lieferung aufgrund der ihm nach dem ersten Satzteil von Art. 28c Teil A Buchst. a der Sechsten Richtlinie 77/288/EWG des Rates vom

17.05.1977 zur Harmonisierung der Rechtsvorschriften der Mitgliedstaaten über die Umsatzsteuern – Gemeinsames Mehrwertsteuersystem: einheitliche stpfl. Bemessungsgrundlage in der durch die Richtlinie 2000/65/EG des Rates vom 17.10.2000 geänderten Fassung zustehende Befugnisse der Mehrwertsteuerbefreiung für diesen Umsatz versagen (EuGH, Urteil vom 07.12.2010, C-285/09, „R.", BStBl II 2011, 846 unter Bezugnahme auf BGH, Beschluss vom 07.07.2009, 1 StR 41/09, DStR 2009, 1688; dem folgend BFH, Urteil vom 17.02.2011, V R 30/10, BStBl II 2011, 769 mit Anm. Demuth/Billau, BB 2012, 102; BFH, Urteil vom 11.08.2011, V R 19/10, BFH/NV 2011, 2210 mit Anm. Demuth/Billau, BB 2012, 102; BFH, Urteil vom 11.08.2011, V R 50/09, BFH/NV 2011, 1989; ferner auf der Ebene der Strafsachen BGH, Beschluss vom 20.10.2011, 1 StR 41/09, NJW 2011, 3797 mit Anm. Lohse, BB 2012, 436 f.; BFH, Urteil vom 11.08.2011, V R 19/10, BFH/NV 2011, 2210; BFH, Urteil vom 14.12.2011, XI R 33/10, BFH/NV 2012, 1009; neuerdings EuGH, Urteil vom 06.12.2012, Rs. C-285/11, Bonik EOOD, UR 2013, 195; BMF, Schreiben vom 26.09.2011, IV D 3 – S 7141/08/10001, BStBl I 2011, 980; Demuth/Billau, BB 2011, 2653; Stapperfend, UR 2013, 321, 322 ff.).

Zum Unternehmerbegriff bei Umsatzsteuerhinterziehung bei sog. **Fakturierungsketten** hat die höchstrichterliche Rechtsprechung folgende Klarstellung vorgenommen: Jedenfalls dann, wenn derjenige, für den eine Lieferung ausgeführt wird, weiß, dass diese Teil eines auf Hinterziehung von Umsatzsteuer angelegten Systems ist, ist er hinsichtlich dieser Lieferung nicht als Unternehmer i. S. d. § 15 UStG tätig. Macht er dennoch die in einer Rechnung für diese Lieferung ausgewiesene Umsatzsteuer nach § 15 UStG als Vorsteuer geltend, begeht er eine Steuerhinterziehung (BGH, Beschluss vom 08.02.2011, 1 StR 24/10, NJW 2011, 1616).

Zur Inanspruchnahme wegen unberechtigten Steuerausweisen in Scheinrechnungen auf Blankogeschäftsbriefbögen ist BFH, Urteil vom 07.04.2011, V R 44/09, BFH/NV 2011, 1798 = DStR 2011, 1662 ergangen. Zur steuerstrafrechtlichen Verantwortlichkeit der für die „Missing-Trader-Firmen" eingesetzten, häufig geschäftsunerfahrenen Strohleute ist zu bemerken, dass diese zwar die Vorgänge im „USt-Karussell" oft nicht erfassen werden, es jedoch ernstlich für möglich halten mussten und billigend in Kauf nahmen (zumindest bedingter Vorsatz), dass sie die den „Buffern" in Rechnung gestellte USt beim FA anmelden und abzuführen hatten (BGH, Urteil vom 17.02.1998, 5 StR 624/97, wistra 1998, 225). Ferner werden die Strafverfolgungsbehörden – je nach Kenntnisstand der Beschuldigten – eine Strafbarkeit wegen Beihilfe zu den Taten anderer Beteiligter eines USt-Karussells prüfen. Zur **Strafzumessung** wegen Beihilfe durch Mitwirkung an einem USt-Karussell äußerte sich BGH, Beschluss vom 11.12.2002, 5 StR 212/02, wistra 2003, 140).

Zu den Grenzen für die Verfolgung von Vorsteuerbetrug bei Karussellgeschäften aus dogmatischer Sicht Spatscheck/Spilker, DB 2018, 1239 ff.; zur unionsrechtlich gebotenen Bestrafung und Besteuerung sine lege und contra legem eingehend Reiß; UR 2016, 342 ff.

Ein Geständnis im Strafprozess hat ohne substanziierte Einwendungen hiergegen im Finanzgerichtsprozess gegen einen Haftungsbescheid nach § 71 AO indizielle Wirkung für das Vorliegen einer Steuerhinterziehung bzw. einer Teilnahme hieran.

Wurde gerade wegen des strafprozessualen Geständnisses das Strafmaß im Hinblick auf die drohenden steuerrechtlichen Folgen nach § 71 AO erheblich gemindert und hat der Kläger das Strafurteil rechtskräftig werden lassen, sind an das Bestreiten des Vorliegens einer Steuerhinterziehung bzw. einer Teilnahme hieran besonders hohe Substanziierungsanforderungen zu stellen (FG Köln, Urteil vom 10.04.2019, 9 K 167/15, EFG 2020, 501, 505 f., rkr., Anm. Braun).

Die Rechtsprechung hat zu den Abwicklungsfragen einer (bedingt) vorsätzlichen Steuerhinterziehung und einer leichtfertigen Steuerhinterziehung, die als Ordnungswidrigkeit zu ahnden ist, wie folgt Stellung genommen (BGH, Urteil vom 16.12.2009, 1 StR 491/09, BFH/NV 2010, 1071): In Fällen fingierter Ketten- oder Karussellgeschäfte, die auf Hinterziehung von Steuern angelegt sind, ist bei der Strafzumessung der aus dem Gesamtsystem erwachsene deliktische Schaden als verschuldete Auswirkung der Tat zugrunde zu legen, soweit den einzelnen Beteiligten die Struktur und die Funktionsweise des Gesamtsystems bekannt sind. Werden durch ein komplexes und aufwendiges Täuschungssystem, das die systematische Verschleierung von Sachverhalten über einen längeren Zeitraum bezweckt, in beträchtlichem Umfang Steuern verkürzt, kann sich die Vollstreckung einer Freiheitsstrafe zur Verteidigung der Rechtsordnung als notwendig erweisen (BGH, Urteil vom 30.04.2009, 1 StR 342/08, BStBl II 2010, 324 = wistra 2009, 359; zur Steuerhinterziehung bei billigendem Handeln bei einem Umsatzsteuerkarussell s. BGH, Urteil vom 16.12.2009, 1 StR 491/09, BFH/NV 2010, 1071; hierzu Lohse/Dürrer, wistra 2012, 125 ff.; Weber, BB 2012, 2540, 2543 ff.).

Das BVerfG sieht in der Rechtsprechung des BGH zur strafrechtlichen Ahndung des (systematischen) Steuerbetrugs keinen Verstoß gegen den Bestimmtheitsgrundsatz in Art. 103 Abs. 2 GG (BVerfG, Beschluss vom 23.07.2009, 2 BvR 542/09, UR 2009, 898; ferner BVerfG, Beschluss vom 16.06.2011, 2 BvR 542/09, NJW 2011, 3778 = UR 2011, 775 = DStRE 2012, 379; hierzu Gehm, NJW 2012, 1257 ff.).

Der maßgeblich lenkend an einer USt-Hinterziehung mitwirkende Geschäftsführer einer am Ende der deutschen Rechnungskette stehenden GmbH haftet gem. § 71 AO i. V. m. § 25 Abs. 2, § 27 StGB für die nach § 14c Abs. 2 Satz 2 UStG bestehende USt-Schuld der in der Rechnungskette vorgeschalteten GmbH (FG Hamburg, Beschluss vom 24.04.2012, 2 V 233/11, EFG 2012, 1610, rkr.; zur strafrechtlichen Verantwortlichkeit des Geschäftsführers wegen Beihilfe zur Steuerhinterziehung siehe BGH, Urteil vom 22.07.2015, 1 StR 447/14, BFH/NV 2015, 1550). Zur Haftung der dolosen Gesamtschuldner in der USt-Kette bzw. im USt-Karussell eingehend Thietz-Bartram, DB 2013, 418 ff.; Adick/Höink, PStR 2014, 185 ff.

Der BGH hat ferner entschieden, dass der Empfänger einer Lieferung nicht als Unternehmer i. S. v. § 15 UStG anzusehen und damit auch nicht zum Abzug von Vorsteuer berechtigt ist, wenn er weiß, dass die Lieferung Teil einer auf die Hinterziehung von USt angelegten Fakturierungskette ist (BGH, Beschluss vom 08.02.2011, 1 StR 24/10, Beck Rs 2011, 06755). Die Gefährdungslage wird beseitigt, wenn eine Scheinrechnung zurückgegeben oder storniert wurde, bevor ein Vorsteuerabzug getätigt wurde. Die Gefährdungslage wird aber auch trotz erfolgten Vorsteuerabzugs beseitigt, sobald umgekehrt die in der Scheinrechnung ausgewiesene USt gezahlt ist. In den Fällen der Berichtigung nach § 17 Abs. 1 UStG muss die Berichtigung durch beide Partner des Scheinrechnungsverhältnisses erfolgen. Die Berichtigung führt dann wegen des Kompensationsverbots zwar nicht zur Straflosigkeit, ist jedoch bei der Strafzumessung in der Weise zu berücksichtigen, dass nur noch der **Zinsschaden** und nicht der verkürzte Steuerbetrag zu berücksichtigen ist (Verkürzung auf Zeit; s. BFH, Urteil vom 08.03.2001, V R 61/97, BStBl II 2004, 373; BGH, Urteil vom 11.07.2002, 5 StR 516/01, wistra 2002, 384; EuGH, Urteil vom 19.09.2000, C-454/98, Schmeink & Cofreth und Manfred Strobel, Slg 2000, I 6973).

Das Recht auf Vorsteuerabzug entsteht in dem Zeitpunkt, zu dem die Lieferung oder sonstige Leistung bewirkt wird, weshalb für die Berechtigung zum Vorsteuerabzug die Verhältnisse bei Bezug der Leistung und nicht etwa die Verhältnisse im Zeitpunkt der Einreichung der jeweiligen Steueranmeldung maßgeblich sind. Das Recht auf Vorsteuerabzug ist zu versagen, wenn der Unternehmer im Zeitpunkt des Leistungsbezugs wusste oder hätte wissen müssen, dass er sich mit seinem Leistungsbezug an einem Umsatz beteiligt, der in eine Mehrwertsteuerhinterziehung einbezogen ist. Das Recht auf Vorsteuerabzug entfällt aber nicht, wenn der Leistungsempfänger, der eine Leistung noch „in gutem Glauben" bezogen hat, **nachträglich** erkennt, dass er sich mit seinem Erwerb an einem Umsatz beteiligt hat, der in eine anderweitig begangene Mehrwertsteuerhinterziehung einbezogen war (so BGH, Beschluss vom 01.10.2013, 1 StR 312/13, DStR 2014, 365 m. Anm. Gehm, PStR 2014, 56f.; bestätigt durch BGH, Beschluss vom 02.09.2015, 1 StR 239/15, BFH/NV 2016, 159).

Zu Praxisfragen der Umsatzsteuerhinterziehung im Spiegel der aktuellen BGH-Rechtsprechung ist im Schrifttum dezidiert Stellung genommen worden (Wulf, Stbg 2023, 385ff.). Zum vermeintlichen Verstoß gegen Art. 103 Abs. 2 GG wegen Steuerhinterziehung wegen Versagung des Vorsteuerabzugs aus „Bösgläubigkeit" vgl. Wulf, Stbg 2023, 144ff.; zu europarechtlichen Bedenken gegen die umsatzsteuerliche Privilegierung des Umsatzsteuerhinterziehers im Rahmen der strafbefreienden Selbstanzeige nach §§ 370, 398a AO kritisch Frintrup, wistra 2023, 237ff.

Zur Haftung des faktischen Geschäftsführers für Vorsteuer aus Scheinrechnungen und Umsatzsteuer aus innergemeinschaftlicher Lieferung an einen sog. **missing trader** ist folgendes Judikat ergangen. Ein (faktischer) Geschäftsführer haftet für die Vorsteuer aus Einkaufsrechnungen von Scheinfirmen und für die Umsatzsteuer aus nicht steuerbefreiten innergemeinschaftlichen Lieferungen an einen „Missing Trader" bei kollusiver Vortäuschung von Zwischenhändlern (FG Hamburg, Beschluss vom 26.10.2010, 3 V 85/10, DStRE 2011, 1073, rkr.).

Es ist in der Praxis auch schon vorgekommen, dass Steuerberater von den Strafverfolgungsbehörden beschuldigt wurden, Beihilfe zur Steuerhinterziehung i. R. von Karussellgeschäften zu betreiben. Ein Steuerberater leistet Beihilfe zur Steuerhinterziehung, wenn er Kenntnis davon hat, dass seine Mandantin die Geschäftsbücher nicht mehr ordentlich führt und er dennoch die sich aus der fehlerhaften Buchführung ergebenden Daten für die Erstellung der Umsatzsteuer-Voranmeldungen verwendet (FG Nürnberg, Urteil vom 10.12.2002, II 536/2000, DStRE 2003, 1251; NZB durch BFH, Beschluss vom 22.04.2004, VII B 369/03, BFH/NV 2004, 1285 als unzulässig zurückgewiesen; zur Haftung wegen steuerlicher Beratung eines Umsatzsteuerkarussells s. BFH, Beschluss vom 22.10.2009, V B 108/08, BFH/NV 2010, 170).

Zur **Haftung eines Steuerberaters wegen Beihilfe zur Umsatzsteuerhinterziehung seines Mandanten** ist folgendes Judikat ergangen:

Der subjektive Tatbestand einer Beihilfeleistung, die zugleich die Merkmale **„berufstypischen Verhaltens"** erfüllt, sind bei einem Angehörigen der steuerberatenden Berufe nur dann erfüllt, wenn das von ihm erkannte Risiko strafbaren Verhaltens des unterstützten Haupttäters derart hoch ist, dass er sich mit seiner Hilfeleistung „die Förderung eines erkennbaren tatgeneigten Täters angelegen sein lässt“. Hat der Hilfeleistende dagegen keine Kenntnis darüber, wie sein Beitrag vom Haupttäter verwendet wird, und hält er es lediglich für möglich, dass sein Beitrag im Rahmen der Begehung einer (Steuer-)Straftat genutzt wird, so ist noch nicht von einer strafbaren Beihilfehandlung auszugehen. Ein Steuerberater leistet vorsätzlich Hilfe zu einer Steuerstraftat, wenn er nach Versagung des Vorsteuerabzugs für vorherige Voranmeldungszeiträume die Durchführung einer die Folgezeiträume betreffenden USt-Anschlussprüfung bei seiner Mandantin durch bewusst wahrheitswidrige Erklärungen gegenüber dem FA hinauszögert, dadurch dem Haupttäter ermöglicht, die zunächst in der Buchführung erfassten fingierten Eingangsrechnungen durch andere zu ersetzen und diesen Austausch in seiner Steuerberaterkanzlei erstellten Buchführung nicht kenntlich macht (FG Berlin-Brandenburg, Urteil 06.03.2018, 9 K 9306/12, EFG 2018, 1765, 1770f. m. Anm. Büchter-Hole = Stbg 2019, 417, 428f. m. Anm. Pestke; hierzu eingehend Janz, Stbg 2019, 67ff.; Wegner, PStR 2019, 17ff.).

Der Vorinstanz in toto folgend hat der Bundesfinanzhof folgende Leitsätze aufgestellt:

Berufstypische Handlungen eines Steuerberaters beziehungsweise Wirtschaftsprüfers können dann eine strafbare Beihilfe zur Steuerhinterziehung darstellen, wenn das vom Hilfeleistenden erkannte Risiko strafbaren Verhaltens seines Mandanten als derart hoch anzusehen ist, dass seine Hilfeleistung als Förderung eines erkennbar tatgeneigten Täters beurteilt werden kann.

Das FG darf im Rahmen seiner eigenen Überzeugungsbildung auch dann von einer Steuerstraftat ausgehen, wenn die Staatsanwaltschaft das diesbezügliche Strafverfahren nach § 170 Abs. 2 StPO eingestellt hat (BFH, Beschluss vom 28.02.2023 VII R 29/18, BFH/NV 2023, 1071).

Steuerberater sind bei explosionsartigem Anstieg von „diffusen“ Umsätzen gehalten, sich den guten Glauben zu erhalten. Sollten sich beim Nachrecherchieren möglicherweise Verdachtsmomente ergeben, dass der Mandant sich bös- oder gutgläubig in ein USt-Karussell eingeklinkt hat, ist er gehalten, im Zweifel das Mandat niederzulegen. Kann nämlich gegen ihn nach den genannten Grundsätzen eine Beihilfe zur Steuerhinterziehung dokumentiert werden, so verliert er nicht nur den Versicherungsschutz, sondern haftet für die Steuerschäden als Gehilfe, die insbesondere bei USt-Karussellen mit Betrügereien mit einer Schadenshöhe von mehreren Mio. Euro die wirtschaftliche Existenz des Beraters kosten dürften (§ 71 AO; vgl. hierzu OLG Karlsruhe, Urteil vom 16.03.2015, 1 [4] Ss 560/14, wistra 2015, 325).

2.2.8 Kritik an der Handhabung der Finanzverwaltung mit betrugsbehafteten Umsätzen

Die besondere Betrugsanfälligkeit einer indirekten Besteuerung ist allgemein bekannt. Insbesondere bei schnell handelbaren Wirtschaftsgütern mit hohen Handelsvolumina – hierunter fallen insbesondere alle Wirtschaftsgüter, die elektronisch gehandelt werden können – unter gesondertem Ausweis der Umsatzsteuer besteht die Gefahr, dass der den Vorsteuerabzug Begehrende einem Umsatzsteuerbetrüger aufgesessen ist, der die an ihn gezahlte „Umsatzsteuer" nicht abgeführt hat. Sofern die Finanzverwaltung einen solchen Umsatzsteuerbetrüger ermittelt hat, ist es zumeist zu spät, um bei diesem die Umsatzsteuer noch erheben zu können. In der Regel hat sich der Betrüger längst abgesetzt oder verfügt über keine nennenswerten Vermögensgegenstände mehr. Deswegen versucht die Finanzverwaltung in jüngerer Zeit vermehrt, über die „dogmatische Konstruktion" eines sog. **betrugsbehafteten Umsatzes** bei den nachfolgenden Leistungsempfängern den Vorsteuerabzug zu versagen, gleichwohl die Umsatzsteuer aus deren nachfolgenden Umsätzen aber festzusetzen. Je länger die Leistungskette im Inland ist, desto höher ist das Steueraufkommen, das die Finanzverwaltung über diesen Weg generiert. Damit entsteht leicht ein **Vielfaches** des normalen Umsatzsteueraufkommens, welches bei ordnungsgemäßer Durchführung – d.h. ohne einen involvierten Betrüger – niemals entstanden wäre. Die kumulative Versagung des Vorsteuerabzugs bei gleichzeitiger Steuerfestsetzung auf allen Stufen einer Leistungskette mit Hilfe der „Argumentationsfigur" eines betrugsbehafteten Umsatzes verstößt sowohl gegen den Grundsatz der Neutralität der Umsatzsteuer als auch gegen den klaren Willen des Gesetzgebers. Dieser hat zur Bekämpfung des Mehrwertsteuerbetrugs ausdrücklich lediglich eine gesamtschuldnerische Haftung der Beteiligten in § 25d UStG angeordnet, wenn die Beteiligten hätten wissen müssen, dass sie in einen Umsatzsteuerbetrug eines anderen irgendwie involviert sind (im Schrifttum zu Recht heftig kritisiert [so die gutachterliche Stellungnahme von Hummel, UR 2014, 256 ff.; siehe aber auch die Gegenposition der Finanzverwaltung, die offensichtlich von Sterzinger, DStR 2014, 831 ff. vertreten wird]).

2.3 Buffer und Distributor

In dem unter 2.1 dargestellten „Handy-Karussell" liefert MT mit Rechnung und USt-Ausweis an die „Buffer Company" (BC). Dabei behandelt MT seinen Einkaufspreis jedoch als Bruttowert und rechnet die USt mit 13,8 % heraus (70,40 €). Dadurch wird die Ware verbilligt. Wird eine Ware mehrfach durch ein Karussell geschleust – u.U. lediglich auf dem Papier –, so wird der Preis weiter reduziert. Die von MT an BC in Rechnung gestellte USt fällt in jedem Fall für den Fiskus aus. MT begnügt sich entweder beim Geschäft mit BC mit einem geringen Aufschlag oder die Verantwortlichen von MT und BC teilen sich die aufgrund der erstellten Rechnungen erschlichene USt. Die „Buffer Company" (BC) zieht die Vorsteuer aus den MT-Rechnungen und führt ihre USt an das FA ab. Über BC gelangen die Handys unter Berechnung eines handelsüblichen Aufschlags – ggf. nach Einschaltung weiterer Buffer – an den Distributor D. Distributor D führt die Ware mit einem geringen Aufschlag wieder ins innergemeinschaftliche Ausland steuerfrei aus (innergemeinschaftliche Lieferung gem. § 6a UStG). Für seine Kunden (Distributors B und I) handelt es sich wiederum um einen stpfl. innergemeinschaftlichen Erwerb. Distributor D macht die in der Eingangsrechnung ausgewiesene Umsatzsteuer als Vorsteuer beim FA geltend (§ 15 Abs. 1 i.V.m. Abs. 2 Nr. 1 und Abs. 3 Nr. 1a UStG). Die Exportfirma (Distributor D) holt sich somit einen Vorsteuererstattungsbetrag vom FA. Gleichzeitig kann vom Ausland aus die nächste Karussellrunde beginnen (Klawikowski/Leitmeier/Zühlke, StBp 2002, 121).

Der umsatzsteuerverkürzende Effekt erhöht sich, wenn der letzte inländische Händler in der Kette eine (steuerfreie) Lieferung ins Ausland **vortäuscht**, die Ware aber im Inland verkauft, ohne die USt zu entrichten. Die Täter führen dann nicht 19 % USt auf den Netto-Warenwert ab, sondern rechnen 13,8 % aus dem Netto-Warenwert heraus. Daraus entsteht eine steuerfinanzierte Handelsspanne von rd. 30 % (Klawikowski/Leitmeier/Zühlke, StBp 2002, 121; BMF, Schreiben vom 24.02.2005, IV C 3 – S 2255 – 51/05, BStBl I 2005, 429, Tz. 141; BMF, Schreiben vom 30.01.2008, IV C 8 – S 2222/07/0003/IV C 5 – S 2345/08/0001, BStBl I 2008, 390, Tz. 162).

Zu Zweifelsfragen an der Versagung des Steuerabzugs für den Buffer II siehe Wegener, PStR 2015, 65 ff.

2.4 Verschaffung der Verfügungsmacht

Bei Einbindung des Leistungsempfängers in ein USt-Karussell kommt ein Vorsteuerabzug nicht in Betracht, wenn es an der Verschaffung der Verfügungsmacht fehlt, weil entweder keine Ware ausgeliefert wurde (Scheinlieferungen) oder zwar Warenbewegungen ausgeführt wurden, diese aber nur der Vortäuschung von Lieferungen dienen, weil der Empfänger mit der Ware in vorher bestimmter Weise verfahren muss, insbesondere derart, dass gewährleistet ist, dass die Ware unmittelbar oder über weitere Händler an den Ausgangspunkt zurückkehrt. Ein Indiz für derartige Scheinlieferungen, denen kein eigenständiger wirtschaftlicher Gehalt zugrunde liegt, ist z.B., dass große Warenmengen in kürzester Zeit als Reihengeschäft unter

Marktpreisen eine Händlerkette durchlaufen (im Streitfall sechs Händler an einem Tag) und nachweisbar ist, dass dieselbe, identifizierbare Ware bereits mehrfach beim selben Händler durchgelaufen ist.

Bleibt wegen fehlender Nachweise einer Unrechtsabsprache nicht feststellbar, ob ein Unternehmer an einem USt-Karussell beteiligt ist oder nicht, sprechen jedoch gewichtige Indizien hierfür, so ist nach den Grundsätzen der Feststellungslast

- zulasten des Klägers der Vorsteuerabzug zu versagen und
- zulasten des FA ein Leistungsaustausch wegen behaupteter Erstellung eines Rechnungswerks gegen Entgelt als sonstige Leistung („paperworks“) aufzuheben.

Bleibt unerwiesen, ob Lieferungen oder Scheinlieferungen erfolgt sind, hat der Kläger jedoch Rechnungen mit offenem USt-Ausweis erstellt, sodass entweder eine Besteuerung nach § 1 UStG oder nach § 14c UStG n.F. in Betracht kommt, ist die für den Kläger günstigere Variante zugrunde zu legen (Hessisches FG, Urteil vom 30.06.2004, 6 K 4328/01, EFG 2004, 1558 mit Anm. Büchter-Hole; BFH, Urteil vom 19.04.2007, V R 48/08, BFH/NV 2007, 2035 hat die Sache an das FG zurückverwiesen).

3. Reaktionen des Gesetzgebers und der Verwaltung

Zahlreiche gesetzgeberische Maßnahmen der letzten Jahre sind vor dem Hintergrund der in verschiedenen Bereichen angewachsenen USt-Verkürzung zu sehen, z.B.:

- Annahme eines besonders schweren Falls der Steuerhinterziehung mit erhöhter Strafandrohung (von sechs Monaten bis zu zehn Jahren) wegen Steuerverkürzung in großem Ausmaß oder Erlangung von nicht gerechtfertigten Steuervorteilen: Die Einführung des Verbrechenstatbestands der gewerbsmäßigen oder bandenmäßigen Steuerhinterziehung großen Ausmaßes nach § 370a AO a.F. musste wegen erheblicher verfassungsrechtlicher Bedenken (Verstoß gegen das Bestimmtheitsgebot nach Art. 103 Abs. 2 GG) aufgegeben werden (BGH, Beschluss vom 20.04.2004, 5 StR 11/04, NJW 2004, 1885, 1886, wistra 2004, 274, 276; zu § 370a AO a.F., nunmehr § 370 Abs. 3 AO n.F.).
- Einführung einer Sicherheitsleistung im Einvernehmen mit dem Unternehmer in den Fällen, in denen die Steueranmeldung zu einer Erstattung oder Herabsetzung der Steuer führt (§ 18f. UStG).
- Haftung für schuldhaft nicht abgeführte Steuer: Diese Vorschrift wurde speziell zur Bekämpfung der Karussellgeschäfte eingeführt. Die

Haftung kann sich dabei auf mehrere vorangegangene Umsätze erstrecken (nicht nur unmittelbare Eingangs-, sondern auch Vorstufenumsätze; § 25d UStG).

- Umsatzsteuernachschau (§ 27b UStG).
- Dem Anstieg an USt-Betrugsfällen soll auch durch die „Zentrale Datenbank zur Speicherung und Auswertung von Umsatzsteuer-Betrugsfällen und Entwicklung von Risiko-Profilen" („**ZAUBER**") begegnet werden. Allerdings sind die Fahndungsprüfer und die Sachbearbeiter in den BuStra gehalten, dorthin sämtliche Fälle zu melden, in denen es zu USt-Hinterziehung kam; da dies nahezu jeder Fall ist, ist mit einer kontraproduktiven Überfrachtung der Datenbank zu rechnen.
- Nach Art. 4 Abs. 2 und 3 der Verordnung über die Zusammenarbeit der Verwaltungsbehörden auf dem Gebiet der indirekten Besteuerung können die Finanzbehörden von anderen EU-Mitgliedstaaten Informationen über innergemeinschaftliche Erwerbe deutscher Unternehmer erhalten (Kontrolle der Erwerbsdaten in Deutschland). Die Information basiert dabei auf den Angaben, die Unternehmer in anderen EU-Mitgliedstaaten zu innergemeinschaftlichen Lieferungen an deutsche Unternehmer in ihren zusammenfassenden Meldungen gemacht haben. Diese Daten können durch das Verfahren USLO (**U**msatzsteuer **L**änder **O**nline) beim Bundeszentralamt für Steuern abgefragt werden (Zusammenarbeits-Verordnung, BStBl I 1993, 726; Klawikowski/Leitmeier/Zühlke, StBp 2002, 121, 123).

Die Datenbanken ZAUBER und die Koordinierungsstelle KUSS beim Bundeszentralamt für Steuern sind nach einigen Anlaufschwierigkeiten inzwischen arbeitsfähig. Die Nutzung der ZAUBER-Datei durch die Umsatzsteuer-Sonderprüfer und Steuerfahnder ist allerdings von Land zu Land und sogar von Amt zu Amt noch sehr unterschiedlich. Dies ist einerseits auf technische Unzulänglichkeiten der Datenbank zurückzuführen, andererseits damit zu begründen, dass die Bedienung ohne eine gewisse Routine immer noch recht schwerfällig ist. Es zeigt sich, dass die bloße Zurverfügungstellung von Technik nicht ausreicht. Vielmehr bedarf es klarer bundeseinheitlicher Weisungen zum Einsatz der gewonnenen technischen Möglichkeiten. Nur dann sind auch bundesweite Statistiken über den Einsatz der Technik durch die Prüfungsdienste vergleichbar und aussagekräftig (Widmann, UR 2005, 14, 16).

Als Lösungsmöglichkeit sollte primär darauf abgestellt werden, wie die Verhinderung und nicht die nachträgliche Verfolgung solcher Betrugshandlungen Priorität haben, schon weil die eingetretenen Steuerschäden in den weitaus meisten Fällen irreversibel sind. Insbesondere wird schon lange auf EU-Ebene bisher vergeblich diskutiert, dass die Struktur des deutschen Mehrwertsteuersystems dergestalt zu ändern ist, dass eine Verlagerung der Steuerschuldnerschaft auf den Leistungsempfänger vorzunehmen ist (Reverse-charge-Modell; hierzu Tiedtke, UR 2004, 6 ff.; ders., UR 2009, 372 ff., 380).

Die Besteuerung der Umsätze im europäischen Binnenmarkt zwischen Unternehmern wurde vor mehr als 15 Jahren nur als eine Übergangslösung geschaffen; tatsächlich wird uns dieses System aber noch viele Jahre begleiten. Von der dringlichen Notwendigkeit einer Änderung wird vor allem derzeit ausgegangen, weil bestimmte Schwächen dieses Systems vermehrt von Betrügern ausgenutzt werden; insbesondere der Karussellbetrug ist hier in aller Munde. Diese Schwächen führen europaweit zu erheblichen Steuerausfällen (Kemper, UR 2009, 751 ff.; ders. DStZ 2016, 664 ff.).

Zu Reformvorschlägen zur Eindämmung des grenzüberschreitenden Mehrwertsteuerbetrugs Zimmermann, UR 2017, 580 ff.; Loy, DStR 2018, 1097 ff.; Breuer, UR 2018, 306 ff.; Ismer/Schwarz, MwStR 2019, 348 ff.

Nach einer Pressemitteilung der EU-Kommission vom 06.09.2016 beliefen sich die Mehrwertsteuerausfälle aufgrund des Vollzugsdefizits und Mehrwertsteuerbetrugs auf fast 160 Milliarden Euro im Jahr 2014. Aufgrund dieser evidenten Missstände hat sich die EU-Kommission dazu durchgerungen, das gesamte EU-Mehrwertsteuersystem grundlegend zu reformieren.

Die Europäische Kommission hat am 05.10.2017 eine weitreichende Reform des EU-Mehrwertsteuersystems vorgeschlagen. Durch die Neuregelung soll das System für Regierungen und Unternehmen gleichermaßen verbessert und modernisiert werden. Mit dem Paket schlägt die Kommission vor, das derzeitige Mehrwertsteuersystem grundlegend zu verändern, indem der Verkauf von Waren von einem EU-Land in ein anderes in gleicher Weise besteuert wird wie der Verkauf von Waren innerhalb desselben Mitgliedstaats. Damit wird ein neues und endgültiges Mehrwertsteuersystem für die EU geschaffen.

Vier grundlegende Prinzipien, die „Eckpfeiler“ eines neuen endgültigen und gemeinsamen EU-Mehrwertsteuerraums, sollen vereinbart werden:

- **Betrugsbekämpfung:** Künftig wird auf den grenzüberschreitenden Handel zwischen Unternehmen Mehrwertsteuer erhoben. Diese Art von Handel ist derzeit von der Mehrwertsteuer befreit, was skrupellose Unternehmen dazu verleitet, die Mehrwertsteuer einzuziehen und dann zu verschwinden, ohne die Mehrwertsteuer an die Regierung abzuführen.

- **Zentrale Anlaufstelle:** Dank einer zentralen Anlaufstelle wird es einfacher für grenzüberschreitend tätige Unternehmen, ihren mehrwertsteuerlichen Pflichten nachzukommen. Unternehmer können in einem einzigen Online-Portal in ihrer eigenen Sprache und nach den gleichen Regeln und administrativen Mustern wie in ihrem Heimatland Erklärungen abgeben und Zahlungen durchführen. Die Mitgliedstaaten leiten einander dann die Mehrwertsteuer weiter, wie dies bei elektronischen Dienstleistungen bereits der Fall ist.
- **Größere Kohärenz:** Umstellung auf das „Bestimmungslandprinzip", bei dem der endgültige Betrag der Mehrwertsteuer stets an den Mitgliedstaat des Endverbrauchers entrichtet wird und dem in diesem Mitgliedstaat geltenden Satz entspricht. Die Kommission hat seit Langem auf dieses Ziel hingearbeitet und wird dabei von den Mitgliedstaaten unterstützt. Bei elektronischen Dienstleistungen gilt der Grundsatz bereits.
- **Weniger Bürokratie:** Vereinfachung der Vorschriften für die Rechnungslegung, sodass die Verkäufer auch beim grenzüberschreitenden Handel Rechnungen gemäß den Vorschriften ihres eigenen Landes stellen können. Die Unternehmen müssen künftig keine Liste von grenzüberschreitenden Transaktionen („zusammenfassende Meldung") für ihre Finanzbehörde mehr erstellen.

Durch den Vorschlag wird ferner der Begriff „**zertifizierter Steuerpflichtiger**" eingeführt. Darunter werden vertrauenswürdige Unternehmen verstanden, die von einfacheren und zeitsparenden Vorschriften profitieren werden. Zudem wurden vier „schnelle Lösungen" vorgeschlagen, die ab dem Jahr 2019 zur Anwendung kommen sollen. Diese von den Mitgliedstaaten ausdrücklich geforderten kurzfristigen Maßnahmen sollen dazu dienen, das derzeitige Mehrwertsteuersystem bis zur Einführung der endgültigen Regelung zu verbessern.

Weiteres Vorgehen: Dieser Legislativvorschlag wird nun den Mitgliedsstaaten im Rat zur Zustimmung und dem Europäischen Parlament zur Stellungnahme vorgelegt. Die Kommission wird anschließend einen detaillierten Vorschlag zur Änderung der sog. Mehrwertsteuerrichtlinie auf technischer Ebene vorlegen, damit die nun vorgeschlagene endgültige Mehrwertsteuerregelung reibungslos umgesetzt werden kann (veröffentlicht in StuB 2017, 837 f.; hierzu erläuternd der Praktiker Küffner, Der Betrieb 2017, Heft 43, M 4 f.)

Aufgrund einer parlamentarischen Anfrage zur Thematik „Steuerbetrug durch Umsatzsteuer-Karusselle" bzw. „Umsatzsteuerbetrug wirksam bekämpfen" ist klargestellt worden, dass Kriminelle jedes Jahr ca. 50 Milliarden Steuergelder mit Umsatzsteuer-Karussellen in Europa stehlen. Dabei werden Handys oder Autoteile durch Unternehmen in verschiedenen EU-Staaten im Kreis verkauft; daher der Name „Karussell“. Ein Unternehmen in der Kette stellt die Umsatzsteuer auf seine Verkäufe zwar in Rechnung, führt die Steuer aber nicht ab. Bis der Staat dem Unternehmen auf die Schliche kommt, hat es sich zumeist in Luft aufgelöst. Allein in Deutschland geht es um bis zu 14 Milliarden Euro jährlich (BT-Drucksache. 19/17135 bzw. BT-Drucksache 19/17748, alle jeweils vom 12.03.2020 = wistra 2020, Heft 9, V f.).

Zu Maßnahmen zur Verbesserung der Umsatzsteuerbetrugsbekämpfung durch die digitale Aufrüstung vgl. eingehend Hoch/Loy, DStR 2021, 1578 ff. Zur Bekämpfung des Umsatzsteuerkarussellbetrugs nach dem italienischen Modell einer E-Rechnung siehe Artinger/Putz/Zugmaier, DStR 2021, 2273 ff.; siehe auch Schmittmann, StuB 2022, 311 f., der dem BMF empfiehlt, eine Ausweitung der Umkehr der Steuerschuldnerschaft in Betracht zu ziehen, um damit eine effizientere Steuererhebung zu erreichen.

VIII. Schätzung im Steuerstrafverfahren

Schrifttum:

Brinkmann	Strafrechtliche Aspekte der Schätzung, StBp 2013, 250 (Teil I), 291 (Teil II), 321 (Teil III)

Verwaltungsanweisung:

1. BMF, Schreiben vom 15.04.2019 IV A 3 – S 0223/007/10002, DOK 2019/0319434, BStBl I 2019, 447; betr. tatsächliche Verständigung über den der Steuerfestsetzung zugrunde liegenden Sachverhalt

1. Grundsätze der Schätzung im Steuerstrafverfahren

Schätzungen werden häufig in Steuerfahndungsfällen notwendig, da Steuerhinterzieher naturgemäß meist kein Buchführungs- und Belegwesen aufzuweisen haben, das der Besteuerung zugrunde gelegt werden könnte. Häufig sind die Aufzeichnungen ganz oder zum Teil vernichtet. Allerdings sind die Anforderungen der Finanz- und insbesondere der Strafgerichte an finanzamtliche Schätzungen hoch. Oft kommt es deshalb in solchen Fällen zu Verfahrensergebnissen, die für die Stpfl. nicht ungünstig sind.

Um für eine strafrechtliche Verurteilung auszureichen, müssen Grund und Höhe der Besteuerungsgrundlagen in einer Weise festgestellt werden, dass sie nach der Überzeugung des Tatrichters als erwiesen anzusehen sind. Der Strafrichter muss unter Ausnutzung aller geeigneten Erkenntnisgrundlagen zu der Überzeugung gelangen, dass der Angeklagte Besteuerungsgrundlagen i. H. eines bestimmten **Mindestbetrags** verschwiegen und **mindestens** den entsprechenden Steuerbetrag hinterzogen hat (BGH, Urteil vom 04.02.1992, 5 StR 655/91, StV 1992, 260; BGH, Urteil vom 10.09.1985, 4 StR 487/85, wistra 1986, 65). Die Schätzungsgrundlagen müssen in den Urteilsgründen für das Revisionsgericht **nachvollziehbar mitgeteilt werden**. Die nachfolgenden, vom BFH für das Besteuerungsverfahren aufgestellten Grundsätze gelten auch für das Steuerstrafverfahren:

- Eine Schätzung muss wahrscheinlich sein; ihre Ergebnisse müssen wirtschaftlich vernünftig und möglich sein (BFH, Urteil vom 18.12.1984, VIII R 195/82, BStBl II 1986, 226).
- Das Gericht kann von einem ungeklärten Vermögenszuwachs nur dann auf entsprechend hohe Einkünfte schließen, wenn es zu der Überzeugung gelangt, dass die in Betracht kommende Einkunftsquelle die Einkünfte in dem maßgebenden Jahr i. H. des ungeklärten Vermögenszuwachses abwerfen konnte (BFH, Urteil vom 01.01.1987, I R 284–286/83, BFH/NV 1988, 12).
- Ein Stpfl. muss für seine privaten Sparkonten weder eine Buchführung einrichten noch einen Nämlichkeitsnachweis erbringen. Ebenso wenig besteht eine Rechtsgrundlage für den Satz, dass alle Einzahlungen, für die kein Buch- oder Nämlichkeitsnachweis erbracht wird, als aus einkommenstpfl. Einkünften stammend gelten. Der Stpfl. ist zwar zur Auskunftserteilung und zur Mitwirkung verpflichtet, ihn trifft jedoch nicht die Verpflichtung, einen in sich geschlossenen Nachweis über die Herkunft seines Privatvermögens zu führen (BFH, Urteil vom 28.05.1986, I R 265/83, BStBl II 1986, 732).

Der strafrechtliche Grundsatz „in dubio pro reo" (im Zweifel für den Angeklagten) ist im Übrigen auch im Besteuerungsverfahren zu beachten, wenn als Vorfrage über das Vorliegen einer Steuerhinterziehung zu entscheiden ist. Dieser Grundsatz schließt es aus, die Schätzung der hinterzogenen Steuern entsprechend den allgemeinen Grundsätzen im Falle der Verletzung von Mitwirkungspflichten auf Wahrscheinlichkeitserwägungen, d. h. auf ein reduziertes Beweismaß, zu stützen und **an der oberen Grenze des für den Einzelfall zu beachtenden Schätzungsrahmens auszurichten**. Erforderlich ist vielmehr, dass das FG auf der Grundlage des Gesamtergebnisses des Verfahrens von der Höhe der Steuerhinterziehung überzeugt ist (BFH, Beschluss vom 29.01.2002, VIII B 91/01, BFH/NV 2002, 749).

2. Tauglichkeit der Schätzungsmethoden im Steuerstrafverfahren

Zum strafrechtlichen Beweis von Steuerverkürzungen tauglich sind grundsätzlich die **Geldverkehrs- und Vermögenszuwachsrechnung** und die **Nachkalkulation** (hierzu eingehend Brinkmann, StBp 2013, 250, 252 ff. bzw. 291 ff.). Die Geldverkehrsrechnung muss allerdings im Einzelfall u. U. recht hohen Anforderungen genügen. Schwachstellen dieser Schätzungsmethode sind insbesondere:

- Die Konten des Beschuldigten und deren Anfangsbestände müssen möglichst vollständig ermittelt werden, ebenso die Geldflüsse zwischen den Konten.
- Ein wesentlicher Faktor der Geldverkehrs- und Vermögenszuwachsrechnung ist die Höhe des privaten Konsums des Beschuldigten in den strafbefangenen Jahren; der private Konsum ist für den Steuerfahnder oder Betriebsprüfer aber nur schwer ermittelbar. Werden hier Positionen geschätzt (z. B. Ansatz der Lebenshaltungskosten und Anschaffungen), so findet insoweit eine „Schätzung innerhalb der Schätzung" statt.

Auch die Anforderungen an eine Nachkalkulation sind sehr streng. Die Nachkalkulation zeigt für den **Handelsbetrieb** durch Hochrechnung des aufgegliederten Wareneinsatzes mit den betriebsspezifischen Aufschlagssätzen, welcher Sollumsatz als **Optimum** hätte erzielt werden können. Für **Dienstleistungsbetriebe** werden die den Arbeitnehmern bezahlten produktiven Stunden zuzüglich der produktiven Meisterstunden und der Materialeinsatz nach dem im Betrieb üblichen Kalkulationsschema auf den möglichen Sollumsatz hochgerechnet. Da der Lohneinsatz vor allem für die produktive Mitarbeit des Unternehmers meist nicht zuverlässig erfassbar ist, ist die Nachkalkulation für **Leistungsbetriebe** in der Besteuerungspraxis allerdings nur begrenzt als Verprobungs- und Schätzungsmethode einsetzbar.

Strafprozessual ohne Aussagekraft sind die in der Veranlagung oder durch den Betriebsprüfer vorgenommenen **(Un-)Sicherheitszuschläge (griffweise Schätzungen)** oder die von Strafgerichten zuweilen **vorgenommenen (Un-)Sicherheitsabschläge**. Solche „(Un-)Sicherheitsabschläge" dokumentieren lediglich die Unsicherheit des gesamten Schätzungsergebnisses. Ebenso sind **Richtsatzschätzungen** allein oder **Einzelbetriebs-Vergleiche** strafrechtlich nicht beweiskräftig. Herangezogene Vergleichsbetriebe müssten hinsichtlich Betriebsgröße, Geschäftsgebaren, Organisation, Absatzmöglichkeiten, Kundenstamm, Lieferanten und aller derjenigen Hauptposten der Jahresabschlüsse, die das Ergebnis des Wirtschaftsjahres beeinflussen, vergleichbar sein, was kaum möglich ist.

Eine Schätzung der Besteuerungsgrundlagen nach im Besteuerungsverfahren anerkannten Schätzungsmethoden ist zulässig, wenn feststeht, dass der Steuerpflichtige einen Besteuerungstatbestand erfüllt hat, das Ausmaß der verwirklichten Besteuerungsgrundlagen aber ungewiss ist (hier wegen manipulierter Registrierkasse). Der Tatrichter muss in den Urteilsgründen für das Revisionsgericht nachvollziehbar darlegen, wie er zu den Schätzungsergebnissen gelangt ist. Erweist sich eine konkrete Ermittlung oder Schätzung der tatsächlichen Umsätze von vorneherein oder nach entsprechenden Berechnungsversuchen als nicht möglich, kann pauschal geschätzt werden, auch unter Heranziehung der Richtwerte für Rohgewinnaufschlagsätze aus der Richtsatzsammlung des Bundesministeriums der Finanzen. Dabei muss nicht zugunsten eines Angeklagten von den unteren Werten der in der Richtsatzsammlung genannten Spannen ausgegangen werden, wenn sich Anhaltspunkte für eine positivere Ertragslage ergeben (BGH, Beschluss 29.01.2014, 1 StR 561/13, BFH/NV 2014, 1182; auf gleicher Linie BGH, Beschluss vom 06.04.2016, 1 StR 523/15, wistra 2016, 363).

Die pauschale Schätzung der Besteuerungsgrundlagen unter Heranziehung der Richtwerte für Rohgewinnaufschlagssätze aus der Richtsatzsammlung des Bundesministeriums der Finanzen ist im Steuerstrafverfahren zulässig, wenn feststeht, dass der Steuerpflichtige einen Besteuerungstatbestand erfüllt hat, eine konkrete Berechnung der Umsätze und Gewinne aber nicht möglich ist und ausgehend von der vorhandenen Tatsachenbasis andere Schätzungsmethoden nicht in Betracht kommen. Dabei muss sich das Tatgericht bei der Beweiswürdigung zum Rohgewinnaufschlagsatz zwar einerseits nicht zugunsten eines Angeklagten an den unteren Werten der in der Richtsatzsammlung genannten Spannen orientieren, wenn sich Anhaltspunkte für eine positivere Ertragslage ergeben, darf aber andererseits auch nicht ohne Weiteres einen als wahrscheinlich angesehenen Wert aus der Richtsatzsammlung zugrunde legen, sondern muss einen als erwiesen angesehenen Mindestschuldumfang feststellen (BGH, Beschluss vom 20.12.2016, 1 StR 505/16, BFH/NV 2017, 1151).

Ist die Buchführung unvollständig, hat das Gericht bei einem Verfahren wegen Steuerhinterziehung die Besteuerungsgrundlagen zu schätzen. Dabei hat das Gericht die Pflicht, dem Revisionsgericht nachvollziehbar darzulegen, warum das von ihm ermittelte Schätzungsergebnis einem ordnungsgemäß durchgeführten Bestandsvergleich bzw. einer ordnungsgemäßen Einnahmeüberschussrechnung so gut wie möglich nahekommt; ein Verweis auf die Schätzungen aus dem Besteuerungsverfahren genügt nicht (BGH, Beschluss vom 29.08.2018, 1 StR 374/18, wistra 2019, 205; BGH, Beschluss vom 08.08.2019, 1 StR 87/19, BB 2020, 37).

Um einen unverhältnismäßigen Untersuchungsaufwand zu vermeiden, kann die Schätzung auch anhand repräsentativer Stichproben erfolgen. Gerade dann, wenn sich solche Feststellungen bei angemessenem Aufklärungsaufwand nicht treffen lassen, darf das Tatgericht eine an den Umständen des Falles orientierte Schätzung unter Beachtung des Zweifelssatzes vornehmen (BGH, Beschluss vom 16.09.2020, 1 StR 140/29, wistra 2021, 278, 280f. m. Anm. Grötsch).

Eine **rechtzeitige** Einigung in der Betriebsprüfung auf griffweise, d.h. im Einzelnen vom Prüfer noch nicht nachgewiesene Hinzuschätzungen, verbunden mit dem vorsorglich protokollierten Hinweis, dass es sich hierbei allein um eine Einigung im Besteuerungsverfahren und kein Einverständnis/Geständnis für strafrechtliche Zwecke handelt, vermeidet eine strafrechtliche Sanktion des Mehrergebnisses. Zu den **Formalien** einer tatsächlichen Verständigung vgl. BMF, Schreiben vom 15.04.2019 IV A 3 – S 0223/007/10002, DOK 2019/0319434, BStBl I 2019, 447. Die Frage des **strafrechtlichen Hinweises** (§ 201 Abs. 2 AO) sollte angesprochen werden.

Teil 3 Die Steuerfahndung in der Praxis

I. Verhalten während einer Steuerfahndungsprüfung

Schrifttum:

Achenbach/ Wannemacher	Beraterhandbuch zum Steuer- und Wirtschaftsstrafrecht (Stand: 1999)
Burkhard	Die Tricks der Betriebsprüfer und Steuerfahnder, Stbg 2002, 321
Dömnez	Steuerfahndungen als Ausnahmesituation für Steuerberater und Mandanten, NWB 2023, 2694
Kaligin	Keine Angst vor Betriebsprüfung und Steuerfahndung, 2. Aufl. 2004
Rüping	Zur Verhältnismäßigkeit der Haft im Steuerstrafverfahren, wistra 2000, 11
Spatscheck	Bankenfälle und Selbstanzeigepraxis – Ein Zwischenbericht, DB 2004, 2002
Wulf/Peters	Richtiges Verhalten bei Durchsuchung und Beschlagnahme in der Beraterkanzlei, Stbg 2024, 16

Verwaltungsanweisung:

1. Gleichlautende Erlasse der obersten Finanzbehörden der Länder vom 16.10.2023 betr. Anweisung für das Straf- und Bußgeldverfahren (Steuer) AStBV (St) 2020, BStBl I 2023, 1798

1. Geringe Bedeutung der Durchsuchung im Gesamtverfahrensablauf

1.1 Realitäten im Steuerfahndungsverfahren

Die Steufa wird allgemein mit einer Durchsuchung gleichgesetzt, denn von jeher werden Steufa-Stellen-Leiter von Verteidigern auf Vortragsveranstaltungen eingeladen, um dem Publikum auch Schilderungen spektakulärer Durchsuchungsmaßnahmen zum Besten zu geben und auf diese Weise die Notwendigkeit sowohl einer kundigen Beratung als auch die Sinnlosigkeit einer nachhaltigen Verteidigung gegen einen angeblich übermächtigen Gegner zu belegen. Die Durchsuchungsmaßnahme innerhalb des Gesamtverfahrens ist in der Praxis jedoch für dessen Ausgang meist von untergeordneter Bedeutung.

Dies hängt damit zusammen, dass die Durchsuchung **ganz am Anfang** eines Strafverfahrens wegen Steuerhinterziehung steht. Nach der Durchsuchung ist es vielmehr erforderlich, zunächst die Beweismittel auszuwerten und – irgendwann danach – einen Steufa-Bericht zu fertigen. I. d. R. dauert es mindestens zwei Jahre, bis der Bericht vorliegt. Dieser wird dann – in strafrechtlicher Hinsicht – an die BuStra-Stelle des FA weitergeleitet, in steuerlicher Hinsicht an den Veranlagungsplatz. Bei der „BuStra" (oder StraBu, Straf- und Bußgeldsachenstelle) liegt der Steufa-Bericht dann meist einige Wochen oder Monate, bevor der Beamte ihn in Angriff nimmt. Dem Beschuldigten wird sodann der Schuldvorwurf bekannt gegeben, der Verteidiger nimmt Akteneinsicht, anschließend entspinnt sich ein Hin und Her von Verteidiger- und BuStra-Schriftsätzen, welches i. d. R. immer wieder durch längere Zeiten der Nichtbearbeitung der Sache infolge von Urlaub, Krankheit, Kur, Fortbildung o. Ä. des Sachbearbeiters oder Urlaub und Fristverlängerungsanträgen des Verteidigers unterbrochen wird. Sollte schließlich ein Strafbefehl beantragt werden, so ist die Sache anschließend noch ein halbes bis zwei Jahre bei Gericht (Amtsgericht, ggf. Berufung zum Landgericht) anhängig.

Natürlich ist es möglich, dass bei Durchsuchungsmaßnahmen entscheidendes Beweismaterial gefunden wird. Oft – meistens in umfangreicheren Hinterziehungsfällen – kommt es jedoch nicht dazu, dass dieses Beweismaterial in einer überschaubaren, rechtlich zutreffenden Weise schließlich in einem Hauptverhandlungstermin zum Tragen kommt. Die Abläufe gestalten sich vielmehr i. d. R. so, dass die fallbezogenen Aktivitäten der Steufa lediglich in den ersten Wochen nach der Durchsuchung kontinuierlich andauern; es erfolgen erste Sichtungen des Beweismaterials und Gespräche mit dem Verteidiger, der von dem Beschuldigten beauftragt wurde. Psychologisch verständlich, jedoch taktisch völlig verkehrt, versuchen viele Beschuldigte in dieser (Anfangs-)Phase des Verfahrens, in der die Steufa naturgemäß „am Drücker ist", einen Abschluss zu erreichen. Dieser würde aber aufgrund der Tatsache, dass die Steufa zu diesem Zeitpunkt noch nichts in einer Weise ermittelt hat, das dem hohen Anspruch der Rechtsprechung an die Ausfüllung der maßgeblichen steuerlichen und strafrechtlichen Normen genügt, der Beschuldigte aber andererseits bereit ist, so viel wie möglich zu gestehen, nachteilig für diesen ausfallen.

Schon nach zwei bis drei Monaten – in manchen Fällen allerdings später – erlahmt jedoch das Interesse des Fahnders an seinem Fall; längst wurden ihm in der Zwischenzeit auch neue – vielleicht wesentlich spektakulärere – Fälle (z. B. gegen Prominente) zugeschrieben, in denen nun wiederum durchsucht und massenhaft Beweismaterial in die Dienststelle geschafft werden soll. In diesen Fällen wiederholt sich der Ablauf wie bei dem vorausgegangenen Fall, sodass ein Steuerfahnder nach einigen Jahren eine Fülle angefangener, in verschiedenen Entwicklungsstadien befindlicher Fälle und Unmengen beschlagnahmten Beweismaterials zu bearbeiten hat. Dieses Beweismaterial kann der Fahnder nicht mehr auswerten; an viele wichtige, entscheidende Beweisstücke, von denen anfangs die Rede war, kann sich der Fahnder gar nicht mehr erinnern, entsprechend gewichtige Hinweise gelangen darum gar nicht mehr in die Ermittlungsakte und folglich später nicht zur Kenntnis des Gerichts.

Die Schwierigkeit ist somit deutlich: Natürlich kann kein Fahndungsbeamter, der in zweieinhalb Jahren rund 35 Buchführungen für jeweils zwei bis drei Jahre auswerten soll, erstellt zumeist von mehreren Angestellten des Stpfl. oder des Steuerberaters, dies alles durchlesen. Vielmehr wird in das Material – zumindest zu Beginn des Verfahrens – stichpunktweise „hineingeschaut" und der Steuerfahnder versucht, aufgrund der punktuellen Prüfung schon zu Beginn des Verfahrens mit dem Verteidiger ins Gespräch zu kommen, damit dieser seinen Mandanten zur Kooperation und zum Geständnis veranlasst. Das Ziel des Steuerfahnders muss es sein, in der Anfangsphase des Verfahrens, in dem der Beschuldigte noch unter der Schockwirkung der Durchsuchungsaktion steht und befürchtet, dass nun „alles aufgeflogen" sei, unter Mitwirkung des Beschuldigten und seines Verteidigers ein Ermittlungsergebnis zustande zu bringen. Schon nach zwei bis drei Monaten verringert sich nämlich die Chance, den Beschuldigten „zur Strecke zu bringen" deutlich und progressiv, denn der Steuerfahnder steht unter dem Druck neu hereindrängender Fälle. Es ist ein weit verbreiteter Irrglaube, dass die von der Steufa beschlagnahmten Beweismittel dort auch alle **gelesen** würden. Tatsächlich werden die Beweismittel umso weniger gelesen, je umfangreicher sie sind und je länger das Verfahren anhängig ist. Oft wird lediglich ganz zu Beginn der Ermittlungen stichpunktartig in die Unterlagen hineingeschaut, um den Verteidiger und den Beschuldigten mit scheinbarer Sachkenntnis zu täuschen und zur Kooperation zu veranlassen.

Auch diese Realitäten müssen den in letzter Zeit um sich greifenden Rat zur „Kooperation" mit den Ermittlungsbehörden als äußerst fragwürdig erscheinen lassen. Vielmehr dürfte es in den meisten Fällen angezeigt sein, den Prüfer mit seinen Beweismitteln allein zu lassen. Schließlich ist es seine Aufgabe, zu ermitteln, was er später vorwerfen will.

1.2 Rückstand der Steuerfahndung im EDV-Bereich

Die Tatsache, dass die für Ermittler interessanten Daten bei den Beschuldigten zunehmend in EDV-Systemen enthalten bzw. versteckt sind, bereitet der Steufa erhebliche Probleme. Obwohl Steuerfahndungsverantwortliche auf Vortragsveranstaltungen und in der Presse den Eindruck zu erwecken versuchen, dass die Steufa mit dem technischen Fortschritt adäquat Schritt halten kann, ist sie tatsächlich nicht dazu in der Lage (Kaligin, Keine Angst vor Betriebsprüfung und Steuerfahndung, 2. Aufl., 67 ff.). Der Bundesrechnungshof bemerkte hierzu, die Steufa sei wegen ihrer Arbeitsbelastung, ihrer technisch rückständigen Ausrüstung und ungenügenden Fortbildung im Bereich der Informationstechnik zur Zeit kaum in der Lage, Steuerfälle im Bereich des elektronischen Geschäftsverkehrs aufzudecken. Steuerfahnder seien auch mangels unzureichender Schulung nicht immer befähigt, von den Stpfl. für ihre Geschäftsdaten genutzte Rechner- und Speichersysteme als Beweismittel sicherzustellen und auszuwerten (Bemerkungen des BRH vom 10.05.2000, BT-Drs. 14/4226, 204 ff.).

Die meisten Strafverfahren wegen Steuerhinterziehung werden – allerdings erst, nachdem sie zwei bis vier Jahre anhängig waren – schließlich mangels hinreichenden Tatverdachts eingestellt (zu den Ursachen s. Beendigungsmöglichkeiten von Steuerstraf- und Steuerordnungswidrigkeitenverfahren). Viel wichtiger als die ganz am Anfang der Ermittlungen stehende Durchsuchung sind die in den folgenden Monaten und Jahren allmählich sichtbar werdenden rechtlichen Fragestellungen und die in der Praxis liegenden Probleme.

Die Steufa lebt von dem Ruf, der über Jahrzehnte mittels der Presse geschaffen wurde. Über keine andere FA-Abteilung wird in vergleichbarem Umfang in der Presse berichtet. Die Folge ist, dass Beschuldigte und auch manche Berater dazu tendieren, schon beim bloßen Auftauchen der Steufa aus Angst zu „kooperieren“. Ein Großteil der Steuerstrafverfahren lässt sich für die Fahndung nur dadurch erfolgreich abschließen, dass die Beschuldigten sich selbst überführen, wozu ihnen häufig durch entsprechend eingestellte Verteidiger geraten wird.

1.3 Bedeutung von Selbstanzeige und Kooperation

So war die bundesweite Steufa gegen Bankkunden und Kreditinstitute nur deshalb so erfolgreich, weil die Banken die von der Steufa gewünschten Unterlagen heraussuchten und – gemeinsam mit Rechtsanwälten und der Steufa selbst – Druck auf die Kunden zur Erstattung von Selbstanzeigen ausübten. Dabei schreckten einzelne, für Banken tätige Rechtsanwälte nicht davor zurück, den Kunden Sanktionen an die Wand zu malen, die konkret für den einzelnen Kunden tatsächlich niemals im Raum standen (z.B. die Gefahr einer Freiheitsstrafe, die im Hinblick auf die Höhe der Verkürzungsbeträge irreal war). Ohnehin war die Steuerverkürzung ohne die Mitwirkung/Selbstanzeige der Kunden meist gar nicht zu beweisen.

„Während zu Beginn der Fahndungswelle von den Ermittlungsbehörden noch mit großer Intensität jede einzelne Bank durchsucht und alle Unterlagen einzeln gesichtet wurden, hat man schnell erkannt, dass auf diese Weise eine flächendeckende Durchsuchung aller Banken nicht möglich sein würde. Deshalb dachte man sich folgendes System aus: Die Steufa sucht die betreffende Bank auf und präsentiert den Durchsuchungs- und Beschlagnahmebeschluss. Anstatt selbst zu durchsuchen, macht die Steufa die Banken zu „Hilfsbeamten der Staatsanwaltschaft“, indem sie den Bankmitarbeitern Wunschlisten mit den Unterlagen und Beweismitteln überlässt, die man gerne hätte. ... Vor der Übergabe der Unterlagen an die Steufa werden die Kunden hiervon zulässigerweise unterrichtet. Oft drängt die Steufa die Bank geradezu, ihre Kunden – und möglichst auch die Bankmitarbeiter – zur Selbstanzeige zu motivieren. Nur so lässt sich verwaltungsintern die große Menge an „Luxemburg-Fällen“ bearbeiten (Spatscheck, DB 2000, 492).“

Beispiel 1:

Aus dem Schreiben einer Großbank an die Kunden: Sicherlich haben Sie der Presse entnommen, dass seit Jahren strafprozessuale Maßnahmen deutscher Strafverfolgungsorgane gegen Kunden Luxemburger und Schweizer Banken wegen des Verdachts der Steuerhinterziehung im Zusammenhang mit Vermögenstransfers nach Luxemburg und in die Schweiz ergriffen werden. Wir bitten Sie ebenso dringend wie herzlich, zur Kenntnis zu nehmen, dass die Maßnahmen der Staatsanwaltschaft und der Steufa Bochum zu ihrer Ermittlung führen würden. Ohne dass wir davon ausgingen, dass Sie persönlich in steuerlichen Angelegenheiten unkorrekt waren, sind vor diesem Hintergrund u.a. alle Kunden ... gut beraten, die Vollständigkeit und Richtigkeit ihrer steuerlichen Erklärungen umgehend zu prüfen. Dabei kann es sich anbieten, die professionelle Hilfe eines Steuerberaters oder spezialisierten Rechtsanwalts in Anspruch zu nehmen.

Beispiel 2:

Aus dem Schreiben einer anderen Großbank an die Kunden: Sehr geehrter Kunde, die bereits seit Jahren anhaltenden Ermittlungen der Steufa in Düsseldorf und andernorts gegen Kunden der X-Bank und anderer Kreditinstitute sind Ihnen bekannt. Den Informationen in den Medien konnte ebenfalls entnommen werden, dass ... die Ermittlungen schon jetzt zu weitreichenden Fahndungserfolgen geführt haben. Wie wir hören, besteht aufgrund der jahrelangen Durchleuchtung der Banken für ggf. betroffene Personen kein Anlass, darauf zu vertrauen, dass sie letztlich nicht entdeckt werden, zumal die Ermittlungstechniken der Steufa zunehmend perfektioniert werden. Unter Berücksichtigung der Sachlage und des von uns in Deutschland eingeholten Rats schließen wir uns der Empfehlung an, dass Sie Ihre steuerlichen Unterlagen ggf. unter Hinzuziehung eines Rechtsanwalts oder eines Steuerberaters auf Richtigkeit und Vollständigkeit überprüfen sollten. Dieser wird Sie auch über die weiteren Voraussetzungen einer strafbefreienden Selbstanzeige unterrichten und ggf. auch unmittelbar die Steufa davon in Kenntnis setzen, dass eine Selbstanzeige vorgenommen wurde; wir nehmen in diesem Zusammenhang den Hinweis unserer Kollegen in Deutschland auf, dass sich zur Vermeidung unbeabsichtigter strafprozessualer Maßnahmen für den Fall der Erstattung einer Selbstanzeige anböte, die bereits angesprochene direkte Unterrichtung der Steufa vorzunehmen. Diese erfolge am besten durch Übersendung einer Kopie der Selbstanzeige, wodurch der entsprechende Informationsfluss gesichert sei.

2. Durchsuchungssituation

Steuerfahnder erscheinen i. d. R. morgens zwischen 7 Uhr und 9 Uhr. Sie klingeln an der Tür und bestehen auf Einlass mit der Begründung, dass ein Durchsuchungsbeschluss vorliegt. Der Beschuldigte kann die Tür verschlossen lassen und so der Weisung der Beamten nicht nachkommen oder aber die Tür öffnen. Lässt ein Beschuldigter die Tür zu, so kam es schon vor, dass kaltblütige Zeitgenossen den Zeitraum bis zum Erscheinen des Schlüsseldienstes nutzten, um diskret Unterlagen in irgendeiner Form zu vernichten. In einem spektakulären Fall wusste die Ehefrau, dass der Ehemann erhebliche Steuerhinterziehungen vorgenommen hatte. Sie knallte den Fahndern die Tür vor der Nase zu, rief drinnen per Handy den Ehemann an und stimmte mit ihm die weitere Vorgehensweise ab.

Ist niemand zugegen (z. B. externer Arbeitsaufenthalt, Urlaub), so wird notfalls auch mit dem Schlüsseldienst die Tür gewaltsam aufgebrochen. Es gibt **keine Wartepflicht** für die Steuerfahnder.

Im Fall des freiwilligen Öffnens der Tür hat der Stpfl. das Recht, sofort **rechtlichen Beistand** einzuholen. Dieser Beistand darf dem Stpfl. in keinem Fall versagt werden. Sollte dies versucht werden, so kann die Rechtswidrigkeit einer solchen Maßnahme nach § 98 Abs. 2 Satz 2 StPO mittels Beschwerde beim Amtsgericht nachträglich gerügt werden. In aller Regel sind die Fahnder bereit, ca. 15 Minuten zu warten. Ist der Hausanwalt oder Steuerberater nicht erreichbar, so muss geprüft werden, ob ein anderer Berater hinzugezogen werden soll. **Ist überhaupt kein Verteidiger zeitnah zu erreichen, so beginnen die Fahnder sofort mit den Durchsuchungsmaßnahmen.** Dabei muss man wissen, dass es sich bei den „Fahndungstrupps" meistens um **eingespielte Teams** handelt, von denen immer wieder mit Erfolg folgendes Rollenspiel praktiziert wird.

Der **„bad guy"** exponiert sich durch eher aggressives, provokatives Vorgehen. Er sagt, dass man den Beschuldigten aufgrund der Ermittlungshandlungen praktisch überführt habe und dass man nunmehr i.R. der Durchsuchung noch die letzten Beweise finden wird. Das Auftreten des „bad guy" dient der Einschüchterung des zumeist hilflos und verängstigt agierenden Beschuldigten, der i.R. dieser Aktion oft gar nicht weiß, wie er reagieren soll. Genau in dieses psychologische Vakuum soll der **„good guy"** stoßen. Dieser zeichnet sich durch ein zurückhaltendes, vielleicht sogar entschuldigendes Verhalten aus. Er zeigt Verständnis für die Situation des Stpfl., versucht, ihn zu beruhigen und dabei auch menschliche Wärme zu vermitteln, um – im Gegensatz zu dem aggressiven „bad guy" – den in die Enge getriebenen Beschuldigten in ein Gespräch zu verwickeln.

Man sollte wissen, dass der „good guy" der viel gefährlichere Gegner ist. Durch die von ihm ermöglichte Aufnahme von verständnisvoll wirkenden Gesprächen ist der Beschuldigte erleichtert darüber, dass er in dieser Situation scheinbar doch noch einen freundlichen Ansprechpartner hat. Diese Freundlichkeit wird jedoch aus der Sicht der Steufa ganz gezielt eingesetzt und ist nicht uneigennützig. Durch die entspannte Situation wird der Stpfl. in ein Gespräch verwickelt, in dem er möglicherweise sogar freiwillig Fakten ausplaudert bzw. Unterlagen herausgibt, die die Steufa interessieren. Dadurch erleichtert und fördert er die Ermittlungsmaßnahmen zu seinen Lasten. Der Fahnder ist eben nicht der freundliche Vertragspartner. Es handelt sich nicht um eine Geschäftsanbahnung auf zivilrechtlicher, gleicher Ebene, sondern um ein Verfahren in einem Über- und Unterordnungsverhältnis. Dem Irrglauben vieler Stpfl. liegt der Gedanke zugrunde, dass der andere einem doch nichts Böses tun wird, wenn man selbst nur allzu freundlich ist (Burkhard, Stbg 2002, 321, 324). Dem Mandanten sollte Folgendes geraten werden:

- Bei einer Durchsuchungsmaßnahme sollte der Mandant sofort versuchen, qualifizierten Beistand beizuziehen.
- Die Durchführung der Durchsuchungsaktion dauert in Einzelfällen fast einen ganzen Tag, wird aber meist, bei durchschnittlichen Hinterziehungsfällen, erheblich kürzer sein. Auf jeden Fall sollte der Mandant von Gesprächsangeboten, die einen möglichen Bezug zum Ermittlungsverfahren haben, so nett sie auch verpackt sein sollten, Abstand nehmen. **Er sollte von seinem Aussageverweigerungsrecht strikt Gebrauch machen.** Der Beschuldigte weiß i.d.R. gar nicht, was die Durchsuchung auslöste.

Es ist immer wieder zu beobachten, dass die Opfer insbesondere von Zwangsmaßnahmen das Gespräch mit den Ermittlungsbehörden suchen in der rührenden Hoffnung, den Ermittlungszug zum Stehen zu bringen. Dies kann nicht gelingen. Ein Ermittlungsbeamter, der mit einem richterlichen Durchsuchungs- und Beschlagnahmebeschluss ausgerüstet ist, lässt sich bei seiner generalstabsmäßig vorbereiteten Tätigkeit nicht stören. Was immer der Beschuldigte in einem derartigen Verfahrensstadium von sich gibt, findet seinen Niederschlag in Vermerken, auf deren inhaltliche Formulierung er keinen Einfluss hat, die zu widerlegen aber in späteren Verfahrensabschnitten sehr schwierig sein kann. Gerichte neigen nun einmal dazu, Äußerungen, die scheinbar spontan erfolgen, Glauben zu schenken. Der im Strafverfahren unerfahrene Mandant, der sich von der Peinlichkeit des Verfahrens und der damit verbundenen „negativen Publizität" gequält fühlt, befürchtet, dass sein Schweigen fehlerhaft interpretiert wird („Wer schweigt, hat etwas zu verbergen"). Er geht von der trügerischen Erwartung aus, eine Einlassung in einem frühen Verfahrensstadium trage zu einer beschleunigten Einstellung des Verfahrens bei. In dieser Situation benötigt der Verteidiger viel Fingerspitzengefühl und Überzeugungskraft, um Schaden von seinem Mandanten abzuwenden. **Es gehört zu den Todsünden einer Verteidigung, sich zur Unzeit zu äußern.** Dies gilt z.B. für die Aussage in Unkenntnis der sichergestellten Beweismittel und der Ermittlungsakten. Nur aus den Beweismitteln lässt sich der Kenntnisstand der Ermittlungsbehörden ersehen, nur aus fortlaufenden Ermittlungsakten lässt sich ihr Vorgehen, die Prozesstaktik und der bisherige Verlauf des Verfahrens nachvollziehen. Die aufmerksame Lektüre, z.B. eines staatsanwaltlichen Aktenvermerks, kann dem erfahrenen Leser mehr an Informationen über das prozessuale Vorgehen der Strafverfolgungsbehörden vermitteln als das Gespräch mit der Staatsanwaltschaft oder der Steufa selbst.

Eine Aussage in Unkenntnis des Wissensstandes der Ermittlungsbehörden birgt die Gefahr in sich, dass sie sich mit den vorhandenen Beweismitteln nicht in Übereinstimmung bringen lässt. Dies muss nicht einmal darauf beruhen, dass der Beschuldigte bewusst falsch aussagt. Auch das Erinnerungsvermögen spielt dem Menschen bekanntlich manchen Streich. Die nachträgliche Korrektur einer einmal gemachten Aussage, möglicherweise aufgrund eines Vorhaltes, wirkt in der Regel nachteilig. Sie ist mit dem Etikett behaftet, dass der Beschuldigte versucht hat, die Ermittlungsbehörden in die Irre zu führen. Im schlimmsten Fall kann dies zu einer Verhaftung wegen Verdunklungsgefahr führen (Achenbach/Wannemacher, Beraterhandbuch zum Steuer- und Wirtschaftsstrafrecht, 1996, Teil 2, § 12 Rdnr. 165, 170, 171).

Darüber hinaus ist eine Steuerfahndungsaktion – was häufig übersehen wird – mit einem weiteren Risiko verbunden. Manchmal finden die Fahnder nämlich gar nicht das, was sie finden wollten (z.B. die Kontoauszüge aus Luxemburg), dafür werden jedoch andere nicht erklärte Steuerquellen aufgespürt. Man spricht in diesem Zusammenhang von **Zufallsfunden**. Auch diese Zufallsfunde, die gar nicht Gegenstand der Durchsuchung waren, dürfen i.R. des laufenden Steuerstrafverfahrens verwertet werden.

Der Tag der Durchsuchung ist der Aktionstag der Steufa. Der Beschuldigte und sein Berater haben erfahrungsgemäß zunächst keine effektiven Möglichkeiten zu reagieren. Nach der Durchsuchung sind aber durchaus Möglichkeiten zur Gegenwehr gegeben, z.B. die Beschwerde (§ 98 StPO) gegen rechtswidrige Durchsuchungsbeschlüsse (zu Steuerfahndungen als Ausnahmesituation für Steuerberater und Mandanten siehe Dömnez, NWB 2023, 2694 ff. mit instruktiven Verhaltensregeln für Mandanten und Mitarbeiter in einer Kanzlei; zum richtigen Verhalten bei Durchsuchung und Beschlagnahme in der Beraterkanzlei siehe Wulf/Peters, Stbg 2024, 16 ff.).

3. Zumeist geringes Verhaftungsrisiko

In geeigneten Fällen – **Voraussetzung sind Steuerverkürzungen ab 200.000 € und Haftgründe (z.B. Fluchtgefahr)** – wird die Untersuchungshaft von einzelnen Steuerfahndern gern als „Schockbehandlung" zur Erleichterung der Geständnisbereitschaft eingesetzt. Hinterzogene Steuern, die eingeräumt wurden, halten vor dem FG und dem Strafgericht felsenfest („Untersuchungshaft schafft Bestandskraft"). Andererseits ist es höchst fraglich, ob dies auch für einen entsprechenden Steufa-Bericht gilt, der nach Jahren und mühevoller Beweismittel-Auswertung – vorausgesetzt, es wurden überhaupt ausreichende Beweismittel gefunden – zu Papier gebracht wird. Ein Geständnis aufgrund einer Verhaftung sichert somit einen erfolgreichen „kurzen Prozess".

Ein Fahnder beschreibt die psychologische Vorgehensweise bei einer Verhaftung wie folgt: Zunächst wird beim Erscheinen beim Stpfl. der Schuldvorwurf ganz freundlich und locker besprochen. Viele Stpfl. sind in diesem Stadium des Gesprächs überrascht über das freundliche Auftreten der Fahnder, das sie sich aufgrund von Presseveröffentlichungen ganz anders vorgestellt haben. Erst am Ende des „Small Talks" präsentiert der Steuerfahnder das Haftbefehlsformular und eröffnet dem Delinquenten, dass vor dem Haus ein Festnahmekommando der Polizei wartet. Diese Mitteilung leitet bei den meisten Beschuldigten bereits den nervlichen K. o. ein. Die Nervenstärke der Opfer wird dann weiter getestet, wenn es zur erkennungsdienstlichen Behandlung (Fingerabdrücke, Fotos) geht. Die Unterbringung in einer der meist überfüllten, ausgesprochen wenig luxuriösen Übergangszellen bis zur Überstellung in die U-Haft vermittelt ebenso einen bleibenden Eindruck, auf den der Steuerfahnder natürlich zählt. Nach drei bis vier Tagen sind die meisten Beschuldigten dermaßen mürbe, dass sie ein Teilgeständnis unterschreiben und eine Kaution, die sich an den hinterzogenen Steuern orientiert, hinterlegen. Auf die Kaution lauert bereits das zuständige FA mittels einer Arrestanordnung.

Die Untersuchungshaft bringt den Beschuldigten und Verteidiger in eine „Zwickmühle". Einerseits ist davon auszugehen, dass sich – wie in anderen Steuerstraffällen auch – eine große Anzahl von Ansätzen ergäbe, um einen Schuldvorwurf letztlich zu beseitigen, wenn der Steufa-Bericht, d. h. die Ermittlungen der Fahnder **ohne** Mitwirkung des Beschuldigten, abgewartet würde. Andererseits ist der Beschuldigte meist nicht bereit, „so hoch zu pokern", vielmehr ist sein Wunsch, die Untersuchungshaft so rasch wie möglich – gegen Zahlung entsprechender Abschlagsbeträge auf die Steuern – zu verlassen, verständlich. Die Wahrscheinlichkeit einer Verhaftung wegen des Vorwurfs der Steuerhinterziehung liegt bei maximal 0,1 % der Fälle. Die Verhaftung in Steuerstrafsachen ist somit die große Ausnahme. Die Steufa befasst sich demgegenüber häufig mit kleinen und mittleren Fällen, also mit Personen, die nur über eine gewisse Periode hinweg gute Einkünfte hatten.

Ein Untersuchungshaftbefehl ergeht, wenn der Beschuldigte dringend einer Straftat verdächtig ist und ein Haftgrund besteht. Zudem darf die Inhaftierung nicht gegen den stets zu berücksichtigenden Grundsatz der Verhältnismäßigkeit verstoßen (§ 112 Abs. 1 StPO; Rüping, wistra 2000, 11 zur Verhältnismäßigkeit von Untersuchungshaft im Steuerstrafverfahren). Zuständig für den Erlass des Haftbefehls ist vor Erhebung der öffentlichen Klage der Richter bei dem Amtsgericht, in dessen Bezirk ein Gerichtsstand begründet ist oder der Beschuldigte sich aufhält. Dringender Tatverdacht liegt dann vor, wenn nach dem jeweiligen Ermittlungsstand eine hohe Wahrscheinlichkeit für strafbares Verhalten des Beschuldigten besteht. Die Haftgründe werden in **§§ 112, 112a StPO** abschließend aufgezählt. **§ 112 StPO** führt als Haftgründe Flucht, Fluchtgefahr und Verdunkelungsgefahr auf (§§ 112, 112a, 125 Abs. 1 StPO). Der Haftgrund der Flucht besteht dann, wenn der Beschuldigte sich verborgen hält oder aber flüchtig ist, sich also „abgesetzt" hat, um sich dem Verfahren zu entziehen. Verdunkelungsgefahr liegt vor, wenn das Verhalten des Beschuldigten den dringenden Verdacht begründet, dass auf sachliche oder persönliche Beweismittel eingewirkt wird, z. B. Urkunden vernichtet oder Zeugen unter Druck gesetzt werden. Das Verhalten muss prozessordnungswidrig und unlauter sein; das Besprechen mit Zeugen ist nicht in jedem Fall unlauter (§ 112 Abs. 1 Nr. 1 und 3 StPO; OLG Karlsruhe, Urteil vom 31.08.2001, 2 Ws 219/01, StV 2001, 686).

4. Verhaltensregeln bei Durchsuchungsmaßnahmen

Checkliste: Verhaltensregeln während der Durchsuchung

- Oberstes Gebot für den Beschuldigten ist es, von seinem Schweigerecht gegenüber der Steufa Gebrauch zu machen.
- Der Beschuldigte sollte den Steuerberater oder Rechtsanwalt herbeirufen. Ein entsprechender Telefonanruf darf dem Beschuldigten nicht untersagt werden (Nr. 63 Abs. 8 Satz 3 der Anweisungen für das Straf- und Bußgeldverfahren 2023/2024 (AStBV), BStBl I 2023, 1798). Sollte der Steuerfahnder Misstrauen hegen, so mag er den Steuerberater oder Rechtsanwalt selbst anwählen. Die Anwesenheit des Verteidigers kann die Fahnder zu etwas Zurückhaltung veranlassen. Zu wissen, dass ein Rechtskundiger auf Seiten des Beschuldigten die Aktion „kontrolliert", hat eine gewisse – allerdings nicht zu überschätzende – disziplinierende Wirkung. Ggf. sind die Beamten darauf hinzuweisen, wo ihre Grenzen liegen.
- Der Beschuldigte sollte sich den Durchsuchungs- und ggf. Beschlagnahmebeschluss aushändigen lassen.
- Der Beschuldigte sollte Namen, Dienststellung und Dienstbehörde des Durchsuchungsleiters und der Fahndungsbeamten feststellen.
- Der Beschuldigte sollte sich ein Verzeichnis der mitgenommenen Unterlagen aushändigen lassen. Die beschlagnahmten Gegenstände sind von der Steufa so im Verzeichnis zu kennzeichnen, dass sie eindeutig identifizierbar sind; Pauschalbezeichnungen (z. B. zwei Ordner mit Korrespondenz) sind unzureichend.

Checkliste: Verhaltensregeln unmittelbar nach der Durchsuchung

- Der Beschuldigte sollte den Durchsuchungsbeschluss prüfen. Viele Durchsuchungsbeschlüsse in Steuerstrafsachen sind verfassungswidrig (s. hierzu Aufgaben und Befugnisse der Steuerfahndung). Ist dies auch konkret der Fall, so sollte gegen den Beschluss Beschwerde (§ 304 StPO) eingelegt und bei deren Erfolg später ein Verwertungsverbot geltend gemacht werden.
- Ggf. ist mit einer Nachfahndung oder ergänzenden Durchsuchung zu rechnen.
- Der Beschuldigte sollte die Beiziehung eines auf Steuerstrafrecht spezialisierten/auf diesem Gebiet langjährig tätigen Rechtsanwalts erwägen. Steuerstrafverfahren erfordern auch Erfahrungswissen. Für Rechtsanwälte oder Steuerberater, die bis dahin nur wenige Steuerstraffälle erlebten, besteht die Gefahr, von den hoch spezialisierten Steuerfahndern und Beamten der BuStra-Stellen, die sich Tag für Tag und Jahr für Jahr nur mit einem Paragrafen (§ 370 AO) befassen, „über den Tisch gezogen" zu werden.

5. Verhaltensregeln für die Zeit nach der Durchsuchungsmaßnahme

Nachdem der Tag der Durchsuchung überstanden ist und der Beschuldigte glaubt, dass für ihn der Weltuntergang eingetreten ist, **ist die Überraschung groß, dass in der Folgezeit erst einmal gar nichts passiert**. Die Steuerfahnder nehmen die beschlagnahmten Ordner mit in ihre Dienststelle und lassen sie dort zunächst liegen. Manchmal wird erst nach mehreren Wochen oder sogar Monaten eine grobe Sichtung des beschlagnahmten Materials vorgenommen.

Der Beschuldigte kann und sollte nach der Durchführung der Durchsuchungsmaßnahme den steuerlichen Berater oder einen Rechtsanwalt als Verteidiger beauftragen, für ihn **Akteneinsicht** zu nehmen. Hier bestehen dann in der Folge zwei Möglichkeiten. Zum einen kann die Akteneinsicht abgelehnt werden. Geschieht dies, so ist das ein Indiz dafür, dass die Steufa weitere Ermittlungen im Inland vornimmt (z.B. Aufspüren weiterer Kontoverbindungen und möglicherweise auch Zeugenvernehmungen). Hier gilt dann die Regel, dass man bei der Ablehnung der Gewährung der Akteneinsicht wegen Gefährdung des Ermittlungszwecks weiterhin von seinem Aussageverweigerungsrecht Gebrauch machen sollte. Wird die Akteneinsicht gewährt (ca. 80 % der Fälle), so sollte der Berater die Akte sorgfältig prüfen, ob sie vollständig ist (es können Aktenteile entnommen worden sein, was grundsätzlich verboten ist), und es muss eine kritische Analyse des Belastungsmaterials vorgenommen werden.

Danach passiert i. d. R. erst einmal wiederum gar nichts. Die Beamten, die zumeist viele Parallelfälle mit nervenschwächeren Beschuldigten haben, lassen die **kooperationsunwilligen** Stpfl. häufig links liegen. Erst nach Ablauf von zwei bis drei Jahren wird ein **Steufa-Bericht** erstellt. Eine formalisierte Schlussbesprechung, wie sie in § 201 AO für die Bp geregelt ist, ist für die Fahndungsprüfung nicht vorgesehen. Wie auch Betriebsprüfer sind Steuerfahnder aber an einer Einigung über das Ergebnis interessiert, um eine Auseinandersetzung vor dem FG zu vermeiden. Soll hierbei der Abschluss des Strafverfahrens mit erörtert werden, so sollte der Berater darauf achten, dass der jeweilige „Herr des Verfahrens" – i. d. R. die BuS-tra-Stelle, z. T. die Staatsanwaltschaft – eingebunden ist, d. h. also ein Vertreter der jeweiligen Behörde bei der abschließenden Besprechung anwesend ist oder das Ergebnis zuvor mit ihm abgestimmt wurde. Solange noch ein Steuerstrafverfahren offen ist, darf es erst dann eine Einigung über den Steueranspruch mit der Bp, der Steufa oder dem FA geben, wenn gleichzeitig auch die steuerstrafrechtliche Behandlung geklärt ist. Diese Einigung kann eine bindende Sachverhaltsverständigung oder ein „Bestandskräftigwerdenlassen" von Steuerbescheiden beinhalten.

Der Steufa-Bericht geht unmittelbar an das Wohnsitz-FA zur Auswertung und ggf. auch simultan an den steuerlichen Berater. In diesem Fall sollte der Berater prüfen, ob er **destruktive** Einwände vornehmen kann, indem er z. B. erklärt, dass die Annahmen der Steufa und die daraus gezogenen Schlussfolgerungen in sich nicht schlüssig seien. Dabei sollte der Berater jedoch so vorgehen, dass jener den Sachverhalt nicht selbst vorträgt, sondern sich ggf. nur an den Tatsachenfeststellungen des Fahndungsberichts orientiert bzw. an diesen herummäkelt und Hypothesen stellt, dass es eigentlich auch ganz anders hätte gewesen sein können.

Wer gute Nerven hat, wartet jedoch erst einmal die **geänderten Steuerbescheide** ab. Gegen diese wird dann **Einspruch** eingelegt und **Aussetzung der Vollziehung** nebst **Vollstreckungsaufschub (§ 258 AO)** beantragt. Der Sachbearbeiter beim FA, der kaum über die Einzelheiten des Steuerstrafverfahrens informiert ist, schickt die eingelegten Einsprüche nebst Begründungen zur Stellungnahme an die Steufa. Bis zur Stellungnahme vergeht dann häufig ein weiteres Jahr, da solche arbeitsintensiven Fälle gerne liegen gelassen werden (§§ 258, 347 ff., 361 AO).

Das Steuerstrafverfahren geht in die letzte Runde, wenn die **Strafverfolgungsverjährung** näher rückt. Dann wird der Sachbearbeiter in der BuS-tra-Stelle auf die Fälle aufmerksam, die langsam in die Verjährung trudeln. Auf einmal herrscht dann wieder hektische Betriebsamkeit. Der

Berater bzw. der Beschuldigte wird sodann aufgefordert, sich mit irgendwelchen „Deals“ einverstanden zu erklären. Infolge des mittlerweile eingetretenen Zeitablaufs werden die Konditionen für den Beschuldigten immer günstiger. Teilweise werden nur noch sehr geringe symbolische Geldbußen (Zahlung eines geringfügigen Betrags an eine gemeinnützige Einrichtung, z. B. DRK, Caritas, Synanon etc.) verhängt, nur um die Akte schließen zu können. Der Beamte bei der BuStra-Stelle kann sich nämlich den Vorwurf der Strafvereitelung im Amt (§ 258a StGB) einhandeln, wenn er Fälle in die Verjährung laufen lässt. Gedroht wird meistens mit dem Erlass eines Strafbefehls, sollte der Abschluss nach § 153a StPO nicht akzeptiert werden. Hier sollte der Berater zäh verhandeln, da er wegen des Zeitablaufs im Prinzip recht gute Karten hat. Der Stpfl. kann nämlich einwenden, dass wegen überlanger Verfahrensdauer eine drastische Senkung der Rechtsfolge zwingend geboten ist (s. hierzu Verhalten im Steuerstrafverfahren; § 153a StPO).

6. Tricks der Steuerfahndung

Zu beachten ist, dass Steuerfahnder auch zu nicht ganz fairen Methoden greifen.

6.1 Auseinanderdividieren von Verteidiger und Mandanten

Beispiel:

Mandant und Verteidiger erscheinen zu einem Besprechungstermin beim Steuerfahnder. Der Fahnder macht einige spitze, herablassende Bemerkungen über den Verteidiger, er kenne den Verteidiger noch von der Ausbildung her, aus anderen Fällen etc. Dadurch soll der Mandant den Eindruck erhalten, der Verteidiger habe „keine Ahnung“ und sei „fachlich schwach“.

Es kommt vor, dass der Fahnder dem Mandanten versucht, klar zu machen, dass alle Kosten und Ärgernisse letztlich auf seinem Rücken ausgetragen und die Verteidigungsanträge und Schriftsätze des aktiven, engagierten Beraters zu seinem Nachteil gereichen werden. Teilweise wird dem Stpfl. in Betriebsprüfungs- oder Steuerfahndungsverfahren auch ganz offen gesagt, dass man mit einem bestimmten Berater nicht zusammenarbeiten möchte und dass bei Fortsetzung des Mandats die Bp nicht fortgesetzt werde oder aber bestimmte Punkte noch zum Zweck der Prüfung aufgegriffen würden bzw. im Steuerfahndungsverfahren der Bericht entsprechend hart abgefasst werde. Auf diese Weise soll erreicht werden, dass der Stpfl. sich einen anderen Berater nimmt und den derzeitig beauftragten, unbequemen Berater mit sofortiger Wirkung von dem Mandat entbindet (Burkhard, Stbg 2002, 321, 323).

Der Mandant ist davon zu überzeugen, dass es grundlegend falsch ist, auf die Empfehlung des Fahnders hin den Berater zu entmandatieren. Sowohl die „gut gemeinte" Empfehlung des Fahnders oder Betriebsprüfers als auch die spitze Äußerung desselben dienen i. d. R. in Wahrheit nicht den Interessen des Stpfl., sondern nur den Interessen des Fahnders bzw. Prüfers. **In vielen Fällen dürfte daher eine abfällige Bemerkung eher Lob und Auszeichnung für den Verteidiger bzw. Berater sein.** In jedem Fall sollte der Stpfl. derartige Äußerungen des Prüfers mit dem Berater besprechen und analysieren sowie ggf. hierzu noch die weitere Meinung eines anderen engagierten, auf diesem Gebiet spezialisierten Beraters einholen (Burkhard, Stbg 2002, 321, 323).

6.2 Versuchte Kontaktaufnahme zum Beschuldigten am Verteidiger vorbei

Der Fahnder ignoriert hier einfach, dass dem Mandanten von seinem Verteidiger empfohlen wurde, von seinem Schweigerecht Gebrauch zu machen. Der Beamte ruft einfach beim Mandanten an und versucht ihn zum Erscheinen in der Behörde zu veranlassen. Versäumt es der verunsicherte Beschuldigte, bei seinem Verteidiger rückzufragen und begibt er sich in die „Höhle des Löwen", so wird er dort nach Strich und Faden psychologisch auseinandergenommen. Die Fangfragen bzw. die verfremdende Protokollaufnahme, in der der Fragende eine bestimmte Tendenz verfolgt und weder die Fragen noch die Antworten des Beschuldigten wörtlich notiert werden, sondern der Fragende sogleich die Antworten bzw. vermeintlichen Antworten des Beschuldigten ins Protokoll diktiert und dieser sich i. d. R. als Laie auch nicht traut, dem so ungefähr oder nur annähernd stimmenden Protokolldiktat zu widersprechen, geben dem Verfahren eine Richtung, die selten der Wahrheitsfindung, sondern primär dem Fahndungserfolg und dem steuerlichen Mehrergebnis dient (Burkhard, Stbg 2002, 321, 324; Kaligin, Keine Angst vor Betriebsprüfung und Steuerfahndung, 2. Aufl., 92).

Der Mandant ist darauf hinzuweisen, dass der Grundsatz des Rechts auf Schweigen in einem strafrechtlichen Ermittlungsverfahren durch vielerlei verschiedene Methoden zu unterwandern versucht wird: Es werden Versprechungen dergestalt gemacht, dass es sinnvoll sei, sich zur Sache einzulassen. Schriftliche Belehrungen werden vorsätzlich falsch oder für einen Laien völlig missverständlich und irreführend formuliert oder es wird auf kameradschaftlicher, väterlicher oder freundschaftlicher Ebene und teilweise auch drohend dem Beschuldigten klargemacht, dass eine Äußerung für das Verfahren nur vorteilhaft wäre. Im Ergebnis ist es nicht für den Stpfl. von Vorteil, sich gegenüber dem Fahnder zu äußern, sondern nur für diesen Fahnder vorteilhaft, damit er schnell sein Verfahren abschließen kann und einen möglichst hohen Fahndungserfolg hat (Burkhard, Stbg 2002, 321, 323 f.).

Steufa-Verfahren sind i. d. R. langwierig und durch beflissene Mitarbeit selten zu verkürzen. Alles, was der Beschuldigte und sein Berater/Verteidiger sagen, wird im Zweifel zunächst ganz oder zum Teil für unglaubwürdig gehalten bzw. genauestens überprüft. Jede Antwort auf eine Frage erzeugt weitere Nachfragen.

Beispiel:

Frage: „Haben Sie ein Konto in der Schweiz?" Antwort: „Ja, eines in Basel." Nachfrage: „Warum laden Sie einen Bankangestellten in Zürich zum Essen ein?" Antwort: „Ich wollte eine weitere Bankverbindung eröffnen; daraus wurde nichts." Steufa: „Glauben wir nicht. Sie haben mehr als ein Konto. Wir schätzen."

Die Steufa ist keine Bp. An die in der Bp eingespielten Regeln des fairen und verlässlichen Umgangs zwischen Prüfer und Berater fühlen sich Fahnder nicht immer gebunden. Vereinbarungen und Abreden zählen nicht, wenn der Zweck der Strafverfolgung es gebietet. Dagegen ist es für den Verteidiger nicht ratsam, von einer gegebenen Zusage abzuweichen. Das wird übel genommen und führt zu einem erheblichen Vertrauensverlust (Wannemacher, in Achenbach/Wannemacher, Beraterhandbuch zum Steuer- und Wirtschaftsstrafrecht, § 12 Rdnr. 226).

II. Procedere im Steuerstrafverfahren

Schrifttum:

Achenbach/ Wannemacher	Beraterhandbuch zum Steuer- und Wirtschaftsstrafrecht (Stand: 1999)
Burkhard	Die unterschiedlichen Beratertypen, DStZ 2002, 437
Minoggio	Steuerberater und Strafverteidiger im steuerstrafrechtlichen Ermittlungsverfahren, Stbg 2001, 324

1. Bearbeitung von Steuerstraffällen im Innendienst

Verfolgung von Steuerhinterziehung wird in der Öffentlichkeit mit der Steufa verknüpft. Weitgehend unbekannt ist dagegen, dass ein Mehrfaches der Steuerstraffälle ohne die Steufa erledigt wird und zwar im Wege **reiner Innendiensttätigkeit** insbesondere durch die **BuStra-Stellen** der FÄ sowie durch die Staatsanwaltschaft. Den BuStra-Stellen werden Verdachtsfälle im Wesentlichen durch die Veranlagung und die Betriebs-, Umsatzsteuer-Sonder- oder Lohnsteuer-Außenprüfung angeliefert. Bei der Veranlagung kann sich der Verdacht der Steuerhinterziehung z.B. aufgrund von beim FA eingehendem Kontrollmaterial über bislang nicht bekannte Einkünfte ergeben. Die Sachbearbeiter der BuStra prüfen nach Eingang des Vorgangs vom FA oder der Betriebsprüfungsstelle das Vorliegen eines Anfangsverdachts und geben bejahendenfalls das Steuerstrafverfahren bekannt, wozu sich der Beschuldigte dann – meist über einen Verteidiger – äußert. Ggf. werden später ergänzende Ermittlungen angestellt, z.B. Zeugen (Geschäftspartner) angeschrieben oder zur Vernehmung in der Dienststelle geladen. Die BuStra ermittelt also im Wesentlichen als Innendienst, kann aber auch Ermittlungsaufträge an die Steufa erteilen.

Aus verschiedenen Gründen ist die Steufa allerdings zuweilen wenig geneigt, Ermittlungsaufträge der BuStra anzunehmen; diese werden dann abgelehnt oder einfach zurückgegeben („abgewimmelt"). Die Tendenz geht in den Steufa-Stellen auch immer wieder dahin, wegen vorgeblicher Arbeitsüberlastung zu versuchen, Tätigkeiten (z.B. Durchsuchungen, Auswertung von Beweismitteln) auf die BuStra zu verlagern; der BuStra-Beamte soll dann die von ihm für erforderlich gehaltene Durchsuchung selbst durchführen, da der Steuerfahnder dafür „keine Zeit hat", oder der BuStra-Sachbearbeiter soll mit einem Betriebsprüfer eine sog. „Kombi-Prüfung" durchführen.

Die BuStra-Stellen genießen seit Jahrzehnten innerhalb der Finanzverwaltung nur geringes Ansehen; es handelt sich in organisatorischer und personeller Hinsicht zumeist um eine „Legion der Vergessenen". Unzureichende Sachausstattung (z.B. Mangel an Fachschrifttum) und hohe Personalfluktuation einerseits, wobei andererseits einzelne Beamte Jahrzehnte dort tätig und entsprechend einseitig durch ihre Tätigkeit geprägt und frustriert sind, kennzeichnen diesen Bereich. Dementsprechend wandern auch die Sachgebietsleiter meist rasch von dort ab; in die einzelnen Fälle steigen sie ohnehin i.d.R. nicht ein, ihre Aufgabe ist es vielmehr primär, „administrative" Tätigkeiten in der Dienststelle wahrzunehmen (Kaligin, Keine Angst vor Betriebsprüfung und Steuerfahndung,

2. Aufl., 110ff.). Es gilt somit wiederum der Grundsatz: Die Ausgangslage für eine Verteidigung in Steuerstrafsachen ist gut. Wiederholt sei auf die Ursachen dafür hingewiesen, dass die Mehrzahl der Strafverfahren wegen Steuerhinterziehung eingestellt wird.

2. Verhalten während des Steuerstrafverfahrens

Die BuStra-Stelle nimmt in Steuerstrafverfahren geringerer Bedeutung die Aufgabe der Staatsanwaltschaft wahr (§§ 386 Abs. 2, 399 Abs. 1 AO). Insoweit ist sie wie die Staatsanwaltschaft in den sonstigen Fällen „Herrin des Verfahrens“, die über Einleitung, Fortführung und Abschluss des Ermittlungsverfahrens entscheidet. Der zuständige Bearbeiter – gleich ob Finanzbeamter oder Staatsanwalt – verfolgt die Fälle mit jeweils eigener Sichtweise, eigener Vorprägung und dem ihm eigenen Temperament. Für den Verteidiger ist es wichtig, ihn kennen zu lernen, damit jener sich auf ihn einstellen und prüfen kann, ob man mit ihm eine gemeinsame Gesprächsbasis finden kann. Manche Bearbeiter in den Strafsachenstellen oder Staatsanwälte mögen solche Gespräche nicht, sehen darin den Versuch zu „Kungeleien“ oder sind einfach nur unsicher. I. d. R. sind sie allerdings gesprächsbereit, denn angesichts ihrer Fallzahlen sind sie an der Mitwirkung des Beschuldigten und insbesondere des Verteidigers an einer legitimen Abkürzung des Verfahrens interessiert. In der ersten Phase ist es für den Verteidiger vor allem wichtig, Informationen über den Verfahrensstand zu erhalten. Das gilt vor allem in den Fällen, in denen der Verteidiger noch keine Akteneinsicht erhalten hat. Darüber hinaus ist es für den Verteidiger in jedem Stadium des Verfahrens wichtig, die Meinungen und Absichten der BuStra zu erfahren. Zwar wird sich die Staatsanwaltschaft nicht immer direkt äußern, doch lässt sich aus den Gesprächen manches „heraushören“. Schon die Art und Weise, wie der Staatsanwalt oder der Mitarbeiter der Strafsachenstelle die Informationen erteilt, lässt oft Rückschlüsse zu (Wannemacher, Beraterhandbuch zum Steuer- und Wirtschaftsstrafrecht, § 12 Rdnr. 245).

In Steuerstrafverfahren sollte der Verteidiger grundsätzlich nicht auf einen schnellen Abschluss drängen. Es gilt die Regel, dass ein schnelles Verfahren für den Beschuldigten ein schlechtes Verfahren ist („kurzer Prozess“). Es gibt keinen Schuldvorwurf, der nicht mit Zeitablauf weniger drückend würde. Dies hat folgende Ursachen:

- Im Laufe der Zeit werden die **rechtlichen Mängel** des Ermittlungsverfahrens deutlich. Schien am Anfang noch alles steuerlich und strafrechtlich für die Strafverfolger klar, so kann sich mit der Zeit hier etwas als steuerlich zweifelhaft herausstellen, dort kann sich ein strafprozessuales Problem ergeben. Zeugen widersprechen sich, neue Zeugen tauchen auf. Das von den Ermittlern konstruierte Gebäude eines Schuldvorwurfs beginnt im Laufe der Zeit allmählich zu zerbröseln. Manchmal gehen auch Akten verloren, sind Zeugen nicht mehr zu ermitteln oder versterben.

- Was die Steuerfahnder an Unterlagen in ihre Dienststelle gebracht haben, muss auch **durchgesehen und ausgewertet** werden. Dies ist weniger kurzweilig, als sich bei Durchsuchungsmaßnahmen über den wirtschaftlichen Wohlstand des Mitbürgers zu informieren. Bevor die bei einem Durchsuchungsfall beschlagnahmten Beweismittel durchgesehen werden können, sind schon die nächste, übernächste und weitere Durchsuchungen angesetzt worden. Auch diese Beweismittel werden alle in die Dienststelle gebracht. Neigt sich der erste Fall dann in Richtung Verjährung, so stellt sich die leidige Notwendigkeit ein, diesen auf irgendeine Weise zu erledigen. Dazu fehlt nach Jahren manchmal das Engagement. Dementsprechend mit Mängeln behaftet ist dann der Fahndungsbericht. Aus diesen Gründen ist die Verteidigung in Steuerstrafsachen auch in vielen Fällen eine bequeme Verteidigung, die darin bestehen kann, einfach abzuwarten, bis die Strafverfolger irgendwann einmal „über ihre eigenen Beine stolpern“, d.h. rechtliche Fehler machen oder den Fall in Richtung Verjährung trudeln lassen.
- Nach ständiger Rechtsprechung ist eine sog. überlange Verfahrensdauer strafmildernd zu berücksichtigen (BGH, Urteil vom 25.10.2000, 2 StR 232/00, NJW 2001, 1146; BGH, Beschluss vom 26.05.1992, 1 StR 131/92, StV 1992, 452; BVerfG, Beschluss vom 19.04.1993, 2 BvR 1487/90, wistra 1993, 219). Es kann auf diese Weise sogar ein Verfahrenshindernis mit der Folge der Einstellung gemäß § 153 StPO gegeben sein (BGH, Urteil vom 09.12.1987, 3 StR 104/87, wistra 1988, 230; LG Düsseldorf, Urteil vom 26.08.1987, XII 29/87, NStZ 1988, 427).
- Je länger das Verfahren dauert, umso umfangreicher werden die Strafakten. Hartnäckiger Widerstand, d.h. umfangreiche Schriftsätze, in denen sich Wichtiges mit Belanglosem vermischt, blähen die Ermittlungsakten auf. Als Faustregel gilt: Je umfangreicher die Ermittlungsakten sind, umso größer ist die Wahrscheinlichkeit, dass bei dem gesamten Verfahren nichts mehr herauskommt. Neuen Sachbearbeitern graut davor, sich in alte, abgelagerte Akten einzuarbeiten.

Für den von einem Strafverfahren Betroffenen gilt es also, die Nerven zu behalten, mit dem Verfahren leben zu lernen. Er sollte sich nicht darüber aufregen, dass über Jahre hinweg sporadisch Besprechungen beim Rechtsanwalt oder Steuerberater oder gar ein Vernehmungstermin erforderlich sind. Wer die Nerven behält, hat sehr gute Chancen, einen strafrechtlichen Vorwurf und das steuerrechtliche Ergebnis immer weiter herunterzufahren. Darüber hinaus kommt der Dauer des Verfahrens nicht selten eine erhebliche Bedeutung zu. Erfahrungsgemäß ist der Verfolgungseifer der Behörden zu Beginn eines Verfahrens am höchsten und damit die Gefahr für den Betroffenen, durch vorschnelle Äußerungen oder das Abliefern von Material zu eigenen Lasten die eigene Position sowohl in steuerlicher als auch in strafrechtlicher Hinsicht unwiederbringlich zu schädigen, ohne dass hierzu rechtsstaatlich Veranlassung besteht. Das kann zu einem buchstäblich „kurzen Prozess" führen, der seinen Ruf nicht umsonst erworben hat. Es kann zwar im Einzelfall richtig sein, von der ersten Minute an mit den Steuerfahndungsbehörden zusammenzuarbeiten und in der Vergangenheit begangene Unkorrektheiten in vollem Umfang einzuräumen. In vielen relevanten Fällen aber ist genau das der falsche und durch nichts gebotene Weg. Wenn sich nun durch anfängliches Schweigen und fehlende Mitwirkung ein Steuerstrafverfahren verlängert, dann ist es Sache der Berater, dem Beschuldigten aufzuzeigen, dass diese Verlängerung keine Verschlimmerung darstellt, sondern im Regelfall genau das für ihn günstigere Gegenteil (Minoggio, Stbg 2001, 324, 329).

3. Überlange Verfahrensdauer

Die Rechtsprechung zur überlangen Verfahrensdauer hat in der Praxis unrühmliche Bedeutung erlangt. Es kommt immer wieder vor, dass in Strafverfahren zunächst bei den Steuerfahndungsstellen bis zu zwei Jahre lang nichts und sodann nochmals bei den Bußgeld- und Strafsachenstellen über ähnliche Zeiträume hinweg nichts veranlasst wird. Ferner bleiben Verfahren auch bei den Staatsanwaltschaften und Gerichten immer wieder über mehrere Jahre hinweg liegen. In diesem Zusammenhang spielt auch die Aussetzung des Strafverfahrens – i. d. R. im Hinblick auf ein anhängiges FG-Verfahren – eine Rolle (§ 396 AO). Aussetzungen von Strafverfahren gemäß § 396 AO führen in der Praxis regelmäßig zu zeitlichen Abläufen im Sinne einer überlangen Verfahrensdauer.

Insbesondere in Verfahren, die bei der Staatsanwaltschaft oder bei Gericht jahrelang anhängig waren und an die man sich dann dort wieder erinnert, wird den Angeklagten von der Staatsanwaltschaft häufig eine Einstellung gegen Zahlung einer Auflage nahe gelegt. Die Strafverfolgungsbehörden unternehmen auf diese Weise den Versuch, noch etwas an

Ahndung aus dem strafprozessual nicht wiederzubelebenden Fall herauszuholen. Außerdem wollen sie auf diese Weise vermeiden, dass der Beschuldigte evtl. später **Ansprüche nach dem Strafrechtsentschädigungsgesetz oder Amtshaftungsansprüche** geltend macht (§§ 7, 9 des Gesetzes über die Entschädigung für Strafverfolgungsmaßnahmen – StrEG; § 839 BGB, Art. 34 GG – Amtshaftung; § 153a StPO).

Zu solchen Verfahrensweisen führte der BGH aus: Als solche Lösungsmöglichkeit schied eine Einstellung des Verfahrens nach § 153a StPO aus ... Der Senat hält es nicht für vertretbar, die vom Landgericht Frankfurt/Main unmittelbar und von der örtlichen Staatsanwaltschaft mittelbar zu vertretende willkürliche und schwerwiegende Verletzung des Beschleunigungsgebots zum Anlass zu nehmen, die Angeklagten der Zwangslage auszusetzen, entweder die Bedingungen der Staatsanwaltschaft hinsichtlich Art und Umfang der Auflagen zu akzeptieren oder eine unabsehbare weitere Verlängerung des Verfahrens mit ungewissem Ausgang hinzunehmen. Da die Angeklagten bei einer neuen Hauptverhandlung auch mit einem Freispruch rechnen können, darf ihnen die Aussicht auf einen günstigen Ausgang des Verfahrens nicht dadurch genommen werden, dass ihnen unter dem Druck weiterer insgesamt unangemessener Verfahrensdauer die Übernahme belastender Auflagen gleichsam abgenötigt wird (BGH, Urteil vom 09.12.1987, 3 StR 104/87, wistra 1988, 230).

Über einen – in ähnlicher Form durchaus häufig vorkommenden – Steuerstraffall mit überlanger Verfahrensdauer hatte das BVerfG zu entscheiden. Der Beschuldigte hatte in den ESt-Erklärungen 1972 bis 1978 die Einkünfte aus VuV jeweils zu niedrig angegeben. Die vorgeworfene ESt-Verkürzung belief sich auf insgesamt 15.599 DM, davon 11.052 DM vollendet und 4.507 DM versucht. Das Ermittlungsverfahren hatte folgenden Gang genommen:

07.07.1980	Durchsuchung beim Beschuldigten wegen eines Vorwurfs der Lohnsteuerhinterziehung; dabei wurden Mietquittungshefte gefunden, sodass sich auch der Verdacht der ESt-Hinterziehung ergab
21.07.1980	Verfahrenserweiterung wegen des Vorwurfs der ESt-Hinterziehung
30.01.1984	Bekanntgabe des Verfahrens wegen ESt-Hinterziehung (dies war bei der Durchsuchung nicht geschehen, bei der Durchsuchung war nur wegen LSt-Hinterziehung bekannt gegeben worden)
05.07.1985	Strafbefehl (80 Tagessätze á 520 DM)

16.07.1985	Einspruch gegen den Strafbefehl
24.02.1988	Hauptverhandlung und Urteil (80 Tagessätze á 700 DM)
02.03.1988	Berufung
14.07.1989	Zustellung des Berufungsurteils
04.10.1990	Verwerfung der Revision durch das Hanseatische Oberlandesgericht als offensichtlich unbegründet: Der Verurteilte machte wegen der langen Verfahrensdauer eine Verletzung seines Grundrechts aus Art. 2 Abs. 1 Satz 1 GG i. V. m. Art. 20 Abs. 3 GG geltend. Außerdem wurde die Verletzung von Art. 6 Abs. 1 Menschenrechtskonvention (MRK) gerügt.
19.04.1993	Beschluss des BVerfG; Aufhebung der Urteile von AG, LG und OLG bezüglich des Rechtsfolgeausspruchs; Zurückverweisung an das LG Hamburg; das LG Hamburg werde zu prüfen haben, ob im Hinblick darauf, dass mittlerweile seit Tatende fast 13 ½ Jahre vergangen waren sowie auf die Dauer des weiteren Verfahrens die Schuld des Beschwerdeführers mittlerweile so weit ausgeglichen sei, dass eine Einstellung des Verfahrens gem. § 153 Abs. 2 StPO in Betracht zu ziehen sei (BVerfG, Beschluss vom 19.04.1993, 2 BvR 1487/90, wistra 1993, 219).

Ob eine Verfahrensdauer noch angemessen ist, ist nach den Umständen des Einzelfalls zu beurteilen. Zu berücksichtigen sind nach dem o. a. Beschluss des BVerfG:

- die Verfahrensverlängerungen, die durch Verzögerungen der Justizorgane verursacht wurden (der Zeitraum, in dem Strafverfolgungsbehörden und Gerichte das Verfahren nicht oder nicht ausreichend gefördert haben; sog. qualifizierte Überlänge); im vorliegenden Fall vom BVerfG gerügt (dies sei „nicht mehr zu rechtfertigen“);
- die völlige Untätigkeit der Bußgeld- und Strafsachenstelle Hamburg von Januar 1983 bis Januar 1984;
- der Ablauf von 2 ½ Jahren zwischen Einlegung des Einspruchs gegen den Strafbefehl und Hauptverhandlung;
- die Zustellung des Berufungsurteils erst nach sieben Monaten;
- die Gesamtdauer des Verfahrens; das BVerfG hält jedenfalls das Doppelte der gesetzlichen Verjährungsfrist für unangemessen lang; in dem vom BVerfG entschiedenen Fall betrug die Verfahrensdauer 13 Jahre seit Tatende;

- die Schwere des Tatvorwurfs (also z. B. geringes Gewicht des Schuldvorwurfs einerseits, aber besonders schwerwiegende Verfahrensverzögerung andererseits); in dem vom BVerfG entschiedenen Fall war es zu einer Steuerverkürzung bzw. einer versuchten Verkürzung in Höhe von lediglich 15.559 DM innerhalb von sieben Jahren gekommen;
- der Umfang und die Schwierigkeit des Verfahrensgegenstands;
- das Ausmaß der mit dem Andauern des Verfahrens verbundenen Belastung des Beschuldigten; die durch das Verfahren hervorgerufenen Belastungen eines Beschuldigten beginnen dabei mit dem Zeitpunkt, in dem er von dem strafrechtlichen Ermittlungsverfahren erfährt (im o. a. Fall war dies der Zeitpunkt der Durchsuchung).

4. Checkliste zur Auswahl eines Verteidigers in Steuerstrafsachen

Positivkriterien können sein:

- Der involvierte Berater ist ausgewiesener Spezialist im Steuerrecht und Verfahrensrecht der Strafprozessordnung.
- Er hat einschlägige Erfahrungen im Umgang mit den Finanzbehörden (Veranlagung, Betriebsprüfung) und der Steuerfahndung bzw. den BuStra-Stellen.
- Der involvierte Berater war selbst Finanzbeamter und kennt deshalb die Interna der Finanzverwaltung besonders gut.
- Er klärt als Berater zunächst einmal das **strafrechtliche Risiko** anhand der im Raum stehenden **Steuerverkürzungen** und der Prüfung, welche Jahre schon **strafrechtlich verjährt** sind, d. h. was überhaupt noch strafrechtlich verfolgbar ist.
- Der involvierte Berater prüft sorgfältig den Sachverhalt (z. B. durch erstmalige Vornahme der Akteneinsicht) und tastet sich vorsichtig an diesen heran.
- Er versucht, den Stpfl. zu beruhigen und – z. B. bei einem Banken-Verfahren – den Sachverhalt durch Rücksprache mit dem Kreditinstitut zu eruieren.

Negativkriterien können sein:

- Der Verteidiger verfügt nicht über steuerliche Kenntnisse; dies ist bei „reinen" Strafverteidigern leider der Regelfall.
- Der steuerliche Berater ist verängstigt, reagiert panikartig und drängt den Mandanten zur Selbstanzeige bzw. Nachmeldung oder zur „Kooperation" im Strafverfahren.

- Der Rechtsanwalt oder Steuerberater malt dem Mandanten das Phänomen einer „allmächtigen“ Steuerfahndung an die Wand.
- Der steuerliche Berater sieht vor allem die eigene Situation; er ist z.B. darauf bedacht, dass er sich seinen guten Ruf beim FA erhält, und fürchtet, selbst wegen Beihilfe zur Steuerhinterziehung belangt zu werden.
- Sonstige Panikreaktionen wie z.B. der Rat zum Verkauf des Unternehmens, um potenzielle Steuernachforderungen und Geldstrafen bezahlen zu können.
- Der Rechtsanwalt ist bekannt dafür, mit der Steuerfahndung zu kooperieren, und rät zu flächendeckenden Selbstanzeigen (Kaligin, Keine Angst vor Betriebsprüfung und Steuerfahndung, 2. Aufl., 93 ff.; zu den unterschiedlichen Beratertypen siehe auch Burkhard, DStZ 2002, 437 ff.).

III. Steuerhinterziehung: Strafbarkeitsrisiko des Steuerberaters

Schrifttum:

Achenbach/ Wannemacher	Beraterhandbuch zum Steuer- und Wirtschaftsstrafrecht (Stand: 1999)
Beyer	Zur Beteiligung eines Steuerberaters an der Steuerhinterziehung seines Mandanten – Diese Fallstricke sollte ein Berater kennen, steuerberater intern, Beilage Nr. 4 vom 12.02.2019 (Teil I), Beilage Nr. 5 vom 26.02.2019 (Teil II)
ders.	Steuerberaterhaftung für Umsatzsteuer des Mandanten und Bindung an Strafurteil, NWB 2020, 2148
Brenner	Muss der Steuerberater die Steuererklärungen berichtigen, wenn er zugunsten seines Mandanten Steuern verkürzt hat?, BB 1987, 1856
Dickop	Steuerberaterhaftung und strafrechtliche Risiken (1991)
Dörn	Steuerhinterziehung im Steuerrecht, wistra 1992, 241
ders.	Steuerstraf- oder bußgeldrechtliche Verantwortlichkeit des Steuerberaters, wistra 1994, 290
ders.	Der Steuerberater an der Grenze zum Steuerstraf- oder Steuerordnungswidrigkeitenverfahren, DStR 1994, 555

ders.	Straf- oder bußgeldrechtliche Verantwortlichkeit des Stpfl. oder/und des Steuerberaters?, StBp 1995, 25 (Teil I) und 49 (Teil II)
ders.	BuW 1999, 295
ders.	Stbg 2002, 454
Flore/Dörn/ Gillmeister	Steuerfahndung und Steuerstrafverfahren, 2. Aufl. 1999
Gehm	Die zivilrechtliche Haftung des Steuerberaters gegenüber seinem Mandanten für steuerstrafrechtliche Sanktionen, Stbg 2010, 368
Guntermann	Die Verteidigung des steuerlichen Beratens gegen den Vorwurf der Teilnahme an einer durch den Mandanten begangenen Steuerhinterziehung, Stbg 2014, 38
Joecks	Berichtigungspflichten des nachträglich bösgläubigen Steuerberaters, INF 1997, 21
Kirchner	Beihilfe zur Steuerhinterziehung durch berufstypische Handlungen, StuB 2023, 866
Müller	Steuerberater im Fokus der Strafverfolgung, StBp 2020, 146
Prowatke/ Stang	Haftung des Steuerberaters i. Z. m. einer Steuerhinterziehung seines Mandanten, StB 2017, 300.
Weber	Haftung des Steuerberaters und Wirtschaftsprüfers für Steuerschulden nach § 71 AO, NWB 2024, 603

1. Strafrechtliche Verantwortlichkeit

Hier handelt es sich um den Vorwurf der Täterschaft der Steuerhinterziehung (§ 370 AO), der Beihilfe (§ 27 StGB) oder der Mittäterschaft (§ 25 Abs. 2 StGB). Ermittlungsbehörden müssen den Vorsatz (wissentliches Verhalten) des Beraters nachweisen. Ein entsprechender Verdacht kann entstehen, wenn gegen den Mandanten ein Strafverfahren wegen Steuerhinterziehung eingeleitet wurde und die Ermittlungsbeamten annehmen, dass der Steuerberater hiervon gewusst und den Mandanten unterstützt hat. Da das Wissen des Beraters die entscheidende Komponente des Vorsatzes ist, lautet ein verbreiteter Rat, dass der Steuerberater gut daran tun, sich im Laufe eines Mandatsverhältnisses seinen guten Glauben zu erhalten (§ 370 AO; § 25 Abs. 2, § 27 StGB).

In der Praxis kann allerdings die Abgrenzung zwischen Vorsatz und Leichtfertigkeit (Bußgeldtatbestand der leichtfertigen Steuerverkürzung, § 378 AO) verschoben sein: Leichtfertige Verhaltensweisen werden u. U. als bedingt vorsätzlich gewertet und über § 378 AO können Fehler vorgeworfen werden, die eigentlich auf – bußgeldrechtlich irrelevanter – leichter Fahrlässigkeit beruhen. Mit bestimmten Formulierungen signalisieren die Verfolgungsbehörden unfreiwillig, dass der Schuldvorwurf noch im Bereich der Fahrlässigkeit, ggf. der Leichtfertigkeit, liegt: Wird dem Berater (oder auch dem Mandanten) angelastet, er hätte etwas wissen müssen, er hätte nachfragen müssen, er hätte erkennen müssen etc., so steht damit schon fest, dass der Beschuldigte nicht erkannt hat, bemerkt hat etc., es also am Wissen und damit am Vorsatz fehlt.

Für die **Beihilfe des Steuerberaters** muss Folgendes **nachgewiesen** werden:

- eine Steuerhinterziehung (vorsätzliche Tat) des Mandanten; lag dagegen beim Mandanten lediglich ein Versehen oder Leichtfertigkeit (grobe Schlamperei) vor, so scheitert auch der Beihilfe-Vorwurf, da es keine Beihilfe zu einer fahrlässigen oder leichtfertigen Tat gibt;
- das Wissen des Steuerberaters, dass der Mandant vorsätzlich (und nicht bloß fahrlässig oder leichtfertig) gehandelt hat (Gehilfen-Vorsatz des Beraters); eine leichtfertige Beihilfe gibt es nicht (hierzu Guntermann, Stbg 2014, 38 ff.).

Die Strafe für den Gehilfen richtet sich nach der Strafdrohung für den Täter, sie ist nach § 49 Abs. 1 StGB zu mildern (§ 27 Abs. 2 StGB). Die Frage, wann die strafbare Beihilfe des Steuerberaters beginnt, ist im Übrigen umstritten. Der BGH nahm z. B. weder eine Beihilfe zur Steuerhinterziehung des Mandanten noch eine leichtfertige Steuerverkürzung des Steuerberaters an, der Betriebsausgaben angesetzt hatte, obwohl ihm zwar keine entsprechenden Belege vorlagen, der Mandant aber mehrfach ausdrücklich zugesagt hatte, die Rechnungen über ausländische Fremdleistungen jederzeit auf evtl. Anforderungen des FA vorlegen zu können (BGH, Urteil vom 18.04.1990, 3 StR 251/88, HFR 1991, 304).

Besondere Probleme ergeben sich für Steuerberater, die unzutreffende Erklärungen gegenüber dem Finanzamt abgeben, die nicht mehr als Angaben namens des Mandanten ausgelegt werden können. Mit gesteigertem strafrechtlichem Risiko sind danach behaftet:

- Der Steuerberater (oder sein Angestellter) **unterschreibt** die **Umsatzsteuervoranmeldungen** selbst. Stellt sich später heraus, dass die Umsatzsteuervoranmeldungen falsch waren, weil der Mandant einen Teil seiner Umsätze nicht an den Berater weitergemeldet hatte, so kann die

Finanzbehörde aufgrund der Unterschrift des Beraters (vgl. den Hinweis auf dem Vordruck: „ ... versichere ich nach bestem Wissen und Gewissen ... “) zu der Annahme gelangen, dass der Steuerberater Mittäter der Hinterziehung war oder vielleicht den Tatbestand einer leichtfertigen Steuerverkürzung (aufgrund **eigener** Angaben) erfüllte.

- Der Steuerberater gibt im Schreiben an das FA **Sachverhaltsschilderungen**, ohne klar zum Ausdruck zu bringen, dass er lediglich die Schilderungen des Mandanten weitergibt (BayObLG, Urteil vom 24.09.1958, RReg 1 St 626/56, BayObLGE 58, 232, 236).

- zu den straf- und berufsrechtlichen Konsequenzen für den Steuerberater bei der **Steuerverkürzung in eigener Sache** eingehend Bilsdorfer/Kaufmann, DStR 2021, 1250ff.
- Der Steuerberater nimmt eigenverantwortlich, d.h. ohne Abstimmung mit dem Mandanten, Zuschätzungen vor.
- Regelmäßig steht der Steuerpflichtige im Mittelpunkt des Interesses der Steuerfahndung, da dieser in erster Linie und unmittelbar von der Steuerverkürzung profitiert. Immer häufiger rücken neben dem Steuerpflichtigen jedoch auch diejenigen Personen, welche der Steuerpflichtige zur Erfüllung seiner steuerlichen Pflichten eingeschaltet hat, ins Visier der Steuerfahndung. § 370 AO ist kein Sonderdelikt, sondern ein sog. Jedermannsdelikt. So kann Täter der Begehungsvariante jeder sein, der über steuerlich erhebliche Tatsachen unrichtige oder unvollständige Angaben macht. Auch der Steuerberater setzt sich somit der Gefahr der Strafverfolgung aus.
- In diesem Kontext ist anzumerken, dass sich ein Trend perpetuiert hat, steuerlich engagierte und kreative Berater zu kriminalisieren, damit sie für künftige risikobehaftete Steuergestaltungen präventiv quasi diszipliniert werden (Steuerberater im Fokus der Steuerfahndung, hierzu Müller, StBp 2020, 146ff.; zur Beteiligung eines Steuerberaters an der Steuerhinterziehung seines Mandanten – Diese Fallstricke sollte der Berater kennen; hierzu Beyer, steuerberater intern, Beilage Nr. 4 vom 12.12.2019 [Teil I], Beilage Nr. 5 vom 26.02.2019 [Teil II]).

Beispiel 1:

Der Steuerberater weiß, dass das FA die vom Mandanten in seiner chaotischen Buchführung „ermittelten“ Umsätze und Einnahmen für unglaubwürdig halten wird, und nimmt Zuschätzungen vor. Später stellt die Steufa beim Mandanten fest, dass die Zuschätzungen immer noch viel zu niedrig waren. Nun wird dem Steuerberater von der BuStra-Stelle angelastet, dass er die Zuschätzungen bewusst zur Verschleierung vorgenommen habe, damit die Steuerhinterziehung des Mandanten nicht sofort auffalle. Der Steuerberater habe zumindest billigend in Kauf genommen (bedingter Vorsatz), dass die Steuerfestsetzungen immer noch erheblich zu niedrig erfolgten.

Ein Steuerberater, der durch die Vorlage der Fotokopie eines nachträglich gefertigten Schriftstücks versucht, einer nach seiner Ansicht irrigen Rechtsauffassung der Steuerbeamten Rechnung zu tragen, also verhindern will, dass seinem Mandanten eine ungerechtfertigte steuerliche Mehrbelastung entsteht, die mittelbar wegen der Gefahr von Regressansprüchen auch ihn bedroht, begeht weder eine vollendete noch eine versuchte Steuerhinterziehung (BGH, Urteil vom 08.03.1983, 5 StR 7/83, wistra 1983, 113).

Beispiel 2:

Der Betriebsprüfer findet einen Bewirtungsbeleg über eine hohe Summe. Unter den auf der Rückseite aufgeführten Personen ist neben dem Stpfl. auch der Steuerberater aufgeführt. Der Steuerberater war aber – ebenso wie die im Beleg genannten Geschäftspartner – bei dem Essen nicht dabei. Der Beleg wurde von einem Angestellten im Steuerberatungsbüro verbucht. Der Betriebsprüfer fragt nun den Steuerberater, ob er bei dem Essen dabei war.

Das Beispiel zeigt, dass der Steuerberater im Zuge einer Bp plötzlich mit Situationen konfrontiert werden kann, auf die zahlreiche, dem Berater nicht geläufige Rechtsvorschriften einwirken. Der Fall ist allerdings insofern untypisch, als sich der Steuerberater in den meisten Fällen, in denen er mit möglicherweise strafrechtlich relevanten Sachverhalten konfrontiert wird, zunächst darauf zurückziehen kann, dass er mit seinem Mandanten Rücksprache nehmen müsse, da er nicht über die vollständigen Informationen zu dem betreffenden Sachverhalt verfüge. Mit dieser Äußerung gewinnt der Steuerberater Zeit. Eine solche Einlassung ist dem Steuerberater im o. a. Beispiel indes abgeschnitten, da er ja laut Mandant selbst an dem Essen teilgenommen haben soll.

Ein Anfangsverdacht des Betriebsprüfers hinsichtlich einer Steuerhinterziehung (§ 370 AO) seitens des Mandanten hängt zunächst von der Antwort des Steuerberaters auf die Prüfer-Anfrage ab. Der Vorwurf der Beihilfe des Steuerberaters kann sich nur auf das wissentliche Einfließenlassen des Belegs in den betrieblichen Aufwand erstrecken. Der Steuerberater kannte jedoch – Gegenteiliges ist zunächst nicht erkenn- und nachweisbar – bis zur Mitteilung durch den Betriebsprüfer den Beleg nicht, eine Angestellte im Steuerbüro hatte ihn verbucht.

Da bis zum Zeitpunkt der Mitteilung durch den Betriebsprüfer keine Steuerstraftat des Beraters vorlag, stellt sich auch die Frage nach der Notwendigkeit einer Selbstanzeige **(§ 371 AO)** des Steuerberaters nicht. Allerdings hat der Steuerberater nunmehr nachträglich von der Steuerhinterziehung des Mandanten erfahren. An einer Mitteilung gegenüber dem FA ist der Steuerberater jedoch durch § 203 StGB (Verletzung von Privatgeheimnissen) gehindert. Die mögliche Steuerhinterziehung des Mandanten stellt ein dem Steuerberater bekannt gewordenes fremdes Geheimnis i. S. v. **§ 203 StGB** dar, der Steuerberater durfte deshalb die Frage des Betriebsprüfers nicht ohne Weiteres verneinen. Allerdings durfte er diese Frage auch nicht – wahrheitswidrig – bejahen. Dann hätte er damit begonnen, dem Mandanten die Vorteile aus der Straftat (Steuerhinterziehung) zu sichern und damit eine Begünstigung (§ 369 Abs. 1 Nr. 4 AO; § 257 StGB) begangen.

Ebenso problematisch wäre es für den Steuerberater, wenn er gegenüber dem Betriebsprüfer überhaupt keine Angaben machen, d.h. sich auf sein Auskunftsverweigerungsrecht (§ 102 Abs. 1 Nr. 3b AO) berufen würde. Zwar lagen die Voraussetzungen für ein Auskunftsverweigerungsrecht gem. § 102 Abs. 1 Nr. 3b AO objektiv vor, jedoch könnte die Auskunftsverweigerung des Steuerberaters dazu führen, dass der Prüfer die Schwelle des strafrechtlichen Anfangsverdachts (vgl. § 152 Abs. 2 StPO) als überschritten ansähe und nun ein Strafverfahren gegen den Stpfl. und womöglich den Steuerberater einleitete. Würden nun die weiteren im Beleg genannten Teilnehmer des Essens als Zeugen gehört und bestritten diese ihre Anwesenheit, so wäre die Hinterziehung des Stpfl. erwiesen. Dem Steuerberater würde dann wahrscheinlich vorgehalten, davon gewusst und den Beleg wissentlich in die Buchführung eingeführt zu haben.

Der Prüfer kann auch nicht auf seine Erstbefragungspflicht des Stpfl. (§ 93 Abs. 1 Satz 3 AO) verwiesen werden, denn der Stpfl. hat den Namen des Steuerberaters in den Beleg eingesetzt, sodass es keinen Sinn gemacht hätte, ggf. den Stpfl. nochmals zu befragen, ob der Steuerberater anwesend war (§§ 102 Abs. 1 Nr. 3b, 371 AO; § 203 StGB).

Im o.a. Beispiel wird der Steuerberater sich zunächst auf sein Auskunftsverweigerungsrecht gem. § 102 Abs. 1 Nr. 3b AO berufen und dem Prüfer gegenüber zusichern, dass er unverzüglich mit dem Mandanten Rücksprache nehmen werde. Der Berater wird dann dem Mandanten nahelegen, den Sachverhalt offen zu legen. Sollte sich der Mandant weigern, so wird man wegen der Möglichkeit der Einleitung eines Strafverfahrens gegen den Steuerberater wegen Beihilfe (§ 27 StGB) die zur Selbstanzeige des Steuerberaters geltenden Grundsätze entsprechend heranzuziehen haben.

Das o.a. Beispiel macht deutlich, dass auch Fälle mit geringen Steuerverkürzungen in der steuerstrafrechtlichen Beurteilung schwierig sind. Dies ist allgemein kennzeichnend für das Steuerstrafrecht. Den einfachen Hinterziehungsfall gibt es in der Praxis eigentlich nicht, er kommt nur als simplifiziertes Beispiel in einschlägigen Lehrbüchern oder in Unterrichtsskripten von Fachhochschulen vor. In der Praxis weicht man den auftauchenden Rechtsfragen meist aus, insbesondere mittels der Einstellung des Verfahrens gem. § 153a StPO. Häufig hängt auch der Ausgang eines Verfahrens im konkreten Einzelfall weniger von der objektiven Rechtslage als von dem Verhandlungsgeschick des BuStra-Beamten einerseits und des involvierten Beraters andererseits ab (Dörn, in Flore/Dörn/Gillmeister, Steuerfahndung und Steuerstrafverfahren, 2. Aufl., 369ff.; ders., in Achenbach/Wannemacher, Beraterhandbuch zum Steuerstraf- und Wirtschaftsstrafrecht, § 8; ders., BuW 1999, 295; ders., StBp 1995, 25, 49; ders., wistra 1994, 290).

Es ist in der Praxis auch schon vorgekommen, dass Steuerberater von den Strafverfolgungsbehörden beschuldigt wurden, Beihilfe zur Steuerhinterziehung i.R. von Karussellgeschäften zu betreiben.

Ein Steuerberater leistet Beihilfe zur Steuerhinterziehung, wenn er Kenntnis von den Strafverfolgungsbehörden hat, dass seine Mandantin die Geschäftsbücher nicht mehr ordentlich führt und er dennoch die sich aus der fehlerhaften Buchführung ergebenden Daten für die Erstellung der Umsatzsteuer-Voranmeldungen verwendet (FG Nürnberg, Urteil vom 10.12.2002, II 536/2000, DStRE 2003, 1251, NZB durch BFH, Beschluss vom 22.04.2004, VII B 369/03, BFH/NV 2004, 1285, als unzulässig zurückgewiesen; zur Haftung wegen steuerlicher Beratung eines Umsatzsteuerkarussells siehe BFH, Beschluss vom 22.10.2009, V B 108/08, BFH/NV 2010, 170).

Der subjektive Tatbestand einer Beihilfeleistung, die zugleich die Merkmale „berufstypischen Verhaltens“ erfüllt, sind bei einem Angehörigen der steuerberatenden Berufe nur dann erfüllt, wenn das von ihm erkannte Risiko strafbaren Verhaltens des unterstützten Haupttäters derart hoch ist, dass er sich mit seiner Hilfeleistung „die Förderung eines erkennbaren tatgeneigten Täters angelegen sein lässt“. Hat der Hilfeleistende dagegen keine Kenntnis darüber, wie sein Beitrag vom Haupttäter verwendet wird, und hält er es lediglich für möglich, dass sein Beitrag im Rahmen der Begehung einer (Steuer-)Straftat genutzt wird, so ist noch nicht von einer strafbaren Beihilfehandlung auszugehen. Ein Steuerberater leistet vorsätzlich Hilfe zu einer Steuerstraftat, wenn er nach Versagung des Vorsteuerabzugs für vorherige Voranmeldungszeiträume die Durchführung einer die Folgezeiträume betreffenden USt-Anschlussprüfung bei seiner Mandantin durch bewusst wahrheitswidrige Erklärungen gegenüber dem FA hinauszögert, dadurch dem Haupttäter ermöglicht, die zunächst in der Buchführung erfassten fingierten Eingangsrechnungen durch andere zu ersetzen und diesen Austausch in seiner Steuerberaterkanzlei erstellten Buchführung nicht kenntlich macht (FG Berlin-Brandenburg, Urteil vom 06.03.2018, 9 K 9306/12, EFG 2018, 1765, 1770 f. m. Anm. Büchter-Hole = Stbg 2019, 417, 428 f. m. Anm. Pestke; hierzu eingehend Wegner, PStR 2019, 17 ff.; auf gleicher Linie FG Köln, Urteil vom 10.04.2019, 9 K 167/15; hierzu ausführlich im Hinblick auf die Steuerberaterhaftung für Umsatzsteuer des Mandanten und Bindung an Strafurteil Beyer, NWB 2020, 2148 ff.).

Der Bundesfinanzhof hat das Judikat des FG Berlin-Brandenburg in toto bestätigt und führt hierzu folgende Begründung an:

Berufstypische Handlungen eines Steuerberaters bzw. Wirtschaftsprüfers können dann eine strafbare Beihilfe zur Steuerhinterziehung darstellen, wenn das vom Hilfeleistenden erkannte Risiko strafbaren Verhaltens seines Mandanten als derart hoch anzusehen ist, dass seine Hilfeleistung als Förderung eines erkennbaren tatgeneigten Täters beurteilt werden kann.

Das FG darf im Rahmen seiner eigenen Überzeugungsbildung auch dann von einer Steuerstraftat ausgehen, wenn die Staatsanwaltschaft das diesbezügliche Strafverfahren nach § 170 Abs. 2 StPO eingestellt hat (BFH, Urteil vom 28.02.2023 VII R 29/18 BFH/NV 2023, 1071 = DStRK 2023, 251 mit Anm. von Lück; hierzu eingehend Kirchner, StuB 2023, 866 ff.; Weber, NWB 2024, 603 ff.).

Zur Grenze der Beihilfestrafbarkeit bei berufstypischem Verhalten eines Steuerberaters hat der Bundesgerichtshof in Strafsachen folgende Klarstellung vorgenommen:

Die Verurteilung eines Steuerberaters wegen Beihilfe durch berufstypisches Verhalten setzt entweder voraus, dass das Handeln des Haupttäters ausschließlich darauf zielt, eine strafbare Handlung zu begehen, und der Steuerberater dies weiß, oder, sofern er nicht weiß, wie der von ihm geleistete Beitrag vom Haupttäter verwendet wird, dass er die strafrechtlich relevante Nutzung seines Beitrags jedenfalls für möglich hält und das von ihm erkannte Risiko strafbaren Verhaltens derart hoch war, dass er sich mit seiner Hilfeleistung die Förderung eines erkennbar tatgeneigten Täters angelegen sein ließ (BGH, Beschluss vom 17.06.2021 1 StR 132/21, DStRE 2022, 827 = Stbg 2021, 462 f. mit Anm. Beyme = DStR 2022, 511, 512 mit Anm. Gehrhold).

Das Handeln eines steuerlichen Beraters oder seiner Berufshelfer ist dann nicht mehr „berufstypisch“, sondern als strafbare Beihilfe zu den Taten des Mandanten zu qualifizieren, wenn der jeweilige Berufsangehörige das Risiko einer Steuerhinterziehung als derart hoch erkannt hat, dass er sich mit seiner gleichwohl fortsetzenden Hilfeleistung die Förderung des erkennbar tatgeneigten Mandanten angelegen sein lässt. Nach diesem Maßstab liegt kein (strafloser) Fall neutraler Professionalität mehr vor, wenn sich für einen kundigen Berufsangehörigen die Anhaltspunkte für eine Steuerhinterziehung des Mandanten so sehr verdichtet haben, dass er ein positives Wissen nur noch vermeiden kann, indem er die Augen verschließt und besser nicht (weiter) nachfragt (LG Nürnberg-Fürth, Beschluss vom 21.02.2019, 18 Qs 30/17, wistra 2020, 214; auf gleicher Linie FG Köln, Urteil vom 10.04.2019, 9 K 167/15, NWB 2020, 2148 m. Anm. Beyer); siehe auch Prowatke/Stang, StB 2017, 300 ff.

2. Bußgeldrechtliche Verantwortlichkeit

Die ältere Rechtsprechung und Literatur postulierten zahlreiche bußgeldrechtlich relevante Sorgfaltspflichten des Steuerberaters. Es besteht jedoch die Gefahr, dass Sorgfaltspflichten überspannt werden. Der Steuerberater hat nicht die Möglichkeit der Erstellung vorläufiger Steuererklärungen oder Jahresabschlüsse. Er unterliegt darüber hinaus in weit größerem Umfang dem Fristendruck. Es liegt daher auf der Hand, dass ihm nicht abverlangt werden kann, was zu leisten er allenfalls dann imstande wäre, wenn er nicht mehr als einen Mandanten mit einer überschaubaren Zahl von Geschäftsvorfällen hätte. Hiergegen wird zwar rasch eingewandt, Arbeitsüberlastung sei unerheblich. Ggf. dürfe der Berater zusätzliche Mandate nicht annehmen. Dies leichtfertig zu behaupten, vermag wohl nur, wer aus gesicherter Beamtenposition und bei mäßigem Arbeitsanfall kein Verständnis für die Arbeitsverhältnisse des steuerlichen Beraters hat (Dörn, wistra 1994, 290).

Die Frage nach dem Umfang der Sorgfaltspflichten als Steuerberater hatte sich zunächst insofern erledigt, als nach den Beschlüssen des OLG Braunschweig und des BayObLG der lediglich im Innenverhältnis zum Mandanten, d.h. durch Anfertigung von Steuererklärungen, tätig werdende Berater **kein Täter einer leichtfertigen Steuerverkürzung gem. § 378 AO sein kann**. Begründet ist dies darin, dass ein Täter Angaben gegenüber dem FA machen muss, der Steuerberater jedoch keine (eigenen) Angaben macht, sondern lediglich dem Stpfl. bei der Anfertigung der Steuererklärungen bzw. Bilanzen hilft oder seinen Mandanten berät (OLG Braunschweig, Urteil vom 08.03.1996, Ss [D] 100/95, wistra 1996, 319; BayObLG, Urteil vom 09.11.1993, 4 StRR 54/93, wistra 1994, 34, mit Anm. Dörn, wistra 1994, 215). Der BFH ist nunmehr den beiden o. a. Gerichtsentscheidungen nicht gefolgt. Demnach soll eine Angestellte im Steuerbüro, die eine GuV-Rechnung für den Mandanten fehlerhaft erstellt, hierdurch i. S. v. §§ 378, 370 AO gegenüber der Finanzbehörde „Angaben machen" (BFH, Urteil vom 19.12.2002, IV R 37/01, BStBl II 2003, 385). Das BFH-Urteil kann nicht überzeugen. Die Angehörigen der rechts- und steuerberatenden Berufe sollten dagegen Einspruch einlegen und auf die beiden o. a. gegenteiligen Beschlüsse verweisen.

Hinzuweisen ist im Übrigen darauf, dass die Offenlegung eines Fehlers des Steuerberaters (oder seines Angestellten), der vom FA daraufhin als „leichtfertige Steuerverkürzung" bewertet wird, bereits die Selbstanzeige darstellt (§ 378 AO).

Die Rechtsprechung ist jedoch wie folgt korrigiert worden: Die Voraussetzungen für eine Verlängerung der Festsetzungsfrist nach § 169 Abs. 2 Satz 2 AO sind nicht erfüllt, wenn der Steuerberater bei der Erstellung der Einkommensteuerklärung den Gewinn leichtfertig fehlerhaft ermittelt, da der Steuerberater **mangels eigener Angaben** gegenüber dem Finanzamt nicht Täter einer leichtfertigen Steuerverkürzung nach § 378 AO i. V. m. § 370 Abs. 1 Nr. 1 AO ist (BFH, Urteil vom 29.10.2013, VIII R 27/10, BFH/NV 2014, 194 = BB 2014, 164, 168 mit Anm. Geuenich und Werth, DStZ 2014, 131 ff.).

Hinzuweisen ist im Übrigen darauf, dass die Offenlegung eines Fehlers des Steuerberaters (oder seines Angestellten), der vom Finanzamt daraufhin als „leichtfertige Steuerverkürzung" bewertet wird, bereits die Selbstanzeige darstellt (§ 378 AO).

3. Nachträgliches Erkennen unrichtiger Angaben

Für das nachträgliche Erkennen unrichtiger Angaben sind die folgenden Fallgruppen zu unterscheiden.

3.1 Fallgruppe 1

Der Steuerberater erkennt nachträglich, dass sein Mandant Steuerhinterziehung begangen, d. h. dem FA gegenüber **vorsätzlich** falsche oder unvollständige Angaben gemacht hat. Hier ist der Berater nicht verpflichtet, dem FA die Hinterziehung des Mandanten mitzuteilen, vielmehr würde er sich sogar strafbar machen (Verletzung von Privatgeheimnissen), wenn er dies täte. Zu beachten ist die juristische Unterscheidung: Weiß der Steuerberater **vor** Einreichung der Steuererklärung, dass sein Mandant ein Steuerhinterzieher ist, so begeht er Beihilfe, wenn er wissentlich an der falschen

Steuererklärung mitwirkt. Erfährt der Berater aber **nachträglich** von der Steuerhinterziehung des Mandanten, so ist er zur Verschwiegenheit verpflichtet. Daraus folgt, dass die Strafverfolgungsorgane für den Vorwurf der Beihilfe nicht nur das **Wissen** des Steuerberaters um die Hinterziehung des Mandanten, sondern auch den **Zeitpunkt** dieses Wissens – es darf keine nachträgliche Kenntniserlangung sein – beweisen müssen (§ 203 StGB).

3.2 Fallgruppe 2

Der Steuerberater erkennt nachträglich, dass **er** bei der Anfertigung der Steuererklärungen des Mandanten oder der Gewinn- und Verlustrechnung **einen Fehler** gemacht hat, wodurch die Steuern zu niedrig festgesetzt wurden. Es stellt sich somit für ihn die Frage, ob er dem FA oder zumindest dem Mandanten darüber Mitteilung machen muss. Hier lautet die Empfehlung, dem Mandanten nahezulegen, den Fehler durch den Berater berichtigen zu lassen. Zwar hat der BGH – ebenso ein Teil des Schrifttums – ausgesprochen, dass der Steuerberater nicht zu den nach § 153 AO berichtigungspflichtigen Personen gehört (BGH, Urteil vom 20.12.1995, 5 StR 412/95, wistra 1996, 184; Dickop, Steuerberatung und strafrechtliche Risiken, 1991, 122; Dumke, in Schwarz, AO, § 153 Rdnr. 5a; Krabbe, in Koch/Scholtz, 5. Aufl. 1996, AO, § 153 Rdnr. 3; Seer, in Tipke/Kruse, AO, § 153 Tz. 4; Weyand, NWB, Fach 2, 5229).

Bedeutsam ist jedoch, dass der BGH dies noch nicht für den Fall entschieden hat, dass eine Erklärung dem Steuerberater zuzurechnen ist; dies könnte u. U. bei einem vom Steuerberater verursachten Fehler angenommen werden. Insbesondere vertritt aber ein Teil des steuerstrafrechtlichen Schrifttums die Auffassung, dass einen Steuerberater, der eine fehlerhafte Steuererklärung verschuldet hat, eine sog. **Garantenstellung** aus gefahrenbegründendem Vorverhalten (Ingerenz) treffe. Da der Steuerberater durch seinen Fehler eine Gefahrenquelle geschaffen habe, treffe ihn die (strafrechtliche) Verantwortlichkeit, diesen Fehler zu beseitigen. Handele er nicht entsprechend, so begehe er eine Steuerhinterziehung durch Unterlassen (Brenner, BB 1987, 1856; Joecks, INF 1997, 21; Heuermann, in Hübschmann/Hepp/Spitaler, AO, § 153 Rdnr. 5; Weyand, NWB, Fach 2, 5229, 5269; **a. A.**; Ransieck, in Kohlmann, Steuerstrafrecht, § 370 AO Rdnr. 348; Dörn, DStR 1994, 555; Seer, in Tipke/Kruse, AO, § 153 Tz. 5).

3.3 Fallgruppe 3

Hier handelt es sich um die Fallkonstellation, dass der Stpfl. – gem. Fallgruppe 2 – vom Steuerberater nachträglich darauf aufmerksam gemacht wurde, dass die Steuererklärung **infolge eines Fehlers des Beraters** unrichtig war und dass es dadurch zu einer Steuerverkürzung gekommen ist, der Stpfl. damit aber durchaus einverstanden ist und gar keine Richtigstellung gegenüber dem FA will. Entsprechend muss der Steuerberater dann damit rechnen, aufgrund seiner „Garantenstellung aus Ingerenz" strafrechtlich verantwortlich gemacht zu werden, wenn er das FA über **seinen** Fehler nicht unterrichtet. Aufgrund seiner Verschwiegenheitspflicht ist der Berater allerdings gehindert, dem FA zu offenbaren, dass der Stpfl. diese Berichtigung nicht wollte. Würde der Berater eine entsprechende Berichtigung nicht vornehmen und der Fehler sich infolgedessen in den Erklärungen der folgenden Jahre fortsetzen, so würde dem Berater für die Folgejahre Beihilfe oder Mittäterschaft zur Steuerhinterziehung des Mandanten vorgeworfen werden.

3.4 Fallgruppe 4

Abschließend ist noch die Möglichkeit zu erörtern, dass der Steuerberater zwar nicht nachträglich erkennt, dass früher abgegebene Steuererklärungen unrichtig waren, dies aber **hätte erkennen können**.

Beispiel:

Aufgrund einer Rechtsprechungsänderung ergibt sich, dass früher für den Mandanten gefertigte Steuererklärungen auf der Basis der neuen Rechtsprechung unrichtig geworden sind.

Der Berater ist nicht verpflichtet, bei jeder Rechtsprechungsänderung nach nunmehr unrichtigen Steuererklärungen oder Bilanzen des Mandanten zu forschen. Dies ergibt sich daraus, dass eine Berichtigung nach § 153 AO voraussetzt, dass nachträglich **erkannt** wird, dass abgegebene Steuererklärungen unrichtig waren; ein leichtfertiges Nichterkennen („Erkennen müssen") ist für § 153 AO nicht ausreichend (§ 153 AO).

4. Selbstanzeige des Steuerberaters

Es ist zwischen der Selbstanzeige wegen Beihilfe einerseits und der Selbstanzeige wegen leichtfertiger Steuerverkürzung andererseits zu unterscheiden.

4.1 Selbstanzeige wegen Beihilfe oder (Mit-)Täterschaft

Der Extremfall ist, dass der Steuerberater zweifelsfrei Beihilfe geleistet oder gemeinschaftlich (mittäterschaftlich) mit seinem Mandanten eine Steuerhinterziehung begangen hat. Verweigert der Stpfl. in einem solchen Fall nach Rücksprache die Offenbarung gegenüber dem FA, so darf der

Steuerberater zum eigenen Schutz Selbstanzeige erstatten. Die Offenbarung eines fremden Geheimnisses (hier: die Steuerhinterziehung des Mandanten) erfolgt dann nicht unbefugt i. S. v. § 203 StGB, wenn sie der Wahrung eigener Interessen des Steuerberaters dient und nach den Grundsätzen der Güter- und Interessenabwägung ein angemessenes Mittel darstellt.

> Der involvierte Steuerberater muss sich darüber im Klaren sein, dass eine Selbstanzeige wegen der Straftaten Beihilfe, Mittäterschaft oder (Allein-)Täterschaft eine schwerwiegende Maßnahme darstellt; immerhin beschuldigt er sich selbst einer vorsätzlichen Straftat. Daher sollte er genau prüfen, ob die juristischen Voraussetzungen dieser Straftat auch wirklich erfüllt sind.

Darüber hinaus muss die Einschränkung der Selbstanzeige durch mehrere Gesetzesnovellen beachtet werden. Durch das Steuerhinterziehungsbekämpfungsgesetz wurde klargestellt, dass bereits mit der Bekanntgabe der Prüfungsanordnung gegenüber dem Steuerpflichtigen die Selbstanzeige gesperrt ist. Darüber hinaus muss ab dem 01.01.2015 berücksichtigt werden, dass bereits eine Strafbefreiung nicht mehr möglich ist, wenn gegenüber einem einzigen Teilnehmer an der Steuerhinterziehung – was der potenziell Selbstanzeigende möglicherweise gar nicht wissen kann – bereits eine Prüfungsanordnung bekannt gegeben worden ist bzw. ein Strafverfahren eingeleitet worden ist. Zudem ist bei hohen Hinterziehungsregelungen auch noch zu beachten, dass nicht nur die Steuern und Hinterziehungszinsen, sondern auch die hohen Verwaltungszuschläge nach § 398a AO gezahlt werden müssen, wenn ein Absehen von der Strafverfolgung erreicht werden soll.

Auch muss berücksichtigt werden, dass ein solches Geständnis mit der Haftung für die (vom Mandanten) hinterzogenen Steuern und Hinterziehungszinsen verbunden ist (§ 71 AO).

Darüber hinaus sind die berufsrechtlichen Konsequenzen (Warnung, Verweis, Geldbuße bis 25.000 EUR, befristetes Berufsverbot von einem Jahr bis fünf Jahren, Ausschließung aus dem Beruf) zu beachten (§ 90 StBerG).

Die Hinweispflicht der Finanzbehörde ergibt sich aus § 10 StBerG.

4.2 Selbstanzeige wegen leichtfertiger Steuerverkürzung

Wenig risikoreich ist dagegen eine Selbstanzeige wegen leichtfertiger Steuerverkürzung (§ 378 Abs. 3 AO).

Beispiel 1:

Nach Bekanntgabe des Strafverfahrens hinsichtlich Einkommensteuer-Hinterziehung 2011 gegenüber dem Beschuldigten B trägt sein Steuerberater vor, dass die beiden Belege über die betreffenden, durch eine Kontrollmitteilung aufgedeckten Einnahmen versehentlich im Steuerbüro im Belegordner für 2012 abgeheftet worden seien. Da die Einkommensteuer-Erklärung 2012 noch nicht abgegeben wurde, sei das Versehen bisher nicht aufgefallen.

Beispiel 2:

Nach Bekanntgabe des Strafverfahrens gegenüber dem Beschuldigten trägt dessen Steuerberater vor: „Wiederholt sei, dass die Gutschriften über die festverzinslichen Wertpapiere bei der Erstellung der Einkommensteuererklärung in unserer Handakte vorgelegen haben und übersehen wurden."

Beispiel 3:

Nachdem das Strafverfahren gegenüber dem Beschuldigten bekannt gegeben wurde, schrieb der Steuerberater an die BuStra-Stelle des FA: „Wir haben nunmehr die Buchführungsunterlagen überprüft. Leider kamen wir ebenfalls zu der Feststellung, dass die Einnahmendifferenz nicht in das Buchhaltungswerk eingeflossen ist. Grund dafür ist, dass der entsprechende Bankauszug verloren gegangen ist und dies beim Erstellen der Buchhaltung nicht bemerkt wurde. Bei dem Bankauszug handelte es sich um einen der alten Bankauszüge, die teilweise so schmal waren, dass sie nach dem Abheften leicht verloren gehen konnten. Der entsprechende Auszug kann nach Auskunft der Sparkasse auch nicht mehr wiederbeschafft werden, da diese seinerzeit nicht mikroverfilmt wurden. Da kein gegenteiliger Beweis erbracht werden kann, müssen wir davon ausgehen, dass dieser Differenzbetrag Herrn B zugeflossen ist."

In den Beispielen sind die Strafverfahren gegen die Mandanten einzustellen, da diese keine Vorsatztaten begangen haben. Soweit das FA dem Steuerberater einen leichtfertigen Fehler vorhält, greift die angeführte Rechtsprechung, wonach ein Steuerberater, der lediglich im Innenverhältnis zum Mandanten tätig wurde, der also keine eigenen Erklärungen abgab, nicht Täter einer leichtfertigen Steuerverkürzung sein kann. **Darüber hinaus würde das Geständnis des Versehens des Steuerberaters eine Selbstanzeige wegen leichtfertiger Steuerverkürzung (§ 378 Abs. 3 AO) bedeuten.** Ausschlussgründe lägen hierfür nicht vor, auch müssten die Steuern zur Wirksamkeit nicht nachgezahlt werden, da der Steuerberater

„die Tat“ zugunsten eines Dritten, des Mandanten, begangen hätte. Aus diesen Gründen dürfte ein Bußgeldverfahren gegen den Berater nicht eingeleitet werden (§ 378 AO).

5. Durchsuchung beim Steuerberater

Gelegentlich kommt es vor, dass Steuerfahnder mit einem Durchsuchungsbeschluss gem. § 103 StPO (Durchsuchung bei Dritten) beim Steuerberater erscheinen. Hier stellt sich die Frage, unter welchen Voraussetzungen die Fahnder vom Strafverfahren gegen den Mandanten auf ein Strafverfahren wegen Beihilfe des Beraters umschwenken dürfen. Zwar äußerte sich das OLG Hamm dahingehend, dass die Steufa die Handakten des Steuerberaters auch auf beweiserhebliche Unterlagen hin durchsehen dürfe (OLG Hamm, Beschluss vom 23.06.1988, 1 VAs 3/88, NStE Nr. 3 zu § 105 StPO). Nach der Rechtsprechung muss der Beihilfeverdacht jedoch schon vor der Durchsuchung beim Berater bestehen. Ergibt sich der Verdacht erst aufgrund der Durchsicht und Beschlagnahme von Berater-Handakten, so gilt ein **Verwertungsverbot** (LG Koblenz, Beschluss vom 30.10.1984, 10 Qs 10, 23/84, StV 1985, 8; LG Kaiserslautern, Beschluss vom 28.06.1991, 7 Qs 69/91, n. v.).

Günstig für den Berater ist auch der Beschluss des AG Berlin-Tiergarten. Danach begründet auch die Feststellung der Beihilfe des Steuerberaters zur Steuerhinterziehung eines Mandanten noch keinen dahingehenden Verdacht, dass der Berater auch anderen Mandanten Beihilfe geleistet habe. Weitere Handakten dürfen daher nicht beschlagnahmt werden (AG Tiergarten, Beschluss vom 29.06.1995, 327 Cs 1592/94, n. v.).

6. Ermittlungsprobleme der Finanzbehörden

Steuerstraf- oder bußgeldrechtliche Ermittlungsverfahren gegen Steuerberater sind selten. Neben dem Umstand, dass somit die ganz überwiegende Zahl der Steuerberater die vielfach im Schrifttum behandelten Probleme mit „hinterziehungsgeneigten Mandanten“ offensichtlich zu meistern verstehen, sind hierfür spezifische Schwierigkeiten der Ermittlung ursächlich. Beihilfe setzt voraus, dass jemand vorsätzlich (wissentlich und willentlich) einem anderen zu dessen vorsätzlich begangener Tat Hilfe geleistet hat.

Zunächst muss also aus Ermittlersicht geklärt werden, **wer wissentlich** gehandelt, also die wahren Sachverhalte gekannt oder wenigstens – im Sinne bedingten Vorsatzes – ernstlich für möglich gehalten und billigend in Kauf genommen hat. Hierzu muss zu Beginn der in Betracht kommende Gehilfe ermittelt werden; dies kann der Steuerberater (Chef eines Steuerberatungsbüros) sein oder auch ein Angestellter, der als Sachbearbeiter für das betreffende Mandat zuständig ist. Hier stößt die Ermittlungsbehörde bereits auf erste Schwierigkeiten, da entsprechende Sachverhalte i.d.R. erst i.R. einer Bp auffallen, die jedoch dem Zeitpunkt der Anfertigung der Steuererklärungen erst etliche Jahre nachfolgt; so kann der betreffende Angestellte z.B. inzwischen aus dem Steuerbüro ausgeschieden sein.

Anschließend muss der Verdächtige aus dem Steuerbüro vernommen werden, was voraussetzt, dass der Mandant – der i.d.R. als Haupttäter verdächtig ist – diesen von der Verschwiegenheitspflicht entbindet. Geschieht dies nicht, so verbleiben die Fragen zum Sachverhalt im Verhältnis zwischen Berater und Mandant u.U. ungeklärt. Erfolgt eine Entbindung von der Verschwiegenheitspflicht, so steht dem Angehörigen des Steuerbüros das Recht zu, die Antwort auf solche Fragen zu verweigern, durch die er sich selbst belasten würde. Sind beide, Steuerberater und beschuldigter Mandant, trotz bestehender Aussageverweigerungsrechte aussagewillig, so sind selbst belastende Äußerungen unwahrscheinlich; u.U. schieben sich beide gegenseitig die Schuld zu. Es kann dann „Aussage gegen Aussage“ stehen (Dörn, Stbg 2002, 454).

Problematisch wird es auch, wenn die Entscheidung, ob bestimmte Angaben in der Steuererklärung zu machen waren oder nicht, zunächst eine steuerrechtliche Subsumtion voraussetzte. Der Stpfl. wird sich dann einlassen, das Steuerbüro im Laufe des Jahres mit allen Unterlagen beliefert zu haben; es sei Aufgabe des Steuerberaters gewesen zu entscheiden, was in welcher Weise steuerlich zu berücksichtigen sei. Auf diese Weise bestreitet der Stpfl. den Vorsatz; denn Vorsatz der Steuerhinterziehung setzt voraus, dass der Täter die steuerrechtliche Rechtslage richtig erfasst und den Steueranspruch wissentlich verkürzen will, anderenfalls liegt ein den Vorsatz ausschließender **Tatbestandsirrtum** vor (BGH, Beschluss vom 19.05.1989, 3 StR 590/88, wistra 1989, 263; BGH, Urteil vom 23.04.1986, 3 StR 57/86, wistra 1986, 220; BGH, Urteil vom 05.03.1986, 2 StR 666/85, wistra 1986, 174; BayObLG, Urteil vom 20.07.1992, RReg 4 St 190/91, ZfZ 1992, 362; OLG Bremen, Beschluss vom 26.04.1985, Ws 111/84, 115/84, 116/84, StV 1985, 282; Dörn, wistra 1992, 241).

Hier greift allerdings aus Ermittlersicht auch der Grundsatz, dass ein Stpfl. sich zwar bei der Erfüllung seiner steuerlichen Pflichten des Einsatzes von Hilfspersonen bedienen darf, er aber die notwendigen organisatorischen Vorkehrungen dafür zu treffen hat, dass diese Pflichten auch tatsächlich erfüllt werden. Hat ein Stpfl. organisatorisch für **keinerlei Abstimmung** mit seinem Steuerberater gesorgt, sodass z. B. in größerem Umfang private Aufwendungen zu Unrecht betrieblich geltend gemacht wurden, so lag zumindest Leichtfertigkeit, u. U. bedingter Vorsatz, **des Stpfl.** vor. Die Abgrenzung zwischen (bußgeldrechtlich irrelevanter) leichter Fahrlässigkeit, Leichtfertigkeit und bedingtem Vorsatz ist im Wesentlichen davon abhängig zu machen, welches Ausmaß das Versäumnis des Stpfl. in Bezug auf die Organisation seines Verhältnisses zum Steuerbüro hatte (Dörn, StBp 1995, 49, 53).

Entscheidender Ansatzpunkt für den Anfangsverdacht (vgl. § 152 Abs. 2 StPO) vorsätzlichen Verhaltens des Steuerberaters ist der Nachweis des **Wissens** des Steuerberaters (oder eines Angestellten des Beraters) um die den unrichtigen Steuererklärungen oder -voranmeldungen zugrunde liegenden Lebenssachverhalte. Dieses Wissen kann ein Betriebsprüfer z. B. daraus folgern, dass der Steuerberater (oder ein Angestellter des Steuerberaters) Unterlagen dem Betriebsausgabenbereich zuordnete, deren private Veranlassung zweifelsfrei war. Darüber hinaus kann das Ausmaß falscher Verbuchungen einen Anhaltspunkt dafür ergeben, ob dies fahrlässig, leichtfertig oder vorsätzlich geschah.

Hier beginnen aber bereits die Schwierigkeiten: Der Prüfer wird zunächst dem Steuerberater die Frage stellen, wie es dazu kommen konnte, dass z. B. in erheblichem Umfang erkennbar private Aufwendungen der Gewinn- und Verlustrechnung des Stpfl. oder fälschlicherweise Rechnungen den Voranmeldungen zugrunde gelegt wurden. Ergeben plausible Erklärungen des Beraters, dass nur Leichtfertigkeit oder gar Fahrlässigkeit die Ursache war (z. B. fehlerhafte Buchungen einer Berufsanfängerin im Steuerbüro), so kann der Prüfer sich eine Verfahrenseinleitung sogleich ersparen.

Bei Fragen an den Steuerberater stößt der Prüfer aber auf zwei Hürden, die auch später in den BuStra-Stellen bei Fällen, in denen Steuerberater beauftragt waren, häufig unüberwindbar sind: Zum einen steht dem Steuerberater gem. § 102 Abs. 1 Nr. 3b AO ein Auskunftsverweigerungsrecht hinsichtlich der Tatsachen aus dem Mandantenbereich zu, die dem Berater in seiner beruflichen Eigenschaft bekannt geworden sind; hierzu gehört auch eine mögliche Steuerhinterziehung des Mandanten (§ 102 Abs. 1 Nr. 3b AO). Zum anderen ist diese Verschwiegenheitspflicht des Steuerberaters strafbewehrt. Sofern der Steuerberater selbst verdächtigt werden könnte, steht ihm außerdem ein Aussageverweigerungsrecht zu; er kann die Antwort auf solche Fragen verweigern, durch die er sich selbst belasten würde (§ 203 StGB; § 136 Abs. 1 Satz 2 StPO).

Sieht der Prüfer den Berater zunächst als Zeugen an, so ergibt sich ein Aussageverweigerungsrecht aus § 55 StPO.

7. Weitere zivilrechtliche Risiken

Ein Steuerberater, der es durch einen von ihm erteilten Rat oder durch die von ihm veranlasste unzutreffende Darstellung steuerlich bedeutsamer Vorgänge verschuldet, dass gegen seinen Mandanten wegen leichtfertiger Steuerverkürzung ein Bußgeld verhängt wird, kann verpflichtet werden, jenem den darin bestehenden Vermögensschaden zu ersetzen (BGH, Urteil vom 14.11.1996, IX ZR 215/95, NJW 1997, 518; auf gleicher Linie BGH, Urteil vom 15.04.2010, IX ZR 189/09, WM 2010, 993; hierzu Gehm, Stbg 2010, 368 ff.).

Übermittelt der rechtliche Berater versehentlich ohne vorherige Abstimmung mit dem Mandanten eine für diesen gefertigte Selbstanzeige der Finanzverwaltung, liegt in der anschließend gegen den Mandanten festgesetzten Steuerpflicht kein ersatzfähiger Schaden (so klarstellend BGH, Urteil vom 09.11.2017, IX ZR 270/16, NJW 2018, 541).

IV. Arrest in Steuerfahndungsfällen

Schrifttum:

Beyer	Vermögensarrest im Steuerstrafverfahren, steuerberater intern 2022, Beilage Nr. 1 vom 04.01.2022, 1
Bruschke	Der dingliche Arrest im Steuerrecht, BB 1996, 81
Dörn	Steuerlicher und steuerstrafprozessualer Arrest, StBp 1999, 130
Hellerbrand	Der dingliche Arrest zur Sicherung des Verfalls von Wertersatz im Ermittlungsverfahren, wistra 2003, 201
Hild	Schätzung im Steuer- und Strafrecht, DB 1996, 2300
ders.	Steuerarrest, DB 1998, 1358
Johann	Die Sicherungshypothek im (Steuer-)Strafrecht, PStR 2018, 146
ders.	Haftung wegen Arrestvollzug im Steuerstrafverfahren, PStR 2019, 89

Peters	Kein Vermögensarrest bei bereits ergangenen Steuerbescheiden und ausreichend vorhandenem Vermögen, Stbg 2024, 20
Pflaum	Der strafprozessuale dingliche Arrest in der steuerstrafrechtlichen Praxis, StBp 2010, 318
Wegner	Vermögensarrest in Steuerstrafsachen, PStR 2020, 33
Wulf	Rechtsschutz gegen Arrestbescheide nach § 69 Abs. 3 FGO, Stbg 2012, 455

Verwaltungsanweisung:

1. Gleichlautende Erlasse der obersten Finanzbehörden der Länder vom 16.10.2023 betr. Anweisungen für das Straf- und Bußgeldverfahren (Steuer) – AStBV (St) 2023/2024, BStBl I 2023, 1798

1. Zunehmender Arrest von Vermögenswerten

Die Steufa ist in den letzten Jahren verstärkt dazu übergegangen, anlässlich von Durchsuchungsmaßnahmen Vermögenswerte im Wege des Arrests vorläufig sicherzustellen: Vorgefundenes Bargeld wird mitgenommen, Bankkonten werden gepfändet, sodass der Beschuldigte nicht mehr darüber verfügen kann, oder es werden für Immobilien Sicherungshypotheken eingetragen. Durch derartige Maßnahmen kann die wirtschaftliche Existenz des Beschuldigten unmittelbar gefährdet werden. Hinzu kommt, dass die Rechtsbehelfe gegen derartige Maßnahmen Zeit benötigen und häufig wegen hoher Streitwerte kostspielig sind. Die Probleme und Kosten, die dem Betroffenen auf diese Weise verursacht werden, sind auch deshalb häufig umso ärgerlicher, weil sich die von der Steufa erhobenen Vorwürfe und behaupteten Steuernachforderungen im Laufe des späteren Verfahrens i. d. R. drastisch reduzieren.

Für den Berater ist es oft schwierig, rasch und adäquat zu reagieren, wenn die Finanzbehörden das Instrumentarium der entlegenen und insbesondere im Bereich der StPO komplizierten Arrestvorschriften einsetzen. In der Praxis werden sowohl die steuerlichen als auch die strafprozessualen Arrestvorschriften angewandt (zum Vermögensarrest im Steuerstrafverfahren aus Beratersicht instruktiv Beyer, steuerberater intern 2022, Beilage Nr. 1 vom 04.01.2022, 1 ff.).

2. Grundsätze des steuerlichen Arrests

Die **Anordnung** des Arrests setzt einen **Arrestanspruch** und das Vorliegen eines **Arrestgrunds** voraus (§§ 324 ff. AO).

2.1 Arrestanspruch: Entstehen des Steueranspruchs

Steueransprüche müssen noch nicht fällig sein oder zahlenmäßig feststehen, es genügt, dass sie **entstanden** sind. Nach § 38 AO entstehen Ansprüche aus den Steuerschuldverhältnissen, sobald der Tatbestand verwirklicht ist, an den das Gesetz die Leistungspflicht knüpft. Der Steuerarrest kann bereits dann angeordnet werden, wenn der Steueranspruch zwar noch nicht endgültig festgestellt werden kann, für sein Bestehen aber eine hinreichende Wahrscheinlichkeit besteht. Überzogene Anforderungen dürfen an die Ermittlungspflicht nicht gestellt werden (BGH, Urteil vom 03.10.1985, III ZR 28/84, NJW 1986, 2952).

Auch die **Haftungsschuld** entsteht, sobald der Tatbestand verwirklicht ist, an den das Gesetz die Entstehung der Haftung knüpft. Zwar ist der Haftungstatbestand abhängig von einer entstandenen Hauptschuld; dies bedeutet jedoch nicht, dass bei Inanspruchnahme des Haftungsschuldners die Steuerschuld gegen den Steuerschuldner festgesetzt sein muss (Schuster, in Hübschmann/Hepp/Spitaler, AO, § 38 Rdnr. 80). Zur Haftung des faktischen Geschäftsführers müssen zusätzlich die Voraussetzungen der faktischen Geschäftsführung erfüllt sein. Eine solche liegt vor, wenn von den acht klassischen Merkmalen im Kernbereich der Geschäftsführung

- Bestimmung der Unternehmenspolitik,
- Unternehmensorganisation,
- Einstellung von Mitarbeitern,
- Gestaltung der Geschäftsbeziehungen zu Vertragspartnern,
- Verhandlungen mit Kreditgebern,
- Gehaltshöhe,
- Entscheidung der Steuerangelegenheiten,
- Steuerung der Buchhaltung

mindestens sechs erfüllt sind (BayOblG, Urteil vom 20.02.1997, 5 St RR 159/96, BB 1997, 850).

2.2 Arrestgrund: steuerliche Unzuverlässigkeit

Der **Arrestgrund** beinhaltet die Befürchtung, dass die Vollstreckung der später rechtskräftig festgesetzten Steuerforderung ohne die Anordnung des Arrests vereitelt oder wesentlich erschwert wird (§ 324 Abs. 1 Satz 1 AO). Ein Sicherstellungsbedürfnis (Arrestgrund) liegt z. B. bei folgenden Konstellationen vor:

- Verbringen von Vermögen ins Ausland,
- Vernichten von Geschäftsbüchern,
- Führen eines Betriebs unter falschem Namen; Fingieren von Vorsteuern durch Scheinrechnungen,
- häufiger, dem FA nicht angezeigter Wohnsitzwechsel in Verbindung mit der Nichtabgabe von Steuererklärungen (Bruschke, BB 1996, 81; Hild, DB 1998, 1358).

Der dringende Verdacht der Steuerhinterziehung allein ist noch nicht ausreichend, vielmehr sind weitere Indizien erforderlich (Leerräumen von Bankkonten im Anschluss an Steuerfahndungsprüfung, Vorbereitung des Wegzugs ins Ausland o. Ä.). Insgesamt ist eine Arrestanordnung immer dann gerechtfertigt, wenn der Stpfl. als steuerlich unzuverlässig zu gelten hat. Der Arrest soll nicht nur die Vollstreckungsmöglichkeit als solche (den Vollstreckungserfolg), sondern gerade auch die Leichtigkeit der Vollstreckung, d. h. den schnellen und unmittelbaren Zugriff auf einzelne Vermögensgegenstände des Stpfl., gewährleisten (BFH, Beschluss vom 25.04.1995, VII B 174/94, BFH/NV 1995, 1037).

Bei Betrieben mit hohem Bargeldaufkommen und mit Geschäftsstrukturen, die der Verschleierung der wahren Geschäftsinhaber und Abschöpfung der Erträge dienen, bestehen gewichtige Gründe, eine Vereitelung des Vollstreckungsanspruchs zu befürchten (FG Nürnberg, Beschluss vom 28.12.2018, 2 V 731/18, EFG 2021, 8, 9 f. m. Anm. Reichelt, rkr., betr. eine Bordell-GmbH).

Steuerpflichtige, die aus einem anrüchigen Milieu stammen (z. B. Rotlicht, Baubranche mit dem latenten Risiko der Unterstellung von Schwarzarbeit bzw. Umdeutung von Subunternehmer in Scheinselbstständige, Gaststättengewerbe, Kapitalanlagebranche), die potenzielle Arrestschuldner im Visier des Fiskus sind, deponieren bereits vorsorglich den Großteil eines Vermögens auf ausländischen Bankkonten, die äußerst schwierig für den deutschen Fiskus im Wege der internationalen Rechts- und Amtshilfe zu erreichen sind.

Schlechte Vermögensverhältnisse oder die drohende Gläubigerkonkurrenz in einem möglichen Insolvenzverfahren sind keine Arrestgründe. Dagegen ist die nachhaltige Schmälerung des Betriebsvermögens durch die Einbuchung von Scheinrechnungen geeignet, einen Arrest i. S. d. § 324 Abs. 1 Satz 1 AO zu rechtfertigen (FG des Saarlandes, Urteil vom 03.12.2003, 1 K 35/03, EFG 2004, 242; im Ergebnis bestätigt durch BFH, Beschluss vom 02.02.2005, V B 4/04, BFH/NV 2005, 1317).

Im Schrifttum ist herausgearbeitet worden, dass ein Vermögensarrest bei bereits ergangenen Steuerbescheiden und ausreichend vorhandenem Vermögen nicht in Betracht kommt (Peters, Stbg 2024, 20).

Der Arrestgrund muss während der gesamten Dauer des Arrests vorliegen. Stellt sich heraus, dass eine Gefahr für die spätere Zwangsvollstreckung nicht mehr besteht, z. B. weil der Stpfl. anderweitig Sicherheit leistet oder sich entgegen der Annahme der Finanzverwaltung nicht ins Ausland absetzen will, so muss der Arrest aufgehoben werden. Ebenso muss der Arrest reduziert werden, falls sich im weiteren Straf- und Besteuerungsverfahren herausstellen sollte, dass sich Feststellungen der Höhe nach nicht mehr halten lassen.

Der Arrest dient der Sicherung einer **bestimmten Steuerforderung**. Ein Austausch der zu sichernden Steuerforderung (des Arrestanspruchs) ist nicht möglich (BFH, Urteil vom 10.03.1983, V R 143/76, BStBl II 1983, 401 mit Anm. Weiß, ZIP 1983, 854). Nach finanzgerichtlicher Rechtsprechung darf ein Arrest wegen Einkommensteuern zusammenveranlagter Ehegatten gegen jeden Ehegatten nur in Höhe der auf ihn entfallenden ESt angeordnet werden, sodass das FA vor Erlass eines Arrestes eine Aufteilung der ESt-Gesamtschuld durchzuführen hat. Hierbei bedarf es nicht der vorherigen oder – zusammen mit der Arrestanordnung – gleichzeitigen Bekanntgabe eines Aufteilungsbescheids, sondern den Arrestanordnungen gegen die Eheleute dürfen nur die ESt-Schulden zugrunde gelegt werden, die bei Erlass eines Aufteilungsbescheids auf den betreffenden Ehegatten entfallen würden (FG Bremen, Urteil vom 05.12.1995, II 95 237 K 2, EFG 1996, 307; Niedersächsisches FG, Urteil vom 05.06.1989, XIII 106/89, EFG 1989, 612; §§ 268 ff. AO).

2.3 Strenge formale Vorschriften für die Arrestanordnung

Die Arrestanordnung muss die **Arrestsumme im Einzelnen unter Angabe der Steuerarten und der Besteuerungszeiträume beziffern**. Sie ist zu begründen, zu unterschreiben und zuzustellen. Mündliche Arrestanordnungen sind **nichtig** (§ 324 Abs. 2 AO; BGH, Urteil vom 07.05.1991, IX ZR 30/90, NJW 1991, 2147, 2150).

Der **Vollzug** des Arrests (Arrest-Pfändung) ist zwar schon vor der Zustellung der Arrestanordnung zulässig. Vor dem Zeitpunkt der Unterschriftsleistung unter die Anordnung kommt jedoch eine Vollziehung nicht in Betracht, da eine Arrestanordnung noch nicht rechtlich existent ist; die Arrestanordnung muss somit zum Zeitpunkt des Vollziehungsbeginns in rechtsgültiger Form existiert haben. Auch muss bei vorheriger Vollziehung (Pfändung) die Arrestanordnung innerhalb einer Woche zugestellt werden, da die Pfändung anderenfalls unwirksam ist (§ 324 Abs. 3 Satz 2 AO). Das Erfordernis, dass **vor der Pfändung** eine **schriftliche** Arrestanordnung vorliegen muss, macht den **Steuerarrest in der Durchsuchungssituation** nahezu untauglich. Während der Fahnder durchsucht und im Regelfall erst in dieser Zeit erkennt, dass ein Arrest notwendig wird, kann der Beamte im FA kaum einen Arrest – mit spezifizierten Steuerforderungen und Arrestgründen – zu Papier bringen (Dörn, StBp 1999, 130).

Die Vollziehung des Arrests ist unwirksam, wenn seit dem Tag, an dem die Arrestanordnung erlassen wurde, ein Monat verstrichen ist. Zur Wahrung der Monatsfrist genügt es, dass die Vollstreckung innerhalb dieser Frist begonnen und zügig fortgesetzt wird. Für den Fall, dass der Arrest in ein Grundstück vollzogen wird, reicht es für die Wahrung der Monatsfrist aus, dass der entsprechende Eintragungsantrag beim Grundbuchamt gestellt wird. Bei der Pfändung einer Forderung genügt es, dass die entsprechende Verfügung am letzten Tag der Monatsfrist erlassen wird; die Zustellung der Pfändungsverfügung nach Ablauf der Frist ist dann unbeachtlich (Bruschke, BB 1996, 81, 87).

Wird im Laufe des Verfahrens ein entsprechender Steuerbescheid erlassen, der den Steueranspruch nunmehr tituliert, wird das Arrestverfahren ohne eine erneute Prüfung in das „normale Vollstreckungsverfahren“ übergeleitet, sodass nunmehr die Verwertung des zuvor nur gesicherten Pfandgegenstandes erfolgen kann (BFH, Beschluss vom 06.07.2001, III B 58/00, BFH/NV 2001, 1530; Hessisches FG, Urteil vom 16.03.2005, 4 K 937/03, EFG 2006, 702, rkr., mit Anm. Braun).

Eine rechtmäßig erlassene Arrestanordnung ist nicht gemäß § 325 AO wegen der Eröffnung des Konkurs-/Insolvenzverfahrens über das Vermögen des Arrestschuldners aufzuheben, wenn das Finanzamt die Arrestanordnung bereits vollzogen und dadurch ein Absonderungsrecht erlangt hat (BFH, Urteil vom 17.12.2003, I R 1/02, BStBl II 2004, 392).

Beim Vermögensarrest muss eine Nichtabhilfeentscheidung des erstentscheidenden Gerichts (mit der die Sache der nächsten Instanz vorgelegt wird) i. d. R. nicht begründet werden. Eine Begründung ist aber erforderlich, wenn die Beschwerde des unterlegenen Beteiligten gegen die Ausgangsentscheidung mit erheblichem neuem Vorbringen verbunden ist (hier: Vorlage zwischenzeitlich erstellter Betriebsprüfungsberichte des FA). Darauf weist das KG Berlin hin (Beschluss vom 02.06.2020, 4 Ws 21/20, PStR 2021, 51).

3. Rechtsbehelfe gegen den steuerlichen Arrest

3.1 Einspruch gegen die Arrestanordnung und Antrag auf Aufhebung (Aussetzung) der Vollziehung

Mit dem Einspruch wird regelmäßig das Bestehen eines Arrestanspruchs und/oder das Vorliegen eines Arrestgrundes bestritten. Eine Aussetzung der Vollziehung wird im Regelfall nur gegen Sicherheitsleistung ausgesprochen. Erfolgt die Aussetzung der Vollziehung ohne Sicherheitsleistung oder ergeht ein unwiderruflicher Vollstreckungsaufschub „bis zum Erlass eines vollstreckbaren Steuerbescheides“, so ist darin eine konkludente Aufhebung der Arrestanordnung zu sehen (BFH, Urteil vom 19.03.1968, VII 295/64, BStBl II 1968, 501).

3.2 Sofortige Klage gegen die Arrestanordnung i. V. m. dem Antrag auf Aussetzung der Vollziehung

Die Frist für die Einlegung der sofortigen Klage beträgt einen Monat. Sie beginnt mit der förmlichen Zustellung der Arrestanordnung. Im gerichtlichen Verfahren gegen die Arrestanordnung hat das FA eine Mitwirkungspflicht. Das FG Leipzig führte mit Beschluss vom 11.08.1993 aus:

„Der Antragsgegner (Ag.) hat dem Gericht nicht in ausreichendem Maße dargelegt, dass die in der Arrestanordnung nach § 324 AO genannten und der Ermittlung der USt zugrunde gelegten Betriebseinnahmen auch tatsächlich zutreffend sind. Die in der Arrestanordnung genannten Betriebseinnahmen stützen sich auf **Angaben der Steuerfahndungsprüfung**, die diese nach noch nicht abgeschlossener Sichtung beschlagnahmter Unterlagen gemacht hatte. Diese Angaben werden vom Antragsteller insoweit angegriffen, als sie seine vorangemeldeten Umsätze übersteigen. Damit steht Aussage gegen Aussage mit der Konsequenz, dass der Ag. im Rahmen seiner Mitwirkungspflichten nach § 76 FGO Fakten und Unterlagen hätte beibringen müssen, aus denen sich die fraglichen Betriebseinnahmen in glaubhafter Weise ergeben hätten. Dies hat er nicht getan. Auf Aufforderung des Gerichts, entsprechende Unterlagen einzureichen, hat er **lediglich eine „überschlägige Berechnung“ der Steuerfahndung vorgelegt, die unter „Einnahmen aufgrund Feststellungen Fahndungsprüfung“**

einen Gesamtbetrag benennt und außerdem einen Sicherheitszuschlag von 20 %. Seinen Mitwirkungspflichten genügen können hätte der Ag. insbesondere durch **Vorlage von Unterlagen**, die die Betriebseinnahmen insgesamt belegen. Ausreichend wäre aber auch gewesen, nur für einen bestimmten Zeitraum Belege bzw. Kopien hiervon vorzulegen und für die übrigen Zeiträume entsprechende Einnahmen durch die Darstellung des gleichen Sachverhalts in diesen Zeiträumen glaubhaft zu machen. Auch die Vorlage von Belegen bzw. Kopien nur für bestimmte Vorgänge und die Glaubhaftmachung weiterer entsprechender Vorgänge hätten möglicherweise genügt, ebenso die Darstellung der einzelnen Vorgänge, die zu den Betriebseinnahmen geführt haben .... Der Ag. muss auch im Arrestverfahren jederzeit seinen Mitwirkungspflichten genügen können. Da er das nicht konnte, waren ihm nach der Erledigung der Hauptsache in Folge des Erlasses von USt-Bescheiden die Kosten aufzuerlegen" (FG Leipzig, Beschluss vom 11.08.1993, 1 K 8/93, EFG 1993, 731, rkr.).

Durch die sofortige Klage gegen die Arrestanordnung wird die Finanzbehörde i. d. R. veranlasst werden, Steuerbescheide zu erlassen, da sie anderenfalls das Risiko einer antragsgemäßen Gewährung der Vollziehungsaussetzung eingeht (Hild, DB 1998, 1358, 1361; § 45 Abs. 4 FGO). Bei diesen während der Fahndungsprüfung erlassenen Steuerbescheiden wird es sich i. d. R. um Schätzungsbescheide handeln, deren Anfechtung oft erfolgversprechend sein wird (Hild, DB 1996, 2300). Ernstliche Zweifel an der Rechtmäßigkeit von USt-Bescheiden bestehen, wenn die in die Bescheide übernommenen Prüfungsfeststellungen **auf einem bloßen Zwischenbericht der Steufa** beruhen und der Betroffene umfangreiche Einwendungen erhoben hat (FG Bremen, Urteil vom 20.10.1995, 2 95 093 V 2, UVR 1996, 21, rkr.).

Im Fall der sofortigen Klageerhebung erledigt sich zwar die Arrestanordnung durch den Erlass des Steuerbescheids, jedoch lässt sich das Feststellungsinteresse – z. B. hinsichtlich eines beabsichtigten Schadensersatzanspruchs – durch die Fortsetzungsfeststellungsklage weiterverfolgen (§ 100 Abs. 1 Satz 4 FGO; Bruschke, BB 1996, 81, 84; Hild, DB 1998, 1358, 1361).

Für die Beurteilung der Rechtmäßigkeit einer Arrestanordnung sind auch im Rahmen einer Fortsetzungsfeststellungsklage diejenigen Umstände maßgebend, die aus der Sicht der letzten mündlichen Verhandlung im Zeitpunkt des Erlasses der Arrestanordnung tatsächlich vorgelegen haben (BFH, Urteil vom 17.10.2018, XI R 35/16, BStBl II 2019, 50).

Bestehen ernstliche Zweifel an der Rechtmäßigkeit einer Anordnung des dinglichen Arrests i. S. d. § 324 Abs. 1 AO, kann das Gericht die Vollziehung im Einzelfall, insbesondere wenn mit Gewissheit oder großer Wahrscheinlichkeit ein für den Stpfl. günstiger Prozessausgang zu erwarten ist, auch **ohne Sicherheitsleistung** aufheben (BFH, Beschluss vom 06.02.2013, XI B 125/12, BStBl II 2013, 983).

Soweit sich ein Antrag auf AdV einer Arrestanordnung gegen den noch nicht vollzogenen Teil der Arrestanordnung richtet, ist der Antrag nach Ablauf der in § 324 Abs. 3 Satz 1 AO bestimmten Monatsfrist mangels Rechtsschutzbedürfnisses unzulässig. Dem Antrag auf Aufhebung der Vollziehung einer Arrestanordnung fehlt das Rechtsschutzbedürfnis, wenn die Aufhebung der Vollziehung nur gegen Sicherheitsleistung jedenfalls in Höhe des Wertes der gepfändeten Gegenstände gewährt werden könnte (FG Münster, Beschluss vom 16.12.2013, 15 V 3684/13 U, EFG 2014, 324, rkr.; zum spezifischen Rechtsschutz gegen Arrestbescheide nach § 69 Abs. 3 FGO siehe Wulf, Stbg 2012, 455 ff.).

3.3 Einspruch gegen die Pfändungsverfügung und Antrag auf Aussetzung der Vollziehung

Hier kann z. B. vorgetragen werden, dass eine **Überpfändung** vorliegt. Die Vollziehung des Arrests ist unwirksam, wenn seit dem Tag, an dem die Arrestanordnung erlassen wurde, ein Monat verstrichen ist (§ 324 Abs. 3 Satz 1 AO). Gerügt werden kann auch, dass zu dem Zeitpunkt, als die Steufa den Arrest vollzog, noch gar keine unterschriebene Arrestanordnung vorlag.

3.4 Antrag auf einstweilige Einstellung oder Beschränkung der Vollstreckung

Dieser setzt voraus, dass die Vollstreckung im Einzelfall unbillig ist (§ 258 AO). Eine Unbilligkeit ist nur anzunehmen, wenn die Vollstreckung oder eine einzelne Vollstreckungsmaßnahme dem Vollstreckungsschuldner einen unangemessenen Nachteil bringen würde, der durch kurzfristiges Zuwarten oder durch eine andere Vollstreckungsmaßnahme vermieden werden könnte.

3.5 Schadensersatz bei ungerechtfertigtem Arrest

Als Rechtsgrundlagen kommt § 945 ZPO analog oder der Amtshaftungsanspruch in Betracht (BGH, Urteil vom 03.10.1985, III ZR 28/84, NJW 1986, 2952; § 945 ZPO; § 839 BGB i. V. m. Art. 34 GG; hierzu Johann, PStR 2019, 89 ff.).

Durch die Vollziehung von (unrichtigen) Steuerbescheiden entstandene Schäden sind nicht nach § 945 ZPO zu ersetzen. Dies gilt auch dann, wenn dem Erlass der Steuerbescheide ein Arrestverfahren vorausgegangen ist, das zur Pfändung einer Forderung geführt hat. Denn mit Erlass der Steuerbescheide ist das Arrestverfahren in das normale Vollstreckungsverfahren übergeleitet und als solches fortgesetzt worden mit der Folge, dass das Arrestpfandrecht sich in ein (rangwahrendes) Pfändungspfandrecht umgewandelt hat (BGH, Beschluss vom 13.09.2012, III ZR 249/11, WM 2012, 2143 = DB 2012, 2346).

Wenn sich eine Arrestanordnung bereits vor Klageerhebung erledigt hat, besteht für eine wegen dieser Arrestanordnung erhobene (Fortsetzungs-) Feststellungsklage kein berechtigtes (Fortsetzungs-)Feststellungsinteresse aufgrund eines Amtshaftungsprozesses (FG Münster, Urteil vom 31.10.2018, 7 K 2396/16, AO, EFG 2019, 59, 61, vorläufig nicht rkr., m. Anm. Dominik).

4. Strafprozessualer Arrest als Zwischenlösung

Da die Entscheidung, ob ein Arrest anzuordnen ist, anlässlich der zeitlich eng begrenzten Durchsuchungsmaßnahme zu treffen ist, den FÄ in dieser Zeit die Ausfertigung einer Arrestanordnung aber kaum möglich ist, kann von der BuStra-Stelle des FA zunächst der strafrechtliche Arrest (sog. Zurückgewinnhilfe) angeordnet werden (§ 111b Abs. 2 und 5, § 111d StPO; § 73 Abs. 1 Satz 2 StGB; LG Berlin, Beschluss vom 26.02.1990, 505 Qs 27/89, wistra 1990, 157 = NStZ 1991, 428 mit Anm. Dörn, wistra 1990, 181 und Anm. Meurer, NStZ 1991, 438; Nr. 70 bis 72 der Anweisungen für das Straf- und Bußgeldverfahren [Steuererlass vom 16.10.2023] – AStBV [St], 2023/2024, BStBl I 2023, 1798; Hellerbrand, wistra 2003, 201; Pflaum, StBp 2010, 318 ff.). Von der Steufa ist hierzu festzustellen bzw. zu prüfen:

- zahlenmäßige Bestimmtheit der Steuernachforderungen,
- Sicherstellungsbedürfnis des Fiskus; hier gelten dieselben Arrestgründe wie beim steuerlichen Arrest.

Zur Arrestanordnung ist bei Gefahr im Verzug die BuStra-Stelle zuständig. Die BuStra benötigt hierzu die überschlägigen, von der Steufa zu liefernden Zahlen der Steuernachforderungen. Vorgefundenes Bargeld kann die Steufa in der Durchsuchungssituation beschlagnahmen, wenn die Voraussetzungen für eine anschließende Arrestanordnung vorliegen (§ 94 Abs. 1 und 2, §§ 98, 111c StPO).

Die Anordnung des dinglichen Arrestes gemäß §§ 111b Abs. 2, 111d StPO unterbricht nicht die Strafverfolgungsverjährung, da es sich nicht um eine richterliche Beschlagnahmeanordnung im Sinne des § 78c Abs. 1 Satz 1 Nr. 4 StGB handelt (KG Berlin, Beschluss vom 20.05.2016, 1 Ws 83/15 – 161 AR 40/15, WM 2017, 573, rkr.).

Die – für den Mandanten einschneidende – Arrestierung von Bankkonten kann dadurch verhindert werden, dass der Betroffene veranlasst wird, Sicherheit durch Bankbürgschaft zu leisten.

Wird i.R. eines strafrechtlichen Ermittlungsverfahrens eine **Sicherungshypothek** in das Grundbuch zur Vollziehung eines dinglichen Arrests eingetragen, ist der Beschuldigte nicht Schuldner für die dadurch entstandenen Kosten (OLG Düsseldorf, Urteil vom 22.11.2001, 10 W 125/01, StV 2003, 550; § 111d StPO; vgl. auch Johann, PStR 2018, 146 ff.).

Im Wege des Arrests vorgenommene Sicherstellungen sind nach spätestens sechs Monaten (allerdings mit Verlängerungsmöglichkeit auf maximal zwölf Monate) aufzuheben (§ 111b Abs. 1 bis 3 StPO).

Gegen die Anordnung des Arrests durch die BuStra des FA oder die Staatsanwaltschaft hat der Betroffene den **Rechtsbehelf** des **Antrags auf richterliche Entscheidung** (§ 111e Abs. 2 Satz 3 StPO). Der Antrag auf gerichtliche Entscheidung ist an das zuständige Amtsgericht (ersichtlich aus dem Durchsuchungsbeschluss, mit dem die Steufa zuvor erschien) zu stellen und kann ebenso wie die o.g. Rechtsbehelfe gegen eine steuerliche Arrestanordnung begründet werden (unzureichende Spezifizierung oder/und Nachweis der behaupteten Steuernachforderungen; Voll- oder Teilschätzungen; fehlendes Sicherungsbedürfnis des Fiskus); hierzu instruktiv Wegner, PStR 2020, 33 ff.

Darüber hinaus ist der dingliche Arrest im laufenden Verfahren aufzuheben, wenn seine weitere Aufrechterhaltung gegen das **Verhältnismäßigkeitsprinzip** verstößt. Die Aufrechterhaltung des dinglichen Arrests bedarf umso größerer Rechtfertigung, je länger die Maßnahme bereits andauert (Hellerbrand, wistra 2003, 201, 206).

Zur Aufhebung eines dinglichen Arrests gem. §§ 111b, 111d StPO wegen Unverhältnismäßigkeit aufgrund unzureichender Verfahrensförderung siehe BVerfG, Beschluss vom 29.05.2005, 2 BvR 820/03, WM 2006, 1306; zur Anordnung eines dinglichen Arrests in Höhe von rund 28 Mio. € siehe OLG Köln, Beschluss vom 02.09.2013, 2 Ws 211/13, wistra 2014, 118; vgl. a. OLG Frankfurt a.M., Beschluss vom 14.06.2018, 3 Ws 425/17; zitiert und erläutert bei Johann, PStR 2018, 295 ff.

Das BVerfG hat in einer Entscheidung gegen die Anordnung eines dinglichen Arrests i.H.v. rund 28 Mio. EUR entschieden (BVerfG, Beschluss vom 17.04.2015, 2 BvR 1986/14, wistra 2015, 348).

Auch wenn man der Begehung sog. „konnexer“ Straftaten eine Indizwirkung für das Vorliegen eines Arrestgrundes beimisst und die Steuerhinterziehung zu den insoweit für einschlägig erachteten Straftaten zählt, entbindet dies nicht von der gebotenen Einzelfallprüfung unter Darlegung der konkreten Umstände, aus denen sich nach einer Gesamtabwägung das Urteil rechtfertigt, der Schuldner werde ohne die Arrestierung die künftige Vollstreckung vereiteln oder wesentlich erschweren. Ein strafprozessualer dinglicher Arrest zugunsten des Steuerfiskus darf nicht angeordnet werden – jedenfalls aber nicht über längere Zeit aufrechterhalten bleiben –, wenn der Steuerfiskus von der ihm zustehenden Möglichkeit, selbst einen dinglichen Arrest nach § 324 AO zu erlassen, ohne erkennbaren Grund keinen Gebrauch gemacht und dadurch ein fehlendes oder zumindest stark eingeschränktes Sicherungsbedürfnis in Bezug auf den strafprozessualen Arrest gezeigt hat (KG, Beschluss vom 03.05.2017, 4 Ws 61/17, wistra 2017, 501, 503 v., m. Anm. Webel).

Nach § 111e Abs. 1 StPO in der seit 01.07.2017 geltenden Fassung steht die Anordnung eines Vermögensarrestes – wie bisher – grundsätzlich im pflichtgemäßen Ermessen der Strafverfolgungsbehörde. Liegt allerdings ein dringender Verdacht vor, dass es am Ende des Verfahrens zu einer Einziehung von Wertersatz kommt, so soll ein Vermögensarrest angeordnet werden.

Durch die Neuregelung in § 111e Abs. 1 StPO n.F. und ersatzlose Aufhebung des § 111d Abs. 2 StPO a.F. ist der Verweis auf § 917 ZPO (Arrestgrund bei dinglichem Arrest), mithin die Besorgnis einer Erschwerung oder wesentlichen Vereitelung der Forderungsvollstreckung, entfallen, womit jedoch das bisherige Erfordernis eines „Arrestgrundes“ und die dazu ergangene Rechtsprechung nicht tangiert werden sollen. Somit ist der Arrest weiterhin nur zulässig, wenn dies zur Sicherung der Vollstreckung der Einziehung erforderlich ist. Eine Notwendigkeit für die Sicherung der Vollstreckung, dass also die Vollstreckung ohne den Arrest gefährdet sein muss, gibt der Gesetzeswortlaut indes nicht (mehr) vor.

Zwar gelten die Fristen des § 111b Abs. 3 StPO a.F. durch dessen ersatzlose Streichung nun nicht mehr, dennoch ist eine **Verhältnismäßigkeitsprüfung** vorzunehmen, bei der das Sicherungsbedürfnis der Allgemeinheit gegen das Grundrecht des Betroffenen aus Art. 14 Abs. 1 GG abzuwägen ist.

Zur Verhältnismäßigkeit des Vermögensarrestes ist folgendes Judikat ergangen:

Die Verhältnismäßigkeit des (weiteren) Vollzugs eines Vermögensarrests hängt neben der Schwere des Tatvorwurfs sowie des Verdachtsgrads auch von der zeitlichen Dauer der Arrestierungsmaßnahme ab sowie von den damit für den Einziehungsadressaten verbundenen Belastungen. Allein die Verfahrensdauer führt noch nicht zur Unverhältnismäßigkeit, wenn seit der Arrestanordnung noch keine drei Jahre ohne Anklageerhebung oder Terminierung der Hauptverhandlung vergangen sind (Thüringer OLG, Beschluss vom 04.10.2022 1 Ws 463/21, wistra 2024, 35, 38 mit Anm. Rettke).

Nach § 111e Abs. 6 StPO n. F. stehen die beiden Sicherungsinstrumente des Vermögensarrests nach der StPO und des steuerlichen Arrests gemäß § 324 der AO gleichrangig nebeneinander (so ausdrücklich OLG Stuttgart, Beschluss vom 25.10.2017, 1 Ws 163/17, wistra 2018, 230 = NJW 2017, 3731, 3733 m. Anm. Gubitz/Molkentin; s. LG Hamburg, Beschluss vom 16.05.2018, 618 Qs 14/18, wistra 2018, 446; hierzu Johann, PStR 2018, 277 f.).

Für die Beurteilung der Rechtmäßigkeit einer Arrestanordnung sind auch im Rahmen einer Fortsetzungsfeststellungsklage diejenigen Umstände maßgebend, die aus der Sicht der letzten mündlichen Verhandlung im Zeitpunkt des Erlasses der Arrestanordnung tatsächlich vorgelegen haben (BFH, Urteil vom 17.10.2018 XI R 35/16, BFH/NV 2019, 157).

V. Vermögensabschöpfung im Steuerstrafrecht

Schrifttum:

Bach	Das erlangte Etwas i. S. von § 73 Abs. 1 StGB, PStR 2019, 20
ders.	Das erlangte Etwas i. S. v. § 73 Abs. 1 StGB bei einer Steuerhinterziehung, NZWiSt 2019, 62
ders.	Die steuerliche Seite der (strafrechtlichen) Einziehung, wistra 2019, 485
Beyer	Von Dampflokomotiven und Gesetzgebern, NWB 2020, 3298
ders.	Aktueller Überblick über den Zwischenstand bei der verlängerten Vermögensabschöpfung, NWB 2021, 894
Binnewies/Peters	Mord und Steuerhinterziehung verjähren nicht, GmbHR 2021 R 64

Bittmann	§ 73b StGB: Die Einziehung beim Dritten in ihren feinsten Verästelungen, wistra 2020, 265
Bittmann/ Tschakert	Abschöpfung ersparter Steueraufwendungen nur bei wirtschaftlich Berechtigten, wistra 2019, 433
Ebner	Zum Umfang der Vermögensabschöpfung bei Scheinrechnungsausstellern, PStR 2019, 195
Feldle	Wenn der Fiskus verzichtet: § 73e StGB und die tatsächliche Verständigung, wistra 2024, 180
Feindt/Rettke	Die Auswirkungen der Reform der strafrechtlichen Vermögensabschöpfung auf das Steuerrecht, DStR 2018, 2357
dies.	Die Auswirkungen des Zweiten Corona-Steuerhilfegesetzes auf die Verjährung der strafrechtlichen Einziehung im Steuerstrafverfahren und auf die Festsetzungsverjährung, Steuerrecht, DStR 2021, 79
Fischer	Der neu eingeführte § 375a AO als „lex cum/ex", NWB 2020, 3314
Gehm	Die Einziehung im Steuerstrafverfahren – eine aktuelle Betrachtung, StB 2019, 368
Heim	Vermögensabschöpfung bei verjährten Straftaten verfassungsgemäß, NWB Spezial 2021, 184
Johann	Möglichkeiten und Grenzen des neuen Vermögensabschöpfungsrechts (Monographie)
ders.	Auf ein Neues: Vermögensarrest nach § 111e StPO im Steuerstrafverfahren?, PStR 2019, 38
ders.	Haftung wegen Arrestvollziehung im Steuerstrafverfahren, PStR 2019, 89
Maciejewski	Rückwirkende Gesetzesverschärfungen im Steuerstrafrecht, wistra 2020, 441
Madauß	Das neue Recht der strafrechtlichen Vermögensabschöpfung und Steuerstrafverfahren. Fragen aus der Sicht der Praxis, NZWiSt 2018, 28
ders.	Vermögensabschöpfung und Steuerstrafrecht – weiter streitige Einzelaspekte, NZWiSt 2019, 49

Meinecke	Surviving Vermögensarrest – Probleme und Lösungsansätze des neuen Abschöpfungsrechts im Steuerstrafverfahren, DStR 2018, 2387
Mückenberger/ Hinz	Die neue Vermögensabschöpfung im Steuerstrafrecht, BB 2018, 1435
Pavlakos	Plädoyer für den (teilweisen) Strafcharakter der Vermögensabschöpfung im Hinblick auf Art. 316j Nr. 1 EGStGB, wistra 2023, 8
Pinkenburg/ Schubert	Einziehung des Wertes des Erlangten bei versuchter Hinterziehung von Veranlagungssteuern durch Unterlassen?, wistra 2018, 458
Reichling/Lange	Strafrechtliche Aspekte des Zweiten Corona-Steuerhilfegesetzes, PStR 2020, 176
Reichling/Lange/ Borgel	„Lex Cum/Ex II." – Erneute Änderung des Verjährungs- und Einziehungsrechts, PStR 2021, 31
Rettke	Einziehung und Vermögensarrest im Steuerstrafverfahren, wistra 2017, 417
ders.	Rechtsschutz nach Vollziehung einer Beschlagnahme oder eines Vermögensarrests, NJW 2019, 2898
ders.	§ 73b Abs. 2 StGB und die Einziehung beim GmbH-Geschäftsführer, wistra 2020, 433
ders.	Praxisfragen zum strafprozessualen Vermögensarrest, NJW 2020, 3641
ders	§ 73b Abs. 2 StGB und die Einziehung beim GmbH-Geschäftsführer, wistra 2020, 433
ders.	Praxisfragen zum strafprozessualen Vermögensarrest, NJW 2020, 3641
Roth	Reform der Vermögensabschöpfung – Neujustierung des § 324 AO zum StPO-Arrest, Stbg 2017, 454
ders.	Einziehung trotz tatsächlicher Verständigung, PStR 2020, 20
Saliger	Steuerhinterziehung und Einziehung bei Cum-ex-Leerverkäufen, NJW 2022, 17
Schilling/Corsten/ Hübner	Entkoppelung der Verjährung strafrechtlicher Einziehung auch rückwirkend, wistra 2021, 174

Schnabelrauch	Das neue Einziehungsrecht im Steuerstrafrecht und das BVerfG – eine Kritik aus verfassungsrechtlicher Perspektive – Teil 1, NZWiSt 2022, 425
Schubert	Selbstexekutionsbefugnis der Finanzbehörden und Einziehung von Wertersatz, wistra 2021, 349
Schützeberg	Umsatzsteuerhinterziehung: Einziehung bei Scheingeschäften, PStR 2020, 246
Spatscheck/ Spilker	Einziehung im Steuerstrafrecht, DB 2018, 2593
dies.	Zeitliche Grenzen der Einziehung von verkürzten Steuerbeträgen, DStR 2020, 1664
Ullenboom	Die Einziehung von Taterträgen in Mehrpersonenverhältnissen, wistra 2020, 223
Valbuena/Rennar	Verlängerung der Strafverfolgung für Steuerstraftaten durch das Jahressteuergesetz 2020, StB 2021, 62
dies.	Begrenzung steuerlicher Haftungsschuld durch strafrechtliche Vermögensabschöpfung, PStR 2022, 134
Weidemann	Vermögensabschöpfung im Steuerstrafrecht, PStR 2018, 8
ders.	Keine Einziehung bei verjährtem Steueranspruch? – Der BGH und die Folgen, wistra 2021, 41
Wengenroth	Bei versuchter Steuerhinterziehung kommt keine Einziehung in Betracht, PStR 2024, 4
Werneburg	Der Steueranspruch als Obergrenze strafrechtlicher Einziehung, DStR 2024, 1723
Wilke	Notwendiger Abstimmungsbedarf zwischen Steuerstraf- und Besteuerungsverfahren bei der strafrechtlichen Vermögenseinziehung, wistra 2019, 81
Wollweber	Die tatsächliche Verständigung: Rechtliche Voraussetzungen und Bindungswirkung, Stbg 2019, 503
Wulf	Wann stellen die durch Steuerhinterziehung „ersparten Aufwendungen“ einen einziehbaren Vermögensvorteil dar?, Stbg 2020, 223.
ders.	Ersparte Aufwendungen als „erlangtes Etwas“?, wistra 2023, 397

1. Einleitung

„Crime doesn't pay" – Verbrechen lohnt sich nicht oder sollte es zumindest nicht. Der Grundsatz, dass sich die Begehung von Straftaten wirtschaftlich für den Täter nicht rentieren soll, ist aus allgemeinen grundlegenden Gerechtigkeitserwägungen und offensichtlichen kriminalpolitischen Interessen mehr als nachvollziehbar. Dies gilt insbesondere für das Steuerstrafrecht, dem Bereich des Strafrechts also, bei dem das Handeln wohl am direktesten von originär ökonomischen Interessen bestimmt ist. Effektive gesetzliche Instrumentarien zur Abschöpfung deliktisch erlangter Vermögensvorteile sind daher unerlässlich.

In diesem Kontext wurden zum 01.01.1975 die Verfallsvorschriften der §§ 73ff. StGB a.F. eingeführt und mit ihnen die bis dahin über die Geldstrafe erfolgende Vermögensabschöpfung eigenständig geregelt. Um die Ansprüche des Staates frühzeitig sichern zu können, wurden auf verfahrensrechtlicher Seite korrespondierend die §§ 111b ff. StPO in die Strafprozessordnung aufgenommen. Seither haben die Vorschriften mehrere Änderungen erfahren. Einschneidend hervorzuheben ist die vor allem in 1992 erfolgte Änderung von Netto- zum seither geltenden sog. Bruttoprinzip.

Die bisherigen Regelungen zur Vermögensabschöpfung krankten wegen ihrer Komplexität und Unübersichtlichkeit auch an dem Versuch des Opferschutzes über die Opferentschädigung. Danach konnte die Justiz im Rahmen der sog. „Rückgewinnungshilfe" Vermögenswerte für die Geschädigten lediglich vorläufig sichern. Die Tatopfer mussten in einem gesonderten strafprozessualen Verfahren die Zulassung der Zwangsvollstreckung gegen die Täter erreichen und ihre Ansprüche zivilrechtlich selbst und allein durchsetzen. Die Abschöpfung bzw. der Verfall deliktisch erlangter Vermögenswerte hatte gem. § 73 Abs. 1 Satz 2 StGB a.F. zu unterbleiben, „soweit dem Verletzten aus der Tat ein Anspruch erwachsen ist, dessen Erfüllung dem Täter oder Teilnehmer den Wert des aus der Tat Erlangten entziehen würde". Diese Regelung machte die Abschöpfung in vielen Fällen unmöglich und wurde daher auch als „Totengräber des Verfalls" bezeichnet (BGH, Urteil vom 19.10.1999, 5 StR 336/99, NJW 2000, 297; siehe auch Mückenberger/Hinz, BB 2018, 1435ff.). Seit dem Gesetz zur Reform der strafrechtlichen Vermögensabschöpfung vom 13.04.2017 (BGBl I 2017, 872) steht der Einziehungsabschöpfung nichts mehr entgegen (zur historischen Entwicklung Johann, Möglichkeiten und Grenzen des neuen Vermögensabschöpfungsrechts, 23ff.). Anders als bisher schließen Ansprüche des Verletzten die Einziehung nicht mehr aus (Streichung des § 73 Abs. 1 Satz 2 StGB). **Das komplizierte System aus Rückgewinnungshilfe und Auffang-**

rechtserwerb ist zugunsten einer generellen Einziehung abgeschafft worden. Die Opferentschädigung ist ausnahmslos in das Strafvollstreckungsverfahren (bei Mangelfällen: Insolvenzverfahren) ausgelagert worden. Zentral ist darüber hinaus die Änderung des Sicherungszwecks des neuen Vermögensarrests. Er dient nicht mehr (wie früher) der Sicherung von Verletztenansprüchen, sondern ausschließlich der Vollstreckung der im Strafverfahren zu treffenden Einziehungsentscheidung (§§ 111e ff. StPO). Aufgrund der Komplexität werden Zweifel geäußert, dass der Gesetzgeber bei der Neufassung die steuerrechtlichen Regelungen hinreichend im Blick hatte. Dies gilt insbesondere für das Verhältnis der Verjährungsvorschriften im Besteuerungsverfahren einerseits und der Durchführung der Einziehung in Steuerstrafverfahren andererseits.

2. Praktische Bedeutung der gesetzlichen Neuregelung

Das neue Recht der Vermögensabschöpfung ist nach knapp zwei Jahren seit **Inkrafttreten am 01.07.2018** vollständig in der Praxis angekommen. Das neue Recht, einerseits als „bemerkenswert guter Entwurf!", als „ein Beweis für noch vorhandene und nur verloren geglaubte Gesetzgebungskunst", anderorts insbesondere in seiner Verzahnung mit der AO in Steuerverfahren als „nicht überzeugend" bezeichnet, wird nunmehr intensiv angewandt und kann Steuerberater in Betriebsprüfungen, in deren Verlauf strafrechtliche Vorwürfe erhoben werden, vor massive Praxisprobleme stellen, die vor allem die gesamte wirtschaftliche Existenz des Mandanten tangieren.

Zu der Popularität der angesichts der weitreichenden Änderungen von insbesondere StGB und StPO bemerkenswerten Reform folgten nunmehr Maßnahmen wie die Beschlagnahme von zahlreichen Immobilien sog. „Clans", die mittlerweile im Fokus des Medieninteresses stehen. Auch im Tagesgeschäft gehen die Finanzämter bei Anlass für die Annahme eines Sicherungsgrundes dazu über, den Erlass von Arrestbeschlüssen in Steuerstreitsachen bei dem gemäß § 111j Abs. 1 Satz 1 StPO zuständigen Amtsrichter zu beantragen (hierzu Madauß, NZWiSt 2018, 28 ff.).

Damit wird de facto auch praktisch der finanzgerichtliche Rechtsschutz ausgehebelt, was rechtsstaatlich bedenklich ist. Somit wird die überragende Sachkunde der Finanzgerichtsbarkeit ausgeschlossen und steuerliche präjudizielle Vorfragen von zumeist völlig fachunkundigen Strafrichtern (vor allem Amtsrichter) mit teilweise ideologischen Blickwinkeln nach dem Motto „Alle Unternehmer sind doch Steuerhinterzieher bzw. Wirtschaftskriminelle" entschieden. Des Weiteren ist die Gefahr widersprüchlicher Entscheidungen erhöht, wenn in einem das steuerlichen Verfahren überholenden Strafverfahren gemäß § 73 Abs. 1 StGB – zumal ohne Ermessen – über die Einziehung entschieden wird, bevor ein Finanzgericht mit den steuerlichen Fragen befasst war, die regelmäßig kaum oder nur unzureichende Würdigung durch das Strafgericht finden (können). Zum notwendigen Abstimmungsbedarf zwischen Steuerstraf- und Besteuerungsverfahren bei der strafrechtlichen Vermögenseinziehung eingehend Wilke, wistra 2019, 81 ff.; ferner Bach, wistra 2019, 485 ff.

Durch die intensive Anwendung des (neuen) vorläufigen Vermögensarrestes gem. § 111e Abs. 1 StPO durch die Finanzämter entstehen Konflikte. Es ist nicht verwunderlich, dass eine umfangreiche Gesetzesänderung im eingriffsintensiven Strafrecht besondere Belastungslagen schafft, die im Einzelfall zu unverhältnismäßigen Einschnitten führen. Hierbei ist zunächst praktisch eine gewisse Parallelität von Durchsuchungs- bzw. Beschlagnahmebeschlüssen und dem vorläufigen Vermögensarrest zu beobachten. In der Perspektive des Beschuldigten wird dieser im Steuerstrafverfahren auf der Grundlage des neuen Rechts zu Beginn des Verfahrens nicht nur mit einer Durchsuchung, sondern zusätzlich mit der Wegnahme von Vermögenswerten konfrontiert. Hierdurch wird die strukturelle Unterlegenheit des Beschuldigten – sowie der Verteidigung – im Ermittlungsverfahren erheblich verschärft (so das Fazit des Praktikers Meinecke, DStR 2018, 2387, 2389).

In diesem Zusammenhang wurde im Vorfeld der Reform vielfach zu Recht die Besorgnis artikuliert, sie könne zu Doppelbelastungen bzw. zu Überkompensationen führen. Die praktische Erfahrung mit Fällen des (vorläufigen) Vermögensarrests zeigt, dass diese Befürchtungen nicht unbegründet sind.

Zum Verhältnis zwischen den konkurrierenden Arrestmöglichkeiten nach der Abgabenordnung einerseits und der Strafprozessordnung andererseits stellt nunmehr die neue Vorschrift des § 111e Abs. 6 StPO klar, dass die Möglichkeit eines Arrests nach § 324 AO der Anordnung eines Vermögensarrestes nach § 111e Abs. 1 StPO nicht entgegensteht. Damit verbunden soll auch sein, dass die Möglichkeit einer Arrestanordnung nach § 324 AO nicht als Argument für eine mangelnde Verhältnismäßigkeit des strafrechtlichen Vermögensarrests herangezogen werden kann (Rettke, wistra 2017, 417, 420; Roth, Stbg 2017, 454; Mückenberger/Hinz, BB 2018, 1435, 1437); zur Selbstexekutionsbefugnis der Finanzbehörden mit Einziehung von Wertersatz eingehend Schubert, StB 2021, 349 ff.

Ferner wird darauf hingewiesen, dass ein Sicherungsbedürfnis nach § 111e Abs. 1 StPO entfällt, wenn der Steuerfiskus nach § 324 AO vorgegangen ist.

Eine Wechselwirkung wird in der Literatur also zutreffend anerkannt. So kann es in der Praxis ermessensfehlerhaft sein, wenn sich das Finanzamt ohne Erklärung, warum es nicht auf § 324 AO zurückgreift, nur durch Vermögensarrest sichert (so Johann, Möglichkeiten und Grenzen des neuen Vermögensabschöpfungsrechts, 127 ff.; ders., PStR 2019, 38, 40).

Für die **Finanzämter** hat das neue Regime des vorläufigen Vermögensarrestes gemäß § 111e StPO große praktische Bedeutung. „Off the record" hört man in Besprechungen, dass ganze Abteilungen in den Fahndungsämtern mit der Vorbereitung von Vermögensarrestanordnungen befasst seien. Der (neue) Vermögensarrest ist in Steuerstrafverfahren das Instrument der kommenden Jahre, wenn nicht Jahrzehnte. Denn die Anordnung des Vermögensarrestes durch ein Strafgericht eröffnet den Finanzämtern u.a. die Möglichkeit, durch Pfändung alle Konten zu sperren (§ 111 f. Abs. 1 Satz 1 StPO) und damit frühen intensiven Zugriff auf Vermögenswerte zu erleichtern. Dadurch wird der Beschuldigte – oder ggf. auch ein Drittbetroffener – in der Regel keinen Zugang mehr zu seinen liquiden Vermögenswerten haben und sich damit in einer enormen Zwangslage befinden. Als gerichtlicher Beschluss ist gegen die Arrestanordnung gemäß § 304 Abs. 1 StPO zwar die Beschwerde statthaft, nur: In dem frühen Verfahrensstadium, in dem Arrestanordnung und Durchsuchung (regelmäßig) ohne Gewährung rechtlichen Gehörs (vgl. § 33 Abs. 4 Satz 1 StPO) ergehen, ist häufig noch gar nicht klar, auf welcher tatsächlichen Grundlage der Beschluss angefochten werden kann. Es bleibt also *in praxis* zunächst häufig dabei, dass um den Preis gesperrter Konten und wesentlich erschwerter Geschäftstätigkeit der Arrestbeschluss, sofern er nicht an offensichtlichen Mängeln leidet, unangefochten bleibt (so das kritische Fazit von Meinecke, DStR 2018, 387 f.).

Aufgrund des unkalkulierbaren Risikos, sich willkürlicher Einziehungsverfahren auszusetzen und der enormen Rechtsschutzdefizite sind Steuerpflichtige gehalten, die in anstößigen Milieus operieren (z.B. Baugewerbe im weitesten Sinne, Gastronomie, Rotlicht etc.), einen Großteil ihres Vermögens in Cash außerhalb des Territoriums von Deutschland outzusourcen, damit dieses „Basisvermögen" de facto einer inländischen Einziehung nicht zugänglich ist.

3. Rechtsgrundlagen des Vermögensarrestes

Das neue Konzept für die strafrechtliche Vermögensabschöpfung mittels Einziehung ist die grundsätzliche Zulässigkeit der Einbeziehung im Strafprozess bei Vermögensdelikten zum Nachteil von individuell Geschädigten bzw. im Steuerstrafrecht des Fiskus. Vor allem müssen Staatsanwaltschaften und Gerichte entscheiden, ob die Voraussetzungen für eine Einziehung gegeben sind oder nicht. § 73 Abs. 1 StGB lässt im eindeutigen Wortlaut, „Hat der Täter oder Teilnehmer durch eine rechtswidrige Tat oder für sie etwas erlangt, so ordnet das Gericht dessen Einziehung an", keinerlei Ermessensspielraum für Staatsanwaltschaft und Gerichte (so auch Rettke, wistra 2017, 417, 421; zu weiteren Praxisfragen zum strafprozessualen neu geregelten Vermögensarrest siehe Rettke, NJW 2020, 3641 ff.).

Beträge, die durch nach § 154 Abs. 2 StPO eingestellte Taten erlangt worden sind, unterliegen nicht der Einziehung gem. § 73 StGB (so BGH, Beschluss vom 01.08.2018, 1 StR 326/18, wistra 2019, 97).

3.1 Einziehung von Vermögenswerten, die „durch" oder „für" eine rechtswidrige Tat erlangt wurden

Der Gesetzgeber führte das Bruttoprinzip ein, indem er das sog. Unmittelbarkeitsprinzip, gekennzeichnet mit dem früheren Wortlaut „aus der Tat" mit dem Wort „durch die Tat" in den §§ 73 Abs. 1, 73a Abs. 1, 73b Abs. 1 Satz 1 Nr. 1 StGB n. F. ersetzte. Nach § 73 Abs. 1 StGB ist nun Voraussetzung für die Anordnung der Einziehung, dass der Täter (oder der Teilnehmer) „durch eine rechtswidrige Tat oder für sie" etwas erlangt hat. Bei Steuerhinterziehung ist die Wertersatzeinziehung regelmäßig die einschlägige Einziehungsart. Damit kann die Einziehung nicht nur das spiegelbildlich Erlangte betreffen, sondern auch mittelbare Tatvorteile wie Nutzungen und Surrogate (zur Berechnung des Wertes des Erlangten eingehend Köhler, NStZ 2017, 497, 503 ff.; Weidemann, PStR 2018, 8 ff.; Bach, PStR 2019, 25 f.; ders., NZWiSt 2019, 62 ff.; Gehm, StB 2019, 368, 370 f.; zur Einziehung des Wertes des Erlangten bei versuchter Hinterziehung von Veranlagungssteuern durch Unterlassen siehe Pinkenburg/Schubert, wistra 2018, 458 ff.; zum Vermögensvorteil bei Umsatzsteuerhinterziehung vgl. auch BGH, Beschluss vom 05.06.2019, 1 StR 208/19, wistra 200, 22).

Im Schrifttum wird problematisiert, wann die durch Steuerhinterziehung „ersparten Aufwendungen" einen einziehbaren Vermögensvorteil darstellen (hierzu Wulf, Stbg 2020, 223 ff. anhand zahlreicher Beispielfälle).

Sind durch Steuerhinterziehungen ersparte Aufwendungen in Höhe nicht gezahlter Steuern erlangt, stellen Vermögensgegenstände, die mit dem entsprechenden Geldbetrag angeschafft wurden, keine Surrogate des Erlangten dar (BGH, Urteil vom 18.12.2018, 1 StR 36/17, wistra 2019, 333, 335 f. m. Anm. Webel).

Nach Rechtskraft der strafgerichtlichen Entscheidung werden die zur Sicherung dieser Wertersatzeinziehung sichergestellten Vermögensgegenstände verwertet und der Erlös an die oder den Verletzten nach § 459h Abs. 2 StPO ausgekehrt. Reicht der Wert des in Vollziehung des Vermögensarrests gesicherten Gegenstands oder des durch dessen Verwertung erzielten Erlöses nicht aus, die Ansprüche der Verletzten zu befriedigen, stellt die Staatsanwaltschaft einen Antrag auf Eröffnung des Insolvenzverfahrens über das Vermögen des Arrestschuldners (§ 111i Abs. 2 StPO).

Die Einziehung wird in der Regel mit Beschlagnahme nach § 111b ff. StPO und die Wertersatzeinziehung durch Vermögensarrest gem. § 111i ff. StPO gesichert. Seit der Neuregelung kommt es daher nicht mehr auf einen Arrestgrund im Sinne einer Besorgnis, dass ohne Arrest die Urteilsvollstreckung wesentlich erschwert wäre, an. Der Arrest ist allerdings nur zulässig, wenn dies zur Sicherung der Vollstreckung der Einziehung erforderlich und nicht unverhältnismäßig ist. Das Sicherungsbedürfnis der Allgemeinheit ist gegen das Grundrecht des Betroffenen aus Artikel 14 Abs. 1 GG im konkreten Einzelfall abzuwägen (so ausdrücklich OLG Stuttgart, Urteil vom 15.10.2017, 1 Ws 163/17, BeckRS 1265236; zum Rechtsschutz nach Vollziehung eines Vermögensarrests eingehend Rettke, NJW 2019, 2898 ff.).

Unverhältnismäßigkeit kann beispielsweise dann anzunehmen sein, soweit der Schuldner bereits vor Anordnung des Arrests ernsthaft mit der Begleichung der Steuerforderung begonnen oder Sicherheitsleistung erbracht hat (Rettke, wistra 2017, 417, 420; zu den Anforderungen des Sicherungsgrundes vgl. Schleswig-Holsteinisches OLG, Beschluss vom 25.10.2018, 2 Ws 271/18 [85/18], wistra 2019, 254).

Einziehungsadressaten sind:

- die Täter bzw. Teilnehmer der Erwerbstat und
- Drittbegünstigte.

Letzteres ist etwa von Bedeutung, wenn die Steuerhinterziehung zugunsten eines Dritten, z.B. einer juristischen Person, begangen wurde, der selbst nicht Tatbeteiligter ist (hierzu eingehend Gehm, StB 2019, 368, 369 und 371; zum Spezialfall der Abschöpfung ersparter Steueraufwendungen nur bei wirtschaftlich Berechtigten, Bittmann/Tschakert, wistra 2019, 433 ff. m. w. N.; zu § 73b StGB und der Einziehung beim GmbH-Geschäftsführer siehe Rettke, wistra 2020, 433 ff.; zur Einziehung beim Dritten in ihren feinen Verästelungen eingehend Bittmann, wistra 2020, 265 ff.; zur Einziehung von Taterträgen in Mehrpersonenverhältnissen Ullenboom, wistra 2020, 223 ff.; zur Einziehung des Wertes von Taterträgen aus Umsatzsteuerhinterziehung von einer GmbH BGH, Beschluss vom 15.01.2020, 1 StR 529/19, BFH/NV 2020, 751).

Sofern nach § 73b Abs. 1 Satz 1 Nr. 1 StGB ein weiterer Adressat der Einziehungsentscheidung existiert, ist bei der Einziehungsentscheidung auszusprechen, dass der Einziehungsadressat als Gesamtschuldner haftet; einer Ergänzung des Urteilsausspruchs durch das Revisionsgericht steht nicht entgegen, dass eine entsprechende Entscheidung im Urteil nicht getroffen worden ist (BGH, Beschluss vom 24.06.2020, 3 StR 100/20, wistra 2020, 416). In Fällen, in denen sich die geschuldete Umsatzsteuer nicht aus einer Lieferung oder sonstigen Leistung ergibt, sondern ein unberechtigter Steuerausweis im Sinne des § 14c Abs. 2 Satz 2 Alt. 2 UStG ohne zugrundeliegende Leistung vorsieht, führt die Nichtfestsetzung der Steuer insoweit nicht zu einem Vermögensvorteil, weshalb eine Einziehung des Wertes von Taterträgen in Form ersparter Aufwendungen dann nicht in Betracht kommt (so klarstellend BGH, Beschluss vom 14.05.2020, I StR 555/19, wistra 2020, 464, 465 f. m. Anm. Rolletschke).

Zur Einziehung im Rahmen der Umsatzsteuerhinterziehung siehe Schützeberg, PStR 2020, 246 ff.

Zur Umsatzsteuerhinterziehung bei Scheinlieferbeziehung siehe BGH, Beschluss vom 05.06.2019, 1 StR 208/19, BB 2019, 2981.

Zum Umfang der Vermögensabschöpfung bei **Scheinrechnungsausstellern** siehe Ebner, PStR 2019, 195 ff.

Der Anspruch eines Verletzten ist – insbesondere im Hinblick auf die bei Anwendung des § 73e StGB zu vermeidende Gefahr einer doppelten Inanspruchnahme des Tatbeteiligten oder Drittbegünstigten durch den Staat einerseits und den Verletzten andererseits – schon dann als ganz oder teilweise erloschen anzusehen, wenn einer der als Gesamtschuldner haftenden Tatbeteiligten den Verletzten ganz oder teilweise schadlos stellt (BGH, Beschluss vom 22.01.2020, 2 StR 582/18, wistra 2020, 201).

Die Rechtsprechung hat zu dem unbestimmten Rechtsbegriff „etwas erlangt" in mehreren Judikaten wie folgt Stellung genommen (so ausführlich Wulf, wistra 2023, 397 ff.; zur Begrenzung steuerlicher Haftungsschuld durch strafrechtliche Vermögensabschöpfung Valbuena/Rennar, PStR 2022, 134 ff.; zum Steueranspruch als Obergrenze strafrechtlicher Einziehung Werneburg, DStR 2024, 1723 ff.).

Für die Frage, ob durch das bloße Nichtbegleichen einer offenen Steuerschuld i. S. d. § 73 StGB „etwas erlangt" wurde, kann es nicht darauf ankommen, dass die Ertragsteuerschuld mit Ablauf des entsprechenden Veranlagungszeitraums, namentlich des Kalenderjahres, entsteht. Vielmehr setzt die Möglichkeit zur Realisierung der Steuerersparnis die Fälligkeit des vor Erhebung durch Steuerbescheid festzusetzenden Steueranspruchs voraus (BGH, Urteil vom 08.03.2022 1 StR 360/21, wistra 2022, 338).

Eine Einziehung bei versuchter Steuerhinterziehung hat die Rechtsprechung mit folgender Begründung abgelehnt:

Liegt eine Strafbarkeit gem. § 370 Abs. 1 Nr. 2 AO vor, setzt die Einziehung die Tatvollendung, namentlich den Erlass eines Schätzungsbescheids oder den allgemeinen Abschluss der Veranlagungsarbeiten, voraus. Vor Eintritt des Taterfolgs kann der gegen die steuerliche Erklärungspflicht Verstoßende noch nicht frei über die Ersparnis verfügen (BGH, Beschluss vom 06.04.2023 1 StR 36/23, wistra 2023, 342; BGH, Beschluss vom 06.04.2023 1 StR 412/22, wistra 2024, 25; vgl. a. BGH, Beschluss vom 08.02.2023 1 StR, 376/22, wistra 2023, 470; siehe auch Wengenroth, PStR 2024, 4 ff.).

Zur Definition der Rechtsgrundlage der Einziehungsentscheidung ist folgende Klarstellung vorgenommen worden:

Sofern nicht festzustellen ist, welche Erlöse bei Begehung einer Straftat jeweils erzielt wurden, kann das Tatgericht – mit Blick auf die unterschiedlichen tatbestandlichen Voraussetzungen zwischen den §§ 73 ff. StGB einerseits und den §§ 74 ff. StGB andererseits – nicht offenlassen, auf welche Rechtsgrundlage es seine Einziehungsentscheidung stützt. Die Anordnung der Tatertragseinziehung muss vielmehr unter Anführung ihrer tatsächlichen und rechtlichen Grundlagen entsprechend den Anforderungen des sachlichen Rechts nachvollziehbar im Urteil begründet werden (BGH, Beschluss vom 19.04.2023 2 StR 46/22, wistra 2024, 25).

Zum „erlangten Etwas“ bei einer Umsatzsteuerhinterziehung ist folgendes Judikat ergangen:

Bei Steuerhinterziehung im Rahmen einer Umsatzsteuerhinterziehungskette kann – entsprechend der ständigen Rechtsprechung des Bundesgerichtshofs beim Delikt der Steuerhinterziehung – die verkürzte Steuer „erlangtes Etwas“ im Sinne von § 73 Abs. 1 StGB sein, weil sich der Täter die Aufwendungen für diese Steuern erspart. Ein messbarer wirtschaftlicher Vorteil des Täters ergibt sich aber nur, soweit sich die Steuerersparnis im Vermögen des Tatbeteiligten tatsächlich niederschlägt. In Fällen, in denen die geschuldete Umsatzsteuer nicht aus einer Lieferung oder sonstigen Leistung resultiert, sondern ein unberechtigter Steuerausweis im Sinne des § 14c UStG ohne zugrundeliegende Leistung vorliegt, ist dies nicht der Fall, weshalb eine Einziehung des Wertes von Taterträgen in Form ersparter Aufwendungen hier nicht in Betracht kommt (BGH, Beschluss vom 25.03.2021 1 StR 28/21, wistra 2021, 395).

Die Einziehungsentscheidung gem. § 73 Abs. 1 Alt. 2, § 73c Satz 1 StGB über den Wert des als Gegenleistung für ein rechtswidriges Handeln des Prokuristen „erlangtem Etwas“ bleibt durch die Steuernachzahlungen des Steuerpflichtigen unberührt, denn diese betreffen allein das Rückabwicklungsverhältnis des Fiskus zu ebendiesem (BGH, Beschluss vom 06.04.2022 1 StR 466/21, wistra 2022, 291 betr. Einziehung im Cum-Ex-Strafverfahren).

3.2 Das Erlöschen gemäß § 73e StGB im Blickwinkel der besonderen Prämissen im Besteuerungsverfahren

Aus der Norm des § 73e StGB folgt, dass die strafrechtliche Einziehung ausgeschlossen ist, soweit der Anspruch, der dem Verletzten aus der Tat auf Rückgewähr des Erlangten oder auf Ersatz des Wertes erwachsen ist, erloschen ist. Bei reinen Vermögensdelikten, wie Betrug, führt das Erlöschen des zivilrechtlichen Anspruchs, etwa durch Erfüllung (§ 362 Abs. 1 BGB) oder durch (Teil-)Erlass (§ 397 Abs. 1 BGB) zu einem Ausschlussgrund für die Einziehung.

Eine besondere Rolle wird künftig in Steuerstrafverfahren die neue Ausschlussregelung in § 73e StGB spielen. Sie betrifft nicht nur das Erlöschen zivilrechtlicher Ansprüche, sondern findet auch im Verhältnis Staat/Bürger Anwendung. § 73e Abs. 1 StGB schließt die Vermögensabschöpfung aus, wenn der Anspruch des Verletzens auf Rückgewähr des Erlangten oder Ersatz des Wertes nicht mehr besteht. Das gilt auch für einen öffentlich-rechtlichen Anspruch wie den Steueranspruch des Fiskus.

Ansprüche aus dem Steuerverhältnis erlöschen insbesondere durch Zahlung (§§ 224, 224a, 225 AO), Aufrechnung (§ 226 AO) oder Erlass (§§ 163, 227 AO) der für den Steuertatbestand (§ 38 AO) geschuldeten Steuern. Von diesen eindeutigen Fällen abgesehen, ist völlig unklar, ob § 73e StGB auch Anwendung findet, wenn ein Steueranspruch aufgrund Bestands- oder Rechtskraft nicht mehr durchsetzbar ist. Das ist darauf zurückzuführen, dass der Gesetzgeber den Besonderheiten des Besteuerungsverfahrens im Rahmen der Ausgestaltung der Einziehung nicht hinreichend Rechnung getragen hat und somit eine große Rechtsunsicherheit für die Praktiker besteht. Hierzu besteht folgender Streitstand.

Die Vertreter der Strafverfolgungsbehörden (Steuerfahnder, Beamte der Bußgeld- und Strafsachenstelle bzw. Staatsanwälte) haben durch die Verschärfung der Vermögensabschöpfung im Steuerstrafrecht erheblichen Rückenwind erhalten und wollen nunmehr mit folgender Argumentation die Einziehung als präferierte Universalwaffe gegen Steuerhinterzieher mit einer „großzügigen" Verjährungsfrist von 30 Jahren zur Kasse bitten können. Dies soll auch noch für alle „offenen" Fälle gelten; das Rückwirkungsverbot soll angeblich nicht einschlägig sein. Deren Vertreter plädieren dafür, dass die Problematik der Annahme des Eintritts der **Verjährung** und die Frage der strafrechtlichen Einziehung von der Frage der steuerlichen Vollstreckungsmöglichkeit völlig getrennt zu beurteilen seien. Es sei zu berücksichtigen, dass die strafrechtliche Einziehung nicht der Vollstreckung eines Steueranspruchs diene, sondern dass das aus der Tat Erlangte, nämlich ersparte Aufwendungen durch zu geringe Steuerfestsetzungen, die ansonsten auch nach Eintritt der Verjährung beim Täter verblieben, abzuschöpfen seien. Dies sei eigentlich keine Besonderheit des Steuerstrafverfahrens, auch in anderen Verfahren wäre nach Eintritt der Verjährung das nur vorläufig gesicherte Vermögen herauszugeben, dort allerdings immer erst nach Ablauf der Frist des § 76b StGB, also frühestens nach 30 Jahren (Madauß, NZWiSt 2018, 28, 33; ders., NZWiSt 2019, 49, 52; Feindt/Rettke, DStR 2018, 2357, 2358 ff.; so auch Mückenberger/Hinz, BB 2018, 1435, 1438; Gehm, StB 2019, 368, 374). Im Übrigen wird darauf hingewiesen, dass nunmehr die Vorschrift über die Ablaufhemmung, nämlich § 171 Abs. 7 AO, in einem völlig neuen Licht angewandt werden müsste. Diese Vorschrift legt fest, dass, soweit eine Steuer hinterzogen oder leichtfertig verkürzt worden ist, die Festsetzungsfrist nicht endet, bevor die Verfolgung der Steuerstraftat oder der Steuerordnungswidrigkeit verjährt ist. Dabei seien im Steuerrecht vorkommende Begriffe des Straf- bzw. des Ordnungswidrigkeitenrechts materiell-rechtlich wie im Strafrecht zu beurteilen. Nach Inkrafttreten der Regelung des Gesetzes zur Reform der strafrechtlichen Vermögensabschöpfung seien für die Bemessung der Verjährung nicht mehr die Fristen des § 78 StGB und § 376 AO zu berücksichtigen; es sei stattdessen die neu eingefügte, deutlich längere 30-jährige Frist des § 76b StGB zugrunde zu legen (so Feindt/Rettke, DStR 2018, 2357, 2360). Geht man von dieser Betrachtungsweise aus, so würde dies sogar dazu führen, dass abgegebene, eigentlich wirksame Selbstanzeigen, die im Blickwinkel der 10-jährigen Verjährungsfrist korrigiert wurden, neu aufgerollt werden könnten, weil dann nunmehr – folgt man dieser Ansicht – folgerichtig die 30-jährige Frist zugrundeliegt. „Ein völlig absurdes Ergebnis!".

Vertreter der Strafverfolgungsbehörden haben bereits in Seminaren dargelegt, dass es allerdings für das Aufrollen solcher „Uraltfälle" an personellen Ressourcen mangele und dies nicht von praktischer Bedeutung sei.

Dieser extrem fiskalischen Auslegung der neuen Regelungen des Vermögensabschöpfungsgesetzes werden im Schrifttum folgende gewichtige Argumente entgegengehalten:

Der Begriff „Erlöschen" eines Steueranspruchs i. S. v. 73e StGB kann so ausgelegt werden, dass darunter auch Fälle zu subsumieren sind, in denen ein Steueranspruch im Besteuerungsverfahren nicht mehr durchsetzbar ist. Können die Finanzbehörden aus verfahrens- oder prozessrechtlichen Gründen einen Anspruch nicht mehr durchsetzen, ist er „erloschen" i. S. d. § 73e StGB. Dies kann insbesondere bei einem entgegenstehenden bestandskräftigen Steuerbescheid oder einer rechtskräftigen Finanzgerichtsentscheidung der Fall sein. So kommt man folgerichtig zu der Erkenntnis, dass die Einziehungsregelung kein geeignetes Instrument ist, um einen verfahrensrechtlich nicht mehr durchsetzbaren Steueranspruch durch die Hintertür des Steuerstrafverfahrens doch noch geltend machen zu können (Krumm, in Tipke/Kruse, AO, §§ 73 ff. StGB, Rdnr. 28).

Eine andere Literaturmeinung geht noch weiter und vertritt, dass ein „Erlöschen" eines Steueranspruchs im Sinne des § 73e StGB anzunehmen sei, wenn die Steuer festgesetzt wurde", „Erlöschen" sei also unabhängig von der Bezahlung dieser, da die Einziehung des festgesetzten Steueranspruchs eigenen Verfahrensregeln folge (Wulf, PStR 2018, 150, 158).

Richtig ist es im Falle eines bestandskräftigen Steuerbescheids erst recht, eine rechtskräftige Gerichtsentscheidung als den Ausschlussgrund für die Einziehung des § 73e StGB anzunehmen, sodass es in diesem Fall nicht auf die Entrichtung der Steuer ankommt, die aufgrund Tatbestandsverwirklichung i. S. d. § 38 AO materiell-rechtlich gewesen wäre, sondern nur darauf, was bestandskräftig festgesetzt wurde. Eine darüber hinausgehende Steuerschuld ist (nicht) mehr durchsetzbar und darf daher auch nicht über die Einziehung im Steuerstrafprozess Berücksichtigung finden. Durch Bestands- und Rechtskraft ist Rechtsfrieden eingetreten, der auch durch das Steuerstrafverfahren nicht tangiert werden kann (Wulf, PStR 2018, 150, 158).

Besonders praxisrelevant sind die Wechselwirkungen hinsichtlich des Anwendungsbereichs des § 73e StGB im Blickwinkel einer vorgenommenen **tatsächlichen Verständigung im Besteuerungs- und/oder Steuerstrafverfahren** (einfache bzw. doppelte Verständigung). Hierfür wird in der Praxis insbesondere bei unklaren Sachverhalten (z. B. Vornahme von Schätzungen bei unbrauchbarer Buchführung etc.) mit dem groben Klotz operiert und nach zähen Verhandlungen eine tatsächliche Verständigung zwischen dem Steuerpflichtigen und der zuständigen Finanzbehörde erzielt. Dann stellt sich die Frage, ob die Finanzbehörde über den „Umweg der Einziehung“ noch höhere Ansprüche geltend machen kann.

Vertreter der Strafverfolgungsbehörden vertreten in der Tat die Auffassung, dass der Abschluss einer tatsächlichen Verständigung einer darüber hinausgehenden Einziehung nicht entgegensteht. § 73e StGB ist mangels Erlöschens des Steueranspruchs nicht einschlägig. Wenn Staatsanwalt und Gericht davon überzeugt sind, dass – entgegen der tatsächlichen Verständigung angenommenen schätzweisen Bezifferung der unklaren Sachverhalte – ein höherer Steuerschaden entstanden ist, kann auch dieser überschießende Betrag strafrechtlich eingezogen werden (so Roth, PStR 2020, 20, 21). Dieser Auffassung ist entschieden zu widersprechen.

Damit wird der Sinn und Zweck des Rechtsinstituts der tatsächlichen Verständigung, das schließlich von der höchstrichterlichen Rechtsprechung jahrzehntelang akzeptiert wurde, in unzulässiger Weise ausgehöhlt (hierzu instruktiv Spatscheck/Spilker, DB 2018, 2593, 2595 f.; zur unterschiedlichen Sachverhaltsbeurteilung im Besteuerungsverfahren versus Steuerstrafverfahren bei der Abfassung von tatsächlichen Verständigungen siehe Wilke, wistra 2019, 81, 85).

Aufgrund des gleichwertigen Nebeneinanders von Straf- und Besteuerungsverfahren kann die Höhe der zu entrichtenden Steuern abweichend beurteilt werden, obwohl der identische Sachverhalt zugrunde liegt. Was die Einziehung betrifft, setzt § 73e Abs. 1 StGB der Unabhängigkeit des Strafrichters jedoch Grenzen. Übersteigt der im Strafverfahren beanspruchte Einziehungsbetrag die auf einer tatsächlichen Verständigung beruhende Steuer, so kann diese trotzdem nicht abgeschöpft werden. Eine die Beteiligten bindende Einigung über die Annahme eines bestimmten Sachverhalts und über eine bestimmte Sachbehandlung enthält hinsichtlich etwaiger Mehrforderungen einen Erlass. Ein diesbezüglicher Anspruch erlischt (§ 47 AO). Die Einziehung erloschener Ansprüche ist ausgeschlossen (§ 73e Abs. 1 S. 1 StGB). Darüber hinaus ist die (versuchte) Aufklärung eines unaufklärbaren Sachverhalts stets unökonomisch. In derartigen Fällen bietet § 421 Abs. 1 Nr. 3 StPO die Möglichkeit, von der Einziehung abzusehen.

Wer sich also einigen möchte, der tue dies früh, denn obwohl die Einziehung einer strafprozessualen Verständigung nicht zugänglich ist: Eine Einigung im Besteuerungsverfahren schlägt unmittelbar auf das Strafverfahren durch. In der steuerstrafrechtlichen Praxis gewinnt die Begleitung des Besteuerungsverfahrens damit weiter an Bedeutung. In geeigneten Fällen sollte die Möglichkeit einer tatsächlichen Verständigung frühzeitig mit der Finanzbehörde diskutiert werden.

Ein weiteres Auseinanderdriften von Straf- und Besteuerungsverfahren würde nicht zuletzt das Vertrauen in die Sachkompetenz der Finanzbehörden grundlegend erschüttern und das praxisrelevante Instrument der tatsächlichen Verständigung entwerten. Es ist nicht vermittelbar, dass sich der Staat im Rahmen des Strafverfahrens an Werten bereichert, auf die der Fiskus im Besteuerungsverfahren bereits bindend verzichtet hat (so instruktiv Feldle, wistra 2024, 180, 185 aus Beratersicht).

Folgenden differenzierten Ansatz scheint der Bundesgerichtshof zu bevorzugen. Die Einziehung von Taterträgen nach §§ 73 bis 73c StGB n.F. gehört – ebenso wie die Anordnung des Verfalls nach alter Rechtslage – nicht zu den Rechtsfolgen, die einer Verständigung gemäß § 257c Abs. 2 StPO zugänglich sind. Lediglich ein Absehen von Einziehung gem. § 421 StPO n.F. kommt als Verständigungsgegenstand in Betracht (BGH, Beschluss vom 06.02.2018, 5 StR 600/17, wistra 2018, 299 = wistra 2018, 595 f. m. Anm. Leppich).

Dieser obig skizzierte Streitstand zwischen der Auffassung der Strafverfolgungsbehörden und den Steuerexperten im Schrifttum ist von enormer praktischer Bedeutung. Sogar hat Herr Professor Dr. Markus Jäger als maßgebender Richter im ersten Steuerstrafsenat des Bundesgerichtshofs für Strafsachen klargestellt, dass dieses Problem der Verjährung im Besteuerungsverfahren versus Einziehung im Steuerstrafverfahren vom Gesetzgeber überhaupt nicht erkannt worden ist und deshalb keine Regelung gefunden wurde. Erfreulicherweise hat der erste Steuerstrafsenat ein erstinstanzliches Urteil aufgehoben und das selbstständige Einziehungsverfahren eingestellt, soweit die Einziehung von Wertersatz für steuerlich verjährte Ansprüche angeordnet worden ist. Der BGH weist darauf hin, dass der Begriff des Erlöschens i. S. v. § 47 AO und § 73e Abs. 1 StGB schon wegen des untrennbaren sachlichen Inhalts einheitlich auszulegen ist (BGH, Urteil vom 24.10.2019, 1 StR 173/19, wistra 2020, 107; hierzu Wengenroth, PStR 2020, 53 f.; hierzu kritisch Weidemann, wistra 2021, 41 ff.). **Damit sollte die entgegenstehende Auffassung der Strafverfolgungsbehörden zur eigenständigen Einziehung mit 30-jähriger Verjährung erledigt sein.**

Dies ist jedoch nicht der Fall. Im Rahmen eines Zweiten Gesetzes zur Umsetzung steuerlicher Hilfsmaßnahmen zur Bewältigung der Corona-Krise sind die Intentionen der Finanzverwaltung bzw. der Strafverfolgungsbehörde in einen neuen § 375a AO eingeflossen. Das Erlöschen eines Anspruchs aus dem Steuerschuldverhältnis durch Verjährung nach § 47 AO steht einer Einziehung rechtswidrig erlangter Taterträge nach den § 73 bis 73c StGB nicht entgegen. Nach § 376 Abs. 3 AO wird die Grenze der Verfolgungsregelung auf das 2 1/2-fache der gesetzlichen Verjährungsfrist (also 25 Jahre) verlängert. Dies gilt allerdings nur für die in § 370 Abs. 3 Satz 2 Nr. 1–6 AO genannten Fälle **besonders schwerer Steuerhinterziehung** (hier zu den gesetzgeberischen Hintergründen und Motivationen eingehend Fischer, NWB 2020, 3314 ff.).

Bislang konnte für erloschene Steueransprüche keine Einziehung nach § 73 StGB angeordnet werden, da § 73e Abs. 1 StGB eine Einziehung nach den § 73 bis § 73c StGB ausschließt, soweit der Anspruch, der den Verletzten aus der Tat auf Rückgewähr des Erlangten oder auf Ersatz des Wertes des Erlangten erloschen ist.

Diese Regelung umfasst nicht nur die hinterzogenen Steuern, sondern auch die Zinsen, soweit diese auf die hinterzogenen Steuern entfallen. Dies gilt auch sowohl für die Hinterziehungszinsen nach § 235 AO als auch für Zinsen nach § 233a AO, soweit diese auf Hinterziehungszinsen anzurechnen sind (§ 235 Abs. 4 AO). Dies wird in der amtlichen Begründung wie folgt begründet. Die strafrechtliche Aufarbeitung rechtlich komplexer und grenzüberschreitender Steuergestaltungen, die darauf ausgerichtet sind, Steuern in großem Ausmaß zu hinterziehen und bei denen erst im Laufe von Ermittlungen das gesamte Ausmaß an Tatkomplexen und Beteiligungen deutlich wird, ist sehr aufwendig und langwierig (z.B. bei den Cum-cum- und Cum-ex-Fällen). Um den Strafverfolgungsbehörden die Möglichkeit zu geben, auch in diesen neu erkannten Fällen den Sachverhalt bis zur Anklageerhebung vollständig auszuermitteln, ist es erforderlich, dass die Strafverfolgungsbehörden in der Lage sind, genügend Zeit zur Ermittlung zu haben. Dazu sollten für die Fälle des § 376 Abs. 1 AO die Grenze der absoluten Verjährung vom Doppelten auf das 2 1/2-fache (25 Jahre) ausgelegt werden. Mit der Ergänzung in § 376 Abs. 1 AO wird klargestellt, dass auch bei der Steuerhinterziehung in besonders schweren Fällen die Ruhensregelung aus § 78b Abs. 4 StGB anwendbar ist. § 78b Abs. 4 StGB regelt, dass in den Fällen, in denen das Gesetz eine Strafverschärfung für besonders schwere Fälle androht und das strafrechtliche Hauptverfahren vor dem Landgericht eröffnet worden ist, die Verjährung ab Eröffnung des Hauptverfahrens ruht; dieses Ruhen erfolgt jedoch höchstens für einen Zeitraum von fünf Jahren.

Diese Neuregelungen sind auf alle Fälle anwendbar, in denen zum Zeitpunkt des Inkrafttretens dieses Gesetzes eine Verjährung noch nicht eingetreten ist. Die Erwartung, während eines lange andauernden Ermittlungs- und Strafverfahrens werde die Verfolgungsverjährung eintreten, verdient keinen Vertrauensschutz; einer – ohnedies allenfalls klarstellenden – Übergangsregelung bedarf es deshalb hierzu nicht (zu dieser spezifischen Problematik eingehend Reichling/Lange, PStR 2020, 176 ff.; Maciejewski, wistra 2020, 441 ff.).

Die vom Gesetzgeber des Jahressteuergesetzes 2020 in § 73e Abs. 1 Satz 2 StGB getroffene Regelung ist verfassungsrechtlich nicht zu beanstanden.

Infolge der Eigenständigkeit der Einziehung handelt es sich auch im Fall zugrunde liegender Steuerhinterziehungen bei der Einziehungsentscheidung nicht um eine Steuererhebung, sodass insbesondere auch die Steuern betreffenden finanzverfassungsrechtlichen Regelungen nicht von Belang sind.

Die durch Art. 316j Nr. 1 EGStGB angeordnete Rückbewirkung von Rechtsfolgen („echte" Rückwirkung) für Fälle, in denen die steuerrechtliche Verjährung schon eingetreten war, ist ausnahmsweise zulässig. Sie ist durch gegenüber den Interessen der Betroffenen überragende Belange des Gemeinwohls gerechtfertigt (BVerfG, Beschluss vom 07.04.2022 2 BvR 2194/21, wistra 2022, 243 = NJW 2022, 2251; hierzu eingehend Pavlakos, wistra 2023, 8 ff.).

3.3 Zeitlicher Anwendungsbereich

Die Übergangsregelung in Art. 316h Satz 1 EGStG stellt klar, dass eine Einziehung nach neuem Recht auch schon für vor dem 01.07.2017 begangene Steuerstraftaten angeordnet werden kann. Zum einen bedeutet dies, dass bei vor dem 01.07.2017 begangenen Steuerstraftaten eine Vermögensabschöpfung nach dem Bruttoprinzip erfolgen kann. Zum anderen bedeutet die Rückwirkungsanordnung, dass nur noch unter den viel engeren Voraussetzungen des § 73e StGB die Einziehung ausgeschlossen ist. Im Übrigen wird auf Artikel 7 Abs. 1 EMRK hingewiesen, wonach das strafrechtliche Legalitätsprinzip, die Verhängung einer schwereren Strafe als der zum Tatzeitpunkt vorgesehenen Strafe entgegensteht, also das Rückwirkungsverbot insoweit Platz greift (so der Hinweis Spatscheck/Spilker, DB 2018, 2593, 2596 f. unter Hinweis auf LG Kaiserslautern, Urteil vom 20.09.2017, 7 KLs 6052 Js 8343/16 [3], NZWiSt 2018, 149).

Dies sieht jedoch der Bundesgerichtshof anders. Er negiert den Strafcharakter der Einziehung. Er argumentiert dahingehend, dass der Gesetzgeber mit der Reform bezweckt habe, die Einziehung als kondiktionsähnliche Maßnahme auszugestalten. Ziel der Einziehung ist es, dass die Bereicherung des Täters zulasten des Verletzten abgeschöpft wird. Mit den gesetzlichen Änderungen in §§ 73 ff. StGB n. F. wollte der Gesetzgeber möglichen Beeinträchtigungen des Vertrauens der Bevölkerung in die Gerechtigkeit der Rechtsordnung begegnen. Derartige Beeinträchtigungen des Vertrauens würden sich ergeben, wenn Straftäter die erlangten Vermögenswerte dauerhaft behalten dürfen (BGH, Urteil vom 25.05.2018, 1 StR 651/17, BeckRS 2018, 13592).

Die Anwendung des seit dem 01.07.2017 geltenden Einziehungsrechts auf früher begangene Taten widerspricht weder Art. 103 Abs. 2 GG noch dem allgemeinen Rückwirkungsverbot und auch nicht Art. 7 Abs. 1 Satz 2 EMRK (BGH, Beschluss vom 22.03.2018, 3 StR 577/17, wistra 2018, 427; vgl. BGH, Urteil vom 22.03.2018, 3 StR 42/18, wistra 2018, 428, 429 ff. mit Anm. Gotzens; Urteil vom 15.05.2018, 1 StR 651/17, wistra 2018, 431).

Eine andere Blickweise scheint der dritte Strafsenat des Bundesgerichtshofs mit folgender Argumentation vorzunehmen:

Art. 316h Satz 1 EGStGB ist mit den im Rechtsstaatsprinzip (Artikel 20 Abs. 3 GG) und in den Grundrechten verankerten Prinzipen der Rechtssicherheit und des Vertrauensschutzes unvereinbar, soweit er § 76a Abs. 2 Satz 1 i. V. m. § 78 Abs. 1 Satz 2 StGB jeweils in der Fassung des Gesetzes zur Reform der strafrechtlichen Vermögensabschöpfung vom 13.04.2017, in Fällen für anwendbar erklärt, in denen hinsichtlich der rechtswidrigen Taten, aus der von der selbstständigen Einziehung Betroffene etwas erlangt hat, bereits vor dem Inkrafttreten der Neuregelung am 01.07.2017 Verfolgungsverjährung im Sinne von § 78 Abs. 1 Satz 1 StGB eingetreten war (BGH, Vorlagebeschluss vom 07.03.2019, 3 StR 192/18 NJW 2019, 1891). Aufgrund dieses Vorlagebeschlusses ist nunmehr das Bundesverfassungsgericht gezwungen, hier ein deutliches Machtwort zu sprechen, was wahrscheinlich jedoch geraume Zeit dauern wird (hierzu eingehend Spatscheck/Spilker, DStR 2020, 1664 ff.; Feindt/Rettke, DStR 2021, 79 ff.).

Doch damit nicht genug. Das Jahressteuergesetz 2020 verlängert die Verjährungsfrist in § 376 Abs. 1 AO nochmals **von 10 Jahren auf 15 Jahre** für die **Fälle der besonders schweren Steuerhinterziehung** in allen zum Zeitpunkt des Inkrafttretens der Regelung noch nicht verjährten Taten. Darüber hinaus enthält der neu ins Gesetz aufgenommene **§ 73e Abs. 1 Satz 2 StGB** eine Ausnahme von der Anwendung des Ausschlusstatbestandes des § 73e Abs. 1 Satz 1 StGB. Die Regelung greift dann, wenn der Anspruch des Verletzten auf Rückgewähr des Erlangten oder auf Wertersatz durch Verjährung erloschen ist (zu den rechtspolitischen Hintergründen Beyer, NWB 2020, 328; ders., NWB 2021, 894 ff., Valbuena/Rennar, StB 2021, 62 ff., Binnewies/Peters, GmbHR 2021, R 64 ff.).

Diese massive Verschärfungsregelung dürfte ein noch evidenter Verstoß gegen das Rechtsstaatsprinzip darstellen (hierzu eingehend Reichling/Lange/Borgel, PStR 2021, 31 ff.), sodass eine baldige höchstrichterliche Klärung erfolgen muss, die nunmehr leider zulasten der Bürger in zwei folgenden Entscheidungen vorgenommen wurde:

Die Vermögensabschöpfung nach dem Reformgesetz vom 13.04.2017 ist keine dem Schuldgrundsatz unterliegende Nebenstrafe, sondern eine Maßnahme eigener Art mit kondiktionsähnlichem Charakter (Fortführung von BVerfGE 110, 1, 13 ff.). Die in Art. 316h Satz 1 EGStGB angeordnete Rückbewirkung von Rechtsfolgen („echte" Rückwirkung) ist nicht an Art. 103 Abs. 2 GG, sondern an dem allgemeinen Rückwirkungsverbot zu messen. Sie ist hier ausnahmsweise zulässig (BVerfG, Beschluss vom 10.02.2021, 2 BvL 8/19, wistra 2021, 193 mit kritischer Anm. Heim, NWB spezial 2021, 184 und Werneburg, PStR 2021, 174 ff.; Weinbrenner, NStZ 2022, 65 ff.); hierzu ausführlich Schilling/Corsten/Hübner, wistra 2021, 174 ff.; ebenfalls auf gleicher Linie BVerfG, Beschluss vom 07.04.2022 2 BvR 2194/21, wistra 2022, 243 = NJW 2022, 2251; hierzu eingehend Pavlakos, wistra 2023, 8 ff.).

Art. 316h Satz 1 EGStGB, dessen Verfassungsmäßigkeit das BVerfG bejaht hat, gilt auch in Fällen der erweiterten Einziehung nach § 73a StGB, bei der nach der Vorgängerregelung des § 73d StGB a. F. ein erweiterter Verfall bei verjährten Erwerbstaten ohnehin möglich war.

Die erweiterte Einziehung von Taterträgen gemäß § 73a Abs. 1 StGB setzt voraus, dass das Tatgericht aufgrund erschöpfender Beweiserhebung und -würdigung die Überzeugung gewonnen hat, der Angeklagte habe die betreffenden Gegenstände aus rechtswidrigen Taten erlangt; dabei dürfen an die Überzeugungsbildung keine überspannten Anforderungen gestellt werden (BGH, Urteil vom 01.06.2021 1 StR 675/18, wistra 2021, 396; auf gleicher Linie: BGH, Beschluss vom 04.05.2022 1 ARs 13/21, wistra 2022, 379).

§ 73e Abs. 1 Satz 2 StGB in der Fassung durch das Jahressteuergesetz 2020 vom 21. Dezember 2020 ermöglicht in Verbindung mit Art. 316j Nr. 1 EGStGB die Einziehung von Taterträgen trotz eingetretener Zahlungsverjährung aus steuerlichen Gründen (BGH, Urteil vom 28.07.2021, 1 StR 519/20, NJW 2022, 90; hierzu eingehend Saliger, NJW 2022, 17 ff.).

VI. Steuerstrafverfahren: Erstattung oder steuerliche Abzugsfähigkeit von Verteidigerkosten

Schrifttum:

Alvermann	Kein Vorsteuerabzug aus Strafverteidigungskosten?, Stbg 2014, 353
v. Briel/Ehlscheid	Steuerliche Berücksichtigung von Kosten im Steuerstrafverfahren, BB 1999, 2539
Depping	Strafverteidigerkosten als Betriebsausgaben – zur steuerlichen Gestaltung von Honorarvereinbarungen, DStR 1994, 1487
Gehm	Steuerliche Geltendmachung von Strafverteidigungskosten (§ 12 Nr. 4 EStG), EStB 2022, 315
Gilgan	Notwendige Auslagen bei gemeinschaftlicher Verteidigung von Rechtsanwalt und Steuerberater im Steuerstrafverfahren, Stbg 1989, 189
Grau/Blechschmidt	Ersatzansprüche für Schäden durch strafprozessuale Maßnahmen – insbesondere Durchsuchungsaktionen und Beschlagnahmen, BB 2011, 2378
Joecks/Jäger/Randt	Steuerstrafrecht, 9. Aufl. 2023
Kaligin	Keine Angst vor Betriebsprüfung und Steuerstrafverfahren, 2. Aufl. 2004
Kohlmann	Steuerstrafrecht (Stand: Juni 2024)
Krämer	Strafverteidigungskosten als Werbungskosten, PStR 2022, 244
Saller	Bußgelder und Geldstrafen als abzugsfähige Betriebsausgabe?, DStR 1996, 534
Spatscheck	Strafverteidigungskosten als Werbungskosten abziehbar?, Die AG 2012, 452
Zinn	Zur Frage der Berücksichtigung von Strafverteidigerkosten (Anwalts- und Gerichtskosten) als Betriebsausgabe oder Sonderausgaben bei einem Steuerberater zur Berücksichtigung des erhöhten Freibetrags nach § 18 Abs. 3 EStG i. V. m. § 18 Abs. 4 Satz 3 EStG wegen dauernder Berufsunfähigkeit, StBp 1990, 66

Verwaltungsanweisung:

1. OFD Magdeburg, Verfügung vom 22.07.2013, S 7300 – 137 – St 24, UR 2014, 168 betr. kein Vorsteuerabzug aus Strafverteidigungskosten.

1. Verteidigerkosten als erhebliche Belastung für den Stpfl.

Der weit überwiegende Teil von Steuerstrafverfahren wird zwar eingestellt (vgl. Beendigungsmöglichkeiten von Steuerstraf- und Steuerordnungswidrigkeitenverfahren), sodass es zu keiner Strafe, oft nicht einmal zur Zahlung eines Geldauflage-Betrags (§ 153a StPO) kommt. Jedoch bedeutet das Verfahren selbst für den Beschuldigten zumeist eine erhebliche Belastung, und zwar im Wesentlichen aus zwei Gründen:

- Für die meisten Beschuldigten stellt das Verfahren eine erhebliche psychische Belastung dar. Es wird als zermürbend empfunden, wenn das Verfahren jahrelang anhängig ist und immer wieder Schreiben von der Gegenseite eingehen und Besprechungen mit dem Rechtsanwalt und dem Steuerberater stattfinden müssen (Kaligin, Keine Angst vor Betriebsprüfung und Steuerfahndung, 2. Aufl., 115).
- Die Verteidigerkosten sind ein Faktor, der bei umfangreichen Schuldvorwürfen außerordentlich ins Gewicht fällt, dem sich der Beschuldigte aber (zunächst) nicht entziehen kann, denn gegen seine hoch spezialisierten Gegner hat er allein keine Chance. Die Frage der Erstattungsfähigkeit oder steuerlichen Abzugsfähigkeit von Verteidigerkosten sollte daher im Auge behalten werden.

2. Möglichkeit der Erstattung von Verteidigerkosten

Nach § 2 Abs. 2 des Gesetzes über die Entschädigung für Strafverfolgungsmaßnahmen (StrEG) sind Durchsuchung, Beschlagnahme und Arrest entschädigungspflichtige Strafverfolgungsmaßnahmen, wenn das Strafverfahren später von der Bußgeld- oder Strafsachenstelle des FA oder der Staatsanwaltschaft mangels hinreichenden Tatverdachts gem. § 170 Abs. 2 StPO eingestellt wird (§ 2 Abs. 2 Strafrechtsentschädigungsgesetz – StrEG).

Vgl. zu anderen Anspruchsgrundlagen instruktiv Grau/Blechschmidt, BB 2011, 2378 ff.). Da etwa 50 % der in Deutschland durchgeführten Steuerstrafverfahren schließlich gem. § 170 Abs. 2 StPO eingestellt werden (vgl. Beendigungsmöglichkeiten von Steuerstraf- und Steuerordnungswidrigkeitenverfahren) und es in zahlreichen dieser Verfahren zumindest zu Durchsuchungen kam, besitzt die Strafrechtsentschädigung durchaus Praxisrelevanz.

Die Verteidigerkosten des gesamten Verfahrens sind zu erstatten, wenn sich diese von der Verteidigung gegen Durchsuchung, Beschlagnahme und Arrest nicht trennen lassen (LG Karlsruhe, Urteil vom 27.04.1984, 2 O 8/84, AnwBl 1985, 158). Für den gem. § 7 StrEG erstattungsfähigen Vermögensschaden gilt der umfassende Schadensbegriff des BGB (§§ 249 bis 252 BGB).

Der Antrag auf Strafrechtsentschädigung ist beim Amtsgericht am Sitz der Staatsanwaltschaft innerhalb einer Frist von einem Monat nach Zustellung der Mitteilung über die Einstellung des Verfahrens zu stellen (§ 9 Abs. 1 Satz 4 StrEG). Nach § 9 Abs. 1 Satz 5 StrEG ist der Beschuldigte in der Einstellungs-Mitteilung über sein Antragsrecht, die Frist und das zuständige Amtsgericht zu belehren. Diese Belehrung unterbleibt in den von den Bußgeld- und Strafsachenstellen der FÄ eingestellten Fällen zumeist. Ist die Belehrung nicht erfolgt, so ist zu beantragen, dass Wiedereinsetzung in den vorigen Stand zu gewähren ist (§ 44 StPO; Schmitt, in: Meyer-Goßner, StPO, 67. Aufl. 2024, § 9 StrEG Rdnr. 5).

Im Fall eines Freispruchs vor Gericht sind die Kosten der Staatskasse aufzuerlegen. Grundsätzlich sind die Kosten für mehrere Verteidiger nur bis zur Höhe der Kosten für einen Rechtsanwalt erstattungsfähig (§ 464a StPO; Schmitt, in: Meyer-Goßner, StPO, 67. Aufl. 2024, § 464a Rdnr. 13).

Für (steuerstrafrechtliche) Großverfahren kann jedoch ein Beschluss des Berliner Kammergerichts vom 02.05.1994 Bedeutung erlangen. Danach können im Fall eines Freispruchs auch die Kosten für einen zweiten Wahlverteidiger sowie weitere Kosten (im zugrunde liegenden Fall u. a. Kopierkosten i. H. v. 9.991,64 DM) von der Staatskasse zu erstatten sein (KG Berlin, Urteil vom 02.05.1994, 2 AR 114/93 – 4 Ws 1 – 2/94, wistra 1994, 281).

Umstritten ist, ob die Kosten für einen als zweiten Verteidiger zugezogenen Steuerberater oder Wirtschaftsprüfer zu erstatten sind. Notwendige Auslagen i. S. v. § 464a Abs. 2 Nr. 2 StPO sind „auch" die gesetzlichen Gebühren und Auslagen eines Steuerberaters, Steuerbevollmächtigten, Wirtschaftsprüfers oder vereidigten Buchprüfers. Zweck dieser Regelung ist es, dem Beschuldigten die Möglichkeit zu geben, sich gegenüber der strafrechts- und strafprozessrechtskundigen Staatsanwaltschaft und der steuerrechtskundigen Finanzbehörde sachgerecht vertreten zu lassen. Aus diesem Grund bejaht ein Teil des Schrifttums die volle Erstattungsfähigkeit der Kosten eines als zweiter Verteidiger zugezogenen Steuerberaters/-bevollmächtigten, Wirtschaftsprüfers oder vereidigten Buchprüfers im Fall eines Freispruchs (§ 464a StPO; § 408 AO; Webel, in Joecks/Jäger/Randt, Steuerstrafrecht, 9. Aufl. 2023, § 408 Rdnr. 24; Gilgan, Stbg 1989, 189; Hilgers/Klautsch, in Kohlmann, Steuerstrafrecht, § 408 Rdnr. 38; Schmitt, in: Meyer-Goßner, StPO, 67. Aufl. 2024, § 464a Rdnr. 13).

3. Steuerliche Abzugsfähigkeit von Verteidigerkosten bei betrieblichem/beruflichem Zusammenhang

Verteidigerkosten sind als Betriebsausgaben oder Werbungskosten abzugsfähig, wenn das Strafverfahren in ursächlichem Zusammenhang mit einem betrieblichen oder beruflichen Vorgang stand. Dies gilt auch für vorsätzlich begangene Taten. Die Grundsätze für den Betriebsausgabenabzug von Strafverteidigungskosten wurden im Urteil des BFH vom 20.09.1989 aufgestellt. Voraussetzung ist danach

- das Bestehen eines ursächlichen Zusammenhangs der Kosten mit betrieblichen Vorgängen; dieser Zusammenhang liegt vor, wenn die Tat Betriebssteuern (USt, GewSt, KSt) betrifft und der Schaffung günstiger betrieblicher Rahmenbedingungen dient.
- Die Tat muss ausschließlich aus der betrieblichen/beruflichen Sphäre heraus erklärbar sein; zu dieser Voraussetzung äußerte sich der BFH wie folgt: Betreffe die Anklage auch außerbetriebliche Punkte (z. B. ESt-Hinterziehung), die in einem inneren Zusammenhang mit den betrieblichen Anklagevorwürfen stünden, und fehle es „an einem einwandfreien Maßstab für eine vernünftige Zuordnung der Strafverteidigungskosten zu den einzelnen Anklagepunkten“, so sei der Betriebsausgabenabzug zu versagen. Nicht betrieblich veranlasst ist insbesondere die Hinterziehung von Betriebssteuern, wenn zwar die betriebliche Steuerschuld dadurch verringert wird, die Minderung jedoch darauf beruht, dass betriebliche Mittel privat vereinnahmt oder für private Zwecke verwendet und damit dem Betrieb entzogen wurden (BFH, Urteil vom 20.09.1989, X R 43/86, BStBl II 1990, 20; v. Briel/Ehlscheid, BB 1999, 2539; Saller, DStR 1996, 534; Zinn, StBp 1990, 66, 68; Depping, DStR 1994, 1487).

In den Fällen der Verfahrenseinstellung dürften die im Urteil des FG Düsseldorf vom 23.11.1988 aufgestellten Grundsätze gelten. Ist danach die private Veranlassung der Anwaltskosten nicht durch eine Verurteilung festgestellt, so ist maßgebend, dass der Verdacht i. R. der Berufsausübung entstanden ist (§§ 170 Abs. 2, 153, 153a StPO; § 398 AO; FG Düsseldorf, Urteil vom 23.11.1988, 7 K 291/83 E, EFG 1989, 227, rkr.).

Eine Verurteilung liegt bei allen Verfahrenseinstellungen nicht vor. Beim Verfahrensabschluss nach § 153a StPO gilt die Unschuldsvermutung weiter (vgl. Beendigungsmöglichkeiten von Steuerstraf- und Steuerordnungswidrigkeitenverfahren).

Die ertragsteuerliche Beurteilung, wonach für gemischt betrieblich und privat veranlasste Leistungsbezüge bei nicht objektiv einwandfreier und leichter Aufteilbarkeit ein Betriebsausgabenabzug nicht möglich ist, gilt nicht für den **Vorsteuerabzug**. Ein Vorsteuerabzug ist bereits dann anzuerkennen, wenn die bezogene Leistung in einem objektiven, erkennbaren wirtschaftlichen Zusammenhang mit der unternehmerischen Tätigkeit steht und diese fördern soll. Er entfällt nur dann, wenn dem Zusammenhang des Leistungsbezugs mit der unternehmerischen Sphäre nach den Gesamtumständen keinerlei Bedeutung zukommt und nur eine nichtunternehmerische Verwendung möglich ist (FG Düsseldorf, Urteil vom 19.06.1996, 5 K 7682/91 U, EFG 1996, 1185, rkr.; v. Briel/Ehlscheid, BB 1999, 2539). Allerdings hat der EuGH ein Vorsteuerabzugsrecht des Unternehmens bei Strafverteidigerkosten für den Geschäftsführer abgelehnt (EuGH, Urteil vom 21.02.2013, C-104/12, NJW 2013, 1585; ebenso BFH, Urteil vom 11.04.2013, V R 29/10, BStBl II 2013, 840 mit Anm. Bürger, BB 2013, 2404, 2406; ferner Alvermann, Stbg 2014, 353 ff.); siehe auch OFD Magdeburg, Verfügung vom 22.07.2013, S 7300 – 137 – St 124, UR 2014, 168.

Strafverteidigungskosten sind als **Werbungskosten** bei den Einkünften aus nichtselbständiger Tätigkeit insbesondere bei zwei Fallkonstellationen **nicht** abziehbar:

- Die Tat fällt aus dem Rahmen der üblichen beruflichen Tätigkeit des Stpfl. heraus (z. B. Verwahrungsbruch, falsche uneidliche Aussage und Verstoß gegen das Betäubungsmittelgesetz durch eine Kriminalbeamtin; siehe Hessisches FG, Urteil vom 01.02.1994, 1 K 10518/96, EFG 1994, 1043, rkr.).
- Die berufliche Veranlassung wurde von nicht beruflichen Gründen überlagert; dies ist dann der Fall, wenn der Stpfl. vorsätzlich und in dem Bewusstsein gehandelt hat, den Arbeitgeber zu schädigen (BFH, Urteil vom 18.09.1987, VI R 121/84, BFH/NV 1988, 353; BFH, Urteil vom 16.04.2013, IX R 5/12, BStBl II 2013, 806; FG Baden-Württemberg, Urteil vom 14.04.1994, 8 K 124/93, EFG 1995, 246, rkr.).

Voraussetzung ist jedoch, dass die private Veranlassung der Anwaltskosten durch eine Verurteilung festgestellt wurde. Daran fehlt es nicht nur bei Verfahrenseinstellungen mangels hinreichenden Tatverdachts, sondern die Unschuldsvermutung gilt nach ständiger Rechtsprechung des BVerfG auch bei Abschlüssen gem. § 153a StPO (z. B. gegen Zahlung einer Geldauflage).

Strafverteidigerkosten sind als Betriebsausgaben oder Werbungskosten abzugsfähig, wenn der strafrechtliche Vorwurf, gegen den sich der Stpfl. zur Wehr setzt, durch sein berufliches Verhalten veranlasst ist und nicht auf privaten, den beruflichen Zusammenhang aufhebenden Umständen beruht (BFH, Beschluss vom 30.06.2004, VIII B 265/03, BFH/NV 2004, 1639; BFH, Beschluss vom 17.08.2011, VI R 75/10, BFH/NV 2011, 2040; hierzu Spatscheck, Die AG 2012, 452 f.).

Strafverteidigerkosten sind nicht betrieblich veranlasst, wenn die zur Last gelegte Tat nicht in Ausübung der beruflichen Tätigkeit, sondern nur bei Gelegenheit begangen worden ist (BFH, Urteil vom 12.06.2002, XI R 35/01, BFH/NV 2002, 1441). Deshalb sind Strafverteidigerkosten eines Piloten wegen Einkommensteuerhinterziehung keine Werbungskosten, auch wenn der Tatvorwurf eine Zuverlässigkeitsprüfung nach dem Luftsicherheitsgesetz auslöste (FG Hamburg, Urteil vom 17.12.2010, 6 K 126/10, DStRE 2012, 271, rkr.).

Strafverteidigerkosten eines Beamten wegen einer persönlichen Straftat führen nicht deswegen zu Werbungskosten, weil der Betreffende als Beamter zusätzlich mit disziplinarrechtlichen Folgen, insbesondere Gehaltskürzungen, rechnen muss (BFH, Beschluss vom 08.09.2003, VI B 109/03, BFH/NV 2004, 42). Bei Verteidigerkosten eines Beamten muss zwischen den Kosten für die Verteidigung im Disziplinarverfahren, die abzugsfähig sind, und den Strafverteidigerkosten, für die die o.g. Grundsätze gelten, unterschieden werden (BFH, Urteil vom 13.12.1994, VIII R 34/93, BStBl II 1995, 457).

Aufwendungen, die Eltern für die Strafverteidigung ihres Kindes entstanden, können insoweit als außergewöhnliche Belastung zu berücksichtigen sein, als sich die Kosten innerhalb der gesetzlichen Rechtsanwaltsgebühren-Rahmensätze halten (BFH, Urteil vom 23.05.1990, III R 145/85, BStBl II 1990, 895). Dies gilt aber nicht für eine besonders sozialwidrige Tat eines bereits 28-Jährigen (BFH, Urteil vom 30.10.2003, III R 23/02, BStBl II 2004, 267).

Lässt sich ein Stpfl. eine Anstellung bei einem anderen Arbeitgeber vertraglich zusagen und wird er deshalb nach § 331 StGB wegen Vorteilsannahme verurteilt, stellen die zur Strafverteidigung aufgewendeten Kosten mangels eines Veranlassungszusammenhangs mit dem Beruf keine Werbungskosten i. S. d. § 9 Abs. 1 Satz 1 EStG dar. Gibt der Stpfl. die vertraglich zugesicherte Anstellung noch vor dem Anfall von Strafverteidigungskosten endgültig auf und wird dadurch der ursprünglich begründete Veranlassungszusammenhang zu den Einkünften aus nichtselbständiger Arbeit beseitigt, scheiden auch sog. vorab entstandene vergebliche Werbungskosten aus, denn dann steht die dem Privatbereich zuzuordnende Abwehr oder Abmilderung einer Bestrafung im Vordergrund. Soweit das Strafverfahren mit einer Verurteilung endet, sind die Strafverteidigungskosten auch nicht nach § 33 Abs. 1 EStG abziehbar; es fehlt insoweit am

Tatbestandsmerkmal der Zwangsläufigkeit (BFH, Urteil vom 16.04.2013, IX R 5/12, BStBl II 2013, 806, 807 f.; FG Rheinland-Pfalz, Urteil vom 15.04.2010, 4 K 2699/06, EFG 2010, 1491, rkr., mit Anm. Rosenke = DStRE 2011, 209).

Strafverteidigungskosten können bei entsprechendem Veranlassungszusammenhang mit der Erwerbssphäre Werbungskosten sein. Ein solcher Erwerbsbezug ist gegeben, wenn die dem Steuerpflichtigen vorgeworfene Tat – im Streitfall: Steuerhinterziehung durch Vorspiegeln eines Mietverhältnisses mit dem Ziel, an sich privat veranlasste Erhaltungsaufwendungen steuerlich zur Abzugsfähigkeit zu bringen – ausschließlich und unmittelbar nur aus der Erwerbstätigkeit heraus erklärbar ist. Ein Erwerbsbezug fehlt, wenn die Erwerbstätigkeit nur die Gelegenheit zur Straftat schafft (Niedersächsisches FG, Urteil vom 14.05.2014, 9 K 99/13, EFG 2014, 1473 = DB 2014, 2075 f. m. Anm. Kreft, rkr.).

Kosten der Strafverteidigung sind nur dann – ausnahmsweise – als Betriebsausgaben oder Werbungskosten abziehbar, wenn der strafrechtliche Vorwurf, gegen den sich der Steuerpflichtige zur Wehr setzt, durch sein berufliches Verhalten veranlasst gewesen ist. Die dem Steuerpflichtigen vorgeworfene Tat muss ausschließlich und unmittelbar aus seiner betrieblichen oder beruflichen Tätigkeit heraus erklärbar sein.

Das Fahren mit erheblich überhöhter Geschwindigkeit an unübersichtlicher Stelle ist auch im Zusammenhang mit einer Dienstreise nicht in Ausübung der beruflichen Tätigkeit begangen, sondern findet seine Ursache in einer (privaten) rücksichtslosen Verkehrsgesinnung.

Kosten der Strafverteidigung, die einem wegen einer vorsätzlichen Tat verurteilten Steuerpflichtigen entstanden sind, sind nicht als außergewöhnliche Belastungen abziehbar. Sie sind nicht aus rechtlichen Gründen zwangsläufig erwachsen, da die Straftat selbst nicht unausweichlich, vielmehr verboten war (FG Rheinland-Pfalz, Urteil vom 22.01.2016, 4 K 1572/14, DStRE 2017, 905, rkr.).

Strafverteidigungskosten sind nur dann als Werbungskosten abziehbar, wenn der strafrechtliche Vorwurf, gegen den sich der Steuerpflichtige zur Wehr setzt, durch sein berufliches Verhalten veranlasst war. Die berufliche Veranlassung wird nicht dadurch begründet, dass der Steuerpflichtige eine steuerpflichtige Entschädigung nach dem Gesetz über die Entschädigung für Strafverfolgungsmaßnahmen (StrEG) erhält. Strafverteidigungskosten erwachsen einem Steuerpflichtigen auch im Falle eines Freispruchs nicht zwangsläufig i. S. von § 33 Abs. 1 EStG, wenn er mit seinem Verteidiger ein Honorar vereinbart, das über den durch die Staatskasse erstattungsfähigen Kosten liegt (BFH, Beschluss vom 10.06.2015, VI B 133/14, BFH/NV 2015, 1247).

Strafverteidigungskosten sind nicht beruflich veranlasst, wenn die berufliche Tätigkeit dem Steuerpflichtigen nur die Gelegenheit zur Begehung der Straftat verschafft. Aufwendungen für Strafverteidigungskosten, die der Steuerpflichtige gemäß § 467 Abs. 5 StPO zu tragen hat, weil er der Einstellung eines Verfahrens gemäß § 153a StPO zustimmt, entstehen nicht zwangsläufig (BFH, Beschluss vom 13.12.2016, VIII R 43/14, BFH/NV 2017, 569; auf gleicher Linie FG Rheinland-Pfalz, Urteil vom 20.10.2020, 5 K 1613/17, EFG 2021, 92, 95 m. Anm. Everling; zwischenzeitlich rechtskräftig, da Erledigung durch Rücknahme der Revision).

Strafverteidigungskosten sind dann als Werbungskosten abziehbar, wenn der strafrechtliche Vorwurf, gegen den sich der Steuerpflichtige zur Wehr setzt, durch sein berufliches Verhalten veranlasst ist. Der strafrechtliche Vorwurf, gegen den sich der Steuerpflichtige zur Wehr setzt, betrifft grundsätzlich die konkrete Tat, aufgrund der die Strafverteidigungskosten angefallen sind (BFH, Beschluss vom 31.03.2022 VI B 88/21, BFH/NV 2022, 722 = DStRK 2022, 186 mit Anm. Pondelik; hierzu Gehm, EStB 2022, 207 ff.; Krämer, PStR 2022, 244 ff.).

VII. Verteidigungsaspekte bei der Aufdeckung von Vermögenswerten durch die Finanzverwaltung

Schrifttum:

Joecks/Jäger/Randt	Steuerstrafrecht, 9. Aufl. 2023
Kaligin	Ermittlungsprobleme der Finanzbehörden bei verschwiegenen Vermögenswerten, StB 2003, 60

1. Vorschnelle Ratschläge zur Selbstanzeige

In letzter Zeit wurden in Presseberichten oder in Vortragsveranstaltungen Fälle beschrieben, in denen dem FA z. B. durch **Ermittlungen der Steufa bei Kreditinstituten** aufgrund von **Geldwäsche-Verdachtsanzeigen** (§ 11 Abs. 5 GwG) oder von **Grenzkontrollen** oder durch den Ankauf von Steuer-CDs das Vorhandensein von Kapitalvermögen bekannt wird. Hinzu kam die in der Presse erörterte Fallkonstellation, dass die Finanzbehörde davon Kenntnis erhält, dass jemand auf Mallorca eine Immobilie besitzt (zur Problematik Kaligin, StB 2003, 66 ff.). In allen genannten Situationen sei – so der häufige Rat von interviewten Rechtsanwälten oder von dozierenden Finanzbeamten – eine sofortige Selbstanzeige geboten, zweckmäßigerweise gleich zehn Jahre zurück. Im Folgenden soll dieser Ratschlag kritisch hinterfragt werden.

Standardsituation in Betriebs- und Steuerfahndungsprüfungen ist ferner **die Feststellung von Einzahlungen auf betriebliche oder private Konten**. Einnahme-Zuschätzungen sind hier nach der Rechtsprechung nicht ohne Weiteres möglich.

2. Aufdeckung von Vermögenswerten eines Stpfl.

2.1 Probleme der Finanzverwaltung ab dem Bekanntwerden der Vermögenswerte

Beispiele:

- Infolge einer Geldwäsche-Verdachtsanzeige wird der Steuerfahndung bekannt, dass der Stpfl. X in 2023 150.000 € bei einer Bank einzahlte.
- Bei einer Zollkontrolle an der Grenze zu Luxemburg wurde von Zollbeamten in 2023 festgestellt, dass der Stpfl. Y 160.000 € in seinem Mercedes unter dem Reserverad versteckt hat. Diese Feststellung übermittelt der Zollbeamte an das für Y zuständige FA.
- Das FA erfährt im Jahr 2024, dass der Stpfl. Z auf Mallorca eine Immobilie besitzt (§ 11 Abs. 5 GwG).

Allen Fallkonstellationen ist gemeinsam, dass für die Finanzbehörde die (Nachweis-)Probleme mit dem Bekanntwerden der Vermögenswerte **erst beginnen**. Es kann keine Rede davon sein, dass das FA in der Lage wäre, aufgrund der beschriebenen „Erkenntnisse“ Steuern festzusetzen; vielmehr ist es in den genannten Fällen für die Finanzbehörde schwierig, ohne Mitwirkung der Stpfl. Steuerbescheide zu erlassen, die letztlich vor einem FG Bestand haben. Dabei ist **hinsichtlich der Ermittlungsziele der Finanzverwaltung** wie folgt zu differenzieren:

- Zum einen geht das fiskalische Interesse dahin festzustellen, wie die Vermögenswerte erworben wurden, es betrifft also die **Ermittlung von Schwarzeinkünften in der Vergangenheit**, die zu den Vermögenswerten führten.
- Zum anderen geht es um die Feststellung von Zinseinkünften.

2.2 Strafrechtliche Verjährung als Hürde bei der Ermittlung von Schwarzeinkünften

Bei dem Versuch der Feststellung von Schwarzeinkünften, die zu bestimmten Vermögenswerten führten, steht die Finanzbehörde vor mehreren Hürden, die sich – namentlich in ihrer Kumulation – als unüberwindbar erweisen können. Diese Schwierigkeiten erklären auch, dass die Finanzverwaltung oft versucht, die Stpfl. im Besteuerungsverfahren, d. h. unter Ausnutzung der steuerlichen Mitwirkungspflicht, mittels Anschreiben zu veranlassen, interessante Informationen zu offenbaren.

Die **erste Hürde** besteht für die Steuerfahndung in der strafrechtlichen Verjährung, die grundsätzlich fünf Jahre beträgt, gerechnet ab Bekanntgabe des jeweiligen mutmaßlich falschen Steuerbescheids (Ebner, in Joecks/Jäger/Randt, 9. Aufl. 2023 § 376 AO Rdnr. 10 ff.).

Wenn z. B. eine „Mallorca-Immobilie“ 2019 erworben wurde (wobei für die Finanzbehörden bereits Schwierigkeiten hinsichtlich der Kaufpreisermittlung bestehen dürften), so muss das Geld für den Erwerb in den Veranlagungszeiträumen davor verdient worden sein, wobei dieser Verdienst seinerzeit möglicherweise dem FA nicht erklärt wurde. Z. B. am 08.02.2024 ist aber bezüglich aller Steuerbescheide mit Datum 11.02.2019 (fünf Jahre) und früher strafrechtlich Verjährung eingetreten. Dies dürfte den wesentlichen Teil der 2016–2019er-Veranlagung (und davor) und bereits Teile der 2007er-Veranlagung betreffen. Für verjährte Zeiträume darf die Steuerfahndung aber nicht durchsuchen. Eine Steuerfahndung, die nicht durchsuchen, sondern nur im Besteuerungsverfahren eine schriftliche Anfrage an den Stpfl. richten darf – die dieser aber nicht beantworten muss –, ist ein stumpfes Schwert in der Hand des Fiskus.

Die **zweite Hürde** für die Ermittlung von Schwarzgeld ist eine steuerliche, sie besteht damit auch für die Bp. Um Steuernachforderungsbescheide aufgrund von in der Vergangenheit verdienten Schwarzgelds erlassen zu können, muss nämlich eine Bp – oder auch, für nicht strafrechtlich verjährte Jahre, eine Steuerfahndungsprüfung – exakt ergeben,

- ob früher (= vor dem Immobilien-Erwerb) Einnahmen nicht erklärt wurden,
- in welchen Jahren und in welcher Höhe dies passierte und
- in welcher von etwaigen mehreren Einkunftsquellen die Verkürzungen stattfanden (BFH, Beschluss vom 29.01.1992, X R 145/90, BFH/NV 1992, 439).

Ob ein FA-Prüfer beweiskräftige Unterlagen für „Alt-Jahre“ vorfindet, falls es überhaupt gelingen sollte, einer Betriebsprüfungsstelle einen derartigen Fall anzudienen, darf bezweifelt werden. Anderenfalls werden Schätzungen notwendig. An die gängigen Schätzungsmethoden (Geldverkehrs- oder Vermögenszuwachsrechnung, Nachkalkulation) werden durch die finanzgerichtliche Rechtsprechung jedoch hohe Anforderungen gestellt, denen im Massenbetrieb des FA meist nicht Rechnung getragen werden kann (§ 162 AO).

Die **dritte Hürde** besteht im Besteuerungsverfahren darin, dass nach der Rechtsprechung des BFH auch im Besteuerungsverfahren der Grundsatz „in dubio pro reo“ (im Zweifel für den Angeklagten) gilt, wenn ein Fall von Steuerhinterziehung vorliegt. Dies schließe es aus, eine Schätzung – entsprechend den allgemeinen Grundsätzen im Fall der Verletzung von Mitwirkungspflichten – auf Wahrscheinlichkeitserwägungen, d.h. auf ein reduziertes Beweismaß, zu stützen und an der oberen Grenze des im Einzelfall zu beachtenden Schätzungsrahmens auszurichten. Damit erteilte der BFH den anders lautenden Beschlüssen des FG Düsseldorf und des Hessischen FG eine Absage. Diese waren bei der Schätzung hinterzogener Zinseinkünfte von einem reduzierten Beweismaß ausgegangen (BFH, Beschluss vom 29.01.2002, VIII B 91/01, BFH/NV 2002, 749; FG Düsseldorf, Beschluss vom 12.01.2000, 10 V 3361/991 E, V, DStRE 2000, 439, rkr.; Hessisches FG, Beschluss vom 12.09.2001, 8 V 465/01, wistra 2002, 115).

Insgesamt ist es somit für die Finanzverwaltung mit großen Schwierigkeiten verbunden, bei der Feststellung von Vermögenswerten eines Stpfl. zu beweisen, ob, wann, in welcher Höhe und aus welcher Einkunftsquelle Schwarzeinnahmen erzielt wurden. Auch entsprechende Schätzungen sind vor dem FG i. d. R. schwer zu belegen.

2.3 Schätzung bei der Ermittlung von Zinseinkünften

Beispiel:

Im Zuge der Steufa-Ermittlungen bei Kreditinstituten wird bekannt, dass der Stpfl. X Anfang 1994 300.000 DM nach Luxemburg transferierte. Für die Ermittlung oder Schätzung von Zinseinkünften vor 1994 besteht ein Teil der beschriebenen Probleme: zum einen für die Steuerfahndung das Ermittlungshindernis der strafrechtlichen Verjährung, zum anderen der bei einer Schätzung geltende Grundsatz „in dubio pro reo“.

Dieser Grundsatz wurde durch das Hessische FG bestätigt. In dem dortigen Fall waren 1999 Zinseinkünfte für 1992 bis 1997, nicht jedoch für 1989 bis 1991 nacherklärt worden. Da für 1989 bis 1991 eine Steuerhinterziehung **nicht bewiesen** war – der Stpfl. hatte vorgetragen, die Kapitaleinkünfte für diese Zeiträume seien vollständig erklärt, und das FA hatte **nicht positiv feststellen** können, dass die Steuererklärungen für 1989 bis 1991 falsch waren –, sah das Hessische FG keinen Raum für eine Schätzung (Hessisches FG, Urteil vom 19.08.2003, 2 K 2519/00, DStRE 2003, 1363). Eine **Schätzung von Zinseinkünften für die Zeit nach 1994** ist im genannten Beispiel auch aus folgendem Grund nicht ohne Weiteres möglich: Das 1994 vorhandene Kapital kann sich in der Folgezeit aufgrund kleinerer oder größerer Anschaffungen vermindert haben. Für seinen privaten Konsum muss ein Stpfl. aber keine Buchführung einrichten. Er muss dem FA nicht das Nichtvorhandensein eines Kapitalvermögens dadurch beweisen, dass er sein Leben lang Belege über Lebenshaltungskosten und Konsum aufbewahrt. Auch hier gilt der o.a. vom BFH bestätigte Zweifelsgrundsatz („in dubio pro reo“).

Ob eine Durchsuchung durch die Steuerfahndung für noch nicht strafrechtlich verjährte Jahre (z.B. für 1999ff.) in ausreichender Weise damit begründet werden könnte, dass 1994 einmal ein Kapitalbetrag vorhanden war, erscheint zweifelhaft. Dies dürfte allenfalls beim Bekanntwerden außerordentlich hoher Kapitalsummen zu bejahen sein. Nach dem Grundsatz der Verhältnismäßigkeit ist vielmehr der Stpfl. zunächst im Besteuerungsverfahren anzuschreiben und nach der Verwendung des ursprünglich vorhandenen Kapitalbetrages zu befragen. Führt dieses Anschreiben nicht zur Aufklärung, so ist es zwar nicht ausgeschlossen, dass die Finanzbehörde im Einzelfall einen strafrechtlichen Anfangsverdacht annimmt, der Erfolg von Durchsuchungsmaßnahmen hängt aber davon ab, dass aktuell (im Jahr 2005) etwas für Alt-Jahre (z.B. 1999ff.) gefunden wird.

Die Langwierigkeit und das für die Finanzverwaltung oft enttäuschende Ergebnis des Besteuerungsverfahrens verdeutlicht folgender vom FG Rheinland-Pfalz entschiedene Fall: Bei einer Grenzkontrolle bei der Einreise des Klägers von Luxemburg nach Deutschland wurde ein Depotauszug per 18.02.1991 über festverzinsliche Wertpapiere, Aktien und Fondsanteile mit einem Tageswert von über 1,8 Mio. DM gefunden, der keinen Namen, sondern lediglich die Bezeichnung „746/1134/003 Lux 1134“ trug, sowie eine weitere Unterlage mit der Bezeichnung „lux 1134“. Außerdem führte der Kläger Bargeld i.H.v. 60.000 DM mit sich. Die Grenzkontrolle erfolgte am 19.02.1991.

Erst drei Jahre später, am 19.04.1994, 08.10.1994 und 23.11.1994, kam es zu Besprechungen bei der Steufa. Der Kläger erklärte, er habe keine Ahnung, wie die o. g. Dokumente in das Auto, das im Übrigen seinem Schwiegervater gehört habe, gekommen seien. Möglicherweise handle es sich um Schmierpapiere. Der Schwiegervater des Klägers war nach den Feststellungen der Steufa vermögend. Später ließ sich der Kläger dahin ein, von einem Herrn V um einen Rat im Bereich des Internationalen Portfolio-Managements gebeten worden zu sein, wofür ihm Herr V den umstrittenen Depotauszug überlassen habe. Der Kläger legte hierzu eine auf den 11.03.1995 datierte Erklärung des Herrn V vor.

Mehr als zehn Jahre nach der betreffenden Grenzkontrolle, im November 2002, gab das FG Rheinland-Pfalz der Klage gegen die Steuernachforderungsbescheide statt. Es sei nicht auszuschließen, dass das in den vorgefundenen Unterlagen bezeichnete Vermögen dem Schwiegervater des Klägers gehörte oder dass es sich um Kapitalvermögen eines vom Kläger beratenen Mandanten handelte (FG Rheinland-Pfalz, Urteil vom 20.11.2003, 3 K 1659/00, DStRE 2004, 86).

3. Bloße Vermutung eines Kapitalvermögens und Ansatz von Zinsen

In Fällen, in denen Stpfl. über ein „gutes Einkommen“ verfügen, das ihnen eigentlich die Ansammlung von Ersparnissen ermöglichen müsste, jedoch keine entsprechenden Zinseinkünfte erklärt wurden, drängt es Finanzbeamte zuweilen, in Ermittlungen einzutreten, so z. B. im Jahr 2001 ein FA in Nordrhein-Westfalen.

Beispiel:

Betr. Überprüfung der Einkünfte aus Kapitalvermögen und Vermögensverwendung 1996 bis 1999

Sehr geehrter Herr ...,

lt. den ausgewiesenen Gewinnen aus selbstständiger Arbeit haben Sie in den letzten Jahren über erhebliche Einnahmen bzw. Mittelzuflüsse verfügt. Die Verwendung dieser Mittel ist aus Ihrer Steuerakte jedoch nicht zu erkennen (Vermögenszuwachs), da trotz hoher Einkünfte die erklärten Einnahmen aus Kapitalvermögen für diesen Zeitraum nicht entsprechend gestiegen sind.

Ich bitte daher um Erläuterung Ihres durchschnittlichen monatlichen Lebensbedarfs. Zur weiteren Überprüfung bitte ich außerdem, sämtliche Banken und weitere Geldinstitute, zu denen Sie Geschäftsbeziehungen unterhalten bzw. im genannten Zeitraum unterhalten haben, zu benennen sowie unter Beifügung von Belegen alle Konten- bzw. Depotstände zu folgenden Stichtagen mitzuteilen; sofern Sie Vermögen auch auf Namen naher Angehöriger angelegt haben, bitte ich, die erforderlichen Angaben insofern zu ergänzen:

01.01.1996 – 01.01.1997 – 01.01.1998 – 01.01.1999

Ich bitte um Beantwortung dieses Schreibens innerhalb der nächsten vier Wochen.

Ich möchte Sie darauf hinweisen, dass Sie nach § 90 Abgabenordnung zur Mitwirkung bzw. Aufklärung des erwähnten Sachverhaltes verpflichtet sind.

Mit freundlichen Grüßen

Im Auftrag

Kein Stpfl. ist jedoch verpflichtet, über sein Privatleben (Konsum, Hobbys, Lebenshaltungskosten etc.) eine Buchführung einzurichten. Eine Verpflichtung, einen in sich geschlossenen Nachweis über die Herkunft seines Privatvermögens zu führen, besteht gleichfalls nicht (BFH, Urteil vom 28.05.1986, I R 265/83, BStBl II 1986, 732). Das LG Freiburg führte mit Beschluss vom 15.11.2000 aus: Die im konkreten Fall vorgenommene Geldverkehrsrechnung versucht indessen, Geldanlagen und mithin stpfl. Kapitalerträge mit der Überlegung zu begründen, dass der Stpfl. den nach Abzug der bekannten Ausgaben und der geschätzten Lebenshaltungskosten verbleibenden ungeklärten Vermögensüberschuss vernünftigerweise in Kapitalanlagen oder dergleichen anlegte. Unter Berücksichtigung der überdurchschnittlichen Einkommenssituation und des beträchtlichen Vermögens hält die Kammer einen hohen Lebensstandard mit deutlich höheren Lebenshaltungskosten und sonstigen Ausgaben für nicht ausgeschlossen. Auch sind vor dem Hintergrund der wirtschaftlichen Situation der Beschuldigten weitere Ausgaben, z. B. für Anschaffungen höherwertiger Güter (z. B. Kraftfahrzeuge, Möbel, Schmuck oder dergleichen) oder für Reisen, sowie höhere Unterhaltsbeträge, sonstige Zuwendungen und Geschenke an die Söhne, nahe liegend (LG Freiburg, Urteil vom 15.11.2000, VIII Qs 13/00, StV 2001, 266).

Hinzu kommt, dass es einem Stpfl. auch gar nicht möglich wäre, dem FA das **Nichtvorhandensein** eines Kapitalvermögens zu beweisen. Würde das Beispiel Schule machen, so würde wohl bald jedem Stpfl. ein dem FA adäquat erscheinendes Kapitalvermögen zugeschätzt werden, falls es dem Stpfl. nicht gelingt, den Konsum der letzten Jahre nachzuweisen. Beantwortet somit im o. a. Beispiel der Stpfl. die FA-Anfrage nicht, so sind die schätzungsweise Annahme eines Kapitalvermögens und der Ansatz von Zinsen unzulässig.

Die obigen Ausführungen ermöglichen eine Bewertung der eingangs beschriebenen, verbreiteten Empfehlung, bei Vorliegen der geschilderten Sachverhalte sofort und umfassend Selbstanzeige zu erstatten: Eine Selbstanzeige hat auf jeden Fall die sichere Steuernachforderung zur Folge. Demgegenüber sind das „Ob" und die Höhe einer solchen Nachforderung offen, wenn eine Selbstanzeige nicht erstattet wird.

Selbstverständlich kommt es bei einer Selbstanzeige-Beratung immer auf die Umstände des Einzelfalls an, eine Selbstanzeige hilft aber vor allem zunächst einmal dem FA. Zwar wird durch eine Selbstanzeige das Risiko einer Bestrafung beseitigt. Zuerst sollte der Stpfl. bzw. sein Berater aber konkret prüfen, ob ein solches Risiko überhaupt besteht. Häufig ist dies nicht der Fall, u.a. deshalb, weil eine Verurteilung wegen Steuerhinterziehung die **hinreichende Feststellung** einer Steuerverkürzung **in bestimmter Höhe** voraussetzt. Da die Finanzbehörden zu einer solchen Feststellung vielfach nicht in der Lage sind, versuchen sie, Stpfl. mittels Anschreiben und Presseberichterstattung zur Selbstanzeige zu bewegen.

4. Feststellung von Bareinzahlungen bei Betriebs- oder Steuerfahndungsprüfungen

Stellt der Betriebs- oder Steufa-Prüfer **ungeklärte Einzahlungen auf betrieblichen Konten** fest, so kommt zwar auch bei formell ordnungsgemäßer Buchführung und ohne Anwendung der gängigen Schätzungsmethoden (z.B. einer Geldverkehrs- oder Vermögenszuwachsrechnung) grundsätzlich eine Gewinnhinzuschätzung in Betracht. Voraussetzung hierfür ist jedoch, dass

- der Stpfl. seine Mitwirkungspflicht nicht ausreichend erfüllte (z.B. infolge des Vortrags außergewöhnlicher, unglaubwürdiger Sachverhalte oder widersprüchlicher Angaben zur Herkunft der Mittel),
- **die in Betracht kommende Einkunftsquelle in dem maßgebenden Zeitraum Einkünfte in entsprechender Höhe abwerfen konnte** (BFH, Urteil vom 01.07.1987, I R 286/83, BFH/NV 1988, 12).

Mit einer Schätzung soll ein Ergebnis erreicht werden, das der Wahrscheinlichkeit möglichst nahe kommt (BFH, Urteil vom 12.04.1988, VIII R 154/84, BFH/NV 1989, 636).

Beispiel:

Bei einer Bp bei Steuerberater S wurde festgestellt, dass am 02. und 04.06.1993 jeweils 100.000 DM bar auf das betriebliche Girokonto des S eingezahlt worden waren. Die Herkunft der Gelder erklärte S damit, dass ihm von zwei Freunden jeweils 100.000 DM als Darlehen zur Verfügung gestellt worden seien. Zinsen und Sicherheiten seien nicht vereinbart worden. Die Bank, die den Praxiskauf finanziert habe, habe zum 01.07.1993 den Nachweis einer um 200.000 DM erhöhten Liquidität verlangt. Diesen Nachweis habe er ohne die aufgenommenen Darlehen nicht erbringen können. Die Namen der Darlehensgeber könne er nicht preisgeben. Er habe diesen Anonymität zugesagt.

Das FG Düsseldorf (bestätigt durch den BFH) hielt es im o. a. Beispielsfall für unwahrscheinlich, dass Steuerberater S in 1993, zur Zeit des Praxiskaufs, Einnahmen aus Steuerberatertätigkeit i. H. v. 200.000 DM erzielte. Das Gericht ging vielmehr davon aus, dass es sich bei dem Betrag um bisher verschwiegenes Sparvermögen des Stpfl. handelte und hielt eine **Zuschätzung von Zinsen** aus diesem Betrag für zulässig (BFH, Beschluss vom 07.05.2004, IV B 221/02, BFH/NV 2004, 1367).

Ungeklärte Geldzugänge auf Privatkonten des **Gesellschafter-Geschäftsführers einer GmbH** rechtfertigen **nicht** den Schluss auf nicht erklärte Einnahmen der GmbH (BFH, Urteil vom 26.02.2003, I R 52/02, BFH/NV 2003, 1221; BFH, Beschluss vom 18.06.2003, I B 178/02, BFH/NV 2003, 1450; FG München, Urteil vom 25.01.2000, 7 K 5220/97, n. v.; FG Rheinland-Pfalz, Urteil vom 12.02.1996, 1 K 2212/92, EFG 1996, 834, rkr.). Ungeklärte Fehlbuchungen und Kassenfehlbeträge bei einer GmbH lassen nicht ohne Weiteres die Annahme verdeckter Gewinnausschüttungen zu (BFH, Urteil vom 09.08.2000, I R 82/99, DStRE 2000, 1201; FG Münster, Urteil vom 18.05.2022 10 K 261/17 K, U, DStRE 2023, 804 rkr.).

Bei **ungeklärten Einzahlungen auf private Konten** gilt der Grundsatz, dass ein Stpfl. für seine privaten Konten keine Buchführung einrichten muss; es kann deswegen grundsätzlich auch nicht angenommen werden, dass solche Einzahlungen aus einkommenstpfl. Einkünften stammen (BFH, Urteil vom 28.05.1986, I R 265/83, BStBl II 1986, 732).

Infolgedessen kann von einem ungeklärten Vermögenszuwachs nur dann ausgegangen werden, wenn durch Anwendung einer Schätzungsmethode (z. B. einer Geldverkehrs- oder Vermögenszuwachsrechnung) nachgewiesen wurde, dass die auf dem Privatkonto eingezahlten Beträge nicht aus ungebundenen Entnahmen oder anderen versteuerten oder steuerfreien Einkünften stammen können. Dies gilt vor allem, wenn nach der Größenordnung der Beträge die Möglichkeit besteht, dass sie auf ungebundene und versteuerte Entnahmen zurückzuführen sind (BFH, Urteil vom 28.05.1986, I R 265/83, BStBl II 1986, 732; BFH, Urteil vom 01.07.1987, I R 284–286/83, BFH/NV 1988, 12).

VIII. Verteidigungsaspekte bei Steuerstrafverfahren aufgrund von Betriebsprüfungen

Schrifttum:

Mack	Problematische Betriebsprüfung: Abgleiten ins Strafverfahren und Vertretungskonsequenzen, Stbg 2013, 156

Verwaltungsanweisung:

1. Gleichlautende Erlasse der obersten Finanzbehörden der Länder vom 16.10.2023 06.12.2019 betr. Anweisungen für das Straf- und Bußgeldverfahren (Steuern) – AStBV (St)2023/2024, BStBl I 2023, 1798

1. Vorsicht bei der Mitwirkung hinsichtlich strafbefangener Prüfungsfelder

Ein erheblicher, wenn nicht sogar der wesentliche Teil der in den Bußgeld- und Strafsachenstellen und in den Steuerfahndungsstellen geführten Steuerstrafverfahren entstand aufgrund von Betriebsprüfungen. Im Gegensatz zum Veranlagungsbeamten hat der Betriebsprüfer durch sein Erscheinen vor Ort und aufgrund seiner weitreichenden gesetzlichen, durch die Rechtsprechung zementierten Befugnisse noch größere Möglichkeiten zur Ausforschung des Stpfl. Bei „zureichenden tatsächlichen Anhaltspunkten" (Anfangsverdacht) ist der Prüfer aufgrund des Legalitätsprinzips verpflichtet, den finanzbehördlichen Strafverfolgungsbereich von seinen Feststellungen zu unterrichten. **Steuerstrafverfahren aufgrund von Betriebsprüfungen weisen jedoch auch spezifische Schwachstellen auf, die für die Verteidigung nutzbar gemacht werden können.**

Interessanterweise wirken Stpfl. auch nach Einleitung eines Strafverfahrens in der Betriebsprüfung hinsichtlich der strafbefangenen Punkte meist uneingeschränkt mit. Anscheinend ist den Betreffenden nicht wirklich bewusst, dass

- man ihnen den Vorwurf einer **Straftat** (Steuerhinterziehung) macht und dass sie als Beschuldigte ein Aussageverweigerungsrecht (§ 136 Abs. 1 Satz 2 StPO) haben,
- die Höhe der strafrechtlichen Konsequenzen (Geldstrafe, Geldauflage gem. § 153a StPO) korrespondierend mit ihrer Mitwirkung und dem steuerlichen Mehrergebnis des Prüfers immer weiter anwächst.

Der Mitwirkung liegt offensichtlich zugrunde, dass darauf vertraut wird, dass sich Kooperation „irgendwie schon positiv auswirken wird". Groß sind dann allerdings die Überraschung und das Entsetzen, wenn die Strafverfolgungsbehörde viel später ihre Vorstellungen über den Verfahrensabschluss präsentiert. Von einem „günstigen Ergebnis infolge der Mitwirkung" ist i. d. R. keine Spur. Vielmehr wird dem Stpfl. klargemacht, dass es noch viel schlimmer hätte kommen können und auch kommen wird, wenn er mit dem offerierten Verfahrensabschluss nicht einverstanden ist. Bevor der Stpfl. hinsichtlich strafbefangener Prüfungsfelder mitwirkt, muss **konkret** ausgehandelt und festgelegt werden, wie sich diese Mitwirkung mildernd auf die strafrechtliche Seite des Falls auswirkt.

2. Vorsicht bei strafrechtlichem Hinweis in der Schlussbesprechung

Besteht nach Auffassung des Betriebsprüfers die „**Möglichkeit**, dass aufgrund der Prüfungsfeststellungen ein Straf- oder Bußgeldverfahren durchgeführt werden muss", so ist der Stpfl. in der Schlussbesprechung darauf hinzuweisen, dass die straf- oder bußgeldrechtliche Würdigung einem besonderen Verfahren vorbehalten bleibt (**strafrechtlicher Hinweis oder Strafrechtsvorbehalt** gem. § 201 Abs. 2 AO).

Wurde dieser strafrechtliche Hinweis in der Schlussbesprechung erteilt, so wird der Betriebsprüfungsbericht der zuständigen Bußgeld- und Strafsachenstelle übersandt. In der BuStra hat man dann sechs Monate Zeit zu überlegen, ob gegen den Stpfl. wegen des Mehrergebnisses aus einzelnen Textziffern ein Strafverfahren eingeleitet werden soll (Nr. 131 Abs. 2 der Anweisungen für das Straf- und Bußgeldverfahren [Steuer] – AStBV [St] 2023/2024, BStBl I 2023, 178).

Entscheidet sich der BuStra-Beamte hierfür, so wird dem Stpfl. – Monate nach der Schlussbesprechung – die Einleitung eines Strafverfahrens zugestellt. Der Beschuldigte muss nun einen Verteidiger beauftragen, dem nach einigem Schriftwechsel meist eine Einstellung des Verfahrens gegen Zahlung eines Geldauflagebetrages vorgeschlagen oder ein Strafbefehl gegen den Mandanten angekündigt wird. Erhebt der Beschuldigte durch seinen Verteidiger gegen diese Verfahrensweise Einwände, so verweist man auf die ansonsten drohende Hauptverhandlung. Deren Peinlichkeit und Unwägbarkeiten wollen die Beschuldigten i. d. R. vermeiden, sodass der von der BuStra geforderte Geldbetrag schließlich zähneknirschend akzeptiert, möglicherweise dessen Höhe noch etwas modifiziert wird.

Die Finanzverwaltung zeigt sich völlig unbeeindruckt davon, dass die Vorschrift des § 201 Abs. 2 AO im steuerstrafrechtlichen Fachschrifttum nahezu einhellig als rechtswidrig angesehen wird. Die Vorgehensweise, erst in der Schlussbesprechung damit herauszurücken, dass man den Bericht der BuStra-Stelle übersenden wolle, ist allerdings nicht die einzige rechtswidrige Variante zur Initiierung eines Strafverfahrens; vielmehr sind folgende Praktiken an der Tagesordnung:

- Obwohl während der gesamten Prüfung von Steuerhinterziehung keine Rede war, kreuzt der Prüfer bei der Anfertigung des Berichts im Berichtsvordruck an, dass die Bußgeld- und Strafsachenstelle zu informieren sei. Viele Monate später erhält der Stpfl. dann ein Bekanntgabeschreiben wegen eines Strafverfahrens.
- Namentlich in Nordrhein-Westfalen soll die Anweisung bestehen, sämtliche Berichte, die ein bestimmtes Mehrergebnis übersteigen, der Strafsachenstelle zu übersenden. Hier ist von einem „Schwellenwert" von 10.000 € die Rede. Eine solche Verwaltungspraxis ist rechtswidrig. Da die Strafsachenstellen staatsanwaltliche Befugnisse ausüben, stellt sich in einem solchen Fall die Situation so dar, als ob jeder Betriebsprüfungsbericht oberhalb eines bestimmten Mehrergebnisses an die Staatsanwaltschaft übersandt würde.

Die Übersendung des Prüfungsberichts an die BuStra bedeutet eine **besondere Gefahr vor dem Hintergrund der Rechtsprechung des BGH**, wonach bei der Abgabe einer Steuererklärung „eine Offenbarungspflicht für diejenigen Sachverhaltselemente" bestehe, „deren rechtliche Relevanz objektiv zweifelhaft ist". Dies sei laut BGH „insbesondere dann der Fall, wenn die von dem Stpfl. vertretene Auffassung über die Auslegung von Rechtsbegriffen oder die Subsumtion bestimmter Tatsachen von der Rechtsprechung, Richtlinien der Finanzverwaltung oder der regelmäßigen Veranlagungspraxis abweichen". Das Mehrergebnis in der Betriebsprüfung signalisiert, dass der Stpfl. bei der Abgabe der Steuererklärungen von der Rechtsansicht der Finanzverwaltung abgewichen ist, sodass die Gefahr besteht, dass sogar aufgrund lediglich abweichender rechtlicher Sichtweise des Stpfl. ein Strafverfahren gegen diesen durchgeführt wird. In einem solchen Verfahren kann der Finanzbehörde zwar entgegengehalten werden, dass der Stpfl. nicht vorsätzlich handelte, da Vorsatz voraussetzt, dass der Täter den Steueranspruch kennt, d.h. eine zutreffende steuerrechtliche Bewertung vornahm (OLG Hamm, Urteil vom 02.08.2001, 2 Ws 156/01, DStRE 2002, 1095).

Jedoch ist jedem Strafverfahren ein Risiko immanent: „Das Strafverfahren drängt zur Strafe, wie der Strom zum Meer." Wegen der Rechtswidrigkeit und der völligen Unkalkulierbarkeit der Verfahrensweise nach § 201

Abs. 2 AO sollte der Berater in der Schlussbesprechung unbedingt darauf achten, dass der Betriebsprüfungsbericht nicht nach dieser Vorschrift an die Bußgeld- und Strafsachenstelle gesandt wird. Ansonsten sollte der Berater eine etwaige Einigung in der Schlussbesprechung infrage stellen.

Wird der Stpfl. geraume Zeit nach Ablauf einer Betriebsprüfung mit der Einleitung eines Strafverfahrens konfrontiert, so sollte wie folgt vorgegangen werden:

- Durch **Akteneinsicht** – hierfür ist die **vorherige Erteilung einer Strafverteidigungs-Vollmacht erforderlich** – ist zu prüfen, ob das Strafverfahren damit begann, dass der Bericht gem. § 201 Abs. 2 AO an die Bußgeld- und Strafsachenstelle übersandt wurde.
- Anhand der als strafrechtlich relevant erklärten Textziffern des – in der Strafakte abgehefteten – Betriebsprüfungsberichts ist zu prüfen, wann der Prüfer tatsächlich einen Anfangsverdacht wegen Steuerhinterziehung gewonnen haben muss. Hierzu sollte zusätzlich Akteneinsicht in das Prüferfallheft beantragt werden, um den zeitlichen Ablauf der Prüferfeststellungen rekonstruieren zu können.
- Hinsichtlich aller mündlichen und schriftlichen Auskünfte, **die nach dem Zeitpunkt der Entstehung des Anfangsverdachts an den Prüfer erteilt wurden**, ist ein **strafrechtliches Verwertungsverbot** geltend zu machen. Hierzu sollte auf den Beschluss des BGH vom 27.02.1992 verwiesen werden, in dem es heißt: „Wer durch eine Vorschrift, die außerhalb des Straf- und Strafprozessrechts liegt, zu einer Erklärung verpflichtet ist, mit der er sich eines strafbaren Verhaltens bezichtigt, wird im Strafprozess mit Rücksicht auf den genannten Grundsatz dadurch geschützt, dass seine Angaben nicht gegen seinen Willen verwertet werden dürfen" (BGH, Urteil vom 27.02.1992, 5 StR 190/91, NJW 1992, 1463; siehe neuerdings auch Mack, Stbg 2013, 156, 157).

3. Bedeutung der Selbstanzeige wegen leichtfertiger Steuerverkürzung und der Selbstanzeige Dritter

Aufgrund des Rechtsinstituts der Selbstanzeige wegen leichtfertiger Steuerverkürzung (§ 378 Abs. 3 AO) sowie des Umstands, dass überall im betrieblichen Bereich diverse Hilfspersonen eingeschaltet werden, die durch einen Fehler unvollständige Angaben in der Steuererklärung verursacht haben können, ist häufig der Nachweis vorsätzlichen Verhaltens des geprüften Stpfl. nicht zu führen, sodass Strafverfahren aufgrund von Betriebsprüfungen einzustellen sind.

4. Beweisprobleme in der Hauptverhandlung

Wurde aufgrund einer Betriebsprüfung ein Steuerstrafverfahren durchgeführt und beantragte die Bußgeld- und Strafsachenstelle einen Strafbefehl, so findet nach Einspruch gegen den Strafbefehl die Hauptverhandlung zumeist vor dem Amtsgericht statt. Dort muss der Schuldvorwurf, d.h. die Steuerverkürzung in bestimmter Höhe, **mit den Beweismitteln der Strafprozessordnung bewiesen werden**.

Als Beweismittel steht zwar der Betriebsprüfer als Zeuge zur Verfügung, indem er bekunden kann, dass er dieses oder jenes in der Buchführung, im Kassenbuch oder bei der Lektüre von Kontoauszügen festgestellt habe. Meist wurde jedoch versäumt, die betreffenden Unterlagen – Urkunden i. S. d. Strafprozessrechts – sicherzustellen, da dies bei Betriebsprüfungen mit sich anschließendem Steuerstrafverfahren i. d. R. nicht geschieht. Nur dann, wenn auch die Steuerfahndung eingesetzt wurde, erfolgte Beschlagnahmungen der entsprechenden Papiere. Der Verteidiger in der Hauptverhandlung wegen des Vorwurfs der Steuerhinterziehung darf sich mit der bloßen Aussage des Betriebsprüfers nicht zufrieden geben, sondern muss einen Beweisantrag hinsichtlich der Vorlage der Unterlagen stellen, aus denen der Betriebsprüfer seine vermeintlichen Erkenntnisse gewonnen hat. Diese Beweismittel müssen in der Hauptverhandlung vorgelegt werden, um nachprüfen zu können, ob die Angaben des Prüfers zutreffen. Der Hauptverhandlungstermin ist jedenfalls zunächst einmal „geplatzt“, da die Unterlagen nicht vorliegen.

In einem neu anberaumten Termin stößt die Nachvollziehung des Schuldvorwurfs meist deshalb auf Schwierigkeiten, weil die Betriebsprüfung i. d. R. schon seit Jahren abgeschlossen ist, wenn der strafgerichtliche Hauptverhandlungstermin stattfindet. Oft sind die betreffenden Unterlagen aus den weit zurückliegenden Zeiträumen beim Beschuldigten nicht mehr vorhanden. Darüber hinaus muss ein Beschuldigter im Strafverfahren ihn selbst belastende Unterlagen nicht vorlegen.

Beispiel:

Im Jahr 2023 fand bei einem Stpfl. eine Betriebsprüfung für die Jahre 2019 bis 2021 statt. Der Betriebsprüfer leitete Anfang 2019 ein Steuerstrafverfahren ein, da seines Erachtens nicht alle Umsätze erklärt worden waren. Einerseits hatte der Prüfer Geldzugänge festgestellt, für die keine Ausgangsrechnungen existierten, andererseits gab es zahlreiche Rechnungen, für die entsprechende Zahlungseingänge fehlten.

Das Strafverfahren wurde dem Stpfl. während der Betriebsprüfung bekannt gegeben, im Anschluss an die Schlussbesprechung und die Berichtserstellung wurde der Vorgang 2024 an die Bußgeld- und Strafsachenstelle weitergeleitet. Dort wurde in den folgenden Jahren bis auf gelegentliche Wiedervorlagen wenig veranlasst. Zu dem Schuldvorwurf äußerte sich der Beschuldigte nicht. Als der Eintritt der Strafverfolgungsverjährung allmählich herannahte, wurde im Frühjahr 2024 ein Strafbefehl beantragt, gegen den der Beschuldigte durch seinen Verteidiger Einspruch einlegen ließ.

In der Hauptverhandlung ergab sich dann jedoch das Problem, dass die Ausgangsrechnungen, Kassenbücher und Kontobelege, aus denen der Prüfer seine Feststellungen entnommen hatte, nicht vorhanden waren. Diese waren – wie bei Betriebsprüfungen üblich – beim Stpfl. belassen und nicht etwa für strafrechtliche Zwecke sichergestellt worden. Zum Zeitpunkt der Hauptverhandlung, die fast fünf Jahre nach der Betriebsprüfung stattfand, hatte der Stpfl. diese Unterlagen, die er nach Abschluss der Betriebsprüfung und Bestandskraft der Steuerbescheide – es war zwar Einspruch eingelegt, jedoch nicht geklagt worden – nicht mehr benötigte, bereits vernichtet. Da somit die für einen strafrechtlichen Nachweis erforderlichen Beweismittel fehlten, war der Beschuldigte freizusprechen.

IX. Einvernehmliche Beendigung von Steuerstrafverfahren nach Maßgabe von § 153a StPO

Schrifttum:

Fezer	Vereinfachte Verfahren im Strafprozess, ZStW Bd. 106 (1994), 1
Hamm	Wie man in richterlicher Unabhängigkeit vor unklaren Gesetzeslagen kapituliert, NJW 2001, 1694
Kaligin	§ 153a StPO – eine Universalnorm zur Beendigung von Steuerstrafverfahren?, Stbg 2010, 500

1. Ursprünglicher Zweck: Ahndung von Kleinkriminalität

Zur Verhängung von Strafen im Bereich der Kleinkriminalität (Stichwort: Ladendiebstähle) wurde die Vorschrift des § 153a StPO i.R. des Einführungsgesetzes zum Strafgesetzbuch (EGStGB 1974) eingeführt. Die Vorschrift lautet: „Mit Zustimmung des für die Eröffnung des Hauptverfahrens zuständigen Gerichts und des Beschuldigten kann die Staatsanwaltschaft bei einem Vergehen vorläufig von der Erhebung der öffentlichen Klage absehen und sogleich dem Beschuldigten Auflagen und Weisungen erteilen, wenn diese geeignet sind, das öffentliche Interesse an der Strafverfolgung zu beseitigen und die Schwere der Schuld nicht entgegensteht. Zur Verhängung von Auflagen kommen insbesondere die Wiedergutmachung des durch die Tat verursachten Schadens und die Leistung eines Geldbetrages an eine gemeinnützige Einrichtung oder die Staatskasse in Betracht."

Der ursprüngliche Zweck der Vorschrift, im Bereich der kleineren Kriminalität auf dieser Basis zu ahnden, hat sich im Laufe der Zeit geändert. Dieser extensiven Auslegung der Vorschrift ist der Gesetzgeber gefolgt und hat die Voraussetzungen geschaffen, dass die Schwere der Schuld dem Absehen von der Erhebung der öffentlichen Klage nicht entgegenstehen dürfe (Gesetz zur Entlastung der Rechtspflege vom 11.01.1993, BGBl I 1993, 50). In neuester Zeit wird die Vorschrift sogar auf komplizierte und langwierige Verfahren mit höchsten Schadensvolumina (Stichwort: Mannesmann/Vodafone) ausgedehnt.

Zum Bereich der Massenkriminalität gehört auch der Anwendungsbereich der Steuerhinterziehung (§ 370 AO). Jedoch stellt sich im Steuerrecht häufig das Problem, dem Täter einen Vorsatz überhaupt nachweisen zu können und in vielen Fällen bleibt nur die Möglichkeit, lediglich eine leichtfertige Steuerverkürzung gem. § 378 AO ahnden zu können. Daher machen die Bußgeld- und Strafsachenstellen von dieser Norm kaum Gebrauch, weil sie für die Beamten arbeitsintensiv ist. Sie müssten nämlich die Zahlungen im Einzelnen nicht nur überwachen, sondern ggf. auch individuell vollstrecken. Es bleibt somit bei der Ahndung im Steuerstrafrecht in folgenden Verfahren:

- Verhängung einer Freiheitsstrafe ohne Bewährung (automatisch bei einer Mindeststrafe von zwei Jahren),
- Verhängung einer Freiheitsstrafe mit Bewährung,
- Verhängung einer Geldstrafe (meist über einen Strafbefehl) von über 90 Tagessätzen (= Eintritt der Vorstrafe),
- Verhängung einer Geldstrafe (meist über einen Strafbefehl) von maximal 90 Tagessätzen,
- Einstellung des Strafverfahrens nach § 153a StPO gegen Zahlung der etwaig ausstehenden Steuern und weiterer Zahlung einer Geldauflage an eine gemeinnützige Institution oder die Staatskasse,
- Einstellung des Strafverfahrens nach § 153 StPO ohne Zahlung einer Auflage in den Fällen ganz minimaler Schuld,

- Einstellung des Strafverfahrens nach § 170 Abs. 2 StPO mangels hinreichenden Tatverdachts.

Der Charme der Vorschrift des § 153a StPO besteht insbesondere darin, dass die Beschuldigten nicht vorbestraft sind und hinsichtlich des ursprünglichen Tatvorwurfs weiterhin die Unschuldsvermutung gilt (Art. 6 Menschenrechtskonvention – MRK; BVerfG, Beschluss vom 16.01.1991, 1 BvR 1326/90, MDR 1991, 891; BVerfG, Beschluss vom 06.12.1995, 2 BvR 1732/95, NStZ-RR 1996, 168, 169; OLG Frankfurt a.M., Beschluss vom 12.07.1996, 1 Ws 82/96, NJW 1996, 3353, 3354; Fezer, ZStW Bd. 106 [1994] 1, 33 ff.).

Ist zweifelhaft, ob überhaupt ein Straftatbestand erfüllt ist, muss die Rechtsfrage geklärt werden. Die Anwendung des § 153a StPO gegenüber einem möglicherweise Unschuldigen ist untersagt (streitig; Hamm, NJW 2001, 1694 ff.; LG Bonn, Beschluss vom 28.02.2001, 27 AR 2/01, WW 1736 ff. mit Anm. Saliger, GA 2005, 155 ff.).

2. Anwendungsbereich im Steuerstrafverfahren

Das stetige Anwachsen von Steuerstrafverfahren i.R. der Veranlagung, in der Betriebsprüfung oder aufgrund sonstiger Erkenntnisquellen (Rechts- und Amtshilfe anderer Behörden) hat zur Folge, dass nicht sämtliche Steuerhinterziehungsdelikte bei einem Gericht in einem ordentlichen Hauptverfahren angeklagt werden können. Dies haben insbesondere die Bankenfälle in den Jahren ab 1993 ff. dokumentiert, wo z.B. in der Stadt Berlin 25.000 bis 40.000 Kapitalanleger wegen Schwarzgeldtransaktionen in Länder mit scheinbar sicherem Bankgeheimnis (insbesondere Luxemburg, Schweiz) aufgeflogen sind. Es bestanden keine behördlichen Kapazitäten, alle gerichtlich zu belangen. In diesem Bereich wurde bereits auf der Ebene von Spitzenbeamten (Steuerfahndungsreferenten) Einigkeit dokumentiert, dass der Anwendungsbereich des § 153a StPO weiter gefasst werden muss.

Vor den Bankenfällen bestand die Grenze für den § 153a StPO bei einem Steuerverkürzungsbetrag von ca. 25.000 €. Dieser wurde i.R. der Bankenfälle auf 50.000 € und sogar in einigen Fällen darüber (z.B. Erbschaftsfälle bzw. Fälle mit geringer Schuld des Kapitalanlegers bzw. dessen Rechtsnachfolger) ausgedehnt. Eine Anwendung des § 153a StPO kommt jedoch in den genannten Fällen nur in Betracht, wenn der Beschuldigte in einem angemessenen Zeitraum die noch (etwaig) ausstehenden Steuern bezahlt.

Wichtig ist, dass bei einer Einstellung nach § 153a StPO alle Beteiligten, Bußgeld- und Strafsachenstelle bzw. Staatsanwaltschaft, Gericht und der Beschuldigte bzw. der Verteidiger, zustimmen. Vor der mündlichen Verhandlung reicht in der Praxis ein Deal zwischen der Bußgeld- und Strafsachenstelle und dem Beschuldigten bzw. dessen Verteidiger aus. Sind sich die Beteiligten einig, bedarf es zwar der formalen Zustimmung des Amtsgerichts; diese wird jedoch schon deshalb erteilt, weil der Amtsrichter sich bei einer Weigerung zur Zustimmung (z. B. zu geringer Auflagenbetrag etc.) selbst Arbeit schafft, indem er den Fall per Strafbefehl bzw. im Fall des Einspruchs ggf. i. R. einer mündlichen Verhandlung abarbeiten muss.

Solche Ausreißer einer fehlenden Zustimmung kommen allerdings vor allem in den neuen Bundesländern gelegentlich vor, wo Amtsrichter mit einem Hang zur exzessiven Verfolgung vermeintlicher Steuerhinterzieher, die als Staatsschädlinge qualifiziert werden, in einigen Fällen eine besondere Strafverfolgungsmotivation entfalten.

Aber auch in einer laufenden mündlichen Verhandlung kann sich z. B. bei einer streitigen Beweisaufnahme immer noch anbieten, i. R. des anhängigen Gerichtsverfahrens oder während der laufenden mündlichen Verhandlung oder sogar erst im Berufungsverfahren das Steuerstrafverfahren nach § 153a StPO einzustellen.

Die neueste Tendenz geht jedoch dahin, sogar **Großverfahren** auf der Basis des § 153a StPO einzustellen. Einer der ersten spektakulären Fälle war die strafrechtliche Verfolgung des ehemaligen Bundeskanzlers Dr. Helmut Kohl wegen seiner Verwicklungen in der Spendenaffäre der CDU. Auch hier war der Sachverhalt sehr diffus, die Aufklärungsarbeit war schwierig (Auslandsbeziehungen zu Liechtenstein etc.) und dem Bundeskanzler konnte selbst kein Vorwurf dahingehend gemacht werden, sich persönlich bereichert zu haben. Um ein für alle Beteiligten langwieriges und PR-trächtiges Verfahren zu vermeiden, hatte man sich auf die Zahlung einer Geldauflage von ca. 300.000 DM beim LG Bonn geeinigt.

Diese Fälle haben sich gehäuft: So wurde die erfolgreiche Tennisspielerin Steffi Graf wegen Steuerhinterziehung verfolgt, die weitgehend von ihrem Vater Peter Graf begangen worden war. Um auch Frau Graf noch etwas abzukassieren, hat die Bußgeld- und Strafsachenstelle ihr gedroht, sie bei fehlender Zahlung einer deutlichen Auflage von 1 Mio. DM ansonsten an den Pranger zu stellen, und zwar mit dem quasi erpresserischen Vorhalt, dass ihr im Fall einer medienwirksamen Hauptverhandlung wohl künftig die Sponsoren abhanden kommen würden.

Der letzte spektakuläre große Fall war die Konfiguration Mannesmann/ Vodafone, wo bereits schwierige präjudizielle Rechtsfragen vom LG Düsseldorf einerseits bzw. vom BGH andererseits kontrovers entschieden wurden, insbesondere ob und wann ein Untreuevorwurf bei Verstoß gegen aktienrechtliche Normen im Hinblick auf die Zahlung von Abfindungsvergütungen an ehemalige Vorstandsmitglieder eine Strafbarkeit begründen kann oder nicht. Da das Verfahren bereits einige Jahre dauerte, hat man sich dann entschlossen, u.a. gegen den Vorstandsvorsitzenden der Deutschen Bank AG, Herrn Dr. Josef Ackermann, einen Auflagebetrag von ca. 4,2 Mio. € zu verhängen. Diese Form der Beendigung des Steuerstrafverfahrens hat zu rechtspolitischen Grundsatzdiskussionen geführt, ob sich angebliche hochkarätige White-Collar-Täter im Millionenbereich mit Geldauflagen freikaufen können (hierzu eingehend Kaligin, Stbg 2010, 500ff.).

3. Nutzbarmachung des § 153a StPO für Mandanten

Steuerstrafverfahren haben häufig die Eigenschaft, dass der Täter zumeist wegen anderer Delikte nicht vorbestraft ist, sondern nur bestimmte Probleme i.R. der Steuerehrlichkeit gegenüber den zuständigen Finanzbehörden auftauchen. Es handelt sich also nicht um klassische Kriminelle, sondern um ehrbare Bürger, die zumeist noch nicht einmal einen Ladendiebstahl begehen. Es stellt sich jedoch dann heraus, dass sie bestimmte Einnahmen nicht erklärt bzw. Betriebsausgaben in erhöhter Weise geltend gemacht haben, sodass schnell ein Steuerhinterziehungsvorwurf entsteht.

Zudem besteht ein zu kritisierender bürokratischer Hang dahingehend, dass im Laufe von Betriebsprüfungen – insbesondere dann, wenn sich nicht unerhebliche Steuernachforderungen andeuten – voreilig ein Steuerstrafverfahren eingeleitet wird, um den Stpfl. zu einer Einigung i.R. der Schlussbesprechung zu drängen und schnell rechtskräftige Mehrsteuern zu erzielen sowie sich auch noch die Option offen zu halten, i.R. eines Strafverfahrens noch weitere Geldbeträge durch Auflagebeträge nach § 153a StPO oder durch Strafbefehle etc. für die Staatskasse zu „erwirtschaften“.

In einem solchen Fall sollte die Verteidigung darauf gerichtet sein, die Steuernachforderungen als streitbefangen darzustellen und sie insbesondere rechtlich dahingehend zu problematisieren, ob überhaupt ein Steuernachforderungsanspruch besteht, der den objektiven Tatbestand der Steuerhinterziehung erfüllen würde. Selbst wenn dies der Fall ist, sind ergänzende Ausführungen zum Vorsatz geboten.

Es ist häufig so, dass der Stpfl. seine Steuererklärungen gar nicht selbst erstellt, sondern auf Dritte delegiert (Einschaltung von Ehepartnern, Buchhaltern, Steuerberatern, Steuerfachgehilfen) und sich häufig im Nachhinein mit mehrjähriger Verzögerung nicht mehr eruieren lässt, wer für die Falschdeklaration in der Steuererklärung letztlich die Verantwortung trägt. Bei einer solchen Konfiguration, die insbesondere bei Unternehmen i.R.

einer Arbeitsteilung noch häufiger vorkommt, ist es schwierig, „den Täter“ der Steuerhinterziehung zu finden.

In solchen Fällen – insbesondere auch dann, wenn das Verfahren schon mehrere Jahre dauert – und der Fall in Richtung Verjährung trudelt, wächst auch die Bereitschaft der Strafverfolgungsbehörden, das Strafverfahren nach § 153a StPO einzustellen. Schließlich will sich der Beamte nicht dem Vorwurf aussetzen, dass sich ein Strafverfahren durch Verjährung erledigt, da dann der Vorwurf einer Strafvereitelung im Amt gem. § 258a StGB latent im Raum steht.

4. Ermittlung des Auflagenbetrags

Knackpunkt bei der Einstellung von Steuerstrafverfahren ist die Ermittlung des Auflagenbetrags nach § 153a StPO. Liegt unstreitig eine vorsätzliche Steuerhinterziehung vor, so werden grundsätzlich die Regularien bei Strafbefehlen analog angewandt. Dies bedeutet, dass acht bis zehn Tagessätze (in Hamburg gelegentlich 16 Tagessätze) pro hinterzogenen 1.000 € angewandt werden. Die Höhe des Tagessatzes errechnet sich aus dem verfügbaren Einkommen (nach Sozialversicherungsabgaben und individuellen Einkommensteuern und Unterhaltsverpflichtungen gegenüber Ehepartnern/Kindern). Dieser Monatsbetrag (z. B. 3.000 €) wird dann durch 30 geteilt, sodass sich im Beispiel ein Tagessatz von 100 € ergibt.

Bei Prominenten gelten jedoch teilweise Sonderregelungen, vor allem wenn diese sich von dem Vorwurf der Steuerhinterziehung freikaufen wollen. In diesen Fällen werden teilweise Top-Zuschläge gemacht, so auch in den Fällen Dr. Kohl und Dr. Ackermann. Zuschläge werden teilweise in einigen Bundesländern auch dann gemacht, wenn der Angeklagte z. B. ein Rechtsanwalt, Steuerberater, Notar, Architekt oder Beamter ist, da diese Personengruppen in besonderer Weise kein Interesse an einer vorstrafefähigen Ahndung haben können. In diesen Fällen wird teilweise der ermittelte Betrag rechnerisch um z. B. 25 % bis 30 % nochmals als korrespondierende Gegenleistung des Staates dafür erhöht, dass keine Vorstrafe verhängt wird.

In **Altfällen**, die kurz vor der Verjährung stehen, gelten sogar Sondertarife. Hier kommt nämlich simultan die Vorschrift von Art. 6 Menschenrechtskommission (MRK) zum Zuge, wonach der Beschuldigte ein Anrecht auf ein zeitnahes Steuerstrafverfahren hat. Kann dieses – aus welchen Gründen auch immer (wie Großverfahren, simultane Aussetzung des Steuerstrafverfahrens wegen korrespondierender Finanzgerichtsprozesse etc.) – nicht zeitnah durchgeführt werden, so kommen teilweise nur symbolische Strafen (z. B. 1.000 €) auch bei größeren potenziellen Hinterziehungsbeträgen in Betracht.

Die Vorschrift des § 153a StPO kann in jedem Stadium des Verfahrens nach Einleitung in der Betriebsprüfung, Verhandlung in der Bußgeld- und Strafsachenstelle, in der mündlichen Hauptverhandlung oder auch in einem Berufungs- oder Revisionsverfahren angewendet werden. Als Verteidiger sollte man jedoch nicht zu früh mit § 153a StPO agieren, weil dies von den Strafverfolgungsbehörden häufig als Eingeständnis einer vorsätzlichen Steuerhinterziehung fehlinterpretiert wird und man von diesem Eingeständnis faktisch nicht mehr loskommt, vor allem wenn sich möglicherweise im Steuerstrafverfahren letztlich kein zu ahndendes Handeln des Stpfl. nachweisen lässt, weil es an einer objektiven Steuerverkürzung oder einem entsprechenden Vorsatz fehlt.

Geldbeträge, die allein der Gewinnabschöpfung dienen und als Auflage nach § 153a StPO festgelegt werden, unterfallen dann nicht dem Abzugsverbot des § 12 Abs. 4 EStG, wenn sie keinen Strafcharakter aufweisen (FG Münster, Urteil vom 18.12.2023 4 K 1382/20 G, F. StB 2024, 74, nicht rkr.).

Stichwortverzeichnis

T